DIREITO TRIBUTÁRIO

DIDÁTICO

ANTÔNIO AUGUSTO DIAS JÚNIOR

DIREITO TRIBUTÁRIO DIDÁTICO

2021

EDITORA JusPODIVM
www.editorajuspodivm.com.br

EDITORA JusPODIVM
www.editorajuspodivm.com.br

Rua Canuto Saraiva, 131 – Mooca – CEP: 03113-010 – São Paulo – São Paulo
Tel: (11) 3582.5757
• Contato: https://www.editorajuspodivm.com.br/sac

Diagramação: Isabella Giordano

Capa: Marcelo S. Brandão *(santibrando@gmail.com)*

D598 Dias Júnior, Antônio Augusto.
Direito Tributário Didático / Antônio Augusto Dias Júnior – São Paulo: Editora JusPodivm, 2021.
944 p.

Inclui bibliografia.
ISBN 978-65-5680-285-5.

1. Direito Tributário. I. Dias Júnior, Antônio Augusto. II. Título..

CDD 341.39

À minha mãe Clédia, que mesmo sendo uma pessoa humilde sempre confiou e acreditou na minha educação, desde o sacrifício para comprar revistas em quadrinhos quando criança até o apoio incondicional na faculdade e na pós-graduação.

À minha esposa Bartira, pelo amor, pelo apoio e pela paciência quase infinita. Este livro é, para nós dois, um cinturão de pesos pesados que levo para casa. "*I did it!*"

Ao meu filho Benjamin, que chegou nos últimos meses de conclusão deste livro e encheu minha vida de rituais diários do amor mais puro. Com a bagunça no final da tarde, o banho do papai, o colocar para dormir, o arrancar uma gargalhada... com tudo isso... este livro foi escrito por uma pessoa mais feliz.

AGRADECIMENTOS

A todos os alunos e leitores que já dedicaram algum tempo às minhas aulas ou textos. Saibam que minha maior preocupação é proporcionar um retorno ao valioso tempo de vocês.

Aos colegas da Procuradoria da Fazenda Nacional, exemplos de excelência profissional, que contribuíram para este livro com as discussões cotidianas sobre o direito tributário.

À Editora Juspodivm, pelo apoio e pela confiança no projeto.

APRESENTAÇÃO

O sonho de escrever um manual de Direito Tributário surgiu em 2014, quando fui convidado para dar as primeiras aulas da matéria. Sempre pedia o máximo de tempo possível para agendar as aulas. Apesar de ser a disciplina mais estudada na preparação para o concurso de Procurador da Fazenda Nacional, de 2012 a 2013, e de ter o prazer de conviver diariamente com a sua aplicação prática na defesa da União a partir de julho de 2013, a sensação de que precisava estudar muito mais era inevitável.

E no estudo para a preparação das aulas, não me sentia confortável em copiar citações de outros manuais e julgados dos Tribunais Superiores. Ainda que fosse o suficiente para determinada turma uma abordagem mais direta, a curiosidade me fazia buscar em periódicos e coletâneas de artigos algum ensinamento que pudesse tornar determinada passagem mais didática ou mais clara. E nessa pesquisa, comecei a escrever o texto que adiante será apresentado.

O conteúdo aqui contido pretende ser eclético, sem, no entanto, representar um mero fichamento de textos e compilação de decisões judiciais. Se o panorama doutrinário majoritário atual não pode ser ignorado, também não pode ser simplesmente reproduzido. Se a jurisprudência é fundamental para a aplicação prática do direito tributário, ela deve ser devidamente sujeita ao controle de coerência por aquele que a analisa. Se as normas da Constituição e do CTN são dotadas de alto grau de abstração, muitas vezes se faz necessário descer ao terreno de Instruções Normativas, Portarias e Regulamentos, para se conhecer o Direito Tributário em movimento, em contato mais direto com as pessoas por ele influenciadas.

Assim é que o objetivo de um texto eclético foi perseguido. Na doutrina, foi realizada uma pesquisa de ideias contrapostas, para que o leitor saiba que o Direito Tributário não vive de dogmas de fé. Na jurisprudência, foram buscadas sempre as decisões mais atuais, sem se esquecer do processo de construção de entendimento que existe no Judiciário. As normas infralegais de âmbito federal citadas foram utilizadas para se conferir um caráter mais prático a este manual, auxiliando o profissional que busca uma ligação entre as normas mais gerais e as regras mais concretas.

As decisões do STF e do STJ que se prestam a uniformizar a jurisprudência em sede de julgamentos sob a sistemática, respectivamente, de repercussão geral e dos recursos repetitivos, foram objeto de destaque, dada a sua relevância. O reconhecimento e o devido apontamento da maior importância dessas decisões, contudo, não significa sua aceitação acrítica e sem qualquer outra reflexão além da mera reprodução da tese fixada.

Quando se entendeu pertinente, foram tecidas críticas às decisões dos Tribunais Superiores, apontando-se eventuais contradições. Do mesmo modo, o fato de certo pensamento doutrinário ser majoritário não o torna imune a ponderações, ainda que se reconheça a representatividade e a perenidade da corrente exposta. Isso porque qualquer pensamento, inclusive o contido no presente livro, só pode evoluir se submetido ao constante crivo da dialética e da crítica.

SUMÁRIO

1
TRIBUTO: CONCEITO E CLASSIFICAÇÕES

1. RECEITAS ORIGINÁRIAS E RECEITAS DERIVADAS

Antes de adentrar no estudo do conceito de tributo, é necessária uma contextualização acerca da classificação das receitas em originárias e derivadas.

As receitas do Estado classificam-se como originárias ou derivadas.

Receitas originárias são aquelas que o Estado aufere com a exploração de seu patrimônio, em atuação similar à dos particulares, despindo-se de suas prerrogativas e algumas vezes em competição com os demais agentes do mercado. É assim quando o Estado atua como locador de imóveis, sem que esteja presente nesse caso o poder de império estatal, eis que o particular tem a liberdade de contratar ou não com o Estado (e só se o particular optar por contratar haverá o aporte de aluguéis, receitas originárias). Também é receita originária os recursos obtidos através de **doações** de particulares.

Outro exemplo de receitas originárias são as obtidas mediante o exercício de atividades econômicas pelo Estado mediante as empresas públicas e sociedades de economia mista, como a CEF e a PETROBRAS, conforme a previsão de exploração de atividade econômica pelo Estado no artigo 173 da CF. Ao ser acionista dessas empresas, o ente público aufere dividendos oriundos de sua participação societária.

Tem-se ainda as **tarifas** e os **preços públicos**, pagas em razão da prestação de serviços públicos não remunerados por taxas. De fato, enquanto as tarifas e os preços públicos caracterizam-se como receitas originárias, as taxas, pela sua natureza tributária, adentram na categoria de receitas derivadas. Dentre as tarifas é possível mencionar o **pedágio nas vias privatizadas** (STF, ADI 800, j. 11.06.2004), bem como a remuneração dos serviços de água e esgoto, prestados por concessionária de serviço público[1].

1. Súmula 412 do STJ: "A ação de repetição de indébito de tarifas de água e esgoto sujeita-se ao prazo prescricional estabelecido no Código Civil."; "A natureza jurídica da remuneração dos serviços de água e esgoto, prestados por concessionária de serviço público, é de tarifa ou preço público, consubstanciando, assim, contraprestação de caráter não-tributário, à qual devem ser aplicadas as regras de direito privado. (Precedentes do STF e do STJ: RE 471119 / SC, Relatora: Min. Ellen Gracie, DJ 24/02/2006; RE-ED 447536 / SC, Relator: Min. CARLOS VELLOSO, Segunda Turma, DJ 26-08-2005; REsp 740967 / RS , 1ª Turma, Rel. Min. Luiz Fux, DJ de 28/04/2006;

Os ***royalties*** decorrentes da exploração do patrimônio público também possuem a natureza de receitas originárias. Tais receitas são compensações financeiras ou participação no resultado na exploração de recursos naturais, conforme previsão no art. 20, § 1º da Constituição:

> É assegurada, nos termos da lei, à União, aos Estados, ao Distrito Federal e aos Municípios a participação no resultado da exploração de petróleo ou gás natural, de recursos hídricos para fins de geração de energia elétrica e de outros recursos minerais no respectivo território, plataforma continental, mar territorial ou zona econômica exclusiva, ou compensação financeira por essa exploração.

O STF possui julgados que classificam expressamente os *royalties* do art. 20, § 1º da CF como receita originária[2]. É importante não confundir os *royalties* do art. 20, § 1º da CF com os *royalties* da legislação tributária. O conceito de *royalties* como receita originária é ligado à exploração de recursos naturais, enquanto os *royalties* do art. 22 da Lei 4.506/1964 (que disciplina o imposto de renda) abrangem, além de direitos sobre recursos vegetais e minerais, o uso ou a exploração de invenções, processos, fórmulas de fabricação, marcas e direitos autorais. Esse último conceito de *royalties* utilizado pelo legislador tributário é ainda utilizado pelo art. 2º, § 2º da Lei 10.168/2000 (CIDE-*royalties*) e pelo art. 18, § 9º da Lei 9.430/1996 (preços de transferência).

Receitas derivadas, a seu turno, são aquelas que o Estado obtém no exercício de seu poder de império, por meio de uma imposição ao particular. Exemplos de receitas derivadas são os tributos, as multas e as reparações de guerra, esse último caso de pouco interesse prático.

Em todos esses exemplos, o Estado exige a respectiva receita em razão um acontecimento (fato gerador de um tributo, descumprimento de norma cogente) que enseja uma obrigação pecuniária da qual o poder público é credor. Tal obrigação possui como fonte imediata a lei, ao contrário do que ocorre nas receitas originárias, cuja fonte imediata é a vontade (a lei é fonte mediata das receitas originárias).

Ao se constatar que as receitas obtidas mediante **atividade econômica do Estado** representam um universo restrito em comparação às receitas derivadas, é possível afirmar que a **atividade financeira do Estado** possui uma abrangência maior que a atuação no âmbito econômico, englobando todas as medidas estatais para obtenção, gestão e aplicação dos recursos financeiros destinados às necessidades coletivas[3].

A partir de agora será abordada exclusivamente a receita derivada que se entende por tributo.

REsp 834799 / SE, 1ª Turma, Rel. Min. Francisco Falcão, DJ 02/10/2006 REsp 149654 / SP , 2ª Turma, Rel. Min. Francisco Peçanha Martins, DJ de 17/10/2005), estendendo-se referido entendimento no que tange à incidência de correção monetária sobre os valores pagos indevidamente." (STJ, REsp 1.064.996, j. 15.10.2009).

2. "Embora os recursos naturais da plataforma continental e os recursos minerais sejam bens da União (CF, art. 20, V e IX), a participação ou compensação aos Estados, Distrito Federal e Municípios no resultado da exploração de petróleo, xisto betuminoso e gás natural são receitas originárias destes últimos entes federativos (CF, art. 20, § 1º)." (STF, MS 24.312, j. 19.02.2003); "O tratar-se de prestação pecuniária compulsória instituída por lei não faz necessariamente um tributo da participação nos resultados ou da compensação financeira previstas no art. 20, § 1º, CF, que configuram receita patrimonial." (STF, RE 228.800, j. 25.09.2001).
3. CASTRO, Eduardo M. L. Rodrigues de; DIAS JÚNIOR, Antônio Augusto; LUSTOZA, Helton Kramer. Tributos em Espécie. 7ª edição. Salvador: Editora Juspodivm, 2020, p. 25.

2. O CONCEITO CONSTITUCIONAL DE TRIBUTO

O conceito de tributo, no direito tributário brasileiro, encontra-se explicitado em sede legal. A Constituição de 1988, em seu art. 146, III, "*a*", determina que cabe à lei complementar estabelecer normas gerais em matéria de legislação tributária, especialmente sobre definição de tributos. Desse modo, apesar de não ser um papel típico do legislador definir conceitos, o Código Tributário Nacional assim o fez em seu art. 3º, estando em consonância com a determinação constitucional de 1988[4].

Essa definição, contudo, não é válida por si só, mas sim pelo fato de estar em consonância com os dispositivos constitucionais que regulam o tributo. Ou seja, a lei infraconstitucional não pode fixar conceito de tributo que desconsidere as diretrizes da Constituição[5]. O conceito do art. 3º do CTN, portanto, só seria admitido pelo fato de não contrariar o regime jurídico dos tributos previsto na Constituição. E ainda que não houvesse o conceito legal do art. 3º do CTN, a análise conjunta das normas constitucionais tributárias resulta em um conceito de tributo que se constitui em prestações pecuniárias instituídas por lei que não se confundem com sanções por atos ilícitos[6].

Nessa linha de raciocínio, Regina Helena Costa extrai da Constituição o seguinte conceito de tributo:

> "(...) relação jurídica existente entre Estado e contribuinte, uma vez implementada determinada situação fática prevista em lei como autorizadora dessa exigência, cujo objeto consiste numa prestação pecuniária, não revestida de caráter sancionatório, e disciplinada por regime jurídico próprio."[7]

Adverte-se, assim, que qualquer conceito legal de tributo, inclusive o do art. 3º do CTN, não é absoluto ou válido por si só. Pelo contrário, deve obediência ao conceito implícito de tributo presente na Constituição.

3. ANÁLISE DO CONCEITO DO ART. 3º DO CTN

Feita a advertência, passemos à análise do conceito de tributo do art. 3º do CTN:

> Tributo é toda prestação pecuniária compulsória, em moeda ou cujo valor nela se possa exprimir, que não constitua sanção de ato ilícito, instituída em lei e cobrada mediante atividade administrativa plenamente vinculada.

---

4. A Lei 4.320/1964 traz em seu artigo 9º o seguinte conceito legal de tributo: "Tributo é a receita derivada instituída pelas entidades de direito público, compreendendo os impostos, as taxas e contribuições nos termos da constituição e das leis vigentes em matéria financeira, destinando-se o seu produto ao custeio de atividades gerais ou específicas exercidas por essas entidades.". Em razão da reduzida relevância desse dispositivo nas provas de concursos públicos, bem como na jurisprudência, analisaremos apenas o conceito legal do CTN. Ressalte-se, contudo, que não há contradição entre os conceitos legais do CTN e da Lei 4.320/1964 (SCHOUERI, Luís Eduardo. Direito Tributário. 5ª edição. São Paulo, Saraiva, 2015, p. 149).
5. HORVATH, Estevão. Contribuições de Intervenção no Domínio Econômico. São Paulo: Editora Dialética, 2009, p. 9.
6. ÁVILA, Humberto. Teoria da segurança jurídica. 5ª edição. São Paulo: Malheiros, 2019, p. 328.
7. COSTA, Regina Helena. Curso de Direito Tributário – Constituição e Código Tributário Nacional. 4ª edição. São Paulo: Editora Saraiva, 2014, p. 125.

3.1 Prestação pecuniária compulsória, em moeda ou cujo valor nela se possa exprimir

Este trecho expressa a compulsoriedade da obrigação tributária, decorrente do poder de império que o Estado exerce na tributação. Se uma prestação não é compulsória, dependendo de prévia anuência para seu recolhimento, não poderá ser classificada como tributo. Nesse sentido, o STF decidiu, na ADI 5794 (j. 29.06.2018), que a Lei 13.467/2017, ao exigir prévia e expressa anuência de todo e qualquer trabalhador para o desconto da contribuição sindical, suprimiu sua natureza tributária.

A compulsoriedade coaduna-se também com a conceituação do tributo como obrigação "*ex lege*", em oposição às obrigações voluntárias. Tal classificação, que fique claro, não diz respeito à obrigatoriedade/faculdade de adimplemento, mas sim ao requisito da obrigatoriedade presente no surgimento, na origem da obrigação.

Desse modo, as obrigações voluntárias são aquelas que têm como sua fonte a vontade de se obrigar. Diferem, portanto, das obrigações tributárias, que não exigem ato volitivo para o seu nascimento, bastando a configuração da situação objetivamente definida em lei.

Existe uma doutrina minoritária que confere natureza tributária às prestações *in natura* ou *in labore* em favor do Estado. Seria o caso de frações de mercadorias comercializadas (*in natura*), ou prestação de serviços ao Estado (*in labore*).

A doutrina majoritária, porém, rejeita essa possibilidade.

Essa rejeição ao "tributo *in natura*" não impede a aceitação da dação em pagamento de bens imóveis, prevista no artigo 156, XI do CTN. Esse dispositivo não representa a norma instituidora do tributo, que deve necessariamente prever a quantificação do tributo em dinheiro, mas sim uma norma que trate da extinção do crédito tributário, a qual pode prever a possibilidade de se extinguir a dívida mediante entrega de bens[8].

Quanto à dação em pagamento de bens móveis, o Supremo Tribunal Federal já entendeu que é inconstitucional a previsão em lei distrital de quitação de débitos tributários mediante a dação em pagamento de materiais destinados a atender programas do Governo Distrital. Consignou-se haver no caso ofensa ao princípio da licitação, bem como violação ao artigo 37, XXI, da Constituição Federal, que prevê a competência da União para legislar sobre normas gerais de licitação (ADI 1917, DJ 24.08.2007).

Posteriormente, no julgamento do mérito da ADI 2405 (20.09.2019), o Pleno do STF fixou a orientação de que não há reserva de lei complementar federal para tratar de novas hipóteses de suspensão e extinção de créditos tributários, sendo facultado ao Estado-Membro estabelecer regras específicas de quitação de seus próprios créditos tributários. Nessa Ação Direta de Inconstitucionalidade, o STF analisava dispositivos de lei do Rio Grande do Sul (arts. 122 a 129 da Lei Estadual 6.537/1973) que versavam sobre dação em pagamento de bens móveis e imóveis. A inclusão dessa modalidade de extinção do crédito tributário havia sido introduzida pela Lei Estadual 11.475/2000, antes mesmo da inclusão do inciso XI ao art. 156 do CTN, que passou a prever a dação em pagamento em bens

8. CARVALHO, Paulo de Barros. Curso de Direito Tributário. 25ª edição. São Paulo: Editora Saraiva, 2013, p. 441-442.

imóveis com a alteração realizada pela Lei Complementar 104/2001. No voto do relator, Ministro Alexandre Moraes, foi expresso o entendimento de que "a Constituição Federal não reservou à lei complementar o tratamento das modalidades de extinção e suspensão dos créditos tributários, à exceção da prescrição e decadência, previstos no art. 146, III, b, da CF". Reiterou-se ainda a orientação já adotada no julgamento da medida cautelar, segundo a qual **a possibilidade de o Estado conceder remissão do crédito tributário, perdoando a dívida, acarreta a permissão para que o mesmo ente estabeleça a forma de recebimento do crédito tributário devido pelo contribuinte** (teoria dos poderes implícitos). Com essas considerações, o relator chegou à conclusão de que as modalidades de extinção do crédito tributário dispostas no art. 156 do CTN não formam um rol exaustivo.

Apesar da aparente contrariedade entre os resultados dos julgamentos na ADI 1917 e na ADI 2405, o relator desta última, Ministro Alexandre de Moraes, procedeu a uma distinção entre o escopo das duas ações, argumentando que na primeira o cerne da discussão estava circunscrito ao desrespeito ao processo licitatório, o que implicaria contrariedade ao art. 37, XXI, da Constituição.

Não obstante a tentativa de se proceder a uma diferenciação, fato é que o entendimento mais recente do Pleno do STF é pela **possibilidade de criação, por lei ordinária** dos respectivos entes tributantes, **de novas modalidades de extinção do crédito tributário**, cujo rol constante do CTN não seria, diante desse entendimento, taxativo.

3.2 Que não constitua sanção de ato ilícito

O tributo não tem natureza punitiva. Sua finalidade primordial é arrecadar, admitindo-se também a indução de comportamentos dos agentes econômicos. A punição de condutas é função das multas, que não se confundem com os tributos.

Não se pode ignorar a existência de multas tributárias, que de acordo com o artigo 113, § 3º do CTN consiste em obrigação tributária principal relativamente à penalidade pecuniária quando da inobservância de obrigação tributária acessória.

O artigo 113, § 1º do CTN, por sua vez, carece de boa técnica redacional, ao proferir que a obrigação principal surge com a ocorrência do fato gerador, tem por objeto o pagamento de tributo ou penalidade pecuniária e extingue-se juntamente com o crédito dela decorrente.

Percebe-se que o dispositivo trata a multa tributária como obrigação tributária principal, parecendo conferir-lhe natureza tributária. Por outro lado, separa o tributo da penalidade pecuniária, com a conjunção alternativa "ou", agora fazendo crer que tributo não se confunde com penalidade.

Em que pese a inclusão das penalidades pecuniárias pelo descumprimento das obrigações acessórias na categoria de "obrigação tributária principal", uma análise sistemática do Código Tributário Nacional não deixa dúvidas de que o tributo não se confunde com a multa.

A inclusão da "penalidade pecuniária" a que se refere o artigo 113, § 1º do CTN na categoria de obrigação tributária principal, contudo, pode trazer consequências práticas importantes, como a aplicação da indisponibilidade de bens e direitos prevista no artigo 185-A do CTN às multas tributárias, que segundo a jurisprudência só se aplica a dívidas de natureza tributária.

Outro ponto que merece destaque no conceito não sancionatório do tributo é a possibilidade de o tributo incidir mesmo quando a circunstância em que ocorreu o fato gerador seja permeada de ilicitude.

Pode ocorrer que uma renda seja auferida em circunstância ilícita, como no tradicional exemplo dos rendimentos oriundos do tráfico de drogas, ou ainda a remuneração do "matador de aluguel".

Também é o caso de pessoas que exercem uma atividade profissional para a qual a lei exige habilitação específica. Desse modo o bacharel em direito que não possui inscrição na OAB e pratica atos privativos de advogado incorre em ilicitude, mas ainda assim será tributado pelo imposto de renda sobre os rendimentos que auferir. Da mesma maneira, a médica que ainda cursa a residência em cardiologia e resolve exercer a prática clínica na especialidade em consultório do pai. Imagine-se ainda o diretor de instituição financeira que contrata empréstimo com a entidade que dirige, mesmo estando legalmente vedado para tanto. Apesar da circunstância ilícita, incidirá o IOF sobre a operação de crédito (fato gerador)[9].

Todos os exemplos citados acima em nada infirmam o caráter não punitivo do tributo. Isso porque a ilicitude, em todos os casos observados, é acidental à ocorrência do fato gerador. **O que se tributa não é o ato ilícito em si, mas sim o fato gerador** "auferir renda" ou "operação de crédito". Trata-se de aplicação do princípio ***pecunia non olet*** (o dinheiro não cheira) ou **interpretação objetiva do fato gerador**, segundo o qual a circunstância de o fato gerador de determinado tributo ter origem em ato ilícito não prejudica a incidência da lei tributária e de seus efeitos.

É possível identificar a previsão legal desse princípio no artigo 118 do CTN (grifo adicionado):

> Art. 118. A definição legal do fato gerador é interpretada **abstraindo-se:**
>
> I - **da validade jurídica dos atos efetivamente praticados pelos contribuintes**, responsáveis, ou terceiros, bem como da natureza do seu objeto ou dos seus efeitos;
>
> II - dos efeitos dos fatos efetivamente ocorridos.

O que contrariaria o conceito de tributo do CTN seria eventual lei instituidora da exação com uma hipótese de incidência descritiva de ato ilícito. Nesse caso a ilicitude

9. Há também o argumento de que a tributação de ganho decorrente de avaliação de ativo a valor justo, na hipótese em que tal ganho não for evidenciado em subconta vinculada ao ativo (Lei 12.973/2014, art. 13), também representaria uma tributação em razão de fato ilícito, pois a razão de ser da tributação seria o descumprimento de uma obrigação legal. Nesse sentido: FERNANDES, Edison Carlos. Capacidade Colaborativa e o Tributo como Penalidade: o Caso do Controle Fiscal em Subconta Contábil. Revista Direito Tributário Atual nº 37. São Paulo, IBDT, 2017, p. 113-117; PIRES, Cristiane. Descumprimento de Obrigação Tributária e Dever Instrumental: O Caso do Dever de Controle de Subcontas Contábeis na Lei N. 12.973/2014 e A Incidência Do IRPJ. Revista Direito Tributário Atual nº 40. São Paulo, IBDT, 2018, p. 136-154.

não seria elemento acidental do fato gerador, mas sim sua própria essência, o que entra em choque com a natureza não punitiva do tributo.

Isso significa que caso se constate uma manifestação de capacidade contributiva como a de auferir renda no contexto de uma atividade criminosa, será legítima a incidência tributária. Esta só poderia ser obstada em casos nos quais o criminoso já não mais manifesta a capacidade contributiva exigida, como, por exemplo, nos casos de aplicação de pena de perdimento de bens[10].

A jurisprudência do STJ (HC 83.292, REsp 1.208.583 e REsp 984.607), bem como a do STF (HC 77.530 e HC 94.240) adotam o entendimento acima explanado, invocando ainda o princípio da isonomia para legitimar a tributação de fatos geradores ocorridos em circunstâncias ilícitas. Na ementa do HC 77.530, o STF asseverou que "a exoneração tributária dos resultados econômicos de fato criminoso – antes de ser corolário do princípio da moralidade – constitui violação do princípio de isonomia fiscal, de manifesta inspiração ética".

Há uma ressalva constitucional à cláusula de que o tributo não constitui sanção de ato ilícito. Trata-se do artigo 182, § 4º da Constituição Federal (grifo adicionado):

> Art. 182. A política de desenvolvimento urbano, executada pelo Poder Público municipal, conforme diretrizes gerais fixadas em lei, tem por objetivo ordenar o pleno desenvolvimento das funções sociais da cidade e garantir o bem- estar de seus habitantes.
>
> (...) § 4º É facultado ao Poder Público municipal, mediante lei específica para área incluída no plano diretor, exigir, nos termos da lei federal, do proprietário do solo urbano não edificado, subutilizado ou não utilizado, que promova seu adequado aproveitamento, sob pena, sucessivamente, de:
>
> I - parcelamento ou edificação compulsórios;
>
> II - **imposto sobre a propriedade predial e territorial urbana progressivo no tempo**;
>
> III - desapropriação com pagamento mediante títulos da dívida pública de emissão previamente aprovada pelo Senado Federal, com prazo de resgate de até dez anos, em parcelas anuais, iguais e sucessivas, assegurados o valor real da indenização e os juros legais.

Segundo o dispositivo constitucional reproduzido acima, o IPTU, imposto de competência municipal, será majorado caso o proprietário do imóvel incorra em ilícito em relação à política urbana. Trata-se de autêntico tributo de caráter sancionador[11].

Não há, contudo, nenhum óbice para tanto. Isso porque a Constituição não pode ser interpretada de acordo com o conceito legal de tributo. Havendo disposição constitucional que reduza o alcance da cláusula legal, deve-se admitir que nesse caso o tributo pode sim constituir sanção de ato ilícito. Ainda mais quando o mandamento constitucional em questão não foi introduzido por emenda constitucional, diante da constatação de que as normas constitucionais originárias não podem ser objeto de controle de constitucionalidade.

10. SCHOUERI, Luís Eduardo. Direito Tributário. 5ª edição. São Paulo, Saraiva, 2015, p. 158.
11. SCHOUERI, Luís Eduardo. Direito Tributário. 5ª edição. São Paulo, Saraiva, 2015, p. 160.

3.3 Instituída em Lei

Este trecho é uma decorrência lógica do princípio constitucional da legalidade que é uma das bases do direito tributário brasileiro. Significa que qualquer espécie tributária deve ser, inevitavelmente, instituída em lei (em seu sentido formal e material), devidamente submetida ao processo legislativo estabelecido pela Constituição.

O tributo é prestação instituída em lei, sua fonte imediata, sendo a vontade irrelevante para o surgimento da obrigação tributária. Constatada a hipótese de incidência no mundo fático, não se indaga a respeito de qualquer manifestação volitiva do contribuinte. A obrigação tributária decorre da lei, sendo receita derivada, marcada pelo poder de império do Estado.

Não poderia ser diferente, já que o direito tributário se baseia no princípio da legalidade, só sendo possível a sua instituição por meio de lei (ou medida provisória, que tem força de lei, nos termos do artigo 62, § 2º da CF). Tanto o artigo 97 do CTN quanto o artigo 150, I da CF são contundentes em exigir a lei como instrumento necessário para a instituição de tributos.

Importante destacar que o princípio da legalidade tributária pode ser mitigado no que diz respeito à alteração de alíquotas de alguns impostos. A instituição de tributos, diversamente, é matéria que não comporta exceção ao princípio da legalidade tributária.

Em que pese haver doutrina e jurisprudência do STF que reconheça uma flexibilização do princípio da legalidade (necessária segundo alguns diante do atual dinamismo tecnológico e econômico), a instituição do tributo mediante lei permanece como um limite constitucional à tributação. O tema será estudado com maiores detalhes no tópico relativo ao princípio constitucional tributário da legalidade.

3.4 Cobrada mediante atividade administrativa plenamente vinculada

A atividade de administrativa de cobrança do tributo é plenamente vinculada, o que remete à sua compulsoriedade e ao fato de ter como fonte imediata a lei.

Sendo a obrigação tributária instituída por lei cogente, a atividade de cobrança da dívida tributária deve guiar-se pela estrita obediência aos ditames legais.

Não é dado ao agente fiscal fazer uso de juízo de conveniência e oportunidade, próprio dos atos discricionários já que incide sobre a atividade da Administração Tributária os princípios da supremacia do interesse público e da indisponibilidade do interesse público. O auditor fiscal, ao verificar a ocorrência do fato gerador, deve se reportar às estritas regras concernentes ao procedimento administrativo de constituição e cobrança do crédito tributário.

Em consonância com as premissas expostas acima, tem-se o artigo 142, parágrafo único do CTN, que declara ser a atividade administrativa de lançamento vinculada e obrigatória, sob pena de responsabilidade funcional.

Deve-se ressalvar que essa cláusula do conceito de tributo possui sua abrangência subtraída por ao menos duas realidades do nosso direito tributário: a) a privatização da administração tributária; e b) a constituição de tributos na Justiça do Trabalho. A previsão de transação tributária no próprio CTN (art. 171) não infirma a atividade vinculada de cobrança do tributo, uma vez que as concessões do negócio transacional só podem se realizar nos termos da lei.

3.4.1 *A privatização da Administração Tributária*

A referência a uma cobrança mediante atividade administrativa plenamente vinculada não impede que o próprio particular possua a incumbência de realizar certas atividades que outrora eram exclusivas de um agente estatal. A autorização jurisprudencial para a constituição do crédito tributário pelo particular é antiga, tendo sido cristalizada na **súmula 436 do STJ**: "A entrega de declaração pelo contribuinte, reconhecendo o débito fiscal, constitui o crédito tributário, dispensada qualquer outra providência por parte do Fisco".

Neste ponto há a controvérsia sobre a classificação do chamado "**lançamento por homologação**".

O Código Tributário Nacional, em seu artigo 150, dispõe que o lançamento por homologação, que ocorre quanto aos tributos cuja legislação atribua ao sujeito passivo o dever de antecipar o pagamento sem prévio exame da autoridade administrativa, opera-se pelo ato em que a referida autoridade, tomando conhecimento da atividade assim exercida pelo obrigado, expressamente a homologa.

Para uma primeira corrente, o Código, ao se referir a lançamento por homologação, exigiria, para a caracterização do lançamento, uma atuação estatal, que nesse caso seria apenas a homologação de toda a tarefa de identificação do tributo, da base de cálculo, alíquota e períodos pelo próprio contribuinte. Segundo esse entendimento, o particular não poderia imiscuir-se na atividade do lançamento, que seria sempre atribuição do Fisco, ainda que esta atuação resumisse a um ato homologatório. Esse raciocínio implica na admissão de tributos que surgiriam e seriam adimplidos sem lançamento, pois em muitos casos o particular identifica os valores devidos mediante declaração e procede ao pagamento sem que o Fisco realize qualquer ato comissivo em relação ao procedimento do contribuinte.

Outra corrente doutrinária advoga que, a despeito de existirem tributos sem lançamento, a homologação prevista no CTN à atividade do particular não poderia ser classificada como lançamento. Para esta linha de pensamento, o CTN teria incorrido em contradição ao considerar a homologação da atividade do particular como lançamento.

Ainda que não se considere a atividade de constituição do crédito tributário pelo particular como lançamento, a chamada **privatização da administração tributária (transferência ao particular de funções que outrora eram exercidas apenas pelo Estado)** acaba por mitigar a cláusula "cobrada por atividade administrativa plenamente vinculada". Isso porque na grande maioria dos tributos atuais, é o particular que identifica o fato gerador, seus elementos temporal (exercício), espacial, pessoal, quantitativo (alíquota e base de cálculo), e mediante declaração eletrônica, constitui o crédito tributário, que assim terá o montante devido e o período de vencimento. A homologação tácita, assim, não é suficiente para se constatar, nesses casos, uma atividade administrativa plenamente vinculada voltada à arrecadação.

3.4.2 *Constituição de Crédito Tributário na Justiça do Trabalho*

O artigo 114, VIII, da Constituição Federal dispõe que compete à Justiça do Trabalho processar e julgar a execução, de ofício, das contribuições sociais previstas no art. 195, I, "a", e II, e seus acréscimos legais, decorrentes das sentenças que proferir. Ou seja, no caso de condenação do empregador em parcelas remuneratórias que haviam sido inadimplidas, as contribuições previdenciárias são constituídas no bojo do processo judicial trabalhista que reconheceu as verbas (e as respectivas contribuições previdenciárias).

Trata-se de uma hipótese de crédito tributário constituído em um processo judicial, e não por atividade administrativa plenamente vinculada.

Em obediência ao contraditório, o artigo 879, § 3º da CLT determina que a União seja intimada dos cálculos elaborados pelas partes e pelos órgãos auxiliares da Justiça do Trabalho acerca da base de cálculo das contribuições previdenciárias. O § 4º, por sua vez, estabelece que a atualização do crédito devido à Previdência Social observará os critérios estabelecidos na legislação previdenciária, não havendo que se falar em adoção do mesmo índice de atualização das verbas trabalhistas.

Nesse caso, portanto, temos tributos que não são constituídos pelo Fisco. Quando muito, poder-se-ia argumentar que a manifestação da União poderia ser equiparada à homologação de lançamento prevista no CTN, homologação esta, que, a nosso ver, não pode ser confundida com o lançamento em si.

De qualquer modo, deve-se prestar atenção para a distinção entre decisões da Justiça do Trabalho que simplesmente reconhecem vínculo trabalhista, sem impor condenação de verbas trabalhistas, e decisões que condenatórias que impõem a obrigação de adimplir verbas trabalhistas. Nesse sentido:

> (...) É o caso, por exemplo, de uma empresa que mantém empregados sem registro na carteira de trabalho. Na hipótese, em relação àqueles empregados não registrados nunca irá ocorrer o fato gerador da contribuição social devida pelo empregador, porque não haverá pagamento da folha de remuneração desses empregados que são pagos pelo caixa 2. Na hipótese, sobrevindo a condenação judicial reconhecendo o vínculo trabalhista, a partir dessa decisão da Justiça do Trabalho cabe ao fisco promover o lançamento da contribuição previdenciária nos termos do art. 173 do CTN, contando-se retroativamente o prazo quinquenal. Em relação à decisão condenatória em pecúnia, cabe ao próprio juiz do trabalho promover a execução das contribuições previstas no art. 195, I e II, da CF (art. 114, VIII, da CF). No caso, a sentença homologatória do cálculo equivalerá ao lançamento tributário, suficiente para constituição definitiva do crédito tributário. Todavia, em relação ao período em que houve reconhecimento do vínculo empregatício, porém sem condenação pecuniária, não cabe ao Judiciário promover a execução da contribuição social exatamente por ausência da base de cálculo.[12]

Essa necessidade de condenação para execução das contribuições foi inclusive reconhecida pelo STF no RE 569.056 (j. 11.09.2008), julgado em sede de **repercussão geral** (grifo adicionado):

---

12. HARADA, Kiyoshi. Contribuições Sociais. Doutrina e Prática. São Paulo: Atlas, 2015, p. 47.

> A competência da Justiça do Trabalho, nos termos do disposto no art. 114, VIII, da CF, limita-se à execução, de ofício, das contribuições sociais previstas no art. 195, I, a, e II, e seus acréscimos legais, decorrentes das sentenças condenatórias em pecúnia que proferir e aos valores objeto de acordo homologado que integrem o salário de contribuição, **não abrangendo, portanto, a execução de contribuições atinentes ao vínculo de trabalho reconhecido na decisão, mas sem condenação ou acordo quanto ao pagamento das verbas salariais que lhe possam servir como base de cálculo** ("Art. 114 VIII - a execução, de ofício, das contribuições sociais previstas no art. 195, I, a , e II, e seus acréscimos legais, decorrentes das sentenças que proferir;"). (...) Salientou-se que a decisão trabalhista que não dispõe sobre pagamento de salário, mas apenas se restringe a reconhecer a existência do vínculo empregatício não constitui título executivo no que se refere ao crédito de contribuições previdenciárias. (...) (Informativo 519 do STF)

Consolidando essa posição, o Supremo editou a **súmula vinculante 53**, no seguinte teor: "A competência da Justiça do Trabalho prevista no art. 114, VIII, da Constituição Federal alcança a execução de ofício das contribuições previdenciárias relativas ao objeto da condenação constante das sentenças que proferir e acordos por ela homologados.".

Esse entendimento jurisprudencial corrobora a orientação de que apenas nos casos de decisão **condenatória** da Justiça do Trabalho é que se pode falar em constituição do crédito tributário por atividade judicial.

Por fim, vale destacar, em relação à competência da Justiça do Trabalho para executar as contribuições previdenciárias, que o STF fixou tese de **repercussão geral** (RE 595.326, j. 24.08.2020) no sentido de que "A Justiça do Trabalho é competente para executar, de ofício, as contribuições previstas no artigo 195, incisos I, alínea a, e II, da Carta da República, relativamente a títulos executivos judiciais por si formalizados em data anterior à promulgação da Emenda Constitucional nº 20/1998".

4. O ARTIGO 4º DO CTN

Por fim, cumpre tecer breves considerações sobre o artigo 4º do CTN, que tem a seguinte redação:

> Art. 4º A natureza jurídica específica do tributo é determinada pelo fato gerador da respectiva obrigação, sendo irrelevantes para qualificá-la:
>
> I - a denominação e demais características formais adotadas pela lei;
>
> II - a destinação legal do produto da sua arrecadação.

Como se verá no capítulo a respeito das contribuições, o segundo inciso, que prevê a irrelevância da destinação legal do produto da sua arrecadação, encontra-se superado, tendo em vista que a Constituição de 1988 prevê a destinação dos recursos das contribuições às suas finalidades.

Desse modo, permanece como irrelevante a nomenclatura dada à espécie tributária, conforme o inciso I acima transcrito.

Em relação à determinação da natureza jurídica específica do tributo pelo fato gerador, vale uma ressalva: há impostos e contribuições que possuem idêntico fato gerador, sendo diferenciados justamente pela destinação legal do produto de sua arrecadação.

É possível citar como exemplo o Imposto de Renda das Pessoas Jurídicas e a Contribuição Social sobre o Lucro Líquido. Tais tributos possuem fato gerador praticamente idêntico, com algumas diferenciações na forma de apuração. Distinguem-se, assim, não pelo fato gerador, mas pela destinação legal do montante arrecadado (vinculado na contribuição e desvinculado no imposto).

5. CLASSIFICAÇÕES DOS TRIBUTOS

Embora seja comum se afirmar que não existem classificações certas ou erradas, mas sim úteis ou inúteis, vale destacar a reflexão dissonate de Eurico de Santi, segundo a qual as classificações no âmbito do direito positivo podem ser válidas ou não, enquanto as classificações nos domínios da ciência do direito podem ser inseridas nas categorias "verdadeira" ou "falsa", a depender de sua fidelidade e coerência com o direito positivo[13].

A seguir serão abordadas algumas classificações frequentemente mencionadas na doutrina e na jurisprudência, sem a pretensão de esgotar a análise do estudo classificatório dos tributos.

5.1 Tributos federais, estaduais, distritais e municipais

Essa primeira divisão dos tributos enfoca a pessoa política titular da competência tributária para a instituição dos tributos.

Desse modo, são federais os tributos instituídos pela União, estaduais os instituídos pelos Estados-membros, distritais aqueles de competência do Distrito Federal, e municipais os instituídos pelos diversos Municípios.

Alguns tributos podem ser instituídos por todos os entes políticos. É o caso dos impostos, das taxas e das contribuições de melhoria.

A Constituição Federal, entre seus artigos 153 a 156, confere a todos os entes políticos a competência tributária para a instituição de impostos, separando, contudo, quais impostos competirão a cada um dos entes. Desse modo, apenas a União pode instituir imposto sobre a renda (CF, 153, III), apenas o Estado ou o Distrito Federal podem cobrar imposto sobre a propriedade de veículos automotores (CF, 155, III) e apenas os Municípios ou o Distrito Federal podem se valer de um imposto que tenha como materialidade a prestação de serviços (CF, 156, III).

Perceba-se que o Distrito Federal pode instituir os impostos que competem aos Estados e também aos Municípios, tendo em vista a natureza híbrida do Distrito Federal, que possui competências administrativas estaduais e municipais.

Em relação às taxas e à contribuição de melhoria, a Constituição não discrimina quais materialidades são reservadas a esse ou àquele ente político. Como tais tributos são

13. SANTI, Eurico Marcos Diniz de. As Classificações no Sistema Tributário Brasileiro. *In*: Justiça Tributária: direitos do fisco e garantias dos contribuintes nos atos da administração e no processo tributário. I Congresso Internacional de Direito Tributário, Instituto Brasileiro de Estudos Tributários. São Paulo: Max Limonad, 1998, p. 773-792.

instituídos em razão de uma atividade estatal, tendo função contraprestacional, serão de competência do ente que prestar o serviço público ou a atividade fiscalizatória a serem remunerados (no caso das taxas), ou ainda, que tiver realizado a obra pública (no caso da contribuição de melhoria).

Especificamente em relação às taxas, a legitimidade da competência tributária guarda relação com a legitimidade da competência administrativa: a taxa será legítima na medida em que o serviço a ser remunerado for de competência constitucional do ente tributante.

Para isso, deve-se observar as competências administrativas da União (artigo 21 da CF), dos Municípios (artigo 30 da CF), e dos Estados (competência residual, nos termos do artigo 25, § 1º da CF). O Distrito Federal, frise-se mais uma vez, cumula as competências estaduais e municipais (CF, artigo 147).

O artigo 145 da CF deixa claro que todos os entes da Federação podem instituir impostos, taxas e contribuições de melhoria:

> CF, art. 145. A União, os Estados, o Distrito Federal e os Municípios poderão instituir os seguintes tributos:
>
> I - impostos;
>
> II - taxas, em razão do exercício do poder de polícia ou pela utilização, efetiva ou potencial, de serviços públicos específicos e divisíveis, prestados ao contribuinte ou postos a sua disposição;
>
> III - contribuição de melhoria, decorrente de obras públicas.

As outras espécies tributárias (empréstimos compulsórios e contribuições especiais) não podem ser instituídas por qualquer ente federado.

O empréstimo compulsório é de competência privativa da União, não podendo outra pessoa política instituí-lo.

No que tange às contribuições especiais, faz-se necessário uma análise mais detida, dada a pluralidade de contribuições dentro dessa espécie tributária.

Pode-se dizer que, em regra, as contribuições especiais são instituídas pela União. O artigo 149 da CF é explícito ao dizer que compete exclusivamente à União instituir contribuições sociais, de intervenção no domínio econômico e de interesse das categorias profissionais ou econômicas.

As contribuições devidas pelos servidores estatutários para financiar o respectivo regime próprio de previdência, porém, são instituídas pelos Estados, Distrito Federal e Municípios, podendo ter alíquotas progressivas de acordo com o valor da base de contribuição ou dos proventos de aposentadoria e de pensões (artigo 149, § 1º da CF, com a redação dada pela Emenda Constitucional 103/2019). Não faria sentido se a União instituísse contribuição de servidores estaduais, distritais ou municipais para custear a previdência mantida pelo ente estadual, distrital ou municipal. Por isso a Constituição deixa claro que o ente responsável pela previdência de seus servidores será aquele titular da competência para a instituição das contribuições necessárias ao seu custeio.

Com a **Emenda Constitucional 103/2019** conferiu-se à União a competência para instituição de mais uma **contribuição** para o custeio do regime próprio de previdência social.

Essa nova exigência é **extraordinária** e só terá lugar quando a contribuição ordinária dos aposentados e pensionistas que incidir sobre o valor dos proventos de aposentadoria e de pensões que supere o salário-mínimo for insuficiente **para equacionar o deficit atuarial** (CF, art. 149, §§ 1º-A e 1º-B).

Ainda como exceção à regra de que as contribuições são instituídas pela União, temos a contribuição para o custeio do serviço de iluminação pública, prevista no artigo 149-A da CF (incluído pela Emenda Constitucional 39/2002). Tal contribuição pode ser instituída pelos Municípios e pelo Distrito Federal, que podem cobrá-la na fatura de consumo de energia elétrica.

5.2 Tributos fiscais, extrafiscais e parafiscais

Os tributos fiscais, ou de função fiscal, são aqueles que possuem a função arrecadatória como predominante, objetivando assim, carrear recursos aos cofres públicos. Temos como exemplo de tributos fiscais o Imposto de Renda, o ITCMD e o ITBI. Essa função arrecadatória pertence aos tributos, e não às normas tributárias, cujas funções são muito mais complexas que a mera garantia de arrecadação[14].

Outros tributos, contudo, possuem uma função preponderantemente **extrafiscal**, caso em que se destinam a **estimular ou desestimular um determinado comportamento do contribuinte**, ou até mesmo incentivar um setor econômico. Adentra-se no terreno da intervenção do Estado na economia, onde as normas tributárias assumem caráter indutor. Essas normas tributárias indutoras sujeitam-se "às mesmas limitações e, simultaneamente, às mesmas metas comuns a qualquer outra forma de atuação econômica estatal"[15].

Dessa maneira, os impostos sobre o comércio exterior (II e IE) são nítidos exemplos de impostos extrafiscais, uma vez que sua função precípua não é o aporte de recursos ao Erário, mas sim a regulação de importações e exportações tornando-as mais ou menos onerosas, a depender das metas econômicas do País.

Uma observação se faz necessária. **Nenhum tributo será exclusivamente fiscal ou extrafiscal**, pois todo tributo instituído, inevitavelmente, arrecadará e também influenciará na economia e no comportamento dos contribuintes de certo modo.

Por isso, mesmo um tributo com função predominantemente fiscal terá uma faceta extrafiscal e vice-versa. Exemplo disso é o Imposto sobre Produtos Industrializados, considerado

---

14. A função fiscal das normas tributárias não se cumpre com a maior arrecadação possível, mas sim com a "repartição de encargos o mais próximo possível de critérios que sejam derivados da própria justificativa ética e política de cada espécie tributária. Em outras palavras, a função fiscal das normas de impostos, em vez de derivar receitas do domínio econômico para o público, é repartir encargos conforme a capacidade contributiva." (ROCHA, Paulo Victor Vieira da. Fiscalidade e Extrafiscalidade: uma Análise Crítica da Classificação Funcional das Normas Tributárias. Revista Direito Tributário Atual n. 32. São Paulo: IBDT/Dialética, 2014, p. 260). Segundo o mesmo autor: "A função principal dos tributos é arrecadar, mas a das normas tributárias é repartir encargos conforme o critério de igualdade inerente à justificação de cada espécie tributária, como a capacidade contributiva no caso dos impostos." (*Op. cit.*, p. 274).
15. SCHOUERI, Luís Eduardo. Normas Tributárias Indutoras e Intervenção Econômica. Rio de Janeiro: Forense, 2005, p. 89.

pela doutrina majoritária como fiscal, mas que tem na seletividade um desestímulo ao consumo de produtos supérfluos.

Por fim, a doutrina observa ainda a existência de **tributos parafiscais**, que seriam aqueles em que a lei indica uma pessoa diversa da instituidora do tributo para desempenhar as funções de exigir o adimplemento do tributo, além de destinar-lhe os recursos arrecadados. Desse modo, **nos tributos parafiscais existe uma dissociação entre a pessoa política detentora da competência tributária para instituir o tributo e a pessoa que arrecada o tributo e que será destinatária de seus recursos.** Essa é a marca da parafiscalidade, que teria como melhor exemplo as contribuições especiais corporativas (contribuições profissionais exigidas pelos conselhos de fiscalização profissional).

Todavia, é preciso destacar uma divergência doutrinária a respeito da definição de tributo parafiscal. Alguns doutrinadores consideram que basta a destinação dos recursos arrecadados para pessoa diversa da instituidora do tributo para a caracterização do tributo como parafiscal. Nessa linha, a parafiscalidade exige a destinação específica dos recursos a órgão ou fundos específicos, sendo irrelevante a figura do sujeito ativo na relação jurídica tributária[16]. Outros agregam a este elemento o requisito de a pessoa beneficiada pelos recursos necessariamente possuir a capacidade tributária ativa, tornando-se apta a exigir o tributo[17].

5.3 Tributos reais e pessoais

A distinção entre tributos pessoais e reais tem por base uma maior ou menor aproximação do aspecto material da hipótese de incidência do tributo com o aspecto pessoal.

Dessa forma, os tributos reais são aqueles que possuem maior identidade com o aspecto material da hipótese de incidência, tendo mais importância o fato ou a coisa que dá ensejo à tributação, sendo irrelevantes as condições ou características pessoais do contribuinte. A incidência do tributo ocorrerá da mesma forma para sujeitos passivos com qualidades completamente diferentes. Exemplos desses tributos são o IPI, o ICMS, o IOF, o ITR, entre outros.

Já os tributos pessoais são aqueles em que o aspecto material da hipótese de incidência mantém uma relação próxima com o aspecto pessoal da exação. Nesse caso, serão levadas em conta as qualidades pessoais do contribuinte, e o tributo incidirá de forma diferente conforme se alterem as características do sujeito passivo. Como sintetiza Regina Helena Costa[18], "nesse caso, as qualidades jurídicas dos sujeitos passivos refletem-se no aspecto material da hipótese de incidência para estabelecer diferenciação no tratamento destes".

O exemplo clássico de tributo pessoal é o Imposto de Renda, que no caso de pessoas físicas poderá ter uma série de deduções em relação a despesas do contribuinte com educação e saúde. Ou seja, a depender das condições pessoais do contribuinte, o aspecto

16. CASTELLANI, Fernando F. Contribuições Especiais e sua Destinação. São Paulo: Noeses, 2009, p. 95.
17. CARVALHO, Paulo de Barros. Curso de Direito Tributário. 25ª edição. São Paulo: Editora Saraiva, 2013, p. 235.
18. COSTA, Regina Helena. Curso de Direito Tributário – Constituição e Código Tributário Nacional. 4ª edição. São Paulo: Editora Saraiva, 2014, p. 133.

quantitativo do imposto será diferente. Também em relação às pessoas jurídicas, existirão diferentes formas de apuração do montante a ser pago a depender das particularidades da pessoa jurídica.

A respeito dessa classificação, tem-se o artigo 145, § 1º da CF , segundo o qual sempre que possível, os impostos terão caráter pessoal e serão graduados segundo a capacidade econômica do contribuinte, facultado à administração tributária, especialmente para conferir efetividade a esses objetivos, identificar, respeitados os direitos individuais e nos termos da lei, o patrimônio, os rendimentos e as atividades econômicas do contribuinte.

Percebe-se assim que nos impostos pessoais a capacidade econômica do contribuinte, ou capacidade contributiva, deve ser identificada e servir como parâmetro para a graduação da carga tributária.

A jurisprudência mais recente do STF, todavia, tem entendido que o princípio da capacidade contributiva também se estende aos impostos reais (RE 562.045), e às taxas (RE 232.393). Não se pode esquecer ainda, que art. 5º, LXXIV e LXXVII da CF confere imunidade de taxas a pessoas pobres, sendo uma nítida aplicação do princípio da capacidade contributiva.

O STF, acolhendo tal diferenciação, entendeu possível a aplicação da progressividade tanto aos impostos pessoais como aos impostos reais (RE 562.045, **repercussão geral**, j. 06.02.2013).

Com isso, deve-se atentar que, a classificação dos tributos em pessoais e reais não é extremamente rígida, havendo traços que tradicionalmente eram reconhecidos apenas nos tributos pessoais, como a progressividade e a capacidade contributiva, também nos tributos reais.

5.4 Tributos diretos e indiretos

Essa classificação leva em conta a repercussão econômica do tributo.

Os tributos diretos são aqueles cujo ônus econômico é suportado apenas pela pessoa eleita pela norma tributária como contribuinte da exação, chamado de contribuinte de direito. Nesse caso não há sujeitos estranhos à relação jurídico-tributária que arcarão financeiramente com o tributo. Exemplos de tributos diretos são os impostos sobre o patrimônio e a renda: IR, IPVA, ITBI, ITCMD.

Tributos indiretos, contrariamente, são os que possuem repercussão econômica, sendo pagos, indiretamente, por sujeitos alheios à relação jurídico-tributária, chamados de contribuintes de fato. Esse último é aquele sujeito que, apesar de não ter sido eleito pela norma tributária como a pessoa obrigada legalmente a adimplir a prestação pecuniária do tributo, suportará financeiramente o encargo tributário. Em outras palavras, é o patrimônio do contribuinte de fato que sofrerá uma redução com o tributo indireto. Há duas pessoas distintas: o contribuinte de direito e o contribuinte de fato.

Os exemplos dessa espécie são notadamente os impostos sobre a produção e sobre o consumo, tais como o ICMS e o IPI, que têm seus custos repassados ao consumidor final, compondo o preço dos produtos e mercadorias adquiridos.

Costuma-se fazer duas críticas a essa classificação.

A primeira seria a de que essa classificação toma um aspecto econômico para definir uma realidade jurídica, trazendo para o Direito noções e conceitos que lhes são estranhos. Não se deve esquecer, contudo, que a própria norma tributária do art. 166 do CTN trouxe para o direito a relevância da "transferência do encargo financeiro" do tributo no tema concernente à restituição de tributos[19]. Ao menos nas circunstâncias em que a própria norma tributária considere relevante a repercussão econômica do tributo, esse conceito deixa de ser exclusivamente econômico, para se tornar também jurídico.

A segunda crítica seria a de que mesmo os tributos diretos possuem repercussão econômica, já que até o Imposto de Renda, por exemplo, será computado como um custo da empresa na venda ou produção de suas mercadorias/produtos. O custo dos tributos diretos, assim, é repassado aos consumidores, ainda que de modo menos evidente. Sendo um desembolso computado na equação da atividade empresarial, será computado e determinante do preço de bens e serviços oferecidos no mercado.

Desse modo, mesmo que de forma oblíqua, os tributos diretos também são repassados ao consumidor final.

6. QUADRO SINÓTICO

RECEITAS ORIGINÁRIAS E RECEITAS DERIVADAS

Receitas originárias	Receitas derivadas
Atuação estatal como particular	exercício do poder de império
Royalties, doações, tarifas	tributos, multas e reparações de guerra

1

O CONCEITO CONSTITUCIONAL DE TRIBUTO

» o conceito do art. 3º do CTN só é admitido pelo fato de não contrariar o regime jurídico dos tributos previsto na Constituição. 2

ANÁLISE DO CONCEITO DO ART. 3º DO CTN

» tributo é toda prestação pecuniária compulsória, em moeda ou cujo valor nela se possa exprimir, que não constitua sanção de ato ilícito, instituída em lei e cobrada mediante atividade administrativa plenamente vinculada. 3

Prestação pecuniária compulsória, em moeda ou cujo valor nela se possa exprimir

Compulsório	Facultativo
contribuições do art. 149 da CF	contribuição sindical (Lei 13.467/2017; ADI 5794)

3.1

19. CTN, art. 166. A restituição de tributos que comportem, por sua natureza, transferência do respectivo encargo financeiro somente será feita a quem prove haver assumido o referido encargo, ou, no caso de tê-lo transferido a terceiro, estar por este expressamente autorizado a recebê-la.

<table>
<tr>
<td>Que não constitua sanção de ato ilícito</td>
<td>
» tributo não tem natureza punitiva
» multas tributárias não são tributos, mas são tratadas como obrigação tributária principal pelo artigo 113, § 3º do CTN.
» a inclusão da "penalidade pecuniária" (art. 113, § 1º do CTN) na categoria de obrigação tributária principal pode trazer consequências práticas importantes, como a aplicação da indisponibilidade de bens e direitos prevista no artigo 185-A do CTN às multas tributárias.
» exceção constitucional IPTU progressivo no tempo (CF, art. 182, § 4º, II da CF)
</td>
<td>3.2</td>
</tr>
<tr>
<td>Instituída em Lei</td>
<td>
Legalidade tributária
<table><tr><td>art. 150, I da CF</td><td>art. 97 do CTN</td></tr></table>
</td>
<td>3.3</td>
</tr>
<tr>
<td>Cobrada mediante atividade adminis-trativa plenamente vinculada</td>
<td>
» artigo 142, parágrafo único do CTN - lançamento é atividade administrativa
constituição de crédito tributário > lançamento
<table>
<tr><td>autoridade administrativa</td><td>autoridade administrativa</td></tr>
<tr><td>declaração do contribuinte</td><td></td></tr>
<tr><td>decisão da Justiça do Trabalho</td><td></td></tr>
</table>
» lançamento é uma das modalidades de constituição do crédito tributário
</td>
<td>3.4</td>
</tr>
<tr>
<td colspan="3">O ARTIGO 4º DO CTN</td>
</tr>
<tr>
<td colspan="2">
» a natureza jurídica específica do tributo é determinada pelo fato gerador, sendo irrelevantes: -> a denominação e demais características formais adotadas pela lei; -> a destinação legal do produto da sua arrecadação.
» a irrelevância da destinação legal do produto da sua arrecadação encontra-se superado pela Constituição de 1988.
» a destinação dos recursos das contribuições às suas finalidades determina a natureza jurídica específica do tributo (art. 149 da CF).
</td>
<td>4</td>
</tr>
<tr>
<td colspan="3">CLASSIFICAÇÕES DOS TRIBUTOS</td>
</tr>
<tr>
<td>Tributos federais, estaduais, distritais e municipais</td>
<td>
» o Distrito Federal pode instituir os impostos que competem aos Estados e também aos Municípios, tendo em vista a natureza híbrida do Distrito Federal, que possui competências administrativas estaduais e municipais.
» taxas e contribuições de melhoria serão de competência do ente que prestar o serviço público ou a atividade fiscalizatória a serem remunerados (no caso das taxas), ou ainda, que tiver realizado a obra pública (no caso da contribuição de melhoria).
» o empréstimo compulsório é de competência privativa da União, não podendo outra pessoa política instituí-lo.
» em regra, as contribuições especiais são instituídas pela União.
» as contribuições devidas pelos servidores estatutários para financiar o respectivo regime próprio de previdência são instituídas pelos Estados, Distrito Federal e Municípios,
» com a Emenda Constitucional 103/2019 conferiu-se à União a competência para instituição de mais uma contribuição para
</td>
<td>5.1</td>
</tr>
</table>

	» o custeio do regime próprio de previdência social, que só terá lugar quando a contribuição ordinária dos aposentados e pensionistas que incidir sobre o valor dos proventos de aposentadoria e de pensões que supere o salário-mínimo for insuficiente **para equacionar o déficit atuarial** (CF, art. 149, §§ 1º-A e 1º-B). » a contribuição para o custeio do serviço de iluminação pública, prevista no artigo 149-A da CF (incluído pela Emenda Constitucional 39/2002) é instituída apenas pelos Municípios e pelo Distrito Federal.	
Tributos fiscais, extrafiscais e parafiscais	» tributos fiscais possuem a função arrecadatória como predominante (IR, ITCMD e ITBI) » tributos extrafiscais destinam-se a estimular ou desestimular um determinado comportamento do contribuinte, ou até mesmo incentivar um setor econômico (II e IE). » tributos parafiscais são aqueles em que a lei indica uma pessoa diversa da instituidora do tributo para desempenhar as funções de exigir o adimplemento do tributo, além de destinar-lhe os recursos arrecadados.	5.2
Tributos reais e pessoais	» tributos reais - possuem maior identidade com o fato ou a coisa que dá ensejo à tributação, sendo irrelevantes as condições ou características pessoais do contribuinte. (IPI, ICMS, IOF, ITR). » tributos pessoais - o aspecto material da hipótese de incidência mantém uma relação próxima com o aspecto pessoal da exação, sendo levadas em conta as qualidades pessoais do contribuinte (IR).	5.3
Tributos diretos e indiretos	» tributos diretos - o ônus econômico é suportado apenas pela pessoa eleita pela norma tributária como contribuinte da exação, o contribuinte de direito (IR, IPVA, ITBI, ITCMD). » tributos indiretos - possuem uma repercussão econômica, sendo pagos, indiretamente, por sujeitos alheios à relação jurídico-tributária, os contribuintes de fato (ICMS e IPI). » críticas a essa classificação: ✓ toma um aspecto econômico para definir uma realidade jurídica, trazendo para o Direito noções e conceitos que lhes são estranhos. ✓ mesmo os tributos diretos possuem repercussão econômica, já que até o Imposto de Renda será computado como um custo da empresa na venda ou produção de suas mercadorias/produtos, sendo repassado aos consumidores ou contribuintes de fato.	5.4

7. SÚMULAS APLICÁVEIS

7.1 STJ

436. A entrega de declaração pelo contribuinte, reconhecendo o débito fiscal, constitui o crédito tributário, dispensada qualquer outra providência por parte do Fisco.

8. QUESTÕES DE CONCURSOS PÚBLICOS

1. **(Cespe – Auditor Fiscal da Receita Estadual – SEFAZ - AL/2020) A respeito da competência tributária e do conceito e da classificação dos tributos, julgue o item a seguir.**

   Os impostos são tributos não vinculados cuja obrigação tem como fato gerador uma situação independente de qualquer atividade estatal específica relativa ao contribuinte.

   ( ) Certo

   ( ) Errado

2. **(Vunesp – Advogado - EBSERH/2020) São tributos com caráter predominantemente extrafiscal:**

   a) o imposto sobre a renda e proventos de qualquer natureza, o empréstimo compulsório e as contribuições sociais.

   b) o imposto de importação, a contribuição de intervenção no domínio econômico e o imposto sobre operações de crédito, câmbio e seguro, ou relativas a títulos ou valores mobiliários.

   c) o imposto sobre produtos industrializados, o imposto sobre serviços de qualquer natureza e o imposto sobre a circulação de bens e serviços.

   d) o imposto de exportação, o imposto sobre operações de crédito, câmbio e seguro, ou relativas a títulos ou valores mobiliários e o imposto sobre vendas do varejo.

   e) o imposto sobre a renda e proventos de qualquer natureza, as contribuições de intervenção no domínio econômico e os impostos extraordinários.

3. **(FCC – Analista Legislativo – AL - AP/2020) (FCC – Analista Legislativo – AL - AP/2020) No Código Tributário Nacional - CTN, o termo tributo é definido sob o ponto de vista do Direito Tributário, enquanto que, na Lei federal nº 4.320/1964, ele é definido sob o ponto de vista do Direito Financeiro. De acordo com**

   a) o CTN, tributo é toda prestação pecuniária, em moeda ou cujo valor nela se possa exprimir, instituída na legislação e cobrada na data de seu vencimento.

   b) o CTN, tributo é modalidade de imposto cujo produto se destina ao custeio de atividades gerais ou específicas exercidas pelas pessoas jurídicas de direito público, nos termos da Constituição Federal, das Constituições Estaduais e das Leis Orgânicas dos Municípios.

   c) o CTN, tributo é a receita originária compulsória, em moeda ou cujo valor nela se possa exprimir, inclusive quando constitua sanção pecuniária pela prática de ato ilícito.

   d) a Lei federal nº 4.320/1964, tributo é a receita derivada, instituída pelas entidades de direito público, compreendendo os impostos, as taxas e contribuições, nos termos da constituição e das leis vigentes em matéria financeira, destinando-se o seu produto ao custeio de atividades gerais ou específicas exercidas por essas entidades.

   e) a Lei federal nº 4.320/1964, tributo é toda prestação pecuniária compulsória originária, ainda quando constitua sanção de ato ilícito, instituída por entidades de direito público, compreendendo os impostos, as taxas e contribuições, nos termos da constituição e das leis vigentes em matéria financeira, sendo o seu produto destinado ao custeio de atividades gerais ou específicas exercidas por essas entidades.

4. **(UFPR – Procurador Jurídico – Câmara de Curitiba - PR/2020) De acordo com o art. 3º do Código Tributário Nacional, "tributo é toda prestação pecuniária compulsória, em moeda ou cujo valor nela se possa exprimir, que não constitua sanção de ato ilícito, instituída em lei e cobrada mediante atividade administrativa plenamente vinculada". Sobre o tema, assinale a alternativa correta.**

   a) Nos casos previstos em lei, admite-se a extinção do crédito tributário mediante dação em pagamento de bem imóvel.

   b) Não se admite a edição de medida provisória que implique instituição ou majoração de impostos.

   c) A data de vencimento da obrigação tributária deve ser fixada em lei, assim como os demais elementos da regra matriz de incidência.

   d) A criação de contribuição de iluminação pública pelos Municípios depende da edição de lei complementar.

   e) Os impostos são tributos vinculados e de arrecadação não vinculada.

01	02	03	04
C	B	D	A

9. QUESTÃO COMENTADA

(MPF - Procurador da República - 27° Concurso - 2013) Diretor de um estabelecimento financeiro legalmente impedido de contrair empréstimo junto à instituição financeira que dirige, concretiza a operação. No caso, não é devido o imposto sobre operação de crédito ou incide a tributação, malgrado a conduta criminalmente típica? Justificar a opção que adotar à luz dos arts. 3° e 118, do Código Tributário Nacional e indicar o entendimento do Supremo Tribunal Federal e do Superior Tribunal de Justiça acerca do tema. 20 LINHAS

COMENTÁRIOS

Ainda que a conduta seja criminalmente típica, incide a tributação, no caso o imposto sobre operação de crédito. Referido imposto não incide sobre a conduta proibida em si, qual seja, contrair empréstimo de instituição financeira que dirige, mas sim sobre a efetivação pela entrega total ou parcial do montante ou do valor que constitua o objeto da obrigação, ou sua colocação à disposição do interessado, de acordo com o artigo 63, I do CTN.

Embora o conceito de tributo previsto no artigo 3° do CTN seja expresso no sentido de que tributo não constitui sanção de ato ilícito, o fato gerador no presente caso não é a conduta criminosa, mas sim o ato de contrair empréstimo (operação de crédito). Na hipótese ora em apreço, a ilicitude é circunstância acidental à norma de tributação.

Essa conclusão é amparada pelo artigo 118, I, do CTN, segundo o qual a definição legal do fato gerador é interpretada abstraindo-se da validade jurídica dos atos efetivamente praticados pelos contribuintes, responsáveis, ou terceiros, bem como da natureza do seu objeto ou dos seus efeitos. Tal dispositivo consagra o princípio do "pecunia non olet", que permite a tributação do resultado de atividade ilícita, desde que se verifique, no mundo fático, a ocorrência do fato gerador.

A jurisprudência do STJ e do STF é pacífica nesse sentido, entendendo-se que os princípios da igualdade e da capacidade contributiva não permitem que o resultado econômico de atividades ilícitas seja exonerado do dever de pagar tributos, enquanto as atividades lícitas são tributadas regularmente.

2
ESPÉCIES TRIBUTÁRIAS

1. IMPOSTOS

Os impostos são tributos. Qualquer que seja a classificação dos tributos (bipartida, tripartida, quadripartida ou pentapartida), os impostos sempre estarão dentro do rol das espécies tributárias.

Com isso, os impostos podem ser definidos, inicialmente, como uma prestação pecuniária compulsória, em moeda ou cujo valor nela se possa exprimir, que não constitua sanção de ato ilícito, instituída em lei e cobrada mediante atividade administrativa plenamente vinculada (conceito de tributo previsto no artigo 3º do CTN).

A partir desse conceito, deve-se buscar os traços distintivos dos impostos em relação às outras espécies tributárias.

Um dos traços distintivos mais comentados pela doutrina é o que distingue os impostos das taxas. Isso porque os **impostos são instituídos e cobrados independentemente de qualquer prestação estatal específica em relação ao contribuinte que o paga**, diferentemente das taxas, que possuem como fato gerador uma atividade estatal específica e divisível.

Diz-se, portanto, que os impostos são tributos **não vinculados**, já que não existe vinculação entre o seu fato gerador e a prestação de um determinado serviço público pelo Estado. Se os impostos são exigidos independentemente de qualquer contraprestação estatal, não pode o contribuinte questionar a legitimidade de um imposto argumentando que o Estado não presta satisfatoriamente este ou aquele encargo público. Nesse sentido já decidiu o STJ que **o Estado não pode ser coagido à realização de serviços públicos como contraprestação ao pagamento de impostos** (REsp 478.958, j. 24.06.2003)[1].

O fato gerador dos impostos não terá relação com alguma atuação do Poder Público. Pelo contrário, será uma situação ou atividade do particular. Essa característica está prevista

---

1. Marcus Abraham, citando a decisão acima, observa: "Isso não quer dizer, entretanto, que o Estado está desobrigado a oferecer bens e serviços para a coletividade com o produto dos recursos arrecadados pelos impostos. Muito pelo contrário, os recursos financeiros originários dos impostos devem ontologicamente, financiar as despesas públicas do Estado. O que não se pode é exigir deste uma atividade específica por decorrência do pagamento de imposto." (ABRAHAM, Marcus. Curso de Direito Financeiro Brasileiro. 3ª edição. Rio de Janeiro, Editora Forense, 2015, p. 154).

legalmente no artigo 16 do CTN, segundo o qual "imposto é o tributo cuja obrigação tem por fato gerador uma situação independente de qualquer atividade estatal específica, relativa ao contribuinte".

Para que surja a obrigação tributária referente aos impostos, basta, por exemplo, a aquisição de disponibilidade econômica ou jurídica de renda (Imposto de Renda), ou, ainda, o fato de ser proprietário de veículo automotor (Imposto sobre a Propriedade de Veículos Automotores). Não se perquire em relação a uma atividade do Poder Público.

Não se pode confundir a característica da não vinculação do fato gerador dos impostos com outra marca dos impostos, qual seja, a **arrecadação não vinculada**, ou receita não vinculada.

Os impostos também são tributos de arrecadação não vinculada, o que significa que a receita de sua arrecadação não está adstrita a serviços, órgãos ou fundos específicos. Na realidade, as receitas dos impostos podem ser destinadas para as mais variadas finalidades, sendo por isso considerados **tributos não finalísticos**, ao contrário dos empréstimos compulsórios e das contribuições especiais.

Por esse motivo, costuma-se dizer que os impostos são vocacionados ao custeio dos serviços universais, como segurança pública, defesa externa e diplomacia, por exemplo, que se contrapõem aos serviços públicos específicos e divisíveis (que por sua vez são custeados por taxas).

Essa característica da arrecadação não vinculada dos impostos não é absoluta. Comporta exceção prevista no texto constitucional, que em seu artigo 167, IV, que permite a vinculação da receita de impostos aos serviços públicos de saúde, ensino, e realização de atividades da administração tributária:

> CF, art. 167. São vedados: (...) IV - a vinculação de receita de impostos a órgão, fundo ou despesa, ressalvadas a repartição do produto da arrecadação dos impostos a que se referem os arts. 158 e 159, a destinação de recursos para as ações e serviços públicos de saúde, para manutenção e desenvolvimento do ensino e para realização de atividades da administração tributária, como determinado, respectivamente, pelos arts. 198, § 2º, 212 e 37, XXII, e a prestação de garantias às operações de crédito por antecipação de receita, previstas no art. 165, § 8º, bem como o disposto no § 4º deste artigo;

O art. 100, § 19 da Constituição[2] prevê ainda que não incide a vedação de vinculação da receita de impostos no caso de financiamento de obrigações oriundas de condenações judiciais que ultrapassem determinado montante. Admite-se, assim, a vinculação da receita de impostos a esse financiamento, com o fim de reduzir a dívida pública dos precatórios.

Interessante observar que o art. 167, IV da Constituição não foi atingido pela Emenda Constitucional 106/2020, que instituiu regime extraordinário fiscal para enfrentamento de

2. "§ 19. Caso o montante total de débitos decorrentes de condenações judiciais em precatórios e obrigações de pequeno valor, em período de 12 (doze) meses, ultrapasse a média do comprometimento percentual da receita corrente líquida nos 5 (cinco) anos imediatamente anteriores, a parcela que exceder esse percentual poderá ser financiada, excetuada dos limites de endividamento de que tratam os incisos VI e VII do art. 52 da Constituição Federal e de quaisquer outros limites de endividamento previstos, **não se aplicando a esse financiamento a vedação de vinculação de receita prevista no inciso IV do art. 167 da Constituição** Federal" (grifo adicionado).

calamidade pública nacional decorrente da pandemia do coronavírus. Não se criou, com essa emenda, uma vinculação temporária e extraordinária para ações durante a calamidade.

A vedação da vinculação das receitas dos impostos aplica-se não apenas às receitas que já ingressaram nos cofres públicos, mas também a benefícios fiscais (caso em que haveria uma vinculação antes da entrada da receita nos cofres públicos), conforme o entendimento do STF (ADI 1750, j. 20.09.2006 – grifos adicionados):

> 1. É inconstitucional a lei complementar distrital que cria programa de incentivo às atividades esportivas mediante concessão de benefício fiscal às pessoas jurídicas, contribuintes do IPVA, que patrocinem, façam doações e investimentos em favor de atletas ou pessoas jurídicas.
>
> 2. O ato normativo atacado a faculta vinculação de receita de impostos, vedada pelo artigo 167, inciso IV, da CB/88. **Irrelevante se a destinação ocorre antes ou depois da entrada da receita nos cofres públicos.** (...) .

Também decidiu o STF, com fundamento no artigo 167, IV da CF, que é inconstitucional a lei que determina o reajuste automático de vencimentos de servidores públicos à arrecadação de ICMS (RE 218.874, j. 07.11.2007). Haveria nesse caso uma afetação da receita de imposto à remuneração de servidores.

Os impostos também são **nominados**, considerando que estão listados e atribuídos aos entes políticos pela Constituição. Diferentemente das taxas, que podem ser instituídas pelos entes políticos com materialidades idênticas, os impostos são individualizados e disciplinados de forma básica entre os artigos 153 e 156 do texto constitucional, cabendo à lei complementar definir seus fatos geradores, bases de cálculo e contribuintes (CF, 146, III, *a*).

Não se pode dizer, com isso, que os impostos estão dispostos na Constituição em um rol *numerus clausus* ou taxativo. Isso porque a Carta Magna atribui à **União** uma **competência residual** para instituição de impostos não previstos na Constituição. Para o exercício dessa competência, a União deve obedecer às condições do artigo 154, I da CF: a) a instituição deve ser por lei complementar, e não por lei ordinária; b) o imposto a ser criado deve ser não-cumulativo; e c) o fato gerador e a base de cálculo do imposto residual não podem coincidir com o fato gerador e a base de cálculo dos impostos já previstos no texto constitucional.

Na prática, essa competência residual para a criação de impostos até hoje não foi exercida sob a égide da Constituição de 1988, tendo em vista que a União também possui competência para a instituição de contribuições sociais residuais (art. 195, § 4º da CF/88), que podem possuir fatos geradores e bases de cálculo coincidentes com as dos impostos (STF, RE 258.470).

A criação de novos impostos é muito mais difícil do que de novas contribuições, já que aqueles não podem ter a mesma materialidade dos impostos já existentes, o que exige um cuidado maior do legislador infraconstitucional para a criação de impostos residuais.

De qualquer forma, essa possibilidade de criação de novos impostos por lei complementar põe em xeque o artigo 17 do CTN, segundo o qual "os impostos componentes do sistema tributário nacional são exclusivamente os que constam deste Título, com as competências e limitações nele previstas". Com a Constituição de 1988, esse dispositivo não faz mais sentido.

Além da competência residual para a criação dos impostos, a União e o Distrito Federal possuem também competência **cumulativa**, prevista no artigo 18 do CTN e no artigo 147 da CF.

No caso da União, pode esta instituir, cumulativamente, nos Territórios Federais, os impostos estaduais, e até mesmo os impostos municipais, mas neste último caso apenas se o Território Federal não for dividido em municípios.

O Distrito Federal, por sua vez, possui a competência cumulativa de instituir impostos estaduais e municipais.

IMPOSTOS
- fato gerador não vinculado a atuação estatal
- arrecadação não vinculada a finalidade específica (há exceções)
- nominados na Constituição, havendo ainda impostos residuais

2. TAXAS

As taxas são tributos exigidos em razão da prestação de uma comodidade estatal ao contribuinte. Distanciam-se, desse ponto, dos impostos, que não fazem referência a qualquer prestação do Estado para serem exigidos do contribuinte.

Por isso, enquanto os impostos têm como fato gerador sempre um fato, situação ou atividade do contribuinte, as taxas terão como fato gerador uma atividade do Estado, seja o exercício do poder de polícia, seja a prestação de um serviço público específico e divisível.

O fato gerador da taxa é a própria atividade estatal, como se pode ver do artigo 17-B da Lei 6.938/81, que instituiu a taxa (federal) de controle e fiscalização ambiental (grifos adicionados):

> Lei 6.938/1981, art. 17-B. Fica instituída a Taxa de Controle e Fiscalização Ambiental – TCFA, **cujo fato gerador é o exercício regular do poder de polícia** conferido ao Instituto Brasileiro do Meio Ambiente e dos Recursos Naturais Renováveis – IBAMA para controle e fiscalização das atividades potencialmente poluidoras e utilizadoras de recursos naturais.

Dessa forma, o fato gerador das taxas é vinculado a uma prestação estatal, sem a qual deixa de existir o fundamento jurídico para a exigência da taxa. A própria Constituição, no artigo 145, II, determina que as taxas podem ser instituídas por todos os entes políticos, em razão do exercício do poder de polícia ou pela utilização, efetiva ou potencial, de serviços públicos específicos e divisíveis, prestados ao contribuinte ou postos a sua disposição. Com redação quase idêntica, o artigo 77, *caput*, do CTN confirma a vinculação das taxas.

Não é por outro motivo que a doutrina majoritária considera a taxa uma exação **contraprestacional**, que remunera uma atividade estatal efetivamente usufruída ou posta à disposição do contribuinte, o que atrairia a presença do **sinalagma**.

Dúvida pode surgir em relação à necessidade ou não de o produto da arrecadação das taxas ser vinculado à atuação estatal que justificou sua incidência.

Há autores que destacam o fato de a Constituição não possuir norma expressa que proíba o estabelecimento da destinação específica para o produto da arrecadação das taxas, mas também não determinar a vinculação obrigatória entre a receita de uma taxa e a despesa com a correspondente atividade estatal[3].

Ressalva-se, porém, o artigo 98, § 2º da Constituição, segundo o qual as custas e emolumentos serão destinados exclusivamente ao custeio dos serviços afetos às atividades específicas da Justiça. Como se sabe, as custas e os emolumentos possuem a natureza jurídica de taxa, e devem ser destinadas ao aparelhamento da Justiça.

Em relação a essas taxas recolhidas em benefício do Judiciário, vale destacar que é vedada a destinação dos valores recolhidos a título de custas e emolumentos a pessoas jurídicas de direito privado (ADI 3660, j. 13.03.2008). Ainda, é constitucional a destinação dos recursos financeiros oriundos das taxas, das custas e dos emolumentos judiciais e extrajudiciais a fundo especial do próprio Poder Judiciário, como, por exemplo, um fundo de reaparelhamento e modernização do Judiciário (ADI 3086, j. 16.06.2020).

Em que pese a omissão de uma regra geral em relação à destinação dos recursos das demais taxas, é razoável supor que, por imperativo lógico, o produto da arrecadação das taxas deve, ainda que indiretamente, servir à manutenção do serviço público que justifica sua instituição. Tanto que a base de cálculo deve guardar uma relação de proporcionalidade com o custo da atividade estatal em questão, como se verá a seguir.

2.1 A base de cálculo das taxas

Sendo a materialidade das taxas uma prestação do Estado ao contribuinte, sua base de cálculo deve guardar relação com o custo dessa atividade.

Não pode a base de cálculo da taxa utilizar critérios totalmente alheios ao exercício do poder de polícia ou ao serviço público desempenhado. Se é da natureza jurídica da taxa a vinculação de seu fato gerador com uma atividade estatal, não pode sua base de cálculo corresponder ao valor econômico de uma situação, fato ou atividade do contribuinte, como ocorre com os impostos.

Por esse motivo, a Constituição, em seu artigo 145, § 2º, determina: "as taxas não poderão ter base de cálculo própria de impostos", no que é seguido pelo artigo 77, parágrafo único do CTN: "a taxa não pode ter base de cálculo ou fato gerador idênticos aos que correspondam a imposto nem ser calculada em função do capital das empresas". Nesse sentido, o STF decidiu, no julgamento do ARE 990.914 (j. 20.06.2017), que "critério da atividade exercida pelo contribuinte para se aferir o custo do exercício do poder de polícia desvincula-se do maior ou menor trabalho ou atividade que o Poder Público se vê obrigado a desempenhar". Com base nisso, não pode uma taxa de fiscalização e

3. ALEXANDRINO, Marcelo; PAULO, Vicente. Direito Tributário na Constituição e no STF. Teoria e Jurisprudência. 17ª Edição. São Paulo: Editora Método, 2014, p. 25.

funcionamento ter como base de cálculo o número de empregados ou o ramo de atividade exercida pelo contribuinte.

Apesar dessa necessária proporcionalidade entre o custo da atividade estatal e a base de cálculo das taxas, não é possível, na prática, que haja uma mensuração perfeita e exata dos custos envolvidos na prestação do Poder Público. O que se exige é uma razoabilidade entre a base de cálculo das taxas e os gastos despendidos pelo poder público para a consecução do exercício do poder de polícia ou do serviço público utilizado como fato gerador da taxa.

O tema foi abordado pelo STF na ADI 2.551 MC-QO (j. 02.04.2003), onde se confirmou que a taxa não pode superar a relação de razoável equivalência que deve existir entre o custo real da atuação estatal referida ao contribuinte e o valor que o Estado pode exigir de cada contribuinte. Para o STF, caso o valor da taxa ultrapasse o custo do serviço prestado ou posto à disposição do contribuinte, restaria configurada uma ofensa ao princípio da vedação ao tributo com efeito confiscatório.

Como observado no voto do Ministro Ricardo Lewandowski no RE 576.321 RG-QO (j. 04.12.2008), não há como se exigir, no cálculo da taxa, uma correspondência precisa com o valor despendido na prestação do serviço, ou, ainda, a adoção de fatores exclusivamente vinculados ao seu custo. O que a Constituição reclama é que se verifique uma equivalência razoável entre o valor pago pelo contribuinte e o custo individual do serviço que lhe é prestado.

As **custas judiciais** (que têm natureza de taxa), por exemplo, devem obedecer a um limite que estabeleça a equivalência entre o valor da taxa e o custo real dos serviços, ou do proveito do contribuinte (STF, ADI-MC 1.772, j. 15.04.1998). Para isso, o STF admite que tais taxas sejam calculadas com base no valor da causa, observando-se, contudo, um limite máximo de modo a não inviabilizar o acesso do cidadão ao Judiciário.

Esse é o teor da **súmula 667 do STF**: "Viola a garantia constitucional de acesso à jurisdição a taxa judiciária calculada sem limite sobre o valor da causa".

Frise-se ainda que sob o fundamento de guardar consonância entre o custo da atividade estatal e a contraprestação a ser paga pelo contribuinte, **o STF tem legitimado taxas de polícia que têm seu montante definido a partir de tabelas cujos valores variam de acordo com o faturamento das empresas fiscalizadas (contribuintes das taxas de polícia).** Nesses casos não há a aplicação de uma alíquota sobre uma expressão numérica relativa ao faturamento das empresas fiscalizadas. O faturamento é um critério da tabela para se definir o valor a ser pago. E não poderia ser diferente, diante das disposições contidas no artigo 145, § 2º da CF e no artigo 77, parágrafo único do CTN.

De acordo com o decidido no RE 416.601 (j. 10.08.2005), "é razoável supor que a receita bruta de um estabelecimento varie segundo o seu tamanho e a intensidade de suas atividades. É razoável ainda pretender que empreendimentos com maior grau de poluição ou de utilização de recursos naturais requeiram controle e fiscalização mais rigorosos".

No mesmo sentido, cite-se o RE 177.835 (j. 22.04.1999), segundo o qual a variação da taxa de fiscalização da Comissão de Valores Mobiliários, em função do patrimônio líquido da empresa, não significa seja dito patrimônio sua base de cálculo, porque haveria no caso um tributo fixo. Não haveria, segundo o STF, ofensa à Constituição, mas sim realização do princípio da capacidade contributiva, ao se levar em consideração o patrimônio das empresas na determinação do aspecto quantitativo da taxa.

Duas conclusões podem ser extraídas da análise dos julgados acima: primeiro, reconhece-se que a consideração do **vulto econômico das atividades empresariais é um critério legítimo para a aferição do montante das taxas de polícia**; além disso, percebe-se que **o STF admite as taxas com valores fixos**, estabelecidos em tabelas.

Por outro lado, o STF não admite que a base de cálculo seja da taxa de polícia seja estabelecida em razão do número de empregados (RE 554.951, j. 15.10.2013).

Quanto à identidade entre as bases de cálculo das taxas e dos impostos, o entendimento do Supremo é no sentido de que não pode haver uma identidade total e absoluta entre a mensuração econômica da taxa e a de um imposto.

Desse modo, é inconstitucional a taxa de licenciamento de importação, cuja base de cálculo coincide com a que corresponde ao imposto de importação, ou seja, o valor da mercadoria importada (RE 167.992, j. 23.11.1994). Também a **súmula 595 do STF** ilustra essa orientação: "É inconstitucional a taxa municipal de conservação de estradas de rodagem cuja base de cálculo seja idêntica a do imposto territorial rural".

Deve-se observar que o STF não exige a inexistência de qualquer elemento da base de cálculo de um imposto na aferição do aspecto quantitativo das taxas. **O que a Corte veda é a total identidade entre as bases de cálculo.** Ou seja, a "fixação do valor da taxa não pode se basear unicamente em elementos estranhos ao serviço prestado, afetos à condição da pessoa ou aos bens isoladamente considerados" (STF. ADI 3775, j. 20.04.2020).

Com efeito, no RE 232.393 (j. 12.08.1999), o STF decidiu que o fato de um dos elementos utilizados na fixação da base de cálculo do IPTU – a metragem da área construída do imóvel – que é o valor do imóvel (CTN, art. 33), ser tomado em linha de conta na determinação da alíquota da taxa de coleta de lixo, não quer dizer que teria essa taxa base de cálculo igual à do IPTU. A consideração da área do imóvel na composição da base de cálculo da taxa de coleta de lixo realizaria os princípios da capacidade contributiva e da isonomia tributária, já que o imóvel de maior área produzirá mais lixo do que o imóvel menor.

Posteriormente, em julgado que discutia a constitucionalidade da taxa de coleta, remoção destinação de lixo instituída pelo Município de Campinas-SP (cuja base de cálculo era mensurada de acordo com a metragem dos imóveis), o STF se posicionou pela constitucionalidade de taxas que, na apuração do montante devido, adote um ou mais dos elementos que compõem a base de cálculo de determinado imposto, desde que não se verifique identidade integral entre uma base e outra (RE 576.321 RG-QO, j. 04.12.2008).

Igualmente, no julgamento da ADI 3887 (j. 15.10.2008) o STF não enxergou inconstitucionalidade na utilização de parâmetros que não provocam a identidade vedada pelo artigo 145, § 2º da CF.

A questão restou pacificada na **súmula vinculante 29**, que literalmente afirma: "É constitucional a adoção no cálculo do valor de taxa de um ou mais elementos da base de cálculo própria de determinado imposto, desde que não haja integral identidade entre uma base e outra".

2.2 Taxa de polícia

As taxas de polícia são aquelas que têm como fato gerador o exercício regular do poder de polícia, que por sua vez é definido no artigo 78 do CTN:

> CTN, art. 78. Considera-se poder de polícia atividade da administração pública que, limitando ou disciplinando direito, interêsse ou liberdade, regula a prática de ato ou abstenção de fato, em razão de intêresse público concernente à segurança, à higiene, à ordem, aos costumes, à disciplina da produção e do mercado, ao exercício de atividades econômicas dependentes de concessão ou autorização do Poder Público, à tranqüilidade pública ou ao respeito à propriedade e aos direitos individuais ou coletivos.

Registre-se, contudo, que as atividades que envolvem a consecução do poder de polícia podem ser sumariamente divididas em quatro grupos, a saber: (i) legislação, (ii) consentimento, (iii) fiscalização e (iv) sanção, de acordo com o entendimento do STJ (REsp 817.534, j. 10.11.2009). Obviamente, o exercício do poder de polícia na modalidade **legislativa** não ensejará a cobrança de taxa. Já a atuação **administrativa** do Estado no desempenho do poder de polícia implicará em custos que serão financiados pelas taxas de polícia.

Desse modo, ao requerer uma autorização para porte de arma (ato de polícia na modalidade consentimento), o cidadão estará se sujeitando a uma atividade do Estado de limitação de liberdade individual em benefício da coletividade, devendo pagar uma taxa de polícia. Da mesma forma, ao desencadear uma atividade de fiscalização por conta de exercer determinada atividade que deve sofrer limitações do Poder Público.

Segundo o parágrafo único do artigo 78 do CTN, considera-se regular o exercício do poder de polícia quando desempenhado pelo órgão competente nos limites da lei aplicável, com observância do processo legal e, tratando-se de atividade que a lei tenha como discricionária, sem abuso ou desvio de poder.

Exercício regular do poder de polícia ensejador da cobrança de taxa não significa, porém, que o contribuinte seja efetivamente fiscalizado. Para o STF (RE 416.601, j. 10.08.2005), não há como vincular a incidência do tributo apenas ao exercício do poder de polícia que redunde em fiscalização ou diligências locais.

Segundo a Corte Suprema, a existência do órgão administrativo não é condição para o reconhecimento da constitucionalidade da cobrança da taxa de localização e fiscalização, mas constitui um dos elementos para se inferir o efetivo exercício do poder de polícia, exigido constitucionalmente (RE 588.322, j. 16.06.2010).

Havendo a existência do órgão administrativo em funcionamento, revela-se legítima a taxa de renovação anual de licença para localização e funcionamento de estabelecimentos comerciais.

2.3 Taxas de serviço

As taxas de serviço são tributos incidentes sobre a prestação de serviços públicos específicos e divisíveis. Sua criação justifica-se justamente para a remuneração de tais serviços. Tais taxas contrapõem-se aos impostos, que são tributos financiadores de serviços gerais do Estado. Ou seja, os impostos, ao contrário das taxas de serviço, financiam serviços que não podem ser mensurados de forma individualizada em relação aos contribuintes, como segurança pública e diplomacia, por exemplo.

A utilização dos serviços públicos específicos e divisíveis que enseja cobrança da taxa pode ser **efetiva ou potencial**, na dicção do artigo 77 do CTN.

O artigo 79, por sua vez, define os conceitos de utilização efetiva ou potencial, bem como os conceitos de serviços públicos específicos e divisíveis:

> CTN, art. 79. Os serviços públicos a que se refere o artigo 77 consideram-se:
>
> I - utilizados pelo contribuinte:
>
> a) efetivamente, quando por ele usufruídos a qualquer título;
>
> b) potencialmente, quando, sendo de utilização compulsória, sejam postos à sua disposição mediante atividade administrativa em efetivo funcionamento;
>
> II - específicos, quando possam ser destacados em unidades autônomas de intervenção, de utilidade, ou de necessidades públicas;
>
> III - divisíveis, quando suscetíveis de utilização, separadamente, por parte de cada um dos seus usuários.

A especificidade refere-se ao fracionamento do serviço, que pode ser destacado em unidades autônomas de intervenção, de utilidade, ou de necessidades públicas. O serviço público específico, assim, é aquele que o usuário consegue identificar e separar dos demais, sabendo exatamente a comodidade que o Estado lhe presta. **Já a divisibilidade permite a identificação de cada titular que utiliza o serviço**, uma vez que este é passível de utilização separada por cada usuário.

Para Hugo de Brito Machado, por outro lado, cuida-se de duas definições inseparáveis, no sentido de que um serviço não pode ser divisível se não for específico[4].

O Judiciário frequentemente é instado a analisar tais conceitos. Por exemplo, o STF considera os serviços de coleta de lixo específicos e divisíveis, tendo editado a **súmula vinculante 19**: "A taxa cobrada exclusivamente em razão dos serviços públicos de coleta, remoção e tratamento ou destinação de lixo ou resíduos provenientes de imóveis, não viola o artigo 145, II da CF".

Já o serviço de limpeza de logradouros públicos não pode ser remunerado por taxa, já que não pode ser individualizado, sendo inespecífico (RE 361.437, j. 19.11.2002; RE 576.321 RG-QO, j. 04.12.2008).

Nessa mesma linha, "o serviço de iluminação pública não pode ser remunerado mediante taxa" (**STF, súmula 670, convertida na súmula vinculante 41**).

Ainda na jurisprudência do STF, encontramos julgado submetido à sistemática de **repercussão geral** (RE 643.247, j. 01.08.2017) no qual o tribunal foi categórico ao impedir o financiamento do serviço de segurança pública (no caso específico, prevenção e combate a incêndios) por meio de taxas, uma vez que tal serviço, além de não ser de competência

4. MACHADO, Hugo de Brito. Curso de Direito Tributário. 26ª edição. São Paulo: Malheiros Editores. 2005, p. 424.

municipal, deve ser financiado mediante a arrecadação de impostos. A tese de repercussão geral foi assim fixada:

> "A segurança pública, presentes a prevenção e o combate a incêndios, faz-se, no campo da atividade precípua, pela unidade da Federação, e, porque serviço essencial, tem como a viabilizá-la a arrecadação de impostos, não cabendo ao Município a criação de taxa para tal fim."

Outras características definidas no CTN são a efetividade e a potencialidade, pois o serviço específico e divisível a ser remunerado pela taxa pode ser prestado efetiva ou potencialmente, neste último caso se for definido em lei como de utilização compulsória. Desse modo, o serviço de coleta de lixo, sendo de utilização compulsória, deve ser pago mediante taxa mesmo que o dono do imóvel ali não resida, não se utilizando do serviço por não haver lixo oriundo de seu imóvel. Prevalece o interesse público no custeio desse serviço.

2.4 Taxa e preço público

Como se sabe, o preço público, ou tarifa, não possui natureza tributária, mas sim contratual, diferentemente da taxa. A partir dessa diferença, pode-se constatar que, enquanto a o preço público representa uma receita originária, fruto da exploração do patrimônio do Estado, a taxa é uma receita derivada, que o Estado aufere através de seu poder de império. Se o preço público surge de uma relação horizontal, marcado pela voluntariedade, a taxa, por outro lado, surge de um vínculo vertical, em que se destaca a compulsoriedade.

Essa distinção foi consagrada na **súmula 545 do STF**, que contém referência à prévia autorização orçamentária para a cobrança de tributos, o que não vigora mais com a Constituição de 1988. Segundo a súmula, "preços de serviços públicos e taxas não se confundem, porque estas, diferentemente daqueles, são compulsórias e têm sua cobrança condicionada à prévia autorização orçamentária, em relação à lei que as instituiu".

A distinção entre os serviços remunerados por taxa ou por tarifa requer o conhecimento da jurisprudência, vez que o próprio critério da compulsoriedade pode variar em função do tempo e espaço.

A título de exemplo, a remuneração pelo serviço de água e esgoto prestado por concessionária de serviço público não tem natureza tributária, sendo considerada tarifa pelo STF (RE 590.828, j. 12.06.2012).

O **STJ** segue a mesma linha, como se pode ver das **súmulas** 407 (É legítima a cobrança da tarifa de água, fixada de acordo com as categorias de usuários e as faixas de consumo) e **412** (A ação de repetição de indébito de tarifas de água e esgoto sujeita-se ao prazo prescricional estabelecido no Código Civil).

A crítica que se faz a esse entendimento do STF e do STJ é a de que os serviços de água e esgoto são essenciais, o que atrairia o regime tributário das taxas. Sendo serviços públicos que servem à promoção da dignidade humana, não se sujeitariam à interrupção. Além disso, atendem aos requisitos da especificidade e divisibilidade.

Contudo, uma vez que foram definidos pela jurisprudência como serviços remunerados por tarifa, os serviços de água e esgoto podem ser objeto de interrupção nos termos do artigo 6º, § 3º da Lei 8.987/1995.

Já os serviços notariais, apesar de serem prestados por delegação em caráter privado, são remunerados por taxa (ADI 3028, j. 26.05.2010 – grifos adicionados):

> (...) 1. **O Supremo Tribunal Federal vem admitindo a incidência de taxa sobre as atividades notariais e de registro**, tendo por base de cálculo os emolumentos que são cobrados pelos titulares das serventias como pagamento do trabalho que eles prestam aos tomadores dos serviços cartorários. **Tributo gerado em razão do exercício do poder de polícia que assiste aos Estados-membros, notadamente no plano da vigilância, orientação e correição da atividade em causa, nos termos do § 1º do art. 236 da Constituição Federal.**
>
> 2. O inciso V do art. 28 da Lei Complementar 166/99 do Estado do Rio Grande do Norte criou taxa em razão do poder de polícia. Pelo que **não incide a vedação do inciso IV do art. 167 da Carta Magna, que recai apenas sobre os impostos.**
>
> 3. **O produto da arrecadação de taxa de polícia sobre as atividades notariais e de registro não está restrito ao reaparelhamento do Poder Judiciário, mas ao aperfeiçoamento da jurisdição.** E o Ministério Público é aparelho genuinamente estatal ou de existência necessária, unidade de serviço que se inscreve no rol daquelas que desempenham função essencial à jurisdição (art. 127, caput, da CF/88). (...)

Tais taxas, assim como as custas judiciais, possuem vinculação de sua arrecadação expressa nas respectivas legislações.

3. CONTRIBUIÇÃO DE MELHORIA

A contribuição de melhoria é uma espécie tributária pouco utilizada pelos entes tributantes, o que se reflete na escassa jurisprudência a respeito. Está prevista constitucionalmente no artigo 145, III da Constituição Federal como um tributo atrelado a obras públicas e de competência comum da União, dos Estados, Distrito Federal e Municípios. Trata-se, portanto, de tributo vinculado a uma atuação estatal (obra pública).

O Código Tributário Nacional, por sua vez, trata desse tributo nos artigos 81 e 82:

> CTN, Art. 81. A contribuição de melhoria cobrada pela União, pelos Estados, pelo Distrito Federal ou pelos Municípios, no âmbito de suas respectivas atribuições, é instituída para fazer face ao custo de obras públicas de que decorra valorização imobiliária, tendo como limite total a despesa realizada e como limite individual o acréscimo de valor que da obra resultar para cada imóvel beneficiado.
>
> Art. 82. A lei relativa à contribuição de melhoria observará os seguintes requisitos mínimos:
>
> I - publicação prévia dos seguintes elementos:
>
> a) memorial descritivo do projeto;
>
> b) orçamento do custo da obra;
>
> c) determinação da parcela do custo da obra a ser financiada pela contribuição;
>
> d) delimitação da zona beneficiada;
>
> e) determinação do fator de absorção do benefício da valorização para toda a zona ou para cada uma das áreas diferenciadas, nela contidas;

> II - fixação de prazo não inferior a 30 (trinta) dias, para impugnação pelos interessados, de qualquer dos elementos referidos no inciso anterior;
>
> III - regulamentação do processo administrativo de instrução e julgamento da impugnação a que se refere o inciso anterior, sem prejuízo da sua apreciação judicial.
>
> § 1º A contribuição relativa a cada imóvel será determinada pelo rateio da parcela do custo da obra a que se refere a alínea c, do inciso I, pelos imóveis situados na zona beneficiada em função dos respectivos fatores individuais de valorização.
>
> § 2º Por ocasião do respectivo lançamento, cada contribuinte deverá ser notificado do montante da contribuição, da forma e dos prazos de seu pagamento e dos elementos que integram o respectivo cálculo.

Como se vê do artigo 81, a instituição da contribuição de melhoria tem como requisito a **valorização imobiliária** decorrente de obras públicas, eis que o tributo em questão é instituído para fazer face ao custo dessas obras. Não basta, para legitimar a contribuição de melhoria, que o imóvel seja apenas de alguma forma beneficiado, exigindo-se a verificação de uma valorização aferível no imóvel (STF, RE 116.147, RE 115.863 e AI 694.836-AgR).

Tal exigência decorre não do texto constitucional, que exige apenas a "**melhoria**", mas do Código Tributário Nacional que, dentro dos limites constitucionais, optou por utilizar apenas uma parcela da competência tributária conferida pela Constituição, exigindo-se portanto uma melhoria qualificada pela valorização imobiliária[5].

A exigência da valorização imobiliária impede que o tributo seja cobrado antes do início das obras públicas, com o objetivo de arrecadar recursos previamente para seu financiamento. Os recursos a serem assim utilizados devem originar-se dos impostos, uma vez que a contribuição de melhoria só será devida após a obra pública encontrar-se num estágio do qual se constate a valorização imobiliária. **A contribuição de melhoria é exigida apenas após a realização da obra ou de parte relevante dela. Não se pode instituir esse tributo para financiar obras futuras.**

O ente político competente para a criação do tributo é aquele encarregado da obra pública da qual resultou a valorização imobiliária, seja tal ente a União, um Estado, ou um Município. Basta que tal ente não extrapole os limites constitucionais de sua atuação na consecução da obra pública.

O contribuinte natural seria o proprietário do imóvel valorizado, beneficiário imediato da obra pública. Tanto que na Constituição de 1967, em seu artigo 18, II, havia previsão expressa de que o tributo seria "arrecadado dos proprietários de imóveis valorizados".

Tem-se aqui a aplicação do princípio da isonomia: aqueles que foram beneficiados pela valorização decorrente de obra pública, devem contribuir de forma diferenciada. A contribuição de melhoria é "a recuperação do enriquecimento ganho por um proprietário em virtude de obra pública (...). Daí a justificação do tributo pelo princípio do enriquecimento sem causa, peculiar ao Direito Privado"[6].

O artigo 81 do CTN estabelece ainda dois limites da contribuição de melhoria: total e individual.

---

5. No mesmo sentido: SCHOUERI, Luís Eduardo. Direito Tributário. 5ª edição. São Paulo, Saraiva, 2015, p. 204.
6. BALEEIRO, Aliomar. Direito Tributário Brasileiro. 13ª edição. Rio de Janeiro: Editora Forense, 2015, p. 892.

Limite total é a despesa realizada pelo Poder Público na construção da obra pública. Caso os recursos arrecadados com a contribuição de melhoria ultrapassem o custo total da obra, haverá uma desnaturação da exação, pois o valor excedente não estará mais vinculado à obra pública, caracterizando-se como imposto.

O **limite individual**, por sua vez, é o **acréscimo de valor que da obra resultar para cada imóvel beneficiado.**

Em outras palavras, a contribuição de melhoria não pode se voltar contra o proprietário de imóvel a ponto de exigir mais que a **valorização imobiliária constatada.**

Justamente em razão desses limites, o artigo 82 exige como requisitos mínimos, dentre outros, o orçamento do custo da obra, a determinação do custo da obra a ser financiada pela contribuição, além de determinar que a contribuição relativa a cada imóvel será determinada pelo rateio da parcela do custo da obra a ser financiada pela contribuição pelos imóveis situados na zona beneficiada em função dos respectivos fatores individuais de valorização.

Registre-se que, em relação à publicação prévia mencionada no artigo 82 dos elementos ali constantes, o STJ possui precedente segundo o qual "o edital que antecede a cobrança da contribuição de melhoria pode ser publicado depois da realização da obra pública" (REsp 89.791, j. 02.06.1998). Em outro julgado, o STJ esclarece que "a publicação prévia do edital é necessária para cobrança da contribuição e não para realização da obra" (REsp 8.417, j. 17.05.1995). Percebe-se assim que **a publicação do edital deve ser prévia à cobrança da contribuição de melhoria, mas não à realização da obra**, permitindo-se assim que o edital seja publicado após o início da obra pública.

As amarras condicionantes presentes no artigo 82 do CTN parecem ser uma explicação para a reduzida frequência na instituição dessa espécie tributária. Se comparado com a taxa, outro tributo vinculado a uma atuação estatal, a contribuição de melhoria possui requisitos muito mais rigorosos para sua instituição.

Os entes tributantes não possuem, contudo, liberdade para optar entre a instituição de uma taxa ou de uma contribuição de melhoria. Cada um desses tributos possui suas condicionantes, constitucionais ou infraconstitucionais. A dificuldade maior em se instituir uma contribuição de melhoria não permite ao ente político optar por uma taxa, se há uma obra pública e não há serviço público específico e divisível, do mesmo modo que a recíproca é verdadeira, não se podendo instituir contribuição de melhoria quando há serviço, e não obra.

Com essa orientação, o STF entendeu que a "taxa de pavimentação asfáltica" do Município de Santo André era inconstitucional, pois não representava contraprestação de um serviço público específico e divisível, mas sim de uma obra pública (RE 140.779, j. 02.08.1995). E naquele caso não estavam preenchidos os requisitos para cobrança de melhoria.

Ainda para o STF, enquanto a obra de asfaltamento que enseja valorização imobiliária pode justificar a instituição de contribuição de melhoria, o recapeamento de via pública já asfaltada representa simples serviço de manutenção e conservação, que não acarreta valorização do imóvel, não justificando a imposição da contribuição de melhoria (RE 115.863, j. 29.10.1991).

O STJ, a seu turno, entende que o ente instituidor da contribuição de melhoria possui o ônus de provar a ocorrência de efetiva valorização imobiliária em razão de obra pública (REsp 1.326.502, j. 18.04.2013).

4. EMPRÉSTIMO COMPULSÓRIO

O empréstimo compulsório é uma espécie em relação à qual a Constituição não prevê fatos geradores específicos ou uma atividade estatal como requisito para sua exigência. Diferentemente, requer o constituinte a presença de situações especiais que são taxativamente elencadas:

> CF, art. 148. A União, mediante lei complementar, poderá instituir empréstimos compulsórios:
>
> I - para atender a despesas extraordinárias, decorrentes de calamidade pública, de guerra externa ou sua iminência;
>
> II - no caso de investimento público de caráter urgente e de relevante interesse nacional, observado o disposto no art. 150, III, "b".
>
> Parágrafo único. A aplicação dos recursos provenientes de empréstimo compulsório será vinculada à despesa que fundamentou sua instituição.

Como se vê acima, a Constituição limita-se a trazer as causas da instituição dos empréstimos compulsórios, sendo silente quanto ao fato gerador a ser eleito pelo legislador. A guerra externa, a calamidade pública e o investimento público de caráter urgente e relevante não são hipóteses tributárias, mas sim causa ou justificativa para a instituição do empréstimo compulsório.

A hipótese tributária, por sua vez, pode ser própria de taxa (atividade estatal) ou de imposto (ato, fato ou situação do contribuinte), ou ainda pode a instituição do empréstimo compulsório atrelar o investimento que justifica o tributo a um grupo específico que seja especialmente beneficiado, caso em que haverá uma aproximação com as contribuições especiais.

A doutrina costuma defender que é necessário respeitar a delimitação de competências tributárias quando da eleição de materialidades próprias de impostos. Assim é que a União não pode, ao instituir empréstimos compulsórios, violar, obliquamente, as competências tributárias de outros entes federativos. Por isso, é possível a instituição de empréstimos compulsórios sobre importações de produtos, obtenção de rendimentos, ou propriedade territorial rural; mas há vedação para materialidades como operações mercantis, prestações de serviços ou propriedade territorial urbana[7].

Outra peculiaridade do empréstimo compulsório é a exigência de **lei complementar** para sua instituição, a qual é de competência exclusiva da União.

Voltando às causas que justificam o tributo em questão, cumpre observar a divisão feita pelo constituinte, que definiu uma ordem de relevância entre as justificativas do tributo, com uma consequência prática de se observar ou não o princípio da anterioridade.

---

7. CARRAZZA, Roque Antônio. Curso de Direito Constitucional Tributário. 30ª edição. São Paulo: Editora Malheiros, 2015, p. 672.

No caso do inciso I (**despesa extraordinária, decorrente de calamidade pública ou guerra externa**), o empréstimo compulsório pode ser instituído imediatamente, **sem observância ao princípio da anterioridade**.

No caso do inciso II (**investimento público de caráter urgente e de relevante interesse nacional**), deve-se observar a **anterioridade anual**.

As hipóteses constitucionais que legitimam a instituição dos empréstimos compulsórios devem ser rigorosamente observadas. Partindo dessa premissa, o STF considerou que a transferência de depósitos judiciais e administrativos, sem que o Estado seja parte, para conta única do Poder Executivo representaria um empréstimo compulsório não previsto no art. 148 da Constituição (ADI 5392, j. 16.09.2020).

A Constituição é expressa ainda que a **destinação dos recursos** do empréstimo compulsório é **vinculada à despesa** que fundamentou sua instituição (parágrafo único do artigo 148). O empréstimo compulsório é, por determinação constitucional, um tributo de receita vinculada à causa que ensejou sua instituição.

Apesar do nome "empréstimo", é inegável sua natureza tributária, diante do perfil constitucional traçado.

O fato de ser restituível tampouco infirma sua caracterização como tributo. Primeiro porque a Constituição, ao mesmo tempo em que confere ao empréstimo compulsório o regime tributário das demais espécies, exige expressamente a restituição do valor arrecadado. Segundo, porque nem mesmo o artigo 3º do CTN, em sua função didática de explicitar o conceito de tributo, faz qualquer menção a uma impossibilidade de restituição como parte do conceito.

Por fim, vale ainda lembrar o parágrafo único do artigo 15 do CTN, o qual preceitua que a lei fixará obrigatoriamente o prazo do empréstimo e as condições de seu resgate.

5. CONTRIBUIÇÕES

5.1 Características e Destinação da Arrecadação

A espécie "contribuições especiais" não se confunde com a contribuição de melhoria estudada anteriormente. As contribuições especiais estudadas a partir de agora abrangem as seguintes espécies: contribuições sociais (gerais e da seguridade social), contribuições no interesse das categorias profissionais ou econômicas, e contribuições de intervenção no domínio econômico. A todas essas espécies, indistintamente, será utilizado o termo "contribuição", referente ao gênero.

Contribuição é tributo previsto na Constituição de 1988, cuja característica marcante é a **destinação do produto de sua arrecadação à finalidade para a qual foi criada**. A peculiaridade da contribuição reside justamente no fato de não ser um tributo definido pela materialidade, como o são os impostos e as taxas. Seu critério informativo é a existência de uma finalidade para a qual a contribuição é criada, finalidade essa prevista na Constituição e observada pelas leis e pelos atos administrativos de aplicação dos recursos arrecadados.

Assim dispõe o artigo 149 da Constituição (grifo adicionado):

> CF, art. 149. Compete exclusivamente à União instituir contribuições sociais, de intervenção no domínio econômico e de interesse das categorias profissionais ou econômicas, **como instrumento de sua atuação nas respectivas áreas**, observado o disposto nos arts. 146, III, e 150, I e III, e sem prejuízo do previsto no art. 195, § 6º, relativamente às contribuições a que alude o dispositivo.

A cláusula grifada acima, "como instrumento de sua atuação nas respectivas áreas" é a previsão constitucional que prevê a vinculação da arrecadação das contribuições à finalidade para qual foram criadas. Ora, se a contribuição é criada como um instrumento de atuação numa área em específico, imperioso se faz que o produto de sua arrecadação seja destinado à respectiva área de atuação. Se a Constituição determina que as contribuições devem ser criadas para uma determinada finalidade, é porque os recursos arrecadados com essa espécie tributária devem ser utilizados para a persecução de tal finalidade.

Não soa legítimo afirmar que a mera cobrança de uma contribuição já poderia ser entendida como uma atuação em determinada área, devendo haver a vinculação de seus recursos à finalidade em questão. A destinação do produto da arrecadação tributária é fundamental para a classificação jurídica dos tributos, uma vez que esse é o critério que diferencia as contribuições e os empréstimos compulsórios dos demais tributos.

O artigo 4º do CTN traz norma que contraria a definição da natureza das contribuições até agora exposta:

> CTN, art. 4º A natureza jurídica específica do tributo é determinada pelo fato gerador da respectiva obrigação, sendo irrelevantes para qualificá-la:
>
> (...) II - a destinação legal do produto da sua arrecadação.

A antítese normativa entre o artigo 149 da Constituição e o artigo 4º, II do Código Tributário Nacional só pode ser resolvida pela supremacia das normas constitucionais. Em outras palavras, o artigo 4º, II do CTN foi derrogado pela Constituição de 1988, uma vez que esta última traz as contribuições como espécie tributária que possui como traço característico justamente a destinação legal do produto da sua arrecadação. Quando muito, pode-se dizer que o dispositivo infraconstitucional permanece em vigor, mas com aplicabilidade reduzida, não interferindo na disciplina constitucional das contribuições e dos empréstimos compulsórios.

Repita-se novamente: se o que justifica a criação de uma contribuição é certa finalidade, os recursos arrecadados com esse tributo não podem ser utilizados em outros fins, sob pena de se contrariar a própria norma de competência das contribuições, que vincula sua instituição à finalidade.

Desse modo, as leis que instituem contribuições devem vincular os recursos auferidos às finalidades específicas. Exemplos:

- CIDE-Combustíveis: Lei 10.336/01, art. 1º, § 1º **O produto da arrecadação da Cide será destinada, na forma da lei orçamentária, ao:** I - pagamento de subsídios a preços ou transporte de álcool combustível, de gás natural e seus derivados e de derivados de petróleo; II - financiamento de projetos ambientais relacionados com a indústria do petróleo e do gás; e III - financiamento de programas de infraestrutura de transportes.

- COFINS: Lei Complementar 70/91, art. 1º Sem prejuízo da cobrança das contribuições para o Programa de Integração Social (PIS) e para o Programa de Formação do Patrimônio do Servidor Público (Pasep), fica instituída contribuição social para financiamento da Seguridade Social, nos termos do inciso I do art. 195 da Constituição Federal, devida pelas pessoas jurídicas inclusive as a elas equiparadas pela legislação do imposto de renda, **destinadas exclusivamente às despesas com atividades-fim das áreas de saúde, previdência e assistência social.**

No âmbito do direito financeiro, o art. 167, XI da Constituição veda a utilização dos recursos provenientes das contribuições sociais de que trata o art. 195, I, a, e II, para a realização de despesas distintas do pagamento de benefícios do RGPS de que trata o art. 201. Essa vedação foi excepcionada pelo constituinte derivado, ao criar a Desvinculação da Receita da União (DRU). A Emenda Constituição de Revisão 01/1994, ao instituir o Fundo Social de Emergência, destinou a este 20% do produto da arrecadação de todos os impostos e contribuições da União. A DRU foi sucessivamente prorrogada e com a Emenda Constitucional 93/2016 o percentual desvinculado passou para 30%.

Também no campo infraconstitucional, há norma de direito financeiro, o parágrafo único do art. 8º da LC 101/2000 (Lei de Responsabilidade Fiscal), corroborando que os recursos legalmente vinculados a finalidade específica serão utilizados exclusivamente para atender ao objeto de sua vinculação, ainda que em exercício diverso daquele em que ocorrer o ingresso.

Em caso de desrespeito à destinação dos recursos da contribuição, surgem basicamente duas correntes para explicar as consequências do desvio.

Misabel Derzi, por exemplo, entende que em caso de os recursos arrecadados com a contribuição serem aplicados em finalidade diversa da legitimadora de sua instituição, o contribuinte pode se opor ao pagamento do tributo[8]. Perceba-se a rigidez da exigência: ainda que a lei instituidora da contribuição vincule o produto de sua arrecadação à sua finalidade, haverá o direito à repetição do indébito caso o contribuinte comprove que os recursos, a despeito da previsão legal, não foram efetivamente aplicados na finalidade prevista.

O ex-ministro do STF Carlos Velloso partilha dessa orientação, como se pode ver de seu voto no RE 183.906: "caso há, no sistema tributário brasileiro, em que a destinação do tributo diz com a legitimidade deste e, por isso, não ocorrendo a destinação constitucional do mesmo, surge o direito de não o pagar. Refiro-me às contribuições parafiscais".

Em sentido contrário, há a corrente que apregoa a irrelevância tributária do desvio da destinação dos recursos arrecadados com a contribuição. Esse posicionamento fundamenta-se na ideia de que o direito tributário se esgota com a arrecadação do tributo, e qualquer evento posterior à sua arrecadação não terá consequências tributárias.

As relações jurídicas posteriores à extinção do crédito tributário teriam relevância para o direito financeiro ou administrativo, mas não para o direito tributário. Com isso,

8. DERZI, Misabel Abreu Machado. Notas de atualização ao Direito Tributário Brasileiro de Aliomar Baleeiro. 13ª edição. Rio de Janeiro: Editora Forense, 2015, p. 57.

o desvio dos recursos das contribuições ensejaria sanção de ordem não tributária, não afetando a validade do tributo. Para Geraldo Ataliba, "a destinação dos dinheiros é questão não tributária, mas constitucional-financeira, de direito orçamentário"[9].

Em 2003, o STF proferiu decisão histórica na ADI 2925 (j. 19.12.2003), na qual entendeu que não se poderia destinar o produto da arrecadação da CIDE-Combustível em finalidade diversa das previstas no art. 177, § 4º da CF. Entendeu o STF que a lei orçamentária que assim o fizesse estaria violando frontalmente a CF, sendo possível o controle abstrato para a declaração de inconstitucionalidade de norma concreta que desviasse os recursos da contribuição da previsão constitucional. A ementa do julgado foi assim redigida (grifo adicionado):

> PROCESSO OBJETIVO - AÇÃO DIRETA DE INCONSTITUCIONALIDADE - LEI ORÇAMENTÁRIA. Mostra-se adequado o controle concentrado de constitucionalidade quando a lei orçamentária revela contornos abstratos e autônomos, em abandono ao campo da eficácia concreta. LEI ORÇAMENTÁRIA - CONTRIBUIÇÃO DE INTERVENÇÃO NO DOMÍNIO ECONÔMICO - IMPORTAÇÃO E COMERCIALIZAÇÃO DE PETRÓLEO E DERIVADOS, GÁS NATURAL E DERIVADOS E ÁLCOOL COMBUSTÍVEL - CIDE - DESTINAÇÃO - ARTIGO 177, § 4º, DA CONSTITUIÇÃO FEDERAL. É inconstitucional interpretação da Lei Orçamentária nº 10.640, de 14 de janeiro de 2003, que implique abertura de crédito suplementar em rubrica estranha à destinação do que arrecadado a partir do disposto no § 4º do artigo 177 da Constituição Federal, ante a natureza exaustiva das alíneas "a", "b" e "c" do inciso II do citado parágrafo.

Alguns doutrinadores passaram a defender que a jurisprudência deveria evoluir para não só vedar o desvio, mas também para permitir a devolução do indébito em caso de desvio. Não foi esse o entendimento do STF consolidado em sede de **repercussão geral** (RE 566.007, j. 13.11.2004 – grifo adicionado):

> (...) 2. **Não é possível concluir que, eventual inconstitucionalidade da desvinculação parcial da receita das contribuições sociais, teria como consequência a devolução ao contribuinte do montante correspondente ao percentual desvinculado**, pois a tributação não seria inconstitucional ou ilegal, única hipótese autorizadora da repetição do indébito tributário ou o reconhecimento de inexistência de relação jurídico-tributária. (...)

Segundo a Ministra relatora Carmem Lúcia, ainda que se considerasse inconstitucional a desvinculação de receitas, a consequência seria a vinculação do produto da arrecadação, e não sua devolução ao contribuinte.

Em julgado anterior, o STF já havia decidido que sequer haveria inconstitucionalidade na desvinculação parcial das receitas das contribuições por emenda constitucional (RE 537.610, j. 01.12.2009). Segundo o relator, Min. Cezar Peluso, o fato de o elemento essencial das contribuições ser a destinação do produto de sua arrecadação não autorizaria a conclusão de que a desvinculação parcial do produto da arrecadação teria importado criação de imposto (tributo, que, como se sabe, tem como regra a desvinculação de suas

9. ATALIBA, Geraldo. Hipótese de Incidência Tributária. 6ª edição. 15º Tiragem. São Paulo: Editora Malheiros, 2014, p. 158.

receitas). Afirmou ainda que a norma que determina a vinculação da destinação do produto da arrecadação das contribuições sociais não assume caráter de cláusula pétrea, em razão de não constar do artigo 60, § 4º da Constituição. Com isso, sua conclusão foi a de que não há impedimento para que Emenda Constitucional proceda à desvinculação de receitas das contribuições, como se deu na Emenda Constitucional de Revisão 01/1994, mencionada anteriormente, e nas sucessivas Emendas Constitucionais que prorrogaram a desvinculação de receitas da União.

Com base nessa jurisprudência, foram fixadas duas teses de **repercussão geral** no RE 566.007:

> I - A eventual inconstitucionalidade de desvinculação de receita de contribuições sociais não acarreta a devolução ao contribuinte do montante correspondente ao percentual desvinculado, pois a tributação não seria inconstitucional ou ilegal, única hipótese autorizadora da repetição do indébito tributário;
>
> II - Não é inconstitucional a desvinculação, ainda que parcial, do produto da arrecadação das contribuições sociais instituídas pelo art. 76 do ADCT, seja em sua redação original, seja naquela resultante das Emendas Constitucionais 27/2000, 42/2003, 56/2007, 59/2009 e 68/2011.

Sintetizando, é possível concluir:

- É inconstitucional a lei orçamentária aplique recursos de contribuições em finalidades diversas das previstas na CF;
- Ainda que haja inconstitucionalidade na desvinculação, por lei, das receitas das contribuições, a consequência não seria a repetição do indébito tributário, mas apenas a vinculação do produto da arrecadação;
- É possível, contudo, que uma Emenda Constitucional desvincule os recursos de contribuições de suas finalidades originárias, sem que haja ofensa a cláusula pétrea.

Traçado um panorama geral das contribuições, cumpre abordar alguns temas mais específicos em relação a essa espécie tributária.

5.2 Contribuições e lei complementar

Não existe determinação constitucional para que as contribuições sejam instituídas por lei complementar, exceto em relação às contribuições residuais da seguridade social (CF, art. 195, § 4º). Em outra formulação, é correto afirmar que, **com exceção das contribuições novas (ou residuais) da seguridade social, as contribuições podem ser instituídas por lei ordinária.** O STF possui orientação pacífica nesse sentido (RE 396.266, j. 26.11.2003). Em relação às contribuições de intervenção no domínio econômico, há inclusive decisão em sede de **repercussão geral** (RE 635.682, j. 25.04.2013)[10].

10. Tese de repercussão geral: "A contribuição destinada ao Serviço Brasileiro de Apoio às Micro e Pequenas Empresas — Sebrae possui natureza de contribuição de intervenção no domínio econômico e não necessita de edição de lei complementar para ser instituída".

Superada a espécie legislativa necessária para a instituição das contribuições, cumpre indagar se a lei complementar deve definir o fato gerador, a base de cálculo e os contribuintes das contribuições.

Uma das funções da lei complementar tributária é estabelecer normas gerais definindo fato gerador, base de cálculo e contribuintes **dos impostos** (CF, art. 146, III, *a*):

> CF, art. 146. Cabe à lei complementar:
>
> (...) III - estabelecer normas gerais em matéria de legislação tributária, especialmente sobre: a) definição de tributos e de suas espécies, bem como, **em relação aos impostos discriminados nesta Constituição, a dos respectivos fatos geradores**, bases de cálculo e contribuintes.

A interpretação conferida a esse dispositivo foi a de que ele não pode ser estendido às contribuições. O STF possui entendimento pacífico no sentido de que as contribuições (todas as do art. 149: sociais, de intervenção no domínio econômico e no interesse de categorias profissionais ou econômicas) não precisam ter seus fatos geradores definidos em lei complementar (RE 148.754, j. 24.06.1993).

A regra do art. 146, III, *a* da CF é aplicável apenas aos impostos, não se estendendo às contribuições.

Em síntese:

- A Constituição não exige que a lei complementar disponha sobre o fato gerador, base de cálculo e contribuintes das contribuições nela previstas (tal exigência só ocorre em relação aos impostos).
- A Constituição exige lei complementar para a instituição de contribuições da seguridade social não previstas em seu texto (contribuições sociais residuais).
- Ressalvadas as contribuições sociais residuais, é possível a instituição de contribuições por lei ordinária.

5.3 Categorias

As contribuições podem ser separadas, de acordo com o artigo 149, em: a) contribuições sociais (que podem ser contribuições sociais gerais ou contribuições da seguridade social, que por sua vez podem estar previstas na Constituição ou ser residuais); b) contribuições de intervenção no domínio econômico; c) contribuições no interesse de categorias profissionais e econômicas.

Assim, tem-se as seguintes espécies:

> a) contribuições sociais – a.1) contribuições sociais gerais; a.2) contribuições sociais para a seguridade social: a.2.1) contribuições sociais para a seguridade social previstas na Constituição; a.2.2) contribuições sociais para a seguridade social residuais (CF, art. 195, § 4º);
>
> b) contribuições de intervenção no domínio econômico
>
> c) contribuições no interesse de categorias profissionais e econômicas

As características gerais de cada uma dessas espécies serão abordadas a seguir.

5.3.1 *Contribuições sociais*

Trata-se de uma espécie de contribuição que se destina ao financiamento da atuação da União na área "social". Como se vê, possui um escopo demasiadamente amplo.

Numa tentativa de reduzir a esfera de incerteza, há autores que vinculam o termo "social" à definição da "Ordem Social" disposta na Constituição. Com isso, a instituição da contribuição social em questão estaria limitada pelas áreas constantes no título da "Ordem Social", qual sejam: i) seguridade social, que por sua vez engloba previdência social, saúde e assistência social; ii) educação, cultura e desporto; iii) ciência, tecnologia e inovação; iv) comunicação social; v) meio ambiente; vi) família, criança, adolescente, jovem e idoso; vii) índios[11].

Inclusive há uma contribuição social prevista dentro de um dos capítulos da Ordem Social, qual seja, a **contribuição sobre o Salário-Educação.** É o § 5º do art. 212 que assim dispõe: "a educação básica pública terá como fonte adicional de financiamento a contribuição social do salário-educação, recolhida pelas empresas na forma da lei.".

Duas preocupações surgem em relação às contribuições sociais. É que, não possuindo base de cálculo prevista expressamente na Constituição, o legislador ordinário possui relativa liberdade na sua instituição, desde que haja a vinculação à finalidade social.

Tal liberdade, segundo alguns doutrinadores, não autorizaria a instituição de novas contribuições sociais sobre materialidades reservadas pelo constituinte aos Estados e Municípios. Haveria no caso uma violação ao equilíbrio federativo. Critica-se até mesmo a possibilidade de a União criar contribuição com fato gerador idêntico a imposto de sua própria competência e cuja receita deveria ser repartida com Estados e Municípios, uma vez que, diferentemente dos impostos, as receitas das contribuições não são repartidas com Estados e Municípios[12].

A corrente oposta, segundo a qual a instituição de novas contribuições não é limitada pelas materialidades dos impostos estaduais e municipais pode ser conferida em voto do Ministro Carlos Veloso no RE 177.137 (grifo adicionado):

> A contribuição, não obstante um tributo, não está sujeita à limitação inscrita no § 2º do art. 145 da CF. **Também não se aplicam a ela as limitações a que estão sujeitos os impostos, em decorrência da competência privativa dos entes políticos para instituí-los (CF, arts. 153, 155 e 156), a impedir a tributação.** A técnica de competência residual da União para instituir impostos (CF, art. 154, I), aplicável às contribuições sociais de seguridade, no tocante às outras fontes destinadas a garantir a manutenção ou expansão da seguridade social (CF, art. 195, § 4º), não é invocável, no caso (CF, art. 149)

Se não há impedimento à criação de contribuição com fato gerador de imposto municipal ou estadual, tampouco haveria qualquer impedimento à criação de contribuição com fato gerador idêntico ao de imposto federal já existente. Não há que se falar em *bis*

11. CASTELLANI, Fernando F. Contribuições Especiais e sua Destinação. São Paulo: Noeses, 2009, p. 103.
12. BARRETO, Paulo Ayres. Contribuições. Regime Jurídico, Destinação e Controle. 2ª edição. São Paulo: Editora Noeses, 2011, p. 104.

in idem vedado pelo ordenamento. Nessa linha, o STF entende que não é inconstitucional a instituição da contribuição social sobre o lucro (RE 146.733, j. 29.06.1992), cuja base de cálculo coincide com a do imposto de renda das pessoas jurídicas.

O STF tem o entendimento pacífico no sentido de que, tratando-se de contribuição, **a Constituição não proíbe a coincidência de sua base de cálculo com a do imposto, o que é vedado relativamente às taxas.** (RE 177.137, j. 24.05.1995).

Esse entendimento foi reafirmado em sede de **repercussão geral**, no RE 883.542 (j. 02.06.2017), onde se rechaçou a alegação de inconstitucionalidade da cobrança da contribuição sindical rural simultaneamente com o imposto territorial rural. Mesmo diante da identidade de sujeito ativo (União) e base de cálculo (valor do imóvel rural) entre o imposto e a contribuição, o STF entendeu não haver impedimento constitucional para que as contribuições possuam a mesma base de cálculo dos impostos.

Em relação às **contribuições residuais para a seguridade social**, registre-se que o STF exige três requisitos para instituição: i) lei complementar; ii) não cumulatividade; iii) **fato gerador e base de cálculo diverso das contribuições já existentes.**

Em síntese, as contribuições sociais podem ser:

- contribuições sociais gerais;
- contribuições sociais para a seguridade social: a) contribuições sociais para a seguridade social previstas na Constituição; b) contribuições sociais para a seguridade social residuais (CF, art. 195, § 4º).

Algumas materialidades são previstas expressamente pelo texto constitucional para as contribuições da seguridade social (grifos adicionados):

> CF, art. 195. A seguridade social será financiada por toda a sociedade, de forma direta e indireta, nos termos da lei, mediante recursos provenientes dos orçamentos da União, dos Estados, do Distrito Federal e dos Municípios, e das seguintes contribuições sociais:
>
> I - do empregador, da empresa e da entidade a ela equiparada na forma da lei, incidentes sobre: a) a **folha de salários e demais rendimentos do trabalho pagos ou creditados**, a qualquer título, à pessoa física que lhe preste serviço, mesmo sem vínculo empregatício; b) a **receita ou o faturamento**; c) o **lucro**; II - do trabalhador e dos demais segurados da previdência social, não incidindo contribuição sobre aposentadoria e pensão concedidas pelo regime geral de previdência social de que trata o art. 201; III - sobre a **receita de concursos de prognósticos**. IV - do importador de bens ou serviços do exterior, ou de quem a lei a ele equiparar.

Em relação às contribuições da seguridade social incidentes sobre as materialidades acima destacadas, portanto, basta, para sua instituição, o instrumento da lei ordinária.

O artigo 149, § 2º da Constituição traz regras comuns para as contribuições sociais e de intervenção no domínio econômico, que serão estudadas adiante.

5.3.2 *Contribuições de Intervenção no Domínio Econômico - CIDEs*

A União possui, nessas contribuições, um instrumento para intervir sobre[13] a economia. É sabido que nenhum tributo pode ser considerado totalmente neutro, eis que o simples dever de recolher a quantia tributária aos cofres públicos já é capaz de induzir, ainda que de forma mínima, os comportamentos dos contribuintes. Contudo, as contribuições de intervenção no domínio econômico são tributos extrafiscais pela sua própria natureza[14], não só na nomenclatura.

A intervenção do Estado sobre a economia (e assim deve ser também para as contribuições de intervenção no domínio econômico) só é legítima caso se preste a atender às finalidades constitucionalmente estabelecidas para a ordem econômica, de acordo com os princípios elencados no artigo 170 da Constituição:

> Art. 170. A ordem econômica, fundada na valorização do trabalho humano e na livre iniciativa, tem por fim assegurar a todos existência digna, conforme os ditames da justiça social, observados os seguintes princípios: I - soberania nacional; II - propriedade privada; III - função social da propriedade; IV - livre concorrência; V - defesa do consumidor; VI - defesa do meio ambiente, inclusive mediante tratamento diferenciado conforme o impacto ambiental dos produtos e serviços e de seus processos de elaboração e prestação; VII - redução das desigualdades regionais e sociais; VIII - busca do pleno emprego; IX - tratamento favorecido para as empresas de pequeno porte constituídas sob as leis brasileiras e que tenham sua sede e administração no País.

A intervenção em si do Estado na economia, por sua vez, pode ser direta ou indireta. Como regra, a exploração direta de atividade econômica pelo Estado só será permitida quando necessária aos imperativos da segurança nacional ou a relevante interesse coletivo, conforme definidos em lei (CF, artigo 173, *caput*).

Caso o Estado, através de empresas públicas e sociedades de economia mista, atue diretamente na economia, estará sujeito a recolher as contribuições de intervenção no domínio econômico que porventura venham a incidir no setor econômico de sua atuação. Caso se admitisse que as empresas estatais, ao explorarem atividade econômica, não estivessem obrigadas ao pagamento das contribuições de intervenção no domínio econômico, haveria violação ao princípio da livre concorrência previsto expressamente no artigo 173, § 1º, I e § 2º da Constituição em relação às estatais.

---

13. Eros Grau diferencia a intervenção *"no"* domínio econômico da intervenção *"sobre"* o domínio econômico: "(...) reafirmo a classificação de que tenho me valido, que distingue três modalidades de intervenção: intervenção por absorção ou participação (a), intervenção po direção (b), e intervenção por indução (c). No primeiro caso, o Estado intervém no domínio econômico, isto é, no campo da atividade econômica em sentido estrito. Desenvolve ação, então, como agente (sujeito) econômico. Intervirá, então, por absorção ou participação. (...) No segundo e no terceiro casos, o Estado intervirá sobre o domínio econômico, isto, sobre o campo da atividade econômica em sentido estrito. Desenvolve ação, então, como regulador dessa atividade. Intervirá, no caso, por direção ou por indução." (GRAU, Eros Roberto. A ordem econômica na Constituição de 1988: interpretação e crítica. 18ª edição. São Paulo: Malheiros, 2017, p. 141).
14. HORVATH, Estevão. Contribuições de Intervenção no Domínio Econômico. São Paulo: Editora Dialética, 2009, p. 58.

A contribuição de intervenção no domínio econômico, assim, é instrumento de intervenção **indireta** do Estado sobre a economia, que serve para incentivar determinado setor, entendido como estratégico pelo Estado.

A utilização dessa contribuição como incentivo a determinado setor não significa que deva existir uma contraprestação estatal aos contribuintes da CIDE. É possível que a contribuição seja arrecadada de um grupo de contribuintes em benefício de outro, não havendo necessidade de uma contraprestação direta aos contribuintes da CIDE.

No RE 635.682 (**repercussão geral**, j. 25.04.2013), o STF julgou **desnecessária a existência de uma contraprestação direta ao sujeito passivo da contribuição de intervenção no domínio econômico**. No voto do relator Gilmar Mendes, chegou-se a consignar que "**tratando-se de empresa que exerce atividade econômica, é devida a cobrança de contribuição para o SEBRAE**", o que expressa também a desnecessidade de eleição de um setor específico e com características homogêneas como sujeito ao pagamento da contribuição.

É dizer: ainda que a contribuição tenha um setor específico como beneficiado (micro e pequenas empresas), o que atenderia a exigência de destinação específica, não possui um setor específico no campo dos contribuintes.

No RE 603.624, submetido à sistemática de **repercussão geral**, discutiu-se a constitucionalidade das contribuições para o SEBRAE, APEX e ABDI, a partir de 12.12.2001, data da vigência da EC 33/2001. Como bem sintetizou a relatora, Ministra Rosa Weber (grifo adicionado):

> O cerne da discussão diz, precisamente, com o caráter taxativo ou não do rol de bases de cálculo previsto no art. 149, § 2°, III, "a", da Lei Maior, preceito que estabelece que "as contribuições sociais e de intervenção no domínio econômico de que trata o caput deste artigo: [...] poderão ter alíquotas: a) *ad valorem*, **tendo por base o faturamento, a receita bruta ou o valor da operação e, no caso de importação, o valor aduaneiro**".

Enquanto o dispositivo constitucional acima transcrito só mencionava as bases "receita bruta", "faturamento", "valor da operação" e "valor aduaneiro", a legislação ordinária que instituiu a contribuição destinada ao SEBRAE (e também à APEX e à ABDI) previu a incidência sobre a folha de salários, como um adicional às alíquotas das contribuições sociais para os Serviços Sociais Autônomos, como se pode ver do art. 8° da Lei 8.029/1990[15].

15. Lei 8.029/1990, art. 8°: "É o Poder Executivo autorizado a desvincular, da Administração Pública Federal, o Centro Brasileiro de Apoio à Pequena e Média Empresa - CEBRAE, mediante sua transformação em serviço social autônomo. (...) § 3º Para atender à execução das políticas de apoio às microempresas e às pequenas empresas, de promoção de exportações, de desenvolvimento industrial e de promoção internacional do turismo brasileiro, fica instituído adicional às alíquotas das contribuições sociais relativas às entidades de que trata o art. 1º do Decreto-Lei nº 2.318, de 30 de dezembro de 1986, de: (...) § 4º O adicional de contribuição a que se refere o § 3º será arrecadado e repassado mensalmente pelo órgão ou pela entidade da administração pública federal ao Serviço Brasileiro de Apoio às Micro e Pequenas Empresas - Sebrae, à Agência de Promoção de Exportações do Brasil - Apex-Brasil, à Agência Brasileira de Desenvolvimento Industrial - ABDI e à Embratur - Agência Brasileira de Promoção do Turismo, nas seguintes proporções: (...)". Decreto-Lei nº 2.318/1986, art. 1º: "Mantida a cobrança, fiscalização, arrecadação e repasse às entidades beneficiárias das contribuições para o Serviço Nacional de Aprendizagem Industrial (SENAI), para o Serviço Nacional de Aprendizagem Comercial (SENAC), para o Serviço Social da Indústria (SESI) e para o Serviço Social do Comércio (SESC) (...)". O art. 2º do Decreto-Lei nº 2.318/1986 prevê a base "folha de salários".

Argumentavam os contribuintes que a redação conferida ao art. 149, § 2º, III, "a" da CF, "tendo por base" significava uma exclusão de qualquer outra base não prevista no dispositivo, como, por exemplo, a "folha de salários". Essa opção representaria, ainda segundo os contribuintes, uma opção do constituinte derivado reformador de evitar a tributação sobre a folha de salários, prestigiando outras bases.

O STF decidiu de modo diverso, prevalecendo o entendimento de que **a EC 33/2001 não estabeleceu uma delimitação exaustiva de todas as bases econômicas a serem tributadas pelas contribuições sociais e de intervenção no domínio econômico**. A proposta da emenda constitucional em questão foi a de expandir as materialidades que poderiam ser utilizadas na instituição das contribuições, e não as reduzir (conforme o voto do ministro Alexandre de Moraes). A partir desses fundamentos, foi fixada a seguinte tese de **repercussão geral** no RE 603.624 (j. 23.09.2020): "As contribuições devidas ao SEBRAE, à APEX e à ABDI com fundamento na Lei 8.029/1990 foram recepcionadas pela EC 33/2001".

Além da contribuição para o SEBRAE, uma contribuição de intervenção no domínio econômico de grande relevância é a **CIDE-combustíveis**, prevista constitucionalmente:

> CF, art. 177 (...) § 4º A lei que instituir contribuição de intervenção no domínio econômico relativa às atividades de importação ou comercialização de petróleo e seus derivados, gás natural e seus derivados e álcool combustível deverá atender aos seguintes requisitos: I - a alíquota da contribuição poderá ser: a) diferenciada por produto ou uso; b) reduzida e restabelecida por ato do Poder Executivo, não se lhe aplicando o disposto no art. 150, III, b; II - os recursos arrecadados serão destinados: a) ao pagamento de subsídios a preços ou transporte de álcool combustível, gás natural e seus derivados e derivados de petróleo; b) ao financiamento de projetos ambientais relacionados com a indústria do petróleo e do gás; c) ao financiamento de programas de infra-estrutura de transportes.

Como se vê, a Constituição prevê destinações específicas para a arrecadação da CIDE-combustíveis, de modo a propiciar programas estatais no setor.

A **CIDE-*royalties***, a seu turno, é uma contribuição de intervenção no domínio econômico prevista na Lei 10.168/2000, que tem como fato gerador os valores pagos, creditados, entregues, empregados ou remetidos, a cada mês, a residentes ou domiciliados no exterior, a título de remuneração decorrente das obrigações decorrentes de licença de uso, aquisição de conhecimentos tecnológicos e celebração de contratos que impliquem transferência de tecnologia, firmados com residentes ou domiciliados no exterior (art. 2º, *caput*, da Lei 10.168/2000). A partir de 1º de janeiro de 2002, a CIDE-*royalties* passou a ser devida também pelas pessoas jurídicas signatárias de contratos que tenham por objeto serviços técnicos e de assistência administrativa e semelhantes a serem prestados por residentes ou domiciliados no exterior, bem assim pelas pessoas jurídicas que pagarem, creditarem, entregarem, empregarem ou remeterem royalties, a qualquer título, a beneficiários residentes ou domiciliados no exterior (art. 2º, § 2º da Lei 10.168/2001, com a redação dada pela Lei 10.332/2001).

Em relação a essa última incidência, vinculada à contraprestação de serviços técnicos com residentes ou domiciliados no exterior, a **súmula 127 do CARF** dispõe que "A incidência da Contribuição de Intervenção no Domínio Econômico (CIDE) na contratação de serviços técnicos prestados por residentes ou domiciliados no exterior prescinde da ocorrência de transferência de tecnologia". Em sentido semelhante, o STJ (REsp 1.642.249, j. 15.08.2017) já decidiu que

> (...) exclusivamente para os fins da incidência da CIDE -Remessas, o art. 2º, §1º, da Lei n. 10.168/2000 expressamente não exigiu a entrega dos dados técnicos necessários à "absorção da tecnologia" para caracterizar o fato gerador da exação, contentando-se com a existência do mero "fornecimento de tecnologia" em suas mais variadas formas (...)

De fato, a Lei 10.168/2000 trouxe uma extensa base de cálculo para a CIDE-*royalties*[16], não sendo coerente a interpretação que introduz critério restritivo ("transferência de tecnologia") não previsto para a incidência sobre a remuneração por serviços técnicos a residente no exterior.

Em relação aos fatos geradores possíveis das contribuições de intervenção no domínio econômico, o STF deixou assentado que não há na Constituição dispositivo que impeça a identidade de base de cálculo, fato gerador e alíquota entre a contribuição de intervenção no domínio econômico e os outros tributos (RE 420.029, j. 30.07.2009).

Crítica doutrinária que recai sobre a CIDE-*royalties* diz respeito à inexistência de uma intervenção no domínio econômico, uma vez que a ciência e a tecnologia estariam localizadas na Ordem Social da Constituição[17]. Ocorre que o setor científico e tecnológico é condição indispensável para o desenvolvimento econômico de qualquer país, principalmente com os avanços da robótica e da difusão de *softwares* e aplicativos. Assim, "se a ciência e a tecnologia têm relação direta com a educação e está inserta no título da ordem social, não se ouvida que constituam importantes fatores de produção da economia moderna, matéria pertinente à ordem econômica"[18].

Outras contribuições de intervenção no domínio econômico chanceladas pelo STF:

- Contribuição devida ao Instituto do Açúcar e do Álcool (IAA - Decretos-Leis 308/67, 1.712/79, 1.952/82 - constitucionalidade reconhecida no RE 214.206);
- Adicional de Tarifa Portuária (Lei 7.700/88, art. 1º, § 1º - constitucionalidade reconhecida no RE 209.365);
- Adicional ao Frete para Renovação da Marinha Mercante (Decreto-Lei 2.404/87 - constitucionalidade reconhecida no RE 177.137).

16. DIAS JÚNIOR, Antônio Augusto Souza. Do reajustamento da base de cálculo da CIDE - o valor empregado em benefício do contratado não residente. Disponível em: "https://www.jota.info/opiniao-e-analise/colunas/contraditorio/do-reajustamento-da-base-de-calculo-da-cide-17062019". Acesso em 21.09.2020.
17. "(...) cremos que a exação criada pela Lei nº 10.168/00 padece de vício de inconstitucionalidade já naquela que seria a sua 'norma de competência', isto é, a finalidade invocada para a sua criação não encontra amparo na Constituição da República. (...) reconhecemos que o setor em que se pretende intervir na contribuição analisada é outro que não o econômico, sendo que a autorização para a instituição de contribuição interventiva somente existe quanto a este último." HORVATH, Estevão. Contribuições de Intervenção no Domínio Econômico. São Paulo: Editora Dialética, 2009, p. 124-126.
18. BENSOUSSAN, Fabio Guimarães; GOUVÊA, Marcus de Freitas. Manual de Direito Econômico. 5ª edição. Salvador: Editora Juspodivm, 2019, p. 349.

Por fim, cabe lembrar que as contribuições de intervenção no domínio econômico, assim como as outras contribuições (ressalvando-se as residuais da seguridade social), podem ser instituídas por lei ordinária.

5.3.3 *Contribuições no interesse de categorias profissionais e econômicas*

As contribuições no interesse de categorias profissionais e econômicas são instituídas por lei pela União. Isso porque, de acordo com a Constituição, compete a tal ente organizar, manter e executar a inspeção do trabalho (CF, art. 21, XXIV). Acrescente-se que artigo 22, XVI, dispõe ser de competência privativa da União legislar sobre organização do sistema nacional de emprego e condições para o exercício de profissões.

Apesar de instituídas pela União, são cobradas pelas respectivas entidades responsáveis pelas atividades de organização, regulação e fiscalização, caracterizando-se como autênticas contribuições parafiscais, em relação às quais não só a destinação dos recursos é transferida a ente diverso do titular da competência para sua instituição, mas também a própria cobrança do tributo é transferida para a pessoa beneficiada pelos recursos arrecadados (ver tópico sobre conceito da parafiscalidade a seguir).

O fato de as entidades reguladoras de profissões atuarem também no campo da fiscalização fez com que alguns doutrinadores concluíssem pela natureza de taxa de polícia dessas contribuições[19]. Contudo, há diferenças fundamentais que impedem a confusão entre taxas de polícia e contribuições no interesse das categorias profissionais ou econômicas, como o fato de essas últimas não se destinarem a custear apenas o serviço de fiscalização, mas diversas atividades dos conselhos profissionais[20]. A jurisprudência do STF tem tratado as contribuições no interesse de categorias profissionais e econômicas como espécie tributária distinta (MS 21.797, j. 09.03.2000), que não se confunde com as taxas de polícia.

Uma advertência, porém, se faz necessária: nem todos os tributos cobrados pelos Conselhos Profissionais possuem a natureza de contribuição no interesse das categorias profissionais. Conforme a jurisprudência do STF, **a "Anotação de Responsabilidade Técnica"**, instituída pela Lei 6.496/1977 e **cobrada pelos Conselhos Regionais de Engenharia, Arquitetura e Agronomia, tem natureza jurídica de taxa** (ARE 748.445 – **repercussão geral**, j. 31.10.2013).

5.3.3.1 *Contribuição sindical e contribuição confederativa*

A doutrina e a jurisprudência sempre diferenciaram as duas "contribuições": a "contribuição sindical" (que já foi chamada de "imposto sindical"), prevista no art. 579 da CLT, e a "contribuição confederativa", prevista no artigo 8º, IV, da Constituição.

---

19. CARRAZZA, Roque Antônio. Curso de Direito Constitucional Tributário. 30ª edição. São Paulo: Editora Malheiros, 2015, p. 709.
20. PAULSEN, Leandro; VELLOSO, Andrei Pitten. Contribuições – Teoria geral Contribuições em espécie. 2ª edição. Porto Alegre: Livraria do Advogado Editora, 2013, p. 252.

A primeira, instituída por lei da União (Consolidação das Leis do Trabalho), teria natureza tributária, pois seria devida independentemente da vontade do trabalhador, sendo compulsória e atendendo os demais requisitos do conceito de tributo. Por isso, seria legítima, nesse caso, a competência fiscalizatória do TCU (MS 28.465, j. 18.03.2014).

Em relação a essa contribuição compulsória, afigura-se inconstitucional, por violação ao princípio da legalidade, a sua instituição por meio de acordo ou convenção coletiva, a empregados não filiados ao sindicato beneficiário da exação (ARE 1.018.459 – **repercussão geral**, j. 23.02.2017).

Já a contribuição confederativa seria fixada em assembleia, e seu recolhimento seria facultativo, o que retiraria sua natureza tributária.

O STF tratava dessa contribuição confederativa na súmula 666 (atualmente convertida na **súmula vinculante 40**): "A contribuição confederativa de que trata o art. 8º, IV, da Constituição Federal, só é exigível dos filiados ao sindicato respectivo". Assim, tinha-se a contribuição confederativa, de natureza privada, e a contribuição sindical, de natureza tributária.

Contudo, o chamado "imposto sindical", ou "contribuição sindical", previsto no artigo 579 da CLT, perdeu sua natureza tributária, tendo em vista que, com a reforma trabalhista, passou a ser facultativa, exigindo para sua cobrança a prévia autorização do trabalhador.

Basta comparar a redação antiga com a atual do dispositivo para perceber a relevância da alteração do ponto de vista tributário:

> Redação antiga - CLT, art. 579: A contribuição sindical é devida por todos aqueles que participam de uma determinada categoria econômica ou profissional, ou de uma profissão liberal, em favor do Sindicato representativo da mesma categoria ou profissão, ou, inexistindo este, na conformidade do disposto no art. 591.
>
> **REDAÇÃO ATUAL** – CLT, art. 579. **O desconto da contribuição sindical está condicionado à autorização prévia e expressa** dos que participarem de uma determinada categoria econômica ou profissional, ou de uma profissão liberal, em favor do sindicato representativo da mesma categoria ou profissão ou, inexistindo este, na conformidade do disposto no art. 591 desta Consolidação. (**Redação dada pela Lei nº 13.467, de 2017**)

O fato de a nova redação do artigo 579 da CLT ter exigido uma autorização prévia e expressa do trabalhador impede a classificação da "contribuição sindical" em questão como tributo, ante a ausência de compulsoriedade (artigo 3º do CTN).

Nesse sentido, o STF decidiu, na ADI 5794 (j. 29.06.2018), que a Lei 13.467/2017, ao exigir prévia e expressa anuência de todo e qualquer trabalhador para o desconto da contribuição sindical, suprimiu sua natureza tributária. Conforme salientado no voto do Ministro relator Edson Fachin, houve uma "alteração da natureza jurídica da contribuição sindical de típico tributo para contribuição negocial facultativa". E ao perder sua natureza tributária, não há mais razão para a incidência das limitações ao poder de tributar em relação a essa prestação, conforme constou da ementa da ADI 5794 (grifos adicionados):

> (...) 4. A Lei nº 13.467/2017 emprega critério homogêneo e igualitário ao exigir prévia e expressa anuência de todo e qualquer trabalhador para o desconto da contribuição sindical, ao mesmo tempo em que **suprime a natureza tributária da contribuição**, seja em relação aos sindicalizados, seja quanto aos demais, motivos pelos quais não há qualquer violação ao princípio da isonomia tributária (art. 150, II, da Constituição), até porque **não há que se invocar uma limitação ao poder de tributar para prejudicar o contribuinte, expandindo o alcance do tributo**, como suporte à pretensão de que os empregados não-sindicalizados sejam obrigados a pagar a contribuição sindical. 5. A **Carta Magna não contém qualquer comando impondo a compulsoriedade da contribuição sindical**, na medida em que o art. 8º, IV, da Constituição remete à lei a tarefa de dispor sobre a referida contribuição e o art. 149 da Lei Maior, por sua vez, limita-se a conferir à União o poder de criar contribuições sociais, o que, evidentemente, inclui a prerrogativa de extinguir ou modificar a natureza de contribuições existentes. 6. A supressão do caráter compulsório das contribuições sindicais não vulnera o princípio constitucional da autonomia da organização sindical, previsto no art. 8º, I, da Carta Magna, nem configura retrocesso social e violação aos direitos básicos de proteção ao trabalhador insculpidos nos artigos 1º, III e IV, 5º, XXXV, LV e LXXIV, 6º e 7º da Constituição. (...)

Caiu por terra, assim, a principal distinção entre esta "contribuição" do art. 579 da CLT e a chamada "contribuição confederativa", que é prevista no artigo 8º, IV da Constituição (a assembleia geral fixará a contribuição que, em se tratando de categoria profissional, será descontada em folha, para custeio do sistema confederativo da representação sindical respectiva) e na súmula vinculante 40 do STF: "A contribuição confederativa de que trata o art. 8º, IV, da Constituição Federal, só é exigível dos filiados ao sindicato respectivo".

Tal contribuição confederativa não se distancia mais do recolhimento previsto no artigo 579 da CLT pelo critério facultatividade/compulsoriedade, eis que agora ambas são facultativas. A diferença maior reside no fato de a contribuição confederativa ser fixada em assembleia geral e ser paga em virtude de uma filiação associativa (e não por conta de uma simples autorização, como ocorre no atual artigo 579 da CLT).

5.3.3.2 *Conselhos profissionais e OAB*

Os Conselhos Profissionais são responsáveis pela regulamentação, fiscalização e punição das profissões regulamentadas. Atuam dentro da possibilidade constitucional de se restringir o livre exercício de qualquer trabalho, ofício ou profissão, por meio de qualificações profissionais estabelecidas em lei (art. 5º, XIII da CF). O artigo 21, XXIV da CF prevê ainda que compete à União organizar, manter e executar a inspeção do trabalho, tendo ainda a União a competência privativa para legislar sobre organização do sistema nacional de emprego e condições para o exercício das profissões (art. 22, XVI).

No que diz respeito às profissões regulamentadas, a atuação da União se dá mediante delegação aos conselhos profissionais. Tais conselhos possuem a atribuição de regulamentar e defender as prerrogativas profissionais, sendo pessoas jurídicas de direito público da espécie autarquia, o que as autoriza a exercer o poder de polícia na fiscalização e punição dos respectivos profissionais.

A natureza jurídica de pessoa de direito público dos conselhos profissionais foi confirmada pelo STF na ADI 1717 (j. 07.11.2002), onde se decidiu ser inconstitucional a delegação a pessoas privadas das atividades de tributar e punir em relação às profissões regulamentadas.

Dessa natureza jurídica de direito público, decorrem outras consequências. Assim é que tais entidades sujeitam-se à obrigatoriedade de admissão de pessoal mediante concurso público, e ainda à sujeição ao controle do Tribunal de Contas da União (STF, MS 28.469, j. 09.06.2015).

O aspecto mais relevante da natureza pública dos conselhos profissionais para nosso estudo, contudo, é a constatação de que as **anuidades cobradas dos profissionais possuem natureza tributária, enquadrando-se no gênero das contribuições no interesse de categorias profissionais** previstas no art. 149 da CF, conforme entendimento pacífico do STF (MS 21.797, j. 09.03.2000).

Segundo a Lei 12.514/2011, essas contribuições têm como fato gerador a existência de inscrição no conselho, ainda que por tempo limitado, ao longo do exercício (art. 5º). Essa lei também fixou um limite de valor para as anuidades, expediente considerado constitucional pelo STF (ADIs 4697 e 4762, j. 06.10.2016).

O que é vedado pelo STF é a delegação da fixação das anuidades aos conselhos, sem limites, teto ou parâmetros legais (RE 704.292, **repercussão geral**, j. 19.10.2016 – grifos adicionados):

> (...) 2. **Respeita o princípio da legalidade a lei que disciplina os elementos essenciais determinantes para o reconhecimento da contribuição de interesse de categoria econômica como tal e deixa um espaço de complementação para o regulamento.** A lei autorizadora, em todo caso, deve ser legitimamente justificada e **o diálogo com o regulamento deve-se dar em termos de subordinação, desenvolvimento e complementariedade.**
>
> (...) 4. O grau de indeterminação com que os dispositivos da Lei nº 11.000/2000 operaram provocou a degradação da reserva legal (art. 150, I, da CF/88). Isso porque a remessa ao ato infralegal não pode resultar em desapoderamento do legislador para tratar de elementos tributários essenciais. **Para o respeito do princípio da legalidade, seria essencial que a lei (em sentido estrito) prescrevesse o limite máximo do valor da exação, ou os critérios para encontrá-lo**, o que não ocorreu.
>
> (...) 7. Na esteira do que assentado no RE nº 838.284/SC e nas ADI nºs 4.697/DF e 4.762/DF, **as inconstitucionalidades presentes na Lei nº 11.000/04 não se estendem às Leis nºs 6.994/82 e 12.514/11. Essas duas leis são constitucionais no tocante às anuidades devidas aos conselhos de fiscalização de profissões regulamentadas, haja vista que elas, além de prescreverem o teto da exação, realizam o diálogo com o ato normativo infralegal em termos de subordinação, de desenvolvimento e de complementariedade.** (...).

A cobrança das anuidades pelos conselhos profissionais não pode ocorrer por meio da suspensão do registro profissional até que ocorra o pagamento dos valores em aberto. Tal expediente configura sanção política, ou seja, representa uma restrição estatal que inviabiliza injustificadamente o exercício pleno de atividade econômica ou profissional pelo sujeito passivo de obrigação tributária, afrontando aos princípios da proporcionalidade, da razoabilidade e do devido processo legal substantivo. Esse foi o entendimento do STF ao fixar a seguinte tese de **repercussão geral** (RE 647.885, j. 27.04.2020): "É inconstitucional a suspensão realizada por conselho de fiscalização profissional do exercício laboral de seus inscritos por inadimplência de anuidades, pois a medida consiste em sanção política em matéria tributária."

Cumpre agora tratar separadamente da OAB e de suas anuidades, tendo em vista a distinção feita pela jurisprudência.

Em que pese os conselhos profissionais serem tratados como autarquias legitimadas a exigir as contribuições em estudo, a OAB foi excluída desse regime jurídico. É dizer, a OAB, para a jurisprudência do STF (ADI 3026, j. 08.06.2006), não é considerada autarquia, mas sim entidade *sui generis*. Consequentemente, não se sujeita ao controle externo do Tribunal de Contas da União, assim como suas anuidades não possuem natureza tributária, não devendo observância aos princípios constitucionais tributários (legalidade, anterioridade etc.) nem sendo cobradas em um processo de execução fiscal, como ocorre em relação às anuidades dos conselhos profissionais.

A jurisprudência do STJ é pacífica quanto à natureza não tributária das anuidades da OAB, o que tem como consequência, ainda, a sua sujeição ao prazo prescricional previsto no Código Civil, e não no CTN (AgInt no REsp 1.419.757, j. 16.03.2017; REsp 1.574.642, j. 16.02.2016; EREsp 463.258, j. 10.12.2003).

As críticas a esse entendimento são contundentes. O fato de a OAB atuar como função essencial à justiça, não nos parece motivo idôneo a eximi-la do controle do Tribunal de Contas da União. A Advocacia Pública e o Ministério Público igualmente são funções essenciais à justiça e nem por isso estão liberadas do controle pelo Tribunal de Contas. A alegada finalidade institucional não nos parece justificativa para se liberar a OAB do dever de observância dos princípios constitucionais tributários em relação aos valores recebidos dos profissionais filiados, ou do dever de prestar contas aos órgãos de controle da União.

Apesar dessa orientação de que as anuidades da OAB não possuem natureza tributária, o STF adotou entendimento diverso em julgado de repercussão geral, em contradição com a jurisprudência com o STJ. No RE 647.885 (repercussão geral, j. 27.04.2020), o STF, ao tratar da suspensão da inscrição de advogado como cobrança de anuidade que seria sanção política, partiu do pressuposto de que também as anuidades da OAB são tributos. Confira-se alguns trechos da ementa a esse respeito:

> (...) **ORDEM DOS ADVOGADOS DO BRASIL - OAB.** (...) **ANUIDADE OU CONTRIBUIÇÃO ANUAL.** INADIMPLÊNCIA. **NATUREZA JURÍDICA DE TRIBUTO. CONTRIBUIÇÃO DE INTERESSE DE CATEGORIA PROFISSIONAL. SANÇÃO POLÍTICA EM MATÉRIA TRIBUTÁRIA. LEI 8.906/1994. ESTATUTO DA ORDEM DOS ADVOGADOS DO BRASIL.** 1. A jurisprudência desta Corte é no sentido de que as anuidades cobradas pelos conselhos profissionais caracterizam-se como tributos da espécie contribuições de interesse das categorias profissionais, nos termos do art. 149 da Constituição da República. Precedentes: MS 21.797, Rel. Min. Carlos Velloso, Tribunal Pleno, DJ 18.05.2001; e ADI 4.697, de minha relatoria, Tribunal Pleno, DJe 30.03.2017. (...)

O caso versava sobre dispositivos do Estatuto da OAB que admitiam a suspensão do exercício profissional da advocacia por inadimplência das anuidades. No voto do relator,

Ministro Edson Fachin, foi mencionada a natureza tributária das anuidades devidas aos conselhos profissionais sem qualquer ressalva à especificidade da OAB. Nessa mesma linha foi o voto do Ministro Alexandre de Moraes.

Para fins de aplicação de entendimento jurisprudencial, contudo, deve-se ter em mente que **a OAB não é autarquia corporativa, mas entidade *sui generis*. A natureza tributária de suas anuidades é expressamente afastada pelo STJ, enquanto o STF considerou as anuidades como tributos, que não admite as "sanções políticas em matéria tributária"** (RE 647.885).

5.4 Normas comuns às contribuições sociais e às contribuições de intervenção no domínio econômico

A Constituição traz normas que se aplicam tanto às contribuições sociais quanto às contribuições de intervenção no domínio econômico, no art. 149, § 2º:

> CF, art. 149, § 2º As contribuições sociais e de intervenção no domínio econômico de que trata o caput deste artigo:
>
> I - não incidirão sobre as receitas decorrentes de exportação;
>
> II - incidirão também sobre a importação de produtos estrangeiros ou serviços;
>
> III - poderão ter alíquotas: a) ad valorem, tendo por base o faturamento, a receita bruta ou o valor da operação e, no caso de importação, o valor aduaneiro; b) específica, tendo por base a unidade de medida adotada.

Os incisos I e II do § 2º estabelecem, para essas contribuições, o **princípio da tributação no país do destino** (exonerando-se as exportações), aplicável também ao IPI (CF, art. 153, § 3º, III e CTN art. 46, I) e ao ICMS (CF, art. 155, § 2º, X, "a" e art. 155, § 2º, IX, "a"). Pelo princípio do destino, os tributos de consumo sobre as transações são exigidos no país consumidor, exonerando-se as exportações e tributando-se as importações.

A cláusula "receitas decorrentes de exportação" já foi analisada pelo STF em sede de julgado submetido a **repercussão geral** (RE 627.815, j. 23.05.2013) no qual se decidiu que esse conceito abrange também as variações cambiais ativas, alcançadas portanto pela imunidade. Desse modo, eventuais ganhos que o exportador obtenha por conta da flutuação do câmbio entre a data do contrato de exportação e a data da liquidação desse mesmo contrato (variação cambial ativa) não serão tributados, por constituírem receitas decorrentes de exportação, imunes às contribuições sociais e de intervenção no domínio econômico.

Ainda sobre o conceito de receita, **o STF corretamente excluiu os conceitos de movimentações financeiras e lucro da abrangência da expressão "receita"**. A consequência é que a imunidade prevista no art. 149, § 2º, I, para as receitas de exportação não abrange a CPMF (Contribuição Provisória sobre **Movimentações Financeiras**) ou a CSLL (Contribuição Social sobre o **Lucro** Líquido), alcançando apenas as contribuições incidentes sobre a **receita**[21]. Tais conclusões foram definidas em sede de **repercussão geral**, respectivamente, no RE 566.259 (j. 12.08.2010) e no RE 564.413 (j. 12.08.2010).

21. "(...) nem todo 'plus jurídico' é uma receita. Exemplo disto é o da transferência de dinheiro em caixa para uma conta bancária, que representa a aquisição de um direito novo, o qual é o direito à devolução do dinheiro

Prosseguindo na análise do art. 149 § 2º, o inciso III elenca possíveis materialidades e bases de cálculo dessas contribuições, quais sejam: faturamento, a receita bruta ou o valor da operação e, no caso de importação, o valor aduaneiro.

As contribuições para o PIS e a COFINS também serão devidas pelo importador de bens ou serviços do exterior, ou por quem a lei a ele equiparar, conforme a autorização constitucional do artigo 195, IV, da CF. Nesse caso, recebem a denominação de PIS-importação e COFINS-importação.

O fato gerador é a importação de bens e serviços, sendo disciplinado pelo artigo 3º da Lei 10.865/2004.

Em relação a esta última materialidade, a antiga redação do artigo 7º da Lei 10.865/2004 incluía no conceito de valor aduaneiro o valor do ICMS e das próprias contribuições. Argumentava-se, contudo, que o conceito de valor aduaneiro deveria ser entendido como aquele previsto na legislação infraconstitucional antes de sua constitucionalização, e que não incluía o valor de tributos devidos. Como o valor aduaneiro também é base de cálculo do imposto de importação, o CTN indica-o como o preço normal que o produto, ou seu similar, alcançaria, ao tempo da importação, em uma venda em condições de livre concorrência, para entrega no porto ou lugar de entrada do produto no País (artigo 20, II).

A despeito da generalidade do CTN na definição do valor aduaneiro, o Decreto 2.498/98, em seu artigo 17, traz alguns elementos que integram o valor aduaneiro: a) o custo de transporte das mercadorias importadas até o porto ou local de importação; b) os gastos relativos a carga, descarga e manuseio, associados ao transporte das mercadorias importadas, até o porto ou local de importação; e c) o custo do seguro nas operações anteriores. Nem o CTN nem o Decreto 2.498/98, contudo, incluíam o ICMS e as próprias contribuições no cálculo do valor aduaneiro.

Diante dessa celeuma, o STF pronunciou-se em sede de **repercussão geral** no sentido de que é inconstitucional a ampliação do conceito de valor aduaneiro pela Lei 10.865/2004. Não seria possível, com isso, a inclusão do ICMS e do valor das próprias contribuições na base de cálculo nas contribuições sobre importação (RE 559.937, j. 20.03.2013).

Incide, no presente caso, a norma didática do artigo 110 do CTN, segundo o qual a lei tributária não pode alterar a definição, o conteúdo e o alcance de institutos, conceitos e formas de direito privado, utilizados, expressa ou implicitamente, pela Constituição Federal, para definir ou limitar competências tributárias.

Alinhando-se ao entendimento do Supremo, o legislador, em outubro de 2013, alterou a redação do dispositivo declarado inconstitucional, retirando a referência aos valores do

---

depositado, a ser exercido contra a instituição financeira depositária. Com certeza ninguém dirá que esse novo direito representa uma receita, e efetivamente não o é (...) No movimento ocorrido, há apenas uma permutação patrimonial, mas não uma mutação patrimonial. (...) a receita, isoladamente considerada, agrega fator positivo ao patrimônio, mas haver ou não aumento no mesmo depende de outros fatores que igualmente devem ser considerados em sua universalidade quando se apura a existência de aumento ou diminuição patrimonial. Este isolamento do fator positivo, para a identificação do que seja receita, é que distingue 'receita' de 'lucro', já que lucro se constitui no resultado positivo derivado da reunião de todos os elementos positivos e negativos que afeta o patrimônio e identificam uma mutação geral líquida nele havida (...) " (OLIVEIRA. Ricardo Mariz de. Fundamentos do Imposto de Renda. São Paulo: Quartier Latin, 2008, p. 110)

ICMS e das próprias contribuições como integrantes da base de cálculo do PIS-Importação e da COFINS-Importação.

5.5 Parafiscalidade

A doutrina costuma definir a parafiscalidade como a atribuição, pelas pessoas políticas detentoras de competência tributária, da capacidade tributária ativa a pessoas públicas ou privadas (pessoas paraestatais), bem como a atribuição da disponibilidade dos recursos arrecadados. Esse é o entendimento de Paulo de Barros Carvalho: "podemos definir parafiscalidade como o fenômeno jurídico que consiste na circunstância de a lei tributária nomear sujeito ativo diverso da pessoa que a expediu, atribuindo-lhe a disponibilidade dos recursos auferidos"[22].

Exige-se, assim, a presença de dois requisitos:

a) a pessoa paraestatal deve ser o sujeito ativo do tributo em questão;

b) a pessoa paraestatal terá a disponibilidade dos recursos arrecadados.

Alguns autores, contudo, não exigem a transferência da capacidade tributária ativa como um requisito para a configuração da parafiscalidade, bastando que haja a transferência dos recursos arrecadados para a pessoa incumbida da realização da finalidade específica[23].

Essa última concepção legitima a cobrança, pela União, das contribuições previdenciárias do INSS e das contribuições do Sistema "S" (ou contribuições de terceiros).

A União defende a tese de que o fato de uma contribuição social ser arrecadada e fiscalizada pela Secretaria da Receita Federal (órgão da União) não a descaracteriza como tal, desde que haja o repasse dos recursos arrecadados à finalidade específica que legitimou a instituição da contribuição.

O STF aceita que uma contribuição destinada a um órgão paraestatal seja exigido por pessoa diversa (ente político instituidor do tributo, por exemplo) daquela que será a destinatária dos recursos (autarquia previdenciária). Tal tese foi adotada no RE 150.764 (j. 16.12. 1992) e no RE 138.284 (j. 01.07.1992).

5.6 Jurisprudência do STF sobre as contribuições

Nesse tópico serão comentados diversos julgados do STF sobre as contribuições que possuem relevância teórica e prática.

22. CARVALHO, Paulo de Barros. Curso de Direito Tributário. 25ª edição. São Paulo: Editora Saraiva, 2013, p. 235.
23. "(...) entendemos que a parafiscalidade não exige, necessariamente, a figura da capacidade tributária ativa. Em outras palavras, não entendemos como requisito para o respeito às regras da parafiscalidade, a obrigatória delegação da função de arrecadação do tributo. Entendemos que a parafiscalidade exige, sem sombra de dúvida, a destinação específica dos recursos a órgão ou fundo específicos, assim como a necessária independência desses órgãos ou fundos na gestão de tais recursos, sendo irrelevante a figura do sujeito ativo na relação jurídica tributária." (CASTELLANI, Fernando F. Contribuições Especiais e sua Destinação. São Paulo: Noeses, 2009, p. 95).

5.6.1 *Contribuição para o FGTS*

Existem duas espécies de contribuições para o FGTS: uma de natureza não tributária, e outra de natureza tributária.

A contribuição para o FGTS de natureza não tributária está prevista nos arts. 15 e 18 da Lei 8.036/1990 (grifos adicionados):

> Lei 8.036/1990, art. 15. Para os fins previstos nesta lei, todos os empregadores ficam obrigados a depositar, até o dia 7 (sete) de cada mês, em conta bancária vinculada, a **importância correspondente a 8 (oito) por cento da remuneração paga ou devida, no mês anterior, a cada trabalhador**, incluídas na remuneração as parcelas de que tratam os arts. 457 e 458 da CLT e a gratificação de Natal a que se refere a Lei nº 4.090, de 13 de julho de 1962, com as modificações da Lei nº 4.749, de 12 de agosto de 1965.
>
> (...) Art. 18, § 1º **Na hipótese de despedida pelo empregador sem justa causa, depositará este, na conta vinculada do trabalhador no FGTS, importância igual a quarenta por cento do montante de todos os depósitos realizados na conta vinculada durante a vigência do contrato de trabalho**, atualizados monetariamente e acrescidos dos respectivos juros.

Apesar de alguns autores entenderem que a contribuição acima possui natureza tributária, sendo uma contribuição parafiscal, a jurisprudência seguiu direção oposta, como se vê da **súmula 353 do STJ: "As disposições do Código Tributário Nacional não se aplicam às contribuições para o FGTS"**. O STF já adotava o mesmo entendimento antes mesmo da Constituição ser promulgada (**RE 100.249**, j. 02.12.1987).

A Lei Complementar 110/2001, por outro lado, criou duas contribuições adicionais para o FGTS (grifos adicionados):

> Lei Complementar 110/2001, art. 1º **Fica instituída contribuição social devida pelos empregadores em caso de despedida de empregado sem justa causa, à alíquota de dez por cento sobre o montante de todos os depósitos devidos, referentes ao Fundo de Garantia do Tempo de Serviço – FGTS**, durante a vigência do contrato de trabalho, acrescido das remunerações aplicáveis às contas vinculadas.
>
> (...) art. 2º **Fica instituída contribuição social devida pelos empregadores, à alíquota de cinco décimos por cento sobre a remuneração devida, no mês anterior, a cada trabalhador**, incluídas as parcelas de que trata o art. 15 da Lei nº 8.036, de 11 de maio de 1990.
>
> (...) § 2º **A contribuição será devida pelo prazo de sessenta meses**, a contar de sua exigibilidade.

Tais contribuições foram criadas para recompor a correção monetária das contas vinculadas ao FGTS, diante da necessidade de retificar a correção a menor realizada na implementação dos Planos econômicos Verão e Collor I.

Como se vê do texto legal acima, há duas contribuições, com alíquotas e bases de cálculos distintas.

A primeira, com vigência até os dias atuais, prevista no art. 1º e incidente à alíquota de dez por cento sobre o montante de todos os depósitos devidos por um determinado empregador referentes ao FGTS do empregado despedido sem justa causa.

A segunda, que foi exigida por apenas 60 meses a contar de sua exigibilidade (art. 2º, § 2º), devida pelos empregadores e incidente à alíquota de cinco décimos por cento sobre a remuneração devida a cada trabalhador (art. 2º, *caput*).

Essas duas últimas contribuições, previstas na lei complementar 110/2001, diferem quanto à natureza em relação à contribuição para o FGTS prevista na Lei 8.036/90. Enquanto esta não possui natureza tributária, as duas contribuições instituídas pela lei complementar 110/2001 são enquadradas no conceito de tributo, como se vê da jurisprudência do STF (ADI 2.556 MC, j. 09.10.2002 – grifos adicionados):

> Ação direta de inconstitucionalidade. Impugnação de artigos e de expressões contidas na Lei Complementar Federal 110, de 29-6-2001. Pedido de liminar. **A natureza jurídica das duas exações criadas pela lei em causa, neste exame sumário, é a de que são elas tributárias, caracterizando-se como contribuições sociais que se enquadram na sub-espécie "contribuições sociais gerais" que se submetem à regência do art. 149 da Constituição, e não à do art. 195 da Carta Magna.**

Esse entendimento em sede de medida cautelar foi confirmado pelo tribunal no julgamento definitivo da ADI, em 13.06.2012.

Vale destacar orientação do STJ segundo a qual é "devida a contribuição ao FGTS prevista no art. 1º da Lei Complementar n. 110/2001 pelos optantes do Simples Nacional." (**REsp 1.635.047**, j. 06.06.2017)

Desse modo, as contribuições para o FGTS da lei complementar 110/2001 são classificadas como contribuições sociais gerais, isto é, são contribuições sociais que não se destinam ao financiamento da seguridade social.

Temos assim a seguinte classificação:

i) Contribuição para o FGTS de 8% sobre a remuneração e de 40% sobre o saldo da conta vinculada (arts. 15 e 18 da lei 8.036/90) → **não** possui natureza tributária (súmula 353 do STJ e RE 100.249 do STF, DJ 1/7/88);

ii) Contribuição adicional do FGTS de **0,5%** sobre a remuneração (art. 2º da LC 110/2001), **com vigência temporária de 60 meses** (art. 2º, §2º da LC 110/2001) → possui natureza tributária, sendo contribuição social **geral** (ADI-MC 2.556), aplicando-se a anterioridade anual **e** a noventena (sendo contribuição social **geral**, não se submete ao art. 195, § 6º da CF, que determina apenas a noventena para as contribuições da seguridade social).

iii) Contribuição adicional do FGTS de **10%** sobre o saldo da conta vinculada (art. 1º da LC 110/2001), **com vigência indeterminada** → possui natureza tributária, sendo contribuição social **geral** (ADI-MC 2.556), aplicando-se a anterioridade anual **e** a noventena (sendo contribuição social **geral**, não se submete ao art. 195, § 6º da CF, que determina apenas a noventena para as contribuições da seguridade social).

5.6.2 *Exaurimento das finalidades*

Em relação à contribuição prevista no artigo 1º da lei complementar 110/2001 (de vigência indeterminada), os contribuintes passaram a alegar que o propósito de sua instituição já havia sido cumprido. Isto é, uma vez que a arrecadação com a contribuição já havia superado o valor necessário para a recomposição do FGTS, não haveria que se manter a cobrança da contribuição.

O exaurimento da finalidade da contribuição, argumentam, retiraria a legitimidade constitucional para sua exigência, uma vez que, sem finalidade, não haveria competência para exigência dessa espécie tributária. O cumprimento da finalidade de uma contribuição seria suficiente para se desobrigarem ao seu pagamento, já que a finalidade integra a norma de competência dessa espécie tributária. As contribuições só podem ser instituídas para o cumprimento de uma finalidade, por isso o desaparecimento da finalidade, ou seu esgotamento, seria suficiente para retirar a validade da contribuição.

O STJ se posicionou da seguinte maneira (REsp 1.487.505. j. 17.03.2015 – grifo adicionado):

> (...) 2. A promulgação da Lei Complementar n. 110/2001 instituiu duas contribuições sociais, cuja finalidade era trazer novas receitas ao FGTS, visto a necessidade de promover complementação de atualização monetária a que fariam jus os trabalhadores, em decorrência dos expurgos inflacionários das contas vinculadas ao referido fundo que não foram devidamente implementadas pela Caixa Econômica Federal.
>
> 3. A contribuição social prevista no art. 1º da Lei Complementar n. 110/2001 baseia-se em percentual sobre o saldo de FGTS em decorrência da despedida sem justa causa, a ser suportada por empregador, **não se podendo inferir do normativo complementar que sua regência é temporária e que sua vigência extingue-se com cumprimento da finalidade para a qual a contribuição foi instituída.**
>
> 4. Se assim o fosse, haveria expressa previsão, como tratou a própria Lei Complementar n. 110/2001 de estabelecer quando instituiu a segunda contribuição social, prevista no art. 2º do normativo, que estabeleceu prazo de vigência de sessenta meses, a contar de sua exigibilidade.
>
> 5. Portanto, a contribuição instituída pelo art. 1º da Lei Complementar n. 110/2001 ainda é exigível, mormente ante o fato de que sua extinção foi objeto do projeto de Lei Complementar n. 200/2012, o qual foi vetado pela Presidência da República e mantido pelo Congresso Nacional em agosto de 2013. Recurso especial improvido.

No STF, a questão foi decidida no RE 878.313 (**repercussão geral**, j. 18.08.2020), onde foi fixada a seguinte tese: "É constitucional a contribuição social prevista no artigo 1º da Lei Complementar nº 110, de 29 de junho de 2001, tendo em vista a persistência do objeto para a qual foi instituída". Conforme constou da ementa do RE 878.313 (grifos adicionados):

> 1. O tributo previsto no art. 1º da Lei Complementar 110/2001 é uma contribuição social geral, conforme já devidamente pacificado no julgamento das ADIs 2556 e 2558. A causa de sua instituição foi a necessidade de complementação do Fundo de Garantia do Tempo de Serviço FGTS, diante da determinação desta SUPREMA CORTE de recomposição das perdas sofridas pelos expurgos inflacionários em razão dos planos econômicos denominados "Verão" (1988) e "Collor" (1989) no julgamento do RE 226.855. 2. **O propósito da**

contribuição, à qual a sua cobrança encontra-se devidamente vinculada, não se confunde com os motivos determinantes de sua instituição. 3. **O objetivo da contribuição estampada na Lei Complementar 110/2001 não é exclusivamente a recomposição financeira das perdas das contas do Fundo de Garantia do Tempo de Serviço - FGTS em face dos expurgos inflacionários decorrentes dos planos econômicos Verão e Collor.** 4. A LC 110/2001 determinou que as receitas arrecadadas deverão ser incorporadas ao Fundo de Garantia do Tempo de Serviço - FGTS (art. 3º, § 1º), bem como autorizou que tais receitas fossem utilizadas para fins de complementar a atualização monetária resultante da aplicação, cumulativa, dos percentuais de dezesseis inteiros e sessenta e quatro centésimos por cento e de quarenta e quatro inteiros e oito décimos por cento, sobre os saldos das contas mantidas, respectivamente, no período de 1º de dezembro de 1988 a 28 de fevereiro de 1989 e durante o mês de abril de 1990 (art. 4º, caput). 5. Já o artigo 13 da Lei Complementar 110/2001 determina que As leis orçamentárias anuais referentes aos exercícios de 2001, 2002 e 2003 assegurarão destinação integral ao FGTS de valor equivalente à arrecadação das contribuições de que tratam os arts. 1º e 2º desta Lei Complementar). 6. **Ao estabelecer que, até o ano de 2003, as receitas oriundas das contribuições ali estabelecidas terão destinação integral ao FGTS, pode-se concluir que, a partir de 2004, tais receitas poderão ser parcialmente destinadas a fins diversos, desde que igualmente voltados à preservação dos direitos inerentes ao FGTS, ainda que indiretamente.** 7. Portanto, **subsistem outras destinações a serem conferidas à contribuição social ora impugnada, igualmente válidas, desde que estejam diretamente relacionadas aos direitos decorrentes do FGTS.**

Prevaleceu o entendimento do Ministro Alexandre de Moraes, segundo o qual a destinação da contribuição em comento para a compensação financeira das perdas das contas do FGTS sofridas pelos expurgos inflacionários em razão dos planos econômicos denominados "Verão" (1988) e "Collor" (1989) era apenas "acessória e secundária, não tendo o condão de exaurir integralmente a finalidade para qual a contribuição se destina". A destinação principal seria a preservação dos direitos referentes ao Fundo de Garantia do Tempo de Serviço e ainda estaria presente, razão pela qual não seria correto falar em exaurimento da finalidade dessa contribuição.

5.6.3 *PIS e COFINS sobre receitas e as instituições financeiras*

A contribuição para o PIS foi instituída pela Lei Complementar 07/1970, tendo sido recepcionada expressamente pelo artigo 239 da Constituição de 1988. Conforme a Lei 9.715/1998, a contribuição para o PIS será apurada mensalmente: a) pelas pessoas jurídicas de direito privado e as que lhes são equiparadas pela legislação do imposto de renda, inclusive as empresas públicas e as sociedades de economia mista e suas subsidiárias, com base no faturamento do mês; b) pelas pessoas jurídicas de direito público interno, com base no valor mensal das receitas correntes arrecadadas e das transferências correntes e de capital recebidas.

Apesar de haver certa controvérsia a respeito da natureza jurídica da contribuição para o PIS, o STF pacificou sua natureza tributária em sede de **repercussão geral**, inclusive deixando expresso que tal contribuição deve ser abrangida pela imunidade prevista no artigo 195, § 7º da CF, que trata da imunidade de contribuições para a seguridade social (RE 636.941, j. 13.02.2014).

A COFINS só foi instituída após a Constituição de 1988, com a publicação da Lei Complementar 70/1991, substituindo a antiga FINSOCIAL, que, apesar de ser tratada pelo seu diploma instituidor (Decreto-Lei 1.940/1982) como contribuição social, foi considerado pelo STF, no RE 103.778, como um imposto, sujeito, portanto, ao princípio da anterioridade de exercício.

Apesar de a COFINS ter sido instituída por lei complementar, essa espécie normativa não era necessária, uma vez que apenas as contribuições da seguridade social criadas no exercício da competência residual da União (CF, art. 195, § 4º) exigem o quórum diferenciado da lei complementar para sua criação.

Por esse motivo, o STF entendeu que, nesse ponto, a Lei Complementar 70/1991 possuía natureza de lei ordinária e, portanto, poderia ser revogada por lei ordinária superveniente, já que não há hierarquia entre as leis complementares e as leis ordinárias, mas apenas delimitação de certas matérias que só podem ser tratadas por lei complementar (ADC 01 e RE 419.629). Como a instituição de contribuição para a seguridade social não se inclui entre essas matérias, perfeitamente possível a utilização de lei ordinária para tanto.

O primeiro fundamento constitucional dessas contribuições é o artigo 149 da Constituição de 1988, que prevê a competência exclusiva da União para instituir contribuições sociais. A partir daí haverá dispositivos constitucionais que permitirão a incidência dessas contribuições sobre diferentes bases econômicas.

A contribuição para o PIS pode ser cobrada sobre a folha de salários (CF, artigo 195, inciso I, alínea "a"), sobre a receita ou o faturamento (CF, artigo 195, inciso I, alínea "b") e sobre a importação de bens ou serviços do exterior (CF, artigo 195, inciso IV).

Já a COFINS pode incidir sobre a receita ou o faturamento (CF, artigo 195, inciso I, alínea "b") e sobre a importação de bens ou serviços do exterior (CF, artigo 195, inciso IV).

Interessa-nos neste tópico a incidência sobre a receita ou faturamento (redação do art. 195, I, "b" após a EC 20/1998).

Assim é que a **atual redação** do artigo 195, I, "b" da Constituição prevê a contribuição para a seguridade social do empregador ou entidade equiparada, incidente sobre a **receita ou o faturamento**.

No texto constitucional originário de 1988 só se permitia a incidência de contribuição sobre o faturamento, tendo surgido a previsão da incidência sobre a receita com a EC 20/1998.

A LC 70/1991 definiu o faturamento como a receita bruta das vendas de mercadorias, de mercadorias e serviços e de serviço de qualquer natureza. Em 1998, antes da publicação da EC 20/1998, foi publicada a Lei 9.718/1998, que, em seu artigo 3º, § 1º, definiu o faturamento como a receita bruta da pessoa jurídica, receita bruta essa que seria "a **totalidade das receitas auferidas pela pessoa jurídica**, sendo irrelevantes o tipo de atividade por ela exercida e a classificação contábil adotada para as receitas".

Houve, com essa lei, um alargamento da base de cálculo das contribuições para o PIS e COFINS, já que anteriormente, o faturamento era compreendido apenas como a receita oriunda das vendas de mercadorias e serviços, ao passo que, com a Lei 9.718/1998, o faturamento foi estendido para todas as receitas auferidas pela pessoa jurídica.

Caso tal dispositivo fosse seguido, a incidência das contribuições em questão (PIS e COFINS) recairia sobre os empresários que auferissem, por exemplo, as receitas financeiras mencionadas no artigo 373 do Regulamento do Imposto de Renda: "Os juros, o desconto, o lucro na operação de reporte e os rendimentos de aplicações financeiras de renda fixa, ganhos pelo contribuinte, serão incluídos no lucro operacional e, quando derivados de operações ou títulos com vencimento posterior ao encerramento do período de apuração, poderão ser rateados pelos períodos a que competirem".

Contudo, o artigo 3º, § 1º da Lei 9.718/98 foi considerado inconstitucional pelo STF, pois ao tempo de sua edição a Constituição só permitia a incidência de contribuição sobre o faturamento, conceito mais estrito que receita (RE 346.084, j. 09.11.2005 - grifos adicionados):

> **A jurisprudência do Supremo**, ante a redação do artigo 195 da Carta Federal anterior à Emenda Constitucional nº 20/98, **consolidou-se no sentido de tomar as expressões receita bruta e faturamento como sinônimas, jungindo-as à venda de mercadorias, de serviços ou de mercadorias e serviços.** É inconstitucional o § 1º do artigo 3º da Lei nº 9.718/98, no que ampliou o conceito de receita bruta para envolver a totalidade das receitas auferidas por pessoas jurídicas, independentemente da atividade por elas desenvolvida e da classificação contábil adotada.

Para o STF, o faturamento (ou receita bruta) só abrangeria as receitas decorrentes de venda de mercadorias e prestação de serviços. Estariam excluídas, assim, as receitas típicas de instituições financeiras, como os juros dos bancos e as receitas de prêmios das seguradoras.

Dessa forma, para as empresas em geral, a incidência das contribuições para a seguridade social sobre a totalidade das receitas só seria possível após lei ordinária que previsse tal base de cálculo após a Emenda Constitucional 20/1998.

Tal se deu, em relação à COFINS, com a Lei 10.833/2003, que em seu artigo 1º, § 1º define a base de cálculo como a receita bruta e todas as demais receitas auferidas pela pessoa jurídica.

A contribuição para o PIS aproveitou a ampliação da base econômica efetuada pela Emenda Constitucional 20/1998 em 2002 quando a Lei 10.637/2002 dispôs, em seu artigo 1º, § 1º, que possui redação idêntica ao art. 1º, § 1º da Lei 10.833/03.

O resultado em relação às receitas auferidas **anteriormente** à alteração da EC 20/1998, porém, acabava por criar uma vantagem tributária para as atividades das instituições financeiras. Uma vez que a quase totalidade das receitas desse setor provinham justamente das receitas financeiras, que não se enquadram como receita oriunda da venda de mercadoria e da prestação de serviços, as instituições financeiras estariam desobrigadas ao pagamento de tais contribuições para a seguridade social.

Haveria uma situação em que justamente os empreendimentos financeiros, que demonstram maior capacidade contributiva, teriam um benefício tributário em comparação com as empresas que atuam na venda de mercadorias e prestação de serviços.

No RE 609.096, em que houve reconhecimento de **repercussão geral** em 03.03.2011, discute-se a exigibilidade do PIS e da COFINS para instituições financeiras. Até o fechamento desta edição não houve julgamento do mérito.

5.6.4 *Contribuições sobre atos cooperativos*

Há aqui outro tema relevante que envolve a discussão sobre a tributação ou não das cooperativas pela COFINS.

O art. 146, III, *c* da CF prevê que a lei complementar deve conferir o adequado tratamento tributário ao ato cooperativo.

A Lei Geral do Cooperativismo (Lei 5.764/1971) define o ato cooperativo em seu art. 79, *caput*:

> Lei 5.764/1971, art. 79. Denominam-se atos cooperativos os praticados entre as cooperativas e seus associados, entre estes e aquelas e pelas cooperativas entre si quando associados, para a consecução dos objetivos sociais.

O parágrafo único do referido dispositivo preceitua que o ato cooperativo não implica operação de mercado, nem contrato de compra e venda de produto ou mercadoria.

O art. 6º, I, da LC 70/1991, por sua vez, isentava da COFINS, quanto aos atos cooperativos próprios de suas finalidades, as sociedades cooperativas que observarem ao disposto na legislação específica.

Tal isenção, contudo, foi revogada com a MP 1-858/1999 e suas sucessivas reedições.

As sociedades cooperativas sustentavam que o ato cooperativo não deve sofrer a incidência da COFINS, pois o ato cooperativo não seria compatível com a noção de faturamento ou receita bruta.

O STF decidiu a questão no RE 598.085 (j. 06.11.2014), submetido à sistemática de **repercussão geral** (grifos adicionados):

> (...) 6. **Acaso adotado o entendimento de que as cooperativas não possuem lucro ou faturamento quanto ao ato cooperativo praticado com terceiros não associados (não cooperados), inexistindo imunidade tributária, haveria violação a determinação constitucional de que a seguridade social será financiada por toda a sociedade**, ex vi, art. 195, I, b, da CF/88, seria violada.
>
> 7. Consectariamente, atos cooperativos próprios ou internos são aqueles realizados pela cooperativa com os seus associados (cooperados) na busca dos seus objetivos institucionais.
>
> (...) 11. *Ex positis*, **dou provimento ao recurso extraordinário para declarar a incidência da COFINS sobre os atos (negócios jurídicos) praticados pela recorrida com terceiros tomadores de serviço**, resguardadas as exclusões e deduções legalmente previstas. Ressalvo, ainda, a manutenção do acórdão recorrido naquilo que declarou inconstitucional o § 1º do art. 3º da Lei nº 9.718/98, no que ampliou o conceito de receita bruta.

Esse acórdão foi impugnado por embargos de declaração tanto da União quanto da UNIMED, em março de 2015. Os dois embargos de declaração foram rejeitados em agosto de 2017, mantendo-se o acórdão acima transcrito. A tese de **repercussão geral** foi fixada com a seguinte redação: "São legítimas as alterações introduzidas pela Medida Provisória 1.858/1999, no que revogou a isenção da COFINS e da contribuição para o PIS concedidas às sociedades cooperativas."

A possibilidade de tributação das cooperativas foi reafirmada no RE 599.362 (j. 06.11.2014), também submetido à sistemática de **repercussão geral** (grifos adicionados):

> (...) 1. O adequado tratamento tributário referido no art. 146, III, c, CF é dirigido ao ato cooperativo. A norma constitucional concerne à tributação do ato cooperativo, e não aos tributos dos quais as cooperativas possam vir a ser contribuintes.
>
> 2. **O art. 146, III, c, CF pressupõe a possibilidade de tributação do ato cooperativo ao dispor que a lei complementar estabelecerá a forma adequada para tanto. O texto constitucional a ele não garante imunidade ou mesmo não incidência de tributos, tampouco decorre diretamente da Constituição direito subjetivo das cooperativas à isenção.**
>
> (...) 4. **A Lei nº 5.764/71 foi recepcionada pela Constituição de 1988 com natureza de lei ordinária e o seu art. 79 apenas define o que é ato cooperativo, sem nada referir quanto ao regime de tributação.** Se essa definição repercutirá ou não na materialidade de cada espécie tributária, só a análise da subsunção do fato na norma de incidência específica, em cada caso concreto, dirá.
>
> 5. Na hipótese dos autos, a cooperativa de trabalho, na operação com terceiros – contratação de serviços ou vendas de produtos - não surge como mera intermediária de trabalhadores autônomos, mas, sim, como entidade autônoma, com personalidade jurídica própria, distinta da dos trabalhadores associados.
>
> 6. **Cooperativa é pessoa jurídica que, nas suas relações com terceiros, tem faturamento, constituindo seus resultados positivos receita tributável.**
>
> 7. **Não se pode inferir, no que tange ao financiamento da seguridade social, que tinha o constituinte a intenção de conferir às cooperativas de trabalho tratamento tributário privilegiado, uma vez que está expressamente consignado na Constituição que a seguridade social "será financiada por toda a sociedade**, de forma direta e indireta, nos termos da lei" (art. 195, caput, da CF/88).
>
> (...) 10. Recurso extraordinário ao qual o Supremo Tribunal Federal dá provimento para **declarar a incidência da contribuição ao PIS/PASEP sobre os atos (negócios jurídicos) praticados pela impetrante com terceiros tomadores de serviço**, objeto da impetração.

Segundo o Min. Relator, Dias Toffoli, **não são atos cooperativos os atos praticados entre cooperativas e terceiros não associados**, motivo pelo qual a esses não se aplica o adequado tratamento tributário. Além disso, as receitas decorrentes dos atos entre cooperativas e terceiros não-associados enquadram-se, perfeitamente, no conceito constitucional de faturamento tributável pelo PIS e pela COFINS.

A decisão acima foi objeto de embargos de declaração, acolhidos com os seguintes esclarecimentos (Embargos de declaração no RE 599.362, j. 18.08.2016 – grifos adicionados):

> (...) 1. A norma do art. 146, III, c, da Constituição, que assegura o adequado tratamento tributário do ato cooperativo, é dirigida, objetivamente, ao ato cooperativo, e não, subjetivamente, à cooperativa. (...) 4. **No contexto das sociedades cooperativas, verifica-se a materialidade da contribuição ao PIS pela constatação da obtenção de receita ou faturamento pela cooperativa, consideradas suas atividades econômicas e seus objetos**

> **sociais, e não pelo fato de o ato do qual o faturamento se origina ser ou não qualificado como cooperativo.** 5. Como, nos autos do RE nº 672.215/CE, Rel. Min. Roberto Barroso, o tema do adequado tratamento tributário do ato cooperativo será retomado, a fim de se dirimir controvérsia acerca da cobrança de contribuições sociais destinadas à Seguridade Social, incidentes, também, sobre outras materialidades, como o lucro, tendo como foco os conceitos constitucionais de "ato cooperativo", "receita de atividade cooperativa" e "cooperado" e, ainda, a distinção entre "ato cooperado típico" e "ato cooperado atípico", proponho a seguinte tese de repercussão geral para o tema 323, diante da preocupação externada por alguns Ministros no sentido de adotarmos, para o caso concreto, uma tese minimalista: "**A receita ou o faturamento auferidos pelas Cooperativas de Trabalho decorrentes dos atos (negócios jurídicos) firmados com terceiros se inserem na materialidade da contribuição ao PIS/Pasep.**" 6. Embargos de declaração acolhidos para prestar esses esclarecimentos, mas sem efeitos infringentes.

Registre-se, contudo, que o tema será novamente revisitado pelo STF, tendo em vista o reconhecimento da repercussão geral no RE 672.215 e no RE 597.315:

> (...) Tem repercussão geral a discussão sobre a incidência da Cofins, do PIS e da CSLL sobre o produto de ato cooperativo, por violação dos conceitos constitucionais de "ato cooperado", "receita da atividade cooperativa" e "cooperado". Discussão que se dá sem prejuízo do exame da constitucionalidade da revogação, por lei ordinária ou medida provisória, de isenção, concedida por lei complementar (RE 598.085-RG), bem como da "possibilidade da incidência da contribuição para o PIS sobre os atos cooperativos, tendo em vista o disposto na Medida Provisória nº 2.158-33, originariamente editada sob o nº 1.858-6, e nas Leis nºs 9.715 e 9.718, ambas de 1998" (RE 599.362-RG, rel. min. Dias Toffoli). (Repercussão Geral no RE 672.215, j. 29.03.2012).
>
> (...) Tem repercussão geral o debate sobre a compatibilidade da inclusão, na base de cálculo de contribuição destinada ao custeio da seguridade social, dos valores recebidos pelas cooperativas e provenientes não de seus cooperados, mas de terceiros tomadores dos serviços ou adquirentes das mercadorias vendidas. (Repercussão Geral no RE 597.315, j. 02.02.2012).

É importante perceber que os julgados acima do STF referem-se aos atos da cooperativa praticados com terceiros. A observação é fundamental para entender que não há contradição entre os julgados do STF e um Recurso Especial **repetitivo** do STJ no qual se decidiu pela **não** incidência de PIS e COFINS sobre atos cooperativos **típicos**. Tais atos seriam aqueles realizados pelas cooperativas com seus cooperados, pela cooperativa com outras cooperativas ou pelos associados com a cooperativa. Confira-se o REsp 1.141.667 e o REsp 1.164.716 (**repetitivo**, j. 27.04.2016). que diferenciam as lides envolvendo atos cooperativos típicos e as que giram em torno de atos que a cooperativa pratica com terceiros (grifos adicionados):

> (...) 1. **Os RREE 599.362 e 598.085 trataram da hipótese de incidência do PIS/COFINS sobre os atos (negócios jurídicos) praticados com terceiros tomadores de serviço; portanto, não guardam relação estrita com a matéria discutida nestes autos, que trata dos atos típicos realizados pelas cooperativas.** Da mesma forma, os RREE 672.215 e 597.315, com repercussão geral, mas sem mérito julgado, tratam de hipótese diversa da destes autos.
>
> 2. **O art. 79 da Lei 5.764/71 preceitua que os atos cooperativos são os praticados entre as cooperativas e seus associados, entre estes e aquelas e pelas cooperativas entre si**

> **quando associados, para a consecução dos objetivos sociais.** E, ainda, em seu parág. único, alerta que **o ato cooperativo não implica operação de mercado**, nem contrato de compra e venda de produto ou mercadoria.
>
> 3. No caso dos autos, colhe-se da decisão em análise que se trata de ato cooperativo típico, promovido por cooperativa que realiza operações entre seus próprios associados (fls. 124), de forma a autorizar a não incidência das contribuições destinadas ao PIS e a COFINS.
>
> (...) 5. Recurso Especial parcialmente provido para excluir o PIS e a COFINS sobre os atos cooperativos típicos e permitir a compensação tributária após o trânsito em julgado.
>
> 6. Acórdão submetido ao regime do art. 543-C do CPC e da Resolução STJ 8/2008 do STJ, **fixando-se a tese: não incide a contribuição destinada ao PIS/COFINS sobre os atos cooperativos típicos realizados pelas cooperativas.**

No caso das cooperativas de crédito, interessante mencionar o entendimento do STJ de que "o ato cooperativo típico abarca também toda a movimentação financeira das cooperativas de crédito – incluindo a captação de recursos, a realização de empréstimos aos cooperados, bem como a efetivação de aplicações financeiras no Mercado" (AgRg no REsp 1.124.893, j. 12.03.2019). Também em relação à abrangência do conceito de ato cooperativo, o mesmo STJ já reconheceu, em julgado relativo a cooperativa de táxi, que "a atividade de captação de passageiros pela Cooperativa, a fim de facilitar a prestação de serviços por seus associados, não afasta o conceito de ato cooperativo, motivo pelo qual não incide o ISS" (AgInt nos EDcl no AREsp 1.160.270, j. 11.12.2018).

Em síntese:

- Incide COFINS sobre atos praticados pelas cooperativas com terceiros tomadores de serviços (RE 598.085);
- Incide PIS sobre a receita ou o faturamento auferidos pelas cooperativas e decorrentes dos atos praticados com terceiros tomadores de serviços (RE 599.362);
- Não incide PIS e COFINS sobre atos cooperativos típicos realizados pelas cooperativas (REsp 1.141.667 e REsp 1.164.716).

O RE 672.215, não julgado até o fechamento desta edição, terá escopo mais amplo, abrangendo a discussão sobre a incidência da COFINS, do PIS e da CSLL sobre o produto de ato cooperativo, por violação dos conceitos constitucionais de "ato cooperado", "receita da atividade cooperativa" e "cooperado". Já o RE 597.315, também sob repercussão geral, decidirá sobre a constitucionalidade da inclusão, na base de cálculo de contribuição destinada ao custeio da seguridade social, dos valores recebidos pelas cooperativas e provenientes não de seus cooperados, mas de terceiros tomadores dos serviços ou adquirentes das mercadorias vendidas.

5.6.5 *Inclusão do ICMS na base de cálculo das contribuições sobre o faturamento (PIS e COFINS)*

A origem da controvérsia tem sede na redação original do artigo 3º, § 2º, I, da Lei 9.718/99, que assim dispunha:

> Lei 9.718/1999, art. 3º. O faturamento a que se refere o artigo anterior corresponde à receita bruta da pessoa jurídica.
>
> (...) § 2º **Para fins de determinação da base de cálculo das contribuições a que se refere o art. 2º, excluem-se da receita bruta**: I – as vendas canceladas, os descontos incondicionais concedidos, o Imposto sobre Produtos Industrializados – IPI e o Imposto sobre Operações relativas à Circulação de Mercadorias e sobre Prestações de Serviços de Transporte Interestadual e Intermunicipal e de Comunicação – **ICMS, quando cobrado pelo vendedor dos bens ou prestador dos serviços na condição de substituto tributário.**

Pelo dispositivo, fica claro que o valor devido a título de IPI deve ser excluído da base de cálculo do PIS e da COFINS, seja qual for a sistemática de recolhimento do IPI. Já em relação ao ICMS, o dispositivo realizou uma diferenciação, excluindo da base de cálculo das contribuições o ICMS apenas quando cobrado pelo vendedor ou prestador dos serviços na condição de substituto tributário.

Numa interpretação literal e *a contrario sensu* da norma, o ICMS deveria ser incluído na base de cálculo das contribuições quando não estivesse sujeito à sistemática de substituição tributária. Nessa linha, a Receita Federal considerava que o ICMS que a empresa recolhe aos Estados como contribuinte deveria ser incluído na base de cálculo do PIS e da COFINS, já que integraria o preço do produto e, consequentemente, a receita bruta.

O STJ, por sua vez, possuía orientação consolidada de que seria legítima a inclusão do ICMS na base de cálculo das contribuições, como se pode constatar das **súmulas 68** ("A parcela relativa ao ICM inclui-se na base de cálculo do PIS") e **94** ("A parcela relativa ao ICMS inclui-se na base de cálculo do Finsocial"). Atentando-se para o fato de que a COFINS substituiu o Finsocial, percebe-se que a questão, desde há muito, encontrava-se pacificada no STJ.

Tendo em vista a questão envolver a interpretação do conceito constitucional de faturamento, a discussão deveria ser resolvida pelo STF.

Em 15 de março de 2017, o STF julgou o RE 574.706, submetido à sistemática de **repercussão geral**, que fixou a tese de que **o ICMS não compõe a base de cálculo do PIS e da COFINS**, sob o fundamento de que o ICMS seria receita do Estado sujeito ativo desse imposto, estranha ao conceito de faturamento.

Tal acórdão foi objeto de embargos de declaração oferecidos em 19.10.2017 pela Fazenda Nacional, objetivando a modulação de efeitos. Até o fechamento desta edição não houve o julgamento dos aclaratórios. Em que pese o acórdão não ter transitado em julgado em razão da oposição dos embargos, tal entendimento pode ter efeitos práticos na aplicação por instâncias inferiores, já que há tese de repercussão geral definida e aplicável[24].

Essa decisão do STF merece duras críticas, principalmente por estar em dissonância com todo o sistema tributário brasileiro, que, ao contrário do estadunidense, não prevê o cálculo dos tributos sobre o consumo de modo apartado do preço dos produtos.

24. "A existência de decisão de mérito julgada sob a sistemática da repercussão geral autoriza o julgamento imediato de causas que versarem sobre o mesmo tema, independente do trânsito em julgado do paradigma." (STF, **RE 1.112.500 AgR**, j. 29.06.2018).

Além disso, a ideia de que não pode haver tributo na base de cálculo de tributo ligado ao auferimento de receitas coloca em xeque também o desenho normativo do imposto de renda, que possui uma base de cálculo ainda mais "afunilada" que as contribuições sobre o faturamento ou sobre a receita. A se seguir a orientação do STF às últimas consequências, em relação a outros tributos, o IPVA ou o IPTU pagos pela pessoa física deveriam ser deduzidos na declaração de Imposto de Renda, já que também seriam receita do Estado ou do Município, e não renda do contribuinte.

A própria premissa de que o ICMS seria receita do Estado já resultou na adoção, pelo STF, da tese de que "**O contribuinte que, de forma contumaz e com dolo de apropriação, deixa de recolher o ICMS cobrado do adquirente da mercadoria ou serviço incide no tipo penal do art. 2º, II, da Lei nº 8.137/1990**" (RHC 163.334, j. 18.12.2019). Ao se considerar o ICMS como receita do Estado, portanto, o contribuinte que não o recolhe fica suscetível de incorrer na conduta de apropriar indevidamente do que não é seu.

A estranheza da decisão do STF no RE 574.706 em relação ao sistema tributário pode ainda ser constatada diante do surgimento de inúmeras teses consideradas "filhotes" da fixada sobre a exclusão do ICMS da base do PIS e da COFINS. Muitas dessas novas teses dos contribuintes sequer eram levantadas antes do julgamento do STF ora comentado, o que comprova que a tese de repercussão geral do RE 574.706 criou uma nova regra jurídica, antes inexistente e incompatível com o sistema tributário brasileiro construído ao longo dos anos. Dentre os "filhotes" do RE 574.706, podem ser citadas as seguintes discussões:

a) inclusão do ISS na base de cálculo das contribuições sociais referentes ao PIS e à COFINS (sob análise no RE 592.616, sob a sistemática de **repercussão geral** e ainda não concluído até o fechamento desta edição);

b) inclusão dos valores devidos a título de PIS e COFINS nas suas próprias bases de cálculo;

c) inclusão do ICMS-ST (substituição tributária) na base de cálculo do PIS e da COFINS;

d) inclusão do ICMS e do ICMS-ST (substituição tributária) na base de cálculo do IPI;

e) inclusão do PIS e da COFINS na base de cálculo do IPI;

f) inclusão do Imposto Sobre Circulação de Mercadorias e Serviços – ICMS na base de cálculo da Contribuição Previdenciária sobre a Receita Bruta – CPRB (**repercussão geral** reconhecida em 16.05.2019 no RE 1.187.264).

Em relação ao último item, o STF decidiu, em sede de **repercussão geral** no RE 1.187.264 (j. 24.02.2021), que é constitucional a inclusão do ICMS na base de cálculo da CPRB. De acordo com o voto do relator, Ministro Alexandre de Moraes, a opção pela CPRB seria facultativa, consistindo em benefício fiscal. Portanto, " permitir que a recorrente adira ao novo regime, abatendo do cálculo da CPRB o ICMS sobre ela incidente, ampliaria demasiadamente o benefício fiscal" (voto de Alexandre de Moraes).

Também deve ser criticada a premissa de que o tributo não pode compor a base de cálculo de tributo sob a perspectiva da coerência entre as decisões do Tribunal Constitucional.

O próprio STF já decidiu, em sede de **repercussão geral** (RE 582.461, j. 18.05.2011), que é constitucional a inclusão do valor do ICMS na sua própria base de cálculo, ocasião em que admitiu a inclusão de tributo na base de cálculo de tributo. Assim, o ICMS compõe sua própria base de cálculo, mas não compõe a base de cálculo das contribuições PIS e COFINS.

6. CONTRIBUIÇÃO SOCIAL DE ILUMINAÇÃO PÚBLICA - COSIP

Em que pese o tributo em questão poder ser classificado como uma espécie das contribuições especiais, preferimos abordá-lo em capítulo apartado tendo em vista suas peculiaridades não só jurídicas mas também históricas, somado ao fato de o STF ter se referido a ela como um tributo "*sui generis*".

No passado, era comum a prática de vários Municípios instituírem taxa sobre o serviço de iluminação pública. A inadequação entre a espécie tributária taxa e o custeio de um serviço universal e indivisível, contudo, era evidente. Como se sabe, a taxa se presta a financiar serviços públicos específicos e divisíveis, o que não é o caso da iluminação pública.

Não por outra razão, o STF julgou inconstitucional a cobrança de taxa sobre o serviço de iluminação pública, já que essa utilidade deveria ser custeada "por meio do produto da arrecadação dos impostos gerais" (RE 233.332, j. 10.03.1999).

Os Municípios, insatisfeitos com a perda na arrecadação, articularam politicamente para contornar o entendimento do STF. O resultado foi a previsão de um novo tributo na Constituição, que teve o artigo 149-A acrescentado pela Emenda Constitucional 39/2002 (grifos adicionados):

> CF, art. 149-A. Os Municípios e o Distrito Federal poderão instituir **contribuição**, na forma das respectivas leis, **para o custeio do serviço de iluminação pública**, observado o disposto no art. 150, I e III. Parágrafo único. É facultada a cobrança da contribuição a que se refere o *caput*, na fatura de consumo de energia elétrica.

A doutrina em peso insurgiu-se contra a estratégia do constituinte reformador de transformar a taxa em contribuição, argumentando que não seria possível a vinculação dos contribuintes à finalidade específica exigida pelo artigo 149 da Constituição. Isso porque não seria possível identificar os indivíduos especialmente beneficiados com a instituição dessa "contribuição", uma vez que seus recursos seriam revertidos em benefício de uma coletividade de modo indistinto. Tampouco há benefício especial no caso de iluminação de avenidas, estradas, praças, sem vinculação específica à ligação de energia elétrica que justifica a condição de contribuinte do tributo previsto no art. 149-A da Constituição[25].

A despeito desses argumentos, o STF considerou constitucional a contribuição de iluminação pública em sede de **repercussão geral** (RE 573.675, j. 25.03.2009 – grifos adicionados):

---

25. MELO, José Eduardo Soares de. Contribuições Sociais no Sistema Tributário. 6ª edição. São Paulo: Malheiros Editores, 2010, p. 113.

> (...) I - **Lei que restringe os contribuintes da COSIP aos consumidores de energia elétrica do município não ofende o princípio da isonomia**, ante a impossibilidade de se identificar e tributar todos os beneficiários do serviço de iluminação pública. II - **A progressividade da alíquota, que resulta do rateio do custo da iluminação pública entre os consumidores de energia elétrica, não afronta o princípio da capacidade contributiva.** III - **Tributo de caráter sui generis**, que não se confunde com um imposto, porque sua receita se destina a finalidade específica, nem com uma taxa, por não exigir a contraprestação individualizada de um serviço ao contribuinte. IV - Exação que, ademais, se amolda aos princípios da razoabilidade e da proporcionalidade. V - Recurso extraordinário conhecido e improvido.

Como se vê, além de considerar constitucional a contribuição de iluminação pública, o STF ainda admitiu que tal tributo fosse cobrado pela sistemática da progressividade, com alíquotas majoradas à medida que fosse mais alto o consumo de energia elétrica.

Outra liberdade do legislador municipal reconhecida pelo STF é a de instituir a contribuição de iluminação pública não apenas para o custeio de despesas de execução e manutenção do serviço de iluminação pública, mas também para fazer face às "despesas relativas à expansão da rede, a fim de atender as novas demandas oriundas do crescimento urbano, bem como o seu melhoramento, para ajustar-se às necessidades da população local" (RE 666.404, **repercussão geral**, j. 18.08.2020). Segundo a tese de repercussão geral fixada, "É constitucional a aplicação dos recursos arrecadados por meio de contribuição para o custeio da iluminação pública na expansão e aprimoramento da rede".

7. QUADRO SINÓTICO

<table>
<tr><th colspan="3">IMPOSTOS</th></tr>
<tr><td colspan="2">» impostos são tributos não vinculados – são instituídos e cobrados independentemente de qualquer prestação estatal específica em relação ao contribuinte que o paga.
» o fato gerador dos impostos não tem relação com alguma atuação do Poder Público, sendo uma situação ou atividade do particular.
» impostos são tributos de arrecadação não vinculada ou receita não vinculada.
» hipóteses excepcionais de vinculação da receita dos impostos:
- art. 167, IV da CF (serviços públicos de saúde, ensino, e realização de atividades da administração tributária)
- art. 100, § 19 da Constituição (financiamento de obrigações oriundas de condenações judiciais que ultrapassem determinado montante).
» impostos são tributos nominados – estão listados pela Constituição, havendo contudo a competência residual da União.</td><td>1</td></tr>
<tr><th colspan="3">TAXAS</th></tr>
<tr><td colspan="2">» são tributos exigidos em razão da prestação de uma comodidade estatal ao contribuinte.
» o fato gerador da taxa é a própria atividade estatal.
» taxa é um tributo contraprestacional, que remunera uma atividade estatal efetivamente usufruída ou posta à disposição do contribuinte, o que atrai a presença do sinalagma.</td><td>2</td></tr>
<tr><td>A base de cálculo das taxas</td><td>» a base de cálculo das taxas deve guardar relação com o custo da atividade estatal remunerada.
» as taxas não poderão ter base de cálculo própria de impostos (CF, art. 145, § 2º)</td><td>2.1</td></tr>
</table>

	» **custas judiciais** têm natureza de taxa e devem obedecer a um limite que estabeleça a equivalência entre o valor da taxa e o custo real dos serviços, ou do proveito do contribuinte (STF, ADI-MC 1.772, j. 15.04.1998). » o STF (RE 416.601, j. 10.08.2005) tem legitimado taxas de polícia que têm seu montante definido a partir de tabelas cujos valores variam de acordo com o faturamento das empresas fiscalizadas (contribuintes das taxas de polícia). » é inconstitucional a taxa de licenciamento de importação, cuja base de cálculo coincide com a que corresponde ao imposto de importação, ou seja, o valor da mercadoria importada (RE 167.992, j. 23.11.1994). » "É constitucional a adoção no cálculo do valor de taxa de um ou mais elementos da base de cálculo própria de determinado imposto, desde que não haja integral identidade entre uma base e outra" (súmula vinculante 29 do STF).	
Taxa de polícia	» considera-se regular o exercício do poder de polícia quando desempenhado pelo órgão competente nos limites da lei aplicável, com observância do processo legal e, tratando-se de atividade que a lei tenha como discricionária, sem abuso ou desvio de poder (parágrafo único do artigo 78 do CTN). » exercício regular do poder de polícia ensejador da cobrança de taxa não significa que o contribuinte seja efetivamente fiscalizado (STF, RE 416.601, j. 10.08.2005), » taxas de polícia têm como fato gerador o exercício regular do poder de polícia.	2.2
Taxas de serviço	» taxas de serviço incidem sobre a prestação de serviços públicos específicos e divisíveis. » a utilização dos serviços públicos específicos e divisíveis que enseja cobrança da taxa pode ser **efetiva ou potencial**, na dicção do artigo 77 do CTN. » **a especificidade refere-se ao fracionamento do serviço, que pode ser destacado em unidades autônomas** de intervenção, de utilidade, ou de necessidades públicas – serviço público específico, assim, é aquele que o usuário consegue identificar e separar dos demais, sabendo exatamente a comodidade que o Estado lhe presta. » **a divisibilidade permite a identificação de cada titular que utiliza o serviço**, uma vez que este é passível de utilização separada por cada usuário. » "A taxa cobrada exclusivamente em razão dos serviços públicos de coleta, remoção e tratamento ou destinação de lixo ou resíduos provenientes de imóveis, não viola o artigo 145, II da CF" (súmula vinculante 19 do STF). » "O serviço de iluminação pública não pode ser remunerado mediante taxa" (STF, súmula 670, convertida na súmula vinculante 41). » "A segurança pública, presentes a prevenção e o combate a incêndios, faz-se, no campo da atividade precípua, pela unidade da Federação, e, porque serviço essencial, tem como a viabilizá-la a arrecadação de impostos, não cabendo ao Município a criação de taxa para tal fim." (tese de **repercussão geral** no RE 643.247, j. 01.08.2017)	2.3

Taxa e preço público	» o preço público (ou tarifa) não possui natureza tributária, mas sim contratual » preço público é receita originária, fruto da exploração do patrimônio do Estado » "preços de serviços públicos e taxas não se confundem, porque estas, diferentemente daqueles, são compulsórias e têm sua cobrança condicionada à prévia autorização orçamentária, em relação à lei que as instituiu" (**súmula 545 do STF**) » a remuneração pelo serviço de água e esgoto prestado por concessionária de serviço público não tem natureza tributária, sendo considerada tarifa pelo STF (RE 590.828, j. 12.06.2012). » "É legítima a cobrança da tarifa de água, fixada de acordo com as categorias de usuários e as faixas de consumo" (**súmula 407 do STJ)** » "A ação de repetição de indébito de tarifas de água e esgoto sujeita-se ao prazo prescricional estabelecido no Código Civil" (**súmula 412 do STJ**) » os serviços notariais, apesar de serem prestados por delegação em caráter privado, são remunerados por taxa (ADI 3028, j. 26.05.2010)	2.4
CONTRIBUIÇÃO DE MELHORIA		
» a contribuição de melhoria é tributo atrelado a obras públicas e de competência comum da União, dos Estados, Distrito Federal e Municípios. » a instituição da contribuição de melhoria tem como requisito a **valorização imobiliária** decorrente de obras públicas, eis que o tributo em questão é instituído para fazer face ao custo dessas obras (artigo 81 do CTN). » não basta, para a contribuição de melhoria, que o imóvel seja apenas de alguma forma beneficiado, exigindo-se a verificação de uma **valorização** imobiliária (STF, RE 116.147, RE 115.863 e AI 694.836-AgR). » a **contribuição de melhoria é exigida apenas após a realização da obra ou de parte relevante dela. Não se pode instituir esse tributo para financiar obras futuras.** » o artigo 81 do CTN estabelece dois limites da contribuição de melhoria: total e individual. » **limite total é a despesa realizada pelo Poder Público na construção da obra pública.** » **limite individual** é o **acréscimo de valor que da obra resultar para cada imóvel beneficiado.** » a "taxa de pavimentação asfáltica" do Município de Santo André era inconstitucional, pois não representava contraprestação de um serviço público específico e divisível, mas sim de uma obra pública (STF, RE 140.779, j. 02.08.1995). » o recapeamento de via pública já asfaltada representa simples serviço de manutenção e conservação, que não justifica a contribuição de melhoria (STF, RE 115.863, j. 29.10.1991). » o ente instituidor da contribuição de melhoria possui o ônus de provar a ocorrência de efetiva valorização imobiliária em razão de obra pública (STJ, REsp 1.326.502, j. 18.04.2013).		3
EMPRÉSTIMO COMPULSÓRIO		
» o empréstimo compulsório não possui fatos geradores específicos na Constituição, mas sim situações especiais que são taxativamente elencadas: - despesas extraordinárias, decorrentes de calamidade pública, de guerra externa ou sua iminência - investimento público de caráter urgente e de relevante interesse nacional		4

» a hipótese tributária pode ser própria de taxa (atividade estatal) ou de imposto (ato, fato ou situação do contribuinte), ou ainda pode a instituição do empréstimo compulsório atrelar o investimento que justifica o tributo a um grupo específico que seja especialmente benef ciado, caso em que haverá uma aproximação com as contribuições especiais.

» o empréstimo compulsório exige **lei complementar** para sua instituição, a qual é de competência exclusiva da **União**.

» no caso de **despesa extraordinária, decorrente de calamidade pública ou guerra externa**), o empréstimo compulsório pode ser instituído imediatamente, **sem observância ao princípio da anterioridade.**

» no caso de **investimento público de caráter urgente e de relevante interesse nacional**, deve-se observar a **anterioridade anual.**

» a **destinação dos recursos** do empréstimo compulsório é **vinculada à despesa** que fundamentou sua instituição (parágrafo único do art. 148 da CF).

CONTRIBUIÇÕES		
Características e Destinação da Arrecadação	» contribuição é tributo previsto na Constituição de 1988, cuja característica marcante é a **destinação do produto de sua arrecadação à finalidade para a qual foi criada**. » artigo 149 da Constituição: Compete exclusivamente à União instituir contribuições sociais, de intervenção no domínio econômico e de interesse das categorias profissionais ou econômicas, **como instrumento de sua atuação nas respectivas áreas**, observado o disposto nos arts. 146, III, e 150, I e III, e sem prejuízo do previsto no art. 195, § 6º, relativamente às contribuições a que alude o dispositivo. » no âmbito do direito financeiro, o art. 167, XI da Constituição veda a utilização dos recursos provenientes das contribuições sociais de que trata o art. 195, I, a, e II, para a realização de despesas distintas do pagamento de benefícios do RGPS de que trata o art. 201. Essa vedação foi excepcionada pelo constituinte derivado, ao criar a Desvinculação da Receita da União (DRU). » também no campo infraconstitucional, há norma de direito financeiro, o parágrafo único do art. 8º da LC 101/2000 (Lei de Responsabilidade Fiscal), corroborando que os recursos legalmente vinculados a finalidade específica serão utilizados exclusivamente para atender ao objeto de sua vinculação, ainda que em exercício diverso daquele em que ocorrer o ingresso. » em 2003, o STF proferiu decisão histórica na ADI 2925 (j. 19.12.2003), na qual entendeu que não se poderia destinar o produto da arrecadação da CIDE-Combustível em finalidade diversa das previstas no art. 177, § 4º da CF. » de qualquer forma, não há inconstitucionalidade na desvinculação parcial das receitas das contribuições por emenda constitucional (RE 537.610, j. 01.12.2009) » não é possível concluir que, eventual inconstitucionalidade da desvinculação parcial da receita das contribuições sociais, teria como consequência a devolução ao contribuinte do montante correspondente ao percentual desvinculado (RE 566.007, repercussão geral, j. 13.11.2004): I – A eventual inconstitucionalidade de desvinculação de receita de contribuições sociais não acarreta a devolução ao contribuin	5.1

	te do montante correspondente ao percentual desvinculado, pois a tributação não seria inconstitucional ou ilegal, única hipótese autorizadora da repetição do indébito tributário; II – Não é inconstitucional a desvinculação, ainda que parcial, do produto da arrecadação das contribuições sociais instituídas pelo art. 76 do ADCT, seja em sua redação original, seja naquela resultante das Emendas Constitucionais 27/2000, 42/2003, 56/2007, 59/2009 e 68/2011. (RE 566.007, repercussão geral, j. 13.11.2004)	
Contribuições e lei complementar	» não existe determinação constitucional para que as contribuições sejam instituídas por lei complementar, exceto em relação às contribuições residuais da seguridade social (CF, art. 195, § 4º) » **com exceção das contribuições novas (ou residuais) da seguridade social, as contribuições podem ser instituídas por lei ordinária** » (STF, RE 396.266, j. 26.11.2003). Em relação às contribuições de intervenção no domínio econômico, há inclusive decisão em sede de **repercussão geral** (RE 635.682, j. 25.04.2013). » as contribuições (todas as do art. 149: sociais, de intervenção no domínio econômico e no interesse de categorias profissionais ou econômicas) não precisam ter seus fatos geradores definidos em lei complementar (RE 148.754, j. 24.06.1993).	5.2
Categorias	» as contribuições podem ser separadas, de acordo com o artigo 149, em: a) contribuições sociais (que podem ser contribuições sociais gerais ou contribuições da seguridade social, que por sua vez podem estar previstas na Constituição ou ser residuais); b) contribuições de intervenção no domínio econômico; c) contribuições no interesse de categorias profissionais e econômicas. » assim, tem-se as seguintes espécies: a) contribuições sociais – a.1) contribuições sociais gerais; a.2) contribuições sociais para a seguridade social: a.2.1) contribuições sociais para a seguridade social previstas na Constituição; a.2.2) contribuições sociais para a seguridade social residuais (CF, art. 195, § 4º); b) contribuições de intervenção no domínio econômico c) contribuições no interesse de categorias profissionais e econômicas	5.3
Contribuições sociais	» a instituição da contribuição social estaria limitada pelas áreas constantes no título da "Ordem Social", qual sejam: i) seguridade social, que por sua vez engloba previdência social, saúde e assistência social; ii) educação, cultura e desporto; iii) ciência, tecnologia e inovação; iv) comunicação social; v) meio ambiente; vi) família, criança, adolescente, jovem e idoso; vii) índios. » há contribuição social prevista dentro de um dos capítulos da Ordem Social, qual seja, a **contribuição sobre o Salário-Educação**. É o § 5º do art. 212 que assim dispõe: "a educação básica pública terá como fonte adicional de financiamento a contribuição social do salário-educação, recolhida pelas empresas na forma da lei.".	5.3.1

	» a instituição de novas contribuições não é limitada pelas materialidades dos impostos estaduais e municipais (voto do Ministro Carlos Veloso no RE 177.137, j. 24.05.1995). » o STF entende que não é inconstitucional a instituição da contribuição social sobre o lucro (RE 146.733, j. 29.06.1992), cuja base de cálculo coincide com a do imposto de renda das pessoas jurídicas. » tratando-se de contribuição, a Constituição não proíbe a coincidência de sua base de cálculo com a do imposto, o que é vedado relativamente às taxas (STF, RE 177.137, j. 24.05.1995). » esse entendimento foi reafirmado em sede de **repercussão geral**, no RE 883.542 (j. 02.06.2017), onde se rechaçou a alegação de inconstitucionalidade da cobrança da contribuição sindical rural simultaneamente com o imposto territorial rural. » em relação às **contribuições residuais para a seguridade social**, o STF exige três requisitos para instituição: i) lei complementar; ii) não cumulatividade; iii) **fato gerador e base de cálculo diverso das contribuições já existentes.**	
Contribuições de Intervenção no Domínio Econômico – CIDEs	» as contribuições de intervenção no domínio econômico são tributos extrafiscais. » a contribuição de intervenção no domínio econômico é instrumento de intervenção **indireta** do Estado sobre a economia. » no RE 635.682 (**repercussão geral**, j. 25.04.2013), o STF julgou **desnecessária a existência de uma contraprestação direta ao sujeito passivo da contribuição de intervenção no domínio econômico**. » o STF decidiu que **a EC 33/2001 não estabeleceu uma delimitação exaustiva de todas as bases econômicas a serem tributadas pelas contribuições sociais e de intervenção no domínio econômico**. A proposta da emenda constitucional em questão foi a de expandir as materialidades que poderiam ser utilizadas na instituição das contribuições, e não as reduzir (conforme o voto do ministro Alexandre de Moraes). A partir desses fundamentos, foi fixada a seguinte tese de **repercussão geral** no RE 603.624 (j. 23.09.2020): "As contribuições devidas ao SEBRAE, à APEX e à ABDI com fundamento na Lei 8.029/1990 foram recepcionadas pela EC 33/2001". » outra contribuição de intervenção no domínio econômico é a **CIDE-combustíveis**, com destinações específicas previstas constitucionalmente. » a **CIDE-*royalties*** é uma contribuição de intervenção no domínio econômico prevista na Lei 10.168/2000, que tem como fato gerador os valores pagos, creditados, entregues, empregados ou remetidos, a cada mês, a residentes ou domiciliados no exterior, a título de remuneração decorrente das obrigações decorrentes de licença de uso, aquisição de conhecimentos tecnológicos e celebração de contratos que impliquem transferência de tecnologia, firmados com residentes ou domiciliados no exterior (art. 2º, *caput*, da Lei 10.168/2000). » a partir de 1º de janeiro de 2002, a CIDE-*royalties* passou a ser devida também pelas pessoas jurídicas signatárias de contratos que tenham por objeto serviços técnicos e de assistência	5.3.2

	administrativa e semelhantes a serem prestados por residentes ou domiciliados no exterior, » bem assim pelas pessoas jurídicas que pagarem, creditarem, entregarem, empregarem ou remeterem royalties, a qualquer título, a beneficiários residentes ou domiciliados no exterior (art. 2º, § 2º da Lei 10.168/2001, com a redação dada pela Lei 10.332/2001). » **súmula 127 do CARF** dispõe que "A incidência da Contribuição de Intervenção no Domínio Econômico (CIDE) na contratação de serviços técnicos prestados por residentes ou domiciliados no exterior prescinde da ocorrência de transferência de tecnologia".	
Contribuições no interesse de categorias profissionais e econômicas	» as contribuições no interesse de categorias profissionais e econômicas são instituídas por lei pela União. » a jurisprudência do STF tem tratado as contribuições no interesse de categorias profissionais e econômicas como espécie tributária distinta (MS 21.797, j. 09.03.2000), que não se confunde com as taxas de polícia. » nem todos os tributos cobrados pelos Conselhos Profissionais possuem a natureza de contribuição no interesse das categorias profissionais. Conforme a jurisprudência do STF, **a "Anotação de Responsabilidade Técnica"**, instituída pela Lei 6.496/1977 e **cobrada pelos Conselhos Regionais de Engenharia, Arquitetura e Agronomia, tem natureza jurídica de taxa** (ARE 748.445 – **repercussão geral**, j. 31.10.2013).	5.3.3
Contribuição sindical e contribuição confederativa	» a doutrina e a jurisprudência sempre diferenciaram as duas "contribuições": a "contribuição sindical" (que já foi chamada de "imposto sindical"), prevista no art. 579 da CLT teria natureza tributária, enquanto a "contribuição confederativa", prevista no artigo 8º, IV, da Constituição, não seria tributo. » o STF tratava dessa contribuição confederativa na súmula 666 (atualmente convertida na **súmula vinculante 40**): "A contribuição confederativa de que trata o art. 8º, IV, da Constituição Federal, só é exigível dos filiados ao sindicato respectivo". » **contudo, o chamado "imposto sindical", ou "contribuição sindical", previsto no artigo 579 da CLT, perdeu sua natureza tributária, tendo em vista que, com a reforma trabalhista, passou a ser facultativa, exigindo para sua cobrança a prévia autorização do trabalhador.** » o STF decidiu, na ADI 5794 (j. 29.06.2018), que a Lei 13.467/2017, ao exigir prévia e expressa anuência de todo e qualquer trabalhador para o desconto da contribuição sindical, suprimiu sua natureza tributária. » caiu por terra, assim, a principal distinção entre esta "contribuição" do art. 579 da CLT e a chamada "contribuição confederativa", que é prevista no artigo 8º, IV da Constituição (a assembleia geral fixará a contribuição que, em se » tratando de categoria profissional, será descontada em folha, para custeio do sistema confederativo da representação sindical respectiva) e na súmula vinculante 40 do STF: "A contribuição confederativa de que trata o art. 8º, IV, da Constituição Federal, só é exigível dos filiados ao sindicato respectivo".	5.3.3.1

Conselhos profissionais e OAB	» os Conselhos Profissionais são responsáveis pela regulamentação, fiscalização e punição das profissões regulamentadas. » a natureza jurídica de pessoa de direito público dos conselhos profissionais foi confirmada pelo STF na ADI 1717 (j. 07.11.2002), onde se decidiu ser inconstitucional a delegação a pessoas privadas das atividades de tributar e punir em relação às profissões regulamentadas. » da natureza pública dos conselhos profissionais, surge a constatação de que as **anuidades cobradas dos profissionais possuem natureza tributária, enquadrando-se no gênero das contribuições no interesse de categorias profissionais** previstas no art. 149 da CF, conforme entendimento pacífico do STF (MS 21.797, j. 09.03.2000). » o STF veda a delegação da fixação das anuidades aos conselhos, sem limites, teto ou parâmetros legais (RE 704.292, **repercussão geral**, j. 19.10.2016). » em que pese os conselhos profissionais serem tratados como autarquias » legitimadas a exigir as contribuições em estudo, a OAB foi excluída desse regime jurídico, sendo considerada entidade *sui generis*. Consequentemente, suas anuidades não possuem natureza tributária, não devendo observância aos princípios constitucionais tributários (legalidade, anterioridade etc.).	5.3.3.2
Normas comuns às contribuições sociais e às contribuições no interesse de categorias profissionais e econômicas	» a Constituição traz normas que se aplicam tanto às contribuições sociais quanto às contribuições de intervenção no domínio econômico, no art. 149, § 2º: CF, art. 149, § 2º As contribuições sociais e de intervenção no domínio econômico de que trata o caput deste artigo: I – não incidirão sobre as receitas decorrentes de exportação; II – incidirão também sobre a importação de produtos estrangeiros ou serviços; III – poderão ter alíquotas: a) ad valorem, tendo por base o faturamento, a receita bruta ou o valor da operação e, no caso de importação, o valor aduaneiro; b) específica, tendo por base a unidade de medida adotada. » os incisos I e II do § 2º estabelecem, para essas contribuições, o **princípio da tributação no país do destino** (exonerando-se as exportações), aplicável também ao IPI (CF, art. 153, § 3º, III e CTN art. 46, I) e ao ICMS (CF, art. 155, § 2º, X, "a" e art. 155, § 2º IX, "a"). » a cláusula "receitas decorrentes de exportação" já foi analisada pelo STF em sede de julgado submetido a **repercussão geral** (RE 627.815, j. 23.05.2013) no qual se decidiu que esse conceito abrange também as variações cambiais ativas, alcançadas portanto pela imunidade. » sobre o conceito de receita, **o STF excluiu os conceitos de movimentações financeiras e lucro da abrangência da expressão "receita"**, como se pode ver dos julgamentos em **repercussão geral** no RE 566.259 (j. 12.08.2010) e no RE 564.413 (j. 12.08.2010). » o STF pronunciou-se em sede de **repercussão geral** no sentido de que é inconstitucional a ampliação do conceito de valor	5.4

	aduaneiro pela Lei 10.865/2004. Não seria possível, com isso, a inclusão do ICMS e do valor das próprias contribuições na base de cálculo nas contribuições sobre importação (RE 559.937, j. 20.03.2013).	
Parafiscalidade	» a doutrina costuma definir a parafiscalidade como a atribuição, pelas pessoas políticas detentoras de competência tributária, da capacidade tributária ativa a pessoas públicas ou privadas (pessoas paraestatais), bem como a atribuição da disponibilidade dos recursos arrecadados. » alguns autores, contudo, não exigem a transferência da capacidade tributária ativa como um requisito para a configuração da parafiscalidade, bastando que haja a transferência dos recursos arrecadados para a pessoa incumbida da realização da finalidade específica[26]. » o STF aceita que uma contribuição destinada a um órgão paraestatal seja exigido por pessoa diversa (ente político instituidor do tributo, por exemplo) daquela que será a destinatária dos recursos (autarquia previdenciária). Tal tese foi adotada no RE 150.764 (j. 16.12. 1992) e no RE 138.284 (j. 01.07.1992).	5.5
	JURISPRUDÊNCIA DO STF SOBRE AS CONTRIBUIÇÕES	
Contribuição para o FGTS	» existem duas espécies de contribuições para o FGTS: uma de natureza não tributária, e outra de natureza tributária. » a contribuição para o FGTS de natureza não tributária está prevista nos arts. 15 e 18 da Lei 8.036/1990 » **súmula 353 do STJ**: **"As disposições do Código Tributário Nacional não se aplicam às contribuições para o FGTS"**. O STF já adotava o mesmo entendimento antes mesmo da Constituição ser promulgada (**RE 100.249**, j. 02.12.1987). » A Lei Complementar 110/2001, por outro lado, criou duas contribuições adicionais para o FGTS » essas duas últimas contribuições, previstas na lei complementar 110/2001, diferem quanto à natureza em relação à contribuição para o FGTS prevista na Lei 8.036/90. Enquanto esta não possui natureza tributária, as duas contribuições instituídas pela lei complementar 110/2001 são enquadradas no conceito de tributo, como se vê da jurisprudência do STF (ADI 2.556 MC, j. 09.10.2002) » temos assim a seguinte classificação: i) Contribuição para o FGTS de 8% sobre a remuneração e de 40% sobre o saldo da conta vinculada (arts. 15 e 18 da lei 8.036/90) ➜ **não** possui natureza tributária (súmula 353 do STJ e RE 100.249 do STF, DJ 1/7/88);	5.6.1

26. "(...) entendemos que a parafiscalidade não exige, necessariamente, a figura da capacidade tributária ativa. Em outras palavras, não entendemos como requisito para o respeito às regras da parafiscalidade, a obrigatória delegação da função de arrecadação do tributo. Entendemos que a parafiscalidade exige, sem sombra de dúvida, a destinação específica dos recursos a órgão ou fundo específicos, assim como a necessária independência desses órgãos ou fundos na gestão de tais recursos, sendo irrelevante a figura do sujeito ativo na relação jurídica tributária." (CASTELLANI, Fernando F. Contribuições Especiais e sua Destinação. São Paulo: Noeses, 2009, p. 95).

	ii) Contribuição adicional do FGTS de **0,5%** sobre a remuneração (art. 2º da LC 110/2001), **com vigência temporária de 60 meses** (art. 2º, §2º da LC 110/2001) ➜ possui natureza tributária, sendo contribuição social **geral** (ADI-MC 2.556), aplicando-se a anterioridade anual **e** a noventena (sendo contribuição social **geral**, não se submete ao art. 195, § 6º da CF, que determina apenas a noventena para as contribuições da seguridade social); iii) Contribuição adicional do FGTS de **10%** sobre o saldo da conta vinculada (art. 1º da LC 110/2001), **com vigência indeterminada** ➜ possui natureza tributária, sendo contribuição social **geral** (ADI-MC 2.556), aplicando-se a anterioridade anual **e** a noventena (sendo contribuição social **geral**, não se submete ao art. 195, § 6º da CF, que determina apenas a noventena para as contribuições da seguridade social)	
Exaurimento das finalidades	» em relação à contribuição prevista no artigo 1º da lei complementar 110/2001 (de vigência indeterminada), os contribuintes passaram a alegar que o propósito de sua instituição já havia sido cumprido. Isto é, uma vez que a arrecadação com a contribuição já havia superado o valor necessário para a recomposição do FGTS, não haveria que se manter a cobrança da contribuição. » STJ (REsp 1.487.505. j. 17.03.2015): "A contribuição social prevista no art. 1º da Lei Complementar n. 110/2001 baseia-se em percentual sobre o saldo de FGTS em decorrência da despedida sem justa causa, a ser suportada por empregador, não se podendo inferir do normativo complementar que sua regência é temporária e que sua vigência extingue-se com cumprimento da finalidade para a qual a contribuição foi instituída". » no STF, a questão foi decidida no RE 878.313 (**repercussão geral**, j. 18.08.2020), onde foi fixada a seguinte tese: "É constitucional a contribuição social prevista no artigo 1º da Lei Complementar nº 110, de 29 de junho de 2001, tendo em vista a persistência do objeto para a qual foi instituída".	5.6.2
PIS e COFINS sobre receitas e as instituições financeiras	» o STF pacificou sua natureza jurídica tributária da contribuição para o PIS em sede de **repercussão geral**, inclusive deixando expresso que tal contribuição deve ser abrangida pela imunidade prevista no artigo 195, § 7º da CF, que trata da imunidade de contribuições para a seguridade social (RE 636.941, j. 13.02.2014). » a COFINS só foi instituída após a Constituição de 1988, com a publicação da Lei Complementar 70/1991, substituindo a antiga FINSOCIAL » apesar de a COFINS ter sido instituída por lei complementar, essa espécie normativa não era necessária, uma vez que apenas as contribuições da seguridade social criadas no exercício da competência residual da União (CF, art. 195, § 4º) exigem o quórum diferenciado da lei complementar para sua criação. » a contribuição para o PIS pode ser cobrada sobre a folha de salários (CF, artigo 195, inciso I, alínea "a"), sobre a receita ou o faturamento (CF, artigo 195, inciso I, alínea "b") e sobre a importação de bens ou serviços do exterior (CF, artigo 195, inciso IV).	5.6.3

	» a COFINS pode incidir sobre a receita ou o faturamento (CF, artigo 195, inciso I, alínea "b") e sobre a importação de bens ou serviços do exterior (CF, artigo 195, inciso IV). » Interessa-nos neste tópico a incidência sobre a receita ou faturamento (redação do art. 195, I, "b" após a EC 20/1998). » a **atual redação** do artigo 195, I, "b" da Constituição prevê a contribuição para a seguridade social do empregador ou entidade equiparada, incidente sobre a **receita ou o faturamento**. » **no texto constitucional originário de 1988 só se permitia a incidência de contribuição sobre o faturamento, tendo surgido a previsão da incidência sobre a receita com a EC 20/1998.** » para o STF, a redação originária da Constituição só permitia a incidência de contribuição sobre o faturamento, conceito mais estrito que receita (RE 346.084, j. 09.11.2005). » o faturamento (ou receita bruta) só abrangeria as receitas decorrentes de venda de mercadorias e prestação de serviços. Estariam excluídas, assim, as receitas típicas de instituições financeiras, como os juros dos bancos e as receitas de prêmios das seguradoras.	
Contribuições sobre atos cooperativos	» o art. 146, III, *c* da CF prevê que a lei complementar deve conferir o adequado tratamento tributário ao ato cooperativo. » "São legítimas as alterações introduzidas pela Medida Provisória 1.858/1999, no que revogou a isenção da COFINS e da contribuição para o PIS concedidas às sociedades cooperativas." Tese de **repercussão geral** no RE 598.085 (j. 06.11.2014) » "A receita auferida pelas cooperativas de trabalho decorrentes dos atos (negócios jurídicos) firmados com terceiros se insere na materialidade da contribuição ao PIS/PASEP" tese de **repercussão geral** no RE 599.362 (j. 06.11.2014) » os julgados acima do STF referem-se aos atos da cooperativa praticados com terceiros. Não há contradição entre os julgados do STF e um Recurso Especial **repetitivo** do STJ no qual se decidiu pela **não** incidência de PIS e COFINS sobre atos cooperativos **típicos**. Tais atos seriam aqueles realizados pelas cooperativas com seus cooperados, pela cooperativa com outras cooperativas ou pelos associados com a cooperativa (REsp 1.141.667 e REsp 1.164.716, **repetitivo**, j. 27.04.2016).	5.6.4
Inclusão do ICMS na base de cálculo das contribuições sobre o faturamento (PIS e COFINS)	» o STJ possuía orientação consolidada de que seria legítima a inclusão do ICMS na base de cálculo das contribuições para o PIS e COFINS, como se pode constatar das **súmulas 68** ("A parcela relativa ao ICM inclui-se na base de cálculo do PIS") e **94** ("A parcela relativa ao ICMS inclui-se na base de cálculo do Finsocial"). Atentando-se para o fato de que a COFINS substituiu o Finsocial, percebe-se que a questão, desde há muito, encontrava-se pacificada no STJ. » em 15 de março de 2017, o STF julgou o RE 574.706, submetido à sistemática de **repercussão geral**, que fixou a tese de que **o ICMS não compõe a base de cálculo do PIS e da COFINS**, sob o fundamento de que o ICMS seria receita do Estado sujeito ativo desse imposto, estranha ao conceito de faturamento. » em março de 2019, o STJ cancelou seus enunciados de súmula 68 e 94.	5.6.5

CONTRIBUIÇÃO SOCIAL DE ILUMINAÇÃO PÚBLICA – COSIP

Súmula vinculante 41 do STF: "O serviço de iluminação pública não pode ser remunerado mediante taxa.".

Contribuição social de iluminação pública – COSIP passou a constar da Constituição com a inclusão do artigo 149-A, acrescentado pela Emenda Constitucional 39/2002.

o STF considerou constitucional a contribuição de iluminação pública em sede de **repercussão geral** (RE 573.675, j. 25.03.2009 – grifos adicionados):

(...) I – **Lei que restringe os contribuintes da COSIP aos consumidores de energia elétrica do município não ofende o princípio da isonomia**, ante a impossibilidade de se identificar e tributar todos os beneficiários do serviço de iluminação pública. II – **A progressividade da alíquota, que resulta do rateio do custo da iluminação pública** 6
entre os consumidores de energia elétrica, não afronta o princípio da capacidade contributiva. III – **Tributo de caráter sui generis**, que não se confunde com um imposto, porque sua receita se destina a finalidade específica, nem com uma taxa, por não exigir a contraprestação individualizada de um serviço ao contribuinte. IV – Exação que, ademais, se amolda aos princípios da razoabilidade e da proporcionalidade. V – Recurso extraordinário conhecido e improvido.

tese de repercussão geral fixada: "É constitucional a aplicação dos recursos arrecadados por meio de contribuição para o custeio da iluminação pública na expansão e aprimoramento da rede" (RE 666.404, **repercussão geral**, j. 18.08.2020).

8. SÚMULAS APLICÁVEIS

8.1 STF

Súmula vinculante 41. "O serviço de iluminação pública não pode ser remunerado mediante taxa.".

Súmula vinculante 29. "É constitucional a adoção no cálculo do valor de taxa de um ou mais elementos da base de cálculo própria de determinado imposto, desde que não haja integral identidade entre uma base e outra"

Súmula vinculante 19. "A taxa cobrada exclusivamente em razão dos serviços públicos de coleta, remoção e tratamento ou destinação de lixo ou resíduos provenientes de imóveis, não viola o artigo 145, II da CF"

667. "Viola a garantia constitucional de acesso à jurisdição a taxa judiciária calculada sem limite sobre o valor da causa".

595. "É inconstitucional a taxa municipal de conservação de estradas de rodagem cuja base de cálculo seja idêntica a do imposto territorial rural".

8.2 STJ

412. "A ação de repetição de indébito de tarifas de água e esgoto sujeita-se ao prazo prescricional estabelecido no Código Civil".

407. "É legítima a cobrança da tarifa de água, fixada de acordo com as categorias de usuários e as faixas de consumo".

353. "As disposições do Código Tributário Nacional não se aplicam às contribuições para o FGTS".

8.3 CARF

127. "A incidência da Contribuição de Intervenção no Domínio Econômico (CIDE) na contratação de serviços técnicos prestados por residentes ou domiciliados no exterior prescinde da ocorrência de transferência de tecnologia".

9. QUESTÕES DE CONCURSOS PÚBLICOS

1 **(CESPE - Juiz de Direito Substituto - AL - 2008) Os serviços públicos justificadores da cobrança de taxas são**

A) específicos ou divisíveis quando a utilização é efetiva

pelo contribuinte.

B) divisíveis e de utilização compulsória.

C) sempre específicos e divisíveis.

D) aqueles cuja utilização é específica.

E) de utilização específica ou postos à disposição.

2 **(Cespe - Cartório - TJ - BA/2014) Com relação às taxas, assinale a opção correta.**

A) Pela prestação do serviço de iluminação pública, os municípios podem instituir taxa de iluminação pública.

B) As taxas são tributos não vinculados a uma contraprestação do ente tributante em relação ao contribuinte.

C) As taxas têm como fato gerador o exercício regular do poder de polícia ou a utilização, efetiva ou potencial, de serviço público específico e divisível prestado ou posto à disposição do contribuinte.

D) Devido ao fato de a destinação do produto da arrecadação ser previsto em lei, as taxas são tributos vinculados.

E) As taxas podem ter a mesma base de cálculo dos impostos.

3 **(FCC - Procurador Judicial - Prefeitura Recife-PE/2014) A Prefeitura do Recife, por meio de sua Secretaria de Finanças, resolveu enviar proposta ao legislativo municipal para a instituição de novas taxas aplicáveis aos munícipes recifenses.**

É prescrição normativa constitucional que deve ser observada por esta proposta legislativa:

(A) Instituir em 2014 taxa para o custeio do serviço de iluminação pública que possa ser cobrada ainda no primeiro semestre do mesmo ano, tendo em vista as necessidades deste serviço nos bairros carentes do Recife.

(B) Instituição de taxas cobradas pela valorização de imóveis decorrente de obras públicas municipais, tomando-se o cuidado de não atribuir às taxas instituídas bases de cálculo própria de imposto.

(C) Instituição de taxas pela utilização efetiva ou potencial de serviços públicos específicos e divisíveis, prestados ao contribuinte, desde que elas não tenham base de cálculo própria de impostos.

(D) Instituição de taxas pelo exercício potencial ou efetivo do poder de polícia ou pela utilização de serviços públicos específicos e indivisíveis, prestados ao contribuinte.

(E) Sempre que possível, instituir taxas que tenham caráter pessoal e que sejam graduadas segundo a capacidade econômica dos contribuintes.

4 **(Consulplan - Cartório - TJ - MG/2015) Acerca das taxas, é correto afirmar:**

A) Têm por fato gerador o exercício efetivo ou potencial do poder de polícia, ou a utilização regular de serviço público específico e divisível, prestado ao contribuinte ou posto à sua disposição.

B) Em casos excepcionais, podem ter base de cálculo ou fatos geradores idênticos aos que correspondam a impostos; com efeito, os emolumentos percebidos por notários e registradores são taxas e têm base de cálculo idêntica à do imposto sobre a renda da pessoa física do tabelião ou registrador.

C) Consideram-se serviços públicos específicos quando podem ser destacados em unidades autônomas de intervenção, de utilidade, ou de necessidades públicas; e divisíveis, quando suscetíveis de utilização, separadamente, por parte de cada um dos seus usuários.

D) Segundo norma constitucional explícita, são assegurados a todos – mediante prévio e regular pagamento de taxas – o direito de petição aos Poderes Públicos em defesa de direitos ou contra ilegalidade ou abuso de poder e a obtenção de certidões em repartições públicas, para defesa de direitos e esclarecimento de situações de interesse pessoal.

5 **(Cespe – Delegado de Polícia – GO/2017) O estado de Goiás instituiu, por lei ordinária, um departamento de fiscalização de postos de gasolina com objetivo de aferir permanentemente as condições de segurança e vigilância de tais locais, estabelecendo um licenciamento especial e anual para o funcionamento de tais estabelecimentos e instituindo uma taxa anual de R$ 1.000 a ser paga pelos empresários, relacionada a tal atividade estatal.**

A respeito dessa situação hipotética, assinale a opção correta.

A) A instituição do departamento de fiscalização de postos de gasolina como órgão competente com funcionamento regular é suficiente para caracterizar o exercício efetivo do poder de polícia.

B) É desnecessária, para justificar a cobrança de taxa, a criação de órgão específico para o desempenho das atividades de fiscalização de postos de gasolina, por se tratar de competências inerentes às autoridades de segurança pública.

C) Para observar o princípio da capacidade contributiva, a taxa deveria ter correspondência com o valor venal do imóvel a ser fiscalizado, sendo inconstitucional a cobrança de valor fixo por estabelecimento.

D) A taxa em questão é inconstitucional, já que a segurança pública é um dever do Estado, constituindo um serviço indivisível, a ser mantido apenas por impostos, o que torna incabível a cobrança de taxa.

E) Por ter caráter contraprestacional, a taxa só será devida caso o departamento de fiscalização de postos de gasolina faça visitas periódicas aos estabelecimentos, certificando-se do cumprimento das normas de segurança e vigilância de tais locais, de acordo com a legislação.

6 **(Cespe – Juiz de Direito – PR/2017) O município de Curitiba – PR instituiu, por lei ordinária, taxa de coleta e remoção de lixo para os imóveis urbanos situados em seu território, estabelecendo como base de cálculo do tributo a área construída do imóvel, que, multiplicada pelo valor de R$ 2, resultaria no valor do tributo devido pelo contribuinte.**

Acerca dessa situação hipotética e dos preceitos constitucionais pertinentes ao poder de tributar, assinale a opção correta.

A) A utilização da área construída do imóvel como parte da base de cálculo do tributo em questão, por também compor a base de cálculo do IPTU, torna inconstitucional a instituição do mencionado tributo.

B) A restrição constitucional para que haja identidade da base de cálculo atinge apenas as contribuições, e não as taxas, sendo, portanto, constitucional o tributo em questão.

C) O serviço de coleta e remoção de lixo em questão pode adotar um dos elementos de base de cálculo de impostos, desde que não haja identidade completa e o valor pago pelo contribuinte seja proporcional ao serviço que lhe é prestado.

D) A coleta e remoção de lixo é serviço público inespecífico e indivisível, por beneficiar toda a coletividade, sendo, portanto, inconstitucional a instituição da referida taxa.

7 **(FCC – Juiz de Direito – SC/2017) Município X cobra taxa por coleta de lixo urbano, feita por empresa contratada pela Administração municipal. O tributo é calculado sobre o valor, atribuído por lei municipal, da frente para a via pública do imóvel em que se dará a coleta, medida em metros lineares. O tributo é julgado inconstitucional. A taxa não pode ser cobrada porque**

(A) a base de cálculo é semelhante ao valor venal do imóvel, base de cálculo do IPTU.

(B) a base de cálculo não é apropriada para prestação de serviços, prestando-se, somente, para o caso de taxa por exercício de poder de polícia.

(C) o serviço público é prestado por particular contratado, sendo, portanto, caso de cobrança de preço público diretamente pelo contratado.

(D) o serviço é, por natureza, indivisível, tendo em vista a impossibilidade de pesar o lixo no momento da coleta.

(E) a base de cálculo não tem pertinência com o serviço prestado ou posto à disposição.

8 **(Cespe – Cartório – TJ – BA/2014) Imposto é um tributo**

A) cujo fato gerador é o exercício regular do poder de polícia pelo Estado.

B) cujo fato gerador é o uso efetivo ou potencial de serviço público específico e divisível.

C) que exige prestação de serviço público específico e divisível aos contribuintes.

D) cujo fato gerador independe de qualquer atividade estatal específica relativa ao contribuinte.

E) que está vinculado a uma contraprestação do ente tributante em relação ao contribuinte.

9 **(Cespe – Cartório – TJ – BA/2014) No que se refere à contribuição de melhoria, assinale a opção correta.**

A) Essa contribuição é instituída para fazer face aos custos de obras públicas de que decorra valorização imobiliária.

B) Para calcular a contribuição de melhoria, o poder público deve considerar apenas o custo da obra sem a necessidade de verificar a valorização que da obra resultar para cada imóvel beneficiado.

C) A lei que instituir a contribuição de melhoria deve fixar um prazo máximo de dez dias para que os interessados possam impugnar o memorial descritivo do projeto e o orçamento do custo da obra.

D) O limite total da contribuição de melhoria deve ser igual ao valor que da obra resultar para cada imóvel beneficiado.

E) A competência para instituir a contribuição de melhoria é privativa dos municípios.

10 **(Cespe – Cartório – TJ – BA/2014) Considerando a espécie tributária empréstimo compulsório, assinale a opção correta.**

A) É admissível a instituição do empréstimo compulsório em um contexto que exija a absorção temporária do poder aquisitivo.

B) Ao se instituir empréstimo compulsório para atender a despesas extraordinárias decorrentes de iminente guerra externa, deve-se respeitar o princípio da anterioridade tributária.

C) Além da União, também os estados têm, em razão da chamada competência residual, competência para instituir empréstimos compulsórios.

D) A instituição do empréstimo compulsório, no caso de investimento público urgente e de relevante interesse nacional, não precisa atender ao princípio da anterioridade tributária.

E) Estabelece a CF que a aplicação dos recursos provenientes do empréstimo compulsório será vinculada à despesa que fundamentar a instituição desse empréstimo.

11 **(Consulplan – Cartórios – Provimento – TJ – MG/2017) Sobre os empréstimos compulsórios, à luz da disciplina constante da Constituição Federal, é INCORRETO afirmar:**

A) A sua instituição deve ocorrer mediante lei complementar.

B) Podem ser instituídos no caso de investimento público de caráter urgente e de relevante interesse nacional, vedada a cobrança no mesmo exercício financeiro em que haja sido publicada a lei que os instituiu.

C) A sua instituição pelos Estados deve ser previamente autorizada pelo Senado Federal.

D) A aplicação dos recursos provenientes de empréstimo compulsório será vinculada à despesa que fundamentou sua instituição.

12 **(Cespe – Defensor Público – TO/2013) No que concerne às contribuições, assinale a opção correta.**

A) As contribuições sociais do empregador incidentes sobre a receita poderão ser não cumulativas, conforme o setor da atividade econômica.

B) Com relação às empresas, a CF proíbe a substituição da contribuição incidente sobre folha de salário pela incidente sobre o faturamento.

C) As contribuições residuais para a seguridade social são cumulativas e de competência da União, instituídas por lei complementar, desde que não tenham fato gerador próprio de impostos.

D) As contribuições sociais e de intervenção no domínio econômico incidirão sobre as receitas decorrentes de exportação.

E) As contribuições de interesse das categorias profissionais ou econômicas são de competência da União, dos estados, do DF e dos municípios.

13 **(Consulplan - Cartórios - Provimento - TJ - MG/2017) Compete exclusivamente à União instituir contribuições sociais, de intervenção no domínio econômico e de interesse das categorias profissionais ou econômicas, como instrumento de sua atuação nas respectivas áreas. Sobre as contribuições sociais e de intervenção no domínio econômico, é INCORRETO afirmar que:**

A) Incidirão sobre a importação de serviços.

B) Poderão ter alíquotas específicas, tendo por base a unidade de medida adotada.

C) Incidirão sobre a importação de produtos estrangeiros.

D) Poderão ter alíquotas ad valorem, tendo por base o faturamento, a receita bruta ou o valor da operação e, no caso de importação e de exportação, o valor aduaneiro.

14 **(FCC - Juiz de Direito - SC/2017) As contribuições sociais para a seguridade social**

(A) estão entre as competências comuns da União, Estados, Distrito Federal e Municípios.

(B) incidem exclusivamente sobre os valores pagos a segurados empregados e avulsos.

(C) não podem, em hipótese alguma, se desvincular do orçamento da previdência social.

(D) não incidem sobre gorjetas pagas ao segurado.

(E) só incidem sobre o lucro líquido apurado conforme a legislação do Imposto de Renda.

15. **(Cespe - Auditor Fiscal da Receita Estadual - SEFAZ - AL/2020) A respeito da competência tributária e do conceito e da classificação dos tributos, julgue o item a seguir.**

O conceito de taxa pressupõe a utilização efetiva de serviços públicos específicos e divisíveis, ou o exercício do regular poder de polícia.

Parte superior do formulário

- Certo
- Errado

01	02	03	04	05	06	07
C	C	C	C	A	C	E

08	09	10	11	12	13	14	15
D	A	E	C	A	D	A	E

3

LEI COMPLEMENTAR EM MATÉRIA TRIBUTÁRIA

1. INTRODUÇÃO

A lei complementar é uma espécie legislativa de quórum diferenciado, pois exige a **maioria absoluta** de votos para sua aprovação (CF, art. 69). Enquanto a maioria simples é suficiente para a aprovação de leis ordinárias, as leis complementares só serão aprovadas se obtiverem em seu favor a aquiescência da maioria absoluta.

Maioria simples significa a maioria dos parlamentares presentes na sessão formada para discussão e aprovação da lei, desde que presentes na sessão a maioria absoluta dos membros da respectiva Casa Legislativa[1]. A **maioria absoluta**, exigida para a aprovação das leis complementares, é a maioria do total dos parlamentares que compõem a Casa Legislativa. No caso da Câmara dos Deputados, que possui 513 deputados federais, a maioria absoluta será 257. Já a maioria simples será obtida em relação ao número de deputados presentes na deliberação a respeito da lei a ser aprovada, exigindo-se o mínimo de 257 deputados presentes, ou seja, o comparecimento da maioria absoluta. Numa deliberação com 257 deputados, uma lei ordinária poderia ser aprovada pelo voto favorável de 129 parlamentares. Caso compareçam 300 deputados, haveria a necessidade de 151 deputados, razão pela qual se pode afirmar que a maioria simples é variável em função dos parlamentares presentes, enquanto a maioria absoluta é um número fixo (257, no caso da Câmara dos Deputados).

2. INEXISTÊNCIA DE HIERARQUIA ENTRE LEI COMPLEMENTAR E LEI ORDINÁRIA

Em matéria tributária, a lei complementar adquire uma relevância singular.

Algumas matérias reguladas em lei complementar deverão ser observadas por todos os entes da federação. Em outras palavras, há casos em que normas dispostas em lei complementar deverão ser observadas por leis estaduais e municipais.

---

1. CF, art. 47. Salvo disposição constitucional em contrário, as deliberações de cada Casa e de suas Comissões serão tomadas por maioria dos votos, presente a maioria absoluta de seus membros.

Assim é que o prazo prescricional de créditos tributários fixado em lei complementar editada pela União não pode ser derrogado, na respectiva esfera federativa, por lei estadual ou municipal. Conforme determina o art. 146, III, *b* da CF, as normas gerais relativas a prescrição e decadência de créditos tributários devem ser objeto de lei complementar.

Diante dessa necessidade de observância da lei complementar tributária pela lei ordinária, surge a indagação a respeito da existência de superioridade hierárquica da lei complementar.

Na doutrina, existe a corrente segundo a qual, nos casos em que uma lei ordinária deve retirar seu fundamento de validade da lei complementar, esta será dotada de superioridade hierárquica[2]. Para esse entendimento, as leis complementares seriam hierarquicamente superiores às leis ordinárias quando assumissem a função de normas gerais, pois nessa hipótese, ao traçarem rumos à legislação das pessoas estatais, estariam acima das leis ordinárias federais, estaduais ou municipais[3].

Apesar da consistência dos argumentos doutrinários, a jurisprudência do STF (RE 377.457, **repercussão geral**, j. 17.09.2008) adotou a posição de que **as leis complementares não possuem superioridade hierárquica em relação às leis ordinárias.** Entendeu o STF que a distinção entre as duas espécies normativas diria respeito apenas à matéria que a Constituição reserva à regulação por lei complementar[4].

Além disso, a regulação por lei complementar de matéria que não foi reservada pela Constituição a essa espécie legislativa não impede que o legislador ordinário revogue dispositivos de lei complementar que não estejam sob a reserva do quórum da maioria absoluta. Caso se admitisse o contrário, bastaria ao legislador infraconstitucional utilizar uma lei complementar em uma matéria qualquer para, por via indireta, alterar a vontade do constituinte no que tange à distribuição dos temas que só podem ser regulados por lei complementar.

Sob esse fundamento, o STF considerou possível a revogação do art. 6º, II da Lei Complementar 70/1991 pelo art. 56 da Lei 9.430/1996, uma vez que não havia, no primeiro dispositivo, matéria reservada à lei complementar (RE 377.457, **repercussão geral**, j. 17.09.2008).

O **STJ** curvou-se a esse entendimento e editou a **súmula 508**, reconhecendo que a isenção da Cofins concedida pelo art. 6º, II, da LC n. 70/1991 às sociedades civis de prestação de serviços profissionais foi revogada pelo art. 56 da Lei n. 9.430/1996.

---

2. COSTA, Regina Helena. Curso de Direito Tributário – Constituição e Código Tributário Nacional. 4ª edição. São Paulo: Editora Saraiva, 2014, p. 42.
3. DERZI, Misabel Abreu Machado. Notas de atualização ao Direito Tributário Brasileiro de Aliomar Baleeiro. 13ª edição. Rio de Janeiro: Editora Forense, 2015, p. 105.
4. No mesmo sentido: ADI 2711, j. 04.03.2004; ADI-MC 1480, 04.09.1997. De acordo com Schoueri: "Afinal, hierarquia somente caberia cogitar em caso de antinomia, i.e., se duas normas versassem sobre o mesmo tema. Como a própria Constituição Federal já reservara alguns campos para a lei complementar e outros para a lei ordinária, não haveria espaço para tal conflito." (SCHOUERI, Luís Eduardo. Direito Tributário. 5ª. ed. São Paulo: Saraiva, 2015, p. 83).

3. TRIBUTOS INSTITUÍDOS POR LEI COMPLEMENTAR

Alguns tributos só podem ser instituídos por meio de lei complementar. São eles:

- Impostos da competência residual da União (CF, art. 154, I);
- Empréstimos compulsórios (CF, art. 148);
- Contribuições residuais da seguridade social (CF, art. 195, § 4º).

Há uma controvérsia em relação ao **imposto sobre grandes fortunas**. A Constituição dispõe que esse tributo deve ser instituído "nos termos de lei complementar" (CF, art. 153, VII). A redação não determina que o imposto seja instituído "por" lei complementar, mas sim "nos termos de" lei complementar. Diante dessa diferença sutil na literalidade do texto constitucional, alguns doutrinadores entendem que a instituição do imposto sobre grandes fortunas pode se dar por meio de lei ordinária, desde que com base em uma lei complementar que trace o perfil geral do imposto[5].

4. ANÁLISE DO ART. 146 DA CF

Art. 146. Cabe à lei complementar: I – dispor sobre conflitos de competência, em matéria tributária, entre a União, os Estados, o Distrito Federal e os Municípios; II – regular as limitações constitucionais ao poder de tributar; III – estabelecer normas gerais em matéria de legislação tributária, especialmente sobre: a) definição de tributos e de suas espécies, bem como, em relação aos impostos discriminados nesta Constituição, a dos respectivos fatos geradores, bases de cálculo e contribuintes; b) obrigação, lançamento, crédito, prescrição e decadência tributários; c) adequado tratamento tributário ao ato cooperativo praticado pelas sociedades cooperativas. d) definição de tratamento diferenciado e favorecido para as microempresas e para as empresas de pequeno porte, inclusive regimes especiais ou simplificados no caso do imposto previsto no art. 155, II, das contribuições previstas no art. 195, I e §§ 12 e 13, e da contribuição a que se refere o art. 239.

Parágrafo único. A lei complementar de que trata o inciso III, d, também poderá instituir um regime único de arrecadação dos impostos e contribuições da União, dos Estados, do Distrito Federal e dos Municípios, observado que: I – será opcional para o contribuinte; II – poderão ser estabelecidas condições de enquadramento diferenciadas por Estado; III – o recolhimento será unificado e centralizado e a distribuição da parcela de recursos pertencentes aos respectivos entes federados será imediata, vedada qualquer retenção ou condicionamento; IV – a arrecadação, a fiscalização e a cobrança poderão ser compartilhadas pelos entes federados, adotado cadastro nacional único de contribuintes.

Art. 146-A. Lei complementar poderá estabelecer critérios especiais de tributação, com o objetivo de prevenir desequilíbrios da concorrência, sem prejuízo da competência de a União, por lei, estabelecer normas de igual objetivo.

---

5. Nesse sentido: "a União, por meio de lei ordinária, poderá instituir o imposto sobre grandes fortunas (ou sobre ele dispor). A lei complementar apenas irá definir as diretrizes básicas que nortearão a criação deste imposto" (CARRAZZA, Roque Antônio. Curso de Direito Constitucional Tributário. 30ª. ed. São Paulo: Malheiros, 2015, p. 1.146).

4.1 Teorias dicotômica e tricotômica

O art. 146 da CF confere três funções à lei complementar: dispor sobre conflitos de competência em matéria tributária; regular as limitações constitucionais ao poder de tributar; e estabelecer normas gerais em matéria tributária.

Apesar de o texto constitucional listar as três funções acima, há ainda hoje autores que adotam a **corrente dicotômica**, segundo a qual haveria apenas duas funções possíveis para a lei complementar tributária: dispor sobre conflitos de competência e regular as limitações constitucionais ao poder de tributar. Para essa orientação, a lei complementar só pode trazer normas gerais que disponham sobre conflitos de competência e regulem as limitações constitucionais ao poder de tributar. Tal limitação às normas gerais de direito tributário, ainda para a corrente dicotômica, seria necessária para assegurar o princípio federativo e a autonomia municipal[6].

A posição majoritária, contudo, pende a favor da **corrente tricotômica**, que reconhece uma função mais ampla das normas gerais tributárias, que não se limita a conflitos de competência ou limitações ao poder de tributar. O princípio federativo e a autonomia municipal seriam conciliados com a determinação constitucional que determina expressamente a função específica da lei complementar de estabelecer normas gerais em matéria tributária.

A maior dificuldade estaria na determinação do que seriam "normas gerais", já que o art. 146, III da CF é claro ao consagrar que a enumeração das normas gerais nesse dispositivo é meramente exemplificativa ("especialmente sobre"). Enfrentando essa problemática, o STF já decidiu que as normas "gerais" não significam normas "genéricas", mas sim "aptas a vincular todos os entes federados e os administrados" (RE 433.352 AgR, j. 20.04.2010).

4.2 O *status* de lei complementar do Código Tributário Nacional

O Código Tributário Nacional hoje vigente está disposto na Lei 5.172, de 25 de outubro de 1966, tendo sido promulgado sob a égide da Constituição de 1946, que não previa a existência de leis complementares. Por isso, o CTN foi editado como lei ordinária.

Poucos meses depois, contudo, foi outorgada outra Constituição, a 24 de janeiro do ano de 1967, que previa em seu art. 53 as leis complementares à Constituição, cuja aprovação demandava a **maioria absoluta** dos membros das duas casas legislativas do Congresso Nacional.

O art. 19, § 1º da Constituição de 1967 determinava que caberia à lei complementar estabelecer normas gerais de direito tributário, dispor sobre conflitos de competência em matéria tributária e regular as limitações constitucionais ao poder tributário. Muitas dessas normas atribuídas à lei complementar já eram reguladas pelo CTN, que, já sabemos, foi promulgado como lei ordinária.

---

6. COSTA, Regina Helena. Curso de Direito Tributário – Constituição e Código Tributário Nacional. 4ª edição. São Paulo: Editora Saraiva, 2014, p. 43-44; CARRAZZA, Roque Antônio. Curso de Direito Constitucional Tributário. 30ª edição. São Paulo: Editora Malheiros, 2015, p. 1.096.

Diante da compatibilidade material do CTN e a nova Constituição, ocorreu um fenômeno conhecido como **recepção**, que explicamos a seguir.

Em situações nas quais uma lei é materialmente compatível com uma nova Constituição, que por sua vez exige outra espécie legislativa para a regulação da matéria por ela regulada, a lei promulgada anteriormente à nova Constituição que seja com ela compatível adquire o *status* da espécie legislativa exigida pelo novo texto constitucional.

Suponhamos que determinada matéria, sob a Constituição de 1967, possa ser regulada por decreto-lei, mas que com o advento da Constituição de 1988, a espécie cabível para tratar do tema passe a ser a lei ordinária. Desse modo, caso o decreto-lei seja materialmente compatível com a nova Constituição (ou seja, não contrarie nenhum dispositivo do novo texto constitucional), seu *status* passa a ser de lei ordinária, só podendo ser, a partir de então, revogado por lei ordinária[7].

A mesma linha de raciocínio é aplicável às leis ordinárias que tratam de matérias que após a Constituição de 1967 ou de 1988 só podem ser reguladas por lei complementar. Caso a lei ordinária seja materialmente incompatível com a nova Constituição, será por esta recepcionada com o *status* da norma a partir de então exigida para o assunto regulado. Reforçamos que a recepção só é possível em caso de compatibilidade material da norma infraconstitucional com a nova Constituição. Se o conteúdo da lei anterior for contrário a qualquer norma constitucional do novo texto, ocorre a revogação da lei pela norma hierarquicamente superior.

Diante disso, a Constituição de 1967 recepcionou as normas do CTN, que assumiu o *status* de lei complementar a partir de 15 de março de 1967, quando entrou em vigor a Constituição que introduziu a necessidade de lei complementar para as normas gerais tributárias. O mesmo status foi mantido após a promulgação da Constituição de 1988, diante da exigência do seu art. 146.

Significa dizer que apenas uma nova lei complementar pode revogar dispositivos do Código Tributário Nacional.

4.3 Conflitos de competência em matéria tributária

De acordo com o art. 146, I da CF, cabe à lei complementar dispor sobre conflitos de competência, em matéria tributária, entre a União, os Estados, o Distrito Federal e os Municípios.

Os conflitos de competência afloram quando entes políticos diversos pretendem tributar a mesma materialidade econômica.

Mesmo diante de um texto constitucional analítico, o constituinte reconheceu que o terreno das competências tributárias é fecundo para a disputa entre os entes pela mesma expressão de riqueza, o que demanda a atuação do legislador complementar para tornar mais marcantes as delimitações das competências. Significa dizer que as expressões

7. O Código Penal hoje vigente, por exemplo, foi promulgado como o Decreto-Lei 2.848/ 1940, e a partir de 1988 só pode ser alterado por lei ordinária, tendo em vista ter sido recepcionado como tal.

utilizadas pelo constituinte na outorga de competências tributárias não são suficientes para se determinar de modo preciso os contornos de cada imposto. Pela mesma razão, a Constituição confere ainda à lei complementar a função de definir os fatos geradores e as bases de cálculo dos impostos previstos no texto constitucional (CF, art. 146, III, *a*).

Um bom exemplo de situação propícia a conflito de competência é a definição da incidência do IPTU ou do ITR sobre determinado imóvel. O IPTU, imposto municipal, incide sobre a propriedade de imóveis urbanos, enquanto o ITR, imposto federal, incide sobre a propriedade de imóveis rurais.

Para delimitar melhor a esfera de incidência do IPTU, o art. 32 do CTN, ao enunciar a incidência do imposto municipal sobre os imóveis urbanos, remeteu à respectiva lei municipal a definição da zona urbana, desde que sejam observados os requisitos mínimos elencados pelo Código. Confira-se:

> CTN, art. 32. O imposto, de competência dos Municípios, sobre a propriedade predial e territorial urbana tem como fato gerador a propriedade, o domínio útil ou a posse de bem imóvel por natureza ou por acessão física, como definido na lei civil, localizado na zona urbana do Município.
>
> § 1º Para os efeitos deste imposto, entende-se como zona urbana a definida em lei municipal; observado o requisito mínimo da existência de melhoramentos indicados em pelo menos 2 (dois) dos incisos seguintes, construídos ou mantidos pelo Poder Público:
>
> I - meio-fio ou calçamento, com canalização de águas pluviais;
>
> II - abastecimento de água;
>
> III - sistema de esgotos sanitários;
>
> IV - rede de iluminação pública, com ou sem posteamento para distribuição domiciliar;
>
> V - escola primária ou posto de saúde a uma distância máxima de 3 (três) quilômetros do imóvel considerado.
>
> § 2º A lei municipal pode considerar urbanas as áreas urbanizáveis, ou de expansão urbana, constantes de loteamentos aprovados pelos órgãos competentes, destinados à habitação, à indústria ou ao comércio, mesmo que localizados fora das zonas definidas nos termos do parágrafo anterior.

É possível concluir que o CTN utilizou o critério da localização do imóvel em zona urbana para definir a incidência do IPTU. Consequentemente, o ITR incide sobre os imóveis localizados fora da zona urbana dos municípios (art. 29 do CTN).

Esse critério da localização foi derrogado especificamente em relação aos imóveis urbanos que sejam destinados à exploração extrativa vegetal, agrícola, pecuária ou agroindustrial, hipótese em que incide o ITR, por força do artigo 15 do Decreto-Lei 57/1966:

> "Art 15. O disposto no art. 32 da Lei nº 5.172, de 25 de outubro de 1966, não abrange o imóvel de que, comprovadamente, seja utilizado em exploração extrativa vegetal, agrícola, pecuária ou agro-industrial, incidindo assim, sôbre o mesmo, o ITR e demais tributos com o mesmo cobrados."

Como o Decreto-Lei tinha força de lei ordinária, a ressalva feita ao artigo 32 do CTN (que então possuía o *status* de lei ordinária) pelo dispositivo acima transcrito foi válida, já que o Decreto-Lei 57/66 representa norma posterior (o CTN foi publicado em outubro de 1966, tendo entrado em vigor em 1º de janeiro de 1967, e o Decreto-Lei 57/66 foi publicado em novembro de 1966, tendo entrado em vigor na data de sua publicação) de igual hierarquia apta a derrogar o CTN, que à época possuía *status* de lei ordinária.

O julgado do STJ abaixo é didático sobre a relação entre as normas (REsp 492.869, j. 15.02.2005 – grifos adicionados):

> (...) 1. Ao ser promulgado, o Código Tributário Nacional valeu-se do critério topográfico para delimitar o fato gerador do Imposto sobre a Propriedade Predial e Territorial Urbana (IPTU) e o Imposto sobre a Propriedade Territorial Rural (ITR): se o imóvel estivesse situado na zona urbana, incidiria o IPTU; se na zona rural, incidiria o ITR.
>
> 2. **Antes mesmo da entrada em vigor do CTN, o Decreto-Lei nº 57/66 alterou esse critério, estabelecendo estarem sujeitos à incidência do ITR os imóveis situados na zona rural quando utilizados em exploração vegetal, agrícola, pecuária ou agroindustrial.**
>
> 3. **A jurisprudência reconheceu validade ao DL 57/66, o qual, assim como o CTN, passou a ter o status de lei complementar em face da superveniente Constituição de 1967. Assim, o critério topográfico previsto no art. 32 do CTN deve ser analisado em face do comando do art. 15 do DL 57/66, de modo que não incide o IPTU quando o imóvel situado na zona urbana receber quaisquer das destinações previstas nesse diploma legal.**
>
> 4. Recurso especial provido.

Esse entendimento foi confirmado no julgamento do REsp 1.112.646 (j. 26.08.2009), sujeito à sistemática dos recursos especiais **repetitivos.**

Assim, com a Constituição de 1967, tanto o CTN quanto o artigo 15 do Decreto-Lei 37/66 foram recepcionados como lei complementar, o que preservou a vigência do art. 15 do Decreto-Lei 57/66.

Vale registrar que houve um dispositivo de lei ordinária em 1972 (art. 12 da Lei 5.868/1972) que declarou expressamente a revogação do art. 15 do Decreto-Lei 37/66. Contudo, em 1972 o art. 15 do Decreto-Lei já não mais poderia ser revogado por lei ordinária, razão pela qual essa revogação expressa não possui efeitos jurídicos.

Nesse sentido é a jurisprudência do STF (RE 140.773, j. 08.10.1998 – grifos adicionados):

> (...) 2. R.E. conhecido, pela letra "b", mas improvido, **mantida a declaração de inconstitucionalidade do art. 12 da Lei federal n 5.868, de 12.12.1972, no ponto em que revogou o art. 15 do Decreto- lei n 57, de 18.11.1966.** 3. Plenário. Votação unânime.

Atualmente, portanto, tanto o CTN quanto o artigo 15 do Decreto-Lei 37/66 são normas com o *status* de lei complementar, porque o tema insere-se no âmbito do conflito de competências, devendo ser dirimido por lei complementar, de acordo com o artigo 146, I da Constituição de 1988.

Outro exemplo de lei complementar que exerce a função de dispor sobre conflitos de competência é a Lei Complementar 116/2003, que possui dispositivos voltados ao delineamento dos campos de incidência do ICMS e do ISS, como, por exemplo, o art. 1º, § 2º[8].

---

8. LC 116/2003, art. 1º, § 2º. Ressalvadas as exceções expressas na lista anexa, os serviços nela mencionados não ficam sujeitos ao Imposto Sobre Operações Relativas à Circulação de Mercadorias e Prestações de Serviços

Além da atuação no que tange ao aspecto material do fato gerador, a lei complementar pode também prevenir os conflitos entre os entes federativos ao estabelecer alíquotas mínimas e máximas de impostos de caráter nacional, como ocorre com o ITCMD, o ISS e o ICMS, como será visto no estudo desses dois impostos.

4.4 Regulação das limitações constitucionais ao poder de tributar

A segunda função elencada pelo art. 146 da CF diz respeito à regulação das limitações constitucionais ao poder de tributar.

Embora tais limitações abranjam, basicamente, os princípios constitucionais tributários e as imunidades tributárias, as maiores discussões quanto ao papel da lei complementar nesse tema dizem respeito às imunidades, e mais especificamente em relação à imunidade aos impostos das instituições de educação e das entidades de assistência social (CF, art. 150, VI, *c*) e à imunidade às contribuições da seguridade social das entidades beneficentes (CF, art. 195, § 7º). Nesses dois casos, a necessidade de regulação da imunidade por lei complementar decorre diretamente do art. 146, II da CF.

Mais detalhes do assunto serão expostos no capítulo dedicado às imunidades tributárias.

4.5 Normas gerais em matéria tributária

Essa função da lei complementar tributária é exercida pelo CTN, que define o tributo em seu art. 3º, e delineia os traços gerais dos fatos geradores, bases de cálculo e contribuintes da maioria dos impostos discriminados na Constituição, cumprindo assim a determinação do art. 146, III, *a* da CF.

Justamente por conta dessa determinação constitucional, não pode a lei ordinária determinar que os valores relativos a descontos incondicionais sejam incluídos na base de cálculo do IPI. Uma vez que o CTN, ao dispor sobre a base de cálculo do imposto em questão, não traz norma semelhante, a lei ordinária que assim dispõe viola o art. 146, III, *a* da CF, que reserva a matéria à lei complementar (RE 567.935, **repercussão geral**, j. 04.09.2014). O legislador ordinário federal, ao instituir o IPI e regular de modo mais detalhado sua base de cálculo, deve observar o regramento básico da lei complementar, sob pena de incorrer em inconstitucionalidade formal.

Em relação às contribuições previstas no art. 149 da CF, o STF já decidiu, em sede de **repercussão geral**, que o fato dessa espécie tributária estar sujeita às normas gerais do art. 146, III, *a* da CF não significa que as contribuições devem ser instituídas por lei complementar (RE 635.682, j. 25.04.2013).

Além da definição de tributo e dos fatos geradores dos impostos discriminados na Constituição, o CTN também traz normas gerais que devem ser observadas por todos os entes da Federação no que diz respeito a obrigação, lançamento, crédito, prescrição e decadência tributários, exigência do art. 146, III, *b* da CF.

---

de Transporte Interestadual e Intermunicipal e de Comunicação – ICMS, ainda que sua prestação envolva fornecimento de mercadorias.

Assim, não pode a norma específica de um ente federativo (nem mesmo a Constituição Estadual) criar hipótese de decadência não prevista no CTN, sob pena de violação ao art. 146, III, *b* da CF. Sob esse fundamento, o STF declarou inconstitucional norma da Constituição do Estado de Santa Catarina que criava uma hipótese de decadência atrelada ao decurso de prazo em processo administrativo sem decisão final, não prevista no CTN (ADI 124, j. 01.08.2008). A decadência, tal como regulada pelo CTN, está atrelada ao decurso do prazo para realizar o lançamento, e não ao decurso do prazo para proferir decisão final no processo administrativo fiscal.

No voto do relator da ADI 124, Ministro Joaquim Barbosa, foi traçada uma diferença deveras sutil, que exige a perspicácia dos mais atentos. É que o texto do art. 146, III, *b* da CF exige lei complementar para normas gerais sobre **obrigação, lançamento, crédito, prescrição e decadência** tributários. Essa redação torna mais forte o argumento de que apenas a lei complementar pode criar hipóteses de decadência do crédito tributário.

Situação um pouco diversa seria a relativa à criação de novas hipóteses de **extinção** do crédito tributário. Ao se entender que a Constituição, ao reservar à lei complementar as normas gerais sobre **crédito** tributário, pretendeu que apenas o legislador nacional por maioria absoluta pudesse instituir novas hipóteses de sua extinção, restaria vedada ao legislador ordinário, da União ou dos demais entes federativos, a liberdade em ampliar o rol de extinção do crédito tributário previsto no CTN[9].

Estamos diante, assim, da discussão quanto à possibilidade de o legislador ordinário criar novas formas de extinção do crédito tributário além das previstas no CTN.

Inicialmente, o STF entendeu que o rol das modalidades de extinção do crédito tributário é taxativo[10], sendo vedado à legislação local inovar no tema (ADI-MC 1917, j. 18.12.1998).

No julgamento de outra medida cautelar em ação direta de inconstitucionalidade, o STF entendeu em sentido oposto, admitindo a criação de nova modalidade de extinção do crédito tributário por lei estadual (ADI-MC 2405, j. 06.11.2002).

Alguns anos depois foi julgado o mérito da ADI 1917. Nessa ocasião, o Tribunal praticamente abandonou a discussão relativa à necessidade ou não de lei complementar para instituir nova hipótese de extinção do crédito tributário. Os ministros que abordaram esse tema se limitaram a mencionar o julgamento da ADI-MC 2405, considerando a discussão superada a partir dessa decisão. A lei distrital impugnada na ADI 1917 foi declarada inconstitucional, mas pela razão de que, ao permitir a extinção de créditos tributários mediante a dação de bens móveis, violavam o preceito constitucional (art. 37,

---

9. CTN, art. 156. Extinguem o crédito tributário: I - o pagamento; II - a compensação; III - a transação; IV - remissão; V - a prescrição e a decadência; VI - a conversão de depósito em renda; VII - o pagamento antecipado e a homologação do lançamento nos termos do disposto no artigo 150 e seus §§ 1º e 4º; VIII - a consignação em pagamento, nos termos do disposto no § 2º do artigo 164; IX - a decisão administrativa irreformável, assim entendida a definitiva na órbita administrativa, que não mais possa ser objeto de ação anulatória; X - a decisão judicial passada em julgado. XI – a dação em pagamento em bens imóveis, na forma e condições estabelecidas em lei.

10. Milita em favor dessa posição a redação do art. 141 do CTN: "**O crédito tributário regularmente constituído somente se modifica ou extingue**, ou tem sua exigibilidade suspensa ou excluída, **nos casos previstos nesta Lei**, fora dos quais não podem ser dispensadas, sob pena de responsabilidade funcional na forma da lei, a sua efetivação ou as respectivas garantias.".

XXI da CF) que exige a realização de licitação para a aquisição de bens móveis pelo Poder Público (ADI 1917, j. 26.04.2007).

Posteriormente, no julgamento do mérito da ADI 2405, em 20.09.2019, o Pleno do STF fixou a orientação de que não há reserva de Lei Complementar Federal para tratar de novas hipóteses de suspensão e extinção de créditos tributários, sendo facultado ao Estado-Membro estabelecer regras específicas de quitação de seus próprios créditos tributários. No voto do relator, Ministro Alexandre de Moraes, foi expresso o entendimento de que "a Constituição Federal não reservou à lei complementar o tratamento das modalidades de extinção e suspensão dos créditos tributários, à exceção da prescrição e decadência, previstos no art. 146, III, b, da CF". Apesar da aparente contrariedade entre os resultados dos julgamentos na ADI 1917 e na ADI 2405, o relator desta última, Ministro Alexandre de Moraes, procedeu a uma distinção entre o escopo das duas ações, argumentando que na primeira o cerne da discussão dizia respeito ao desrespeito ao processo licitatório, o que implicaria contrariedade ao art. 37, XXI, da Constituição.

Não obstante a tentativa de se proceder a uma diferenciação, fato é que o entendimento mais recente do Pleno do STF é pela possibilidade de criação, por lei ordinária dos respectivos entes tributantes, de novas modalidades de extinção do crédito tributário, cujo rol constante do CTN não é taxativo.

Ainda sobre o alcance do termo "crédito tributário" previsto no art. 146, III, *b* da CF como reservado à lei complementar, o STF rechaçou a argumentação de que o depósito judicial, hipótese de suspensão da exigibilidade prevista no art. 151 do CTN, seria implícito ao tema do crédito tributário. Como consequência, não há vedação à regulação do depósito judicial pelos entes da Federação, não havendo, portanto, reserva de lei complementar para as regras do depósito[11]. Não se tratando de imposição tributária, mas de simples regras que disciplinam os depósitos de valores referentes a tributos, não há que se falar em reserva de lei complementar por conta do art. 146, III, *b* da CF (ADI-MC 2214, j. 06.02.2002).

Diversamente, a extensão dos efeitos da suspensão da exigibilidade (art. 151 do CTN) não pode ser reduzida pelo legislador ordinário, sendo matéria reservada ao legislador complementar e constante do CTN. Sob esse fundamento, o STF considerou inconstitucional, por afronta ao art. 146, III, *b* da CF, dispositivo de lei ordinária (art. 73, parágrafo único da Lei 9.430/1996) que permitia a compensação de ofício, no interesse do Fisco, de débitos tributários parcelados sem garantia (RE 917.285, **repercussão geral**, j. 17.08.2020). Segundo a tese fixada, "É inconstitucional, por afronta ao art. 146, III, b, da CF, a expressão 'ou parcelados sem garantia', constante do parágrafo único do art. 73 da Lei nº 9.430/96, incluído pela Lei nº 12.844/13, na medida em que retira os efeitos da suspensão da exigibilidade do crédito tributário prevista no CTN".

Ao permitir a compensação das dívidas que possuíam sua exigibilidade suspensa, pelo fato de não haver garantia no parcelamento, a lei ordinária procedeu a uma limitação da norma prevista em lei complementar segundo a qual o parcelamento suspende a

11. No âmbito federal a lei ordinária 9.703/1998 dispõe sobre os depósitos judiciais e extrajudiciais de tributos federais.

exigibilidade do crédito tributário (CTN, art. 151, VI). Se a dívida estava com sua exigibilidade suspensa, não poderia ser objeto de compensação por iniciativa unilateral do credor tributário, sob pena de se anular a suspensão ditada pelo CTN.

5. QUADRO SINÓTICO

<table>
<tr><th colspan="3">INTRODUÇÃO</th></tr>
<tr><td colspan="2">» a lei complementar é uma espécie legislativa de quórum diferenciado, pois exige a maioria absoluta de votos para sua aprovação (CF, art. 69). Enquanto a maioria simples é suficiente para a aprovação de leis ordinárias, as leis complementares só serão aprovadas se obtiverem em seu favor a aquiescência da maioria absoluta.</td><td>1</td></tr>
<tr><th colspan="3">INEXISTÊNCIA DE HIERARQUIA ENTRE LEI COMPLEMENTAR E LEI ORDINÁRIA</th></tr>
<tr><td colspan="2">» a jurisprudência do STF (RE 377.457, repercussão geral, j. 17.09.2008) adotou a posição de que as leis complementares não possuem superioridade hierárquica em relação às leis ordinárias. Entendeu o STF que a distinção entre as duas espécies normativas diria respeito apenas à matéria que a Constituição reserva à regulação por lei complementar[12].
» a regulação por lei complementar de matéria que não foi reservada pela Constituição a essa espécie legislativa não impede que o legislador ordinário revogue dispositivos de lei complementar que não estejam sob a reserva do quórum da maioria absoluta.
» sob esse fundamento, o STF considerou possível a revogação do art. 6º, II da Lei Complementar 70/1991 pelo art. 56 da Lei 9.430/1996, uma vez que não havia, no primeiro dispositivo, matéria reservada à lei complementar (RE 377.457, repercussão geral, j. 17.09.2008).
» súmula 508 do STJ: "A isenção da Cofins concedida pelo art. 6º, II, da LC n. 70/1991 às sociedades civis de prestação de serviços profissionais foi revogada pelo art. 56 da Lei n. 9.430/1996.".</td><td>2</td></tr>
<tr><th colspan="3">TRIBUTOS INSTITUÍDOS POR LEI COMPLEMENTAR</th></tr>
<tr><td colspan="2">» alguns tributos só podem ser instituídos por meio de lei complementar. São eles:
✓ Impostos da competência residual da União (CF, art. 154, I);
✓ Empréstimos compulsórios (CF, art. 148);
✓ Contribuições residuais da seguridade social (CF, art. 195, § 4º);</td><td>3</td></tr>
<tr><th colspan="3">ANÁLISE DO ART. 146 DA CF</th></tr>
<tr><td>Teorias dicotômica e tricotômica</td><td>» o art. 146 da CF confere três funções à lei complementar: dispor sobre conflitos de competência em matéria tributária; regular as limitações constitucionais ao poder de tributar; e estabelecer normas gerais em matéria tributária.
» para a corrente dicotômica, a lei complementar só pode trazer normas gerais que disponham sobre conflitos de competência e regulem as limitações constitucionais ao poder de tributar.</td><td>4.1</td></tr>
</table>

12. No mesmo sentido: ADI 2711, j. 04.03.2004; ADI-MC 1480, 04.09.1997. De acordo com Schoueri: "Afinal, hierarquia somente caberia cogitar em caso de antinomia, i.e., se duas normas versassem sobre o mesmo tema. Como a própria Constituição Federal já reservara alguns campos para a lei complementar e outros para a lei ordinária, não haveria espaço para tal conflito." (SCHOUERI, Luís Eduardo. Direito Tributário. 5ª. ed. São Paulo: Saraiva, 2015, p. 83).

	» a posição majoritária, contudo, pende a favor da **corrente tricotômica**, que reconhece uma função mais ampla das normas gerais tributárias, que não se limita a conflitos de competência ou limitações ao poder de tributar.	
O *status* de lei complementar do Código Tributário Nacional	» o CTN foi editado como lei ordinária (Lei 5.172, de 25 de outubro de 1966), mas recepcionado com *status* de lei complementar pela constituição de 1988. » apenas uma nova lei complementar pode revogar dispositivos do Código Tributário Nacional.	4.2
Conflitos de competência em matéria tributária	» os conflitos de competência afloram quando entes políticos diversos pretendem tributar a mesma materialidade econômica. » mesmo diante de um texto constitucional analítico, o constituinte reconheceu que o terreno das competências tributárias é fecundo para a disputa entre os entes pela mesma expressão de riqueza, o que demanda a atuação do legislador complementar para tornar mais marcantes as delimitações das competências. » a Lei Complementar 116/2003 é um exemplo de exercício da função de dispor sobre conflitos de competência, pois possui dispositivos voltados ao delineamento dos campos de incidência do ICMS e do ISS. » além da atuação no que tange ao aspecto material do fato gerador, a lei complementar pode também prevenir os conflitos entre os entes federativos ao estabelecer alíquotas mínimas e máximas de impostos de caráter nacional, como ocorre com o ITCMD, o ISS e o ICMS, como será visto no estudo desses dois impostos.	4.3
Regulação das limitações constitucionais ao poder de tributar	» as maiores discussões quanto ao papel da lei complementar nesse tema dizem respeito às imunidades, e mais especificamente em relação à imunidade aos impostos das instituições de educação e das entidades de assistência social (CF, art. 150, VI, *c*) e à imunidade às contribuições da seguridade social das entidades beneficentes (CF, art. 195, § 7º). Nesses dois casos, a necessidade de regulação da imunidade por lei complementar decorre diretamente do art. 146, II da CF.	4.4
Normas gerais em matéria tributária	» essa função da lei complementar tributária é exercida pelo CTN, que define o tributo em seu art. 3º, e delineia os traços gerais dos fatos geradores, bases de cálculo e contribuintes da maioria dos impostos discriminados na Constituição, cumprindo assim a determinação do art. 146, III, *a* da CF. » em relação às contribuições previstas no art. 149 da CF, o STF já decidiu, em sede de **repercussão geral**, que o fato dessa espécie tributária estar sujeita às normas gerais do art. 146, III, *a* da CF não significa que as contribuições devem ser instituídas por lei complementar (RE 635.682, j. 25.04.2013). » não pode a norma específica de um ente federativo (nem mesmo a Constituição Estadual) criar hipótese de decadência não prevista no CTN, sob pena de violação ao art. 146, III, *b* da CF. Sob esse fundamento, o STF declarou inconstitucional norma da Constituição do Estado de Santa Catarina que criava uma hipótese de decadência atrelada ao decurso de prazo em	4.5

» processo administrativo sem decisão final, não prevista no CTN (ADI 124, j. 01.08.2008). A decadência, tal como regulada pelo CTN, está atrelada ao decurso do prazo para realizar o lançamento, e não ao decurso do prazo para proferir decisão final no processo administrativo fiscal.

» no julgamento do mérito da ADI 2405 (20.09.2019), o Pleno do STF fixou a orientação de que não há reserva de lei complementar federal para tratar de novas hipóteses de suspensão e extinção de créditos tributários, sendo facultado ao Estado-Membro estabelecer regras específicas de quitação de seus próprios créditos tributários.

» a extensão dos efeitos da suspensão da exigibilidade (art. 151 do CTN) não pode ser retirados pelo legislador ordinário, sendo matéria reservada ao legislador complementar e constante do CTN. Sob esse fundamento, o STF considerou inconstitucional, por afronta ao art. 146, III, *b* da CF, dispositivo de lei ordinária (art. 73, parágrafo único da Lei 9.430/1996) que permitia a compensação de ofício, no interesse do Fisco, de débitos tributários parcelados sem garantia (RE 917.285, **repercussão geral**, j. 17.08.2020).

6. SÚMULAS APLICÁVEIS

6.1 STJ

508. "A isenção da Cofins concedida pelo art. 6º, II, da LC n. 70/1991 às sociedades civis de prestação de serviços profissionais foi revogada pelo art. 56 da Lei n. 9.430/1996.".

7. QUESTÕES DE CONCURSOS PÚBLICOS

1 (TRF 4 - Juiz Federal Substituto 4ª região/2014) Assinale a alternativa INCORRETA.

Em relação à lei complementar em matéria tributária:

(a) Compete à lei complementar regular os conflitos de competência entre a União, os Estados, o Distrito Federal e os Municípios.

(b) Compete à lei complementar regular as limitações constitucionais ao poder de tributar.

(c) Compete à lei complementar estabelecer normas gerais sobre definição de tributos e de suas espécies, bem como, em relação aos impostos discriminados na Constituição, a dos respectivos fatos geradores, bases de cálculo e contribuintes.

(d) Compete à lei complementar estabelecer normas gerais sobre o adequado tratamento tributário ao ato cooperativo praticado pelas sociedades cooperativas.

(e) Segundo a orientação do Supremo Tribunal Federal, matéria veiculada por lei complementar só pode ser revogada por lei complementar, mesmo que o objeto nela tratado não esteja, segundo a Constituição Federal, sujeito a essa espécie normativa.

2 (FCC – Agente Fiscal de Rendas - SP/2013) A Lei Complementar tem grande importância no Sistema Tributário Nacional. De acordo com a Constituição Federal de 1988, por meio desse instrumento

(A) são reguladas as limitações ao direito de tributar, previstas na Constituição Federal, bem como são estabelecidas normas gerais em matéria tributária sobre obrigação, lançamento, crédito, prescrição e decadência.

(B) a União, para atender despesas extraordinárias, decorrentes de calamidade pública, pode instituir impostos extraordinários.

(C) a União pode instituir impostos não previstos na Constituição, mesmo que, pela excepcionalidade, tenham fato gerador e base de cálculo de impostos iguais aos existentes na Constituição Federal.

(D) são estabelecidas normas gerais em matéria tributária, dentre elas a definição dos tributos e suas espécies, bem como, são instituídos os impostos discriminados na Constituição com os respectivos fatos geradores, bases de cálculo e contribuintes.

(E) são previstas as percentagens de repartição de receita tributária entre a União, Estados, Distrito Federal e Municípios.

3 **(FEPESE – Promotor de Justiça – SC/2014) Analise o enunciado da questão abaixo e assinale se ele é falso ou verdadeiro:**

A Constituição Federal reserva à lei complementar federal aptidão para dispor sobre decadência em matéria tributária, de forma que será inconstitucional a norma Estadual, Distrital ou Municipal, mesmo que trate exclusivamente de espécie de tributo da própria competência tributária, que estabelecer hipótese de decadência do crédito tributário não prevista em lei complementar federal.

4 **(TRF 2 - Juiz Federal Substituto 2ª região/2014) Atenção. O acerto da presente questão consiste em IDENTIFICAR A ASSERTIVA FALSA. Sobre o papel da Lei Complementar em matéria tributária é ERRADO afirmar:**

A) Somente Lei Complementar Federal poderá dispor sobre a definição do prazo de prescrição do crédito tributário, assim como seu termo inicial e causas de suspensão e interrupção, o que condicionará o exercício da competência tributária de Estados e Municípios.

B) É permitido à União estabelecer, mediante Lei Complementar, regime diferenciado e simplificado de recolhimento de tributos federais para microempresas e empresas de pequeno porte.

C) Dentre os papéis destacados à Lei Complementar Federal em matéria tributária não se encontra o estabelecimento de alíquotas mínimas e máximas de determinados impostos.

D) Cabe à União Federal instituir, mediante lei complementar, o tributo conhecido como empréstimo compulsório, com a finalidade de realização de investimento público de caráter urgente e de relevante interesse da nação.

E) É atribuição da União estabelecer, por lei complementar, empréstimo compulsório destinado ao atendimento de despesas classificadas como extraordinárias, decorrentes de guerra externa, iminência de guerra externa ou calamidade pública.

5 **(Consulplan – Cartório – TJ – MG/2015) Não é necessário lei complementar para instituir**

A) empréstimos compulsórios.

B) Imposto sobre Produtos Industrializados.

C) impostos residuais.

D) Imposto sobre Grandes Fortunas.

6 **(FCC – Juiz de Direito – TJ - MS/2020) À luz do Código Tributário Nacional e da jurisprudência atualmente sedimentada a respeito da responsabilidade dos sócios de empresas limitadas e desconsideração da personalidade jurídica,**

a) os sócios cotistas, sem poder de administração, também podem ser atingidos pelo redirecionamento de ação de execução fiscal, ainda que o capital social esteja integralizado.

b) o ônus da prova de atos de excesso de poderes ou infração a lei, contrato social ou estatutos é do fisco, ainda que o nome do sócio conste na certidão de dívida ativa.

c) a simples falta de pagamento do tributo configura fraude a lei para a responsabilização do sócio que seja administrador da pessoa jurídica.

d) a pessoa jurídica tem interesse recursal para interpor medida contra decisão que determinou o redirecionamento da execução fiscal em face dos sócios.

e) por ser matéria afeita a lei complementar, lei ordinária não pode criar hipótese de responsabilidade solidária relativa a sócio sem poder de gestão em empresa constituída na forma de sociedade limitada.

01	02	03	04	05	06
E	A	VERDADEIRO	C	B	E

8. QUESTÃO PARA TREINAR (SEM COMENTÁRIOS)

(TRF 3ª Região - Juiz Federal - 2012) Sabe-se que o poder constituinte originário estabeleceu uma rígida repartição de competência impositiva tributária. Demarcou o campo de atuação de cada uma das pessoas políticas no próprio texto constitucional, indicando os eventos que podem ser eleitos para a instituição de impostos, salvo a competência residual, sendo que neste caso somente pode ser exercida por meio de lei complementar e desde que os novos impostos "sejam não-cumulativos e não tenham fato gerador ou base de cálculo próprios dos discriminados nesta Constituição". Sagrou-se, na doutrina, em decorrência do pacto federativo delineado na Constituição e da rígida repartição da competência impositiva e demais diretrizes do sistema constitucional tributário, destinadas a assegurar a autonomia financeira de cada uma das pessoas políticas, o entendimento de que a competência tributária é indelegável.

Nada obstante, o legislador constituinte estipulou no art. 146 da Constituição Federal que cabe ao Congresso Nacional, por meio de lei complementar: i) dispor sobre conflitos de competência, em matéria tributária, entre a União, os Estados, o Distrito Federal e os Municípios; ii) regular as limitações constitucionais ao poder de tributar; iii) estabelecer normas gerais em matéria de legislação tributária, podendo, consoante a literalidade do art. 146, III, da Constituição Federal, entre outras atribuições, definir os fatos geradores, bases de cálculo e contribuintes dos impostos já discriminados na Constituição.

Portanto, apesar de o constituinte ter assegurado às pessoas políticas a autonomia no que tange à instituição dos tributos e regular as respectivas cobranças, outorgou ao Congresso Nacional competência para dispor sobre as matérias indicadas no art. 146 da Constituição Federal.

Diante disso, perguntamos:

a) Como conciliar a diretriz da autonomia das pessoas políticas com a atribuição dada ao Congresso Nacional para dispor sobre conflitos de competência? "Dispor sobre conflitos" não implica definir o âmbito de atuação das pessoas políticas envolvidas? Tal demarcação já não foi realizada pelo poder constituinte originário no próprio texto constitucional? Quais são as condições que precisam estar presentes para que essa atribuição possa ser desempenhada? O Congresso pode se antecipar e dispor sobre competência com o intuito de evitar um conflito? Se admitida essa antecipação, isso não implicaria ofensa à Constituição, à medida que as pessoas políticas têm autonomia?

b) A competência atribuída ao Congresso Nacional para "regular as limitações constitucionais ao poder de tributar" compreende apenas a regulamentação das imunidades ou também outras matérias, como definir o conteúdo e alcance dos princípios constitucionais, visando a dar maior objetividade na aplicação deles?

c) Quanto à competência para editar normas gerais, entre outras matérias, encontra-se a outorga para dispor sobre prescrição e decadência (art. 146, III, "b", da Constituição Federal). Destarte, quais os critérios que devem ser observados na divisão de atribuições sobre a matéria entre Congresso e União (ordem jurídica parcial), Estados, Distrito Federal e Municípios? O que compete ao Congresso e o que compete às pessoas políticas disciplinar?

d) Os "fatos geradores" dos impostos encontram-se demarcados no texto constitucional ou cabe ao Congresso Nacional, a título de normas gerais, realizar tal tarefa? Se considerarmos que a materialidade do IPI é industrializar produtos, qual é o amparo constitucional para se admitir a incidência de IPI na importação? Nesta hipótese, o IPI e o imposto de importação não incidem sobre o mesmo evento? Não há aí violação ao princípio constitucional que veda o bis in idem.

Discorra sobre cada um dos itens explicando e justificando seus fundamentos. O candidato não precisa, necessariamente, responder a cada um dos itens, um a um individualmente considerados, desde que o texto redigido contemple a resposta de todos.

4

PRINCÍPIOS DO DIREITO TRIBUTÁRIO

1. PRINCÍPIO DA LEGALIDADE

> CF, Art. 150. Sem prejuízo de outras garantias asseguradas ao contribuinte, é vedado à União, aos Estados, ao Distrito Federal e aos Municípios:
> I - exigir ou aumentar tributo sem lei que o estabeleça; (...)

1.1 Surgimento e previsão no direito brasileiro

O princípio da legalidade tributária possui sua primeira referência histórica na Inglaterra, quando, em 1215, o Rei João Sem Terra passou a ter seus poderes limitados pela Magna Carta[1]. Com esse documento, os súditos só poderiam ser tributados de acordo com a lei, e não de acordo com a livre vontade do rei. Surgiu daí a expressão "*no taxation without representation*", que significa a ideia de que os governados só podem ser tributados se assim consentirem, por meio da representação popular necessária à aprovação de uma lei. Por isso, o tributo precisa de uma espécie de "autoconsentimento" para ser instituído, já que a aprovação do parlamento representa a vontade dos eleitores representados.

No direito brasileiro, pode-se identificar um princípio genérico da legalidade no artigo 5º, II da Constituição: "ninguém será obrigado a fazer ou deixar de fazer alguma coisa senão em virtude de lei". Ainda assim, a Constituição prevê a legalidade do direito penal (art. 5º, XXXIX: não há crime sem lei anterior que o defina, nem pena sem prévia cominação legal), a legalidade do direito administrativo (art. 37: a administração pública obedecerá ao princípio da legalidade), e a legalidade do direito processual (art. 5º, LIV: ninguém será privado da liberdade ou de seus bens sem o devido processo **legal**).

---

1. Apesar de a maioria dos autores brasileiros afirmarem a precedência da Magna Carta, SCHOUERI (SCHOUERI, Luís Eduardo. **Direito Tributário**. 5ª. ed. São Paulo: Saraiva, 2015, p. 292) cita referência de Charles Adams segundo a qual o princípio da legalidade tributária teria suas origens no Edito de Paris no ano de 614.

O direito tributário não foi privado de uma consideração específica acerca do papel fundamental da lei. O princípio da legalidade tributária impõe ao Estado que a invasão no patrimônio do particular por meio da tributação só pode se dar após o devido processo legislativo. Na Constituição brasileira de 1988, o princípio da legalidade do direito tributário é previsto no artigo 150, I da CF.

Apesar de a Constituição falar apenas em "exigir ou aumentar", a doutrina é pacífica no sentido de que, por conta do **princípio da simetria das formas jurídicas**, também se exige a lei para a extinção ou a redução de tributo. A própria Constituição, em outro dispositivo, exige que qualquer isenção, remissão ou anistia (hipóteses de exclusão e extinção do crédito tributário), bem como qualquer redução de base de cálculo ou concessão de crédito presumido necessitem de prévia lei específica (CF, art. 150, § 6º).

O artigo 97 do CTN ao enunciar a legalidade tributária, atentou para esse paralelismo das formas jurídicas:

> Art. 97. Somente a lei pode estabelecer:
>
> I - a instituição de tributos, ou a sua extinção;
>
> II - a majoração de tributos, ou sua redução, ressalvado o disposto nos artigos 21, 26, 39, 57 e 65;
>
> III - a definição do fato gerador da obrigação tributária principal, ressalvado o disposto no inciso I do § 3º do artigo 52, e do seu sujeito passivo;
>
> IV - a fixação de alíquota do tributo e da sua base de cálculo, ressalvado o disposto nos artigos 21, 26, 39, 57 e 65;
>
> V - a cominação de penalidades para as ações ou omissões contrárias a seus dispositivos, ou para outras infrações nela definidas;
>
> VI - as hipóteses de exclusão, suspensão e extinção de créditos tributários, ou de dispensa ou redução de penalidades.

Ao se analisar os contornos da legalidade tributária delineados pelo dispositivo acima, percebe-se que a lei tributária não é pressuposto apenas para a instituição/extinção e majoração/redução. Há igualmente necessidade de lei que defina o fato gerador da obrigação tributária principal, que fixe a alíquota e a base de cálculo do tributo.

Diante dessa necessidade de definição do fato gerador da obrigação tributária em lei, o STF já chegou a declarar inconstitucional dispositivo legal[2] que não definia de forma específica o fato gerador de taxa da Superintendência da Zona Franca de Manaus (SUFRAMA). O dispositivo considerado inconstitucional limitava-se a repetir, como fato gerador da aludida taxa, a definição abstrata do seu objeto conforme descrito no art. 145, II, da CF, deixando de definir, concretamente, qual atuação estatal própria do exercício do poder de polícia ou qual serviço público, específico e divisível, prestado ao contribuinte ou posto à sua disposição, seria passível de taxação (ARE 957.650, **repercussão geral**, j. 05.05.2016).

---

2. Lei 9.960/2000, art. 1º: "É instituída a Taxa de Serviços Administrativos - TSA, tendo como fato gerador o exercício regular do poder de polícia, ou a utilização, efetiva ou potencial, de serviço público específico e divisível, prestado ao contribuinte ou posto à sua disposição pela Superintendência da Zona Franca de Manaus – Suframa". Esse dispositivo foi revogado pela Lei 13.451/2017.

Além disso, deve-se observar que, ao instituir o tributo, a lei deve **definir o sujeito passivo** da obrigação tributária (componente do aspecto pessoal do fato gerador), não se admitindo que um ato infralegal tenha a função de eleger o contribuinte. É possível e comum, contudo, que os aspectos temporal e espacial não estejam expressos, sendo tacitamente inferidos do texto legal[3].

Essa múltipla função da lei tributária faz com a doutrina majoritária defenda que o direito tributário obedeça a uma **legalidade cerrada**, trazendo à tona o **princípio da tipicidade**, eis que a lei deve especificar os principais contornos da obrigação tributária[4].

Essa concepção, como se verá em tópico apartado, merece um olhar crítico a respeito de sua utilidade ou mesmo compatibilidade com a realidade da interpretação e aplicação do direito.

No âmbito infraconstitucional, a legalidade continua prestigiada nas normas gerais de direito tributário. Assim, o emprego da analogia não poderá resultar na exigência de tributo não previsto em lei (art. 108, § 1º do CTN), bem como o emprego da eqüidade não poderá resultar na dispensa do pagamento de tributo devido (art. 108, § 2º do CTN). Não é dado ao agente da administração tributária ou ao juiz criarem tributo não previsto em lei por meio da analogia, muito menos dispensar o pagamento de tributo devido (instituído e cobrado com obediência à lei) empregando a equidade.

Em relação ao veículo exigido pela Constituição para a configuração do tributo, é necessário ter uma atenção especial no direito tributário, já que "legislação tributária" e "lei tributária" não são expressões sinônimas. O artigo 96 do CTN faz a seguinte distinção:

> CTN, art. 96: A expressão "legislação tributária" compreende as leis, os tratados e as convenções internacionais, os decretos e as normas complementares que versem, no todo ou em parte, sobre tributos e relações jurídicas a eles pertinentes.

Portanto, embora seja correto que o tributo só pode ser instituído por meio de lei, não é correto afirmar que o tributo pode ser instituído por meio da legislação tributária.

Além de decretos, tratados e normas complementares, também não se prestam à instituição de tributos os atos emanados dos Tribunais de Justiça. Essa última afirmação é relevante em razão das taxas judiciárias que são cobradas pelo Poder Judiciário.

E por taxas judiciárias, entendam-se não só as custas judiciais, mas também os emolumentos dos serviços notariais e de registros públicos. A jurisprudência do STF possui um didático julgado sobre o tema.

Na ADI 1709 (j. 10.02.2000), questionava-se a constitucionalidade de Provimento da Corregedoria Geral de Justiça do Estado do Mato Grosso, que tratava da fixação e cobrança de emolumentos devidos pelos atos dos serviços notariais e de registro. Alegava-se que **os emolumentos devidos pela prestação dos serviços notariais e de registro possuem natureza**

---

3. SCHOUERI, Luís Eduardo. **Direito Tributário**. 5ª. ed. São Paulo: Saraiva, 2015, p. 307-308.
4. Há na doutrina uma corrente (adotada por Ricardo Lobo Torres, Misabel Derzi, Luís Eduardo Schoueri e Sérgio André Rocha) segundo a qual os tipos seriam abertos e indeterminados, em contraposição aos conceitos, estes sim fechados e determinados.

tributária, o que atrairia a incidência do princípio da legalidade tributária, sendo indevida sua instituição por ato do Tribunal de Justiça. O STF, confirmando que os emolumentos em questão são tributos (mais especificamente, **taxas judiciárias**), declarou inconstitucional o Provimento do Tribunal de Justiça mencionado, por ofensa à reserva da lei tributária.

Em relação ao processo legislativo tributário, deve-se ressaltar que as leis tributárias não se encontram entre as que só podem ser propostas pelo Chefe do Poder Executivo. Não se deve confundir a matéria tributária com a matéria de finanças públicas nesse ponto. Embora o art. 165 da CF determine que as leis orçamentárias são de iniciativa do Poder Executivo[5], as leis tributárias não são de iniciativa privativa do Chefe do Poder Executivo, não havendo previsão nesse sentido no art. 61, § 1º da CF, ou em qualquer outro dispositivo constitucional.

O STF possui jurisprudência pacífica nesse sentido:

> (...) **A Constituição de 1988 admite a iniciativa parlamentar na instauração do processo legislativo em tema de direito tributário.** - A iniciativa reservada, por constituir matéria de direito estrito, não se presume e nem comporta interpretação ampliativa, na medida em que - por implicar limitação ao poder de instauração do processo legislativo - deve necessariamente derivar de norma constitucional explícita e inequívoca. - **O ato de legislar sobre direito tributário, ainda que para conceder benefícios jurídicos de ordem fiscal, não se equipara - especialmente para os fins de instauração do respectivo processo legislativo - ao ato de legislar sobre o orçamento do Estado.** (ADI 724, j. 07.05.1992 - grifos adicionados).

> (...) 1. **Não ofende o art. 61, § 1º, II, b, da Constituição Federal lei oriunda de projeto elaborado na Assembleia Legislativa estadual que trate sobre matéria tributária, uma vez que a aplicação desse dispositivo está circunscrita às iniciativas privativas do chefe do Poder Executivo Federal na órbita exclusiva dos territórios federais.** (...) (ADI 2304, j. 12.04.2018 - grifos adicionados).

Embora o Chefe do Executivo não possua, regra geral, iniciativa privativa para leis tributárias, existe um caso muito específico que configura uma exceção. Trata-se da **iniciativa privativa do Presidente da República para as leis que disponham sobre matéria tributária dos Territórios**, prevista no art. 61, § 1º, II, *b*, da CF: "§ 1º São de iniciativa privativa do Presidente da República as leis que: II – disponham sobre: b) organização administrativa e judiciária, **matéria tributária** e orçamentária, serviços públicos e pessoal da administração **dos Territórios**;".

Voltando à regra geral, é importante ter conhecimento de que o STF fixou a seguinte tese de **repercussão geral** a respeito: "Inexiste, na Constituição Federal de 1988, reserva de iniciativa para leis de natureza tributária, inclusive para as que concedam renúncia fiscal" (ARE 743.480, j. 10.10.2013).

5. CF, art. 165. Leis de iniciativa do Poder Executivo estabelecerão: I - o plano plurianual; II - as diretrizes orçamentárias; III - os orçamentos anuais.

1.2 A rejeição da "legalidade cerrada/tipicidade fechada" pela jurisprudência do STF

1.2.1 *A complementação do aspecto quantitativo por ato infralegal*

O aspecto quantitativo da regra tributária é formado pela conjugação da alíquota com a base de cálculo. Sem a definição do aspecto quantitativo é impossível a realização do efeito prático da tributação, qual seja, carrear uma determinada quantia monetária aos cofres públicos. Sendo um elemento fundamental na definição e instituição do tributo, a alíquota e a base de cálculo devem ter previsão legal, como se pode concluir do art. 150, I da CF e do art. 97, IV do CTN.

Contudo, é possível que o aspecto quantitativo seja complementado por ato infralegal. Um exemplo é encontrado na legislação previdenciária (as contribuições previdenciárias são tributos). O artigo 22, II da Lei 8.212/91 prevê três alíquotas possíveis para a contribuição destinada a financiar o seguro de acidente de trabalho (SAT). Tais alíquotas variam conforme a atividade preponderante da empresa e o grau de riscos de acidente de trabalho (leve 1% – leve; 2% – médio; ou 3% – grave).

Tanto a definição da atividade preponderante da empresa quanto o grau de risco estariam a cargo de norma infralegal que regulamenta o dispositivo[6], o que ensejou o questionamento a respeito da constitucionalidade de tal previsão, tendo em vista a legalidade cerrada do direito tributário.

Argumentava-se que a alíquota seria determinada, em última instância, por ato infralegal, já que a complementação pelo regulamento dos conceitos de "atividade preponderante" e "grau de risco leve, médio ou grave" faria parte da definição do valor a pagar.

Haveria, por isso, uma violação ao princípio da legalidade tributária, já que a fixação da alíquota e da base de cálculo são elementos fundamentais na instituição de um tributo (CF, art. 150, I; CTN, art. 97, IV). O STF, contudo, não enxergou vício nessa sistemática do art. 22 da Lei 8.212/1991. No RE 343.446 (j. 20.03.2003), decidiu-se que o fato de a **lei deixar para o regulamento a complementação dos conceitos de "atividade preponderante" e "grau de risco leve, médio e grave", não implica ofensa ao princípio** da legalidade genérica (CF, art. 5º, II), e **da legalidade tributária** (CF, art. 150, I).

No voto do Ministro relator, Carlos Velloso, foi traçada uma diferenciação entre a delegação pura, que seria vedada pelo princípio da legalidade tributária, e a "**atribuição que a lei comete ao regulamento para a aferição de dados, em concreto, justamente para a boa aplicação concreta da lei**". No último caso, não há ofensa à legalidade tributária.

---

6. Lei 8.212/1991, art. 22, A contribuição a cargo da empresa, destinada à Seguridade Social, além do disposto no art. 23, é de: (...) II - para o financiamento do benefício previsto nos arts. 57 e 58 da Lei nº 8.213, de 24 de julho de 1991, e daqueles concedidos em razão do grau de incidência de incapacidade laborativa decorrente dos riscos ambientais do trabalho, sobre o total das remunerações pagas ou creditadas, no decorrer do mês, aos segurados empregados e trabalhadores avulsos: a) 1% (um por cento) para as empresas em cuja atividade preponderante o risco de acidentes do trabalho seja considerado leve; b) 2% (dois por cento) para as empresas em cuja atividade preponderante esse risco seja considerado médio; c) 3% (três por cento) para as empresas em cuja atividade preponderante esse risco seja considerado grave. (...) § 3º O Ministério do Trabalho e da Previdência Social poderá alterar, com base nas estatísticas de acidentes do trabalho, apuradas em inspeção, o enquadramento de empresas para efeito da contribuição a que se refere o inciso II deste artigo, a fim de estimular investimentos em prevenção de acidentes.

Trata-se do que a doutrina chama de **norma tributária em branco**, na qual a lei desenha os principais elementos da regra tributária, deixando ao ato infralegal a complementação da norma mediante a aferição de dados mais concretos.

Essa mitigação da legalidade fechada foi adotada mais uma vez pelo STF em 2016, quando julgou dois recursos extraordinários com **repercussão geral** (RE 838.284 e RE 704.292) e duas ações diretas de inconstitucionalidade (ADI 4697 e ADI 4762, julgadas em conjunto) que discutiam o alcance do princípio da legalidade tributária nas taxas em razão do poder de polícia e nas contribuições no interesse de categorias profissionais (tributos previstos no art. 149 da CF).

O RE 838.284 tratava do art. 2º, parágrafo único da Lei 6.994/1992 (já revogada pela Lei 9.649/1998), que, ao dispor sobre taxa de polícia (taxa de Anotação de Responsabilidade Técnica, criada pela Lei 6.496/1977), atribuía ao Conselho Federal de Engenharia e Agronomia (CONFEA) o poder de fixar o valor a ser pago. Sustentava o contribuinte que essa atribuição seria inconstitucional, em face do princípio da legalidade tributária.

A conclusão do STF foi contrária à pretensão do contribuinte. Para a Corte Constitucional, os elementos essenciais do tributo estariam presentes na lei, o que seria suficiente para se preservar o princípio da legalidade tributária (RE 838.284, **repercussão geral**, j. 19.10.2016 – grifos adicionados):

> (...) 1. Na jurisprudência atual da Corte, o princípio da reserva de lei não é absoluto. **Caminha-se para uma legalidade suficiente, sendo que sua maior ou menor abertura depende da natureza e da estrutura do tributo a que se aplica. No tocante às taxas cobradas em razão do exercício do poder de polícia, por força da ausência de exauriente e minuciosa definição legal dos serviços compreendidos, admite-se o especial diálogo da lei com os regulamentos na fixação do aspecto quantitativo da regra matriz de incidência.** A lei autorizadora, em todo caso, deve ser legitimamente justificada e **o diálogo com o regulamento deve-se dar em termos de subordinação, desenvolvimento e complementariedade.**
>
> (...) 3. **A razão autorizadora da delegação dessa atribuição anexa à competência tributária está justamente na maior capacidade de a Administração Pública, por estar estreitamente ligada à atividade estatal direcionada a contribuinte, conhecer da realidade e dela extrair elementos para complementar o aspecto quantitativo da taxa**, visando encontrar, com maior grau de proximidade (quando comparado com o legislador), a razoável equivalência do valor da exação com os custos que ela pretende ressarcir.
>
> 4. A taxa devida pela anotação de responsabilidade técnica, na forma do art. 2º, parágrafo único, da Lei nº 6.994/82, insere-se nesse contexto. **Os elementos essenciais da exação podem ser encontrados nas leis** de regência (Lei nº 6.496/77 e Lei nº 6.994/82). **Foi no tocante ao aspecto quantitativo que se prescreveu o teto sob o qual o regulamento do CONFEA poderá transitar para se fixar o valor da taxa**, visando otimizar a justiça comutativa. (...)

Entendeu-se legítima a atuação do regulamento no caso acima, já que a lei não estaria delegando ao ato infralegal a prerrogativa de regulamentar, em toda profundidade e extensão, os elementos da regra matriz de incidência da taxa em questão. Um dos fundamentos foi o de que o CONFEA, sendo conhecedor da realidade concreta do exercício do poder de polícia, teria melhores condições de determinar a razoável equivalência entre o valor da exação e os custos que ela pretende ressarcir, ao complementar, por regulamento, o aspecto quantitativo previsto em lei.

Como reconhecido pelo STF no julgado acima, "o diálogo com o regulamento deve-se dar em termos de **subordinação, desenvolvimento e complementariedade**".

Outro ponto importante desse julgamento que merece ser destacado é o relativo à **atualização monetária.** O art. 2º, parágrafo único, da Lei 6.994/1982 fixava um teto do valor a ser pago a título da taxa em questão. O STF consignou que o CONFEA pode, por ato infralegal, realizar a atualização monetária do teto do valor a ser pago, desde que os patamares permitidos em lei não sejam ultrapassados. Nesse ponto, aplicou-se entendimento já consolidado em sede de **repercussão geral** no RE 648.245 (j. 01.08.2013), segundo o qual "é inconstitucional a majoração do IPTU sem edição de lei em sentido formal, **vedada a atualização, por ato do Executivo, em percentual superior aos índices oficiais**"[7].

A tese de repercussão geral do RE 838.284 definiu que não viola a legalidade tributária a lei que, prescrevendo o teto, possibilita ao ato normativo infralegal fixar o valor de taxa em proporção razoável com os custos da atuação estatal, valor esse que não pode ser atualizado por ato do próprio conselho de fiscalização em percentual superior aos índices de correção monetária legalmente previstos.

No RE 704.292 (j. 19.10.2016), também julgado em sede de **repercussão geral**, o STF adotou o mesmo entendimento em relação às contribuições no interesse de categorias profissionais (grifos adicionados):

> 1. Na jurisprudência da Corte, **a ideia de legalidade, no tocante às contribuições instituídas no interesse de categorias profissionais ou econômicas, é de fim ou de resultado, notadamente em razão de a Constituição não ter traçado as linhas de seus pressupostos de fato ou o fato gerador.** Como nessas contribuições existe um quê de atividade estatal prestada em benefício direto ao contribuinte ou a grupo, seria **imprescindível uma faixa de indeterminação e de complementação administrativa de seus elementos configuradores, dificilmente apreendidos pela legalidade fechada.** Precedentes.
>
> 2. **Respeita o princípio da legalidade a lei que disciplina os elementos essenciais determinantes para o reconhecimento da contribuição de interesse de categoria econômica como tal e deixa um espaço de complementação para o regulamento.** A lei autorizadora, em todo caso, deve ser legitimamente justificada e o diálogo com o regulamento deve-se dar em termos de subordinação, desenvolvimento e complementariedade
>
> (...) **Para o respeito do princípio da legalidade, seria essencial que a lei (em sentido estrito) prescrevesse o limite máximo do valor da exação, ou os critérios para encontrá-lo, o que não ocorreu. 5. Não cabe aos conselhos de fiscalização de profissões regulamentadas realizar atualização monetária em patamares superiores aos permitidos em lei, sob pena de ofensa ao art. 150, I, da CF/88.** (...).

A tese de repercussão geral do RE 704.292, por sua vez, definiu que é inconstitucional, por ofensa ao princípio da legalidade tributária, lei que delega aos conselhos de fiscalização de profissões regulamentadas a competência de fixar ou majorar, sem parâmetro legal, o

---

7. No mesmo sentido a súmula 160 do STJ: "É defeso, ao Município, atualizar o IPTU, mediante decreto, em percentual superior ao índice oficial de correção monetária".

valor das contribuições de interesse das categorias profissionais e econômicas, usualmente cobradas sob o título de anuidades, vedada, ademais, a atualização desse valor pelos conselhos em percentual superior aos índices legalmente previstos.

No RE 704.292 adotou-se a mesma tese do RE 838.284, tendo havido resultado diverso, já que, no caso analisado no RE 704.292 os dispositivos legais deixavam ao puro arbítrio do administrador o estabelecimento do valor a ser cobrado a título de tributo. Não havia uma relação de subordinação ou complementaridade do regulamento em relação à lei. Tampouco havia uma previsão legal de limite máximo ou teto para a fixação do valor da anuidade (contribuição profissional que possui natureza tributária). Não houve, portanto, a definição em lei dos elementos essenciais do tributo.

No mesmo sentido, o STF decidiu que o parágrafo único do art. 24 do Decreto-Lei n. 288/1967, que autoriza a Superintendência da Zona Franca de Manaus - Suframa a instituir taxas por meio de portaria contraria o princípio da legalidade e, portanto, não foi recepcionado pela Constituição da República de 1988 (RE 556.854, j. 30.06.2011). **Não se admite uma mera autorização legal para instituição ou criação de tributo.**

Também nas ADIs 4697 e 4762 o STF teve que se manifestar quanto à atribuição aos conselhos profissionais da fixação do valor das anuidades. O Tribunal rejeitou a alegação de inconstitucionalidade dos §§ 1º e 2º do art. 6º da Lei 12.514/2011[8] por violação ao princípio da legalidade tributária. Para o STF, a lei impugnada trouxe elementos suficientes em relação às contribuições profissionais instituídas, conciliando-se o princípio da legalidade tributária com as categorias jurídicas da praticabilidade e da parafiscalidade[9]. Rejeitou-se, mais uma vez, o princípio da tipicidade cerrada (ADIs 4697 e 4762, j. 06.10.2016 – grifos adicionados):

> (...) 1. A jurisprudência desta Corte se fixou no sentido de serem os **conselhos profissionais autarquias de índole federal.** Precedentes: MS 10.272, de relatoria do Ministro Victor Nunes Leal, Tribunal Pleno, DJ 11.07.1963; e MS 22.643, de relatoria do Ministro Moreira Alves, DJ 04.12.1998. 2. Tendo em conta que a fiscalização dos conselhos profissionais envolve o exercício de poder de polícia, de tributar e de punir, **estabeleceu-se ser a anuidade cobrada por essas autarquias um tributo**, sujeitando-se, por óbvio, ao regime tributário pátrio. Precedente: ADI 1.717, de relatoria do Ministro Sydney Sanches, Tribunal Pleno, DJ 28.03.2003. 3. O entendimento iterativo do STF é na direção de **as anuidades cobradas pelos conselhos profissionais** caracterizarem-se como **tributos da espécie "contribuições de interesse das categorias profissionais"**, nos termos do art. 149 da Constituição da República. Precedente: MS 21.797, Rel. Min. Carlos Velloso, Tribunal Pleno, DJ 18.05.2001. 4. Não há violação à reserva de lei complementar, porquanto é **dispensável a forma da lei complementar para a criação das contribuições de intervenção no domínio econômico e de interesse das categorias profissionais.** Precedentes. (...) 8. No

8. Lei 12.514/2011, art. 6º (...) § 1º Os valores das anuidades serão reajustados de acordo com a variação integral do Índice Nacional de Preços ao Consumidor - INPC, calculado pela Fundação Instituto Brasileiro de Geografia e Estatística - IBGE, ou pelo índice oficial que venha a substituí-lo. § 2º **O valor exato da anuidade**, o desconto para profissionais recém-inscritos, os critérios de isenção para profissionais, as regras de recuperação de créditos, as regras de parcelamento, garantido o mínimo de 5 (cinco) vezes, e a concessão de descontos para pagamento antecipado ou à vista, **serão estabelecidos pelos respectivos conselhos federais.** (grifos adicionados).
9. Parafiscalidade significa que a cobrança do tributo (nesse caso a contribuição profissional) é realizada por ente (conselho profissional) diverso daquele que o institui (União).

tocante à legalidade tributária estrita, reputa-se ser adequada e **suficiente a determinação do mandamento tributário no bojo da lei impugnada, por meio da fixação de tetos aos critérios materiais das hipóteses de incidência das contribuições profissionais, à luz da chave analítica formada pelas categorias da praticabilidade e da parafiscalidade.** Doutrina. 9. Ações Diretas de Inconstitucionalidade improcedentes.

É possível dizer, a partir da análise dos julgados acima, que a orientação do STF é pela admissão de uma **legalidade suficiente**, principalmente em situações nas quais a legalidade cerrada pode se revelar insatisfatória. Essa tendência pode ser constatada no voto do Ministro Edson Fachin, proferido no RE 838.284:

> "(...) com esse entendimento [tipicidade fechada] não se pode concordar, sob pena de inviabilização da tributação no país ou, pelo menos, assumir um modelo de legalismo datado na evolução histórico-filosófica das ideias tributárias brasilianas."

Em síntese, o STF tem admitido uma flexibilização do princípio da legalidade em matéria de delegação legislativa, desde que o legislador estabeleça um desenho mínimo que evite o arbítrio, uma vez que "a remessa ao ato infralegal não pode resultar em desapoderamento do legislador no trato de elementos essenciais da obrigação tributária" (ADI 2304, j. 12.04.2018).

Há de se concordar com a ideia acima. A "tipicidade fechada" que pressupõe um esgotamento de todos os aspectos da materialidade tributária não só é incompatível com a própria natureza da linguagem do direito, marcada pela inevitável utilização de expressões ambíguas e equívocas[10], como também é uma concepção de pouca utilidade prática em uma economia cada vez mais complexa, cuja apreensão normativa pelo legislador é inviável[11].

Assim, nos tributos em que há uma atividade administrativa subjacente, como as taxas e as contribuições no interesse das categorias profissionais, a noção de legalidade suficiente seria mais apropriada em razão da impossibilidade de se determinar precisamente as atividades estatais em lei formal. Nesse caso, seria lícita a reserva de um espaço maior de regulamentação por meio de atos infralegais.

1.2.2 *As expressões abertas na atribuição de competências tributárias, os conceitos da Economia no Direito Tributário e o anacronismo da legalidade fechada*

A concepção de uma legalidade tributária "estrita", "cerrada" ou "fechada" firmou-se como majoritária por décadas na doutrina brasileira. Segundo essa ideia, a lei deveria

10. "É indubitável a presença de conceitos indeterminados no âmbito do direito positivo tributário. Com efeito, desde o plano constitucional até o infralegal percebe-se a utilização pelo legislador dessa modalidade de conceitos (...)" (PIMENTA, Paulo Roberto Lyrio. Os Conceitos Indeterminados no Direito Tributário. *In*: Grandes Questões Atuais do Direito Tributário. 17º volume. São Paulo, Dialética, 2013, p. 243)
11. "(...) torna-se cada vez mais improvável que a ideia de uma legalidade "fechada" ou "cerrada" sobreviva a uma realidade de atividades econômicas cada vez mais dinâmicas, cuja captura pelo legislador seja praticamente impossível." DIAS JÚNIOR, Antônio Augusto Souza. O Princípio da Legalidade Tributária Suficiente no Supremo Tribunal Federal e a Definição Tributária de Intangíveis.
Revista Direito Tributário Atual nº 45. ano 38. São Paulo: IBDT, 2º quadrimestre 2020, p. 86.

descrever elementos e caracteres suficientes e necessários para a ocorrência do fato gerador, sendo que a ausência de um único traço impediria a subsunção do fato à norma. Essa corrente fundamentou-se na existência de uma pluralidade de normas tributárias na Constituição brasileira[12], o que conduziria à conclusão de que o constituinte privilegiou a segurança jurídica de modo a impor uma determinação máxima e exaustiva nas leis tributárias. Nas palavras de um dos expoentes desse pensamento, o

> "*tipo tributário* (descrição material da exação) há de ser um conceito fechado, seguro, exato, rígido, preciso e reforçador da segurança jurídica. A lei deve, pois, estruturá-lo em *numerus clausus* (...)"[13]

Trata-se de um posicionamento formalista, já que adota como premissa a capacidade da linguagem ser uma base para textos legais claros, certos e determinados[14]. Essa ideia de um conceito "exato e preciso" acaba por diminuir a importância das razões por trás das regras, o que reforça a postura formalista dessa corrente[15], que preteriu a pragmática e a análise da função[16].

Além disso, deve-se ter em mente que a própria concepção de "tipo fechado" é duvidosa, pois ao contrário dos conceitos, os tipos são abertos, o que permite uma melhor adaptação às flutuações da realidade. Como ensina Misabel Derzi (grifo adicionado):

> São, pois, notas próprias da concepção por tipo: certa temporariedade ou fluidez em seus contornos, a indefinibilidade, (...) a abertura real, o que a faz mais concreta e próxima da realidade do que o conceito classificatório e a aptidão para ordenar os fenômenos por meio da comparação, sem rígidos cortes de secção. (...) **a expressão "tipo fechado" será uma contradição e uma impropriedade.**[17]

Como já mencionado no tópico anterior, contudo, a necessidade de utilização da linguagem pelo direito tem como consequência a dificuldade de se estabelecer um significado único e consensual para as expressões textuais da norma jurídica.

A inexistência de exatidão no terreno da linguagem não é uma característica própria das normas jurídicas, mas da própria natureza de sua utilização como meio de comunicação entre os seres humanos[18]. Por mais que o direito necessite transmitir comandos,

---

12. ALVIM, Leonardo de Andrade Rezende. Os Riscos da Adoção da Legalidade Tributária Estrita e a Teoria de Ricardo Lobo Torres como Marco de uma Transição de Modelos. *In*: Direito Financeiro e Tributário na obra de Ricardo Lobo Torres (Organizadores: Sérgio André Rocha e Silvia Faber Torres). Belo Horizonte: Arraes Editores, 2020, p. 29-30.
13. CARRAZZA, Roque Antônio. Curso de Direito Constitucional Tributário. 30ª edição. São Paulo: Editora Malheiros, 2015, p. 291 (grifo do original).
14. ROCHA, Sérgio André. O que é Formalismo Tributário? *In*: Revista Dialética de Direito Tributário n. 227. São Paulo: Dialética, 2014, p. 148.
15. SCHAUER, Frederick. Formalism. The Yale Law Journal v. 97, No. 4, 1988, p. 537.
16. GRECO, Marco Aurélio. Crise do formalismo no direito tributário brasileiro. Revista da PGFN, ano 1 número 1, jan/jun. 2011.
17. DERZI, Misabel Abreu Machado. Notas de atualização ao Direito Tributário Brasileiro de Aliomar Baleeiro. 13ª. ed. Rio de Janeiro: Forense, 2015.
18. "A linguagem tem um lado individual e um lado social, sendo impossível conceber um sem o outro. (...) A cada instante, a linguagem implica ao mesmo tempo um sistema estabelecido e uma evolução: a cada

estabelecer uma definição entre comportamentos lícitos e ilícitos, e, sobretudo, garantir segurança jurídica e previsibilidade para os destinatários das normas, a utilização da linguagem para esse desiderato acarreta, inevitavelmente, o surgimento de dúvidas sobre a extensão dos comandos legais. Some-se a isso o fato de que, quanto mais complexa for a realidade econômica e social, mais questionamentos e imprecisões poderão surgir diante de normas promulgadas em um momento anterior a determinado incremento de situações e complexidades no meio. É humanamente impossível que o legislador tenha conhecimento de todas as possíveis combinações de circunstâncias que possam acontecer no futuro[19]. Sempre surgirão casos que levantarão questões inéditas, que desafiam mesmo a interpretação extensiva das regras existentes[20].

Por essa razão, sempre quando se estiver diante da interpretação e aplicação de normas jurídicas, pretender que o texto constitucional ou legal possui um único sentido exato e preciso representa uma negação do próprio direito, que se utiliza da linguagem e, portanto, é transmitido através de aproximação[21]. Em outras palavras, a "subsunção lógica na aplicação da lei é muito menor do que a metodologia tradicional supôs e a maioria dos juristas crê", já que "a vida produz constantemente novas configurações, que não estão previstas num sistema acabado"[22].

No direito tributário essas considerações ganham ainda maior relevância, diante da multiplicidade e da constante mutação das atividades econômicas sobre as quais recai a tributação. Se a linguagem legal não é unívoca e se a norma jurídica se volta para a realidade concreta, então também no direito tributário as expressões da norma devem estar abertas às situações da vida real[23]. A tarefa do intérprete do direito, seja o juiz, o estudioso ou o agente da administração tributária, deve se voltar à situação presente, confrontando as normas jurídicas preexistentes aos novos fenômenos técnicos, econômicos, sociais, políticos e culturais[24].

Essa compreensão ora exposta, adversa à concepção amplamente difundida da legalidade tributária cerrada ou fechada, não é uma construção descolada do direito tributário brasileiro. Pelo contrário, os conceitos tributários abertos e equívocos têm sido expressamente admitidos na jurisprudência do Supremo Tribunal Federal, como se pode ver da decisão abaixo reproduzida, em sede de **repercussão geral** (RE 651.703, j. 29.09.2016):

---

instante, ele é uma instituição atual e um produto do passado." (SAUSSURE, Ferdinand de. Curso de Linguística Geral. Tradução de Antônio Chelini, José Paulo Paes, Izidoro Blikstein. 27ª edição. São Paulo: Cultrix, 2006, p. 16).

19. HART, Herbert. O Conceito de Direito. 3ª edição. Lisboa: Fundação Calouste Gulbenkian, 2001, p. 141.

20. DWORKIN, Ronald. Hard Cases. Harvard Law Review, Vol. 88, nº 6, Apr. 1975, p. 1.058.

21. "Entre todos os indivíduos assim unidos pela linguagem, estabelecer-se-á uma espécie de meio-termo; todos reproduzirão - não exatamente, sem dúvida, mas aproximadamente - os mesmos signos unidos aos mesmos conceitos." (SAUSSURE, Ferdinand de. Curso de Linguística Geral. Tradução de Antônio Chelini, José Paulo Paes, Izidoro Blikstein. 27ª edição. São Paulo: Cultrix, 2006, p. 21).

22. LARENZ, Karl. Metodologia da Ciência do Direito. Tradução de José Lamego. 3ª edição. Lisboa: Fundação Calouste Gulbenkian, 1997, p. 645.

23. Nesse sentido, sem abordar especificamente o direito tributário: KAUFMANN, Arthur. Filosofia do Direito. Tradução de Antonio Ulisses Cortes. 2ª edição. Lisboa: Fundação Calouste Gulbenkian, 2007, p. 183.

24. ENGISCH, Karl. Introdução ao Pensamento Jurídico. Lisboa: Fundação Calouste Gulbenkian, 2001, p. 173-174.

> (...) 10. A Constituição Tributária deve ser interpretada de acordo com o pluralismo metodológico, abrindo-se para a interpretação segundo variados métodos, que vão desde o literal até o sistemático e teleológico, sendo certo que **os conceitos constitucionais tributários não são fechados e unívocos**, devendo-se recorrer também aos aportes de ciências afins para a sua interpretação, como a Ciência das Finanças, Economia e Contabilidade. 11. A interpretação isolada do art. 110, do CTN, conduz à prevalência do método literal, dando aos conceitos de Direito Privado a primazia hermenêutica na ordem jurídica, o que resta inconcebível. Consequentemente, deve-se promover a interpretação conjugada dos artigos 109 e 110, do CTN, avultando o método sistemático quando estiverem em jogo institutos e conceitos utilizados pela Constituição, e, de outro, o método teleológico quando não haja a constitucionalização dos conceitos. (...) 13. **Os tributos sobre o consumo, ou tributos sobre o valor agregado, de que são exemplos o ISSQN e o ICMS, assimilam considerações econômicas, porquanto baseados em conceitos elaborados pelo próprio Direito Tributário ou em conceitos tecnológicos, caracterizados por grande fluidez e mutação quanto à sua natureza jurídica**. 14. O critério econômico não se confunde com a vetusta teoria da interpretação econômica do fato gerador, consagrada no Código Tributário Alemão de 1919, rechaçada pela doutrina e jurisprudência, mas antes em **reconhecimento da interação entre o Direito e a Economia, em substituição ao formalismo jurídico**, a permitir a incidência do Princípio da Capacidade Contributiva. (...) 21. Sob este ângulo, o conceito de prestação de serviços não tem por premissa a configuração dada pelo Direito Civil, mas relacionado ao oferecimento de uma utilidade para outrem, a partir de um conjunto de atividades materiais ou imateriais, prestadas com habitualidade e intuito de lucro, podendo estar conjugada ou não com a entrega de bens ao tomador. (...)

Como se pode perceber do julgado acima, o constituinte não limitou a natureza dos serviços a categorias privadas, permitindo a tributação de qualquer que fosse a natureza da utilidade, desde que o legislador complementar procedesse a uma definição dos serviços a serem tributados, o que deve ocorrer, aliás, em relação aos fatos geradores de todos os impostos previstos na Constituição.

Não houve no art. 156, III da CF, portanto, um recorte de uma modalidade específica de prestação do serviço. A expressão "de qualquer natureza" indica ao intérprete que o constituinte não se contentou em circunscrever a competência tributária à realidade e à natureza das operações econômicas existente em 1988.

Diversamente, houve a utilização de uma linguagem aberta o suficiente para lidar com alterações na dinâmica da prestação de serviços, inclusive diante dos avanços tecnológicos, como se vê, por exemplo, na possibilidade de prestação de serviço automatizado[25]. Essa amplitude terminológica rechaça a concepção de uma legalidade "fechada", com um significado preso e estanque. A quantidade de normas constitucionais sobre direito tributário não exerce qualquer influência sobre a amplitude das expressões utilizadas pelo constituinte[26].

---

25. Na **Solução de Consulta COSIT 191/2017**, a Receita Federal entendeu que: "Constata-se que os softwares comercializados pela consulente, oferecem, dentre outros serviços, rede de proteção contra vírus e demais ameaças, acesso remoto a banco de dados, participações em conferências, reuniões e projetos através de serviço da internet, com acesso e uso personalizado, o que se pode confirmar como típicas operações de prestação de serviço. (...) **os serviços decorrem de estruturas automatizadas** com claro conteúdo tecnológico (...)" (grifo adicionado).
26. Em sentido similar: ALVIM, Leonardo de Andrade Rezende. CRÍTICA AO FORMALISMO JURÍDICO NO DIREITO TRIBUTÁRIO: uma proposta por transparência, coerência e liberdade discursiva na doutrina tributária brasileira.

Vale observar que a orientação do STF no RE 651.703 de que a interpretação dos conceitos constitucionais tributários deve se valer dos aportes da Economia não traduz uma subordinação do Direito àquela. A abertura do Direito às definições econômicas foi determinada pela própria regra jurídica[27], não havendo que se falar em relação de submissão do Direito à Economia. Tampouco se cogita de análise econômica do direito tributário. Não se está, a partir da interpretação de um conceito econômico utilizado pelo constituinte, refletindo sobre um desenho ótimo das regras tributárias[28].

Além dos "serviços de qualquer natureza", outro exemplo de materialidade econômica ampla é a competência tributária para a tributação pela União da "renda e dos proventos de qualquer natureza" (CF, art. 153, III), expressão difícil de ser reduzida a um sentido preciso e fechado.

Pode-se afirmar, a partir de uma análise do art. 43 do CTN, que esse dispositivo utilizou vocábulos com alto grau de indeterminação, em harmonia com a norma de competência tributária já dotada de vagueza. É o que se pode verificar nas expressões "disponibilidade econômica", "produto do capital"[29] e "produto do trabalho", podendo este último adquirir a forma de opções de compra de ações a empregados por valor inferior ao negociado em um mercado aberto[30].

Por isso, a interpretação que privilegia a disponibilidade econômica e busca o conceito de produto do capital, por exemplo, segundo os critérios econômicos mais atuais não representa uma "ampliação dos poderes tributários"[31]. O próprio "poder tributário" sobre a renda já foi delineado pelo próprio constituinte em termos demasiadamente amplos.

A adoção de uma definição ampla de certas materialidades tributáveis, como "renda e proventos de qualquer natureza" e "serviços de qualquer natureza", por exemplo, pode contribuir para a redução de distorções de mercado, complexidade e iniquidade[32].

Dissertação apresentada ao Programa de Pós-Graduação em Direito da Pontifícia Católica de Minas Gerais. Belo Horizonte, 2016, p. 115.

27. "(...) o legislador pode optar por vincular o conceito jurídico de renda a algumas definições adotadas pela economia. O importante é ter em mente que quando isso ocorrer jamais se estará diante de uma hipótese de subordinação técnica do direito em relação às ciências econômicas." (FONSECA, Fernando Daniel de Moura. Imposto sobre a Renda: uma proposta de diálogo com a contabilidade. Belo Horizonte: Fórum, 2018, p. 47).

28. "(...) the great goal of law and economics' normative project is to design optimal regulatory regimes." (RASKOLNIKOV, Alex. Accepting the Limits of Tax Law and Economics. Cornell Law Review, March 2013, Columbia Law and Economics Working Paper Nº 417, p. 580).

29. Já em 1906, era possível apontar vários sentidos para "capital" na economia (FISHER, Irving. The Nature of Capital and Income. The Macmillan Company: New York, 1906). Mais recentemente, essa expressão adquiriu ainda mais significados (HODGSON, Geoffrey M. What is Capital? Economists and sociologists have changed its meaning – Should it be changed back? Cambridge Journal of Economics, Volume 38, Issue 5, September 2014).

30. DIAS JÚNIOR, Antônio Augusto Souza. O Princípio da Realização da Renda e a Tributação de Stock Options. Revista Direito Tributário Atual, n. 41. São Paulo: IBDT, 2019.

31. "Ponderações que invoquem a capacidade contributiva como ampliação dos poderes tributários para além das previsões legais são sempre incabíveis." (FOLLONI, André. Capacidade Contributiva e Dever Fundamental. Revista Direito Tributário Atual n. 42. São Paulo: IBDT, 2019, p. 492).

32. COCKFIELD, Arthur J. The Law and Economics of Digital Taxation: Challenges to Traditional Tax Laws and Principles. Bulletin for International Fiscal Documentation, Vol. 56, 2002, p. 616.

Em mais uma materialidade de imposto da União, a tributação das operações de crédito e títulos ou valores mobiliários[33] (CF, art. 153, V) deve ocorrer de acordo com o atual estágio dessas transações na economia. Especificamente em relação à materialidade "operações de crédito", o STF mais uma vez rechaçou a concepção de uma "tipicidade fechada" (ADI 1763, j. 16.06.2020 – grifos adicionados):

> 1. As empresas de factoring são distintas das instituições financeiras, não integrando o Sistema Financeiro Nacional. Não há atividade bancária no factoring nem vinculação entre o contrato de factoring e as atividades desenvolvidas pelas instituições financeiras.
> 2. O fato de as empresas de factoring não necessitarem ser instituições financeiras não é razão suficiente para inquinar de inconstitucional a norma questionada. E isso porque nada há na Constituição Federal, ou no próprio Código Tributário Nacional, que restrinja a incidência do IOF sobre as operações de crédito realizadas por instituições financeiras.
> 3. **A noção de operação de crédito descreve um tipo.** Portanto, **quando se fala que as operações de crédito devem envolver vários elementos (tempo, confiança, interesse e risco), a exclusão de um deles pode não descaracterizar por inteiro a qualidade creditícia de tais operações quando a presença dos demais elementos for suficiente para que se reconheça a elas essa qualidade.** (...)

Ao admitir que a materialidade "operação de crédito" reste configurada mesmo com a exclusão de um de seus elementos, o STF manifestou entendimento incompatível com a legalidade fechada ou "tipologia taxativa", que exige a verificação de todos os elementos constitutivos do tipo[34].

Também no julgamento da Medida Cautelar na ADI 1945 (j. 26.05.2010), o Tribunal Pleno do STF não vislumbrou, em juízo preliminar, que a previsão em legislação ordinária da incidência do ICMS sobre softwares adquiridos por meio de transferência eletrônica de dados representasse uma "interpretação extensiva a violar o regime constitucional de competências", mantendo o respectivo dispositivo no ordenamento jurídico até o julgamento do mérito da ação. Na ementa desse julgamento, foi expressamente consignado (grifos adicionados):

> "(...) O Tribunal não pode se furtar a abarcar situações novas, consequências concretas do mundo real, com base em premissas jurídicas que não são mais totalmente corretas. O apego a tais diretrizes jurídicas acaba por enfraquecer o texto constitucional, pois não permite que a **abertura dos dispositivos da Constituição possa se adaptar aos novos tempos, antes imprevisíveis.** (...)"

---

33. "Também constitui uma cláusula geral a expressão valores e título mobiliários utilizada pela legislação do IOF, seja na Constituição, no CTN ou na Lei 8.033/90, que carece de integração pelo regulamento, dada a inexistência de previsão legal definindo o seu conteúdo." (RIBEIRO, Ricardo Lodi. Legalidade Tributária, Tipicidade Aberta, Conceitos Indeterminados e Cláusulas Gerais Tributárias. Revista de Direito Administrativo n. 229. Rio de Janeiro: Julho/Setembro de 2002, p. 331).

34. O STF, dessa maneira, não adota a doutrina da "tipologia tributária taxativa" de Alberto Xavier, segundo a qual o fato tributário, considerado como um fato típico deve se ajustar, "em todos os seus elementos, ao tipo abstrato descrito em lei. A tipicidade do fato tributário pressupõe, por conseguinte, uma descrição rigorosa dos seus elementos constitutivos, cuja integral verificação é indispensável para a produção dos efeitos. Basta a não verificação de um deles para que não haja, pela ausência de tipicidade, lugar à tributação." (XAVIER, Alberto. Os princípios da legalidade e da tipicidade da tributação. São Paulo: Editora Revista dos Tribunais, 1978, p. 87).

Percebe-se uma constante preocupação do STF em uma atualização das normas constitucionais, inclusive aquelas que atribuem competências tributárias.

Assim, não deve causar espanto a afirmação de que o STF é o órgão jurisdicional competente para a interpretação e delimitação do alcance das normas constitucionais, sendo possível, inclusive, que sua interpretação não se limite a descrever significados, mas também tenha o papel de criá-los, desde que se paute em uma objetividade discursiva passível de controle[35].

E, nessa compreensão a respeito da interpretação das normas tributárias (constitucionais e infraconstitucionais), a ideia de que a lei possui um sentido fechado ou cerrado não tem mais lugar.

1.3 Matérias não sujeitas à reserva da lei tributária

Neste tópico serão expostas situações que a jurisprudência exclui da incidência do princípio da legalidade tributária, bem como as exceções (ou mitigações) previstas no próprio texto constitucional.

1.3.1 *Fixação do prazo de pagamento do tributo*

O prazo de pagamento de tributo não é matéria submetida à reserva legal. O STF possui jurisprudência pacífica no sentido de que é possível a fixação de prazo para recolhimento de tributo por meio de norma infralegal (RE 140.669, j. 02.12.1998 e RE 195.218, j. 28.05.2002, por exemplo).

Entendeu-se que a definição de prazo de pagamento do tributo não pode ser equiparada à instituição ou majoração de tributo, para fins de obediência ao princípio da legalidade tributária do art. 150, I da CF. Além disso, o art. 97 do CTN, ao estabelecer as matérias que só podem ser disciplinadas mediante lei, não previu a fixação do prazo de pagamento do tributo. Outro fundamento dessa orientação repousa na diferença conceitual entre lei tributária e "legislação tributária"[36]. É que o art. 160 do CTN é expresso em relação à possibilidade de a "legislação tributária" fixar o prazo para pagamento do tributo (grifos adicionados):

> Art. 160. Quando a **legislação tributária** não fixar o **tempo do pagamento**, o vencimento do crédito ocorre trinta dias depois da data em que se considera o sujeito passivo notificado do lançamento.

---

35. "O que não se pode é, a pretexto de garantir segurança por meio do discurso científico, fingir que a Ciência do Direito exerce exclusivamente atividades meramente cognitivas quando também exerce atividades adscritivas e criativas (...) Mostrar um problema não significa criá-lo, nem ocultá-lo significa eliminá-lo." (ÁVILA, Humberto. Função da Ciência do Direito Tributário: do Formalismo Epistemológico ao Estruturalismo Argumentativo. Revista Direito Tributário Anual nº 29. São Paulo: Dialética, 2013, p. 196).

36. CTN, art. 96. A expressão "legislação tributária" compreende as leis, os tratados e as convenções internacionais, os decretos e as normas complementares que versem, no todo ou em parte, sobre tributos e relações jurídicas a eles pertinentes.

Como a "legislação tributária", conforme previsto no art. 96 do CTN, é conceito que abarca não apenas as leis, mas também os decretos e as normas complementares[37], não haveria qualquer violação ao princípio da legalidade na fixação do prazo de pagamento de tributo por ato infralegal.

A partir dessa orientação, foi rechaçada a tese de que, em regime inflacionário, a antecipação do vencimento do crédito tributário constitui majoração indireta de tributo, o que exigiria lei formal[38]. Conforme o voto do relator do RE 140.669, Ministro Ilmar Galvão, a correção monetária não constitui pena pela mora no pagamento, mas mera atualização do débito, nada impedindo que ela opere a partir do nascimento da obrigação tributária, ao invés do vencimento.

Muita atenção deve ser exigida para não se confundir a fixação do prazo de pagamento com a **maneira de recolhimento do tributo**. Nesse último caso, o STF já se pronunciou, em sede de **repercussão geral**, no sentido da necessidade de lei em sentido formal (RE 632.265, **repercussão geral**, j. 18.06.2015). Tratava a decisão de decreto do Poder Executivo que modificava o **modo de apuração** do ICMS no Rio de Janeiro, instituindo um **regime de recolhimento por estimativa** considerando-se o mês anterior ao de apuração. Os atos infralegais determinavam a antecipação do imposto devido valendo-se de base de cálculo ficta (montante do imposto pago no período anterior), o que para o STF só poderia ocorrer por meio de lei.

1.3.2 *Atualização monetária*

A atualização monetária não significa aumento de obrigação pecuniária. Significa apenas evitar que o decurso do tempo gere uma corrosão do valor da quantia devida.

Segundo o artigo 97, § 2º, do CTN, não constitui majoração de tributo, para fins de submissão à reserva legal, a atualização do valor monetário da respectiva base de cálculo. A modificação da base de cálculo só se equipara à majoração do tributo quando tornar este mais oneroso[39], não havendo onerosidade na mera correção monetária.

O STF entende que é possível a mera atualização monetária de tributo por norma infralegal. Em caso que dizia respeito ao IPTU, o Tribunal utilizou os índices oficiais de correção monetária como critério para legitimar a atualização por ato administrativo.

Caso a atualização extrapolasse os índices oficiais de atualização monetária, estar-se-ia diante de violação ao princípio da legalidade tributária. Por outro lado, é inconstitucional

37. Art. 100. São normas complementares das leis, dos tratados e das convenções internacionais e dos decretos: I - os atos normativos expedidos pelas autoridades administrativas; II - as decisões dos órgãos singulares ou coletivos de jurisdição administrativa, a que a lei atribua eficácia normativa; III - as práticas reiteradamente observadas pelas autoridades administrativas; IV - os convênios que entre si celebrem a União, os Estados, o Distrito Federal e os Municípios.

38. Segundo a tese vencida: "as reduções de prazos e as alterações das formas de pagamento dos tributos implicam aumento da carga tributária. E o aumento da carga tributária deve obedecer ao princípio da estrita legalidade" (CARRAZZA, Roque Antônio. Curso de Direito Constitucional Tributário. 30ª. ed. São Paulo: Malheiros, 2015, p. 308).

39. CTN, art. 97, § 1º: Equipara-se à majoração do tributo a modificação da sua base de cálculo, que importe em torná-lo mais oneroso.

a majoração do IPTU sem edição de lei em sentido formal, vedada a atualização, por ato do Executivo, em percentual superior aos índices oficiais (RE 648.245, **repercussão geral**, j. 01.08.2013). A mesma exegese é encontrada no **STJ**, como se pode ver de sua **súmula 160**: "É defeso, ao Município, atualizar o IPTU, mediante decreto, em percentual superior ao índice oficial de correção monetária".

A atualização dos débitos tributários, por sua vez, pode ser realizada pela taxa SELIC, conforme sedimentado no RE 582.461 (j. 18.05.2011), julgado sob o regime de **repercussão geral**.

A aplicação da taxa SELIC na atualização dos débitos tributários privilegia o princípio da isonomia, já que a Fazenda também está obrigada a reembolsar os contribuintes mediante essa mesma taxa[40].

Vale anotar ainda, a respeito da atualização monetária de tributos, que a disciplina da atualização dos tributos está compreendida na previsão do inciso I do art. 24 da CF[41], cabendo, concorrentemente, à União, aos Estados e ao DF (RE-AgR 196.341, j. 06.08.1996).

1.3.3 *Obrigações acessórias*

Alguns tributaristas defendem a tese de que as obrigações acessórias também deveriam ser instituídas em lei, apesar de o art. 150, I da CF mencionar apenas o termo "tributo". Para essa corrente, o princípio da legalidade do art. 5º, II da CF seria suficiente para se chegar a tal conclusão[42].

A vingar essa interpretação rigorosa do princípio da legalidade previsto no art. 5º, II da CF, todas as espécies normativas de hierarquia inferior seriam absolutamente desnecessárias[43].

---

40. Com o mesmo entendimento: "(...) **A Taxa SELIC é legítima como índice de correção monetária e de juros de mora, na atualização dos débitos tributários pagos em atraso, diante da existência de Lei Estadual que determina a adoção dos mesmos critérios adotados na correção dos débitos fiscais federais.** (...) **Raciocínio diverso importaria tratamento anti-isonômico**, porquanto a Fazenda restaria obrigada a reembolsar os contribuintes por esta taxa SELIC, ao passo que, no desembolso, os cidadãos exonerar-se-iam desse critério, gerando desequilíbrio nas receitas fazendárias." (STJ, REsp 879.844, **repetitivo**, j. 11.11.2009 - grifos adicionados).

41. Art. 24. Compete à União, aos Estados e ao Distrito Federal legislar concorrentemente sobre:
I - direito tributário, financeiro, penitenciário, econômico e urbanístico.

42. Nesse sentido: "Nossa certeza de que só a lei pode criar deveres instrumentais cresce de ponto na medida em que notamos que seu descumprimento resolve-se em sanções das mais diversas espécies, inclusive pecuniárias." (CARRAZZA, Roque Antônio. Curso de Direito Constitucional Tributário. 30ª. ed. São Paulo: Malheiros, 2015, p. 383); "a partir do momento que as obrigações tributárias acessórias tributárias são aquelas que impõem deveres ou obrigações de fazer, não fazer ou tolerar, naturalmente, tem-se uma restrição na liberdade e até na propriedade, o que somente é permitido pelo texto constitucional por meio de lei e não 'legislação'." (CALCINI, Fábio Pereira. Obrigação Tributária Acessória e Legalidade. Desdobramentos. *In*: ROCHA, Valdir de Oliveira. Grandes Questões Atuais do Direito Tributário. São Paulo: Editora Dialética, 2014, p. 80); "[as obrigações acessórias] destituídas de valor patrimonial, devem observar, estreitamente, o mandamento inscrito no art. 5º, II, da Constituição, o que significa reiterar que somente poderão ser exigidas prestações positivas ou negativas, no interesse da arrecadação ou da fiscalização dos tributos, de quem quer que seja, no pressuposto de haver lei que disponha nesse sentido." (CARVALHO, Paulo de Barros. Curso de Direito Tributário. 25ª. ed. São Paulo: Saraiva, 2013, p. 294).

43. MACHADO, Hugo de Brito. Obrigação Tributária Acessória e o Princípio da Legalidade. *In*: ROCHA, Valdir de Oliveira. Grandes Questões Atuais do Direito Tributário. 18º volume. São Paulo: Editora Dialética, 2014, p. 197.

Para a posição vencedora nos tribunais, as obrigações acessórias, ou deveres instrumentais, (obrigações de fazer e não fazer no interesse da arrecadação e fiscalização tributárias) podem ser instituídas por ato infralegal. Fundamenta-se essa orientação no **artigo 113, § 2º do CTN**, para o qual a **obrigação acessória decorre da legislação tributária** e tem por objeto as prestações, positivas ou negativas, nela previstas no interesse da arrecadação ou da fiscalização dos tributos.

Como "legislação tributária" é expressão definida no próprio CTN, compreendendo as leis, os tratados e as convenções internacionais, os decretos e as normas complementares (art. 96 do CTN), ao se dizer que a obrigação acessória decorre da legislação tributária (art. 113, § 2º do CTN) haveria uma autorização para a instituição de obrigações acessórias por decretos e outros atos infralegais.

Essa também é a interpretação conferida pela jurisprudência do STJ, que já decidiu ser perfeitamente legítima a exigibilidade de obrigação acessória (no caso, apresentação de declarações) disciplinadas por instrução normativa, não havendo no caso violação ao princípio da legalidade (EDcl nos EDcl no AgRg no REsp 507.467, j. 05.05.2005).

Em outro julgado, o STJ foi ainda mais categórico: "Pode o Estado criar obrigação acessória, com o fim de exercer suas funções de controle e fiscalização, ainda que por mero ato administrativo, como é a portaria, já que o CTN se refere à 'legislação tributária', e não à lei" (Voto do relator Ministro Castro Meira no RMS 17.940, j. 10.08.2004).

1.3.4 *Exceções ou mitigações ao princípio da legalidade*

O princípio da legalidade tributária não é absoluto e comporta exceções, pois a própria Constituição faculta ao Poder Executivo alterações de alíquotas de alguns tributos por ato infralegal[44].

O primeiro abrandamento da legalidade tributária consta do artigo 153, § 1º da Constituição, que faculta ao Poder Executivo, desde que atendidas as condições e os limites estabelecidos em lei, a alteração de alíquotas dos impostos de importação (II), de exportação (IE), sobre produtos industrializados (IPI) e sobre "operações financeiras" (IOF).

A justificativa dessa possibilidade de alteração de alíquotas por ato infralegal repousa no potencial que os impostos em questão possuem para induzir respostas rápidas de agentes econômicos. Tratando-se de impostos extrafiscais, são utilizados pelo Estado não apenas para arrecadar, mas principalmente para obter determinados resultados econômicos, que podem ser urgentes e transitórios. A reserva da lei nesse campo inviabilizaria o atendimento da finalidade indutora dos tributos extrafiscais.

Sobre o tema, o STF tem entendido que é compatível com a Constituição norma infraconstitucional que atribui a órgão integrante do Poder Executivo da União a faculdade de estabelecer as alíquotas do imposto de exportação, não havendo que se falar

44. Não entendemos tal previsão como uma exceção propriamente dita, pois a lei sempre será exigida para a instituição de tributos. Parece-nos melhor tratar essas hipóteses como mitigações ao princípio da legalidade tributária. Em provas de concursos, todavia, é comum a referência às exceções ao princípio da legalidade.

em competência privativa do Presidente da República (RE 570.680, **repercussão geral**, j. 28.10.2009). O caso apreciado dizia respeito a alteração de alíquota do imposto de exportação por meio de resolução da Câmara de Comércio Exterior (CAMEX), órgão vinculado ao Poder Executivo.

Apesar de o julgado referir-se apenas ao imposto de exportação, o entendimento é aplicável aos demais tributos que podem ser alterados por ato do infralegal do Executivo. No STJ, por exemplo, foi reconhecida a possibilidade de alteração de alíquota do IOF (imposto sobre "operações financeiras") por meio de portarias interministeriais (REsp 1.123.249, j. 17.11.2009).

As outras mitigações ao princípio da legalidade foram introduzidas pela Emenda Constitucional 33/2001.

Após a reforma da Constituição feita por esta emenda, passou a ser possível a **redução e o restabelecimento por ato do Poder Executivo das alíquotas** da contribuição de intervenção no domínio econômico relativa às atividades de importação ou comercialização de petróleo e seus derivados, gás natural e seus derivados e álcool combustível – **CIDE--combustíveis** (CF, art. 177, § 4º, I, *b*)[45].

Também se permitiu que, na hipótese de incidência uma única vez do **ICMS sobre combustíveis e lubrificantes** definidos em lei complementar, as **alíquotas** sejam **definidas mediante deliberação dos Estados e do DF** (CF, art. 155, § 4º, IV)[46]. Essa deliberação materializa-se por meio de convênio do CONFAZ, afastando-se a necessidade de lei formal.

> No caso dessa exceção à legalidade do ICMS, a **definição** da alíquota pode ser feita por ato infralegal, o que a diferencia das exceções anteriores, em que a alíquota era inicialmente definida em lei.

Por fim, uma observação de extrema importância. **A mitigação da legalidade diz respeito apenas às alíquotas**. Todos os demais elementos essenciais da norma tributária dependem de lei. Há dispositivos do CTN que preveem a possibilidade de alteração da base de cálculo por ato do Executivo, mas que não foram recepcionados pela Constituição de 1988.

Outra possibilidade de atuação do decreto em matéria de alíquotas pode ser encontrada em autorização de lei ordinária, sem previsão expressa no texto constitucional. Trata-se do art. 27, § 2º, da Lei 10.865/2004, que permitiu ao **Poder Executivo reduzir e restabelecer as alíquotas da contribuição para o PIS/PASEP e da COFINS incidentes sobre as receitas**

---

45. § 4º A lei que instituir contribuição de intervenção no domínio econômico relativa às atividades de importação ou comercialização de petróleo e seus derivados, gás natural e seus derivados e álcool combustível deverá atender aos seguintes requisitos: I - **a alíquota da contribuição poderá ser**: (...) b) **reduzida e restabelecida por ato do Poder Executivo**, não se lhe aplicando o disposto no art. 150, III, *b*.

46. CF, art. 155, § 4º Na hipótese do inciso XII, *h*, observar-se-á o seguinte: IV - **as alíquotas do imposto serão definidas mediante deliberação dos Estados e Distrito Federal**, nos termos do § 2º, XII, *g*, observando-se o seguinte: a) serão uniformes em todo o território nacional, podendo ser diferenciadas por produto; b) poderão ser específicas, por unidade de medida adotada, ou *ad valorem*, incidindo sobre o valor da operação ou sobre o preço que o produto ou seu similar alcançaria em uma venda em condições de livre concorrência; c) poderão ser reduzidas e restabelecidas, não se lhes aplicando o disposto no art. 150, III, *b*.

financeiras auferidas pelas pessoas jurídicas sujeitas ao regime de não-cumulatividade das referidas contribuições, nas hipóteses que fixar. Partindo desse dispositivo legal, foram editados os decretos 5.164/2004 e 5.442/2005, que reduziram a zero as alíquotas de PIS/COFINS incidentes sobre as receitas financeiras, decretos esses que não foram objeto de contestação judicial, até mesmo por ausência de interesse processual de agir.

O decreto 8.426/2015 revogou a previsão da alíquota zero então vigente e restabeleceu a tributação, a partir de 1º de julho de 2015, com alíquotas positivas de 0,65% (PIS) e 4% (COFINS), sendo então questionada sua compatibilidade com o princípio da legalidade tributária. O STJ entendeu não haver ilegalidade no procedimento adotado pelo Executivo:

> (...) 7. Hipótese em que se discute a legalidade da revogação da alíquota zero, prevista no art. 1° do Decreto n. 5.442/2005, do PIS e da COFINS sobre receitas financeiras pelo art. 1° do Decreto n. 8.426/2015.
>
> 8. Considerada a constitucionalidade da Lei n. 10.865/2004, permite-se ao Poder Executivo tanto reduzir quanto restabelecer alíquotas do PIS/COFINS sobre as receitas financeiras das pessoas jurídicas, sendo certo que tanto os decretos que reduziram a alíquota para zero quanto o Decreto n. 8.426/2015, que as restabeleceu em patamar inferior ao permitido pelas Leis n. 10.637/2002 e 10.833/03, agiram dentro do limite previsto na legislação, não havendo que se falar em ilegalidade.
>
> 9. O art. 27, § 2º, da Lei n. 10.865/2004 autoriza o Poder Executivo a reduzir ou restabelecer as alíquotas nos percentuais delimitados na própria Lei, da forma que, considerada legal a permissão dada ao administrador para reduzir tributos, também deve ser admitido o seu restabelecimento, pois não se pode compartimentar o próprio dispositivo legal para fins de manter a tributação com base em redução indevida" (STJ, REsp 1.586.950, j. 19.09.2017)

O STF reconheceu a **repercussão geral** dessa matéria (tema 939), tendo fixado a seguinte tese no julgamento do RE 1.043.313 (j. 10.12.2020):

> É constitucional a flexibilização da legalidade tributária constante do § 2º do art. 27 da Lei nº 10.865/04, no que permitiu ao Poder Executivo, prevendo as condições e fixando os tetos, reduzir e restabelecer as alíquotas da contribuição ao PIS e da COFINS incidentes sobre as receitas financeiras auferidas por pessoas jurídicas sujeitas ao regime não cumulativo, estando presente o desenvolvimento de função extrafiscal

De fato, não há ofensa ao mandamento constitucional que exige a previsão em lei para a instituição ou a majoração de tributos. Isso porque a fixação de limites legais para as alíquotas serve de limite para a constatação de uma majoração ou não do tributo. Não houve a criação ou o aumento de tributos sem lei, o que é vedado pela Constituição. O que houve foi a atuação do decreto dentro dos limites legais[47].

47. Em sentido contrário: "(...) no lugar de o legislador decidir sobre as hipóteses em que haverá a tributação, opta ele por uma definição bem ampla, compreendendo quase que a totalidade da atividade empresarial. (...) reconhece o próprio legislador a necessidade de se restringir o alcance do texto. Entretanto, quem disciplina tal restrição é o Executivo. (...) em vez de o Executivo criar tributos sem lei, esta cobre qualquer situação da vida humana e o Executivo apenas 'afasta' a tributação. A suave perda da liberdade, como visto, dá-se sob o manto da aparência da legalidade e da legitimidade." (SCHOUERI, Luís Eduardo. A Suave Perda da Liberdade. *In*: Revista Direito Tributário Atual nº 18. São Paulo: IBDT/Dialética, 2004, p. 9).

Exceções ou mitigações à legalidade tributária

alteração de alíquotas pelo Executivo	redução e restabelecimento de alíquotas pelo Executivo	definição de alíquotas por deliberação dos Estados e DF
II, IE, IPI e IOF	CIDE-combustíveis	ICMS sobre combustíveis e lubrificantes

1.4 Princípio da legalidade e medidas provisórias em matéria tributária

> CF, art. 62. Em caso de relevância e urgência, o Presidente da República poderá adotar medidas provisórias, com força de lei, devendo submetê-las de imediato ao Congresso Nacional.
>
> § 1º É vedada a edição de medidas provisórias sobre matéria:
>
> I – relativa a:
>
> a) nacionalidade, cidadania, direitos políticos, partidos políticos e direito eleitoral;
>
> b) direito penal, processual penal e processual civil;
>
> c) organização do Poder Judiciário e do Ministério Público, a carreira e a garantia de seus membros;
>
> d) planos plurianuais, diretrizes orçamentárias, orçamento e créditos adicionais e suplementares, ressalvado o previsto no art. 167, § 3º;
>
> II – que vise a detenção ou seqüestro de bens, de poupança popular ou qualquer outro ativo financeiro;
>
> III – reservada a lei complementar;
>
> IV – já disciplinada em projeto de lei aprovado pelo Congresso Nacional e pendente de sanção ou veto do Presidente da República.
>
> § 2º Medida provisória que implique instituição ou majoração de impostos, exceto os previstos nos arts. 153, I, II, IV, V, e 154, II, só produzirá efeitos no exercício financeiro seguinte se houver sido convertida em lei até o último dia daquele em que foi editada. (...)

As medidas provisórias são atos normativos primários, e que por isso possuem a aptidão de inovar no ordenamento jurídico, introduzindo direitos e obrigações a seus destinatários. Esse veículo normativo possui força de lei e deve ser adotado apenas em casos de relevância e urgência pelo Presidente da República.

Apesar de o texto constitucional prever a edição de medida provisória apenas pelo Chefe do Executivo Federal, o STF possui jurisprudência no sentido de que, em face do princípio da simetria, os Estados-Membros também podem adotar medidas provisórias como uma espécie legislativa estadual, desde que haja previsão expressa na Constituição do Estado (ADI 2391, j. 16.08.2006; ADI 425, j. 04.09.2002).

Em relação à matéria tributária, a Constituição é expressa no sentido de que as medidas provisórias podem tratar de tributos, inclusive instituindo-os ou majorando-os, como se pode ver do art. 62, § 2º da CF, acima transcrito.

A partir da Emenda Constitucional 32/2001, que deu nova redação ao art. 62 da CF, é possível conferir, dentre as matérias vedadas à disciplina por medida provisória no art. 62, § 1º, que não há restrição à edição de medidas provisórias em matéria tributária.

A jurisprudência do STF, mesmo antes da Emenda 32/2001, já admitia a regulação de tributos por meio de medida provisória.

No RE 138.284 (j. 01.07.1992), por exemplo, descartou-se a inconstitucionalidade de contribuição social criada originariamente por medida provisória. No voto do relator Ministro Carlos Velloso, foi consignado que a Constituição não impôs qualquer restrição à utilização de medida provisória em matéria tributária. No AI 236976 AgR (j. 17.08.1999), foi registrado na ementa do julgado que a medida provisória, "tendo força de lei, é instrumento idôneo para instituir e modificar tributos e contribuições sociais". O mesmo entendimento foi reiterado na ADI-MC 1417 (j. 07.03.1996)[48].

Vale observar, todavia, que a utilização de medidas provisórias em matéria tributária não é irrestrita. Conforme o art. 62, § 1º, III, da CF, é vedada a utilização de medida provisória em matéria reservada a lei complementar. Diante da elevada importância da lei complementar em matéria tributária, essa restrição significa que medida provisória não pode dispor sobre nenhuma das matérias previstas no art. 146 da CF[49]. Além disso, é vedado o uso de medida provisória para a instituição dos tributos que exigem lei complementar, como os empréstimos compulsórios (CF, art. 148), impostos residuais (CF, art. 154, I) e contribuições da seguridade social (CF, art. 195, § 4º).

Em relação ao ICMS (CF, art. 155, § 2º, XII) e ao ISS (CF, art. 156, III, e art. 156, § 3º) também há várias matérias reservadas à lei complementar, restringindo-se o âmbito das medidas provisórias.

Além da restrição material, deve-se obedecer ao princípio da anterioridade de um modo peculiar, diante da necessidade de conversão em lei, o que será abordado no estudo da anterioridade tributária.

1.5 Princípio da exigência de lei específica para a renúncia de receitas tributárias

> CF, art. 150, § 6º Qualquer subsídio ou isenção, redução de base de cálculo, concessão de crédito presumido, anistia ou remissão, relativos a impostos, taxas ou contribuições, só poderá ser concedido mediante lei específica, federal, estadual ou municipal, que

---

48. Registre-se o entendimento de que as medidas provisórias seriam incompatíveis com a instituição e majoração de tributo, que em geral obedece à anterioridade: "Pode-se afirmar, em síntese, como regra geral, que instituir tributos ou aumentá-los não pode ser considerado de urgência e relevância, pois o princípio da anterioridade, ou da espera nonagesimal, genericamente aplicável, por determinação constitucional, adia para o exercício subsequente a eficácia e a aplicação das leis tributárias." (DERZI, Misabel Abreu Machado. Notas de atualização ao Direito Tributário Brasileiro de Aliomar Baleeiro. 13ª. ed. Rio de Janeiro: Forense, 2015, p. 22).

49. Art. 146. Cabe à lei complementar: I - dispor sobre conflitos de competência, em matéria tributária, entre a União, os Estados, o Distrito Federal e os Municípios; II - regular as limitações constitucionais ao poder de tributar; III - estabelecer normas gerais em matéria de legislação tributária, especialmente sobre: a) definição de tributos e de suas espécies, bem como, em relação aos impostos discriminados nesta Constituição, a dos respectivos fatos geradores, bases de cálculo e contribuintes; b) obrigação, lançamento, crédito, prescrição e decadência tributários; c) adequado tratamento tributário ao ato cooperativo praticado pelas sociedades cooperativas. d) definição de tratamento diferenciado e favorecido para as microempresas e para as empresas de pequeno porte, inclusive regimes especiais ou simplificados no caso do imposto previsto no art. 155, II, das contribuições previstas no art. 195, I e §§ 12 e 13, e da contribuição a que se refere o art. 239.

> regule exclusivamente as matérias acima enumeradas ou o correspondente tributo ou contribuição, sem prejuízo do disposto no artigo 155, § 2º, XII, *g*.

A Constituição determina, no art. 150, § 6º, que qualquer redução de carga tributária só pode ser efetivada por meio de lei específica, que regule apenas os benefícios fiscais em questão ou o tributo a ser reduzido.

A exigência de lei específica permite um controle maior sobre a renúncia de receitas tributárias, o que se justifica pela premissa de que tais receitas pertencem a toda a coletividade, e não aos representantes eleitos que ocupam funções políticas transitórias. Por essa razão, o art. 165, § 6º da CF dispõe que o projeto de lei orçamentária será acompanhado de demonstrativo regionalizado do efeito, sobre as receitas e despesas, decorrente de isenções, anistias, remissões, subsídios e benefícios de natureza financeira, tributária e creditícia.

A Lei de Responsabilidade Fiscal (Lei Complementar 101/2000) trouxe requisitos ainda mais rigorosos que a simples exigência de lei específica:

> Art. 14. A concessão ou ampliação de incentivo ou benefício de natureza tributária da qual decorra renúncia de receita deverá estar acompanhada de estimativa do impacto orçamentário-financeiro no exercício em que deva iniciar sua vigência e nos dois seguintes, atender ao disposto na lei de diretrizes orçamentárias e a pelo menos uma das seguintes condições: I - demonstração pelo proponente de que a renúncia foi considerada na estimativa de receita da lei orçamentária, na forma do art. 12, e de que não afetará as metas de resultados fiscais previstas no anexo próprio da lei de diretrizes orçamentárias; II - estar acompanhada de medidas de compensação, no período mencionado no caput, por meio do aumento de receita, proveniente da elevação de alíquotas, ampliação da base de cálculo, majoração ou criação de tributo ou contribuição. § 1º A renúncia compreende anistia, remissão, subsídio, crédito presumido, concessão de isenção em caráter não geral, alteração de alíquota ou modificação de base de cálculo que implique redução discriminada de tributos ou contribuições, e outros benefícios que correspondam a tratamento diferenciado. § 2º Se o ato de concessão ou ampliação do incentivo ou benefício de que trata o caput deste artigo decorrer da condição contida no inciso II, o benefício só entrará em vigor quando implementadas as medidas referidas no mencionado inciso. § 3º O disposto neste artigo não se aplica: I - às alterações das alíquotas dos impostos previstos nos incisos I, II, IV e V do art. 153 da Constituição, na forma do seu § 1º; II - ao cancelamento de débito cujo montante seja inferior ao dos respectivos custos de cobrança.

O dispositivo acima citado permite que o Judiciário realize um controle formal mais rigoroso dos incentivos tributários[50].

Comparando a redação do art. 150, § 6º da CF com a redação do art. 150, I, é possível compreender que o constituinte conferiu uma densidade maior à legalidade quando se trata de renúncia fiscal do que quando se está diante da instituição de tributos. Nessa última hipótese o que se impõe é que a exigência ou a majoração de tributo só se dê mediante lei

50. BONFIM, Gilson Pacheco. Da Possibilidade de Controle dos Incentivos Tributários pelo Poder Judiciário. Revista Direito Tributário Atual nº 37. São Paulo, IBDT, 2017, p. 227. O controle de mérito dos incentivos tributários pelo Judiciário seria possível em caso de colisão com princípios constitucionais como "a capacidade contributiva, a isonomia tributária ou a livre concorrência" (*Op. cit.*, p. 229).

que o estabeleça, enquanto no terreno dos benefícios fiscais a legalidade é qualificada pela necessidade de **lei específica**, o que demonstra a existência de um requisito constitucional mais rigoroso para as renúncias fiscais do que para a instituição ou majoração de tributos.

Essa constatação, inclusive, depõe contra teses segundo as quais as normas tributárias deveriam ser interpretadas de maneira mais favorável ao contribuinte. Não faz sentido, portanto, sustentar que normas de imunidade possam ser interpretadas de maneira teleológica enquanto as normas que conferem competências tributárias estejam interditadas a uma interpretação evolutiva.

De qualquer modo, a exigência do art. 150, § 6º da Constituição garante que, se o parlamento se reúne para discutir e votar uma lei que trata de sistema prisional, por exemplo, há a segurança de que não haverá nenhum dispositivo "escondido" na lei a ser aprovada contendo um benefício fiscal ao setor automotivo.

Uma aplicação na jurisprudência do sentido de lei específica pode ser encontrada no julgamento da ADI 4976 (j. 07.05.2014). Nessa ação, foram impugnados dispositivos da Lei 12.663/2012, inclusive um artigo que previa isenção para a FIFA de custas judiciais (tributo da espécie "taxa") devidas aos órgãos do Poder Judiciário da União. Entendeu o STF que o requisito de lei específica do art. 150, § 6º da CF estava cumprido. Apesar de a norma concessiva de isenção encontrar-se inserida em diploma que discipline outras questões correlatas, haveria uma pertinência inequívoca entre a isenção e o tema geral objeto da legislação que a instituiu.

Do mesmo modo a Lei Complementar 123/2006, que estabelece normas gerais relativas ao tratamento diferenciado e favorecido a ser dispensado às microempresas e empresas de pequeno porte. A isenção de tributo (no caso, contribuição sindical de competência da União) a essas empresas não é matéria estranha ao objeto da lei, pelo que haveria pertinência temática entre o benefício fiscal e a instituição de regime diferenciado das microempresas e empresas de pequeno porte (ADI 4033, j. 15.09.2010). Além disso, o STF constatou que o Congresso Nacional não ignorou a existência da norma de isenção nas discussões prévias à aprovação da lei.

Tratando especificamente das isenções, o STF possui entendimento consolidado no sentido de que **o Poder Judiciário não pode, a pretexto de concretizar o princípio da isonomia, estender isenção a contribuintes ou a situações não previstas na lei específica.** A concessão de isenção é ato discricionário, fundado em juízo de conveniência e oportunidade, que não pode ser ampliado pela via jurisdicional, sob pena de se ofender o princípio da separação dos poderes (AI 142.348 AgR, j. 02.08.1994). O STF não pode atuar como legislador positivo concedendo isenções tributárias (RE 584.315 AgR, j. 23.09.2008).

A ressalva prevista na parte final do art. 150, § 6º refere-se ao ICMS, pois a concessão de benefícios fiscais em relação a esse imposto depende de prévia deliberação conjunta de todos os Estados e do Distrito Federal, por meio de convênio (e não de lei). Não basta, portanto, a lei específica estadual ou distrital para a concessão de benefício fiscal do ICMS, sendo ainda necessário um consenso prévio em deliberação conjunta.

Por fim, o STF não admite que a lei delegue ao Poder Executivo a concessão de remissão e anistia. **A concessão de benefício fiscal por regulamento do Executivo, ainda**

que mediante autorização legal, viola o princípio da separação dos poderes (ADI 3462, j. 15.09.2010; ADI 2688, j. 01.06.2011).

2. PRINCÍPIO DA ISONOMIA

> CF, art. 150. Sem prejuízo de outras garantias asseguradas ao contribuinte, é vedado à União, aos Estados, ao Distrito Federal e aos Municípios:
>
> (...) II - instituir tratamento desigual entre contribuintes que se encontrem em situação equivalente, proibida qualquer distinção em razão de ocupação profissional ou função por eles exercida, independentemente da denominação jurídica dos rendimentos, títulos ou direitos;

O princípio da igualdade é considerado um princípio orientador de todo o ordenamento jurídico[51]. Na Constituição, encontra-se presente desde o preâmbulo, passando pelos objetivos fundamentais da República (redução das desigualdades sociais e regionais e vedação de quaisquer formas de discriminação - art. 3º, III e IV da CF), pelos princípios das relações internacionais da República (igualdade entre os Estados - art. 4º, V da CF) e inaugurando as disposições constitucionais dos direitos individuais. Assim é que o art. 5º da Constituição confere uma precedência tópica ao princípio da igualdade ao elencar os direitos fundamentais individuais (grifos adicionados):

> CF, art. 5º **Todos são iguais perante a lei**, sem distinção de qualquer natureza, garantindo-se aos brasileiros e aos estrangeiros residentes no País a inviolabilidade do direito à vida, à liberdade, à **igualdade**, à segurança e à propriedade, nos termos seguintes:
>
> I - **homens e mulheres são iguais em direitos e obrigações, nos termos desta Constituição**;
>
> É possível dizer que a igualdade é fundamento do próprio princípio da legalidade, pois a submissão à lei pressupõe igualdade entre os destinatários da norma, sendo que tanto a igualdade quanto a legalidade objetivam coibir o arbítrio estatal ou particular.

No direito tributário, o princípio da igualdade possui previsão expressa no art. 150, II da CF, que proíbe o tratamento desigual **entre os contribuintes que se encontrem em situação equivalente**. A própria norma constitucional já indica que a igualdade de tratamento deve se dar em relação àqueles que se encontrem em situação equivalente. Caso os destinatários da norma estejam em situação desigual, um tratamento igual que desconsiderasse as diferenças representaria, paradoxalmente, uma violação ao princípio da igualdade.

Por isso que a compreensão e a aplicação da igualdade requer a eleição de um critério razoável de diferenciação em razão de um determinado fim a ser atingido. Não basta apenas a escolha do critério diferenciador; é necessário também que tal critério seja adequado para se atingir uma finalidade específica.

Assim é que o critério da idade pode ser utilizado para diferenciar pessoas em função do exercício do direito de voto, mas não em função da obrigação de pagar impostos. Do

---

51. "A igualdade pode funcionar como regra, prevendo a proibição de tratamento discriminatório; como princípio, instituindo um estado igualitário como fim a ser promovido; e como postulado, estruturando a aplicação do Direito (...)" (ÁVILA, Humberto. Teoria dos Princípios. 16. ed. São Paulo: Malheiros, 2015, p. 192).

mesmo modo, o critério do sexo pode justificar um tratamento diferenciado em relação à quantidade de dias de licença quando do nascimento de um filho. Já no que diz respeito à obrigação de pagar impostos, o critério do sexo não justifica um tratamento diferenciado[52].

No que diz respeito à igualdade de gênero, é possível encontrar relevante julgado no STF que abordou o tema na seara do direito tributário. Trata-se do RE 576.967 (j. 05.08.2020), submetido à sistemática de **repercussão geral**, no qual se considerou "**inconstitucional a incidência da contribuição previdenciária a cargo do empregador sobre o salário maternidade**" (tese fixada). Um dos fundamentos adotado pelo relator, Ministro Luís Roberto Barroso, foi o de que a incidência representaria uma a discriminação da mulher no mercado de trabalho, violando a isonomia. Segundo esse raciocínio, não poderia o Estado impor quaisquer ônus adicionais (como o tributário) ao empregador que já terá que contratar outro funcionário ou remanejar pessoal para cumprir a função da mulher que se ausenta por conta da maternidade. A incidência de contribuição sobre o salário maternidade seria um desestímulo estatal para a contratação de mão de obra feminina, criando um empecilho ao acesso das mulheres ao mercado de trabalho que viola a isonomia. Conforme constou do voto do relator:

> (...) admitir uma incidência tributária que recai somente sobre a contratação de funcionárias mulheres e mães é tornar sua condição biológica, por si só, um fator de desequiparação de tratamento em relação aos homens, desestimulando a maternidade ou, ao menos, incutindo culpa, questionamentos, reflexões e medos em grande parcela da população, pelo simples fato de ter nascido mulher. Impõe-se gravame terrível sobre o gênero feminino, discriminado na contratação, bem como sobre a própria maternidade, o que fere os direitos das mulheres, dimensão inequívoca dos direitos humanos.

Ainda considerando a necessidade de se identificar um fator de *discrímen*, o STF decidiu que "**não viola o princípio da isonomia** e o livre acesso à jurisdição **a restrição de ingresso no parcelamento de dívida relativa à Cofins**, instituída pela Portaria 655/1993, **dos contribuintes que questionaram o tributo em juízo com depósito judicial dos débitos tributários**" (tese de **repercussão geral** no RE 640.905, j. 15.12.2016).

Para o STF, o contribuinte que realizou depósito judicial correspondente a dívida tributária controvertida (imune, portanto, aos juros de mora) estaria em situação completamente diferente do contribuinte que restou inerte. Além disso, o critério de desigualação utilizado pela norma que restringe o acesso a parcelamento para os contribuintes que realizaram depósito judicial estaria em consonância com a racionalização na cobrança do crédito público (item 12 da ementa do RE 640.905).

A Constituição se preocupou ainda em proibir expressamente qualquer distinção em razão de ocupação profissional ou função por eles exercida. Sob o regime constitucional anterior, era possível a concessão de isenções a categorias profissionais como a dos magistrados. Já sob a égide da Constituição de 1988, é inconstitucional dispositivo de lei que concede aos membros e servidores do Poder Judiciário isenção no pagamento de custas e

52. ÁVILA, Humberto. Teoria dos Princípios. 16. ed. São Paulo: Malheiros, 2015, p. 193.

emolumentos pelos serviços judiciais e extrajudiciais (STF, ADI 3334, j. 17.03.2011)[53]. Também viola o princípio da igualdade, pelo mesmo motivo, lei estadual que concede isenção de ICMS nas aquisições de automóveis por oficiais de justiça (ADI 4276, j. 20.08.2014).

Na jurisprudência do STF é possível encontrar outro critério de diferenciação que não atende ao princípio da isonomia tributária: o ente federativo ao qual o servidor público é vinculado. Assim foi que o STF declarou inconstitucional, por violação ao art. 150, II, da CF, dispositivo de emenda constitucional que previa bases de cálculo de contribuições previdenciárias diversas para servidores da União, de um lado, e dos Estados, DF e Municípios, de outro (ADI 3105, 18.08.2004).

Já um exemplo de critério legítimo a permitir um tratamento tributário diferenciado em razão da localização geográfica, desde que seja com intuito de promover o equilíbrio do desenvolvimento socioeconômico entre as diferentes regiões do País. O art. 151, I da CF é expresso nesse sentido[54].

O principal critério utilizado para o tratamento igualitário no âmbito tributário, contudo, é o princípio da capacidade contributiva, previsto no art. 145, § 1º da CF:

> Sempre que possível, os impostos terão caráter pessoal e serão graduados segundo a capacidade econômica do contribuinte, facultado à administração tributária, especialmente para conferir efetividade a esses objetivos, identificar, respeitados os direitos individuais e nos termos da lei, o patrimônio, os rendimentos e as atividades econômicas do contribuinte.

A Constituição utiliza o termo "capacidade econômica do contribuinte" para se referir a "capacidade contributiva". A doutrina costuma dividir a capacidade contributiva em absoluta ou objetiva, que significa a existência de uma riqueza mínima identificada pelo legislador passível de tributação, e capacidade contributiva relativa ou subjetiva, que, pressupondo a existência da riqueza, se propõe a estabelecer uma graduação do tributo de acordo com as condições pessoais do contribuinte. Em outras palavras: a capacidade contributiva objetiva ou absoluta determina a tributação ou não de uma situação, enquanto a subjetiva ou relativa busca determinar em que nível ou gradação ocorrerá a tributação.

O texto do art. 145, § 1º da Constituição transcrito acima se refere à capacidade contributiva subjetiva ou relativa, que pode ser identificada mediante a investigação de elementos como o patrimônio, os rendimentos e as atividades econômicas do contribuinte. Um caso clássico de consideração da capacidade contributiva subjetiva é a aplicação de **alíquotas progressivas** no imposto de renda de pessoas físicas, em que a alíquota aumenta de acordo com faixas de renda do contribuinte.

Outra aplicação da capacidade contributiva diz respeito à carga tributária das instituições financeiras, que devem pagar um adicional de 2,5% na contribuição previdenciária sobre a folha de salários (art. 22, § 1º da Lei 8.212/1991). Diante da capacidade contributiva das

---

53. No mesmo sentido, em relação a membros do Ministério Público: ADI 3260, j. 29.03.2007.
54. CF, Art. 151. É vedado à União: I - instituir tributo que não seja uniforme em todo o território nacional ou que implique distinção ou preferência em relação a Estado, ao Distrito Federal ou a Município, em detrimento de outro, **admitida a concessão de incentivos fiscais destinados a promover o equilíbrio do desenvolvimento sócio-econômico entre as diferentes regiões do País**; (...).

entidades financeiras, essa tributação adicional não representaria uma violação à isonomia tributária (STF, AC-MC 1109, j. 31.05.2011). Nesse sentido, o STF decidiu em julgado submetido ao regime de **repercussão geral** (RE 599.309, j. 06.06.2018 – grifo adicionado):

> I - É constitucional a alíquota adicional de 2,5% (dois e meio por cento), estabelecida pelo § 2° do art. 3° da Lei 7.787/1989, incidente sobre a folha de salários de bancos e entidades assemelhadas.
>
> II - **É defeso ao Poder Judiciário atuar na condição anômala de legislador positivo, com base no princípio da isonomia**, para suprimir ou equiparar alíquotas de tributos recolhidos pelas instituições financeiras em relação àquelas suportadas pelas demais pessoas jurídicas.

Apesar de o art. 145, § 1° da CF mencionar apenas os impostos, nada impede a aplicação do princípio da capacidade contributiva a outras espécies tributárias, como os empréstimos compulsórios e as contribuições sociais.

Outros critérios diferenciadores na aplicação da igualdade, além da capacidade contributiva, podem ser identificados no direito tributário. Tal ocorre com os tributos sinalagmáticos (taxas e contribuições de melhoria, por exemplo), que se fundamentam em uma atuação estatal específica que deve ser remunerada pelo contribuinte. Nesse caso, o critério a orientar o tratamento igual é o grau de utilização do aparelho estatal ou o benefício obtido com uma obra pública[55].

Nesse sentido é que as taxas e as contribuições de melhoria são tributos especialmente marcados pelo princípio da igualdade, pois são pagos justamente por aqueles que desencadearam uma atuação estatal específica e divisível, ou que foram beneficiados por uma valorização imobiliária decorrente de obra pública. Não seria isonômico se todos fossem chamados a arcar com gastos públicos que beneficiam indivíduos que podem ser identificados e que são beneficiados de uma forma especial.

Ressalve-se que as taxas, apesar de serem orientadas por um critério de contraprestação pelo serviço público prestado ao particular, também podem sofrer influências do princípio da capacidade contributiva, como se percebe das imunidades de taxas conferidas em razão da hipossuficiência econômica (ausência de capacidade contributiva)[56].

O próprio STF já decidiu que a **capacidade contributiva também se aplica às taxas.** No RE 232.393 (j. 13.08.1999), entendeu-se que a utilização da metragem da área construída do imóvel como elemento de fixação da base de cálculo de taxa de coleta de lixo seria uma forma de realização da isonomia tributária e do princípio da capacidade contributiva.

55. "Dou destaque a um princípio constitucional limitador da tributação, o princípio da igualdade tributária, que está inscrito no art. 150, II, da Constituição. Esse princípio se realiza, lembra Geraldo Ataliba, no tocante aos impostos, mediante a observância da capacidade contributiva (CF, art. 145, § 1º); quanto às contribuições, por meio da "proporcionalidade entre o efeito da ação estatal (o seu reflexo no patrimônio dos particulares) e o seu custo", ou, noutras palavras, por meio da proporcionalidade entre o custo da obra pública e a valorização que esta trouxe para o imóvel do particular; e, **referentemente às taxas, "pelo específico princípio da retribuição ou remuneração. Cada um consome uma certa quantidade de serviço público e remunera o custo daquela quantidade**" (ATALIBA, Geraldo. Sistema tributário na Constituição de 1988. *Revista de Direito Tributário*, 51/140)." (ADI 447, voto do Ministro Carlos Velloso, j. 05.06.1991 - grifos adicionados).

56. CF, art. 5º, LXXIV - o Estado prestará assistência jurídica integral e gratuita aos que comprovarem insuficiência de recursos; CF, art. 5º, LXXVI - são gratuitos para os reconhecidamente pobres, na forma da lei: a) o registro civil de nascimento; b) a certidão de óbito; (...)

Também a **contribuição para o custeio do serviço de iluminação pública** (COSIP, prevista no art. 149-A da CF) pode se orientar pela capacidade contributiva, admitindo-se alíquotas progressivas à medida que seja maior o consumo de energia elétrica (RE 573.675, **repercussão geral**, j. 25.03.2009).

Em relação aos impostos, o STF possuía entendimento consolidado em súmula no sentido de que não era possível a aplicação de alíquotas progressivas para **impostos reais:**

> **Súmula 656 do STF**: "**É inconstitucional a lei que estabelece alíquotas progressivas para o imposto de transmissão** *inter vivos* de bens imóveis - ITBI com base no valor venal do imóvel"

Segundo essa posição, a capacidade contributiva em relação aos impostos reais não poderia ser concretizada através da progressividade das alíquotas, mas sim de forma proporcional ao preço da venda do imóvel (STF, RE 234.105, j. 08.04.1999). As alíquotas progressivas seriam aplicáveis apenas nos impostos em que houvesse autorização constitucional expressa. Haveria uma enumeração taxativa a respeito.

Essa orientação, todavia, foi alterada no ano de 2013. No RE 562.045 (j. 06.02.2013), julgamento sob a sistemática de **repercussão geral**, foi fixada a seguinte tese: "É constitucional a fixação de alíquota progressiva para o Imposto sobre Transmissão ***Causa Mortis* e Doação — ITCD**".

Sendo o imposto sobre transmissão *causa mortis* e doação um tributo real, houve uma mudança de paradigma em relação ao entendimento anteriormente adotado. A partir desse julgado, o STF passou a admitir como constitucionais leis estaduais que instituíssem o ITCMD (imposto real) com alíquotas progressivas. Uma justificativa para essa conclusão pode ser encontrada no voto do Ministro Eros Grau:

> "O que a Constituição diz é que os impostos, sempre que possível, deverão ter caráter pessoal. (...) todos os impostos – repito – estão sujeitos ao princípio da capacidade contributiva, especialmente os diretos, independentemente de sua classificação como de caráter real ou pessoal; isso é completamente irrelevante"

Assim, uma vez que o art. 145, § 1º da CF reza que os impostos (sem distinção) serão graduados segundo a capacidade contributiva, não haveria razão para excluir da aplicação desse princípio os impostos reais. E sendo a técnica da progressividade o instrumento por excelência da capacidade contributiva (voto de Joaquim Barbosa no RE 562.045), não haveria empecilho para a sua adoção em relação aos impostos reais.

Em julgado anterior da 2ª Turma do STF (não vinculante, portanto), já havia sido afirmado que todos os tributos se submetem ao princípio da capacidade contributiva, ao menos em relação a um de seus três aspectos (objetivo, subjetivo e proporcional), independentemente de classificação extraída de critérios puramente econômicos (RE 406.955 AgR, j. 04.10.2011).

A Constituição prevê outro critério de diferenciação que se aproxima da capacidade contributiva. Trata-se do **tratamento diferenciado e favorecido para as microempresas e para as empresas de pequeno porte** a ser definido em lei complementar (CF, art. 146, III, *d*).

Entendeu o constituinte que as empresas de pequeno porte possuem um papel importante na economia, o que justifica o fomento de suas atividades através de um tratamento diferenciado que deve se dar, inclusive, na esfera tributária[57]. Configurando verdadeiro princípio constitucional, o incentivo a esses empreendimentos busca compensar a escassez de recursos para fazer frente à concorrência de empresas maiores (ADI 4033, j. 15.09.2010).

Esse critério diferenciador (porte econômico da empresa) já foi expressamente reconhecido pelo STF como compatível com a isonomia tributária. Para a Corte Constitucional, **não fere o princípio da isonomia a norma constitucional que concede tratamento favorecido às empresas de pequeno porte** (ADI-MC 2006, j. 01.07.1999).

A Lei 9.317/1996 (revogada pela LC 123/2006), ao estabelecer as condições de acesso ao tratamento favorecido às empresas de pequeno porte, excluiu do regime diferenciado as sociedades constituídas por profissionais liberais (art. 9º, XIII). Contra essa norma, a Confederação Nacional dos Profissionais Liberais ajuizou ADI alegando que haveria violação ao princípio da isonomia tributária, já que a exclusão das pessoas jurídicas formadas por profissionais liberais do SIMPLES seria uma discriminação em razão da ocupação profissional, expressamente vedada pelo art. 150, II da CF. Segundo a autora da ADI, haveria uma distinção fundada não em condições econômicas ou na capacidade contributiva (art. 145, § 1º da CF), mas simplesmente na profissão de quem contribui. O pedido da ação de inconstitucionalidade, contudo, foi julgado improcedente nos seguintes termos (ADI 1643, j. 05.12.2002):

> não há ofensa ao princípio da isonomia tributária se a lei, por motivos extrafiscais, imprime tratamento desigual a microempresas e empresas de pequeno porte de capacidade contributiva distinta, afastando do regime do SIMPLES aquelas cujos sócios têm condição de disputar o mercado de trabalho sem assistência do Estado

Para o STF, as principais razões a justificar o tratamento favorecido às microempresas e empresas de pequeno porte não estariam presentes no âmbito das sociedades de profissionais liberais. Não haveria, por exemplo, o mesmo nível de domínio de mercado por grandes empresas. Tampouco haveria, em relação às sociedades profissionais, o potencial de geração de empregos que representa uma das justificativas para os benefícios do SIMPLES.

Ainda a respeito da forma e do regime jurídico da atuação empresarial, vale destacar o julgamento em sede de **repercussão geral** sobre a diferenciação quanto ao regime tributário das contribuições para o PIS e para o PASEP. A incidência dessas contribuições se dá de modo diferenciado ao se comparar as empresas estatais, de um lado, e as empresas privadas (que não se enquadram no conceito de empresas públicas e sociedades de economia mista). Para o STF, é legítima a escolha legislativa de reputar como não

57. CF, art. 170. A ordem econômica, fundada na valorização do trabalho humano e na livre iniciativa, tem por fim assegurar a todos existência digna, conforme os ditames da justiça social, observados os seguintes princípios: (...) IX - tratamento favorecido para as empresas de pequeno porte constituídas sob as leis brasileiras e que tenham sua sede e administração no País. (...) Art. 179. A União, os Estados, o Distrito Federal e os Municípios dispensarão às microempresas e às empresas de pequeno porte, assim definidas em lei, tratamento jurídico diferenciado, visando a incentivá-las pela simplificação de suas obrigações administrativas, tributárias, previdenciárias e creditícias, ou pela eliminação ou redução destas por meio de lei.

equivalentes a situação das empresas privadas num cotejo com as estatais (RE 577.494, j. 13.12.2018 – grifos adicionados):

> 1. Fixação de tese ao Tema 64 da sistemática da repercussão geral: "Não ofende o art. 173, §1º, II, da Constituição Federal, a escolha legislativa de reputar não equivalentes a situação das empresas privadas com relação a das sociedades de economia mista, das empresas públicas e respectivas subsidiárias que exploram atividade econômica, para fins de submissão ao regime tributário das contribuições para o PIS e para o PASEP, à luz dos princípios da igualdade tributária e da seletividade no financiamento da Seguridade Social." 2. A jurisprudência do Supremo Tribunal Federal é firme no sentido de que o artigo 239 do Texto Constitucional expressamente recepcionou as contribuições para o Programa de Integração Social (PIS) criado pela Lei Complementar 7/70 e para o Programa de Formação do Patrimônio do Servidor Público (PASEP), por sua vez instituído pela LC 8/70. Precedentes. 3. O estatuto jurídico das estatais, encartado no §1º do artigo 173 da Constituição Federal de 1988, consiste em uma garantia aos agentes econômicos privados de que na hipótese de o Estado atuar diretamente na espacialidade econômica, com o intuito de persecução dos imperativos de segurança nacional ou de relevante interesse coletivo. Logo, o desiderato constitucional consiste em não burlar as regras da ambiência do livre mercado a partir dos poderes financeiros e administrativos da Administração Pública. 4. **Não há violação ao princípio da igualdade tributária a cobrança da contribuição para o PASEP das sociedades de economia mista e das empresas públicas que exploram atividade econômica, ao passo que as empresas privadas recolhem ao PIS, tributo patrimonialmente menos gravoso ao contribuinte, tendo em conta as medida de comparação e finalidades constitucionais legítimas do discrímen.** 5. Recurso extraordinário a que se nega provimento.

Por fim, cumpre destacar que a essencialidade dos produtos e mercadorias também é um critério diferenciador expressamente aceito pela Constituição para legitimar uma tributação diferenciada pelo IPI e pelo ICMS (CF, art. 153, § 3º, I e art. 155, § 2º, III). Em outras palavras, produtos supérfluos devem sofrer uma tributação mais agravada que os produtos essenciais.

3. PRINCÍPIOS DA IRRETROATIVIDADE E DA ANTERIORIDADE – SEGURANÇA JURÍDICA

> CF, art. 150. Sem prejuízo de outras garantias asseguradas ao contribuinte, é vedado à União, aos Estados, ao Distrito Federal e aos Municípios:
>
> (...) III - cobrar tributos: a) em relação a fatos geradores ocorridos antes do início da vigência da lei que os houver instituído ou aumentado; b) no mesmo exercício financeiro em que haja sido publicada a lei que os instituiu ou aumentou; c) antes de decorridos noventa dias da data em que haja sido publicada a lei que os instituiu ou aumentou, observado o disposto na alínea b; (...)

Os princípios a serem estudados nesse capítulo buscam proteger o contribuinte de alterações repentinas que majorem a carga tributária. Uma das maiores preocupações do empreendedor é a previsibilidade. O desempenho das atividades econômicas exige alto grau de planejamento, envolvendo emprego de recursos próprios, assunção de empréstimos, riscos de litigiosidade e, ainda, previsão da carga tributária envolvida.

Representando um dos custos da atividade empresarial, os tributos devidos pelo contribuinte devem ter o seu valor conhecido com antecedência, sob pena de o Estado, surpreendendo os particulares com aumentos inesperados de carga tributária, afugentar aqueles que desejam se dedicar ao exercício da empresa.

Não por outro motivo, os princípios da irretroatividade e da anterioridade (anual e nonagesimal) são tomados em conjunto como expressões do princípio da não surpresa ou da segurança jurídica.

Apesar da denominação de princípios, é possível enxergar tanto a irretroatividade quanto a anterioridade como regras. Nas palavras de Humberto Ávila:

> O dispositivo constitucional segundo o qual se houver instituição ou aumento de tributos, então só podem ser abrangidos fatos geradores ocorridos após o início da vigência da lei que os houver instituído ou aumentado, é aplicado como regra se o aplicador entendê-lo como mera exigência de publicação de lei antes da ocorrência do fato gerador do tributo, e pode ser aplicado como princípio se o aplicador concretizá-lo com a finalidade de realizar o valor segurança (...), ou com o objetivo de realizar o valor confiança (...)[58]

O mesmo vale para o princípio da anterioridade, que também pode ser entendido como uma regra descrita de modo objetivo ao mesmo tempo em que pode ser um vetor valorativo.

Ainda a título de introdução, deve ser destacado que os princípios ora estudados dizem respeito a tributos, conceito que não se confunde com o de multa. Consequência prática disso é que **a instituição de multa por infração à legislação tributária não é abarcada** pelos dispositivos constitucionais acima.

3.1 Princípio da irretroatividade

> CF, art. 150. Sem prejuízo de outras garantias asseguradas ao contribuinte, é vedado à União, aos Estados, ao Distrito Federal e aos Municípios:
>
> (...) III - cobrar tributos: a) em relação a fatos geradores ocorridos antes do início da vigência da lei que os houver instituído ou aumentado;

O princípio da irretroatividade possui como base a ideia de segurança jurídica. Sua configuração genérica pode ser encontrada no art. 5º, XXXVI da CF, segundo o qual a lei não prejudicará o direito adquirido, o ato jurídico perfeito e a coisa julgada.

No direito tributário, possui previsão específica no art. 150, III, *a* da CF, que veda aos entes políticos a cobrança de tributos em relação a fatos geradores ocorridos antes do início da vigência da lei que os houver instituído ou aumentado.

Assim como ocorre em relação ao princípio da legalidade, o critério para a aplicação da irretroatividade consiste na identificação de uma instituição ou majoração de tributo. Ou seja, caso o legislador (inclusive o poder constituinte reformador) pretenda instituir

58. ÁVILA, Humberto. Teoria dos Princípios. 16. ed. São Paulo: Malheiros, 2015, p. 63.

ou aumentar um tributo, só pode fazê-lo em relação a fatos geradores futuros, jamais podendo alcançar situações passadas.

Não há obrigatoriedade de se observar o princípio em questão se a lei nova apenas institui deveres instrumentais ou normas procedimentais relativas à fiscalização tributária. O CTN é expresso nesse sentido, ao dispor, no art. 144, § 1º, que **aplica-se ao lançamento a legislação que, posteriormente à ocorrência do fato gerador da obrigação, tenha instituído novos critérios de apuração ou processos de fiscalização**, ampliado os poderes de investigação das autoridades administrativas, ou outorgado ao crédito maiores garantias ou privilégios, exceto, neste último caso, para o efeito de atribuir responsabilidade tributária a terceiros.

3.1.1 *Irretroatividade e tributos de apuração anual - ascensão e queda da súmula 584 do STF*

As principais discussões quanto ao princípio da irretroatividade tributária dizem respeito aos tributos cujo fato gerador abrange um período anual, em que vários fatos econômicos sujeitos à tributação são reunidos e considerados pela lei como um único fato ocorrido em um dia específico.

É assim com a Contribuição Social sobre o Lucro Líquido (CSLL). Nesse tributo, várias operações econômicas ocorridas durante o período anual são somadas para se chegar a um resultado que será levado à tributação (caso positivo o resultado). Tanto a legislação quanto a jurisprudência do STF entendem que **o fato gerador desse tributo só se completa e caracteriza no dia 31 de dezembro.**

A partir daí a diretriz seguida durante muito tempo pelo STF foi a de que a irretroatividade estaria respeitada caso a lei fosse publicada antes do dia 31 de dezembro, ainda que abarcasse fatos econômicos ocorridos antes da publicação da lei.

Tome-se como parâmetro a CSLL, tributo sujeito apenas à anterioridade nonagesimal (necessidade de que a lei seja publicada 90 dias antes do início da exigência do tributo). Caso uma lei que aumente a alíquota da CSLL seja publicada antes do início do mês de outubro (respeitando-se, portanto, a anterioridade nonagesimal), não haveria, para o STF, violação ao princípio da irretroatividade, já que o fato gerador apenas restaria definitivamente caracterizado em 31 de dezembro[59]. O julgado abaixo ilustra essa posição (RE 197.790, j. 19.02.1997):

> EMENTA: CONTRIBUIÇÃO SOCIAL. LEI Nº 7.856, DE 25 DE OUTUBRO DE 1989, QUE, NO ART. 2º, ELEVOU A RESPECTIVA ALÍQUOTA DE 8 PARA 10%. LEGITIMIDADE DA APLICAÇÃO DA NOVA ALÍQUOTA SOBRE O LUCRO APURADO NO BALANÇO DO CONTRIBUINTE ENCERRADO EM 31 DE DEZEMBRO DO MESMO ANO. Tratando-se de lei de conversão da Medida Provisória nº 86, de 25 de setembro

59. A doutrina majoritária sempre rechaçou esse entendimento. Sintetizando a posição contrária ao STF, verifica-se o trecho do voto **vencido** do Ministro Maurício Corrêa no RE 197.790: "(...) o fato gerador do lucro da empresa não ocorre em um único momento, muito embora a apuração desse lucro se dê ao final do exercício financeiro. E assim, a lei nova não poderia incidir sobre estas aquisições de disponibilidades anteriores à sua vigência.". Há ainda alguns julgados que adotaram posição divergente: RE 148.331, j. 13.10.1992; RE 138.284, j. 01.07.1992; RE 146.733, j. 29.06.1992.

> de 1989, da data da edição desta é que flui o prazo de noventa dias previsto no art. 195, § 6º, da CF, o qual, no caso, teve por termo final o dia 24 de dezembro do mesmo ano, possibilitando o cálculo do tributo, pela nova alíquota, sobre o lucro da recorrente, apurado no balanço do próprio exercício de 1989. Recurso não conhecido.

O STF entendeu que a lei que aumenta a CSLL poderia ser aplicada no mesmo exercício em que publicada, ainda que atinja fatos ocorridos antes de sua publicação, já que o fato gerador da CSLL se considera ocorrido no dia 31 de dezembro. O marco para a verificação da retroatividade da lei, portanto, seria o último dia do ano, data em que se considera ocorrido, para os efeitos legais, o fato gerador.

Assim, uma lei publicada em julho de 2018, aumentando a CSLL, seria aplicável sobre todo o lucro de 2018, incluindo-se os meses anteriores à sua publicação, sem que haja ofensa ao princípio da irretroatividade. Deve-se observar apenas a anterioridade nonagesimal aplicável às contribuições (RE 232.084, j. 04.04.2000 – grifos adicionados):

> EMENTA: TRIBUTÁRIO. IMPOSTO DE RENDA E CONTRIBUIÇÃO SOCIAL. MEDIDA PROVISÓRIA Nº 812, DE 31.12.94, CONVERTIDA NA LEI Nº 8.981/95. ARTIGOS 42 E 58, QUE REDUZIRAM A 30% A PARCELA DOS PREJUÍZOS SOCIAIS, DE EXERCÍCIOS ANTERIORES, SUSCETÍVEL DE SER DEDUZIDA NO LUCRO REAL, PARA APURAÇÃO DOS TRIBUTOS EM REFERÊNCIA. ALEGAÇÃO DE OFENSA AOS PRINCÍPIOS DA ANTERIORIDADE E DA IRRETROATIVIDADE. **Diploma normativo que foi editado em 31.12.94, a tempo, portanto, de incidir sobre o resultado do exercício financeiro encerrado. Descabimento da alegação de ofensa aos princípios da anterioridade e da irretroatividade, relativamente ao Imposto de Renda, o mesmo não se dando no tocante à contribuição social, sujeita que está à anterioridade nonagesimal** prevista no art. 195, § 6º da CF, que não foi observado. Recurso conhecido, em parte, e nela provido.

Como se pode ver do julgado acima, entendimento semelhante a respeito do princípio da irretroatividade é aplicável ao imposto de renda. Nesse caso, a posição do **STF** foi cristalizada na **súmula 584**: "Ao imposto de renda calculado sobre os rendimentos do ano-base, aplica-se a lei vigente no exercício financeiro em que deve ser apresentada a declaração".

A diferença do imposto de renda em comparação com a CSLL é que no primeiro não há necessidade de observância da anterioridade nonagesimal, não se devendo aguardar o período de 90 dias entre a publicação e a aplicação da lei.

Também para o imposto de renda, a lei editada no final do ano-base atingiria a renda apurada durante todo o ano, já que o fato gerador somente se completa e se caracteriza ao final do respectivo período, ou seja, a 31 de dezembro (RE 194.612, j. 24.03.1998). Basta que a lei esteja em vigor antes do exercício financeiro em que deva ser apresentada a declaração.

Esse regime, contudo, foi superado pelo **cancelamento da súmula 584 do STF**, durante o julgamento do RE 159.180 (j. 22.06.2020), no qual o Pleno do Tribunal Constitucional entendeu ser "inconstitucional a aplicação, a fatos ocorridos no ano-base de 1988, do adicional do imposto de renda sobre o lucro real instituído pelo Decreto-Lei nº 2.462, de 30 de agosto de 1988", por violação dos princípios da irretroatividade e da anterioridade.

A partir desse julgamento, a preservação da segurança jurídica levou em consideração a ocorrência do fato gerador, que se dá por ocorrido no último dia do ano-base no caso do imposto de renda. O fato de a cobrança só ocorrer posteriormente tornou-se irrelevante, partindo do fundamento de que o critério para preservar o contribuinte da surpresa é o conhecimento da carga tributária antes da prática do fato gerador, permitindo assim um planejamento de suas atividades.

A orientação tradicional do STF já havia sido temperada no ano de 2014, quando se admitiu que a norma que aumenta alíquota do imposto de renda pode não se submeter ao consagrado na súmula 584 do STF se a norma em questão possuir evidente função extrafiscal. A decisão foi tomada no RE 183.130 (j. 25.09.2014), no qual se discutiu o marco temporal para a aplicação do art. 1º, I, da Lei 7.988/1989 (publicada em 29 de dezembro de 1989), que aumentou a alíquota do imposto de renda incidente sobre o lucro de exportações incentivadas.

Em 2015, essa orientação foi consolidada em julgamento submetido à sistemática de **repercussão geral**, consolidando-se a seguinte tese (RE 592.396, j. 03.12.2015 – grifo adicionado):

> É inconstitucional a aplicação retroativa de lei que majora a alíquota incidente sobre o lucro proveniente de operações incentivadas ocorridas no passado, ainda que no mesmo ano-base, tendo em vista que **o fato gerador se consolida no momento em que ocorre cada operação de exportação, à luz da extrafiscalidade da tributação na espécie.**

O entendimento do STF no caso pode assim ser sintetizado: quando o imposto de renda busca incentivar operações específicas, com acentuada função extrafiscal, não pode a lei publicada no exercício que serve como base de apuração ser aplicada aos fatos que lhe forem anteriores. Isso porque o contribuinte teria praticado as operações incentivadas em resposta ao estímulo do Estado. Se o Poder Público, posteriormente, decide majorar a tributação sobre as operações que havia incentivado, tal majoração só poderá alcançar os fatos posteriores à edição da lei, sob pena de se trair a confiança do contribuinte que adotou o comportamento outrora desejado pelo ente tributante.

Ao se analisar esse fundamento, percebe-se que a mesma justificada deveria ser aplicada em qualquer caso de lei que majora o imposto de renda. Não havia qualquer sentido em se evitar a surpresa no caso de tributo extrafiscal e surpreender o contribuinte apenas porque nas demais situações o imposto de renda não teria caráter indutor.

Com a revogação da súmula 584 do STF em junho de 2020, não é mais possível a aplicação da lei que majora o imposto de renda ao fato gerador que ainda não se completou no mesmo ano em que publicada a nova regra. A lei publicada em novembro de 2020, por exemplo, não pode ser aplicada em relação ao fato gerador do imposto de renda que só se tornará perfeito em 31 de dezembro de 2020. Pouco importa se o caso revela circunstância em que o imposto de renda assume feição extrafiscal.

Por fim, vale notar que a Constituição não excepciona o princípio da irretroatividade das leis. Em nível infraconstitucional, contudo, o CTN prevê leis tributárias retroativas em seu art. 106, sempre em benefício do contribuinte[60].

---

60. CTN, art. 106. A lei aplica-se a ato ou fato pretérito: I - em qualquer caso, quando seja expressamente interpretativa, excluída a aplicação de penalidade à infração dos dispositivos interpretados; II - tratando-se de ato

3.2. Princípio da anterioridade anual

> Art. 150. Sem prejuízo de outras garantias asseguradas ao contribuinte, é vedado à União, aos Estados, ao Distrito Federal e aos Municípios:
>
> III - cobrar tributos:
>
> b) no mesmo exercício financeiro em que haja sido publicada a lei que os instituiu ou aumentou (...).

O princípio da anterioridade anual, ou anterioridade de exercício, eleva ainda mais o princípio da segurança jurídica no direito tributário, impedindo que o contribuinte seja surpreendido com uma tributação mais onerosa sem o necessário tempo para se planejar.

A estrutura dessa norma apresenta um critério rígido de aplicação, bastando-se realizar a operação de subsunção do fato à norma (lógica do "tudo ou nada"): se houver a instituição ou a majoração de tributo, a lei veiculadora da inovação mais gravosa só produzirá efeitos no exercício seguinte ao da publicação. Por isso, alguns doutrinadores consideram a norma acima como uma regra e não como um princípio. Não obstante, a referência como princípio é a mais corriqueira, sendo aqui adotada.

Ao prever a anterioridade anual, determina a Constituição que a lei que instituir ou aumentar um tributo só produzirá efeitos no exercício seguinte ao de sua publicação.

Não há necessidade, contudo, de haver prévia autorização orçamentária para a exigência de tributos, já existentes ou a serem criados. Isso porque não vige mais no Brasil o princípio da anualidade, que determinava como condição à exigência de tributos a prévia autorização orçamentária. **O princípio da anualidade tributária foi retirado do direito brasileiro pela EC 1/1969, não tendo sido acolhido pela CF/88**[61]. Existe doutrina no sentido de que nada impede que as Constituições Estaduais e as Leis Orgânicas Municipais tragam a previsão desse princípio, conferindo uma segurança maior para o contribuinte do que a mera positivação do princípio da anterioridade[62].

Imagine-se, por exemplo, uma lei publicada em 2015, elevando a alíquota do imposto sobre a propriedade territorial rural (ITR). Nesse caso, o efeito de agravamento da carga tributária (elevação da alíquota) só poderá produzir efeitos em relação aos fatos geradores constatados a partir de primeiro de janeiro de 2016.

Para o STJ (REsp 318.849, j. 07.03.2002), o que determina a vigência da lei é a data da publicação, pouco importando que o Diário Oficial tenha circulado apenas no ano seguinte.

---

não definitivamente julgado: a) quando deixe de defini-lo como infração; b) quando deixe de tratá-lo como contrário a qualquer exigência de ação ou omissão, desde que não tenha sido fraudulento e não tenha implicado em falta de pagamento de tributo; c) quando lhe comine penalidade menos severa que a prevista na lei vigente ao tempo da sua prática.

61. "Continua válida no sistema a prescrição do art. 165, §§ 5º e 8º, que determina a obrigatoriedade da inclusão de todas as receitas no orçamento anual. Sua inobservância, todavia, não mais inibe a possibilidade de exigência do gravame desde que se obedeça à anterioridade fixada no art. 150, III, *b* (...)" (CARVALHO, Paulo de Barros. Curso de Direito Tributário. 25ª. ed. São Paulo: Saraiva, 2013, p. 167).

62. CARRAZZA, Roque Antônio. Curso de Direito Constitucional Tributário. 30ª edição. São Paulo: Editora Malheiros, 2015, p. 247.

Assim, caso a lei seja publicada em 31 de dezembro de 2018 e o respectivo Diário Oficial só circule no dia primeiro de janeiro, estaria observado o princípio da anterioridade anual.

No RE 232.084 (j. 04.04.2000), o STF entendeu que não haveria violação ao princípio da anterioridade se a Medida Provisória que aumenta tributo fosse editada no Diário Oficial de 31 de dezembro que circulasse num sábado, sendo distribuído apenas na segunda-feira no ano seguinte. Seria irrelevante o fato de o último dia do ano em que publicada a lei caísse num sábado.

Percebe-se pelo texto constitucional que a proteção só existe em face da instituição ou aumento de tributo. Se a lei nova extinguir ou reduzir o tributo, não se exige que sua produção de efeitos seja postergada para o exercício seguinte, sendo perfeitamente possível a aplicação imediata. Tal ocorre porque a anterioridade anual é uma garantia para o contribuinte, não para o ente tributante, editor das leis.

Com esse pensamento, o STF consignou na ementa da ADI 939 (j. 15.12.1993) que o princípio da anterioridade tributária é uma garantia individual do contribuinte, protegida pelo manto da **cláusula pétrea**, não podendo ser suprimido por emenda constitucional. Trata-se de um **direito individual análogo**, fora do catálogo do artigo 5º da CF.

Apesar desse peso conferido ao princípio da anterioridade, o Supremo tem adotado uma posição restritiva de sua aplicação em vários de seus julgados.

No RE 209.386 (j. 05.12.1997), o Pretório Excelso decidiu que a lei que se limita simplesmente a mudar o prazo de recolhimento da obrigação tributária, sem qualquer outra repercussão, não se submete ao princípio da anterioridade. A matéria foi objeto da **súmula 669 do STF**, convertida na **súmula vinculante 50**, segundo a qual "**norma legal que altera o prazo de recolhimento da obrigação tributária não se sujeita ao princípio da anterioridade**"[63].

Seguindo essa linha restritiva, o STF também possui julgado no qual considerou que **a redução ou a extinção de desconto para pagamento de tributo não pode ser equiparada à majoração do tributo** (ADI-MC 4.016, j. 01.08.2008). Ou seja, mesmo que a redução ou extinção de desconto acarrete uma situação mais gravosa para o contribuinte, não haverá a proteção da anterioridade anual, pois o STF rechaçou a tese segundo a qual a redução ou supressão de desconto previsto em lei implica, automaticamente, aumento do valor do tributo.

Por fim, ressalte-se o entendimento do STF de que a modificação dos fatores de indexação ou a mudança de índice de atualização monetária não deve obediência à anterioridade tributária (RE 200.844 AgR, j. 25.06.2002):

> Substituição legal dos fatores de indexação. Alegada ofensa às garantias constitucionais do direito adquirido e da anterioridade tributária. Inocorrência. Simples atualização

63. Segundo o entendimento doutrinário rejeitado pela jurisprudência, a alteração do prazo de pagamento do tributo deve observar o princípio da anterioridade: "o princípio da anterioridade não é respeitado se lei do exercício financeiro em curso reduz prazos de pagamento do tributo (...) É que tais práticas aumentam a perda patrimonial do contribuinte e, *ipso facto*, majoram o tributo." (CARRAZZA, Roque Antônio. Curso de Direito Constitucional Tributário. 30ª. ed. São Paulo: Malheiros, 2015, p. 250).

> monetária que não se confunde com majoração do tributo. (...) A modificação dos fatores de indexação, com base em legislação superveniente, não constitui desrespeito a situações jurídicas consolidadas (CF, art. 5º, XXXVI), nem transgressão ao postulado da não surpresa, instrumentalmente garantido pela cláusula da anterioridade tributária (CF, art. 150, III, b).

A atualização monetária, para o STF, não se classifica como aumento de tributo, para fins de aplicação da legalidade ou da anterioridade.

3.2.1 *Revogação de isenções e anterioridade*

Tema que exige muita cautela em sua análise é o da aplicabilidade ou não do princípio da anterioridade em relação às revogações de isenções tributárias.

A doutrina majoritária entende que, ao se revogar uma isenção de tributo, estar-se-ia inevitavelmente aumentando a carga tributária sobre os contribuintes envolvidos, o que atrairia a proteção da anterioridade[64]. Desse modo, revogada a lei que concedia a isenção, a situação mais gravosa para o contribuinte só passaria a valer a partir do exercício seguinte ao da publicação da lei revogadora.

A jurisprudência do Supremo, todavia, trilhou orientação diversa. Desde a égide da Constituição anterior, o STF já entendia que a revogação de isenção opera de imediato, passando o tributo a ser devido sobre as transações posteriores, ainda que no mesmo exercício (RMS 15.466, DJ 02.03.1966; RE 97.482, j. 26.10.1982). Em julgado posterior à Constituição de 1988, o STF adotou a mesma lógica, registrando que revogada a isenção, o tributo torna-se imediatamente exigível, não havendo que se observar o princípio da anterioridade (RE 204.062, 27.09.1996). E, em 2012, a 2ª Turma do STF decidiu que "a revisão ou revogação de benefício fiscal, por se tratar de questão vinculada à política econômica que pode ser revista pelo Estado a qualquer momento, não está adstrita à observância das regras de anterioridade tributária" (RE 617.389 AgR, j. 08.05.2012).

Para essa compreensão, em caso de isenção, o tributo já existe, e por isso a revogação da benesse não representa criação de tributo novo, mas apenas restauração do direito de cobrar o tributo, o que não implicaria na observância do princípio da anterioridade. Também de acordo com decisão do STF, a "redução ou a extinção de desconto para pagamento de tributo sob determinadas condições previstas em lei, como o pagamento antecipado em parcela única, não pode ser equiparada à majoração do tributo", não justificando a incidência do princípio da anterioridade tributária (ADI 4016 MC, j. 01.08.2008). No julgamento da medida cautelar na ADI 4016, portanto, restou "vencida a tese de que a redução ou supressão de desconto previsto em lei implica, automática e aritmeticamente, aumento do valor do tributo devido". O julgamento do mérito dessa ADI foi considerado prejudicado em 24.05.2019, pela perda superveniente do seu objeto.

64. Na posição favorável aos contribuintes: "a lei que afasta ou diminui uma isenção tributária assemelha-se, em tudo e por tudo, à que cria ou aumenta um tributo. Afinal, o encargo que acarreta para o contribuinte é o mesmo. Seu patrimônio será, por igual modo, atingido." (CARRAZZA, Roque Antônio. Curso de Direito Constitucional Tributário. 30ª. ed. São Paulo: Malheiros, 2015, p. 251).

Em setembro de 2014, a 1ª Turma do STF, em votação apertada, decidiu de modo contrário à jurisprudência anterior (RE 564.225 AGR, j. 02.09.2014 – grifos adicionados)[65]:

> (...) **Promovido aumento indireto do Imposto Sobre Circulação de Mercadorias e Serviços – ICMS por meio da revogação de benefício fiscal, surge o dever de observância ao princípio da anterioridade**, geral e nonagesimal, constante das alíneas "b" e "c" do inciso III do artigo 150, da Carta. Precedente – Medida Cautelar na Ação Direta de Inconstitucionalidade nº 2.325/DF, de minha relatoria, julgada em 23 de setembro de 2004.

O que parecia ser um julgado isolado da 1ª Turma acabou sendo reafirmado pela 2ª Turma em 2018, quando se decidiu que não só a majoração direta dos tributos atrai a aplicação da anterioridade nonagesimal, mas também a indireta resultante da revogação de benefícios fiscais (RE 1.081.041 AgR, j. 09.04.2018).

Nesse último julgado, a decisão foi tomada por unanimidade, o que sinaliza uma alteração de entendimento do STF. No RE 564.225 AgR-EDv-AgR (Pleno, j. 20.11.2019)[66], foi registrada a presença de decisões em ambas as Turmas do STF exigindo a aplicação da anterioridade na revogação de isenções.

A posição anterior que dispensava a observância da anterioridade, portanto, foi superada pelas decisões mais recentes que exigem a aplicação da anterioridade à revogação de isenções, em observância ao princípio da não surpresa[67].

Uma observação importante deve ser feita. É que a controvérsia abordada acima a respeito da produção de efeitos imediata só diz respeito às isenções não onerosas, que não geram direito adquirido, por não exigirem qualquer contrapartida do contribuinte.

Já as **isenções onerosas**, por sua vez, são aquelas que exigem a satisfação de certas condições a serem cumpridas pelo contribuinte, com o que passam a ser gozadas por prazo definido na lei, gerando, assim, direito adquirido.

Em relação às isenções onerosas é impossível a revogação imediata, devendo-se aguardar o período fixado na lei para a fruição do benefício. Esse é o entendimento expresso na **súmula 544 do STF**: "Isenções tributárias concedidas, sob condição onerosa, não podem ser livremente suprimidas".

Para que fique claro: embora a revogação da lei que concede isenção onerosa seja livre decisão do legislador, a própria isenção não será retirada do mundo jurídico simultaneamente, pois se integrou ao patrimônio jurídico do contribuinte que satisfez os requisitos exigidos.

Na mesma linha, tem-se o artigo 178 do CTN: "A isenção, salvo se concedida por prazo certo e em função de determinadas condições, pode ser revogada ou modificada por lei, a qualquer tempo, observado o disposto no inciso III do art. 104".

---

65. A ADI 2.325 citada no acórdão não tratava de revogação de isenção, mas sim da aplicação da anterioridade à limitação do aproveitamento de crédito do ICMS.
66. "2. Precedentes recentes de ambas as Turmas desta CORTE estabelecem que se aplica o princípio da anterioridade tributária, geral e nonagesimal, nas hipóteses de redução ou de supressão de benefícios ou de incentivos fiscais, haja vista que tais situações configuram majoração indireta de tributos."
67. Dentre elas: RE 1.081.041 AgR, j. 09.04.2018; RE 1.105.918 AgR, j. 15.06.2018; RE 1.193.858 AgR, j. 04.10.2019; RE 1.065.092 AgR, j. 27.09.2019; RE 1253469 AgR, j. 04.05.2020.

O dispositivo mencionado (art. 104, III, do CTN) preceitua que "entram em vigor no primeiro dia do exercício seguinte àquele em que ocorra a sua publicação os dispositivos de lei, referentes a impostos sobre o patrimônio ou a renda que extinguem ou reduzem isenções, salvo se a lei dispuser de maneira mais favorável ao contribuinte, e observado o disposto no artigo 178".

Atente-se que o artigo 104 do CTN refere-se apenas aos impostos sobre o patrimônio ou a renda. Além disso, a doutrina adverte que o dispositivo não representa o princípio da anterioridade (que diria respeito à eficácia da norma tributária), já que trata da entrada em vigor da lei. A diferença em relação ao texto constitucional no que tange à anterioridade é que a Constituição veda aos entes "cobrar tributos", não havendo uma vedação específica à revogação de isenção. **Para que se entenda aplicável a anterioridade constitucional (e, portanto, superado o art. 104, III do CTN), deve-se adotar a interpretação de que a revogação de isenções equivale à cobrança de tributos.** Sendo assim, o art. 104, III do CTN estaria esvaziado pela anterioridade constitucional, que seria suficiente para impedir a surpresa do contribuinte em relação à revogação de qualquer isenção.

Parece que a aplicação do princípio da anterioridade em relação à revogação de isenções é decidida pelo STF sem maiores considerações a respeito do art. 104, III do CTN. A limitação desse dispositivo a impostos sobre o patrimônio ou renda e a referência à **entrada em vigor** contrasta com a amplitude maior do princípio da anterioridade constitucional, que abrange todos os tributos e se volta à **eficácia** da lei tributária ("cobrar tributos").

De qualquer forma, diante da orientação do STF de que a revogação de isenções é vedada pelo princípio constitucional da anterioridade, a utilidade e aplicação do art. 104, III do CTN restará prejudicada, diante da amplitude maior da anterioridade constitucional.

Por fim, não se deve confundir a revogação de isenções com a **postergação de hipótese de redução de imposto**, pois esta última não se equipara a aumento do tributo, não atraindo a incidência da anterioridade. Em hipótese que analisou especificamente direito ao creditamento no ICMS, o STF fixou a seguinte tese de **repercussão geral** (RE 603.917, j. 25.10.2019): "A postergação do direito do contribuinte do ICMS de usufruir de novas hipóteses de creditamento, por não representar aumento do tributo, não se sujeita à anterioridade nonagesimal prevista no art. 150, III, 'c', da Constituição". Assim, se determinada lei prevê um benefício para o contribuinte, por exemplo, um direito de crédito anteriormente inexistente, e essa benesse tem seu termo inicial de fruição adiado por outra lei, não haverá surpresa de aumento de carga tributária a ser protegida pela anterioridade (anual ou nonagesimal).

3.2.2 *Exceções ao princípio da anterioridade anual*

> CF, art. 150, § 1º: **A vedação do inciso III, *b*, não se aplica aos tributos previstos nos arts. 148, I, 153, I, II, IV e V; e 154, II**; e a vedação do inciso III, *c*, não se aplica aos tributos previstos nos arts. 148, I, 153, I, II, III e V; e 154, II, nem à fixação da base de cálculo dos impostos previstos nos arts. 155, III, e 156, I.

A Constituição estabeleceu, no art. 150, § 1 ° acima, algumas exceções ao princípio da anterioridade anual. Certos tributos não precisam aguardar o exercício seguinte para que a respectiva instituição ou majoração produza efeitos.

Pela sua natureza extrafiscal, os impostos sobre importação, sobre exportação e sobre "operações financeiras" (II, IE e IOF) não se submetem à anterioridade anual. Caso houvesse necessidade de se aguardar o exercício seguinte para a produção de efeitos nesses tributos regulatórios, sua função indutora restaria inutilizada.

Também o IPI é exceção à anterioridade de exercício. Apesar de não haver consenso quanto à predominância de sua função (se fiscal ou extrafiscal), fato é que a instituição ou majoração do IPI pode produzir efeitos no mesmo exercício em que a lei for publicada. O **IPI não se submete à anterioridade anual, mas deve obedecer a anterioridade nonagesimal.** Apesar de não se aguardar o exercício seguinte, é necessário o interstício do prazo de 90 dias para a instituição ou majoração do IPI.

O imposto extraordinário de guerra, também de competência da União, previsto no art. 154, II, pode ser instituído e cobrado imediatamente, pela própria excepcionalidade de uma situação de guerra que o pressupõe.

Também os empréstimos compulsórios (mais uma vez, competência da União) instituídos **nos casos de calamidade pública, de guerra externa ou sua iminência são exceções à anterioridade anual. Na outra hipótese de empréstimo compulsório (no caso de investimento público de caráter urgente e de relevante interesse nacional), deve ser observado o disposto no art. 150, III, "b" (CF, art. 148**, II). Interessante notar que os empréstimos compulsórios, em qualquer hipótese, devem ser instituídos por lei complementar, o que representa um maior rigor para no processo legislativo, em contraposição com a inobservância da anterioridade em uma de suas hipóteses.

Dentre as contribuições, as que se destinam à seguridade social devem observar apenas a anterioridade nonagesimal, não se lhes aplicando a anterioridade anual[68].

Duas exceções peculiares à anterioridade anual dizem respeito ao ICMS monofásico incidente sobre combustíveis definidos em lei complementar e à CIDE-combustíveis. A peculiaridade consiste no fato de a exceção à anterioridade abranger apenas o restabelecimento da alíquota anteriormente reduzida por ato do Poder Executivo[69]. Apenas quando a majoração de alíquota corresponde a um restabelecimento ao percentual dentro dos limites fixados em lei é que estará dispensada a obediência à anterioridade anual.

---

68. CF, art. 195, § 6º: As contribuições sociais de que trata este artigo só poderão ser exigidas após decorridos noventa dias da data da publicação da lei que as houver instituído ou modificado, não se lhes aplicando o disposto no art. 150, III, "b".

69. CF, CF, art. 155, § 4º Na hipótese do inciso XII, h, observar-se-á o seguinte: (...) IV - as alíquotas do imposto serão definidas mediante deliberação dos Estados e Distrito Federal, nos termos do § 2º, XII, g, observando-se o seguinte: (...) c) poderão ser reduzidas e restabelecidas, não se lhes aplicando o disposto no art. 150, III, b; CF, art. 177, § 4º A lei que instituir contribuição de intervenção no domínio econômico relativa às atividades de importação ou comercialização de petróleo e seus derivados, gás natural e seus derivados e álcool combustível deverá atender aos seguintes requisitos: I - a alíquota da contribuição poderá ser: (...) b) reduzida e restabelecida por ato do Poder Executivo, não se lhe aplicando o disposto no art. 150,III, b.

➜ Exceções ao princípio da anterioridade anual:

- II, IE, IPI, IOF
- Imposto Extraordinário de Guerra
- Empréstimo Compulsório em caso de guerra ou calamidade pública
- Contribuições **da seguridade social**
- ICMS monofásico sobre combustíveis
- CIDE-combustível

➜ Atenção para as contribuições:

As contribuições **da seguridade social** não obedecem a anterioridade anual, mas obedecem a noventena (CF, 195, § 6º).

Já as demais contribuições obedecem a anterioridade anual e a noventena, salvo a CIDE-combustível, que não obedece a anterioridade anual para o restabelecimento de alíquotas reduzidas por ato do Poder Executivo.

3.3 Anterioridade nonagesimal (noventena)

> CF, art. 150. Sem prejuízo de outras garantias asseguradas ao contribuinte, é vedado à União, aos Estados, ao Distrito Federal e aos Municípios: (...) III - cobrar tributos: (...) c) antes de decorridos noventa dias da data em que haja sido publicada a lei que os instituiu ou aumentou, observado o disposto na alínea b;
>
> (...) art. 195, § 6º As contribuições sociais de que trata este artigo só poderão ser exigidas após decorridos noventa dias da data da publicação da lei que as houver instituído ou modificado, não se lhes aplicando o disposto no art. 150, III, "b".

O princípio da anterioridade nonagesimal significa que a lei que institui ou aumenta um tributo só produzirá efeitos 90 dias após sua publicação.

O objetivo dessa proteção adicional em relação à anterioridade de exercício é evitar que leis publicadas nos últimos dias do ano cumpram o princípio da anterioridade anual sem oferecer um tempo razoável para o contribuinte planejar suas atividades, driblando o princípio da segurança jurídica.

Assim, caso um tributo tenha sua alíquota elevada no dia 31 de dezembro, não produzirá efeitos no dia seguinte, primeiro de janeiro, sendo necessário o transcurso do prazo de 90 dias (em caso de submissão do tributo às duas espécies de anterioridade). A "noventena" estava na CF desde sua promulgação em relação às contribuições da seguridade social, que não precisavam observar a anterioridade anual (CF, 195, § 6º). Com a EC 42/03, estendeu-se genericamente aos demais tributos.

A anterioridade nonagesimal prevista para as contribuições da seguridade social no art. 195, § 6º da CF se refere à lei que institua ou **modifique** a contribuição social, enquanto a noventena prevista para os tributos em geral no art. 150, III, *c* da CF fala em lei que institua ou **aumente** tributo. Em que pese a palavra "modificação" possuir uma acepção mais ampla que "aumento", o STF já pacificou o entendimento de que a diferença entre os termos, nesse caso, é irrelevante. No RE 201.618 (j. 20.05.1997), por exemplo, foi adotado o entendimento de que a alteração de critério de atualização monetária para contribuição da seguridade social não ofendia a anterioridade nonagesimal, tendo em vista não haver no caso majoração de tributo ou modificação da base de cálculo e do fato gerador. O mesmo entendimento foi reiterado no RE 199.198 (j. 28.05.2002)[70].

Consequência dessa orientação é a inaplicabilidade da anterioridade nonagesimal nos casos de alteração do prazo de recolhimento da contribuição para a seguridade social, já que a modificação nessa hipótese não é substancial (leia-se, não representa um aumento do tributo).

Como já se viu, esse entendimento se estende a todos os tributos, incluindo também a anterioridade anual, como se extrai da **súmula vinculante 50**: "norma legal que altera o prazo de recolhimento da obrigação tributária não se sujeita ao princípio da anterioridade".

Outra questão interessante relativa à anterioridade nonagesimal enfrentada pelo STF é a hipótese de **prorrogação de alíquota já aplicada anteriormente**.

As primeiras discussões que chegaram ao STF sobre esse tema tratavam da anterioridade nonagesimal do art. 195, § 6º da CF. A orientação definida pela Corte Constitucional foi no sentido de que **a lei que se limita a prorrogar a cobrança da contribuição ainda vigente não se sujeitaria à anterioridade nonagesimal** (ADI 2666, j. 03.10.2002). O princípio da anterioridade nonagesimal aplica-se somente aos casos de instituição ou modificação da contribuição social, e não ao caso de simples prorrogação da lei que a houver instituído ou modificado.

No voto da relatora Ellen Gracie, foi explicitado que a prorrogação da vigência da contribuição, sem solução de continuidade, não se subsume a nenhuma das hipóteses em que se tem como obrigatória a observância do prazo nonagesimal: instituição ou majoração da contribuição social.

Esse entendimento foi reiterado em sede de **repercussão geral** (RE 566.032, j. 25.06.2009). No voto do relator Gilmar Mendes restou consignado que não haveria violação da segurança jurídica no caso, pois o contribuinte já vinha pagando a alíquota prorrogada por um longo período de tempo.

Além disso, não só a anterioridade nonagesimal do art. 195, § 6º da CF está abrangida por essa orientação. A mesma *ratio* é aplicada à anterioridade nonagesimal relativa aos tributos em geral (CF, art. 150, III, *c*), o que também já foi solidificado em **repercussão geral** pelo STF no RE 584.100 (j. 25.11.2009).

Por outro lado, **haverá violação à anterioridade nonagesimal quando a suposta "prorrogação" ocorrer após já expirada a vigência da norma que se pretende manter no ordenamento**. Numa situação assim, não seria o caso de prorrogação, pois não se pode prorrogar norma que já não se encontra no ordenamento jurídico. Não se admite, portanto, a vigência retroativa (ADI 1135, j. 13.08.1997).

---

70. Em voto na ADI 1135 (j. 13.08.1997), o Ministro Carlos Velloso foi categórico: "a expressão 'modificado', posta no § 6º do art. 195, da Constituição, deve ser entendida como 'majorado'.".

No mesmo sentido decidiu o STF no RE 587.008 (j. 02.02.2011), submetido à sistemática de **repercussão geral**: "(...) A emenda Constitucional nº 10/96 (...) é um novo texto que veicula nova norma, e não mera prorrogação da emenda anterior. (...) Necessidade de observância do princípio da anterioridade nonagesimal contido no art. 195, § 6º da Constituição Federal". No caso do RE 587.008, a EC 10/96 sobreveio em 04.03.1996, após expirado o prazo de vigência da ECR 1/94. Não houve mera prorrogação, tendo em vista a solução de continuidade.

Percebe-se da transcrição do RE 587.008 acima que nem mesmo emenda constitucional pode contrariar o princípio da anterioridade, que representa uma garantia individual e, portanto, uma cláusula pétrea. Assim, expirado o prazo de vigência de determinada contribuição social, não cabe sua "prorrogação" sem respeito à noventena. Essa mesma orientação foi mais uma vez reiterada no RE 848.353 (j. 12.05.2016), em sede de **repercussão geral**. Em se tratando de nova norma, e não de mera prorrogação da anterior, a contribuição só poderia passar a ser exigida após decorridos noventa dias da data da publicação da respectiva norma (voto do relator Teori Zavascki no RE 848.353).

Assim como a anterioridade anual, a anterioridade nonagesimal também possui exceções. Nesse ponto devemos separar a anterioridade nonagesimal prevista no art. 150, III, *c* da CF da prevista no art.195, § 6º. Essa última só é aplicável às contribuições da seguridade social. Já a noventena prevista no art. 150. III, *c* dirige-se a todos os tributos e possui algumas exceções[71].

Os impostos extrafiscais sobre a importação, sobre a exportação e sobre operações financeiras (II, IE e IOF) não se sujeitam à regra da noventena. Da mesma forma que estes não se sujeitam à anterioridade anual, a justificativa permanece a mesma: o objetivo de atuar como indução dos agentes econômicos requer uma celeridade que seria prejudicada com o prazo de noventa dias.

Também o imposto extraordinário de guerra e o empréstimo compulsório em caso de guerra ou calamidade pública não se sujeitam à anterioridade nonagesimal (estes tributos também não se sujeitam à anterioridade anual). As situações urgentes de guerra e calamidade pública justificam a não submissão à noventena.

A mesma observação feita sobre o empréstimo compulsório na anterioridade anual vale também em relação à nonagesimal. Apenas no caso de guerra ou calamidade pública ocorre a exceção. Na outra hipótese de empréstimo compulsório (no caso de investimento público de caráter urgente e de relevante interesse nacional), deve ser observado o disposto no art. 150, III, *c*.

O imposto de renda também não precisa observar a anterioridade nonagesimal, mas precisa obedecer a anterioridade anual. Isso significa que se a alíquota do imposto de renda for aumentada em 31 de dezembro, essa majoração valerá já para o dia seguinte, pois, estaria atendida a anterioridade anual e não seria preciso respeitar o prazo de 90 dias diante da exceção que o imposto de renda representa para a noventena.

---

71. CF, art. 150, § 1º, segunda parte: "(...) a vedação do inciso III, c, não se aplica aos tributos previstos nos arts. 148, I, 153, I, II, III e V; e 154, II, nem à fixação da base de cálculo dos impostos previstos nos arts. 155, III, e 156, I.".

Por fim, há mais duas exceções peculiares, que dizem respeito apenas à fixação da **base de cálculo** do IPVA (imposto sobre a propriedade de veículo automotor) e do IPTU (imposto sobre a propriedade territorial urbana). Assim, a fixação da base de cálculo desses impostos não precisa aguardar o prazo de noventa dias para produzir efeitos. Já a alteração de alíquota está submetida à anterioridade nonagesimal.

➔ Exceções ao princípio da anterioridade nonagesimal:

- II, IE, IOF
- Imposto Extraordinário de Guerra
- Empréstimo Compulsório em caso de guerra ou calamidade pública
- Imposto de renda
- Fixação da base de cálculo do IPVA e do IPTU

3.4 Anterioridade e medida provisória

> CF, art. 62, § 2º Medida provisória que implique instituição ou majoração de **impostos**, exceto os previstos nos arts. 153, I, II, IV, V, e 154, II, só produzirá efeitos no exercício financeiro seguinte se houver sido convertida em lei até o último dia daquele em que foi editada.

As medidas provisórias possuem uma vigência inicial de 60 dias, prorrogáveis por igual período. Após esse período total de 120 dias, a medida provisória que não for convertida em lei perderá sua eficácia[72].

No que diz respeito ao direito tributário, uma medida provisória que institua ou aumente **impostos** só produzirá efeitos no exercício seguinte se for convertida em lei até o último dia do exercício em que foi editada. O art. 62, § 2º da CF acima transcrito traz uma regra que se aplica apenas aos **impostos**.

Uma medida provisória que aumente a alíquota do Imposto Territorial Rural (ITR), por exemplo, que seja publicada em 20.09.2018, só produzirá efeitos em 2019 se for convertida em lei até o dia 31.12.2018. O ITR obedece tanto a anterioridade anual quanto a nonagesimal. Em se tratando de instituição por medida provisória, é necessário ainda que a medida provisória seja convertida em lei no exercício anterior ao da produção de efeitos. Some-se a isso a exigência de que **a lei de conversão da medida provisória não pode conter alteração substancial** (RE 448.558, j. 29.11.2005).

Caso a medida provisória em questão seja convertida em lei apenas em 02.01.2019, o aumento do ITR só produzirá efeitos em 2020, pois em se tratando de impostos (salvo as exceções a serem analisadas), a medida provisória que os institui ou majora só produz tais efeitos no exercício seguinte ao de sua conversão em lei.

72. CF, art. 62, § 3º As medidas provisórias, ressalvado o disposto nos §§ 11 e 12 perderão eficácia, desde a edição, se não forem convertidas em lei no prazo de sessenta dias, prorrogável, nos termos do § 7º, uma vez por igual período, devendo o Congresso Nacional disciplinar, por decreto legislativo, as relações jurídicas delas decorrentes.

A obediência do ITR ao prazo de 90 dias é contada a partir da data da edição da medida provisória. Assim, a lei que converte a medida provisória pode ser publicada em 31 de dezembro e o aumento de alíquota produzirá efeitos no dia seguinte se a data da edição da medida provisória é de mais de 90 dias do dia primeiro de janeiro de 2020.

Em outras palavras, o marco para se averiguar a obediência à anterioridade nonagesimal é a data da edição da medida provisória, e não a data da lei de conversão.

O art. 62, § 2º da CF traz algumas exceções à necessidade de conversão em lei no exercício anterior ao da produção de efeitos da instituição ou do aumento. Não se submetem ao requisito os seguintes impostos: II, IE, IPI, IOF e o imposto extraordinário de guerra. No caso do II, IE, IOF e imposto extraordinário de guerra, a medida provisória que veicule aumento desses impostos produzirá efeitos imediatamente, pois não há necessidade de se obedecer à anterioridade anual e à nonagesimal, tampouco de haver conversão em lei. No caso do IPI, há necessidade de se observar a anterioridade nonagesimal, aguardando-se o transcurso de 90 dias, contados da edição da medida provisória, para a produção de efeitos.

Em relação aos outros tributos não se aplica o art. 62, § 2º. Desse modo, não há necessidade de conversão da medida provisória em lei, devendo-se observar, em relação a cada espécie tributária, a incidência ou não dos princípios da anterioridade anual e nonagesimal.

Tome-se como exemplo as contribuições de intervenção no domínio econômico, as contribuições no interesse das categorias profissionais e as taxas, todos esses tributos sujeitos aos princípios da anterioridade anual e nonagesimal, mas não sujeitos ao art. 62, § 2º, não havendo necessidade de prévia conversão em lei da medida provisória. No caso desses tributos, uma medida provisória editada em 20.09.2018 já produziria efeitos em 01.01.2019, mesmo que não fosse convertida em lei até o dia 31.12.2018. Em não havendo o obstáculo de conversão em lei do art. 62, § 2º da CF, vale a regra geral de que a medida provisória tem força de lei, devendo observar apenas as regras de anterioridade, se for o caso. A conversão em lei só seria necessária para que a medida provisória não perca seus efeitos após o prazo de 120 dias contados de sua edição[73].

Agora um exemplo de contribuição para a seguridade social. Não se exige o requisito de conversão em lei do art. 62, § 2º da CF, que só se aplica aos impostos. Tais contribuições só devem respeito à anterioridade nonagesimal, e não à anterioridade anual (CF, art. 195, § 6º). Desse modo, uma medida provisória que institua ou aumente uma contribuição para a seguridade social produzirá efeitos 90 dias após sua edição, independentemente da data. Seja a medida provisória editada em primeiro de janeiro, 10 de junho ou 31 de dezembro, sempre será necessário aguardar o prazo de 90 dias, não se inquirindo acerca de conversão em lei ou anterioridade anual.

Uma observação se faz necessária. As medidas provisórias possuem uma vigência inicial de 60 dias, prorrogáveis por igual período. Num caso em que não haja necessidade de conversão em lei para a produção de efeitos de medida provisória que institua ou

73. CF, art. 62, § 3º As medidas provisórias, ressalvado o disposto nos §§ 11 e 12 perderão eficácia, desde a edição, se não forem convertidas em lei no prazo de sessenta dias, prorrogável, nos termos do § 7º, uma vez por igual período, devendo o Congresso Nacional disciplinar, por decreto legislativo, as relações jurídicas delas decorrentes.

aumente tributo, é possível que uma medida produza efeitos por apenas 30 dias[74], caso não seja convertida em lei. O requisito da conversão em lei continua sendo exigido para que a medida provisória não perca sua eficácia. Isso porque **qualquer** medida provisória precisa ser convertida em lei em até 120 dias após sua edição.

Para que fique claro: a desnecessidade de conversão em lei para produção de efeitos de medida provisória que institua ou aumente determinado tributo (art. 62, § 2º da CF, que se aplica apenas a **impostos**) não significa desnecessidade de conversão em lei da medida provisória.

Resumindo:

- medida provisória que institua ou aumente **impostos** (salvo II, IE, IPI, IOF e imposto extraordinário de guerra) só produzirá efeitos no exercício seguinte se for convertida em lei até o último dia do exercício em que foi editada;
- medida provisória que implique em aumento de II, IE, IPI, IOF e o imposto extraordinário de guerra não precisa ser convertida em lei até o último dia do exercício em que foi editada, produzindo efeitos imediatamente, salvo em relação ao IPI, que obedece a noventena;
- medida provisória que institua ou aumente contribuição de melhoria, contribuições de intervenção no domínio econômico, contribuições no interesse das categorias profissionais e taxas não precisa ser convertida em lei até o último dia do exercício em que foi editada, mas há necessidade de se observar os princípios da anterioridade anual e nonagesimal;
- medida provisória que institua ou aumente contribuição para a seguridade social não precisa ser convertida em lei até o último dia do exercício em que foi editada, mas há necessidade de se observar o princípio nonagesimal.

4. PRINCÍPIO DO NÃO CONFISCO

> CF, art. 150. Sem prejuízo de outras garantias asseguradas ao contribuinte, é vedado à União, aos Estados, ao Distrito Federal e aos Municípios:
>
> (...) IV - utilizar tributo com efeito de confisco;

O princípio do não confisco no direito tributário brasileiro significa a vedação constitucional à utilização do tributo com efeito de confisco.

Ensina Luciano Amaro que "confiscar é tomar para o Fisco, desapossar alguém de seus bens em proveito do Estado"[75]. Apesar de o tributo representar uma supressão parcial do direito de propriedade, essa supressão não pode assumir tal monta de modo a se tornar

74. Após 90 dias de edição da medida provisória restam apenas mais 30 dias de eficácia, pois após o período de 120 dias sem conversão em lei a medida provisória deixa de produzir efeitos. CF, art. 62, § 3º As medidas provisórias, ressalvado o disposto nos §§ 11 e 12 perderão eficácia, desde a edição, se não forem convertidas em lei no prazo de sessenta dias, prorrogável, nos termos do § 7º, uma vez por igual período, devendo o Congresso Nacional disciplinar, por decreto legislativo, as relações jurídicas delas decorrentes.

75. AMARO, Luciano. Direito Tributário Brasileiro. 11ª edição. São Paulo: Editora Saraiva, 2005, p. 144.

confiscatória. Não se pode, a pretexto de exigir tributo, anular a propriedade privada. Em uma imagem popular, não se pode "esganar a galinha dos ovos de ouro". A esse respeito, a teoria econômica da "Curva de Laffer" propõe que determinada elevação da carga tributária prejudica a economia e diminui a arrecadação.

A identificação de uma situação de confisco, contudo, é tarefa complexa. Não existe uma fórmula matemática a ser utilizada para todos os tributos que forneça uma resposta acerca da configuração ou não do efeito de confisco. Diante da indeterminação desse tipo, a análise casuística ganha maior importância.

Em tributos extrafiscais, por exemplo, há uma tolerância maior a alíquotas altas, já que a necessidade de coibir determinado comportamento econômico pode justificar uma tributação que represente um desestímulo ou até mesmo um impedimento a algumas operações. Uma alíquota elevada de ICMS ou IPI sobre cigarro pode ser considerada constitucional, não havendo confisco, enquanto a mesma alíquota sobre gêneros alimentícios será confiscatória. Ou seja, não existe um percentual fixo a partir do qual todo e qualquer tributo entra no terreno do confisco.

Nessa linha de raciocínio, o STF já decidiu que "o isolado aumento de alíquota do tributo é insuficiente para comprovar a absorção total ou demasiada do produto da atividade econômica, de modo a torná-la inviável ou excessivamente onerosa" (RE 448.432 AgR, j. 20.04.2010).

Essa constatação não impede, como veremos, que a jurisprudência busque alguns parâmetros fixos quanto a exações específicas.

Reconhecendo essa dose de subjetividade, o STF, em importante paradigma, considerou que o efeito confiscatório deve ser avaliado em função da **totalidade da carga tributária de um único ente tributante** (ADI 2010, j. 30.09.1999 – grifos adicionados):

> (...) A proibição constitucional do confisco em matéria tributária nada mais representa senão a interdição, pela Carta Política, de qualquer pretensão governamental que possa conduzir, no campo da fiscalidade, à **injusta apropriação estatal, no todo ou em parte, do patrimônio ou dos rendimentos dos contribuintes**, comprometendo-lhes, pela insuportabilidade da carga tributária, o exercício do direito a uma existência digna, ou a prática de atividade profissional lícita ou, ainda, a regular satisfação de suas necessidades vitais (educação, saúde e habitação, por exemplo). **A identificação do efeito confiscatório deve ser feita em função da totalidade da carga tributária**, mediante verificação da capacidade de que dispõe o contribuinte - considerado o montante de sua riqueza (renda e capital) - para suportar e sofrer a incidência de todos os tributos que ele deverá pagar, dentro de determinado período, à mesma pessoa política que os houver instituído (a União Federal, no caso), condicionando-se, ainda, a aferição do grau de insuportabilidade econômico-financeira, à observância, pelo legislador, de padrões de razoabilidade destinados a neutralizar excessos de ordem fiscal eventualmente praticados pelo Poder Público. **Resulta configurado o caráter confiscatório de determinado tributo, sempre que o efeito cumulativo - resultante das múltiplas incidências tributárias estabelecidas pela mesma entidade estatal - afetar, substancialmente, de maneira irrazoável, o patrimônio e/ou os rendimentos do contribuinte**. - O Poder Público, especialmente em sede de tributação (as contribuições de seguridade social revestem-se de caráter tributário), não pode agir imoderadamente, pois a atividade estatal acha-se essencialmente condicionada pelo **princípio da razoabilidade**. (...)

Não se indaga sobre efeito confiscatório levando em consideração todos os entes tributantes, mas **de apenas um ente político**. Apesar do relator Celso de Mello citar as doutrinas de Ives Gandra e Hugo de Brito, para os quais o efeito confiscatório seria avaliado em função da universalidade da carga tributária de todo o sistema, o STF acabou restringindo essa avaliação aos **tributos em conjunto de um único ente tributante**.

Além disso, o julgado acima ressalta que a aferição do confisco deve se dar em função da noção de razoabilidade. É dizer, o princípio da vedação de efeito confiscatório alinha-se com a tributação razoável.

Outro importante julgado do STF acerca do não confisco é o que estendeu a aplicação do princípio ora estudado às **multas tributárias** (no caso analisado, multa fiscal em razão de inadimplemento). Multa é penalidade, o que não se confunde com tributo, que por sua vez não constitui sanção de ato ilícito (CTN, art. 3º). Apesar de o art. 150, IV da CF mencionar expressamente apenas o tributo, o STF entendeu que a proibição constitucional do confisco em matéria tributária também abrange as multas fiscais (ADI MC 1075, j. 17.06.1998).

Em decisão posterior, o STF reafirmou esse entendimento e acrescentou que o caráter confiscatório da multa fiscal estaria evidenciado diante da **desproporção** entre a violação à norma tributária e a reprimenda sancionadora (ADI 551, j. 24.10.2002). Nesse julgado, a multa tributária invalidada pelo STF era de duas vezes o valor do tributo inadimplido.

Em vários julgados que se seguiram, o STF fixou a orientação de que são confiscatórias as multas fixadas em valor superior ao do tributo devido[76]. Em outras palavras, apesar da dificuldade de se identificar o efeito confiscatório, no que tange às multas o STF solidificou o entendimento de que são confiscatórias as multas que ultrapassam 100% do valor do respectivo tributo.

Por outro lado, há orientação consolidada em sede de **repercussão geral** pela qual o STF considerou razoável a multa moratória fixada em 20% do valor do tributo pago em atraso, não havendo confisco nesse caso (RE 582.461, j. 18.05.2011).

Ainda no que diz respeito aos critérios de identificação do confisco, o STF possui julgado a respeito das taxas. Como tais tributos são contraprestacionais, ou seja, representam uma remuneração de um serviço público, a caracterização do efeito confiscatório deve guardar relação com o custo do serviço estatal. Eis o entendimento do STF (ADI 2551 MC-QO, j. 02.04.2003 – grifos adicionados):

> (...) A taxa, enquanto contraprestação a uma atividade do Poder Público, não pode superar a relação de razoável equivalência que deve existir entre o custo real da atuação estatal referida ao contribuinte e o valor que o Estado pode exigir de cada contribuinte, considerados, para esse efeito, os elementos pertinentes às alíquotas e à base de cálculo fixadas em lei. - **Se o valor da taxa, no entanto, ultrapassar o custo do serviço prestado ou posto à disposição do contribuinte, dando causa, assim, a uma situação de onerosidade excessiva, que descaracterize essa relação de equivalência entre os fatores referidos (o custo real do serviço, de um lado, e o valor exigido do contribuinte, de outro),**

76. RE 833.106 AgR, j. 25.11.2014; AI 851.038 AgR, j. 10.02.2015; RE 602.686 AgR-Segundo, j. 09.12.2014; RE 748.257 AgR, j. 06.08.2013; RE 754.554 AgR, j. 22.10.2013.

> **configurar-se-á**, então, quanto a essa modalidade de tributo, hipótese de **ofensa à cláusula vedatória inscrita no art. 150, IV, da Constituição** da República. (...)

Como se vê, a taxa cujo valor ultrapassar o custo do serviço público que a enseja, inexistindo portanto uma equivalência entre o custo do serviço e o valor exigido, estará configurada uma situação de confisco, vedada pelo art. 150, IV da CF.

Por fim, cumpre destacar que a pena de perdimento, aplicável no âmbito do controle aduaneiro, não é considerada confisco pelo STF (AI 173.689 AgR, j. 12.03.1996):

> Longe fica de configurar concessão, a tributo, de efeito que implique confisco a decisão que, a partir de normas estritamente legais, aplicáveis à espécie, resultou na perda de bem imóvel importado

Nesse julgado, a 2ª turma do STF negou a caracterização de confisco quando a entrada de bens no território nacional sem a obediência das normas legais concernentes à importação leva à perda do bem. De fato, a pena de perdimento possui autorização constitucional[77] e é prevista no art. 105 do Decreto-Lei 37/66, tendo como fundamento o controle aduaneiro, ou seja, o controle de entrada e saída de bens do território nacional, que envolve questões de segurança, ambientais, de saúde pública, sanitárias, entre outras.

Os princípios envolvidos na aplicação da pena de perdimento são mais relativos ao direito aduaneiro[78] que ao direito tributário, razão pela qual não se reputa ofendido o princípio da vedação de utilização de tributo com efeito de confisco.

5. PRINCÍPIO DA LIBERDADE DE TRÁFEGO

> CF, art. 150. Sem prejuízo de outras garantias asseguradas ao contribuinte, é vedado à União, aos Estados, ao Distrito Federal e aos Municípios: (...) V - estabelecer limitações ao tráfego de pessoas ou bens, por meio de tributos interestaduais ou intermunicipais, ressalvada a cobrança de pedágio pela utilização de vias conservadas pelo Poder Público;

A vedação constitucional acima impede que o legislador crie tributo que possua como fato gerador o simples tráfego de pessoas ou bens entre municípios ou Estados. O tributo não pode incidir sobre o deslocamento de pessoas ou bens entre as fronteiras municipais ou estaduais. Privilegia-se a liberdade de locomoção, direito individual previsto no art. 5º, XV da CF[79]. Ricardo Lobo Torres menciona ainda, como fundamentos do art. 150, V, a liberdade de comércio e o princípio do federalismo[80].

---

77. CF, art. 5º, XLVI - a lei regulará a individualização da pena e adotará, entre outras, as seguintes: (...) b) perda de bens.
78. CF, art. 237: A fiscalização e o controle sobre o comércio exterior, essenciais à defesa dos interesses fazendários nacionais, serão exercidos pelo Ministério da Fazenda.
79. CF, art. 5º, XV - é livre a locomoção no território nacional em tempo de paz, podendo qualquer pessoa, nos termos da lei, nele entrar, permanecer ou dele sair com seus bens.
80. TORRES, Ricardo Lobo. Curso de Direito Financeiro e Tributário. 19ª Edição. Rio de Janeiro, Editora Renovar, 2013, p. 67.

Isso não significa dizer, todavia, que qualquer operação interestadual ou intermunicipal está livre da incidência de tributos. Uma venda de mercadoria que tenha vendedor e comprador situados em Estados ou municípios diferentes será uma operação tributada pelo ICMS. Do mesmo modo, será tributado pelo ISS um serviço em que o prestador necessite se deslocar do seu Estado ou município para realizar o serviço em benefício do tomador.

Nesses dois casos, o tributo não incidiu sobre o deslocamento de fronteiras estaduais ou municipais. A tributação não teve como fato gerador o tráfego de pessoas ou bens, mas sim a operação de circulação jurídica de mercadoria (compra e venda) e a prestação de serviço, que, acidentalmente, envolvem mais de um Estado ou município.

Do mesmo modo, é perfeitamente possível a cobrança de tributo sobre serviços de transporte interestadual ou intermunicipal. Ainda que haja, inevitavelmente, uma limitação indireta configurada pela oneração do transporte de pessoas ou bens pelos Estados ou municípios, essa exigência tributária é prevista expressamente pelo constituinte originário ao atribuir aos Estados a competência para a instituição do ICMS[81]. Deve o intérprete reconhecer a vigência das duas normas, embora a mais específica deva prevalecer nas situações que busca regular[82].

Quanto à ressalva do pedágio, deve-se ter em mente que sua natureza jurídica é controvertida. Uma interpretação literal do art. 150, V da CF leva à conclusão de que o pedágio e tributo, pois constitui uma ressalva à cobrança de tributos que poderiam representar limitações ao tráfego de pessoas ou de bens.

No caso de pedágio cobrado por particulares (como, por exemplo, os concessionários das rodovias do Estado de São Paulo), a doutrina entende que a natureza jurídica do valor cobrado passa a ser de preço ou tarifa, não se aplicando o regime jurídico tributário (legalidade, anterioridade, etc.).

Em voto proferido na ADI 800 (j. 11.06.2014), o então ministro do STF Teori Zavascki sintetizou os argumentos das duas correntes:

> "Os que sustentam sua natureza tributária, da subespécie taxa, o fazem sob os seguintes fundamentos, essencialmente: (a) estar o pedágio referido na Constituição quando tratou das limitações ao poder de tributar; (b) constituir pagamento de um serviço específico ou divisível, prestado ao contribuinte ou posto à sua disposição; (c) não ser cabível remunerar serviços públicos por meio outro que não o de taxa (Roque Antônio Carrazza. Curso de direito constitucional tributário financeiro e tributário. 18. ed. São Paulo: Malheiros, 2002, p. 115. Também: Geraldo Ataliba; Aires Barreto. Pedágio federal. Revista de Direito Tributário, São Paulo, nº. 46, p. 90-96, out./dez. 1988). Já os que sustentam tratar-se de preço público, com natureza contratual, o fazem com base nas seguintes considerações: (a) a inclusão no texto constitucional apenas esclarece que, apesar de não

81. CF, art. 155. Compete aos Estados e ao Distrito Federal instituir impostos sobre: (...) II - operações relativas à circulação de mercadorias e sobre prestações de serviços de transporte interestadual e intermunicipal e de comunicação, ainda que as operações e as prestações se iniciem no exterior.

82. "(...) o princípio convive com o imposto estadual sobre operações relativas à circulação de mercadorias e sobre prestação de serviços de transporte interestadual e intermunicipal e de comunicação (ICMS), tributo que sofreu especial cuidado da Constituição, no que tange às operações interestaduais." (AMARO, Luciano. Direito Tributário Brasileiro. 11ª. ed. São Paulo: Saraiva, 2005, p. 146).

incidir tributo sobre o tráfego de pessoas ou bens, pode, excepcionalmente, ser cobrado o pedágio, espécie jurídica diferenciada; (b) não existir compulsoriedade na utilização de rodovias; e (c) a cobrança se dá em virtude da utilização efetiva do serviço, não sendo devida com base no seu oferecimento potencial (Ricardo Lobo Torres. Tratado de direito constitucional tributário. 3. ed. Rio de Janeiro: Renovar, 2005, p. 486. Igualmente: Sacha Calmon Navarro Coêlho. Comentários à Constituição de 1988: sistema tributário. 9. ed. Rio de Janeiro: Forense, 2005, p. 308-309)."

No RE 181.475 (j. 04.05.1999), o STF considerou que o pedágio teria natureza jurídica de taxa. No caso concreto, porém, tratava-se de selo-pedágio cobrado pelo Poder Público, que possuía feição de exação compulsória a todos os usuários de rodovias federais, por meio de um pagamento renovável mensalmente (art. 3º do Decreto 97.532/89), independentemente da frequência de uso das rodovias. Considerou-se haver um serviço público específico e divisível, prestado ao contribuinte ou posto à sua disposição, o que justificaria a natureza de taxa.

Em junho de 2014, contudo, o STF decidiu, por meio de seu Plenário, que pedágio cobrado pelo Poder Público possuía natureza de preço público, não se sujeitando ao princípio da legalidade (ADI 800, j. 11.06.2014).

Nesse julgado, foram utilizados os seguintes argumentos para fundamentar a decisão:

- O enquadramento do pedágio como taxa ou preço público independeria de sua localização topológica no texto constitucional, mas seria relacionado ao preenchimento, ou não, dos requisitos previstos no art. 3º do CTN;
- Seria irrelevante também, para a definição da natureza jurídica do pedágio, a existência, ou não, de via alternativa gratuita para o usuário trafegar.

Além disso, o relator da ADI 800, Teori Zavascki, distinguiu expressamente o selo-pedágio previsto na Lei 7.712/1988 (considerado taxa no RE 181.475 e extinto desde a entrada em vigor da Lei 8.075/1990) do pedágio corriqueiramente cobrado nas rodovias brasileiras atualmente.

Para o STF, o pedágio, tal como cobrado hoje nas rodovias privatizadas, é espécie de preço público por não ser cobrado compulsoriamente de quem não utilizar a rodovia; ou seja, é uma retribuição facultativa paga apenas mediante o uso voluntário do serviço.

6. VEDAÇÕES À UNIÃO E NÃO DISCRIMINAÇÃO EM RAZÃO DA PROCEDÊNCIA OU DESTINO

6.1 Uniformidade geográfica e não discriminação em razão da procedência ou destino

> CF, art. 151. É vedado à União: I – instituir tributo que não seja uniforme em todo o território nacional ou que implique distinção ou preferência em relação a Estado, ao Distrito Federal ou a Município, em detrimento de outro, admitida a concessão de incentivos fiscais destinados a promover o equilíbrio do desenvolvimento sócio-econômico entre as diferentes regiões do País; (...)
>
> Art. 152. É vedado aos Estados, ao Distrito Federal e aos Municípios estabelecer diferença tributária entre bens e serviços, de qualquer natureza, em razão de sua procedência ou destino.

O art. 151, I da CF e o art. 152 são normas que possuem fundamento semelhante. Ambos visam coibir a tributação que diferencie produtos, serviços ou pessoas unicamente em razão da mera localização territorial. Um ente tributante não pode estabelecer uma alíquota maior de determinado imposto simplesmente por causa da localidade.

Ressalte-se que a União mencionada no art. 151 é o ente federal em isolado, ou seja, ordem parcial, e não a República Federativa do Brasil (que, representada pela União, engloba também os Estados, Distrito Federal e Municípios).

Considerando que a União pode representar todos os entes federativos no plano internacional, a distinção é relevante. Esse entendimento já foi adotado pelo STF na ADI 1600 (j. 26.11.2001), quando se decidiu que o âmbito de aplicação do art. 151 da CF é o das relações das entidades federadas entre si, não tendo por objeto a União quando esta se apresenta na ordem externa.

O Constituinte houve por bem tratar da União no art. 151 separadamente dos demais entes federativos, tendo em vista que o **ente federal** (ordem parcial) tem a faculdade de promover incentivos regionais para fomentar o desenvolvimento das localidades com menor desenvolvimento econômico.

A norma do art. 151, I, assim, proíbe que o Presidente da República em exercício utilize o poderio da União para perseguir, mediante discriminação tributária, esse ou aquele Estado ou Município, por razão política ou qualquer outro motivo. Por outro lado, a mesma norma ressalva a concessão de incentivos fiscais destinados a promover o equilíbrio do desenvolvimento socioeconômico entre as diferentes regiões do País[83].

Desse modo, a Constituição chancela a discriminação em favor da busca por uma homogeneidade econômica dos diversos entes do território nacional. Como já ensinava Aliomar Baleeiro, os benefícios fiscais em favor de regiões menos desenvolvidas acabam por favorecer todo o país, "pela ampliação do mercado interno por obra da elevação do poder aquisitivo das populações empobrecidas"[84].

Percebe-se aqui uma decorrência do princípio da isonomia, que exige a utilização de critérios de discrímen que legitimem um tratamento diferenciado. E o critério indicado pelo art. 151, I da CF vai ao encontro do objetivo fundamental da República de reduzir as desigualdades sociais e regionais (CF, art. 3º, III).

Ao analisar a constitucionalidade de alíquotas regionalizadas de IPI sobre açúcar, o STF apoiou-se nos arts. 3º, III e 151, I da CF para decidir que a instituição de incentivo fiscal mediante alíquotas diferenciadas é ato discricionário, fundado em juízo de conveniência e oportunidade, que não se revela passível de controle pelo Judiciário (AI 630.997 AgR, j. 24.04.2007; RE 344.331, j. 11.02.2003).

Esse entendimento foi confirmado em sede de **repercussão geral**, no RE 592.145 (j. 05.04.2017). Nesse julgado, o STF reiterou a constitucionalidade do art. 2º da Lei 8.393/1991,

83. Essa possibilidade não consta do art. 10 do CTN, que possui a seguinte redação: "CTN, art. 10. É vedado à União instituir tributo que não seja uniforme em todo o território nacional, ou que importe distinção ou preferência em favor de determinado Estado ou Município.".

84. BALEEIRO, Aliomar. Direito Tributário Brasileiro. 13ª edição. Rio de Janeiro: Editora Forense, 2015, p. 188.

que concedia isenção aos contribuintes situados na área de atuação da Superintendência de Desenvolvimento do Nordeste (SUDENE) e da Superintendência de Desenvolvimento da Amazônia (SUDAM).

A outra norma constitucional que proíbe a tributação arbitrária em razão da localidade é o art. 152 da CF, que se dirige aos Estados, Distrito Federal e Municípios[85]. Nesse caso, não há a ressalva que permite a tributação diferenciada para promover a redução das desigualdades regionais, já que a atuação de milhares de entes federativos promovendo tratamentos diferenciados criaria distorções ainda maiores.

Aliomar Baleeiro[86] ensina que essa norma proíbe também o tratamento diferencial dos bens importados pelo Estado que os recebe. Esse entendimento é seguido pelo STF, que não admite a alíquota diferenciada de IPVA para veículos importados e os de procedência nacional. Para o Supremo, tal tratamento desigual significaria uma nova tributação pelo fato gerador da importação (RE 367.785 AgR, j. 09.05.2006). No AI 203.845 AgR (j. 07.12.1998), o relator Ministro Maurício Corrêa consignou que o artigo 152 da CF, ao estabelecer a isonomia tributária, impede aos Estados e Municípios tratamento diferenciado dos contribuintes em razão da procedência e destino de bens e serviços, o que implica na vedação de alíquota maior do IPVA para os veículos importados.

Ainda em relação ao art. 152, o STF entende que ofende a vedação à discriminação tributária de natureza espacial a fixação de reserva de mercado a prestadores domiciliados em determinado Estado-membro como requisito para a fruição de regime tributário favorecido e de acesso a investimentos públicos (ADI 5472, j. 01.08.2018). Não pode o Estado estabelecer isenção fiscal condicionada à efetivação de reserva de mercado em favor de contribuintes domiciliados em unidade federativa específica (voto do relator Ministro Edson Fachin). Além disso, a vedação constitucional à discriminação segundo a procedência ou o destino de bens e serviços do art. 152 invalida as distinções em razão do local em que se situa o estabelecimento do contribuinte ou em que produzida a mercadoria (STF, ADI 3984, j. 30.08.2019).

Diversamente, não ofende o art. 152 da CF a exigência de recolhimento antecipado de ICMS nas operações interestaduais. A antecipação de pagamento do imposto, quando a mercadoria se destina a outro Estado, não configura a adoção de diferença tributária, em razão do destino e procedência dos bens (RE 167.034 AgR, j. 14.12.1999).

6.2 Vedação às isenções heterônomas

> CF, art. 151. É vedado à União: (...) III - instituir isenções de tributos da competência dos Estados, do Distrito Federal ou dos Municípios.

85. O art. 11 do CTN possui norma de redação similar, que não se refere apenas aos serviços, provavelmente pela diminuta importância do setor de serviços à época da edição do Código: "CTN, art. 11. É vedado aos Estados, ao Distrito Federal e aos Municípios estabelecer diferença tributária entre bens de qualquer natureza, em razão da sua procedência ou do seu destino.".

86. BALEEIRO, Aliomar. Direito Tributário Brasileiro. 13ª edição. Rio de Janeiro: Editora Forense, 2015, p. 204.

O art. 151, III da CF veda que a União institua isenções sobre tributos não compreendidos em sua competência. Apesar de a norma constitucional possuir vedação expressa apenas à União, é consenso e indisputado que os Estados, o Distrito Federal e os Municípios também não podem instituir isenções sobre tributos de competência alheia. Trata-se de uma decorrência lógica do princípio federativo e da autonomia financeira dos entes.

Essa regra possui exceção prevista na própria Constituição. O art. 156, § 3º, III da CF dispõe que **a União pode, por meio de lei complementar, excluir da incidência do ISS (imposto municipal) exportações de serviços para o exterior**. Como a desoneração tributária ocorrerá por lei complementar (e não diretamente de norma constitucional) de ente diverso do competente para instituir o tributo, tem-se aqui uma isenção heterônoma, isenção instituída por pessoa diversa da que possui a respectiva competência tributária.

Outra norma constitucional similar é o art. 155, § 2º, XII, *e*, que dispõe caber à lei complementar da União excluir da incidência do ICMS (imposto estadual), nas exportações para o exterior, serviços e produtos que não fossem industrializados[87].

Essa regra, contudo, foi tacitamente revogada pela Emenda Constitucional 42/2003, que instituiu imunidade do ICMS nas exportações de forma ampla, não mais incidindo o imposto sobre quaisquer operacões que destinem mercadorias para o exterior, nem sobre serviços prestados a destinatários no exterior[88]. Ao se prever na Constituição, após a EC 42/2002, a imunidade sobre todas as operações que destinem mercadorias para o exterior, não há mais espaço para o legislador complementar da União excluir da incidência do ICMS produtos exportados para o exterior.

Apesar dessa revogação tácita do art. 155, § 2º, XII, *e* da CF, o dispositivo ainda continua no texto constitucional.

Tema que suscita debates na doutrina e na jurisprudência é o das isenções tributárias oriundas de tratados internacionais.

A questão envolve a análise da relação entre os tratados internacionais e a legislação doméstica elaborada pelo Poder Legislativo. Basicamente, há duas correntes a respeito: a de que os tratados não podem ser derrogados pela legislação interna superveniente, e a de que a lei brasileira pode trazer normas contrárias às previstas no tratado.

Para os adeptos da primeira corrente, os compromissos internacionais envolvem concessões que devem ser respeitados no âmbito interno, sob pena de se comprometer a credibilidade da República Federativa do Brasil no plano externo. Os tratados internacionais devem ser observados pela legislação interna em face do princípio *pacta sunt servanda*. Tal dever de observância seria aplicável em relação a qualquer tratado internacional, independentemente da matéria a ser tratada. Tal posição teria mais força a partir de 2009, quando o Brasil ratificou a Convenção de Viena sobre o Direito dos Tratados, a qual prevê, em seu artigo 27, que uma parte não pode invocar as disposições de seu direito interno

87. Antes da EC 42/2003 o art. 155, § 2º, X, *a* da CF concedia imunidade de ICMS sobre produtos industrializados exportados.

88. CF, art. 155, § 2º, X diz que o ICMS não incidirá "sobre operações que destinem mercadorias para o exterior, nem sobre serviços prestados a destinatários no exterior, assegurada a manutenção e o aproveitamento do montante do imposto cobrado nas operações e prestações anteriores" (Redação dada pela EC 42/2003).

para justificar o inadimplemento de um tratado. Haveria um primado dos tratados, e não uma paridade hierárquica entre estes e as leis domésticas[89].

Já para a segunda vertente, o legislador nacional não pode ser impedido de criar novas regras por conta de tratados internacionais, sob pena de se vulnerar a soberania nacional[90]. Nesse sentido, haveria uma paridade hierárquica entre os tratados internacionais e as leis ordinárias, como se pode verificar da jurisprudência do STF (ADI-MC 1480, j. 04.09.2007 – grifos adicionados):

> (...) Os tratados ou convenções internacionais, uma vez regularmente incorporados ao direito interno, situam-se, no sistema jurídico brasileiro, nos mesmos planos de validade, de eficácia e de autoridade em que se posicionam as leis ordinárias, havendo, em conseqüência, entre estas e os atos de direito internacional público, mera relação de paridade normativa. Precedentes. **No sistema jurídico brasileiro, os atos internacionais não dispõem de primazia hierárquica sobre as normas de direito interno.** A eventual precedência dos tratados ou convenções internacionais sobre as regras infraconstitucionais de direito interno somente se justificará quando a situação de antinomia com o ordenamento doméstico impuser, para a solução do conflito, a aplicação alternativa do critério cronológico ("*lex posterior derogat priori*") ou, quando cabível, do critério da especialidade. (...)"

No campo tributário, o Código Tributário Nacional dispõe em seu art. 98 que os tratados internacionais "os tratados e as convenções internacionais revogam ou modificam a legislação tributária interna, e serão observados pela que lhes sobrevenha". Haveria, portanto, uma primazia dos tratados em matéria tributária em face da legislação interna.

A prevalência dos tratados em matéria tributária é aplicada pelo STF também quando se está diante de isenções de tributos estaduais ou municipais instituídas nos acordos internacionais celebrados pela União. O tratado é norma que prevalece sobre a legislação ordinária nesse caso, não só por conta do art. 98 do CTN, mas também por conta de a União atuar no campo internacional em nome da República brasileira, composta por todos os entes federativos (RE 229.096, j. 16.08.2007 – grifos adicionados):

> (...) 1. A isenção de tributos estaduais prevista no Acordo Geral de Tarifas e Comércio para as mercadorias importadas dos países signatários quando o similar nacional tiver o mesmo benefício foi recepcionada pela Constituição da República de 1988. 2. O artigo 98 do Código Tributário Nacional "possui caráter nacional, com eficácia para a União, os Estados e os Municípios" (voto do eminente Ministro Ilmar Galvão). 3. No direito internacional apenas a República Federativa do Brasil tem competência para firmar tratados (art. 52, § 2º, da Constituição da República), dela não dispondo a União, os Estados-membros ou os Municípios. **O Presidente da República não subscreve tratados como Chefe de Governo, mas como Chefe de Estado, o que descaracteriza a existência**

89. "A tese da paridade hierárquica entre tratado internacional e lei interna (...) serve, evidentemente, aos interesses dos Estados que não desejam um constrangimento duradouro à livre expressão da sua soberania interna (...)". (XAVIER, Alberto. Direito Tributário Internacional do Brasil. 8ª. ed. Rio de Janeiro: Forense, 2015, p. 86).

90. Em matéria não tributária, essa corrente é adotada pelo STF no RE 80.004, j. 01.06.1977; na Ext 662, j. 28.11.1996; e no RE 636.331 (repercussão geral, j. 22.05.2017). Para a posição dos tratados de direitos humanos, conferir RE 349.703, j. 03.12.2008.

> **de uma isenção heterônoma, vedada pelo art. 151, inc. III, da Constituição.** 4. Recurso extraordinário conhecido e provido.

Do julgado acima verifica-se que a isenção de tributo estadual oriunda de tratado firmado pela União não seria uma isenção heterônoma, já que a União seria apenas uma representante da República. Em outras palavras, a isenção não seria implementada mediante iniciativa da União como ordem parcial, mas sim pelo conjunto maior de todos os entes federativos da República Federativa[91].

Como já decidiu o STF em outra ocasião, o âmbito de aplicação do art. 151 da CF é o das relações das entidades federadas entre si, e não a União quando esta se apresenta na ordem externa (ADI 1600, j. 26.22.2001).

A vedação do art. 151, III da CF, portanto, não alcança a celebração de tratados internacionais pela União como representante da República Federativa.

6.3 Vedação da tributação discriminatória da renda

> CF, art. 151. É vedado à União:
>
> (...) II - tributar a renda das obrigações da dívida pública dos Estados, do Distrito Federal e dos Municípios, bem como a remuneração e os proventos dos respectivos agentes públicos, em níveis superiores aos que fixar para suas obrigações e para seus agentes;

As obrigações da dívida pública são a remuneração paga a pessoas que emprestam recursos financeiros às pessoas políticas (por meio da compra de títulos da dívida pública). A renda das obrigações da dívida pública é um rendimento de juros correspondente ao valor que o particular disponibiliza a um ente político. A remuneração do capital particular (produto do capital, nos termos do art. 43 do CTN), ao representar um acréscimo patrimonial, pode ser tributada pelo imposto de renda, de competência da União.

O art. 151, II da CF veda justamente que a União, titular da competência para tributar a renda, utilize essa prerrogativa para tornar os títulos da dívida pública dos Estados, Distrito Federal e Municípios de modo mais oneroso, o que acarretaria numa remuneração líquida (após a incidência do imposto de renda) menor para os títulos que não fossem federais. Caso fosse possível à União tributar a renda dos títulos estaduais e municipais com alíquotas maiores, haveria uma concorrência desleal na busca por capital particular, pois o retorno líquido dos títulos federais seria maior, e, portanto, mais atrativo (considerando uma taxa de juros idêntica).

A outra vedação constante no inciso possui objeto diferente, mas a mesma lógica. Não pode a União tributar a remuneração e os proventos dos agentes públicos estaduais, distritais e municipais de forma mais gravosa que tributa os seus agentes públicos (federais). Caso os rendimentos e proventos dos agentes estaduais, por exemplo, tivessem alíquotas de imposto de renda maiores que as aplicáveis aos agentes federais, a União

91. No mesmo sentido RE 258.759 AgR, j. 23.09.2008.

estaria utilizando a tributação para tornar a remuneração no serviço público federal, de forma indireta, mais atrativa, em franca violação ao princípio da isonomia.

7. DIREITOS INDIVIDUAIS EM MATÉRIA TRIBUTÁRIA

A influência de outros princípios constitucionais e direitos individuais sobre a relação entre fisco e contribuintes é notável na jurisprudência, especialmente do STF. A observância dos princípios do devido processo legal, da ampla defesa e do contraditório, por exemplo, torna inconstitucional eventual exclusão do contribuinte de programa de recuperação fiscal (restrição de direitos) sem notificação prévia (RE 669.196, **repercussão geral**, j. 24.10.2020).

A seguir será estudada a aplicação às relações tributárias, pela jurisprudência, de direitos e garantias individuais não necessariamente presentes no texto constitucional reservado especificamente ao sistema tributário nacional.

7.1 Sigilo bancário

O sigilo bancário pode ser definido como a obrigação que os bancos ou instituições financeiras possuem de não revelaras informações que possuam em virtude de sua atividade profissional[92]. Trata-se de uma segurança conferida aos clientes das instituições financeiras de que suas informações bancárias não serão reveladas, configurando verdadeiro ativo oferecido pelos bancos. Sob outra perspectiva, contudo, o sigilo bancário pode favorecer a ocultação de recursos obtidos ilicitamente, proporcionando um abrigo ao produto financeiro de atividades criminosas[93].

Considerando que as instituições financeiras possuem informações úteis à administração tributária, deve-se investigar no sistema normativo a possibilidade ou não da utilização desses dados pelo fisco. No ordenamento jurídico brasileiro, o art. 145, § 1º da CF prevê que a administração tributária pode identificar o patrimônio, os rendimentos e as atividades econômicas do contribuinte para que seja possível a graduação dos impostos de acordo com a capacidade econômica do contribuinte. Uma condicionante para essa atuação do fisco é o respeito aos direitos individuais.

Esse dispositivo, ao conferir ao fisco o poder de investigação do patrimônio do contribuinte, evidencia o conflito entre princípios constitucionais: o da igualdade tributária e o da capacidade contributiva, de um lado, e o direito à intimidade[94] e do sigilo de dados[95] de outro.

92. COVELLO, Sergio Carlos. O Sigilo Bancário. São Paulo: LEUD, 1991, p. 69.

93. O "sigilo bancário é criticado porque ele proporciona abrigo a várias transações internacionais ilegais ou duvidosas" GUEX, Sébastien. The Origins of the Swiss Banking Secrecy Law and Its Repercussions for Federal Policy. Cambridge University Press, 2001. No original: "(...) banking secrecy is criticized because it provides shelter to numerous dubious or illegal international deals (...)".

94. CF, art. 5º, X: "são invioláveis a intimidade, a vida privada, a honra e a imagem das pessoas, assegurado o direito a indenização pelo dano material ou moral decorrente de sua violação".

95. CF, art. 5º, XII: "é inviolável o sigilo da correspondência e das comunicações telegráficas, de dados e das comunicações telefônicas, salvo, no último caso, por ordem judicial, nas hipóteses e na forma que a lei estabelecer para fins de investigação criminal ou instrução processual penal".

Privilegiando a identificação da capacidade contributiva, o legislador infraconstitucional previu a possibilidade de a administração tributária ter acesso a registros de instituições financeiras, inclusive referentes a contas de depósitos e aplicações financeiras (grifo adicionado):

> Lei complementar 105/2001. Art. 6º. As autoridades e os agentes fiscais tributários da União, dos Estados, do Distrito Federal e dos Municípios somente poderão examinar documentos, livros e registros de instituições financeiras, **inclusive os referentes a contas de depósitos e aplicações financeiras**, quando houver processo administrativo instaurado ou procedimento fiscal em curso e tais exames sejam considerados indispensáveis pela autoridade administrativa competente. Parágrafo único. O resultado dos exames, as informações e os documentos a que se refere este artigo serão conservados em sigilo, observada a legislação tributária.

Os contribuintes questionaram o acesso do fisco aos dados bancários, alegando violação à privacidade e ao sigilo de dados. Alegavam que haveria uma quebra do sigilo bancário, a qual só poderia ocorrer mediante prévia autorização judicial.

A Fazenda Nacional, por sua vez, argumentava que os direitos fundamentais não são absolutos, podendo ser limitados, especialmente no intuito de coibir ilícitos. A autoridade fiscal nem mesmo saberia como o dinheiro foi gasto, mas apenas o montante das transações, ou seja, apenas a informação necessária para exercer suas atribuições. Outro argumento era o de que o Estado possui instrumentos de fiscalização muito mais invasivos que o simples acesso a dados bancários. Por exemplo, abrir malas em público nos aeroportos e usar *scanners* modernos que verificam o que se encontra abaixo da roupa das pessoas.

Algumas das premissas adotadas pelos contribuintes eram negadas pela Fazenda Nacional. Nessa linha, não haveria reserva jurisdicional em relação ao acesso a dados bancários, pois as Comissões Parlamentares de Inquérito podem quebrar o sigilo bancário, o que é reconhecido pelo próprio STF. Além disso, não haveria "quebra" de sigilo, mas apenas uma transferência de sigilo, pois os dados repassados à Administração Tributária continuam conservados em sigilo (art. 6º, parágrafo único da LC 105/2001).

Outra tese convincente era a seguinte: se a Receita Federal teria acesso à declaração do patrimônio total de bens dos contribuintes, conjunto maior, não haveria razão para negar o acesso à movimentação bancária, que seria um conjunto menor (entendimento dos Ministros Dias Toffoli, Carmen Lúcia, Ayres Britto e Ellen Gracie no RE 389.808, j. 15.12.2010, Rel. Min. Marco Aurélio).

Além desses argumentos, a realidade internacional, principalmente após o atentado terrorista às Torres Gêmeas nos Estados Unidos no sete de setembro de 2001, passou a ser marcada pelos esforços de rastreamento de recursos financeiros, não só por razões fiscais, mas sobretudo para fortalecer o combate a organizações criminosas e terroristas. Em abril de 2009, os líderes do G20 se reuniram em Londres para declarar o fim da era do sigilo bancário[96], criando um cenário em que os compromissos internacionais exigiriam cada vez mais do Brasil o acesso pelo Estado aos dados bancários de seus cidadãos.

96. The Era of Bank Secrecy is Over. THE G20/OECD PROCESS IS DELIVERING RESULTS 26 OCTOBER 2011. Dentre as ações listadas nessa publicação da OCDE, constou a necessidade de se remover barreiras para uma troca de

No ano de 2016, o STF solidificou seu entendimento em sede de **repercussão geral**, admitindo a constitucionalidade da lei que permite o acesso da administração tributária aos dados bancários (RE 601.314, repercussão geral, j. 24.02.2016 – grifos adicionados).

> (...) 2. **Do ponto de vista da autonomia individual, o sigilo bancário é uma das expressões do direito de personalidade** que se traduz em ter suas atividades e informações bancárias livres de ingerências ou ofensas, qualificadas como arbitrárias ou ilegais, de quem quer que seja, inclusive do Estado ou da própria instituição financeira. (...) 4. Verifica-se que **o Poder Legislativo não desbordou dos parâmetros constitucionais, ao exercer sua relativa liberdade de conformação da ordem jurídica, na medida em que estabeleceu requisitos objetivos para a requisição de informação pela Administração Tributária às instituições financeiras, assim como manteve o sigilo dos dados a respeito das transações financeiras do contribuinte, observando-se um translado do dever de sigilo da esfera bancária para a fiscal.** 5. A alteração na ordem jurídica promovida pela Lei 10.174/01 não atrai a aplicação do princípio da irretroatividade das leis tributárias, uma vez que aquela se encerra na atribuição de competência administrativa à Secretaria da Receita Federal, o que evidencia o caráter instrumental da norma em questão. Aplica-se, portanto, o artigo 144, §1º, do Código Tributário Nacional. 6. Fixação de tese em relação ao item "a" do Tema 225 da sistemática da repercussão geral: "**O art. 6º da Lei Complementar 105/01 não ofende o direito ao sigilo bancário, pois realiza a igualdade em relação aos cidadãos, por meio do princípio da capacidade contributiva, bem como estabelece requisitos objetivos e o translado do dever de sigilo da esfera bancária para a fiscal**". 7. Fixação de tese em relação ao item "b" do Tema 225 da sistemática da repercussão geral: "A Lei 10.174/01 não atrai a aplicação do princípio da irretroatividade das leis tributárias, tendo em vista o caráter instrumental da norma, nos termos do artigo 144, §1º, do CTN". 8. Recurso extraordinário a que se nega provimento.

Essa orientação veio a confirmar a inserção do Brasil numa comunidade internacional cada vez maior de países que relativizam o sigilo bancário em prol do combate a fraudes fiscais, financeiras e a atividades terroristas e criminosas[97].

7.2 Sanções políticas

Costuma-se chamar de sanções políticas as restrições e os impedimentos aos contribuintes com a finalidade de compeli-los ao pagamento de tributos. Em voto de Joaquim Barbosa na ADI 173 (j. 25.09.2008), adotou-se a seguinte definição para as sanções políticas: "restrições **não razoáveis** ou **desproporcionais** ao exercício de atividade econômica

---

informação automática mais efetiva e a necessidade de união das administrações tributárias para combater a evasão tributária e outras atividades financeiras ilícitas. No original: "A whole of government approach to tax crimes and other illicit flows needs to be established. Tax administrations and other law enforcement agencies need to come together to fight tax evasion and other illicit financial activities.".

97. Em 2010, os Estados Unidos criaram o FATCA (*Foreign Account Tax Compliance Act*), mecanismo que impõe severa tributação a instituições financeiras que se recusam a fornecer dados de transações financeiras relevantes de pessoas físicas ou jurídicas residentes ou nacionais daquele país. A partir daí, os Estados Unidos tomaram a iniciativa de celebrar tratados internacionais com vários países (inclusive com o Brasil em 2014), objetivando o compartilhamento de informações obtidas junto a instituições financeiras de cada Estado. Até mesmo a Suíça, conhecida por seus banqueiros discretos, passou a se obrigar aos termos do FATCA a partir de primeiro de julho de 2014 (https://www.swissinfo.ch/eng/us-legislation_swiss-banks-to-tell-all-under-fatca/40473870, acesso em 12.11.2018).

ou profissional lícita, utilizadas como forma de indução ou coação ao pagamento de tributos" (grifos do original).

Conceito similar foi adotado no RE 647.885 (**repercussão geral**, j. 27.04.2020):

> As sanções políticas consistem em restrições estatais no exercício da atividade tributante que culminam por inviabilizar injustificadamente o exercício pleno de atividade econômica ou profissional pelo sujeito passivo de obrigação tributária, logo representam afronta aos princípios da proporcionalidade, da razoabilidade e do devido processo legal substantivo.

São exemplos dessa espécie de sanção a interdição de estabelecimento e a apreensão de mercadorias motivadas pelo inadimplemento tributário. Tais mecanismos de cobrança são inconstitucionais porque violam o **direito fundamental ao livre exercício de trabalho, ofício ou profissão** (artigo 5º, XIII, da CF) e a **liberdade do exercício de atividade econômica** (artigo 170, parágrafo único, da CF). Além disso, os meios coercitivos e indiretos de cobrança não respeitariam o devido processo legal.

Uma vez que a Fazenda Pública possui meios próprios de cobrança judicial dos seus créditos tributários (ação de execução fiscal, disciplinada pela Lei 6.830/80), inclusive com uma série de prerrogativas em relação aos credores comuns, não lhe é lícito obstruir o exercício da atividade econômica para forçar o pagamento de tributos devidos por parte dos contribuintes.

Nesse sentido, há súmulas do STF que vedam a interdição de estabelecimento e a apreensão de mercadorias como meio coercitivo de cobrança de tributos:

> **Súmula 70 do STF**: "É inadmissível a interdição de estabelecimento como meio coercitivo para cobrança de tributo."

> **Súmula 323 do STF**: "É inadmissível a apreensão de mercadorias como meio coercitivo para pagamento de tributos."

> **Súmula 547 do STF**: "Não é lícito à autoridade proibir que o contribuinte em débito adquira estampilhas, despache mercadorias nas alfândegas e exerça suas atividades profissionais."

Além dos casos acima, o STF considera **inconstitucional a legislação estadual que proíbe a impressão de notas fiscais em bloco**, subordinando o contribuinte, quando este se encontra em débito para com o fisco, ao requerimento de expedição, negócio a negócio, de nota fiscal avulsa (RE 413.782, j. 17.03.2005). A emissão de notas fiscais individualizadas para o contribuinte em débito inviabilizaria a atividade empresarial, ao sujeitar a empresa a um ônus excessivo, representa uma medida coercitiva para o pagamento de tributos que não passa no teste da razoabilidade e proporcionalidade.

No mesmo sentido, o STF fixou tese de **repercussão geral** no sentido de que consubstancia sanção política visando o recolhimento de tributo condicionar a expedição de notas fiscais a fiança, garantia real ou fidejussória por parte do contribuinte (RE 565.048, j. 29.05.2014).

7.2.1 *A apreensão de mercadorias importadas pelo não recolhimento de tributos*

Em relação à apreensão de mercadorias é preciso fazer um aprofundamento.

É comum na prática aduaneira a exigência, pelas autoridades fiscais atuantes na alfândega, do pagamento dos tributos incidentes na importação como condição para a liberação das mercadorias importadas. As autoridades aduaneiras fundamentam-se no artigo 571, § 1º, I do Decreto 6.759/2009, que assim dispõe:

> Não será desembaraçada a mercadoria cuja exigência de crédito tributário no curso da conferência aduaneira esteja pendente de atendimento, salvo nas hipóteses autorizadas pelo Ministro de Estado da Fazenda, mediante a prestação de garantia

Alguns autores entendem que o pagamento dos tributos incidentes na importação é condição para o desembaraço aduaneiro do produto, sem que, com isso, haja qualquer ofensa à Súmula 323 do STF[98]. Na jurisprudência, algumas decisões chegaram a adotar essa orientação[99].

O STJ, contudo, possuía decisões em sentido oposto, tendo decidido que não se exige garantia para liberação de mercadoria importada, retida por conta de pretensão fiscal de reclassificação tarifária, com consequente cobrança de multa e diferença de tributo (AgRg no RESp 1.277.611, j. 19.03.2013; AgRg no REsp 1.263.038, j. 05.06.2012). A maior parte da jurispridência aplicava a súmula 323 do STF à exigência do imposto de importação no desembaraço aduaneiro, entendendo haver nessa prática uma sanção política.

Uma observação deve ser feita em relação ao ICMS incidente nas importações. Apesar desse imposto estadual possuir praticamente o mesmo fato gerador do imposto de importação, o STF entende possível a vinculação do desembaraço aduaneiro ao recolhimento do ICMS incidente na importação, como se pode ver da **súmula vinculante 48** (resultante da conversão da súmula 661 do STF): "na entrada de mercadoria importada do exterior, é legítima a cobrança do ICMS por ocasião do desembaraço aduaneiro".

Em precedente que embasou a edição da súmula, foi tecido o seguinte raciocínio do voto condutor do julgamento (RE 193.817, voto do rel. min. Ilmar Galvão, j. 23.10.1996 – grifos adicionados):

> Consagrou a nova Carta, portanto, finalmente, a pretensão, de há muito perseguida pelos Estados, de verem **condicionado o desembaraço da mercadoria ou do bem importado ao recolhimento, não apenas dos tributos federais, mas também do ICMS incidente sobre a operação.** O benefício decorrente da medida salta à vista: reduzir praticamente

98. "sendo tais tributos devidos por força da própria operação de importação, a exigência do seu pagamento para a liberação do produto não é descabida nem configura meio impróprio para a satisfação do crédito tributário. Portanto, não se cuida de constrangimento passível de ser encarado como 'sanção política'" (MELO, José Eduardo Soares de; PAULSEN, Leandro. Impostos Federais, Estaduais e Municipais. 7ª. ed. Porto Alegre: Livraria do Advogado Editora, 2012, p. 27).

99. TRF da 4ª Região, 2ª Turma, Apelação em Mandado de Segurança Nº 98.04.05334-9/SC, Relator Des. João Surreaux Chagas, j. 09/03/2004; TRF da 3ª Região, 3ª Turma - Apelação em Mandado de Segurança nº 199399, Rel. Des. Nery Júnior j. 16/10/2002.

a zero a sonegação, com simultânea redução do esforço de fiscalização, sem gravame maior para o contribuinte.

A ementa desse julgado deixou expresso que é **incensurável "o condicionamento do desembaraço da mercadoria importada à comprovação do recolhimento do tributo estadual, de par com o tributo federal, sobre ela incidente"**.

Essa orientação chegou a ser confirmada em 2015 pela 1ª Turma do STF, quando se decidiu que "não fica constatada nenhuma coação indireta na exigência, fundada em Lei, do recolhimento dos tributos relativos ao desembaraço aduaneiro de bens importados" (RE 810.035 AgR, j. 07.04.2015).

Fica evidente a incompatibilidade entre as conclusões adotadas em relação ao imposto de importação em contraposição às adotadas para o ICMS[100]. Enquanto nesse tributo é possível o condicionamento do desembaraço aduaneiro ao recolhimento do tributo, a mesma exigência, no que diz respeito ao imposto de importação, era caracterizada, em outras decisões judiciais, como coação indireta, vedada pela Constituição. Aplicava-se ao imposto de importação a súmula 323 do STF mediante o equivocado raciocínio de que haveria sanção política em uma exigência que é própria do controle aduaneiro.

Essa incongruência na jurisprudência foi sanada pelo STF no RE 1.090.591 (j. 16.09.2020), submetido à sistemática de **repercussão geral**, onde se fixou a tese de que **"É constitucional vincular o despacho aduaneiro ao recolhimento de diferença tributária apurada mediante arbitramento da autoridade fiscal"**.

Ainda em relação aos tributos incidentes na importação, não se pode confundir a retenção de mercadorias como meio de exigir o imposto de importação com a apreensão em decorrência de indícios de infração punível com a pena de perdimento. Essa penalidade é prevista no art. 105 do Decreto-Lei 37/1966, e visa coibir, basicamente, a falsificação de documentos relativos à mercadoria importada. No caso de atos que ensejam a aplicação de pena de perdimento, é perfeitamente legítima a retenção de mercadorias[101].

7.2.2 *Hipóteses não caracterizadas como sanção política*

Há ainda outros casos relevantes em que o STF entende não haver a caracterização de sanção política: o cancelamento de registro especial para fabricação de cigarros diante da inadimplência do IPI, a vedação ao ingresso no Simples Nacional de microempresa ou empresa de pequeno porte que possua débito tributário, o protesto de certidão de dívida ativa, e a exigência de regularidade fiscal para participar de licitações e contratar com o poder público.

No primeiro caso, a jurisprudência do STF tem validado o art. 2º, II do Decreto-Lei 1.593/1977, pelo qual o registro especial para fabricação de cigarro pode ser cancelado

---

100. DIAS JÚNIOR, Antônio Augusto Souza. O imposto de importação no desembaraço aduaneiro. A aplicação mecânica de uma súmula superada. Disponível em: "https://www.jota.info/opiniao-e-analise/colunas/contraditorio/o-imposto-de-importacao-no-desembaraco-aduaneiro-21072017". Acesso em 20.07.2020.

101. REsp 1.141.785, j. 02.03.2010; REsp 500.286, j. 15.03.2005; REsp 529.614, j. 20.11.2003.

pelo inadimplemento de obrigação tributária principal ou acessória, relativa a tributo administrado pela Receita Federal.

Nessa hipótese, o STF vem admitindo que o cancelamento de registro especial é legítimo, desde que sejam observados alguns requisitos, como o devido processo legal e a relevância do valor dos créditos tributários inadimplidos:

> (...) 3. A orientação firmada pelo Supremo Tribunal Federal rechaça a aplicação de sanção política em matéria tributária. Contudo, para se caracterizar como sanção política, a norma extraída da interpretação do art. 2º, II, do Decreto-lei 1.593/1977 deve atentar contra os seguintes parâmetros: (1) relevância do valor dos créditos tributários em aberto, cujo não pagamento implica a restrição ao funcionamento da empresa; (2) manutenção proporcional e razoável do devido processo legal de controle do ato de aplicação da penalidade; e (3) manutenção proporcional e razoável do devido processo legal de controle da validade dos créditos tributários cujo não-pagamento implica a cassação do registro especial. (...) (RE 550.769, j. 22.05.2013)[102].

> (...) Carece de razoabilidade jurídica, para efeito de emprestar efeito suspensivo a recurso extraordinário, a pretensão de indústria de cigarros que, deixando sistemática e isoladamente de recolher o Imposto sobre Produtos Industrializados, com conseqüente redução do preço de venda da mercadoria e ofensa à livre concorrência, viu cancelado o registro especial e interditados os estabelecimentos. (AC 1657 MC, j. 27.06.2007)

Do mesmo modo, o STF decidiu que a exigência de regularidade fiscal para a adesão ao Simples Nacional (art. 17, V, da LC 123/2006) não se caracteriza como sanção política. Um fator fundamental que orientou o resultado do julgamento foi o fato de que o Simples Nacional era um regime tributário facultativo, o que permitiria a exigência de requisitos especiais e diferenciados para a fruição de seus benefícios. Em outras palavras, não haveria um direito prévio ao ingresso no Simples Nacional, sendo legítima a instituição de exigências razoáveis e proporcionais a serem cumpridas (inclusive a regularidade fiscal) pelos interessados na adesão ao regime. O requisito da inexistência de dívidas tributárias ativas ainda serviria para realizar o princípio da isonomia, pois o contribuinte que possui dívidas não está na mesma situação daquele que cumpre as obrigações tributárias.

Esse entendimento foi consolidado em sede de **repercussão geral** (RE 627.543, j. 30.10.2013 – grifo adicionado):

> (...) 3. A condicionante do inciso V do art. 17 da LC 123/06 não se caracteriza, a priori, como fator de desequilíbrio concorrencial, pois se constitui em exigência imposta a todas as pequenas e as microempresas (MPE), bem como a todos os microempreendedores individuais (MEI), devendo ser contextualizada, por representar também, forma indireta de se reprovar a infração das leis fiscais e de se garantir a neutralidade, com enfoque na livre concorrência. 4. **A presente hipótese não se confunde com aquelas fixadas nas Súmulas 70, 323 e 547 do STF, porquanto a espécie não se caracteriza como meio ilícito de coação a pagamento de tributo, nem como restrição desproporcional e desarrazoada**

102. Na ADI 3952, julgada em 05.09.2018, quatro ministros dos nove que poderiam votar (dois estavam impedidos) adotaram os parâmetros estabelecidos no RE 550.769. Diante da multiplicidade de conclusões dos outros votos, devemos aguardar a publicação do acórdão com a proclamação do resultado para uma orientação mais precisa.

> **ao exercício da atividade econômica. Não se trata, na espécie, de forma de cobrança indireta de tributo, mas de requisito para fins de fruição a regime tributário diferenciado e facultativo.** 5. Recurso extraordinário não provido.[103]

Vale registrar que, em outra direção, o STF possui jurisprudência no sentido de que a norma local que condiciona a concessão de regime especial de tributação à apresentação de CND configura meio indireto de cobrança de tributo (AI 798.210 AgR, j. 08.05.2012). Apesar de as premissas dos dois julgados serem conflitantes, deve-se observar que o julgamento em repercussão geral abordou especificamente o regime do SIMPLES.

Também o protesto de certidão de dívida ativa não é considerado uma sanção política pelo STF. Dentre os títulos executivos extrajudiciais elencados pelo Código de Processo Civil (Lei 13.105/2015), encontra-se a certidão de dívida ativa[104]. Essa certidão abrange dívidas tributárias e não tributárias[105], alcançando apenas os créditos de pessoas jurídicas de direito público.

Diante dessa natureza pública da Certidão de Dívida Ativa, sustentou-se na ADI 5135 (j. 09.11.2016) que seria inconstitucional o dispositivo de lei que permitia o protesto dessas certidões[106]. Alegava-se ofensa ao devido processo legal (CF, art. 5º, XXXV), à livre iniciativa e à liberdade profissional (CF, arts. 5º, XIII, 170, III e parágrafo único, e 174), e ainda à proporcionalidade, uma vez que o protesto de CDA seria meio inadequado e desnecessário de cobrança do crédito público, se comparado à execução fiscal (ADI 5135, j. 09.11.2016 – grifos adicionados):

> (...) 1. **O parágrafo único do art. 1º da Lei nº 9.492/1997, inserido pela Lei nº 12.767/2012, que inclui as Certidões de Dívida Ativa - CDA no rol dos títulos sujeitos a protesto, é compatível com a Constituição** Federal, tanto do ponto de vista formal quanto material. (...) 3. **Tampouco há inconstitucionalidade material na inclusão das CDAs no rol dos títulos sujeitos a protesto. Somente pode ser considerada "sanção política" vedada pelo STF (cf. Súmulas nº 70, 323 e 547) a medida coercitiva do recolhimento do crédito tributário que restrinja direitos fundamentais dos contribuintes devedores de forma desproporcional e irrazoável, o que não ocorre no caso do protesto de CDAs.** 3.1. Em primeiro lugar, não há efetiva restrição a direitos fundamentais dos contribuintes. De um lado, **inexiste afronta ao devido processo legal, uma vez que (i) o fato de a execução fiscal ser o instrumento típico para a cobrança judicial da Dívida Ativa não exclui**

103. O STJ já vinha decidindo nesse sentido, como se vê do RMS 27.376, j. 04.06.2009, e do RMS 27.473, j. 22.11.2011.

104. CPC, art. 784. São títulos executivos extrajudiciais: (...) IX - a certidão de dívida ativa da Fazenda Pública da União, dos Estados, do Distrito Federal e dos Municípios, correspondente aos créditos inscritos na forma da lei.

105. Lei 6.830/80, art. 1º - A execução judicial para cobrança da Dívida Ativa da União, dos Estados, do Distrito Federal, dos Municípios e respectivas autarquias será regida por esta Lei e, subsidiariamente, pelo Código de Processo Civil. Art. 2º - Constitui Dívida Ativa da Fazenda Pública aquela definida como tributária ou não tributária na Lei nº 4.320, de 17 de março de 1964, com as alterações posteriores, que estatui normas gerais de direito financeiro para elaboração e controle dos orçamentos e balanços da União, dos Estados, dos Municípios e do Distrito Federal. § 1º - Qualquer valor, cuja cobrança seja atribuída por lei às entidades de que trata o artigo 1º, será considerado Dívida Ativa da Fazenda Pública.

106. Lei 9.492/1997, Art. 1º Protesto é o ato formal e solene pelo qual se prova a inadimplência e o descumprimento de obrigação originada em títulos e outros documentos de dívida. Parágrafo único. **Incluem-se entre os títulos sujeitos a protesto as certidões de dívida ativa da União, dos Estados, do Distrito Federal, dos Municípios e das respectivas autarquias e fundações públicas**. (Incluído pela Lei 12.767/2012).

mecanismos extrajudiciais, como o protesto de CDA, e (ii) o protesto não impede o devedor de acessar o Poder Judiciário para discutir a validade do crédito. De outro lado, **a publicidade que é conferida ao débito tributário pelo protesto não representa embaraço à livre iniciativa e à liberdade profissional, pois não compromete diretamente a organização e a condução das atividades societárias (diferentemente das hipóteses de interdição de estabelecimento, apreensão de mercadorias, etc)**. (...) Fixação da seguinte tese: "**O protesto das Certidões de Dívida Ativa constitui mecanismo constitucional e legítimo, por não restringir de forma desproporcional quaisquer direitos fundamentais garantidos aos contribuintes e, assim, não constituir sanção política.**"

Em síntese, o STF rechaçou todos os argumentos que questionavam a constitucionalidade do protesto de Certidão de Dívida Ativa, ponderando, contudo, que a administração tributária deve adotar a medida de acordo com parâmetros claros e objetivos, promovendo ainda a revisão de protestos relativos a créditos inválidos ou inexigíveis.

Por fim, a jurisprudência admite a exigência de regularidade fiscal para participar de licitações e para contratar com o Poder Público.

A Lei 8.666/1993, em seus arts. 27, IV e 29, exige a regularidade fiscal para a habilitação nas licitações. De modo semelhante, o art. 193 do CTN determina que nenhum departamento da administração pública da União, dos Estados, do Distrito Federal, ou dos Municípios, ou sua autarquia, celebrará contrato ou aceitará proposta em concorrência pública sem que o contratante ou proponente faça prova da quitação de todos os tributos devidos à Fazenda Pública interessada, relativos à atividade em cujo exercício contrata ou concorre.

O fundamento de tal exigência repousa na própria Constituição Federal, que prevê no art. 37, XXI, a atribuição do legislador para estabelecer as exigências de qualificação técnica e econômica indispensáveis à garantia do cumprimento das obrigações. Além disso, a Constituição reforça a legitimidade da exigência de regularidade fiscal no art. 195, § 3º, ao dispor que a pessoa jurídica devedora de contribuições da seguridade social não poderá contratar com o Poder Público.

Diante dessa disciplina constitucional, a jurisprudência do STF reconhece a validade do dispositivo da Lei 8.666/93 que exige a regularidade fiscal nas licitações (ADI 173, j. 25.09.2008)[107].

Na ADI 173, o STF deixou expresso que a regularidade fiscal da lei de licitações era conceito que abrangia não apenas a inexistência de dívidas tributárias, alcançando ainda o contribuinte que possua débitos tributários em discussão na esfera administrativa ou judicial[108].

---

107. No mesmo sentido: "1. É necessária a comprovação de regularidade fiscal do licitante como requisito para sua habilitação, conforme preconizam os arts. 27 e 29 da Lei n. 8.666/93, exigência que encontra respaldo no art. 195, § 3º, da CF. 2. A exigência de regularidade fiscal deve permanecer durante toda a execução do contrato, a teor do art. 55, XIII, da Lei n. 8.666/93, que dispõe ser 'obrigação do contratado de manter, durante toda a execução do contrato, em compatibilidade com as obrigações por ele assumidas, todas as condições de habilitação e qualificação exigidas na licitação'." (STJ, RMS 24.953, j. 04.03.2008). E ainda: STJ, RMS 53.467, j. 27.06.2017.

108. Certamente o mero ajuizamento de ação judicial não seria suficiente para a satisfação da regularidade fiscal, sendo necessária a existência de decisão judicial, ainda que liminar, suspendendo o óbice relativo às dívidas

Da mesma maneira, o STF negou haver sanção política na norma de Constituição Estadual que previa a **retenção temporária de mercadorias desacompanhadas de documentação fiscal idônea**, até a comprovação da legitimidade de sua posse pelo proprietário (ADI 395, j. 17.05.2007). Entendeu o Supremo que essa providência estaria justificada pelo poder de polícia da administração na apuração de ilícitos tributários.

7.3 Direito de petição em matéria tributária

O direito de petição possui previsão constitucional no art. 5º, XXXIV, *a* da CF, segundo o qual são a todos assegurados, independentemente do pagamento de taxas, o direito de petição aos Poderes Públicos em defesa de direitos ou contra ilegalidade ou abuso de poder.

Em conflito com o direito individual acima, o Decreto 70.235/1972, que regula o processo administrativo fiscal federal, possuía um dispositivo (hoje revogado) que condicionava a interposição de recurso no processo administrativo ao depósito do valor correspondente a 30% do crédito tributário mantido em decisão administrativa:

> Decreto 70.235/1972, art 33, § 2º Em qualquer caso, o recurso voluntário somente terá seguimento se o recorrente o instruir com prova do depósito de valor correspondente a, no mínimo, trinta por cento da exigência fiscal definida na decisão.

O dispositivo acima foi impugnado na ADI 1976 (j. 28.03.2007), onde a Presidência da República defendeu a norma sob o argumento de que não haveria um direito ao recurso administrativo. Apesar de o STF já ter entendido que a exigência do depósito prévio como requisito de admissibilidade para o recurso administrativo era constitucional (ADI-MC 1049, j. 18.05.1995; RE 210.246, j. 12.11.1997), a orientação que prevaleceu foi a de que não seria dado ao legislador tornar o processo administrativo impossível ou inviável por meios indiretos, como a exigência de depósito. A decisão tomada na ADI 1976 (j. 28.03.2007) considerou ainda que a exigência de depósito prévio como condição de admissibilidade violaria direitos individuais previstos no art. 5º da CF, como o direito de petição (CF, art. 5º, XXXIV, *a*) e o contraditório (CF, art. 5º, LV).

O STF editou súmula vinculante a respeito do tema, tornando a orientação obrigatória na esfera administrativa[109]:

> **Súmula vinculante 21**: É inconstitucional a exigência de depósito ou arrolamento prévios de dinheiro ou bens para admissibilidade de recurso administrativo.

tributárias. Nesse sentido: "caso admitíssemos que o mero ajuizamento de ação judicial pudesse sustar a exigência de regularidade fiscal, tornaríamos sem efeito tal condição habilitatória. Diante da autonomia do direito de ação, mesmo o maior fraudador fiscal poderia ajuizar uma ação judicial, às vésperas do certame, o que lhe permitiria a continuidade da licitação." (TORRES, Ronny Charles Lopes de. Leis de Licitações Públicas Comentadas. 4ª edição. Salvador: Editora Juspodivm, 2011, p. 202).

109. CF, art. 103-A: "O Supremo Tribunal Federal poderá, de ofício ou por provocação, mediante decisão de dois terços dos seus membros, após reiteradas decisões sobre matéria constitucional, aprovar súmula que, a partir de sua publicação na imprensa oficial, **terá efeito vinculante em relação** aos demais órgãos do Poder Judiciário e à administração pública direta e indireta, nas esferas federal, estadual e municipal, bem como proceder à sua revisão ou cancelamento, na forma estabelecida em lei" (grifos adicionados).

O entendimento acima privilegia ainda o princípio democrático, ao promover um procedimento administrativo amplamente acessível aos administrados (voto do Ministro Joaquim Barbosa na ADI 1976).

Outro julgado relevante do STF em relação ao direito de petição diz respeito ao artigo 38, parágrafo único da Lei 6.830/1980 (Lei de Execuções Fiscais), que dispõe (grifo adicionado):

> Lei 6.830/1980, art. 38. A discussão judicial da Dívida Ativa da Fazenda Pública só é admissível em execução, na forma desta Lei, salvo as hipóteses de mandado de segurança, ação de repetição do indébito ou ação anulatória do ato declarativo da dívida, esta precedida do depósito preparatório do valor do débito, monetariamente corrigido e acrescido dos juros e multa de mora e demais encargos. Parágrafo Único. **A propositura, pelo contribuinte, da ação prevista neste artigo importa em renúncia ao poder de recorrer na esfera administrativa e desistência do recurso acaso interposto.**

O dispositivo acima determina que o ajuizamento de ação que tenha por objeto uma mesma lide tributária[110] já discutida em processo administrativo importa em renúncia dessa última esfera. Em outras palavras, não é possível a discussão simultânea de um mesmo litígio tributário nos âmbitos administrativo e judicial, prevalecendo esse último, por conta da função jurisdicional típica do Poder Judiciário.

Alguns contribuintes alegaram que o direito de petição na esfera administrativa restaria violado pelo art. 38, parágrafo único da Lei 6.830/1980, sendo inconstitucional a previsão que prejudique o direito do contribuinte de se insurgir na esfera administrativa como consequência do exercício do direito de ação.

O STF, de modo contrário, entendeu que **o direito constitucional de petição e o princípio da legalidade não implicam a necessidade de esgotamento da via administrativa para discussão judicial da validade de crédito inscrito em Dívida Ativa da Fazenda Pública.** Decidiu o Supremo que é constitucional o art. 38, parágrafo único da Lei 6.830/1980 (RE 233.582, j. 16.08.2007).

7.4 Ações judiciais em matéria tributária e a inafastabilidade do controle jurisdicional

Outro tema de direito individual que possui grande repercussão no direito tributário diz respeito ao direito de acesso à justiça, previsto no art. 5º, XXXV da CF: "a lei não excluirá da apreciação do Poder Judiciário lesão ou ameaça a direito".

No que tange a contribuições previdenciárias (que possuem natureza de tributo), o art. 19 da Lei 8.870/1994 determina que as ações judiciais que pretendam discutir tais dívidas devem ser precedidas de depósito com valor correspondente ao débito:

> "As ações judiciais, inclusive cautelares, que tenham por objeto a discussão de débito para com o INSS serão, obrigatoriamente, precedidas do depósito preparatório do valor do

110. O artigo 38 da Lei 6.830/1980 abrange as dívidas ativas da Fazenda Pública de natureza tributária e não tributária (multas por infração à legislação trabalhista ou eleitoral, por exemplo). Para o nosso estudo, focamos na dívida tributária.

mesmo, monetariamente corrigido até a data de efetivação, acrescido dos juros, multa de mora e demais encargos."

Os contribuintes defendiam que esse dispositivo legal violava o direito fundamental de acesso ao Judiciário, ao impor uma condição excessivamente onerosa para a apreciação de eventuais ilegalidades pelo juízo competente.

Na ADI 1074 (j. 28.03.2007), o STF declarou inconstitucional o art. 19 da Lei 8.870/1994, por impor condição à propositura das ações cujo objeto seja a discussão de créditos tributários, consubstanciando barreira ao acesso ao Poder Judiciário[111].

Ampliando os efeitos da ADI 1074, o STF editou a **súmula vinculante 28**, com a seguinte redação: "**é inconstitucional a exigência de depósito prévio como requisito de admissibilidade de ação judicial na qual se pretenda discutir a exigibilidade de crédito tributário**".

O **depósito**, alcançado pela súmula vinculante, seria termo mais restrito que a **garantia**, conceito mais amplo que não estaria contemplado na redação da súmula. Enquanto o depósito diz respeito a dinheiro, a garantia abrange as mais variadas espécies de bens e direitos, como a fiança bancária, o seguro garantia, a penhora de títulos da dívida pública, de imóveis, veículos etc. A leitura dos arts. 9º e 11 da Lei 6.830/1980 (Lei de Execuções Fiscais) permite a diferenciação entre depósito e garantia (grifos adicionados):

> Art. 9º - **Em garantia da execução**, pelo valor da dívida, juros e multa de mora e encargos indicados na Certidão de Dívida Ativa, **o executado poderá**: I - **efetuar depósito em dinheiro**, à ordem do Juízo em estabelecimento oficial de crédito, que assegure atualização monetária; II - **oferecer fiança bancária ou seguro garantia**; III - **nomear bens à penhora**, observada a ordem do artigo 11; ou IV - indicar à penhora bens oferecidos por terceiros e aceitos pela Fazenda Pública.
>
> (...) Art. 11 - A penhora ou arresto de bens obedecerá à seguinte ordem: I - dinheiro; II - título da dívida pública, bem como título de crédito, que tenham cotação em bolsa; III - pedras e metais preciosos; IV - imóveis; V - navios e aeronaves; VI - veículos; VII - móveis ou semoventes; e VIII - direitos e ações.

Delimitando o alcance da súmula vinculante 28, o Tribunal Constitucional decidiu que apenas o depósito está alcançado pelo enunciado, rechaçando uma interpretação ampla que abrangeria também a garantia. Em julgamento de reclamação constitucional, a 1ª turma do STF assim decidiu (Rcl 20.617 AgR, j. 02.02.2016 – grifo adicionado):

> (...) 1. **Não guarda estrita pertinência com a Súmula Vinculante 28 decisão que exige garantia para embargos à execução fiscal (art. 16, § 1º, III, da Lei nº 6.830/1980)**. (...) 3. É certo que a impossibilidade econômica de arcar com a garantia do juízo não pode ser fator impeditivo do exercício do contraditório e da ampla defesa. A incidência de tal entendimento, todavia, deve ser buscada na via processual própria. 4. Recurso ao qual se nega provimento.[112]

111. Aguarda julgamento o RE 607.747, submetido à sistemática de **repercussão geral**, que discute a validade da exigência de depósito recursal como pressuposto de admissibilidade do recurso extraordinário na Justiça do Trabalho.

112. No mesmo sentido: Rcl 19724 AgR, j. 17.03.2015, também da 1ª turma do STF.

Nesse julgamento, o Ministro Luís Roberto Barroso ponderou que não se poderia afastar a exigência legal[113] de garantia da execução para oferecimento de embargos, apenas por força da súmula vinculante 28. Não se decidiu que a exigência de garantia para a admissibilidade de embargos à execução fiscal é constitucional. Pelo contrário, constou da decisão que a impossibilidade econômica de garantir o juízo não poderia representar óbice ao exercício do contraditório e da ampla defesa. Contudo, **a súmula vinculante 28 não impede a exigência de garantia para discussão de dívida tributária, já que o enunciado abarca apenas o depósito.**

A apreciação da constitucionalidade do art. 16, § 1º da Lei 6.830/1980, que exige a garantia para os embargos, deve se dar por meio de recurso extraordinário ou ação direta de inconstitucionalidade.

Ainda em relação ao depósito judicial e à inafastabilidade do controle jurisdicional, o STF possui decisão em sede de **repercussão geral** (RE 640.095, j. 15.12.2016) segundo a qual **não viola o princípio de livre acesso à justiça a restrição de ingresso a parcelamento tributário dos contribuintes que questionaram o tributo em juízo com depósito judicial** dos débitos tributários. No caso apreciado, a Portaria 655/1993 do Ministério da Fazenda vedava a adesão a parcelamento de COFINS (Contribuição para Financiamento da Seguridade Social) para os contribuintes que tivessem ingressado em juízo e implementado depósito judicial da dívida tributária controvertida. Entendeu o STF que a Portaria não trazia imposição ao depósito judicial para o ingresso em juízo, não havendo, portanto, violação ao princípio do livre acesso à jurisdição.

Vale destacar ainda que o direito de acesso ao Judiciário não é uma garantia individual apenas dos contribuintes, mas também das pessoas jurídicas de direito público que figuram no polo passivo da obrigação tributária.

Por essa razão, violam o direito fundamental da inafastabilidade do controle jurisdicional as decisões judiciais que extinguem execuções fiscais de baixo valor. Não pode o julgador negar aos entes públicos o direito de ação nos casos de cobrança judicial de dívidas de valor diminuto.

Diante de decisões que utilizavam um raciocínio baseado na relação entre custo e benefício do processo judicial para extinguir execuções fiscais que perseguissem a satisfação de um crédito de valor menor que o custo do serviço judiciário, os Tribunais Superiores sedimentaram o entendimento de que não se pode recusar a prestação jurisdicional por conta de um critério econômico.

Nessa linha, o **STJ** editou a **súmula 452**, segundo a qual "a extinção das ações de pequeno valor é faculdade da Administração Federal, vedada a atuação judicial de ofício".

O STF adota a mesma orientação, tendo já decidido em sede de **repercussão geral** que negar ao Município a possibilidade de executar seus créditos de pequeno valor sob o fundamento da falta de interesse econômico viola o direito de acesso à justiça (RE 591.033, **repercussão geral**, j. 17.11.2010). Eventual renúncia de crédito pelo ente político deve se dar mediante o exercício de sua autonomia.

---

113. Lei 6.830/1980, art. 16, § 1º. Não são admissíveis embargos do executado antes de garantida a execução.

8. QUADRO SINÓTICO

PRINCÍPIO DA LEGALIDADE		
Surgimento e previsão no direito brasileiro	» o princípio da legalidade tributária possui sua primeira referência histórica na Inglaterra, quando, em 1215, o Rei João Sem Terra passou a ter seus poderes limitados pela Magna Carta. » na Constituição brasileira de 1988, o princípio da legalidade do direito tributário é previsto no artigo 150, I da CF, que veda a exigência ou a majoração de tributo não prevista em lei. » a lei tributária não é pressuposto apenas para a instituição/extinção e majoração/redução. Há igualmente necessidade de lei que defina o fato gerador da obrigação tributária principal, que fixe a alíquota e a base de cálculo do tributo. » a legalidade continua prestigiada nas normas gerais de direito tributário. Assim, o emprego da analogia não poderá resultar na exigência de tributo não previsto em lei (art. 108, § 1º do CTN), bem como o emprego da eqüidade não poderá resultar na dispensa do pagamento de tributo devido (art. 108, § 2º do CTN). » as leis tributárias não se encontram entre as que só podem ser propostas pelo Chefe do Poder Executivo. Não se deve confundir a matéria tributária com a matéria de finanças públicas nesse ponto. Embora o art. 165 da CF determine que as leis orçamentárias são de iniciativa do Poder Executivo, as leis tributárias não são de iniciativa privativa do Chefe do Poder Executivo, não havendo previsão nesse sentido no art. 61, § 1º da CF, ou em qualquer outro dispositivo constitucional. » existe um caso muito específico que configura uma exceção. Trata-se da **iniciativa privativa do Presidente da República para as leis que disponham sobre matéria tributária dos Territórios**, prevista no art. 61, § 1º, II, *b*, da CF: "§ 1º São de iniciativa privativa do Presidente da República as leis que: II - disponham sobre: b) organização administrativa e judiciária, **matéria tributária** e orçamentária, serviços públicos e pessoal da administração **dos Territórios**;". » voltando à regra geral, é importante ter conhecimento de que o STF fixou a seguinte tese de **repercussão geral** a respeito: "**Inexiste, no atual texto constitucional, previsão de iniciativa exclusiva do Chefe do Executivo em matéria tributária**" (ARE 743.480, j. 10.10.2013).	1.1
A REJEIÇÃO DA "LEGALIDADE CERRADA/TIPICIDADE FECHADA" PELA JURISPRUDÊNCIA DO STF		
A complementação do aspecto quantitativo por ato infralegal	» No RE 343.446 (j. 20.03.2003), o STF decidiu que o fato de a **lei deixar para o regulamento a complementação dos conceitos de "atividade preponderante" e "grau de risco leve, médio e grave", não implica ofensa ao princípio** da legalidade genérica (CF, art. 5º, II), e **da legalidade tributária** (CF, art. 150, I). » trata-se do que a doutrina chama de **norma tributária em branco**, na qual a lei desenha os principais elementos da regra tributária, deixando ao ato infralegal a complementação da norma mediante a aferição de dados mais concretos.	1.2.1

- "Na jurisprudência atual da Corte, o princípio da reserva de lei não é absoluto. Caminha-se para uma legalidade suficiente, sendo que sua maior ou menor abertura depende da natureza e da estrutura do tributo a que se aplica. No tocante às taxas cobradas em razão do exercício do poder de polícia, por força da ausência de exauriente e minuciosa definição legal dos serviços compreendidos, admite-se o especial diálogo da lei com os regulamentos na fixação do aspecto quantitativo da regra matriz de incidência" (STF, RE 838.284, **repercussão geral**, j. 19.10.2016)
- para o STF, "é inconstitucional a majoração do IPTU sem edição de lei em sentido formal, **vedada a atualização, por ato do Executivo, em percentual superior aos índices oficiais**" (RE 648.245, **repercussão geral**, j. 01.08.2013)
- "Respeita o princípio da legalidade a lei que disciplina os elementos essenciais determinantes para o reconhecimento da contribuição de interesse de categoria econômica como tal e deixa um espaço de complementação para o regulamento" (RE 704.292, **repercussão geral**, j. 19.10.2016)
- a tese de repercussão geral do RE 704.292 definiu que é inconstitucional, por ofensa ao princípio da legalidade tributária, lei que delega aos conselhos de fiscalização de profissões regulamentadas a competência de fixar ou majorar, sem parâmetro legal, o valor das contribuições de interesse das categorias profissionais e econômicas, usualmente cobradas sob o título de anuidades, vedada, ademais, a atualização desse valor pelos conselhos em percentual superior aos índices legalmente previstos.
- o STF decidiu que o parágrafo único do art. 24 do Decreto-Lei n. 288/1967, que autoriza a
- Superintendência da Zona Franca de Manaus – Suframa a instituir taxas por meio de portaria contraria o princípio da legalidade e, portanto, não foi recepcionado pela Constituição da República de 1988 (RE 556.854, j. 30.06.2011).

As expressões abertas na atribuição de competências tributárias, os conceitos da Economia no Direito Tributário e o anacronismo da legalidade fechada 1.2.2

- a concepção de uma legalidade tributária "estrita", "cerrada" ou "fechada" firmou-se como majoritária por décadas na doutrina brasileira. Segundo essa ideia, a lei deveria descrever elementos e caracteres suficientes e necessários para a ocorrência do fato gerador, sendo que a ausência de um único traço impediria a subsunção do fato à norma. trilhando outro caminho, os conceitos tributários abertos e equívocos têm sido expressamente admitidos na jurisprudência do Supremo Tribunal Federal, como se pode ver da decisão em sede de **repercussão geral** no RE 651.703 (j. 29.09.2016), onde se pontuou que **"os conceitos constitucionais tributários não são fechados e unívocos"**
- nessa compreensão a respeito da interpretação das normas tributárias (constitucionais e infraconstitucionais), a ideia de que a lei possui um sentido fechado ou cerrado não tem mais lugar.

MATÉRIAS NÃO SUJEITAS À RESERVA DA LEI TRIBUTÁRIA		
Fixação do prazo de pagamento do tributo	» o prazo de pagamento de tributo não é matéria submetida à reserva legal. O STF possui jurisprudência pacífica no sentido de que é possível a fixação de prazo para recolhimento de tributo por meio de norma infralegal (RE 140.669, j. 02.12.1998 e RE 195.218, j. 28.05.2002, por exemplo). » muita atenção deve ser exigida para não se confundir a fixação do prazo de pagamento com a **maneira de recolhimento do tributo**. Nesse último caso, o STF já se pronunciou, em sede de **repercussão geral**, no sentido da necessidade de lei em sentido formal (RE 632.265, **repercussão geral**, j. 18.06.2015). Tratava a decisão de decreto do Poder Executivo que modificava o **modo de apuração** do ICMS no Rio de Janeiro, instituindo um **regime de recolhimento por estimativa** considerando-se o mês anterior ao de apuração. Os atos infralegais determinavam a antecipação do imposto divido valendo-se de base de cálculo ficta (montante do imposto pago no período anterior), o que para o STF só poderia ocorrer por meio de lei.	1.3.1
Atualização monetária	» segundo o artigo 97, § 2º, do CTN, não constitui majoração de tributo, para fins de submissão à reserva legal, a atualização do valor monetário da respectiva base de cálculo. » é inconstitucional a majoração do IPTU sem edição de lei em sentido formal, vedada a atualização, por ato do Executivo, em percentual superior aos índices oficiais (RE 648.245, **repercussão geral**, j. 01.08.2013). » **súmula 160 do STJ**: "É defeso, ao Município, atualizar o IPTU, mediante decreto, em percentual superior ao índice oficial de correção monetária". » a atualização dos débitos tributários, por sua vez, pode ser realizada pela taxa SELIC, conforme sedimentado no RE 582.461 (j. 18.05.2011), julgado sob o regime de **repercussão geral**.	1.3.2
Obrigações acessórias	» para a posição vencedora nos tribunais, as obrigações acessórias, ou deveres instrumentais, (obrigações de fazer e não fazer no interesse da arrecadação e fiscalização tributárias) podem ser instituídas por ato infralegal. Fundamenta-se essa orientação no **artigo 113, § 2º do CTN**, para o qual a **obrigação acessória decorre da legislação tributária** e tem por objeto as prestações, positivas ou negativas, nela previstas no interesse da arrecadação ou da fiscalização dos tributos.	1.3.3
Exceções ou mitigações ao princípio da legalidade	» Não se exige lei para: » alteração de alíquotas dos impostos de importação (II), de exportação (IE), sobre produtos industrializados (IPI) e sobre "operações financeiras" (IOF). » a **redução e o restabelecimento por ato do Poder Executivo das alíquotas** da contribuição de intervenção no domínio econômico relativa às atividades de importação ou comercialização de petróleo e seus derivados, gás natural e seus derivados e álcool combustível – **CIDE-combustíveis** (CF, art. 177, § 4º, I, *b*). » definição de alíquotas **mediante deliberação dos Estados e do DF** (CF, art. 155, § 4º, IV) na hipótese de incidência uma única vez do **ICMS sobre combustíveis e lubrificantes** definidos em lei complementar	1.3.4

Princípio da legalidade e medidas provisórias em matéria tributária	» em relação à matéria tributária, a Constituição é expressa no sentido de que as medidas provisórias podem tratar de tributos, inclusive instituindo-os ou majorando-os, como se pode ver do art. 62, § 2º da CF. » conforme o art. 62, § 1º, III, da CF, é vedada a utilização de medida provisória em matéria reservada a lei complementar. Diante da elevada importância da lei complementar em matéria tributária, essa restrição significa que medida provisória não pode dispor sobre nenhuma das matérias previstas no art. 146 da CF. Além disso, é vedado o uso de medida provisória para a instituição dos tributos que exigem lei complementar, como os empréstimos compulsórios (CF, art. 148), impostos residuais (CF, art. 154, I) e contribuições da seguridade social (CF, art. 195, § 4º).	1.4
Princípio da exigência de lei específica para a renúncia de receitas tributárias	» a Constituição determina, no art. 150, § 6º, que qualquer redução de carga tributária só pode ser efetivada por meio de lei específica, que regule apenas os benefícios fiscais em questão ou o tributo a ser reduzido. » a Lei de Responsabilidade Fiscal (Lei Complementar 101/2000) trouxe em seu art. 14 requisitos ainda mais rigorosos que a simples exigência de lei específica: » a ressalva prevista na parte final do art. 150, § 6º refere-se ao ICMS, pois a concessão de benefícios fiscais em relação a esse imposto depende de prévia deliberação conjunta de todos os Estados e do Distrito Federal, por meio de convênio (e não de lei). Não basta, portanto, a lei específica estadual ou distrital para a concessão de benefício fiscal do ICMS, sendo ainda necessário um consenso prévio em deliberação conjunta. » o STF não admite que a lei delegue ao Poder Executivo a concessão de remissão e anistia. **A concessão de benefício fiscal por regulamento do Executivo, ainda que mediante autorização legal, viola o princípio da separação dos poderes** (ADI 3462, j. 15.09.2010; ADI 2688, j. 01.06.2011).	1.5
PRINCÍPIO DA ISONOMIA		
» no direito tributário, o princípio da igualdade possui previsão expressa no art. 150, II da CF, que proíbe o tratamento desigual **entre os contribuintes que se encontrem em situação equivalente.** » no que diz respeito à igualdade de gênero, o STF decidiu, no RE 576.967 (**repercussão geral**, j. 05.08.2020), ser "**inconstitucional a incidência da contribuição previdenciária a cargo do empregador sobre o salário maternidade**" (tese fixada). Um dos fundamentos adotado pelo relator, Ministro Luís Roberto Barroso, foi o de que a incidência representaria uma a discriminação da mulher no mercado de trabalho, violando a isonomia. » **é inconstitucional dispositivo de lei que concede aos membros e servidores do Poder Judiciário isenção no pagamento de custas e emolumentos pelos serviços judiciais e extrajudiciais** (STF, ADI 3334, j. 17.03.2011). Também viola o princípio da igualdade, pelo mesmo motivo, lei estadual que concede isenção de ICMS nas aquisições de automóveis por oficiais de justiça (ADI 4276, j. 20.08.2014). » já um exemplo de critério legítimo a permitir um tratamento tributário diferenciado em razão da localização geográfica, desde que seja com intuito de promover o equilíbrio do desenvolvimento socioeconômico entre as diferentes regiões do País. O art. 151, I da CF é expresso nesse sentido.		2

- o principal critério utilizado para o tratamento igualitário no âmbito tributário, contudo, é o princípio da capacidade contributiva, previsto no art. 145, § 1º da CF:

  Sempre que possível, os impostos terão caráter pessoal e serão graduados segundo a capacidade econômica do contribuinte, facultado à administração tributária, especialmente para conferir efetividade a esses objetivos, identificar, respeitados os direitos individuais e nos termos da lei, o patrimônio, os rendimentos e as atividades econômicas do contribuinte.

- o texto do art. 145, § 1º da Constituição se refere à capacidade contributiva subjetiva ou relativa, que pode ser identificada mediante a investigação de elementos como o patrimônio, os rendimentos e as atividades econômicas do contribuinte.
- apesar de o art. 145, § 1º da CF mencionar apenas os impostos, nada impede a aplicação do princípio da capacidade contributiva a outras espécies tributárias, como os empréstimos compulsórios e as contribuições sociais.
- o próprio STF já decidiu que a **capacidade contributiva também se aplica às taxas**. No RE 232.393 (j. 13.08.1999), entendeu-se que a utilização da metragem da área construída do imóvel como elemento de fixação da base de cálculo de taxa de coleta de lixo seria uma forma de realização da isonomia tributária e do princípio da capacidade contributiva.
- também a **contribuição para o custeio do serviço de iluminação pública** (COSIP, prevista no art. 149-A da CF) pode se orientar pela capacidade contributiva, admitindo-se alíquotas progressivas à medida que seja maior o consumo de energia elétrica (RE 573.675, **repercussão geral**, j. 25.03.2009).
- a Constituição prevê outro critério de diferenciação que se aproxima da capacidade contributiva. Trata-se do **tratamento diferenciado e favorecido para as microempresas e para as empresas de pequeno porte** a ser definido em lei complementar (CF, art. 146, III, *d*).

PRINCÍPIOS DA IRRETROATIVIDADE E DA ANTERIORIDADE – SEGURANÇA JURÍDICA

os princípios da irretroatividade e da anterioridade (anual e nonagesimal) são tomados em conjunto como expressões do princípio da não surpresa ou da segurança jurídica.		3
Princípio da irretroatividade	» o princípio da irretroatividade tributária possui previsão específica no art. 150, III, *a* da CF, que veda aos entes políticos a cobrança de tributos em relação a fatos geradores ocorridos antes do início da vigência da lei que os houver instituído ou aumentado. » não há obrigatoriedade de se observar o princípio em questão se a lei nova apenas institui deveres instrumentais ou normas procedimentais relativas à fiscalização tributária. O CTN é expresso nesse sentido, ao dispor, no art. 144, § 1º, que **se aplica ao lançamento a legislação que, posteriormente à ocorrência do fato gerador da obrigação, tenha instituído novos critérios de apuração ou processos de fiscalização**, ampliado os poderes de investigação das autoridades administrativas, ou outorgado ao crédito maiores garantias ou privilégios, exceto, neste último caso, para o efeito de atribuir responsabilidade tributária a terceiros.	3.1
Irretroatividade e tributos de apuração anual - ascensão e queda da súmula 584 do	» durante o julgamento do RE 159.180 (j. 22.06.2020), o Pleno do STF entendeu ser "inconstitucional a aplicação, a fatos ocorridos no ano-base de 1988, do adicional do imposto de renda sobre o lucro real instituído pelo Decreto-Lei nº 2.462, de 30 de agosto de 1988", por violação dos princípios da irretroatividade e da anterioridade.	3.1.1

	» a partir desse julgamento, a preservação da segurança jurídica levou em consideração a ocorrência do fato gerador, que se dá por ocorrido no último dia do ano-base no caso do imposto de renda. » tese de **repercussão geral** no RE 592.396 (j. 03.12.2015): "É inconstitucional a aplicação retroativa de lei que majora a alíquota incidente sobre o lucro proveniente de operações incentivadas ocorridas no passado, ainda que no mesmo ano-base, tendo em vista que o fato gerador se consolida no momento em que ocorre cada operação de exportação, à luz da extrafiscalidade da tributação na espécie." » com a revogação da súmula 584 do STF em junho de 2020, não é mais possível a aplicação da lei que majora o imposto de renda ao fato gerador que ainda não se completou no mesmo ano em que publicada a nova regra. A lei publicada em novembro de 2020, por exemplo, não pode ser aplicada em relação ao fato gerador do imposto de renda que só se tornará perfeito em 31 de dezembro de 2020. Pouco importa se o caso revela circunstância em que o imposto de renda assume feição extrafiscal. » a Constituição não excepciona o princípio da irretroatividade das leis. Em nível infraconstitucional, contudo, o CTN prevê leis tributárias retroativas em seu art. 106, sempre em benefício do contribuinte.	
Princípio da anterioridade anual	» ao prever a anterioridade anual, determina a Constituição que a lei que instituir ou aumentar um tributo só produzirá efeitos no exercício seguinte ao de sua publicação. » no RE 232.084 (j. 04.04.2000), o STF entendeu que não haveria violação ao princípio da anterioridade se a Medida Provisória que aumenta tributo fosse editada no Diário Oficial de 31 de dezembro que circulasse num sábado, sendo distribuído apenas na segunda-feira no ano seguinte. Seria irrelevante o fato de o último dia do ano em que publicada a lei caísse num sábado. » o STF consignou na ementa da ADI 939 (j. 15.12.1993) que o princípio da anterioridade tributária é uma garantia individual do contribuinte, protegida pelo manto da **cláusula pétrea**, não podendo ser suprimido por emenda constitucional. Trata-se de um **direito individual análogo**, fora do catálogo do artigo 5º da CF. » **súmula vinculante 50**, segundo a qual "**norma legal que altera o prazo de recolhimento da obrigação tributária não se sujeita ao princípio da anterioridade**".	3.2
Revogação de isenções e anterioridade	» para o STF, a revogação de isenção não onerosa ou incondicionada deve observar o princípio da anterioridade (RE 564.225 AGR, j. 02.09.2014) » as **isenções onerosas** (que exigem a satisfação de certas condições a serem cumpridas pelo contribuinte) não podem ser revogadas imediatamente, diante do direito adquirido do contribuinte. » **súmula 544 do STF**: "Isenções tributárias concedidas, sob condição onerosa, não podem ser livremente suprimidas".	3.2.1

	» tese de **repercussão geral** no RE 603.917 (j. 25.10.2019): "A postergação do direito do contribuinte do ICMS de usufruir de novas hipóteses de creditamento, por não representar aumento do tributo, não se sujeita à anterioridade nonagesimal prevista no art. 150, III, 'c', da Constituição".	
Exceções ao princípio da anterioridade anual	Exceções ao princípio da anterioridade anual: » II, IE, IPI, IOF » Imposto Extraordinário de Guerra » Empréstimo Compulsório em caso de guerra ou calamidade pública » Contribuições **da seguridade social** » ICMS monofásico sobre combustíveis » CIDE-combustível Atenção para as contribuições: » As contribuições **da seguridade social** não obedecem a anterioridade anual, mas obedecem a noventena (CF, 195, § 6º). » Já as demais contribuições obedecem a anterioridade anual e a noventena, salvo a CIDE-combustível, que não obedece a anterioridade anual para o restabelecimento de alíquotas reduzidas por ato do Poder Executivo.	3.2.2
Anterioridade nonagesimal (noventena)	» o princípio da anterioridade nonagesimal significa que a lei que institui ou aumenta um tributo só produzirá efeitos 90 dias após sua publicação. » a "noventena" estava na CF desde sua promulgação em relação às contribuições da seguridade social, que não precisavam observar a anterioridade anual (CF, 195, § 6º). Com a EC 42/03, estendeu-se genericamente aos demais tributos. » **a lei que se limita a prorrogar a cobrança da contribuição ainda vigente não se sujeitaria à anterioridade nonagesimal** (STF. ADI 2666, j. 03.10.2002). Exceções ao princípio da anterioridade nonagesimal: » II, IE, IOF » Imposto Extraordinário de Guerra » Empréstimo Compulsório em caso de guerra ou calamidade pública » Imposto de renda » Fixação da base de cálculo do IPVA e do IPTU	3.3
Anterioridade e medida provisória	» medida provisória que institua ou aumente **impostos** (salvo II, IE, IPI, IOF e imposto extraordinário de guerra) só produzirá efeitos no exercício seguinte se for convertida em lei até o último dia do exercício em que foi editada; » medida provisória que implique em aumento de II, IE, IPI, IOF e o imposto extraordinário de guerra não precisa ser convertida em lei até o último dia do exercício em que foi editada, produzindo efeitos imediatamente, salvo em relação ao IPI, que obedece a noventena; » medida provisória que institua ou aumente contribuição de melhoria, contribuições de intervenção no domínio econômico, contribuições no interesse das categorias profissionais e taxas não precisa ser convertida em lei até o último dia do exercício	3.4

em que foi editada, mas há necessidade de se observar os princípios da anterioridade anual e nonagesimal;

» medida provisória que institua ou aumente contribuição para a seguridade social não precisa ser convertida em lei até o último dia do exercício em que foi editada, mas há necessidade de se observar o princípio nonagesimal.

PRINCÍPIO DO NÃO CONFISCO

» não existe uma fórmula matemática a ser utilizada para todos os tributos que forneça uma resposta acerca da configuração ou não do efeito de confisco.

» em tributos extrafiscais, há uma tolerância maior a alíquotas altas, já que a necessidade de coibir determinado comportamento econômico pode justificar uma tributação que represente um desestímulo ou até mesmo um impedimento a algumas operações.

» o STF já decidiu que "o isolado aumento de alíquota do tributo é insuficiente para comprovar a absorção total ou demasiada do produto da atividade econômica, de modo o STF, em importante paradigma, considerou que o efeito confiscatório deve 4
ser avaliado em função da **totalidade da carga tributária de um único ente tributante** (ADI 2010, j. 30.09.1999)

» outro importante julgado do STF acerca do não confisco é o que estendeu a aplicação do princípio ora estudado às **multas tributárias** (ADI 1075, j. 17.06.1998).

» há orientação consolidada em sede de **repercussão geral** pela qual o STF considerou razoável a multa moratória fixada em 20% do valor do tributo pago em atraso, não havendo confisco nesse caso (RE 582.461, j. 18.05.2011).

PRINCÍPIO DA LIBERDADE DE TRÁFEGO

» tributo não pode incidir sobre o deslocamento de pessoas ou bens entre as fronteiras municipais ou estaduais.

» é perfeitamente possível a cobrança de tributo sobre serviços de transporte interestadual ou intermunicipal. Ainda que haja, inevitavelmente, uma limitação indireta configurada pela oneração do transporte de pessoas ou bens pelos Estados ou municípios, essa exigência tributária é prevista expressamente pelo constituinte originário ao atribuir aos Estados a competência para a instituição do ICMS.

» **o STF decidiu, por meio de seu Plenário, que pedágio cobrado pelo Poder Público** 5
possuía natureza de preço público, não se sujeitando ao princípio da legalidade (ADI 800, j. 11.06.2014).

» O enquadramento do pedágio como taxa ou preço público independeria de sua localização topológica no texto constitucional, mas seria relacionado ao preenchimento, ou não, dos requisitos previstos no art. 3º do CTN;

» Seria irrelevante também, para a definição da natureza jurídica do pedágio, a existência, ou não, de via alternativa gratuita para o usuário trafegar.

VEDAÇÕES À UNIÃO E NÃO DISCRIMINAÇÃO EM RAZÃO DA PROCEDÊNCIA OU DESTINO

Uniformidade geográfica e não discriminação em razão da procedência ou destino

» norma do art. 151, I proíbe que o Presidente da República em exercício utilize o poderio da União para perseguir, mediante discriminação tributária, esse ou aquele Estado ou Município, por razão política ou qualquer outro motivo. Por outro lado, a mesma norma ressalva a concessão de incentivos fiscais 6.1
destinados a promover o equilíbrio do desenvolvimento socioeconômico entre as diferentes regiões do País.

» outra norma constitucional que proíbe a tributação arbitrária em razão da localidade é o art. 152 da CF, que se dirige aos Estados, Distrito Federal e Municípios. Nesse caso, não há a

	ressalva que permite a tributação diferenciada para promover a redução das desigualdades regionais, já que a atuação de milhares de entes federativos promovendo tratamentos diferenciados criaria distorções ainda maiores. » em relação ao art. 152, o STF entende que ofende a vedação à discriminação tributária de natureza espacial a fixação de reserva de mercado a prestadores domiciliados em determinado Estado-membro como requisito para a fruição de regime tributário favorecido e de acesso a investimentos públicos (ADI 5472, j. 01.08.2018).	
Vedação às isenções heterônomas	» o art. 151, III da CF veda que a União institua isenções sobre tributos não compreendidos em sua competência. Apesar de a norma constitucional possuir vedação expressa apenas à União, é consenso e indisputado que os Estados, o Distrito Federal e os Municípios também não podem instituir isenções sobre tributos de competência alheia. » exceção prevista na própria Constituição: o art. 156, § 3º, III da CF dispõe que **a União pode, por meio de lei complementar, excluir da incidência do ISS (imposto municipal) exportações de serviços para o exterior**. » a Emenda Constitucional 42/2003 instituiu imunidade do ICMS nas exportações de forma ampla, não mais incidindo o imposto sobre quaisquer operações que destinem mercadorias para o exterior, nem sobre serviços prestados a destinatários no exterior. » a prevalência dos tratados em matéria tributária é aplicada pelo STF quando se está diante de isenções de tributos estaduais ou municipais instituídas nos acordos internacionais celebrados pela União. O tratado é norma que prevalece sobre a legislação ordinária nesse caso, não só por conta do art. 98 do CTN, mas também por conta de a União atuar no campo internacional em nome da República brasileira, composta por todos os entes federativos (RE 229.096, j. 16.08.2007) » o âmbito de aplicação do art. 151 da CF é o das relações das entidades federadas entre si, e não a União quando esta se apresenta na ordem externa (STF, ADI 1600, j. 26.22.2001).	6.2
Vedação da tributação discriminatória da renda	» o art. 151, II da CF veda que a União, titular da competência para tributar a renda, utilize essa prerrogativa para tornar os títulos da dívida pública dos Estados, Distrito Federal e Municípios de modo mais oneroso, o que acarretaria numa remuneração líquida (após a incidência do imposto de renda) menor para os títulos que não fossem federais. » também não pode a União tributar a remuneração e os proventos dos agentes públicos estaduais, distritais e municipais de forma mais gravosa que tributa os seus agentes públicos (federais).	6.3
	DIREITOS INDIVIDUAIS EM MATÉRIA TRIBUTÁRIA	
Sigilo bancário	» o legislador infraconstitucional previu a possibilidade de a administração tributária ter acesso a registros de instituições financeiras, inclusive referentes a contas de depósitos e aplicações financeiras (Lei complementar 105/2001, art. 6º).	7.1

	» o STF solidificou seu entendimento em sede de **repercussão geral**, admitindo a constitucionalidade da lei que permite o acesso da administração tributária aos dados bancários (RE 601.314, repercussão geral, j. 24.02.2016).	
Sanções políticas	» costuma-se chamar de sanções políticas as restrições e os impedimentos aos contribuintes com a finalidade de compeli-los ao pagamento de tributos. Em voto de Joaquim Barbosa na ADI 173 (j. 25.09.2008), adotou-se a seguinte definição para as sanções políticas: "restrições **não razoáveis** ou **desproporcionais** ao exercício de atividade econômica ou profissional lícita, utilizadas como forma de indução ou coação ao pagamento de tributos" (grifos do original). » súmula 70 do STF: "É inadmissível a interdição de estabelecimento como meio coercitivo para cobrança de tributo." » súmula 323 do STF: "É inadmissível a apreensão de mercadorias como meio coercitivo para pagamento de tributos." » súmula 547 do STF: "Não é lícito à autoridade proibir que o contribuinte em débito adquira estampilhas, despache mercadorias nas alfândegas e exerça suas atividades profissionais." » o STF fixou tese de **repercussão geral** no sentido de que consubstancia sanção política visando o recolhimento de tributo condicionar a expedição de notas fiscais a fiança, garantia real ou fidejussória por parte do contribuinte (RE 565.048, j. 29.05.2014).	7.2
A apreensão de mercadorias importadas pelo não recolhimento de tributos	» súmula vinculante 48 do STF: "na entrada de mercadoria importada do exterior, é legítima a cobrança do ICMS por ocasião do desembaraço aduaneiro". » "É constitucional vincular o despacho aduaneiro ao recolhimento de diferença tributária apurada mediante arbitramento da autoridade fiscal". (STF, RE 1.090.591, repercussão geral, j. 16.09.2020) » não se pode confundir a retenção de mercadorias como meio de exigir o imposto de importação com a apreensão em decorrência de indícios de infração punível com a pena de perdimento.	7.2.1
Hipóteses não caracterizadas como sanção política	» a jurisprudência do STF tem validado o art. 2º, II do Decreto-Lei 1.593/1977, pelo qual o registro especial para fabricação de cigarro pode ser cancelado pelo inadimplemento de obrigação tributária principal ou acessória, relativa a tributo administrado pela Receita Federal (AC 1657 MC, j. 27.06.2007). » o STF decidiu que a exigência de regularidade fiscal para a adesão ao Simples Nacional (art. 17, V, da LC 123/2006) não se caracteriza como sanção política (RE 627.543, **repercussão geral,** j. 30.10.2013) » o protesto de certidão de dívida ativa não é considerado uma sanção política pelo STF (ADI 5135, j. 09.11.2016). » a jurisprudência do STF reconhece a validade do dispositivo da Lei 8.666/93 que exige a regularidade fiscal nas licitações (ADI 173, j. 25.09.2008). » o STF negou haver sanção política na norma de Constituição Estadual que previa a **retenção temporária de mercadorias desacompanhadas de documentação fiscal idônea**, até a comprovação da legitimidade de sua posse pelo proprietário (ADI 395, j. 17.05.2007).	7.2.2

Direito de petição em matéria tributária	» Súmula vinculante 21 do STF: É inconstitucional a exigência de depósito ou arrolamento prévios de dinheiro ou bens para admissibilidade de recurso administrativo. » o STF entende que **o direito constitucional de petição e o princípio da legalidade não implicam a necessidade de esgotamento da via administrativa para discussão judicial da validade de crédito inscrito em Dívida Ativa da Fazenda Pública**. Decidiu o Supremo que é constitucional o art. 38, parágrafo único da Lei 6.630/1980 (RE 233.582, j. 16.08.2007).	7.3
Ações judiciais em matéria tributária e a inafastabilidade do controle jurisdicional	» súmula vinculante 28 do STF: "**é inconstitucional a exigência de depósito prévio como requisito de admissibilidade de ação judicial na qual se pretenda discutir a exigibilidade de crédito tributário**". » delimitando o alcance da súmula vinculante 28, o Tribunal Constitucional decidiu que apenas o depósito está alcançado pelo enunciado, rechaçando uma interpretação ampla que abrangeria também a garantia (Rcl 20.617 AgR, j. 02.02.2016 - grifo adicionado). A súmula vinculante 28 não impede a exigência de garantia para discussão de dívida tributária, já que o enunciado abarca apenas o depósito. » súmula 452 do STJ: "a extinção das ações de pequeno valor é faculdade da Administração Federal, vedada a atuação judicial de ofício".	7.4

9. SÚMULAS APLICÁVEIS

9.1 STF

Súmula vinculante 21: É inconstitucional a exigência de depósito ou arrolamento prévios de dinheiro ou bens para admissibilidade de recurso administrativo.

Súmula vinculante 28 do STF: "É inconstitucional a exigência de depósito prévio como requisito de admissibilidade de ação judicial na qual se pretenda discutir a exigibilidade de crédito tributário".

Súmula vinculante 48 do STF: "Na entrada de mercadoria importada do exterior, é legítima a cobrança do ICMS por ocasião do desembaraço aduaneiro".

Súmula vinculante 50: "Norma legal que altera o prazo de recolhimento da obrigação tributária não se sujeita ao princípio da anterioridade"

70. "É inadmissível a interdição de estabelecimento como meio coercitivo para cobrança de tributo."

323. "É inadmissível a apreensão de mercadorias como meio coercitivo para pagamento de tributos."

544. "Isenções tributárias concedidas, sob condição onerosa, não podem ser livremente suprimidas".

547. "Não é lícito à autoridade proibir que o contribuinte em débito adquira estampilhas, despache mercadorias nas alfândegas e exerça suas atividades profissionais."

656. "É inconstitucional a lei que estabelece alíquotas progressivas para o imposto de transmissão inter vivos de bens imóveis - ITBI com base no valor venal do imóvel"

9.2 STJ

160. "É defeso, ao Município, atualizar o IPTU, mediante decreto, em percentual superior ao índice oficial de correção monetária".

452. "A extinção das ações de pequeno valor é faculdade da Administração Federal, vedada a atuação judicial de ofício".

10. QUESTÕES DE CONCURSOS PÚBLICOS

1. **(Cespe – Procurador do Estado – PGE – PE/2018) - A técnica de tributação que observa o princípio da capacidade contributiva consiste em**

A) diminuir a alíquota na proporção da ampliação da base de cálculo.

B) majorar a carga tributária conforme a essencialidade do produto tributado.

C) estabelecer teto máximo de valor para o pagamento de determinados tributos, mantendo-se a modicidade tributária.

D) fixar alíquotas percentualmente menores para os contribuintes que tenham menor patrimônio pessoal.

E) confiscar bens considerados supérfluos em relação aos contribuintes que apresentem sinais externos de riqueza excessiva.

2. **(Vunesp – Cartório – Provimento – TJ – SP/2018) A Constituição Federal veda que determinados tributos sejam cobrados no mesmo exercício financeiro em que tenha sido publicada a lei que os instituiu ou aumentou. Trata-se de limitação constitucional ao poder de tributar, conhecida por princípio da anterioridade. Assinale a alternativa na qual consta um tributo que excepciona tal princípio.**

(A) Contribuição Social no interesse das categorias profissionais ou econômicas.

(B) Imposto sobre a propriedade rural.

(C) Empréstimo compulsório instituído no caso de investimento público de caráter urgente e de relevante interesse nacional.

(D) Imposto sobre operações de crédito, câmbio e seguro, ou relativas a títulos e valores mobiliários.

3. **(ESAF – Auditor-Fiscal– RFB/2014) Sobre o entendimento do STF acerca da vedação da utilização, por parte da União, Estados, Distrito Federal e Municípios, dos tributos com efeitos de confisco, pode-se afirmar que:**

a) por veicular um conceito jurídico indeterminado, e não havendo diretriz objetiva e genérica, aplicável a todas as circunstâncias, é permitido aos Tribunais que procedam à avaliação dos excessos eventualmente praticados pelo Estado, com apoio no prudente critério do Juiz.

b) a chamada 'multa moratória', que tem por objetivo sancionar o contribuinte que não cumpre suas obrigações tributárias, prestigiando a conduta daqueles que pagam em dia seus tributos aos cofres públicos, não possui caráter confiscatório, independentemente de seu importe.

c) o isolado aumento da alíquota do tributo em dez pontos percentuais é suficiente para comprovar seu efeito de confisco.

d) não é cabível, em sede de controle normativo abstrato, a possibilidade de o Supremo Tribunal Federal examinar se determinado tributo ofende, ou não, o princípio constitucional da não confiscatoriedade.

e) leis estaduais que estipulam margens mínima e máxima das custas, dos emolumentos e da taxa judiciária e realizam uma disciplina progressiva das alíquotas - somente sendo devido o pagamento dos valores elevados para as causas que envolvam considerável vulto econômico - configuram ofensa ao princípio constitucional do não confisco.

4. **(TRF 5 - Juiz Federal Substituto 5ª região/2015) Considerando um acordo bilateral celebrado entre Brasil e Bolívia, no qual a União tenha concedido isenção de tributos estaduais e municipais para as operações do gasoduto Brasil-Bolívia, assinale a opção correta com base na jurisprudência do STF.**

A) Tratado internacional na área tributária, desde sua assinatura, pode ser invocado por particulares para a defesa de seus direitos na esfera tributária.

B) Ao estabelecer como princípio regente nas relações internacionais a integração econômica com os países latino-americanos, a CF alterou o modo como o Brasil deve interpretar e integrar os tratados e convenções internacionais às normas nacionais.

C) O acordo em questão é inconstitucional em virtude de ferir a vedação constitucional da instituição de isenção heterônoma pela União.

D) O Estado Federal brasileiro, por ser representado pela União, não ultrapassou os limites do seu poder tributário ao instituir a referida isenção de tributos de competência de estados e municípios.

E) Os tratados internacionais revogam as leis ordinárias, desde sua assinatura pelas representações dos países, pois vige, no nosso ordenamento jurídico, o postulado da aplicabilidade imediata dos tratados na área tributária.

5. **(Vunesp – Juiz de Direito – TJ – SP/2018) Em reiteradas decisões ao longo do tempo, o Supremo Tribunal Federal tem mantido firme o entendimento de não admitir sanção política como meio de coerção ao pagamento de tributo. A respeito do tema, é correto afirmar que a Corte considera inadmissível, por constituir sanção política,**

(A) o condicionamento de impressão de notas fiscais à prestação de garantia real ou fidejussória por parte do contribuinte com débitos fiscais.

(B) a vedação de adesão ao Simples Nacional fundada na existência de débitos perante a Fazenda Pública ou INSS.

(C) o protesto de certidão de dívida ativa.

(D) a dupla exigência do ICMS em operações interestaduais, como consequência de diferença entre a alíquota do Estado remetente e a do Estado destinatário.

6. **(PUC – Procurador do Estado – PR/2015) Entende-se por sanções políticas tributárias as restrições não razoáveis ou desproporcionais ao exercício de atividade econômica ou profissional lícita, utilizadas como meio de indução ou coação a pagamento de tributos. Sobre as sanções políticas tributárias, assinale a alternativa CORRETA.**

A) O protesto de certidão de dívida ativa, nos termos da jurisprudência mais recente do Superior Tribunal de Justiça, configura sanção política.

B) A exigência de Certidão Negativa de Débitos Tributários - CND como requisito prévio à participação em licitações é exemplo de sanção política.

C) De acordo com entendimento pacífico do Superior Tribunal de Justiça, a Fazenda Pública tem legitimidade e interesse para requerer a falência da empresa insolvente devedora de tributos.

D) A retenção de mercadoria pelo tempo estritamente necessário à lavratura do auto de infração não configura sanção política.

E) Segundo recente entendimento do Supremo Tribunal Federal, não se admite o cancelamento da inscrição da empresa no cadastro de contribuintes de determinado imposto em razão de dívidas tributárias, ainda que comprovados intuito deliberado de não pagar o imposto e violação à livre concorrência.

7. **(Cespe – Juiz de Direito Substituto - AM/2016) Considerando que a fazenda pública deve observar os princípios constitucionais para a legítima cobrança de tributos, assinale a opção correta com base na jurisprudência do STF.**

A) Para o STF, é constitucional a apreensão de mercadorias como forma de obrigar o devedor a pagar os tributos devidos.

B) A exigência, pela fazenda pública, de prestação de fiança para a impressão de notas fiscais de contribuintes em débito com o fisco viola as garantias do livre exercício do trabalho, ofício ou profissão, da atividade econômica e do devido processo legal.

C) É constitucional a exigência de depósito prévio como requisito de admissibilidade de ação judicial na qual se pretenda discutir a exigibilidade de crédito tributário.

D) A imunidade tributária dos impostos sobre a renda não alcança as empresas públicas prestadoras de serviços públicos.

E) Norma local que condicione a concessão de regime especial de tributação à apresentação de certidão negativa de débitos tributários não constitui meio indireto de cobrança de tributo.

8. **(FMP – Procurador do Estado - AC/ 2012) Assinale a alternativa incorreta.**

A) O IPI (Imposto sobre Produtos Industrializados) não está sujeito ao princípio da anterioridade tributária anual, mas se submete ao princípio da anterioridade tributária nonagesimal.

B) O IOF (Imposto sobre operações de Crédito, Câmbio, Seguro, Títulos e Valores Mobiliários) pode, nos limites da lei, ter suas alíquotas alteradas por ato do Poder Executivo.

C) O IR (Imposto sobre a Renda e Proventos de qualquer natureza) está sujeito ao princípio da anterioridade tributária anual, mas não se submete ao princípio da anterioridade tributária nonagesimal.

D) O II (Imposto sobre a Importação) é de competência da União Federal, mas poderá, nas hipóteses previstas na Constituição Federal, ser cobrado e fiscalizado pelos Estados-membros que se situam nas fronteiras do território nacional.

9. **(Vunesp - Procurador Município – Prefeitura São Paulo - SP/2014) Determina a Constituição Federal que, sempre que possível, os impostos terão caráter pessoal e serão graduados segundo a capacidade econômica do contribuinte, facultado à administração tributária, especialmente para conferir efetividade a esses objetivos, identificar, respeitados os direitos individuais e nos termos da lei, o patrimônio, os rendimentos e as atividades econômicas do contribuinte. Referida determinação reflete um princípio que, por seu turno, é corolário do princípio tributário da**

(A) imposição do efeito confiscatório.

(B) isonomia tributária.

(C) anterioridade.

(D) irretroatividade.

(E) parafiscalidade.

10. **(Cespe – Auditor – SEFAZ - AL/2020) No que se refere às políticas e aos instrumentos de política fiscal, regulatória e monetária, julgue o item subsecutivo.**

A progressividade das alíquotas de contribuição previdenciária dos servidores públicos tem caráter fiscal, o que caracteriza aumento de tributação.

( ) Certo

( ) Errado

11. **(Cespe – Auditor Fiscal – SEFAZ - DF/2020) No que se refere ao Estatuto Nacional da Microempresa e da Empresa de Pequeno Porte – Simples Nacional, julgue o próximo item.**

A lei que institui esse estatuto destina-se a dar tratamento diferenciado às micro e pequenas empresas no que se refere tanto às obrigações principais quanto às acessórias.

( ) Certo

( ) Errado

12. **(Vunesp – Advogado - EBSERH/2020) É correta a correlação entre o princípio jurídico da tributação e o dispositivo constitucional contida na alternativa:**

a) parafiscalidade – possibilidade de estabelecimento de limitações ao tráfego de pessoas ou bens, por meio de tributos interestaduais ou intermunicipais.

b) legalidade – proibição à utilização de tributo com efeito de confisco.

c) irretroatividade – vedação à cobrança de tributos em relação a fatos geradores ocorridos antes do início da vigência da lei que os houver instituído ou aumentado.

d) anualidade – vedação à exigência ou aumento de tributo sem lei que o estabeleça.

e) hierarquia federativa – possibilidade de a União instituir isenções de tributos da competência dos Estados, do Distrito Federal ou dos Municípios.

13. **(FCC – Juiz de Direito – TJ - MS/2020) A respeito do princípio da anterioridade tributária, é correto afirmar:**

a) Medida provisória pode instituir ou majorar imposto e, neste caso, a obediência à anterioridade anual tributária pressupõe a sua conversão em lei até o último dia do exercício financeiro em que for editada, para que a nova norma possa ser aplicada no ano seguinte.

b) A lei estadual que implique em postergação de novas hipóteses de creditamento relativo ao Imposto sobre Circulação de Mercadorias e Serviços (ICMS) sujeita-se à regra da anterioridade tributária.

c) Há tributos que podem ser majorados sem precisar observar o princípio da anterioridade anual, todavia essas exceções se aplicam apenas a alguns impostos federais.

d) O Senado Federal pode majorar alíquotas do Imposto sobre Circulação de Mercadorias e Serviços (ICMS) sem que seja aplicável o princípio da anterioridade anual.

e) A majoração da base de cálculo do Imposto Sobre Propriedade Territorial Urbana (IPTU) deve respeitar o princípio da anterioridade nonagesimal.

14. (UFPR – Procurador Jurídico – Câmara de Curitiba - PR/2020) Sobre os princípios constitucionais tributários, assinale a alternativa correta.

a) Por força do princípio da irretroatividade, não se admite, em hipótese alguma, que a lei tributária se aplique a ato ou fato pretérito.

b) O princípio da proibição de utilização de tributo com efeito de confisco torna inconstitucional a multa tributária punitiva fixada por Município em alíquota superior a 20% do valor do tributo devido.

c) A lei que restringir a Contribuição de Iluminação Pública aos consumidores de energia elétrica do Município ofenderá o princípio da isonomia tributária.

d) É inconstitucional a lei que fixa alíquotas progressivas para o imposto sobre transmissão causa mortis e doações, por violação ao princípio da capacidade contributiva.

e) O princípio da igualdade tributária realiza-se, no tocante aos impostos, mediante a observância da capacidade contributiva; quanto às contribuições de melhoria, por meio da proporcionalidade entre o custo da obra pública e a valorização que esta trouxe para o imóvel do particular; e, referentemente às taxas, pelo específico princípio da retribuição ou remuneração.

01	02	03	04	05	06	07
D	D	A	D	A	D	B
08	**09**	**10**	**11**	**12**	**13**	**14**
D	B	C	C	C	A	E

11. QUESTÃO DISCURSIVA COM COMENTÁRIOS

(TJ-DF – Juiz de Direito - DF/2013) Especificamente a partir da correlação entre o princípio republicano e a ideia de tributação, teça considerações sobre igualdade tributária, competência tributária e capacidade contributiva. (20 linhas)

COMENTÁRIOS

O princípio republicano funda-se na ideia de que o Estado não deve estar a serviço desta ou daquela pessoa ou grupo especial de pessoas, mas sim de todos os cidadãos que o compõem. Esse princípio, já se vê, está intrinsecamente ligado ao senso de que todos os que estiverem numa mesma situação jurídica devem ser tratados de forma equivalente pelo Estado (igualdade formal, perante a ,0 lei).

A aplicação do princípio republicano na seara da tributação impede, por exemplo, que os parlamentares sejam isentos do imposto de renda. Dessa igualdade tributária os doutrinadores costumam extrair o princípio da capacidade contributiva, uma vez que as riquezas iguais devem ser tributadas da mesma forma, sob pena de se permitir privilégios de uma determinada classe social ou ramo da economia.

A capacidade contributiva serve, assim, como um condicionante da competência tributária dos entes federativos. É dizer, ainda que os entes políticos possuam uma certa liberdade na instituição de seus tributos, devem observar as limitações ao poder de tributar, dentre os quais o princípio da capacidade contributiva.

Por isso, devem os entes tributar de forma menos onerosa as microempresas, já que nesse caso os signos de riqueza não são os mesmos de uma multinacional instalada no país. Da mesma forma, o imposto de renda possui alíquotas maiores à medida que os ganhos de uma pessoa vão aumentando.

12. QUESTÃO PARA TREINAR (SEM COMENTÁRIOS)

(PFN - Procurador da Fazenda Nacional - 2015 ESAF) Leia a ementa do julgado abaixo e, a seguir, disserte, detalhadamente, sobre o protesto de certidão da dívida ativa, abordando a evolução jurisprudencial e legislativa sobre a matéria, bem como a sua utilidade para a Fazenda Pública. "TRIBUTÁRIO. PROCESSUAL CIVIL. AGRAVO REGIMENTAL NO AGRAVO DE INSTRUMENTO. CERTIDÃO DA DÍVIDA ATIVA - CDA. PROTESTO. DESNECESSIDADE. AGRAVO NÃO PROVIDO. 1. A jurisprudência do Superior Tribunal de Justiça tem afirmado a ausência de interesse em levar a protesto a Certidão da Dívida Ativa, título que já goza de presunção de certeza e liquidez e confere publicidade à inscrição do débito na dívida ativa. 2. Agravo regimental não provido" (Superior Tribunal de Justiça, 1ª Turma, AgRg no Ag 1316190 / PR, Relator Ministro Arnaldo Esteves Lima, DJe 25/05/2011).

(máximo 30 linhas)

5

COMPETÊNCIA TRIBUTÁRIA E IMUNIDADES TRIBUTÁRIAS

1. COMPETÊNCIA TRIBUTÁRIA

1.1 Definição

A doutrina costuma definir competência tributária como a aptidão dos **entes políticos** (União, Estados, Distrito Federal e Municípios) para instituir, por meio de lei e em abstrato, tributos que lhe foram conferidos pela Constituição Federal, não só pelas normas atributivas, mas também pelas normas de imunidade (impedimentos constitucionais à tributação). É dizer, a competência tributária de um ente é extraída não só de uma norma constitucional que confere a um ente determinado tributo a ser instituído, já que as normas constitucionais que imunizam pessoas ou materialidades econômicas de tributos também participam do desenho das competências tributárias dos entes políticos.

Para alguns autores, a competência tributária contrapõe-se ao poder tributário, pois enquanto este é absoluto e soberano, exercido pelo constituinte originário, a competência é juridicamente limitada pela Constituição[1]. A finalidade das regras de competência tributária é justamente "limitar o poder dos entes federados mediante a demarcação do âmbito de poder e a determinação das condições do seu exercício"[2].

Do mesmo modo, a competência tributária não se confunde com a competência para legislar sobre direito tributário. A primeira diz respeito, necessariamente, à instituição de

1. "Ao poder tributário juridicamente delimitado (...) dá-se o nome de competência tributária. A palavra poder alberga a ideia de mando ilimitado. (...) A palavra competência traduz a ideia de poder limitado (...) Em um momento pré-constitucional, portanto, é adequada a alusão ao poder de tributar, mas depois de promulgada a Constituição é mais adequado falar-se em competência tributária." (MACHADO, Hugo de Brito. Curso de Direito Tributário. 26ª edição. ed. São Paulo: Malheiros, 2005, p. 50). Empregando a expressão "poder tributário" como um poder cujo exercício é limitado pela Constituição: "(...) o poder de criar impostos pe um poder constitucional, já que a sua titularidade há-de resultar da constituição (...) o seu exercício há-de decorrer dentro de uma trama de princípios constitucionais que o limitam fortemente (...) o poder tributário tem necessariamente por fundamento jurídico a constituição (...)" (NABAIS, José Casalta. O dever fundamental de pagar impostos: contributo para a compreensão constitucional do estado fiscal contemporâneo. Coimbra: Edições Almedina, 2015, p. 301).
2. ÁVILA, Humberto. Competências tributárias: um ensaio sobre sua compatibilidade com as noções de tipo e conceito. São Paulo: Malheiros, 2018, p. 25.

tributo, tal como definido no art. 3º do CTN; é, portanto, a criação de tributo mediante a previsão legal de todos os elementos necessários para sua exigência (materialidade sobre a qual recai a incidência, base de cálculo, alíquota, sujeito passivo etc.). Já a competência para legislar sobre direito tributário é mais ampla, pois abrange qualquer matéria tributária, como as normas gerais de direito tributário, a criação de regimes especiais de tributação, a instituição de deveres instrumentais à fiscalização tributária como o fornecimento de documentos (obrigações acessórias) e até mesmo as normas de responsabilidade tributária (eleição de pessoa que não pratica o fato gerador e que mesmo assim deve recolher o tributo).

A competência para legislar sobre direito tributário é concorrente entre a União, os Estados e o Distrito Federal, conforme determina o art. 24, I da CF. No âmbito da legislação concorrente, a competência da União limitar-se-á a estabelecer normas gerais (CF, art. 24, § 1º). Em caso de inércia do legislador da União na edição de normas gerais, os Estados exercerão a competência legislativa plena, para atender a suas peculiaridades (CF, art. 24, § 3º).

Com base nesse regramento constitucional, o STF entende legítima a competência legislativa dos Estados em relação às normas gerais do Imposto sobre Propriedade de Veículos Automotores (IPVA). Como esse imposto estadual não possui a definição de suas normas gerais (fato gerador, base de cálculo e contribuintes) no CTN, a inexistência de lei complementar da União sobre suas normas gerais abre espaço para a competência legislativa plena dos Estados nessa matéria (RE 191.703 AgR, j. 19.03.2001).

1.2 Características da competência tributária

a) Privatividade – em regra, a atribuição de competência tributária a um ente implica a exclusão do outro ente. Paulo de Barros Carvalho (2013, p. 220) lembra que nos Territórios Federais, compete à União os impostos estaduais, e, se o Território não for dividido em Municípios, também os impostos municipais (CF, 147). Além disso, a União pode instituir na iminência ou no caso de guerra externa, impostos extraordinários, **compreendidos ou não em sua competência tributária** (CF, 154, II). Por isso, rigorosamente, só os impostos da União são privativos, não podendo ser instituídos por nenhum outro ente.

A privatividade se manifesta também nos tributos vinculados (como as taxas exigidas em razão da prestação de serviço público ou do exercício do poder de polícia), mesmo nos casos de competência administrativa comum. Em se tratando de um serviço público atribuído constitucionalmente a todos os entes da Federação, a competência tributária continua privativa, pois a respectiva taxa só pode ser instituída pelo ente que desempenha o serviço que a enseja[3].

3. "Temos para nós que, também em relação aos tributos vinculados, a competência tributária de cada pessoa política é rígida, privativa e indelegável. (...) as taxas e as contribuições de melhoria só podem ser criadas pela pessoa política que: a) possuir competência administrativa para realizar a atuação estatal (...); e b) tiver regulado, por meio de lei, tal atuação." (CARRAZZA, Roque Antônio. Curso de Direito Constitucional Tributário. 30ª. ed. São Paulo: Malheiros, 2015, p. 767).

b) Indelegabilidade – a competência tributária não admite delegação, só podendo ser exercida pelo ente definido em norma constitucional. A delegação de competência tributária por lei do ente competente significaria uma alteração da Constituição por via oblíqua, o que não é possível diante da rigidez do texto constitucional.

Nesse sentido, o art. 7º do CTN dispõe que a competência tributária é indelegável, permitindo-se, contudo, a delegação a **pessoa jurídica de direito público** das funções de **arrecadar ou fiscalizar** tributos[4].

Tratando de outro tema, o § 3º do mesmo art. 7º do CTN[5] preceitua que não constitui delegação de competência o cometimento, a **pessoas de direito privado**, do encargo ou da função de **arrecadar tributos**. Nessa hipótese do art. 7º, § 3º do CTN, não se está diante da transferência das funções de arrecadação e fiscalização de tributos (capacidade tributária ativa), como ocorre no art. 7º, *caput*.

O art. 7º, § 3º trata apenas de atos meramente mecânicos e burocráticos de arrecadação do tributo, como o recolhimento de valores em guias de arrecadação nas agências bancárias. Não se confunde com a delegação de capacidade tributária ativa prevista no art. 7º, *caput*, apenas para pessoas jurídicas de direito público, o que abrange todos os atos necessários à satisfação do crédito tributário, desde os atos de fiscalização, como a abertura de procedimentos investigatórios e a lavratura de auto de infração, até a emissão de certidão de dívida ativa e o ajuizamento de execução fiscal.

Ou seja, a "função de arrecadar" tributo prevista no art. 7º, § 3º não é exatamente a mesma "função de arrecadar" tributo prevista no art. 7º, *caput*, pois esta última, ao contrário da primeira, inclui medidas coercitivas de satisfação do crédito tributário, como a emissão de certidão de dívida ativa e a cobrança por meio de execução fiscal.

Dessa maneira, um tributo da União pode ter sua arrecadação e fiscalização delegadas a outra pessoa jurídica de direito público, como uma autarquia federal. Seria o caso, por exemplo, de uma contribuição previdenciária de competência da União ser exigida por meio do Instituto Nacional do Seguro Social (INSS, autarquia federal), que poderia inclusive fiscalizar o tributo por auditores próprios e executar a dívida tributária por meio de seus procuradores judiciais[6]. Outro exemplo da delegação de capacidade tributária ativa pode ser encontrado na autorização constitucional para que o Imposto Territorial Rural (imposto da União) seja fiscalizado e cobrado pelos Municípios que assim optarem (CF, art. 153, § 4º, III).

Conclui-se então que a arrecadação e a fiscalização de tributos, funções delegáveis, representam a chamada capacidade tributária ativa, que não se confunde com a competência tributária. A capacidade tributária ativa possui natureza administrativa, podendo

---

4. CTN, art. 7º: "A competência tributária é indelegável, salvo atribuição das funções de arrecadar ou fiscalizar tributos, ou de executar leis, serviços, atos ou decisões em matéria tributária, conferida por uma pessoa jurídica de direito público a outra (...)".
5. CTN, art. 7º, § 3º: "Não constitui delegação de competência o cometimento, a pessoas de direito privado, do encargo ou da função de arrecadar tributos.".
6. Assim ocorria antes de a Lei 11.457/2007 ter unificado a arrecadação e a fiscalização dos tributos federais, inclusive as contribuições previdenciárias, sob a responsabilidade da Receita Federal do Brasil e da Procuradoria-Geral da Fazenda Nacional, órgãos (sem personalidade jurídica) da União.

ser transferida a outrem por meio de lei, enquanto a competência tributária, indelegável, possui natureza legislativa[7].

Em síntese:

> **Competência tributária** – faculdade de instituir tributos por meio de lei – **indelegável.**
>
> **Capacidade tributária ativa** – atribuição de arrecadar (inclusive coercitivamente) e fiscalizar tributos – **delegável apenas a pessoas jurídicas de direito público.**
>
> **Arrecadação de tributos prevista no art. 7º, § 3º do CTN** – função mais limitada que se limita ao encargo de receber o pagamento de tributo, não envolvendo sua exigência por meios coercitivos – **delegável a pessoas jurídicas de direito privado.**

c) Incaducabilidade – o não exercício da competência tributária, ainda que por um longo lapso de tempo, não acarreta sua perda. O art. 8º do CTN é didático ao enunciar que "**o não exercício da competência tributária não a defere a pessoa jurídica de Direito Público diversa daquela a que a Constituição a tenha atribuído**". Bom exemplo dessa característica é o imposto sobre grandes fortunas, de competência da União, que desde a Constituição de 1988 não foi instituído.

d) Inalterabilidade – não é possível a alteração da competência por ato **infraconstitucional**. O que se admite é a alteração das competências por emenda constitucional, desde que não prejudique a autonomia financeira dos entes federativos, uma vez que a forma federativa de Estado é cláusula pétrea (CF, art. 60, § 4º, I)[8]. Exemplo de alteração da competência tributária pelo constituinte reformador é a criação da Contribuição sobre Iluminação Pública (CF, art. 149-A, introduzido pela EC 39/2002), de competência dos Municípios.

e) Irrenunciabilidade – apesar de o ente não ser obrigado a exercitar sua competência, não pode a esta renunciar em favor de outro ente. A pessoa política competente não pode, por exemplo, legislar no sentido de que decidiu pela renúncia de sua competência tributária. Nesse sentido, dispõe o art. 8º do CTN: "o não-exercício da competência tributária não a defere a pessoa jurídica de direito público diversa daquela a que a Constituição a tenha atribuído".

f) Facultatividade – a atribuição de competência tributária não é um mandamento obrigatório para que os entes políticos instituam seus tributos, que podem deixar de fazê-lo total ou parcialmente por livre decisão política. Não existe uma imposição aos entes políticos para que estes exercitem sua competência tributária. Assim é que a União não é obrigada a instituir o imposto sobre grandes fortunas, que remanesce sem ser instituído desde a promulgação da Constituição de 1988. Paulo de Barros Carvalho aponta como

7. COSTA, Regina Helena. Curso de Direito Tributário – Constituição e Código Tributário Nacional. 4ª. ed. São Paulo: Editora Saraiva, 2014, p. 168.

8. "Já quanto à inalterabilidade da competência tributária, somente é verdadeiro afirmá-lo se considerarmos a impossibilidade de modificação de seus contornos pelo próprio legislador infraconstitucional, porquanto por meio de emenda, ainda que existam sérias limitações (art. 60, § 4º, CR), é possível realizar alterações." (COSTA, Regina Helena. Curso de Direito Tributário – Constituição e Código Tributário Nacional. 4ª. ed. São Paulo: Editora Saraiva, 2014, p. 66).

exceção à facultatividade da competência tributária a instituição do ICMS, que seria obrigatória, sob pena de se permitir a instalação de uma guerra fiscal[9].

Deve ser esclarecido ainda que não há incompatibilidade entre a facultatividade da competência tributária e o artigo 11 da Lei de Responsabilidade Fiscal (LC 101/2000), que assim dispõe:

> LC 101/2000, art. 11: Constituem requisitos essenciais da responsabilidade na gestão fiscal a instituição, previsão e efetiva arrecadação de todos os tributos da competência constitucional do ente da Federação. Parágrafo único. É vedada a realização de transferências voluntárias para o ente que não observe o disposto no *caput*, no que se refere aos impostos.

Primeiramente, o *caput* traz um conceito infraconstitucional de gestão fiscal responsável, que abrange a instituição, previsão e efetiva arrecadação de todos os tributos de competência do ente político. Esse conceito legal não é capaz de derrogar a facultatividade da competência tributária. O ente da Federação continua sendo livre para decidir a respeito da instituição ou não de seus tributos.

Já o parágrafo único traz uma consequência negativa (vedação de acesso a transferências voluntárias) para o ente que não adotar a gestão fiscal responsável prevista no *caput*. Deve ficar claro que não há uma obrigação legal à instituição de tributos, mas apenas uma desvantagem decorrente da omissão do ente. Por isso, a Lei de Responsabilidade Fiscal não traz uma obrigatoriedade à instituição de tributos, restando preservada a facultatividade da competência tributária.

Essa interpretação foi adotada pelo STF em julgamento conjunto de uma série de ações diretas de inconstitucionalidade apresentadas contra dispositivos da LC 101/2000 (ADI 2238, ADI 2241, ADI 2250, ADI 2256, ADI 2261, ADI 2324, ADI 2365, ADPF 24), ocasião em que se reconheceu a constitucionalidade do art. 11 da LC 101/2000, sem que se cogitasse em incompatibilidade com a facultatividade da competência tributária[10].

Características da competência tributária:
- privatividade
- indelegabilidade
- incaducabilidade
- inalterabilidade
- irrenunciabilidade
- facultatividade

9. CARVALHO, Paulo de Barros. Curso de Direito Tributário. 25ª. ed. São Paulo: Saraiva, 2013, p. 222.
10. Conforme registrado no informativo 948/2019 do STF: "A disciplina legal do parágrafo único do art. 11 da LRF manteve a fiel obediência às duas características constitucionais básicas do Sistema Tributário Nacional — a rigidez na previsão de competência tributária prevista para cada ente federativo e a complexidade na repartição das receitas tributárias. Isso porque não obrigou nenhum dos entes federativos a editar a lei criadora de tributo de sua competência. Também não realizou qualquer alteração no denominado sistema de redistribuição de rendas, que estabelece direito subjetivo do ente federativo beneficiado à participação no produto arrecadado pelos demais (transferências obrigatórias), que, obviamente, só existirá a partir do momento em que o ente federativo competente criar o tributo e ocorrer seu fato imponível. A norma legal apenas firmou, como pressuposto para o recebimento de transferências voluntárias da União, o esgotamento das competências tributárias dos Estados, Distrito Federal e Municípios no tocante à espécie tributária 'impostos'.".

1.3 Competência tributária e repartição de receitas

A competência tributária não é prejudicada na eventualidade de certo tributo possuir sua receita partilhada com outros entes da Federação, diversos do titular da competência. O art. 6º, parágrafo único, do CTN é expresso nesse sentido:

> Os tributos cuja receita seja distribuída, no todo ou em parte, a outras pessoas jurídicas de direito público pertencem à competência legislativa daquela a que tenham sido atribuídos.

A título de exemplo, o fato de o Município ter direito a parte da arrecadação de um tributo federal não impede a União de conceder isenção dessa exação, mesmo diante de prejuízo aos cofres municipais.

A doutrina majoritária reconhece, igualmente, que o titular da competência tributária não possui restrição à liberdade de conceder isenções pelo fato de o tributo possuir sua receita partilhada. Em outras palavras, "o direito de participar do produto da arrecadação de dado tributo não atribui ao partícipe nenhuma parcela de competência legislativa ou impositiva sobre o mesmo tributo"[11].

O Supremo encampou a orientação acima no RE 705.423 (j. 17.11.2016), sujeito à sistemática de **repercussão geral**. Nesse julgamento, a controvérsia dizia respeito ao impacto dos benefícios ficais concedidos pela União em relação ao IR e ao IPI, que possuem parte de sua receita destinada ao Fundo de Participação dos Municípios.

Entendeu o STF que a expressão "produto da arrecadação", prevista no artigo 159, I, da Constituição, deve ser interpretada como resultado efetivo, e não potencial, da arrecadação dos impostos. A competência tributária, desse modo, abrange a plena disposição sobre os tributos constitucionalmente outorgados ao ente político, que possui liberdade não apenas para instituir ou não o tributo, como também para conceder isenção ou qualquer outra espécie de benefício fiscal. Além disso, a autonomia financeira dos municípios não reduz a competência tributária da União, mesmo em relação aos tributos federais cujo produto da arrecadação seja parcialmente destinado à municipalidade.

A tese de repercussão geral restou fixada nos seguintes termos:

> É constitucional a concessão regular de incentivos, benefícios e isenções fiscais relativos ao Imposto de Renda e Imposto sobre Produtos Industrializados por parte da União em relação ao Fundo de Participação de Municípios e respectivas quotas devidas às Municipalidades.

11. (DERZI, Misabel Abreu Machado. Notas de atualização ao Direito Tributário Brasileiro de Aliomar Baleeiro. 13ª. ed. Rio de Janeiro: Forense, 2015, p. 64) No mesmo sentido: COSTA, Regina Helena. Curso de Direito Tributário – Constituição e Código Tributário Nacional. 4ª. ed. São Paulo: Editora Saraiva, 2014, p. 167); BALEEIRO, Aliomar. Direito Tributário Brasileiro. 13ª. ed. Rio de Janeiro: Forense, 2015, p. 64); "Só há falar em participação no produto da arrecadação do tributo após ele ter sido instituído pela pessoa política competente e nascido com a ocorrência do fato imponível. (...) o que a Constituição faz é estipular que, na hipótese de ser criado o tributo, pela pessoa política competente, o produto de sua arrecadação será total ou parcialmente destinado a outra pessoa política." (CARRAZZA, Roque Antônio. Curso de Direito Constitucional Tributário. 30ª. ed. São Paulo: Malheiros, 2015, p. 798-799).

É preciso ainda comparar esse julgado com outro, também do STF e em **repercussão geral**. Trata-se do RE 572.762 (j. 18.06.2008), onde se decidiu que o produto da arrecadação do ICMS pertencente aos Municípios nos termos do art. 158, IV, da CF[12] não pode sujeitar-se a condição prevista em programa de benefício fiscal de âmbito estadual[13]. Na ementa desse julgado o STF deixou expresso que essa parcela do ICMS pertence de pleno direito aos Municípios.

Há, contudo, uma diferença sutil entre os precedentes. O RE 572.762 não se referia a isenção, mas sim a **postergação do pagamento de tributo**, e, consequentemente, do repasse da parcela do produto da arrecadação. Ou seja, este julgamento tratou de um caso em que o tributo era exigido, mas sua arrecadação era diferida, como exposto no voto do relator Ministro Ricardo Lewandowski, "o tributo em tela já havia sido efetivamente arrecadado, sendo forçoso reconhecer que o Estado, ao reter a parcela pertencente aos Municípios, interferiu indevidamente no sistema constitucional de repartição de rendas". O RE 705.423, a seu turno, abordou a renúncia de receita por meio de isenção do tributo cujo resultado era partilhado com os Municípios.

Assim, a afirmação de que "a parcela do ICMS a que se refere o art. 158, IV da CF pertence de pleno direito aos Municípios" (também constante da ementa do RE 572.762), não é inconciliável com a tese de repercussão geral fixada no RE 705.423, segundo a qual o direito dos Municípios a parte do produto da arrecadação de imposto federal não impede a concessão de isenções pelo ente titular da competência tributária[14]. Isso porque a "parcela do ICMS" que "pertence de pleno direito aos Municípios" mencionada no RE 572.762 é aquela relativa ao tributo estadual instituído e exigido pelo ente competente, não se referindo ao tributo objeto de renúncia fiscal por meio de lei de isenção.

1.4 Bitributação e *Bis in idem*

A bitributação e o *bis in idem* tributário são dois conceitos importantes no estudo da competência tributária.

O primeiro conceito diz respeito à tributação de uma específica materialidade econômica por mais de uma pessoa política. **A bitributação pode ser interna, quando ocorre num interior de um único sistema jurídico**, como seria o caso de um Estado e um Município tributarem a o mesmo tempo o mesmo fato gerador em relação a um mesmo sujeito passivo.

Em geral, **a delimitação de competências tributárias na Constituição impede a bitributação interna.** Excepcionalmente, contudo, há espaços constitucionais em que se

12. CF, art. 158. Pertencem aos Municípios: (...) IV - vinte e cinco por cento do produto da arrecadação do imposto do Estado sobre operações relativas à circulação de mercadorias e sobre prestações de serviços de transporte interestadual e intermunicipal e de comunicação.
13. No mesmo sentido: ADI-MC 2405, j. 06.11.2002.
14. No RE 705.423 a diferenciação foi assim exposta: "A demanda distingue-se do Tema 42 da sistemática da repercussão geral, cujo recurso-paradigma é RE-RG 572.762, (...) julgado em 18.06.2008, DJe 05.09.2008. Isto porque no julgamento pretérito centrou-se na natureza compulsória ou voluntária das transferências intergovernamentais, ao passo que o cerne do debate neste Tema reside na diferenciação entre participação direta e indireta na arrecadação tributária do Estado Fiscal por parte de ente federativo".

permite a concorrência de entes políticos na tributação de um mesmo fato, como no caso dos impostos extraordinários de guerra, em que a União pode tributar fatos econômicos atribuídos à competência estadual ou municipal[15].

Pode ainda ocorrer a **bitributação internacional**, que por sua vez pode ser jurídica ou econômica. A **dupla tributação internacional jurídica** se dá quando mais de um Estado soberano tributa a renda ou o capital **de uma mesma pessoa**. A **dupla tributação econômica** ocorre quando mais de um Estado soberano tributa duas **pessoas distintas** em relação a uma mesma renda ou capital[16]. Essa última situação ocorreria se um Estado tributasse o lucro de uma empresa e outro Estado tributasse os dividendos derivados do mesmo lucro, quando distribuídos aos sócios. Os tratados contra a dupla tributação visam evitar apenas a bitributação internacional jurídica.

Já o ***bis in idem*** **tributário** ocorre quando **um mesmo fato gerador é tributado mais de uma vez por uma mesma pessoa política**. Esse expediente seria em regra vedado, ressalvando-se as situações admitidas na própria Constituição. Um bom exemplo é a incidência concomitante do Imposto de Renda de Pessoa Jurídica (IRPJ) e da Contribuição Social sobre o Lucro Líquido (CSLL) sobre o lucro auferido pelas empresas. O STF, no RE 138.284 (j. 01.07.1992), assentou a legitimidade da exigência da CSLL cumulativamente com o IRPJ, justamente por conta da autorização constitucional para a cobrança das contribuições[17].

O STF tem o entendimento pacífico no sentido de que, tratando-se de contribuição, **a Constituição não proíbe a coincidência de sua base de cálculo com a do imposto, o que é vedado relativamente às taxas.** (RE 177.137, j. 24.05.1995).

Esse entendimento foi reafirmado em sede de **repercussão geral**, no RE 883.542 (j. 02.06.2017), onde se rechaçou a alegação de inconstitucionalidade da cobrança da contribuição sindical rural simultaneamente com o imposto territorial rural. Mesmo diante da identidade de sujeito ativo (União) e base de cálculo (valor do imóvel rural) entre o imposto e a contribuição, o STF entendeu não haver impedimento constitucional para que as contribuições possuam a mesma base de cálculo dos impostos.

Curiosamente, o Supremo mencionou o instituto em análise como bitributação, e não como *bis in idem*, a despeito de a tributação cumulativa ser exigida de um único ente político[18].

---

15. CF, art. 154. A União poderá instituir: (...) II - na iminência ou no caso de guerra externa, impostos extraordinários, **compreendidos ou não em sua competência tributária**, os quais serão suprimidos, gradativamente, cessadas as causas de sua criação.
16. OECD, 2017, Model Tax Convention on Income and on Capital: Condensed Version 2017, OECD Publishing.
17. Voto do relator Ministro Carlos Velloso: "Nem seria possível a utilização do argumento de que teríamos, no caso, bis in idem – o lucro das pessoas jurídicas constituindo fato gerador do imposto sobre a renda e da contribuição – por isso que é a Constituição que, expressamente, admite a contribuição sobre o lucro (C.F., art. 195, I)."
18. Tese de **repercussão geral** no RE 883.542 (j. 02.06.2017): "A Contribuição Sindical Rural, instituída pelo Decreto-Lei 1.661/1971, não configura hipótese de bitributação e tal tributo foi recepcionado pela ordem constitucional vigente".

1.5 Interpretação das Competências Tributárias

Tema de infindáveis discussões no direito tributário é o que trata da interpretação das competências tributárias. A doutrina majoritária se arvora nas ideias de segurança jurídica e "princípio da tipicidade cerrada" para defender que os limites constitucionais para a instituição de tributos devem ser precisamente observados pelo legislador infraconstitucional.

Embora a segurança jurídica seja um dos valores mais caros ao direito tributário, uma vez que a arrecadação de tributos deve se dar com a máxima proteção possível aos direitos dos contribuintes, os fenômenos econômicos que podem ser objeto de tributação não são passíveis de catalogação precisa pelo constituinte. Por mais que se busque a máxima precisão na delimitação de âmbitos de incidência, ainda será necessário que o constituinte se utilize de palavras, as quais carregam as deficiências da linguagem e da comunicação do ser humano[19].

Essa inviabilidade de se definir uma competência tributária com precisão e exaustão no texto constitucional foi reconhecida pelo próprio constituinte originário, que conferiu ao legislador complementar a tarefa de definir o fato gerador e a base de cálculo dos impostos previstos na Constituição[20]. Além disso, também coube ao legislador complementar dispor sobre conflitos de competência[21], o que sequer seria cogitado caso as competências tributárias, tal como previstas na Constituição, tivessem um sentido livre de fluidez ou ambiguidade.

Isso significa que o constituinte compartilhou com o legislador complementar a incumbência de definir as materialidades tributárias de forma que seja suficiente para o legislador ordinário proceder à instituição do tributo. É dizer, sem a atuação do legislador complementar na definição do fato gerador do imposto previsto na Constituição, verifica-se uma incompletude no sentido da competência tributária que inviabiliza o seu exercício pelo legislador ordinário.

Daí se percebe que a interpretação da linguagem utilizada na Constituição para a atribuição de competências tributárias deve ser realizada em conjunto com a definição dos fatos geradores em lei complementar, no caso o CTN. Cabe ao intérprete, primeiramente, investigar se o legislador complementar extrapolou os limites dispostos no texto constitucional para a definição dos respectivos fatos geradores. Para tanto, será inevitável uma conclusão a respeito de um conteúdo básico da competência tributária, a partir do qual a lei complementar poderá especificar os contornos a serem observados pelo legislador ordinário.

---

19. MACHADO, Raquel Calvacanti Ramos. Competência tributária: entre a rigidez do sistema e a atualização interpretativa. Tese de doutorado apresentada ao Departamento de Direito Econômico, Financeiro e Tributário da Faculdade de Direito da Universidade de São Paulo. São Paulo: 2013, p. 69.
20. CF, art. 146: "**Cabe à lei complementar**: (...) III - estabelecer normas gerais em matéria de legislação tributária, especialmente sobre: a) **definição de tributos e de suas espécies**, bem como, **em relação aos impostos discriminados nesta Constituição, a dos respectivos fatos geradores, bases de cálculo** e contribuintes; (...)" (grifos adicionados).
21. CF, art. 146: "Cabe à lei complementar: - dispor sobre conflitos de competência, em matéria tributária, entre a União, os Estados, o Distrito Federal e os Municípios;".

Nesse empreendimento interpretativo, a ideia de que a Constituição trouxe conceitos determinados, precisos e de pronta verificação, apesar de ser corriqueira na doutrina tributária, tem sido infirmada pela jurisprudência constitucional, como se verá a seguir.

Se de um lado é verdadeira a afirmação de que as regras de competência tributária não permitem aos entes federados a regulação de suas próprias competências[22], também não se pode acreditar que as regras de competência são um produto acabado e imune a uma reconstrução de seu significado pela jurisprudência constitucional.

Independentemente da classificação das normas de competência tributária como conceitos ou tipos, fato é que as palavras utilizadas pelo constituinte na atribuição da faculdade de instituir tributos não encerram um significado estanque e hermético. Não há, por assim dizer, uma verificação exata e matemática do sentido contido nas normas de competência tributária. Pelo contrário, a complexidade dos dados econômicos que se pretende tributar desafia o intérprete, os contribuintes e os aplicadores do direito tributário como um todo.

Situações concretas que suscitem dúvidas quanto ao enquadramento de determinado fato dentro de uma competência tributária não devem ser encaradas como patologias ou tentativas de "alargar" o sentido da competência tributária, pois é natural que a complexidade da realidade econômica não possa ser reduzida no texto da norma constitucional de um dado momento histórico.

Sob outro ângulo, interpretar as normas de competência tributária, ainda que essa interpretação possa resultar em uma abrangência de fatos econômicos antes sequer existentes ao tempo de sua edição, não significa derrotar as regras de discriminação de competência tributária[23], mas sim buscar o sentido mais adequado para se conhecer quem pode ser tributado e o que pode ser tributado de acordo com a intenção do constituinte aplicada ao momento histórico atual.

Buscar a finalidade da norma de competência tributária (na limitação e na permissão à tributação) não significa derrotá-la, mas sim buscar sua finalidade. Como adverte Tathiane Piscitelli, "**o direito tributário não pode ser visto como uma área completamente independente de suas finalidades**"[24].

As lides envolvendo a discordância entre os entes tributantes e os contribuintes deverão ser resolvidas, em "última instância", pelo Supremo Tribunal Federal, órgão legitimado para interpretação e construção do significado da norma constitucional de competência tributária. Cabe ao STF, portanto, a "última palavra provisória" na interpretação das normas constitucionais (ADI 5105, j. 01.10.2015 – grifos adicionados):

---

22. "(...) não se afigura correto asserir que as regras de competência tenham a função de permitir que os entes federados regulem a si próprios." (ÁVILA, Humberto. Competências tributárias: um ensaio sobre a sua compatibilidade com as noções de tipo e conceito. São Paulo: Malheiros, 2018, p. 31).
23. "as regras de discriminação de competência tributárias não podem ser derrotadas, sob pena de não se saber quem pode tributar, o que pode ser tributado, em quais circunstâncias e com base em quais critérios" (SANTOS, Ramon Tomazela. Formalismo e tributação: contributo para as regras jurídicas e as razões formais no direito tributário. Revista Direito Tributário Atual, nº 40. São Paulo: IBDT, 2018, p. 394).
24. PISCITELLI, Tathiane dos Santos. Argumentando pelas Consequências no Direito Tributário. São Paulo: Noeses, 2011, p. 134 (grifo do original).

> (...) 2. O princípio fundamental da separação de poderes, enquanto cânone constitucional interpretativo, reclama a **pluralização dos intérpretes da Constituição, mediante a atuação coordenada entre os poderes estatais** – Legislativo, Executivo e Judiciário – **e os diversos segmentos da sociedade civil organizada, em um processo contínuo, ininterrupto e republicano**, em que cada um destes *players* contribua, com suas capacidades específicas, no embate dialógico, no afã de avançar os rumos da empreitada constitucional e no aperfeiçoamento das instituições democráticas, sem se arvorarem como intérpretes únicos e exclusivos da Carta da República. 3. O desenho institucional erigido pelo constituinte de 1988, mercê de outorgar à Suprema Corte a tarefa da guarda precípua da Lei Fundamental, não erigiu um sistema de supremacia judicial em sentido material (ou definitiva), de maneira que seus pronunciamentos judiciais devem ser compreendidos como **última palavra provisória**, vinculando formalmente as partes do processo e **finalizando uma rodada deliberativa acerca da temática, sem, em consequência, fossilizar o conteúdo constitucional**. (...)

Esse protagonismo do Judiciário na decisão que delimita o sentido da competência tributária pode envolver ainda os Poderes Legislativo e Executivo, em um processo contínuo de construção de sentido das normas constitucionais.

Nem se diga que esse entendimento seria incompatível com a segurança jurídica própria do direito tributário. Dentre as várias oportunidades em que o STF se opôs ao "engessamento do sistema", destaca-se o Agravo Regimental na Reclamação 2617 como um caso em que se julgou justamente o exercício da competência tributária pelo legislador ordinário do ente federativo, que havia instituído tributo denominado "taxa de segurança pública". Nesse julgamento, foi consignado no voto do relator, Ministro Cezar Peluso, que a inexistência de vinculação do Poder Legislativo às decisões do STF em controle de constitucionalidade impede que o postulado da segurança jurídica sacrifique, "contra uma correta interpretação constitucional sistemático-teleológica", "a própria justiça da decisão", o que conduziria ao "inconcebível fenômeno da fossilização da Constituição" (STF, Rcl 2617 AgR, j. 23.02.2005). A esse respeito, o Ministro Cezar Peluso citou textualmente passagem doutrinária nos seguintes termos (grifos adicionados):

> "A conseqüência é particularmente grave: **as constituições, enquanto planos normativos voltados para o futuro, não podem de maneira nenhuma perder a sua flexibilidade e abertura**. Naturalmente e na medida do possível, convém salvaguardar a continuidade dos standards jurisprudenciais: alterações de rota, decisões overruling demasiado repentinas e brutais contrastam com a própria noção de jurisdição. **A percepção da continuidade como um valor não deve, porém, significar uma visão petrificada da jurisprudência ou uma indisponibilidade dos tribunais para atender às solicitações provenientes do ambiente**".[25]

Mais especificamente no que diz respeito ao sentido das normas que discriminam as competências tributárias dos entes federativos para a instituição de impostos, é possível citar o RE 651.703 (j. 29.09.2016), submetido ao regime de **repercussão geral**, onde se rechaçou uma estagnação conceitual da expressão utilizada pelo constituinte na atribuição da competência para a instituição de imposto sobre serviços (grifos adicionados):

25. MEDEIROS, Rui. A decisão de inconstitucionalidade. Lisboa: Universidade Católica, 1999, p 827, *apud* STF, Rcl 2617 AgR, voto do relator, Ministro Cezar Peluso.

> (...) 5. **O conceito de prestação de "serviços de qualquer natureza" e seu alcance no texto constitucional não é condicionado de forma imutável pela legislação ordinária**, tanto mais que, de outra forma, seria necessário concluir pela possibilidade de estabilização com força constitucional da legislação infraconstitucional, de modo a gerar confusão entre os planos normativos. (...) 10. **A Constituição Tributária deve ser interpretada de acordo com o pluralismo metodológico, abrindo-se para a interpretação segundo variados métodos, que vão desde o literal até o sistemático e teleológico, sendo certo que os conceitos constitucionais tributários não são fechados e unívocos, devendo-se recorrer também aos aportes de ciências afins para a sua interpretação, como a Ciência das Finanças, Economia e Contabilidade.** (...)

Também no julgamento da Medida Cautelar na ADI 1945 (j. 26.05.2010), o Tribunal Pleno do STF não vislumbrou, em juízo preliminar, que a previsão em legislação ordinária da incidência do ICMS sobre softwares adquiridos por meio de transferência eletrônica de dados representasse uma "interpretação extensiva a violar o regime constitucional de competências", mantendo o respectivo dispositivo no ordenamento jurídico até o julgamento do mérito da ação. Na ementa desse julgamento, foi expressamente consignado (grifos adicionados):

> (...) O Tribunal não pode se furtar a abarcar situações novas, consequências concretas do mundo real, com base em premissas jurídicas que não são mais totalmente corretas. O apego a tais diretrizes jurídicas acaba por enfraquecer o texto constitucional, pois não permite que a **abertura dos dispositivos da Constituição possa se adaptar aos novos tempos, antes imprevisíveis.** (...)

A ideia de que haveria um sentido pronto e acabado de uma norma de competência tributária, portanto, não se harmoniza com a interlocução entre os Poderes Legislativo e Judiciário na construção das normas a regerem as relações interpessoais. Fosse a norma de competência tributária uma forma geométrica rígida e impassível de adaptação aos novos fenômenos sociais e econômicos, pouco ou quase nenhum espaço haveria para uma interpretação constitucional do direito tributário.

A tarefa interpretativa das competências tributárias, contudo, deve partir das normas existentes, e não de uma racionalização concebida antes da busca pelas regras e princípios constitucionais vigentes.

Independentemente da classificação das normas de competência tributária como "conceitos" (que encerrariam significado rígido e exaustivo) ou "tipos" (que comportariam maior flexibilidade e capacidade de adaptação à realidade), fato é que o texto constitucional, ao atribuir a faculdade de instituir tributos, pode ser dotado de ambiguidade e vagueza[26], admitindo que sua interpretação acolha, no âmbito de incidência da norma,

26. "(...) os termos constantes dos dispositivos constitucionais são, em maior ou menor medida, ambíguos, e seus significados, em maior ou menor grau, vagos. (...) mesmo quanto há definições, as imprecisões conceituais não são eliminadas; são apenas diminuídas. (...) as definições, embora contribuam para diminuir a ambiguidade dos termos e a vagueza dos significados, não as eliminam por completo. O processo de especificação conceitual por meio de definições é, pois, contínuo." (ÁVILA, Humberto. Competências tributárias: um ensaio sobre a sua compatibilidade com as noções de tipo e conceito. São Paulo: Malheiros, 2018, p. 44-45).

fatos e situações imprevisíveis para o constituinte originário, mas corriqueiros no momento de aplicação da regra.

2. IMUNIDADES TRIBUTÁRIAS

> CF, art. 150. Sem prejuízo de outras garantias asseguradas ao contribuinte, é vedado à União, aos Estados, ao Distrito Federal e aos Municípios: (...)
>
> VI - instituir impostos sobre: (...)

2.1 As Imunidades e as Competências Tributárias

Os entes políticos (União, Estados, Distrito Federal e Municípios) instituem tributos por meio de lei. E antes da lei instituidora do tributo, há as normas constitucionais que atribuem competência tributária.

Sendo assim, a competência tributária representa a autorização constitucional para que os entes editem lei criando tributos sobre determinadas situações, fatos e pessoas.

A competência tributária pode ser conferida de forma específica em relação a uma materialidade já prevista no texto constitucional, como, por exemplo, a competência dos Estados para instituir imposto sobre a propriedade veículo automotor (CF, art. 155, III).

Pode acontecer também de a Constituição conferir competência para a instituição de um tributo sem prever a materialidade a ser observada pelo legislador, cuidando de estabelecer outros limites para conduzir a criação do tributo, como a necessária observância a uma finalidade constitucional. É o que ocorre, via de regra, com as contribuições especiais previstas no artigo 149 da Constituição (ressalvamos os casos em que, excepcionalmente, o constituinte prevê materialidades para essas contribuições, como o faturamento ou a receita, o valor aduaneiro, a folha de salários etc.).

As imunidades tributárias participam da alocação de competências tributárias aos entes políticos. Ao invés, contudo, de atribuir competência para a instituição de determinado tributo, as imunidades atuam negativamente, impedindo que determinadas situações, fatos ou pessoas sejam tributados.

Em outras palavras, a imunidade impede que um ente político institua tributo sobre o recorte feito pela norma imunitória.

O fato de a imunidade atuar na composição e delimitação das competências tributárias possui uma implicação inafastável: as imunidades são normas constitucionais.

Esses dois traços (atuação negativa e *status* constitucional) fazem parte do núcleo do conceito das imunidades, abordado a seguir.

2.2 Conceito

O conceito das imunidades tributárias é objeto de várias abordagens doutrinárias. A seguir, reproduzimos algumas para então tentar extrair um denominador comum.

Para Luciano Amaro, imunidade é

> técnica legislativa por meio da qual o constituinte exclui do campo tributável determinadas situações sobre as quais ele não quer que incida este ou aquele gravame fiscal (...). Não se trata de uma amputação ou supressão do poder de tributar, pela boa razão de que, nas situações imunes, não existe (nem preexiste) poder de tributar.[27]

Como se vê da definição acima, a imunidade participa, de forma simultânea e com a mesma relevância das normas atribuidoras de competências, da delimitação dos tributos conferidos a cada pessoa política.

Também pode ser destacado o esclarecimento de que a imunidade não suprime ou exclui a competência tributária, uma vez que competência e imunidade são normas que se complementam de modo simultâneo, não havendo que se falar em precedência ou posterioridade de uma em relação à outra. Nesse sentido, Misabel Derzi destaca que a imunidade "atua não de forma sucessiva no tempo, mas concomitantemente"[28].

A ideia de exclusão da competência tributária é criticada por Regina Helena Costa:

> (...) afigura-se-nos incorreta a designação de imunidade como 'exclusão' ou 'supressão' da competência tributária, transmissora da falsa ideia de que esta existia e foi, posteriormente, afastada (...) a competência tributária já nasce desprovida do campo constitucionalmente imune[29]

Podemos então dizer que onde há imunidade não há competência, do mesmo modo que onde há competência não há imunidade. Podemos inferir essa ideia da jurisprudência do STF (RE 385.091, j 06.08.2013 – grifos adicionados), que já afirmou que a

> **regra de imunidade compreende o reverso da atribuição de competência tributária.** Isso porque a norma imunitória se traduz em um decote na regra de competência, determinando a não incidência da regra matriz nas áreas protegidas pelo beneplácito concedido pelo constituinte.

A imunidade pode ser constatada seja de texto expresso, seja de modo implícito. Misabel Derzi ressalta essa possibilidade de se reconhecer uma imunidade tributária sem que haja enunciação expressa, definindo a imunidade como "regra constitucional expressa (ou implicitamente necessária), que estabelece a não competência das pessoas políticas da federação para tributar certos fatos e situações"[30].

É possível ainda entender a imunidade como uma "hipótese de não-incidência constitucionalmente qualificada" (Amílcar de Araújo Falcão). Tal conceito, considerado tradicional, ainda é utilizado com frequência.

---

27. AMARO, Luciano. Direito Tributário Brasileiro. 11ª. ed. São Paulo: Saraiva, 2005, p. 151.
28. DERZI, Misabel Abreu Machado. Notas de atualização ao Direito Tributário Brasileiro de Aliomar Baleeiro. 13ª. ed. Rio de Janeiro: Forense, 2015, p. 115.
29. COSTA, Regina Helena. Imunidades Tributárias. Teoria e Análise da Jurisprudência do STF. 3ª edição. São Paulo: Malheiros, 2015, p. 49.
30. DERZI, Misabel Abreu Machado. Notas de atualização ao Direito Tributário Brasileiro de Aliomar Baleeiro. 13ª. ed. Rio de Janeiro: Forense, 2015, p. 115.

Assim, é possível entender a imunidade como uma **limitação ao poder de tributar** advinda de **norma constitucional, explícita ou implícita**, que **atua de modo negativo**, mas conjunta e simultaneamente com as normas atribuidoras de tributos às pessoas políticas, completando a delimitação das competências tributárias.

Por fim, vale lembrar que as **imunidades não excluem a atribuição, por lei, às entidades imunes, da condição de responsáveis** pelos tributos que lhes caiba reter na fonte, **e não as dispensas da prática de atos, previstos em lei, assecuratórios do cumprimento de obrigações tributárias por terceiros** (CTN, art. 9º, § 1º). Significa o dispositivo que as entidades imunes não estão livres do cumprimento das chamadas "obrigações acessórias", que dizem respeito, basicamente, a deveres de escrituração e documentação.

Características da imunidade:

- Norma constitucional;
- Explícita ou implícita;
- Atua negativamente;
- Participa da delimitação das competências tributárias;
- Não exonera o ente imune das obrigações acessórias.

2.3 Imunidades e isenções

Imunidades e isenções são espécies de normas que se assemelham por implicarem na ausência da tributação de determinado ato, fato ou pessoa. Ou seja, a função de tais normas é impedir a plenitude de uma regra de tributação, de modo concomitantemente à atribuição da competência tributária (no caso da imunidade), ou em relação àquela já existente (no caso da isenção).

Tais espécies de normas podem ser instituídas no intuito de privilegiar valores constitucionais fundamentais ou ainda como um instrumento de promoção de determinados objetivos econômicos e políticos mais específicos e setoriais. Também podem as duas normas ser aplicáveis a quaisquer tributos.

As diferenças entre os institutos, contudo, superam as semelhanças.

Como visto acima, a imunidade atua de modo conjunto e simultâneo com as normas que atribuem competência tributária aos entes políticos. As isenções, por outro lado, pressupõem a existência de uma competência tributária anterior para que possa agir, subtraindo o campo de incidência da norma tributante. Justamente por isso, a doutrina costuma afirmar que a imunidade atua plano da definição da competência, enquanto a isenção age no plano da definição da incidência, ou seja, no exercício da competência[31].

O *status* das duas espécies de normas é outro ponto distintivo. As imunidades são normas constitucionais, enquanto as isenções são normas infraconstitucionais. Por isso,

31. AMARO, Luciano. Direito Tributário Brasileiro. 11ª. ed. São Paulo: Saraiva, 2005, p. 281.

mesmo quando a Constituição denomina de isenção uma norma constitucional que subtrai uma pessoa, bem ou situação da tributação dos entes políticos, estaremos diante de uma imunidade.

Um exemplo é o artigo 195, § 7º, que determina serem "**isentas**" de contribuição para a seguridade social as entidades beneficentes de assistência social que atendam às exigências estabelecidas em lei. Apesar de o texto do dispositivo falar em isenção, a natureza do instituto mencionado corresponde a imunidade. O STF, em várias decisões reconhece a natureza de imunidade da norma do artigo 195, § 7º da CF, como se pode ver da ADI 2028 e do MI 232.

Ainda, as imunidades admitem interpretação extensiva e teleológica, ao contrário das isenções, que são guiadas por uma interpretação literal (que alguns preferem qualificar como "estrita", enquanto outros admitem uma interpretação "restritiva"). De fato, o CTN é expresso quanto à interpretação literal que deve ser conferida à legislação tributária que disponha sobre isenções (art. 111, II do CTN).

O próprio STF faz essa distinção, já tendo decidido que no "caso da imunidade das entidades beneficentes de assistência social, a Corte tem conferido interpretação extensiva à respectiva norma, ao passo que tem interpretado restritivamente as normas de isenção." (RE 385.091, j 06.08.2013)[32].

Disso decorre outra distinção: as imunidades podem ser implícitas ou explícitas, enquanto as isenções só podem ser explícitas. Como exemplo de imunidade implícita, a doutrina cita o caso das repartições consulares estrangeiras, que não se sujeitam à tributação no Brasil por conta de um costume internacional, não obstante a Constituição seja silente a respeito[33]. Além disso, as imunidades ontológicas, a serem estudadas a seguir, são consideradas implícitas, pois independem de previsão expressa, decorrendo dos princípios constitucionais. As isenções, por outro lado, só podem ser explícitas, não sendo possível o reconhecimento de uma isenção através da interpretação sistemática ou teleológica. Não se reconhece uma isenção através de princípios genéricos e fundamentais, mas apenas através de um texto legal expresso e categórico.

No que diz respeito à diferenciação entre imunidade e isenção, merece ainda comentário a hipótese em que a Constituição atribui à lei complementar a incumbência de excluir da incidência do imposto sobre serviços as exportações de serviços para o exterior (CF, art. 156, § 3º, II). Em tal caso, não estamos diante de uma imunidade, pois o efeito prático de impedir a incidência tributária sobre operações de exportação de serviços só será verificado quando da atuação do legislador complementar. É dizer, a Constituição, por si só, não impede, nesse caso, a tributação das exportações de serviços, não sendo possível reconhecer uma imunidade.

---

32. Encontramos julgado do STJ que aplica a interpretação restritiva também às imunidades: "Ademais, é cediço que as regras isentivas devem ser interpretadas restritivamente, nos termos do art. 111 do CTN. Por analogia, aplicável o citado artigo também às imunidades, pois qualquer benefício que excepcione o dever de cumprir obrigação tributária deve ser interpretado restritivamente." (STJ, REsp 1.052.830, j. 21.10.2008). Tal entendimento, contudo, parece-nos minoritário, e não deve ser adotado em provas de concursos públicos. Em provas, deve-se adotar o entendimento do STF de que as imunidades podem ter interpretação extensiva e teleológica.
33. SCHOUERI, Luís Eduardo. Direito Tributário. 5ª. ed. São Paulo: Saraiva, 2015, p. 426.

O resultado concernente na exoneração tributária das exportações de serviços só ocorrerá após e se houver edição de lei complementar nesse sentido, razão pela qual se está diante de uma isenção, que se opera, portanto, em nível infraconstitucional.

Diferenças entre imunidade e isenção.

Imunidade	×	Isenção
Status constitucional	×	Status infraconstitucional
Plano da definição da competência	×	Plano do exercício da competência
Interpretação teleológica	×	Interpretação literal
Pode ser implícita ou explícita	×	Só pode ser explícita

2.4 Classificação

São diversas as classificações doutrinárias das imunidades. A seguir serão abordadas as mais utilizadas na doutrina e na jurisprudência.

a) Imunidades genéricas e específicas

Imunidades **genéricas** são as aplicáveis **a impostos** e previstas no art. 150, VI da CF. Essa exoneração constitucional denomina-se genérica por **se dirigir a todos os entes políticos e abarcar todos os impostos.** As imunidades genéricas, contudo, **não abrangem todos os tributos**, mas apenas os impostos (quaisquer impostos). Essa espécie de imunidade também é caracterizada por se destinar a preservar "valores constitucionais básicos, (...) de intensa carga axiológica"[34].

Imunidades **específicas** são as que **se dirigem a um ente político e a um tributo em particular**, sendo justificada por um objetivo setorial ou por valores de abrangência limitada. Exemplos dessas imunidades são as que se destinam a estimular as exportações, como a que libera as receitas decorrentes de exportação da incidência de contribuições sociais e de intervenção no domínio econômico (CF, art. 149, § 2º, I) ou ainda as que impedem a instituição do IPI sobre produtos industrializados destinados ao exterior (CF, art. 153, § 3º, III) e do ICMS sobre operações que destinem mercadorias para o exterior (CF, art. 155, § 2º, X, *a*).

b) Subjetivas, objetivas e mistas

Imunidades **subjetivas** são as conferidas em função de **características pessoais**, ou seja, sua justificativa está relacionada à proteção de uma pessoa que mereceu atenção especial do constituinte por conta de seus atributos próprios.

34. COSTA, Regina Helena. Imunidades Tributárias. Teoria e Análise da Jurisprudência do STF. 3ª edição. São Paulo: Malheiros, 2015, p. 138.

Os melhores exemplos de imunidade subjetiva são os relativos às pessoas políticas (CF, art. 150, VI, *a*), autarquias e fundações instituídas e mantidas pelo Poder Público (CF, art. 150, VI, § 2º), ou ainda os partidos políticos e suas fundações, as entidades sindicais dos trabalhadores, as instituições de educação e de assistência social sem fins lucrativos (CF, art. 150, VI, *c*).

As imunidades **objetivas**, por sua vez, são outorgadas para a **proteção de bens, fatos ou situações** que o constituinte julgou relevantes para a promoção de determinados valores. Apesar de beneficiarem, indiretamente, pessoas envolvidas nas operações relativas ao bem em questão (empresas e consumidores), o objetivo maior dessas imunidades é facilitar o acesso ou a aquisição de bens eleitos pela norma constitucional, por meio da redução de custo obtida com a exoneração.

O exemplo mais relevante de imunidade objetiva é a chamada imunidade cultural, que impede a instituição de impostos sobre livros, jornais, periódicos e o papel destinado a sua impressão (CF, art. 150, VI, *d*). Outro exemplo seria a imunidade sobre produtos industrializados destinados ao exterior (CF, art. 153, § 3º, III).

A imunidade **mista**, como o próprio nome denuncia, combina elementos das duas espécies anteriores, envolvendo **tanto aspectos subjetivos quanto objetivos**. É dizer, essa espécie de imunidade é concedida em função de condições pessoais (caráter subjetivo) e ao mesmo tempo em função de determinados bens (caráter objetivo).

Como exemplo, há a não incidência do ITR sobre pequenas glebas rurais, definidas em lei, quando as explore o proprietário que não possua outro imóvel (CF, art. 153, § 4º, II).

Para encerrar essa classificação, vale citar a observação de que, a rigor, toda imunidade acaba por beneficiar pessoas, seja pelas suas qualidades particulares, seja pela sua relação com bens, fatos ou situações. Nesse sentido, a doutrina afirma que "mesmo a chamada imunidade objetiva alcança pessoas, só que não por suas qualidades, características ou tipo de atividade que desempenham, mas porque relacionadas com determinados fatos, bens ou situações"[35].

c) Imunidades ontológicas e políticas

Essa classificação diz respeito ao caráter fundamental ou não das imunidades, ou seja, se as imunidades se referem a valores nucleares e essenciais da Constituição, devendo ser reconhecidas independentemente de previsão expressa (**imunidades ontológicas**), ou se tratam de valores periféricos sujeitos a opções políticas do constituinte originário ou derivado (**imunidades políticas**).

Por conta disso, é comum a associação de que as imunidades **ontológicas** podem ser **explícitas no texto constitucional ou mesmo implícitas**, enquanto as imunidades **políticas** devem necessariamente ser **implícitas**.

As imunidades ontológicas são extraíveis dos princípios da isonomia e da capacidade contributiva, sem a exigência de texto expresso a reconhecendo. Nessa categoria temos a imunidade recíproca dos entes políticos e a imunidade das instituições de educação e de assistência social sem fins lucrativos. No último caso, não seria constitucional a exigência

35. CARRAZZA, Roque Antônio. Curso de Direito Constitucional Tributário. 30ª. ed. São Paulo: Malheiros, 2015, p. 842.

de tributos de tais entidades, uma vez que todos os seus recursos são voltados à satisfação das necessidades coletivas e do interesse público. Ou seja, tais instituições destinam todo seu patrimônio e todo o seu ganho ao bem comum, não havendo capacidade contributiva. Se o patrimônio dessas pessoas jurídicas de direito privado é integralmente destinado a atribuições públicas que são de responsabilidade do Estado, não faz sentido que este retire parcela desse patrimônio por meio de impostos.

No caso da imunidade recíproca, além do princípio da capacidade contributiva, aplica-se também o princípio da isonomia entre os entes políticos, o princípio da autonomia municipal e a forma federativa de Estado. Como a instituição de impostos pressupõe a supremacia da pessoa credora, que exige o imposto independentemente da vontade do devedor, não é cabível que um ente federativo exija imposto de outro, diante dos princípios já mencionados.

As imunidades políticas, por sua vez, são aquelas que dependem de previsão expressa, inserida na Constituição por conta de uma **opção política** do constituinte em privilegiar determinados valores ou metas. Apesar de tais valores serem considerados importantes pelo constituinte a ponto de legitimar a opção em exonerar uma situação ou bem ou pessoa da tributação, a imunidade não seria reconhecida por conta dos princípios previstos na Constituição. Não há, nesse caso, um princípio ou direito fundamental que seja suficiente para se reconhecer a impossibilidade de se tributar a situação, o bem ou a pessoa, sendo imprescindível a inserção da imunidade em uma norma específica. Bons exemplos são as imunidades dos templos de qualquer culto, das entidades sindicais de trabalhadores, dos partidos políticos e suas fundações e ainda a imunidade dos livros, jornais, periódicos e do papel destinado à sua impressão.

Um exemplo ainda mais evidente de imunidade política é a chamada imunidade musical, instituída pelo constituinte derivado. Com efeito, a emenda constitucional 75/2013 introduziu a vedação à instituição de impostos sobre fonogramas e videofonogramas musicais produzidos no Brasil contendo obras musicais ou literomusicais de autores brasileiros e/ou obras em geral interpretadas por artistas brasileiros bem como os suportes materiais ou arquivos digitais que os contenham, salvo na etapa de replicação industrial de mídias ópticas de leitura a laser.

Ora, se tal imunidade só passou a existir após sua inserção por meio de emenda constitucional, fica claro que sem a previsão expressa no texto constitucional não se podia extrair a imunidade em questão, sendo um caso de imunidade política.

A liberdade religiosa, a proteção dos trabalhadores por sindicatos, a atividade política e partidária, bem como a cultura e a educação são valores constitucionais importantes o suficiente para que o constituinte tenha **optado** por renunciar aos impostos que pudesse onerar as atividades relacionadas. Contudo, tais valores constitucionais não são fundamentais o suficiente para justificarem a imunidade independentemente de previsão constitucional expressa.

d) Imunidades condicionadas e incondicionadas

As imunidades **condicionadas** são aquelas que **dependem de regulamentação para sua produção de efeitos**, não sendo possível se aplicar a imunidade diretamente do texto constitucional, sem a existência de legislação regulamentadora. São veiculadas, desse modo, por meio de **normas constitucionais de eficácia limitada**, que não obrigam imediatamente seus destinatários, a não ser o legislador que passa a ter o dever de editar a respectiva legislação[36]. Exemplos: imunidade das instituições de educação e de assistência social sem fins lucrativos, que depende da atuação do legislador infraconstitucional para disposição sobre os requisitos a serem atendidos.

Imunidades **incondicionadas**, por outro lado, são as que **podem ser fruídas e aplicadas sem a necessidade de qualquer regulamentação legislativa prévia.** O próprio texto constitucional já oferece as balizas necessárias e suficientes para que a imunidade seja usufruída pelo seu beneficiário. São veiculadas por meio de **normas constitucionais de eficácia plena e aplicabilidade direta e imediata.** Incluímos nessa categoria a imunidade recíproca, a imunidade dos templos e a imunidade dos livros.

A distinção é quanto à necessidade ou não de regulamentação para que a imunidade possa ser implementada e fruída pelos seus destinatários. É perfeitamente possível que uma imunidade incondicionada venha a ser, ainda que indiretamente, regulamentada (ainda que seja em relação à apresentação de documentação básica junto à administração tributária).

2.5 Imunidade recíproca

> CF, art. 150. Sem prejuízo de outras garantias asseguradas ao contribuinte, é vedado à União, aos Estados, ao Distrito Federal e aos Municípios: (...)
>
> VI - instituir impostos sobre: (...)
>
> a) patrimônio, renda ou serviços, uns dos outros; (...)

2.5.1 *Fundamento*

A imunidade recíproca é embasada na igualdade entre os entes federativos. Não havendo superioridade ou prevalência entre tais entes, não se justifica a exigência de impostos entre eles.

Outro fundamento encontra-se no princípio da capacidade contributiva. Uma vez que todos os recursos das entidades políticas são voltados à satisfação das necessidades coletivas, não se verifica a capacidade contributiva necessária para a exigência de impostos. Fato é que "as pessoas jurídicas de Direito Público não têm capacidade contributiva. Tudo o que arrecadam já é voltado aos gastos da coletividade"[37].

Também o princípio federativo e a autonomia municipal servem de fundamento a essa vedação quanto à instituição de impostos. O STF já decidiu, inclusive, que a imunidade recíproca é uma garantia da Federação, cláusula pétrea prevista no art. 60, § 4º, I da CF (ADI 939, j. 15.12.1993).

---

36. Registre-se a opinião contrária de que "a imunidade tributária não se abriga em normas constitucionais de eficácia limitada (...) Em decorrência desse raciocínio, a eventual hipótese de omissão legislativa não implicará a inviabilização da fruição da exoneração fiscal." (COSTA, Regina Helena. Imunidades Tributárias. Teoria e Análise da Jurisprudência do STF. 3ª edição. São Paulo: Malheiros, 2015, p. 145).
37. SCHOUERI, Luís Eduardo. Direito Tributário. 5ª edição. São Paulo, Saraiva, 2015, p. 424.

Quanto à classificação, temos aqui uma imunidade **subjetiva, genérica e ontológica.**

Esta imunidade está prevista no art. 150, VI, *a* da CF, que veda à União, aos Estados, aos Municípios e ao Distrito Federal a instituição de impostos sobre patrimônio, renda ou serviços, uns dos outros.

Trata-se de proteção restrita à espécie tributária "impostos", o que não impede a incidência de outros tributos, como taxas e contribuições. Aliás, é comum que municípios em crise sejam devedores, perante a União, de grandes quantias referentes a contribuições previdenciárias. A **jurisprudência do STF**, inclusive, já afirmou que a imunidade recíproca não pode ser invocada na hipótese de contribuições previdenciárias (ADI 2024, j. 03.05.2007).

A respeito dos tributos vinculados a uma atuação estatal (taxas e contribuições de melhoria), fica fácil perceber a inaplicabilidade da imunidade recíproca quando se tem em mente que tais tributos são devidos em razão de uma contraprestação específica do poder público. Por esse motivo, "empréstimos compulsórios cujo aspecto material revista a natureza de imposto estão, igualmente, abrangidos pela imunidade."[38]. Caso o empréstimo compulsório possua fato gerador e base de cálculo de taxa, não há que se falar em imunidade.

2.5.2 *"Patrimônio, renda ou serviços"*

A referência do texto constitucional ao patrimônio, à renda e aos serviços protegidos deve ser bem compreendida.

Primeiramente, não há limitação quanto ao patrimônio, à renda ou aos serviços das pessoas políticas imunes, não havendo restrição quanto à afetação ou não a finalidades essenciais. **Pressupõe-se que todas as atividades dos entes federativos são vinculadas ao bem comum, justificando a imunidade** (nesse sentido, decisão monocrática no RE 635.517, j. 07.02.2013). A única limitação seria a exploração de atividade econômica (art. 150, § 3º da CF), tema a ser estudado em separado.

Além disso, a menção aos termos "**patrimônio, renda ou serviços**", utilizados como pontos de referência para definições de fatos geradores de impostos, não deve ser tomada em sentido estrito.

Isso porque já se chegou a sustentar o entendimento de que os impostos que não incidissem sobre bases referentes a patrimônio, renda e serviços, de acordo com a classificação do CTN, não seriam alcançados pela imunidade recíproca. O chamado imposto sobre "operações financeiras", que envolve materialidades como crédito e câmbio, por exemplo, não estaria abarcado pela imunidade recíproca caso se adotasse uma interpretação restrita das expressões "patrimônio, bens e serviços".

Essa tese, contudo, foi rechaçada pelo **Supremo Tribunal Federal**, segundo o qual os **critérios de classificação dos impostos adotados por normas infraconstitucionais não devem ser invocados para restringir a aplicação da imunidade recíproca** (RE 210.251, j. 17.11.1998). Em decisão posterior, o STF reafirmou que a imunidade recíproca não é restrita aos impostos

38. COSTA, Regina Helena. Imunidades Tributárias. Teoria e Análise da Jurisprudência do STF. 3ª edição. São Paulo: Malheiros, 2015, p. 153.

incidentes sobre o patrimônio, a renda ou o serviço, abrangendo qualquer imposto que possa comprometer o funcionamento do ente imune (ACO 502, j. 19.04.2010).

2.5.3 *Imunidade recíproca e impostos indiretos*

Controvérsia antiga diz respeito à imunidade recíproca em relação aos impostos indiretos. Em tais impostos, há um repasse do ônus econômico do tributo, surgindo daí uma separação entre o contribuinte de fato e o contribuinte de direito (ou contribuinte *de iure*). O primeiro seria aquele que suporta verdadeiramente o ônus do tributo, ou seja, o contribuinte do ponto de vista econômico. O contribuinte de direito, por sua vez, é o eleito pela norma tributária para figurar como sujeito passivo perante o ente público.

Imagine por exemplo o imposto sobre consumo ICMS. Apesar de o comerciante ser o obrigado a recolher o tributo perante o respectivo Estado, o consumidor adquirente da mercadoria é quem suporta o ônus econômico do ICMS, que se verifica no preço.

Diante dessa repercussão econômica nos impostos indiretos, surge a questão: devem-se imunizar os entes políticos mesmo nas operações em que ele não seja contribuinte de direito, mas sim o contribuinte de fato? Ou seja, caso um ente imune seja o adquirente de mercadorias ou de produtos industrializados, é possível argumentar que o ônus econômico do tributo suportado pelo ente imune justifica a aplicação da imunidade recíproca?

Apesar de a doutrina divergir a respeito[39], o **STF** possui uma orientação sólida sobre o tema desde a década de 1970, tendo inclusive cristalizado o entendimento na **súmula 591**: "A imunidade ou a isenção tributária do comprador não se estende ao produtor, contribuinte do IPI". A seguir foram listados alguns julgados representativos do entendimento da Corte constitucional:

> O contribuinte *de iure* é o industrial ou produtor. Não é possível opor à forma jurídica a realidade econômica para excluir uma obrigação fiscal precisamente definida em lei. O contribuinte de fato é estranho à relação tributária e não pode alegar, a seu favor, a imunidade recíproca. (RE 68.741, j. 28.09.1970).
>
> A imunidade do art. 150, VI, a, da Constituição somente se aplica ao imposto incidente sobre serviço, patrimônio ou renda do próprio ente beneficiado, na qualidade de contribuinte de direito (ARE AgR 690.382, j. 04.12.2012).
>
> A imunidade prevista no artigo 150, inciso VI, alínea "a", do Diploma Maior, a impedir a instituição de impostos sobre patrimônio, renda ou serviços de pessoas jurídicas de direito público está umbilicalmente ligada ao contribuinte de direito, não abarcando o contribuinte de fato. (AI AgR 500.139, j. 13.04.2011)

---

39. Admitindo a imunidade quando o ente político for contribuinte de fato: "Se a imunidade recíproca for concebida de forma concreta e efetiva, então as situações nas quais os entes públicos, como adquirentes de mercadorias e produtos industrializados suportam, economicamente, a transferência do IPI ou do ICMS incidentes na operação, serão levadas em conta." (DERZI, Misabel Abreu Machado. Notas de atualização ao Direito Tributário Brasileiro de Aliomar Baleeiro. 13ª. ed. Rio de Janeiro: Forense, 2015, p. 141). Em sentido contrário: "Problema surge no instante em que se traz ao debate a aplicabilidade da regra que imuniza a impostos cujo encargo econômico seja transferido a terceiros, como no IPI e no ICMS. Predomina a orientação no sentido de que tais fatos não seriam alcançados pela imunidade (...). A relação jurídica se instaura entre sujeito pretensor e sujeito devedor, sem que haja qualquer participação integrativa dos terceiros beneficiados." (CARVALHO, Paulo de Barros. Curso de Direito Tributário. 25ª. ed. São Paulo: Saraiva, 2013, p. 194)

Por fim, o Tribunal Constitucional consolidou tese de **repercussão geral** em 2017, nos seguintes termos (RE 608.872, j. 23.02.2017):

> A imunidade tributária subjetiva aplica-se a seus beneficiários na posição de contribuinte de direito, mas não na de simples contribuinte de fato, sendo irrelevante para a verificação da existência do beneplácito constitucional a repercussão econômica do tributo envolvido.

Como se vê, a jurisprudência optou por uma corrente mais consoante com as formas jurídicas, negando efeitos jurídicos à repercussão econômica dos tributos quando se está diante de reconhecimento de imunidade.

2.5.4 *Imunidade recíproca extensiva*

A imunidade recíproca pode ser estendida às pessoas jurídicas de direito público da Administração Indireta, como será visto a seguir.

2.5.4.1 *Finalidades essenciais*

A imunidade recíproca não se limita apenas às pessoas políticas (União, Estados, Distrito Federal e Municípios), estendendo-se também às pessoas jurídicas de direito público da Administração Indireta (autarquias e fundações públicas). O benefício dos entes da Administração Indireta encontra-se previsto no art. 150, § 2º da CF:

> A imunidade recíproca é extensiva às autarquias e às fundações instituídas e mantidas pelo Poder Público, no que se refere ao patrimônio, à renda e aos serviços, vinculados a suas finalidades essenciais ou às delas decorrentes.

As entidades de direito público da Administração Indireta são apenas uma extensão do ente político (*longa manus*), que igualmente perseguem fins públicos, devendo também se beneficiar da imunidade.

Contudo, ao contrário do que ocorre em relação às pessoas políticas, as autarquias e fundações públicas só farão jus à imunidade recíproca quanto ao exercício de suas finalidades essenciais ou às delas decorrentes.

Isso porque as entidades da Administração Indireta obedecem ao princípio da especialidade, segundo o qual tais pessoas não podem exercer toda e qualquer atividade pública, mas apenas as relativas aos fins previstos na lei que cria a pessoa jurídica de direito público[40].

Em síntese, a imunidade recíproca extensiva presta-se a proteger os serviços públicos que devem ser desempenhados pela autarquia ou fundação pública, podendo ainda abarcar as prestações decorrentes das finalidades essenciais. Não há uma proteção genérica e abrangente como ocorre com a imunidade dos entes políticos.

40. CF, art. 37, XIX – somente por lei específica poderá ser criada autarquia e autorizada a instituição de empresa pública, de sociedade de economia mista e de fundação, cabendo à lei complementar, neste último caso, definir as áreas de sua atuação.

2.5.4.2 *O caso "sui generis" da OAB*

Os Conselhos de Profissão Regulamentada são autarquias, sendo assim beneficiadas pela imunidade. De fato, o Conselho de Medicina e o Conselho de Arquitetura e Engenharia, dentre outros, exercem atividade pública, sendo criados por lei e tendo a personalidade jurídica de direito público, conforme decidiu o STF na ADI 1.717 (j. 07.11.2002), ao declarar inconstitucional o artigo 58 da Lei 9.649/98. Para o STF, as atividades de fiscalização e punição nas profissões regulamentadas só podem ser exercidas por pessoas jurídicas de direito público.

Em sendo assim, os Conselhos de Profissão Regulamentada fazem jus à imunidade recíproca extensiva.

A natureza jurídica da Ordem de Advogados do Brasil, contudo, não segue a mesma disciplina dos demais conselhos profissionais. Por força de entendimento do STF, a OAB não deve obedecer ao regime jurídico de direito público a que se submetem as autarquias (contratação por concurso público, obrigatoriedade de licitação etc.).

Para o STF, a OAB não se caracteriza como uma autarquia, não sendo parte da Administração Indireta federal como ocorre com os outros conselhos profissionais, sendo um "serviço público independente". Pela importância da decisão (ADI 3.026, j. 08.06.2006) em provas de direito administrativo e direito tributário, reproduzimos alguns de seus trechos mais relevantes:

> (...) 2. Não procede a alegação de que a OAB sujeita-se aos ditames impostos à Administração Pública Direta e Indireta. 3. A OAB não é uma entidade da Administração Indireta da União. A Ordem é um serviço público independente, categoria ímpar no elenco das personalidades jurídicas existentes no direito brasileiro. 4. A OAB não está incluída na categoria na qual se inserem essas que se tem referido como "autarquias especiais" para pretender-se afirmar equivocada independência das hoje chamadas "agências". 5. Por não consubstanciar uma entidade da Administração Indireta, a OAB não está sujeita a controle da Administração, nem a qualquer das suas partes está vinculada. Essa não-vinculação é formal e materialmente necessária. (...) 7. A Ordem dos Advogados do Brasil, cujas características são autonomia e independência, não pode ser tida como congênere dos demais órgãos de fiscalização profissional. A OAB não está voltada exclusivamente a finalidades corporativas. Possui finalidade institucional. 8. Embora decorra de determinação legal, o regime estatutário imposto aos empregados da OAB não é compatível com a entidade, que é autônoma e independente. 9. Improcede o pedido do requerente no sentido de que se dê interpretação conforme o artigo 37, inciso II, da Constituição do Brasil ao caput do artigo 79 da Lei n. 8.906, que determina a aplicação do regime trabalhista aos servidores da OAB. 10. Incabível a exigência de concurso público para admissão dos contratados sob o regime trabalhista pela OAB. (...).

Um raciocínio previsível a partir desse julgado seria o de que a OAB, não sendo autarquia, não teria direito a imunidade recíproca extensiva.

Esse não é, contudo, o entendimento do STF.

Considerando a relevância pública das atividades exercidas pela OAB, o STF reconheceu que a entidade, **para fins de imunidade recíproca**, deve ter o mesmo tratamento de uma autarquia (RE/AgR 259.976, j. 23.03.2010):

> 1. A imunidade tributária gozada pela OAB é da espécie recíproca, na medida em que a OAB desempenha atividade própria de Estado (defesa da Constituição, da ordem jurídica do Estado Democrático de Direito, dos direitos humanos, da justiça social, bem como a seleção e controle disciplinar dos advogados). 2. A imunidade tributária recíproca alcança apenas as finalidades essenciais da entidade protegida. (...)

O resultado dos dois julgados acima reproduzidos é o de que a OAB é uma entidade "*sui generis*", possuindo tratamento híbrido. Por um lado, não se sujeita a controle da Administração, não sendo obrigada a realizar licitações ou concursos públicos, além de os valores exigidos a título de anuidade não serem tributos (o que afasta os princípios constitucionais tributários da anterioridade e legalidade). Por outro lado, **as atividades exercidas pela OAB são de suma relevância, a ponto de serem consideradas atividades próprias de Estado** (como a defesa da Constituição e da ordem democrática), **o que justifica a fruição da imunidade.**

Como já se viu, a imunidade recíproca extensiva é limitada pela correlação às finalidades essenciais. Isso significa que não são todas as atividades das autarquias e fundações públicas que serão protegidas pela imunidade, mas apenas aquelas que decorram de suas finalidades essenciais. Aplicando essa norma, **o STF excluiu a aplicação da imunidade recíproca à Caixa de Assistência de Advogados da OAB**, uma vez que sua finalidade não se presta a fomentar as atividades relevantes próprias de Estado que justificam a concessão de imunidade à OAB (RE 233.843, j. 01.12.2009):

> A Caixa de Assistência de Advogados instituída nos termos dos arts. 45, IV e 62 da Lei 8.906/1994, não desempenha as atividades inerentes à Ordem dos Advogados do Brasil. (defesa da Constituição, da ordem jurídica do Estado democrático de direito, dos direitos humanos, da justiça social Também não lhe compete privativamente promover a representação, a defesa, a seleção e a disciplina dos advogados em toda a República Federativa do Brasil). Trata-se de entidade destinada a prover benefícios pecuniários e assistenciais a seus associados. 2. Por não se revelar instrumentalidade estatal, a Caixa de Assistência dos Advogados não é protegida pela imunidade tributária recíproca (art. 150, VI, a da Constituição). 3. A circunstância de a Caixa de Assistência integrar a estrutura maior da OAB não implica na extensão da imunidade, dada a dissociação entre as atividades inerentes à atuação da OAB e as atividades providas em benefício individual dos associados. Recurso extraordinário conhecido e ao qual se dá provimento.

É possível concluir resumidamente que a OAB é uma entidade *sui generis*, que apesar de não possuir a natureza jurídica de autarquia, é beneficiada pela imunidade recíproca extensiva. Essa benesse, contudo, não se estende à Caixa de Assistência de Advogados, que apesar de integrar a estrutura da OAB, não desempenha atividades próprias de Estado.

2.5.4.3 *Exploração de atividade econômica e as empresas públicas e sociedades de economia mista*

A imunidade recíproca, seja a dos entes políticos, seja a da administração indireta, é limitada pelo § 3º do artigo 150, que assim dispõe:

> § 3º As vedações do inciso VI, "a", e do parágrafo anterior não se aplicam ao patrimônio, à renda e aos serviços, relacionados com exploração de atividades econômicas regidas pelas normas aplicáveis a empreendimentos privados, ou em que haja contraprestação ou pagamento de preços ou tarifas pelo usuário, nem exonera o promitente comprador da obrigação de pagar imposto relativamente ao bem imóvel.

O texto acima dispõe que a imunidade recíproca não se aplica nem os entes políticos da Federação (CF, art. 150, inciso VI, *a*) nem às autarquias e fundações públicas (CF, art. 150, § 2º) no que se refere ao patrimônio renda ou serviços relacionados com a exploração de atividades econômicas. Também o recebimento de preços ou tarifas se revela incompatível com a imunidade recíproca[41].

Esse dispositivo consagra um dos fundamentos da imunidade recíproca: a ausência de capacidade contributiva. Se os entes públicos destinam seus recursos à persecução do bem comum, não há motivo para se exigir impostos. Se, por outro lado, a União, o Estado, o Município ou uma de suas autarquias ou fundações públicas atuam no mesmo campo dos particulares, desempenhando atividades regidas por normas aplicáveis aos empreendimentos privados, não há que se falar em imunidade.

Nesse último caso, há manifestação de capacidade contributiva. Além disso, a concessão de imunidade nessas hipóteses ameaçaria o princípio da livre concorrência, pois representaria um benefício fiscal que não seria usufruído pelos agentes privados.

Um raciocínio natural que se poderia extrair desse panorama é o de que as empresas públicas e sociedades de economia mista não podem ser beneficiadas pela imunidade recíproca, já que atuam no setor econômico.

Embora como regra geral essa conclusão seja verdadeira, há diversas exceções que podem ser encontradas na jurisprudência do STF.

As empresas públicas e sociedades de economia mista (espécies do gênero empresas estatais) compõem a Administração Indireta, apesar de possuírem personalidade jurídica de direito privado e serem instituídas para o exercício de atividade econômica.

Esses entes são criados após autorização legal[42], servindo como um instrumento de exploração de atividade econômica pelo Estado, quando essa atuação for justificada por imperativos de segurança nacional ou relevante interesse coletivo[43].

Embora as empresas estatais tenham sido idealizadas para atuar no domínio econômico, há casos excepcionais em que uma empresa pública ou mesmo uma sociedade de economia mista desempenha serviços públicos estatais.

---

41. "A imunidade também não beneficia as pessoas políticas enquanto exercem atividades econômicas, mediante contraprestação ou recebimento de preços ou tarifas. (...) as pessoas políticas são imunes quando exercem atividades econômicas sem contrapartida ou pagamento de preços ou tarifas pelo beneficiário." (CARRAZZA, Roque Antônio. Curso de Direito Constitucional Tributário. 30ª. ed. São Paulo: Malheiros, 2015, p. 863)
42. CF, art. 37, XIX – somente por lei específica poderá ser criada autarquia e autorizada a instituição de empresa pública, de sociedade de economia mista e de fundação, cabendo à lei complementar, neste último caso, definir as áreas de sua atuação.
43. CF, art. 173. Ressalvados os casos previstos nesta Constituição, a exploração direta de atividade econômica pelo Estado só será permitida quando necessária aos imperativos da segurança nacional ou a relevante interesse coletivo, conforme definidos em lei.

Apesar de se adotar a forma jurídica de empresa estatal, tendo personalidade jurídica de direito privado, as funções por ela exercidas diriam respeito a finalidades essencialmente públicas. Haveria, em essência, a prestação de um serviço público, tal como o desempenhado por uma autarquia ou fundação pública. Da mesma forma que as autarquias, as empresas estatais, enquanto prestadoras de serviços públicos, seriam uma extensão do ente político, fazendo jus à imunidade.

Um caso paradigmático é o dos Correios (Empresa Brasileira de Correios e Telégrafos – EBCT). Trata-se de ente da administração indireta criada sob a forma de empresa pública, que tem como finalidade a prestação de serviço exclusivo do Estado, qual seja, o serviço postal e o correio aéreo nacional, de competência da União (CF, art. 21, X).

Como a própria Constituição determina a competência da União para desempenhar o serviço postal e o correio aéreo nacional, a opção da União em instituir uma empresa pública para esse fim não seria suficiente para a retirada da imunidade. O patrimônio, a renda e o serviço da EBCT continuariam vinculados a uma finalidade essencial própria da União. Não se aplicaria o artigo 150, § 3º da CF, já que a EBCT estaria a prestar serviço público, e não a exercer atividade econômica (RE 407.099, j. 22.06.1999):

> EMENTA: CONSTITUCIONAL. TRIBUTÁRIO. EMPRESA BRASILEIRA DE CORREIOS E TELÉGRAFOS: IMUNIDADE TRIBUTÁRIA RECÍPROCA: C.F., art. 150, VI, a. EMPRESA PÚBLICA QUE EXERCE ATIVIDADE ECONÔMICA E EMPRESA PÚBLICA PRESTADORA DE SERVIÇO PÚBLICO: DISTINÇÃO. I. - As empresas públicas prestadoras de serviço público distinguem-se das que exercem atividade econômica. A Empresa Brasileira de Correios e Telégrafos é prestadora de serviço público de prestação obrigatória e exclusiva do Estado, motivo por que está abrangida pela imunidade tributária recíproca: C.F., art. 150, VI, a. II. - R.E. conhecido em parte e, nessa parte, provido.

O mesmo entendimento foi aplicado em relação à INFRAERO, que também é uma empresa pública responsável pela prestação de serviços públicos (RE AgR 363.412, j. 07.08.2007 – grifo adicionado):

> **A INFRAERO, que é empresa pública, executa, como atividade-fim, em regime de monopólio, serviços de infra-estrutura aeroportuária constitucionalmente outorgados à União Federal, qualificando-se, em razão de sua específica destinação institucional, como entidade delegatária dos serviços públicos a que se refere o art. 21, inciso XII, alínea "c", da Lei Fundamental, o que exclui essa empresa governamental, em matéria de impostos, por efeito da imunidade tributária recíproca** (CF, art. 150, VI, "a"), do poder de tributar dos entes políticos em geral. (...) A submissão ao regime jurídico das empresas do setor privado, inclusive quanto aos direitos e obrigações tributárias, somente se justifica, como consectário natural do postulado da livre concorrência (CF, art. 170, IV), se e quando as empresas governamentais explorarem atividade econômica em sentido estrito, não se aplicando, por isso mesmo, a disciplina prevista no art. 173, § 1º, da Constituição, às empresas públicas (caso da INFRAERO), às sociedades de economia mista e às suas subsidiárias que se qualifiquem como delegatárias de serviços públicos.

Apesar de os julgados da EBCT e da INFRAERO terem mencionado a circunstância de o serviço público ser prestado sob o regime de monopólio (privilégio, para Eros Grau), em outra decisão, referente à PETROBRAS, o STF afirmou ser "irrelevante para definição da aplicabilidade da imunidade tributária recíproca a circunstância de a atividade desempenhada estar ou não sujeita a monopólio estatal" (RE/AgR 285.716, j. 02.03.2010)

Continuando, também é possível encontrar na jurisprudência do STF o reconhecimento da imunidade a sociedades de economia mista que prestam serviços públicos.

É o caso da Companhia de Águas e Esgotos de Rondônia - CAERD, que teve a imunidade reconhecida na Ação Cautelar 1.550 (j. 06.02.2007), julgada pelo STF. Nessa decisão, o Supremo entendeu que, a CAERD "é sociedade de economia mista prestadora do serviço público obrigatório de saneamento básico (abastecimento de água e esgoto sanitários) e, portanto, (...) está abrangida pela imunidade tributária (...)" (voto do relator Gilmar Mendes).

O traço comum das situações acima é a prestação de serviço público pela empresa estatal. Outros fatores, porém, passaram a ser analisados pelo STF. Assim é que no RE 253.472 (j. 25.08.2010), o STF aplicou uma espécie de fórmula para a aplicação da imunidade recíproca com a verificação de três estágios:

> a aplicabilidade da imunidade recíproca deve passar por três estágios (...): 1.1 (...) se aplica à propriedade, bens e serviços utilizados na satisfação dos objetivos institucionais imanentes dos entes federados (...); 1.2 Atividades de exploração econômica, destinadas primordialmente a aumentar o patrimônio do Estado ou de particulares, devem ser submetidas à tributação, por apresentarem-se como manifestações de riqueza. 1.3 A desoneração não deve ter como efeito colateral a quebra da livre concorrência.

Ainda no RE 253.472, o STF considerou a sociedade de economia mista CODESP (Companhia de Docas do Estado de São Paulo) imune, pois:

a) sua atividade, exploração de portos marítimos, fluviais e lacustres, caracteriza-se como serviço público;

b) o controle acionário da CODESP pertence em sua quase totalidade à União (99,97%);

c) não há indicação de risco de quebra do equilíbrio concorrencial ou de livre iniciativa, eis que ausente comprovação de que a CODESP concorra com outras entidades em seu campo de atuação.

Da exposição acima, pode-se concluir que, se preenchido o requisito de "prestação de serviço público", deve-se ainda assegurar que a imunidade sobre a atividade exercida não representa violação ao princípio da livre concorrência.

Não se pode esquecer que o serviço público também pode ser prestado por empresas privadas (**concessionárias e permissionárias** reguladas na Lei 8.987/95) e com intuito lucrativo, como no caso do serviço de transporte urbano. Nesse caso, **não há que se falar em imunidade**: "a prestação de serviços públicos mediante empresas privadas detentoras de concessão ou permissão não é alcançada pela vedação da exigência de impostos, pelo simples fato de que estas exploram economicamente a prestação de serviço público"[44].

---

44. COSTA, Regina Helena. Imunidades Tributárias. Teoria e Análise da Jurisprudência do STF. 3ª edição. São Paulo: Malheiros, 2015, p. 160.

Justamente pelos **serviços notariais e de registros públicos** serem desenvolvidos **com intuito lucrativo**, o STF permitiu a sua **tributação pelo ISS**, afastando-lhes a imunidade (ADI 3089, j. 13.02.2008).

O outro ponto a ser conferido, correspondente à detenção de controle acionário ou predominância no capital social, refere-se à certificação de que a sociedade de economia mista corresponde a uma instrumentalidade estatal, ou seja, a uma *longa manus* do Estado. A importância dessa análise foi consagrada em julgado submetido a **repercussão geral** (RE 580.264, j. 16.12.2010 – grifos adicionados):

> A prestação de ações e serviços de saúde por sociedades de economia mista corresponde à própria atuação do Estado, desde que a empresa estatal não tenha por finalidade a obtenção do lucro. As sociedades de economia mista prestadores de ações e serviços de saúde, **cujo capital social seja majoritariamente estatal**, gozam da imunidade recíproca.

De modo contrário, a **Petrobras** não possui a imunidade recíproca a seu favor, já que visa o lucro (o que implica na existência de capacidade contributiva) e não a prestação de serviços públicos (RE/AgR 285.716, j. 02.03.2010 – grifos adicionados).

> (...) 2. É irrelevante para definição da aplicabilidade da imunidade tributária recíproca a circunstância de a atividade desempenhada estar ou não sujeita a monopólio estatal. **O alcance da salvaguarda constitucional pressupõe o exame (i) da caracterização econômica da atividade (lucrativa ou não), (ii) do risco à concorrência e à livre-iniciativa e (iii) de riscos ao pacto federativo pela pressão política ou econômica**. 3. A imunidade tributária recíproca não se aplica à Petrobrás, pois: 3.1. Trata-se de sociedade de economia mista destinada à exploração econômica em benefício de seus acionistas, pessoas de direito público e privado, e a salvaguarda não se presta a proteger aumento patrimonial dissociado de interesse público primário; 3.2. A Petrobrás visa a distribuição de lucros, e, portanto, tem capacidade contributiva para participar do apoio econômico aos entes federados; 3.3. A tributação de atividade econômica lucrativa não implica risco ao pacto federativo.

Esse critério de excluir a exploração de atividade econômica da aplicação da imunidade recíproca foi utilizado também pelo STF em caso envolvendo uma **autarquia** federal, o INCRA (Instituto Nacional de Colonização e Reforma Agrária). No RE 242.827 (j. 02.09.2008), assim entendeu o tribunal:

> "1. A atividade exercida pelo Incra, autarquia federal, não se enquadra entre aquelas sujeitas ao regime tributário próprio das empresas privadas, considerando que a eventual exploração de unidade agroindustrial, desapropriada, em área de conflito social, está no âmbito de sua destinação social em setor relevante para a vida nacional. 2. A imunidade tributária só deixa de operar quando a natureza jurídica da entidade estatal é de exploração de atividade econômica."

De todos os julgados acima, depreende-se que o STF sempre excluiu a aplicação da imunidade recíproca nos casos de exploração de atividade econômica.

Essa constante foi flexibilizada a partir de 2013, quanto a Corte Constitucional enfrentou a discussão sobre a extensão da imunidade dos serviços públicos da EBCT às atividades exercidas por esta em caráter privado.

Tratava o caso de atividades como a venda de títulos de capitalização, o recebimento de mensalidades de associações e sindicatos e de inscrições em vestibulares e concursos, praticadas pelos Correios em regime de concorrência, já que bancos privados são habilitados a essas mesmas atividades.

O STF acabou entendendo que a situação peculiar dos Correios exigia um tratamento diferenciado. Considerou-se que eventual lucro obtido com atividades econômicas seria voltado à manutenção do serviço postal e do correio aéreo nacional, finalidades públicas que deveriam ser prestadas independentemente de lucro ou prejuízo[45].

As atividades consideradas privadas, aliás, seriam exercidas com vistas ao interesse público, pois em cidades pouco populosas onde não há agências bancárias os serviços financeiros mais básicos seriam supridos pelos Correios.

Levou-se em conta, inclusive, a expressão literal "**manter** o serviço postal e o correio aéreo nacional", presente no artigo 21, X da CF. Tal necessidade de **manter** (e não meramente prestar) os serviços públicos dos Correios, para a corrente vencedora no STF, permitiria a exploração de atividades econômicas em regime de concorrência para viabilizar o serviço postal (tese do **subsídio cruzado**).

A posição vencedora também ressaltou que os Correios são obrigados a realizar licitações e a realizar concursos públicos, mesmo em relação às atividades não cobertas pelo monopólio estatal.

Tendo tudo isso em vista, a ementa do RE 601.392 (j. 28.02.2013, **repercussão geral**) consignou expressamente que, no caso específico da Empresa Brasileira de Correios e Telégrafos, o exercício simultâneo de atividades em regime de exclusividade e em concorrência com a iniciativa privada, diante das peculiaridades do serviço postal, é irrelevante para fins da imunidade prevista no art. 150, VI, *a* da CF. Em outras palavras, a imunidade abrange também as atividades dos Correios que são exercidas em concorrência com particulares[46].

A permissão para que os Correios exerçam atividades econômicas cujo resultado seja voltado às finalidades públicas encontra paralelo na imunidade religiosa e na imunidade assistencial, a serem estudadas a seguir. Desde já, deve-se ter em mente a seguinte noção:

> Se uma entidade imune atua fora do Domínio Econômico, não há capacidade contributiva. Mas o mero fato de ela passar a atuar naquele Domínio não implica, *ipso facto*, a existência daquela capacidade. (...) Ora, **se os recursos assim obtidos (no Domínio**

45. A professora Misabel Derzi, que atuou no julgamento a favor da estatal, ensina: "a ECT não tem escolha na prestação dos serviços típicos que presta, tampouco liberdade para definir seus preços, devendo atender aos princípios constitucionais da universalidade e da continuidade (...) os serviços típicos de Estado que a empresa presta são responsáveis por apenas 58% de seu orçamento, portanto, ela precisa valer-se de outros serviços, de cunho econômico, para financiar as atividades deficitárias" (DERZI, Misabel Abreu Machado. Notas de atualização ao Direito Tributário Brasileiro de Aliomar Baleeiro. 13ª. ed. Rio de Janeiro: Forense, 2015, p. 131).
46. Críticas à posição vencedora: "Em nosso entender, a orientação acolhida, por maioria pela Corte, não rende homenagem ao art. 173, § 2º da CR, segundo o qual, quando o Estado explora atividade econômica, deve sujeitar-se ao mesmo regime tributário aplicável às empresas privadas" (COSTA, Regina Helena. Imunidades Tributárias. Teoria e Análise da Jurisprudência do STF. 3ª edição. São Paulo: Malheiros, 2015, p. 276); "a circunstância de a ECT aplicar os recursos, aferidos em atividades de primordial interesse econômico de terceiros, em suas atividades essenciais é insuficiente, tão-somente por si, para reconhecer-lhe imunidade ampla e irrestrita." voto de Joaquim Barbosa no RE 601.392.

Econômico) se vinculam aos objetivos (públicos) daquelas entidades, então ainda não há que falar em capacidade contributiva"[47]

Outro tema controverso que foi submetido ao STF diz respeito à aplicabilidade ou não da imunidade recíproca aos bens públicos que se encontram cedidos a empresas privadas exploradoras de atividade econômica.

A discussão foi impulsionada com a concessão de alguns aeroportos brasileiros a empresas privadas, que passaram a defender a aplicação da imunidade quanto ao IPTU em relação aos imóveis públicos cedidos ao empreendimento particular. Argumentava-se que a posse direta da concessionária (pessoa privada) de imóvel público não justificaria a incidência do imposto, já que a propriedade continuaria sendo do ente imune.

O entendimento do STF, porém, foi o de que a imunidade recíproca não foi concebida para facilitar o desenvolvimento de atividade econômica pelo particular, ou a livre utilização de bem público por este. Ou seja, nos casos em que o imóvel público fosse empregado por particular para atividades privadas com intuito lucrativo, não haveria fundamento para a imunidade. Com isso, o STF aplicou ao caso o art. 150, § 3º da CF, e fixou a tese de **repercussão geral** pela qual **incide o IPTU sobre imóvel de pessoa jurídica de direito público cedido a pessoa jurídica de direito privado** (RE 601.720, j. 19.04.2017). O mesmo entendimento foi aplicado, também em **repercussão geral**, em relação a sociedade de economia mista (que atua com intuito de lucro) arrendatária de terreno localizado em área portuária pertencente à União (RE 594.015, j. 06.04.2017).

No ano de 2020, o STF utilizou a presença dos elementos "capacidade contributiva" e "capacidade de acumular e de distribuir lucros" para decidir pela inaplicabilidade da imunidade extensiva. O caso dizia respeito à SABESP, sociedade de economia mista criada com o objetivo de planejar, executar e operar serviços públicos de saneamento básico em todo o Estado de São Paulo. Apesar do interesse público e da relevância do serviço prestado à coletividade, o STF (RE 600.867, j. 29.06.2020) fixou a tese de **repercussão geral** no sentido de que

> Sociedade de economia mista, cuja participação acionária é negociada em Bolsas de Valores, e que, inequivocamente, está voltada à remuneração do capital de seus controladores ou acionistas, não está abrangida pela regra de imunidade tributária prevista no art. 150, VI, 'a', da Constituição, unicamente em razão das atividades desempenhadas

De acordo com a Corte Constitucional, não haveria nesse caso um desvirtuamento do respeito federativo à autonomia local, que seria a principal motivação das normas e dos precedentes relacionados à imunidade recíproca.

2.6 Imunidade dos templos de qualquer culto

> CF, art. 150. Sem prejuízo de outras garantias asseguradas ao contribuinte, é vedado à União, aos Estados, ao Distrito Federal e aos Municípios: (...)
>
> VI - instituir impostos sobre: (...) b) templos de qualquer culto; (...)

47. SCHOUERI, Luís Eduardo. Direito Tributário. 5ª. ed. São Paulo: Saraiva, 2015, p. 427-428 (grifos adicionados).

2.6.1 *Fundamento*

A imunidade dos templos de qualquer culto, ou imunidade religiosa, visa resguardar a liberdade de crença e o livre exercício de cultos religiosos (CF, art. 5º, VI). Outra norma constitucional correlata à imunidade religiosa é a vedação de os entes federativos estabelecerem cultos religiosos ou igrejas, subvencioná-los, embaraçar-lhes o funcionamento ou manter com eles ou com seus representantes relações de dependência ou aliança (CF, art. 19, I). A imunidade em questão pode ser vista como uma decorrência da separação entre a Igreja e o Estado[48]. Sendo o Estado brasileiro laico, a interferência nessa ou naquela religião por meio de impostos foi vedada pelo constituinte.

Apesar de ser inspirada no princípio da liberdade religiosa, essa imunidade representa uma opção do constituinte, que poderia ter entendido por bem exigir impostos das entidades religiosas. Trata-se, portanto, de uma **imunidade política.**

Outro ponto a ser destacado é o **caráter subjetivo** da imunidade, apesar de o texto constitucional referir-se expressamente a "templos".

2.6.2 *Abrangência*

Para se compreender a extensão da imunidade religiosa, deve-se, primeiramente, descobrir o que são "templos de qualquer culto".

Aqui a acepção deve ser a mais ampla possível. Não se protege apenas o templo, mas eventuais edifícios anexos que sirvam à finalidade religiosa. Até mesmo um templo móvel, como um veículo utilizado para o culto religioso, estaria abarcado pela imunidade[49].

Essa orientação é consagrada pelo STF, que reconheceu a imunidade sobre o imóvel destinado à residência de ministro religioso (ARE/AgR 694.453, j. 25.06.2013) e até mesmo sobre os **cemitérios que consubstanciam extensões de entidades de cunho religioso** (RE 578.562, j. 21.05.2008). Nessa última decisão, foi feita a distinção entre cemitérios de cunho religioso sem fins lucrativos e cemitérios de caráter comercial, que por sua vez não são alcançados pela imunidade.

Se por um lado não se pode discriminar cultos de minorias, por outro a imunidade só protege cultos religiosos, e não cultos relativos a costumes morais que não sejam religiosos. Com esse entendimento, o STF decidiu que a imunidade religiosa "é restrita aos templos de qualquer culto religioso, **não se aplicando à maçonaria, em cujas lojas não se professa qualquer religião**" (RE 562.351, j. 04.09.2012). Nesse julgado, entendeu-se que a maçonaria seria uma filosofia de vida, e não uma religião.

2.6.3 *Finalidades essenciais*

O artigo 150, § 4º da CF possui importante norma para a compreensão da imunidade religiosa. Segundo o dispositivo, a imunidade em questão só compreende o patrimônio, a renda e os serviços que sejam relacionados com as finalidades essenciais das entidades religiosas.

48. CARRAZZA, Roque Antônio. Curso de Direito Constitucional Tributário. 30ª. ed. São Paulo: Malheiros, 2015, p. 885.
49. BALEEIRO, Aliomar. Direito Tributário Brasileiro. 13ª. ed. Rio de Janeiro: Forense, 2015, p. 150.

Há quem extraia dessa norma uma imunidade mais restrita do que a referente às autarquias e fundações públicas, uma vez que, enquanto a imunidade recíproca extensiva abranja também as finalidades **decorrentes** das essenciais (CF, art. 150, § 2º), a imunidade religiosa diz respeito apenas às finalidades essenciais[50].

A interpretação do artigo 150, § 4º da CF pelo STF parece ser mais ampla. Isso porque a jurisprudência aplica o dispositivo para conferir imunidade aos imóveis alugados a terceiros, vedando a incidência do IPTU nesses casos. A posição vencedora no RE 325.822 (j. 18.12.2002) entendeu que a destinação da renda de aluguéis dos imóveis às finalidades essenciais do culto justifica o reconhecimento da imunidade.

Ou seja, a norma constitucional preocupa-se com a destinação das rendas da entidade religiosa, e não com a sua natureza. O entendimento foi reiterado pelo STF em 2013, quando se decidiu que a imunidade dos cultos engloba o imóvel destinado à residência de seus ministros religiosos. Um dos fundamentos da decisão foi o de que "a circunstância de a entidade religiosa alugar o imóvel de sua propriedade a terceiro, sem qualquer vínculo com ela, não afasta a imunidade" (ARE/AgR 694.453, j. 25.06.2013).

Por fim, cabe destacar que o STF reconhece a imunidade não só aos imóveis alugados, mas também aos imóveis vagos das entidades religiosas. Não se pode pressupor que o **imóvel vago** não seja destinado às finalidades essenciais do culto. **O ônus de demonstrar que o imóvel não se vincula às finalidades essenciais é da administração tributária**, e não da entidade religiosa (ARE 800.395 AgR, j. 28.10.2014).

2.7 Imunidade das entidades do art. 150, VI, "c" - partidos políticos e suas fundações, entidades sindicais dos trabalhadores, instituições de educação e de assistência social sem fins lucrativos

> CF, art. 150. Sem prejuízo de outras garantias asseguradas ao contribuinte, é vedado à União, aos Estados, ao Distrito Federal e aos Municípios: (...)
>
> VI - instituir impostos sobre: (...)
>
> c) patrimônio, renda ou serviços dos partidos políticos, inclusive suas fundações, das entidades sindicais dos trabalhadores, das instituições de educação e de assistência social, sem fins lucrativos, atendidos os requisitos da lei;

2.7.1 *Partidos políticos e entidades sindicais dos trabalhadores*

Para melhor compreensão da imunidade do artigo 150, VI *c* da CF, separamos os partidos políticos (bem como suas fundações) e as entidades sindicais dos trabalhadores, a serem analisados em conjunto, das instituições de educação e de assistência social sem fins lucrativos.

50. COSTA, Regina Helena. Imunidades Tributárias. Teoria e Análise da Jurisprudência do STF. 3ª edição. São Paulo: Malheiros, 2015, p. 171.

Em relação aos partidos políticos e suas fundações, a imunidade visa promover o pluralismo político (CF, art. 1º, V), impedindo que a tributação por meio de impostos seja um obstáculo à agremiação partidária.

As entidades sindicais **dos trabalhadores**, por sua vez, possuem a incumbência constitucional de defender os direitos e interesses coletivos ou individuais da categoria profissional (CF, art. 8º, III). Optou o constituinte pela exoneração tributária referente a impostos para promover a representação dos trabalhadores.

As entidades sindicais dos empregadores, ou patronais, não são beneficiadas pela imunidade.

Apesar da relevância dos direitos políticos e sindicais dos trabalhadores, a imunidade sobre o patrimônio, renda e serviços das entidades acima mencionadas não decorre implicitamente do sistema constitucional, só sendo reconhecida por conta da existência de previsão expressa no texto constitucional. Trata-se, portando, de **imunidade política**.

Tanto os partidos políticos e suas fundações quanto as entidades sindicais dos trabalhadores são entes que, por sua natureza, não se destinam à obtenção de lucro. Por isso, o requisito quanto à ausência de finalidade lucrativa previsto no texto constitucional destina-se apenas às instituições de educação e de assistência social[51], sendo redundante sua aplicação quanto às entidades sindicais dos trabalhadores e aos partidos políticos e suas fundações.

Vale dizer que a imunidade dos partidos políticos e das entidades sindicais dos trabalhadores é restrita ao patrimônio, renda e serviços ligados às suas finalidades essenciais (CF, art. 150, § 4º). Com base nessa condicionante, o STF coibiu a aplicação da imunidade à colônia de férias de sindicato, tendo considerado que tal patrimônio não seria ligado às finalidades essenciais da entidade (RE 245.093 AgR, j. 14.11.2006).

2.7.2 *Instituições de educação e de assistência social sem fins lucrativos*

Educação e assistência social são incumbências do Estado que podem ter a participação de particulares. A educação é direito de todos e dever do Estado e da família, podendo ser promovida e incentivada pela sociedade (artigo 205 da CF). A assistência social é prestada àqueles que necessitarem, independentemente de contribuição à seguridade social (art. 203 da CF), sendo que as ações governamentais na área da assistência social possuem, entre suas diretrizes, a participação da população por meio de organizações representativas (art. 204, II da CF).

Tanto a educação quanto a assistência social, portanto, são áreas de atuação do Estado em que a participação de agentes privados possui relevância. Os atores da iniciativa particular que decidem atuar nessas áreas podem ter intuito lucrativo ou não. No caso da educação, há inclusive expressa referência constitucional de que o ensino é livre à iniciativa privada (CF, art. 209).

51. COSTA, Regina Helena. Imunidades Tributárias. Teoria e Análise da Jurisprudência do STF. 3ª edição. São Paulo: Malheiros, 2015, p. 176.

Quando os entes particulares envolvidos na prestação de educação e assistência social não tiverem interesses lucrativos, haverá a imunidade de impostos. Não faria sentido que o Estado exigisse impostos da pessoa que, de forma altruísta e em benefício da coletividade, desempenha atividades que estão entre as obrigações do Estado, o que resulta numa redução da demanda da sociedade sobre os cofres públicos.

Como já decidiu o STF, a imunidade em questão busca incentivar a cooperação entre o Poder Público e a iniciativa privada (RE 378.666 AgRg, j. 03.04.2012).

A ausência de finalidade lucrativa das instituições de educação e de assistência social implica o reconhecimento da inexistência de capacidade contributiva. Se todos os recursos da entidade altruísta são destinados à satisfação de necessidades coletivas, **sem que haja distribuição de lucros a gerentes ou investidores**, não há que se falar em capacidade contributiva que justifique a exigência de impostos[52].

Desse raciocínio podemos extrair uma pista acerca da classificação dessa imunidade ser política ou ontológica. Ao reconhecermos que as entidades de educação e de assistência social não possuem capacidade contributiva, sendo todos os seus recursos voltados aos fins públicos, a posição mais coerente seria a de que estamos diante de uma imunidade **ontológica**, que deveria existir independentemente de previsão constitucional.

Trataremos mais detalhadamente da proibição de intuito lucrativo no tópico a seguir.

2.7.2.1 *Finalidades essenciais e a ausência de fins lucrativos*

O artigo 150, § 4º da CF dispõe que a imunidade só compreende o patrimônio, a renda e os serviços relacionados com as finalidades essenciais das entidades de educação e de assistência social, da mesma forma como ocorre em relação às entidades religiosas.

Dessa norma surge a dúvida a respeito de atividades que proporcionem um superávit para o ente: haveria vedação a uma atuação superavitária, já que tais entidades não podem ter fins lucrativos?

A resposta é negativa.

O fato de a entidade possuir superávit não significa a constatação de finalidade lucrativa ou o desvio de suas finalidades essenciais. O superávit significa apenas que a entidade é autossuficiente e não necessita de auxílios de terceiros para exercer sua missão. O fato de o balanço financeiro restar positivo no final do exercício permite que os recursos excedentes sejam investidos na persecução das finalidades essenciais do ente.

Os recursos dessas entidades, inclusive o superávit, devem ser totalmente consumidos pelas suas finalidades essenciais, razão pela qual não há que se falar em capacidade

52. "Para as entidades assistenciais e de educação, a *ratio* da imunidade é ainda mais evidente: educação e assistência social estão entre as funções do Estado. Assim, quando uma entidade privada assume tais tarefas, desincumbe o Estado de executá-las. Exerce, pois, atividade do Estado. Atua, assim, no setor público, em que não cabe cogitar de capacidade contributiva." (SCHOUERI, Luís Eduardo. Direito Tributário. 5ª. ed. São Paulo: Saraiva, 2015, p. 463).

contributiva. Esse o sentido do § 4º do artigo 150 da CF, cumulado com a expressão "sem fins lucrativos" presente no artigo 150, VI, *c* do Texto Magno[53].

Ausência de finalidade lucrativa também não significa gratuidade dos serviços prestados. Como já ensinou Baleeiro, "não perde o caráter de instituição de educação e assistência a que (...) cobra serviços a alguns para custear assistência e educação gratuita a outros"[54].

Existe um caso, porém, em que o STF apenas reconhece a imunidade do art. 150, VI, *c* da CF se o beneficiário da prestação oferecida pela entidade assistencial não realizar qualquer contrapartida financeira. Essa exceção diz respeito às entidades de previdência privada em que o empregador (patrocinador do plano de previdência) assume integralmente o ônus das contribuições ao sistema.

Em tais situações, o plano de previdência, ironicamente, deixa de ser de natureza "previdenciária", uma vez que a previdência requer a contribuição do segurado. Um plano de previdência privado no qual o beneficiário não realize qualquer aporte acaba por se aproximar de uma natureza assistencial, já que, na ordem social a assistência social independe de contribuição (CF, art. 203), enquanto a previdência possui caráter contributivo (CF, art. 201).

Nessa linha de raciocínio, o STF decidiu que **haverá imunidade quando os beneficiários do plano de previdência privada não contribuem e a mantenedora arca com todos os ônus** (RE 259.756, j. 28.11.2001). Por outro lado, as entidades de previdência privada que se mantenham com a contribuição dos associados não são entidades de assistência social, razão por que não estão abrangidas pela imunidade (RE 246.886, j. 19.12.2001). Essa orientação foi sedimentada **Súmula 730 do STF:**

> A imunidade tributária conferida a instituições de assistência social sem fins lucrativos pelo art. 150, VI, 'c' da CF somente alcança as entidades fechadas de previdência social privada se não houver contribuição dos beneficiários.

Outro ponto que merece destaque é a **possibilidade do exercício de atividades remuneradas fora das atividades típicas da entidade**, desde que os recursos assim auferidos sejam revertidos às suas finalidades essenciais.

Nesse sentido, o STF decidiu que a renda obtida pelo SESC na prestação de serviços de diversão pública, mediante a venda de ingressos de cinema ao público em geral, e aproveitada em suas finalidades assistenciais, é abrangida na imunidade prevista no art. 150, VI, *c*, da Constituição (AI 155.822 AgR, j. 20.09.1994). Tampouco a manutenção de livraria em imóvel do ente imune afasta a imunidade, desde que os recursos daí derivados sejam revertidos aos fins institucionais (RE 345.830, j. 08.10.2002).

53. "A qualificação de uma entidade como sendo 'sem fins lucrativos' exige o atendimento de dois únicos pressupostos: a não-distribuição dos lucros auferidos (ou superávits) e a não-reversão de seu patrimônio às pessoas que a criaram, com a aplicação dos seus resultados econômicos positivos obtidos na própria entidade. Em consequência, a não-gratuidade dos serviços prestados por uma entidade e a remuneração de seus dirigentes e administradores, bem como de seus empregados, não afastam, por si sós, a exigida ausência de finalidade lucrativa." (COSTA, Regina Helena. Imunidades Tributárias. Teoria e Análise da Jurisprudência do STF. 3ª edição. São Paulo: Malheiros, 2015, p. 196).

54. BALEEIRO, Aliomar. Direito Tributário Brasileiro. 13ª edição. Rio de Janeiro: Editora Forense, 2015, p. 224.

Nos casos acima, a manutenção da imunidade representa uma vantagem da entidade imune em relação a outros particulares que atuam no mesmo segmento econômico. O STF privilegiou a vinculação dos recursos à finalidade essencial, não considerando haver uma ofensa à livre concorrência apta a desconstituir a imunidade.

Do mesmo modo, "eventual renda obtida pela instituição de assistência social mediante cobrança de estacionamento de veículos em área interna da entidade, destinada ao custeio das atividades desta, está abrangida pela imunidade" (RE 144.900, j. 22.04.1997).

Até mesmo investimentos financeiros das entidades assistenciais são imunes ao chamado "IOF" (Imposto sobre Operações Financeiras), como decidiu o STF no RE/AgR 454.753 (j. 20.04.2010):

> (...) a manutenção de investimentos pode ser instrumento útil para a formação de recursos destinados às atividades filantrópicas. Desde que respeitados os limites da imunidade (não privilegiar atividade privada econômica lucrativa e não afetar a livre iniciativa), a imunidade tributária será aplicável ao produto das operações financeiras

A cláusula da vinculação do patrimônio da entidade com suas finalidades essenciais permite ainda que o imóvel pertencente à instituição de assistência social mantenha a imunidade ao IPTU mesmo quando estiver alugado a terceiros, desde que a renda dos aluguéis seja destinada aos fins institucionais do ente imune (RE 231.928, j. 23.10.2001).

Esse entendimento foi cristalizado na súmula 724 do STF, hoje convertida na **súmula vinculante 52**:

> Ainda quando alugado a terceiros, permanece imune ao IPTU o imóvel pertencente a qualquer das entidades referidas pelo art. 150, VI, "c", da Constituição Federal, desde que o valor dos aluguéis seja aplicado nas atividades para as quais tais entidades foram constituídas.

Além dessa possibilidade de imóveis alugados a terceiros, o STF reconheceu a imunidade em relação aos **imóveis utilizados como escritório e residência de membros da entidade** (ARE/AgR 895.972, j. 02.02.2016).

Ainda no que diz respeito à vinculação do patrimônio da entidade às suas finalidades essenciais, cumpre assinalar que o STF só permite o afastamento da imunidade caso a autoridade tributária produza prova de que o bem não está afetado aos fins institucionais. A presunção milita em favor da entidade imune (AI 746.263 AgR-ED, j. 12.11.2013).

Por esse motivo, o fato de um imóvel encontrar-se vago ou sem edificação não é suficiente, por si só, para suprimir a imunidade. Mais uma vez, opera em favor da entidade imune a presunção de que seu patrimônio está vinculado às suas atividades essenciais, cabendo ao fisco o ônus de desconstituir tal presunção (RE 470.520, j. 17.09.2013).

Esse entendimento merece uma atenção especial, já que foi sedimentado em sede de **repercussão geral** no RE 767.332 (j. 31.10.2013), no qual se definiu a seguinte tese: "A imunidade tributária, prevista no art. 150, VI, *c*, da CF/88, aplica-se aos bens imóveis, temporariamente ociosos, de propriedade das instituições de educação e de assistência social sem fins lucrativos que atendam os requisitos legais".

Outro julgado do STF que ainda merece ser comentado aborda os limites da cláusula "finalidades essenciais". Como já se viu acima, o tribunal negou a aplicação da imunidade à colônia de férias de sindicato de trabalhadores, entendendo que no caso não haveria pertinência com as finalidades essenciais da entidade (RE 245.093 AgR, j. 14.11.2006). Em outro julgado, a Corte pareceu adotar posição oposta, ao admitir que a "utilização do imóvel para atividade de lazer e recreação não configura desvio de finalidade com relação aos objetivos da Fundação caracterizada como entidade de assistência social". (RE 236.174, j. 02.09.2008).

2.7.2.2 *Impostos indiretos*

Os impostos indiretos, como já visto no capítulo acerca da imunidade recíproca, são aqueles em que o ônus econômico do tributo recai sobre pessoa diversa (contribuinte de fato) do contribuinte eleito pela norma tributária (contribuinte de direito).

Em se tratando de impostos indiretos, o STF tem jurisprudência pacífica no sentido de que a imunidade alcança apenas o contribuinte de direito. Desde 1976, a **súmula 591 do STF** já preceituava: "a imunidade ou a isenção tributária do comprador não se estende ao produtor, contribuinte do imposto sobre produtos industrializados". Numa transação de aquisição interna de mercadorias (onerada pelo ICMS) por uma entidade assistencial imune, por exemplo, não haveria a imunidade, já que o contribuinte de direito do imposto sobre circulação de mercadorias é o comerciante e não o adquirente.

De acordo com o STF, a imunidade prevista no art. 150, VI, *c*, do Diploma Maior, a impedir a instituição de impostos sobre patrimônio, renda ou serviços das entidades sindicais dos trabalhadores, das instituições de educação e de assistência social, sem fins lucrativos, está umbilicalmente ligada ao contribuinte de direito, não abarcando o contribuinte de fato (RE 491.574- AgR, j. 21.08.2012).

Caso uma entidade imune deva recolher um imposto indireto na condição de **responsável** (pessoa que possui a obrigação de recolher o tributo, mas que não é o contribuinte que pratica o fato gerador eleito pela lei), não terá o benefício da imunidade, já que a proteção imunizante não exclui a atribuição, por lei, às entidades imunes, da condição de responsáveis pelos tributos que lhes caiba reter na fonte (CTN, art. 9º, § 1º). Nessa trilha decidiu o STF (RE 202.987, j. 30.06.2009 – grifos adicionados):

> A responsabilidade ou a substituição tributária não alteram as premissas centrais da tributação, cuja regra-matriz continua a incidir sobre a operação realizada pelo contribuinte. Portanto, **a imunidade tributária não afeta, tão-somente por si, a relação de responsabilidade tributária ou de substituição e não exonera o responsável tributário ou o substituto.**

A prevalência do contribuinte de direito para fins de atribuição da imunidade foi sedimentada em sede de **repercussão geral** (RE 608.872, j. 23.02.2017), com a fixação da seguinte tese:

> A imunidade tributária subjetiva aplica-se a seus beneficiários na posição de contribuinte de direito, mas não na de simples contribuinte de fato, sendo irrelevante para

a verificação da existência do beneplácito constitucional a repercussão econômica do tributo envolvido

Prevaleceu no STF uma posição formalista, em detrimento da substância econômica do fenômeno tributário.

2.7.2.3 *Requisitos da lei*

As entidades imunes do art. 150, VI, *c* da CF devem atender os "requisitos da lei", conforme consta da redação desse dispositivo.

Dúvida surge a respeito da espécie legislativa em questão.

Por um lado, a lei complementar só é exigida pelo texto constitucional de modo expresso, e por isso a referência ao termo "lei" sem a qualificação "complementar" significaria que o dispositivo está a exigir lei ordinária.

Por outro lado, a matéria imunidade diz respeito a uma limitação constitucional do poder de tributar, que exige regulamentação por lei complementar. Isso por força do artigo 146, II da CF, segundo o qual cabe à lei complementar regular as limitações constitucionais ao poder de tributar. Assim, apesar de o artigo 150, VI, *c* da CF ser silente quanto à necessidade de lei complementar, o artigo 146, II não deixaria outra alternativa que não fosse a exigência de lei complementar, por se estar diante de uma limitação constitucional ao poder de tributar.

Há ainda a posição segundo a qual os "requisitos da lei" mencionados no artigo 150, VI, *c* da CF não diriam respeito aos requisitos necessários para a fruição da imunidade, mas sim aos requisitos de constituição e funcionamento das entidades a serem beneficiadas. Os "requisitos da lei" seriam normas voltadas diretamente à entidade, não se relacionando de modo direto com as condições a serem cumpridas para o gozo da imunidade. Essa interpretação do dispositivo conclui que a lei em questão seria ordinária, já que não regula diretamente uma limitação constitucional ao poder de tributar. O STF possui jurisprudência nesse sentido (ADI-MC 1802, j. 27.08.1998), já tendo decidido que:

> o que a Constituição remete à lei ordinária, no tocante à imunidade tributária considerada, é a fixação de normas sobre a constituição e o funcionamento da entidade educacional ou assistencial imune; não, o que diga respeito aos lindes da imunidade, que, quando susceptíveis de disciplina infraconstitucional, ficou reservado à lei complementar.

Essa distinção considera que as normas de constituição e funcionamento da entidade estão mais afetas ao direito privado do que ao direito tributário, podendo, portanto, ser disciplinadas em lei ordinária. A reserva de lei complementar seria exigida apenas para normas atinentes à delimitação do objeto da imunidade. Exemplificando, as associações, entidades sem fins lucrativos, possuem normas a respeito de sua constituição dispostas no Código Civil, que se caracteriza como uma lei ordinária.

Inicialmente, portanto, pode-se identificar a diferença entre normas sobre a constituição e o funcionamento da entidade educacional ou assistencial imune (que poderiam ser dispostas em lei ordinária), e normas que diriam respeito aos lindes da imunidade, ou seja, às condições de acesso à exoneração constitucional (que exigiriam lei complementar). Vale destacar que esse entendimento foi tomado em sede de medida cautelar da ADI 1802.

A diferença, contudo, é sutil. A rigor, uma norma sobre constituição e funcionamento da entidade (que por essa posição inicial do STF poderia ser tratada por lei ordinária) não deixa de ser um pressuposto para a caracterização de instituição de educação ou assistência social sem fins lucrativos, e, portanto, um requisito para a fruição da imunidade (que, por sua vez, deveria ser regulado em lei complementar).

No julgamento da mesma ADI 1802, quando da análise do mérito em abril de 2018, o plenário decidiu que os **aspectos procedimentais necessários à verificação do atendimento das finalidades constitucionais da regra de imunidade, tais como as referentes à certificação, à fiscalização e ao controle administrativo, continuam passíveis de definição por lei ordinária.**

A reserva de lei complementar estaria adstrita a aspectos relativos ao **modo beneficente (no caso de assistência e educação) de atuação das entidades acobertadas pela imunidade, especialmente aqueles que criaram contrapartidas a serem observadas pelas entidades.**

O relator da ação, Ministro Dias Toffoli (seguido pela unanimidade dos outros Ministros), adotou a posição de Teori Zavascki na ADI 2028 (julgada em 02.03.2017), segundo a qual **as normas de constituição e fundamento das entidades de educação e assistência social repercutem na possibilidade de fruição da imunidade.**

A consequência de se adotar essa posição, no julgamento da ADI 1802, foi que as normas referentes ao modo beneficente de atuação das entidades acobertadas pela imunidade foram identificadas como normas que criam contrapartidas a serem observadas pela entidade que postula a imunidade. Para tais normas, haveria a necessidade de se observar a reserva de lei complementar.

A lei ordinária, desse modo, restaria legítima para a regulação de aspectos procedimentais necessários à verificação do atendimento das finalidades constitucionais da regra de imunidade, tais como as referentes à certificação, à fiscalização e ao controle administrativo. Assim, normas de procedimento que imputam obrigações meramente acessórias às entidades beneficentes, com a finalidade de viabilizar a fiscalização de suas atividades, seriam passíveis de disciplina por lei ordinária.

Confira-se a ementa da ADI 1802 (j. 12.04.2018 – grifos adicionados):

> (...) 1. Com o advento da Constituição de 1988, o constituinte dedicou uma seção específica às "limitações do poder de tributar" (art. 146, II, CF) e nela fez constar a imunidade das instituições de assistência social. **Mesmo com a referência expressa ao termo "lei", não há mais como sustentar que inexiste reserva de lei complementar.** No que se refere aos impostos, o maior rigor do quórum qualificado para a aprovação dessa importante regulamentação se justifica para se dar maior estabilidade à disciplina do tema e dificultar sua modificação, estabelecendo regras nacionalmente uniformes e rígidas. 2. A necessidade de lei complementar para disciplinar as limitações ao poder de tributar não impede que o constituinte selecione matérias passíveis de alteração de forma menos rígida, permitindo uma adaptação mais fácil do sistema às modificações fáticas e contextuais, com o propósito de velar melhor pelas finalidades constitucionais. **Nos precedentes da Corte,**

prevalece a preocupação em respaldar normas de lei ordinária direcionadas a evitar que falsas instituições de assistência e educação sejam favorecidas pela imunidade. É necessário reconhecer um espaço de atuação para o legislador ordinário no trato da matéria. 3. **A orientação prevalecente no recente julgamento das ADIs nº 2.028/DF, 2.036/DF, 2.228/DF e 2.621/DF é no sentido de que os artigos de lei ordinária que dispõem sobre o modo beneficente (no caso de assistência e educação) de atuação das entidades acobertadas pela imunidade, especialmente aqueles que criaram contrapartidas a serem observadas pelas entidades, padecem de vício formal, por invadir competência reservada a lei complementar. Os aspectos procedimentais necessários à verificação do atendimento das finalidades constitucionais da regra de imunidade, tais como as referentes à certificação, à fiscalização e ao controle administrativo, continuam passíveis de definição por lei ordinária.** 4. São inconstitucionais, por invadir campo reservado a lei complementar de que trata o art. 146, II, da CF: (i) a alínea f do § 2º do art. 12, por criar uma contrapartida que interfere diretamente na atuação da entidade; o art. 13, caput, e o art. 14, ao prever a pena se suspensão do gozo da imunidade nas hipóteses que enumera. 5. Padece de inconstitucionalidade formal e material o § 1º do art. 12 da Lei nº 9.532/97, com a subtração da imunidade de acréscimos patrimoniais abrangidos pela vedação constitucional de tributar. 6. Medida cautelar confirmada. Ação direta julgada parcialmente procedente, com a declaração i) da inconstitucionalidade formal da alínea f do § 2º do art. 12; do caput art. 13; e do art. 14; bem como ii) da inconstitucionalidade formal e material do art. 12, § 1º, todos da Lei nº 9.532/91, sendo a ação declarada improcedente quanto aos demais dispositivos legais.

Como se vê da ementa acima, reafirmou-se entendimento que já havia sido adotado na ADI 2028 (j. 02.03.2017 – grifo adicionado):

(...) 1. "[...] fica evidenciado que (a) entidade beneficente de assistência social (art. 195, § 7º) não é conceito equiparável a entidade de assistência social sem fins lucrativos (art. 150, VI); (b) a Constituição Federal não reúne elementos discursivos para dar concretização segura ao que se possa entender por modo beneficente de prestar assistência social; (c) a definição desta condição modal é indispensável para garantir que a imunidade do art. 195, § 7º, da CF cumpra a finalidade que lhe é designada pelo texto constitucional; e (d) esta tarefa foi outorgada ao legislador infraconstitucional, que tem autoridade para defini-la, desde que respeitados os demais termos do texto constitucional.". 2. **"Aspectos meramente procedimentais referentes à certificação, fiscalização e controle administrativo continuam passíveis de definição em lei ordinária. A lei complementar é forma somente exigível para a definição do modo beneficente de atuação das entidades de assistência social contempladas pelo art. 195, § 7º, da CF, especialmente no que se refere à instituição de contrapartidas a serem observadas por elas.".** (...)

Do confronto dos julgados acima pode-se concluir:

a) **Lei ordinária** – legítima para a regulação de aspectos procedimentais necessários à verificação do atendimento das finalidades constitucionais da regra de imunidade, tais como as referentes à certificação, à fiscalização e ao controle administrativo.

b) **Lei complementar** – necessária para definição do modo beneficente de atuação da entidade imune, especialmente no que se refere à instituição de contrapartidas a serem observadas por elas.

Uma observação pertinente a respeito dos julgados acima é que a ADI 1802 e a ADI 2028 dizem respeito dispositivos distintos do texto constitucional que foram utilizados como parâmetro de constitucionalidade. Enquanto a ADI 1802 tratava da interpretação do artigo 150, VI, *c*, a ADI 2028 analisou o alcance do artigo 195, § 7º da CF (que contém imunidade a ser estudada em outro capítulo). Apesar de tratarem de imunidades distintas, o entendimento a respeito da reserva de lei complementar foi o mesmo nos dois julgamentos.

No RE 566.622 (j. 23.02.2017), julgado pela sistemática de **repercussão geral**, foi definido a sucinta (e pouco esclarecedora) tese de que "a regência de imunidade faz-se mediante lei complementar". Posteriormente, no julgamento de embargos de declaração (RE 566.622 ED, j. 18.12.2019), a tese de repercussão geral foi reformulada, passando a ser expressa nos seguintes termos (grifos adicionados):

> **A lei complementar é forma exigível** para a definição do modo beneficente de atuação das entidades de assistência social contempladas pelo art. 195, § 7º, da CF, especialmente **no que se refere à instituição de contrapartidas** a serem por elas observadas.

Esse julgado será abordado mais detidamente quando do estudo da imunidade prevista no artigo 195, § 7º da CF.

Tendo essa jurisprudência em mente, podemos estudar a Lei 9.532/97, que teve sua constitucionalidade formal e material analisada pelo STF na ADI 1802:

> Lei 9.532/97, art. 12. Para efeito do disposto no art. 150, inciso VI, alínea "c", da Constituição, considera-se imune a instituição de educação ou de assistência social que preste os serviços para os quais houver sido instituída e os coloque à disposição da população em geral, em caráter complementar às atividades do Estado, sem fins lucrativos.
>
> §1º **Não estão abrangidos pela imunidade os rendimentos e ganhos de capital auferidos em aplicações financeiras de renda fixa ou de renda variável.** (declarado inconstitucional do ponto de vista formal e material na ADI 1802)
>
> §2º Para o gozo da imunidade, as instituições a que se refere este artigo, estão obrigadas a atender aos seguintes requisitos:
>
> a) não remunerar, por qualquer forma, seus dirigentes pelos serviços prestados, exceto no caso de associações, fundações ou organizações da sociedade civil, sem fins lucrativos, cujos dirigentes poderão ser remunerados, desde que atuem efetivamente na gestão executiva e desde que cumpridos os requisitos previstos nos arts. 3º e 16 da Lei nº 9.790, de 23 de março de 1999, respeitados como limites máximos os valores praticados pelo mercado na região correspondente à sua área de atuação, devendo seu valor ser fixado pelo órgão de deliberação superior da entidade, registrado em ata, com comunicação ao Ministério Público, no caso das fundações[55]; (Redação dada pela Lei nº 13.204, de 2015)
>
> b) aplicar integralmente seus recursos na manutenção e desenvolvimento dos seus objetivos sociais;

55. "a citada alínea a do § 2º da Lei nº 9.532/1997 jamais foi aceita, em sua literalidade, pelo Supremo Tribunal Federal, que somente se refere ao art. 14 do CTN, em todas as suas decisões dobre a imunidade do art. 150, inciso VI, alínea c, assim como jamais foi aceita pela jurisprudência administrativa do Conselho de Contribuintes." (DERZI, Misabel Abreu Machado. **Notas de atualização ao Direito Tributário Brasileiro de Aliomar Baleeiro.** 13ª. ed. Rio de Janeiro: Forense, 2015, p. 237).

c) manter escrituração completa de suas receitas e despesas em livros revestidos das formalidades que assegurem a respectiva exatidão;

d) conservar em boa ordem, pelo prazo de cinco anos, contado da data da emissão, os documentos que comprovem a origem de suas receitas e a efetivação de suas despesas, bem assim a realização de quaisquer outros atos ou operações que venham a modificar sua situação patrimonial;

e) apresentar, anualmente, Declaração de Rendimentos, em conformidade com o disposto em ato da Secretaria da Receita Federal;

f) **recolher os tributos retidos sobre os rendimentos por elas pagos ou creditados e a contribuição para a seguridade social relativa aos empregados, bem assim cumprir as obrigações acessórias daí decorrentes**; (declarado inconstitucional do ponto de vista formal na ADI 1802)

g) assegurar a destinação de seu patrimônio a outra instituição que atenda às condições para gozo da imunidade, no caso de incorporação, fusão, cisão ou de encerramento de suas atividades, ou a órgão público;

h) outros requisitos, estabelecidos em lei específica, relacionados com o funcionamento das entidades a que se refere este artigo.

Art. 13. **Sem prejuízo das demais penalidades previstas na lei, a Secretaria da Receita Federal suspenderá o gozo da imunidade a que se refere o artigo anterior, relativamente aos anos-calendários em que a pessoa jurídica houver praticado ou, por qualquer forma, houver contribuído para a prática de ato que constitua infração a dispositivo da legislação tributária, especialmente no caso de informar ou declarar falsamente, omitir ou simular o recebimento de doações em bens ou em dinheiro, ou de qualquer forma cooperar para que terceiro sonegue tributos ou pratique ilícitos fiscais.** (declarado inconstitucional do ponto de vista formal na ADI 1802)

Parágrafo único. Considera-se, também, infração a dispositivo da legislação tributária o pagamento, pela instituição imune, em favor de seus associados ou dirigentes, ou, ainda, em favor de sócios, acionistas ou dirigentes de pessoa jurídica a ela associada por qualquer forma, de despesas consideradas indedutíveis na determinação da base de cálculo do imposto sobre a renda ou da contribuição social sobre o lucro líquido.

Art. 14. À suspensão do gozo da imunidade aplica-se o disposto no art. 32 da Lei nº 9.430, de 1996. (declarado inconstitucional do ponto de vista formal na ADI 1802)

Aplicando os conhecimentos já assimilados acerca do entendimento do STF:

a) O artigo 12, § 1º da lei ordinária acima é **formalmente inconstitucional** por tratar de uma delimitação do objeto da imunidade, o que só poderia ser feito por lei complementar. Além disso, há também **inconstitucionalidade material**, pois os "rendimentos e ganhos de capital auferidos em aplicações financeiras de renda fixa ou de renda variável" mencionados no dispositivo nada mais são do que **renda**[56], prevista expressamente no texto do artigo 150, VI, *c* da Constituição. Por isso, os

56. Como já visto, o STF admite a aplicação da imunidade em relação aos impostos que oneram aplicações financeiras: "(...) a manutenção de investimentos pode ser instrumento útil para a formação de recursos destinados às atividades filantrópicas. Desde que respeitados os limites da imunidade (não privilegiar atividade privada econômica lucrativa e não afetar a livre iniciativa), a imunidade tributária será aplicável ao produto das operações financeiras" (RE/AgR 454.753, j. 20.04.2010).

rendimentos e ganhos de capital referidos não poderiam ser subtraídos sequer por lei complementar (voto do Ministro Sepúlveda Pertence na Medida Cautelar da ADI 1802, adotado como fundamento no julgamento do mérito da mesma ação);

b) A alínea *f* do artigo 12, § 2º, o artigo 13, *caput*, e o artigo 14, todos da Lei 9.532/97 são **formalmente inconstitucionais**, pois criaram contrapartidas a serem observadas pelas entidades de educação e assistência social sem fins lucrativos, invadindo assim competência reservada à lei complementar.

Se a lei ordinária acima comentada não pode dispor sobre os limites da imunidade, o mesmo não se pode dizer do Código Tributário Nacional. Apesar de tal diploma ter sido promulgado como lei ordinária (Lei 5.172/1966), foi recepcionado pela Constituição de 1988 como lei complementar, adquirindo esse *status* por conta de regular matéria que a atual Constituição reserva à lei complementar (art. 146 da CF).

Assim é que o artigo 14 do CTN, com seu *status* de lei complementar, traz normas que exercem o papel de regulamentar os limites da imunidade do 150, VI, *c* da CF:

> CTN, artigo 14. O disposto na alínea c do inciso IV do art. 9º [Imunidade do art. 150, VI, *c* da CF] é subordinado à observância dos seguintes requisitos pelas entidades nele referidas:
>
> I – não distribuírem qualquer parcela de seu patrimônio ou de suas rendas, a qualquer título;
>
> II - aplicarem integralmente, no País, os seus recursos na manutenção dos seus objetivos institucionais;
>
> III - manterem escrituração de suas receitas e despesas em livros revestidos de formalidades capazes de assegurar sua exatidão.

Quanto ao inciso I, é certo que o superávit que seja destinado às finalidades essenciais da entidade não a descaracteriza como uma instituição sem fins lucrativos. Nesse sentido é explícito o artigo 12, § 3º da Lei 9.532/97[57]. Tampouco a remuneração de dirigentes de acordo com as normas e os parâmetros do mercado é capaz de prejudicar a fruição da imunidade, uma vez que não se exige o trabalho gratuito dos que contribuem para as atividades da instituição imune. O que se veda é a distribuição de rendas da entidade, não a contraprestação justa por um serviço laboral[58].

O inciso II, por sua vez, deve ser interpretado com certos cuidados. A obrigatoriedade de aplicação integral dos recursos no Brasil não significa que é vedada qualquer remessa ou pagamento a residente no exterior. Imagine-se, por exemplo, uma entidade educacional que utiliza, para aprendizado de seus assistidos, *software* fornecido por empresa residente no Canadá, país para o qual os recursos da entidade são remetidos. Ou ainda

57. "§ 3° Considera-se entidade sem fins lucrativos a que não apresente superávit em suas contas ou, caso o apresente em determinado exercício, destine referido resultado, integralmente, à manutenção e ao desenvolvimento dos seus objetivos sociais.".

58. "(...) é necessária a gestão por profissionais remunerados **de acordo com os padrões do mercado**, para a continuidade e o desenvolvimento de suas atividades assistenciais." (TÔRRES, Heleno Taveira. Imunidade de Entidades sem Fins Lucrativos e Remuneração de Diretores e Conselheiros. *In*: Grandes Questões Atuais de Direito Tributário. 18º volume. São Paulo: Dialética, 2014, p. 159 - grifo adicionado).

pode-se pensar em uma entidade que necessita de um equipamento que só é fornecido por residente no exterior. Em tais casos, não há que se falar em aplicação de recursos fora do país para se negar a imunidade, ressalvando-se, claro, os abusos e desvios. O que deve ser verificado é se o recurso aplicado se destina ao atendimento das finalidades essenciais buscadas em solo brasileiro[59].

Por fim, o inciso III eleva as chamadas "obrigações acessórias" ou "deveres instrumentais" ao patamar de condição para a fruição da imunidade. Vale lembrar que mesmo a condição de ente imune não significa exoneração da condição de responsáveis pelos tributos que lhes caiba reter na fonte, muito menos dispensa da prática de atos, previstos em lei, assecuratórios do cumprimento de obrigações tributárias por terceiros (artigo 9º, § 1º do CTN).

No direito tributário brasileiro a obrigação acessória independe da principal.

2.8 Imunidade dos livros, jornais, periódicos e do papel destinado a sua impressão

> CF, art. 150. Sem prejuízo de outras garantias asseguradas ao contribuinte, é vedado à União, aos Estados, ao Distrito Federal e aos Municípios: (...)
> VI - instituir impostos sobre: (...)
> d) livros, jornais, periódicos e o papel destinado a sua impressão.

2.8.1 *Fundamento e abrangência*

A imunidade ora em estudo (apelidada de imunidade "cultural") recai sobre os livros, jornais, periódicos e sobre o papel destinado a sua impressão. O objetivo dessa imunidade é resguardar e promover direitos individuais como a liberdade da manifestação do pensamento e da expressão (art. 5º, IV e IX da CF), além do acesso à informação (art. 5º, XIV da CF)[60]. A Constituição reforça a relevância dada à manifestação do pensamento quando trata da comunicação social no artigo 220:

> CF, art. 220: A manifestação do pensamento, a criação, a expressão e a informação, sob qualquer forma, processo ou veículo não sofrerão qualquer restrição, observado o disposto nesta Constituição.

Apesar de toda essa preocupação com a difusão de conhecimento e de informação, não se pode concluir daí que o prestígio a esses valores pela Constituição implica na imunidade dos veículos de comunicação.

---

59. "Como fica a instituição de ensino que paga um curso no exterior para o aperfeiçoamento de seus docentes? Mais adequado parece ser o entendimento de que se espera que tais entidades apliquem os recursos no interesse do País, i. e., que seus dispêndios, mesmo que ocorridos no exterior, sejam voltados a atender a uma necessidade do País." (SCHOUERI, Luís Eduardo. Direito Tributário. 5ª. ed. São Paulo: Saraiva, 2015, p. 470-471).
60. CF, art. 5º, IV - é livre a manifestação do pensamento, sendo vedado o anonimato; (...) IX - é livre a expressão da atividade intelectual, artística, científica e de comunicação, independentemente de censura ou licença; XIV - é assegurado a todos o acesso à informação e resguardado o sigilo da fonte, quando necessário ao exercício profissional.

Em outras palavras, há uma **imunidade política**, que representa uma opção do constituinte em proteger determinada atividade. Caso não houvesse a previsão expressa da vedação à instituição de impostos, não se poderia falar em imunidade dos livros e do papel, a despeito da importância da difusão de cultura e conhecimento.

A imunidade cultural também é classificada como uma **imunidade objetiva**, já que é conferida em razão das características de determinados objetos, e não em função das condições peculiares de uma pessoa. Por essa razão, a editora de livros deve pagar imposto de renda ou ainda imposto que incida sobre suas aplicações financeiras. Apenas os objetos mencionados na Constituição (livros, jornais, periódicos e o papel destinado a sua impressão) estão livres da incidência de impostos. As pessoas físicas ou jurídicas que atuem no respectivo setor não são imunes.

Muitas controvérsias surgem a respeito do alcance da imunidade cultural. É possível encontrar na doutrina o entendimento de que os livros protegidos são apenas aqueles que visam à transmissão de conhecimento, não sendo imunes os livros que se prestam apenas a registrar informações empresariais e fatos econômicos, como os livros de escrituração contábil. Os livros protegidos seriam aqueles que objetivam educar e difundir a cultura, e não aqueles que transmitem fatos do cotidiano[61].

O STF parece ter adotado esse entendimento, como se pode ver de trecho da ementa do RE 330.817 (j. 08.03.2017), submetido à sistemática da **repercussão geral**. Nesse julgado, foi expressamente consignado que "ao se invocar a **interpretação finalística**, se o livro não constituir veículo de ideias, de transmissão de pensamentos, ainda que formalmente possa ser considerado como tal, será descabida a aplicação da imunidade".

Por outro lado, também há decisões segundo as quais não estão excluídos da imunidade as publicações "que cuidam de informações genéricas ou específicas, sem caráter noticioso, discursivo, literário, poético ou filosófico, mas de inegável utilidade pública, como e o caso das listas telefônicas (RE 134.071, j. 15. 09.1992). **As listas telefônicas são imunes ainda que nelas haja publicidade paga** (RE 199.183, j. 17.04.1998).

Seguindo a tendência de não condicionar a fruição da imunidade ao conteúdo das publicações, o STF reconheceu o benefício aos álbuns de figurinhas (RE 221.239, j. 25.05.2004 – grifos adicionados):

> IMUNIDADE. ART. 150, VI, "D" DA CF. "ÁLBUM DE FIGURINHAS". ADMISSIBILIDADE. A imunidade tributária sobre livros, jornais, periódicos e o papel destinado à sua impressão tem por escopo evitar embaraços ao exercício da liberdade de expressão intelectual, artística, científica e de comunicação, bem como facilitar o acesso da população à cultura, à informação e à educação. **O Constituinte, ao instituir esta benesse, não fez ressalvas quanto ao valor artístico ou didático, à relevância das informações divulgadas ou à qualidade cultural de uma publicação.** Não cabe ao aplicador da norma

61. "só são considerados livros, para fins de imunidade tributária, os que se prestam para difundir ideias, informações, conhecimentos (...) os que são veículos de pensamento (...) não revestem a condição de livros, para os fins desta alínea 'd', os diários (livros em branco), que servem para registrar o que acontece no dia a dia de seus donos (...) Também não são livros, nesta acepção, (...) o livro de ponto (...), o livro de inscrição da dívida pública (...), o livro de bordo (...), o livro de atas" (CARRAZZA, Roque Antônio. Curso de Direito Constitucional Tributário. 30ª. ed. São Paulo: Malheiros, 2015, p. 939-940).

constitucional em tela afastar este benefício fiscal instituído para proteger direito tão importante ao exercício da democracia, por força de um juízo subjetivo acerca da qualidade cultural ou do valor pedagógico de uma publicação destinada ao público infanto-juvenil.

Nesse mesmo julgamento, a relatora Ministra Ellen Gracie, o álbum de figurinhas seria um meio de estimular o público infantil a se familiarizar com meios de comunicação impressos, o que atenderia, em última análise, à finalidade da imunidade cultural. No mesmo sentido, decidiu o STF no RE 179.893 (j. 15.04.2008), em cuja ementa se mencionou ainda a aplicação da imunidade em relação aos cromos adesivos.

Seguindo esse raciocínio, também as revistas pornográficas são imunes aos impostos, pouco importando a existência ou inexistência de caráter educativo dessas publicações. A esse respeito, há proposta de emenda constitucional que pretende retirar a imunidade das revistas com esse conteúdo (PEC 398/2014).

As **apostilas**, veículo de transmissão de cultura simplificado, igualmente são beneficiadas pela imunidade (RE 183.403, j. 07.11.2000). Considerou-se que a apostila seria uma "simplificação de um livro", que também serviria ao propósito de veicular uma mensagem ou um pensamento no contexto de obra de cultura (voto do relator Ministro Marco Aurélio).

Em relação ao sentido de "papel", o STF possui súmula no sentido de que os filmes e papéis fotográficos são abrangidos pela imunidade:

> **Súmula 657 do STF**: "A imunidade prevista no art. 150, VI, *d*, da CF abrange os filmes e papéis fotográficos necessários à publicação de jornais e periódicos"

Um julgado que merece destaque por sua peculiaridade é o que concedeu imunidade a peças sobressalentes para equipamentos de preparo e acabamento de chapas de impressão *offset* para jornais (RE 202.149, 26.04.2011). Ressalte-se que o julgado foi tomado em votação da Primeira Turma com diferença de um voto a mais para a posição vencedora.

A particularidade dessa decisão consiste na extensão da imunidade a uma peça de equipamento utilizado para a produção de jornais. Isso porque a jurisprudência do próprio STF, como se verá a seguir, já afastou a imunidade a insumos como tinta de jornal e tiras plásticas para sua amarração. A concessão de imunidade a peças de equipamentos não parece compatível com o afastamento da mesma imunidade a insumos.

A controvérsia de maior impacto social que já se instaurou em relação à imunidade cultural, contudo, diz respeito ao **livro eletrônico**. O texto constitucional confere imunidade aos livros, jornais, periódicos e ao papel destinado à sua impressão.

A referência ao papel seria, conforme uma primeira corrente, um indicativo de que a imunidade não deveria abarcar os livros eletrônicos. De acordo com esse pensamento, a imunidade deveria ser interpretada literalmente[62].

62. "Essa interpretação ampla (...) é dotada de exagero, apresentando analogia ingênua entre a cultura tipográfica e a eletrônica. A imunidade sob análise (...) deve ser interpretada de acordo com a letra da lei (...) não há razão para estender esta imunidade para além do que o constituinte expressamente protegeu" (SCHOUERI, Luís Eduardo. Direito Tributário. 5ª. ed. São Paulo: Saraiva, 2015, p. 478); No mesmo sentido: TORRES, Ricardo Lobo. Curso de Direito Financeiro e Tributário. 19ª. ed. Rio de Janeiro: Renovar, 2013, p. 77.

Outra linha de raciocínio advoga uma interpretação teleológica a ser conferida às imunidades, o que conduziria à conclusão de que o livro eletrônico também deveria ser beneficiado pela imunidade cultural. Isso porque a mídia eletrônica também serve ao objetivo maior de propagar o pensamento e a cultura, favorecendo a educação do mesmo modo que o livro físico[63]. Essa interpretação não se contenta com a razão da regra em si, buscando as razões por trás das regras para se construir o significado mais atual da norma, ainda que as fronteiras do texto ("papel") sejam ultrapassadas.

Inicialmente, o STF se manifestou por meio de decisões monocráticas excluindo os livros eletrônicos da imunidade cultural[64]. Em acórdão da segunda turma, chegou a consignar que a imunidade cultural "estende-se, exclusivamente – tratando-se de insumos destinados à impressão de livros, jornais e periódicos – a materiais que se mostrem assimiláveis ao papel" (RE 495.385 AgR, j. 29.09.2009).

A orientação que prevaleceu em sede de **repercussão geral**, todavia, foi a que confere uma interpretação extensiva e teleológica à imunidade em questão, adotada no RE 330.817 (j. 08.03.2017 – grifos adicionados):

> (...) **Interpretação evolutiva.** Avanços tecnológicos, sociais e culturais. Projeção. Aparelhos leitores de livros eletrônicos (ou e-readers). 1. **A teleologia da imunidade contida no art. 150, VI, d, da Constituição, aponta para a proteção de valores, princípios e ideias de elevada importância, tais como a liberdade de expressão**, voltada à democratização e à difusão da cultura; a formação cultural do povo indene de manipulações; a neutralidade, de modo a não fazer distinção entre grupos economicamente fortes e fracos, entre grupos políticos etc; a liberdade de informar e de ser informado; o barateamento do custo de produção dos livros, jornais e periódicos, de modo a facilitar e estimular a divulgação de ideias, conhecimentos e informações etc. **Ao se invocar a interpretação finalística, se o livro não constituir veículo de ideias, de transmissão de pensamentos, ainda que formalmente possa ser considerado como tal, será descabida a aplicação da imunidade.** (...) 3. **A interpretação das imunidades tributárias deve se projetar no futuro e levar em conta os novos fenômenos sociais, culturais e tecnológicos.** Com isso, evita-se o esvaziamento das normas imunizantes por mero lapso temporal, além de se propiciar a constante atualização do alcance de seus preceitos. 4. O art. 150, VI, d, da Constituição não se refere apenas ao método gutenberguiano de produção de livros, jornais e periódicos. O vocábulo "papel" não é, do mesmo modo, essencial ao conceito desses bens finais. O suporte das publicações é apenas o continente (corpus mechanicum) que abrange o conteúdo (corpus misticum) das obras. **O corpo mecânico não é o essencial ou o condicionante para o gozo da imunidade, pois a variedade de tipos de suporte (tangível ou intangível) que um livro pode ter aponta para a direção de que ele só pode ser considerado como elemento acidental no conceito de livro. A imunidade de que trata o art. 150, VI, d, da Constituição, portanto, alcança o livro digital (e-book).** 5. É dispensável para o enquadramento do livro na imunidade em questão que seu destinatário (consumidor) tenha necessariamente que passar sua visão pelo texto e decifrar os signos da escrita. Quero dizer que **a imunidade alcança o denominado "audio book", ou audiolivro (livros gravados em áudio, seja no suporte CD-Rom, seja em qualquer**

63. COSTA, Regina Helena. Imunidades Tributárias. Teoria e Análise da Jurisprudência do STF. 3ª edição. São Paulo: Malheiros, 2015, p. 206-207; CARRAZZA, Roque Antônio. Curso de Direito Constitucional Tributário. 30ª. ed. São Paulo: Malheiros, 2015, p. 948.

64. RE 416.579, j. 17.12.2009; RE 282.387, j. 23.05.2006.

> outro). 6. **A teleologia da regra de imunidade igualmente alcança os aparelhos leitores de livros eletrônicos (ou e-readers) confeccionados exclusivamente para esse fim, ainda que, eventualmente, estejam equipados com funcionalidades acessórias ou rudimentares que auxiliam a leitura digital, tais como dicionário de sinônimos, marcadores, escolha do tipo e do tamanho da fonte etc. Esse entendimento não é aplicável aos aparelhos multifuncionais, como tablets, smartphone e laptops, os quais vão muito além de meros equipamentos utilizados para a leitura de livros digitais.** 7. O CD-Rom é apenas um corpo mecânico ou suporte. Aquilo que está nele fixado (seu conteúdo textual) é o livro. Tanto o suporte (o CD-Rom) quanto o livro (conteúdo) estão abarcados pela imunidade da alínea d do inciso VI do art. 150 da Constituição Federal. 8. Recurso extraordinário a que se nega provimento. TESE DA REPERCUSSÃO GERAL: 9. Em relação ao tema nº 593 da Gestão por Temas da Repercussão Geral do portal do STF na internet, foi aprovada a seguinte tese: "**A imunidade tributária constante do art. 150, VI, d, da CF/88 aplica-se ao livro eletrônico (e-book), inclusive aos suportes exclusivamente utilizados para fixá-lo.**"

Essa orientação foi consolidada na **súmula vinculante 57:**

> A imunidade tributária constante do art. 150, VI, d, da CF/88 aplica-se à importação e comercialização, no mercado interno, do livro eletrônico (e-book) e dos suportes exclusivamente utilizados para fixá-los, como leitores de livros eletrônicos (e-readers), ainda que possuam funcionalidades acessórias.

Vale destacar ainda, em relação ao entendimento reproduzido acima, a decisão relativa aos leitores de livros eletrônicos (como, por exemplo, o *kindle* da empresa *Amazon*). O STF entendeu que a imunidade cultural, acompanhando a evolução tecnológica, deve beneficiar não só os livros eletrônicos, mas também os dispositivos utilizados **exclusivamente** para a leitura desses livros (o que impede a extensão da imunidade a dispositivos multifuncionais, como *smartphones*, *tablets* e *laptops*).

Mantendo a interpretação teleológica, o STF reconheceu, em sede de **repercussão geral**, a imunidade de componentes eletrônicos destinados exclusivamente a integrar a unidade didática com fascículos periódicos impressos (RE 595.676, j. 08.03.2017). O caso em questão envolvia a comercialização de publicações periódicas de cunho educativo (cursos de eletrônica), em que os fascículos impressos da publicação eram acompanhados de elementos eletrônicos para aplicação prática dos conhecimentos expostos no material impresso. O entendimento do STF foi de que os componentes eletrônicos possuíam uma finalidade didática, complementando o curso prático oferecido nos fascículos impressos.

2.8.2 *Hipóteses não abarcadas pela imunidade*

Apesar da interpretação extensiva conferida pelo STF à imunidade cultural, há julgados reconhecendo objetos não abarcados pela exoneração em tela.

O Tribunal já entendeu que a **tinta especial para jornal**, ainda que seja um insumo necessário à produção do periódico, não é alcançada pela imunidade. No mesmo julgado, ressaltou-se que "apenas os materiais relacionados com o papel – assim, papel fotográfico, inclusive para fotocomposição por laser, filmes fotográficos, sensibilizados, não impressionados, para imagens monocromáticas e papel para telefoto – estão abrangidos pela imunidade". (RE 273.308, j. 22.08.2000).

Se a tinta do jornal não é imune, com mais razão ainda **não se reconhece a imunidade às tiras plásticas para amarração de jornais** (RE-AgR 208.638, j. 2.3.1999).

Em que pese a orientação de negar a imunidade a insumos, há decisão de turma do STF em que se concedeu imunidade a peças sobressalentes para equipamentos de preparo e acabamento de chapas de impressão *offset* para jornais (RE 202.149, 26.04.2011). Como já visto, trata-se de decisão peculiar, não refletindo uma jurisprudência consolidada.

A imunidade que alcança jornais e revistas não se estende aos encartes de propaganda que acompanham essas publicações. Aqui deve se tomar o devido cuidado. Jornais, revistas e até listas telefônicas que contenham publicidade paga inserida no corpo da própria publicação continuam imunes. Já não haverá mais imunidade, contudo, em relação a encartes publicitários separados das publicações imunes. Confira-se o julgado (RE 213.094, j. 22.06.1999 – grifos adicionados):

> ENCARTES DE PROPAGANDA DISTRIBUÍDOS COM JORNAIS E PERIÓDICOS. ART. 150, VI, d, DA CF. **Veículo publicitário que, em face de sua natureza propagandística, de exclusiva índole comercial, não pode ser considerado como destinado à cultura e à educação**, razão pela qual não está abrangido pela imunidade de impostos prevista no dispositivo constitucional sob referência.

Igualmente rechaçada foi a pretensão de se imunizar os serviços prestados por empresas que fazem a distribuição, o transporte ou a entrega de livros, jornais, periódicos e do papel destinado a sua impressão (RE/AgR 530.121, j. 09.11.2010). Serviços de transportes de livros, portanto, não são imunes.

Serviços de composição gráfica também não são imunes, de acordo com a jurisprudência do STF (RE 435.978-AgR, j. 08.02.2011; RE 631.864-AgR, j. 03.05.2011).

Por fim, o STF declarou inconstitucional dispositivo da Constituição Estadual do RJ que estendia a imunidade do art. 150, VI, *d* aos veículos de radiodifusão (ADI 773, j. 20.08.2014). Entendeu-se que eventual disciplina de nova modalidade de imunidade tributária por ente estadual representa violação aos princípios da isonomia (por criar tratamento diferenciado a contribuintes do ente estadual sem que haja qualquer situação fática diferenciada a justificá-lo) e federativo (por afetar tributos regulamentados por legislação federal e municipal)[65].

2.9 Imunidade de fonogramas e videogramas musicais

> CF, art. 150. Sem prejuízo de outras garantias asseguradas ao contribuinte, é vedado à União, aos Estados, ao Distrito Federal e aos Municípios: (...)
>
> VI - instituir impostos sobre: (...)

65. "Quanto aos serviços de radiodifusão e de televisão, todavia, parece-nos que sustentar sejam eles alcançados pela imunidade em tela implica elastecimento indevido dos confins do preceito imunitório. (...) tutelada está a mídia escrita (...) A mídia falada ou de imagens, portanto, escapa ao alcance dessa norma exonerativa" (COSTA, Regina Helena. Imunidades Tributárias. Teoria e Análise da Jurisprudência do STF. 3ª edição. São Paulo: Malheiros, 2015, p. 207).

e) fonogramas e videofonogramas musicais produzidos no Brasil contendo obras musicais ou literomusicais de autores brasileiros e/ou obras em geral interpretadas por artistas brasileiros bem como os suportes materiais ou arquivos digitais que os contenham, salvo na etapa de replicação industrial de mídias ópticas de leitura a laser.

2.9.1 *Fundamento e abrangência*

A presente imunidade foi introduzida pela Emenda Constitucional 75/2013, visando beneficiar a produção musical nacional (por isso é apelidada de "imunidade musical"). Seu fundamento seria o incentivo à produção cultural.

A ausência de tal imunidade no texto originário da Constituição deixa claro sua natureza **política**. Ou seja, a imunidade em questão só é reconhecida por conta de previsão expressa, não podendo ser extraída implicitamente do sistema constitucional.

Vale destacar que, da mesma forma que ocorre com a imunidade cultural, a chamada imunidade musical é **objetiva**, abrangendo apenas os impostos incidentes sobre os objetos tutelados. O produtor dos fonogramas e videofonogramas em questão é contribuinte do imposto de renda, não sendo beneficiado pela imunidade.

Fonograma, de acordo com a Lei de Direitos Autorais, é a **fixação de sons** de uma execução ou interpretação ou de outros sons, ou de uma representação de sons que não seja uma fixação incluída em uma obra audiovisual (Lei 9.610/1998, art. 5º, IX). Em síntese, fonograma é o arquivo de som, enquanto o **fonograma musical** seria, logicamente, o **arquivo de som que contém música**.

O videofonograma não possui definição na atual lei de direitos autorais[66]. A Lei 9.610/1998 define obra audiovisual como a que resulta da fixação de imagens com ou sem som, que tenha a finalidade de criar, por meio de sua reprodução, a impressão de movimento, independentemente dos processos de sua captação, do suporte usado inicial ou posteriormente para fixá-lo, bem como dos meios utilizados para sua veiculação (art. 5º, VIII, *i*). A obra audiovisual pode ser cinematográfica ou videofonográfica, sendo que o constituinte pretendeu imunizar apenas a última espécie.

Uma definição mais especifica de videofonograma pode ser encontrada na Medida Provisória 2.228-1/2001, que, além de ter criado a Agência Nacional do Cinema (ANCINE), estabelece princípios gerais da Política Nacional de Cinema. De acordo com o artigo 1º, inciso III da Medida Provisória, **obra videofonográfica é a obra audiovisual** cuja matriz original de captação é um meio magnético com capacidade de armazenamento **de informações que se traduzem em imagens em movimento, com ou sem som.**

Assim, pode-se definir o **videofonograma** como a **fixação de imagens com ou sem som. Videofonograma musical**, por consequência, seria o **arquivo de imagens com música**.

Quanto aos requisitos, o primeiro a ser verificado é que o fonograma ou videofonograma seja produzido no Brasil. A produção em território nacional é condição primeira e necessária para a imunidade.

66. A Lei 5.988/1973, revogada pela atual Lei de Direitos Autorais, definia videofonograma como "a fixação de imagem e som em suporte material" (art. 4º, VIII).

Além disso, as obras musicais ou literomusicais devem ter sido compostas por autores brasileiros ou interpretadas por artistas brasileiros.

Trata-se de um requisito alternativo: a obra precisa ser composta ou interpretada por um brasileiro.

Se o cantor irlandês Paul Hewson (Bono Vox) decidisse gravar a música "Céu da Boca" (composta pelo brasileiro Reinaldo Marcel), que cantou com Ivete Sangalo no carnaval de Salvador em 2006, e o respectivo fonograma fosse produzido no Brasil, a imunidade em comento deveria ser aplicada, por satisfazer o requisito alternativo "fonograma musical produzido no Brasil contendo obra musical de **autores** brasileiros". Do mesmo modo, se a intérprete brasileira Ivete Sangalo gravasse a canção "*Vertigo*" (de autoria internacional), igualmente estaria satisfeito o requisito.

Essa imunidade alberga tanto os suportes materiais (CD, DVD, Blu-ray) quanto os arquivos digitais (acessados em nuvem, por *streaming* ou baixados da internet).

Por fim, a imunidade é excluída em relação à etapa de replicação industrial de mídias ópticas de leitura a laser. Essa ressalva foi inserida para que o novo benefício constitucional não esvaziasse a produção industrial das mídias na Zona Franca de Manaus. Como as indústrias estabelecidas na Zona Franca já são favorecidas por benefícios fiscais concedidos às empresas que ali se situam, eventual imunidade a nível nacional relativa à replicação industrial de mídias tornaria sem sentido a instalação de empresas do setor em Manaus.

2.9.2 *Diálogo com acordos internacionais*

Questionamento que pode ser levantado em relação a essa imunidade é sua possível incompatibilidade com os compromissos internacionais celebrados pelo Brasil em relação ao comércio internacional. Isso porque o Acordo Geral sobre Tarifas e Comércio (GATT), do qual o Brasil é signatário, possui como um de seus pilares o princípio da não discriminação ou do tratamento nacional, segundo o qual a tributação interna de produtos nacionais não seja mais favorável que a incidente sobre os produtos importados de países signatários do GATT (grifos adicionados):

> Artigo III
>
> Tratamento Nacional no tocante à Tributação e Regulamentação Internas
>
> 3.1 **As Partes Contratantes reconhecem que os impostos e outros tributos internos, assim como leis, regulamentos** e exigências relacionadas com a venda, oferta para venda, compra, transporte, distribuição ou utilização de produtos no mercado interno e as regulamentações sobre medidas quantitativas internas que exijam a mistura, a transformação ou utilização de produtos, em quantidade e proporções especificadas, **não devem ser aplicados a produtos importados ou nacionais, de modo a proteger a produção nacional.**
>
> 3.2 **Os produtos do território de qualquer Parte Contratante, importados por outra Parte Contratante, não estão sujeitos, direta ou indiretamente, a impostos ou outros tributos internos de qualquer espécie superiores aos que incidem, direta ou indiretamente, sobre produtos nacionais.** Além disso nenhuma Parte Contratante aplicará de outro modo, impostos ou outros encargos internos a produtos nacionais ou importados, contrariamente aos princípios estabelecidos no parágrafo 1.

Diante da incorporação desse acordo no ordenamento brasileiro, a falta de tributação dos produtos fabricados no Brasil exige que se estenda igual tratamento aos produtos importados de países signatários do GATT.

Embora não haja ainda uma manifestação específica a esse respeito acerca da imunidade musical, tanto o STJ quanto o STF já estenderam isenção de tributo interno concedido a produto nacional ao seu similar oriundo de país signatário do GATT[67].

2.10 Imunidades específicas

As imunidades específicas são aquelas que em geral restringem-se a um único tributo (seja ele imposto, taxa ou contribuição), atingindo apenas uma pessoa política. Contrapõem-se às imunidades genéricas, que se direcionam a todas as pessoas políticas e dizem respeito aos impostos (CF, artigo 150, VI).

No presente capítulo, serão estudadas diversas imunidades específicas referentes a impostos, taxas e contribuições.

2.10.1 *Imunidades específicas de impostos*

2.10.1.1 *Imunidades relativas aos impostos incidentes nas exportações – IPI e ICMS*

> CF, art. 153, § 3º O imposto previsto no inciso IV (IPI): (...) III - não incidirá sobre produtos industrializados destinados ao exterior.
>
> CF, art. 155, § 2º O imposto previsto no inciso II (ICMS) atenderá ao seguinte: X - não incidirá: a) sobre operações que destinem mercadorias para o exterior, nem sobre serviços prestados a destinatários no exterior, assegurada a manutenção e o aproveitamento do montante do imposto cobrado nas operações e prestações anteriores;

As imunidades que impedem a tributação das exportações privilegiam o princípio do destino, segundo o qual os impostos sobre o consumo nas operações internacionais devem ser renunciados pelo país de origem e exigidos pelo país de destino. Tal princípio visa evitar distorções de concorrência, implicando que um mesmo consumo seja tributado uma única vez e que as mercadorias estrangeiras suportem o mesmo encargo fiscal que as mercadorias nacionais[68].

As normas imunizantes ora analisadas visam incentivar o comércio e a indústria nacional desonerando as exportações.

Em relação ao IPI (Imposto sobre Produtos Industrializados), o artigo 153, § 3º, III, da Constituição dispõe que o imposto não incidirá sobre produtos industrializados destinados

67. Súmula 575 do STF: "À mercadoria importada de país signatário do GATT, ou membro da ALALC, estende-se a isenção do imposto sobre circulação de mercadorias concedida a similar nacional."; Súmula 20 do STJ: "A mercadoria importada de país signatário do GATT é isenta do ICM, quando contemplado com esse favor o similar nacional."; Súmula 71 do STJ: "O bacalhau importado de país signatário do GATT é isento do ICM.".
68. XAVIER, Alberto. Direito Tributário Internacional do Brasil. 8ª. ed. Rio de Janeiro: Forense, 2015, p. 226.

ao exterior. Essa imunidade também é aplicável às empresas optantes pelo Simples Nacional, conforme definido pelo STF em **repercussão geral** (RE 598.468, j. 22.05.2020).

O mesmo ocorre com o ICMS, em relação ao qual o artigo 155, § 2º, X, *a* da CF dispõe que o imposto não incidirá sobre operações que destinem mercadorias para o exterior, nem sobre serviços prestados a destinatários no exterior, **assegurada a manutenção e o aproveitamento do montante do imposto cobrado nas operações e prestações anteriores.**

A última expressão grifada é uma cláusula importante para a efetividade do dispositivo.

Como o ICMS é um tributo não cumulativo (no qual o imposto incidente na operação é anterior é abatido do imposto devido na operação seguinte), os créditos de ICMS nas operações anteriores à exportação não podem ser abatidos do débito na saída da mercadoria para o exterior, já que a exportação é imune.

Considerando que as empresas beneficiadas pela imunidade podem dedicar-se quase que exclusivamente à exportação, o não aproveitamento do crédito das operações anteriores em que há incidência do ICMS resultaria praticamente em uma anulação da imunidade, uma vez que empresas que não exportam, apesar de serem oneradas nas operações de saída, poderiam aproveitar o crédito da entrada.

A garantia constitucional de manutenção e aproveitamento do montante do ICMS cobrado nas operações e prestações anteriores, portanto, representa uma preocupação em assegurar o alívio fiscal da imunidade[69].

Visando dar concretude à vontade constitucional, o legislador previu que os créditos acumulados de ICMS em decorrência das operações de exportações imunes (em virtude da inexistência de um débito na exportação do qual seria abatido o crédito da entrada) podem ser imputados a outro estabelecimento do contribuinte ou, havendo ainda saldo, transferido a outros contribuintes, sempre no mesmo Estado. Assim dispõe o artigo 25, § 1º, da Lei Complementar 87/1995:

> § 1º Saldos credores acumulados a partir da data de publicação desta Lei Complementar por estabelecimentos que realizem operações e prestações de que tratam o inciso II do art. 3º e seu parágrafo único podem ser, na proporção que estas saídas representem do total das saídas realizadas pelo estabelecimento:
> I - imputados pelo sujeito passivo a qualquer estabelecimento seu no Estado;
> II - havendo saldo remanescente, transferidos pelo sujeito passivo a outros contribuintes do mesmo Estado, mediante a emissão pela autoridade competente de documento que reconheça o crédito.

Nessa última hipótese, o STF entende que a cessão dos créditos de ICMS a terceiros não gera receita tributável pelas contribuições PIS e COFINS. Ou seja, o valor que a empresa exportadora recebe em contrapartida aos créditos cedidos a terceiros não configura receita, mas uma mera recuperação do ônus econômico advindo do ICMS. No RE 606.107

69. No intuito de preservar o alívio fiscal da imunidade, o STF já decidiu que os créditos de insumos destinados à impressão de livros, jornais e periódicos devem ser aproveitados pela empresa que atua com os produtos imunes, não podendo o fisco exigir o estorno de tais créditos (AC 2559 MC-REF, j. 14.06.2010).

(j. 22.05.2013), julgado sob o regime de **repercussão geral**, o STF assim se posicionou (grifos adicionados):

> (...) I - **Esta Suprema Corte, nas inúmeras oportunidades em que debatida a questão da hermenêutica constitucional aplicada ao tema das imunidades, adotou a interpretação teleológica** do instituto, a emprestar-lhe abrangência maior, com escopo de assegurar à norma supralegal máxima efetividade. (...) III – A apropriação de créditos de ICMS na aquisição de mercadorias tem suporte na técnica da não cumulatividade, imposta para tal tributo pelo art. 155, § 2º, I, da Lei Maior, a fim de evitar que a sua incidência em cascata onere demasiadamente a atividade econômica e gere distorções concorrenciais. IV - **O art. 155, § 2º, X, "a", da CF** – cuja finalidade é o incentivo às exportações, desonerando as mercadorias nacionais do seu ônus econômico, de modo a permitir que as empresas brasileiras exportem produtos, e não tributos -, imuniza as operações de exportação e **assegura "a manutenção e o aproveitamento do montante do imposto cobrado nas operações e prestações anteriores". Não incidem, pois, a COFINS e a contribuição ao PIS sobre os créditos de ICMS cedidos a terceiros, sob pena de frontal violação do preceito constitucional.** (...) VI - **O aproveitamento dos créditos de ICMS por ocasião da saída imune para o exterior não gera receita tributável. Cuida-se de mera recuperação do ônus econômico advindo do ICMS**, assegurada expressamente pelo art. 155, § 2º, X, "a", da Constituição Federal. VII - Adquirida a mercadoria, a empresa exportadora pode creditar-se do ICMS anteriormente pago, mas somente poderá transferir a terceiros o saldo credor acumulado após a saída da mercadoria com destino ao exterior (art. 25, § 1º, da LC 87/1996). Porquanto só se viabiliza a cessão do crédito em função da exportação, além de vocacionada a desonerar as empresas exportadoras do ônus econômico do ICMS, as verbas respectivas qualificam-se como decorrentes da exportação para efeito da imunidade do art. 149, § 2º, I, da Constituição Federal. VIII - **Assenta esta Suprema Corte a tese da inconstitucionalidade da incidência da contribuição ao PIS e da COFINS não cumulativas sobre os valores auferidos por empresa exportadora em razão da transferência a terceiros de créditos de ICMS.** IX - Ausência de afronta aos arts. 155, § 2º, X, 149, § 2º, I, 150, § 6º, e 195, caput e inciso I, "b", da Constituição Federal. Recurso extraordinário conhecido e não provido, aplicando-se aos recursos sobrestados, que versem sobre o tema decidido, o art. 543-B, § 3º, do CPC.

Em suma, a cessão de créditos de ICMS das exportadoras a terceiros não gera receita tributável, sob pena de se reduzir o alcance da imunidade sobre as exportações de mercadorias.

A imunidade do ICMS em questão recai apenas sobre a operação de exportação, que constitui a saída da mercadoria do território nacional. De acordo com o STF, em tese de **repercussão geral** fixada no RE 754.917 (j. 05.08.2020), "A imunidade a que se refere o art. 155, § 2º, X, 'a', da CF não alcança operações ou prestações anteriores à operação de exportação". Assim, o termo 'operações que destinem mercadorias para ao exterior', constante da referida norma constitucional, não abrange toda a cadeia de produção da mercadoria a ser comercializada para o estrangeiro. Como bem observado no voto do Ministro Alexandre de Moraes, a tese de que essa imunidade abrange as operações internas anteriores à exportação é inconciliável com a própria norma imunizante que prevê a manutenção e o aproveitamento do montante do imposto cobrado nas operações e prestações anteriores. Se o dispositivo constitucional que prevê a imunidade pressupõe "imposto cobrado nas operações e prestações anteriores", não há que se falar em imunidade para essas transações prévias à exportação.

2.10.1.2 *Imunidade das pequenas glebas rurais*

> CF, art. 153, § 4º O imposto previsto no inciso VI do *caput* (ITR): (...) II - não incidirá sobre pequenas glebas rurais, definidas em lei, quando as explore o proprietário que não possua outro imóvel;

O artigo 153, § 4º, II, da Constituição determina que o imposto sobre a propriedade territorial rural não incidirá sobre pequenas glebas rurais, definidas em lei, quando as explore o proprietário que não possua outro imóvel.

Essa imunidade não beneficia: a) o proprietário de dois imóveis rurais que, somando-se as suas áreas, ainda assim estaria dentro do limite da pequena gleba rural; e b) o agricultor que, embora não seja proprietário da pequena gleba rural, tenha sua posse e a explore com sua família ou com auxílio de empregados[70].

Esse inciso II do § 4º foi incluído pela Emenda Constitucional 42/2003, não obstante a imunidade correspondente já estivesse prevista na redação original do art. 153, § 4º da CF[71].

Ao contrário do que acontecia anteriormente, **após a Emenda 42/2003 deixou-se de exigir que o proprietário explore sua gleba rural só ou com sua família. Atualmente, não há qualquer empecilho à contratação de empregados para a exploração da pequena gleba rural**.

Um ponto importante a ser destacado do texto constitucional é que as pequenas glebas rurais devem ser **definidas em lei**, o que denuncia ser a imunidade condicionada.

Embora o texto constitucional não seja explícito quanto à necessidade de lei complementar, é possível defender que se está diante de uma definição dos contornos da própria imunidade, o que exigiria o quórum qualificado da lei complementar. Apesar disso, a Lei 9.393/1996, em seu artigo 2º, definiu pequena gleba rural para os fins da imunidade:

> Art. 2º Nos termos do art. 153, § 4º, in fine, da Constituição, o imposto não incide sobre pequenas glebas rurais, quando as explore, só ou com sua família, o proprietário que não possua outro imóvel.
>
> Parágrafo único. Para os efeitos deste artigo, pequenas glebas rurais são os imóveis com área igual ou inferior a:
>
> I - 100 ha, se localizado em município compreendido na Amazônia Ocidental ou no Pantanal mato-grossense e sul-mato-grossense;

---

70. Para corrigir essa discrepância de tratamento, a Lei 9.393/1996 criou hipóteses de isenção. Art. 3º São isentos do imposto: I - o imóvel rural compreendido em programa oficial de reforma agrária, caracterizado pelas autoridades competentes como assentamento, que, cumulativamente, atenda aos seguintes requisitos: a) seja explorado por associação ou cooperativa de produção; b) a fração ideal por família assentada não ultrapasse os limites estabelecidos no artigo anterior; c) o assentado não possua outro imóvel. II - o conjunto de imóveis rurais de um mesmo proprietário, cuja área total observe os limites fixados no parágrafo único do artigo anterior, desde que, cumulativamente, o proprietário: a) o explore só ou com sua família, admitida ajuda eventual de terceiros; b) não possua imóvel urbano.

71. Antes da Emenda 42/2003, assim dispunha o art. 153, § 4º: "o Imposto Territorial Rural terá suas alíquotas fixadas de forma a desestimular a manutenção de propriedades improdutivas e **não incidirá sobre pequenas glebas rurais, definidas em lei, quando as explore, só ou com sua família, o proprietário que não possua outro imóvel**". Exigia-se, como se pode ver, que o proprietário da gleba não tivesse auxílio de terceiros que não pertencessem à sua família.

> II - 50 ha, se localizado em município compreendido no Polígono das Secas ou na Amazônia Oriental;
>
> III - 30 ha, se localizado em qualquer outro município.

Tal definição em lei ordinária, apesar de conferir um tratamento adequado ao tema, seria, para a doutrina, formalmente inconstitucional[72], pois a regulação das limitações constitucionais ao poder de tributar deve se dar por lei complementar. Apesar da crítica doutrinária, não há, até o presente momento, pronunciamento do STF nesse sentido.

2.10.1.3 *Imunidade do ouro definido em lei como ativo financeiro ou instrumento cambial*

> CF, art. 153, § 5º O ouro, quando definido em lei como ativo financeiro ou instrumento cambial, sujeita-se exclusivamente à incidência do imposto de que trata o inciso V do "caput" deste artigo, devido na operação de origem; a alíquota mínima será de um por cento, assegurada a transferência do montante da arrecadação nos seguintes termos: I - trinta por cento para o Estado, o Distrito Federal ou o Território, conforme a origem; II - setenta por cento para o Município de origem.

Essa imunidade está prevista no artigo 153, § 5º da Constituição, segundo o qual o ouro, quando definido em lei como ativo financeiro ou instrumento cambial, sujeita-se exclusivamente à incidência do imposto sobre operações de crédito, câmbio e seguro, ou relativas a títulos ou valores mobiliários (o chamado "IOF").

Significa, portanto, uma imunidade em relação a todos os outros impostos que porventura poderiam resvalar nessa base econômica. O art. 155, § 2º, X, *c* da CF reafirma a imunidade, ao dispor que o ICMS não incide sobre o ouro tal como já mencionado no art. 153, § 5º.

Apenas o ouro que seja qualificado como ativo financeiro está alcançado pela imunidade. Essa observação é importante porque o ouro também pode ser transacionado como mercadoria, ocasião em que será tributado pelo ICMS.

2.10.1.4 *Imunidade das operações relativas a energia elétrica, serviços de telecomunicações, derivados de petróleo, combustíveis e minerais do país*

> CF, art. 155, § 3º: À exceção dos impostos de que tratam o inciso II do *caput* deste artigo e o art. 153, I e II, nenhum outro imposto poderá incidir sobre operações relativas a energia elétrica, serviços de telecomunicações, derivados de petróleo, combustíveis e minerais do País.

O artigo 155, § 3º da Constituição dispõe que, à exceção do ICMS, do Imposto de Importação e do Imposto de Exportação, nenhum outro imposto poderá incidir sobre operações relativas a energia elétrica, serviços de telecomunicações, derivados de petróleo, combustíveis e minerais do País.

---

72. CARRAZZA, Roque Antônio. Curso de Direito Constitucional Tributário. 30ª edição. São Paulo: Editora Malheiros, 2015, p. 964.

Trata-se de um recorte negativo da competência tributária dos entes em relação aos impostos que poderiam incidir sobre as operações acima descritas, ressalvando-se, expressamente, o ICMS, o Imposto de Importação e o Imposto de Exportação.

Como o próprio dispositivo indica, a imunidade é referente a **outros impostos**, e não a outros tributos. Essa diferença é muito importante, pois o artigo 155, § 3º da CF em sua redação originária fazia menção a tributos, termo que foi substituído por impostos com a Emenda Constitucional 33/2001.

Eliminou-se qualquer dúvida que poderia haver quanto à legitimidade da incidência de contribuições nas operações relativas a energia elétrica, serviços de telecomunicações, derivados de petróleo, combustíveis e minerais do País.

Vale dizer que mesmo sob o texto anterior à Emenda 33/2001, que se referia a **tributos**, o STF já entendia ser possível a incidência das contribuições nas operações acima mencionadas. No RE 227.832 (j. 01.07.1999), por exemplo, foi decidido que incide Cofins sobre faturamento de empresas distribuidoras de derivados de petróleo, mineradoras, distribuidoras de energia elétrica e executoras de serviços de telecomunicações. Rejeitando-se a interpretação literal, um dos fundamentos para essa decisão foi o de que tais empresas não deveriam ser exoneradas do dever de contribuir para o financiamento da seguridade social previsto no art. 194 da CF (voto do Ministro Carlos Velloso).

Essa orientação foi consolidada na **súmula 659 do STF**:

> "É legítima a cobrança da COFINS, do PIS e do FINSOCIAL sobre as operações relativas a energia elétrica, serviços de telecomunicações, derivados de petróleo, combustíveis e minerais do País."

Em suma, se anteriormente a incidência de contribuições sobre as operações relativas a energia elétrica, serviços de telecomunicações, derivados de petróleo, combustíveis e minerais do País já era permitida por força de entendimento do STF, hoje tal possibilidade decorre da própria literalidade do artigo 155, § 3º da Constituição.

Ainda em relação a essa imunidade, o STF já decidiu que o serviço de transporte de minerais não é imune ao Imposto Sobre Serviços (RE 170.784, j. 14.03.2006). Ou seja, a redação constitucional "operações relativas a minerais" não abrange os serviços de transporte de minerais, segundo o entendimento vencedor no julgado em questão.

2.10.1.5 *Imunidade das prestações de serviço de comunicação nas modalidades de radiodifusão sonora e de sons e imagens de recepção livre e gratuita*

> CF, art. 155, § 2º O imposto previsto no inciso II (ICMS) atenderá ao seguinte: (...) X - não incidirá: (...) d) nas prestações de serviço de comunicação nas modalidades de radiodifusão sonora e de sons e imagens de recepção livre e gratuita;

O artigo 155, § 2º, X, *d* da CF (essa alínea *d* foi incluída pela Emenda Constitucional 42/2003) prevê que o ICMS não incidirá nas prestações de serviço de comunicação nas modalidades de radiodifusão sonora e de sons e imagens de recepção livre e gratuita.

A norma peca pela redundância. Se os serviços de comunicação de radiodifusão sonora e de sons e imagens são de recepção **gratuita**, não há que se falar em incidência de nenhum tributo, já que não haveria materialidade econômica a sustentar a tributação.

2.10.1.6 *Imunidade sobre operações que destinem a outros Estados petróleo, inclusive lubrificantes, combustíveis líquidos e gasosos dele derivados, e energia elétrica*

> CF, art. 155, § 2º O imposto previsto no inciso II (ICMS) atenderá ao seguinte: (...) X - não incidirá: (...) b) sobre operações que destinem a outros Estados petróleo, inclusive lubrificantes, combustíveis líquidos e gasosos dele derivados, e energia elétrica;

Essa norma de imunidade visa privilegiar a tributação do estado de consumo dos bens referidos. Como o petróleo, seus derivados, e a energia elétrica são produzidos em poucos Estados devido a peculiaridades geográficas, a tributação na origem representaria grave desequilíbrio fiscal, concentrando receitas tributárias em poucos entes da Federação.

Ou seja, a imunidade do art. 155, § 2º, X, *b* objetiva eliminar, como fonte geradora do ICMS, os poços de petróleo e as refinarias situadas em poucos Estados, evitando o agravamento das desigualdades regionais (voto do Ministro Ilmar Galvão no RE 198.088).

Além disso, os recursos petrolíferos e hídricos para geração de energia elétrica são bens da União, e a exploração desses bens enseja compensação financeira (*royalties*) aos entes federados em que se realiza a exploração[73].

Tais circunstâncias justificam a imunidade do ICMS sobre as operações que destinem a outros Estados petróleo, inclusive lubrificantes, combustíveis líquidos e gasosos dele derivados e energia elétrica.

Como já decidiu o STF, essa imunidade restringe-se ao Estado de origem, não abrangendo o Estado de destino da mercadoria, onde são tributadas as operações que compõem o ciclo econômico por que passam os produtos, independentemente de se tratar de consumidor final ou intermediário (RE 190.992 AgR, j. 12.11.2002; RE 338.681 AgR-ED, j. 06.12.2005).

Ainda segundo o STF, a imunidade em questão não foi instituída em benefício do consumidor, mas sim do Estado de destino, ao qual cabe a totalidade do ICMS incidente sobre o petróleo, seus derivados, e a energia elétrica, desde a remessa até o consumo (RE 198.088, j. 17.05.2000). Caso ocorra a distribuição de um Estado produtor de petróleo a um consumidor final localizado em outro Estado (operação interestadual), não há que se falar em imunidade, sendo o ICMS devido no Estado de destino.

---

73. CF, art. 20, § 1º: "§ 1º É assegurada, nos termos da lei, aos Estados, ao Distrito Federal e aos Municípios, bem como a órgãos da administração direta da União, participação no resultado da exploração de petróleo ou gás natural, de recursos hídricos para fins de geração de energia elétrica e de outros recursos minerais no respectivo território, plataforma continental, mar territorial ou zona econômica exclusiva, ou compensação financeira por essa exploração.".

2.10.1.7 *Imunidade sobre a transmissão de bens ou direitos incorporados ao patrimônio de pessoa jurídica em realização de capital, bem como sobre a transmissão de bens ou direitos decorrentes de fusão, incorporação, cisão ou extinção de pessoa jurídica*

> CF, art. 156, § 2º O imposto previsto no inciso II (ITBI): I - não incide sobre a transmissão de bens ou direitos incorporados ao patrimônio de pessoa jurídica em realização de capital, nem sobre a transmissão de bens ou direitos decorrente de fusão, incorporação, cisão ou extinção de pessoa jurídica, salvo se, nesses casos, a atividade preponderante do adquirente for a compra e venda desses bens ou direitos, locação de bens imóveis ou arrendamento mercantil;

Uma pessoa jurídica pode ter seu capital integralizado não apenas com dinheiro, mas também com bens (móveis ou imóveis) e outros direitos. Na sociedade limitada há vedação expressa à contribuição para o capital social que consista em prestação de serviços, conforme o art. 1.055, § 2º do Código Civil.

O Imposto sobre a Transmissão *Inter Vivos* de Bens Imóveis (ITBI), por sua vez, incide sobre as transmissões a qualquer título de bens imóveis, desde que a alienação seja feita a título oneroso (CF, art. 156, II).

A imunidade ora estudada, prevista no artigo 156, § 2º, I da CF, visa excluir expressamente a incidência do ITBI sobre bens imóveis transmitidos a título de integralização do capital. Desse modo, caso um sócio realize um aporte ao capital social de uma empresa mediante a transmissão de um bem imóvel, essa transmissão não será tributada por força da imunidade do art. 156, § 2º, I da CF.

O objetivo da imunidade é facilitar a utilização de imóveis na composição do patrimônio das pessoas jurídicas, seja no momento do aporte originário, seja em posteriores operações de fusão, cisão ou extinção.

Ocorre que o STF limitou o alcance da norma ao "capital subscrito a ser integralizado" (RE 796.376, **repercussão geral**, j. 05.08.2020). O Tribunal Constitucional entendeu que o valor do imóvel que supera o montante destinado à integralização do capital subscrito, sendo, por exemplo, empregado na formação de reserva de capital, não deve ser imune ao ITBI.

Para compreender esse julgamento, vale lembrar que o art. 182, § 1º, "a" da Lei 6.404/1976 classifica como reserva de capital a conta que registrar a contribuição do subscritor de ações que ultrapassar o valor nominal e a parte do preço de emissão das ações sem valor nominal que ultrapassar a importância destinada à formação do capital social. O art. 178, § 2º, III, da Lei 6.404/1976, por sua vez, prevê o "capital social" e as "reservas de capital" como partes distintas que compõem o patrimônio líquido. Ou seja, a reserva de capital não integra o capital social[74].

Retomando a norma de imunidade do art. 156, § 2º, I, tem-se que o ITBI "não incide sobre a transmissão de bens ou direitos **incorporados ao patrimônio de pessoa jurídica em realização de capital**".

74. BORBA, José Edwaldo Tavares. Direito Societário. 14ª edição. São Paulo: Atlas, 2015, p. 446.

Entendeu o STF que a incorporação ao patrimônio em realização de capital abrange apenas o capital social subscrito a ser integralizado, e não o valor do bem que exceder esse valor. Considerou-se que apenas os bens destinados à formação do capital social estariam acobertados pela imunidade, o mesmo não se podendo dizer sobre o aporte destinado à reserva de capital. Assim, a contribuição dos sócios relativa à quantia superior ao montante subscrito não será imune ao ITBI. Conforme a ementa do RE 796.376 (grifo adicionado):

> (...) 1. A Constituição de 1988 imunizou a integralização do capital por meio de bens imóveis, não incidindo o ITBI sobre o valor do bem dado em pagamento do capital subscrito pelo sócio ou acionista da pessoa jurídica (art. 156, § 2º,). 2. A norma não imuniza qualquer incorporação de bens ou direitos ao patrimônio da pessoa jurídica, mas exclusivamente o pagamento, em bens ou direitos, que o sócio faz para integralização do capital social subscrito. Portanto, sobre a diferença do valor dos bens imóveis que superar o capital subscrito a ser integralizado, incidirá a tributação pelo ITBI. 3. Recurso Extraordinário a que se nega provimento. Tema 796, fixada a seguinte tese de repercussão geral: "**A imunidade em relação ao ITBI, prevista no inciso I do § 2º do art. 156 da Constituição Federal, não alcança o valor dos bens que exceder o limite do capital social a ser integralizado**".

Há, ainda, uma ressalva no art. 156, § 2º da CF. Se a atividade preponderante do adquirente dor a compra e venda de bens imóveis e direitos sobre imóveis, ou ainda locação de bens imóveis ou arrendamento mercantil.

Essa exceção mantém a imunidade afinada com seus objetivos de facilitar a utilização de imóveis como parte do capital social das pessoas jurídicas. Ao se imunizar pessoas jurídicas que possuem como própria razão de existir a realização de transações com imóveis, não se estaria cumprindo esse desiderato, mas sim estimulando a atividade empresarial imobiliária.

Observe-se que a atividade preponderante a ser analisada é a do adquirente, e não a do transmitente. O artigo 37, § 1º do CTN dispõe sobre a definição de atividade preponderante para fins dessa imunidade[75].

A norma imunizante ainda vai além ao exonerar as transmissões de bens ou direitos decorrentes de fusão, incorporação, cisão ou extinção da pessoa jurídica, operações societárias definidas na Lei 6.404/1976:

> Art. 228. A fusão é a operação pela qual se unem duas ou mais sociedades para formar sociedade nova, que lhes sucederá em todos os direitos e obrigações.
>
> Art. 227. A incorporação é a operação pela qual uma ou mais sociedades são absorvidas por outra, que lhes sucede em todos os direitos e obrigações.
>
> Art. 229. A cisão é a operação pela qual a companhia transfere parcelas do seu patrimônio para uma ou mais sociedades, constituídas para esse fim ou já existentes, extinguindo-se a companhia cindida, se houver versão de todo o seu patrimônio, ou dividindo-se o seu capital, se parcial a versão.

75. CTN, art. 37, § 1º Considera-se caracterizada a atividade preponderante referida neste artigo quando mais de 50% (cinqüenta por cento) da receita operacional da pessoa jurídica adquirente, nos 2 (dois) anos anteriores e nos 2 (dois) anos subseqüentes à aquisição, decorrer de transações mencionadas neste artigo.

Ou seja, não só no caso a transmissão de bens e direitos ocorrida no ato de criação da pessoa jurídica é imune ao ITBI, mas também a transmissão nos atos de reorganização societária, independentemente do surgimento ou não de uma nova pessoa jurídica.

2.10.1.8 *Imunidade das operações de transferência de imóveis desapropriados para fins de reforma agrária*

> CF, art. 184, § 5º: São isentas de impostos federais, estaduais e municipais as operações de transferência de imóveis desapropriados para fins de reforma agrária.

O artigo 184, § 5º da CF, apesar de se referir a "isenção", introduz uma inequívoca imunidade. Como já visto, as imunidades são os recortes negativos de competência tributária, instituídas na Constituição. As isenções, por sua vez, não são inseridas em texto constitucional, mas sim em lei. A referência a "isenção" pelo art. 184, § 5º, portanto, ocorreu por conta de uma falha técnica do constituinte que não possui o condão de alterar a natureza dos institutos.

Em que pese a nobre intenção do constituinte de desonerar as transferências de imóveis desapropriados para fins de reforma agrária, o dispositivo em questão é desnecessário, pois nenhum imposto federal, estadual ou municipal poderia incidir sobre as operações acima.

Com efeito, a transferência de bens imóveis só poderia ser tributada pelos Municípios por meio do ITBI, não se cogitando de imposto federal ou estadual. E mesmo em relação à competência tributária municipal, não haveria fato gerador do ITBI, pois esse imposto só incide sobre as aquisições derivadas de propriedade imóvel, sendo que na desapropriação ocorre a aquisição originária, o que afasta a exigência do ITBI.

2.10.2 *Imunidades de taxas*

As taxas são tributos exigidos em razão da utilização, efetiva ou potencial, de serviço público específico e divisível ou em razão do exercício do poder de polícia (CF, art. 145, II). A Constituição também prevê imunidade de taxas. Em sua maioria, dizem respeito ao acesso ao judiciário ou a certidões de registros públicos.

Assim é que o direito de petição e a obtenção de certidões em repartições públicas para defesa de direitos e esclarecimento de situações de interesse pessoal não podem ser objeto de taxa:

> CF, art. 5º, XXXIV - são a todos assegurados, independentemente do pagamento de taxas:
>
> a) o direito de petição aos Poderes Públicos em defesa de direitos ou contra ilegalidade ou abuso de poder;
>
> b) a obtenção de certidões em repartições públicas, para defesa de direitos e esclarecimento de situações de interesse pessoal.

Nos dois casos acima, há prestações estatais específicas e divisíveis que não serão remuneradas pelo usuário do serviço público. A exoneração de taxa nessas situações busca promover e incentivar o exercício da cidadania, permitindo que o particular se defenda contra eventual arbitrariedade estatal.

Outra imunidade que se manifesta como garantia individual do art. 5º da CF é a gratuidade quanto às custas judiciais para a propositura da ação popular:

> CF, art. 5º, LXXIII - qualquer cidadão é parte legítima para propor ação popular que vise a anular ato lesivo ao patrimônio público ou de entidade de que o Estado participe, à moralidade administrativa, ao meio ambiente e ao patrimônio histórico e cultural, ficando o autor, salvo comprovada má-fé, **isento de custas judiciais** e do ônus da sucumbência.

Mais uma vez, a utilização do termo isenção não afeta a natureza de imunidade.

As taxas objeto de exoneração são as custas judiciais, exações exigidas pela utilização do serviço jurisdicional. Dada a importância da ação popular como mecanismo de controle da administração pública pelo cidadão, o constituinte optou pela desoneração do serviço jurisdicional envolvido. Além disso, o cidadão que ajuíza ação popular não age em nome de direito individual, mas em nome de interesse público, atuando em benefício da coletividade.

Também serão gratuitas as ações de *habeas corpus* e *habeas data*:

> CF, art. 5º, LXXVII - são gratuitas as ações de *habeas corpus* e *habeas data*, e, na forma da lei, os atos necessários ao exercício da cidadania.

O *habeas corpus* é garantia individual da liberdade de locomoção (CF, art. 5º, LXVIII), enquanto o *habeas data* é ação que visa garantir o conhecimento de informações pessoais (CF, art. 5º, LXXII). A importância conferida a estes direitos fez com que o constituinte tornasse imune a utilização do serviço jurisdicional visando a sua proteção.

Outra imunidade de taxa relacionada com o acesso à justiça é a que prevê assistência jurídica gratuita aos que não disponham de recursos:

> CF, art. 5º, LXXIV - o Estado prestará assistência jurídica integral e gratuita aos que comprovarem insuficiência de recursos

Já no tocante aos registros públicos, a imunidade protege os reconhecidamente pobres de qualquer taxa que poderia ser exigida em relação ao registro civil de nascimento e a certidão de óbito:

> CF, art. 5º, LXXVI - são gratuitos para os reconhecidamente pobres, na forma da lei: a) o registro civil de nascimento; b) a certidão de óbito;

O artigo 226, § 1º da CF, por outro lado, imuniza do pagamento de taxas a celebração do casamento civil, sem fazer qualquer distinção quanto à situação econômica das pessoas, ao dispor "o casamento é civil e gratuita a sua celebração".

2.10.3 *Imunidades de contribuições*

2.10.3.1 *Imunidade da contribuição social do trabalhador e outros segurados sobre aposentadoria e pensão concedidas pelo regime geral de previdência social*

> CF, Art. 195. A seguridade social será financiada por toda a sociedade, de forma direta e indireta, nos termos da lei, mediante recursos provenientes dos orçamentos da União, dos Estados, do Distrito Federal e dos Municípios, e das seguintes contribuições sociais: (...) II - do trabalhador e dos demais segurados da previdência social, podendo ser adotadas alíquotas progressivas de acordo com o valor do salário de contribuição, não incidindo contribuição sobre aposentadoria e pensão concedidas pelo Regime Geral de Previdência Social; (...).

O regime de geral de previdência social é financiado, em parte, pelas contribuições sociais do trabalhador e dos demais segurados da previdência social. Após a satisfação dos requisitos constitucionais e legais, esse regime geral proporciona aposentadoria e pensão aos segurados.

Tais benefícios previdenciários são imunes à contribuição social do trabalhador prevista no art. 195, II, da CF, que inclusive é expresso ao determinar que a contribuição previdenciária em questão não incide sobre a aposentadoria e a pensão concedidas.

Trata-se, portanto, de uma imunidade de contribuição previdenciária.

Em relação aos servidores públicos estatutários, há imunidade similar. Tais agentes públicos, após a Emenda Constitucional 41/2003, passaram a ser, após a aposentadoria, sujeitos passivos de contribuição previdenciária para o regime próprio de previdência social do respectivo ente político (antes os servidores aposentados não pagavam a contribuição). Essa contribuição instituída pelo constituinte derivado[76], contudo, só incide sobre o valor da aposentadoria que ultrapassa o teto do regime geral de previdência social:

> CF, art. 40, § 18: Incidirá contribuição sobre os proventos de aposentadorias e pensões concedidas pelo regime de que trata este artigo que superem o limite máximo estabelecido para os benefícios do regime geral de previdência social de que trata o art. 201, com percentual igual ao estabelecido para os servidores titulares de cargos efetivos.

A norma acima, portanto, prevê uma imunidade da contribuição previdenciária dos servidores inativos até o valor de suas aposentadorias e pensões que não ultrapassem o limite máximo dos benefícios do regime geral de previdência social.

2.10.3.2 *Imunidade das contribuições sociais e de intervenção no domínio econômico sobre as receitas decorrentes de exportação*

> CF, art. 149, § 2º As contribuições sociais e de intervenção no domínio econômico de que trata o caput deste artigo: I - não incidirão sobre as receitas decorrentes de exportação; (...)

76. A alteração constitucional que criou a contribuição previdenciária dos servidores inativos foi considerada inconstitucional pelo STF na ADI 3105 (j. 18.08.2004), onde se entendeu não haver imunidade tributária absoluta.

Assim como ocorre em relação ao IPI e ao ICMS, que possuem imunidade em relação às operações de exportação, a orientação de se exonerar as exportações também justificou a introdução de uma imunidade de contribuições sociais e de intervenção no domínio econômico sobre as receitas decorrentes de exportação. Contribuições incidentes sobre a receita, como o PIS e a COFINS, não podem incidir sobre as receitas que sejam oriundas de exportação, por força da imunidade acima reproduzida, que também é aplicável às empresas optantes pelo Simples Nacional (STF, RE 598.468, **repercussão geral**, j. 22.05.2020).

O alcance dessa norma constitucional de imunidade foi delimitado por alguns julgados do STF de **repercussão geral**. Tais decisões enfrentaram o sentido da expressão "receitas decorrentes de exportação".

Em um dos julgados, o STF entendeu que receitas não se confundem com movimentações financeiras, e por isso a Contribuição Provisória sobre Movimentações Financeiras não é atingida pela imunidade do art. 149, § 2º, I da CF. Ainda em relação a esse julgamento, constou de sua ementa que a imunidade tributária deve receber "interpretação restritiva" (RE 566.259, **repercussão geral**, j. 12.08.2010). Em outras oportunidades, o STF decidiu que as imunidades devem ter interpretação teleológica e ampliativa.

Ainda delimitando o alcance das receitas decorrentes de exportação, o STF diferenciou tais receitas do lucro. A distinção é importante tendo em vista que o lucro é base de cálculo da CSLL – Contribuição Social sobre o Lucro Líquido. Caso se entenda que o lucro está abrangido pelo conceito de receitas decorrentes de exportação, não se poderia admitir a incidência da CSLL sobre tais receitas.

O STF, contudo, conferiu interpretação estrita à imunidade do art. 149, § 2º, I da CF. Entendeu o tribunal, em sede de **repercussão geral**, que lucro e receita são conceitos inconfundíveis.

De fato, lucro e receita, são signos de riqueza que se apresentam em etapas distintas da atividade empresarial. Enquanto o lucro é grandeza que tem a ver com o acréscimo patrimonial de empresa num período de tempo após a apuração de custos, despesas e prejuízos, a receita é elemento que se verifica em etapa anterior, representando o ingresso de direito no patrimônio de determinada pessoa. Sobre o conceito de receita e sua diferenciação em relação ao lucro, colacionamos abaixo a lição de Ricardo Mariz de Oliveira:

> (...) receita é qualquer ingresso ou entrada de direito que se incorpore positivamente ao patrimônio e que represente remuneração ou contraprestação de atos, atividades ou operações da pessoa titular do mesmo, ou que seja remuneração ou contraprestação do emprego de recursos materiais, imateriais ou humanos, existentes no seu patrimônio ou por ele custeados. (...) a receita, isoladamente considerada, agrega um fator positivo ao patrimônio, mas haver ou não aumento no mesmo depende de outros fatores que igualmente devem ser considerados em sua universalidade quando se apura a existência de aumento ou diminuição patrimonial. Este isolamento do fator positivo, para a identificação do que seja receita, é que distingue 'receita' de 'lucro', já que lucro se constitui no resultado positivo derivado da reunião de todos os elementos positivos e negativos que afetam o patrimônio e identificam uma mutação geral líquida nele havida ou uma mutação líquida particular a um determinado negócio, embora neste caso mais apropriadamente se deva falar em ganho ou perda.[77]

77. OLIVEIRA. Ricardo Mariz de. Fundamentos do Imposto de Renda. São Paulo: Quartier Latin, 2008, p. 106; 110.

Reconhecendo que receita e lucro são grandezas distintas, o STF pacificou o entendimento de que a imunidade das receitas decorrentes de exportação do art. 149, § 2º, I da CF não alcança o lucro das empresas exportadoras, incidindo sobre tal lucro a Contribuição Social sobre o Lucro Líquido (RE 564.413, **repercussão geral**, j. 12.08.2010).

A imunidade em questão é objetiva, concedida às receitas decorrentes das operações de exportação, e não subjetiva[78].

Por conta dessa natureza objetiva, tal imunidade abrange não só as exportadoras diretas (que exportam seus próprios produtos), mas também as exportadoras indiretas realizadas por ***trading companies*** (sociedades especializadas em realizar exportação, figurando como intermediárias e propiciando as exportações de empresas com pouca estrutura organizacional para a realização de exportações).

Segundo o STF, em entendimento cristalizado em sede de **repercussão geral** (RE 759.244, j. 12.02.2020), o "melhor discernimento acerca do alcance da imunidade tributária nas exportações indiretas se realiza a partir da compreensão da natureza objetiva da imunidade, que está a indicar que imune não é o contribuinte, 'mas sim o bem quando exportado', portanto, irrelevante se promovida exportação direta ou indireta". Pela tese de repercussão geral fixada, a "norma imunizante contida no inciso I do §2º do art.149 da Constituição da República alcança as receitas decorrentes de operações indiretas de exportação caracterizadas por haver participação de sociedade exportadora intermediária". Conforme constou da ementa da ADI 4735 (j. 12.02.2020):

> A imunidade também deve abarcar as exportações indiretas, em que aquisições domésticas de mercadorias são realizadas por sociedades comerciais com a finalidade específica de destiná-las à exportação, cenário em que se qualificam como operações-meio, integrando, em sua essência, a própria exportação.

Ainda no que diz respeito à imunidade de contribuições sociais e de intervenção no domínio econômico sobre as receitas decorrentes de exportação, o STF analisou a questão relativa às variações cambiais ativas das empresas exportadoras. Discutiu-se a inclusão ou não das receitas decorrentes de variações cambiais ativas no conceito de "receitas decorrentes de exportação".

Para realizar exportações, as empresas exportadoras precisam celebrar contratos de câmbio com instituições financeiras. Isso porque o pagamento das exportações é feito por moeda estrangeira, que só pode circular no Brasil mediante a intermediação de uma instituição financeira legalmente autorizada pelo Banco Central.

No contrato de câmbio, a empresa exportadora figura como vendedora de moeda estrangeira (auferida na operação de exportação), e a instituição financeira figura como compradora de moeda estrangeira. A instituição financeira, então, receberá a moeda

78. "a imunidade do art. 149, § 2º, I, da CF somente tutela as receitas decorrentes das operações de exportação, não alcançando o lucro das empresas exportadoras. Isso porque se trata de imunidade objetiva, concedida às receitas advindas das operações de exportação, e não subjetiva, a tutelar as empresas exportadoras, no que diz com o seu lucro"- voto da Ministra Rosa Weber no RE 627.815, j. 23.05.2013.

estrangeira e entregará a moeda nacional ao exportador contratante, operando assim a liquidação do contrato de câmbio.

É comum que entre a data do fechamento do contrato de câmbio e a data de sua liquidação ocorra uma variação cambial, o que resultará numa diferença de valor a ser recebido em moeda nacional pela exportadora. Imagine, por exemplo, um contrato de câmbio pelo qual a exportadora deve entregar mil dólares a um banco, e que na data de fechamento do contrato o dólar esteja cotado a três reais. Na data em que o contrato de câmbio é fechado, portanto, o direito da exportadora corresponde ao recebimento de três mil reais. Caso a cotação do dólar varie para quatro reais na data de liquidação do contrato, o direito da exportadora corresponderá ao recebimento de quatro mil reais. Essa diferença positiva de mil reais auferida pela exportadora é chamada de **variação cambial ativa.**

As receitas decorrentes de exportação imunes às contribuições sociais e de intervenção no domínio econômico, alcançam, sem sombra de dúvidas as receitas correspondentes ao recebimento do preço pelo bem ou serviço exportado. Mas e as receitas auferidas pela exportadora por conta de uma variação cambial ativa?

Nesse caso, entendeu o STF ser aplicável a imunidade do art. 149, § 2º, I da CF. Confira-se o entendimento consolidado em sede de **repercussão geral** (RE 627.815, j. 23.05.2013 – grifos adicionados):

> (...) I - Esta Suprema Corte, nas inúmeras oportunidades em que debatida a questão da hermenêutica constitucional aplicada ao tema das imunidades, adotou a interpretação teleológica do instituto, a emprestar-lhe abrangência maior, com escopo de assegurar à norma supralegal máxima efetividade. II - **O contrato de câmbio constitui negócio inerente à exportação, diretamente associado aos negócios realizados em moeda estrangeira. Consubstancia etapa inafastável do processo de exportação de bens e serviços, pois todas as transações com residentes no exterior pressupõem a efetivação de uma operação cambial, consistente na troca de moedas.** III – O legislador constituinte - ao contemplar na redação do art. 149, § 2º, I, da Lei Maior as "receitas decorrentes de exportação" - conferiu maior amplitude à desoneração constitucional, suprimindo do alcance da competência impositiva federal todas as receitas que resultem da exportação, que nela encontrem a sua causa, representando consequências financeiras do negócio jurídico de compra e venda internacional. A intenção plasmada na Carta Política é a de desonerar as exportações por completo, a fim de que as empresas brasileiras não sejam coagidas a exportarem os tributos que, de outra forma, onerariam as operações de exportação, quer de modo direto, quer indireto. IV - **Consideram-se receitas decorrentes de exportação as receitas das variações cambiais ativas, a atrair a aplicação da regra de imunidade e afastar a incidência da contribuição ao PIS e da COFINS.** V - Assenta esta Suprema Corte, ao exame do *leading case*, a tese da **inconstitucionalidade da incidência da contribuição ao PIS e da COFINS sobre a receita decorrente da variação cambial positiva obtida nas operações de exportação de produtos.** VI - Ausência de afronta aos arts. 149, § 2º, I, e 150, § 6º, da Constituição Federal. Recurso extraordinário conhecido e não provido, aplicando-se aos recursos sobrestados, que versem sobre o tema decidido, o art. 543-B, § 3º, do CPC.

Em suma, entendeu o Supremo que as variações cambiais ativas auferidas pelas empresas exportadoras configuram também receitas decorrentes de exportação, devendo ser alcançadas pela imunidade do art. 149, § 2º, I da CF.

2.10.3.3 *Imunidade de contribuição para a seguridade social das entidades beneficentes de assistência social que atendam às exigências estabelecidas em lei*

> CF, art. 195, § 7º: São isentas de contribuição para a seguridade social as entidades beneficentes de assistência social que atendam às exigências estabelecidas em lei.

O artigo 195, § 7º da Constituição, apesar de referir-se expressamente a isenção, trata de uma imunidade. Sendo uma norma constitucional que delimita negativamente a competência tributária, inevitável o reconhecimento da natureza de imunidade.

A exoneração constitucional em tela abrange apenas contribuições para a seguridade social. Contribuições de intervenção no domínio econômico, portanto, não são alcançadas pelo art. 195, § 7º da CF. Sobre as contribuições abrangidas, o STF já teve a oportunidade de decidir que a contribuição para o PIS, apesar de prevista no artigo 239 da Constituição[79], pertence ao gênero das contribuições para a seguridade social (previstas no artigo 195 da CF), e por isso está abrangida pela imunidade do art. 195, § 7º (RE 636.941, **repercussão geral**, j. 13.02.2014). Assim é que o STF definiu a seguinte tese de repercussão geral no RE 636.941: "**a imunidade tributária prevista no art. 195, § 7º, da Constituição Federal abrange a contribuição para o PIS**".

Em relação às pessoas beneficiadas pela imunidade, necessário se faz compreender o significado da expressão "entidades beneficentes de assistência social", utilizada pelo constituinte.

Primeiramente, observa-se que o campo de atuação da entidade é apenas o de assistência social, não englobando as instituições de educação, como ocorre na imunidade do art. 150, VI, *c* da CF. Essa distinção é importante, pois apesar da assistência social ser um domínio amplo, a Constituição confere regramentos separados à assistência social e à educação, tratando-as como duas searas apartadas uma da outra. Apesar de as duas áreas estarem inseridas no Título VIII da Constituição ("Da Ordem Social"), a assistência social faz parte da seguridade social (CF, arts. 203 e 204), enquanto a educação é financiada por recursos estranhos à seguridade, atendendo ao regramento constitucional básico dos arts. 205 a 214 da CF. Nesse sentido, Regina Helena Costa explica:

> (...) ainda que o conceito de assistência social, hodiernamente, seja abrangente da assistência em diversas áreas (médica, hospitalar, odontológica, psicológica, jurídica), a 'assistência educacional', a nosso ver, nele não se encontra albergada para efeito de imunidade tributária. (...) Justifica-se o tratamento díspar, em nossa opinião, pelo fato de a assistência social constituir o ramo da seguridade social, o que não ocorre com a educação.[80]

79. CF, art. 239. A arrecadação decorrente das contribuições para o Programa de Integração Social, criado pela Lei Complementar nº 7, de 7 de setembro de 1970, e para o Programa de Formação do Patrimônio do Servidor Público, criado pela Lei Complementar nº 8, de 3 de dezembro de 1970, passa, a partir da promulgação desta Constituição, a financiar, nos termos que a lei dispuser, o programa do seguro-desemprego e o abono de que trata o § 3º deste artigo.
80. COSTA, Regina Helena. Imunidades Tributárias. Teoria e Análise da Jurisprudência do STF. 3ª edição. São Paulo: Malheiros, 2015, p. 238-239.

Outro ponto importante a ser compreendido é a qualificação da entidade de assistência social como "beneficente". Um ponto que costuma ser levantado na doutrina[81] e na jurisprudência é a inexigibilidade de gratuidade total dos serviços prestados aos assistidos. Em voto na ADI 2028, o então Ministro Joaquim Barbosa assim expôs a questão:

> "A circunstância de a entidade cobrar pela prestação de alguns de seus serviços ou benefícios, ou ainda possuir outras fontes de receita que visem o lucro, não lhe retira a condição de beneficente. É evidente que a circunstância de a entidade cobrar pela prestação de alguns de seus serviços ou benefícios, ou ainda possuir outras fontes de receita que visem o lucro, não lhe retira a condição de beneficente, como, aliás, já decidiu esta Corte em diversas oportunidades (cf., v.g., o RE 116.118, rel. min. Sydney Sanches, Segunda Turma, DJ de 16.03.1990; o RE 108.796, rel. min. Carlos Madeira, Segunda Turma, DJ de 12.09.1986; o RE 89.012, rel. min. Moreira Alves, Segunda Turma, RTJ 87/684). De fato, é improvável que uma entidade beneficente privada consiga recursos suficientes para atender seus objetivos apenas com doações voluntárias de particulares. Por outro lado, é da essência das atividades privadas beneficentes não contar necessariamente com subsídio público."

Não há, contudo, um conceito constitucional preciso do que se deve entender por entidade beneficente. Como já reconhecido pelo STF, "a Constituição Federal não reúne elementos discursivos para dar concretização segura ao que se possa entender por modo beneficente de prestar assistência social" (ADI 2028, j. 02.03.2017). Em voto no RE 566.622 (j. 23.02.2017), o Ministro Teori Zavascki, apesar de reconhecer que "entidade beneficente" é um conceito vago, refutou a mera ausência de finalidade lucrativa como suficiente para a caracterização de uma entidade como beneficente.

Diante da ausência de um conceito constitucional, cabe ao legislador explicitar o que se entende por entidade de assistência social beneficente. Com esse intuito, a Lei 9.732/1998 introduziu na Lei 8.212/1991 preceitos que buscavam definir a entidade beneficente de assistência social apta a fazer jus à imunidade das contribuições para a seguridade social, tais como os reproduzidos abaixo:

> Lei 8.212/1991, art. 55 (...) § 3º Para os fins deste artigo, entende-se por assistência social beneficente a prestação gratuita de benefícios e serviços a quem dela necessitar. § 5º Considera-se também de assistência social beneficente, para os fins deste artigo, a oferta e a efetiva prestação de serviços de pelo menos sessenta por cento ao Sistema Único de Saúde, nos termos do regulamento.[82]

81. Encontra-se na doutrina conceito que identifica a entidade beneficente de assistência social como a que atende de forma gratuita (ainda que parcialmente) os necessitados: "Instituição ou entidade beneficente de assistência social é aquela que não somente não possui finalidade lucrativa, mas também dedica-se, ainda que parcialmente, ao atendimento dos necessitados. A gratuidade dos serviços prestados é, portanto, elemento caracterizador da beneficência." (COSTA, Regina Helena. Imunidades Tributárias. Teoria e Análise da Jurisprudência do STF. 3ª edição. São Paulo: Malheiros, 2015, p. 240).
82. Tais dispositivos já foram revogados pela Lei 12.101/2009, que em seu artigo 29 trouxe uma série de requisitos para a fruição da imunidade das contribuições da seguridade social, não trazendo, contudo, exigências similares às previstas nos §§ 3º e 5º da Lei 8.212/1991. Justamente pela revogação dos dispositivos impugnados na ADI 2028, esta foi conhecida como Arguição de Descumprimento de Preceito Fundamental, espécie de ação que admite o controle de leis revogadas.

O art. 195, § 7º da CF, por sua vez, dispõe que as entidades beneficentes de assistência social devem atender às exigências estabelecidas em lei. Não há qualificação da lei exigida como ordinária ou complementar. Diante disso, surge a dúvida quanto à constitucionalidade formal da lei ordinária veiculada pela União para dispor sobre as exigências a serem observadas pelas entidades beneficentes de assistência social.

A mesma discussão quanto à necessidade ou não de lei complementar existe em relação às entidades de educação e de assistência social da imunidade prevista no art. 150, VI, *c* da CF.

Caso se entenda que a falta de especificidade quanto à espécie legislativa exigida significa a exigência de lei ordinária, não haveria vício formal nos dispositivos acima reproduzidos. Contrariamente, é possível defender que a lei exigida é complementar, pois apesar da falta de menção expressa à lei complementar no art. 195, § 7º da CF, a matéria a ser regulada diz respeito às limitações constitucionais ao poder de tributar, incidindo o art. 146, II da CF[83].

A última posição foi a que prevaleceu no STF, tendo sido declarados **inconstitucionais, por vício formal, os dispositivos da lei ordinária 8.212/1991 que traziam requisitos a serem observados pelas entidades imunes**. Entendeu-se que apenas os aspectos meramente procedimentais referentes à certificação, fiscalização e controle administrativo das entidades beneficentes de assistência social seriam passíveis de regulação por lei ordinária. Já a instituição de condições e contrapartidas a serem observadas pelas entidades imunes só pode se dar por lei complementar. Assim restou redigido o acórdão da ADI 2028 (j. 02.03.2017 – grifos adicionados):

> EMENTA AÇÃO DIRETA DE INCONSTITUCIONALIDADE. CONVERSÃO EM ARGUIÇÃO DE DESCUMPRIMENTO DE PRECEITO FUNDAMENTAL. CONHECIMENTO. IMUNIDADE. CONTRIBUIÇÕES SOCIAIS. ARTS. 146, II, e 195, § 7º, DA CONSTITUIÇÃO FEDERAL. REGULAMENTAÇÃO. LEI 8.212/91 (ART. 55). DECRETO 2.536/98 (ARTS. 2º, IV, 3º, VI, §§ 1º e 4º e PARÁGRAFO ÚNICO). DECRETO 752/93 (ARTS. 1º, IV, 2º, IV e §§ 1º e 3º, e 7º, § 4º). ENTIDADES BENEFICENTES DE ASSISTÊNCIA SOCIAL. DISTINÇÃO. MODO DE ATUAÇÃO DAS ENTIDADES DE ASSISTÊNCIA SOCIAL. TRATAMENTO POR LEI COMPLEMENTAR. ASPECTOS MERAMENTE PROCEDIMENTAIS. REGRAMENTO POR LEI ORDINÁRIA. Nos exatos termos do voto proferido pelo eminente e saudoso Ministro Teori Zavascki, ao inaugurar a divergência: 1. "[...] fica evidenciado que (a) **entidade beneficente de assistência social (art. 195, § 7º) não é conceito equiparável a entidade de assistência social sem fins lucrativos (art. 150, VI)**; (b) **a Constituição Federal não reúne elementos discursivos para dar concretização segura ao que se possa entender por modo beneficente de prestar assistência social**; (c) a definição desta condição modal é indispensável para garantir que a imunidade do art. 195, § 7º, da CF cumpra a finalidade que lhe é designada pelo texto constitucional; e (d) esta tarefa foi outorgada ao legislador infraconstitucional, que tem autoridade para defini-la, desde que respeitados os demais termos do texto constitucional.". 2. "**Aspectos meramente procedimentais referentes à certificação, fiscalização e controle administrativo continuam passíveis de definição em lei ordinária. A lei complementar é forma somente exigível para a definição do modo beneficente de atuação das entidades**

83. CF, art. 146. Cabe à lei complementar: (...) II - regular as limitações constitucionais ao poder de tributar.

de assistência social contempladas pelo art. 195, § 7º, da CF, especialmente no que se refere à instituição de contrapartidas a serem observadas por elas.". 3. Procedência da ação "nos limites postos no voto do Ministro Relator". Arguição de descumprimento de preceito fundamental, decorrente da conversão da ação direta de inconstitucionalidade, integralmente procedente.

Nos termos do voto do Ministro Teori Zavascki, o terreno normativo a ser suprido pelo legislador ordinário seria aquele em que se busca prevenir que o benefício seja fruído por entidades beneficentes de fachada. Ou seja, a lei ordinária diria respeito à identificação de uma entidade como beneficente de assistência social, tratando de aspectos relativos à certificação e fiscalização. Assim, normas de procedimento que imputam obrigações meramente acessórias às entidades beneficentes, com a finalidade de viabilizar a fiscalização de suas atividades, seriam passíveis de disciplina por lei ordinária.

Por outro lado, intervenções mais severas na liberdade de atuação das entidades, como a instituição de contrapartidas a serem cumpridas, devem ser reservadas à lei complementar. É possível então concluir:

a) **Lei ordinária** – legítima para a regulação de **aspectos procedimentais necessários à verificação do atendimento das finalidades constitucionais da regra de imunidade, tais como as referentes à certificação, à fiscalização e ao controle administrativo.**

b) **Lei complementar** – necessária para **definição do modo beneficente de atuação da entidade imune, especialmente no que se refere à instituição de contrapartidas a serem observadas por elas.**

Outro julgamento do STF relativo ao mesmo tema que merece uma análise especial é o RE 566.622 (j. 23.02.2017), submetido à sistemática de **repercussão geral**. A tese de repercussão geral fixada foi sucinta e pouco esclarecedora, limitando-se a dizer que "**os requisitos para o gozo de imunidade hão de estar previstos em lei complementar**".

Para se compreender a discussão travada e suas repercussões, necessário se faz uma breve análise dos votos proferidos no julgamento.

Nesse julgado, o relator, Ministro Marco Aurélio, consignou que as condições referidas no art. 195, § 7º da CF devem ser previstas em lei complementar, sendo vedado à lei ordinária criar obstáculos adicionais em relação aos exigidos por lei complementar. Os requisitos validamente exigidos das entidades imunes seriam os constantes no art. 14 do CTN[84], que possui *status* de lei complementar.

Com base nessa fundamentação, considerou inconstitucionais as exigências, por meio de lei ordinária, do reconhecimento de utilidade pública federal e estadual ou do Distrito Federal ou municipal; do Certificado e do Registro de Entidade de Fins Filantrópicos,

84. CTN, art. 14: "O disposto na alínea c do inciso IV do artigo 9º é subordinado à observância dos seguintes requisitos pelas entidades nele referidas: I – não distribuírem qualquer parcela de seu patrimônio ou de suas rendas, a qualquer título; II - aplicarem integralmente, no País, os seus recursos na manutenção dos seus objetivos institucionais; III - manterem escrituração de suas receitas e despesas em livros revestidos de formalidades capazes de assegurar sua exatidão.". Esse dispositivo foi estudado no capítulo referente à imunidade das instituições de educação e de assistência social.

fornecido pelo Conselho Nacional de Assistência Social; do Registro e do Certificado de Entidade Beneficente de Assistência Social, fornecidos pelo Conselho Nacional de Assistência Social[85].

Nesse julgado, o relator, Ministro Marco Aurélio, esposou o entendimento de que

> "(...) o artigo 55 da Lei nº 8.212, de 1991, prevê requisitos para o exercício da imunidade tributária, versada no § 7º do artigo 195 da Carta da República, que revelam verdadeiras condições prévias ao aludido direito e, por isso, deve ser reconhecida a inconstitucionalidade formal desse dispositivo no que extrapola o definido no artigo 14 do Código Tributário Nacional, por violação ao artigo 146, inciso II, da Constituição Federal. Os requisitos legais exigidos na parte final do mencionado § 7º, enquanto não editada nova lei complementar sobre a matéria, são somente aqueles do aludido artigo 14 do Código". – Voto do Ministro Marco Aurélio no RE 566.622.

Vale dizer que, anteriormente, o STF já chegou a reconhecer que a exigência de Certificado de Entidade de Fins Filantrópicos dizia respeito a um aspecto relativo à constituição e ao funcionamento da entidade, podendo ter disciplina em lei ordinária (RE 428.815 AgR, j. 07.06.2005):

> EMENTA: I. Imunidade tributária: entidade filantrópica: CF, arts. 146, II e 195, § 7º: delimitação dos âmbitos da matéria reservada, no ponto, à intermediação da lei complementar e da lei ordinária (ADI-MC 1802, 27.8.1998, Pertence, DJ 13.2.2004;RE 93.770, 17.3.81, Soares Muñoz, RTJ 102/304). A Constituição reduz a reserva de lei complementar da regra constitucional ao que diga respeito "aos lindes da imunidade", à demarcação do objeto material da vedação constitucional de tributar; mas remete à lei ordinária "as normas sobre a constituição e o funcionamento da entidade educacional ou assistencial imune". II. Imunidade tributária: entidade declarada de fins filantrópicos e de utilidade pública: Certificado de Entidade de Fins Filantrópicos: exigência de renovação periódica (L. 8.212, de 1991, art. 55). Sendo o Certificado de Entidade de Fins Filantrópicos mero reconhecimento, pelo Poder Público, do preenchimento das condições de constituição e funcionamento, que devem ser atendidas para que a entidade receba o benefício constitucional, não ofende os arts. 146, II, e 195, § 7º, da Constituição Federal a exigência de emissão e renovação periódica prevista no art. 55, II, da Lei 8.212/91.

Esse também foi o entendimento do Ministro Teori Zavascki no RE 566.622:

> "Como o conteúdo da norma tem relação com a certificação da qualidade de entidade beneficente, fica afastada a tese de vício formal. Cuidam essas normas de meros aspectos procedimentais necessários à verificação do atendimento das finalidades constitucionais da regra de imunidade. Neste aspecto, sempre caberá lei ordinária, como já reafirmado em outras oportunidades pela jurisprudência do STF. (...) há também um domínio

85. Art. 55. Fica isenta das contribuições de que tratam os arts. 22 e 23 desta Lei a entidade beneficente de assistência social que atenda aos seguintes requisitos cumulativamente: I - seja reconhecida como de utilidade pública federal e estadual ou do Distrito Federal ou municipal; II - seja portadora do Certificado e do Registro de Entidade de Fins Filantrópicos, fornecido pelo Conselho Nacional de Assistência Social, renovado a cada três anos; II - seja portadora do Registro e do Certificado de Entidade Beneficente de Assistência Social, fornecidos pelo Conselho Nacional de Assistência Social, renovado a cada três anos; (...). **O artigo 55 da Lei 8.212/1991, vale lembrar, foi revogado pela Lei 12.101/2009.**

jurídico suscetível de disciplina por lei ordinária, como o que diz respeito à outorga a determinado órgão da competência de fiscalizar, mediante a emissão de certificado, o suprimento dos requisitos para fruição da imunidade do art. 195, §7º, da CF." voto do Ministro Teori Zavascki no RE 566.622[86]

A partir daí, pode-se definir uma contraposição entre duas teses. Uma primeira, de que a exigência de certificados atestando a dedicação da entidade a fins filantrópicos e beneficentes deveria estar contida em lei complementar. A segunda tese, por sua vez, considera que tais certificados dizem respeito a aspectos meramente procedimentais, e que por isso seria válida sua previsão em lei ordinária.

Em votação apertada (seis votos a cinco) a primeira tese prevaleceu. Com isso, o STF considerou inconstitucionais as exigências, por meio de lei ordinária, do reconhecimento de utilidade pública federal e estadual ou do Distrito Federal ou municipal; do Certificado e do Registro de Entidade de Fins Filantrópicos, fornecido pelo Conselho Nacional de Assistência Social; do Registro e do Certificado de Entidade Beneficente de Assistência Social, fornecidos pelo Conselho Nacional de Assistência Social.

Tais exigências de certificação e registro seriam verdadeiras condições prévias ao exercício da imunidade tributária do art. 195, § 7º da CF, as quais só podem ser instituídas por lei complementar.

A ementa do julgado foi tão sucinta quanto a tese de repercussão geral:

> "IMUNIDADE – DISCIPLINA – LEI COMPLEMENTAR. Ante a Constituição Federal, que a todos indistintamente submete, a regência de imunidade faz-se mediante lei complementar." (RE 566.622 – repercussão geral, j. 23.02.2017).

Em relação à decisão no recurso extraordinário acima, vale uma ponderação. Além de o resultado acima ter sido definido em votação apertada, há julgados anteriores, inclusive em sede de repercussão geral, nos quais as normas do artigo 55 da Lei 8.212/1991 foram admitidas como aplicáveis.

Por exemplo, o RE 636.941, submetido à sistemática de **repercussão geral** (j. 13.02.2014):

> (...) A lei a que se reporta o dispositivo constitucional contido no § 7º do art. 195 da CF/88, segundo o STF, é a Lei 8.212/91 (MI 616). (...) A pessoa jurídica, para fazer jus à imunidade do § 7º do art. 195 da CF/88, com relação às contribuições sociais, deve atender aos requisitos previstos nos arts. 9º e 14 do CTN, bem como no art. 55 da Lei 8.212/91, alterada pelas Lei n. 9.732/98 e Lei n. 12.101/09, nos pontos onde não tiveram sua vigência suspensa liminarmente pelo STF nos autos da ADI-MC 2028 (...) A Suprema Corte, guardiã da Constituição Federal, indicia que somente se exige lei complementar para a definição dos seus limites objetivos (materiais), e não para a fixação das normas de constituição e de funcionamento das entidades imunes (aspectos formais ou subjetivos), os quais podem ser veiculados por lei ordinária, como sois ocorrer com o art. 55,

86. No mesmo sentido o Ministro Dias Toffoli, ainda no RE 566.622: "Entendemos que os incisos I e II do art. 55 da Lei nº 8.212/91, examinados pelo Relator, são normas de caráter instrumental, servindo tão somente para regulamentar a constituição e o funcionamento da entidade imune, não interferindo no campo material reservado à lei complementar.".

> da Lei nº 8.212/91, que pode estabelecer requisitos formais para o gozo da imunidade sem caracterizar ofensa ao art. 146, II, da Constituição Federal

Embora o STF tenha, no RE 566.622 (repercussão geral) declarado formalmente inconstitucional a exigência de registro e certificação das entidades imunes por lei ordinária, a tese de repercussão geral definida e a ementa desse julgado não forneceram uma tese sólida que pudesse ser conciliada com outros entendimentos adotados pela Corte Constitucional em julgados contemporâneos, como é o caso da ADI 2028.

Diante dessa obscuridade no julgamento do RE 566.622, foram interpostos embargos de declaração, em cujo julgamento a posição restou esclarecida da seguinte maneira (RE 566.622 ED, **repercussão geral**, j. 18.12.2019 – grifos adicionados):

> (...) 1. **Aspectos procedimentais referentes à certificação, fiscalização e controle administrativo são passíveis de definição em lei ordinária,** somente exigível a lei complementar para a definição do modo beneficente de atuação das entidades de assistência social contempladas no art. 195, § 7º, da Lei Maior, especialmente no que se refere à instituição de contrapartidas a serem por elas observadas. 2. É **constitucional o art. 55, II, da Lei nº 8.212/1991**, na redação original e nas redações que lhe foram dadas pelo art. 5º da Lei 9.429/1996 e pelo art. 3º da Medida Provisória nº 2.187-13/2001. 3. **Reformulada a tese** relativa ao tema nº 32 da repercussão geral, nos seguintes termos: "**A lei complementar é forma exigível para a definição do modo beneficente de atuação das entidades de assistência social contempladas pelo art. 195, § 7º, da CF, especialmente no que se refere à instituição de contrapartidas a serem por elas observadas.**" 4. Embargos de declaração acolhidos em parte, com **efeito modificativo.**

Para fins de se obter uma síntese do entendimento do STF, é possível extrair as seguintes conclusões:

a) **Lei ordinária** – legítima para a regulação de **aspectos procedimentais necessários à verificação do atendimento das finalidades constitucionais da regra de imunidade, tais como as referentes à certificação, à fiscalização e ao controle administrativo.**

b) **Lei complementar** – necessária para **definição do modo beneficente de atuação da entidade imune, especialmente no que se refere à instituição de contrapartidas a serem observadas por elas.**

Por fim, deve-se ter conhecimento a respeito da jurisprudência do STF e do STJ sobre o Certificado de Entidade Beneficente de Assistência Social.

A discussão enfrentada nessa jurisprudência diz respeito ao prazo de validade do Certificado de Entidade Beneficente de Assistência Social. Partindo da premissa de que não existe direito adquirido a regime jurídico de imunidade tributária, tanto o STF quanto o STJ entenderam que o certificado em questão só possui validade pelo prazo determinado em lei. Não é possível que uma entidade declarada como beneficente em determinado momento tenha direito perpétuo à imunidade tributária. As exigências para o benefício devem ser mantidas quando da ocasião de renovação do certificado. Os seguintes julgados do STF elucidam o entendimento:

"(...) 1. A imunidade das entidades beneficentes de assistência social às contribuições sociais obedece a regime jurídico definido na Constituição. 2. O inciso II do art. 55 da Lei n. 8.212/91 estabelece como uma das condições da isenção tributária das entidades filantrópicas, a exigência de que possuam o Certificado de Entidade Beneficente de Assistência Social - CEBAS, renovável a cada três anos. 3. A jurisprudência desta Corte é firme no sentido de afirmar a inexistência de direito adquirido a regime jurídico, razão motivo pelo qual não há razão para falar-se em direito à imunidade por prazo indeterminado. 4. A exigência de renovação periódica do CEBAS não ofende os artigos 146, II, e 195, § 7º, da Constituição. Precedente [RE n. 428.815, Relator o Ministro SEPÚLVEDA PERTENCE, DJ de 24.6.05]. (...)" (RMS 27.093, j. 09.09.2008)

"(...) 1. Nenhuma imunidade tributária é absoluta, e o reconhecimento da observância aos requisitos legais que ensejam a proteção constitucional dependem da incidência da norma aplicável no momento em que o controle da regularidade é executado, na periodicidade indicada pelo regime de regência. 2. Não há direito adquirido a regime jurídico relativo à imunidade tributária. A concessão de Certificado de Entidade Beneficente - Cebas não imuniza a instituição contra novas verificações ou exigências, nos termos do regime jurídico aplicável no momento em que o controle é efetuado. Relação jurídica de trato sucessivo. (...)" (RMS 26.932, j. 01.12.2009).

O STJ segue a mesma trilha, tendo inclusive súmula sobre o assunto:

Súmula 352 do STJ: "A obtenção ou renovação do Certificado de Entidade Beneficente de Assistência Social (CEBAS) não exime a entidade do cumprimento dos requisitos legais supervenientes."

Outra súmula sobre o mesmo tema foi publicada em maio de 2018. Essa nova súmula dispõe que o certificado de entidade beneficente de assistência social possui natureza declaratória para fins de imunidade tributária, retroagindo à data em que demonstrado o cumprimento dos requisitos legais. Eis o teor do enunciado:

Súmula 612 do STJ: O certificado de entidade beneficente de assistência social (CEBAS), no prazo de sua validade, possui natureza declaratória para fins tributários, retroagindo seus efeitos à data em que demonstrado o cumprimento dos requisitos estabelecidos por lei complementar para a fruição da imunidade.

Reproduz-se abaixo um resumo dos entendimentos jurisprudenciais:

a) **A concessão de Certificado de Entidade Beneficente - Cebas não imuniza a instituição contra novas verificações ou exigências (STF, RMS 26.032; súmula 352 do STJ);**

b) **O certificado de entidade beneficente de assistência social (CEBAS), no prazo de sua validade, possui natureza declaratória para fins tributários, retroagindo seus efeitos à data em que demonstrado o cumprimento dos requisitos estabelecidos por lei complementar para a fruição da imunidade (súmula 612 do STJ).**

Vale lembrar que a exigência, em lei ordinária, de Certificado e ao Registro de Entidade de Fins Filantrópicos e do Registro e do Certificado de Entidade Beneficente de Assistência Social foram declarados constitucionais pelo STF no julgamento dos embargos de declaração no RE 566.622 (RE 566.622 ED, j. 18.12.2019), submetido à sistemática de **repercussão geral.**

3. QUADRO SINÓTICO

COMPETÊNCIA TRIBUTÁRIA		
Definição	» a doutrina costuma definir competência tributária como a aptidão dos **entes políticos** (União, Estados, Distrito Federal e Municípios) para instituir, por meio de lei e em abstrato, tributos que lhe foram conferidos pela Constituição Federal, não só pelas normas atributivas, mas também pelas normas de imunidade (impedimentos constitucionais à tributação). » competência para legislar sobre direito tributário é concorrente entre a União, os Estados e o Distrito Federal, conforme determina o art. 24, I da CF. No âmbito da legislação concorrente, a competência da União limitar-se-á a estabelecer normas gerais (CF, art. 24, § 1º). Em caso de inércia do legislador da União na edição de normas gerais, os Estados exercerão a competência legislativa plena, para atender a suas peculiaridades (CF, art. 24, § 3º).	1.1
Características da competência tributária	a) Privatividade – em regra, a atribuição de competência tributária a um ente implica a exclusão do outro ente. b) Indelegabilidade – a competência tributária não admite delegação, só podendo ser exercida pelo ente definido em norma constitucional. c) Incaducabilidade – o não exercício da competência tributária, ainda que por um longo lapso de tempo, não acarreta sua perda. d) Inalterabilidade – não é possível a alteração da competência por ato **infraconstitucional**. e) Irrenunciabilidade – apesar de o ente não ser obrigado a exercitar sua competência, não pode a esta renunciar em favor de outro ente. f) Facultatividade – a atribuição de competência tributária não é um mandamento obrigatório para que os entes políticos instituam seus tributos, que podem deixar de fazê-lo total ou parcialmente por livre decisão política.	1.2
Competência tributária e repartição de receitas	» a competência tributária não é prejudicada na eventualidade de certo tributo possuir sua receita partilhada com outros entes da Federação, diversos do titular da competência. » "É constitucional a concessão regular de incentivos, benefícios e isenções fiscais relativos ao Imposto de Renda e Imposto sobre Produtos Industrializados por parte da União em relação ao Fundo de Participação de Municípios e respectivas quotas devidas às Municipalidades" (RE 705.423, **repercussão geral**, j. 17.11.2016). » o produto da arrecadação do ICMS pertencente aos Municípios nos termos do art. 158, IV, da CF não pode sujeitar-se a condição prevista em programa de benefício fiscal de âmbito estadual (RE 572.762, **repercussão geral**, j. 18.06.2008).	1.3

Bitributação e *Bis in idem*	» bitributação diz respeito à tributação de uma específica materialidade econômica por mais de uma pessoa política. » o ***bis in idem* tributário** ocorre quando **um mesmo fato gerador é tributado mais de uma vez por uma mesma pessoa política.** » o STF tem o entendimento pacífico no sentido de que, tratando-se de contribuição, **a Constituição não proíbe a coincidência de sua base de cálculo com a do imposto, o que é vedado relativamente às taxas.** (RE 177.137, j. 24.05.1995).	1.4
Interpretação das Competências Tributárias	» a ideia de que a Constituição trouxe conceitos determinados, precisos e de pronta verificação, apesar de ser corriqueira na doutrina tributária, tem sido infirmada pela jurisprudência constitucional. » no RE 651.703 (j. 29.09.2016), submetido ao regime de **repercussão geral**, foi rechaçada uma estagnação conceitual da expressão utilizada pelo constituinte na atribuição da competência para a instituição de imposto sobre serviços » no julgamento da Medida Cautelar na ADI 1945 (j. 26.05.2010), o Tribunal Pleno do STF não vislumbrou, em juízo preliminar, que a previsão em legislação ordinária da incidência do ICMS sobre softwares adquiridos por meio de transferência eletrônica de dados representasse uma "interpretação extensiva a violar o regime constitucional de competências", mantendo o respectivo dispositivo no ordenamento jurídico até o julgamento do mérito da ação.	1.5
	IMUNIDADES TRIBUTÁRIAS	
As Imunidades e as Competências Tributárias	» As imunidades tributárias participam da alocação de competências tributárias aos entes políticos. Ao invés, contudo, de atribuir competência para a instituição de determinado tributo, as imunidades atuam negativamente, impedindo que determinadas situações, fatos ou pessoas sejam tributados.	2.1
Conceito	» é possível entender a imunidade como uma **limitação ao poder de tributar** advinda de **norma constitucional, explícita ou implícita**, que **atua de modo negativo**, mas conjunta e simultaneamente com as normas atribuidoras de tributos às pessoas políticas, completando a delimitação das competências tributárias. **Características da imunidade:** » Norma constitucional; » Explícita ou implícita; » Atua negativamente; » Participa da delimitação das competências tributárias; » Não exonera o ente imune das obrigações acessórias.	2.2
Imunidades e isenções	Imunidade × Isenção Status constitucional × Status infraconstitucional Plano da definição da competência × Plano do exercício da competência Interpretação teleológica × Interpretação literal Pode ser implícita ou explícita × Só pode ser explícita	2.3

<table>
<tr><td>Classificação</td><td>a) Imunidades genéricas e específicas: Imunidades genéricas são as aplicáveis a impostos e previstas no art. 150, VI da CF. Essa exoneração constitucional denomina-se genérica por se dirigir a todos os entes políticos e abarcar todos os impostos. Imunidades específicas são as que se dirigem a um ente político e a um tributo em particular, sendo justificada por um objetivo setorial ou por valores de abrangência limitada.
b) Subjetivas, objetivas e mistas: Imunidades subjetivas são as conferidas em função de características pessoais, ou seja, sua justificativa está relacionada à proteção de uma pessoa que mereceu atenção especial do constituinte por conta de seus atributos próprios. As imunidades objetivas, por sua vez, são outorgadas para a proteção de bens, fatos ou situações que o constituinte julgou relevantes para a promoção de determinados valores. A imunidade mista, como o próprio nome denuncia, combina elementos das duas espécies anteriores, envolvendo tanto aspectos subjetivos quanto objetivos.
c) Imunidades ontológicas e políticas: Essa classificação diz respeito ao caráter fundamental ou não das imunidades, ou seja, se as imunidades se referem a valores nucleares e essenciais da Constituição, devendo ser reconhecidas independentemente de previsão expressa (imunidades ontológicas), ou se tratam de valores periféricos sujeitos a opções políticas do constituinte originário ou derivado (imunidades políticas).
d) Imunidades condicionadas e incondicionadas: As imunidades condicionadas são aquelas que dependem de regulamentação para sua produção de efeitos, não sendo possível se aplicar a imunidade diretamente do texto constitucional, sem a existência de legislação regulamentadora. Imunidades incondicionadas, por outro lado, são as que podem ser fruídas e aplicadas sem a necessidade de qualquer regulamentação legislativa prévia.</td><td>2.4</td></tr>
<tr><td colspan="3">IMUNIDADE RECÍPROCA</td></tr>
<tr><td>Fundamento</td><td>» a imunidade recíproca é embasada na igualdade entre os entes federativos. Outro fundamento encontra-se no princípio da capacidade contributiva. Uma vez que todos os recursos das entidades políticas são voltados à satisfação das necessidades coletivas, não se verifica a capacidade contributiva necessária para a exigência de impostos.
» trata-se de proteção restrita à espécie tributária “impostos”, o que não impede a incidência de outros tributos, como taxas e contribuições.</td><td>2.5.1</td></tr>
<tr><td>“Patrimônio, renda ou serviços”</td><td>» a menção aos termos “patrimônio, renda ou serviços”, utilizados como pontos de referência para definições de fatos geradores de impostos, não deve ser tomada em sentido estrito. O imposto sobre “operações financeiras” não estaria abarcado pela imunidade recíproca caso se adotasse uma interpretação restrita das expressões “patrimônio, bens e serviços”.
» para o STF, os critérios de classificação dos impostos adotados por normas infraconstitucionais não devem ser invocados para restringir a aplicação da imunidade recíproca (RE 210.251, j. 17.11.1998). Em decisão posterior, o STF reafirmou que a</td><td>2.5.1</td></tr>
</table>

	imunidade recíproca não é restrita aos impostos incidentes sobre o patrimônio, a renda ou o serviço, abrangendo qualquer imposto que possa comprometer o funcionamento do ente imune (ACO 502, j. 19.04.2010).	
Imunidade recíproca e impostos indiretos	» **súmula 591 do STF**: "A imunidade ou a isenção tributária do comprador não se estende ao produtor, contribuinte do IPI". » tese de **repercussão geral** no RE 608.872 (j. 23.02.2017): "A imunidade tributária subjetiva aplica-se a seus beneficiários na posição de contribuinte de direito, mas não na de simples contribuinte de fato, sendo irrelevante para a verificação da existência do beneplácito constitucional a repercussão econômica do tributo envolvido".	2.5.2
IMUNIDADE RECÍPROCA EXTENSIVA		
Finalidades essenciais	» a imunidade recíproca não se limita apenas às pessoas políticas (União, Estados, Distrito Federal e Municípios), estendendo-se também às pessoas jurídicas de direito público da Administração Indireta (autarquias e fundações públicas), segundo o art. 150, § 2º da CF.	2.5.3.1
O caso *"sui generis"* da OAB	» **os Conselhos de Profissão Regulamentada são autarquias, sendo assim beneficiadas pela imunidade.** » para o STF, a OAB não se caracteriza como uma autarquia, não sendo parte da Administração Indireta federal como ocorre com os outros conselhos profissionais, sendo um "serviço público independente" (ADI 3.026, j. 08.06.2006) » um raciocínio previsível a partir desse julgado seria o de que a OAB, não sendo autarquia, não teria direito a imunidade recíproca extensiva. Esse não é, contudo, o entendimento do STF. » considerando a relevância pública das atividades exercidas pela OAB, o STF reconheceu que a entidade, **para fins de imunidade recíproca**, deve ter o mesmo tratamento de uma autarquia (RE/AgR 259.976, j. 23.03.2010): » contudo, **o STF excluiu a aplicação da imunidade recíproca à Caixa de Assistência de Advogados da OAB**, uma vez que sua finalidade não se presta a fomentar as atividades relevantes próprias de Estado que justificam a concessão de imunidade à OAB (RE 233.843, j. 01.12.2009).	2.5.3.2
Exploração de atividade econômica e as empresas públicas e sociedades de economia mista	» a imunidade recíproca não se aplica nem os entes políticos da Federação nem às autarquias e fundações públicas no que se refere ao patrimônio renda ou serviços relacionados com a exploração de atividades econômicas (CF, art. 150, § 3º). » o patrimônio, a renda e o serviço da Empresa Brasileira de Correios e Telégrafos continuariam vinculados a uma finalidade essencial própria da União. Não se aplicaria o artigo 150, § 3º da CF, já que a EBCT estaria a prestar serviço público, e não a exercer atividade econômica (RE 407.099, j. 22.06.1999). » em outra decisão, referente à PETROBRÁS, o STF afirmou ser "irrelevante para definição da aplicabilidade da imunidade tributária recíproca a circunstância de a atividade desempenhada estar ou não sujeita a monopólio estatal" (RE/AgR 285.716, j. 02.03.2010)	2.5.3.3

	» o serviço público também pode ser prestado por empresas privadas (**concessionárias e permissionárias** reguladas na Lei 8.987/95) e com intuito lucrativo, como no caso do serviço de transporte urbano. Nesse caso, **não há que se falar em imunidade**. Justamente pelos **serviços notariais e de registros públicos** serem desenvolvidos **com intuito lucrativo**, o STF permitiu a sua **tributação pelo ISS**, afastando-lhes a imunidade (ADI 3089, j. 13.02.2008). » a ementa do RE 601.392 (j. 28.02.2013, **repercussão geral**) consignou expressamente que, no caso específico da Empresa Brasileira de Correios e Telégrafos, o exercício simultâneo de atividades em regime de exclusividade e em concorrência com a iniciativa privada, diante das peculiaridades do serviço postal, é irrelevante para fins da imunidade prevista no art. 150, VI, *a* da CF. » nos casos em que o imóvel público fosse empregado por particular para atividades privadas com intuito lucrativo, não haveria fundamento para a imunidade. Com isso, o STF aplicou ao caso o art. 150, § 3º da CF, e fixou a tese de **repercussão geral** pela qual **incide o IPTU sobre imóvel de pessoa jurídica de direito público cedido a pessoa jurídica de direito privado** (RE 601.720, j. 19.04.2017). O mesmo entendimento foi aplicado, também em **repercussão geral**, em relação a sociedade de economia mista (que atua com intuito de lucro) arrendatária de terreno localizado em área portuária pertencente à União (RE 594.015, j. 06.04.2017). » o STF (RE 600.867, j. 29.06.2020) fixou a tese de **repercussão geral** no sentido de que "Sociedade de economia mista, cuja participação acionária é negociada em Bolsas de Valores, e que, inequivocamente, está voltada à remuneração do capital de seus controladores ou acionistas, não está abrangida pela regra de imunidade tributária prevista no art. 150, VI, 'a', da Constituição, unicamente em razão das atividades desempenhadas"	
IMUNIDADE DOS TEMPLOS DE QUALQUER CULTO		
Fundamento	» a imunidade dos templos de qualquer culto, ou imunidade religiosa, visa resguardar a liberdade de crença e o livre exercício de cultos religiosos (CF, art. 5º, VI).	2.6.1
Abrangência	» não se protege apenas o templo, mas eventuais edifícios anexos que sirvam à finalidade religiosa. O STF reconheceu a imunidade sobre o imóvel destinado à residência de ministro religioso (ARE/AgR 694.453, j. 25.06.2013) e até mesmo sobre os **cemitérios que consubstanciam extensões de entidades de cunho religioso** (RE 578.562, j. 21.05.2008).	2.6.2
Finalidades essenciais	» a imunidade em questão só compreende o patrimônio, a renda e os serviços que sejam relacionados com as finalidades essenciais das entidades religiosas. » o STF reconhece imunidade aos imóveis alugados a terceiros, vedando a incidência do IPTU nesses casos. A posição vencedora no RE 325.822 (j. 18.12.2002) entendeu que a destinação da renda de aluguéis dos imóveis às finalidades essenciais do culto justifica o reconhecimento da imunidade.	2.6.3

	» o STF reconhece a imunidade não só aos imóveis alugados, mas também aos imóveis vagos das entidades religiosas. Não se pode pressupor que o **imóvel vago** não seja destinado às finalidades essenciais do culto. **O ônus de demonstrar que o imóvel não se vincula às finalidades essenciais é da administração tributária**, e não da entidade religiosa (ARE 800.305, j. 28.10.2014).	
IMUNIDADE DAS ENTIDADES DO ART. 150, VI, 'C' – PARTIDOS POLÍTICOS E SUAS FUNDAÇÕES, ENTIDADES SINDICAIS DOS TRABALHADORES, INSTITUIÇÕES DE EDUCAÇÃO E DE ASSISTÊNCIA SOCIAL SEM FINS LUCRATIVOS		
Partidos políticos e entidades sindicais dos trabalhadores	» em relação aos partidos políticos e suas fundações, a imunidade visa promover o pluralismo político (CF, art. 1º, V). » optou o constituinte pela exoneração tributária referente a impostos das entidades sindicais **dos trabalhadores** para promover a representação dos trabalhadores.	2.7.1
Instituições de educação e de assistência social sem fins lucrativos	» **não faria sentido que o Estado exigisse impostos da pessoa que, de forma altruísta e em benefício da coletividade, desempenha atividades que estão entre as obrigações do Estado**, como a educação e a assistência social.	2.7.2
Finalidades essenciais e a ausência de fins lucrativos	» o artigo 150, § 4º da CF dispõe que a imunidade só compreende o patrimônio, a renda e os serviços relacionados com as finalidades essenciais das entidades de educação e de assistência social, da mesma forma como ocorre em relação às entidades religiosas. » **o fato de a entidade possuir superávit não significa a constatação de finalidade lucrativa ou o desvio de suas finalidades essenciais.** Os recursos dessas entidades, inclusive o superávit, devem ser totalmente consumidos pelas suas finalidades essenciais, razão pela qual não há que se falar em capacidade contributiva. » súmula 730 do STF: "A imunidade tributária conferida a instituições de assistência social sem fins lucrativos pelo art. 150, VI, 'c' da CF somente alcança as entidades fechadas de previdência social privada se não houver contribuição dos beneficiários". » **súmula vinculante 52 do STF**: "Ainda quando alugado a terceiros, permanece imune ao IPTU o imóvel pertencente a qualquer das entidades referidas pelo art. 150, VI, "c", da Constituição Federal, desde que o valor dos aluguéis seja aplicado nas atividades para as quais tais entidades foram constituídas.". » tese de **repercussão geral** no RE 767.332 (j. 31.10.2013): "A imunidade tributária, prevista no art. 150, VI, *c*, da CF/88, aplica-se aos bens imóveis, temporariamente ociosos, de propriedade das instituições de educação e de assistência social sem fins lucrativos que atendam os requisitos legais".	2.7.2.1
Impostos indiretos	» **súmula 591 do STF**: "A imunidade ou a isenção tributária do comprador não se estende ao produtor, contribuinte do imposto sobre produtos industrializados". » tese de **repercussão geral** no RE 608.872 (j. 23.02.2017): "A imunidade tributária subjetiva aplica-se a seus beneficiários	2.7.2.2

	na posição de contribuinte de direito, mas não na de simples contribuinte de fato, sendo irrelevante para a verificação da existência do beneplácito constitucional a repercussão econômica do tributo envolvido".	
Requisitos da lei	» "o que a Constituição remete à lei ordinária, no tocante à imunidade tributária considerada, é a fixação de normas sobre a constituição e o funcionamento da entidade educacional ou assistencial imune; não, o que diga respeito aos lindes da imunidade, que, quando susceptíveis de disciplina infraconstitucional, ficou reservado à lei complementar." (STF, ADI-MC 1802, j. 27.08.1998) » no julgamento da mesma ADI 1802, quando da análise do mérito em abril de 2018, o plenário decidiu que os **aspectos procedimentais necessários à verificação do atendimento das finalidades constitucionais da regra de imunidade, tais como as referentes à certificação, à fiscalização e ao controle administrativo, continuam passíveis de definição por lei ordinária**. A reserva de lei complementar estaria adstrita a aspectos relativos ao **modo beneficente (no caso de assistência e educação) de atuação das entidades acobertadas pela imunidade, especialmente aqueles que criaram contrapartidas a serem observadas pelas entidades**. Em síntese: a) **Lei ordinária** – legítima para a regulação de aspectos procedimentais necessários à verificação do atendimento das finalidades constitucionais da regra de imunidade, tais como as referentes à certificação, à fiscalização e ao controle administrativo. b) **Lei complementar** – necessária para definição do modo beneficente de atuação da entidade imune, especialmente no que se refere à instituição de contrapartidas a serem observadas por elas. » tese de **repercussão geral** no RE 566.622 ED (j. 18.12.2019): "A lei complementar é forma exigível para a definição do modo beneficente de atuação das entidades de assistência social contempladas pelo art. 195, § 7º, da CF, especialmente no que se refere à instituição de contrapartidas a serem por elas observadas".	2.7.2.3
IMUNIDADE DOS LIVROS, JORNAIS, PERIÓDICOS E DO PAPEL DESTINADO A SUA IMPRESSÃO		
Fundamento e abrangência	» no RE 330.817 (j. 08.03.2017), submetido à sistemática da **repercussão geral**, foi expressamente consignado que "ao se invocar a **interpretação finalística**, se o livro não constituir veículo de ideias, de transmissão de pensamentos, ainda que formalmente possa ser considerado como tal, será descabida a aplicação da imunidade". » as **listas telefônicas são imunes ainda que nelas haja publicidade paga** (RE 199.183, j. 17.04.1998). » o STF reconheceu o benefício aos álbuns de figurinhas (RE 221.239, j. 25.05.2004) » **súmula 657 do STF**: "A imunidade prevista no art. 150, VI, *d*, da CF abrange os filmes e papéis fotográficos necessários à publicação de jornais e periódicos"	2.8.1

	» "a imunidade alcança o denominado "audio book", ou audiolivro (livros gravados em áudio, seja no suporte CD-Rom, seja em qualquer outro)" (RE 330.817, **repercussão geral**, j. 08.03.2017). » **súmula vinculante 57 do STF**: "A imunidade tributária constante do art. 150, VI, d, da CF/88 aplica-se à importação e comercialização, no mercado interno, do livro eletrônico (e-book) e dos suportes exclusivamente utilizados para fixá-los, como leitores de livros eletrônicos (e-readers), ainda que possuam funcionalidades acessórias". » o STF reconheceu, em sede de **repercussão geral**, a imunidade de componentes eletrônicos destinados exclusivamente a integrar a unidade didática com fascículos periódicos impressos (RE 595.676, j. 08.03.2017).	
Hipóteses não abarcadas pela imunidade	» a **tinta especial para jornal**, ainda que seja um insumo necessário à produção do periódico, não é alcançada pela imunidade, uma vez que "apenas os materiais relacionados com o papel - assim, papel fotográfico, inclusive para fotocomposição por laser, filmes fotográficos, sensibilizados, não impressionados, para imagens monocromáticas e papel para telefoto - estão abrangidos pela imunidade". (RE 273.308, j. 22.08.2000). » a imunidade que alcança jornais e revistas não se estende aos encartes de propaganda que acompanham essas publicações (RE 213.094, j. 22.06.1999)	2.8.2
IMUNIDADE DE FONOGRAMAS E VIDEOGRAMAS MUSICIAS		
Fundamento e abrangência	» a presente imunidade foi introduzida pela Emenda Constitucional 75/2013, visando beneficiar a produção musical nacional (por isso é apelidada de "imunidade musical"). quanto aos requisitos, o primeiro a ser verificado é que o fonograma ou videofonograma seja produzido no Brasil. A produção em território nacional é condição primeira e necessária para a imunidade. » as obras musicais ou literomusicais devem ter sido compostas por autores brasileiros ou interpretadas por artistas brasileiros. Trata-se de um requisito alternativo: a obra precisa ser composta ou interpretada por um brasileiro.	2.9.1
Diálogo com acordos internacionais		2.9.2
IMUNIDADES ESPECÍFICAS		
Imunidades específicas de impostos		
Imunidades relativas aos impostos incidentes nas exportações – IPI e ICMS	» as imunidades que impedem a tributação das exportações privilegiam o princípio do destino, segundo o qual os impostos sobre o consumo nas operações internacionais devem ser renunciados pelo país de origem e exigidos pelo país de destino. » em relação ao IPI (Imposto sobre Produtos Industrializados), o artigo 153, § 3º, III, da Constituição dispõe que o imposto não incidirá sobre produtos industrializados destinados ao exterior. Essa imunidade também é aplicável às empresas optantes pelo	2.10.1.1

	Simples Nacional, conforme definido pelo STF em **repercussão geral** (RE 598.468, j. 22.05.2020). » o mesmo ocorre com o ICMS, em relação ao qual o artigo 155, § 2º, X, *a* da CF dispõe que o imposto não incidirá sobre operações que destinem mercadorias para o exterior, nem sobre serviços prestados a destinatários no exterior, **assegurada a manutenção e o aproveitamento do montante do imposto cobrado nas operações e prestações anteriores**. » a imunidade do ICMS em questão recai apenas sobre a operação de exportação, que constitui a saída da mercadoria do território nacional. De acordo com o STF, em tese de **repercussão geral** fixada no RE 754.917 (j. 05.08.2020), "A imunidade a que se refere o art. 155, § 2º, X, 'a', da CF não alcança operações ou prestações anteriores à operação de exportação".	
Imunidade das pequenas glebas rurais	» o artigo 153, § 4º, II, da Constituição determina que o imposto sobre a propriedade territorial rural não incidirá sobre pequenas glebas rurais, definidas em lei, quando as explore o proprietário que não possua outro imóvel. » ao contrário do que acontecia anteriormente, **após a Emenda 42/2003 deixou-se de exigir que o proprietário explore sua gleba rural só ou com sua família**. **Atualmente, não há qualquer empecilho à contratação de empregados para a exploração da pequena gleba rural**.	2.10.1.2
Imunidade do ouro definido em lei como ativo financeiro ou instrumento cambial	» o ouro, quando definido em lei como ativo financeiro ou instrumento cambial, sujeita-se exclusivamente à incidência do imposto sobre operações de crédito, câmbio e seguro, ou relativas a títulos ou valores mobiliários (o chamado "IOF"). Significa, portanto, uma imunidade em relação a todos os outros impostos que porventura poderiam resvalar nessa base econômica.	2.10.1.3
Imunidade das operações relativas a energia elétrica, serviços de telecomunicações, derivados de petróleo, combustíveis e minerais do país	» o artigo 155, § 3º da Constituição dispõe que, à exceção do ICMS, do Imposto de Importação e do Imposto de Exportação, nenhum outro imposto poderá incidir sobre operações relativas a energia elétrica, serviços de telecomunicações, derivados de petróleo, combustíveis e minerais do País. » **súmula 659 do STF**: "É legítima a cobrança da COFINS, do PIS e do FINSOCIAL sobre as operações relativas a energia elétrica, serviços de telecomunicações, derivados de petróleo, combustíveis e minerais do País."	2.10.1.4
Imunidade das prestações de serviço de comunicação nas modalidades de radiodifusão sonora e de sons e imagens de recepção livre e gratuita	» o artigo 155, § 2º, X, *d* da CF (essa alínea *d* foi incluída pela Emenda Constitucional 42/2003) prevê que o ICMS não incidirá nas prestações de serviço de comunicação nas modalidades de radiodifusão sonora e de sons e imagens de recepção livre e gratuita.	2.10.1.5

Imunidade sobre operações que destinem a outros Estados petróleo, inclusive lubrificantes, combustíveis líquidos e gasosos dele derivados, e energia elétrica	» a imunidade do art. 155, § 2º, X, *b* objetiva eliminar, como fonte geradora do ICMS, os poços de petróleo e as refinarias situadas em poucos Estados, evitando o agravamento das desigualdades regionais (voto do Ministro Ilmar Galvão no RE 198.088). » essa imunidade restringe-se ao Estado de origem, não abrangendo o Estado de destino da mercadoria, onde são tributadas as operações que compõem o ciclo econômico por que passam os produtos, independentemente de se tratar de consumidor final ou intermediário (STF, RE 190.992 AgR, j. 12.11.2002; RE 338.681 AgR-ED, j. 06.12.2005).	2.10.1.6
Imunidade sobre a transmissão de bens ou direitos incorporados ao patrimônio de pessoa jurídica em realização de capital, bem como sobre a transmissão de bens ou direitos decorrentes de fusão, incorporação, cisão ou extinção de pessoa jurídica	» caso um sócio realize um aporte ao capital social de uma empresa mediante a transmissão de um bem imóvel, essa transmissão não será tributada por força da imunidade do art. 156, § 2º, I da CF. » o STF limitou o alcance da norma ao "capital subscrito a ser integralizado" (RE 796.376, **repercussão geral**, j. 05.08.2020). O Tribunal Constitucional entendeu que o valor do imóvel que supera o montante destinado à integralização do capital subscrito, sendo, por exemplo, empregado na formação de reserva de capital, não deve ser imune ao ITBI.	2.10.1.7
Imunidade das operações de transferência de imóveis desapropriados para fins de reforma agrária	» a transferência de bens imóveis só poderia ser tributada pelos Municípios por meio do ITBI, não se cogitando de imposto federal ou estadual. E mesmo em relação à competência tributária municipal, não haveria fato gerador do ITBI, pois esse imposto só incide sobre as aquisições derivadas de propriedade imóvel, sendo que na desapropriação ocorre a aquisição originária.	2.10.1.8
Imunidades de taxas	» o direito de petição e a obtenção de certidões em repartições públicas para defesa de direitos e esclarecimento de situações de interesse pessoal não podem ser objeto de taxa (CF, art. 5º, XXXIV). » outra imunidade que se manifesta como garantia individual do art. 5º da CF é a gratuidade quanto às custas judiciais para a propositura da ação popular. » também serão gratuitas as ações de *habeas corpus* e *habeas data* (CF, art. 5º, LXXVII).	2.10.2
IMUNIDADES DE CONTRIBUIÇÕES		
Imunidade da contribuição social do trabalhador e outros segurados sobre aposentadoria e pensão concedidas pelo regime geral de previdência social	» os benefícios previdenciários do regime de geral de previdência social são imunes à contribuição social do trabalhador prevista no art. 195, II, da CF, que inclusive é expresso ao determinar que a contribuição previdenciária em questão não incide sobre a aposentadoria e a pensão concedidas. » em relação aos servidores públicos estatutários, há imunidade similar. O art. 40, § 18 da CF prevê uma imunidade da contribuição previdenciária dos servidores inativos até o valor de suas aposentadorias e pensões que não ultrapassem o limite máximo dos benefícios do regime geral de previdência social.	2.10.3.1

Imunidade das contribuições sociais e de intervenção no domínio econômico sobre as receitas decorrentes de exportação	» contribuições incidentes sobre a receita, como o PIS e a COFINS, não podem incidir sobre as receitas que sejam oriundas de exportação, por força da imunidade acima reproduzida, que também é aplicável às empresas optantes pelo Simples Nacional (STF, RE 598.468, **repercussão geral**, j. 22.05.2020). » o STF entendeu que receitas não se confundem com movimentações financeiras, e por isso a Contribuição Provisória sobre Movimentações Financeiras não é atingida pela imunidade do art. 149, § 2º, I da CF. Ainda em relação a esse julgamento, constou de sua ementa que a imunidade tributária deve receber "interpretação restritiva" (RE 566.259, **repercussão geral**, j. 12.08.2010). » o STF pacificou o entendimento de que a imunidade das receitas decorrentes de exportação do art. 149, § 2º, I da CF não alcança o lucro das empresas exportadoras, incidindo sobre tal lucro a Contribuição Social sobre o Lucro Líquido (RE 564.413, **repercussão geral**, j. 12.08.2010). » segundo o STF, em entendimento cristalizado em sede de **repercussão geral** (RE 759.244, j. 12.02.2020), a "norma imunizante contida no inciso I do §2º do art.149 da Constituição da República alcança as receitas decorrentes de operações indiretas de exportação caracterizadas por haver participação de sociedade exportadora intermediária". » entendeu o STF ser aplicável a imunidade do art. 149, § 2º, I da CF às receitas das variações cambiais ativas, sendo inconstitucional a incidência da contribuição ao PIS e da COFINS sobre a receita decorrente da variação cambial positiva obtida nas operações de exportação de produtos (RE 627.815, **repercussão geral**, j. 23.05.2013)	2.10.3.2
Imunidade de contribuição para a seguridade social das entidades beneficentes de assistência social que atendam às exigências estabelecidas em lei	» São imunes de contribuição para a seguridade social as entidades beneficentes de assistência social que atendam às exigências estabelecidas em lei » a contribuição para o PIS, apesar de prevista no artigo 239 da Constituição, pertence ao gênero das contribuições para a seguridade social (previstas no artigo 195 da CF), e por isso está abrangida pela imunidade do art. 195, § 7º (RE 636.941, **repercussão geral**, j. 13.02.2014). » normas de procedimento que imputam obrigações meramente acessórias às entidades beneficentes, com a finalidade de viabilizar a fiscalização de suas atividades, seriam passíveis de disciplina por lei ordinária. » por outro lado, intervenções mais severas na liberdade de atuação das entidades, como a instituição de contrapartidas a serem cumpridas, devem ser reservadas à lei complementar. É possível então concluir: a) **Lei ordinária** – legítima para a regulação de **aspectos procedimentais necessários à verificação do atendimento das finalidades constitucionais da regra de imunidade, tais como as referentes à certificação, à fiscalização e ao controle administrativo.** b) **Lei complementar** – necessária para **definição do modo beneficente de atuação da entidade imune, especialmente no que se refere à instituição de contrapartidas a serem observadas por elas.**	2.10.3.3

» **súmula 352 do STJ: "A obtenção ou renovação do Certificado de Entidade Beneficente de Assistência Social (CEBAS) não exime a entidade do cumprimento dos requisitos legais supervenientes."**

» Súmula 612 do STJ: O certificado de entidade beneficente de assistência social (CEBAS), no prazo de sua validade, possui natureza declaratória para fins tributários, retroagindo seus efeitos à data em que demonstrado o cumprimento dos requisitos estabelecidos por lei complementar para a fruição da imunidade.

Em síntese:

a) **A concessão de Certificado de Entidade Beneficente - Cebas não imuniza a instituição contra novas verificações ou exigências (STF, RMS 26.032; súmula 352 do STJ)**

b) **O certificado de entidade beneficente de assistência social (CEBAS), no prazo de sua validade, possui natureza declaratória para fins tributários, retroagindo seus efeitos à data em que demonstrado o cumprimento dos requisitos estabelecidos por lei complementar para a fruição da imunidade (súmula 612 do STJ).**

4. SÚMULAS APLICÁVEIS

4.1 STF

Súmula vinculante 52 do STF: "Ainda quando alugado a terceiros, permanece imune ao IPTU o imóvel pertencente a qualquer das entidades referidas pelo art. 150, VI, "c", da Constituição Federal, desde que o valor dos aluguéis seja aplicado nas atividades para as quais tais entidades foram constituídas.".

Súmula vinculante 57 do STF: "A imunidade tributária constante do art. 150, VI, d, da CF/88 aplica-se à importação e comercialização, no mercado interno, do livro eletrônico (e-book) e dos suportes exclusivamente utilizados para fixá-los, como leitores de livros eletrônicos (e-readers), ainda que possuam funcionalidades acessórias".

591. "A imunidade ou a isenção tributária do comprador não se estende ao produtor, contribuinte do IPI".

657. "A imunidade prevista no art. 150, VI, d, da CF abrange os filmes e papéis fotográficos necessários à publicação de jornais e periódicos".

659. "É legítima a cobrança da COFINS, do PIS e do FINSOCIAL sobre as operações relativas a energia elétrica, serviços de telecomunicações, derivados de petróleo, combustíveis e minerais do País."

730. "A imunidade tributária conferida a instituições de assistência social sem fins lucrativos pelo art. 150, VI, 'c' da CF somente alcança as entidades fechadas de previdência social privada se não houver contribuição dos beneficiários".

4.2 STJ

352. "A obtenção ou renovação do Certificado de Entidade Beneficente de Assistência Social (CEBAS) não exime a entidade do cumprimento dos requisitos legais supervenientes."

612. O certificado de entidade beneficente de assistência social (CEBAS), no prazo de sua validade, possui natureza declaratória para fins tributários, retroagindo seus efeitos à data em que demonstrado o cumprimento dos requisitos estabelecidos por lei complementar para a fruição da imunidade.

5. QUESTÕES DE CONCURSOS PÚBLICOS

1 **(Cespe – Procurador do Estado – PGE – PE/2018) - As hipóteses de limitação ao poder de tributar decorrente do princípio constitucional da imunidade recíproca incluem**

A) proibir a União de instituir impostos sobre o patrimônio de estados e municípios.

B) vedar as limitações ao tráfego de pessoas ou bens, por meio de tributos interestaduais ou intermunicipais.

C) proibir que estado estabeleça diferença tributária entre bens e serviços em razão do município de procedência ou de destino.

D) vedar isenções de tributos da competência de outros entes federativos.

E) proibir a instituição de tributo federal que não seja uniforme em todo o território nacional.

2 **MPF – Procurador da República - 26° concurso - 2012:**

Cobrança de contribuição sindical rural patronal. Identidade de base de cálculo e sujeição passiva com o ITR. Nesse caso, de simultânea cobrança da contribuição e do ITR, pode-se dizer que:

a) É inexigível a cobrança da contribuição por incidir o art. 154, I da CF;

b) É indevida a cobrança da contribuição porquanto haveria bitributação;

c) Tratando-se de contribuição, a CF não proíbe a coincidência da sua base de cálculo com a do imposto, o que é vedado relativamente ás taxas;

d) Mesmo as contribuições criadas na forma do § 4°, do art. 195, da CF, podem ter fato gerador e base de cálculo próprios das contribuições existentes, quando a União obedece à regra da competência residual.

3 **(FCC – Agente Fiscal de Rendas - SP/2013) É uma das limitações constitucionais do poder de tributar:**

(A) A imunidade recíproca entre os Entes da Federação - União, Estados, Distrito Federal e Municípios que garante a isonomia na distribuição de receitas tributárias.

(B) A imunidade aos impostos que gravem o patrimônio, a renda ou os serviços das entidades de assistência social, sem fins lucrativos, desde que não distribuam qualquer parcela do seu patrimônio ou de suas rendas, a qualquer título.

(C) O princípio da anualidade, vigente na atual ordem constitucional, que impõe a necessidade, para a cobrança de determinado tributo, de sua previsão na lei orçamentária aprovada na legislatura no ano calendário anterior, salvo as exceções constitucionalmente previstas.

(D) A legalidade tributária estrita, incluída na Constituição Federal de 1988 pela Emenda Constitucional 42, de 19 de dezembro de 2003.

(E) A imunidade aos impostos, taxas e contribuições de melhoria dos templos de qualquer culto.

4 **(FCC – Agente Fiscal de Rendas - SP/2013) A imunidade tributária**

(A) conferida a instituições de assistência social sem fins lucrativos pela Constituição Federal somente alcança as entidades fechadas de previdência social privada se não houver contribuição dos beneficiários.

(B) recíproca é aplicável às autarquias e empresas públicas que prestem inequívoco serviço público, desde que distribuam lucros e tenham por objetivo principal conceder acréscimo patrimonial ao poder público.

(C) não abrange renda obtida pela instituição de assistência social, por meio de cobrança de estacionamento de veículos em área interna da entidade, destinada ao custeio das atividades desta.

(D) não abrange a renda obtida pelo SESC na prestação de serviços de diversão pública, mediante a venda de ingressos de cinema ao público em geral, e aproveitada em suas finalidades assistenciais.

(E) não abrange IPTU de imóvel pertencente a entidades sindicais dos trabalhadores, quando alugado a terceiros, mesmo que o valor dos aluguéis seja aplicado nas atividades essenciais de tais entidades.

5 **(FCC - Juiz de Direito Substituto - PE/2013) Sobre imunidade e isenção, analise os itens abaixo.**

I. A Constituição Federal assegura isenção no pagamento de taxa para obtenção de certidões em repartições públicas e privadas que prestam serviço público, para defesa de direitos e esclarecimento de situações de interesse pessoal.

II. A imunidade sobre o templo de qualquer culto apenas alcança os impostos, sendo devidas, portanto, as taxas e contribuição de melhoria incidentes sobre o imóvel destinado ao templo.

III. Há isenção de imposto sobre comercialização de livro, jornal, periódico e sobre a comercialização de papel destinado a impressão destes produtos.

IV. Possui imunidade de contribuição social para seguridade social a entidade beneficente de assistência social que atenda às exigências estabelecidas em lei sobre a folha de salários e demais rendimentos do trabalho pagos ou creditados, a qualquer título, à pessoa física que lhe preste serviço, mesmo sem vínculo empregatício.

Está correto o que se afirma APENAS em

A) I e II.

B) II e IV.

C) I e III.

D) I, II e III.

E) II, III e IV.

6 **(IESES – Cartório – TJ – PB/2014) As imunidades tributárias consistem em normas nas quais fica proibida a tributação sobre situações ou pessoas expressamente indicadas na Constituição Federal. Conclui-se, neste sentido, que:**

a) A imunidade recíproca veda a instituição de impostos sobre o patrimônio, renda ou serviços de União, Estados e Municípios, excluído o Distrito Federal.

b) As imunidades tributárias estão todas previstas no artigo 150, VI, CF, com a única exceção prevista no art.5°, LXXVI, CF, o qual estabelece a gratuidade, para os reconhecidamente pobres, do registro civil de nascimento e da certidão de óbito.

c) Considerando que a CF refere-se à isenções e não incidência, quando trata de imunidades, a doutrina brasileira pondera que tais expressões são sinônimas, abarcando o mesmo fenômeno tributário.

d) As fundações mantidas pelos partidos políticos e os sindicatos de trabalhadores são imunes tão somente aos impostos, de acordo com o texto constitucional, devendo tais entidades, portanto, recolher os demais tributos do sistema.

7 **(IBFC – Cartório – TJ – PR/2014) A imunidade distingue-se da isenção, considerando-se que:**

a) Não libera o contribuinte do cumprimento de obrigações acessórias, diversamente do que ocorre com a isenção, que possui natureza mais abrangente.

b) Constitui uma limitação constitucional ao poder de tributar, enquanto a isenção pode ser concedida por lei ordinária ou complementar.

c) É sempre de caráter subjetivo, ao contrário da isenção que é exclusivamente objetiva.

d) Existe somente em relação a pessoas jurídicas de direito público, ao passo que a isenção também pode beneficiar pessoas de direito privado.

8 **(Vunesp - Procurador Município – Prefeitura São Paulo - SP/2014) A imunidade recíproca consiste na vedação constitucional que impede a União, os Estados, o Distrito Federal e os Municípios de cobrar**

(A) tributos sobre os templos de qualquer culto.

(B) tributos sobre patrimônio, renda ou serviços dos partidos políticos, inclusive suas fundações.

(C) impostos sobre o patrimônio, renda ou serviços uns dos outros.

(D) impostos sobre o patrimônio, renda ou serviços das instituições de educação e de assistência social, sem fins lucrativos, atendidos os requisitos da lei.

(E) impostos sobre livros, jornais, periódicos e o papel destinado à sua impressão.

9 **(ESAF – Auditor-Fiscal– RFB/2014) O entendimento do Supremo Tribunal Federal, no que toca à imunidade de que gozam as entidades beneficentes de assistência social, é no sentido de que:**

a) entendem-se por serviços assistenciais as atividades continuadas que visem à melhoria de vida da população e cujas ações, voltadas para as necessidades básicas, observem os objetivos, os princípios e as diretrizes estabelecidos em lei.

b) o estabelecimento, como uma das condições de fruição de tal benefício por parte das entidades filantrópicas, da exigência de que possuam o certificado de Entidade Beneficente de Assistência Social - CEBAS, contraria o regime estabelecido na Constituição Federal.

c) a jurisprudência do STF é no sentido de afirmar a existência de direito adquirido ao regime jurídico da imunidade das entidades filantrópicas.

d) a exigência de renovação periódica do CEBAS, por parte das entidades filantrópicas, a cada três anos, ofende o disposto na Constituição Federal.

e) tratando-se de imunidade - que decorre, em função de sua natureza mesma, do próprio texto constitucional -, revela-se evidente a absoluta impossibilidade jurídica de, mediante deliberação de índole legislativa, restringir a eficácia do preceito.

10 **(FEPESE – Promotor de Justiça – SC/2014) Analise o enunciado da questão abaixo e assinale se ele é falso ou verdadeiro:**

Segundo orientação fixada no STF, é constitucional a incidência de ISSQN - Imposto sobre Serviços de Qualquer Natureza, quando devidamente previsto em legislação tributária municipal, sobre os serviços de registros públicos, cartorários e notariais, prestados na forma do art. 236 da CF por delegação do poder público, posto que a atividade em questão não se encontra ao abrigo da imunidade recíproca (art. 150, VI, 'a', da CF), uma vez que o serviço está compreendido em exceção constitucional, que afasta o benefício quanto às atividades desenvolvidas com intuito lucrativo.

11 **(PUC – PR – Juiz de Direito Substituto – PR/2014) Sobre a imunidade tributária, é CORRETO afirmar:**

I. A imunidade recíproca das entidades políticas pode ser estendida às autarquias e às fundações instituídas e mantidas pelo Poder Público.

II. A imunidade recíproca das entidades políticas não se aplica ao patrimônio, à renda e aos serviços, relacionados com exploração de atividades econômicas regidas pelas normas aplicáveis a empreendimentos privados, ou em que haja contraprestação ou pagamento de preços ou tarifas pelo usuário.

III. A imunidade sobre o patrimônio, a renda ou serviços das instituições de educação e de assistência social, sem fins lucrativos não é autoaplicável, porquanto está sujeita ao preenchimento de requisitos de legitimação, entre os quais a não distribuição de qualquer parcela de seu patrimônio ou de suas rendas, salvo à título de divisão de lucros entre seus sócios- diretores.

IV. A imunidade que recai sobre os partidos políticos, as entidades sindicais e as instituições de educação e de assistência social não alcança as taxas e contribuição de melhorias a que poderiam estar sujeitas.

A) Todas as alternativas estão corretas.

B) Somente as alternativas I, II e IV estão corretas.

C) Somente as alternativas I e II estão corretas.

D) Somente as alternativas III e IV estão corretas.

12 **(FMP – Defensor Público - PA/2015) Assinale a alternativa CORRETA.**

a) Segundo entendimento do Supremo Tribunal Federal (STF), a imunidade tributária dos templos de qualquer culto alcança as lojas maçônicas.

b) A imunidade tributária endereçada aos livros e periódicos não alcança, no entendimento do STF, álbuns de figurinhas.

c) A imunidade tributária recíproca não alcança o Imposto sobre operações relativas à Circulação de Mercadorias e sobre a prestação de Serviços de Transporte interestadual e intermunicipal e de comunicação (ICMS) que incide no transporte de bens e mercadorias realizado pela Empresa Brasileira de Correios e Telégrafos (ECT) porque, na esteira do entendimento do STF, tal atividade tem fins lucrativos, não merecendo tratamento tributário privilegiado.

d) Têm imunidade tributária fonogramas e videofonogramas musicais produzidos no Brasil contendo obras musicais ou literomusicais de autores brasileiros e/ou obras em geral, interpretadas por artistas brasileiros, bem como os suportes materiais ou arquivos digitais que os contenham, salvo na etapa de replicação industrial de mídias ópticas de leitura a laser.

e) Não têm imunidade tributária recíproca as autarquias e fundações instituídas e mantidas pelo Poder Público no que se refere ao patrimônio, à renda e aos serviços vinculados às suas finalidades essenciais.

13 **(Fundatec – Procurador do Estado – RS/2015) Quanto às imunidades tributárias, analise as assertivas abaixo:**

I. Segundo a doutrina e a jurisprudência majoritárias, quando a Constituição da República diz que certas entidades são "isentas" e determina que tributos "não incidam" sobre certos fatos ou pessoas, o que está a fazer não é consagrar isenções e não incidências, mas verdadeiras imunidades.

II. Os Estados são imunes frente a contribuições previdenciárias, dada a imunidade tributária recíproca.

III. Segundo a jurisprudência do STF, as imunidades não se aplicam às entidades destinatárias quando estas sejam contribuintes de fato, mas não de direito.

IV. A imunidade das entidades beneficentes de assistência social deve, segundo a jurisprudência do STF, ser regulamentada inteiramente por lei complementar, por força do art. 146, inciso II, da Constituição Federal de 1988, visto se tratar de regulamentação de limitação constitucional ao poder de tributar.

Após a análise, pode-se dizer que:

A) Está correta apenas a assertiva I.

B) Está correta apenas a assertiva III.

C) Estão corretas apenas as assertivas I e III.

D) Estão corretas apenas as assertivas II e III.

E) Está incorreta apenas a assertiva IV.

14 **(Vunesp – Juiz de Direito – TJ SP/2017) Considerando-se o disposto no artigo 150, VI, "d" da Constituição Federal de 1988, notadamente a expressão "... e o papel destinado à sua impressão", é de se concluir corretamente que**

(A) a imunidade deve ser estendida também aos livros com suportes em CD e outros meios eletrônicos, em face das interpretações evolutiva e teleológica.

(B) somente o livro de papel deve ser imune a impostos, uma vez que, operando a imunidade como limitação ao poder de tributar de que dotado o Estado, sua interpretação há de ser restritiva.

(C) somente o livro de papel é imune a impostos, à vista da cláusula expressa ". e o papel destinado à sua impressão". (artigo 150,VI, "d", Constituição Federal).

(D) se a Constituição não distinguiu o suporte tecnológico de elaboração de livros, jornais e periódicos, não pode o intérprete fazê-lo para o fim de ampliar a imunidade.

15 **(Vunesp – Juiz de Direito – TJ SP/2017) A lei referida no parágrafo 7º do artigo 195 da Constituição Federal que estabelece os requisitos para o reconhecimento da imunidade para a seguridade social das entidades beneficentes de assistência social, segundo o julgamento do tema 32 pelo plenário do STF, deve ter hierarquia de**

(A) Lei complementar de caráter nacional.

(B) Lei ordinária de caráter suplementar editada pelos entes federativos.

(C) Lei ordinária de caráter nacional.

(D) Lei ordinária a ser editada por cada ente federativo.

16 **(Vunesp – Juiz de Direito – TJ SP/2017) Assinale a alternativa correta.**

(A) A imunidade do artigo 150, VI, "b" da Constituição Federal deve ser interpretada ampliativamente de modo a incluir todos os imóveis da entidade religiosa, sem restrição, uma vez que o Estado Brasileiro, embora laico, garante o exercício da fé religiosa, segundo orientação do Supremo Tribunal Federal.

(B) A imunidade prevista no artigo 150, VI, "b" da Constituição Federal de 1988 deve ser estendida aos cemitérios de cunho religioso, segundo orientação do Supremo Tribunal Federal.

(C) A imunidade conferida aos templos se estende à Maçonaria, em cujas lojas se professa culto no sentido empregado pela

Constituição Federal, segundo decisão do Supremo Tribunal Federal.

(D) A imunidade do artigo 150, VI, "b" da Constituição Federal de 1988 estende-se aos cemitérios, ainda que ostentem natureza privada e empresarial, uma vez que ali se realizam ritos relacionados com a fé religiosa, segundo orientação do Supremo Tribunal Federal.

01	02	03	04	05	06	07	08
A	C	B	A	N	D	B	C

09	10	11	12	13	14	15	16
A	VERDADEIRO	B	D	A	A	A	B

6. QUESTÕES DISCURSIVAS COM COMENTÁRIOS

(Cespe- Procurador do Estado- AL- 2008) Discorra acerca da competência tributária, abordando, necessariamente, a sua definição, bem como a identificação e a definição das suas características, estabelecidas na Constituição Federal e no Código Tributário Nacional, detalhando cada uma delas. (30 linhas)

COMENTÁRIOS

Competência tributária é o poder que os entes políticos possuem de instituir os tributos que lhe foram reservados e discriminados pela Constituição da República. Tais entes podem, obedecendo a discriminação das competências estabelecida pela Constituição, editar leis criando os tributos, uma vez que a Constituição não os cria, mas outorga competência aos entes políticos para que estes sim criem os tributos.

Pelo fato de a competência operar-se no âmbito legislativo, implicando na criação de tributos, diferencia-se da capacidade tributária, que se exercita na seara administrativa, significando o poder de exigir e cobrar os tributos já devidamente criados pela lei, em momento anterior, ou seja, no momento do exercício da competência tributária.

Por isso pode-se dizer que o exercício da competência tributária é um pressuposto lógico e necessário da capacidade.

Dentre as características da competência, podemos citar a indelegabilidade (artigo 7°, do CTN), a irrenunciabilidade, a imprescritibilidade, a facultatividade e a privatividade.

Por indelegabilidade deve-se entender que a União pode delegar a um Estado ou Município a competência para instituir o imposto sobre grandes fortunas, por exemplo, eis que este imposto, segundo a Constituição da República, é federal.

A irrenunciabilidade impede que um ente, apesar de poder não instituir o tributo, não pode renunciar a competência.

A competência tributária permanece do ente que a possui mesmo que este não a exerça por um longo período, já que outra característica da competência é a imprescritibilidade (artigo 8° do CTN). Tanto que a competência também é facultativa, podendo o ente optar entre instituir ou não o tributo, mesmo que com o não-exercício da competência decorram sanções previstas na Lei de Responsabilidade Fiscal (artigo 11, parágrafo único).

Por fim, a competência tributária tem ainda a característica da privatividade, ou exclusividade, segundo a qual apenas o ente político determinado pela Constituição da República pode instituir o tributo que lhe foi conferido, vedando-se o exercício cumulativo de uma mesma competência. Caso isso ocorra, o contribuinte pode-se valer da ação de consignação em pagamento, para que o Poder Judiciário declare qual é o ente titular da competência em questão.

(CESPE – Procurador do Estado – BA - 2014) Uma instituição educacional, após dois anos de funcionamento, solicitou ao fisco local o reconhecimento de sua imunidade para fins tributários em relação ao seu patrimônio, renda ou serviços, e, para tanto, encaminhou diversos documentos a fim de demonstrar que era uma instituição sem fins lucrativos e que

se adequava aos requisitos legais exigidos. Durante a análise feita pelo fisco local, constatou-se que os diretores recebiam salários muito acima dos existentes no mercado e que haviam instituído fundação que distribuía valores para diversas outras entidades, cujos sócios eram os mesmos diretores da referida instituição de educação. Diante desses fatos, a administração tributária consultou a procuradoria a respeito do deferimento ou não do pedido de reconhecimento da imunidade da instituição educacional.

Considerando a situação hipotética apresentada acima, na qualidade de procurador responsável pela análise, discorra sobre os seguintes pontos invocados a baixo, à luz da Constituição Federal (CF) e do CTN.

Qual é o conceito de imunidade aplicada a instituição de educação? [valor: 4,00 pontos]

Toda e qualquer instituição de educação possui imunidade prevista na CF em relação ao seu patrimônio, renda ou serviços? Fundamente sua resposta. [valor: 7,50 pontos]

Analise a possibilidade de ser reconhecida a imunidade para a referida instituição educacional, esclarecendo se o fisco poderá cobrar os valores de tributos que não foram pagos até a solicitação do reconhecimento da imunidade. [valor: 7,50 pontos]

(30 linhas)

COMENTÁRIOS

A doutrina define a imunidade tributária como regra negativa de competência, atuando a regra imunitória no plano da delimitação constitucional do poder de tributar dos entes tributantes, retirando deste poder determinadas hipóteses de incidência. Presente a norma imunitória, a lei ordinária que a contrarie será nula desde sua edição, por vício de inconstitucionalidade.

Por isso, a imunidade costuma ser tratada como uma limitação constitucional ao poder de tributar (e por isso cláusula pétrea, pois caracteriza-se como garantia individual, segundo o STF), já que representa uma norma constitucional que impede a instituição de tributos (não apenas impostos) sobre certas pessoas, situações ou objetos.

A imunidade das instituições de educação (artigo 150, VI, "c") é subjetiva e condicionada, pois é conferida em função das características de certas pessoas e entidades, e desde que preenchidos certos requisitos. Tais requisitos devem estar previstos em lei complementar, pois as limitações constitucionais ao poder de tributar devem ser tratadas por esta espécie normativa (CF, art. 146, II).

Atualmente a disciplina desses requisitos está no artigo 14 do Código Tributário Nacional. Desse modo, apenas as instituições de educação que não distribuam parcela de seu patrimônio, apliquem integralmente no Brasil seus recursos na manutenção de seus objetivos institucionais e mantenham devidamente registradas por escrituração idônea suas receitas e despesas farão jus ao benefício da imunidade.

Assim é que a instituição educacional mencionada na questão não pode ser reconhecida como imune, pois não preenche os requisitos exigidos pela legislação a respeito em vigor. Ao pagar a seus diretores salários muito acima dos existentes no mercado, a instituição acaba distribuindo parcela de seu patrimônio, o que é vedado pelo artigo 14, I do CTN. Diante desse quadro, o fisco pode e deve cobrar os valores de tributos que não foram pagos até a solicitação do reconhecimento da imunidade.

(MPE-PR – Promotor de Justiça - PR/2011) Faça a distinção entre imunidade tributária e isenção tributária. Fundamente e exemplifique. (máximo de 20 linhas)

A imunidade é uma regra de competência negativa, um preceito constitucional que impede o legislador ordinário dos entes tributantes de instituir tributo sobre um determinado objeto, pessoa ou situação. Tem-se dito, por isso que a imunidade configura uma limitação ao poder de tributar, atuando no plano constitucional da definição das competências. É obra do constituinte.

Já a isenção é obra do legislador ordinário do respectivo ente tributante que tenha a competência para determinado tributo. No exercício de sua competência tributária, a pessoa política pode eleger pessoas, objetos ou situações sobre as quais não incidirá o tributo. Apesar de o Código Tributário Nacional tratar a isenção como hipótese de exclusão do crédito tributário, trata-se, segundo a doutrina majoritária, de norma que impede a própria constituição do crédito tributário, uma vez que a isenção impede o lançamento por parte da autoridade fiscal sobre os fatos eleitos pelo legislador ordinário.

Assim, percebe-se que a imunidade é norma constitucional que retira dos entes políticos parcela de sua competência tributária, enquanto a isenção é norma legal, dentro da competência tributária dos entes tributantes, que impossibilita a constituição do crédito tributário, não obstante tenha ocorrido o fato gerador.

7. QUESTÃO PARA TREINAR (SEM COMENTÁRIOS)

(PFN - Procurador da Fazenda Nacional - 2015 ESAF) O § 7.º do art. 195 da Constituição dispõe que "São isentas de contribuição para a seguridade social as entidades beneficentes de assistência social que atendam às exigências estabelecidas em lei." 1) A "lei" a que se refere o dispositivo é ordinária ou complementar? 2) Medida provisória poderia dispor sobre as exigências em causa? Justifique ambas as respostas na forma do Direito brasileiro vigente conforme compreendido pela jurisprudência dominante do Supremo Tribunal Federal. A primeira resposta – necessariamente – também deverá tomar em consideração o inciso II do art. 146 da Constituição ("Cabe à lei complementar: [...] regular as limitações constitucionais ao poder de tributar;") inclusive para, se for o caso, distinguir ou não, de modo fundamentado, a imunidade a que se refere esse dispositivo e a isenção a que se refere o § 7.º do art. 195 da Constituição (máximo de 30 linhas)

6

IMPOSTOS FEDERAIS

1. IMPOSTOS FEDERAIS

CF, art. 153. Compete à União instituir impostos sobre:

I - importação de produtos estrangeiros;

II - exportação, para o exterior, de produtos nacionais ou nacionalizados;

III - renda e proventos de qualquer natureza;

IV - produtos industrializados;

V - operações de crédito, câmbio e seguro, ou relativas a títulos ou valores mobiliários;

VI - propriedade territorial rural;

VII - grandes fortunas, nos termos de lei complementar.

§ 1º É facultado ao Poder Executivo, atendidas as condições e os limites estabelecidos em lei, alterar as alíquotas dos impostos enumerados nos incisos I, II, IV e V.

§ 2º O imposto previsto no inciso III: I - será informado pelos critérios da generalidade, da universalidade e da progressividade, na forma da lei;

§ 3º O imposto previsto no inciso IV: I - será seletivo, em função da essencialidade do produto; II - será não-cumulativo, compensando-se o que for devido em cada operação com o montante cobrado nas anteriores; III - não incidirá sobre produtos industrializados destinados ao exterior. IV - terá reduzido seu impacto sobre a aquisição de bens de capital pelo contribuinte do imposto, na forma da lei.

§ 4º O imposto previsto no inciso VI do caput: I - será progressivo e terá suas alíquotas fixadas de forma a desestimular a manutenção de propriedades improdutivas; II – não incidirá sobre pequenas glebas rurais, definidas em lei, quando as explore o proprietário que não possua outro imóvel; III - será fiscalizado e cobrado pelos Municípios que assim optarem, na forma da lei, desde que não implique redução do imposto ou qualquer outra forma de renúncia fiscal.

§ 5º O ouro, quando definido em lei como ativo financeiro ou instrumento cambial, sujeita-se exclusivamente à incidência do imposto de que trata o inciso V do "caput" deste artigo, devido na operação de origem; a alíquota mínima será de um por cento, assegurada a transferência do montante da arrecadação nos seguintes termos: I - trinta por cento para o Estado, o Distrito Federal ou o Território, conforme a origem; II - setenta por cento para o Município de origem.

Art. 154. A União poderá instituir:

> I - mediante lei complementar, impostos não previstos no artigo anterior, desde que sejam não-cumulativos e não tenham fato gerador ou base de cálculo próprios dos discriminados nesta Constituição;
>
> II - na iminência ou no caso de guerra externa, impostos extraordinários, compreendidos ou não em sua competência tributária, os quais serão suprimidos, gradativamente, cessadas as causas de sua criação.

1.1 Imposto de importação

O imposto sobre a importação (II) está previsto no artigo 153, I da CF, sendo de competência da União e vocacionado a estimular/desestimular um determinado comportamento ao contribuinte (é, portanto, um tributo **extrafiscal** ou regulatório). O II, desse modo, é um instrumento destinado à proteção da indústria nacional.

Essa extrafiscalidade exige maior liberdade para responder às oscilações do comércio exterior, e por isso o Poder Executivo pode alterar suas alíquotas dentro das condições e dos limites estabelecidos em lei (CF, artigo 153, § 1º), o que configura uma **mitigação do princípio da legalidade** do direito tributário.

Essa alteração de alíquotas por ato infralegal deve ser motivada, sendo válida a motivação que não se encontra no próprio decreto, mas apenas no processo administrativo que a ele deu origem (STF, RE 225.602, j. 25.11.1998).

Também como decorrência de sua função regulatória, o II não se submete à anterioridade anual e nonagesimal (CF, art. 150, § 1º).

1.1.1 *Fato gerador*

O II não é um imposto incidente sobre uma operação necessariamente comercial. Sua materialidade não está ligada à noção de transferência da titularidade. O que importa, para se configurar o fato gerador do II, é a **entrada de produto estrangeiro no território nacional** (artigo 19 do CTN).

Já o Decreto-Lei 37/1966, que dispõe sobre o imposto de importação, preceitua em seu art. 1ª que o imposto incide sobre a **mercadoria** estrangeira que ingressa no território nacional.

Enquanto o art. 153, I da CF e o art. 19 do CTN falam em produtos, o art. 1º do Decreto-Lei 37/1966 fala em mercadoria ao se referir ao objeto da importação.

De fato, há diferença entre esses dois conceitos. Mercadoria é conceito mais restrito do que produto, pois aquela diz respeito apenas aos objetos destinados ao comércio, enquanto produto é todo bem material resultado de um processo produtivo. A doutrina e a jurisprudência, contudo, não analisa esses termos com demasiado rigor técnico, admitindo-se a incidência do imposto de importação sobre bens que não sejam classificados como mercadorias. Solon Sehn sintetiza da seguinte maneira:

> prevalece o entendimento de que o termo mercadorias, previsto no art. 1º do Decreto-lei 37/66, estaria empregado no sentido de produtos ou bens. Essa afirmação é assentada

> no art. 13, que prevê a incidência do imposto sobre bagagens, ou seja, sobre bens não destinados ao comércio. (...) apesar da presença do termo 'mercadoria' no art. 1º do Decreto-lei 37/66, a legislação infraconstitucional está longe de restringir a incidência aos bens importados para fins de revenda lucrativa. (...) A interpretação sistemática do Decreto-lei 37/66 evidencia que, na verdade, a hipótese de incidência do imposto compreende a importação de produtos, isto é, coisas móveis e corpóreas.[1]

Em relação ao elemento "entrada" do fato gerador, nem sempre a mera entrada física acarretará na exigência do II, pois o imposto não será devido quando o produto ingressa apenas para participação em feira ou evento. Trata-se da **admissão temporária**, que se contrapõe ao ingresso definitivo.

A convolação da admissão temporária em incorporação no território nacional a título definitivo implica na exigência do imposto de importação. Nesse sentido, caso um produto seja importado sob o regime de admissão temporária e seu importador proceda à alienação do bem, restará descaracterizada a admissão temporária, implicando na incidência do II[2].

Outro exemplo em que não há a incidência do II é o caso de **trânsito aduaneiro**, em que o produto estrangeiro ingressa no Brasil apenas porque precisa passar pelo território brasileiro para chegar a outro país.

O Decreto-Lei 37/1966 disciplina a admissão temporária e o trânsito aduaneiro (assim como todos os demais regimes aduaneiros especiais) como hipóteses de suspensão do crédito tributário (art. 71 do DL 37/1966). Essa menção aos regimes aduaneiros especiais como suspensão do crédito tributário só passou a constar do DL 37/66 após alteração de sua redação pelo Decreto-Lei 2.472/1988, quando já havia a exigência de lei complementar para dispor a respeito de normas gerais sobre crédito tributário. Diante da disposição do art. 141 do CTN, segundo a qual o rol de hipóteses de suspensão da exigibilidade do crédito tributário é exaustivo, não seria possível a introdução de novas hipóteses por espécie legislativa que não fosse a lei complementar. Além disso, vale registrar a doutrina segundo a qual a admissão temporária e o trânsito aduaneiro não representam sequer situações em que poderia haver a incidência do imposto de importação, pois o seu fato gerador exigiria a entrada a título definitivo (incorporação do bem na economia nacional), e não a mera transposição física das fronteiras nacionais:

> (...) entende-se que os casos de ingresso da mercadoria em regime de admissão temporária e de trânsito aduaneiro clássico ou de 'passagem' configuram hipóteses de não incidência do imposto, vale dizer, que não se subsumem ao conceito jurídico de importação pela não realização do critério ou aspecto material. Esses regimes especiais, portanto, destinam-se apenas ao controle da não incidência dos tributos aduaneiros, visando a impedir o desvio de finalidade e assegurar o retorno do produto ao exterior. Não se trata de suspensão do crédito tributário ou isenção condicionada. (...) O termo de compromisso firmado pelo interessado, portanto, tem natureza de simples garantia do crédito tributário que será exigido em caso de descumprimento total do regime.[3]

1. SEHN, Solon. Imposto de importação. São Paulo: Noeses, 2016, p. 99;101.
2. Instrução Normativa 1.600/2015 da Receita Federal, art. 44, V, cumulado com art. 44, § 5º.
3. SEHN, Solon. Imposto de importação. São Paulo: Noeses, 2016, p.75-76.

Ainda em relação à admissão temporária, vale destacar um julgado do STF que decidiu pela legitimidade da exclusão do arrendamento mercantil do âmbito de aplicação desse regime aduaneiro especial. Tratava o caso de mercadorias importadas através de contrato de arrendamento mercantil financeiro (*leasing*), que foram impedidas de gozar do regime de admissão temporária por conta do art. 17 da Lei 6.099/1974:

> Lei 6.099/1974, art. 17. A entrada no território nacional dos bens objeto de arrendamento mercantil, contratado com entidades arrendadoras domiciliadas no exterior, não se confunde com o regime de admissão temporária de que trata o Decreto-lei nº 37, de 18 de novembro de 1966, e se sujeitará a todas as normas legais que regem a importação.

O STF entendeu que o dispositivo, ao excluir da admissão temporária os bens objeto de arrendamento mercantil internacional, não violava o princípio da isonomia tributária (RE 429.306, j. 01.02.2011).

A **entrada ficta ou presumida**, por sua vez, ocorre quando a fiscalização aduaneira verificar que determinada mercadoria discriminada como importada na declaração do importador não estiver entre as desembaraçadas. Nesse caso, considera-se que houve entrada da mercadoria, mesmo que ela não tenha sido localizada fisicamente.

Não só a entrada real é considerada fato gerador do II, mas também a **entrada ficta ou presumida**, de acordo com a previsão do art. 1º, § 2º do DL 37/66: "Para efeito de ocorrência do fato gerador, considerar-se-á entrada no Território Nacional a mercadoria que constar como tendo sido importada e cuja falta venha a ser apurada pela autoridade aduaneira".

O **elemento temporal do II** é definido pelo art. 23 do Decreto-lei 37/1966, como sendo o a **data do registro da declaração de importação.**

A jurisprudência do STF reconhece como válido esse dispositivo, perfilhando a orientação de que o fato gerador do imposto de importação é a entrada do produto estrangeiro no território nacional (CTN, art. 19), não havendo qualquer incompatibilidade entre o art. 23 do DL 37/66 e o art. 19 do CTN (AI 420.993 AgR, j. 31.05.2005; RE 225.602, j. 25.11.1998).

O STJ adota a mesma orientação, já tendo decidido (REsp 1.220.979, j. 05.04.2011) que

> (...) Não há incompatibilidade entre o artigo 19 do CTN e o art. 23 do Decreto-Lei n. 37/66, porquanto o desembaraço aduaneiro completa a importação e, consequentemente, representa, para efeitos fiscais, a entrada de mercadoria no território nacional. 2. A jurisprudência desta Corte é no sentido de que, no caso de importação de mercadoria despachada para consumo, o fato gerador do imposto de importação ocorre na data do registro da declaração de importação.

Desse modo, é irrelevante, para a definição da alíquota aplicável à operação de importação, a data da celebração do contrato de compra e venda ou a do embarque ou a do ingresso no país da mercadoria importada.

Quando se estiver diante da entrada ficta ou presumida (art. 1º, § 2º do DL 37/66), o elemento temporal do fato gerador será a data em que a autoridade aduaneira apurar a falta ou dela tiver conhecimento (art. 23, parágrafo único do DL 37/66).

1.1.2 *Contribuinte*

O contribuinte do II é, segundo o artigo 22 do CTN, o importador ou quem a lei a ele equiparar e o arrematante de produtos apreendidos ou abandonados. A figura do arrematante surge nos casos de pena de perdimento do produto importado, ou ainda em caso de produto abandonado (considera-se abandonada a mercadoria que permanecer em recinto alfandegado sem que seu despacho de importação seja iniciado no prazo legal).

O artigo 31 do DL 37/66, com a redação dada pelo DL 2.742/88, traz ainda como contribuintes o destinatário de remessa postal internacional indicado pelo respectivo remetente e o adquirente de mercadoria entrepostada.

1.1.3 *Base de cálculo*

A base de cálculo do II pode ser, de acordo com o art. 20 do CTN, a **unidade de medida** adotada pela lei tributária, quando a alíquota for específica (CTN, art. 20, I); o **preço normal** que o produto, ou seu similar, alcançaria, ao tempo da importação, em uma venda em condições de livre concorrência, para entrega no porto ou lugar de entrada do produto no País (CTN, art. 20, II); o **preço da arrematação**, quando se trate de produto apreendido ou abandonado, levado a leilão (CTN, art. 20, III).

No primeiro caso, adota-se uma unidade de medida (que pode ser peso, volume, metragem ou quantidade) como base de cálculo em combinação com uma **alíquota específica**, expressa em um valor monetário fixo. Por exemplo, a base de cálculo do II pode ser um quilo de bacalhau, e a alíquota um real. Ou ainda um metro de seda, e a alíquota dois reais. Para se chegar ao montante devido de II, basta multiplicar a alíquota pela base de cálculo.

Quando a base de cálculo é o preço normal que o produto ou seu similar alcançaria ao tempo da importação, a **alíquota será *ad valorem***, o que significa um percentual a ser aplicado no valor do produto importado.

Apesar de o art. 20, I do CTN se referir a preço normal, o art. 2º, II do Decreto-Lei 37/1966 determina a utilização do valor aduaneiro apurado segundo as normas do Acordo Geral de Tarifas e Comércio (GATT). **O valor aduaneiro fixado no GATT não pode ser alterado pela legislação interna**, diante da regra do art. 98 do CTN (os tratados e as convenções internacionais revogam ou modificam a legislação tributária interna, e serão observados pela que lhes sobrevenha).

Nesse sentido, o STJ observou, em julgado sujeito à sistemática de recursos **repetitivos**, que o acordo Geral Sobre Tarifas e Comércio (GATT 1994), no art. VII, estabelece normas para determinação do "valor para fins alfandegários", ou seja, "**valor aduaneiro**" na nomenclatura do nosso sistema normativo e **sobre o qual incide o imposto de importação** (REsp 1.799.306, j. 11.03.2020).

No mesmo tema de repetitivo, o STJ definiu ainda que os serviços de capatazia (carga, descarga e manuseio, associados ao transporte das mercadorias importadas até o porto ou local de importação) integram o conceito de valor aduaneiro:

> (...) I - O acordo Geral Sobre Tarifas e Comércio (GATT 1994), no art. VII, estabelece normas para determinação do "valor para fins alfandegários", ou seja, "valor aduaneiro" na

nomenclatura do nosso sistema normativo e sobre o qual incide o imposto de importação. Para implementação do referido artigo e, de resto, dos objetivos do acordo GATT 1994, os respectivos membros estabeleceram acordo sobre a implementação do acima referido artigo VII, regulado pelo Decreto n. 2.498/1998, que no art. 17 prevê a inclusão no valor aduaneiro dos gastos relativos a carga, descarga e manuseio, associados ao transporte das mercadorias importadas até o porto ou local de importação. Esta disposição é reproduzida no parágrafo 2º do art. 8º do AVA (Acordo de Valoração Aduaneira.

II - Os serviços de carga, descarga e manuseio, associados ao transporte das mercadorias importadas até o porto ou local de importação, representam a atividade de capatazia, conforme a previsão da Lei n. 12.815/2013, que, em seu art. 40, definiu essa atividade como de movimentação de mercadorias nas instalações dentro do porto, compreendendo o recebimento, conferência, transporte interno, abertura de volumes para a conferência aduaneira, manipulação, arrumação e entrega, bem como o carregamento e descarga de embarcações, quando efetuados por aparelho portuário.

III - Com o objetivo de regulamentar o valor aduaneiro de mercadoria importada, a Secretaria da Receita Federal editou a Instrução Normativa SRF 327/2003, na qual ficou explicitado que a carga, descarga e manuseio das mercadorias importadas no território nacional estão incluídas na determinação do "valor aduaneiro" para o fim da incidência tributária da exação. Posteriormente foi editado o Decreto n. 6.759/2009, regulamentando as atividades aduaneiras, fiscalização, controle e tributação das importações, ocasião em que ratificou a regulamentação exarada pela SRF.

IV - Ao interpretar as normas acima citadas, evidencia-se que os serviços de capatazia, conforme a definição acima referida, integram o conceito de valor aduaneiro, tendo em vista que tais atividades são realizadas dentro do porto ou ponto de fronteira alfandegado na entrada do território aduaneiro. Nesse panorama, verifica-se que a Instrução Normativa n. 327/2003 encontra-se nos estreitos limites do acordo internacional já analisado, inocorrendo a alegada inovação no ordenamento jurídico pátrio. (REsp 1.799.306, j. 11.03.2020)

Por fim, deve-se atentar para a dissonância entre o art. 21 do CTN e o art. 153, § 1º da CF. Enquanto aquele dispositivo faculta ao Poder Executivo a alteração de alíquotas e base de cálculo do II, a Constituição apenas permite a alteração de alíquotas por ato infralegal. Essa antinomia, que pode ser indagada em questões objetivas, discursivas ou na fase oral, se resolve pelo critério hierárquico, prevalecendo o art. 153, § 1º da CF. O mesmo vale para o Imposto sobre Exportação, já que o art. 26 do CTN também foi parcialmente recepcionado pelo art. 153, § 1º da CF.

Quadro-resumo: alíquotas específica e *ad valorem*

ALÍQUOTA ESPECÍFICA	ALÍQUOTA *AD VALOREM*
valor monetário fixo, multiplicado em razão de uma determinada unidade de medida, como por exemplo: três reais por quilo; 10 reais por metro.	**percentual a ser aplicado no valor do produto importado. Exemplo: 3% sobre o valor de uma máquina de dois mil reais.**

1.1.4 *Drawback*

Drawback é um incentivo fiscal à exportação, um estímulo à indústria nacional mediante a suspensão, isenção ou restituição de tributos incidentes sobre a importação quando os insumos forem destinados a beneficiamento, fabricação ou complementação de produtos destinados à posterior exportação. Ou seja, o *drawback* reduz a carga tributária referente ao II quando a respectiva mercadoria importada estiver vinculada a uma futura exportação.

Esse instituto é disciplinado no Decreto-lei 37/66 da seguinte maneira:

> Decreto-Lei 37/1966, art. 78: Poderá ser concedida, nos termos e condições estabelecidas no regulamento:
>
> I – restituição, total ou parcial, dos tributos que hajam incidido sobre a importação de mercadoria exportada após beneficiamento, ou utilizada na fabricação, complementação ou acondicionamento de outra exportada;
>
> II – suspensão do pagamento dos tributos sobre a importação de mercadoria a ser exportada após beneficiamento, ou destinada à fabricação, complementação ou acondicionamento de outra a ser exportada;
>
> III – isenção dos tributos que incidirem sobre importação de mercadoria, em quantidade e qualidade equivalentes à utilizada no beneficiamento, fabricação, complementação ou acondicionamento de produto exportado".

O STJ entende que o *drawback* é uma operação única, apesar de possuir momentos distintos. Como o drawback é um benefício fiscal, aplica-se a ele o art. 60 da Lei 9.069/95, segundo o qual a concessão ou reconhecimento de qualquer incentivo ou benefício fiscal, relativos a tributos e contribuições administrados pela Secretaria da Receita Federal fica condicionada à comprovação pelo contribuinte, pessoa física ou jurídica, da quitação de tributos e contribuições federais. Tal comprovação de quitação deve ocorrer na concessão ou no reconhecimento do incentivo, sendo ilegal a exigência de nova certidão no momento do desembaraço aduaneiro, uma vez que o importador já é titular do benefício fiscal em razão do ato concessivo do regime especial. Essa orientação foi consolidada em sede de **recurso repetitivo** (REsp 1.041.237, j. 28.10.2009):

> (...) 1. Drawback é a operação pela qual a matéria-prima ingressa em território nacional com isenção ou suspensão de impostos, para ser reexportada após sofrer beneficiamento.
>
> (...) 3. Destarte, ressoa ilícita a exigência de nova certidão negativa de débito no momento do desembaraço aduaneiro da respectiva importação, se a comprovação de quitação de tributos federais já fora apresentada quando da concessão do benefício inerente às operações pelo regime de drawback (...)

Esse entendimento foi cristalizado na **súmula 569 do STJ**:

> Na importação, é indevida a exigência de nova certidão negativa de débito no desembaraço aduaneiro, se já apresentada a comprovação da quitação de tributos federais quando da concessão do benefício relativo ao regime de drawback

Em síntese, a comprovação da quitação de tributos federais quando da concessão do *drawback* desobriga o contribuinte a apresentar nova certidão negativa no desembaraço aduaneiro.

1.1.5 *Imposto de importação e sanção Política*

Um último tema a ser abordado sobre o imposto de importação diz respeito à caracterização ou não como sanção política da exigência do pagamento do imposto como condição para a liberação das mercadorias importadas.

As autoridades aduaneiras, fundamentando-se no artigo 571, § 1º, I do Decreto 6.759/2009 costumam reter mercadorias importadas cujo respectivo pagamento do imposto de importação não foi efetuado. Segundo o dispositivo em questão:

> Decreto 6.759/2009, art. 571, § 1º. Não será desembaraçada a mercadoria: I- cuja exigência de crédito tributário no curso da conferência aduaneira esteja pendente de atendimento, salvo nas hipóteses autorizadas pelo Ministro de Estado da Fazenda, mediante a prestação de garantia.

Os contribuintes entendem que esse procedimento representa verdadeira **sanção política**, ou seja, uma coerção indevida e desproporcional do Fisco para que o contribuinte quite débitos tributários. Haveria, para essa corrente de pensamento, ofensa à **Súmula 323 do STF**: "É inadmissível a apreensão de mercadorias como meio coercitivo para pagamento de tributos".

A jurisprudência majoritária do STJ era no sentido de que não se exige garantia para liberação de mercadoria importada, retida por conta de pretensão fiscal de reclassificação tarifária (AgRg no REsp 1.277.611, j. 19.03.2013).

Esse entendimento foi ressalvado em ao menos duas situações. Primeiro, foi decidido que não se configura como sanção política a retenção de mercadorias importadas tendo como fundamento a falsificação ou adulteração de documento, pois nesse caso o motivo da retenção não é o inadimplemento de tributo (STJ, REsp 500.286, j. 15.03.2005 – grifos adicionados):

> **A falsificação ou adulteração de documento necessário ao embarque ou desembaraço de mercadorias importadas autoriza a aplicação da pena de perdimento** a teor do que dispõe o art. 514, VI, do Regulamento Aduaneiro. **Instaurado procedimento administrativo para averiguar a existência da suposta irregularidade, é legítima a retenção cautelar das mercadorias**. A Turma negou provimento ao recurso. Precedente citado: REsp 529.614-RS, DJ 19/12/2003.

Também foi afastada a caracterização como sanção política da hipótese em que a mercadoria é retida para quitação dos direitos *antidumping* (STJ, REsp 1.728.921, j. 16.10.2018), os quais não possuem natureza tributária, mas sim aduaneira, sendo tratados pela Organização Mundial do Comércio como instrumentos de defesa comercial[4].

Além disso, é preciso ter conhecimento de que, em relação ao ICMS sobre importações, há a **súmula vinculante 48**[5], que aponta em direção oposta aos julgados relativos ao

---

4. ALMEIDA, Roberto Caparroz de. Da natureza Aduaneira dos Direitos Antidumping no Brasil. *In*: TÔRRES, Heleno Taveira (coordenador). Direito Tributário Internacional Aplicado. Volume II. São Paulo: Quartier Latin, 2004, p. 273. Defendendo os direitos *antidumping* como "modalidade não tributária de intervenção no domínio econômico": BARRAL, Welber. Dumping e Medidas Antidumping: sua Polêmica Natureza Jurídica. *In*: TÔRRES, Heleno Taveira (coordenador). Direito Tributário Internacional Aplicado. São Paulo: Quartier Latin, 2003, p. 221.

5. "Na entrada de mercadoria importada do exterior, é legítima a cobrança do ICMS **por ocasião do desembaraço aduaneiro**".

imposto de importação. No caso do ICMS incidente nas importações, o STF já admitia a exigência do imposto no momento do desembaraço aduaneiro, sendo o pagamento do tributo uma etapa necessária à conclusão do desembaraço aduaneiro. Desde o RE 193.817 (j. 23.10.1996)[6], o Pleno do STF já havia fixado a orientação de que **a liberação da mercadoria importada pode ser condicionada à comprovação, pelo importador, do pagamento do ICMS sobre ela incidente.**

Fica evidente a incompatibilidade entre as conclusões adotadas em relação ao imposto de importação em contraposição às adotadas para o ICMS[7]. Enquanto nesse tributo é possível o condicionamento do desembaraço aduaneiro ao recolhimento do tributo, a mesma exigência, no que diz respeito ao imposto de importação, era caracterizada, em outras decisões judiciais, como coação indireta, vedada pela Constituição. Aplicava-se ao imposto de importação a súmula 323 do STF mediante o equivocado raciocínio de que haveria sanção política em uma exigência que é própria do controle aduaneiro.

Essa incongruência na jurisprudência foi sanada pelo STF no RE 1.090.591 (j. 16.09.2020), submetido à sistemática de **repercussão geral**, onde se fixou a tese de que **"É constitucional vincular o despacho aduaneiro ao recolhimento de diferença tributária apurada mediante arbitramento da autoridade fiscal"**.

Ainda em relação aos tributos incidentes na importação, não se pode confundir a retenção de mercadorias como meio de exigir o imposto de importação com a apreensão em decorrência de indícios de infração punível com a pena de perdimento. Essa penalidade é prevista no art. 105 do Decreto-Lei 37/1966, e visa coibir, basicamente, a falsificação de documentos relativos à mercadoria importada. No caso de atos que ensejam a aplicação de pena de perdimento, é perfeitamente legítima a retenção de mercadorias[8].

1.2 Imposto de Exportação

O imposto sobre exportação (IE) está previsto no art. 153, II da CF como um imposto da União, e assim como o II, também possui a importante função **extrafiscal** ou regulatória de influenciar nas transações de comércio exterior. Uma política econômica de proteção à produção nacional implica na inexigência do IE, reduzindo os custos da exportação dos produtos brasileiros.

A desoneração das exportações ocorre não apenas por meio de uma política legislativa referente a não exigência do imposto de exportação, mas também por meio de normas constitucionais que criam imunidades sobre outros tributos que poderiam ser exigidos de exportações. Atende-se, assim, ao princípio do destino, pelo qual as operações de comércio exterior são desoneradas na ponta do exportador e tributadas na venda aquisição pelo importador.

---

6. No mesmo sentido: RE 228.520, j. 21.09.1998; RE 144.660, j. 23.10.1996.
7. DIAS JÚNIOR, Antônio Augusto Souza. O imposto de importação no desembaraço aduaneiro. A aplicação mecânica de uma súmula superada. Disponível em: "https://www.jota.info/opiniao-e-analise/colunas/contraditorio/o-imposto-de-importacao-no-desembaraco-aduaneiro-21072017". Acesso em 20.07.2020.
8. REsp 1.141.785, j. 02.03.2010; REsp 500.286, j. 15.03.2005; REsp 529.614, j. 20.11.2003.

No caso específico da imunidade de contribuições sociais prevista no art. 149 da CF sobre as receitas decorrentes de exportação, o STF firmou o entendimento, em sede de repercussão geral (RE 759.244, j. 12.02.2020, DJe 25.03.2020), de que tal imunidade alcança não apenas as exportações diretas, mas também as exportações indiretas, realizadas por trading companies (sociedades especializadas em realizar exportação, figurando como intermediárias e propiciando as exportações de empresas com pouca estrutura organizacional para a realização de exportações).

A função extrafiscal do IE atrai a mesma disciplina constitucional quanto a não sujeição à estrita legalidade (uma vez que pode ter suas alíquotas alteradas por decreto, conforme autorização do art. 153, § 1º da CF) e à não sujeição à anterioridade anual e nonagesimal (CF, art. 150, § 1º).

A possibilidade de o Poder Executivo alterar as alíquotas do IE não necessariamente será exercida pelo Presidente da República. O STF tem o entendimento, fixado em sede de **repercussão geral**, de que é constitucional a norma infraconstitucional que atribui a órgão integrante do Poder Executivo da União (Câmara de Comércio Exterior – CAMEX) a faculdade de estabelecer as alíquotas do IE, não havendo que se falar em competência privativa do Presidente da República (RE 570.680, **repercussão geral**, j. 28.10.2009).

O Poder Executivo deve motivar a alteração das alíquotas do IE, não podendo o Judiciário intervir no mérito da decisão se não houver teratologia que evidencia a nulidade do ato (REsp 614.890, j. 02.04.2009).

Tem-se aqui uma aplicação do **princípio da separação dos poderes**, pois a alteração de alíquotas do IE pelo Poder Executivo deve pautar-se no juízo de conveniência e oportunidade (mérito administrativo) do administrador público.

1.2.1 *Fato gerador*

O fato gerador do IE é a saída, do território nacional para o estrangeiro, de produtos **nacionais ou nacionalizados** (CTN, art. 23). A definição de produtos nacionalizados está contida no art. 212, § 1º do Decreto 6.759/2009 (Regulamento Aduaneiro): "Considera-se nacionalizada a mercadoria estrangeira importada a título definitivo".

Assim como no II, no IE também o conceito de produto deve prevalecer, em detrimento do conceito de mercadoria, para fins de definição do fato gerador. A tributação da saída de produtos do Brasil é possível, em contraposição à saída de um Estado da Federação para outro (CF art. 150, V, que veda os tributos interestaduais e intermunicipais limitadores do tráfego de pessoas ou bens).

Também no IE existe a ideia de **admissão temporária**, presente no II como um impeditivo à tributação. Ou seja, só será cobrado o IE quando o produto nacional ou nacionalizado ingressar em outro país em caráter definitivo.

Para se compreender o **elemento temporal do IE**, deve-se recorrer, primeiramente, ao art. 213, parágrafo único do Decreto 6.759/2009, segundo o qual se considera ocorrido o fato gerador do IE na **data do registro de exportação** no Sistema Integrado de Comércio Exterior (SISCOMEX).

A expedição da guia de exportação não é fato gerador do tributo. É simplesmente o momento em que se considera, para fins de cobrança do imposto, exteriorizado o fato exportação[9].

Não interessa, portanto, a data da saída do produto do território nacional ou a data do registro do negócio jurídico. O registro **da venda** no SISCOMEX não é ato equiparado à guia de exportação (RE 235.858, j. 12.11.2002), para o efeito de fixar o marco temporal do fato gerador, e consequentemente determinar a legislação aplicável (CTN, art. 144, *caput*). Não se pode confundir o registro **da venda** com o registro **da exportação** no SISCOMEX, sendo apenas este último equiparado à guia de exportação[10], e, portanto, apto a configurar elemento temporal do fato gerador do IE. Não é qualquer registro no SISCOMEX que corresponde à expedição do documento equivalente à guia de exportação como determinante do fato gerador do IE. Somente o Registro de Exportação corresponde e se equipara à Guia de Exportação (AI 578.372 AgR, j. 09.02.2010).

O STJ possui várias decisões com o entendimento de que o fato gerador do IE ocorre com o registro no SISCOMEX:

> **A jurisprudência desta Casa é firme na orientação de que o fato gerador do imposto de exportação sobre o açúcar é contado do registro de vendas no SISCOMEX** e, sendo este anterior à entrada em vigor da Resolução do BACEN nº 2.112/94, esta não pode onerar o ato jurídico celebrado sob a égide da legislação anterior (AgRg no AgRg no REsp 365.882, j. 10.04.2007, grifos adicionados).
>
> **É pacífico nesta Corte o entendimento de que o fato gerador do Imposto de Exportação sobre o açúcar ocorre com o registro de vendas no SISCOMEX (AgRg no Ag 830.231,** j. 02.09.2008, grifos adicionados).

Assim, a definição da alíquota aplicável é verificável pela data do registro no SISCOMEX.

1.2.2 *Contribuinte*

Contribuinte do IE é o exportador ou quem a lei a ele equiparar (CTN, art. 27).

O Decreto-Lei 1.578/77, em seu art. 5º define como contribuinte do IE o exportador, assim considerado qualquer pessoa que promova a saída do produto do território aduaneiro.

O exportador pode ser pessoa física ou jurídica, comerciante ou não, pouco importando a frequência com que realiza a exportação, ou ainda a presença de intuito lucrativo. Para a definição do sujeito passivo do IE não se indaga sobre qualquer característica pessoal daquele que promove a exportação.

---

9. MACHADO, Hugo de Brito. Curso de Direito Tributário. 26ª edição. ed. São Paulo: Malheiros, 2005, p. 309.
10. Decreto 660/1992, art. 6º, § 1°. Para todos os fins e efeitos legais, os registros informatizados das operações de exportação ou de importação no SISCOMEX, equivalem à Guia de Exportação, à Declaração de Exportação, ao Documento Especial de Exportação, à Guia de Importação e à Declaração de Importação.

1.2.3 *Base de cálculo*

A base de cálculo do IE pode ser, de acordo com o art. 24 do CTN, a **unidade de medida** adotada pela lei tributária, quando a alíquota for específica (CTN, art. 24, I); o **preço normal** que o produto, ou seu similar, alcançaria, ao tempo da exportação, em uma venda em condições de livre concorrência (CTN, art. 24, II). O parágrafo único do art. 24 considera, para efeitos do inciso II (preço normal do produto), a entrega como efetuada no porto ou lugar da saída do produto, deduzidos os tributos diretamente incidentes sobre a operação de exportação e, nas vendas efetuadas a prazo superior aos correntes no mercado internacional, o custo do financiamento.

Da mesma forma que ocorre no II, a base de cálculo pode ser uma unidade de medida (que pode ser peso, volume, metragem ou quantidade) em combinação com uma **alíquota específica**, expressa em um valor monetário fixo. Por exemplo, a base de cálculo do IE pode ser um quilo de bacalhau, e a alíquota um real. Ou ainda termos uma base de cálculo de um metro de seda, e a alíquota dois reais. Para se chegar ao montante devido de IE, basta multiplicar a alíquota pela base de cálculo.

Quando a base de cálculo é o preço normal que o produto ou seu similar alcançaria ao tempo da exportação, a **alíquota será *ad valorem***, o que significa um percentual a ser aplicado no valor do produto importado. Para apuração dessa base de cálculo, quando o preço da mercadoria for de difícil apuração ou for suscetível de oscilações bruscas no mercado internacional, a Câmara de Comércio Exterior fixará critérios específicos ou estabelecerá pauta de valor mínimo (Decreto 6.759/2009, art. 214, § 1º).

Relembre-se aqui que o art. 153, § 1º da CF apenas permite a alteração de alíquotas por ato infralegal, não tendo sido recepcionado o art. 26 do CTN quanto à possibilidade de alteração de base de cálculo pelo Poder Executivo.

1.3 Imposto sobre a renda

O imposto sobre a renda e proventos de qualquer natureza (IR) é previsto no art. 153, III da CF como um imposto de competência da União. Possui função preponderantemente fiscal, pois se destina principalmente a carrear recursos para os cofres públicos. Ainda assim, não deixa de ter uma feição extrafiscal, na medida em que funciona como um instrumento de distribuição de renda, ao se impor alíquotas maiores a faixas de renda mais elevadas, isentando-se as pessoas físicas de baixa renda. Como já decidiu o STJ (REsp 951.251, j. 22.04.2009):

> qualquer imposto, direto ou indireto, pode, em maior ou menor grau, ser utilizado para atingir fim que não se resuma à arrecadação de recursos para o cofre do Estado. Ainda que o Imposto de Renda se caracterize como um tributo direto, com objetivo preponderantemente fiscal, pode o legislador dele se utilizar para a obtenção de uma finalidade extrafiscal.

Como exemplo de utilização do imposto de renda com finalidade extrafiscal, é possível mencionar as alíquotas regressivas previstas para os rendimentos de aplicações financeiras, previstas no art. 1º da Lei 11.033/2004, que traz alíquotas menores em função do tempo da aplicação. O objetivo visado é estimular a formação de poupança, possuindo essa normas fundamento na ordem econômica[11].

É possível, assim, o tratamento diferenciado de determinada espécie de renda, como a citada acima oriunda do mercado financeiro. A justificativa para o tratamento diferenciado de determinada renda auferida por certos contribuintes, por mitigar os critérios da generalidade, da universalidade e da progressividade que informam o imposto de renda (CF, art. 153, § 2º, I), deve ser demonstrada por uma argumentação de sopesamento e proporcionalidade da medida. Caberá ao Judiciário o controle da legitimidade da diferenciação[12].

O IR deve obedecer ao princípio da legalidade e da anterioridade anual (de exercício), mas não precisa observar a anterioridade nonagesimal (CF, art. 150, § 1º). Sendo assim, caso o IR seja majorado nos últimos dias de dezembro, tal majoração já valerá para o primeiro dia do exercício seguinte.

O imposto de renda costuma ser classificado como um imposto direto, pois o ônus econômico da tributação não é repassado a um terceiro (consumidor). Não se deve esquecer, contudo, a crítica a essa classificação, que ressalta o fato de toda a tributação que recai sobre uma empresa ser repassada ao consumidor, já que representa um custo da atividade econômica.

Por fim, deve-se mencionar o entendimento do STF segundo o qual **o Poder Judiciário não pode substituir o Legislativo na correção da tabela do Imposto de Renda de Pessoa Física - IRPF** (RE 388.312, j. 01.08.2011). Haveria uma indevida interferência nas atribuições dos Poderes Executivo e Legislativo de análise do momento econômico e do índice de correção adequados para a retomada, ou mera aproximação, do quadro estabelecido entre os contribuintes e a lei, quando de sua edição, devendo essa omissão ficar sujeita apenas ao princípio da responsabilidade política.

1.3.1 *O conceito de renda*

A Constituição de 1988 não foi analítica (nem precisaria sê-lo) na atribuição de competência tributária para a tributação da renda. O art. 153, III do texto constitucional adotou terminologia já constante no art. 43 do Código Tributário Nacional ("renda e proventos de qualquer natureza"), sem ressalva quanto a determinada disposição do dispositivo infraconstitucional, o que deve ser visto como aceitação da definição do fato gerador prevista no CTN. Essa indeterminação do conceito de renda, aliás, não representa nenhuma incompatibilidade com a natureza das normas tributárias ou um prejuízo à segurança jurídica[13].

---

11. SANTOS, Ramon Tomazela. O Princípio da Universalidade na tributação da Renda: Análise acerca da Possibilidade de Atribuição de Tratamento Jurídico-tributário distinto a Determinados Tipos de Rendimentos Auferidos pelas Pessoas Físicas. In: Revista Direito Tributário Atual nº 28. São Paulo: Dialética, 2012, p. 293.
12. No mesmo sentido: FONSECA, Fernando Daniel de Moura. Imposto sobre a Renda: uma proposta de diálogo com a contabilidade. Belo Horizonte: Fórum, 2018, p. 100.
13. SCHOUERI, Luís Eduardo, Direito Tributário. 5ª edição. São Paulo: Saraiva, 2015, p. 315.

Não obstante a vagueza da expressão constante do art. 153, III da Constituição, vários autores se dedicaram à busca de um conteúdo mínimo a ser observado pelo legislador complementar.

Roberto Quiroga Mosquera, ao identificar cinco acepções diferentes da palavra "renda" na Constituição[14], define a expressão "renda e proventos de qualquer natureza" prevista no art. 153, III da Constituição como "mutação patrimonial que se constitui num acréscimo de seus elementos", sendo a pedra de toque nessa conceituação o recebimento de valores que representam riqueza nova[15]. Humberto Ávila[16], ao oferecer uma proposta de delimitação positiva da regra de competência do art. 153, III da Constituição, acaba por explicitar as disposições contidas no art. 43 do CTN[17], que apesar de definir o fato gerador de imposto (de acordo com o art. 146, III, "a" da CF), não pode ser compreendido como uma norma fundamental que estipula o sentido mínimo da competência tributária a ser observado pelo legislador complementar.

De acordo com a interpretação aqui defendida, ao conferir à União a instituição de imposto sobre "renda e proventos **de qualquer natureza**", o constituinte pretendeu desvincular esse tributo de amarras do direito privado, permitindo o influxo de concepções econômicas ou contábeis, desde que admitidas pelo legislador complementar, na definição do fato gerador, e pelo ordinário, na instituição do tributo. Permitiu o constituinte, assim, uma adaptação da noção de renda às concepções econômicas vigentes, mutáveis por natureza. Nesse sentido:

> (...) a identificação de um conceito mínimo, essencial, para os termos renda e proventos de qualquer natureza empregados pela Carta Constitucional aparenta resultar, mais propriamente, em um conceito jurídico tipológico (e não um conceito cerrado). Como tal, deve limitar-se a descrever características gerais do que seja renda para fins de tributação, estando sujeito a algumas variações na sua definição, a serem determinados pelo legislador competente no momento histórico pertinente, podendo absorver as concepções econômicas predominantes e, bem assim, as condições materiais de desenvolvimento da sociedade entre outros aspectos.[18]

A ideia de que há um conceito constitucional preciso da renda a ser tributada já foi inclusive rechaçada na jurisprudência do STF, quando decidiu, em **repercussão geral**,

14. Renda enquanto sinônimo de "receitas tributárias e demais ingressos públicos"; renda enquanto "renda nacional, regional ou *per capita*"; renda enquanto somatória de "rendimentos"; renda enquanto "rendimentos do trabalho"; renda enquanto "produto do capital". (MOSQUERA, Roberto Quiroga. Renda e proventos de qualquer natureza: o imposto e o conceito constitucional. São Paulo: Dialética, 1996, p. 50-57).
15. MOSQUERA, Roberto Quiroga. Renda e proventos de qualquer natureza: o imposto e o conceito constitucional. São Paulo: Dialética, 1996, p. 106-107.
16. ÁVILA, Humberto. Conceito de Renda e Compensação de Prejuízos Fiscais. São Paulo: Malheiros, 2011, p. 32. Segundo o autor o conceito constitucional de renda corresponde ao "produto líquido (receita menos as despesas necessárias à manutenção da fonte produtora ou da existência digna do contribuinte) calculado durante o período de um ano." (obra citada, p. 34).
17. ALMEIDA, Carlos Otávio Ferreira de. Tributação Internacional da Renda: A Competitividade Brasileira à Luz das Ordens Tributária e Econômica - Série Doutrina Tributária, v. XII. São Paulo: Quartier Latin, 2014, p. 250, nota de rodapé n. 23.
18. POLIZELLI, Victor Borges. O Princípio da Realização da Renda. Reconhecimento de Receitas e Despesas para Fins do IRPJ. Série Doutrina Tributária v. VII. São Paulo: IBDT/Quartier Latin, 2012, p. 132.

pela constitucionalidade de proibição legal da dedução do valor da CSLL para fins de apuração do lucro real, base de cálculo do Imposto sobre a Renda das Pessoas Jurídicas (RE 582.525, j. 09.05.2013). Nesse mesmo julgamento, confirmou-se a dimensão aberta da expressão "renda e proventos de qualquer natureza", diante da própria necessidade de sua interpretação para se concluir que o "valor pago a título de contribuição social sobre o lucro líquido – CSLL não perde a característica de corresponder a parte dos lucros ou da renda do contribuinte pela circunstância de ser utilizado para solver obrigação tributária". Conforme restou consignado no voto do Ministro Joaquim Barbosa:

> (...) o Supremo Tribunal Federal considera pertencer ao contencioso constitucional a investigação acerca do alcance semântico das palavras utilizadas pela Constituição para demarcar a competência tributária. (...) embora uma mesma palavra utilizada na Carta Magna possa significar várias coisas, não pode ela significar qualquer coisa ao alvedrio do legislador infraconstitucional. Por maior que seja a ambigüidade da expressão "renda e proventos de qualquer natureza", a respectiva definição não fica ao exclusivo arbítrio do legislador complementar ou ordinário. (...) Por outro lado, não há um conceito ontológico para renda, de dimensões absolutas, caráter imutável e existente independentemente da linguagem, que possa ser violado pelo legislador complementar ou pelo legislador ordinário, dado que se está diante de um objeto cultural. (...) Não há consenso, na doutrina ou na jurisprudência, acerca do alcance da expressão renda. (...)

Ou seja, o constituinte previu uma noção assumidamente ampla de um acréscimo ou de uma vantagem econômica monetariamente mensurável obtida pelo contribuinte, vantagem essa que poderia ser limitada pelo legislador complementar na definição do fato gerador. Cumprindo esse papel, o art. 43 do CTN dispõe que a renda pode advir do capital (aplicação financeira, por exemplo), do trabalho (remuneração por um serviço prestado, salário etc.) ou da combinação de ambos, conforme o art. 43, I do CTN.

1.3.2 *Fato gerador*

O art. 43 do CTN exerce a função de lei complementar de definir o fato gerador do imposto de renda, possuindo a seguinte redação:

> Art. 43. O imposto, de competência da União, sobre a renda e proventos de qualquer natureza tem como fato gerador a aquisição da disponibilidade econômica ou jurídica:
>
> I - de renda, assim entendido o produto do capital, do trabalho ou da combinação de ambos;
>
> II - de proventos de qualquer natureza, assim entendidos os acréscimos patrimoniais não compreendidos no inciso anterior.
>
> § 1º A incidência do imposto independe da denominação da receita ou do rendimento, da localização, condição jurídica ou nacionalidade da fonte, da origem e da forma de percepção.
>
> § 2º Na hipótese de receita ou de rendimento oriundos do exterior, a lei estabelecerá as condições e o momento em que se dará sua disponibilidade, para fins de incidência do imposto referido neste artigo.

O fato gerador do IR não é a renda ou o provento; é a **aquisição** da disponibilidade econômica ou jurídica de renda ou proventos de qualquer natureza. Essa referência à aquisição da disponibilidade indicaria a necessidade de um evento econômico que permite mensurar, com razoável segurança, a renda auferida por determinada pessoa. Haveria, na expressão "aquisição da disponibilidade", uma alusão ao princípio da realização da renda, o qual prioriza a tributação da renda orientada por uma troca no mercado e restringe o mero acréscimo de valor de um ativo como critério relevante para o reconhecimento de receita às situações em que houver segurança na sua constatação[19].

A posição aqui defendida, contudo, é a de que a "aquisição da disponibilidade" não se refere a uma renda "realizada" no sentido de se exigir um negócio jurídico que reconheça a uma pessoa o direito de crédito por um bem ou direito transferido. Bastaria, para a incidência nos termos do art. 43 do CTN, a constatação de um "poder efetivo de dispor sobre a renda", pelo qual "o recebimento de renda dependa tão somente da vontade de seu beneficiário"[20].

Em alguns casos, a depender das circunstâncias, a valorização de um ativo ainda não negociado no mercado pode sim ensejar a tributação da renda, desde que haja justificativas relevantes, como uma finalidade indutora na ordem econômica, a peculiaridade de determinado setor, como o do mercado financeiro e de capitais[21], ou mesmo uma alteração das relações econômicas que torne absolutamente irrelevante o critério "troca no mercado" para a mensuração da capacidade contributiva. Nesse último caso, é possível vislumbrar que as novas formas de relacionamento entre os agentes na economia digital podem revelar signos de riqueza desvinculados de operações tradicionais de compra e venda nas quais a transferência de um bem ou direito forneceria um critério seguro de aferição[22].

O CTN não restringiu o sentido da natureza da renda e dos proventos tributáveis a uma concepção civilista ou de direito privado. O fato de o art. 43 do CTN referir-se a "acréscimo patrimonial" não significa que se deva recorrer à lei civil para buscar esse conceito, até porque dentro do próprio direito privado há mais de uma acepção para o termo "patrimônio"[23].

---

19. POLIZELLI, Victor Borges. O Princípio da Realização da Renda – Reconhecimento de Receitas e Despesas para Fins do IRPJ – Série Doutrina Tributária. São Paulo: Quartier Latin, v. VII, 2012, p. 189-190. Também para Alcides Jorge Costa, a menção à disponibilidade inviabiliza a tributação de renda ainda não realizada (COSTA, Alcides Jorge. Imposto sobre a Renda: A Aquisição da Disponibilidade Jurídica ou Econômica como seu Fato Gerador. Limite de sua Incidência. In: OLIVEIRA, Ricardo Mariz de; COSTA, Sérgio de Freitas (Coordenadores) Diálogos Póstumos com Alcides Jorge Costa. São Paulo: IBDT, 2017, p. 233).

20. SANTOS, João Victor Guedes. Teoria da Tributação e Tributação da Renda nos Mercados Financeiro e de Capitais: entre a equidade e a eficiência, entre a capacidade contributiva e a indução. Dissertação de Mestrado apresentada à Faculdade de Direito da Universidade de São Paulo, 2011, p. 224-225. Em sentido similar: "(...) o fato gerador do imposto ocorre com a aquisição do direito à renda, **realizada ou não**" (BIANCO, João Francisco. Transparência Fiscal Internacional. São Paulo: Editora Dialética, 2007, p. 49 - grifo adicionado).

21. "Precisamente porque possuem ações negociadas em bolsa, contudo, uma alternativa pronta se apresenta para lidar com o problema do diferimento – tributar sócios numa base de cotação a mercado (*mark-to-market taxation*) decorrente da apreciação de suas ações." AVI-YONAH, Reuven S. Pessoas Jurídicas, Sociedade e o Estado: uma Defesa do Imposto das Pessoas Jurídicas. *In*: Revista Direito Tributário Atual, n. 21. São Paulo: Dialética, 2007, p. 20.

22. DIAS JÚNIOR, Antônio Augusto Souza. Preços de transferência de intangíveis: recomendações da OCDE e sua compatibilidade com o regime constitucional-tributário brasileiro. Dissertação de mestrado apresentada ao Instituto Brasileiro de Direito Tributário. São Paulo, 2019.

23. SCHOUERI, Luís Eduardo. O Mito do Lucro Real na Passagem da Disponibilidade Jurídica para a Econômica. *In*: Controvérsias jurídico-contábeis. São Paulo: 2010, p. 250.

Pelo contrário, o art. 43 em seu *caput*, fez referência expressa à "disponibilidade econômica", além de utilizar, no inciso I, conceitos próprios da ciência econômica, como "produto do capital" e "produto do trabalho". Já no *caput*, ao definir o fato gerador da renda como a aquisição de sua disponibilidade econômica, o art. 43 do CTN estaria se referindo à "busca da realidade econômica, identificando renda disponível, mesmo que não revelada pelas categorias próprias do direito privado"[24].

Apesar de o art. 43 do CTN ter vinculado a expressão ampliativa "de qualquer natureza" aos proventos, a concepção de renda prevista no inciso I do mesmo dispositivo é genérica o suficiente para se concluir que sua extensão não cabe em conceitos estritos de direito privado. O sentido de "produto do capital" não se limita a uma definição civil ou societária de capital de pessoa jurídica, assim como o "produto do trabalho" não é limitado por uma regulamentação privada específica.

Outro elemento do fato gerador do imposto de renda são os proventos, definidos pelo art. 43, II, do CTN, por exclusão, como os acréscimos patrimoniais não compreendidos no conceito de renda. Os proventos se contrapõem ao conceito de renda por representarem rendimentos obtidos em razão da inatividade, como, por exemplo, a aposentadoria, a pensão ou ainda as doações. Ainda se consideram proventos os acréscimos patrimoniais oriundos de atividades ilícitas ou de fontes não identificadas.

Essa disponibilidade da renda ou do provento pode ser, de acordo com o CTN, econômica ou jurídica.

A **disponibilidade jurídica** refere-se à aquisição da renda por aquele que possui um título jurídico, protegido e tutelado por outro ramo do direito, como o civil ou o empresarial.

A **disponibilidade econômica**, por sua vez, representa a noção aberta que se pretendeu conferir ao tributo em questão, permitindo que ele alcance a evolução das relações econômicas. Com base nessa disponibilidade, por exemplo, é possível empreender uma análise relativa aos riscos, às funções e à utilização dos ativos utilizados para o auferimento da renda, buscando um "sentido econômico do patrimônio" sem a vinculação a um título jurídico[25].

Outros autores defendem que a diferenciação entre a disponibilidade econômica e a jurídica estaria baseada na vinculação ou não do acréscimo patrimonial às formas jurídicas de direito privado. Para esse entendimento, o legislador complementar, ao tratar da disponibilidade econômica da renda, teria buscado um sentido econômico do patrimônio, e nesse caso seria irrelevante a existência de um título jurídico. Bastaria, para o acréscimo patrimonial, que o contribuinte pudesse fruir do bem, mesmo sem ser seu proprietário jurídico[26]. Ao definir o fato gerador da renda como a aquisição de sua disponibilidade econômica, o art. 43 do CTN estaria se referindo à "busca da realidade econômica, identificando renda disponível, mesmo que não revelada pelas categorias próprias do direito privado"[27].

---

24. SCHOUERI, Luís Eduardo. Preços de Transferência no Direito Tributário Brasileiro. 3ª edição. São Paulo: Dialética, 2013, p. 12.
25. SCHOUERI, Luís Eduardo. O Mito do Lucro Real na Passagem da Disponibilidade Jurídica para a Econômica. *In*: Controvérsias jurídico-contábeis. São Paulo: 2010, p. 251.
26. SCHOUERI, Luís Eduardo. Direito Tributário. São Paulo: Saraiva, 2015, p. 728.
27. SCHOUERI, Luís Eduardo. Preços de Transferência no Direito Tributário Brasileiro. 3ª edição. São Paulo: Dialética, 2013, p. 12.

De qualquer modo, a **disponibilidade econômica não se confunde com a disponibilidade financeira**, pois, como já decidiu o STJ (REsp 983.134, j. 03.04.2008):

> não se deve confundir disponibilidade econômica com disponibilidade financeira da renda ou dos proventos de qualquer natureza. Enquanto esta última se refere à imediata utilidade da renda, a segunda está atrelada ao simples acréscimo patrimonial, independentemente da existência de recursos financeiros.

A disponibilidade financeira não significa a ocorrência de acréscimo patrimonial, mas sim a posse sobre dinheiro, ou seja, a moeda em caixa. Pode ocorrer de uma disponibilidade financeira refletir uma obrigação ou dívida, e não um acréscimo patrimonial. No caso de um empréstimo contraído, por exemplo, o tomador dos recursos emprestados terá a posse sobre o dinheiro, sem que haja um acréscimo patrimonial por conta dessa operação.

Seguindo a orientação de enfatizar a prevalência dos dados econômicos sujeitos à tributação da renda, o § 1º do art. 43 do CTN (incluído pela Lei Complementar 104/2001) dispõe ser irrelevante, para a incidência do imposto, a condição jurídica da fonte ou a forma de percepção da renda. A despeito das críticas a esse dispositivo[28], fato é que a lei complementar possui a incumbência conferida pela Constituição (art. 146, III, "a") de definir o fato gerador dos impostos. Ao dispor ser irrelevante a forma de percepção da renda, o CTN não incorreu em qualquer vício de inconstitucionalidade. Pelo contrário, aproveitou a noção ampla do texto constitucional, que previu a competência da União para tributar a renda "de qualquer natureza".

A bem da verdade, § 1º do art. 43 do CTN confirma que o fato gerador do imposto de renda é, por natureza, funcional, e não estrutural. Em outras palavras, o imposto de renda não se atrela a estruturas jurídicas, tendo como substrato a existência de um acréscimo patrimonial[29]. Em consonância com o § 1º do art. 43 do CTN, o legislador ordinário inseriu uma norma ampla para a tributação da renda das pessoas físicas na Lei 7.713/1988:

> Art. 3º, § 4º: A tributação independe da denominação dos rendimentos, títulos ou direitos, da localização, condição jurídica ou nacionalidade da fonte, da origem dos bens produtores da renda, e da forma de percepção das rendas ou proventos, bastando, para a incidência do imposto, o benefício do contribuinte por qualquer forma e a qualquer título.

A regra acima, propositadamente ampla e com expressões abertas, é incompatível com uma enumeração exaustiva de todas as hipóteses de remuneração a serem tributadas pelo imposto de renda[30].

---

28. POLIZELLI, Victor Borges. Renda, realização, regimes de caixa e de competência. *In*: DONIAK JR., Jimir - coordenação. Novo RIR- Aspectos jurídicos Relevantes do Regulamento do Imposto de Renda 2018. São Paulo: Quartier Latin, 2019, p. 105.
29. OLIVEIRA, Ricardo Mariz de. Fundamentos do Imposto de Renda. São Paulo: Quartier Latin, 2008, p. 328-331.
30. DIAS JÚNIOR, Antônio Augusto Souza. A troca da força de trabalho por stock options. Implicações tributárias diante da CF, do CTN, e da Lei 7.713/88. Disponível em: "https://www.jota.info/paywall?redirect_to=//www.jota.info/opiniao-e-analise/artigos/a-troca-da-forca-de-trabalho-por-stock-options-25082020". Acesso em 30.09.2020.

Ainda sobre a definição do fato gerador do IR, deve-se atentar que **o termo receita é mais amplo que renda ou provento**. Receita significa o ingresso de numerário, bens ou direitos sem considerar as despesas realizadas. Não se identifica, por isso, com o conceito de renda ou provento, que por sua vez leva em conta as receitas e as despesas num determinado período.

1.3.3 *Contribuinte*

O art. 45 do CTN define o contribuinte do IR como o titular da disponibilidade a que se refere o art. 43, sem prejuízo de atribuir a lei essa condição ao possuidor, a qualquer título, dos bens produtores de renda ou dos proventos tributáveis. Além disso, a lei pode atribuir à fonte pagadora da renda ou dos proventos tributáveis a condição de responsável pelo imposto cuja retenção e recolhimento lhe caibam.

O contribuinte do IR pode auferir sua renda no exterior, mas sendo domiciliado no Brasil, aqui sofrerá a incidência do IR.

Pouco importa, para a tributação do IR, as qualidades pessoais do contribuinte, pois o IR orienta-se pelo critério da **generalidade** (CF, art. 153, § 2º, I). Ou seja, o IR alcança todos os contribuintes sem discriminá-los em razão de características particulares, concretizando assim o princípio da igualdade. Todos aqueles que praticarem o fato gerador do IR serão igualmente tributados, guardando a generalidade, portanto, uma conotação subjetiva.

Não contraria a generalidade o fato de que a disciplina do IR é diferente conforme o sujeito passivo seja pessoa física ou jurídica. Em relação às pessoas físicas, o IR segue, em regra, o **regime de caixa**, pelo qual o fato gerador ocorre no momento do recebimento (ingresso físico) da renda. Quando se tratar de pessoa jurídica, contudo, a tributação é feita pelo **regime de competência**, ocorrendo o fato gerador no momento da apuração contábil da renda, mesmo que esta seja efetivamente recebida em momento posterior. Pelo regime de competência, as "receitas e despesas são apropriadas ao período em função de sua incorrência e da vinculação da despesa à receita, independentemente de seus reflexos no caixa"[31]. Como ensina a doutrina contábil, "pelo princípio da competência, o fator predominante para o reconhecimento não é a entrada ou a saída monetária"[32]

Apesar de o imposto de renda de pessoa física seguir, em regra, o regime de caixa, o STJ entende que **no caso de benefício previdenciário pago em atraso e acumuladamente, não é legítima a cobrança de imposto de renda com parâmetro no montante global pago extemporaneamente**. De acordo com a posição consolidada pela sistemática dos recursos **repetitivos** (REsp 1.118.429, j. 24.03.2010).

> O IR sobre benefícios pagos acumuladamente deve ser calculado de acordo com as tabelas e alíquotas vigentes à época em que os valores deveriam ter sido pagos, observando a renda auferida mês a mês pelo segurado. Não é legítima a cobrança do IR com base no montante global pago extemporaneamente.

---

31. GELBCKE, Ernesto Rubens *et allic*. Manual de contabilidade societária: aplicável a todas as sociedades: de acordo com as normas internacionais e do CPC. 3ª edição. São Paulo: Atlas, 2018, p. 70.
32. IUDÍCIBUS, Sérgio de. Teoria da Contabilidade. 9ª edição. São Paulo: Atlas, 2009, p. 49.

O entendimento é relevante não só em relação a ações previdenciárias, mas também para as ações trabalhistas, em que o trabalhador recebe uma quantia de verbas trabalhistas de forma acumulada, em relação a verbas não adimplidas no momento da prestação do serviço.

O STF, no julgamento do RE 614.406 (j. 23.10.2014, na sistemática de **repercussão geral**), também entendeu que a alíquota do IR deve ser a correspondente ao rendimento recebido mês a mês, e não aquela que incidiria sobre valor total pago de uma única vez, e, portanto, mais alta. Caso se permitisse a incidência de uma alíquota que levasse em conta o valor recebido de forma acumulada após o ajuizamento de uma ação pelo trabalhador ou segurado, estar-se-ia punindo aquele que foi obrigado a ingressar na justiça para fazer valer o direito a suas verbas trabalhistas ou previdenciárias.

A tese de repercussão geral foi redigida nos seguintes termos: "O Imposto de Renda incidente sobre verbas recebidas acumuladamente deve observar o regime de competência, aplicável a alíquota correspondente ao valor recebido mês a mês, e não a relativa ao total satisfeito de uma única vez".

1.3.4 *Base de cálculo*

O art. 44 do CTN dispõe que a base de cálculo do IR é o montante, real, arbitrado ou presumido, da renda ou dos produtos tributáveis. Tem-se a partir daí a classificação do lucro utilizada no IR das pessoas jurídicas.

O **lucro real** é em regra a base de cálculo do IR para as pessoas jurídicas e pode ser definido como o lucro líquido do exercício ajustado pelas adições, exclusões ou compensações prescritas ou autorizadas pela legislação tributária. A apuração do lucro real é a forma mais rigorosa e técnica de apuração de base de cálculo do IRPJ, pois consiste no levantamento contábil das receitas, despesas e demais deduções permitidas em lei. Dentre as deduções, vale advertir que o valor pago a título de CSLL (Contribuição Social sobre o Lucro Líquido) "não perde a característica de corresponder a parte dos lucros ou da renda do contribuinte pela circunstância de ser utilizado para solver obrigação tributária" (STF, RE 582.525, **repercussão geral**, j. 09.05.2013), sendo, por isso "constitucional a proibição de deduzir-se o valor da Contribuição Social sobre o Lucro Líquido – CSLL do montante apurado como lucro real, que constitui a base de cálculo do Imposto de Renda de Pessoa Jurídica – IRPJ" (tese de repercussão geral fixada).

Já o **lucro presumido** representa uma apuração mais simples, sendo uma opção de empresas que possuem sua receita bruta dentro de um determinado limite e cujas atividades não estejam obrigatoriamente sujeitas à apuração do lucro real. Nesse caso não há o rigor contábil do lucro real, e a base de cálculo é determinada mediante a aplicação do percentual de oito por cento sobre a receita bruta auferida mensalmente (art. 15, *caput*, da Lei 9.249/95). Esse percentual de oito por cento é a regra geral, havendo percentuais diferenciados para determinados ramos de atividades. A utilização da receita como base do lucro presumido é objeto de críticas por desfigurar o imposto como tributo apto a incidir sobre o aumento patrimonial[33], após a subtração das perdas sofridas.

33. "(...) quando se fala de tributar a renda com base no lucro presumido, temos de dizer, com todas as letras, que tributar com base em lucro presumido é aplicar um determinado percentual sobre a receita ou faturamento.

O **lucro arbitrado**, por outro lado, é uma técnica de determinação da base de cálculo do IR adotada quando o contribuinte não atender às exigências legais para a apuração pelo lucro real ou presumido. Como ensina a doutrina, apesar de estar relacionado ao descumprimento pelo contribuinte de obrigações acessórias, a técnica do lucro arbitrado não pode ser conceituada como uma penalidade. Até mesmo porque o próprio contribuinte pode realizar o arbitramento (art. 531 do Regulamento do Imposto de Renda).

A base de cálculo do IR é informada pelo critério da **universalidade** (CF, art. 153, § 2º, I), que determina a sujeição de toda e qualquer modalidade de renda e provento à incidência do IR. **Enquanto o critério da generalidade possui feição subjetiva, relacionando-se com o contribuinte, a universalidade tem caráter objetivo.**

É importante observar que a universalidade se contrapõe à seletividade. Enquanto a seletividade baseia-se na diferenciação da tributação conforme a espécie do objeto a ser onerado, a universalidade busca justamente igualar e unificar as rendas e proventos, desconsiderando as peculiaridades das rendas do contribuinte.

O critério da **progressividade** (CF, art. 153, § 2º, I), por sua vez, é aplicado na fixação das alíquotas do IR, que possuem percentuais diferentes de acordo com a faixa de renda do contribuinte, o que concretiza o princípio da capacidade contributiva aplicável aos impostos (CF, art. 145, § 1º). Desse modo, um trabalhador que possui um salário de cinco mil reais está sujeito a alíquotas menores do que as incidentes sobre o salário de dez mil reais do seu chefe.

Por fim, vale observar que a base de cálculo do imposto de renda é apurada durante o período de um ano, que coincide com o ano civil. Diante da impossibilidade prática de se aguardar a extinção da pessoa jurídica ou a morte da pessoa física para se calcular toda a renda auferida, a legislação estabelece o marco de um ano para a apuração.

Eventuais normas que permitam o aproveitamento de prejuízo fiscal de um exercício no seguinte, para redução da base de cálculo, são consideradas pelo STF como benefícios fiscais. Conforme definido em sede de **repercussão geral** (RE 591.340, j. 27.06.2019), é constitucional a limitação do direito de compensação de prejuízos fiscais do IRPJ e da base de cálculo negativa da CSLL.

1.3.5 *Imposto de renda e indenizações*

Indenização é a reparação de um dano, surgindo o dever de indenizar após a constatação dos elementos "conduta humana", "culpa genérica", "nexo de causalidade" e "dano ou prejuízo"[34].

Para se definir a natureza da indenização deve-se analisar as circunstâncias fáticas, não sendo suficiente a mera leitura, por exemplo, de contratos. Desse modo, entende a

---

Portanto, em última análise, é tributar a receita ou o faturamento e não mais a manifestação de capacidade contributiva consistente no aumento patrimonial." (GRECO, Marco Aurélio. Internet e Direito. 2ª edição. São Paulo: Dialética, 2000, p. 181).

34. TARTUCE, Flávio. Direito Civil, volume 2: direito das obrigações e responsabilidade civil. São Paulo: Método, 2010, p. 354.

Receita Federal que os valores recebidos de pessoa jurídica por pessoa física, por força de acordo no qual se declara serem tais valores destinados a "recompor danos", representam acréscimo patrimonial para a pessoa física, devendo ser tributado pelo imposto de renda (Solução de Consulta COSIT 311/2018 da Receita Federal).

É comum a afirmação de que o imposto de renda não incide sobre indenizações. Trata-se de uma generalização que pode levar a diversos equívocos.

Para que se conclua pela não incidência do imposto de renda sobre indenizações, deve-se verificar se a situação corresponde a uma **indenização por dano emergente ou por lucros cessantes.** Em caso de dano emergente, a indenização apenas restabelece a situação patrimonial anterior ao dano, não havendo que se falar em acréscimo a ensejar a incidência do imposto de renda. Sendo o caso de lucros cessantes, diversamente, a indenização constituirá um ganho que deixou de ser percebido anteriormente, representando verdadeiro acréscimo patrimonial. Essa a orientação do STJ (REsp 748.868, j. 28.08.2007):

> (...) 2. Indenização é a prestação destinada a reparar ou recompensar o dano causado a um bem jurídico. Os bens jurídicos lesados podem ser (a) de natureza patrimonial (= integrantes do patrimônio material) ou (b) de natureza não-patrimonial (= integrantes do patrimônio imaterial ou moral), e, em qualquer das hipóteses, quando não recompostos in natura, obrigam o causador do dano a uma prestação substitutiva em dinheiro.
>
> 3. O pagamento de indenização pode ou não acarretar acréscimo patrimonial, dependendo da natureza do bem jurídico a que se refere. Quando se indeniza dano efetivamente verificado no patrimônio material (= dano emergente), o pagamento em dinheiro simplesmente reconstitui a perda patrimonial ocorrida em virtude da lesão, e, portanto, não acarreta qualquer aumento no patrimônio. Todavia, ocorre acréscimo patrimonial quando a indenização (a) ultrapassar o valor do dano material verificado (= dano emergente), ou (b) se destinar a compensar o ganho que deixou de ser auferido (= lucro cessante) (...)

Assim, se a indenização por lucro cessante consiste no ganho que teria sido auferido em momento anterior não fosse a prática de um ato ilícito, essa recomposição deve ser tributada da mesma maneira que o teria sido caso o lucro fosse incorporado ao patrimônio no seu devido momento.

Justamente por essa razão, o STJ entende que os juros incidentes na repetição do indébito tributário, inobstante a constatação de se tratarem de juros moratórios, se encontram dentro da base de cálculo do IRPJ e da CSLL, dada a sua natureza de lucros cessantes (REsp 1.138.695, **repetitivo**, j. 22.05.2013). Esse tema será novamente apreciado pelo STF em sede de **repercussão geral** no RE 1.063.187, onde se discute a incidência do imposto de renda das pessoas jurídicas (IRPJ) e da contribuição social sobre o lucro líquido (CSLL) sobre a taxa SELIC (que abrange juros moratórios e correção monetária) na repetição do indébito.

Ainda sobre o imposto de renda e as indenizações, é importante notar que em caso de lesão ao patrimonial imaterial, todavia, não há que se falar em incidência do imposto de renda na indenização que visa a tal recomposição. De acordo com a **súmula 498 do STJ**, "Não incide imposto de renda sobre a indenização por danos morais".

1.3.6 *Tributação internacional da renda*

Assunto de relevância cada vez maior diante da tendência de rompimento das fronteiras econômicas, comerciais e mesmo tributárias, é a tributação internacional da renda. O exercício de atividades de um residente em outro país enseja várias controvérsias a respeito da bitributação da renda e do capital. Diante da vastidão dessa matéria, o presente manual abordará apenas dois temas, de forma pontual e sucinta: a tributação das controladas e coligadas no exterior e os preços de transferência.

Esses dois temas se assemelham quanto aos seus efeitos práticos, pois tanto a legislação tributária de controladas e coligadas quanto a de preços de transferência se aplicam a pessoas ligadas entre si e possuem normas que determinam ao contribuinte brasileiro a adição de lucros à sua base de cálculo do imposto de renda. As diferenças, contudo, superam as semelhanças[35], como será visto a seguir.

1.3.6.1 *A tributação em bases universais e as empresas controladas e coligadas no exterior*

Tradicionalmente, a legislação brasileira adotava o princípio da territorialidade para a tributação, pelo qual seriam tributados pelo IR apenas a renda produzida dentro do território brasileiro. Os rendimentos auferidos no exterior por empresas aqui situadas não eram alcançados pelo imposto.

Com a Lei 9.249/95, contudo, adotou-se a **tributação em bases universais**, para a qual não interessa o local onde ocorre o fato gerador do IR, se no Brasil ou no exterior. Basta que seu titular seja domiciliado (domicílio tributário) no Brasil. De fato, a referida lei, em seu art. 25 prevê categoricamente a tributação dos lucros, rendimentos e ganhos de capital auferidos no exterior pelas pessoas jurídicas domiciliadas no Brasil.

Em relação às pessoas físicas, a Lei 7.713/88 já previa, em seu art. 3º, § 4º, a tributação do IR independentemente da localização, condição jurídica ou nacionalidade da fonte dos rendimentos.

Essa tributação em bases universais está de acordo com o critério da **generalidade**, previsto no art. 153, § 2º, I, da CF/88, devendo o IR incidir sobre todos os rendimentos auferidos pelo contribuinte, dada a amplitude da base de cálculo do IR.

Em 2001, a Lei Complementar 104 acrescentou o § 2º ao art. 43 do CTN, segundo o qual na hipótese de receita ou de rendimento oriundos do exterior, a lei estabelecerá as condições e o momento em que se dará sua disponibilidade, para fins de incidência do IR.

No mesmo ano, a Medida Provisória 2.158-35/2001 disciplinou a matéria, prevendo que os lucros auferidos por controlada ou coligada no exterior serão considerados disponibilizados para a controladora ou coligada no Brasil na **data do balanço** em que tiverem sido apurados, na forma do regulamento (art. 74). Ou seja, os lucros da empresa residente

35. Para uma comparação entre as duas espécies de normas: DIAS JÚNIOR, Antônio Augusto Souza. Preços de transferência e transparência fiscal internacional. Relação entre as duas espécies de normas. Disponível em: "https://www.jota.info/paywall?redirect_to=//www.jota.info/opiniao-e-analise/colunas/contraditorio/precos-de-transferencia-e-transparencia-fiscal-internacional-27082018". Acesso em 30.09.2020.

no Brasil eram tributados antes mesmo de serem a esta distribuídos, distribuição esta que sequer poderia ocorrer.

Essa normatização gerou um debate em torno de duas posições.

De um lado, os contribuintes afetados pela legislação defendiam a inconstitucionalidade do § 2º do art. 43 do CTN e do art. 74 da Medida Provisória, argumentando, em síntese, que a mera apuração do lucro pelas controladas ou coligadas no exterior não representava uma disponibilidade de renda para as empresas sediadas no Brasil, de modo que não haveria fato gerador do IR.

De outro lado, a Fazenda Nacional defendia que a apuração contábil do lucro da empresa estrangeira já configurava uma disponibilidade econômica da empresa controladora ou coligada sediada no Brasil, uma vez que a legislação adota o regime de competência e a tributação em bases universais para o IR. Além disso, os dispositivos questionados seriam mecanismos antielisivos de combate à sonegação.

Após anos de discussão, o STF enfrentou a questão na ADI 2588 (j. 10.04.2013), cuja ementa chegou às seguintes conclusões:

a) Inaplicabilidade do art. do art. 74 da MP 2.158-35 às empresas nacionais coligadas a pessoas jurídicas sediadas em países sem tributação favorecida, ou que não sejam "paraísos fiscais";

b) A aplicabilidade do art. 74 da MP 2.158-35 às empresas nacionais controladoras de pessoas jurídicas sediadas em países de tributação favorecida, ou desprovidos de controles societários e fiscais adequados ("paraísos fiscais", assim definidos em lei);

c) A inconstitucionalidade do art. 74 par. ún., da MP 2.158-35/2001, de modo que o texto impugnado não pode ser aplicado em relação aos lucros apurados até 31 de dezembro de 2001.

Em razão das divergências entre os Ministros, não houve decisão quanto às controladas fora de paraíso fiscal nem para as coligadas localizadas em paraíso fiscal[36].

Essa distinção entre coligadas e controladas tem a seguinte razão de ser: enquanto nas empresas coligadas a empresa coligada brasileira não possui ingerência sobre a coligada no exterior, no caso das controladas sediadas no exterior a empresa brasileira controladora tem poder de decisão sobre a controlada, podendo desse modo interferir na disponibilização dos lucros auferidos pela controlada. Por isso, a tese da inconstitucionalidade da norma questionada em relação às empresas coligadas teve argumentos mais contundentes no julgamento da ADI.

Em maio de 2014, a Lei 12.973/2014 revogou o artigo 74 da MP 2.158-35/2001, dando uma nova disciplina à matéria. Da mesma forma que o STF, a referida lei diferenciou o tratamento conforme se trate de empresa controlada ou coligada, conferindo um tratamento

36. Paraísos fiscais são os países com tributação favorecida, que não tributam a renda ou a tributam com alíquota máxima inferior a 20%, segundo o art. 24 da Lei 9.430/96. As Instruções Normativas SRF 164/98 e 68/00 trazem uma lista desses países.

mais rígido às controladas, além de ter-se utilizado do critério de localização em paraíso fiscal, também seguindo a orientação do STF. Houve, portanto, um verdadeiro diálogo institucional entre o STF e os Poderes Executivo e Legislativo[37]. Ainda no que tange às controladas, permitiu-se expressamente a tributação no caso de controladas indiretas, tendo por consequência uma "horizontalização" das relações entre controladora e controladas indiretas, não havendo relevância do "degrau da cadeia vertical em que se situam"[38].

Já para as sociedades coligadas a nova legislação prevê, ao menos em regra, a tributação dos lucros para a coligada no Brasil na data do pagamento ou do crédito em conta bancária. A tributação automática só será possível em casos específicos, como, por exemplo, a localização em paraísos fiscais (art. 81 da Lei 12.973/2014). É possível enxergar, em relação às coligadas, um regime de tributação muito próximo da orientação adotada pelo STF na ADI 2.588[39], onde se decidiu ser inconstitucional a tributação pela data da apuração do balanço no exterior das coligadas que não estivessem situadas em paraísos fiscais.

1.3.6.2 *Preços de transferência - a praticabilidade nas margens fixas de lucro e nos "safe harbours"*

O comércio internacional hoje ocorre, em larga escala, entre unidades de uma mesma empresa localizadas ao redor do mundo. Segundo relatório da Organização das Nações Unidas de 26 de fevereiro de 2013, 80% do comércio mundial se dá entre os ramos das empresas multinacionais (o que recebeu a alcunha de cadeias de valor)[40]. A Organização Mundial do Comércio, por sua vez, aponta que a concentração de atividades específicas em determinados países começou a ocorrer após os meados da década de 1980[41]. O modelo de industrialização abandonava o desenvolvimento de toda uma cadeia de produção em um único país para diluir a produção ao redor do mundo, de acordo com as circunstâncias econômicas, ambientais, laborais, tecnológicas, entre outras.

Apesar de a temática dos preços de transferência não dizer respeito a um conceito exclusivamente tributário, sendo um tema estudado também, por exemplo, no âmbito da administração financeira[42], importa aqui estudar os efeitos tributários das relações de comércio internacional entre pessoas que possuam algum vínculo entre si.

---

37. GODOI, Marciano Seabra de. A Nova Legislação sobre Tributação de Lucros Auferidos no Exterior (Lei 12.973/2014) como Resultado do Diálogo Institucional Estabelecido entre o STF e os Poderes Executivo e Legislativo da União. In: Controvérsias jurídico-contábeis. 18º volume. São Paulo: Dialética, 2014.
38. XAVIER, Alberto. A Lei nº 12.973, de 13 de maio de 2014, em Matéria de Lucros no Exterior: Objetivos e Características Essenciais. *In*: Grandes Questões Atuais de Direito Tributário, 18º Volume. São Paulo, Editora Dialética, 2014, p. 13.
39. MALDONADO, Luciano Burti. Breve análise da regra brasileira de tributação dos lucros no exterior e a sua proximidade ou o seu distanciamento das regras de Controlled Foreign Corporations - CFC. *In*: Revista de Direito Tributário Contemporâneo n. 23. São Paulo: Editora Revista dos Tribunais, 2020, p. 82.
40. Disponível em: http://unctad.org/es/paginas/PressRelease.aspx?OriginalVersionID=113. Acesso em 03.08.2018.
41. Organização Mundial do Comércio. Informe Sobre El Comercio Mundial 2014, p. 103. Disponível em: https://www.wto.org/spanish/res_s/booksp_s/wtr14-2c_s.pdf. Acesso em 03/08/2018. Acesso em 03/08/2018.
42. FERNANDES, Edison Carlos. Convergência Contábil como Demonstração das Transações Arm's Length. *In*: SCHOUERI, Luís Eduardo (coord.) Tributos e Preços de Transferência, 4º volume. São Paulo: Dialética, 2013, p. 53.

Dentre as consequências tributárias das transações entre pessoas e empresas associadas, está a necessidade do controle de preços de transferência, regulado no Brasil pela Lei 9.430/1996. Segundo a OCDE[43], preços de transferência são os preços pelos quais uma empresa transfere bens físicos e propriedade intangível ou fornece serviços a empresas associadas. A legislação brasileira, contudo, acrescenta o controle de preços de transferência aos empréstimos de dinheiro, como se pode ver do art. 22 da Lei 9.430/1996, ao mesmo tempo em que subtrai do controle uma parte significativa dos intangíveis, diante do art. 18, § 9º da Lei 9.430/1996[44]. Há, portanto, dois elementos no conceito de preços de transferência: a) uma transação onerosa; que seja b) realizada entre duas pessoas associadas[45].

No Brasil, é possível afirmar que houve uma opção pela praticabilidade e simplificação do controle de preços de transferência, renunciando-se a investigações exaustivas sobre o preço mais próximo de operações *arm's length* (à distância de um braço, ou seja, em condições não influenciadas pela proximidade das partes). Ao invés de se empreender uma análise exaustiva da legislação brasileira de preços de transferência, serão abordados, de forma pontual, as margens fixas de lucro nas operações de importação e os "*safe harbours*" nas operações de exportação.

A análise dos métodos previstos na Lei 9.430/96 para a determinação dos preços de transferência permite a conclusão de que as normas brasileiras, ao invés de perseguirem condições de mercado ou um preço parâmetro que possivelmente seria praticado entre partes independentes, buscam, sobretudo, a fixação de um preço que seja válido fiscalmente para determinação da base de cálculo do imposto de renda. Há, nesse ponto, um afastamento em relação ao modelo da OCDE[46], que enfatiza as condições reais de mercado e envida esforços significativos para o alcance de preços que seriam praticados entre partes independentes.

Normas de preços de transferência que divergem da OCDE, inclusive a brasileira, podem alcançar um preço *arm's length* por outros caminhos, sem uma obediência fiel às diretrizes da OCDE. Nesse sentido, os afastamentos da legislação brasileira das diretrizes da OCDE (como, por exemplo, na importância conferida às margens fixas de lucro e aos "*safe harbours*" nas exportações) não significam que as regras brasileiras de preços de transferência são inconciliáveis ou incompatíveis com o princípio *arm's length*. Há quem proponha, por exemplo, um exame de proporcionalidade das medidas brasileiras de praticabilidade, validando-as apenas quando estas não prejudicarem, de modo desproporcional, o controle que a legislação de preços de transferência propõe[47].

---

43. OECD (2017), OECD Transfer Pricing Guidelines for Multinational Enterprises and Tax Administration 2017, OECD Publishing, Paris, p. 17.

44. Alguns exemplos de intangíveis cujo controle de preços de transferência não é alcançado pela vedação do art. 18, § 9º da Lei 9.430/1996 podem ser conferidos em DIAS JUNIOR, Antônio Augusto Souza. Intangíveis e Preços de Transferência: Vedações e Necessidades do Controle. Revista Direito Tributário Internacional Atual nº 07 p. 52-70. São Paulo: IBDT, 1º semestre de 2020.

45. PRATS, Francisco Alfredo García. Los precios de transferência: su tratamiento tributario desde una perspectiva europea. In: TÔRRES, Heleno Taveira (coord.). Direito Tributário Internacional Aplicado. Vol. III. São Paulo: Quartier Latin, 2005, p. 259.

46. OLIVEIRA, Vivian de Freitas e Rodrigues de. Preços de Transferência como norma de ajuste de imposto sobre a renda. São Paulo: Noeses, 2015, p. 175-176.

47. GREGORIO, Ricardo Marozzi. Preços de Transferência – *Arm's Length* e Praticabilidade. Série Doutrina Tributária Vol. V – São Paulo: Quartier Latin, 2011, p. 306-409.

Em relação às margens fixas, a legislação brasileira apresenta um distanciamento do modelo da OCDE ao determinar margens de lucro de acordo com os setores econômicos, que podem ser refutadas pelo contribuinte, conforme disposição do artigo 21, § 2º da Lei 9.430/96[48]. As margens para as operações de importação controladas pelo método "preço de revenda menos lucro" estão previstas no art. 18, § 12 da Lei 9.430/1996:

> § 12. As margens a que se refere a alínea d do inciso II do caput serão aplicadas de acordo com o setor da atividade econômica da pessoa jurídica brasileira sujeita aos controles de preços de transferência e incidirão, independentemente de submissão a processo produtivo ou não no Brasil, nos seguintes percentuais:
>
> I - 40% (quarenta por cento), para os setores de:
>
> a) produtos farmoquímicos e farmacêuticos;
>
> b) produtos do fumo;
>
> c) equipamentos e instrumentos ópticos, fotográficos e cinematográficos; d) máquinas, aparelhos e equipamentos para uso odontomédico-hospitalar; e) extração de petróleo e gás natural; e
>
> f) produtos derivados do petróleo;
>
> II - 30% (trinta por cento) para os setores de:
>
> a) produtos químicos;
>
> b) vidros e de produtos do vidro;
>
> c) celulose, papel e produtos de papel; e
>
> d) metalurgia; e
>
> III - 20% (vinte por cento) para os demais setores.

Ao invés de se exigir do contribuinte uma justificação em relação a todas as suas transações, o poder público encarrega-se de uma padronização legal, que se espera seja baseada em análises econômicas sólidas. Há aqui uma transferência de responsabilidades do contribuinte para o Estado, que ao assumir a tarefa de estabelecer as margens deveria justificar, com uma fundamentação passível de controle, a utilização de uma margem de lucro específica para determinados setores econômicos. Uma vez que o legislador assume para si o encargo de estabelecer as margens, os parâmetros adotados para se chegar a esse ou aquele patamar legal deveriam ser extensivamente expostos aos contribuintes sujeitos ao limite. Outro ponto passível da sistemática brasileira de margens fixas de lucro é que na prática tais margens não são refutáveis[49], a despeito da previsão legal do artigo 21, § 2º da Lei 9.430/96.

Outro instrumento de praticabilidade são os *safe harbours*, que funcionam como uma espécie de porto seguro em que a aplicação de ajustes previstos na legislação de preços de transferência pode ser evitada. Os preços estabelecidos dentro da margem aceita pela legislação, desse modo, são isentos de ajustes[50].

---

48. "§ 2º Admitir-se-ão margens de lucro diversas das estabelecidas nos arts. 18 e 19, desde que o contribuinte as comprove, com base em publicações, pesquisas ou relatórios elaborados de conformidade com o disposto neste artigo.".
49. SCHOUERI, Luís Eduardo. Arm's Length: Beyond the Guidelines of the OECD: "It is better to be roughly right than precisely wrong."(John Maynard Keynes), 69 Bull. Intl. Taxn. 12 (2015), Journals IBFD.
50. OECD (2017), OECD Transfer Pricing Guidelines for Multinational Enterprises and Tax Administration 2017, OECD Publishing, Paris, p. 205.

Nessa esteira, as regras de *safe harbours* não se destinam a cumprir o princípio *arm's length*[51], mas sim a excepcionar esse princípio nos casos em que uma relação de custo e benefício indica que a aplicação do *arm's length* revela-se desproporcional. Há uma renúncia ao controle de preços de transferência em prol de uma redução de custos (o que traz benefícios aos contribuintes e à própria administração tributária).

Tais vantagens, que seriam especialmente relevantes para países em desenvolvimento, devem ser sopesadas com uma possível vulneração da igualdade entre empresas, na medida em que alguns setores poderiam ser mais beneficiados que outros com o estabelecimento das margens de segurança[52].

As diretrizes da OCDE sobre preços de transferência publicadas em 1995 adotavam uma visão negativa das regras de *safe harbours*, enfatizando a potencial perda de receitas e uma possível incompatibilidade com o princípio *arm's length*. Nas diretrizes de 2017, contudo, a OCDE reconhece que os benefícios das regras de *safe harbours* podem superar suas desvantagens, desde que cuidadosamente aplicadas[53].

No Brasil, as regras de *safe harbours* são aplicadas somente às exportações. Segundo o art. 19 da Lei 9.430/1996, se o preço médio na venda de bens, serviços ou direitos nas operações efetuadas durante determinado período de apuração da base de cálculo do imposto de renda, for inferior a noventa por cento do preço médio praticado na venda dos mesmos bens, serviços ou direitos, no mercado brasileiro, durante o mesmo período e em condições de pagamento semelhantes, as receitas auferidas nas operações de exportação com pessoas vinculadas ficam sujeitas ao controle de preços de transferência (nos termos da lei, sujeição a "arbitramento"). Caso contrário, (preço igual ou superior a noventa por cento), as operações não ficam sujeitas a arbitramento.

Em 2019, foi publicada uma Declaração Conjunta da OCDE e da Receita Federal do Brasil, onde se previu que "algumas das regras existentes precisarão ser substituídas ou emendadas para alinhá-las ao padrão internacional de preços de transferência da OCDE", ao mesmo tempo em que se destacou a necessidade de garantir simplicidade, por meio da adoção de *safe harbours* e de presunções legais refutáveis[54]. A sinalização para substituição de regras, contudo, causa o temor de que as regras brasileiras sejam descartadas no processo de entrada do Brasil na OCDE[55].

Apesar das críticas sofridas pela legislação brasileira, esta cumpre o seu papel de conciliar os objetivos de preservar a base tributária e permitir a aplicação do controle de

---

51. SCHOUERI, Luís Eduardo. Preços de Transferência no Direito Tributário Brasileiro. 3ª edição. São Paulo: Dialética, 2013, p. 144.
52. HOFMANN, Patricia; RIEDEL, Nadine. Transfer Pricing Regimes for Developing Countries, 72 Bull. Intl. Taxn. 4/5 (2018), Journals IBFD.
53. OECD (2017), OECD Transfer Pricing Guidelines for Multinational Enterprises and Tax Administration 2017, OECD Publishing, Paris, p. 205.
54. Declaração Conjunta sobre o Projeto de Preços de Transferência da OCDE-BRASIL, 11.07.2019. Disponível em: "http://receita.economia.gov.br/noticias/ascom/2019/julho/ocde-e-brasil-compartilham-os-resultados-do-projeto-para-alinhar-as-regras-de-precos-de-transferencia-do-brasil-ao-padrao-da-oecd". Acesso em 25.08.2019.
55. OLIVEIRA, Phelippe Toledo Pires de. Brazil's Entry into the OECD: State of Play, Tax Challenges and Potential Outcomes. British Tax Review, Issue 1, 2019.

preços de transferência dentro das capacidades institucionais da administração tributária do Brasil. Ainda que não haja um alto nível de fidelidade a modelos econômicos de mensuração da renda das multinacionais, deve-se ter em mente que não há e não pode haver uma forma economicamente correta de dividir a renda de uma multinacional que é, em sua essência econômica, um ente unitário, uma vez que a consideração em separado de suas unidades decorre de uma ficção legal, qual seja, a personalidade jurídica separada das outras unidades. Seria ilusória a noção de que é possível repartir a renda da multinacional de maneira completamente não arbitrária[56].

1.4 Imposto sobre Produtos Industrializados

O imposto sobre produtos industrializados, de competência da União (art. 153, IV da CF), possui função predominantemente fiscal, apesar de ser marcado por traços de extrafiscalidade.

Exemplo dessa influência extrafiscal é a **seletividade** do IPI, prevista no art. 153, § 3º, inciso I da CF como um comando obrigatório ao legislador ordinário. Difere, nesse ponto, do ICMS, que tem uma seletividade facultativa (ao se considerar a redação literal da Constituição).

Assim é que o IPI **será** seletivo, em função da essencialidade do produto. Significa que as alíquotas do IPI devem ser menores para os produtos essenciais, como os gêneros alimentícios, e maiores para os produtos supérfluos ou prejudiciais à saúde, como os cigarros.

A seletividade rima com os princípios da isonomia e da capacidade contributiva, pois ao se elevar a carga tributária dos produtos supérfluos, atinge-se o patrimônio dos mais abastados, os consumidores de produtos supérfluos ou luxuosos. A seletividade, contudo, não representa uma imunidade tributária dos produtos essenciais.

Com base na seletividade, o STF julgou constitucional o dispositivo legal (art. 2ª da Lei 8.393/1991) que estabelecia uma alíquota máxima de 18% para o açúcar, isentando ainda os fatos geradores ocorridos na área de atuação da Superintendência de Desenvolvimento do Nordeste (SUDENE) e da Superintendência de Desenvolvimento da Amazônia (SUDAM). O parágrafo único do art. 2º da Lei 8.393/1991 permitia ainda a redução pelo Poder Executivo de até 50% da alíquota nos Estados do Espírito Santo e do Rio de Janeiro[57]. Entendeu o STF, em sede de **repercussão geral**, que o referido dispositivo era constitucional sob o ângulo do caráter seletivo em função da essencialidade do produto (RE 592.145, j. 05.04.2017).

Outro importante mandamento constitucional sobre o IPI é aquele que prevê seu reduzido impacto sobre a aquisição de bens de capital pelo contribuinte do imposto, na forma da lei (CF, art. 153, § 3º, IV).

Deve-se dizer, ainda, que a instituição ou majoração do IPI deve obedecer apenas a anterioridade nonagesimal, não havendo a necessidade de a lei que o institui ou majora

56. BRAUNER, Yariv. Formula Based Transfer Pricing. 42 INTERTAX 615, 2014, p. 627.
57. Tais dispositivos foram revogados pela Lei 9.532/1997.

ser publicada no exercício anterior ao de sua exigência. A inobservância da anterioridade anual é um traço que aproxima o IPI de tributos extrafiscais.

Também há no IPI, assim como no II, IE e IOF, a mitigação ao princípio da legalidade, já que o art. 153, § 1º da CF também faculta ao Poder Executivo a alteração das alíquotas do IPI, desde que atendidas as condições e os limites estabelecidos em lei. A alteração da base de cálculo, contudo, deve ser feita por lei.

1.4.1 *Fato gerador*

O fato gerador do IPI é descrito no artigo 46 do CTN da seguinte forma:

> CTN, art. 46. O imposto, de competência da União, sobre produtos industrializados tem como fato gerador:
>
> I – o seu desembaraço aduaneiro, quando de procedência estrangeira;
>
> II – a sua saída dos estabelecimentos a que se refere o parágrafo único do artigo 51;
>
> III – a sua arrematação, quando apreendido ou abandonado e levado a leilão.
>
> Parágrafo único. Para os efeitos deste imposto, considera-se industrializado o produto que tenha sido submetido a qualquer operação que lhe modifique a natureza ou a finalidade, ou o aperfeiçoe para o consumo.

Comecemos pelo inciso II do dispositivo, vez que se trata do fato gerador mais comum.

a) saída dos estabelecimentos do importador, industrial, comerciante ou arrematante.

A primeira observação a ser feita é a de que, apesar de o imposto pressupor um processo de industrialização, seu fato gerador não recai sobre a atividade industrial em si, mas sobre as operações com produtos industrializados.

O inciso II do artigo 46 do CTN atrai essa conclusão, uma vez que define o fato gerador do IPI como a **saída** de produtos industrializados dos estabelecimentos a que se refere o parágrafo único do artigo 51 do CTN (estabelecimentos de importador, industrial, comerciante ou arrematante).

Em outras palavras, **não é a industrialização que atrai a incidência do IPI, mas sim a saída de produtos industrializados**, saída esta entendida como uma operação de transferência da titularidade do produto. Não é o ato de industrialização que gera a incidência do IPI, posto que este recai no produto objeto da industrialização. (STJ, REsp 216.217, j. 07.10.1997).

Para o STJ, todavia, não é toda e qualquer saída que acarreta a tributação pelo IPI, devendo haver uma transação que modifique a titularidade do produto industrializado (REsp 1.402.138, j. 12.05.2020 – grifos adicionados):

> (...) 4. **A saída do estabelecimento a que refere o art. 46, II, do CTN**, que caracteriza o aspecto temporal da hipótese de incidência, **pressupõe, logicamente, a mudança de titularidade do produto industrializado.**
>
> 5. **Havendo mero deslocamento para outro estabelecimento ou para outra localidade, permanecendo o produto sob o domínio do contribuinte, não haverá incidência do IPI,**

compreensão esta que se alinha ao pacífico entendimento jurisprudencial do Superior Tribunal de Justiça, consolidado em relação ao ICMS, que se aplica, guardada as devidas peculiaridades, ao tributo sob exame, nos termos da Súmula 166 do STJ, in verbis: "Não constitui fato gerador do ICMS o simples deslocamento de mercadoria de um para outro estabelecimento do mesmo contribuinte".

6. Hipótese em que a sociedade empresária promove a detonação ou desmonte de rochas e, para tanto, industrializa seus próprios explosivos, utilizando-os na prestação dos seus serviços, não promovendo a venda desses artefatos separadamente, quer dizer, não transfere a propriedade ou posse do produto que industrializa.

7. In casu, a "saída" do estabelecimento dá-se a título de mero deslocamento até o local onde será empregado na sua atividade fim, não havendo que se falar em incidência de IPI, porquanto não houve a **transferência de propriedade ou posse de forma onerosa, um dos pressupostos necessários para a caracterização da hipótese de incidência do tributo.**

O conceito de industrialização, a seu turno, deve ser conhecido por se tratar de um pressuposto do fato gerador. A Lei 4.502/1964, em seu art. 3º, dispõe que caracteriza industrialização qualquer operação de que resulte alteração da natureza, funcionamento, utilização, acabamento ou apresentação do produto.

b) desembaraço aduaneiro, quando de procedência estrangeira.

Esse fato gerador previsto no CTN é objeto de grandes controvérsias.

Alguns autores entendem que a Constituição não autoriza a instituição do IPI sobre a importação de produtos industrializados, havendo um indevido alargamento da regra matriz constitucional do IPI.

Para a corrente oposta, não há vício de inconstitucionalidade na cobrança do IPI sobre a importação de produtos industrializados, já que: a) a regra matriz constitucional do IPI exige apenas a operação com o produto industrializado, não havendo relevância no fato de a industrialização ter ocorrido fora do território nacional; b) a não incidência do IPI sobre os produtos industrializados oriundos do exterior teria como consequência a tributação mais onerosa do produto nacional em comparação com o produto estrangeiro, violando assim o princípio da isonomia e prejudicando a indústria nacional; c) ainda que houvesse tributação de fato não abarcado pela hipótese de incidência do IPI, ainda assim estar-se-ia dentro da competência constitucional da União, que possui atribuição constitucional para tributar as importações.

Como já vimos acima, o IPI não é um imposto vocacionado a tributar o próprio ato de industrialização. A Constituição Federal, em seu artigo 153, IV, faculta à União a instituição de imposto sobre "produtos industrializados", e não sobre a industrialização de produtos.

Por isso, o constituinte permitiu que o legislador complementar definisse o fato gerador do IPI dentro da materialidade "produtos industrializados". E interpretando o artigo 46 do CTN, chega-se à conclusão de que, ao separar nitidamente os fatos geradores do IPI, sua intenção foi justamente deixar claro a possibilidade de sua incidência de forma cumulativa, desde que se verifiquem no mundo fático as diferentes hipóteses de incidência ali desenhadas.

Ressalte-se que é legítima não só a incidência do IPI no desembaraço aduaneiro, como também a posterior incidência na saída do estabelecimento do importador.

A jurisprudência do STJ, consagrada em sede de **recurso repetitivo**, trilha a posição acima explanada, reconhecendo como legítima a incidência do IPI sobre os produtos industrializados importados quando de seu desembaraço aduaneiro (EREsp 1.403.532, j. 14.10.2015 – grifos adicionados):

> (...) os produtos importados estão sujeitos a uma nova incidência do IPI quando de sua saída do estabelecimento importador na operação de revenda, mesmo que não tenham sofrido industrialização no Brasil.
>
> 2. Não há qualquer ilegalidade na incidência do IPI na saída dos produtos de procedência estrangeira do estabelecimento do importador, já que equiparado a industrial pelo art. 4º, I, da Lei n. 4.502/64, com a permissão dada pelo art. 51, II, do CTN.
>
> 3. **Interpretação que não ocasiona a ocorrência de bis in idem, dupla tributação ou bitributação, porque a lei elenca dois fatos geradores distintos, o desembaraço aduaneiro proveniente da operação de compra de produto industrializado do exterior e a saída do produto industrializado do estabelecimento importador equiparado a estabelecimento produtor**, isto é, a primeira tributação recai sobre o preço de compra onde embutida a margem de lucro da empresa estrangeira e a segunda tributação recai sobre o preço da venda, onde já embutida a margem de lucro da empresa brasileira importadora. (...) **a empresa importadora nacional brasileira acumula o crédito do imposto pago no desembaraço aduaneiro para ser utilizado como abatimento do imposto a ser pago na saída do produto como contribuinte de direito (não-cumulatividade), mantendo-se a tributação apenas sobre o valor agregado.**
>
> (...) 5. Tese julgada para efeito do art. 543-C, do CPC: "**os produtos importados estão sujeitos a uma nova incidência do IPI quando de sua saída do estabelecimento importador na operação de revenda, mesmo que não tenham sofrido industrialização no Brasil**".
>
> 6. Embargos de divergência em Recurso especial não providos. Acórdão submetido ao regime do art. 543-C do CPC e da Resolução STJ 08/2008.

O STF reconheceu a existência de **repercussão geral** dessa controvérsia no RE 946.648 (j. 28.08.2020), no qual se decidiu ser **constitucional a incidência do Imposto sobre Produtos Industrializados – IPI no desembaraço aduaneiro de bem industrializado e na saída do estabelecimento importador para comercialização no mercado interno.**

Outra discussão relativa ao IPI nas importações diz respeito à incidência ou não do imposto na importação de veículo por pessoa física para uso próprio.

Inicialmente, tanto o STF quanto o STJ entendiam que não incidiria o IPI na importação de veículo por pessoa física quando destinado a uso próprio, sob o fundamento de que o fato gerador do IPI seria uma operação de natureza mercantil ou assemelhada. Outro fundamento seria o de que a cobrança do IPI da pessoa física representaria uma ofensa ao princípio da não cumulatividade, já que a pessoa física não poderia se creditar ou repassar o montante pago a uma operação subsequente.

Em 2015, o STJ confirmou esse entendimento em sede de **recurso repetitivo**, no qual fixou a tese de que "não incide IPI sobre veículo importado para uso próprio, tendo em vista que o fato gerador do referido tributo é a operação de natureza mercantil ou assemelhada e, ainda, por aplicação do princípio da não cumulatividade" (REsp 1.396.488, j. 25.02.2015).

No STF, tal pensamento foi adotado em algumas decisões: RE 615.595 (j. 13.04.2011), RE 501.773 AgR (j. 24.06.2008) e RE 255.090 AgR (j. 24.08.2010).

Esse entendimento, contudo, foi alterado em 2016, quando o STF decidiu o RE 723.651 (j. 04.02.2016), sob a sistemática de **repercussão geral**. Na ocasião, foi fixada a tese de que "incide o imposto de produtos industrializados na importação de veículo automotor por pessoa natural, ainda que não desempenhe atividade empresarial e o faça para uso próprio". Para o STF, é irrelevante o fato de o IPI ser exigido ser exigido de consumidor final.

Diante dessa guinada na orientação do STF, e da eficácia vinculante da repercussão geral, o STJ (REsp 1.551.640, j. 22.05.2018) passou a dar como superado o entendimento originariamente externado no REsp 1.396.488, curvando-se à decisão do STF. No mesmo REsp 1.396.488, o STJ alterou a tese de repetitivo, em julgamento de 25.09.2019, nos seguintes termos:

> PROCESSUAL CIVIL E TRIBUTÁRIO. RECURSO ESPECIAL AFETADO PARA FINS DE REVISÃO DO TEMA N. 695/STJ. INCIDÊNCIA DO IPI SOBRE VEÍCULO IMPORTADO PARA USO PRÓPRIO. TESE FIXADA EM REPERCUSSÃO GERAL. TEMA N. 643/STF.
>
> I - Diante dos princípios da segurança jurídica, da proteção da confiança e da isonomia, faz-se necessária a modificação da tese adotada no julgamento do presente recurso, julgado sob o rito dos recursos especiais repetitivos, Tema n. 695/STJ, consagrado na não incidência de IPI sobre a importação de veículo por pessoa física para uso próprio.
>
> II - A tese fixada passa a ser a seguinte: Incide IPI sobre veículo importado para uso próprio, haja vista que tal cobrança não viola o princípio da não cumulatividade nem configura bitributação.
>
> III - Recurso especial improvido. Tema n. 695 modificado nos termos da tese acima.

c) arrematação, quando apreendido ou abandonado e levado a leilão.

Este último inciso do artigo 46 do CTN não merece grandes considerações, até porque não é sequer previsto no Regulamento do IPI (Decreto 7.212/2010).

1.4.2 *Contribuinte*

O artigo 51 do CTN traz os contribuintes do IPI:

> CTN, art. 51. Contribuinte do imposto é:
>
> I – o importador ou quem a lei a ele equiparar;
>
> II – o industrial ou quem a lei a ele equiparar;
>
> III – o comerciante de produtos sujeitos ao imposto, que os forneça aos contribuintes definidos no inciso anterior;
>
> IV – o arrematante de produtos apreendidos ou abandonados, levados a leilão.
>
> Parágrafo único. Para os efeitos deste imposto, considera-se contribuinte autônomo qualquer estabelecimento de importador, industrial, comerciante ou arrematante.

O inciso I do artigo 51 do CTN define o importador como contribuinte do IPI, albergando a mesma discussão sobre a constitucionalidade da incidência do IPI sobre o desembaraço aduaneiro de produtos industrializados estrangeiros.

O CTN elenca também o industrial ou quem a lei a ele equiparar. O art. 4º da Lei 4.502/1964 trouxe algumas equiparações ao estabelecimento industrial[58].

1.4.3 *Base de cálculo e alíquotas*

O artigo 47 do CTN trata da base de cálculo do IPI:

O primeiro inciso trata da base de cálculo do IPI incidente sobre a importação de produtos industrializados estrangeiros quando de seu desembaraço aduaneiro. Nesse caso, a base de cálculo será o preço normal do produto acrescido do valor devido a título de Imposto de Importação, das taxas exigidas para entrada do produto no País e dos encargos cambiais.

Em se tratando do fato gerador "saída do estabelecimento", a base de cálculo do IPI será o valor da operação ou, na falta desse valor, o preço corrente da mercadoria, ou sua similar, no mercado atacadista da praça do remetente.

A Lei 4.502/64 define que o valor da operação compreende o preço do produto, acrescido do valor do frete e das demais despesas acessórias, cobradas ou debitadas pelo contribuinte ao comprador ou destinatário (art. 14, § 1º).

Ainda no que diz respeito ao valor da operação, existe discussão no que diz respeito à dedução dos descontos incondicionais da base de cálculo do IPI. Descontos incondicionais são aqueles concedidos pelo vendedor sem a necessidade de se indagar sobre a ocorrência de qualquer evento futuro. São os descontos concedidos no momento da compra, já destacados do preço do produto.

Apesar de o valor da operação ser aquele já subtraído de tais descontos, o artigo 14, § 2º da Lei 4.502/64 determina que "não podem ser deduzidos do valor da operação os descontos, diferenças ou abatimentos, concedidos a qualquer título, ainda que incondicionalmente".

O STJ entendeu que esse dispositivo não era compatível com o art. 47, II, *a* do CTN, que determina o valor de operação da saída da mercadoria como base de cálculo do IPI. Em sede de **recurso repetitivo**, o STJ decidiu que os descontos incondicionais não compõem a real expressão econômica da operação tributada (REsp 1.149.424, j. 28.04.2010).

Em setembro de 2014, o STF, no RE 567.935 (julgado em 04.09.2014, sob o regime de **repercussão geral**), declarou a inconstitucionalidade do artigo 14, § 2º da Lei 4.502/64, alterado pela Lei 7.798/89. Entendeu a Suprema Corte que o legislador ordinário, ao incluir os descontos incondicionais no cálculo do IPI, invadiu a competência da lei complementar, já que fatos geradores, **bases de cálculo** e contribuintes dos impostos previstos na

58. Lei 4.502/1964, art. 4º: "Equiparam-se a estabelecimento produtor, para todos os efeitos desta Lei: I - os importadores e os arrematantes de produtos de procedência estrangeira; II - as filiais e demais estabelecimentos que exercerem o comércio de produtos importados, industrializados ou mandados industrializar por outro estabelecimento do mesmo contribuinte; III - os que enviarem a estabelecimento de terceiro, matéria-prima, produto intermediário, embalagens e recipientes para acondicionamento, moldes, matrizes ou modelos destinados à industrialização de produtos de seu comércio; IV - os que efetuem vendas por atacado de matérias-primas, produtos intermediários, embalagens, equipamentos e outros bens de produção". O artigo 9º do Decreto 7.212/2010 traz um rol ainda mais extenso de estabelecimentos equiparados a industrial.

Constituição estão fixados no Código Tributário Nacional. Não pode a lei ordinária dispor da base de cálculo do IPI de modo contrário à regulamentação delineada pelo CTN, que possui *status* de lei complementar. Vale destacar que a inconstitucionalidade pronunciada pelo STF foi de natureza **formal**, em razão de vício no processo legislativo.

A base de cálculo do IPI pode ser fixa, de acordo com o art. 3º da Lei 7.798/89, que presume valores fixos para o imposto (pautas fiscais). A referida norma, que permite ao Poder Executivo estabelecer classes de valores correspondentes ao IPI a ser pago, tem sido questionada nos tribunais, sob o fundamento de afronta ao princípio da legalidade e por não ser fiel ao valor da operação previsto no CTN como base de cálculo do IPI.

A discussão teve a **repercussão geral** reconhecida pelo STF no RE 602.917, no qual a Corte fixou a seguinte tese: "É constitucional o artigo 3º da Lei 7.798/1989, que estabelece valores pré-fixados para o IPI".

Quanto às alíquotas do IPI, estas podem ser alteradas por ato infralegal do Poder Executivo, como uma forma de influenciar no consumo dos produtos industrializados. As alíquotas do IPI devem também ser seletivas, onerando de forma mais gravosa os produtos supérfluos.

1.4.4 *A não cumulatividade do IPI*

O IPI é, assim como o ICMS, um imposto **plurifásico**, ou seja, incide mais de uma vez sobre um mesmo bem em diversas etapas da cadeia de produção/circulação.

Desse modo, determinado produto industrializado sofrerá a incidência do IPI sucessivas vezes, até a sua destinação final. A cada etapa tributável, o bem terá um acréscimo de valor por conta de determinado beneficiamento, por conta de determinado insumo acrescido ao produto.

A não cumulatividade, desse modo, visa impedir os efeitos onerosos da tributação "em cascata", pela qual o tributo a incidiria diversas vezes sobre a mesma base econômica. Com a não cumulatividade, a incidência recairá apenas sobre "o produto final como um todo", conforme explanado no voto do ministro Ricardo Lewandowski, no RE 562.980 (**repercussão geral**, j. 06.05.2009):

> O princípio ou técnica da não-cumulatividade (...) objetiva, em última análise, assegurar que o valor recolhido aos cofres públicos seja o correspondente à alíquota final incidente sobre o tributo, impedindo a incidência de tributo sobre tributo, em outras palavras, evitando o indesejado "efeito cascata", o qual ocorreria caso o valor pago em cada etapa se agregasse ao produto, passando a integrar a base de cálculo nas etapas seguintes. A sistemática adotada pelo constituinte não se confunde com aquela empregada no chamado "imposto sobre o valor agregado", porquanto, no IPI, não são tributadas a "mai valia" (*sic*) acrescida em cada etapa da produção como ocorre naquele tributo. A exação, no imposto aqui examinado, recai sobre o produto final como um todo, de maneira a que a respectiva alíquota incida sobre uma unidade, perdendo os insumos a sua identidade. Devolve-se, assim, ao contribuinte o IPI cobrado sobre os insumos, unificando-se, assim, a cobrança do tributo, de maneira a que recaia sempre sobre o produto final e não sobre os seus componentes considerados de *per si*.

Segundo o Ministro Eros Grau, no mesmo julgamento, "no Brasil não se tributa o valor agregado, mas sim o valor total da operação".

A técnica, ou princípio, da não cumulatividade é prevista constitucionalmente, determinando o art. 153, § 3º, II da CF que o IPI "será não-cumulativo, compensando-se o que for devido em cada operação com o montante cobrado nas anteriores."

A aplicação dessa norma é feita considerando-se um determinado período, no qual se apuram os valores já cobrados na operação anterior (créditos) e os valores devidos nas operações subsequentes (débitos). Ou seja, os insumos e matérias-primas industrializados adquiridos pelo estabelecimento industrial, que serão utilizados no processo de industrialização, representam créditos de IPI, uma vez que em relação a estes insumos há um valor pago a título de IPI quando de sua saída do estabelecimento industrial alienante. O estabelecimento industrial que adquire esses insumos, ao comprá-los, pagou, ainda que embutido no preço, o respectivo valor de IPI incidente na operação. Ao empregar o insumo no seu produto e aliená-lo, poderá utilizar o crédito de IPI das operações anteriores de forma a evitar a tributação em cascata, o que ocorreria se o IPI incidisse novamente sobre o valor total do novo produto sem o abatimento dos valores já pagos a título de IPI na aquisição dos insumos.

Dessa forma, durante um período, computam-se todos os débitos de IPI do estabelecimento industrial (correspondentes aos produtos industrializados por ele alienados), assim como os créditos de IPI do mesmo estabelecimento (correspondentes aos valores já pagos a título de IPI em relação aos produtos industrializados que ingressaram no estabelecimento).

A diferença entre esses dois montantes resultará no valor a ser pago pelo estabelecimento, desde que, logicamente, o montante correspondente aos débitos seja superior ao montante correspondente aos créditos. Caso o montante correspondente aos créditos seja superior, o saldo positivo é transferido para o período de apuração seguinte.

NÃO-CUMULATIVIDADE DO IPI

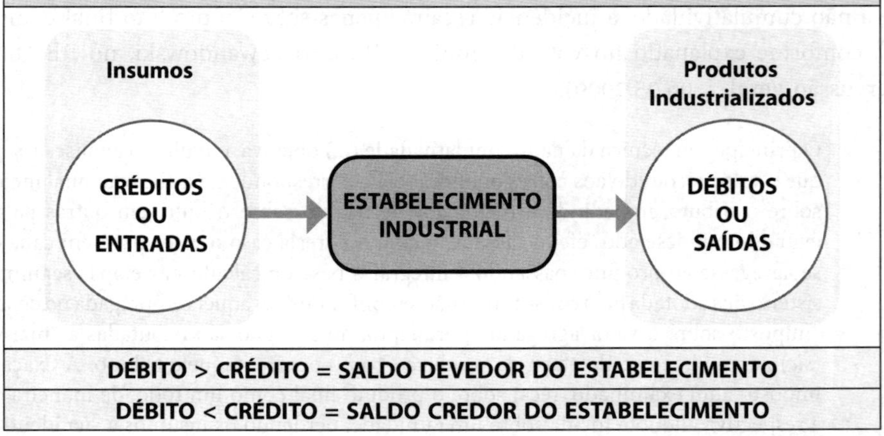

DÉBITO > CRÉDITO = SALDO DEVEDOR DO ESTABELECIMENTO

DÉBITO < CRÉDITO = SALDO CREDOR DO ESTABELECIMENTO

Para a utilização dos créditos, basta a ocorrência da operação de aquisição do produto industrializado por estabelecimento industrial. Não é necessário, para o creditamento, que haja o efetivo pagamento do IPI devido na operação anterior. Desse modo, suponhamos que o alienante de um insumo tributado pelo IPI não pague o referido imposto incidente sobre esse insumo, vendido a um outro estabelecimento industrial. Esse último poderá utilizar o crédito referente à incidência do IPI sobre o insumo, ainda que o industrial alienante nunca pague o tributo.

Os créditos do IPI são considerados físicos, reais e condicionados.

Físico porque o crédito do IPI só existe se o produto industrializado adquirido pelo estabelecimento industrial for **utilizado fisicamente no processo de industrialização**. Consequência desse entendimento é que, caso a aquisição do produto seja destinada à incorporação do bem no ativo permanente do estabelecimento, não haverá direito ao creditamento.

O aproveitamento de crédito em relação a todo e qualquer produto industrializado adquirido por estabelecimento industrial, sem se perquirir a respeito de sua utilização ou não no processo de industrialização, representa a caracterização do crédito financeiro, regime de creditamento que não foi adotado no Brasil para o IPI.

Nesse sentido tem-se a jurisprudência do STF (AI 848.516 AgR, j. 25.02.2014 - grifos adicionados):

> AGRAVO REGIMENTAL RECURSO EXTRAORDINÁRIO. IPI. CREDITAMENTO. BENS DESTINADOS AO ATIVO FIXO. IMPOSSIBILIDADE. PRECEDENTES.
>
> **O critério constitucional da não cumulatividade adota o regime do crédito físico.** Assim, para que ocorra o lançamento escritural, **os insumos devem integrar-se fisicamente ao processo de industrialização ou comercialização.** Para que seja reconhecido o crédito na hipótese de que tratam os autos, na modalidade do regime financeiro, seria imprescindível previsão legal expressa nesse sentido. A legislação aplicável ao IPI não contempla a possibilidade de apropriação de créditos com relação às operações que envolvem o ativo permanente. Agravo regimental a que se nega provimento.

No STJ, foi editada a **súmula 495**: "**A aquisição de bens integrantes do ativo permanente da empresa não gera direito a creditamento de IPI**". Essa orientação também já se encontra consolidada em sede de recurso **repetitivo**, onde já se decidiu que a aquisição de bens que integram o ativo permanente da empresa ou de insumos que não se incorporam ao produto final ou cujo desgaste não ocorra de forma imediata e integral durante o processo de industrialização não gera direito a creditamento de IPI (REsp 1.075.508, j. 23.09.2009).

O crédito do IPI também é **real**, porque só subsiste se houver efetiva tributação na operação anterior, o que implica na impossibilidade de creditamento quando a operação anterior é objeto de isenção, não incidência, ou quando não houve gravame por conta de alíquota zero.

Tem-se ainda que o crédito do IPI é **condicionado**, já que só haverá o creditamento se a correspondente saída for tributada.

Essas duas últimas características demandam maior aprofundamento.

Anteriormente, o STF entendia que, em casos de insumos isentos, o estabelecimento industrial que os adquirisse ainda assim teria direito aos créditos referentes a essas entradas desoneradas. Ou seja, mesmo que, na operação anterior, não houvesse IPI devido por conta da isenção, ainda assim haveria o respectivo direito de crédito.

Um dos principais argumentos era o de que, caso não se reconhecesse o direito de crédito aos insumos isentos (entradas desoneradas), o benefício fiscal da isenção seria simplesmente anulado, já que, sendo o IPI plurifásico, o produto final teria exatamente a mesma carga tributária caso o insumo não fosse isento.

De acordo com o entendimento acima, um industrial que adquire insumos isentos poderia abater, do montante devido no momento da apuração periódica dos créditos e débitos de IPI, os valores que, hipoteticamente, teriam sido pagos pelo vendedor dos insumos isentos caso não houvesse a norma isentiva. Para isso, deveria recorrer à tabela de alíquotas do IPI, aplicando, para descobrir o montante do crédito, a alíquota prevista para o insumo isento.

Em outros julgados, o STF estendeu essa manutenção de créditos do IPI de insumos isentos para outras formas desonerativas, como a alíquota zero. Nesse caso, contudo, não havia alíquota a ser utilizada para definição do quantum de crédito correspondente. A "solução" encontrada pela jurisprudência foi aplicar aos insumos sujeitos à alíquota zero a alíquota do produto em que o insumo seria utilizado, para fins de creditamento[59].

Posteriormente, contudo, o STF mudou sua posição, passando a entender que o contribuinte do IPI não possui o direito de creditar-se do valor do tributo incidente sobre insumos adquiridos sob o regime de isenção, não tributados ou sujeitos à alíquota zero.

O fundamento desses julgados foi o de que a Constituição permite a compensação do que é devido em cada operação com o montante cobrado nas operações anteriores. Quando os insumos são isentos, não tributados ou sujeitos à alíquota zero, não há montante cobrado na operação anterior, não havendo, desse modo, o que ser compensado. O seguinte julgado do STF ilustra bem essa orientação (AI 717.741, j. 31.05.2011 - grifos adicionados):

> (...) 2. O princípio da não-cumulatividade é alicerçado especialmente sobre o direito à compensação, o que significa que o valor a ser pago na operação posterior sofre a diminuição do que pago anteriormente, pressupondo, portanto, dupla incidência tributária. Assim, **se nada foi pago na entrada do produto, nada há a ser compensado.**
> 3. O aproveitamento dos créditos do IPI não se caracteriza quando a matéria-prima utilizada na fabricação de produtos tributados reste desonerada, sejam os insumos isentos, sujeitos à alíquota zero ou não tributáveis. Isso porque **a compensação com o montante devido na operação subsequente pressupõe, necessariamente, a existência de crédito gerado na operação anterior, o que não ocorre nas hipóteses exoneratórias.** (...).

59. "O Plenário do Supremo Tribunal Federal reconheceu, em favor da empresa contribuinte, a existência do direito ao creditamento do IPI, na hipótese em que a aquisição de matérias-primas, insumos e produtos intermediários tenha sido beneficiada por regime jurídico de exoneração tributária (regime de isenção ou regime de alíquota zero), inocorrendo, em qualquer desses casos, situação de ofensa ao postulado constitucional da não-cumulatividade. Precedentes." (STF, RE 293.511 AgR, j. 11.02.2003).

Vale destacar que o entendimento acima foi confirmado em sede de **repercussão geral** no RE 398.365 (j. 27.08.2015), bem como na **súmula vinculante 58**, a qual possui a seguinte redação: "Inexiste direito a crédito presumido de IPI relativamente à entrada de insumos isentos, sujeitos à alíquota zero ou não tributáveis, o que não contraria o princípio da não cumulatividade.".

Essa impossibilidade de aproveitar operações não tributadas para fins de compensação, portanto, caracteriza o crédito do IPI como **real**.

Vale destacar uma **exceção** a essa orientação, relativa à **Zona Franca de Manaus**. O STF julgou, em 25.04.2019, dois recursos extraordinários sob o regime de **repercussão geral**, nos quais se entendeu ser devido o aproveitamento de créditos de IPI na entrada de insumos isentos, não tributados ou sujeitos à alíquota zero quando oriundos da Zona Franca de Manaus. Entendeu-se que **a tributação na Zona Franca**, ao guiar-se por um caráter indutor da economia, **poderia excepcionar o princípio da não-cumulatividade**, o qual só permite o direito ao crédito quando da existência de tributo a ser pago, o que não ocorre nas hipóteses de desoneração.

Com esse entendimento, o STF rejeitou o argumento de que os insumos não tributados não poderiam gerar crédito, salvo na existência de lei específica a conceder o benefício fiscal de crédito na aquisição de insumos não tributados. As ementas dos julgados sob repercussão geral foram assim redigidas:

> IPI. DIREITO DE CRÉDITO. INSUMOS PROVENIENTES DA ZONA FRANCA DE MANAUS ADQUIRIDOS SOB O REGIME DE ISENÇÃO. PRINCÍPIO DA NÃO-CUMULATIVIDADE. CF/88, ART.43, 1º, II, E 2º, III;153, 3º, II. A partir de hermenêutica constitucional sistemática de múltiplos níveis normativos depreende-se que a Zona Franca de Manaus constitui importante região socioeconômica que, por motivos extrafiscais, excepciona a técnica da não-cumulatividade. É devido o aproveitamento de créditos de IPI na entrada de insumos isentos, não tributados ou sujeitos à alíquota zero provenientes da Zona Franca de Manaus, por força de exceção constitucionalmente justificável à técnica da não-cumulatividade. (RE 596.614, **repercussão geral**, j. 25.04.2019)
>
> TRIBUTÁRIO. REPERCUSSÃO GERAL. IMPOSTO SOBRE PRODUTOS INDUSTRIALIZADOS – IPI. CREDITAMENTO NA AQUISIÇÃO DIRETA DE INSUMOS PROVENIENTES DA ZONA FRANCA DE MANAUS. ARTIGOS 40, 92 E 92-A DO ADCT. CONSTITUCIONALIDADE. ARTIGOS 3º, 43, § 2º, III, 151, I E 170, I E VII DA CONSTITUIÇÃO FEDERAL. INAPLICABILIDADE DA REGRA CONTIDA NO ARTIGO 153, § 3º, II DA CONSTITUIÇÃO FEDERAL À ESPÉCIE. O fato de os produtos serem oriundos da Zona Franca de Manaus reveste-se de particularidade suficiente a distinguir o presente feito dos anteriores julgados do Supremo Tribunal Federal sobre o creditamento do IPI quando em jogo medidas desonerativas. **O tratamento constitucional conferido aos incentivos fiscais direcionados para sub-região de Manaus é especialíssimo.** A isenção do IPI em prol do desenvolvimento da região é de interesse da federação como um todo, pois este desenvolvimento é, na verdade, da nação brasileira. A peculiaridade desta sistemática reclama exegese teleológica, de modo a assegurar a concretização da finalidade pretendida. À luz do postulado da razoabilidade, a regra da não cumulatividade esculpida no artigo 153, § 3º, II da Constituição, se compreendida como uma exigência de crédito presumido para creditamento diante de toda e qualquer isenção, cede espaço para a realização da igualdade, do pacto federativo, dos objetivos fundamentais da República

> Federativa do Brasil e da soberania nacional. Recurso Extraordinário desprovido. (RE 592.891, **repercussão geral**, j. 25.04.2019)

A jurisprudência do STF, portanto, reconhece o direito ao creditamento de IPI relativo aos insumos isentos adquiridos junto a produtores localizados na Zona Franca de Manaus. Trata-se de hipótese excepcional, tendo em vista a instituição de regime fiscal mais benéfico de intervenção na economia. Na prática, o benefício da isenção sobre os insumos foi duplicado, ao se criar um crédito para os seus adquirentes sem previsão legal expressa[60].

O crédito do IPI também se caracteriza como **condicionado**, o que significa que o crédito só será utilizado caso a operação de saída do produto também seja tributada. Em outras palavras, o contribuinte não pode se creditar ou se compensar do IPI quando incidente o tributo sobre insumos ou matérias-primas utilizados na industrialização de produtos isentos ou tributados com alíquota zero. O raciocínio aqui é o mesmo empregado na sistemática explicada acima, a respeito da inexistência do direito de crédito em relação aos insumos isentos ou não tributados.

A jurisprudência entende que, como não há tributo devido na operação de saída, não se aperfeiçoa o ciclo da não cumulatividade previsto na Constituição, pois a compensação só pode ocorrer entre o que for devido em cada operação com o montante cobrado nas anteriores. Se não há tributo devido na operação de saída, não se justifica a manutenção dos créditos nas operações de entrada dos insumos.

Isso não impede, contudo, que a lei ordinária autorize a manutenção e utilização de créditos do IPI mesmo quando a saída não for tributada. Inexistindo autorização legal, os créditos nas operações de entrada devem ser anulados quando o produto elaborado não for tributado.

Assim é que pelo regime constitucional, quando os produtos industrializados saem do estabelecimento industrial sob alguma modalidade desonerativa (isenção ou alíquota zero), os créditos referentes aos insumos utilizados no produto devem ser anulados, salvo se houver disposição legal determinando o contrário.

Em 1999, o artigo 11 da Lei 9.779/99 trouxe a autorização legal para a utilização dos créditos do IPI mesmo quando os referidos insumos fossem utilizados em produtos não tributados. Assim dispõe o texto legal:

> O saldo credor do Imposto sobre Produtos Industrializados – IPI, acumulado em cada trimestre-calendário, decorrente de aquisição de matéria-prima, produto intermediário e material de embalagem, aplicados na industrialização, inclusive de produto isento ou tributado à alíquota zero, que o contribuinte não puder compensar com o IPI devido

60. Como asseverado no voto **vencido** do Ministro Marco Aurélio, no RE 596.614: "O crédito, em ficção jurídica, de valor que não chegou a ser recolhido, implica extensão de benefício – conforme consignado – não previsto em lei. Como que, a União, a um só tempo, não tem o aporte tributário referente ao insumo, ante a isenção, e, na operação de industrialização verificada em outra unidade da Federação, que não Manaus, terá, ante o crédito fictício — repita-se à exaustão, sem previsão constitucional ou legal e, portanto, em contrariedade ao sistema tributário nacional —, diminuído o valor do IPI devido na operação industrial subsequente. Dupla será a repercussão da isenção — a aquisição de insumo por valor menor, presume-se, e a consideração de valor fictício, tomando-se a alíquota que diz respeito a operação diversa, a subsequente."

na saída de outros produtos, poderá ser utilizado de conformidade com o disposto nos arts. 73 e 74 da Lei nº 9.430, de 27 de dezembro de 1996, observadas normas expedidas pela Secretaria da Receita Federal do Ministério da Fazenda.

Assim, a partir da Lei 9.779/99, o contribuinte passou a ter o direito de compensar os créditos oriundos de insumos utilizados na industrialização de produtos não tributados (saídas desoneradas)[61], invertendo-se a regra anteriormente aplicada.

Os contribuintes, contudo, entendiam que o referido direito existia mesmo antes do advento da Lei 9.779/99. Argumentavam que o direito de compensar os créditos decorrentes da entrada de produtos tributados, nos casos desses produtos serem utilizados na elaboração de produtos isentos ou tributados à alíquota zero, decorria diretamente da Constituição, sendo desnecessária a existência de autorização legal para tanto.

O STF, contudo, entendeu que o direito ao aproveitamento dos créditos de IPI, nos termos do artigo 11 da Lei 9.779/99, só se tornou possível a partir de 1º de janeiro de 1999, uma vez que referido direito não decorria diretamente da Constituição, dependendo de expressa previsão legal. Além disso, a utilização de créditos do IPI no caso em apreço revelaria verdadeiro benefício fiscal, razão pela qual dependeria de previsão legal expressa, nos termos do art. 150, § 6º da CF. Esse entendimento foi consolidado em sede de **repercussão geral** no RE 562.980 (j. 06.05.2009). O STJ seguiu a mesma orientação (REsp 860.369, j. 25.11.2009 – **repetitivo**).

Toda essa disciplina dos créditos do IPI, quando as entradas ou as saídas são desoneradas, remete às previsões constitucionais relativas ao ICMS. Para esse imposto estadual, a Constituição prevê expressamente que a isenção ou não incidência, salvo determinação em contrário da legislação, não implicará crédito para compensação com o montante devido nas operações ou prestações seguintes (CF, art. 155, § 2º II, 'a'). Ou seja, o que é previsto expressamente na Constituição para o ICMS foi construído jurisprudencialmente para o IPI, estando hoje pacificado para esse imposto que a aquisição de insumos isentos ou sujeitos à alíquota zero não gera direito de crédito para compensação com os débitos das etapas seguintes.

Também para o ICMS a Constituição é expressa no sentido de que a isenção ou não incidência, salvo determinação em contrário da legislação, acarretará a anulação do crédito relativo às operações anteriores (CF, art. 155, § 2º, II, 'b'). Essa determinação foi igualmente aplicada ao IPI pelo STF quando da decisão sobre a necessidade de previsão legal para que o contribuinte utilize os créditos oriundos de matérias-primas utilizadas em produto industrializado desonerado.

61. Instrução Normativa nº 33/1999, da Secretaria da Receita Federal, art. 4º: O direito ao aproveitamento, nas condições estabelecidas no art. 11 da Lei nº 9.779, de 1999, do saldo credor do IPI decorrente da aquisição de matéria-prima, produto intermediário e material de embalagem aplicados na industrialização de produtos, inclusive imunes, isentos ou tributados à alíquota zero, alcança, exclusivamente, os insumos recebidos no estabelecimento industrial ou equiparado a partir de 1º de janeiro de 1999.

CARACTERÍSTICAS DOS CRÉDITOS DO IPI		
FÍSICOS	REAIS	CONDICONADOS
o crédito do IPI só existe se o insumo for utilizado fisicamente no processo de industrialização	só há crédito de IPI se houve efetiva incidência de IPI na operação anterior; entradas desoneradas não dão direito a crédito	só haverá crditamento do IPI se a respectiva saída for tributada, saídas desoneradas acarretam anulação do crédito respectivo

Ainda em relação à não cumulatividade, deve-se ter em mente que os créditos do IPI são escriturais. Isso significa que não podem ser corrigidos monetariamente, a não ser que haja disposição legal assim determinando. A não cumulatividade garante apenas a compensação do IPI pago nas entradas com o IPI a ser recolhido nas saídas, não garantindo a correção monetária dos créditos excedentes. Não é outro o entendimento do STF, segundo o qual o princípio da não cumulatividade simplesmente confere ao contribuinte o direito ao crédito, não estabelecendo que será este corrigido, ou não.

Contudo, é aplicável a correção monetária dos créditos escriturais de IPI quando caracterizada a **oposição injustificada do Fisco** em realizar o pagamento tempestivamente. Para o STF, a mora injustificada ou irrazoável do fisco em restituir o valor devido ao contribuinte caracteriza a resistência ilegítima autorizadora da incidência da correção monetária (RE 299.605 AgR-ED-EDv, j. 06.04.2016).

Em sede de recurso **repetitivo** (REsp 1.035.847, j. 24.06.2009), o STJ entendeu que a oposição estatal que impede a utilização do crédito do IPI descaracteriza-o como escritural, ensejando sua correção monetária. Depois de vários julgados no mesmo sentido, o **STJ** editou a **súmula 411**, segundo a qual "É devida a correção monetária ao creditamento do IPI quando há oposição ao seu aproveitamento decorrente de resistência ilegítima do Fisco".

O STJ definiu, ainda em sede de **repetitivo**, que o "termo inicial da correção monetária de ressarcimento de crédito escritural excedente de tributo sujeito ao regime não cumulativo ocorre somente após escoado o prazo de 360 dias para a análise do pedido administrativo pelo Fisco (art. 24 da Lei n. 11.457/2007)", uma vez que "nenhuma oposição ilegítima se poderá identificar na conduta do Fisco em servir-se, na integralidade, do interregno de 360 dias para apreciar a pretensão ressarcitória do contribuinte" (REsp 1.767.945, repetitivo, j. 12.02.2020).

1.5 Imposto sobre "operações financeiras"

O imposto sobre operações de crédito, câmbio e seguro, ou relativas a títulos ou valores mobiliários tem sua previsão constitucional no art. 153, V da CF, sendo a União o ente competente para sua instituição.

Em que pese ser comumente denominado de imposto sobre operações financeiras, na verdade a Constituição não se refere à expressão "operações financeiras" para delimitar o aspecto material da exação. De fato, não existe um imposto sobre operações financeiras, mas sim quatro (ou até cinco, a se considerar o art. 150, § 5º da CF) impostos, cada um com uma materialidade bem definida e inconfundível com as demais.

Desse modo, o critério material do IOF abrange as seguintes hipóteses de incidência: a) operações de crédito; b) operações de câmbio; c) operações de seguro; d) operações relativas a títulos ou valores mobiliários; e) operações com ouro, quando definido em lei como ativo financeiro ou instrumento cambial (art. 150, § 5º da CF).

Apesar dessa ressalva quanto às distintas materialidades, não é menos verdade que a Constituição abriga essas bases econômicas em um único inciso, conferindo um regime jurídico relativamente uniforme, já que a aplicabilidade ou não dos princípios da anterioridade e da legalidade valerá para todos os fatos geradores previstos no art. 153, V. Por essa razão, mencionamos o termo "IOF" como um grupo de materialidades que a Constituição confere tratamento relativamente uniforme[62].

O IOF tem função preponderantemente **extrafiscal**, uma vez que serve como instrumento da União para regular o mercado financeiro. Em consonância com essa extrafiscalidade, a Constituição permite ao Poder Executivo alterar as alíquotas do IOF, desde que atendidas as condições e os limites estabelecidos em lei (art. 153, § 1º da CF). O STJ entende que é possível a alteração de alíquota do IOF por meio de portarias interministeriais (REsp 1.123.249, j. 17.11.2009).

Mais uma vez vale a observação de que apenas as alíquotas podem ser alteradas pelo Poder Executivo, para ajustar o imposto aos objetivos da política monetária. A base de cálculo só pode ser alterada por lei, uma vez que a CF não recepcionou o art. 65 do CTN que permite a alteração da base de cálculo por ato infralegal.

Também seguindo o regime dos outros impostos federais extrafiscais, o IOF não deve obediência ao princípio da anterioridade, seja a de exercício, seja a nonagesimal (art. 150, § 1º da CF).

1.5.1 *Fato Gerador*

Segundo o art. 63 do CTN, o imposto, de competência da União, sobre operações de crédito, câmbio e seguro, e sobre operações relativas a títulos e valores mobiliários tem como fato gerador:

> I – quanto às operações de crédito, a sua efetivação pela entrega total ou parcial do montante ou do valor que constitua o objeto da obrigação, ou sua colocação à disposição do interessado;

62. Vale citar o entendimento segundo o qual a expressão "imposto sobre operações financeiras" é de todo imprópria, merecendo ser abandonada: "(...) há algum mal em 'apelidar' os impostos previstos no artigo 153, inciso V, da Constituição Federal pela denominação única impostos sobre operações financeiras? Parece-nos que sim. O 'apelido' citado vem maculando de erros os posicionamentos da doutrina e as tarefas dos legisladores pátrios e da jurisprudência brasileira. A utilização da expressão imposto sobre operações financeiras e da sua abreviatura IOF provoca inúmeros equívocos quando da interpretação das leis que tratam dos impostos sobre operações de crédito, câmbio, seguro ou relativas a títulos ou valores mobiliários. (...) a expressão imposto sobre operações financeiras, como gênero, não reflete por completo a materialidade das regras de incidência dos impostos sobre operações de crédito, câmbio, seguro ou relativas a títulos ou valores mobiliários, que seriam suas espécies." (MOSQUERA, Roberto Quiroga. Tributação no Mercado Financeiro e de Capitais. São Paulo: Dialética, 1998, p. 102-103).

> II – quanto às operações de câmbio, a sua efetivação pela entrega de moeda nacional ou estrangeira, ou de documento que a represente, ou sua colocação à disposição do interessado, em montante equivalente à moeda estrangeira ou nacional entregue ou posta à disposição por este;
>
> III – quanto às operações de seguro, a sua efetivação pela emissão da apólice ou do documento equivalente, ou recebimento do prêmio, na forma da lei aplicável;
>
> IV – quanto às operações relativas a títulos e valores mobiliários, a emissão, transmissão, pagamento ou resgate destes, na forma da lei aplicável.

Expliquemos agora cada uma das hipóteses de incidência descritas acima.

I - Operações de crédito.

Aqui, o fato gerador é a efetivação da operação de crédito pela entrega total ou parcial do montante ou do valor que constitua o objeto da obrigação, ou sua colocação à disposição do interessado.

Operação de crédito é aquela em que uma das partes se obriga a uma **prestação futura**, enquanto a outra, credora da prestação futura, tem como obrigação a entrega de bens ou direitos presentes. O exemplo mais corriqueiro é o **empréstimo de dinheiro**.

De acordo com a doutrina e com a jurisprudência, não se pode classificar como operação de crédito um mero saque efetuado em caderneta de poupança. Embora o art. 1ª, V, da Lei 8.033/1990 tenha definido o saque efetuado em caderneta de poupança como uma das hipóteses de incidência do IOF, o STF declarou a inconstitucionalidade desse dispositivo, sob o fundamento de que o saque em conta de poupança não representa uma promessa de prestação futura[63]. Esse entendimento foi cristalizado na **súmula 664 do STF**, segundo a qual é inconstitucional o inciso V do art. 1º da lei 8.033/1990, que instituiu a incidência do imposto nas operações de crédito, câmbio e seguros – IOF sobre saques efetuados em caderneta de poupança.

Da mesma forma, não incide o IOF nos depósitos judiciais (**súmula 185 do STJ**). A incidência do IOF sobre depósitos judiciais não está prevista na Lei 8.033/90, sendo uma criação da Instrução Normativa 62/1990, da Receita Federal, o que configura uma ofensa ao princípio da legalidade tributária. Desse modo, o STJ decidiu que o princípio da legalidade não autoriza a incidência do IOF na liberação de depósitos judiciais para garantia da instância (REsp 226.027, j. 23.11.1999).

II - Operações de câmbio.

O fato gerador do IOF nas operações de câmbio é a entrega de moeda nacional ou estrangeira, ou de documento que a represente, ou sua colocação à disposição do

63. O saque em conta de poupança, por não conter promessa de prestação futura e, ainda, porque não se reveste de propriedade circulatória, tampouco configurando título destinado a assegurar a disponibilidade de valores mobiliários, não pode ser tido por compreendido no conceito de operação de crédito ou de operação relativa a títulos ou valores mobiliários, não se prestando, por isso, para ser definido como hipótese de incidência do IOF, previsto no art. 153, V, da Carta Magna. (RE 232.467, j. 29.09.1999).

interessado, em montante equivalente à moeda estrangeira ou nacional entregue ou posta à disposição por este.

III - Operações de seguro.

O Código Civil descreve o contrato de seguro em seu artigo 757: "Pelo contrato de seguro, o segurador se obriga, mediante o pagamento do prêmio, a garantir interesse legítimo do segurado, relativo a pessoa ou a coisa, contra riscos predeterminados". Nas operações de seguro, o fato gerador do IOF ocorre com a emissão da apólice ou do documento equivalente, ou recebimento do prêmio, na forma da lei aplicável.

Houve certa discussão sobre a incidência do ICMS ou do IOF sobre a alienação de salvados de sinistros pelas seguradoras. Inicialmente, o STJ entendia que os salvados resultantes de sinistros eram tributáveis pelo ICMS, pois as operações de vendas feitas pelas seguradoras eram feitas com habitualidade. A súmula 152 do STJ era expressa a respeito: "Na venda pelo segurador, de bens salvados de sinistros, incide o ICMS".

O próprio STJ, contudo, **cancelou a sua súmula de número 152**, entendendo que a alienação, pelas seguradoras, de bens salvados de sinistros integra a operação de seguro (REsp 1.121.174, j. 17.12.2009).

O STF perfilha o mesmo entendimento, tendo inclusive editado a **súmula vinculante 32**: "O ICMS não incide sobre alienação de salvados de sinistros pelas seguradoras". Essa tese foi também sedimentada em sede de **repercussão geral**, no RE 588.149 (j. 16.02.2011).

Assim, para o STJ e para o STF, não compete aos Estados, mas à União tributar a alienação de salvados, que se integra à operação de seguro (CF, art. 153, V).

IV - Operações relativas a títulos e valores mobiliários.

Nesse caso, tem-se como fato gerador a emissão, transmissão, pagamento ou resgate dos títulos e valores mobiliários, na forma da lei aplicável.

A doutrina conceitua os valores mobiliários da seguinte maneira:

> negócios jurídicos relativos a investimentos oferecidos ao público, sobre os quais o investidor não tem controle direto, cuja aplicação é feita em dinheiro, bens ou serviço, na expectativa de lucro[64]
>
> Valores mobiliários são instrumentos de captação de recursos, para o financiamento da empresa, explorada pela sociedade anônima que os emite, e representam, para quem os subscreve ou adquire, uma alternativa de investimento[65]

O art. 2º, IX da Lei 6.385/76 elenca como valor mobiliário quaisquer títulos/contratos de investimento coletivo, oferecidos publicamente, que gerem direito de participação, cujos rendimentos advêm do esforço do empreendedor ou de terceiros.

---

64. MOSQUERA, Roberto Quiroga. Tributação no Mercado Financeiro e de Capitais. São Paulo: Dialética, 1998, p. 117.
65. COELHO, Fábio Ulhoa. Curso de Direito Comercial: direito de empresa. 20ª ed. v. 2. São Paulo: Revista do Tribunais, 2016, p. 149.

A respeito dessa materialidade, o Plenário do STF decidiu, sob a sistemática de **repercussão geral**, que é constitucional a incidência do imposto sobre a transmissão de ações de companhias abertas e das consequentes bonificações emitidas (RE 583.712, j. 04.02.2016). A corte fundamentou sua decisão no fato de que a tributação de um negócio jurídico, que tivesse por objeto ações e respectivas bonificações, inserir-se-ia na competência tributária atribuída à União no âmbito do Sistema Tributário Nacional, para fins de instituir imposto sobre operações relativas a títulos ou valores mobiliários. Não haveria espaço, portanto, para alegações de que a exação incidiria sobre o patrimônio, a titularidade das ações, pois a incidência se daria em relação ao negócio jurídico que envolvesse a transferências dos ativos.

1.5.2 *Contribuinte*

O CTN, em seu art. 66, dispõe sobre o contribuinte do IOF como qualquer das partes na operação tributada, como dispuser a lei.

Desse modo, o contribuinte será diferente conforme a espécie de operação tributada.

No caso das operações de crédito, o art. 4º do Decreto 6.306/07 define os contribuintes do IOF como as pessoas físicas ou jurídicas tomadoras de crédito. Já no caso de alienação de direitos creditórios resultantes de vendas a prazo a empresas de *factoring*, contribuinte é o alienante pessoa física ou jurídica (parágrafo único).

Aqui vale uma importante observação.

De acordo com o artigo 58 da Lei 9.532/97, a pessoa física ou jurídica que alienar, à empresa que exercer as atividades de *factoring*, direitos creditórios resultantes de vendas a prazo, sujeita-se à incidência IOF às mesmas alíquotas aplicáveis às operações de financiamento e empréstimo praticadas pelas instituições financeiras.

O contrato de *factoring* consiste, em linhas gerais, na compra de faturamento, incluindo-se esta operação em uma das hipóteses de incidência do IOF, qual seja, a emissão, transmissão, pagamento ou resgate de títulos e valores mobiliários.

O STF entendeu que, mesmo que a operação de *factoring* **não configurasse uma operação de crédito, é admissível sua classificação dentro do espectro de operações relativas a títulos ou valores mobiliários. Ou seja, mesmo as instituições distintas das financeiras, ao praticarem operações de** *factoring*, estariam sujeitas à incidência do IOF. Além disso, não houve, na CF ou no CTN, ao tratar sobre os contribuintes do IOF, qualquer limitação que justifique sua exigência apenas em relação às instituições financeiras (ADI 1763, j. 16.06.2020). Nesse mesmo julgamento, o STF esposou o entendimento de que a "noção de operação de crédito descreve um tipo"[66] (grifos adicionados):

> (...) 1. **As empresas de factoring são distintas das instituições financeiras, não integrando o Sistema Financeiro Nacional.** Não há atividade bancária no factoring nem vinculação entre o contrato de factoring e as atividades desenvolvidas pelas instituições financeiras.

66. "Tipo é a ordenação dos dados concretos existentes na realidade segundo critérios de semelhança." TORRES, Ricardo Lobo. O Princípio da Tipicidade no Direito Tributário. In: Revista Direito Tributário Atual n. 18. São Paulo: Dialética, 2004, p. 23.

2. O fato de as empresas de factoring não necessitarem ser instituições financeiras não é razão suficiente para inquinar de inconstitucional a norma questionada. E isso porque **nada há na Constituição Federal, ou no próprio Código Tributário Nacional, que restrinja a incidência do IOF sobre as operações de crédito realizadas por instituições financeiras.** 3. A noção de operação de crédito descreve um tipo. Portanto, **quando se fala que as operações de crédito devem envolver vários elementos (tempo, confiança, interesse e risco), a exclusão de um deles pode não descaracterizar por inteiro a qualidade creditícia de tais operações** quando a presença dos demais elementos for suficiente para que se reconheça a elas essa qualidade. 4. **No caso do conventional factoring, há, inegavelmente, uma antecipação de recursos financeiros, pois, ordinariamente, o empresário aguarda o vencimento dos créditos decorrentes da venda de mercadorias a seus clientes. Cedendo tais créditos ao factor, o empresário recebe no presente aquilo que ele somente perceberia no futuro, descontado, evidentemente, o fator de compra, que é a própria remuneração do factor.** 5. Também é constitucional a incidência do IOF sobre o maturity factoring. Nessa modalidade de faturização (como na modalidade conventional factoring), as alienações de direito creditório podem ser enquadradas no art. 153, inciso V, da Constituição Federal, na parte referente a "operações relativas a títulos ou valores mobiliários". 6. A alienação de direitos creditórios a empresa de factoring envolve, sempre, uma operação de crédito ou uma operação relativa a títulos ou valores mobiliários. É, aliás, própria do IOF a possibilidade de ocorrência de superposição da tributação das operações de crédito e daquelas relativas a títulos e valores mobiliários, motivo pelo qual o Código Tributário Nacional, no parágrafo único do seu art. 63, traz uma regra de tributação alternativa, de sorte a evitar o *bis in idem*. (...)

No que diz respeito às operações de câmbio, a Lei 8.894/94, em seu art. 6º, define como contribuintes os compradores ou vendedores da moeda estrangeira na operação referente a transferência financeira para ou do exterior, respectivamente. Já os responsáveis pela retenção e recolhimento do IO-Câmbio são as instituições autorizadas a operar em câmbio, conforme parágrafo único do art. 6º da Lei 8.894/94.

Nas operações de seguro, os contribuintes são as pessoas físicas ou jurídicas seguradas, e os responsáveis pela cobrança e pelo recolhimento do IOF são as instituições financeiras ou as seguradoras encarregadas da cobrança do prêmio.

Quando a materialidade do IOF disser respeito a títulos e valores mobiliários, os contribuintes do imposto serão os adquirentes de títulos ou valores mobiliários e os titulares de aplicações financeiras, ou ainda as instituições financeiras e demais instituições autorizadas a funcionar pelo Banco Central do Brasil. Por outro lado, os responsáveis pela cobrança e pelo recolhimento do imposto ao Banco Central do Brasil são as instituições autorizadas a operar na compra e venda de títulos e valores mobiliários.

1.5.3 *Base de cálculo*

O CTN define a base de cálculo do IOF em seu art. 64, da seguinte forma: I – quanto às operações de crédito, o montante da obrigação, compreendendo o principal e os juros; II – quanto às operações de câmbio, o respectivo montante em moeda nacional, recebido, entregue ou posto à disposição; III – quanto às operações de seguro, o montante do prêmio; IV – quanto às operações relativas a títulos e valores mobiliários: a) na emissão, o valor nominal mais o ágio, se houver; b) na transmissão, o preço ou o valor nominal ou o valor da cotação em Bolsa, como determinar a lei; c) no pagamento ou resgate, o preço.

As alíquotas do IOF podem ser alteradas por ato infralegal do Poder Executivo, desde que dentro dos limites e condições previstos em lei (CF, art. 153, § 1º). Com base nesse dispositivo constitucional, o STJ entende que é possível a alteração de alíquota do IOF por meio de portarias interministeriais (REsp 1.123.249, j. 17.11.2009).

1.5.4 *IOF sobre o ouro como ativo financeiro ou instrumento cambial*

O ouro pode ter dois regimes de tributação diversos, a depender de seu enquadramento.

Caso o ouro seja considerado mercadoria, como por exemplo, uma pulseira de ouro ou um relógio de ouro, sofrerá a incidência do ICMS, uma vez que a circulação de mercadorias é fato gerador do tributo estadual ICMS.

Contudo, é possível que o ouro seja classificado como ativo financeiro ou instrumento cambial, sujeitando-se, nessa hipótese, ao IOF, conforme o art. 153, § 5º da CF[67]. Da dicção do texto constitucional percebe-se que o IOF só pode incidir sobre o ouro definido em lei como ativo financeiro ou instrumento cambial uma única vez, na operação de origem.

Levando em consideração essa prescrição constitucional da incidência única do IOF sobre ouro como ativo financeiro, o STF declarou inconstitucional o inciso II do art. 1º da Lei 8.033/90, que previa a incidência do IOF sobre operações subsequentes (RE 190.363, j. 13.05.1998).

A doutrina observa que a incidência única acima referida traduz-se numa **imunidade para as operações subsequentes**. Além disso, haveria imunidade também em relação a outros tributos que viessem a ser instituídos sobre o ouro como ativo financeiro, pois o art. 153, § 5º da CF é expresso ao dizer que o ouro, quando definido em lei como ativo financeiro ou instrumento cambial, sujeita-se exclusivamente à incidência do IOF.

1.6 Imposto sobre a Propriedade Territorial Rural

O imposto sobre a propriedade territorial rural tem sua previsão constitucional no art. 153, VI da CF, sendo a União o ente competente para sua instituição.

Distingue-se do IPTU, já que, enquanto o ITR tributa propriedade rural, o IPTU recai sobre imóveis urbanos. Além disso, o imposto federal incide apenas sobre o imóvel por natureza, sem que se considerem eventuais acessões físicas, ao contrário do IPTU, que, como o próprio texto constitucional indica, ao mencionar o adjetivo "predial", recai sobre as edificações e construções incorporadas ao solo pelo homem.

---

67. CF, art. 153, §5º: O ouro, quando definido em lei como ativo financeiro ou instrumento cambial, sujeita-se exclusivamente a incidência do imposto de que trata o inciso V do caput deste artigo, devido na operação de origem; a alíquota mínima será de um por cento, assegurada a transferência do montante da arrecadação nos seguintes termos: I – trinta por cento para o Estado, o Distrito Federal ou o Território, conforme a origem; II – setenta por cento para o Município de origem.

Em relação à função, a doutrina tem entendido que o ITR possui função preponderantemente **extrafiscal**, servindo de instrumento ao cumprimento da função social da propriedade rural. Isso porque a Constituição, em seu artigo 153, § 4º, inciso I determina que o ITR será progressivo e terá suas alíquotas fixadas de forma a desestimular a manutenção de propriedades improdutivas.

As alíquotas maiores para as propriedades rurais improdutivas representam uma tributação que induz o contribuinte a um comportamento, qual seja, não manter terras ociosas. A função social da propriedade rural, diga-se de passagem, é disciplinada expressamente pela Constituição em seu artigo 186.

Mesmo sendo classificado como um imposto extrafiscal, o ITR deve obediência à anterioridade nonagesimal e à de exercício, sendo que suas alíquotas só podem ser alteradas por lei. Com isso, pode-se concluir que as excepcionalidades presentes nos demais impostos extrafiscais (II, IE e IOF), não se aplicam ao ITR.

1.6.1 *Fato Gerador*

O CTN prevê o ITR em seu artigo 29, mencionando que o fato gerador do imposto é a propriedade, o domínio útil ou a posse de imóvel por natureza, a ser definido em lei civil.

A expressão "imóvel por natureza" já estava presente na legislação civil quando o CTN a ela fez referência, remetendo sua definição à lei civil.

Quando da edição do CTN, estava em vigor o Código Civil de 1916, que definia o imóvel por natureza como "o solo com os seus acessórios e adjacências naturais compreendendo a superfície, as árvores e frutos pendentes, o espaço aéreo e o subsolo" (artigo 43, I). O Código Civil de 2002, contudo, não define o que seria imóvel por natureza, abandonando a classificação antiga do Código Civil de 1916, o que faz com que se leve em consideração para efeitos tributários, ainda atualmente, o Código Civil de 1916[68].

Desse modo, percebe-se que a propriedade das edificações, das benfeitorias e demais construções ou melhoramentos realizados pelo homem não se compreendem no fato gerador do ITR.

A localização do imóvel também é fundamental para a definição do fato gerador do tributo. Os imóveis localizados na zona rural ensejarão a incidência do ITR. Essa zona rural é definida por exclusão da zona urbana dos municípios, que por sua vez deve ter requisitos mínimos previstos no artigo 32 do CTN:

> Art. 32. O imposto, de competência dos Municípios, sobre a propriedade predial e territorial urbana tem como fato gerador a propriedade, o domínio **útil ou a posse de**

---

68. Esse é o entendimento de Hugo de Brito Machado: "Em face do novo Código Civil – Lei n. 10.406, de 10.1.2002 -, suscita-se a questão de saber se a remissão feita pelo Código Tributário Nacional à lei civil, onde devem ser buscados os conceitos pertinentes aos bens imóveis, há de ser entendida como remissão à lei civil então vigente, ou à lei civil vigente na data da aplicação dos dispositivos do Código Tributário Nacional que albergam dita remissão. Entendo que os dispositivos da lei civil vigentes na data da edição do Código Tributário Nacional, aos quais este faz remissão, integraram-se em suas normas, que permanecem inalteradas em face da mudança havida na lei civil." (MACHADO, Hugo de Brito. Curso de Direito Tributário. 26ª edição. ed. São Paulo: Malheiros, 2005, p. 344).

bem imóvel por natureza ou por acessão física, como definido na lei civil, localizado na zona urbana do Município.

§ 1º Para os efeitos deste imposto, entende-se como zona urbana a definida em lei municipal; observado o requisito mínimo da existência de melhoramentos indicados em pelo menos 2 (dois) dos incisos seguintes, construídos ou mantidos pelo Poder Público:

I - meio-fio ou calçamento, com canalização de águas pluviais;

II - abastecimento de água;

III - sistema de esgotos sanitários;

IV - rede de iluminação pública, com ou sem posteamento para distribuição domiciliar;

V - escola primária ou posto de saúde a uma distância máxima de 3 (três) quilômetros do imóvel considerado.

§ 2º A lei municipal pode considerar urbanas as áreas urbanizáveis, ou de expansão urbana, constantes de loteamentos aprovados pelos órgãos competentes, destinados à habitação, à indústria ou ao comércio, mesmo que localizados fora das zonas definidas nos termos do parágrafo anterior.[69]

Apesar da dicção do artigo 29 do CTN, que leva em conta a localização do imóvel, o STJ entende que se deve levar em conta também a **destinação do imóvel**, de modo que, caso o imóvel seja destinado à exploração extrativa, vegetal, agrícola, pecuária ou agroindustrial, será tributado pelo ITR, mesmo que localizado em área urbana, de acordo com o artigo 32 do CTN e a legislação municipal.

Esse entendimento do STJ é baseado no artigo 15 do Decreto-Lei 57/1966, que possui a seguinte redação:

> Decreto-Lei 57/1966, art. 15. O disposto no art. 32 da Lei nº 5.172, de 25 de outubro de 1966, não abrange o imóvel de que, comprovadamente, seja utilizado em exploração extrativa vegetal, agrícola, pecuária ou agroindustrial, incidindo assim, sobre o mesmo, o ITR e demais tributos com o mesmo cobrados.

Como os Decretos-Lei tinham força de lei ordinária, a ressalva feita ao artigo 32 do CTN pelo dispositivo acima transcrito foi válida, já que o Decreto-Lei 57/1966 representa norma posterior (o CTN foi publicado em outubro de 1966, tendo entrado em vigor em 1º de janeiro de 1967, e o Decreto-Lei 57/1966 foi publicado em novembro de 1966, tendo entrado em vigor na data de sua publicação) de igual hierarquia apta a derrogar o CTN, que então possuía status de lei ordinária.

Com a Constituição de 1967, tanto o CTN quanto o artigo 15 do Decreto-Lei 57/1966 foram recepcionados como lei complementar, permanecendo então a derrogação do Decreto-Lei 57/1966. Atualmente, ambos os diplomas continuam com o status de lei complementar, porque o tema insere-se no âmbito do conflito de competências, devendo ser dirimido por lei complementar, de acordo com o artigo 146, I da Constituição de 1988.

---

69. **Súmula 626 do STJ**: A incidência do IPTU sobre imóvel situado em área considerada pela lei local como urbanizável ou de expansão urbana não está condicionada à existência dos melhoramentos elencados no art. 32, § 1º, do CTN.

O julgado do STJ abaixo é didático sobre a relação entre as normas (REsp 492.869, j. 15.02.2005 – grifos adicionados):

> TRIBUTÁRIO. IPTU. ITR. FATO GERADOR. IMÓVEL SITUADO NA ZONA URBANA. LOCALIZAÇAO. DESTINAÇAO. CTN, ART. 32. DECRETO-LEI N. 57/66. VIGÊNCIA.
>
> 1. Ao ser promulgado, o Código Tributário Nacional valeu-se do critério topográfico para delimitar o fato gerador do Imposto sobre a Propriedade Predial e Territorial Urbana (IPTU) e o Imposto sobre a Propriedade Territorial Rural (ITR): se o imóvel estivesse situado na zona urbana, incidiria o IPTU; se na zona rural, incidiria o ITR.
>
> 2. **Antes mesmo da entrada em vigor do CTN, o Decreto-Lei nº 57/66 alterou esse critério, estabelecendo estarem sujeitos à incidência do ITR os imóveis situados na zona rural quando utilizados em exploração vegetal, agrícola, pecuária ou agroindustrial.**
>
> 3. **A jurisprudência reconheceu validade ao DL 57/66, o qual, assim como o CTN, passou a ter o status de lei complementar em face da superveniente Constituição de 1967. Assim, o critério topográfico previsto no art. 32 do CTN deve ser analisado em face do comando do art. 15 do DL 57/66, de modo que não incide o IPTU quando o imóvel situado na zona urbana receber quaisquer das destinações previstas nesse diploma legal.**
>
> 4. Recurso especial provido.

Esse entendimento foi confirmado no julgamento do REsp 1.112.646 (j. 26.08.2009), sujeito à sistemática dos recursos especiais **repetitivos.**

Assim, com a Constituição de 1967, tanto o CTN quanto o artigo 15 do Decreto-Lei 37/66 foram recepcionados como lei complementar, o que preservou a vigência do art. 15 do Decreto-Lei 57/66.

Vale registrar que houve um dispositivo de lei ordinária em 1972 (art. 12 da Lei 5.868/1972) que declarou expressamente a revogação do art. 15 do Decreto-Lei 37/66. Contudo, em 1972 o art. 15 do Decreto-Lei já não mais poderia ser revogado por lei ordinária, razão pela qual essa revogação expressa não possui efeitos jurídicos. Nesse sentido é a jurisprudência do STF[70].

1.6.2 *Contribuinte*

O artigo 31 do CTN define o contribuinte do ITR como o proprietário do imóvel, o titular de seu domínio útil, ou o seu possuidor a qualquer título.

O artigo 4º da Lei 9.393/1996 (lei ordinária que dispõe sobre o ITR) repete os mesmos contribuintes, acrescentando em seu parágrafo único uma interessante norma que fixa o domicílio tributário do contribuinte como o município de localização do imóvel, vedando a eleição de qualquer outro.

Já o artigo 5º da mesma lei traz como responsável pelo crédito tributário o sucessor, a qualquer título, nos termos dos artigos 128 a 133 do CTN.

70. (...) 2. R.E. conhecido, pela letra "b", mas improvido, **mantida a declaração de inconstitucionalidade do art. 12 da Lei federal n 5.868, de 12.12.1972, no ponto em que revogou o art. 15 do Decreto-lei n 57, de 18.11.1966**. 3. Plenário. Votação unânime. (RE 140.773, j. 08.10.1998 - grifos adicionados).

Dentre as modalidades de responsabilidade tributária mais pertinentes ao ITR, sobressai a prevista no artigo 130 do CTN, segundo o qual os créditos tributários relativos a impostos cujo fato gerador seja a propriedade, o domínio útil ou a posse de bens imóveis, e bem assim os relativos a taxas pela prestação de serviços referentes a tais bens, ou a contribuições de melhoria, subrogam-se na pessoa dos respectivos adquirentes, salvo quando conste do título a prova de sua quitação. Nesse sentido já decidiu o STJ em sede de recurso especial **repetitivo** (REsp 1.073.846, j. 25.11.2009 – grifos adicionados):

> 1. A incidência tributária do imposto sobre a propriedade territorial rural -ITR (de competência da União), sob o ângulo do aspecto material da regra matriz, é a propriedade, o domínio útil ou a posse de imóvel por natureza, como definido na lei civil, localizado fora da zona urbana do Município (artigos 29, do CTN, e 1º, da Lei 9.393/96).
>
> 2. O proprietário do imóvel rural, o titular de seu domínio útil, ou seu possuidor a qualquer título, à luz dos artigos 31, do CTN, e 4º, da Lei 9.393/96, são os contribuintes do ITR .
>
> 3. O artigo 5º, da Lei 9.393/96, por seu turno, preceitua que:
>
> "Art. 5º É responsável pelo crédito tributário sucessor, a qualquer título, nos termos dos arts. 128 a 133 da Lei nº 5.172, de 25 de outubro de1966 (Sistema Tributário Nacional)."
>
> 4. **Os impostos incidentes sobre o patrimônio (Imposto sobre a Propriedade Territorial Rural -ITR e Imposto sobre a Propriedade Predial e Territorial Urbana -IPTU) decorrem de relação jurídica tributária instaurada com a ocorrência de fato imponível encartado, exclusivamente, na titularidade de direto real, razão pela qual consubstanciam obrigações *proter rem*, impondo-se sua assunção a todos aqueles que sucederem ao titular do imóvel.**
>
> (...) 6. O promitente comprador (possuidor a qualquer título) do imóvel, bem com seu proprietário/promitente vendedor (aquele que tem a propriedade registrada no Registro de Imóveis), consoante entendimento exarado pela Primeira Seção do STJ, quando do julgamento dos Recursos Especiais 1.110.551/SP e 1.111.202/SP (submetidos ao rito do artigo 543-C, do CP), são contribuintes responsáveis pelo pagamento do IPTU (Rel. Ministro Mauro Campbell Marques, julgado em 10.06.2009, DJe 18.06.2009).
>
> (...) 13. Recurso especial desprovido. Acórdão submetido a regime do artigo 543-C, do CPC, e da Resolução STJ 08/2008. Proposição de verbete sumular.

Desse modo, os impostos sobre o patrimônio, como o ITR e o IPTU, consubstanciam obrigações *propter rem*, recaindo a obrigação pelo pagamento sobre todos aqueles que figurarem como titulares do bem.

1.6.3 *Base de cálculo*

O CTN define a base de cálculo do ITR em seu art. 30, identificando-a simplesmente pela expressão "valor fundiário". Essa dimensão quantitativa do ITR coaduna-se com a noção de "imóvel por natureza", utilizada para se definir o aspecto material do fato gerador.

A Lei 9.393/1996, na mesma linha, utiliza a expressão "valor da terra nua tributável" para se referir à base de cálculo do ITR, permanecendo fiel à ideia de "imóvel por natureza". Em seu artigo 10, § 1º, I, a Lei 9.393/1996 considera como valor da terra nua o valor do imóvel, excluídos os valores relativos a: a) construções, instalações e benfeitorias; b) culturas permanentes e temporárias; c) pastagens cultivadas e melhoradas; d) florestas plantadas.

A área tributável (art. 10, § 1º, II da Lei 9.393/1996), por sua vez, é igual à área total do imóvel, excluídas as áreas: a) de preservação permanente e de reserva legal, previstas na Lei nº 12.651, de 25 de maio de 2012; b) de interesse ecológico para a proteção dos ecossistemas, assim declaradas mediante ato do órgão competente, federal ou estadual, e que ampliem as restrições de uso previstas na alínea anterior; c) comprovadamente imprestáveis para qualquer exploração agrícola, pecuária, granjeira, aquícola, ou florestal, declaradas de interesse ecológico mediante ato do órgão competente, federal ou estadual; d) sob regime de servidão ambiental; e) cobertas por florestas nativas, primárias ou secundárias em estágio médio ou avançado de regeneração; f) alagadas para fins de constituição de reservatório de usinas hidrelétricas autorizada pelo poder público.

Em relação às **áreas de preservação permanente e de reserva legal**, discute-se sobre a necessidade, para efeitos tributários de exclusão de referidas áreas da base de cálculo do ITR, de ato declaratório ambiental do IBAMA e de averbação no registro do imóvel. Perceba que, **enquanto o ato declaratório ambiental do IBAMA de que uma delimitação geográfica constitui área de preservação permanente ou reserva legal é providência do órgão estatal**, sobre a qual o contribuinte não possui ingerência, **a averbação da reserva legal no registro do imóvel é obrigação do proprietário do imóvel.**

Partindo dessa diferenciação, o STJ entendeu que, para que seja legítima a exclusão da área correspondente à reserva legal da área tributável pelo ITR, deve o proprietário do imóvel rural proceder à respectiva averbação. Veja a ementa do seguinte acórdão (REsp 1.027.051, j. 07.04.2011 – grifos adicionados):

> (...) 2. O único bônus individual resultante da imposição da reserva legal ao contribuinte é a isenção no ITR. Ao mesmo tempo, a averbação da reserva funciona como garantia do meio ambiente.
>
> 3. Desta forma, a imposição da averbação para fins de concessão do benefício fiscal deve funcionar a favor do meio ambiente, ou seja, como mecanismo de incentivo à averbação e, via transversa, impedimento à degradação ambiental. Em outras palavras: condicionando a isenção à averbação atingir-se-ia o escopo fundamental dos arts. 16, § 2º, do Código Florestal e 10, inc. II, alínea "a", da Lei n. 9.393/96.
>
> (...) 7. A prova da averbação da reserva legal é dispensada no momento da declaração tributária, mas não a existência da averbação em si.
>
> (...) 9. É de afastar, ainda, argumento no sentido de que a averbação é ato meramente declaratório, e não constitutivo, da reserva legal. Sem dúvida, é assim: **a existência da <u>reserva legal</u> não depende da averbação para os fins do Código Florestal e da legislação ambiental. Mas isto nada tem a ver com o sistema tributário nacional. Para fins tributários, a averbação deve ser condicionante da isenção, tendo eficácia constitutiva.**
>
> 10. **A questão ora se enfrenta é bem diferente daquela relacionada à necessidade de ato declaratório do Ibama relacionado à <u>área de preservação permanente</u>, pois, a toda evidência, impossível condicionar um benefício fiscal nestes termos à expedição de um ato de entidade estatal.**
>
> 11. No entanto, o Código Florestal, em matéria de reserva ambiental, comete a averbação ao próprio contribuinte proprietário ou possuidor, e isto com o objetivo de viabilizar todo o rol de obrigações propter rem previstas no art. 44 daquele diploma normativo.
>
> 12. Recurso especial provido."

Em agosto de 2013, a 1ª Seção do STJ confirmou esse entendimento, ao julgar os embargos de divergência relativos ao recurso especial acima reproduzido, observando ainda que atualmente, segundo o novo Código Florestal, a área de reserva legal deve ser registrada no órgão ambiental competente por meio de inscrição no Cadastro Ambiental Rural, até porque tal registro desobriga a averbação no Cartório de Registro de Imóveis (artigo 18, § 4º da Lei 12.651/2012).

Observe-se, contudo, que **essa exigência de averbação no Registro de Imóveis não prevalece nos casos de áreas de preservação permanente, mas apenas nos de reserva legal, já que as primeiras são instituídas por lei**, sendo desnecessário seu registro junto ao Poder Público para a sua caracterização.

Dessa forma, **quanto à área de reserva legal, é imprescindível que haja averbação junto à matrícula do imóvel, para haver isenção tributária. Quanto às áreas de preservação permanente, no entanto, como são instituídas por disposição legal, não há nenhum condicionamento para que ocorra a isenção do ITR** (**AgRg nos EDcl no REsp 1.342.161**, j. 04.02.2014).

A Área de Preservação Permanente não necessita estar averbada no registro do imóvel para gozar da isenção do ITR, exigência esta obrigatória apenas para a Área de Reserva Legal, inclusive aquela majorada por ato espontâneo do proprietário do imóvel rural (**AgRg no REsp 1.429.300**, j. 16.06.2015).

ÁREA DE RESERVA LEGAL	**ÁREA DE PRESERVAÇÃO PERMANENTE**
necessidade de averbação no registro de imóveis ou inscrição no CAR para exclusão da área da base de cálculo do ITR	desnecessário o registro junto ao Poder Público para a sua caracterização, já que tal área é instituída por lei

Já as alíquotas do ITR, como já se observou, devem ser progressivas, de forma a desestimular a manutenção das propriedades improdutivas (CF, art. 153, § 4º, I).

Segundo a Lei 9.393/1996, tal progressividade leva em conta não apenas o grau de utilização da propriedade rural (critério da produtividade previsto expressamente na Constituição), mas também a área do imóvel, de modo que quanto menor o grau de utilização e quanto maior a área do imóvel, mais elevadas serão as alíquotas.

A menor alíquota é 0,03%, e a maior alíquota é 20%.

1.6.4 *Imunidade das pequenas glebas rurais*

O artigo 153, § 4º, II da Constituição de 1988 prevê uma imunidade específica do ITR, ao dispor que esse imposto não incidirá sobre pequenas glebas rurais, definidas em lei, quando as explore o proprietário que não possua outro imóvel.

Após a Emenda Constitucional 42/2003, que alterou o dispositivo em questão, não se exige mais que o proprietário do imóvel rural o explore só ou com a sua família, podendo contar com o auxílio de empregados.

O texto constitucional não especifica o que seria "pequena gleba rural", deixando tal tarefa ao legislador infraconstitucional. Observe que, por se tratar de regulação de limitação constitucional ao poder de tributar (delimitação do alcance de uma imunidade), o tema deveria ser tratado por lei complementar, conforme exige o artigo 146, II da Constituição.

Contudo, a definição de "pequena gleba rural" consta do artigo 2º da Lei 9.393/1996:

> Art. 2º. Nos termos do art. 153, § 4º, in fine, da Constituição, o imposto não incide sobre pequenas glebas rurais, quando as explore, só ou com sua família, o proprietário que não possua outro imóvel. Parágrafo único. Para os efeitos deste artigo, pequenas glebas rurais são os imóveis com área igual ou inferior a: I - 100 ha, se localizado em município compreendido na Amazônia Ocidental ou no Pantanal mato-grossense e sul-mato-grossense; II - 50 ha, se localizado em município compreendido no Polígono das Secas ou na Amazônia Oriental; III - 30 ha, se localizado em qualquer outro município.

Essa imunidade não beneficia: a) o proprietário de dois imóveis rurais que, somando-se as suas áreas, ainda assim estaria dentro do limite da pequena gleba rural; e b) o agricultor que, embora não seja proprietário da pequena gleba rural, tenha sua posse e a explore com sua família ou com auxílio de empregados. Para corrigir essa discrepância de tratamento, a Lei 9.393/1996 criou as seguintes hipóteses de isenção:

> Art. 3º São isentos do imposto: I - o imóvel rural compreendido em programa oficial de reforma agrária, caracterizado pelas autoridades competentes como assentamento, que, cumulativamente, atenda aos seguintes requisitos: a) seja explorado por associação ou cooperativa de produção; b) a fração ideal por família assentada não ultrapasse os limites estabelecidos no artigo anterior; c) o assentado não possua outro imóvel. II - o conjunto de imóveis rurais de um mesmo proprietário, cuja área total observe os limites fixados no parágrafo único do artigo anterior, desde que, cumulativamente, o proprietário: a) o explore só ou com sua família, admitida ajuda eventual de terceiros; b) não possua imóvel urbano.

Desse modo, o requisito da titularidade de um único imóvel continua sendo exigido para a imunidade, mas não para a isenção acima.

1.6.5 *Fiscalização e cobrança do ITR pelos Municípios*

A Emenda Constitucional 42/2003 inseriu a regra de que o ITR será fiscalizado e cobrado pelos Municípios que assim optarem, na forma da lei, desde que não implique redução do imposto ou qualquer outra forma de renúncia fiscal (CF, art. 153, § 4º, III).

Essa regra constitucional não é autoaplicável, já que essa opção deve se dar nos termos da lei. Em 2005, foi publicada a Lei 11.250/2005, que deixou claro a impossibilidade de renúncia fiscal do ITR pelos Municípios que fizerem a opção[71].

Isso porque essa transferência das atribuições de fiscalização e cobrança do ITR representa uma delegação da capacidade tributária ativa, o que não implica uma alteração da competência tributária (instituição de tributo), que continua sob o poder da União.

---

71. Lei 11.250/2005, art. 1º, **§ 2º A opção de que trata o caput deste artigo não poderá implicar redução do imposto ou qualquer outra forma de renúncia fiscal.**

Há no caso uma aderência ao artigo 7º do CTN, segundo o qual competência tributária é indelegável, salvo atribuição das funções de arrecadar ou fiscalizar tributos, ou de executar leis, serviços, atos ou decisões administrativas em matéria tributária, conferida por uma pessoa jurídica de direito público a outra.

Caso o Município faça a opção de fiscalizar e cobrar o ITR, será destinatário da totalidade da arrecadação do ITR relativamente aos imóveis situados em seu território. Inexistindo tal opção, terá direito a 50% do produto da arrecadação do ITR relativamente aos imóveis situados em seu território (CF, artigo 158, II).

1.7 Imposto sobre Grandes Fortunas

O imposto sobre grandes fortunas é de competência da União e até hoje nunca foi instituído.

Devido à redação do artigo 153, VII da CF ("compete à União instituir impostos sobre grandes fortunas, nos termos de lei complementar"), alguns doutrinadores entendem que a lei complementar é exigida apenas para traçar o perfil geral do tributo em questão, bastando a lei ordinária para a instituição do imposto sobre grandes fortunas[72].

1.8 Impostos Extraordinários de Guerra

Os impostos extraordinários de guerra possuem regulamentação muito sucinta, nunca tendo sido instituídos sob a égide da Constituição de 1988, que prevê em seu artigo 154, II, a possibilidade de a União instituir "na iminência ou no caso de guerra externa, impostos extraordinários, compreendidos ou não em sua competência tributária, os quais serão suprimidos, gradativamente, cessadas as causas de sua criação".

Tais impostos são de competência da União, pelo fato de terem como motivo uma situação de guerra iminente ou eclodida, sendo a União o ente federativo autorizado a declarar guerra e a celebrar a paz (artigo 21, II da CF).

Não se pode confundir o motivo que enseja a instituição desses impostos com seu fato gerador. A guerra ou sua iminência é o motivo que justifica a instituição do imposto, mas não é seu fato gerador. Significa dizer que os impostos extraordinários de guerra só podem ser instituídos com o requisito constitucional de o Brasil encontrar-se numa situação de guerra iminente ou já eclodida. O fato gerador desses impostos a serem instituídos, contudo, podem ser os mais variados, mesmo que não sejam compreendidos na competência tributária da União.

72. "a União, por meio de lei ordinária, poderá instituir o imposto sobre grandes fortunas (ou sobre ele dispor). A lei complementar apenas irá definir as diretrizes básicas que nortearão a criação deste imposto (...). Não será, porém, a lei complementar que instituirá, *in abstracto*, este imposto, nem, muito menos, disciplinará seu lançamento, processo de arrecadação e fiscalização." (CARRAZZA, Roque Antônio. Curso de Direito Constitucional Tributário. 30ª. ed. São Paulo: Malheiros, 2015, p. 1146). No mesmo sentido: "Estatuídas as normas gerais, a instituição do gravame poderá ser efetuada mediante lei ordinária." (COSTA, Regina Helena. Curso de Direito Tributário – Constituição e Código Tributário Nacional. 4ª. ed. São Paulo: Editora Saraiva, 2014, p. 381).

Sendo assim, é possível que a União crie, com base no artigo 154, II, um imposto com a mesma materialidade do ICMS, ou do IPTU, tributando a circulação de mercadorias ou a propriedade de imóveis urbanos. Não haveria inconstitucionalidade nessa coincidência de bases de cálculo, pois o próprio texto do artigo 154, II da CF admite que os impostos extraordinários de guerra podem estar compreendidos ou não na competência tributária da União. Temos aqui uma hipótese de bitributação chancelada pela Constituição, razão pela qual não há que se perquirir sobre qualquer vício nessa cobrança.

Tais impostos podem ser instituídos por lei ordinária, já que não há nenhuma exigência expressa quanto à exigência de lei complementar para tanto. Pelo contrário, a Constituição, no artigo 62, § 2º, prevê expressamente a possibilidade de instituição ou majoração dos impostos extraordinários de guerra por medida provisória, sem a necessidade de sua conversão em lei até o último dia do exercício financeiro em que foi editada. Os impostos extraordinários de guerra não devem obediência à anterioridade anual e à noventena.

O artigo 154, II da CF diz ainda que os impostos extraordinários de guerra devem ser suprimidos, gradativamente, cessadas as causas de sua criação. Antes mesmo de 1988, o artigo 76 do Código Tributário Nacional já determinava que esses impostos devem ser suprimidos gradativamente no prazo máximo de cinco anos, contados da celebração da paz.

Entende a doutrina majoritária que o artigo 76 do CTN foi recepcionado pela Constituição de 1988, já que está em consonância com o caráter temporário próprio desses impostos.

2. QUADRO SINÓTICO

IMPOSTOS FEDERAIS		
Imposto de importação	» o imposto sobre a importação (II) está previsto no artigo 153, I da CF, sendo de competência da União e vocacionado a estimular/desestimular um determinado comportamento ao contribuinte (é, portanto, um tributo **extrafiscal** ou regulatório). » o II não se submete à anterioridade anual e nonagesimal (CF, art. 150, § 1º).	1.1
Fato gerador	» o que importa, para se configurar o fato gerador do II, é a **entrada de produto estrangeiro no território nacional** (artigo 19 do CTN). » em relação ao elemento "entrada" do fato gerador, nem sempre a mera entrada física acarretará na exigência do II, pois o imposto não será devido quando o produto ingressa apenas para participação em feira ou evento. Trata-se da **admissão temporária**, que se contrapõe ao ingresso definitivo. » outro exemplo em que não há a incidência do II é o caso de **trânsito aduaneiro**, em que o produto estrangeiro ingressa no Brasil apenas porque precisa passar pelo território brasileiro para chegar a outro país. » a **entrada ficta ou presumida**, por sua vez, ocorre quando a fiscalização aduaneira verificar que determinada mercadoria discriminada como importada na declaração do importador não estiver entre as desembaraçadas. Não só a entrada real	1.1.1

<table>
<tr><td></td><td>é considerada fato gerador do II, mas também a entrada ficta ou presumida, de acordo com a previsão do art. 1º, § 2º do DL 37/66: "Para efeito de ocorrência do fato gerador, considerar-se-á entrada no Território Nacional a mercadoria que constar como tendo sido importada e cuja falta venha a ser apurada pela autoridade aduaneira".
» o elemento temporal do II é definido pelo art. 23 do Decreto-lei 37/1966, como sendo o a data do registro da declaração de importação.</td><td></td></tr>
<tr><td>Contribuinte</td><td>» contribuinte do II é, segundo o artigo 22 do CTN, o importador ou quem a lei a ele equiparar e o arrematante de produtos apreendidos ou abandonados.</td><td>1.1.2</td></tr>
<tr><td>Base de cálculo</td><td>» a base de cálculo do II pode ser, de acordo com o art. 20 do CTN, a unidade de medida adotada pela lei tributária, quando a alíquota for específica (CTN, art. 20, I); o preço normal que o produto, ou seu similar, alcançaria, ao tempo da importação, em uma venda em condições de livre concorrência, para entrega no porto ou lugar de entrada do produto no País (CTN, art. 20, II); o preço da arrematação, quando se trate de produto apreendido ou abandonado, levado a leilão (CTN, art. 20, III).
Quadro-resumo: alíquotas específica e ad valorem
<table>
<tr><th>Alíquota específica</th><th>Alíquota ad valorem</th></tr>
<tr><td>valor monetário fixo, multiplicado em razão de uma determinada unidade de medida, como por exemplo: três reais por quilo; 10 reais por metro.</td><td>percentual a ser aplicado no valor do produto importado. Exemplo: 3% sobre o valor de uma máquina de dois mil reais.</td></tr>
</table></td><td>1.1.3</td></tr>
<tr><td>Drawback</td><td>» drawback é um incentivo fiscal à exportação, um estímulo à indústria nacional mediante a suspensão, isenção ou restituição de tributos incidentes sobre a importação quando os insumos forem destinados a beneficiamento, fabricação ou complementação de produtos destinados à posterior exportação.
» súmula 569 do STJ: "Na importação, é indevida a exigência de nova certidão negativa de débito no desembaraço aduaneiro, se já apresentada a comprovação da quitação de tributos federais quando da concessão do benefício relativo ao regime de drawback".</td><td>1.1.4</td></tr>
<tr><td>Imposto de importação e sanção Política</td><td>» súmula 323 do STF: "É inadmissível a apreensão de mercadorias como meio coercitivo para pagamento de tributos".
» foi afastada a caracterização como sanção política da hipótese em que a mercadoria é retida para quitação dos direitos antidumping (STJ, REsp 1.728.921, j. 16.10.2018), os quais não possuem natureza tributária, mas sim aduaneira.
» súmula vinculante 48: "Na entrada de mercadoria importada do exterior, é legítima a cobrança do ICMS por ocasião do desembaraço aduaneiro".</td><td>1.1.5</td></tr>
</table>

	» tese de **repercussão geral** no RE 1.090.591 (j. 16.09.2020): "É constitucional vincular o despacho aduaneiro ao recolhimento de diferença tributária apurada mediante arbitramento da autoridade fiscal".	
Imposto de Exportação	» o imposto sobre exportação (IE) está previsto no art. 153, II da CF como um imposto da União, e assim como o II, também possui a importante função **extrafiscal** ou regulatória de influenciar nas transações de comércio exterior. » o STF tem o entendimento, fixado em sede de **repercussão geral**, de que é constitucional a norma infraconstitucional que atribui a órgão integrante do Poder Executivo da União (Câmara de Comércio Exterior – CAMEX) a faculdade de estabelecer as » alíquotas do IE, não havendo que se falar em competência privativa do Presidente da República (RE 570.680, **repercussão geral**, j. 28.10.2009).	1.2
Fato gerador	» o fato gerador do IE é a saída, do território nacional para o estrangeiro, de produtos **nacionais ou nacionalizados** (CTN, art. 23).	1.2.1
Contribuinte	» contribuinte do IE é o exportador ou quem a lei a ele equiparar (CTN, art. 27).	1.2.2
Base de cálculo	» a base de cálculo do IE pode ser, de acordo com o art. 24 do CTN, a **unidade de medida** adotada pela lei tributária, quando a alíquota for específica (CTN, art. 24, I); o **preço normal** que o produto, ou seu similar, alcançaria, ao tempo da exportação, em uma venda em condições de livre concorrência (CTN, art. 24, II).	1.2.3
Imposto sobre a renda	» o imposto sobre a renda e proventos de qualquer natureza (IR) possui função preponderantemente fiscal, pois se destina principalmente a carrear recursos para os cofres públicos. Ainda assim, não deixa de ter uma feição extrafiscal, na medida em que funciona como um instrumento de distribuição de renda, ao se impor alíquotas maiores a faixas de renda mais elevadas, isentando-se as pessoas físicas de baixa renda. » **o Poder Judiciário não pode substituir o Legislativo na correção da tabela do Imposto de Renda de Pessoa Física – IRPF** (STF, RE 388.312, j. 01.08.2011).	1.3
O conceito de renda	» a Constituição de 1988 não foi analítica (nem precisaria sê-lo) na atribuição de competência tributária para a tributação da renda. » o constituinte previu uma noção assumidamente ampla de um acréscimo ou de uma vantagem econômica monetariamente mensurável obtida pelo contribuinte, vantagem essa que poderia ser limitada pelo legislador complementar na definição do fato gerador. Cumprindo esse papel, o art. 43 do CTN dispõe que a renda pode advir do capital (aplicação financeira, por exemplo), do trabalho (remuneração por um serviço prestado, salário etc.) ou da combinação de ambos, conforme o art. 43, I do CTN.	1.3.1

Fato gerador	» o fato gerador do IR não é a renda ou o provento; é a **aquisição** da disponibilidade econômica ou jurídica de renda ou proventos de qualquer natureza. » o CTN não restringiu o sentido da natureza da renda e dos proventos tributáveis a uma concepção civilista ou de direito privado. O fato de o art. 43 do CTN referir-se a "acréscimo patrimonial" não significa que se deva recorrer à lei civil para buscar esse conceito, até porque dentro do próprio direito privado há mais de uma acepção para o termo "patrimônio".	1.3.2
Contribuinte	» o art. 45 do CTN define o contribuinte do IR como o titular da disponibilidade a que se refere o art. 43, sem prejuízo de atribuir a lei essa condição ao possuidor, a qualquer título, dos bens produtores de renda ou dos proventos tributáveis. » o STJ entende que **no caso de benefício previdenciário pago em atraso e acumuladamente, não é legítima a cobrança de imposto de renda com parâmetro no montante global pago extemporaneamente** (REsp 1.118.429, repetitivo, j. 24.03.2010).: » o STF, no julgamento do RE 614.406 (j. 23.10.2014, na sistemática de **repercussão geral**), também entendeu que a alíquota do IR deve ser a correspondente ao rendimento recebido mês a mês, e não aquela que incidiria sobre valor total pago de uma única vez, e, portanto, mais alta.	1.3.3
Base de cálculo	» o art. 44 do CTN dispõe que a base de cálculo do IR é o montante, real, arbitrado ou presumido, da renda ou dos produtos tributáveis. » a base de cálculo do IR é informada pelo critério da **universalidade** (CF, art. 153, § 2º, I), que determina a sujeição de toda e qualquer modalidade de renda e provento à incidência do IR. **Enquanto o critério da generalidade possui feição subjetiva, relacionando-se com o contribuinte, a universalidade tem caráter objetivo.** » o critério da **progressividade** (CF, art. 153, § 2º, I), por sua vez, é aplicado na fixação das alíquotas do IR, que possuem percentuais diferentes de acordo com a faixa de renda do contribuinte, o que concretiza o princípio da capacidade contributiva aplicável aos impostos (CF, art. 145, § 1º). » conforme definido em sede de **repercussão geral** (RE 591.340, j. 27.06.2019), é constitucional a limitação do direito de compensação de prejuízos fiscais do IRPJ e da base de cálculo negativa da CSLL.	1.3.4
Imposto de renda e indenizações	» entende a Receita Federal que os valores recebidos de pessoa jurídica por pessoa física, por força de acordo no qual se declara serem tais valores destinados a "recompor danos", representam acréscimo patrimonial para a pessoa física, devendo ser tributado pelo imposto de renda (Solução de Consulta COSIT 311/2018 da Receita Federal). » para o STJ, "O pagamento de indenização pode ou não acarretar acréscimo patrimonial, dependendo da natureza do bem jurídico a que se refere. Quando se indeniza dano efetivamente verificado no patrimônio material (= dano emergente), o pagamento em dinheiro simplesmente reconstitui a perda patrimonial	1.3.5

	ocorrida em virtude da lesão, e, portanto, não acarreta qualquer aumento no patrimônio. Todavia, ocorre acréscimo patrimonial quando a indenização (a) ultrapassar o valor do dano material verificado (= dano emergente), ou (b) se destinar a compensar o ganho que deixou de ser auferido (= lucro cessante) (...)" (REsp 748.868, j. 28.08.2007): » súmula 498 do STJ: "Não incide imposto de renda sobre a indenização por danos morais".	
	TRIBUTAÇÃO INTERNACIONAL DA RENDA	
A tributação em bases universais e as empresas controladas e coligadas no exterior	» em 2001, a Lei Complementar 104 acrescentou o § 2º ao art. 43 do CTN, segundo o qual na hipótese de receita ou de rendimento oriundos do exterior, a lei estabelecerá as condições e o momento em que se dará sua disponibilidade, para fins de incidência do IR. » a Medida Provisória 2.158-35/2001 disciplinou a matéria, prevendo que os lucros auferidos por controlada ou coligada no exterior serão considerados disponibilizados para a controladora ou coligada no Brasil na **data do balanço** em que tiverem sido apurados, na forma do regulamento (art. 74). » o STF enfrentou a questão na ADI 2588 (j. 10.04.2013), cuja ementa chegou às seguintes conclusões: a) Inaplicabilidade do art. do art. 74 da MP 2.158-35 às empresas nacionais coligadas a pessoas jurídicas sediadas em países sem tributação favorecida, ou que não sejam "paraísos fiscais"; b) A aplicabilidade do art. 74 da MP 2.158-35 às empresas nacionais controladoras de pessoas jurídicas sediadas em países de tributação favorecida, ou desprovidos de controles societários e fiscais adequados ("paraísos fiscais", assim definidos em lei); c) A inconstitucionalidade do art. 74 par. ún., da MP 2.158-35/2001, de modo que o texto impugnado não pode ser aplicado em relação aos lucros apurados até 31 de dezembro de 2001.	1.3.6.1
Preços de transferência - a praticabilidade nas margens fixas de lucro e nos *"safe harbours"*	» preços de transferência são os preços pelos quais uma empresa transfere bens físicos e propriedade intangível ou fornece serviços a empresas associadas.	1.3.6.2
Imposto sobre Produtos Industrializados	» o imposto sobre produtos industrializados, de competência da União (art. 153, IV da CF), possui função predominantemente fiscal, apesar de ser marcado por traços de extrafiscalidade, como se vê da **seletividade** prevista no art. 153, § 3º, inciso I da CF. » também há no IPI, assim como no II, IE e IOF, a mitigação ao princípio da legalidade, já que o art. 153, § 1º da CF também faculta ao Poder Executivo a alteração das alíquotas do IPI, desde que atendidas as condições e os limites estabelecidos em lei.	1.4

<table>
<tr><td>Fato gerador</td><td>» o fato gerador do IPI é descrito no artigo 46 do CTN da seguinte forma:
a) saída dos estabelecimentos do importador, industrial, comerciante ou arrematante.
b) desembaraço aduaneiro, quando de procedência estrangeira.
c) arrematação, quando apreendido ou abandonado e levado a leilão.</td><td>1.4.1</td></tr>
<tr><td>Contribuinte</td><td>» o artigo 51 do CTN traz os contribuintes do IPI:
CTN, art. 51. Contribuinte do imposto é:
I – o importador ou quem a lei a ele equiparar;
II – o industrial ou quem a lei a ele equiparar;
III – o comerciante de produtos sujeitos ao imposto, que os forneça aos contribuintes definidos no inciso anterior;
IV – o arrematante de produtos apreendidos ou abandonados, levados a leilão.
Parágrafo único. Para os efeitos deste imposto, considera-se contribuinte autônomo qualquer estabelecimento de importador, industrial, comerciante ou arrematante.</td><td>1.4.2</td></tr>
<tr><td>Base de cálculo e alíquotas</td><td>» o artigo 47 do CTN trata da base de cálculo do IPI:
preço normal do produto acrescido do valor devido a título de Imposto de Importação, das taxas exigidas para entrada do produto no País e dos encargos cambiais.
valor da operação ou, na falta desse valor, o preço corrente da mercadoria, ou sua similar, no mercado atacadista da praça do remetente.
preço da arrematação.
» em sede de recurso repetitivo, o STJ decidiu que os descontos incondicionais não compõem a real expressão econômica da operação tributada (REsp 1.149.424, j. 28.04.2010).
» em setembro de 2014, o STF, no RE 567.935 (julgado em 04.09.2014, sob o regime de repercussão geral), entendeu que o legislador ordinário, ao incluir os descontos incondicionais no cálculo do IPI, invadiu a competência da lei complementar, já que fatos geradores, bases de cálculo e contribuintes dos impostos previstos na Constituição estão fixados no Código Tributário Nacional. a base de cálculo do IPI pode ser fixa, de acordo com o art. 3º da Lei 7.789/89, que presume valores fixos para o imposto (pautas fiscais). A discussão teve a repercussão geral reconhecida pelo STF no RE 602.917, no qual a Corte fixou a seguinte tese: "É constitucional o artigo 3º da Lei 7.798/1989, que estabelece valores pré-fixados para o IPI".</td><td>1.4.3</td></tr>
<tr><td>A não cumulatividade do IPI</td><td>» o IPI é um imposto plurifásico, ou seja, incide mais de uma vez sobre um mesmo bem em diversas etapas da cadeia de produção/circulação.
» a técnica, ou princípio, da não cumulatividade é prevista constitucionalmente, determinando o art. 153, § 3º, II da CF que o IPI "será não-cumulativo, compensando-se o que for devido em cada operação com o montante cobrado nas anteriores."</td><td>1.4.4</td></tr>
</table>

	Os créditos do IPI são considerados **físicos, reais e condicionados**. » físico porque o crédito do IPI só existe se o produto industrializado adquirido pelo estabelecimento industrial for **utilizado fisicamente no processo de industrialização**. Consequência desse entendimento é que, caso a aquisição do produto seja destinada à incorporação do bem no ativo permanente do estabelecimento, não haverá direito ao creditamento. » súmula 495 do STJ: "**A aquisição de bens integrantes do ativo permanente da empresa não gera direito a creditamento de IPI**". » o crédito do IPI também é **real**, porque só subsiste se houver efetiva tributação na operação anterior, o que implica na impossibilidade de creditamento quando a operação anterior é objeto de isenção, não incidência, ou quando não houve gravame por conta de alíquota zero. » o crédito do IPI é **condicionado**, já que só haverá o creditamento se a correspondente saída for tributada. » **súmula vinculante 58**, a qual possui a seguinte redação: "Inexiste direito a crédito presumido de IPI relativamente à entrada de insumos isentos, sujeitos à alíquota zero ou não tributáveis, o que não contraria o princípio da não cumulatividade.". » os créditos da não cumulatividade do IPI são escriturais. Isso significa que não podem ser corrigidos monetariamente, a não ser que haja disposição legal assim determinando » contudo, é aplicável a correção monetária dos créditos escriturais de IPI quando caracterizada a **oposição injustificada do Fisco** em realizar o pagamento tempestivamente. » súmula 411 do STJ: "É devida a correção monetária ao creditamento do IPI quando há oposição ao seu aproveitamento decorrente de resistência ilegítima do Fisco".	
Imposto sobre "operações financeiras"	» o imposto sobre operações de crédito, câmbio e seguro, ou relativas a títulos ou valores mobiliários tem sua previsão constitucional no art. 153, V da CF, sendo a União o ente competente para sua instituição. » o IOF tem função preponderantemente **extrafiscal**, uma vez que serve como instrumento da União para regular o mercado financeiro. » o IOF não deve obediência ao princípio da anterioridade, seja a de exercício, seja a nonagesimal (art. 150, § 1º da CF).	1.5
Fato Gerador	» segundo o art. 63 do CTN, o imposto, de competência da União, sobre operações de crédito, câmbio e seguro, e sobre operações relativas a títulos e valores mobiliários tem como fato gerador: I – quanto às operações de crédito, a sua efetivação pela entrega total ou parcial do montante ou do valor que constitua o objeto da obrigação, ou sua colocação à disposição do interessado; II – quanto às operações de câmbio, a sua efetivação pela entrega de moeda nacional ou estrangeira, ou de documento que a represente, ou sua colocação à disposição do interessado, em montante equivalente à moeda estrangeira ou nacional entregue ou posta à disposição por este;	1.5.1

	III – quanto às operações de seguro, a sua efetivação pela emissão da apólice ou do documento equivalente, ou recebimento do prêmio, na forma da lei aplicável; IV – quanto às operações relativas a títulos e valores mobiliários, a emissão, transmissão, pagamento ou resgate destes, na forma da lei aplicável. » súmula 664 do STF: "É inconstitucional o inciso V do art. 1º da lei 8.033/1990, que instituiu a incidência do imposto nas operações de crédito, câmbio e seguros - IOF sobre saques efetuados em caderneta de poupança.". » súmula 185 do STJ: "Nos depósitos judiciais, não incide o Imposto sobre Operações Financeiras.". » súmula vinculante 32 do STF: "O ICMS não incide sobre alienação de salvados de sinistros pelas seguradoras.".	
Contribuinte	» o CTN, em seu art. 66, dispõe sobre o contribuinte do IOF como qualquer das partes na operação tributada, como dispuser a lei. » mesmo as instituições distintas das financeiras, ao praticarem operações de *factoring*, estariam sujeitas à incidência do IOF. Além disso, não houve, na CF ou no CTN, ao tratar sobre os contribuintes do IOF, qualquer limitação que justifique sua exigência apenas em relação às instituições financeiras (ADI 1763, j. 16.06.2020).	1.5.2
Base de cálculo	» o CTN define a base de cálculo do IOF em seu art. 64, da seguinte forma: I – quanto às operações de crédito, o montante da obrigação, compreendendo o principal e os juros; II – quanto às operações de câmbio, o respectivo montante em moeda nacional, recebido, entregue ou posto à disposição; III – quanto às operações de seguro, o montante do prêmio; IV – quanto às operações relativas a títulos e valores mobiliários: a) na emissão, o valor nominal mais o ágio, se houver; b) na transmissão, o preço ou o valor nominal ou o valor da cotação em Bolsa, como determinar a lei; c) no pagamento ou resgate, o preço. » as alíquotas do IOF podem ser alteradas por ato infralegal do Poder Executivo, desde que dentro dos limites e condições previstos em lei (CF, art. 153, § 1º). Com base nesse dispositivo constitucional, o STJ entende que é possível a alteração de alíquota do IOF por meio de portarias interministeriais (REsp 1.123.249, j. 17.11.2009).	1.5.3
IOF sobre o ouro como ativo financeiro ou instrumento cambial	» é possível que o ouro seja classificado como ativo financeiro ou instrumento cambial, sujeitando-se, nessa hipótese, ao IOF, conforme o art. 153, § 5º da CF.	1.5.4
Imposto sobre a Propriedade Territorial Rural	» a doutrina tem entendido que o ITR possui função preponderantemente **extrafiscal**, servindo de instrumento ao cumprimento da função social da propriedade rural. Isso porque a Constituição, em seu artigo 153, § 4º, inciso I determina que o ITR será progressivo e terá suas alíquotas fixadas de forma a desestimular a manutenção de propriedades improdutivas.	1.6

Fato Gerador	» o CTN prevê o ITR em seu artigo 29, mencionando que o fato gerador do imposto é a propriedade, o domínio útil ou a posse de imóvel por natureza, a ser definido em lei civil.	1.6.1
Contribuinte	» o artigo 31 do CTN define o contribuinte do ITR como o proprietário do imóvel, o titular de seu domínio útil, ou o seu possuidor a qualquer título.	1.6.2
Base de cálculo	» o CTN define a base de cálculo do ITR em seu art. 30, identificando-a simplesmente pela expressão "valor fundiário". Essa dimensão quantitativa do ITR coaduna-se com a noção de "imóvel por natureza", utilizada para se definir o aspecto material do fato gerador.	1.6.3
Imunidade das pequenas glebas rurais	» o artigo 153, § 4º, II da Constituição de 1988 prevê uma imunidade específica do ITR, ao dispor que esse imposto não incidirá sobre pequenas glebas rurais, definidas em lei, quando as explore o proprietário que não possua outro imóvel. » após a Emenda Constitucional 42/2003, que alterou o dispositivo em questão, não se exige mais que o proprietário do imóvel rural o explore só ou com a sua família, podendo contar com o auxílio de empregados.	1.6.4
Fiscalização e cobrança do ITR pelos Municípios	» a Emenda Constitucional 42/2003 inseriu a regra de que o ITR será fiscalizado e cobrado pelos Municípios que assim optarem, na forma da lei, desde que não implique redução do imposto ou qualquer outra forma de renúncia fiscal (CF, art. 153, § 4º, III). » caso o Município faça a opção de fiscalizar e cobrar o ITR, será destinatário da totalidade da arrecadação do ITR relativamente aos imóveis situados em seu território. Inexistindo » tal opção, terá direito a 50% do produto da arrecadação do ITR relativamente aos imóveis situados em seu território (CF, artigo 158, II).	1.6.5
Imposto sobre Grandes Fortunas	» o imposto sobre grandes fortunas é de competência da União e até hoje nunca foi instituído.	1.7
Impostos Extraordinários de Guerra	» os impostos extraordinários de guerra possuem regulamentação muito sucinta, nunca tendo sido instituídos sob a égide da Constituição de 1988, que prevê em seu artigo 154, II, a possibilidade de a União instituir "na iminência ou no caso de guerra externa, impostos extraordinários, compreendidos ou não em sua competência tributária, os quais serão suprimidos, gradativamente,	1.8

3. SÚMULAS APLICÁVEIS

3.1 STF

Súmula vinculante 32: "O ICMS não incide sobre alienação de salvados de sinistros pelas seguradoras.".

Súmula vinculante 48: "Na entrada de mercadoria importada do exterior, é legítima a cobrança do ICMS por ocasião do desembaraço aduaneiro".

Súmula vinculante 58: "Inexiste direito a crédito presumido de IPI relativamente à entrada de insumos isentos, sujeitos à alíquota zero ou não tributáveis, o que não contraria o princípio da não cumulatividade.".

323. "É inadmissível a apreensão de mercadorias como meio coercitivo para pagamento de tributos".

664. "É inconstitucional o inciso V do art. 1º da lei 8.033/1990, que instituiu a incidência do imposto nas operações de crédito, câmbio e seguros - IOF sobre saques efetuados em caderneta de poupança.".

3.2 STJ

185. "Nos depósitos judiciais, não incide o Imposto sobre Operações Financeiras.".

411. "É devida a correção monetária ao creditamento do IPI quando há oposição ao seu aproveitamento decorrente de resistência ilegítima do Fisco".

495. "A aquisição de bens integrantes do ativo permanente da empresa não gera direito a creditamento de IPI".

498. "Não incide imposto de renda sobre a indenização por danos morais".

569. "Na importação, é indevida a exigência de nova certidão negativa de débito no desembaraço aduaneiro, se já apresentada a comprovação da quitação de tributos federais quando da concessão do benefício relativo ao regime de drawback".

4. QUESTÕES DE CONCURSOS PÚBLICOS

1 **(ESAF - Auditor-Fiscal- RFB/2014) Sobre os regimes aduaneiros no Brasil, é incorreto afirmar que:**

a) na Admissão Temporária de máquinas e equipamentos para utilização econômica, sob a forma de arrendamento operacional, aluguel ou empréstimo, ocorre suspensão parcial de tributos e pagamento proporcional ao tempo de permanência no País.

b) a extinção do regime de admissão temporária pode ocorrer com a destruição do bem, às expensas do interessado.

c) nos portos secos, a execução das operações e a prestação dos serviços conexos serão efetivadas mediante o regime de permissão, salvo quando os serviços devam ser prestados em porto seco instalado em imóvel pertencente à União, caso em que será adotado o regime de concessão precedido da execução de obra pública.

d) o regime especial de entreposto aduaneiro na importação é o que permite a armazenagem de mercadoria estrangeira em recinto alfandegado de uso público, com suspensão do pagamento dos impostos federais, mas com incidência da contribuição para o PIS/PASEP-Importação e da COFINS-Importação.

e) o regime de exportação temporária para aperfeiçoamento passivo é o que permite a saída, do País, por tempo determinado, de mercadoria nacional ou nacionalizada, para ser submetida a operação de transformação, elaboração, beneficiamento ou montagem, no exterior, e a posterior reimportação, sob a forma do produto resultante, com pagamento dos tributos sobre o valor agregado.

2 **(ESAF - Auditor-Fiscal- RFB/2014) Ao considerar o controle administrativo da Receita Federal do Brasil sobre importações, assinale a opção incorreta.**

a) Toda mercadoria submetida a despacho de importação está sujeita ao controle do correspondente valor aduaneiro, que deve considerar inclusive o Acordo de Valoração Aduaneira da OMC.

b) No valor aduaneiro não serão incluídos os custos de transporte e seguro, desde que estejam destacados do preço efetivamente pago ou a pagar pelas mercadorias importadas, na respectiva documentação comprobatória.

c) A utilização do método do valor de transação nas operações comerciais entre pessoas vinculadas somente será permitida quando a vinculação não tiver influenciado o preço efetivamente pago ou a pagar pelas mercadorias importadas.

d) A determinação do valor aduaneiro, mediante a aplicação do método previsto no artigo 7 do Acordo de Valoração Aduaneira, poderá ser realizada com base em avaliação pericial, desde que fundamentada em dados objetivos e quantificáveis e observado o princípio da razoabilidade.

e) Os encargos relativos a assistência técnica da mercadoria importada, executadas após a importação, ainda que destacados, serão incluídos no valor aduaneiro.

3 (ESAF – Auditor-Fiscal– RFB/2014) Sobre o Imposto de Importação, é <u>incorreto</u> afirmar:

a) não se considera estrangeira, para fins de incidência do imposto, a mercadoria nacional ou nacionalizada exportada, que retorne ao País por motivo de modificações na sistemática de importação por parte do país importador.

b) o imposto não incide sobre mercadoria estrangeira destruída, sob controle aduaneiro, sem ônus para a Fazenda Nacional, antes de desembaraçada.

c) para efeito de cálculo do imposto, considera-se ocorrido o fato gerador no dia do lançamento do correspondente crédito tributário, quando se tratar de bens compreendidos no conceito de bagagem, acompanhada ou desacompanhada.

d) para efeito de cálculo do imposto, considera-se ocorrido o fato gerador na data do registro da declaração de importação de mercadoria constante de manifesto ou de outras declarações de efeito equivalente, cujo extravio ou avaria tenha sido apurado pela autoridade aduaneira.

e) caberá restituição total ou parcial do imposto pago indevidamente, a qual poderá ser processada de ofício, nos casos de verificação de extravio ou de avaria.

4 (ESAF – Auditor-Fiscal– RFB/2014) Considere a situação hipotética narrada:

"Em decorrência de condenação transitada em julgado em seu favor, em 2012, pela Justiça Federal, Maria Lúcia recebeu, em 2013, quantia relativa ao pagamento de pensões que deveria ter recebido durante os meses de junho de 2008 a julho de 2011."

De acordo com a legislação tributária, assinale a opção correta.

a) Maria Lúcia deve ter sofrido retenção relativa ao Imposto de Renda incidente sobre essa quantia, mediante aplicação da alíquota vigente no mês de pagamento e correspondente à faixa equivalente ao total recebido, dividido pelo número de meses em atraso, acrescendo-se atualização monetária contada de cada competência vencida até o dia do pagamento, respeitadas as faixas de isenção.

b) Maria Lúcia deve declarar esse rendimento na sua Declaração de Ajuste Anual em 2014, momento a partir do qual o tributo se torna exigível, mantido seu direito adquirido a pagar o Imposto de Renda incidente sobre essa quantia proporcionalizado entre os anos de 2014 a 2017, de modo a compensá-la pelo atraso no recebimento da verba devida desde 2008.

c) Maria Lúcia não está obrigada a pagar Imposto de Renda sobre essa quantia, por se tratar de verba com natureza indenizatória e, portanto, não tributável.

d) Maria Lúcia deve ter sofrido retenção do Imposto de Renda no momento do recebimento dessa quantia, calculado mediante utilização de tabela progressiva, resultante da multiplicação da quantidade de meses relativos à pensão em atraso pelos valores constantes da tabela progressiva mensal correspondente ao mês de recebimento.

e) Maria Lúcia não está obrigada a pagar Imposto de Renda sobre a parte dessa quantia que corresponder à pensão que deveria ter recebido no ano de 2008, porque sobre ela ocorreu a decadência do direito da União.

5 (ESAF - Procurador da Fazenda Nacional/2012) Sobre o Imposto sobre a Renda e Proventos de qualquer Natureza, julgue os itens a seguir, para então assinalar a opção que corresponda às suas respostas.

I. Como renda deve-se entender a aquisição de disponibilidade de riqueza nova, na forma

de um acréscimo patrimonial, ao longo de um determinado período de tempo.

II. Tanto a renda quanto os proventos de qualquer natureza pressupõem ações que revelem mais-valias, isto é, incrementos na capacidade contributiva.

III. Limitações temporais ou quantitativas com relação às despesas e provisões não necessariamente guardam estrita compatibilidade com a teoria do acréscimo patrimonial e com a atividade do contribuinte.

IV. Embora haja diversas teorias que se destinem a delinear o conceito de renda, em todas prevalece a ideia de que haja a necessidade de seu confronto com o conjunto de desembolsos efetivados relativamente ao conjunto das receitas.

V. Pode-se afirmar, a partir de alguns julgados do Supremo Tribunal Federal, que o conceito legalista/fiscalista de renda, assim considerado aquilo que a legislação do imposto de renda estabelecer que é, está ultrapassado.

Estão corretos apenas os itens:

a) II, IV e V.

b) I, II e III.

c) II, III, IV e V.

d) I, II, IV e V.

e) todos os itens estão corretos.

6 **(MPF- Procurador da República - 2015) Ir incidente sobre recebimento, em atraso, de diferença vencimental decorrente de discussao judicial em torno do próprio direito ao pagamento. É certo afirmar:**

a) O IR deve ser apurado consoante o regime de competência, sob pena de violação dos princípios da legalidade, da isonomia e da capacidade contributiva;

b) É licito a Fazenda Nacional reter o IR sobre o valor integral, eis que o fato gerador surge com a disponibilidade do recebimento da verba atrasada;

c) A incidência de IR sobre verbas recebidas cumuladamente deve observar o regime de caixa, a vista dos rendimentos efetivamente percebidos;

d) A retenção, pela Fazenda Nacional, do IR de forma integral somente tem cabimento sobre a parcela dos juros moratórios, que são calculados a final.

7 **(IESES – Cartório – Provimento – TJ – CE/2018) Acerca do IPI - Imposto sobre Produtos Industrializados e sua previsão na Constituição Federal é possível afirmar, EXCETO que:**

a) Terá reduzido seu impacto sobre a aquisição de bens de capital pelo contribuinte do imposto, na forma da lei.

b) Incidirá sobre produtos industrializados destinados ao exterior.

c) Será não-cumulativo, compensando-se o que for devido em cada operação com o montante cobrado nas anteriores.

d) Será seletivo, em função da essencialidade do produto.

8 **(ESAF - Analista-Tributário- RFB/2012) O ouro, quando não for considerado como simples metal, mas definido em lei como ativo financeiro ou instrumento cambial, sujeita-se exclusivamente à incidência do ________. Esse imposto é devido na operação __________. Está sujeito à alíquota _________, já estabelecida na Constituição. O produto da arrecadação pertence _________.**

a) ICMS / de origem / máxima / ao Estado.

b) ICMS / de destino / máxima / ao Estado de destino.

c) IOF / de origem / mínima / ao Estado e ao Município de origem.

d) IOF / de origem / máxima / À União e, compartilhada- mente, ao Estado e Município de origem.

e) IOF / de destino / mínima / ao Estado e ao Município de destino.

9 **(ESAF - Auditor-Fiscal- RFB/2009) Analise os itens a seguir, classificando-os como verdadeiros (V) ou falsos (F). Em seguida, escolha a opção adequada às suas respostas:**

I. as operações de câmbio constituem fato gerador do IOF - imposto sobre operações de crédito, câmbio e seguro, ou relativas a títulos ou valores mobiliários;

II. o câmbio traz um comércio de dinheiro, no qual este se torne mercadoria e, como tal, tem custo e preço;

III. operações de câmbio são negócios jurídicos de compra e venda de moeda estrangeira ou nacional, ou, ainda, os negócios jurídicos consistentes na entrega de uma determinada moeda a alguém em contrapartida de outra moeda recebida.

a) Somente o item I está correto.

b) Estão corretos somente os itens I e II.

c) Estão corretos somente os itens I e III.

d) Todos os itens estão corretos.

e) Todos os itens estão errados.

10 **(CESPE – Procurador do MPTCDF – 2013) "Nas operações de câmbio, o fato gerador do imposto sobre operações de crédito câmbio e seguro (IOF) consiste na efetivação da operação – configurada pela entrega de moeda nacional ou estrangeira ou de documento que a represente – ou na colocação à disposição do interessado do montante equivalente à moeda estrangeira ou nacional por ele entregue ou por ele posta à disposição"**

11 **(CESPE – Promotor de Justiça - PI – 2012) "O saque em caderneta de poupança não atrai a incidência do imposto sobre operações de crédito, câmbio e seguro, nem sobre operações relativas a títulos e valores mobiliários, visto que a referida operação não se enquadra em seu fato gerador."**

12 **(CESPE – Procurador Federal – 2007) "Não incide a contribuição provisória sobre a movimentação ou transmissão de valores e de créditos e direitos de natureza financeira (CPMF) sobre saques efetuados em caderneta de poupança, mas a lei admite a incidência do imposto sobre operações de crédito, câmbio e seguro, ou relativas a títulos ou valores mobiliários (IOF), na hipótese dos referidos saques."**

13 **(VUNESP – Analista Judiciário TJ/PA – 2014) Os Municípios podem optar, na forma da lei, desde que não implique redução do imposto ou qualquer outra forma de renúncia fiscal, pela fiscalização e cobrança do Imposto Territorial Rural (ITR), relativamente aos imóveis neles situados, caso em que, do produto da arrecadação do referido imposto, terão direito a**

a) vinte e dois e meio por cento

b) vinte e cinco por cento

c) trinta por cento

d) cinquenta por cento

e) totalidade

14 **(CESPE – Titular de Serviços de Notas e de Registros – Remoção - 2014) Com referência ao imposto sobre propriedade territorial rural (ITR), assinale a opção correta.**

a) O ITR não incide sobre o imóvel declarado como de interesse social para fins de reforma agrária

b) Não há previsão constitucional para a progressividade do ITR

c) O enfiteuta não pode ser sujeito passivo do ITR

d) Não há fato gerador do ITR em relação ao imóvel rural por acessão física

e) A base de cálculo do ITR corresponde ao valor da terra nua, incluindo os valores de mercado relativos a construções, instalações e benfeitorias

15 **(Cespe – Auditor Fiscal – SEFAZ - DF/2020) Julgue o próximo item, com base no disposto na Lei Orgânica do DF, na Constituição Federal de 1988 e no Código Tributário Nacional (CTN).**

De acordo com o CTN, o arrematante de produtos importados apreendidos pela aduana é contribuinte do imposto sobre a importação.

( ) Certo

( ) Errado

16 **(Cespe – Auditor – SEFAZ - AL/2020) No que se refere às políticas e aos instrumentos de política fiscal, regulatória e monetária, julgue o item subsecutivo.**

O governo, ao elevar a alíquota do imposto sobre importação com vistas a incentivar a indústria doméstica, atua no âmbito de sua política regulatória, por meio de um imposto com caráter extrafiscal.

( ) Certo

( ) Errado

01	02	03	04	05	06	07	08
D	E	D	D	D	A	B	D

09	10	11	12	13	14	15	16
D	CERTO	CERTO	ERRADO	A	D	CERTO	CERTO

5. QUESTÃO DISCURSIVA (COM COMENTÁRIOS)

(ESAF- PFN- Procurador da Fazenda Nacional-2012) **A empresa B, residente e domiciliada no Brasil, está inconformada com a tributação brasileira, especialmente depois de descobrir que, nos termos do art. 74 da Medida Provisória n. 2.158-35,de 24 de agosto de 2001, os lucros decorrentes do investimento que ela realizou na sua empresa controlada Z, domiciliada no exterior, precisamente no País Z, devem passar a compor a base de cálculo do Imposto de Renda da Pessoa Jurídica (IRPJ), a partir da data do balanço no qual tiverem sido apurados pela empresa Z. No entender da empresa B, ao veicular essas normas jurídicas, a legislação brasileira:**

a) **invade a soberania do País Z, porque desconsidera a personalidade jurídica da empresa Z, domiciliada naquele país;**

b) **é contrária ao art. 43 do Código Tributário Nacional, porque tributa um lucro não distribuído à empresa B;**

c) **ofende a Constituição Federal, já que a mesma riqueza será tributada duas vezes, quais sejam, no País Z e no Brasil.**

Como Procurador da Fazenda Nacional, defenda a legislação brasileira, apresentando fundamentos jurídicos que a livre das acusações levantadas pela empresa B. (30 linhas)

COMENTÁRIOS

A tributação dos lucros da empresa brasileira (B) decorrentes de investimentos realizados em empresa controlada estrangeira domiciliada no exterior (X) não invade a soberania do País Z, pois referido lucro pertence à empresa brasileira, ainda que tenha origem fora do Brasil. Isso porque a tributação do imposto de renda não é, nos dias atuais regidas pelo princípio da territorialidade, vigendo atualmente a tributação em bases universais, que se coaduna com o princípio da universalidade do imposto de renda. Tampouco há que se falar em desconsideração da personalidade jurídica da empresa Z, pois o acréscimo patrimonial a ser tributado pertence à empresa B, desde a data do balanço

Também não há contrariedade ao artigo 43 do Código Tributário Nacional, pois este leva em conta, para efeitos da incidência do imposto de renda, a disponibilidade jurídica, e não a financeira. Desse modo, o fato de o lucro não ter sido distribuído à empresa B não representa empecilho à sua tributação, pois o acréscimo patrimonial da empresa B constata-se na data do balanço, já que a legislação adota o regime de competência para o imposto de renda, e não o regime de caixa. Além disso, o § 2º do artigo 43 do CTN preceitua que a lei (ou medida provisória, que possui o mesmo status da lei ordinária) estabelecerá as condições e o momento em que se dará a disponibilidade de receita ou rendimento oriundos do exterior, e nesse ponto a medida provisória questionada apenas cumpriu o comando da lei complementar.

Por fim, a referida tributação não ofende a Constituição Federal, mas pelo contrário a realiza, já que protege a economia interna e o interesse nacional (CF, art. 172) ao tornar menos atraente os investimentos no exterior. Outra impropriedade nos argumentos da empresa B é que não há dupla tributação no presente caso, já que o tributo é cobrado de pessoas diferentes, o que já impede a identidade da exação. Ressalte-se ainda que a legislação brasileira, ao tratar dos ganhos de capital auferidos no exterior (artigos 25, 26 e 27 da Lei n. 9.249/95) permite a compensação do imposto de renda incidente sobre os lucros auferidos no exterior com o imposto de renda incidente no Brasil.

6. QUESTÕES PARA TREINAR (SEM COMENTÁRIOS)

(CESPE | CEBRASPE – TRF 5ª Região - Juiz Federal - 2018) **A Fazenda Santo Antônio S/A, situada no município de Patos/PB, numa área de 500 (quinhentos) hectares, sendo 100 (cem) hectares de área de reserva legal e 150 (cento e cinquenta) hectares de área de preservação permanente, não dispõe de Ato Declaratório Ambiental, mas tem, no registro de seu imóvel, a averbação de tais áreas.**

Em 2014, a Fazenda Santo Antônio S/A recebeu autuação da Receita Federal do Brasil para fins do Imposto Territorial Rural (ITR), incidente sobre toda a área de seu imóvel, no valor equivalente a 59 (cinquenta e nove) salários

mínimos. No final de novembro de 2015, a Fazenda Santo Antônio propôs perante a 1.ª Vara Federal da Paraíba demanda, sob procedimento sumário, em face da União, para anular a autuação relativamente às áreas de reserva legal e de preservação permanente.

Frustrada a tentativa de conciliação em audiência realizada no dia 11 de março de 2016, foi deferida a produção de provas em audiência de instrução e julgamento, designada para o dia 14 de janeiro de 2017. Na audiência, o juiz indeferiu a oitiva de uma testemunha que não havia sido arrolada na petição inicial. Colhidas as outras provas e apresentadas as razões finais orais pelas partes, o juiz proferiu sentença na audiência.

Durante todo esse período, a Fazenda Santo Antônio S/A não efetuou o pagamento do ITR que lhe fora exigido. Em agosto de 2016, foi, então, proposta ação de execução fiscal perante a 5.ª Vara Federal da Paraíba e a Fazenda Santo Antônio S/A, logo após penhora suficiente de bens, opôs embargos à execução, nos quais renovou os pedidos formulados na ação anulatória anteriormente promovida.

Considerando a situação apresentada, redija um texto respondendo, de forma fundamentada, aos seguintes questionamentos.

1 É competente o juízo da 1.ª Vara Federal da Paraíba para processar e julgar a ação?

2 No caso concreto, o ITR é devido sobre as áreas de reserva legal e de preservação permanente?

3 É recorrível a decisão que indeferiu a prova testemunhal? Se sim, qual o recurso cabível, qual o seu prazo e como deve ser o seu procedimento?

4 Os embargos à execução são, no caso, admissíveis?

(60 linhas)

7
IMPOSTOS ESTADUAIS

CF, art. 155. Compete aos Estados e ao Distrito Federal instituir impostos sobre:

I - transmissão causa mortis e doação, de quaisquer bens ou direitos;

II - operações relativas à circulação de mercadorias e sobre prestações de serviços de transporte interestadual e intermunicipal e de comunicação, ainda que as operações e as prestações se iniciem no exterior;

III - propriedade de veículos automotores.

§ 1º O imposto previsto no inciso I: I - relativamente a bens imóveis e respectivos direitos, compete ao Estado da situação do bem, ou ao Distrito Federal; II - relativamente a bens móveis, títulos e créditos, compete ao Estado onde se processar o inventário ou arrolamento, ou tiver domicílio o doador, ou ao Distrito Federal; III - terá competência para sua instituição regulada por lei complementar: a) se o doador tiver domicilio ou residência no exterior; b) se o de cujus possuía bens, era residente ou domiciliado ou teve o seu inventário processado no exterior; IV - terá suas alíquotas máximas fixadas pelo Senado Federal;

§ 2º O imposto previsto no inciso II atenderá ao seguinte: I - será não-cumulativo, compensando-se o que for devido em cada operação relativa à circulação de mercadorias ou prestação de serviços com o montante cobrado nas anteriores pelo mesmo ou outro Estado ou pelo Distrito Federal; II - a isenção ou não-incidência, salvo determinação em contrário da legislação: a) não implicará crédito para compensação com o montante devido nas operações ou prestações seguintes; b) acarretará a anulação do crédito relativo às operações anteriores; III - poderá ser seletivo, em função da essencialidade das mercadorias e dos serviços; IV - resolução do Senado Federal, de iniciativa do Presidente da República ou de um terço dos Senadores, aprovada pela maioria absoluta de seus membros, estabelecerá as alíquotas aplicáveis às operações e prestações, interestaduais e de exportação; V - é facultado ao Senado Federal: a) estabelecer alíquotas mínimas nas operações internas, mediante resolução de iniciativa de um terço e aprovada pela maioria absoluta de seus membros; b) fixar alíquotas máximas nas mesmas operações para resolver conflito específico que envolva interesse de Estados, mediante resolução de iniciativa da maioria absoluta e aprovada por dois terços de seus membros; VI - salvo deliberação em contrário dos Estados e do Distrito Federal, nos termos do disposto no inciso XII, "g", as alíquotas internas, nas operações relativas à circulação de mercadorias e nas prestações de serviços, não poderão ser inferiores às previstas para as operações interestaduais; VII - nas operações e prestações que destinem bens e serviços a consumidor final, contribuinte ou não do imposto, localizado em outro Estado, adotar-se-á a alíquota interestadual e caberá ao Estado de localização do destinatário o imposto correspondente à diferença entre a alíquota interna do Estado destinatário e a alíquota interestadual; VIII - a responsabilidade pelo recolhimento do imposto correspondente à diferença entre a alíquota interna e a interestadual de que trata o inciso VII será atribuída: a) ao destinatário, quando este for contribuinte do imposto; b) ao remetente, quando o destinatário não for contribuinte do imposto; IX - incidirá também: a) sobre a entrada de bem ou mercadoria importados do exterior por pessoa física ou jurídica, ainda que não seja contribuinte habitual do imposto, qualquer que seja a sua finalidade, assim como sobre o serviço prestado no exterior, cabendo o imposto ao Estado onde estiver situado o domicílio ou o estabelecimento do destinatário da mercadoria, bem ou serviço; b) sobre o valor total da operação, quando mercadorias forem fornecidas com serviços não compreendidos na competência tributária dos Municípios; X - não incidirá: a) sobre operações que destinem mercadorias para o exterior, nem sobre serviços prestados a destinatários no exterior, assegurada a manutenção e o aproveitamento do montante do imposto cobrado nas operações e prestações anteriores; b) sobre operações que destinem a outros Estados petróleo, inclusive lubrificantes, combustíveis líquidos e gasosos dele derivados, e energia elétrica; c) sobre o ouro, nas hipóteses definidas no art. 153, § 5º; d) nas prestações de serviço de comunicação nas modalidades de radiodifusão sonora e de sons e imagens de recepção livre e gratuita; XI - não compreenderá, em sua base de cálculo, o montante do imposto sobre produtos industrializados, quando a operação, realizada entre contribuintes e relativa a produto destinado à industrialização ou à comercialização, configure fato gerador dos dois impostos; XII - cabe à lei complementar: a) definir seus contribuintes; b) dispor sobre substituição tributária; c) disciplinar o regime de compensação do imposto; d) fixar, para efeito de sua cobrança e definição do estabelecimento responsável, o local das operações relativas à circulação de mercadorias e das prestações de serviços; e) excluir da incidência do imposto, nas exportações para o exterior, serviços e outros produtos além dos mencionados no inciso X, "a" f) prever casos de manutenção de crédito, relativamente à remessa para outro Estado e exportação para o exterior, de serviços e de mercadorias; g) regular a forma como, mediante deliberação dos Estados e do Distrito Federal, isenções, incentivos e benefícios fiscais serão concedidos e revogados. h) definir os combustíveis e lubrificantes sobre os quais o imposto incidirá uma única vez, qualquer que seja a sua finalidade, hipótese em que não se aplicará o disposto no inciso X, *b*; i) fixar a base de cálculo, de modo que o montante do imposto a integre, também na importação do exterior de bem, mercadoria ou serviço.

§ 3º À exceção dos impostos de que tratam o inciso II do *caput* deste artigo e o art. 153, I e II, nenhum outro imposto poderá incidir sobre operações relativas a energia elétrica, serviços de telecomunicações, derivados de petróleo, combustíveis e minerais do País.

§ 4º Na hipótese do inciso XII, *h*, observar-se-á o seguinte: I - nas operações com os lubrificantes e combustíveis derivados de petróleo, o imposto caberá ao Estado onde ocorrer o consumo; II - nas operações interestaduais, entre contribuintes, com gás natural e seus derivados, e lubrificantes e combustíveis não incluídos no inciso I deste parágrafo, o imposto será repartido entre os Estados de origem e de destino, mantendo-se a mesma proporcionalidade que ocorre nas operações com as demais mercadorias; III - nas operações interestaduais com gás natural e seus derivados, e lubrificantes e combustíveis não incluídos no inciso I deste parágrafo, destinadas a não contribuinte, o imposto caberá ao Estado de origem; IV - as alíquotas do imposto serão definidas mediante deliberação dos Estados e Distrito Federal, nos termos do § 2º, XII, *g*, observando-se o seguinte: a) serão uniformes em todo o território nacional, podendo ser diferenciadas por produto; b) poderão ser específicas, por unidade de medida adotada, ou *ad valorem*, incidindo sobre o valor da operação ou sobre o preço que o produto ou seu similar alcançaria em uma venda em condições de livre concorrência; c) poderão ser reduzidas e restabelecidas, não se lhes aplicando o disposto no art. 150, III, *b*.

§ 5º As regras necessárias à aplicação do disposto no § 4º, inclusive as relativas à apuração e à destinação do imposto, serão estabelecidas mediante deliberação dos Estados e do Distrito Federal, nos termos do § 2º, XII, *g*.

§ 6º O imposto previsto no inciso III: I - terá alíquotas mínimas fixadas pelo Senado Federal; II - poderá ter alíquotas diferenciadas em função do tipo e utilização.

1. IMPOSTO SOBRE TRANSMISSÃO *CAUSA MORTIS* E DOAÇÃO

A Constituição confere aos Estados e ao Distrito Federal a competência para a instituição de impostos sobre transmissões *causa mortis* e doações de quaisquer bens ou direitos.

Transmissões *causa mortis*, como se sabe, são as referentes ao patrimônio de pessoas físicas falecidas, enquanto as doações de bens ou direitos ocorrem por ato volitivo, sem contraprestação financeira. No caso das doações modais (ou remuneratórias), o imposto só poderá incidir sobre o valor excedente à contraprestação do donatário:

> As doações puras, que envolvem a transferência do bem em favor do donatário sem nada lhe ser exigido, nem encargos, tampouco implemento de condição, estão sob o campo de incidência exclusivo do imposto estadual (...). Entretanto, as modais, que, sem perda do caráter de liberalidade inerente ao instituto, impõem encargos de valor pecuniário, devem ser tributadas com exclusão daquelas despesas inerentes ao cumprimento do dever, em atendimento ao princípio da capacidade econômica.[1]

Na esfera de competência estadual encontram-se, portanto, as transmissões a título gratuito. Por outro lado, estão excluídas desse tributo as hipóteses em que alguém adquire a propriedade originariamente[2]. A transmissão *causa mortis* e a doação, abrangidas por esse imposto estadual, são formas derivadas de aquisição da propriedade.

O imposto em questão pode ainda ser descrito como tributo fiscal, pois sua maior finalidade é a arrecadatória, não havendo maiores preocupações em relação à indução de comportamento do contribuinte.

Vale ainda destacar que a competência para instituição do ITCMD será regulada por lei complementar se o doador tiver domicílio ou residência no exterior ou ainda se o *de cujus* possuía bens, era residente, ou domiciliado ou teve seu inventário processado no

1. DERZI, Misabel Abreu Machado. Notas de atualização ao Direito Tributário Brasileiro de Aliomar Baleeiro. 13ª. ed. Rio de Janeiro: Forense, 2015, p. 347. A doação remuneratória manterá o caráter de liberalidade em relação ao valor excedente dos serviços remunerados os do encargo imposto, conforme o art. 540 do Código Civil: "A doação feita em contemplação do merecimento do donatário não perde o caráter de liberalidade, como não o perde a doação remuneratória, ou a gravada, no excedente ao valor dos serviços remunerados ou ao encargo imposto".
2. "Os modos de aquisição da propriedade podem ser originários ou derivados. Originários são assim considerados não pelo fato da titularidade surgir pela primeira vez com o proprietário. Em verdade, fundam-se na existência, ou não, de relação contratual entre o adquirente e o antigo dono da coisa. Na aquisição originária o novo proprietário não mantém qualquer relação de direito real ou obrigacional com o seu antecessor, pois não obtém o bem do antigo proprietário, mas contra ele. (...) Se a propriedade é adquirida por modo originário, não há vínculo entre a propriedade atual e a anterior, incorporando-se o bem ao patrimônio do novo titular em toda a sua plenitude, livre de todos os vícios que a relação jurídica pregressa representava." (FARIAS, Cristiano Chaves de; ROSENVALD, Nelson. Direitos Reais. 6ª. ed. Rio de Janeiro: Editora Lumen Juris, 2010, p. 274).

exterior (CF, art. 155, § 1º, III). Pretendeu o constituinte que as questões envolvendo uma conexão com território estrangeiro fossem tratadas pelo legislador complementar, a fim de conferir uniformidade nacional à matéria.

A esse respeito, o STF decidiu, em **repercussão geral** no RE 851.108 (j. 01.03.2021), que não podem os Estados e o DF instituírem o ITCMD nessas hipóteses de conexão com o território estrangeiro sem a intervenção da lei complementar.

1.1 Fato gerador

O fato gerador do imposto em questão pode ser a transmissão de bens e direitos *causa mortis* ou por doação. Os bens ou direitos transmitidos podem ser móveis ou imóveis.

No caso da sucessão *causa mortis*, vale observar a disposição do art. 35, parágrafo único do CTN, segundo a qual em tais transmissões ocorrem tantos fatos geradores distintos quantos sejam os herdeiros ou legatários. Na transmissão *causa mortis*, o fato gerador do imposto abrange a sucessão legítima ou testamentária. Além disso, é legítima a incidência do ITCMD no inventário por morte presumida (**súmula 331 do STF**).

O momento do fato gerador (aspecto temporal), no ITCMD, corresponde ao momento da transmissão dos bens e direitos, seja por morte ou por doação[3]. No caso das transmissões *causa mortis*, é a abertura da sucessão, momento do falecimento, quando a lei civil considera transmitida a herança[4]. Já na hipótese de transmissão não onerosa *inter vivos* (doações), o momento da transmissão seguirá a natureza do bem: se imóvel, a transmissão só ocorrerá com o registro na matrícula do imóvel[5]; se bem móvel, a transmissão ocorre com a tradição[6].

Em consonância com a ocorrência do fato gerador no momento da abertura da sucessão, será nessa data que se definirá a alíquota aplicável, conforme a **súmula 112 do STF**: "O imposto de transmissão *causa mortis* é devido pela alíquota vigente ao tempo da abertura da sucessão". É no momento da ocorrência do fato gerador que são definidos os aspectos materiais relativos à obrigação tributária, como determina o art. 144 do CTN.

No que diz respeito ao aspecto espacial do fato gerador, a Constituição (art. 155, § 1º, I e II) traz normas específicas sobre onde se reputa devido o ITCMD, separando-se os bens móveis dos imóveis.

---

3. COSTA, Regina Helena. Curso de Direito Tributário – Constituição e Código Tributário Nacional. 4ª. ed. São Paulo: Editora Saraiva, 2014, p. 385.
4. Código Civil, art. 1.784. Aberta a sucessão, a herança transmite-se, desde logo, aos herdeiros legítimos e testamentários.
5. Código Civil, art. 1.245. Transfere-se entre vivos a propriedade mediante o registro do título translativo no Registro de Imóveis.
6. Código Civil, art. 1.267. A propriedade das coisas não se transfere pelos negócios jurídicos antes da tradição. "A tradição é modo derivado de aquisição de propriedade mobiliária, consistindo na entrega de bem móvel pelo transmitente ao adquirente, com a intenção de transferir-lhe a propriedade, em razão de título translativo oriundo de negócio jurídico (art. 1.267 do CC). Se, no linguajar coloquial, o termo tradição significa a simples entrega de bem móvel, na acepção jurídica concerne à entrega da coisa com exclusivo objetivo de transmitir propriedade." (FARIAS FARIAS, Cristiano Chaves de; ROSENVALD, Nelson. Direitos Reais. 6ª. ed. Rio de Janeiro: Editora Lumen Juris, 2010, p. 363).

Quando a transmissão for de bens imóveis, será competente para a exigência do ITCMD o Estado ou Distrito Federal em que situado o bem. Pouca importa se a transmissão é *causa mortis* ou a título de doação. Em se tratando de imóveis, prevalece a situação do bem como critério para definição do Estado a quem compete o ITCMD.

Em se tratando de bens móveis, a competência será do ente federativo onde se processar o inventário ou arrolamento (no caso de transmissão *causa mortis*), ou tiver domicílio o doador (no caso de doações).

Perceba que a distinção não é quanto ao fato de a transmissão ser *causa mortis* ou a título de doação. Assim é que numa mesma sucessão *causa mortis* poderão existir dois ou mais Estados competentes para a exigência do ITCMD. Imagine a hipótese do patrimônio de um *de cujus* que abrange três imóveis, um situado em Itabuna/BA, outro situado em Campinas/SP e um terceiro situado em Tucuruí/PA. Em relação a cada um desses imóveis, será titular do ITCMD um Estado diferente, de acordo com a situação do bem. Caso o patrimônio abranja ainda uma frota de carros situada no Estado do Paraná. Supondo que o inventário ou arrolamento seja processado no Estado de Minas Gerais, esse último exigirá o ITCMD em relação à transmissão dos veículos, dado que são bens móveis, cuja transmissão é tributada pelo Estado onde se processa o inventário ou arrolamento, nos termos do art. 155, § 1º, II da CF.

Em se tratando de doação de bens móveis, o ente titular crédito tributário do ITCMD será o Estado de domicílio do doador. Na doação de bens imóveis, repetimos, o ITCMD caberá ao Estado de situação do imóvel.

1.2 Contribuintes

O art. 42 do CTN, ao tratar do imposto que antecedeu o ITCMD, preceitua que o contribuinte do imposto é qualquer das partes na operação tributada, como dispuser a lei. Essa lei a que remete o CTN é a do respectivo ente instituidor. Como se trata de imposto estadual, é possível que o contribuinte, na hipótese de doação, seja diverso conforme o Estado que exige o tributo. É possível ainda que, na escolha do donatário como contribuinte, o doador figure como contribuinte na hipótese de inadimplemento do tributo pelo primeiro, como determina o art. 8º, da Lei 10.705/2000, do Estado de São Paulo.

No caso de transmissão *causa mortis*, o contribuinte será o herdeiro ou legatário, por conta da impossibilidade de se exigir o tributo da pessoa falecida[7].

1.3 Base de cálculo

O art. 38 do CTN dispõe que a base de cálculo do imposto é o valor venal dos bens ou direitos transmitidos. Tal valor, no caso da transmissão *causa mortis*, será calculado sobre o valor dos bens na data da avaliação (**súmula 113 do STF**).

7. "Em se tratando de herança, logicamente deve ser contribuinte o herdeiro, ou legatário." (MACHADO, Hugo de Brito. Curso de Direito Tributário. 26ª edição. ed. São Paulo: Malheiros, 2005, p. 361).

As alíquotas máximas serão fixadas pelo Senado (CF, art. 155, § 1º, IV). Tais alíquotas máximas não podem ser utilizadas como um parâmetro fixo de reajuste dos Estados ou Distrito Federal. Em outras palavras, não pode o ente editar lei que determine que a alíquota do ITCMD será o máximo fixado pelo Senado, de forma genérica e no intuito de promover reajustes automáticos à medida que o Senado proceda a elevações no teto de alíquota. O STF não permite que o Estado atrele sua alíquota à máxima estabelecida pelo Senado, de modo que o aumento dessa última importe automaticamente no reajuste daquela. Haveria, no caso, ofensa ao princípio da legalidade tributária (RE 218.086 AgR, j. 08.02.2000).

Como já dito no estudo da capacidade contributiva, as alíquotas do ITCMD podem ser progressivas, como decidiu o STF em sede de **repercussão geral** (RE 562.045, j. 06.02.2013).

2. IMPOSTO SOBRE OPERAÇÕES DE CIRCULAÇÃO DE MERCADORIAS E PRESTAÇÕES DE SERVIÇOS DE TRANSPORTE INTERESTADUAL E INTERMUNICIPAL E DE COMUNICAÇÃO - ICMS

O ICMS é um imposto estadual que incide sobre a circulação de mercadorias e sobre a prestação de serviços de transporte interestadual e intermunicipal e de comunicação. É o tributo de maior importância sobre o consumo, sendo responsável pela maior parcela da receita tributária dos Estados e do Distrito Federal.

A incidência sobre o consumo transparece sua classificação como um imposto **indireto**, que onera o contribuinte de fato, o consumidor. A carga tributária desse imposto é suportada pelo adquirente das mercadorias, e não pelo contribuinte de direito ou comerciante. Essa tributação sobre o consumo pode ocorrer de forma **seletiva**, em função da **essencialidade das mercadorias e dos serviços** (CF, art. 155, § 2º, III).

A importância do ICMS pode ser percebida a partir da ampla disciplina constitucional desse imposto. Pretendeu o constituinte conferir um conjunto de normas nacionais em relação às quais os Estados não podem se opor. Como já decidiu o STF, as normas constitucionais, que impõem disciplina nacional ao ICMS, são preceitos contra os quais não se pode opor a autonomia do Estado (ADI-MC 2377, j. 22.02.2001).

2.1 Fato gerador

O estudo do fato gerador do ICMS pode ser dividido em três partes, na medida em que há três conjuntos bem definidos de materialidades: as operações de circulação de mercadorias, as prestações de serviços de transporte interestadual e intermunicipal e a prestação de serviços de comunicação.

2.1.1 *Operações de circulação de mercadorias*

A locução que compõe esse fato gerador precisa ser bem compreendida.

O termo "operações" significa a exigência de negócios jurídicos de transmissão de propriedade. Caso a circulação de mercadorias ocorra através de contratos que não são aptos à transferência de propriedade (como locação, comodato, arrendamento mercantil), não haverá o fato gerador do ICMS[8]. A transferência de titularidade da mercadoria é, portanto, um requisito para a incidência do imposto.

A circulação de mercadorias por meio de "operações" exclui também a incidência do ICMS sobre a circulação meramente física de mercadorias. Essa é a inteligência da **súmula 573 do STF**, segundo a qual não constitui fato gerador do imposto de circulação de mercadorias a saída física de máquinas, utensílios e implementos a título de comodato. É pacífica a jurisprudência do STF que a mera saída física sem transferência de propriedade ou o deslocamento de mercadoria entre estabelecimentos da mesma empresa não enseja a incidência do ICMS (RE 267.599 AgR, j. 24.11.2009).

No mesmo sentido é a **súmula 166 do STJ**: "não constitui fato gerador do ICMS o simples deslocamento de mercadoria de um para outro estabelecimento do mesmo contribuinte". Esse entendimento foi confirmado em sede de **recurso repetitivo**, no qual se definiu que "é imprescindível a circulação jurídica da mercadoria com a transferência da propriedade" (REsp 1.125.133, j. 25.08.2010).

Em relação à transferência de propriedade de mercadorias (bens móveis), vale lembrar que no direito brasileiro a mera celebração do contrato não é suficiente, sendo necessário que ocorra a tradição para que se torne perfeita a transferência.

O conhecimento dos limites do fato gerador do ICMS exige ainda a análise do termo "mercadorias". Tradicionalmente, é comum definir mercadoria como o bem móvel e corpóreo destinado ao comércio[9]. Esse conceito exclui, por exemplo, as ações de companhia aberta adquiridas em bolsa de valores ou no mercado de balcão.

Uma das maiores celeumas em relação ao ICMS diz respeito justamente à exigência do caráter corpóreo das mercadorias para que se permita a tributação pelos Estados. Diante das inovações da economia digital e do esvaziamento de algumas atividades que antes representavam fonte de receita de ICMS, algumas vozes defendem que o ICMS deve alcançar também bens **incorpóreos**. Segundo essa concepção doutrinária, a menção constitucional a "mercadorias" na atribuição de competência tributária aos Estados corresponde a um tipo, ou seja, a uma descrição de um fenômeno por aproximação, cuja ausência de um de seus elementos não implica a ausência do objeto descrito. Nesse sentido:

> (...) a fluidez dos tipos "mercadorias" e "circulação", como usualmente ocorre com os tipos, passou a abranger as inovações (...) da realidade negocial, que, sob o império da globalização e digitalização econômica, transformaram-se radicalmente, ensejando novas formas de mercancia insuscetíveis de previsão pelo Constituinte em 1988. (...) não se pode alterar a essência mesma das coisas, apenas por terem sido modificadas pelos avanços da

---

8. Lei Complementar 87/1995, art. 3º: O imposto não incide sobre: (...) VIII - operações de arrendamento mercantil, não compreendida a venda do bem arrendado ao arrendatário.

9. "Mercadorias são coisas móveis. São coisas porque bens corpóreos, que valem por si e não pelo que representam. Coisas, portanto, em sentido restrito, no qual não se incluem os bens tais como os créditos, as ações, o dinheiro, entre outros. E coisas móveis porque em nosso sistema jurídico os imóveis recebem disciplinamento legal diverso, o que os exclui do conceito de mercadorias." (MACHADO, Hugo de Brito. Curso de Direito Tributário. 26ª edição. ed. São Paulo: Malheiros, 2005, p. 368-369).

> realidade subjacente. Assim, mercadorias físicas que apenas assumiram novas formas de se sujeitar à mercancia, não deixaram de ser mercadorias.[10]

Também Marco Aurélio Greco entende que o *software* pode se enquadrar como mercadoria a depender da natureza da atividade realizada por alguém (no caso, um comerciante), se for o objeto de uma atividade comercial[11].

A comercialização de softwares levou essa discussão ao STF. Primeiramente, a Corte Constitucional decidiu que os softwares "de prateleira", comercializados em larga escala e materializados em um meio físico (CD, por exemplo), são mercadorias e dessa forma podem ser tributados pelo ICMS (RE 176.626, j. 10.11.1998). Nesse julgado o STF procedeu à distinção entre o programa de computador comercializado através de suporte físico em larga escala e as operações de "licenciamento ou cessão do direito de uso de programas de computador", que por sua vez não teriam por objeto uma mercadoria, mas sim um bem incorpóreo. No RE 176.626, portanto, o entendimento do STF foi o de que o conceito de mercadoria excluiria os bens incorpóreos, só se permitindo a incidência do ICMS sobre os programas de computador quando estes fossem comercializados através de suporte físico.

Em 2010, contudo, o STF decidiu ser possível a incidência do ICMS sobre as operações com programas de computador realizadas através de transferência eletrônica de dados, ou seja, sem a presença de um instrumento físico ou corpóreo (ADI 1945 MC, j. 26.05.2010).

Vale observar a crítica da doutrina quanto à incidência do ICMS em tais operações com programas de computador. Essa crítica parte da premissa que a operação não permite a transferência da titularidade jurídica do programa de computador, não havendo, portanto, o preenchimento do requisito "circulação", exigido para a tributação pelo ICMS. Haveria, no caso, mera licença de uso, e não uma aquisição da propriedade do *software*[12].

Diante da presença cada vez maior de operações envolvendo bens e serviços digitais, que passam a ser transacionados não só através de download, mas também por meio de computação em nuvem, acreditamos que as premissas estabelecidas pelo STF (e pelo sistema tributário em geral) serão cada vez mais desafiadas.

Cabe lembrar que a **energia elétrica** não é bem corpóreo e mesmo assim há previsão expressa a respeito da incidência do ICMS sobre seu consumo, como se vê do art. 155, § 3º da CF.

---

10. ALMEIDA, Carlos Otávio Ferreira de; BEVILACQUA, Lucas. ICMS sobre *software*: evolução do conceito constitucional de mercadorias em face da inovação tecnológica. *In*: Tributação da economia digital: desafios no Brasil, experiência internacional e novas perspectivas. São Paulo: Saraiva, 2018, p. 356.
11. GRECO, Marco Aurélio. Internet e Direito. 2ª edição. São Paulo: Dialética, 2000, p. 93-94.
12. "o contrato de licença de uso não tem por consequência a transferência da propriedade do software, música, foto ou filme. Trata-se de autorização para uso do bem, que pode ou não ser por tempo limitado. Não há qualquer possibilidade ou autorização ao usuário de transferir, comercializar, doar, alienar ou sublicenciar o programa de computador, a música, a foto ou o filme objeto de transferência. (...) nos bens digitais, em que não há suporte físico, resta apenas a obra (seja o filme, a música, a foto ou o software) e, esta, pela proteção autoral, não seria passível de comercialização, a não ser por um contrato diferente da licença de uso. Não há, portanto, circulação capaz de ensejar a incidência do ICMS, a não ser sobre o suporte físico; sobre a mídia que contém a produção. " PISCITELLI, Tathianne. Os Desafios da Tributação do Comércio Eletrônico. Revista de Direito Tributário Contemporâneo, v. 1, p. 195-216, 2016.

De qualquer modo, nas ADIs 1945 e 5659, cujo julgamento ainda não foi concluído até o fechamento desta edição, o STF já formou maioria pela incidência do ISS (e não do ICMS) sobre operações envolvendo no licenciamento e na cessão de direito de uso de software. Conforme o entendimento apresentado no voto do Ministro Dias Toffoli, "o simples fato de o serviço encontrar-se definido em lei complementar como tributável pelo ISS já atrairia, em tese, a incidência tão somente desse imposto sobre o valor total da operação e afastaria a do ICMS". Acrescentou ainda o Ministro que "a noção de que a elaboração de um software é um serviço que resulta do esforço humano".

Voltando ao conceito de mercadoria, é essencial que esta seja afetada à atividade comercial. A mercadoria se qualifica por ser destinada ao comércio. Significa que apenas os bens afetados à comercialização podem sofrer a incidência do ICMS. Consequência disso é a impossibilidade de se exigir ICMS em relação à alienação de bens que integram o ativo fixo da empresa (AI 177.698 AgR, j. 12.03.1996). A natureza mercantil de um bem não é extraída de suas características ou propriedades intrínsecas, mas sim de sua destinação.

Deve-se ressaltar a situação específica em que as empresas locadoras de veículos alienam automóvel com menos de 12 meses de aquisição da montadora. Nessa hipótese, o STF entende que os bens perdem a característica de ativo imobilizado, passando a assumir o caráter de mercadoria (RE 1.025.986, **repercussão geral**, j. 05.08.2020).

No voto do Ministro Edson Fachin, alertou-se sobre a prática nociva ao mercado pelos agentes que empreendem "compra direta" para posterior revenda em prazo aquém de 12 meses, notadamente daqueles do setor de locação de veículos, em prejuízo das concessionárias. A se admitir a não incidência do ICMS na venda dos automóveis pelas locadoras, estas teriam uma vantagem na formação do preço que inexiste para as concessionárias. Haveria uma violação à ordem econômica constitucional, ferindo os princípios da livre iniciativa e da livre concorrência. O ministro Alexandre de Moras, por sua vez, destacou que os veículos das locadoras que outrora integravam o ativo imobilizado perderiam essa condição quando da revenda, ocasião em que assumiriam o conceito de mercadora. Conforme a tese fixada:

> É constitucional a incidência do ICMS sobre a venda realizada por locadora de veículos de automóvel com menos de 12 meses de aquisição da montadora

Partindo do conceito de mercadoria acima exposto, o STF decidiu que a água potável fornecida por concessionárias de serviço público não é tributável pelo ICMS. O Tribunal fixou, em sede de repercussão geral, o entendimento de que o fornecimento de água tratada à população por empresas concessionárias, permissionárias ou autorizadas não caracteriza uma operação de circulação de mercadoria (RE 607.056, **repercussão geral**, j. 10.04.2013). A água só pode ser considerada mercadoria tributável pelo ICMS quando fornecida em vasilhames, como se dá na compra de garrafas de água mineral.

Também se exclui da expressão "operação de circulação de mercadorias" a alienação de salvados de sinistros pelas seguradoras. Desse modo, quando a seguradora vende o que restou de um veículo objeto de "perda total" num contrato de seguro, essa operação não é uma circulação de mercadorias, não há a habitualidade exigida para a caracterização da operação comercial. O STF, depois de julgados nesse sentido, editou a **súmula vinculante 32**, que pacificou: "o ICMS não incide sobre alienação de salvados de sinistro pelas seguradoras".

2.1.2 *Prestação de serviços de transporte interestadual e intermunicipal*

Nesse fato gerador, deve-se iniciar destacando o vocábulo "prestação", que impede a incidência do ICMS sobre o transporte de bens de uma pessoa realizado por ela mesma. A "prestação" requer que o serviço seja exercido por alguém em benefício de um tomador que o contrata.

Prosseguindo, o transporte interestadual e intermunicipal que enseja a incidência do ICMS é o realizado **por qualquer via**, de pessoas, bens, mercadorias ou valores (art. 2º, II da Lei Complementar 87/1996). O legislador complementar, assim, autorizou a incidência do ICMS no transporte por qualquer via, seja terrestre, aquática ou aérea.

As modalidades de transporte aéreo **intermunicipal, interestadual e internacional de passageiros**, assim como o transporte aéreo **internacional de cargas** foram discutidas no âmbito da ADI 1600 (j. 26.11.2001). Argumentava-se nessa ação que a Lei Complementar 87/1996 não definia de modo suficiente a navegação aérea de modo a permitir que a legislação ordinária instituísse o ICMS sem ensejar conflitos de competência entre Estados e Municípios. Alegava-se também violação da isonomia ao sujeitar as empresas brasileiras de transportes aéreos ao ICMS, enquanto as empresas estrangeiras estão a salvo da tributação de tributação em seus respectivos países de origem e no Brasil, por força de tratados internacionais.

Entendeu o STF que a LC 87/1996 não regulava suficientemente o transporte aéreo de modo a impedir conflitos de competência, não sendo possível a exigência do ICMS sobre o transporte aéreo a partir da cláusula genérica "transporte interestadual e intermunicipal por qualquer via". A insuficiência normativa no tocante à navegação aérea fomentaria conflitos de competência entre os Estados, equivalendo à ausência de regulamentação exigida nos arts. 146, I e III, e 155, § 2º, XII, da Constituição. Além disso, foi reconhecida a violação à isonomia, pois a LC 87/1996 autorizava a incidência do ICMS sobre serviços de transporte aéreo prestados por empresas nacionais, enquanto os serviços de mesma natureza prestados por companhia estrangeira escapam à tributação por conta de tratados internacionais.

Destacamos mais uma vez que a decisão do STF na ADI 1600 atingiu apenas o transporte aéreo **intermunicipal, interestadual e internacional de passageiros** e o transporte aéreo **internacional de cargas**. O transporte aéreo **nacional de cargas** não foi afetado pelo julgamento. Podemos extrair essa conclusão da própria ementa da ADI 1600 (grifos adicionados):

> (...) NÃO INCIDÊNCIA SOBRE A PRESTAÇÃO DE SERVIÇOS DE TRANSPORTE AÉREO, **DE PASSAGEIROS - INTERMUNICIPAL, INTERESTADUAL E INTERNACIONAL**. INCONSTITUCIONALIDADE DA EXIGÊNCIA DO ICMS NA PRESTAÇÃO DE SERVIÇOS DE TRANSPORTE AÉREO **INTERNACIONAL DE CARGAS** PELAS

> EMPRESAS AÉREAS NACIONAIS, ENQUANTO PERSISTIREM OS CONVÊNIOS DE ISENÇÃO DE EMPRESAS ESTRANGEIRAS. AÇÃO JULGADA, PARCIALMENTE PROCEDENTE.

Já em relação ao transporte terrestre, o STF entendeu que não haveria inconstitucionalidade nos dispositivos da LC 87/96 que dispõem sobre a incidência do ICMS sobre operações de transporte terrestre intermunicipal e interestadual de passageiros e de cargas (ADI 2669, j. 05.02.2014).

2.1.3 *Prestação de serviços de comunicação*

Quanto ao ICMS sobre a prestação de serviços de comunicação, também é necessário ressaltar o termo "prestação", pois com essa expressão o constituinte deixou claro que o imposto requer um contrato oneroso. Não basta a comunicação, é necessário que haja um serviço de comunicação prestado em benefício de outrem.

Considerando que o conceito de comunicação envolve a transmissão e a recepção de mensagens, o Plenário do STF já decidiu que os serviços preparatórios aos serviços de comunicação, como habilitação, instalação, e assinatura, configuram serviços suplementares, não alcançados pelo conceito constitucional "prestação de serviços de comunicação" para fins de incidência do ICMS (RE 572.020, j. 06.02.2014). Desse modo, os serviços de habilitação de telefonia celular não representam um serviço efetivo de comunicação, sendo apenas preparatório à comunicação propriamente dita, o que impede a exigência do ICMS no caso[13]. Pela mesma razão, a jurisprudência do STJ pacificou a orientação de que "o ICMS não incide no serviço dos provedores de acesso à Internet" (**súmula 334 do STJ**). Para o STJ, o serviço prestado pelos provedores de acesso à internet constitui mero serviço de valor adicionado, nos termos do art. 61 da Lei 9.472/1997 (AgRg no AREsp 357.107, j. 17.09.2013).

Por outro lado, o STF fixou, em sede de **repercussão geral**, o entendimento de que o ICMS incide sobre a tarifa de assinatura básica mensal cobrada pelas prestadoras de serviço de telefonia, independentemente da franquia de minutos conferia ou não ao usuário (RE 912.888, j. 13.10.2016). Entendeu o STF que a tarifa de assinatura básica mensal constitui a contraprestação pelo serviço de comunicação oferecido em caráter continuado pelas concessionárias de telefonia. Sendo identificada como a contraprestação pelo serviço de comunicação propriamente dito, sobre esse valor deveria incidir o ICMS.

2.2 Contribuinte

O Contribuinte do ICMS é definido no art. 4º da Lei Complementar 87/1996:

> LC 87/1996, art. 4º. Contribuinte é qualquer pessoa, física ou jurídica, que realize, com habitualidade ou em volume que caracterize intuito comercial, operações de circulação

13. No mesmo sentido a **súmula 350 do STJ**: O ICMS não incide sobre o serviço de habilitação de telefone celular.

> de mercadoria ou prestações de serviços de transporte interestadual e intermunicipal e de comunicação, ainda que as operações e as prestações se iniciem no exterior. Parágrafo único. É também contribuinte a pessoa física ou jurídica que, mesmo sem habitualidade ou intuito comercial: I – importe mercadorias ou bens do exterior, qualquer que seja a sua finalidade; II - seja destinatária de serviço prestado no exterior ou cuja prestação se tenha iniciado no exterior; III – adquira em licitação mercadorias ou bens apreendidos ou abandonados; IV – adquira lubrificantes e combustíveis líquidos e gasosos derivados de petróleo e energia elétrica oriundos de outro Estado, quando não destinados à comercialização ou à industrialização.

O dispositivo preceitua que o contribuinte é, basicamente, a pessoa, física ou jurídica, que realiza a operação definida como fato gerador (circulação de mercadorias, prestação de serviços de transporte e de comunicação). Exige-se, porém, um requisito essencial para a conceituação do contribuinte: a habitualidade ou a realização das operações em volume que caracterize intuito comercial. Com isso, o alienante eventual de mercadorias não é contribuinte do ICMS.

O parágrafo único reproduzido acima elenca as situações em que não se exige a habitualidade ou o intuito comercial para a caracterização do contribuinte do ICMS. A figura do importador será estudada no tópico sobre o ICMS-importação.

2.3 Base de cálculo

A base de cálculo será diferente conforme se trate de circulação de mercadorias, de prestação de serviços de transporte ou de prestação de serviços de comunicação.

No caso de circulação de mercadorias, o art. 13 da Lei Complementar 87/1996 dispõe que a base de cálculo será o valor da operação, incluindo-se aí o valor não só da mercadoria, mas também do serviço, nas hipóteses em que for legítima a incidência do ICMS sobre o serviço prestado em conjunto com a venda da mercadoria.

Em relação a essa materialidade do ICMS, o STF consolidou o entendimento em sede de **repercussão geral** no sentido de que **a base de cálculo "valor da operação" inclui o próprio montante do ICMS incidente**, pois ele faz parte da importância paga pelo comprador e recebida pelo vendedor na operação (RE 582.461, j. 18.05.2011).

Um dos fundamentos da decisão foi a redação da alínea *i* do art. 155, § 2º, XII (alínea esta incluída pela Emenda Constitucional 33/2001), segundo a qual cabe à lei complementar "fixar a base de cálculo, de modo que o montante do imposto a integre, **também** na importação do exterior de bem, mercadoria ou serviço". Constou do acórdão que "se o texto dispõe que o ICMS deve ser calculado com o montante do imposto inserido em sua própria base de cálculo também na importação de bens, naturalmente a interpretação que há de ser feita é que o imposto já era calculado dessa forma em relação às operações internas"[14].

14. Já a inclusão do ICMS na base de cálculo das contribuições PIS e COFINS é inconstitucional, conforme decidido em sede de **repercussão geral** no **RE 574.706**, j. 15.03.2017.

Em se tratando de prestação de serviço de transporte interestadual e intermunicipal e de comunicação, o art. 13, III da LC 87/1996 determina que a base de cálculo será o preço do serviço.

Em relação às alíquotas do ICMS, é digna de nota a preocupação do constituinte com essa matéria. Constam do art. 155, § 2º da CF as seguintes diretrizes (grifos adicionados):

> (...) IV - **resolução do Senado** Federal, de iniciativa do Presidente da República ou de um terço dos Senadores, aprovada pela maioria absoluta de seus membros, **estabelecerá** as **alíquotas aplicáveis às operações e prestações, interestaduais e de exportação**;
>
> V - é **facultado ao Senado** Federal: a) estabelecer alíquotas mínimas nas operações internas, mediante resolução de iniciativa de um terço e aprovada pela maioria absoluta de seus membros; b) fixar alíquotas máximas nas mesmas operações para resolver conflito específico que envolva interesse de Estados, mediante resolução de iniciativa da maioria absoluta e aprovada por dois terços de seus membros;
>
> VI - salvo deliberação em contrário dos Estados e do Distrito Federal, nos termos do disposto no inciso XII, "g", as **alíquotas internas**, nas operações relativas à circulação de mercadorias e nas prestações de serviços, **não poderão ser inferiores às previstas para as operações interestaduais**; (...).

A resolução do Senado que deve estabelecer as alíquotas aplicáveis às operações e prestações, interestaduais e de exportação, é uma norma geral de direito tributário. Apesar de ser comum que as normas gerais tributárias sejam dispostas em lei complementar, há situações em que o constituinte confere tal função à resolução do Senado. A necessidade de uniformidade nacional em relação a um imposto propenso a uma disputa fiscal entre os entes estaduais justifica uma atuação do Senado, órgão legislativo que reúne os representantes dos Estados.

O Senado cumpriu esse desígnio por meio da Resolução 22/1989, segundo a qual (grifos adicionados):

> Resolução Senado Federal 22/1989, art. 1º. **A alíquota** do Imposto sobre Operações Relativas à Circulação de Mercadorias e sobre Prestação de Serviços de Transporte Interestadual e Intermunicipal e de Comunicação, **nas operações e prestações interestaduais, será de doze por cento.**
>
> Parágrafo único. **Nas operações e prestações realizadas nas Regiões Sul e Sudeste, destinadas às Regiões Norte, Nordeste e Centro-Oeste e ao Estado do Espírito Santo, as alíquotas serão**: I - em 1989, oito por cento; II - **a partir de 1990, sete por cento.**

O Senado tem ainda a faculdade de estabelecer alíquotas mínimas nas operações internas e de fixar alíquotas máximas nas operações internas, para resolver conflitos entre Estados.

Além disso, as alíquotas internas, no que tange às operações de circulação de mercadorias e prestação de serviços, não podem ser inferiores às alíquotas das operações interestaduais, salvo deliberação em contrário dos Estados e do Distrito Federal. As alíquotas interestaduais fixadas pelo Senado funcionam como um piso para as alíquotas internas a serem fixadas pelos Estados. A fixação de alíquotas mínimas tem a função de evitar uma competição predatória, em que os entes fixariam alíquotas cada vez menores, numa "corrida para o fundo do poço".

Vale dizer que a alíquota interestadual que serve de patamar mínimo não é a especial de 7%, mas sim a genérica de 12%, conforme já decidiu o STF (ADI-MC 2021, j. 25.08.1999).

Encerrando esse tópico, recomendamos a leitura desse dispositivo e a memorização das regras acima de iniciativa e aprovação das resoluções nos momentos anteriores a uma prova objetiva de concurso público.

2.4 ICMS na importação

A incidência do ICMS nas operações de importação estava prevista no texto originário da Constituição de 1988, nos seguintes termos (grifos adicionados):

> CF, art. 155, § 2º - O imposto previsto no inciso II atenderá ao seguinte: IX – incidirá também: a) sobre a entrada de mercadoria importada do exterior, **ainda quando se tratar de bem destinado a consumo ou ativo fixo do estabelecimento**, assim como sobre serviço prestado no exterior, cabendo o imposto ao Estado onde estiver situado o **estabelecimento** destinatário da mercadoria ou do serviço.

Nessa redação original, a incidência do ICMS nas importações não era restrita às mercadorias, pois o dispositivo expressamente abarcava as importações relativas aos bens destinados a consumo ou ativo fixo do estabelecimento, bens estes que não são considerados mercadorias. Essa abrangência torna o ICMS na importação um imposto de natureza diversa do ICMS-circulação de mercadorias, o que é confirmado pela literalidade do texto constitucional ("incidirá **também**").

Havia, portanto, dois conjuntos de operações de importação: as relativas a mercadorias e as relativas aos bens destinados a consumo ou ativo fixo de estabelecimento. Apesar da redação de 1988 não mencionar expressamente a importação realizada por pessoa física, a Lei Complementar 87/1996, em seu art. 2º, § 1º, trouxe a seguinte previsão (grifo adicionado):

> LC 87/1996, art. 2º, § 1º. O imposto incide também: I – sobre a entrada de mercadoria importada do exterior, por **pessoa física** ou jurídica, ainda quando se tratar de bem destinado a consumo ou ativo permanente do estabelecimento.
>
> Essa menção às importações realizadas por pessoas físicas foi acusada de inconstitucional, por ampliar indevidamente o espectro da incidência do ICMS previsto na Constituição. Para os que assim pensavam, não havia, na redação original da CF, autorização para essa exigência do ICMS sobre importações realizadas por pessoas físicas.

O STF consolidou orientação nesse sentido, considerando inexigível o imposto quando se tratar de bem importado por pessoa física. (RE 203.075, j. 05.08.1998). Um dos argumentos levados em consideração pelo STF dizia respeito à menção exclusiva a estabelecimento no texto original da CF, não se fazendo referência a residência ou domicílio. Como a pessoa física não possui estabelecimento, não estaria abarcada pelo texto de 1988 no ponto em que trouxe a incidência do ICMS sobre importações.

Reagindo a essa jurisprudência, a Emenda Constitucional 33/2001 alterou a redação do dispositivo em questão para incluir expressamente as importações realizadas por pessoas físicas (grifos adicionados):

> CF, art. 155, § 2º - O imposto previsto no inciso II atenderá ao seguinte: IX – incidirá também: a) sobre a entrada de bem ou mercadoria importados do exterior por **pessoa física** ou jurídica, **ainda que não seja contribuinte habitual do imposto, qualquer que seja a sua finalidade**, assim como sobre o serviço prestado no exterior, cabendo o imposto ao Estado onde estiver situado o **domicílio ou o estabelecimento** do destinatário da mercadoria, bem ou serviço. (grifamos).

O constituinte derivado foi atento aos empecilhos apontados pelo STF para a incidência do ICMS nas importações realizadas por pessoas físicas. Assim é que não apenas houve previsão expressa quanto às pessoas físicas, como também se decretou a irrelevância da finalidade do bem importado. Além disso, houve a inclusão do termo "domicílio" para suprir a omissão acusada no julgamento do RE 203.075[15].

Após a Emenda Constitucional, deixou de haver dúvidas quanto à constitucionalidade de lei (posterior à emenda) que instituísse o ICMS sobre importações realizadas por pessoas físicas, independentemente da finalidade do bem importado. Nesse sentido, o STF fixou tese de **repercussão geral** no RE 439.796 (j. 06.11.2013):

> Após a Emenda Constitucional 33/2001, é constitucional a incidência de ICMS sobre operações de importação efetuadas por pessoa, física ou jurídica, que não se dedica habitualmente ao comércio ou à prestação de serviços.

A alteração na CF foi seguida por uma alteração na LC 87/1996, que, após a Lei Complementar 114/2002, passou a dispor sobre o assunto da seguinte maneira:

> LC 87/1996, art. 2º, § 1º. "O imposto incide também: I – sobre a entrada de mercadoria ou bem importados do exterior, por pessoa física ou jurídica, ainda que não seja contribuinte habitual do imposto, qualquer que seja a sua finalidade".

Como já visto, a lei complementar tem importante função em relação ao ICMS, que deve ter um tratamento uniforme em âmbito nacional. Por outro lado, a inexistência de norma geral permite que os Estados exerçam competência legislativa plena para atender a suas peculiaridades[16]. Diante desse cenário, o STF decidiu que a ausência de lei complementar federal não enseja a inconstitucionalidade de lei estadual editada por ente federativo após a Emenda Constitucional 33/2001. Para o Supremo, as leis anteriores à Lei Complementar 114/02 e posteriores à EC33/01 não são inconstitucionais, resolvendo-se a questão no plano da eficácia (RE 917.950 AgR, j. 05.12.2017). Conforme constou do voto do Ministro Gilmar Mendes, "no período após a EC e anterior à Lei Complementar Federal, não haveria inconstitucionalidade, mas tão só ineficácia da legislação estadual até 17.12.2002 (vigência da Lei Complementar 114/02), de sorte que seriam insubsistentes

15. A ausência das expressões "pessoa física" e "domicílio" na redação original levou o Ministro Maurício Corrêa a concluir da seguinte maneira, em seu voto no RE 203.075: "(...) o imposto não é devido pela pessoa física que importou o bem, visto que não exerce atos de comércio de forma constante nem possui 'estabelecimento destinatário de mercadoria'.".

16. CF, art. 24, § 3º. Inexistindo lei federal sobre normas gerais, os Estados exercerão a competência legislativa plena, para atender a suas peculiaridades.

créditos tributários advindos de fatos geradores anteriores a tal marco". Esse raciocínio foi reafirmado em 2020, quando se decidiu em sede de **repercussão geral** a seguinte tese (RE 1.221.330, j. 16.06.2020):

> "I - Após a Emenda Constitucional 33/2001, é constitucional a incidência de ICMS sobre operações de importação efetuadas por pessoa, física ou jurídica, que não se dedica habitualmente ao comércio ou à prestação de serviços, devendo tal tributação estar prevista em lei complementar federal. II - As leis estaduais editadas após a EC 33/2001 e antes da entrada em vigor da Lei Complementar 114/2002, com o propósito de impor o ICMS sobre a referida operação, são válidas, mas produzem efeitos somente a partir da vigência da LC 114/2002"

Outra discussão que chegou ao STF diz respeito ao aspecto temporal do fato gerador do ICMS sobre importações. O art. 12, IX da LC 87/1996 dispõe que se considera ocorrido o fato gerador do imposto no **momento do desembaraço aduaneiro** de mercadorias ou bens importados do exterior.

No RE 193.817 (j. 23.10.1996), o STF entendeu que o elemento temporal do fato gerador do ICMS sobre importações corresponde ao momento do recebimento da mercadoria importada (desembaraço), e que a Constituição de 1988 havia consagrado a pretensão dos Estados de verem condicionado o desembaraço da mercadoria ou do bem importado ao recolhimento não apenas dos tributos federais, mas também do ICMS (voto do Ministro Relator Ilmar Galvão). Conforme restou consignado na ementa do RE 193.817 (j. 23.10.1996 – grifo adicionado):

> A Constituição de 1988 suprimiu, no dispositivo indicado, a referência que a Carta anterior (EC 03/83, art. 23, II, § 11) fazia à "entrada, em estabelecimento comercial, industrial ou produtor, da mercadoria importada"; e acrescentou caber "o imposto ao Estado onde estiver situado o estabelecimento destinatário da mercadoria", evidenciando que **o elemento temporal referido ao fato gerador, na hipótese, deixou de ser o momento da entrada da mercadoria no estabelecimento do importador. (...) Incensurável, portanto, em face do novo regime, o condicionamento do desembaraço da mercadoria importada à comprovação do recolhimento do tributo estadual, de par com o tributo federal, sobre ela incidente.** Recurso conhecido e provido, para o fim de indeferir o mandado de segurança.

Esse entendimento foi cristalizado na **súmula 661 do STF**: "Na entrada de mercadoria importada do exterior, é legítima a cobrança do ICMS por ocasião do desembaraço aduaneiro" (convertida na **súmula vinculante 48**). Em suma, o STF possui jurisprudência pacífica no sentido de que o aspecto temporal da incidência do ICMS importação é o despacho aduaneiro, momento em que tal imposto deve ser recolhido (RE 503.031 AgR, j. 10.09.2013).

Uma observação se faz oportuna. Havia jurisprudência oposta em relação aos tributos aduaneiros da União, principalmente em relação ao imposto de importação. Nesse caso, os tribunais têm entendido, com base na súmula 323 do STF[17], que o condicionamento

17. "É inadmissível a apreensão de mercadorias como meio coercitivo para pagamento de tributos".

do imposto de importação ao recolhimento do imposto de importação representaria uma sanção política, uma coação indevida contra o contribuinte.

Era patente a incongruência dos julgados, não reconhecendo a alteração da jurisprudência nesse tema, que possui inclusive súmula vinculante a respeito. No que tange ao imposto de importação e aos tributos aduaneiros em geral, a jurisprudência do STF só foi harmonizada em setembro de 2020, com a fixação da tese de **repercussão geral** no RE 1.090.591 (j. 16.09.2020), segundo a qual "É constitucional vincular o despacho aduaneiro ao recolhimento de diferença tributária apurada mediante arbitramento da autoridade fiscal".

Também possui relevância para o estudo do ICMS nas importações a jurisprudência sobre o destinatário dos itens importados. O texto constitucional determina que o ICMS na importação cabe ao Estado onde estiver situado o domicílio ou o estabelecimento do **destinatário** da mercadoria, bem ou serviço (CF, art. 155, § 2º, IX, *a*).

O termo "destinatário", contudo, não elimina as dúvidas quanto ao Estado que será o sujeito ativo do imposto, já que pode ser compreendido como **destinatário físico** (estabelecimento que figura como destinatário da remessa física do bem importado) ou **destinatário jurídico** (estabelecimento identificado como o importador na operação). É preciso ter atenção para o fato de que o Estado do desembaraço aduaneiro, pelo qual a mercadoria ingressa em território nacional, não necessariamente coincide com o Estado do destinatário físico ou jurídico.

O destinatário jurídico ou legal pode ser um estabelecimento pelo qual o objeto importado jamais transitará, apesar de figurar na operação de importação como o importador ou adquirente. Ainda assim, o STF entendeu que este é o critério definidor do Estado credor do ICMS sobre as importações, pouco importando se o desembaraço aduaneiro ocorreu por meio de ente federativo diverso (RE 299.079, j. 30.06.2004). Conforme detalhado no voto do Ministro Joaquim Barbosa no RE 405.457 (j. 04.12.2009), a definição do Estado competente para o ICMS nas importações não poderia se dar com base no local de desembaraço aduaneiro, já que a Constituição não privilegiou, na atribuição de competências tributárias, os Estados que, por questões geográficas e logísticas, concentram as zonas alfandegárias primárias (locais onde ocorrem os desembaraços aduaneiros). Tampouco seria relevante para a definição do Estado titular do ICMS a ausência de circulação física da mercadoria no território onde está localizado o importador. O que interessa é o Estado do estabelecimento do importador, pessoa responsável na operação de importação, pouco importando o estabelecimento da pessoa física ou jurídica em que ocorre a entrada física dos bens importados.

Por outro lado, o STF admite que o ICMS sobre importações seja devido ao Estado em que realizado o desembaraço aduaneiro quando o contribuinte se utiliza de estrutura formal apenas para se beneficiar de regime fiscal mais favorável (RE 268.586, j. 24.05.2005). Nos casos de simulação praticada pelo contribuinte, que "dribla" o Fisco mediante ficções jurídicas para mitigar o ônus tributário, o ICMS caberá ao Estado em que processado o desembaraço aduaneiro (Voto do Ministro Marco Aurélio no RE 268.586).

A prevalência do destinatário jurídico ou legal foi reafirmada em sede de **repercussão geral**, como se pode ver da ementa do ARE 665.134 (j. 27.04.2020 – grifos adicionados), abaixo reproduzida:

> 1. Fixação da seguinte tese jurídica ao Tema 520 da sistemática da repercussão geral: "O **sujeito ativo da obrigação tributária de ICMS incidente sobre mercadoria importada é o Estado-membro no qual está domiciliado ou estabelecido o destinatário legal da operação que deu causa à circulação da mercadoria, com a transferência de domínio.**"
>
> 1. **A jurisprudência desta Corte entende ser o sujeito ativo do ICMS-importação o Estado-membro no qual estiver localizado o destinatário final da operação, logo é irrelevante o desembaraço aduaneiro ocorrer na espacialidade de outro ente federativo.** Precedentes.
>
> 2. Em relação ao significante "destinatário final", para efeitos tributários, a disponibilidade jurídica precede a econômica, isto é, o sujeito passivo do fato gerador é o destinatário legal da operação da qual resulta a transferência de propriedade da mercadoria. Nesse sentido, a forma não prevalece sobre o conteúdo, sendo o sujeito tributário quem dá causa à ocorrência da circulação de mercadoria, caracterizada pela transferência do domínio. Ademais, não ocorre a prevalência de eventuais pactos particulares entre as partes envolvidas na importação, quando da definição dos polos da relação tributária.
>
> 3. Pela tese fixada, **são os destinatários legais das operações, em cada hipótese de importação, as seguintes pessoas jurídicas: a) na importação por conta própria, a destinatária econômica coincide com a jurídica**, uma vez que a importadora utiliza a mercadoria em sua cadeia produtiva; b) **na importação por conta e ordem de terceiro, a destinatária jurídica é quem dá causa efetiva à operação de importação, ou seja, a parte contratante de prestação de serviço consistente na realização de despacho aduaneiro de mercadoria, em nome próprio**, por parte da importadora contratada; c) **na importação por conta própria, sob encomenda, a destinatária jurídica é a sociedade empresária importadora (trading company), pois é quem incorre no fato gerador do ICMS com o fito de posterior revenda**, ainda que mediante acerto prévio, após o processo de internalização.
>
> (...) 6. **Faz-se necessária a utilização de técnica de declaração de inconstitucionalidade parcial, sem redução de texto, ao art. 11, I, "d", da Lei Complementar federal 87/96, com o fito de afastar o entendimento de que o local da operação ou da prestação, para os efeitos da cobrança do imposto e definição do estabelecimento responsável pelo tributo, é apenas e necessariamente o da entrada física de importado.**
>
> 7. Recurso extraordinário a que se nega provimento.

Resumindo o sujeito ativo do ICMS sobre importações:

- Regra geral: Estado em que se localiza o destinatário jurídico (importador);
- Ocorrência de simulação: Estado em que ocorre o desembaraço aduaneiro;
- Na importação por conta e ordem de terceiro, a destinatária jurídica é quem dá causa efetiva à operação de importação, ou seja, a parte contratante de prestação de serviço consistente na realização de despacho aduaneiro de mercadoria, em nome próprio;
- Na importação por conta própria, sob encomenda, a destinatária jurídica é a sociedade empresária importadora (*trading company*), pois é quem incorre no fato gerador do ICMS com o fito de posterior revenda.

2.5 ICMS e operações de arrendamento mercantil

O arrendamento mercantil (ou *leasing*) é um contrato empresarial que, basicamente, corresponde a um contrato especial de locação no qual o locatário tem a faculdade de adquirir o bem arrendado no final do contrato mediante o pagamento de um valor residual. Casso assim não deseje, é possível ainda a renovação do contrato ou a devolução do bem, encerrando-se o vínculo contratual.

Considerando a aproximação do *leasing* com o contrato de locação, seria natural a inferência de que não incide ICMS nas operações de arrendamento mercantil, já que na locação de bens não ocorre a circulação de mercadoria, pressuposto da incidência desse imposto estadual.

Em se tratando de operações internas, esse raciocínio revela-se apropriado para os casos em que não ocorre a aquisição do bem arrendado. De qualquer modo, no *leasing* "interno", a incidência do ICMS não decorre da celebração ou dos efeitos do contrato de arrendamento mercantil em si, mas apenas de uma circunstância acidental, qual seja, a posterior e eventual aquisição do bem arrendado. A Lei Complementar 87/1996 possui disposição expressa nesse sentido:

> LC 87/1996, art. 3º. O imposto não incide sobre: (...) VIII - operações de arrendamento mercantil, não compreendida a venda do bem arrendado ao arrendatário;

O arrendamento mercantil exige maior cuidado quando se está diante de uma operação internacional, em face da peculiaridade do ICMS sobre importações. Como já visto, a Constituição, após a Emenda 33/2001, permite a incidência do ICMS sobre as entradas de bens importados por pessoas físicas ou jurídicas, qualquer que seja a sua finalidade (CF, art. 155, § 2º, IX, *a*).

Com base nesse dispositivo, alguns Estados passaram a exigir o ICMS apenas com a "entrada" do bem arrendado em território nacional, independentemente de sua aquisição. Inicialmente, o STF considerou que a entrada de mercadoria importada do exterior tornava desnecessária a averiguação a respeito da natureza jurídica do negócio internacional do qual decorre a importação (RE 206.069, j. 01.09.2005):

> (...) 1. De acordo com a Constituição de 1988, incide ICMS sobre a entrada de mercadoria importada do exterior. Desnecessária, portanto, a verificação da natureza jurídica do negócio internacional do qual decorre a importação, o qual não se encontra ao alcance do Fisco nacional. 2. O disposto no art. 3º, inciso VIII, da Lei Complementar nº 87/96 aplica-se exclusivamente às operações internas de leasing. 3. Recurso extraordinário conhecido e provido.

O caso analisado no RE 206.069 dizia respeito a uma importação de equipamento destinado ao ativo fixo de empresa, em operação de arrendamento mercantil. Ao se vislumbrar a impossibilidade de tributação da operação na eventual e posterior opção de compra, em face de o arrendador sediado no exterior não ser contribuinte do ICMS sujeito à sistemática de recolhimento do imposto estadual, entendeu-se que o tributo deveria ser exigido na entrada da mercadoria importada, qualquer que fosse a natureza do ajuste internacional ensejador da importação (voto da Ministra Ellen Gracie no RE 206.069). Por isso, inaplicável o art. 3º, VIII da LC 87/1996 ao *leasing* internacional.

Posteriormente, o STF enfrentou uma situação relativa a *leasing* internacional de aeronaves. Em tal julgado (RE 461.968, j. 30.05.2007), o STF contradisse frontalmente a conclusão anterior de que seria desnecessária a verificação da natureza jurídica do negócio internacional do que decorre a importação. No RE 461.948, o STF considerou determinante o fato de que não haveria, na situação analisada, uma posterior transferência de propriedade dos bens objeto do *leasing* internacional. Em outras palavras, houve a necessidade de se analisar o conteúdo do negócio internacional do qual decorre a importação, não sendo suficiente a mera entrada do bem ou mercadoria importada. Confira-se, a respeito, o voto do Ministro Eros Grau no RE 461.968 (grifo adicionado):

> ainda que se fale em *leasing*, as arrendadoras [= indústria aeronáutica direta ou indiretamente] permanecem, ao final do termo do contrato, proprietárias dos bens transferidos temporariamente ao uso das companhias de navegação aérea. Esse é um fato notório. Quando aeronaves e/ou peças ou equipamentos que as componham são importadas em regime de *leasing* não se prevê a sua posterior transferência ao domínio do arrendatário. (...) **O imposto não é sobre a entrada de bem ou mercadoria importada, senão sobre essas entradas desde que elas sejam atinentes a operações relativas à circulação desses mesmos bens ou mercadorias.**

Curiosamente, o Ministro Eros Grau observou que não haveria contradição com a decisão do RE 206.069[18], o que não nos parece verdadeiro, já que a ausência de transferência de propriedade é considerada irrelevante no RE 206.069 e determinante para a não incidência do ICMS no RE 461.968. A própria ementa do RE 461.968 (j. 30.05.2007) deixa expressa a necessidade de se analisar a ocorrência ou não da circulação de mercadoria (transferência de titularidade):

> (...) 1. A importação de aeronaves e/ou peças ou equipamentos que as componham em regime de leasing não admite posterior transferência ao domínio do arrendatário. 2. **A circulação de mercadoria é pressuposto de incidência do ICMS.** O imposto – diz o artigo 155, II da Constituição do Brasil – é sobre "operações relativas à circulação de mercadorias e sobre prestações de serviços de transporte interestadual e intermunicipal e de comunicação, ainda que as operações e as prestações se iniciem no exterior". 3. Não há operação relativa à circulação de mercadoria sujeita à incidência do ICMS em operação de arrendamento mercantil contratado pela indústria aeronáutica de grande porte para viabilizar o uso, pelas companhias de navegação aérea, de aeronaves por ela construídas. 4. Recurso Extraordinário do Estado de São Paulo a que se nega provimento e Recurso Extraordinário de TAM - Linhas Aéreas S/A que se julga prejudicado.

A circulação da mercadoria importada foi novamente considerada pelo STF um requisito essencial no **RE 540.829** (j. 11.09.2014), que sedimentou o tema em sede de **repercussão geral** (grifos adicionados):

> (...) 2. A alínea "a" do inciso IX do § 2º do art. 155 da Constituição Federal, na redação da EC 33/2001, faz incidir o ICMS na entrada de bem ou mercadoria importados

18. "E nem se alegue que se aplica ao caso o precedente do RE n. 206.069, Relatora a Ministra ELLEN GRACIE, no bojo do qual se verificava a circulação mercantil, pressuposto da incidência do ICMS. Nesse caso, aliás, acompanhei a relatora. Mas o precedente disse com a importação de equipamento destinado ao ativo fixo de empresa, situação na qual a opção do arrendatário pela compra do bem ao arrendador era mesma necessária, como salientou a eminente relatora.".

do exterior, **somente se de fato houver circulação de mercadoria, caracterizada pela transferência do domínio (compra e venda).** 3. Precedente: RE 461968, Rel. Min. EROS GRAU, Tribunal Pleno, julgado em 30/05/2007, Dje 23/08/2007, onde restou assentado que **o imposto não é sobre a entrada de bem ou mercadoria importada, senão sobre essas entradas desde que elas sejam atinentes a operações relativas à circulação desses mesmos bens ou mercadorias.** 4. Deveras, **não incide o ICMS na operação de arrendamento mercantil internacional, salvo na hipótese de antecipação da opção de compra, quando configurada a transferência da titularidade do bem. Consectariamente, se não houver aquisição de mercadoria, mas mera posse decorrente do arrendamento, não se pode cogitar de circulação econômica.** (...).

Assim, é possível afirmar que nas operações de arrendamento mercantil internacional que tenham por objeto a transferência de propriedade do bem importado, como no caso de bens destinados ao ativo fixo da empresa, resta caracterizada a circulação mercantil, devendo incidir o ICMS[19]. Por outro lado, quando as partes do *leasing* internacional não objetivam a transferência da propriedade do bem arrendado, não há que se falar em incidência do ICMS sobre importações.

2.6 A não cumulatividade do ICMS

Como já visto no tópico a respeito do IPI, a não cumulatividade visa evitar a acumulação de carga tributária nos tributos que incidem em várias etapas de um ciclo econômico, assegurando que a tributação recaia, em última instância, sobre o valor do produto final adquirido pelo consumidor[20].

Em relação ao ICMS, a Constituição foi detalhista na forma como se deve dar a não cumulatividade:

> CF, art. 155, § 2º. O imposto previsto no inciso II atenderá ao seguinte:
>
> I - será não-cumulativo, compensando-se o que for devido em cada operação relativa à circulação de mercadorias ou prestação de serviços com o montante cobrado nas anteriores pelo mesmo ou outro Estado ou pelo Distrito Federal;
>
> II - a isenção ou não-incidência, salvo determinação em contrário da legislação:
>
> a) não implicará crédito para compensação com o montante devido nas operações ou prestações seguintes;
>
> b) acarretará a anulação do crédito relativo às operações anteriores;

O texto constitucional preocupa-se primeiramente em definir a não cumulatividade, que consiste na compensação do imposto devido em determinada operação com o montante de imposto cobrado na operação anterior. Logo em seguida, a Constituição é

19. STJ, AgRg no AREsp 651.954, j. 14.04.2015.

20. "impostos plurifásicos e não cumulativos foram pensados para equivalerem a impostos de incidência única sob o valor final (mais alto) de venda para o consumo, com as vantagens de se antecipar, desde a primeira etapa, em parcelas, o tributo que somente seria devido ao Fisco na etapa final, sem os riscos da insolvência, ou, pelo menos, com a redução substancial de tal risco." (DERZI, Misabel Abreu Machado. Notas de atualização ao Direito Tributário Brasileiro de Aliomar Baleeiro. 13ª. ed. Rio de Janeiro: Forense, 2015, p. 530).

explícita em relação aos efeitos da desoneração de determinada etapa do ciclo econômico. Assim é que, salvo determinação em contrário da legislação, a isenção ou não incidência de uma operação não gera crédito a ser aproveitado na operação seguinte. Do mesmo modo, a desoneração de uma operação acarreta a anulação do crédito relativo às operações anteriores. Usa-se o termo "desoneração" porque não só a isenção é abarcada por essa norma constitucional, mas também outras figuras desonerativas, como a redução da base de cálculo. Nesse sentido, o STF fixou a seguinte tese de **repercussão geral** (RE 635.688, j. 16.10.2014):

> A redução da base de cálculo de ICMS equivale à isenção parcial, o que acarreta a anulação proporcional de crédito relativo às operações anteriores, salvo disposição em lei estadual em sentido contrário

No estudo da não cumulatividade do IPI, foi visto que tais regramentos foram construídos jurisprudencialmente pelo STF. No ICMS, há norma constitucional expressa a respeito da impossibilidade de se aproveitar créditos de operações objeto de desoneração[21].

Também da mesma forma que ocorre no IPI, os créditos de ICMS não são corrigidos monetariamente, a não ser em caso de expressa autorização legal ou na hipótese em que o Fisco cria embaraços ao aproveitamento do crédito. O STF possui jurisprudência pacífica no sentido de que a aplicação de correção monetária aos créditos escriturais do ICMS registrados tardiamente depende de lei autorizadora ou de prova quanto ao obstáculo injustamente posto pelas autoridades fiscais à pretensão do contribuinte (RE 390.413 AgR, j. 09.11.2010).

Outra semelhança com a não cumulatividade do IPI é a adoção do **crédito físico**, vale dizer, apenas os produtos intermediários aplicados no processo produtivo que integram fisicamente o produto final geram direito ao crédito do ICMS (RE 689.001 AgR, j. 06.02.2018). A adoção do modelo do crédito financeiro (mediante o qual se aproveitam todos os créditos relativos ao imposto pago sobre a aquisição de bens que não são integrados fisicamente no produto final) em relação ao ICMS dependeria de expressa previsão constitucional ou legal (RE 447.470 AgR, j. 14.09.2010).

A Lei Complementar 87/1996, em seu art. 20, *caput*, dispõe que a não cumulatividade do ICMS assegura o aproveitamento de crédito relativo ao imposto cobrado nas operações de que tenha resultado a entrada de mercadorias destinadas ao uso ou consumo do estabelecimento ou ainda ao ativo permanente. Contudo, a eficácia desse dispositivo tem sido sucessivamente obstada pelo art. 33, I da mesma lei complementar[22]. Nas operações anteriores à LC 87/1996, não há direito a creditamento de bens destinados ao consumo ou à integração do ativo fixo para compensação de ICMS (RE 313.019 AgR, j. 17.08.2010).

---

21. A LC 87/1996 possui dispositivo com a mesma orientação: art. 20, § 1º. Não dão direito a crédito as entradas de mercadorias ou utilização de serviços resultantes de operações ou prestações isentas ou não tributadas, ou que se refiram a mercadorias ou serviços alheios à atividade do estabelecimento.
22. LC 87/1996. Art. 33. Na aplicação do art. 20 observar-se-á o seguinte: I – somente darão direito de crédito as mercadorias destinadas ao uso ou consumo do estabelecimento nele entradas a partir de 1º de janeiro de 2033; (Redação dada pela Lei Complementar nº 171, de 2019).

Em relação à previsão legal de compensação de créditos de ICMS relativos a bens adquiridos para uso e consumo no próprio estabelecimento do contribuinte, o STF fixou orientação, em sede de **repercussão geral** (RE 601.967, j. 18.08.2020), que o diferimento dessa compensação não viola o princípio da não cumulatividade (grifos adicionados):

> EMENTA: CONSTITUCIONAL E TRIBUTÁRIO. ICMS. PRINCÍPIO DA NÃO-CUMULATIVIDADE E REGIME DE COMPENSAÇÃO DE CRÉDITOS. PRINCÍPIO DA RESERVA LEGAL. DISCIPLINA POR LEI COMPLEMENTAR. NÃO INCIDÊNCIA DE ANTERIORIDADE NONAGESIMAL NA PRORROGAÇÃO DA COMPENSAÇÃO. PROVIMENTO DO RECURSO EXTRAORDINÁRIO. 1. **A Constituição Federal trouxe, no artigo 155, §2º, I, a previsão do princípio da não-cumulatividade relativamente ao ICMS e, em seu inciso XII, alínea c, determina que compete à lei complementar regulamentar o regime de compensação do tributo.** 2. Dessa forma, **embora a Constituição Federal tenha sido expressa sobre o direito de os contribuintes compensarem créditos decorrentes de ICMS, também conferiu às leis complementares a disciplina da questão.** 3. **O contribuinte apenas poderá usufruir dos créditos de ICMS quando houver autorização da legislação complementar. Logo, o diferimento da compensação de créditos de ICMS de bens adquiridos para uso e consumo do próprio estabelecimento não viola o princípio da não cumulatividade.** 4. O Princípio da anterioridade nonagesimal (ou noventena) é exigível apenas para as leis que instituem ou majoram tributos. A incidência da norma não precisa observar o prazo de 90 (noventa) dias da data da publicação que prorrogou o direito à compensação, nos termos do artigo 150, III, alínea c, da Constituição 5. Recurso Extraordinário do Estado do Rio Grande do Sul a que se dá PROVIMENTO, para denegar a ordem. Fixadas as seguintes teses de repercussão geral no Tema 346: "(i) Não viola o princípio da não cumulatividade (art. 155, §2º, incisos I e XII, alínea c, da CF/1988) lei complementar que prorroga a compensação de créditos de ICMS relativos a bens adquiridos para uso e consumo no próprio estabelecimento do contribuinte; (ii) Conforme o artigo 150, III, c, da CF/1988, o princípio da anterioridade nonagesimal aplica-se somente para leis que instituem ou majoram tributos, não incidindo relativamente às normas que prorrogam a data de início da compensação de crédito tributário".

Por fim, vale comentar a impossibilidade fática de aplicação da não cumulatividade no que diz respeito ao ICMS sobre importações, quando o bem importado não se destinar a posterior circulação econômica no território nacional.

Considerando que a partir da Emenda Constitucional 33/2001 é possível a incidência do ICMS sobre importação de quaisquer bens, independentemente da finalidade, haverá casos em que o bem importado não será objeto de operação de circulação após a aquisição pelo importador. Não será possível, desse modo, o reconhecimento de crédito na importação, já que também não haverá débito de saída. A ausência de cumulatividade em tais situações justifica o não reconhecimento do crédito na entrada do bem. Como já decidiu o STF em sede de **repercussão geral** (RE 439.796, j. 06.11.2013), a incidência do ICMS sobre operação de importação de bem não viola, em princípio, a regra da vedação à cumulatividade (art. 155, § 2º, I da Constituição), pois se não houver acumulação da carga tributária, nada haveria a ser compensado[23].

23. No mesmo sentido a seguinte doutrina: "Sem ciclo operacional mercantil tributável não há o fato da cumulatividade; assim, restam ausentes as condições que fundamentam a necessidade de creditamento e da sua

2.7 Fornecimento de mercadorias em conjunto com a prestação de serviços

O ICMS pode incidir não só sobre a circulação de mercadorias, mas também sobre os serviços envolvidos no fornecimento destas, quando tais serviços **não forem compreendidos na competência tributária dos Municípios** (CF, art. 155, § 2º, IX, *b*).

O pressuposto para a incidência do ICMS sobre os serviços prestados de forma conjunta com o fornecimento de mercadorias é a ausência do serviço na competência tributária dos Municípios. Para tanto, o serviço não pode constar da lista de serviços tributados pelo ISS da Lei Complementar 116/2003, já que apenas os serviços expressamente listados pelo legislador complementar podem ser tributados pelos Municípios.

Nessa linha, já foi definido pela jurisprudência que o serviço prestado aos clientes de bares e restaurantes, juntamente com o fornecimento de bebidas e refeições, é tributado pelo ICMS, de forma conjunta com as mercadorias fornecidas[24]. Isso porque o serviço de fornecimento de alimentos e bebidas em bares e restaurantes não se encontra na competência tributária municipal, é dizer, não está listado na Lei Complementar 116/2003. A incidência do ICMS sobre esses serviços depende ainda de um último requisito: a existência de lei estadual que estabeleça a tributação, pelo Estado, do ICMS sobre o fornecimento de alimentação e bebidas em restaurante ou estabelecimento similar. A **súmula 574 do STF** é expressa a respeito: "Sem lei estadual que a estabeleça, é ilegítima a cobrança do imposto de circulação de mercadorias sobre o fornecimento de alimentação e bebidas em restaurante ou estabelecimento similar.".

Contrariamente, os serviços listados na lei complementar são de competência dos entes municipais, e, portanto, imunes à tributação pelo ICMS, ainda que a prestação do serviço em questão envolva o fornecimento de mercadorias. É o que ocorre com o serviço de composição gráfica, previsto no item 13.05 da lista da Lei Complementar 116/2003, como sujeito ao imposto sobre serviços, de competência municipal. A esse respeito, a **súmula 156 do STJ** sedimentou a seguinte orientação: "a prestação de serviço de composição gráfica, personalizada e sob encomenda, ainda que envolva fornecimento de mercadorias, está sujeita, apenas, ao ISS".

Há aqui uma decorrência lógica do que já foi explicado acima: se o serviço prestado em conjunto com o fornecimento de mercadorias estiver presente na lista da LC 116/2003, não haverá incidência do ICMS sobre o valor dos serviços, nem mesmo sobre o valor das mercadorias envolvidas na prestação do serviço. Nessa hipótese, incidirá o ISS, de competência municipal, sobre o valor correspondente à prestação do serviço, somado a eventual bem ou mercadoria fornecidos em conjunto com o respectivo serviço. Assim dispõe expressamente o legislador complementar:

---

correlata expressão operacional da compensação. Portanto, obstar crédito do ICMS pago na importação de não mercadorias viola o princípio da não-cumulatividade. Aliás, não permitir crédito nestas condições é atender ao princípio, considerando que sua raiz é a compensação (...)". (SIMÕES, Argos Campos Ribeiro. ICMS-Importação: Proposta de Reclassificação e suas Aplicações. São Paulo: Noeses, 2014, p. 186).

24. Súmula 163 do STJ: "O fornecimento de mercadorias com simultânea prestação de serviços em bares, restaurantes e estabelecimentos similares constitui fato gerador do ICMS a incidir sobre o valor total da operação.".

> LC 116/2003, art. 1º, § 2º. Ressalvadas as exceções expressas na lista anexa, os serviços nela mencionados não ficam sujeitos ao Imposto Sobre Operações Relativas à Circulação de Mercadorias e Prestações de Serviços de Transporte Interestadual e Intermunicipal e de Comunicação – ICMS, ainda que sua prestação envolva fornecimento de mercadorias.

O dispositivo acima reproduzido é iniciado com uma ressalva. É possível que a enumeração do serviço ressalve a incidência do ICMS quando houver prestação em conjunto com o fornecimento de mercadorias. Em sendo assim, haverá uma separação de valores: o montante correspondente ao serviço será tributado pelo ISS e o valor da(s) mercadoria(s) sofrerá a incidência do ICMS. Exemplificando, temos o serviço de recondicionamento de motores, previsto no item 14.03 da lista anexa da LC 116/2003:

> 14.03 – Recondicionamento de motores (**exceto peças e partes empregadas, que ficam sujeitas ao ICMS**). (grifamos).

Sintetizando, o fornecimento de mercadorias em conjunto com a prestação de serviços pode ter os seguintes regimes tributários:

- Incidência exclusiva do ICMS – fornecimento de mercadorias em conjunto com a prestação de serviços não sujeitos à tributação do ISS pelos Municípios;
- Incidência exclusiva do ISS – fornecimento de mercadorias em conjunto com prestação de serviços sujeitos ao ISS, sem que haja ressalva quanto à incidência do ICMS;
- Incidência do ICMS sobre as mercadorias e do ISS sobre os serviços - fornecimento de mercadorias em conjunto com prestação de serviços sujeitos ao ISS, ressalvando-se a incidência do ICMS quanto às mercadorias.

2.8 ICMS nas operações interestaduais

Originariamente, a Constituição disciplinava a incidência do ICMS nas operações interestaduais da seguinte maneira:

> CF, art. 155, § 2º, VII – em relação às operações e prestações que destinem bens e serviços a consumidor final localizado em outro Estado, adotar-se-á: a) a alíquota interestadual, quando o destinatário for contribuinte do imposto; b) a alíquota interna, quando o destinatário não for contribuinte dele;
>
> VIII – na hipótese da alínea *a* do inciso anterior, caberá ao Estado da localização do destinatário o imposto correspondente à diferença entre a alíquota interna e a interestadual.

Como se vê, havia uma divisão entre o regramento aplicável às operações interestaduais conforme o destinatário fosse contribuinte ou não contribuinte do ICMS. Quando o destinatário fosse contribuinte do ICMS, o Estado de origem da operação exigiria o ICMS aplicando a alíquota interestadual (CF, art. 155, § 2º, VII, *a*). Por sua vez, o Estado de destino da operação exigiria o ICMS com base num percentual correspondente à diferença entre a sua alíquota interna e a alíquota interestadual (CF, art. 155, § 2º, VII, *a*, em conjunto com o art. 155, § 2º, VIII). Já quando o destinatário na operação interestadual não fosse contribuinte do ICMS (uma pessoa física ou uma pessoa jurídica prestadora de serviços, não comerciante), o ICMS caberia apenas ao Estado de origem, que aplicaria sua alíquota interna (CF, art. 155, § 2º, VII, *b*). A alíquota interna costuma variar entre 17 e 18%, enquanto a alíquota interestadual costuma ser de 12%[25].

A Emenda Constitucional 87/2015, porém, alterou a disciplina do ICMS nas operações interestaduais. A nova redação dos dispositivos constitucionais passou a ser a seguinte:

> CF, art. 155, § 2º, VII - nas operações e prestações que destinem bens e serviços a consumidor final, **contribuinte ou não do imposto**, localizado em outro Estado, adotar-se-á a alíquota interestadual e caberá ao Estado de localização do destinatário o imposto correspondente à diferença entre a alíquota interna do Estado destinatário e a alíquota interestadual; (grifamos)
>
> VIII - a responsabilidade pelo recolhimento do imposto correspondente à diferença entre a alíquota interna e a interestadual de que trata o inciso VII será atribuída: a) ao destinatário, quando este for contribuinte do imposto; b) ao remetente, quando o destinatário não for contribuinte do imposto.

O inciso VII do § 2º do art. 155 eliminou a diferenciação na disciplina do ICMS nas operações interestaduais conforme o destinatário da operação fosse ou não contribuinte. Atualmente a caracterização do destinatário como contribuinte ou não do ICMS é irrelevante para fins da divisão de competência tributária. A relevância permanece apenas para fins de atribuição de responsabilidade tributária quanto ao recolhimento do imposto, como se vê do art. 155, § 2º, VIII.

Dentre as alterações em relação à sistemática, pode-se começar destacando que não há mais a incidência do ICMS pelo Estado de origem com base na sua alíquota interna (como ocorria anteriormente quando o destinatário da mercadoria não era contribuinte do ICMS). Como o Estado de origem geralmente é uma unidade da Federação com significativo desenvolvimento econômico, essa mudança representa uma perda de arrecadação para Estados mais ricos como São Paulo (lembramos que a alíquota interna é maior que a alíquota interestadual).

A partir da Emenda 87/2015, o Estado de origem da operação terá direito à exigência do ICMS com base na alíquota interestadual (que é menor que a alíquota interna), a ser recolhida pelo vendedor, contribuinte do ICMS (o alienante na operação interestadual necessariamente será contribuinte do ICMS, sob pena de não haver sequer materialidade do ICMS). Já o Estado de destino terá direito a ICMS que será exigido, na mesma operação, com base na diferença entre a alíquota interna do Estado de origem e a alíquota interestadual aplicável. Para a determinação dessa tributação, a qualidade de contribuinte ou não do destinatário da mercadoria é irrelevante.

Um exemplo para ilustrar: Suponha uma mercadoria vendida por contribuinte situada em São Paulo a pessoa (contribuinte ou não) situada em Minas Gerais, pelo valor de R$ 100,00. São Paulo, como Estado de origem, exigirá ICMS de R$ 12,00, correspondente

---

25. A Constituição determina que, salvo deliberação em contrário dos Estados e do Distrito Federal, as alíquotas internas não poderão ser inferiores às alíquotas interestaduais: CF, art. 155, § 2º, VI - salvo deliberação em contrário dos Estados e do Distrito Federal, nos termos do disposto no inciso XII, "g", as alíquotas internas, nas operações relativas à circulação de mercadorias e nas prestações de serviços, não poderão ser inferiores às previstas para as operações interestaduais.

à aplicação da alíquota interestadual de 12% sobre o valor da mercadoria (base de cálculo). Minas Gerais, por sua vez, como Estado de destino, exigirá o ICMS com base no diferencial entre sua alíquota interna (17%) e a alíquota interestadual (12%), ou seja, 5% sobre o valor da mercadoria, que resultará num ICMS de R$ 5,00. Apesar de o Estado de origem continuar com uma maior parcela do imposto, foi eliminada a situação anterior em que apenas o Estado de origem tributava a venda a não contribuinte do ICMS, pela sua alíquota interna. Como as vendas a não contribuintes representam uma quantia expressiva em decorrência do comércio eletrônico a consumidores finais, é possível dizer que o novo regramento da Emenda Constitucional 87/2015 privilegiou a geração de valor representada pelo mercado consumidor, prestigiando a tributação pelos Estados de destino.

Por fim, cabe destacar que a responsabilidade pelo recolhimento do ICMS em tais operações interestaduais, onde a qualificação como contribuinte ou não do ICMS. Caso o destinatário da mercadoria seja contribuinte do imposto, será responsável pelo recolhimento do ICMS devido ao Estado do destino. Caso o destinatário da mercadoria não seja contribuinte do ICMS, o imposto será recolhido ao Estado de destino pelo alienante, remetente da mercadoria (que necessariamente é contribuinte do ICMS).

Assim resume-se a incidência do ICMS nas operações interestaduais após a Emenda Constitucional 87/2015:

- Estado de origem – terá direito ao ICMS com base na alíquota interestadual;
- Estado de destino – terá direito ao ICMS com base na diferença entre sua própria alíquota interna e a alíquota interestadual.

Uma vez que essa forma de tributação só é admitida após a Emenda Constitucional 87/2015, é inconstitucional lei estadual anterior à EC nº 87/2015 que estabeleça a cobrança de ICMS pelo Estado de destino nas operações interestaduais de circulação de mercadorias realizadas de forma não presencial e destinadas a consumidor final não contribuinte desse imposto (tese firmada na ADI 4565, j. 24.02.2021). Ou seja, o estado de destino não pode cobrar ICMS, com fundamento em lei estadual anterior à EC 87/2015, quando a mercadoria for adquirida de forma não presencial, em outra unidade federativa, por consumidor final não contribuinte do imposto.

Vale observar ainda, em relação às operações interestaduais, que a concessão irregular de benefícios fiscais por um dos Estados pode autorizar o outro Estado envolvido na operação a negar os efeitos que poderiam ser produzidos por conta da não cumulatividade. Nesse sentido, o STF fixou a seguinte tese de **repercussão geral** (RE 628.075, j. 18.08.2020): "O estorno proporcional de crédito de ICMS efetuado pelo Estado de destino, em razão de crédito fiscal presumido concedido pelo Estado de origem sem autorização do Conselho Nacional de Política Fazendária (CONFAZ), não viola o princípio constitucional da não cumulatividade". Desse modo, pode o Estado de destino proceder à glosa de crédito fiscal do ICMS oriundo de benefício fiscal concedido pelo Estado de origem da mercadoria à revelia da necessária autorização pelo CONFAZ.

Em relação às operações interestaduais de fornecimento de energia elétrica, o STF fixou a seguinte tese de **repercussão geral** (RE 748.543, j. 08.08.2020): "Segundo o artigo 155, § 2º, X, b, da CF/1988, cabe ao Estado de destino, em sua totalidade, o ICMS sobre a operação interestadual de fornecimento de energia elétrica a consumidor final, para emprego em processo de industrialização, não podendo o Estado de origem cobrar o referido imposto". Entendeu a Corte Constitucional que somente os Estados de destino (Estado em que situado o adquirente) podem instituir ICMS sobre as operações interestaduais de energia elétrica.

2.9 Convênios do CONFAZ e os benefícios fiscais do ICMS

Conforme o art. 155, § 2º, XII, *g* da CF, cabe à lei complementar regular a forma como, mediante deliberação dos Estados e do Distrito Federal, isenções, incentivos e benefícios fiscais serão concedidos e revogados.

A Constituição já deixa claro que, independentemente da forma prevista em lei complementar, as isenções, os incentivos e os benefícios fiscais do ICMS só poderão ser concedidos mediante deliberação dos Estados e do Distrito Federal. Atualmente, a **Lei Complementar 24/1975** prevê, em seu art. 2º, § 2º, que concessão de benefícios fiscais do ICMS dependerá sempre de **decisão unânime** dos Estados representados.

Por ser um imposto de caráter nacional, o constituinte pretendeu evitar iniciativas unilaterais na redução do imposto, o que culminaria num cenário de guerra fiscal[26] entre os entes da Federação. São diversos os julgados do STF que têm declarado inconstitucionais decretos ou leis estaduais que concedem benefícios fiscais de ICMS sem prévia aprovação pelos demais Estados e Distrito Federal[27].

Nem mesmo as Constituições Estaduais podem conceder isenções ou outros benefícios fiscais do ICMS sem a autorização prévia de convênio celebrado entre os Estados e o Distrito Federal. Na ADI 773 (j. 20.08.2014), o STF acolheu pedido de declaração de inconstitucionalidade de norma da Constituição do Estado do Rio de Janeiro que criava imunidade sobre os veículos de radiodifusão. Entendeu a Corte que além de a criação de hipótese diferenciada de imunidade tributária restrita ao âmbito estadual violar o princípio da isonomia, haveria também uma violação ao princípio federativo, já que a concessão de benefício fiscal atinente ao ICMS é regulamenta por lei complementar, de aplicação nacional.

Quanto aos benefícios fiscais abrangidos por essa limitação imposta aos Estados, o STF já decidiu que o diferimento, pelo qual se transfere o momento do recolhimento do tributo cujo fato gerador já ocorreu, não pode ser confundido com a isenção ou com a imunidade e, dessa forma, pode ser disciplinado por lei estadual sem a prévia celebração de convênio (ADI 2056, j. 30.05.2007). Para o Supremo, **o diferimento do ICMS é mero adiamento no recolhimento do valor devido, não implicando qualquer dispensa do pagamento do tributo ou outra forma de benefício fiscal** (ADI 3702, 01.06.2011).

Por outro lado, não pode a lei estadual criar hipótese de dispensa de acessórios ao débito tributário de ICMS, tais como redução de multa e juros de mora em parcelamento,

26. "O que define guerra fiscal é a concessão de incentivos com o objetivo de atrair empreendimentos para o território do Estado Federado." (voto do Ministro Nelson Jobim na ADI-MC 2021, j. 04.08.1999).

27. ADI 2376, j. 01.06.2011; ADI 4276, j. 20.08.2014; ADI 3809, j. 14.06.2007.

sob pena de propiciar uma situação de guerra fiscal que se visa combater com a disciplina nacional do ICMS (ADI 2906, j. 01.06.2011).

Ainda sobre tais convênios, cumpre destacar que o procedimento de celebração dos convênios interestaduais do ICMS é previsto na Lei Complementar 24/1975, que prevê, em seu art. 4º:

> Dentro do prazo de 15 (quinze) dias contados da publicação dos convênios no Diário Oficial da União, e independentemente de qualquer outra comunicação, o Poder Executivo de cada Unidade da Federação publicará decreto ratificando ou não os convênios celebrados, considerando-se ratificação tácita dos convênios a falta de manifestação no prazo assinalado neste artigo.

Percebe-se, desse texto legal, que não há participação do Legislativo estadual, seja na celebração, seja na ratificação do convênio, uma vez que o decreto de ratificação é publicado pelo Poder Executivo de cada Estado.

Diante da norma constitucional de que cabe à lei complementar "regular a forma como, mediante deliberação dos Estados e do Distrito Federal, isenções, incentivos e benefícios fiscais serão concedidos e revogados" (CF, art. 155, § 2º, XII, "g"), seria possível afirmar que há uma norma especial relativa ao ICMS, que prevalece sobre a norma geral presente no art. 150, § 6º[28] do mesmo texto constitucional? O próprio art. 150, § 6º, aliás, expressamente dispõe que seu mandamento não prejudica o disposto no art. 155, § 2.º, XII, *g*.

Em outras palavras: a ressalva presente no art. 150, § 6º da CF, relativa ao ICMS, significa que em tal situação não se exige a lei específica? Ou apenas que para o ICMS a lei específica não é suficiente, sendo necessária ainda a prévia autorização do convênio?

O STF tem respondido a essas indagações de modo a prestigiar a necessidade de lei em sentido formal para que o benefício fiscal do ICMS possa produzir efeitos (RE 579.630 AgR, j. 02.08.2016):

> A jurisprudência do Supremo Tribunal Federal consolidou-se no sentido de que a concessão de benefícios fiscais relativos ao Imposto sobre Circulação de Mercadorias e Serviços pressupõe não somente a autorização por meio de convênio celebrado entre os Estados e o Distrito Federal, nos termos da Lei Complementar nº 24/1975, mas também da edição de lei em sentido formal de cada um daqueles entes

Reafirma-se, portanto, o princípio de que a renúncia fiscal só pode ser aperfeiçoada após a participação do Poder Legislativo, que deve controlar o orçamento estatal.

2.10 Imunidades do ICMS

O art. 155, § 2º, X da CF traz imunidades específicas do ICMS:

28. "Qualquer subsídio ou isenção, redução de base de cálculo, concessão de crédito presumido, anistia ou remissão, relativos a impostos, taxas ou contribuições, só poderá ser concedido mediante lei específica, federal, estadual ou municipal, que regule exclusivamente as matérias acima enumeradas ou o correspondente tributo ou contribuição, **sem prejuízo do disposto no art. 155, § 2.º, XII, g**" (grifo adicionado).

> § 2º O imposto previsto no inciso II atenderá ao seguinte: (...) X - não incidirá:
>
> a) sobre operações que destinem mercadorias para o exterior, nem sobre serviços prestados a destinatários no exterior, assegurada a manutenção e o aproveitamento do montante do imposto cobrado nas operações e prestações anteriores;
>
> b) sobre operações que destinem a outros Estados petróleo, inclusive lubrificantes, combustíveis líquidos e gasosos dele derivados, e energia elétrica;
>
> c) sobre o ouro, nas hipóteses definidas no art. 153, § 5º;
>
> d) nas prestações de serviço de comunicação nas modalidades de radiodifusão sonora e de sons e imagens de recepção livre e gratuita;

Essas imunidades serão abordadas a seguir.

a) imunidade sobre operações que destinem mercadorias para o exterior e sobre serviços prestados a destinatários no exterior.

A primeira imunidade listada acima se refere a exportações de mercadorias e serviços. Adota a orientação de que o país não deve exportar tributos, consagrando assim o **princípio do destino**, segundo o qual o comércio internacional deve ser tributado quando da importação, desonerando-se as exportações[29].

O texto constitucional vai além ao dispor que a imunidade em questão não se restringe à desoneração da saída de mercadoria para o exterior, sendo também apta à manutenção do crédito de ICMS em razão das operações anteriores. Como já visto, o ICMS é um imposto não cumulativo, e por isso o montante cobrado na operação anterior deve ser aproveitado na operação seguinte. No caso da imunidade na exportação, a operação não é tributada, e por isso não haveria como aproveitar o crédito anterior com o débito dessa operação, já que este último não existe.

No intuito de conferir um alcance amplo a essa imunidade, a Constituição foi expressa em reconhecer que o crédito de ICMS das operações anteriores não é anulado pela operação imune de exportação[30]. A nível infraconstitucional, a Lei Complementar 87/1996 reconheceu a possibilidade de aproveitamento de créditos do ICMS dos exportadores da seguinte maneira (grifos adicionados):

> LC 87/1996, art. 25. (...) § 1º **Saldos credores acumulados** a partir da data de publicação desta Lei Complementar **por estabelecimentos que realizem operações e prestações de que tratam o inciso II do art. 3º (operações que destinem mercadorias ao exterior)** e seu parágrafo único **podem ser**, na proporção que estas saídas representem do total das saídas realizadas pelo estabelecimento: I - imputados pelo sujeito passivo a qualquer estabelecimento seu no Estado; II - **havendo saldo remanescente, transferidos pelo sujeito**

29. "Em mercados ainda não integrados, como é o caso do comércio exterior, a regra deverá ser a tributação no destino, ou seja, a exoneração das exportações e sistemática tributação das importações, como, aliás, passou a determinar a Lei Complementar nº 87/1996, no que tange ao ICMS." (DERZI, Misabel Abreu Machado. Notas de atualização ao Direito Tributário Brasileiro de Aliomar Baleeiro. 13ª. ed. Rio de Janeiro: Forense, 2015, p. 569). A LC 87/1996 assim dispõe: "art. 3º. O imposto não incide sobre: (...) II - operações e prestações que destinem ao exterior mercadorias, inclusive produtos primários e produtos industrializados semi-elaborados, ou serviços;".
30. Parte final do art. 155, § 2º, X, *a* da CF: **"assegurada a manutenção e o aproveitamento do montante do imposto cobrado nas operações e prestações anteriores"**.

passivo a outros contribuintes do mesmo Estado, mediante a emissão pela autoridade competente de documento que reconheça o crédito.

É possível, desse modo, a transferência de créditos de ICMS das operações anteriores que não foram aproveitados pelo contribuinte, em decorrência da ausência de débitos nas operações de exportação imunes.

Ao transferir tais créditos a outros contribuintes, a empresa exportadora recebe um valor em contrapartida. Essa quantia recebida não é tributada pelas contribuições PIS e COFINS, pois há na hipótese uma receita tributável. Para o STF, o valor recebido pelo comerciante exportador em troca dos créditos de ICMS cedidos é mera recuperação de ônus econômico, não se classificando como receita para fins de incidência das contribuições. O entendimento foi fixado em sede de **repercussão geral**, sendo elucidativa a ementa do RE 606.107 (j. 22.05.2013 – grifos adicionados):

> (...) IV - **O art. 155, § 2º, X, "a", da CF – cuja finalidade é o incentivo às exportações**, desonerando as mercadorias nacionais do seu ônus econômico, de modo a permitir que as empresas brasileiras exportem produtos, e não tributos -, **imuniza as operações de exportação e assegura "a manutenção e o aproveitamento do montante do imposto cobrado nas operações e prestações anteriores". Não incidem, pois, a COFINS e a contribuição ao PIS sobre os créditos de ICMS cedidos a terceiros, sob pena de frontal violação do preceito constitucional.** (...) Sob o específico prisma constitucional, receita bruta pode ser definida como o ingresso financeiro que se integra no patrimônio na condição de elemento novo e positivo, sem reservas ou condições. VI - **O aproveitamento dos créditos de ICMS por ocasião da saída imune para o exterior não gera receita tributável.** Cuida-se de mera recuperação do ônus econômico advindo do ICMS, assegurada expressamente pelo art. 155, § 2º, X, "a", da Constituição Federal. VII - **Adquirida a mercadoria, a empresa exportadora pode creditar-se do ICMS anteriormente pago, mas somente poderá transferir a terceiros o saldo credor acumulado após a saída da mercadoria com destino ao exterior** (art. 25, § 1º, da LC 87/1996). Porquanto só se viabiliza a cessão do crédito em função da exportação, além de vocacionada a desonerar as empresas exportadoras do ônus econômico do ICMS, as verbas respectivas qualificam-se como decorrentes da exportação para efeito da imunidade do art. 149, § 2º, I, da Constituição Federal. VIII - Assenta esta Suprema Corte a tese da **inconstitucionalidade da incidência da contribuição ao PIS e da COFINS não cumulativas sobre os valores auferidos por empresa exportadora em razão da transferência a terceiros de créditos de ICMS.**

Essa imunidade, contudo, não é ampla o suficiente para alcançar a prestação de serviço de transporte interestadual em território brasileiro das mercadorias destinadas ao exterior. Esse o entendimento do STF, após julgar controvérsia em que os contribuintes alegavam que a imunidade do art. 155, § 2º, X, *a* da CF alcançaria não só o exportador imediato da mercadoria, mas também "todas as pessoas que tornaram possível a exportação"[31],

31. Esse o entendimento de CARRAZZA (CARRAZZA, Roque Antônio. **Curso de Direito Constitucional Tributário**. 30ª. ed. São Paulo: Malheiros, 2015, p. 966; 968): "a desoneração em tela alcança não só o exportador imediato da mercadoria ou do serviço, como todas as pessoas que tornaram possível a exportação. (...) A imunidade alcança também o transporte, ao longo do território nacional, até o porto de embarque para o exterior: a) das próprias mercadorias (autotransporte); e b) de mercadorias de terceiro, ainda que por força de um contrato oneroso.".

como o transporte, pelo território nacional, das mercadorias destinadas à exportação até o porto de embarque.

No RE 212.637 (j. 25.05.1999), o STF decidiu que a imunidade do ICMS sobre operações que destinem mercadorias para o exterior abrange apenas a incidência do imposto sobre as operações relativas à circulação de mercadorias[32]. A outra hipótese de incidência do ICMS, correspondente à materialidade "prestações de serviço interestadual e intermunicipal e de comunicações" não foi alcançada pela imunidade, sendo legítima a incidência do ICMS sobre a prestação de serviço de transporte interestadual no território nacional em relação às mercadorias destinadas ao exterior.

Essa jurisprudência foi sedimentada no RE 754.917 (j. 05.08.2020) com a seguinte tese de **repercussão geral**: "A imunidade a que se refere o art. 155, § 2º, X, "a", da CF não alcança operações ou prestações anteriores à operação de exportação".

b) imunidade sobre operações que destinem a outros Estados petróleo, inclusive lubrificantes, combustíveis líquidos e gasosos dele derivados, e energia elétrica.

A compreensão dessa imunidade deve começar pelo seu objeto. A exoneração constitucional de ICMS diz respeito a operações interestaduais envolvendo o **petróleo, inclusive lubrificantes, combustíveis líquidos e gasosos dele derivados, e energia elétrica**.

Para o STF, não se justifica a extensão dessa imunidade aos subprodutos do petróleo não utilizados como combustíveis ou lubrificantes, como, por exemplo, a nafta petroquímica. (RE 193.074, j. 03.02.1999).

Da mesma forma, a circunstância de o polietileno (material utilizado na fabricação de sacos plásticos) ser derivado de petróleo não permite uma equiparação a combustível líquido derivado de petróleo (STF, AI 199.516 AgR, j. 09.09.1997).

Na imunidade do art. 155, § 2º, X, *b* da CF, o constituinte se refere a "petróleo, inclusive lubrificantes, combustíveis líquidos e gasosos dele derivados". Desse modo, apenas são imunes de ICMS as operações interestaduais envolvendo derivados de petróleo que se enquadrem como lubrificantes ou combustíveis líquidos e gasosos.

Ainda no RE 193.074, o STF realçou a finalidade essencial da imunidade, que diz respeito à proteção dos Estados **não produtores** de petróleo, lubrificantes e combustíveis líquidos e gasosos, além da energia elétrica. Tendo em vista que os Estados produtores de petróleo e energia elétrica são poucos em razão de peculiaridades geográficas (localização de poços petrolíferos e de bacias hidrográficas), o constituinte quis privilegiar a tributação no Estado de destino das mercadorias elencadas, evitando um desequilíbrio na arrecadação de ICMS por conta de fatores naturais. Haveria aqui uma norma que visa reduzir as desigualdades regionais. Acrescente-se que os Estados produtores de petróleo

32. O caso discutido nesse julgamento dizia respeito ao texto original da Constituição, que previa essa imunidade apenas em relação a "operações que destinem ao exterior produtos industrializados, excluídos os semielaborados definidos em lei complementar". Com a Emenda Constitucional 42/2003, a imunidade foi ampliada para abranger as "operações que destinem mercadorias para o exterior".

e energia elétrica já recebem compensação financeira por conta da exploração desses recursos naturais em seu território[33].

Desse modo, numa operação interestadual envolvendo energia elétrica, petróleo e combustíveis líquidos e gasosos ou lubrificantes dele derivados, o Estado de origem (onde se localiza o estabelecimento alienante) não exigirá ICMS nessa circulação interestadual. O Estado de destino, por sua vez, também não lançará ICMS na operação interestadual, mas sim na operação interna seguinte, quando o bem circula internamente.

Todavia, quando a operação interestadual diz respeito a uma aquisição de petróleo ou energia elétrica por consumidor final, a Lei Complementar 87/1996 prevê a incidência do ICMS (grifo adicionado):

> LC 87/1996, art. 2º, § 1º. O imposto incide também: (...) III - sobre a entrada, no território do Estado destinatário, de petróleo, inclusive lubrificantes e combustíveis líquidos e gasosos dele derivados, e de energia elétrica, **quando não destinados à comercialização ou à industrialização**, decorrentes de operações interestaduais, cabendo o imposto ao Estado onde estiver localizado o adquirente.

Em outras palavras, a imunidade só seria aplicável, de acordo com esse dispositivo, quando a operação interestadual fosse apenas uma etapa inicial de um ciclo em que o produto vendido devesse passar por uma industrialização ou comercialização posterior no Estado destinatário. Na operação subsequente, haveria incidência do ICMS, e o Estado de destino seria beneficiado com a tributação pelo ICMS, atendendo à finalidade da norma constitucional. Por sua vez, caso o destinatário de petróleo (e lubrificantes, combustíveis líquidos e gasosos dele derivados) ou energia elétrica seja consumidor final, não haveria uma operação subsequente em que o ICMS incidiria, razão pela qual o dispositivo legal acima reproduzido determina a incidência do ICMS na operação interestadual quando o petróleo e a energia elétrica não forem destinados à comercialização ou à industrialização. Seguindo essa linha, estaria atendido o fim da norma de imunidade, correspondente à proteção do Estado consumidor.

A discussão sobre o art. 2º, § 1º, III da LC 87/1996 chegou ao STF através do RE 198.088 (j. 17.05.2000), em que um contribuinte consumidor final questionava a exigência do ICMS pelo Estado de São Paulo (destino), em razão de operação interestadual envolvendo lubrificantes derivados de petróleo adquiridos no Estado do Rio de Janeiro.

Decidiu o Supremo que a exigência era legítima, já que a imunidade do art. 155, § 2º, X, *b* da CF não beneficia o consumidor, mas o Estado de destino do produto, ao qual cabe o ICMS sobre ele incidente. Para a Corte Constitucional, interpretação contrária consagraria tratamento desigual entre consumidores, conforme a aquisição ocorresse no próprio Estado ou em Estado vizinho. Consequentemente, o art. 2º, § 1º,

---

33. CF, art. 20, § 1º. É assegurada, nos termos da lei, aos Estados, ao Distrito Federal e aos Municípios, bem como a órgãos da administração direta da União, participação no resultado da exploração de petróleo ou gás natural, de recursos hídricos para fins de geração de energia elétrica e de outros recursos minerais no respectivo território, plataforma continental, mar territorial ou zona econômica exclusiva, ou compensação financeira por essa exploração.

III da LC 87/1996 não ofenderia a Constituição. Essa orientação tem sido reiterada em diversas oportunidades[34].

Vale observar ainda que o art. 155, § 2º, XII, *h* (alínea incluída pela EC 33/2001) prevê uma exceção à imunidade, dispondo que cabe à lei complementar definir os combustíveis e lubrificantes sobre os quais **o imposto incidirá uma única vez**, qualquer que seja a sua finalidade. Nessa hipótese, a imunidade do art. 155, § 2º, X, *b*, ora estudada, não será aplicada. Apesar de não haver uma aplicação direta da imunidade, essa previsão de incidência única (monofásica) do ICMS continua preservando o Estado de consumo dos lubrificantes e combustíveis derivados do petróleo, pois a este ente caberá o imposto, como prevê o art. 155, § 4º, I da CF (dispositivo também incluído pela EC 33/2001).

c) não incidência do ICMS sobre o ouro quando definido em lei como ativo financeiro ou instrumento cambial.

Diz a Constituição que não incide o ICMS sobre o outro nas hipóteses definidas no art. 153, § 5º da CF, o qual, por sua vez, trata do outro quando definido em lei como ativo financeiro ou instrumento cambial. A Lei 7.766/1989, por sua vez, dispõe que o ouro será considerado ativo financeiro ou instrumento cambial quando destinado ao mercado financeiro ou à execução da política cambial do País[35].

Não poderia ser diferente, já que o ICMS tributa as operações com mercadorias, conceito este que não abrange ativo financeiro ou instrumento cambial, hipóteses em que poderá incidir o "IOF". Significa que a alienação, por comerciante, de joias e relógios de ouro será tributada pelo ICMS, pois nesse caso haverá s subsunção do ouro ao conceito de mercadoria. Em sentido oposto, quando a mesma matéria ouro for empregado pelo homem como ativo financeiro ou instrumento cambial, não será possível a incidência do ICMS nessas operações.

34. (...) A imunidade ou hipótese de não-incidência contemplada na alínea "b" do inc. X do § 2.º do art. 155 restringe-se ao Estado de origem, não abrangendo o Estado de destino da mercadoria, onde são tributadas todas as operações que compõem o ciclo econômico por que passam os produtos, independentemente de se tratar de consumidor final ou intermediário. Entendimento adotado no julgamento do RE 198.088, de que fui relator. No mesmo sentido, o RE 227.466-AgR, Relator Ministro Sepúlveda Pertence, o RE 272.127-AgR, Relatora Ministra Ellen Gracie, e o RE 201.703, Relator Ministro Moreira Alves. Agravo regimental desprovido. (RE 190.992 AgR, j. 12.11.2002).

35. Lei 7.766/1989, art. 1º O ouro em qualquer estado de pureza, em bruto ou refinado, quando destinado ao mercado financeiro ou à execução da política cambial do País, em operações realizadas com a interveniência de instituições integrantes do Sistema Financeiro Nacional, na forma e condições autorizadas pelo Banco Central do Brasil, será desde a extração, inclusive, considerado ativo financeiro ou instrumento cambial. § 1º Enquadra-se na definição deste artigo: I - o ouro envolvido em operações de tratamento, refino, transporte, depósito ou custódia, desde que formalizado compromisso de destiná-lo ao Banco Central do Brasil ou à instituição por ele autorizada. II - as operações praticadas nas regiões de garimpo onde o ouro é extraído, desde que o ouro na saída do Município tenha o mesmo destino a que se refere o inciso I deste parágrafo. § 2º As negociações com o ouro, ativo financeiro, de que trata este artigo, efetuada nos pregões das bolsas de valores, de mercadorias, de futuros ou assemelhadas, ou no mercado de balcão com a interveniência de instituição financeira autorizada, serão consideradas operações financeiras.

d) imunidade nas prestações de serviço de comunicação nas modalidades de radiodifusão sonora e de sons e imagens de recepção livre e gratuita.

Trata-se de norma constitucional que poderia ser excluída do texto constitucional sem prejuízo. Se as prestações de serviço de comunicação são gratuitas, não há sequer base de cálculo que sustente a exigência de qualquer tributo. De qualquer modo, a incidência do ICMS pressupõe a presença de onerosidade na prestação do serviço de comunicação.

2.11 ICMS e substituição tributária progressiva

O tema ora estudado, apesar de não ser exclusivo do ICMS, possui grande aplicação prática e jurisprudencial em relação a esse imposto estadual. Por isso o estudo dentro do ICMS.

Inicialmente, devemos compreender que substituição tributária é a atribuição do dever de pagar tributo a pessoa diversa daquela que pratica o fato gerador. Na substituição tributária, o contribuinte, que realiza o fato gerador, é substituído por terceira pessoa, que possui uma **vinculação indireta** com o fato gerador (o contribuinte possui **vinculação direta**). A substituição tributária decorre de lei que elege um terceiro como responsável pelo adimplemento do tributo desde o nascimento da obrigação tributária. Além disso, a lei pode ainda optar entre excluir a responsabilidade do contribuinte, manter uma responsabilidade deste em caráter supletivo, conforme dispõe o art. 128 do CTN:

> Art. 128. Sem prejuízo do disposto neste capítulo, a lei pode atribuir de modo expresso a responsabilidade pelo crédito tributário a terceira pessoa, vinculada ao fato gerador da respectiva obrigação, excluindo a responsabilidade do contribuinte ou atribuindo-a a este em caráter supletivo do cumprimento total ou parcial da referida obrigação.

A opção do legislador em retirar o contribuinte da figura de responsável pelo adimplemento de seu tributo é baseada, basicamente, na praticidade da fiscalização e da arrecadação. O substituto será uma pessoa que é mais fácil de ser fiscalizada ou que já possui um aparato para o cumprimento de deveres acessórios junto ao Fisco, em contraposição ao contribuinte. Outra facilidade pode se dar em razão de o fato de o substituto concentrar uma série de operações com contribuintes pulverizados, o que evita que a administração tributária tenha que fiscalizar um número maior de pessoas.

A substituição tributária pode ser dividida entre **substituição regressiva** e **substituição progressiva.**

A primeira (regressiva, "para trás" ou antecedente) diz respeito à hipótese em que **o contribuinte encontra-se numa etapa anterior ao responsável pelo recolhimento do tributo.** Seria o caso em que o contribuinte realiza o fato gerador e o tributo apenas é recolhido posteriormente pelo responsável, que de alguma forma possui relação (indireta) com o fato gerador. A relação do responsável geralmente ocorre em face da aquisição de produto ou mercadoria do contribuinte, sendo que o adquirente (responsável) deverá recolher o tributo (ICMS ou IPI, por exemplo) em relação à operação em que o alienante pratica o fato gerador (saída de mercadoria ou de produto industrializado).

Já a substituição tributária progressiva (também chamada de "para frente" ou subsequente) corresponde ao inverso, ou seja, **o contribuinte se encontra em uma etapa posterior ao responsável pelo recolhimento do tributo**, que ocorre antes mesmo da realização do fato gerador, já que o responsável antecipa o pagamento antes da realização da operação em que o contribuinte pratica o fato gerador.

O substituto (responsável) recolhe um valor correspondente a um **fato gerador presumido**, que provavelmente será praticado pelo contribuinte no futuro. Seria o caso da refinaria de derivados de petróleo que adianta o valor devido a título de PIS e COFINS (tributos da espécie "contribuição social") em relação a toda a cadeia de comercialização subsequente. Como é mais fácil fiscalizar poucas refinarias do que milhares de postos de combustíveis, há um ganho considerável de eficiência e praticidade na arrecadação tributária.

Em relação ao ICMS, o Convênio ICM 66/88 prevê a substituição tributária progressiva da seguinte maneira (grifos adicionados):

> Convênio ICM 66/88, art. 2º, § 3º Os Estados poderão exigir o pagamento antecipado do imposto, com a fixação, se for o caso, do valor da operação ou da prestação subseqüente, a ser efetuada pelo próprio contribuinte. (...) art. 25 A lei poderá atribuir a condição de substituto tributário a: (...) II - produtor, extrator, gerador, inclusive de energia, industrial, distribuidor, comerciante ou transportador, **pelo pagamento do imposto devido nas operações subseqüentes**; (...)

Com base nesse convênio, alguns Estados instituíram em suas leis a substituição tributária progressiva, como é o caso de São Paulo, com a Lei estadual 6.364/1989. Diante de tais previsões, os contribuintes recorreram ao Judiciário alegando que a antecipação do pagamento de tributo cujo fato gerador ainda não ocorreu seria inconstitucional.

Para o STF, a Constituição de 1988, em seu texto original, não vedava a utilização do mecanismo pelos Estados, que podiam validamente editar leis exigindo o ICMS do substituto antes mesmo da ocorrência do fato gerador a ser praticado pelo contribuinte. (RE 213.396, j. 02.08.1999). Haveria na substituição progressiva um fato econômico que constitui verdadeira etapa preliminar do fato tributável, além de ser possível prever, com elevada margem de segurança, o destino e o preço das mercadorias (voto de relator Ilmar Galvão no RE 213.396), o que seria o bastante para a compatibilidade do instituto com o texto constitucional de 1988.

De qualquer modo, a chamada substituição tributária progressiva passou a constar expressamente no art. 150, § 7º da CF, incluído pela Emenda Constitucional 3/1993 com a seguinte redação (grifos adicionados):

> CF, art. 150, § 7º. A lei poderá atribuir a sujeito passivo de obrigação tributária a condição de responsável pelo pagamento de imposto ou contribuição, cujo fato gerador deva ocorrer posteriormente, **assegurada a imediata e preferencial restituição da quantia paga, caso não se realize o fato gerador presumido.**

A constitucionalidade da substituição tributária progressiva passou a ser um assunto superado. Outra controvérsia, contudo, surgiu a partir do próprio § 7º do art. 150 da CF, acima reproduzido.

A norma constitucional é expressa em determinar a restituição do tributo pago antecipadamente caso o fato gerador presumido **não se realizar**. A partir desse preceito, os contribuintes argumentaram que a restituição deveria ocorrer também no caso de o fato gerador se realizar com uma base de cálculo a menor do que a prevista inicialmente.

O STF, no julgamento do mérito da ADI 1851 (j. 08.05.2002), entendeu que a restituição só seria cabível na hipótese de não realização do fato gerador, não havendo que se falar em restituição de tributo pago a maior se a base de cálculo na operação subsequente (já adimplida pelo substituto) se revelar inferior ao previsto na base de cálculo presumida[36]. Adotou-se, portanto, uma interpretação literal. Transcrevemos trecho da ementa (grifo adicionado):

> O fato gerador presumido, por isso mesmo, não é provisório, mas definitivo, **não dando ensejo a restituição ou complementação do imposto pago, senão, no primeiro caso, na hipótese de sua não-realização final.** Admitir o contrário valeria por despojar-se o instituto das vantagens que determinaram a sua concepção e adoção, como a redução, a um só tempo, da máquina-fiscal e da evasão fiscal a dimensões mínimas, propiciando, portanto, maior comodidade, economia, eficiência e celeridade às atividades de tributação e arrecadação.

O fundamento da decisão, como se vê acima, foi o apego à praticidade e à eficiência proporcionadas pela substituição tributária. Entendeu-se que se a substituição tributária é criada para reduzir o custo da administração tributária, a possibilidade de se desconstituir a base de cálculo presumida privaria o instituto de sua razão de ser.

Em 2016, o STF alterou sua jurisprudência. Passou a Corte Suprema a entender que os benefícios advindos da praticidade na fiscalização de tributos não poderiam anular os direitos individuais dos contribuintes, tais como os princípios da igualdade, capacidade contributiva e vedação do confisco. Ressaltou-se que a norma interpretada (art. 150, § 7º da CF) encontrava-se inserida na seção "Das Limitações ao Poder de Tributar", o que apontaria para uma vedação à interpretação restritiva e literal.

De acordo com o entendimento fixado em sede de **repercussão geral** (RE 593.849, j. 19.10.2016) pelo STF, se a base de cálculo presumida for maior que a base de cálculo efetiva, o valor pago a maior deverá ser restituído. Não haveria, no caso, uma presunção absoluta. A tese de repercussão geral foi redigida da seguinte maneira:

> É devida a restituição da diferença do Imposto sobre Circulação de Mercadorias e Serviços – ICMS pago a mais no regime de substituição tributária para frente se a base de cálculo efetiva da operação for inferior à presumida.

No mesmo julgamento foi definido que, em razão da alteração jurisprudencial em relação ao julgamento da ADI 1851, o novo entendimento passaria a ser aplicado em relação aos litígios judiciais futuros e pendentes, mantendo-se as situações passadas que transitaram em julgado ou sequer foram judicializadas, regidas pelo precedente da ADI 1851.

36. Registramos que no julgamento da **medida cautelar na ADI 1851** (j. 03.09.1998) o STF havia entendido que a realização de fato gerador com valor inferior ao utilizado na base de cálculo presumida ensejava a restituição do valor pago a maior pelo substituto.

Por fim, vale destacar que a legitimidade para pleitear a restituição na substituição tributária progressiva, em relação ao ICMS, é do **contribuinte substituído**[37], e não do substituto (responsável que recolhe o tributo).

2.12 Imposto sobre a Propriedade de Veículo Automotor

O último imposto de competência estadual a ser estudado é o imposto sobre a propriedade de veículo automotor (IPVA), previsto no art. 155, III, da CF.

Trata-se de imposto surgido na Constituição de 1967, com a Emenda Constitucional 27/1985[38], após, portanto, a promulgação do Código Tributário Nacional de 1966. Por conta disso, não há disposições com o *status* de lei complementar sobre o fato gerador, a base de cálculo e os contribuintes desse imposto.

Os contribuintes alegaram que o IPVA não poderia ser instituído por leis estaduais sem a edição de prévia lei complementar que cumprisse a função de traçar normas gerais acerca da materialidade do imposto, sob pena de violação ao art. 146, III, *a* da CF[39]. Contrariando essa argumentação, o STF decidiu que era legítimo o exercício da competência legislativa estadual na criação do imposto estadual não previsto em lei complementar tributária de normas gerais. Essa possibilidade estaria agasalhada pelo art. 24, § 3º da CF, que prevê literalmente: "inexistindo lei federal sobre normas gerais, os Estados exercerão a competência legislativa plena, para atender a suas peculiaridades". Para o STF, a instituição do IPVA por leis estaduais configura exercício de competência legislativa plena enquanto não é editada a lei federal de normas gerais (AI 167.777 AgR, j. 04.03.1997; RE 191.703 AgR, j. 19.03.2002).

A função do IPVA é predominantemente **fiscal** ou arrecadatória, adquirindo uma feição extrafiscal, contudo, no ponto em que a Constituição permite alíquotas diferenciadas em função do tipo e da utilização do veículo (CF, art. 155, § 6º, II).

2.12.1 *Fato gerador*

Como já observado, não há uma lei complementar norma geral que defina o fato gerador do IPVA, o que permite aos Estados a disciplina da materialidade, desde que sejam respeitados os limites constitucionais, a serem definidos conforme a interpretação da expressão "propriedade de veículo automotor".

Apesar de o termo "propriedade" possuir um sentido explícito no direito civil[40], é possível encontrar leis que, ao instituírem o IPVA, estendem o fato gerador para abarcar

37. LC 87/1996, art. 10. É assegurado ao contribuinte substituído o direito à restituição do valor do imposto pago por força da substituição tributária, correspondente ao fato gerador presumido que não se realizar.
38. O art. 2º da Emenda Constitucional 27/1985 acrescentou o inciso III ao art. 23 da Constituição de 1967, prevendo o imposto sobre a propriedade de veículos automotores.
39. CF, art. 146: "Cabe à lei complementar: (...) III - estabelecer normas gerais em matéria de legislação tributária, especialmente sobre: a) definição de tributos e de suas espécies, bem como, em relação aos impostos discriminados nesta Constituição, a dos respectivos fatos geradores, bases de cálculo e contribuintes; (...)".
40. Código Civil, art. 1.228: "O proprietário tem a faculdade de usar, gozar e dispor da coisa, e o direito de reavê-la do poder de quem quer que injustamente a possua ou detenha". Comentando esse conceito: "O Código Civil,

não só a propriedade de veículo automotor, mas também a sua posse, como ocorre na lei distrital 7.431/1985[41]. A maioria das leis estaduais, contudo, limita-se ao termo "propriedade", previsto na Constituição. A respeito da extensão desse termo, o STF já se pronunciou no seguinte sentido (ADI 4612, j. 16.06.2020):

> A Constituição Federal não fixou o conceito de propriedade para fins de tributação por meio do IPVA, deixando espaço para o legislador tratar do assunto. Nesse sentido, é constitucional lei que prevê como fato gerador do imposto a propriedade, plena ou não, de veículos automotores.

Outra discussão relevante diz respeito ao termo "veículo automotor". Algumas leis estaduais dispõem que veículo automotor pode ser qualquer veículo terrestre, aéreo ou aquático, a exemplo da legislação do Paraná[42] e do Amazonas[43]. Tais previsões relativas a veículos aéreos e aquáticos foram rechaçadas pelo STF. Em diversas decisões (RE 134.509, j. 29.05.2002; RE 255.111, j. 29.05.2002; RE 379.572, j. 11.04.2007), o STF entendeu que o IPVA, como substituto da antiga "taxa rodoviária única", só incide sobre a propriedade de veículos automotores **terrestres**. Considerou-se ainda que os Estados não possuem competência para legislar sobre navegação marítima ou aérea, ou para disciplinar tráfego aéreo ou marítimo, espaço aéreo ou mar territorial, que são bens da União.

Apesar de ter criado uma situação em que proprietários de veículos aéreos e aquáticos que demonstram maior capacidade contributiva não sejam tributados, a orientação do STF deve ser seguida em provas de concursos públicos.

No que tange ao aspecto espacial do fato gerador do IPVA, o STF considera devido o tributo no local onde deve o veículo automotor ser licenciado, considerando-se a residência ou o domicílio do proprietário (ADI 4612, j. 16.06.2020):

> Como regra, a capacidade ativa concernente ao imposto pertence ao estado onde está efetivamente licenciado o veículo. Não obstante, a disciplina pode sofrer ponderações, para o respeito do télos e da materialidade do tributo, bem como do pacto federativo. Daí a fixação da tese de que "a capacidade ativa referente ao IPVA pertence ao estado onde deve o veículo automotor ser licenciado, considerando-se a residência ou o domicílio – assim entendido, no caso de pessoa jurídica, o estabelecimento – a que estiver ele vinculado".

---

em seu art. 1.228, traz uma definição acanhada do conceito de propriedade, pois não a qualifica como relação jurídica. Porém, acaba por dispor acerca de sua estrutura, ao relacionar as faculdades inerentes ao domínio: usar, gozar, dispor de seus bens e reavê-los do poder de quem quer que injustamente os possua. A definição dominante de direitos de propriedade, tanto em Economia como em Direito, é de propriedade, como sendo um conjunto de direitos sobre um recurso que o dono está livre para exercer e cujo exercício é protegido contra interferência por outros agentes." (FARIAS, Cristiano Chaves de; ROSENVALD, Nelson. Direitos Reais. 6ª. ed. Rio de Janeiro: Editora Lumen Juris, 2010, p. 186).

41. Lei distrital 7.431/1985, art. 1º, § 5º: "Fato gerador do Imposto sobre a Propriedade de Veículos Automotores - IPVA é a propriedade, o domínio útil ou a posse legítima do veículo automotor".
42. Lei 14.260/2003 do Estado do Paraná, art. 1º, parágrafo único. Para efeito da incidência do imposto, considera-se veículo automotor qualquer veículo terrestre, aéreo ou aquático, dotado de força motriz própria de qualquer tipo, ainda que complementar, destinado ao transporte de pessoas e coisas.
43. Lei Complementar 19/1997, do Estado do Amazonas, art. 148, § 1º Para efeito da incidência do imposto, considera-se veículo automotor qualquer veículo aéreo, terrestre, aquático ou anfíbio, dotado de força motriz própria de qualquer tipo, ainda que complementar ou alternativa de força de energia natural.

Consequentemente, o Estado com legitimidade para exigir o IPVA será aquele onde estiver licenciado o veículo e domiciliado o proprietário. A prevalência da localização da sede ou domicílio tributário do contribuinte foi sedimentada na tese de **repercussão geral** no RE 1.016.605 (j. 15.09.2020): "A Constituição autoriza a cobrança do Imposto sobre a Propriedade de Veículos Automotores (IPVA) somente pelo Estado em que o contribuinte mantém sua sede ou domicílio tributário." Conforme voto do Ministro Alexandre de Moraes no RE 1.016.605, "licenciamento e domicílio devem ser no mesmo local". Essa coincidência permitiria que os recursos arrecadados com o IPVA fossem destinados ao local onde circula o veículo tributado, para manutenção das via estaduais e municipais, uma vez que o produto arrecadado é destinado aos Estados (50%) e Municípios (50%). Nesse sentido também foi o voto de Dias Toffoli na ADI 4612: "embora a Constituição não seja explícita no sentido de que o IPVA e a participação dos municípios no produto de sua arrecadação existem para compensar, em boa medida, os ônus decorrentes da circulação dos veículos automotores nos territórios das unidades subnacionais, é isso que se extrai do contexto histórico".

2.12.2 *Contribuintes*

Também em relação aos contribuintes, não há norma geral em lei complementar nacional delimitando esse aspecto pessoal. As leis estaduais costumam definir o proprietário como contribuinte do IPVA.

No caso de arrendamento mercantil, a pessoa arrendante (geralmente uma instituição financeira) é a proprietária do veículo arrendado em contrato de *leasing*. Seria, naturalmente, o contribuinte do IPVA, como dispõe, por exemplo, a legislação estadual do Paraná[44]. Contudo, outros Estados podem trazer a previsão de que o possuidor do veículo, que figura como devedor no contrato de alienação fiduciária, seja o contribuinte do IPVA, como ocorre no Rio Grande do Sul[45]. O STJ, por sua vez, tem entendido que, no arrendamento mercantil, a arrendante, como possuidora indireta do veículo arrendado, é responsável solidária pelo pagamento do IPVA (REsp 1.655.504, j. 20.02.2018).

Também conferindo maior importância à posse direta decorrente da alienação fiduciária, o STF decidiu, em **repercussão geral** (RE 727.851, j. 22.06.2020), que **não incide IPVA sobre veículo automotor adquirido, mediante alienação fiduciária, por pessoa jurídica de direito público**. Nesse caso, falece competência para se tributar o ente público pelo IPVA, diante da imunidade recíproca. Como salientado pelo relator do RE 727.851, Ministro Marco Aurélio, quando há o "desdobramento das faculdades da propriedade, isto é, separando-se a posse dos demais poderes a ela inerentes, o critério para a aplicação da regra de imunidade deve ser a titularidade da posse direta". Considerou ainda o relator que a "propriedade referida na Lei Maior há de ser tomada em sentido amplo, de maneira a alcançar a posse a qualquer título".

---

44. Art. 5º, parágrafo único da Lei 14.260/2003 do Paraná: "Na hipótese de veículo automotor cedido pelo regime de arrendamento mercantil, contribuinte é a empresa arrendadora".

45. Art. 5º, § 1º da Lei 8.115/1985 do Rio Grande do Sul: "No caso de alienação fiduciária em garantia de veículo automotor, o contribuinte do imposto é o devedor fiduciante ou possuidor direto".

Essa adoção da propriedade em um sentido amplo, privilegiando a posse direta que beneficia quem utiliza diretamente o bem, está em consonância com a noção do "patrimônio econômico" da legislação societária após as alterações da Lei 11.638/2007, que se afastou de conceitos civis e enfatizou os ativos à disposição da entidade que servem para lhe gerar riqueza[46]. É assim que o art. 179, IV da Lei 6.404/1976, com a redação dada pela Lei 11.638/2007, determina o registro, no ativo imobilizado das sociedades anônimas, "os direitos que tenham por objeto bens corpóreos destinados à manutenção das atividades da companhia ou da empresa ou exercidos com essa finalidade, **inclusive os decorrentes de operações que transfiram à companhia os benefícios, riscos e controle desses bens**".

Ainda em relação ao contribuinte do IPVA nos contratos de arrendamento mercantil, vale destacar a ADI-MC 2298 (j. 16.11.2000), na qual o STF entendeu que é constitucional a norma estadual que confere isenção de IPVA em caso de aquisição de veículo por meio de *leasing* (arrendamento mercantil), para uso no serviço autorizado de transporte individual de passageiros.

No arrendamento mercantil, o taxista que utiliza o veículo para a prestação do serviço de transporte não é o proprietário do veículo, mas mero possuidor, já que a propriedade de bem arrendado permanece com a instituição financeira que entrega a posse do veículo enquanto o taxista continuar devedor das parcelas assumidas no *leasing*.

Entendeu o Supremo que a norma era constitucional, uma vez que seu objetivo era beneficiar o taxista, e não o proprietário jurídico do veículo (instituição financeira). Além disso, foi levado em consideração o argumento econômico de que o financiador descarrega sobre o financiado o ônus do IPVA incidente sobre o veículo.

2.12.3 *Base de cálculo*

A base de cálculo do IPVA (também não prevista em lei complementar de normas gerais) é o valor venal do veículo automotor. Essa a expressão de riqueza utilizada no aspecto quantitativo. De acordo com o art. 150, § 1º da CF, a base de cálculo do IPVA não se sujeita ao princípio da anterioridade nonagesimal. Portanto, a lei que aumenta a base de cálculo do IPVA pode ser aplicada antes do prazo de 90 dias da sua publicação. Há necessidade, contudo, de se observar o princípio da anterioridade anual ou de exercício.

Em relação às alíquotas do IPVA, o constituinte trouxe duas regras a serem observadas (CF, art. 155, § 6º): a) as alíquotas mínimas devem ser fixadas pelo Senado; b) é possível a adoção de alíquotas diferenciadas em função do tipo e utilização do veículo automotor.

A fixação de alíquotas mínimas do IPVA pelo Senado tem por objetivo evitar que os Estados reduzam suas alíquotas com o objetivo de atrair o licenciamento de veículos para seu território, o que causaria um cenário de guerra fiscal.

Já a possibilidade de se adotar alíquotas diferenciadas em função do tipo e utilização do veículo indica um traço extrafiscal do IPVA. Por meio desse expediente, é possível fixar

46. SCHOUERI, Luís Eduardo. Nova Contabilidade e Tributação: da Propriedade à *Beneficial Ownership*. *In*: Controvérsias jurídico-contábeis. 5º volume. São Paulo: Dialética, 2014, p. 211.

alíquotas menores para veículos utilizados para o transporte de passageiros, em benefício de taxistas, por exemplo.

Todavia, o STF não admite que esse dispositivo seja invocado para justificar uma tributação diferenciada de veículo importado. Nesse caso, não haveria uma diferenciação conforme o **tipo** ou a **utilização** do veículo. O Supremo tem reiteradamente decidido que é inconstitucional a adoção de alíquotas diferenciadas de IPVA entre veículos importados e de procedência nacional. Haveria, caso contrário, uma violação ao art. 152 da CF, que consagra a isonomia tributária ao impedir tratamento diferenciado de contribuintes em razão da procedência e destino de bens e serviços. Uma alíquota maior para os veículos importados significaria uma nova tributação, pelo Estado, do fato gerador do imposto de importação, cuja materialidade é de competência da União (RE 367.785 AgR, j. 09.05.2006).

3. QUADRO SINÓTICO

IMPOSTO SOBRE TRANSMISSÃO *CAUSA MORTIS* E DOAÇÃO		
» transmissões *causa mortis* são as referentes ao patrimônio de pessoas físicas falecidas, enquanto as doações de bens ou direitos ocorrem por ato volitivo, sem contraprestação financeira.		1
Fato gerador	» o fato gerador do imposto em questão pode ser a transmissão de bens e direitos *causa mortis* ou por doação. Os bens ou direitos transmitidos podem ser móveis ou imóveis. » no caso da sucessão *causa mortis*, vale observar a disposição do art. 35, parágrafo único do CTN, segundo a qual em tais transmissões ocorrem tantos fatos geradores distintos quantos sejam os herdeiros ou legatários. » súmula 112 do STF: "O imposto de transmissão *causa mortis* é devido pela alíquota vigente ao tempo da abertura da sucessão".	1.1
Contribuintes	» o art. 42 do CTN, ao tratar do imposto que antecedeu o ITCMD, preceitua que o contribuinte do imposto é qualquer das partes na operação tributada, como dispuser a lei. Essa lei a que remete o CTN é a do respectivo ente instituidor. » no caso de transmissão *causa mortis*, o contribuinte será o herdeiro ou legatário, por conta da impossibilidade de se exigir o tributo da pessoa falecida.	1.2
Base de cálculo	» o art. 38 do CTN dispõe que a base de cálculo do imposto é o valor venal dos bens ou direitos transmitidos. » súmula 113 do STF: "O imposto de transmissão "causa mortis" é calculado sobre o valor dos bens na data da avaliação.". » as alíquotas máximas serão fixadas pelo Senado (CF, art. 155, § 1º, IV). » as alíquotas do ITCMD podem ser progressivas, como decidiu o STF em sede de **repercussão geral** (RE 562.045, j. 06.02.2013).	1.3

IMPOSTO SOBRE OPERAÇÕES DE CIRCULAÇÃO DE MERCADORIAS E PRESTAÇÕES DE SERVIÇOS DE TRANSPORTE INTERESTADUAL E INTERMUNICIPAL E DE COMUNICAÇÃO - ICMS		
» o ICMS é um imposto estadual que incide sobre a circulação de mercadorias e sobre a prestação de serviços de transporte interestadual e intermunicipal e de comunicação. » essa tributação sobre o consumo pode ocorrer de forma **seletiva**, em função da **essencialidade das mercadorias e dos serviços** (CF, art. 155, § 2º, III).		2
Fato gerador		
Operações de circulação de mercadorias	» o termo "operações" significa a exigência de negócios jurídicos de transmissão de propriedade. Caso a circulação de mercadorias ocorra através de contratos que não são aptos à transferência de propriedade (como locação, comodato, arrendamento mercantil), não haverá o fato gerador do ICMS. » súmula 573 do STF: "Não constitui fato gerador do imposto de circulação de mercadorias a saída física de máquinas, utensílios e implementos a título de comodato.". » súmula 166 do STJ: "Não constitui fato gerador do ICMS o simples deslocamento de mercadoria de um para outro estabelecimento do mesmo contribuinte". » o STF fixou, em sede de repercussão geral, o entendimento de que o fornecimento de água tratada à população por empresas concessionárias, permissionárias ou autorizadas não caracteriza uma operação de circulação de mercadoria (RE 607.056, **repercussão geral**, j. 10.04.2013). » súmula vinculante 32 do STF: "O ICMS não incide sobre alienação de salvados de sinistro pelas seguradoras".	2.1.1
Prestação de serviços de transporte interestadual e intermunicipal	» o transporte interestadual e intermunicipal que enseja a incidência do ICMS é o realizado **por qualquer via**, de pessoas, bens, mercadorias ou valores (art. 2º, II da Lei Complementar 87/1996). entendeu o STF (ADI 1600, j. 26.11.2001) que a LC 87/1996 não regulava suficientemente o transporte aéreo de modo a impedir conflitos de competência, não sendo possível a exigência do ICMS sobre o transporte aéreo a partir da cláusula genérica "transporte interestadual e intermunicipal por qualquer via". Essa decisão atingiu apenas o transporte aéreo **intermunicipal, interestadual e internacional de passageiros** e o transporte aéreo **internacional de cargas**. O transporte aéreo **nacional de cargas** não foi afetado pelo julgamento.	2.1.2
Prestação de serviços de comunicação	» considerando que o conceito de comunicação envolve a transmissão e a recepção de mensagens, o Plenário do STF já decidiu que os serviços preparatórios aos serviços de comunicação, como habilitação, instalação, e assinatura, configuram serviços suplementares, não alcançados pelo conceito constitucional "prestação de serviços de comunicação" para fins de incidência do ICMS (RE 572.020, j. 06.02.2014). » súmula 334 do STJ: "O ICMS não incide no serviço dos provedores de acesso à Internet". » o STF fixou, em sede de **repercussão geral**, o entendimento de que o ICMS incide sobre a tarifa de assinatura básica mensal cobrada pelas prestadoras de serviço de telefonia, independentemente da franquia de minutos conferia ou não ao usuário (RE 912.888, j. 13.10.2016).	2.1.3

Contribuinte	O Contribuinte do ICMS é definido no art. 4º da Lei Complementar 87/1996: LC 87/1996, art. 4º. Contribuinte é qualquer pessoa, física ou jurídica, que realize, com habitualidade ou em volume que caracterize intuito comercial, operações de circulação de mercadoria ou prestações de serviços de transporte interestadual e intermunicipal e de comunicação, ainda que as operações e as prestações se iniciem no exterior. Parágrafo único. É também contribuinte a pessoa física ou jurídica que, mesmo sem habitualidade ou intuito comercial: I – importe mercadorias ou bens do exterior, qualquer que seja a sua finalidade; II - seja destinatária de serviço prestado no exterior ou cuja prestação se tenha iniciado no exterior; III – adquira em licitação mercadorias ou bens apreendidos ou abandonados; IV – adquira lubrificantes e combustíveis líquidos e gasosos derivados de petróleo e energia elétrica oriundos de outro Estado, quando não destinados à comercialização ou à industrialização.	2.2
Base de cálculo	» no caso de circulação de mercadorias, o art. 13 da Lei Complementar 87/1996 dispõe que a base de cálculo será o valor da operação, incluindo-se aí o valor não só da mercadoria, mas também do serviço, nas hipóteses em que for legítima a incidência do ICMS sobre o serviço prestado em conjunto com a venda da mercadoria. » o STF consolidou o entendimento em sede de **repercussão geral** no sentido de que **a base de cálculo "valor da operação" inclui o próprio montante do ICMS incidente**, pois ele faz parte da importância paga pelo comprador e recebida pelo vendedor na operação (RE 582.461, j. 18.05.2011). » em se tratando de prestação de serviço de transporte interestadual e intermunicipal e de comunicação, o art. 13, III da LC 87/1996 determina que a base de cálculo será o preço do serviço. » a resolução do Senado deve estabelecer as alíquotas aplicáveis às operações e prestações, interestaduais e de exportação.	2.3
ICMS na importação	» após a Emenda Constitucional 33/2001, deixou de haver dúvidas quanto à constitucionalidade de lei (posterior à emenda) que instituísse o ICMS sobre importações realizadas por pessoas físicas, independentemente da finalidade do bem importado. Nesse sentido, o STF fixou tese de **repercussão geral** no RE 439.796 (j. 06.11.2013): "Após a Emenda Constitucional 33/2001, é constitucional a incidência de ICMS sobre operações de importação efetuadas por pessoa, física ou jurídica, que não se dedica habitualmente ao comércio ou à prestação de serviços.". » tese de **repercussão geral** no RE 1.221.330 (j. 16.06.2020): "I - Após a Emenda Constitucional 33/2001, é constitucional a incidência de ICMS sobre operações de importação efetuadas por pessoa, física ou jurídica, que não se dedica habitualmente ao comércio ou à prestação de serviços, devendo tal tributação estar prevista em lei complementar federal. II - As leis estaduais editadas após a EC 33/2001 e antes da entrada em vigor da Lei Complementar 114/2002, com o propósito de impor	2.4

	o ICMS sobre a referida operação, são válidas, mas produzem efeitos somente a partir da vigência da LC 114/2002" » súmula vinculante 48 do STF: "Na entrada de mercadoria importada do exterior, é legítima a cobrança do ICMS por ocasião do desembaraço aduaneiro" » sujeito ativo do ICMS sobre importações: ✓ Regra geral: Estado em que se localiza o destinatário jurídico (importador); ✓ Ocorrência de simulação: Estado em que ocorre o desembaraço aduaneiro. ✓ Na importação por conta e ordem de terceiro, a destinatária jurídica é quem dá causa efetiva à operação de importação, ou seja, a parte contratante de prestação de serviço consistente na realização de despacho aduaneiro de mercadoria, em nome próprio. ✓ Na importação por conta própria, sob encomenda, a destinatária jurídica é a sociedade empresária importadora (*trading company*), pois é quem incorre no fato gerador do ICMS com o fito de posterior revenda.	
ICMS e operações de arrendamento mercantil	» tese de **repercussão geral** no RE 540.829 (j. 11.09.2014): "Não incide o ICMS na operação de arrendamento mercantil internacional, salvo na hipótese de antecipação da opção de compra, quando configurada a transferência da titularidade do bem.".	2.5
A não cumulatividade do ICMS	» em relação ao ICMS, a Constituição foi detalhista na forma como se deve dar a não cumulatividade: CF, art. 155, § 2º. O imposto previsto no inciso II atenderá ao seguinte: I - será não-cumulativo, compensando-se o que for devido em cada operação relativa à circulação de mercadorias ou prestação de serviços com o montante cobrado nas anteriores pelo mesmo ou outro Estado ou pelo Distrito Federal; II - a isenção ou não-incidência, salvo determinação em contrário da legislação: a) não implicará crédito para compensação com o montante devido nas operações ou prestações seguintes; b) acarretará a anulação do crédito relativo às operações anteriores; » o STF fixou a seguinte tese de **repercussão geral** (RE 635.688, j. 16.10.2014): "A redução da base de cálculo de ICMS equivale à isenção parcial, o que acarreta a anulação proporcional de crédito relativo às operações anteriores, salvo disposição em lei estadual em sentido contrário.". » em relação à previsão legal de compensação de créditos de ICMS relativos a bens adquiridos para uso e consumo no próprio estabelecimento do contribuinte, o STF fixou orientação, em sede de **repercussão geral** (RE 601.967, j. 18.08.2020), que o diferimento dessa compensação não viola o princípio da não cumulatividade. » decidiu o STF em sede de **repercussão geral** (RE 439.796, j. 06.11.2013), a incidência do ICMS sobre operação de importação de bem não viola, em princípio, a regra da vedação à cumulatividade (art. 155, § 2º, I da Constituição), pois se não houver acumulação da carga tributária, nada haveria a ser compensado.	2.6

Fornecimento de mercadorias em conjunto com a prestação de serviços	» o ICMS pode incidir não só sobre a circulação de mercadorias, mas também sobre os serviços envolvidos no fornecimento destas, quando tais serviços **não forem compreendidos na competência tributária dos Municípios** (CF, art. 155, § 2º, IX, *b*). » **súmula 574 do STF**: "Sem lei estadual que a estabeleça, é ilegítima a cobrança do imposto de circulação de mercadorias sobre o fornecimento de alimentação e bebidas em restaurante ou estabelecimento similar.". » **súmula 156 do STJ**: "A prestação de serviço de composição gráfica, personalizada e sob encomenda, ainda que envolva fornecimento de mercadorias, está sujeita, apenas, ao ISS". » o fornecimento de mercadorias em conjunto com a prestação de serviços pode ter os seguintes regimes tributários: ✓ Incidência exclusiva do ICMS – fornecimento de mercadorias em conjunto com a prestação de serviços não sujeitos à tributação do ISS pelos Municípios; ✓ Incidência exclusiva do ISS – fornecimento de mercadorias em conjunto com prestação de serviços sujeitos ao ISS, sem que haja ressalva quanto à incidência do ICMS; ✓ Incidência do ICMS sobre as mercadorias e do ISS sobre os serviços - fornecimento de mercadorias em conjunto com prestação de serviços sujeitos ao ISS, ressalvando-se a incidência do ICMS quanto às mercadorias.	2.7
ICMS nas operações interestaduais	» a Emenda Constitucional 87/2015 alterou a disciplina do ICMS nas operações interestaduais. A nova redação dos dispositivos constitucionais passou a ser a seguinte: CF, art. 155, § 2º, VII - nas operações e prestações que destinem bens e serviços a consumidor final, **contribuinte ou não do imposto**, localizado em outro Estado, adotar-se-á a alíquota interestadual e caberá ao Estado de localização do destinatário o imposto correspondente à diferença entre a alíquota interna do Estado destinatário e a alíquota interestadual; (grifamos) VIII - a responsabilidade pelo recolhimento do imposto correspondente à diferença entre a alíquota interna e a interestadual de que trata o inciso VII será atribuída: a) ao destinatário, quando este for contribuinte do imposto; b) ao remetente, quando o destinatário não for contribuinte do imposto. » a partir da Emenda 87/2015, o Estado de origem da operação terá direito à exigência do ICMS com base na alíquota interestadual (que é menor que a alíquota interna), a ser recolhida pelo vendedor, contribuinte do ICMS (o alienante na operação interestadual necessariamente será contribuinte do ICMS, sob pena de não haver sequer materialidade do ICMS). Já o Estado de destino terá direito a ICMS que será exigido, na mesma operação, com base na diferença entre a alíquota interna do Estado de origem e a alíquota interestadual aplicável. Para a determinação dessa tributação, a qualidade de contribuinte ou não do destinatário da mercadoria é irrelevante.	2.8

	Assim resume-se a incidência do ICMS nas operações interestaduais após a Emenda Constitucional 87/2015: ✓ Estado de origem – terá direito ao ICMS com base na alíquota interestadual; ✓ Estado de destino – terá direito ao ICMS com base na diferença entre sua própria alíquota interna e a alíquota interestadual.	
Convênios do CONFAZ e os benefícios fiscais do ICMS	» conforme o art. 155, § 2º, XII, *g* da CF, cabe à lei complementar regular a forma como, mediante deliberação dos Estados e do Distrito Federal, isenções, incentivos e benefícios fiscais serão concedidos e revogados. » nem mesmo as Constituições Estaduais podem conceder isenções ou outros benefícios fiscais do ICMS sem a autorização prévia de convênio celebrado entre os Estados e o Distrito Federal. Na ADI 773 (j. 20.08.2014), o STF acolheu pedido de declaração de inconstitucionalidade de norma da Constituição do Estado do Rio de Janeiro que criava imunidade sobre os veículos de radiodifusão.	2.9
Imunidades do ICMS	» o art. 155, § 2º, X da CF traz imunidades específicas do ICMS: § 2º O imposto previsto no inciso II atenderá ao seguinte: (...) X - não incidirá: a) sobre operações que destinem mercadorias para o exterior, nem sobre serviços prestados a destinatários no exterior, assegurada a manutenção e o aproveitamento do montante do imposto cobrado nas operações e prestações anteriores; b) sobre operações que destinem a outros Estados petróleo, inclusive lubrificantes, combustíveis líquidos e gasosos dele derivados, e energia elétrica; c) sobre o ouro, nas hipóteses definidas no art. 153, § 5º; d) nas prestações de serviço de comunicação nas modalidades de radiodifusão sonora e de sons e imagens de recepção livre e gratuita;	2.10
ICMS e substituição tributária progressiva	» em relação ao ICMS, o Convênio ICM 66/88 prevê a substituição tributária progressiva da seguinte maneira (grifos adicionados): Convênio ICM 66/88, art. 2º, § 3º Os Estados poderão exigir o pagamento antecipado do imposto, com a fixação, se for o caso, do valor da operação ou da prestação subseqüente, a ser efetuada pelo próprio contribuinte. (...) art. 25 A lei poderá atribuir a condição de substituto tributário a: (...) II - produtor, extrator, gerador, inclusive de energia, industrial, distribuidor, comerciante ou transportador, **pelo pagamento do imposto devido nas operações subseqüentes**; (...) » a chamada substituição tributária progressiva passou a constar expressamente no art. 150, § 7º da CF, incluído pela Emenda Constitucional 3/1993 com a seguinte redação (grifos adicionados): CF, art. 150, § 7º. A lei poderá atribuir a sujeito passivo de obrigação tributária a condição de responsável pelo pagamento de imposto ou contribuição, cujo fato gerador deva ocorrer posteriormente, **assegurada a imediata e preferencial restituição da quantia paga, caso não se realize o fato gerador presumido**.	2.11

	» de acordo com o entendimento fixado em sede de **repercussão geral** (RE 593.849, j. 19.10.2016) pelo STF, se a base de cálculo presumida for maior que a base de cálculo efetiva, o valor pago a maior deverá ser restituído. Não haveria, no caso, uma presunção absoluta. A tese de repercussão geral foi redigida da seguinte maneira: "É devida a restituição da diferença do Imposto sobre Circulação de Mercadorias e Serviços – ICMS pago a mais no regime de substituição tributária para frente se a base de cálculo efetiva da operação for inferior à presumida".	
Imposto sobre a Propriedade de Veículo Automotor	» a função do IPVA é predominantemente **fiscal** ou arrecadatória, adquirindo uma feição extrafiscal, contudo, no ponto em que a Constituição permite alíquotas diferenciadas em função do tipo e da utilização do veículo (CF, art. 155, § 6º, II).	2.12
Fato gerador	» em diversas decisões (RE 134.509, j. 29.05.2002; RE 255.111, j. 29.05.2002; RE 379.572, j. 11.04.2007), o STF entendeu que o IPVA, como substituto da antiga "taxa rodoviária única", só incide sobre a propriedade de veículos automotores **terrestres**.	2.12.1
Contribuintes	» o STF decidiu, em **repercussão geral** (RE 727.851, j. 22.06.2020), que **não incide IPVA sobre veículo automotor adquirido, mediante alienação fiduciária, por pessoa jurídica de direito público**. Nesse caso, falece competência para se tributar o ente público pelo IPVA, diante da imunidade recíproca.	2.12.2
Base de cálculo	» a base de cálculo do IPVA (também não prevista em lei complementar de normas gerais) é o valor venal do veículo automotor. E o Supremo tem reiteradamente decidido que é inconstitucional a adoção de alíquotas diferenciadas de IPVA entre veículos importados e de procedência nacional. Haveria, caso contrário, uma violação ao art. 152 da CF, que consagra a isonomia tributária ao impedir tratamento diferenciado de contribuintes em razão da procedência e destino de bens e serviços. Uma alíquota maior para os veículos importados significaria uma nova tributação, pelo Estado, do fato gerador do imposto de importação, cuja materialidade é de competência da União (RE 367.785 AgR, j. 09.05.2006).	2.12.3

4. SÚMULAS APLICÁVEIS

4.1 STF

Súmula vinculante 32: "O ICMS não incide sobre alienação de salvados de sinistro pelas seguradoras".

Súmula vinculante 48 do STF: "Na entrada de mercadoria importada do exterior, é legítima a cobrança do ICMS por ocasião do desembaraço aduaneiro"

112. "O imposto de transmissão *causa mortis* é devido pela alíquota vigente ao tempo da abertura da sucessão".

113. "O imposto de transmissão "causa mortis" é calculado sobre o valor dos bens na data da avaliação."

573. "Não constitui fato gerador do imposto de circulação de mercadorias a saída física de máquinas, utensílios e implementos a título de comodato.".

574. "Sem lei estadual que a estabeleça, é ilegítima a cobrança do imposto de circulação de mercadorias sobre o fornecimento de alimentação e bebidas em restaurante ou estabelecimento similar.".

4.2 STJ

156. "A prestação de serviço de composição gráfica, personalizada e sob encomenda, ainda que envolva fornecimento de mercadorias, está sujeita, apenas, ao ISS".

166. "Não constitui fato gerador do ICMS o simples deslocamento de mercadoria de um para outro estabelecimento do mesmo contribuinte".

334. "O ICMS não incide no serviço dos provedores de acesso à Internet".

5. QUESTÕES DE CONCURSOS PÚBLICOS

1. **(Cespe – Auditor Fiscal da Receita Estadual – SEFAZ - AL/2020) Considerando que Pedro, domiciliado em São Paulo, tenha decidido transferir R$ 100.000 de sua conta-corrente, para seu único filho, residente no estado de Alagoas, como presente de Natal, julgue o item que se segue, a respeito do ITCD no estado de Alagoas.**

   Não deverá incidir ITCD no caso, uma vez que a transferência realizada por Pedro caracteriza antecipação de legítima.

   Parte superior do formulário

   ( ) Certo

   ( ) Errado

2. **(Cespe – Auditor Fiscal da Receita Estadual – SEFAZ - AL/2020) No que concerne ao Sistema Tributário Nacional, julgue o item subsecutivo.**

   A seletividade em razão da essencialidade do bem é obrigatória tanto para o IPI quanto para o ICMS.

   Parte superior do formulário

   ( ) Certo

   ( ) Errado

3. **(Cespe – Auditor Fiscal da Receita Estadual – SEFAZ - AL/2020) Acerca de ICMS, julgue o item a seguir.**

   É possível a cobrança de ICMS sobre as importações de bens realizadas por pessoas físicas e pessoas jurídicas não contribuintes habituais do referido imposto, estando a tributação condicionada à edição de lei complementar estabelecendo normas gerais e de leis estaduais, reveladoras do exercício da competência tributária.

   ( ) Certo

   ( ) Errado

4. **(Cespe – Auditor Fiscal da Receita Estadual – SEFAZ - AL/2020) Acerca de ICMS, julgue o item a seguir.**

   Nas operações e prestações que destinem bens e serviços a consumidor final, contribuinte ou não do imposto, localizado em outro estado, será adotada a alíquota interestadual e caberá ao estado de localização do destinatário o imposto correspondente à diferença entre a alíquota interna do estado destinatário e a alíquota interestadual.

   ( ) Certo

   ( ) Errado

5. **(Cespe – Procurador do Estado – PGE – PE/2018) Determinada empresa de revenda de veículos usados aceitou automóvel de passeio em consignação com o objetivo de intermediar a venda. Dada a pouca demanda dos clientes pelo veículo, resolveu transportá-lo para uma de suas filiais, dentro do mesmo estado, com maior visibilidade de mercado.**

   No que se refere a essa situação hipotética, considere as asserções apresentadas a seguir.

I O ICMS incide sobre a operação de transferência entre as filiais, mas não sobre a operação de consignação.

II Para a incidência do ICMS, exige-se a transferência física da mercadoria.

Assinale a opção correta.

A) As asserções I e II são falsas.

B) A asserção I é verdadeira, e a II, falsa.

C) A asserção I é falsa, e a II, verdadeira.

D) As asserções I e II são verdadeiras, e a II é justificativa da I.

E) As asserções I e II são verdadeiras, e a II não é uma justificativa da I.

6. **(FCC – Procurador do Estado – PGE – AP/2018) De acordo com as normas da Constituição Federal, o ITCD, imposto de competência estadual, tem como sujeito ativo o Estado federado**

(A) em que esteja situado o bem imóvel transmitido, no caso de transmissão causa mortis de bem de propriedade de pessoa falecida que tivesse domicílio e residência em país estrangeiro.

(B) de domicílio do doador, tratando-se de transmissão por doação, em que o bem imóvel esteja situado em Estado diverso daquele em que o doador está domiciliado.

(C) de domicílio do donatário, tratando-se de transmissão por doação, em que o doador seja domiciliado e residente em país estrangeiro, e o bem móvel doado se encontre igualmente em país estrangeiro.

(D) de domicílio do legatário, tratando-se de bem móvel, em que o autor da herança fosse domiciliado no Estado "A" (onde tramitou o processo de inventário), o bem objeto do legado se encontrasse no Estado "B" e o legatário fosse domiciliado no Estado "C".

(E) em que esteja situado o bem móvel transmitido, tratando-se de doação em que o doador e donatário tenham domicílios e residências em diferentes países estrangeiros, mas o objeto da doação esteja em território nacional.

7. **(Fepese – Procurador do Estado – PGE – SC/2018) Assinale a alternativa correta a respeito do Imposto sobre Operações Relativas à Circulação de Mercadorias e sobre Prestações de Serviços de Transporte Interestadual e Intermunicipal e de Comunicação (ICMS).**

a. Incide o ICMS sobre a alienação de salvados de sinistro pelas seguradoras.

b. Empresas do ramo da construção civil estão obrigadas a pagar ICMS sobre mercadorias adquiridas como insumos em operações interestaduais.

c. É legítima a cobrança de ICMS com base no valor da mercadoria submetido ao regime de pauta fiscal.

d. Os descontos incondicionais em operações mercantis não se incluem na base de cálculo do ICMS.

e. O deslocamento de bens ou mercadorias entre estabelecimentos de uma mesma empresa constitui fato gerador do ICMS.

8. **(Vunesp – Procurador do Estado – PGE – SP/2018) Tendo em mente as disposições constitucionais sobre a fixação de alíquotas do ICMS, assinale a alternativa correta.**

(A) A alíquota do ICMS aplicável às operações ou prestações interestaduais, que destinem a bens ou serviços a consumidor final, é aquela do Estado de origem.

(B) A alíquota do ICMS aplicável às operações ou prestações interestaduais é a do Estado de destino, somente no caso em que o adquirente for contribuinte do imposto.

(C) As alíquotas internas máximas do ICMS não podem ser fixadas pelo Senado Federal em hipótese alguma.

(D) O ICMS pode ter alíquotas mínimas para operações internas fixadas pelo Senado Federal.

(E) A alíquota do ICMS incidente em operações de exportação não pode ser fixada pelo Senado Federal.

01	02	03	04	05	06	07	08
E	E	C	C	A	A	D	D

8
IMPOSTOS MUNICIPAIS

> CF, Art. 156. Compete aos Municípios instituir impostos sobre: I - propriedade predial e territorial urbana; II - transmissão "inter vivos", a qualquer título, por ato oneroso, de bens imóveis, por natureza ou acessão física, e de direitos reais sobre imóveis, exceto os de garantia, bem como cessão de direitos a sua aquisição; III - serviços de qualquer natureza, não compreendidos no art. 155, II, definidos em lei complementar. § 1º Sem prejuízo da progressividade no tempo a que se refere o art. 182, § 4º, inciso II, o imposto previsto no inciso I poderá: I - ser progressivo em razão do valor do imóvel; e II - ter alíquotas diferentes de acordo com a localização e o uso do imóvel. § 2º O imposto previsto no inciso II: I - não incide sobre a transmissão de bens ou direitos incorporados ao patrimônio de pessoa jurídica em realização de capital, nem sobre a transmissão de bens ou direitos decorrente de fusão, incorporação, cisão ou extinção de pessoa jurídica, salvo se, nesses casos, a atividade preponderante do adquirente for a compra e venda desses bens ou direitos, locação de bens imóveis ou arrendamento mercantil; II - compete ao Município da situação do bem. § 3º Em relação ao imposto previsto no inciso III do *caput* deste artigo, cabe à lei complementar: I - fixar as suas alíquotas máximas e mínimas; II - excluir da sua incidência exportações de serviços para o exterior. III - regular a forma e as condições como isenções, incentivos e benefícios fiscais serão concedidos e revogados.

1. IMPOSTO SOBRE A PROPRIEDADE PREDIAL E TERRITORIAL URBANA

O imposto sobre a propriedade predial e territorial urbana (IPTU) é um tributo que incide sobre o patrimônio, caracterizando-se como **imposto real** (as características do objeto tributado são mais relevantes que as condições pessoais do contribuinte).

Sua função preponderante é a **fiscal**, embora se vislumbre tons de extrafiscalidade com a diferenciação de alíquotas de acordo com a localização e o uso do imóvel (CF. art. 156, § 1º, II) ou ainda com a progressividade no tempo (CF, art. 182, § 4º, II), como será estudado adiante.

1.1 Fato gerador

O Código Tributário Nacional, em seu art. 32, preceitua que o fato gerador do IPTU é a propriedade, o domínio útil ou a posse de bem imóvel por natureza ou por acessão física, como definido na lei civil, localizado na zona urbana do Município.

A Constituição, por sua vez, menciona apenas a propriedade como elemento definidor da competência tributária dos municípios quanto a esse imposto. Caso se adote uma interpretação estrita do texto constitucional, é possível argumentar que o constituinte utilizou um conceito de direito privado ("propriedade")[1], que não poderia ser estendido ou ultrapassado pelo legislador infraconstitucional, conforme explicita a norma do art. 110 do CTN[2].

Também é possível entender que o constituinte não utilizou o termo "propriedade" como um conceito estrito de direito privado. Nesse sentido, Luís Eduardo Schoueri[3] defende:

> É tentador o raciocínio simplista no sentido de que, se uma expressão, empregada pelo Constituinte, existe no Direito Privado, então a mesma expressão, empregada na Constituição, implicaria afirmar que um instituto de Direito Privado teria sido empregado na discriminação de competências tributárias. (...) No entanto, ao examinar o artigo 156 da Constituição Federal, vê-se que o Constituinte não se referiu a um imposto sobre o 'direito de propriedade', mas sobre 'propriedade predial e territorial urbana'. Essa expressão é mais ampla: se é verdade que ela pode qualificar um direito (o direito de propriedade), também não erra quem disser que, na linguagem coloquial, a mesma expressão é empregada no sentido de 'bem imóvel'.

Essa orientação foi expressamente adotada em voto do Ministro Marco Aurélio no RE 253.472 (j. 25.08.2010), da seguinte maneira:

> Relativamente ao IPTU, a Constituição de 1988 não trouxe inovação. Compete aos municípios instituí-lo, considerada a propriedade predial e territorial urbana. (...) Ora, não se afigura como fato gerador do imposto em comento apenas a propriedade, o que desaguaria na convicção de ser contribuinte de direito, sempre e sempre, o proprietário. Requer-se a existência física do imóvel, mas admissível é que se tome como fato gerador não só a propriedade, como também o domínio útil ou a posse quando esses fenômenos não estão na titularidade daquele que normalmente os tem, ou seja, o proprietário.

Essa parece a interpretação mais acertada, principalmente diante do fato de não haver declaração de inconstitucionalidade do art. 32 do CTN em razão da menção ao domínio útil e à posse como fato gerador do IPTU. Registre-se, contudo, que a doutrina não é unânime[4]. O STJ possui decisões reiteradas no sentido de que apenas a **posse *animus domini*** pode ser fato gerador do IPTU (AgRg no REsp 1.034.641, j. 22.10.2013).

O **domínio útil** diz respeito ao direito real de enfiteuse. O Código Civil de 2002 (art. 2.038) vedou a constituição de novas enfiteuses, preservando, contudo, as constituídas sob

1. Código Civil, art. 1.228. O proprietário tem a faculdade de usar, gozar e dispor da coisa, e o direito de reavê-la do poder de quem quer que injustamente a possua ou detenha.
2. CTN, art. 110. A lei tributária não pode alterar a definição, o conteúdo e o alcance de institutos, conceitos e formas de direito privado, utilizados, expressa ou implicitamente, pela Constituição Federal, pelas Constituições dos Estados, ou pelas Leis Orgânicas do Distrito Federal ou dos Municípios, para definir ou limitar competências tributárias.
3. SCHOUERI, Luís Eduardo. Direito Tributário. 5ª. ed. São Paulo: Saraiva, 2015, p. 765.
4. "É controvertida a consideração da posse como fato gerador do IPTU, pois, se de um lado se compreende tratar de situação nitidamente distinta da propriedade (...); de outro, é justificável a sua tipificação como fato gerador no caso da posse *ad usucapionem* (...)" (MELO, José Eduardo Soares de; PAULSEN, Leandro. Impostos Federais, Estaduais e Municipais. 7ª. ed. Porto Alegre: Livraria do Advogado Editora, 2012, p. 307).

a égide do Código Civil anterior. Por meio da enfiteuse, o enfiteuta ou foreiro (titular do domínio útil) pode usar, gozar e dispor da propriedade, em contrapartida ao pagamento de uma renda anual (foro) ao proprietário[5].

A **posse**, a seu turno, é o exercício, pleno ou não, de algum dos poderes inerentes à propriedade (art. 1.196 do Código Civil de 2002).

Outro conceito importante presente no fato gerador diz respeito ao "bem **imóvel por natureza ou por acessão física**, como definido na lei civil". O bem imóvel por natureza é o solo e seus acessórios naturais (árvores, frutos pendentes etc.), incluindo-se nesse conceito o subsolo e o espaço aéreo. Já o imóvel por acessão física abrange as incorporações ao imóvel realizadas em caráter permanente pelo homem, como construções e edifícios[6].

O art. 32, § 1º do CTN dispõe que a zona urbana do Município deve ser definida em lei municipal, obedecendo-se, contudo, um requisito mínimo consistente na existência de ao menos dois melhoramentos elencados no dispositivo:

> CTN, art. 32, § 1º Para os efeitos deste imposto, entende-se como zona urbana a definida em lei municipal; observado o requisito mínimo da existência de melhoramentos indicados em pelo menos 2 (dois) dos incisos seguintes, construídos ou mantidos pelo Poder Público:
>
> I - meio-fio ou calçamento, com canalização de águas pluviais;
>
> II - abastecimento de água;
>
> III - sistema de esgotos sanitários;
>
> IV - rede de iluminação pública, com ou sem posteamento para distribuição domiciliar;
>
> V - escola primária ou posto de saúde a uma distância máxima de 3 (três) quilômetros do imóvel considerado.

O art. 32, § 2º do CTN, por sua vez, determina que **a lei municipal pode considerar urbanas as áreas urbanizáveis, ou de expansão urbana, constantes de loteamentos aprovados pelos órgãos competentes**, destinados à habitação, à indústria ou ao comércio, **mesmo que localizados fora das zonas definidas pela aplicação do critério do art. 32, § 1º**.

A respeito desse dispositivo, o STJ possui orientação no sentido de que a existência de lei municipal tornando determinada área urbanizável ou de expansão urbana, afasta, de per si, a exigência prevista no art. 32, §1º, do CTN, é dizer, de qualquer daqueles melhoramentos básicos (AgRg nos EDcl no REsp 1.375.925, j. 15.05.2014).

Em outras palavras, se o imóvel for considerado por lei municipal como situado em área urbanizável ou de expansão urbana, incidirá o IPTU por autorização do art. 32, § 2º do CTN, não sendo necessário indagar a respeito da presença dos melhoramentos mencionados no art. 32, § 1º do CTN. Os dispositivos são, portanto, excludentes. Esse entendimento foi cristalizado na **súmula 626 do STJ**, publicada no dia 17.12.2018:

---

5. Código Civil de 1916, art. 678. Dá-se a enfiteuse, aforamento, ou emprazamento, quando por ato entre vivos, ou de última vontade, o proprietário atribui a outrem o domínio útil do imóvel, pagando a pessoa, que o adquire, e assim se constitui enfiteuta, ao senhorio direto uma pensão, ou foro, anual, certo e invariável.
6. Definições do art. 43 do Código Civil de 1916 utilizadas até hoje pela doutrina.

> A incidência do IPTU sobre imóvel situado em área considerada pela lei local como urbanizável ou de expansão urbana não está condicionada à existência dos melhoramentos elencados no art. 32, § 1º, do CTN.

É possível, diante das normas acima, inferir que o critério do CTN para a caracterização de um imóvel como sujeito ao IPTU é sua localização em zona urbana ou urbanizável, nos termos definidos em lei municipal de acordo com a normativa geral do CTN.

A seu turno, o artigo 15 do Decreto-Lei 57/1966 determina que o art. 32 do CTN não seja aplicado ao imóvel utilizado na exploração extrativa vegetal, agrícola, pecuária ou agroindustrial, hipótese em que incidirá o ITR, e não o IPTU. Para o STJ (REsp 1.112.646, **repetitivo**, j. 26.08.2009) e para o STF (RE 140.773, j. 08.10.1998), essa ressalva é plenamente legítima, pois à época em que editado o Decreto-Lei 57/1966 havia paridade hierárquica com o CTN, prevalecendo a ressalva do Decreto-Lei por ser posterior ao CTN.

Ainda em relação ao fato gerador do IPTU, vale destacar que a exigência do imposto não é afetada por eventual restrição administrativa ou ambiental à utilização da propriedade, como, por exemplo, a existência de área de preservação permanente em parte do imóvel urbano. De acordo com o STJ, o fato gerador correspondente à propriedade localizada na zona urbana municipal permanece íntegro nesse caso (REsp 1.128.981, j. 18.03.2010). Além disso, o fato de parte do imóvel ser considerada com área *non aedificandi* não afasta tal entendimento, já que não há perda da propriedade, mas mera restrição de uso, a fim de viabilizar a função social da propriedade (REsp 1.482.184, j. 17.03.2015).

1.2 Contribuinte

O art. 34 do CTN preceitua que contribuinte do IPTU é o proprietário do imóvel, o titular do seu domínio útil, ou o seu possuidor a qualquer título.

Já foi mencionada, no estudo do fato gerador, a controvérsia a respeito da incidência do IPTU sobre o domínio útil e sobre a posse.

No estudo dos contribuintes, a compreensão de possuidor é a que mais suscita debates. O Código Civil define o possuidor em seu art. 1.196 como todo aquele que tem de fato o exercício, pleno ou não, de algum dos poderes inerentes à propriedade. Nesse conceito não se inclui o detentor, assim considerado aquele que, achando-se em relação de dependência para com outro, conserva a posse em nome deste e em cumprimento de ordens ou instruções suas (art. 1.198 do Código Civil).

Todavia, o contribuinte do IPTU, segundo a jurisprudência, não é todo e qualquer possuidor, mas apenas o que exercer a posse com *animus domini*. Impossível, portanto, que o locatário de imóvel urbano seja contribuinte do IPTU, visto que não há nessa hipótese o "proceder como se proprietário fosse", ou seja, o *animus domini*. Eventual ajuste contratual no sentido de que o locatário deve efetuar o pagamento do IPTU não implica em deslocamento da responsabilidade tributária perante o Fisco (art. 123 do CTN), não havendo alteração do contribuinte eleito pelo legislador. Pela mesma razão, tampouco o comodatário pode ser contribuinte do IPTU.

Um bom exemplo de possuidor com *animus domini* é o promitente comprador, que exerce a posse de imóvel sem ser ainda proprietário, mas já atua como se fosse dono do bem. Nessa situação, há o proprietário do imóvel, promitente vendedor ou possuidor indireto de um lado, e, de outro lado, o possuidor direto ou promitente comprador.

O STJ possui orientação já sedimentada em recurso **repetitivo** no sentido de que "tanto o promitente comprador quanto o proprietário (promitente vendedor, que tem a propriedade registrada no Cartório de Registro de Imóveis) são legitimados para figurar no polo passivo em demandas à cobrança do IPTU" (REsp 1.110.551. **repetitivo**, j. 10.06.2009). Entendeu o STJ que o proprietário do imóvel, na qualidade de promitente vendedor, é contribuinte do IPTU, cuja responsabilidade deve ser somada à do promitente comprador (possuidor do imóvel). Ainda de acordo com o STJ, "**definindo a lei como contribuinte o proprietário, o titular do domínio útil, ou o possuidor a qualquer título, pode a autoridade administrativa optar por um ou por outro" para facilitar a arrecadação** (REsp 927.275, j. 17.04.2007). É nesse contexto que foi editada a **súmula 399 do STJ**: "cabe à legislação municipal estabelecer o sujeito passivo do IPTU".

O STF já decidiu que a posse decorrente de contrato de concessão de uso e exercida por particular em face de imóvel da União destinado à exploração comercial não permite a caracterização da empresa concessionária como contribuinte do IPTU. Conforme o STF, a concessionária teria uma posse precária, não podendo ser considerada "possuidora a qualquer título", para fins de qualificação como contribuinte do IPTU (RE 451.152, j. 22.08.2006).

Também o STJ possui sólida jurisprudência[7] no sentido de que o imóvel de domínio da União ocupado por concessionária de uso (pessoa de direito privado) não enseja a exigência do IPTU, pois a concessionária não é possuidora dotada de *animus domini*, enquanto a União, proprietária, é favorecida pela imunidade recíproca.

O STF, porém, seguiu raciocínio diverso em relação a imóvel público ocupado por empresa privada por meio de contrato de arrendamento (RE 594.015, **repercussão geral**, j. 06.04.2017). O caso apreciado no precedente tratava de situação em que sociedade de economia mista exploradora de atividade econômica ocupava terreno de área portuária pertencente à União, na condição de arrendatária. Nesse julgado, o STF adotou a posição de que a empresa arrendatária de terreno da União estaria abarcada pelo conceito de contribuinte do IPTU, não havendo posse precária, pois o particular teria quase todas as prerrogativas do proprietário (voto do Ministro Luís Barroso).

Vale destacar o **voto vencido** do Ministro Edson Fachin, que, invocando o art. 4º da Lei 12.815/2013[8], concluiu que o contrato de arrendamento não possui o condão de tornar o arrendatário contribuinte do IPTU, já que nesse caso não haveria uma posse com *animus domini*. Perceba que esse entendimento é semelhante ao encampado no STJ e no STF no RE 451.152, que pressupõe uma análise da natureza da posse. O Ministro Luís Barroso,

---

7. AgRg no REsp 1.034.641, j. 22.10.2013; AgRg no AREsp 535.846, j. 10.11.2015; AgRg no REsp 1.121.332, j. 20.10.2009.

8. Lei 12.815/2013, art. 4º. A concessão e o arrendamento de bem público destinado à atividade portuária serão realizados mediante a celebração de contrato, sempre precedida de licitação, em conformidade com o disposto nesta Lei e no seu regulamento.

em seu voto, chegou a ponderar que o entendimento de Fachin seria melhor do ponto de vista técnico-formal, mas duvidoso do ponto de vista de uma justiça fiscal material.

Prevaleceu, assim, a corrente segundo a qual o **particular arrendatário de imóvel público é possuidor contribuinte do IPTU**. O mesmo se aplica às empresas públicas e sociedades de economia mista que se dedicam a atividades econômicas. Um dos pontos determinantes da decisão foi o benefício fiscal que o particular ocupante do imóvel público obteria caso não fosse obrigado a recolher IPTU. A não incidência do IPTU representaria uma vantagem tributária não compartilhada por outros particulares, violando assim o princípio da livre concorrência[9]. Essa orientação é aplicável também ao contrato de concessão de uso por meio do qual um bem público é cedido a pessoa jurídica de direito privado (RE 601.720, j. 19.04.2017), nos termos da seguinte tese de **repercussão geral**: "Incide o IPTU, considerado imóvel de pessoa jurídica de direito público cedido a pessoa jurídica de direito privado, devedora do tributo.".

1.3 Base de cálculo

O art. 33 do CTN define a base de cálculo do IPTU como o valor venal do imóvel. Essa grandeza alcança não apenas o valor do terreno, mas também as construções, edificações. Essa é uma diferença em relação à base de cálculo ITR, que considera apenas o valor da terra nua.

O parágrafo único do CTN determina que não deve ser incluído na base de cálculo o valor dos bens móveis mantidos, em caráter permanente ou temporário, no imóvel, para efeito de sua utilização, exploração, aformoseamento ou comodidade.

Cabe ainda lembrar que a base de cálculo do IPTU pode ser corrigida monetariamente sem a necessidade de lei para tanto. A reserva de lei seria necessária apenas nos casos de atualização em percentuais superiores ao índice oficial de correção monetária, conforme o entendimento já pacificado pela jurisprudência, na **súmula 160 do STJ**: "É defeso ao município atualizar o IPTU, mediante decreto, em percentual superior ao índice oficial de correção monetária". No mesmo sentido é a tese de **repercussão geral** no RE 648.245 (j. 01.08.2013): "A majoração do valor venal dos imóveis para efeito da cobrança de IPTU não prescinde da edição de lei em sentido formal, exigência que somente se pode afastar quando a atualização não excede os índices inflacionários anuais de correção monetária".

1.4 Progressividade

As alíquotas do IPTU são fixadas em lei municipal. A Constituição, porém, traz normas a serem observadas na fixação das alíquotas pelas municipalidades.

Desde a redação originária de 1988, o § 1º do art. 156 determinava que o IPTU poderia ser progressivo de forma a assegurar o cumprimento da função social da propriedade. Essa

9. Do voto do Ministro Luís Barroso: "Impossibilitar a cobrança de IPTU de particular que explora atividade econômica em bem público é perenizar situação extremamente prejudicial aos Municípios, ao pacto federativo e à ordem econômica no que se refere à livre concorrência.".

era a única autorização constitucional para o estabelecimento de alíquotas progressivas do IPTU. Em consonância com essa norma, o art. 182, § 4º, II, da CF já previa desde 1988 a progressividade do IPTU a ser utilizada como instrumento de promoção da função social da propriedade urbana:

> CF, art. 182, § 4º É facultado ao Poder Público municipal, mediante lei específica para área incluída no plano diretor, exigir, nos termos da lei federal, do proprietário do solo urbano não edificado, subutilizado ou não utilizado, que promova seu adequado aproveitamento, sob pena, sucessivamente, de: (...) II - imposto sobre a propriedade predial e territorial urbana progressivo no tempo; (...).

Essa incidência progressiva do IPTU só é possível se o proprietário descumprir o adequado aproveitamento de seu imóvel urbano, nos termos do Plano Diretor estabelecido em lei municipal. Trata-se, inegavelmente de uma sanção, já que a tributação com alíquotas maiores ocorre em razão de uma atuação em desconformidade com a prescrição legal de direito urbanístico[10]. Considerando que o tributo não constitui sanção de ato ilícito, de acordo com o art. 3º do CTN[11], a Constituição de 1988 introduziu uma exceção ou mitigação à regra de que o tributo não pode ser utilizado como instrumento sancionatório. A superioridade hierárquica do art. 182, § 4º, II da CF não deixa dúvida de que o conceito legal de tributo do art. 3º do CTN deve ceder diante da prescrição constitucional em relação à progressividade-sanção do IPTU.

No ano de 2000, veio a lume a Emenda Constitucional 29, que acrescentou duas novas possibilidades em relação às alíquotas do IPTU: a) uma **progressividade em razão do valor do imóvel**; e b) **alíquotas diferentes de acordo com a localização e o uso do imóvel**. A progressividade voltada ao atendimento da função social da propriedade urbana (CF, art. 182, § 4º, II) foi expressamente mantida, conforme se vê da redação do art. 156, § 1º da CF (grifo adicionado):

> CF, art. 156, § 1º **Sem prejuízo da progressividade no tempo a que se refere o art. 182, § 4º, inciso II**, o imposto previsto no inciso I poderá: I - ser progressivo em razão do valor do imóvel; e II - ter alíquotas diferentes de acordo com a localização e o uso do imóvel.

A diferenciação de alíquotas diferentes de acordo com a localização e o uso do imóvel, a rigor, não representa uma espécie apartada de progressividade, a qual se resume, no

10. Lei 10.257/2001 (Estatuto da Cidade), art. 7º. Em caso de descumprimento das condições e dos prazos previstos na forma do caput do art. 5º desta Lei, ou não sendo cumpridas as etapas previstas no § 5º do art. 5º desta Lei, o Município procederá à aplicação do imposto sobre a propriedade predial e territorial urbana (IPTU) progressivo no tempo, mediante a majoração da alíquota pelo prazo de cinco anos consecutivos. § 1º O valor da alíquota a ser aplicado a cada ano será fixado na lei específica a que se refere o caput do art. 5º desta Lei e não excederá a duas vezes o valor referente ao ano anterior, respeitada a alíquota máxima de quinze por cento. § 2º Caso a obrigação de parcelar, edificar ou utilizar não esteja atendida em cinco anos, o Município manterá a cobrança pela alíquota máxima, até que se cumpra a referida obrigação, garantida a prerrogativa prevista no art. 8º. § 3º É vedada a concessão de isenções ou de anistia relativas à tributação progressiva de que trata este artigo.
11. CTN, art. 3º. Tributo é toda prestação pecuniária compulsória, em moeda ou cujo valor nela se possa exprimir, que não constitua sanção de ato ilícito, instituída em lei e cobrada mediante atividade administrativa plenamente vinculada.

IPTU, a duas possibilidades, chamadas de **progressividade fiscal** (em razão do valor do imóvel) e **progressividade extrafiscal** (para assegurar o cumprimento da função social).

Apesar da autorização constitucional para a progressividade do IPTU em razão do valor do imóvel só ter surgido com a Emenda 29/2000, alguns municípios instituíram a progressividade fiscal do IPTU antes da previsão constitucional introduzida pelo constituinte derivado. O STF, apreciando a constitucionalidade de tais leis, rechaçou a possibilidade de se estabelecer a progressividade do IPTU em razão do valor do imóvel. Conforme pacificado na **súmula 668 do STF**, "é inconstitucional a lei municipal que tenha estabelecido, antes da Emenda Constitucional 29/2000, alíquotas progressivas para o IPTU, salvo se destinada a assegurar o cumprimento da função social da propriedade urbana". Esse entendimento foi ainda reafirmado em sede de **repercussão geral** (AI 712.743 QO-RG, j. 12.03.2009) com a fixação de tese de redação idêntica à da súmula 668 do STF.

Pacificada a inconstitucionalidade das leis municipais anteriores à Emenda 29/2000 que faziam uso da progressividade fiscal, surgiu outra controvérsia relativa aos efeitos da declaração de inconstitucionalidade de tais leis. Uma das posições seria a de que o reconhecimento da inconstitucionalidade acarretaria a aplicação da lei anterior, que não traria alíquotas progressivas em função do valor do imóvel.

A orientação que prevaleceu no STF, contudo, foi a de que a inconstitucionalidade seria parcial, atingindo os dispositivos que trazem o escalonamento das alíquotas conforme o valor do imóvel e preservando-se a parte da norma legal que permite o pagamento do IPTU com base na alíquota mínima (RE 378.221 AgR, j. 25.08.2009). Em sede de repercussão geral, foi definido que **em caso de inconstitucionalidade de lei municipal que estabelecia a progressividade fiscal antes da Emenda 29/2000, o IPTU é exigível com base na alíquota mínima prevista na lei municipal** (RE 602.347, **repercussão geral**, j. 04.11.2015).

Por fim, vale notar que o STF possui entendimento sumulado no sentido de que "é inconstitucional a fixação de adicional progressivo do imposto predial e territorial urbano em função do número de imóveis do contribuinte" (**súmula 589 do STF**).

2. IMPOSTO SOBRE A TRANSMISSÃO *"INTER VIVOS"*, A QUALQUER TÍTULO, POR ATO ONEROSO, DE BENS IMÓVEIS, POR NATUREZA OU ACESSÃO FÍSICA, E DE DIREITOS REAIS SOBRE IMÓVEIS, EXCETO OS DE GARANTIA, BEM COMO CESSÃO DE DIREITOS A SUA AQUISIÇÃO

O imposto sobre a transmissão *inter vivos* de bens imóveis e de direitos reais sobre imóveis passou a ser de competência municipal com a Constituição de 1988. Essa materialidade, pelo Código Tributário Nacional de 1966, era de competência dos Estados[12].

Esse imposto contrapõe-se ao ITCMD, de competência estadual, que alcança as transmissões a título gratuito, seja a título de doação, seja a título de sucessão *causa mortis*. Já

12. CTN, art. 35. O imposto de competência dos Estados, sobre a transmissão de bens imóveis e de direitos a eles relativos tem como fato gerador: I – a transmissão, a qualquer título, da propriedade ou do domínio útil de bens imóveis, por natureza ou por acessão física, como definidos na lei civil; II – a transmissão, a qualquer título, de direitos reais sobre imóveis, exceto os direitos reais de garantia; III – a cessão de direitos relativos às transmissões referidas nos incisos I e II.

o ITBI abarca apenas transmissões onerosas e *inter vivos* de imóveis ou de direitos reais sobre imóveis. Além da diferença quanto á onerosidade, há também uma diferença quanto ao objeto transmitido, que no ITBI diz respeito apenas aos bens imóveis, enquanto no ITCMD não há essa limitação quanto à natureza dos bens transmitidos.

A determinação constitucional do art. 184, § 5º, traz a imunidade de impostos sobre as operações de transferência de imóveis desapropriados para fins de reforma agrária, é perfeitamente aplicável ao ITBI, de modo que não incide o imposto municipal nessas transmissões.

2.1 Fato gerador

Como disposto na Constituição, o fato gerador do ITBI deve ser a transmissão **onerosa** de bens imóveis ou de direitos reais sobre imóveis. Doações de imóveis não são tributadas pelo ITBI, mas pelo ITCMD, como exposto acima.

Aquisição de propriedade de modo originário, como usucapião e desapropriação, não enseja a incidência do ITBI, pois nesses casos não há onerosidade.

Quanto aos imóveis transmitidos, estes podem ser por natureza ou por acessão física. Imóveis por natureza é expressão que abrange o solo, e seus acréscimos naturais, como as árvores e seus frutos, incluindo-se nesse conceito o subsolo e o espaço aéreo. Os imóveis por acessão física, por outro lado, dizem respeito aos bens incorporados permanentemente ao solo, como, por exemplo, as construções e edificações[13].

A transmissão apta a ensejar a incidência do ITBI pode ser ainda de direitos reais sobre bens imóveis, exceto os de garantia. Os direitos reais são taxativamente[14] elencados no Código Civil e em eventuais leis especiais que disponham sobre a matéria. O Código Civil, a seu turno, traz os seguintes direitos reais:

> Código Civil, art. 1.225. São direitos reais: I - a propriedade; II - a superfície; III - as servidões; IV - o usufruto; V - o uso; VI - a habitação; VII - o direito do promitente comprador do imóvel; VIII - o penhor; IX - a hipoteca; X - a anticrese. XI - a concessão de uso especial para fins de moradia; XII - a concessão de direito real de uso; e XIII - a laje.

Tais direitos reais, se transmitidos onerosamente, permitem a incidência do ITBI. A ressalva constitucional recai sobre os direitos reais de garantia: penhor, hipoteca e anticrese. O penhor, a bem da verdade, não poderia ensejar a exigência de ITBI, pois se refere a garantia de bens móveis.

O direito do promitente comprador do imóvel merece especial atenção. Apesar da previsão em lei civil como direito real, o STF tem entendido que a celebração do contrato

13. Definições do art. 43 do Código Civil de 1916 utilizadas até hoje pela doutrina.
14. "Destinando-se a operar contra toda a coletividade, não pode qualquer direito real ser reconhecido juridicamente se não houver prévia norma que sobre ele faça previsão. Portanto, inseridos em regime de ordem pública, os direitos reais são *numerus clausus*, de enumeração taxativa, localizados no rol pormenorizado art. 1.225 do Código Civil e em leis especiais diversas" (FARIAS, Cristiano Chaves de; ROSENVALD, Nelson. Direitos Reais. 6ª. ed. Rio de Janeiro: Editora Lumen Juris, 2010, p. 10).

de compromisso de compra e venda não gera obrigação ao pagamento do ITBI (AI 603.309 AgR, j. 18.12.2006). O STJ, a seu turno, possui jurisprudência no sentido que a promessa de compra e venda, como contrato preliminar, não é fato gerador do ITBI, que exigira a transmissão do domínio do bem imóvel (STJ, AgRg no AREsp 659.008, j. 07.04.2015). Essa visão do STJ não parece precisa, pois a Constituição é clara em prever que a materialidade do ITBI pode ser a transmissão de bens imóveis e de direitos reais sobre imóveis, entre os quais se inclui o direito do promitente comprador do imóvel. Se essa orientação poderia ser adequada perante o Código Civil de 1916, no qual não se previa a promessa de compra e venda de bem imóvel como direito real, com o Código Civil de 2002, outra conclusão se impõe.

Registre-se, contudo, que o STF já decidiu no sentido de que não incide ITBI em relação aos contratos de promessa de compra e venda de imóvel, refutando a alegação de que "os precedentes do STF não consideram o fato de que o direito do promitente comprador de imóvel, no regime do Novo Código Civil, veio a ser elevado à condição de direito real". Mesmo diante dessa argumentação, o STF aplicou a jurisprudência que impede a incidência do ITBI na promessa de compra (RE 666.096 AgR, j. 30.12.2012).

Em relação à compra e venda definitiva, só se considera ocorrida a transmissão quando ocorre o registro no Cartório de imóveis, sendo ilegal a exigência do ITBI antes desse evento (STJ, REsp 863.893, j. 17.10.2006).

Para o STJ, o fato gerador do ITBI ocorre, no seu aspecto material e temporal, com a efetiva transmissão, a qualquer título, da propriedade imobiliária, o que se perfectibiliza com a consumação do negócio jurídico hábil a transmitir a titularidade do bem, mediante o registro do título translativo no Cartório de Registro de Imóveis. A superveniente declaração de nulidade do negócio de transmissão por força de sentença judicial transita em julgado, portanto, impõe o reconhecimento de ausência do fato gerador do ITBI, sendo devida a restituição do correspondente valor recolhido pelo Contribuinte a tal título (EREsp 1.493.162, j. 14.10.2020).

2.2 Contribuinte

Segundo o art. 42 do CTN, contribuinte do ITBI é qualquer das partes da obrigação tributada, conforme dispuser a lei municipal.

Desse modo, tanto o transmitente quanto o adquirente do imóvel ou do direito real sobre imóvel podem ser eleitos pelo legislador municipal. Essa previsão do CTN revela-se acertada diante da constatação de que quaisquer das partes na operação de transmissão onerosa possuem capacidade contributiva[15].

O sujeito ativo, por sua vez, será o Município de situação do bem (CF, art. 156, § 2º, II).

15. SCHOUERI, Luís Eduardo. Direito Tributário. 5ª. ed. São Paulo: Saraiva, 2015, p. 525.

2.3 Base de cálculo

A base de cálculo do ITBI é o valor venal dos bens ou direitos transmitidos (art. 38 do CTN). Apesar de a expressão valor venal também ser utilizada também quando da definição da base de cálculo do IPTU, não há identidade entre tais grandezas.

Isso porque o valor venal do imóvel utilizado como parâmetro na determinação da base de cálculo do IPTU é auferido de modo inespecífico, através de uma planta de valores genéricos, enquanto para o ITBI considera-se o valor venal como o preço da transação praticada pelas partes, de forma individualizada. Como já reconhecido pelo STJ, o valor venal do imóvel apurado para fins de ITBI não coincide, necessariamente, com o adotado no lançamento do IPTU (REsp 1.199.964, j. 03.09.2013). Para o tribunal, o fisco não está obrigado a utilizar, como base de cálculo do ITBI, o mesmo valor apurado pelo Município quando da apuração do valor venal do imóvel para o cálculo do IPTU, podendo arbitrar o valor nos termos do art. 148 do CTN (AgRg no AREsp 36.740, j. 25.10.2011).

Apesar de o valor venal para fins do ITBI ser o apurado na compra e venda do imóvel, é possível o arbitramento desse valor caso o valor apresentado pelo contribuinte não mereça fé, conforme dispõe o art. 148 do CTN[16] (STJ, AgRg no AREsp 847.280, j. 10.03.2016).

Em caso de imóvel arrematado em processo judicial, o cálculo do ITBI deve ser feito com base no valor pelo bem imóvel na **arrematação**, e não pelo valor da avaliação judicial (STJ, REsp 863.893, j. 17.10.2006).

Em relação às alíquotas do ITBI, a **súmula 656 do STF** dispõe que é inconstitucional a lei que estabelece alíquotas progressivas para o ITBI com base no valor venal do imóvel. O fundamento dessa súmula é o de que o ITBI, como imposto real, incidente sobre uma grandeza indiferente às condições pessoais do contribuinte, só admitiria a técnica da progressividade de alíquotas se houvesse previsão constitucional expressa.

Posteriormente, contudo, o STF admitiu, em sede de **repercussão geral** (RE 562.045, j. 06.02.2013), ser possível a fixação de alíquotas progressivas para o ITCMD (imposto real da mesma forma que o ITBI), independentemente de autorização expressa na Constituição. Com isso, a posição que ensejou a edição da súmula 656 do STF encontra-se superada.

2.4 Imunidade específica do ITBI

O art. 156, § 2º, I da Constituição traz a seguinte imunidade do ITBI:

> CF, art. 156, § 2º O imposto previsto no inciso II: I - não incide sobre a transmissão de bens ou direitos incorporados ao patrimônio de pessoa jurídica em realização de capital, nem sobre a transmissão de bens ou direitos decorrente de fusão, incorporação, cisão ou extinção de pessoa jurídica, salvo se, nesses casos, a atividade preponderante

16. CTN, art. 148. Quando o cálculo do tributo tenha por base, ou tome em consideração, o valor ou o preço de bens, direitos, serviços ou atos jurídicos, a autoridade lançadora, mediante processo regular, arbitrará aquele valor ou preço, sempre que sejam omissos ou não mereçam fé as declarações ou os esclarecimentos prestados, ou os documentos expedidos pelo sujeito passivo ou pelo terceiro legalmente obrigado, ressalvada, em caso de contestação, avaliação contraditória, administrativa ou judicial.

do adquirente for a compra e venda desses bens ou direitos, locação de bens imóveis ou arrendamento mercantil

O texto merece ser esmiuçado para melhor compreensão.

Primeiramente, a norma dispõe que o ITBI não incide sobre transmissão de bens ou direitos incorporados ao patrimônio de pessoa jurídica em realização de capital[17]. Seria o caso da integralização do capital de pessoa jurídica por meio de bens imóveis por parte de um sócio. Nesse caso não há uma transmissão onerosa de imóveis a ser tributada pelo ITBI, por força da imunidade ora exposta. Caso houvesse a incidência de ITBI na transmissão de imóveis ao patrimônio das pessoas jurídicas, a constituição e a reorganização de pessoas jurídicas seriam dificultadas, prejudicando o exercício de associações sem fins lucrativos e o desempenho de atividades econômicas das empresas. Essa a razão da desoneração constitucional.

Prossegue o texto constitucional dispondo que o ITBI também não incide sobre a transmissão de bens ou direitos decorrentes de fusão, incorporação, cisão ou extinção de pessoa jurídica, salvo se a atividade preponderante da pessoa que recebe o bem for a compra e venda desses bens ou direitos, locação de bens imóveis ou arrendamento mercantil. O fundamento é o mesmo, qual seja, desonerar as atividades das pessoas jurídicas e fomentar as atividades econômicas. A ressalva quanto à atividade preponderante objetiva justamente preservar esse fim da imunidade, que não se presta a privilegiar o setor econômico específico de compra e venda e locação de imóveis ou arrendamento mercantil. As imobiliárias que praticarem esses atos de reorganização societária, desse modo, deverão pagar o ITBI em relação aos imóveis e respectivos direitos reais transmitidos.

O artigo 37 do CTN traz um critério objetivo para definir o que seja a atividade preponderante da pessoa jurídica para fins da exclusão da imunidade:

> CTN, art. 37. O disposto no artigo anterior não se aplica quando a pessoa jurídica adquirente tenha como atividade preponderante a venda ou locação de propriedade imobiliária ou a cessão de direitos relativos à sua aquisição. § 1º Considera-se caracterizada a atividade preponderante referida neste artigo quando mais de 50% (cinqüenta por cento) da receita operacional da pessoa jurídica adquirente, nos 2 (dois) anos anteriores e nos 2 (dois) anos subseqüentes à aquisição, decorrer de transações mencionadas neste artigo. § 2º Se a pessoa jurídica adquirente iniciar suas atividades após a aquisição, ou menos de 2 (dois) anos antes dela, apurar-se-á a preponderância referida no parágrafo anterior levando em conta os 3 (três) primeiros anos seguintes à data da aquisição. § 3º Verificada a preponderância referida neste artigo, tornar-se-á devido o imposto, nos termos da lei vigente à data da aquisição, sobre o valor do bem ou direito nessa data. § 4º O disposto neste artigo não se aplica à transmissão de bens ou direitos, quando realizada em conjunto com a da totalidade do patrimônio da pessoa jurídica alienante.

Apesar de o dispositivo ser anterior à Constituição de 1988, não se vislumbra motivo pelo qual ele não teria sido recepcionado.

---

17. O capital social pode ser integralizado não só por dinheiro e bens móveis, mas também por imóveis. Código Civil, art. 997. A sociedade constitui-se mediante contrato escrito, particular ou público, que, além de cláusulas estipuladas pelas partes, mencionará: (...) III - capital da sociedade, expresso em moeda corrente, podendo compreender qualquer espécie de bens, suscetíveis de avaliação pecuniária; (...).

Discussão sobre essa imunidade que foi enfrentada pelo Supremo diz respeito à hipótese em que o valor total do imóvel transmitido em realização de capital excede o valor do capital integralizado. No RE 796.376 (j. 05.08.2020), julgado em sede de **repercussão geral**, o Supremo analisou controvérsia em que a autoridade tributária municipal entendeu que a imunidade do ITBI deve abranger apenas o valor estabelecido a título de capital social, exigindo o ITBI sobre a diferença entre o valor do capital social e o valor dos imóveis integralizados. Ou seja, a imunidade teria como limite o valor do capital social, incidindo o ITBI sobre o valor do imóvel que sobeja o valor do capital da pessoa jurídica. A posição defendida pelo contribuinte, por outro lado, baseia-se na necessidade de uma interpretação ampla das imunidades, pouco importando se o valor dos imóveis transmitidos supera o valor do capital social.

Ocorre que o STF limitou o alcance da norma ao "capital subscrito a ser integralizado". O Tribunal Constitucional entendeu que o valor do imóvel que supera o montante destinado à integralização do capital subscrito, sendo, por exemplo, empregado na formação de reserva de capital, não deve ser imune ao ITBI.

Para compreender esse julgamento, vale lembrar que o art. 182, § 1º, "a" da Lei 6.404/1976 classifica como reserva de capital a conta que registrar a contribuição do subscritor de ações que ultrapassar o valor nominal e a parte do preço de emissão das ações sem valor nominal que ultrapassar a importância destinada à formação do capital social. O art. 178, § 2º, III, da Lei 6.404/1976, por sua vez, prevê o "capital social" e as "reservas de capital" como partes distintas que compõem o patrimônio líquido. Ou seja, a reserva de capital não integra o capital social[18].

Retomando a norma de imunidade do art. 156, § 2º, I, tem-se que o ITBI "não incide sobre a transmissão de bens ou direitos **incorporados ao patrimônio de pessoa jurídica em realização de capital**".

Na interpretação do STF, a contribuição dos sócios relativa à quantia superior ao montante subscrito não será imune ao ITBI. Conforme a ementa do RE 796.376 (grifo adicionado):

> (...) 1. A Constituição de 1988 imunizou a integralização do capital por meio de bens imóveis, não incidindo o ITBI sobre o valor do bem dado em pagamento do capital subscrito pelo sócio ou acionista da pessoa jurídica (art. 156, § 2º,). 2. A norma não imuniza qualquer incorporação de bens ou direitos ao patrimônio da pessoa jurídica, mas exclusivamente o pagamento, em bens ou direitos, que o sócio faz para integralização do capital social subscrito. Portanto, sobre a diferença do valor dos bens imóveis que superar o capital subscrito a ser integralizado, incidirá a tributação pelo ITBI. 3. Recurso Extraordinário a que se nega provimento. Tema 796, fixada a seguinte tese de repercussão geral: "**A imunidade em relação ao ITBI, prevista no inciso I do § 2º do art. 156 da Constituição Federal, não alcança o valor dos bens que exceder o limite do capital social a ser integralizado**".

Entendeu o STF que a incorporação ao patrimônio em realização de capital abrange apenas o capital social subscrito a ser integralizado, e não o valor do bem que exceder esse

18. BORBA, José Edwaldo Tavares. Direito Societário. 14ª edição. São Paulo: Atlas, 2015, p. 446.

valor. Considerou-se que apenas os bens destinados à formação do capital social estariam acobertados pela imunidade, o mesmo não se podendo dizer sobre o aporte destinado à reserva de capital.

3. IMPOSTO SOBRE SERVIÇOS

A Constituição prevê a competência municipal para o imposto sobre **serviços de qualquer natureza**, não compreendidos no art. 155, II da CF, **definidos em lei complementar** (CF, art. 156, III).

Essa disposição já traça uma linha divisória entre os serviços de comunicação e transporte interestadual e intermunicipal abrangidos pelo ICMS (art. 155, II da CF), além de conferir uma importante função à lei complementar, que deve definir os serviços que serão tributados pelos Municípios.

Do mesmo modo que ocorre no ICMS, o constituinte julgou necessário conferir papel de destaque ao legislador nacional no intuito de uniformizar as regras acerca da tributação dos serviços. Diante da possibilidade de conflitos de competência e de guerra fiscal entre Municípios, a Lei Complementar 116/2003 traz importantes normas a serem observadas pelos milhares de Municípios brasileiros na instituição do ISS.

Outra implicância desse caráter nacional do ISS é a determinação constitucional para que a lei complementar regule a forma e as condições como isenções, incentivos e benefícios fiscais serão concedidos e revogados (CF, art. 156, § 3º, III).

O ISS é um tributo indireto que onera o consumidor do serviço, visto que seu ônus econômico é suportado pelo tomador do serviço. Além disso, possui natureza fiscal, sendo utilizado como fonte de arrecadação dos Municípios.

Uma observação importante acerca do ISS diz respeito à sua legislação nacional. Atualmente, o diploma legal mais importante para o ISS é a Lei Complementar 116/2003. Contudo, a legislação anterior, Decreto-Lei 406/1968, não foi inteiramente revogado pela lei de 2003. Como será visto a seguir, há uma aplicação prática dessa conclusão no estudo da base de cálculo do ISS.

3.1 Fato gerador

O fato gerador do ISS é definido no art. 1º da Lei Complementar 116/2003 como a **prestação de serviços** constantes da lista anexa na mesma lei, ainda que esses não se constituam como atividade preponderante do prestador.

O fato gerador não diz respeito simplesmente a "serviços", mas sim a "prestação de serviços", o que pressupõe um negócio jurídico oneroso entre duas partes tendo como objeto um serviço previsto na lei complementar. Requisito para a constatação da materialidade do ISS é que o serviço seja prestado por uma pessoa a outra mediante um ajuste em que se estabelece um preço a ser pago.

De qualquer modo, o termo "serviço" continua sendo fundamental para a compreensão do fato gerador desse imposto. O serviço diz respeito à prestação de atividades, em que a prestação entregue tem como núcleo uma tarefa ou atividade, ainda que envolva o fornecimento de bens materiais. Segundo o voto do relator Gilmar Mendes no RE 634.764 (**repercussão geral**, j. 08.06.2020) o serviço tributável pelo ISS seria "uma **atividade humana prestada com finalidade econômica**". Por se enquadrar nesse conceito, inclusive, o STF considerou constitucional, nesse mesmo RE 634.764, "a incidência de ISS sobre serviços de distribuição e venda de bilhetes e demais produtos de loteria, bingos, cartões, pules ou cupons de apostas, sorteios e prêmios (item 19 da Lista de Serviços Anexa à Lei Complementar 116/2003)".

Nas ADIs 1945 e 5659, cujo julgamento ainda não foi concluído até o fechamento desta edição, o STF já formou maioria pela incidência do ISS (e não do ICMS) sobre operações envolvendo no licenciamento e na cessão de direito de uso de *software*. Conforme o entendimento apresentado no voto do Ministro Dias Toffoli, "o simples fato de o serviço encontrar-se definido em lei complementar como tributável pelo ISS já atrairia, em tese, a incidência tão somente desse imposto sobre o valor total da operação e afastaria a do ICMS". Acrescentou ainda o Ministro que "a noção de que a elaboração de um software é um serviço que resulta do esforço humano".

O serviço laboral regido pela legislação trabalhista, contudo, não é tributado por esse imposto, apesar de poder ser tida por "uma atividade humana prestada com finalidade econômica".

Os serviços a serem tributados pelo ISS são apenas os previstos na lista taxativa da Lei Complementar 116/2003. Apesar de ser possível encontrar na legislação um conceito legal de serviço[19], o STF já decidiu, com força de **repercussão geral** (RE 651.703, j. 29.09.2016), que o conceito de prestação de "serviços de qualquer natureza" e seu alcance no texto constitucional não é condicionado de forma imutável pela legislação ordinária. Nesse mesmo julgado, o Supremo refutou a assimilação do serviço ao conceito civilista de obrigação de fazer, deixando expressamente consignado (grifo adicionado):

> (...) o conceito de prestação de serviços não tem por premissa a configuração dada pelo Direito Civil, mas relacionado ao **oferecimento de uma utilidade para outrem, a partir de um conjunto de atividades materiais ou imateriais, prestadas com habitualidade e intuito de lucro**, podendo estar conjugada ou não com a entrega de bens ao tomador.

A partir dessa orientação, o STF entendeu que as **operadoras de planos de saúde realizam prestação de serviço sujeita ao ISS**[20].

Em consonância com essa premissa, não há um conceito civil que pode ser utilizado pelo legislador municipal para embasar a tributação de atividades independentemente da previsão expressa na lista anexa da Lei Complementar 116/2003, lista esta **taxativa**

19. Como, por exemplo, na Lei 8.078/1990 (Código de Defesa do Consumidor), art. 3º, § 2°: Serviço é qualquer atividade fornecida no mercado de consumo, mediante remuneração, inclusive as de natureza bancária, financeira, de crédito e securitária, salvo as decorrentes das relações de caráter trabalhista.
20. "(...) O regime jurídico tributário das empresas operadoras de planos de saúde, tributadas pelo ISSQN, não se aplica às seguradoras de saúde, posto estarem submetidas ao IOF, razão pela qual a eventual imposição também do imposto sobre serviços às últimas implicaria dupla tributação. (...)" (STF, RE 651703 ED-segundos, j. 28.02.2019).

(STJ, REsp 1.008.130, j. 03.06.2008). Apesar de reconhecer essa natureza exaustiva ou *numerus clausus*, o STF admite que a lista seja interpretada de modo amplo (RE 361.829, j. 13.12.2005), em relação aos tópicos nela presentes. Vale destacar que a discussão acerca da taxatividade da lista dos serviços da lei complementar do ISS foi solucionada em sede de **repercussão geral** no RE 784.439 (j. 29.06.2020), cuja ementa reconheceu ainda a possibilidade de interpretação extensiva dos serviços listados (grifos adicionados):

> (...) Ao determinar que compete à lei complementar definir os serviços tributáveis pelo ISS, a Constituição fez escolha pragmática para evitar que, a todo momento, houvesse dúvida se determinada operação econômica seria tributada como prestação de serviços ou de circulação de mercadorias, especialmente tendo em conta o caráter economicamente misto de muitas operações. 6. **Os precedentes judiciais formados por este Supremo Tribunal definiram interpretação jurídica no sentido do caráter taxativo das listas de serviços.** Nesse sentido: RE 361.829, Rel. Ministro Carlos Velloso, Segunda Turma, DJ de 24.2.2006; RE 464.844 AgR, Rel. Ministro Eros Grau, Segunda Turma, DJe de 09.5.2008; RE 450.342 AgR, Rel. Ministro Celso de Mello, Segunda Turma, DJ 03.8.2007. 7. As listas de serviços preveem ser irrelevante a nomenclatura dada ao serviço e trazem expressões para permitir a **interpretação extensiva** de alguns de seus itens, notadamente se socorrendo da fórmula "e congêneres". Não existe obstáculo constitucional contra esta sistemática legislativa. Excessos interpretativos que venham a ocorrer serão dirimíveis pelo Poder Judiciário. 8. **Embora a lei complementar não tenha plena liberdade de qualificar como serviços tudo aquilo que queira, a jurisprudência do Supremo Tribunal Federal não exige que ela inclua apenas aquelas atividades que o Direito Privado qualificaria como tais.** (...) Tese de repercussão geral: "É taxativa a lista de serviços sujeitos ao ISS a que se refere o art. 156, III, da Constituição Federal, admitindo-se, contudo, a incidência do tributo sobre as atividades inerentes aos serviços elencados em lei em razão da interpretação extensiva."

Outro julgado do STF que adotou uma interpretação ampla do termo "serviço" foi o **RE 592.905** (j. 02.12.2009), também sob o regime de **repercussão geral**. Nessa oportunidade, o Tribunal Constitucional definiu que o arrendamento mercantil ou *leasing*, nas modalidades *leasing* financeiro e *lease-back*[21], constitui típico financiamento, que estaria abrangido pelo conceito de serviço. Em relação a essas duas modalidades, seria possível a incidência do ISS, em consonância com a previsão do arrendamento mercantil na lista de serviços da Lei Complementar 116/2003:

> 15.09 – Arrendamento mercantil (leasing) de quaisquer bens, inclusive cessão de direitos e obrigações, substituição de garantia, alteração, cancelamento e registro de contrato, e demais serviços relacionados ao arrendamento mercantil (leasing).

Já o *leasing* operacional, para o STF, seria uma locação, com o preço para o exercício da opção de compra sendo o valor de mercado do bem arrendado. Por isso, o *leasing* operacional não seria classificado como um serviço.

---

21. No *leasing* financeiro a arrendadora adquire bens de um fabricante e o entrega ao arrendatário, que se compromete a uma contraprestação pelo uso do bem. Ao final dessa locação, é possível a devolução do bem à arrendadora, a renovação da locação ou a aquisição do bem por um preço residual. Já no *lease-back*, a arrendatária vende um bem de sua propriedade à arrendadora, conservando a posse do bem e recebendo um valor a título de preço da arrendadora. No *lease-back*, o bem sempre continua com a arrendadora, que entrega apenas a propriedade em troca de uma quantia monetária.

A decisão do RE 592.905 aproxima-se do RE 651.703 na medida em que o Supremo rejeitou a premissa de que os conceitos de direito privado da legislação ordinária seriam vinculantes na interpretação das expressões utilizadas pela Constituição na definição de competências tributárias[22]. No caso específico do ISS, observou-se que o constituinte utilizou a expressão ampla "serviços **de qualquer natureza**".

Dentre os casos já apreciados pelo STF que foram excluídos do conceito de serviço, destaca-se a locação de bens móveis.

A locação de bens móveis era prevista no item 79 da lista de serviços do Decreto-Lei 406/1968, que tratava do imposto sobre serviços antes da publicação da Lei Complementar 116/2003.

Analisando se a locação de bens móveis poderia ser compreendida dentro do tipo de serviço para fins de tributação pelos Municípios, o STF entendeu que a prestação de serviços envolve o esforço humano, não podendo se confundir a locação de serviços com a locação de bens móveis, conceitos estes que deveriam ser extraídos do direito privado (RE 116.121, j. 11.10.2000, voto do Ministro Marco Aurélio). Acrescentou-se ainda que a locação de bens móveis constitui obrigação de dar, em oposição à obrigação de fazer que caracteriza a prestação de serviço (voto do Ministro Celso de Mello).

Percebe-se que a premissa utilizada nesse julgamento foi a de uma prevalência dos conceitos de direito privado[23], em oposição ao que se decidiu no RE 784.439, onde se afastou a configuração de serviço do Direito Civil. De qualquer modo, a orientação quanto à **inconstitucionalidade da exigência de ISS sobre operações de locação de bens móveis** foi pacificada na **súmula vinculante 31**, segundo a qual "É inconstitucional a incidência do ISS sobre operações de locação de bens móveis".

Por fim, destaca-se que os serviços de registros públicos, cartorários e notariais são previstos no item 21 da lista anexa à Lei Complementar 116/2003. A esse respeito, o STF já decidiu, em **repercussão geral** (RE 759.915, j. 17.10.2013), que não há que se falar em aplicação da imunidade recíproca sobre esses serviços, uma vez serem exercidos em caráter privado e com intuito lucrativo. A percepção de remuneração pela prestação de tais serviços confirma a capacidade contributiva (ADI 3089, j. 13.02.2008). O fato de haver delegação do poder público nesses serviços não é suficiente para atrair a imunidade.

3.2 Contribuinte

A Lei Complementar elegeu o prestador do serviço como o contribuinte do imposto (art. 5º). Ressalva, contudo, a possibilidade de os Municípios e o Distrito Federal atribuir responsabilidade tributária a terceira pessoa vinculada indiretamente ao fato gerador (art. 6º da LC 116/2003 e art. 128 do CTN). O próprio parágrafo 2º do art. 6º da LC 116/2003

22. Voto do Ministro Cezar Peluso no RE 592.905: "O mundo moderno é extremamente mais complexo para poder ser explicado à luz da economia do mundo romano ou à luz dos institutos que ali os regiam.".

23. Conforme a ementa do RE 116.121: "Em Direito, os institutos, as expressões e os vocábulos têm sentido próprio, descabendo confundir a locação de serviços com a de móveis, práticas diversas regidas pelo Código Civil, cujas definições são de observância inafastável - artigo 110 do Código Tributário Nacional".

prevê hipóteses de responsabilidade tributária, como, por exemplo, a responsabilidade do tomador ou intermediário de serviço proveniente do exterior do País ou cuja prestação se tenha iniciado no exterior do País.

Em relação ao Município titular do imposto, o art. 3º da Lei Complementar 116/2003 dispõe que o serviço se considera prestado, e o imposto devido, no local do estabelecimento prestador ou, na falta de estabelecimento, no local do domicílio do prestador. A própria Lei Complementar, nos incisos do art. 3º, elenca hipóteses em que o ISS será devido em outro local. Por exemplo, o serviço proveniente do exterior será devido no local do estabelecimento do tomador ou intermediário do serviço ou, na falta de estabelecimento, onde ele estiver domiciliado. Outra exceção é a do inciso XXV do art. 3º da Lei Complementar 116/2003 (com a redação dada pela Lei Complementar 175/2020), que prevê ser o ISS devido no local do domicílio do tomador do serviço (destino) de arrendamento mercantil (*leasing*) de quaisquer bens.

O art. 4º complementa ao dizer que se considera estabelecimento prestador o local onde o contribuinte desenvolva a atividade de prestar serviços, de modo permanente ou temporário, e que configure unidade econômica ou profissional.

3.3 Base de cálculo

A base de cálculo do ISS é o preço do serviço (art. 7º da LC 116/2003). No caso de serviços prestados que envolvam o fornecimento de mercadorias, a base de cálculo do ISS incluirá tais mercadorias, desde que a Lei Complementar 116/2003, ao prever o serviço, não faça ressalva quanto à incidência do ICMS sobre as mercadorias fornecidas em conjunto com a prestação do serviço. Caso haja tal ressalva, haverá uma separação dos valores: sobre o valor do serviço incidirá o ISS e sobre o valor das mercadorias incidirá o ICMS.

Em relação ao serviço de construção civil, o STF considerou constitucional o art. 9º, § 2º do Decreto-Lei 406/1968, que permite a dedução, da base de cálculo do ISS, do valor dos materiais fornecidos pelo prestador dos serviços (RE 239.360 AgR, j. 17.06.2008), não havendo a incidência sobre o valor total do serviço. Esse entendimento foi reafirmado em **repercussão geral** no RE 603.497 AgR-segundo (j. 29.06.2020), com a seguinte tese: "O art. 9º, § 2º, do DL nº 406/1968 foi recepcionado pela ordem jurídica inaugurada pela Constituição de 1988". No voto da relatora, Ministra Rosa Weber, foi ainda explicitado que a aplicação do art. 9º, § 2º, "a", do DL 406/1968 restringe-se apenas àquelas hipóteses em que o prestador do serviço é contribuinte do ICMS e fornece mercadorias paralelamente à prestação do serviço.

Como se viu, o Decreto-Lei 406/1968 já trazia normas gerais acerca do ISS antes da edição da Lei Complementar 116/2003. Mesmo com o advento dessa última, algumas normas do Decreto-Lei foram mantidas no ordenamento, sendo aplicáveis até os dias atuais.

Outro exemplo de discussão sobre a base de cálculo do ISS é a disposição a respeito do ISS fixo para as sociedades profissionais.

O art. 9º, §§ 1º e 3º do Decreto-Lei 406/1968 dispõe que o ISS, em se tratando de sociedade prestadora de serviços profissionais (por exemplo, sociedade de advogados), pode ser calculado por meio de **alíquotas fixas ou variáveis em relação a cada profissional** habilitado, sócio, empregado ou não, que prestem serviços em nome da sociedade. O STF possui decisão do Plenário no sentido de que esses dispositivos foram recepcionados pela Constituição de 1988 (RE 220.323, j. 26.05.1999)[24]. O STJ, a seu turno, possuía jurisprudência consolidada pela aplicação do art. 9º, §§ 1º e 3º do Decreto-Lei 406/1968, que não teria sido revogado pela Lei Complementar 116/2003 (REsp 919.067, j. 02.08.2011). A **repercussão geral** dessa matéria foi reconhecida pelo STF no RE 940.769 (j. 24.04.2019), onde se decidiu pela inconstitucionalidade de lei municipal que estabelece impeditivos à submissão de sociedades profissionais de advogados ao regime de tributação fixa em bases anuais na forma estabelecida por lei nacional:

> (...) 1. A jurisprudência do STF se firmou no sentido da recepção do Decreto-Lei 406/1968 pela ordem constitucional vigente com *status* de lei complementar nacional, assim como pela **compatibilidade material da prevalência do cálculo do imposto por meio de alíquotas fixas, com base na natureza do serviço, não compreendendo a importância paga a título de remuneração do próprio labor.** Precedente: RE 220.323, de relatoria do Ministro Carlos Velloso, Tribunal Pleno, DJ 18.05.2001. 2. É inconstitucional lei municipal que disponha de modo divergente ao DL 46/1968 sobre base de cálculo do ISSQN, por ofensa direta ao art. 146, III, "a", da Constituição da República. 3. Reduziu-se o âmbito de incidência e contrariou-se o comando da norma prevista no art. 9º, §§1º e 3º, do Decreto-Lei 406/1968, por meio do código tributário porto-alegrense. Logo, há inconstitucionalidade formal em razão da inadequação de instrumento legislativo editado por ente federativo incompetente, nos termos do art. 146, III, "a", do Texto Constitucional. 4. Fixação de Tese jurídica ao Tema 918 da sistemática da repercussão geral: "**É inconstitucional lei municipal que estabelece impeditivos à submissão de sociedades profissionais de advogados ao regime de tributação fixa em bases anuais na forma estabelecida por lei nacional.**" (...)

A base de cálculo do ISS será o **valor da comissão no caso da empresa de mão de obra temporária que atue como intermediária** entre o contratante da mão de obra e o terceiro que é colocado no mercado de trabalho. Nesse caso, o ISS incide apenas sobre o preço do serviço pago ao agenciador, **excluídas as importâncias voltadas para o pagamento dos salários e encargos sociais dos trabalhadores.**

Diferente será a tributação pelo ISS quando a prestadora de serviço não se limita e intermediar a mão de obra, sendo também responsável pelo pagamento de salários, previdência social e demais encargos trabalhistas em relação aos trabalhadores. Em tal situação, a empresa de recrutamento é responsável pela remuneração dos trabalhadores, e os encargos trabalhistas devem ser incluídos no custo do serviço. Essa orientação foi consolidada na **súmula 524 do STJ**, que possui a seguinte redação:

> No tocante à base de cálculo, o ISSQN incide apenas sobre a taxa de agenciamento quando o serviço prestado por sociedade empresária de trabalho temporário for de intermediação,

24. "(...) I. - As normas inscritas nos §§ 1º e 3º, do art. 9º, do DL 406, de 1968, não implicam redução da base de cálculo do ISS. Elas simplesmente disciplinam base de cálculo de serviços distintos, no rumo do estabelecido no caput do art. 9º. Inocorrência de revogação pelo art. 150, § 6º, da C.F., com a redação da EC nº 3, de 1993. II. - Recepção, pela CF/88, sem alteração pela EC nº 3, de 1993 (CF, art. 150, § 6º), do art. 9º, §§ 1º e 3º, do DL. 406/68. III. - R.E. não conhecido. (RE 220.323, j. 26.05.1999)".

devendo, entretanto, englobar também os valores dos salários e encargos sociais dos trabalhadores por ela contratados nas hipóteses de fornecimento de mão de obra.

Assim é que, para o STJ, se a prestação de serviço de mão de obra temporária é realizada através de pessoal contratado pelas empresas de recrutamento, não há que se falar em intermediação, devendo a base de cálculo do ISS abranger não só a taxa de agenciamento, mas também os encargos trabalhistas assumidos pela prestadora do serviço (REsp 1.138.205, **repetitivo**, j. 09.12.2009). A ementa do REsp 1.138.205 merece ser parcialmente transcrita pelas suas lições didáticas, diferenciando as situações:

> (...) As empresas de mão-de-obra temporária podem encartar-se em duas situações, em razão da natureza dos serviços prestados: (i) como intermediária entre o contratante da mão-de-obra e o terceiro que é colocado no mercado de trabalho; (ii) como prestadora do próprio serviço, utilizando de empregados a ela vinculados mediante contrato de trabalho.
>
> 3. A intermediação implica o preço do serviço que é a comissão, base de cálculo do fato gerador consistente nessas "intermediações".
>
> 4. O ISS incide, nessa hipótese, apenas sobre a taxa de agenciamento, que é o preço do serviço pago ao agenciador, sua comissão e sua receita, excluídas as importâncias voltadas para o pagamento dos salários e encargos sociais dos trabalhadores. Distinção de valores pertencentes a terceiros (os empregados) e despesas com a prestação. Distinção necessária entre receita e entrada para fins financeiro-tributários.
>
> 5. A exclusão da despesa consistente na remuneração de empregados e respectivos encargos da base de cálculo do ISS, impõe perquirir a natureza das atividades desenvolvidas pela empresa prestadora de serviços. Isto porque as empresas agenciadoras de mão-de-obra, em que o agenciador atua para o encontro das partes, quais sejam, o contratante da mão-de-obra e o trabalhador, que é recrutado pela prestadora na estrita medida das necessidades dos clientes, dos serviços que a eles prestam, e ainda, segundo as especificações deles recebidas, caracterizam-se pelo exercício de intermediação, sendo essa a sua atividade-fim.
>
> 6. Consectariamente, nos termos da Lei 6.019, de 3 de janeiro de 1974, se a atividade de prestação de serviço de mão-de-obra temporária é prestada através de pessoal contratado pelas empresas de recrutamento, resta afastada a figura da intermediação, considerando-se a mão-de-obra empregada na prestação do serviço contratado como custo do serviço, despesa não dedutível da base de cálculo do ISS (...)

Em se tratando da incidência do ISS sobre serviços de distribuição e venda de bilhetes e demais produtos de loteria, bingos, cartões, pules ou cupons de apostas, sorteios e prêmios, a base de cálculo do imposto municipal é o valor a ser remunerado pela prestação do serviço, independentemente da cobrança de ingresso, não podendo corresponder ao valor total da aposta (STF, RE 634.764, **repercussão geral**, j. 08.06.2020). Entendeu o STF que o serviço tributado, neste caso, é o de distribuição e venda de bilhetes e demais produtos de loteria, bingos, cartões, pules ou cupons de apostas, sorteios e prêmios, cuja remuneração não se dá pelo valor total da aposta.

No que diz respeito às alíquotas, a Constituição (art. 156, § 3º, I) determina que cabe à lei complementar fixar as alíquotas máximas e mínimas do ISS. O art. 8º, II da LC 116/2003 prevê a alíquota máxima de 5%, enquanto o art. 8º-A do mesmo diploma (incluído pela Lei Complementar 157/2016) estabelece a alíquota mínima de 2%.

3.4 Conflitos entre ISS e ICMS

Como já é sabido, o ISS incide sobre a prestação dos serviços de qualquer natureza definidos em lei complementar. O ICMS, de competência estadual, pode incidir sobre os serviços de comunicação e de transporte estadual e intermunicipal, que, por óbvio, não são sujeitos à competência municipal. O ISS, de acordo com o art. 156, III da CF, não abrange os serviços compreendidos sob a esfera do ICMS.

Ocorre que é possível a prestação de serviços simultaneamente com o fornecimento de mercadorias, hipótese que demanda uma análise cuidadosa das normas de competência desses dois tributos.

A primeira norma que prevê um critério de solução desse conflito de competência é de natureza constitucional. Trata-se do art. 155, § 2º, IX, *b* da CF, segundo o qual o ICMS incidirá sobre o valor total da operação, quando mercadorias forem fornecidas com serviços **não compreendidos na competência tributária dos Municípios**. Em se tratando de serviços prestados em conjunto com o fornecimento de mercadorias que não sejam previstos na lista Lei Complementar 116/2003, o ICMS incidirá não só sobre o valor das mercadorias, mas também sobre o valor dos serviços, não havendo a incidência do ISS.

Também a Lei Complementar 116/2003 dispõe sobre esse conflito de competência. Em seu art. 1º, § 2º, a LC 116/2003 prevê que os serviços da lista anexa não se sujeitam ao ICMS, ainda que sua prestação envolva fornecimento de mercadorias. Nessa hipótese, incidirá o ISS, de competência municipal, sobre o valor correspondente à prestação do serviço, somado a eventual bem ou mercadoria fornecidos em conjunto com o respectivo serviço. Assim dispõe expressamente o legislador complementar:

> LC 116/2003, art. 1º, § 2º. Ressalvadas as exceções expressas na lista anexa, os serviços nela mencionados não ficam sujeitos ao Imposto Sobre Operações Relativas à Circulação de Mercadorias e Prestações de Serviços de Transporte Interestadual e Intermunicipal e de Comunicação – ICMS, ainda que sua prestação envolva fornecimento de mercadorias.

O dispositivo acima reproduzido é iniciado com uma ressalva. **É possível que a enumeração do serviço ressalve a incidência do ICMS quando houver prestação em conjunto com o fornecimento de mercadorias.** Em sendo assim, haverá uma separação de valores: **o montante correspondente ao serviço será tributado pelo ISS e o valor da(s) mercadoria(s) sofrerá a incidência do ICMS.** Exemplificando, é possível citar o serviço de recondicionamento de motores, previsto no item 14.03 da lista anexa da LC 116/2003:

> 14.03 – Recondicionamento de motores (**exceto peças e partes empregadas, que ficam sujeitas ao ICMS**). (grifamos).

Sintetizando, o fornecimento de mercadorias em conjunto com a prestação de serviços pode ter os seguintes regimes tributários:

- Incidência exclusiva do ICMS – fornecimento de mercadorias em conjunto com a prestação de serviços não sujeitos à tributação do ISS pelos Municípios;

- Incidência exclusiva do ISS – fornecimento de mercadorias em conjunto com prestação de serviços sujeitos ao ISS, sem que haja ressalva quanto à incidência do ICMS;
- Incidência do ICMS sobre as mercadorias e do ISS sobre os serviços - fornecimento de mercadorias em conjunto com prestação de serviços sujeitos ao ISS, ressalvando-se a incidência do ICMS quanto às mercadorias.

Além dessas dificuldades acima, há também a possibilidade de discussão a respeito da existência ou não de um serviço a ser tributado pelo ISS quando do fornecimento de mercadorias ou produtos que envolvem certo grau de personalização.

Uma dessas controvérsias diz respeito à **industrialização por encomenda de embalagens** que se integram no ciclo de produção e circulação de mercadorias. Os Municípios pretendiam inserir essa atividade econômica no item 13.05 da lista anexa da Lei Complementar 116/2003, mais especificamente no serviço de composição gráfica.

Apreciando a tributação da atividade de confecção de embalagens por encomenda, o STJ assim decidiu, em **repetitivo** (REsp 1.092.206, j. 11.03.2009):

> As operações de composição gráfica, como no caso de impressos personalizados e sob encomenda, são de natureza mista, sendo que os serviços a elas agregados estão incluídos na Lista Anexa ao Decreto-Lei 406/68 (item 77) e à LC 116/03 (item 13.05). Consequentemente, tais operações estão sujeitas à incidência de ISSQN (e não de ICMS).

Entendeu-se nesse julgado que deveria ser aplicada a **súmula 156 do STJ**, segundo a qual "a prestação de serviço de composição gráfica, personalizada e sob encomenda, ainda que envolva fornecimento de mercadorias, está sujeita, apenas, ao ISS".

O STF, contudo, adotou orientação diversa.

No julgamento da medida cautelar da ADI 4389 (j. 13.04.2011), o STF decidiu de modo contrário aos Municípios, entendendo que **o ISS não incide sobre operações de industrialização por encomenda de embalagens, destinadas à integração ou utilização direta em processo subsequente de industrialização ou de circulação de mercadoria**. Poderia haver, nesse caso, a incidência do ICMS, se presentes os requisitos constitucionais e legais. A confecção de embalagens personalizadas para acondicionamento de mercadorias seria uma etapa do ciclo de produção e circulação de mercadorias, não sendo sujeita ao ISS. O preponderante nessa atividade seria a venda de embalagens (ainda que sob encomenda e personalizadas), e não o serviço de composição gráfica.

Uma outra discussão semelhante envolveu as atividades praticadas pelas farmácias de manipulação no RE 605.552 (j. 05.08.2020), onde se definiu em **repercussão geral** que "incide o ISS sobre as operações envolvendo o preparo e o fornecimento de medicamentos encomendados para posterior entrega aos fregueses, em caráter pessoal, para consumo; incide o ICMS sobre os medicamentos de prateleira por elas produzidos, ofertados ao público consumidor". Procedeu-se, portanto, a uma distinção entre a atuação das farmácias de manipulação como prestadoras de serviço e como comerciantes.

3.5 Importação e exportação de serviços

A Constituição dispõe que cabe à lei complementar excluir da incidência do ISS exportações de serviços para o exterior (CF, art. 156, § 3º, II). Trata-se de uma **isenção heterônoma**, pois a desoneração será concedida por lei de pessoa política diversa (União, através de lei complementar) daquela que é competente para instituir o imposto (Município). Foge à regra de que a isenção deve ser concedida pelo ente político competente para a instituição do respectivo tributo.

Com base na permissão constitucional, a Lei Complementar 116/2003 aplica o **princípio do destino** na tributação dos serviços importados e exportados. Significa isso que os serviços devem ser tributados, em se tratando de prestações transfronteiriças, apenas no país de destino, desonerando-se a tributação no país da origem do serviço. Em outras palavras, a importação do serviço é tributada, enquanto a exportação de serviço é exonerada. Assim estão redigidos os dispositivos (grifo adicionado):

> LC 116/2003, art. 1º, § 1º O imposto incide também sobre o serviço proveniente do exterior do País ou cuja prestação se tenha iniciado no exterior do País.
>
> Art. 2º O imposto não incide sobre: I – as exportações de serviços para o exterior do País; (...) Parágrafo único **Não se enquadram no disposto no inciso I os serviços desenvolvidos no Brasil, cujo resultado aqui se verifique**, ainda que o pagamento seja feito por residente no exterior.

São inúmeras as celeumas sobre como se identificar uma importação ou exportação de serviço diante das possibilidades tecnológicas. Uma palestra de treinamento, por exemplo, pode ser realizada mediante videoconferência em um país e ser transmitida simultaneamente em inúmeros países, sendo paga por uma empresa em jurisdição diversa. Um parecer jurídico pode ser encomendado por uma empresa brasileira a um advogado canadense que mora no México para opinar sobre um processo judicial a ser resolvido na Argentina. Ou ainda, um *software* pode ser desenvolvido por vários profissionais residentes em países distintos e sob supervisão de uma empresa americana para ser vendido e utilizado por uma empresa alemã em negócios no Brasil. Acrescente-se a esse cenário a possibilidade de a fonte de pagamento situar-se em jurisdição totalmente diversa.

Há um julgado do STJ a respeito desse assunto que merece ser comentado. Trata-se do REsp 831.124 (j. 15.08.2006), que enfrentou questionamento sobre a tributação de serviços de reparo de motores e turbinas de aeronaves realizados no território nacional em benefício de empresas aéreas situadas no exterior. Os motores e turbinas eram enviados ao Brasil para reparo pela empresa brasileira e após o conserto, testados e devolvidos à empresa estrangeira.

A empresa brasileira que efetuava o reparo alegava que, embora o serviço de reparo de aeronave fosse realizado em território nacional, tratava-se de exportação de serviço (não tributada pelo ISS), pois o serviço só restaria concluído após seu pagamento e verificação pelos clientes estrangeiros da utilidade do serviço. Contrariando essa pretensão, o STJ entendeu que o resultado do serviço ocorreria no Brasil, já que o efetivo conserto do equipamento havia se dado em território nacional, não havendo, portanto, exportação de serviço no caso[25]. Incidiria, assim, o parágrafo único do art. 2º da LC 116/2003, que preceitua não se enquadrar como exportação de serviço se o resultado da prestação se verificar no Brasil, ainda que o pagamento seja feito por residente no exterior. Para o STJ, resultado de serviço tem o sentido de consumação material da atividade.

3.6 O ISS na economia digital - robôs, *software as a service* e *streaming*

Como já exposto no decorrer do estudo do ISS, a jurisprudência do STF tem conferido ao termo "serviço" uma acepção ampla, desapegada das condicionantes do direito privado. No voto do relator Gilmar Mendes no RE 634.764 (**repercussão geral**, j. 08.06.2020), por exemplo, o serviço tributável pelo ISS seria "uma **atividade humana prestada com finalidade econômica**". Também abraçando a vastidão do vocábulo, o STF decidiu que o conceito de prestação de serviços guarda relação com o "oferecimento de uma utilidade para outrem, a partir de um conjunto de atividades materiais ou imateriais, prestadas com habitualidade e intuito de lucro" (RE 651.703, **repercussão geral**, j. 29.09.2016).

Partindo de uma ideia mais aberta de "serviços", a Lei Complementar 116/2003 traz em sua lista anexa os serviços "de informática e congêneres" (item 1), utilizando a expressão "e congênenres" para deixar clara a amplitude desse campo de atividades. Os serviços de informática podem ser entendidos como aqueles que podem ser realizados de modo automatizado, com uma intervenção humana de modo indireto.

É possível, por exemplo, que um serviço de informática atenda a determinada necessidade específica de seu consumidor apenas mediante a execução de dados sem uma atuação humana direta naquele caso. As oportunidades abertas pela inteligência artificial ampliam cada vez mais as possibilidades de as máquinas proporcionarem uma quantidade maior de utilidades de forma autônoma e independente.

Nessa linha evolutiva é que já se fala em tributação de robôs, discutindo-se se o robô poderia ser classificado como um prestador de serviço. Esse cenário pode tornar defasado o conceito acima exposto no voto do Ministro Gilmar Mendes do serviço como "uma atividade **humana** prestada com finalidade econômica".

Apesar de ser intuitiva a ideia de impossibilidade de tributação de robôs por ausência de personalidade jurídica, cumpre esclarecer que já é cogitado um reconhecimento de "personalidade eletrônica" a robôs que possam tomar decisões autônomas, como se pode ver do Relatório do Parlamento Europeu que contém recomendações à Comissão sobre disposições de Direito Civil sobre Robótica (grifos adicionados):

> (...) Criar um estatuto jurídico específico para os robôs a longo prazo, de modo a que, pelo menos, os **robôs autónomos mais sofisticados possam ser determinados como detentores do estatuto de pessoas eletrónicas** responsáveis por sanar quaisquer danos

25. "(...) para que se descaracterize a exportação é necessário, cumulativamente, que os serviços de desenvolvam no País e também aqui se verifique seu resultado. Assim, ainda que o serviço se desenvolva no País, não fica descaracterizada a exportação, desde que seu resultado se verifique no exterior." (SCHOUERI, Luís Eduardo. ISS sobre a Importação de Serviços do Exterior. *In*: Revista Dialética de Direito Tributário n. 100. São Paulo: Dialética, 2004, p. 45).

> que possam causar e, eventualmente, **aplicar a personalidade eletrónica a casos em que os robôs tomam decisões autónomas ou em que interagem por qualquer outro modo com terceiros de forma independente**[26]

Em uma realidade na qual um objeto de vida autônoma, como o plantoide Okhaos, possuem carteiras próprias de *bitcoins* por meio da qual recebem doações e podem inclusive contratar artistas para criação de novas formas de platoides[27], a possibilidade de tributação de um robô que presta serviço pode passar de um devaneio nos dias atuais para uma necessidade em um futuro não tão distante.

Inclusive, há quem vislumbe, na previsão no âmbito federal de serviços técnicos "decorrente de estruturas automatizadas com claro conteúdo tecnológico" (art. 17, § 1º, II, "a" da Instrução Normativa RFB n. 1.455/2014), uma "iniciativa que pretende impor tributação sobre robôs"[28].

Para que se pense em uma tributação de serviços executados por robôs, deve-se buscar tal possibilidade na lista anexa à Lei Complementar 116/2003, diante na natureza taxativa dos serviços tributáveis pelos municípios. Dentre os serviços de informática, os previstos no item 1.07 ("Suporte técnico em informática, inclusive instalação, configuração e manutenção de programas de computação e bancos de dados") podem ensejar a tributação pelo ISS ainda que prestados por robôs, de forma automatizada. O mesmo pode ser dito dos serviços do item 1.03 ("Processamento de dados e congêneres").

Também os serviços descritos no item 1.05 ("Licenciamento ou cessão de direito de uso de programas de computação") podem, a depender da forma de prestação, ser classificados como serviços que "decorrem de estruturas automatizadas com claro conteúdo tecnológico", como já entendeu a Receita Federal na Solução de Consulta 191/2017[29]. Nessa consulta, a Receita Federal enfrentou situação na qual determinada empresa comercializava autorizações de acesso e uso dos intitulados *Software as a Service* (SaaS), que podem ser acessados de qualquer computador ou dispositivo móvel pelos usuários, por meio de senha e de forma remota, pela *internet*.

Do ponto de vista da tributação municipal, o "*Software as a Service*" deve ser inserido no item 1.05, legitimando-se a incidência do ISS. Ressalte-se que o STF reconheceu, em 20.09.2012, a existência de **repercussão geral** no RE 688.223, onde se discute a classificação

---

26. Parlamento Europeu. Relatório que contém recomendações à Comissão sobre disposições de Direito Civil sobre Robótica (2015/2103(INL)), p. 20. Disponível em: "https://www.europarl.europa.eu/doceo/document/A-8-2017-0005_PT.pdf". Acesso em 03.10.2020.
27. POLIZELLI, Victor Borges. Jogos de realidade virtual e robótica: desafios para a tributação de humanos no mundo virtual e robôs no mundo real. In: Tributação da economia digital: desafios no Brasil, experiência internacional e novas perspectivas. São Paulo: Saraiva, 2018, p. 862.
28. POLIZELLI, Victor Borges. Jogos de realidade virtual e robótica: desafios para a tributação de humanos no mundo virtual e robôs no mundo real. In: Tributação da economia digital: desafios no Brasil, experiência internacional e novas perspectivas. São Paulo: Saraiva, 2018, p. 864-865.
29. Entendendo que o caso analisado na consulta em questão deveria ser enquadrado como "importação de licença de distribuição de *software standard*" ou "importação de mercadoria, na concepção do STF para a licença de *software standard*": ROLIM, João Dácio; LARA, Daniela Silveira. A tributação de IRRF na importação de cloud computing no Brasil e as soluções analisadas na Ação 1 do BEPS. *In*: Tributação da economia digital: desafios no Brasil, experiência internacional e novas perspectivas. São Paulo: Saraiva, 2018, p. 54.

do licenciamento ou cessão de direito de programas de computador personalizados (*software*) como serviços tributáveis pelo ISS.

Nas ADIs 1945 e 5659, cujo julgamento ainda não foi concluído até o fechamento desta edição, o STF já formou maioria pela incidência do ISS (e não do ICMS) sobre operações envolvendo no licenciamento e na cessão de direito de uso de *software*. Conforme o entendimento apresentado no voto do Ministro Dias Toffoli, "o simples fato de o serviço encontrar-se definido em lei complementar como tributável pelo ISS já atrairia, em tese, a incidência tão somente desse imposto sobre o valor total da operação e afastaria a do ICMS". Acrescentou ainda o Ministro que "a noção de que a elaboração de um software é um serviço que resulta do esforço humano, seja o software".

No âmbito do Tribunal de Justiça de São Paulo, já se decidiu pela incidência do ISS sobre os contratos de *software as a service*, por se tratar de prestação de serviço (Apelação Cível 0006496-32.2013.8.26.0053, j. 25.09.2014).

As novas formas de atuação econômica proporcionadas pelas inovações tecnológicas tornaram populares os serviços de "*streaming*", pelos quais o usuário acessa diversas formas de conteúdo, como sons, vídeos e imagens através de um fluxo de dados na *internet*, sem necessidade de realização de *download* do arquivo a ser utilizado. Na definição do STJ (REsp 1.559.264, j. 08.02.2017):

> (...) 2. Streaming é a tecnologia que permite a transmissão de dados e informações, utilizando a rede de computadores, de modo contínuo. Esse mecanismo é caracterizado pelo envio de dados por meio de pacotes, sem a necessidade de que o usuário realize download dos arquivos a serem executados.
> 3. O streaming é gênero que se subdivide em várias espécies, dentre as quais estão o simulcasting e o webcasting. Enquanto na primeira espécie há transmissão simultânea de determinado conteúdo por meio de canais de comunicação diferentes, na segunda, o conteúdo oferecido pelo provedor é transmitido pela internet, existindo a possibilidade ou não de intervenção do usuário na ordem de execução.

Enxergando a relevância dessas atividades, a Lei Complementar 157/2016 incluiu-as dentre os serviços de informática tributadas pelo ISS, a saber:

> 1.09 - Disponibilização, sem cessão definitiva, de conteúdos de áudio, vídeo, imagem e texto por meio da internet, respeitada a imunidade de livros, jornais e periódicos (exceto a distribuição de conteúdos pelas prestadoras de Serviço de Acesso Condicionado, de que trata a Lei nº 12.485, de 12 de setembro de 2011, sujeita ao ICMS).

José Eduardo Soares de Melo entende que as atividades descritas no item 1.09 da lista de serviços anexa à Lei Complementar 116/2003 "não caracterizam negócio jurídico relativo a um fazer", tratando-se de "cessão de direitos"[30].

30. MELO. José Eduardo Soares de. A Lei Complementar n. 157/2016 à luz da Constituição Federal: aspectos relacionados à retroatividade e aos campos de incidência do ICMS e do ISS na atividade de difusão de vídeos, áudio e textos pela internet. In: Tributação da economia digital: desafios no Brasil, experiência internacional e novas perspectivas. São Paulo: Saraiva, 2018, p. 275.

Essa corrente que segrega a cessão de direitos do serviço parece se basear em uma leitura estrita das novas atividades econômicas à luz das categorias do direito privado. A noção tributária de serviço, contudo, não deve ser limitada pelas atividades que os civilistas qualificam como tais, como já decidiu expressamente o STF no RE 651.703, submetido à sistemática de **repercussão geral**.

4. QUADRO SINÓTICO

IMPOSTO SOBRE A PROPRIEDADE PREDIAL E TERRITORIAL URBANA		
» o IPTU é um tributo que incide sobre o patrimônio, caracterizando-se como **imposto real** e **fiscal**, embora se vislumbre tons de extrafiscalidade com a diferenciação de alíquotas de acordo com a localização e o uso do imóvel (CF. art. 156, § 1º, II) ou ainda com a progressividade no tempo (CF, art. 182, § 4º, II).		1
Fato gerador	» o fato gerador do IPTU é a propriedade, o domínio útil ou a posse de bem imóvel por natureza ou por acessão física, como definido na lei civil, localizado na zona urbana do Município. » o STJ possui decisões reiteradas no sentido de que apenas a **posse *animus domini*** pode ser fato gerador do IPTU (AgRg no REsp 1.034.641, j. 22.10.2013). » o art. 32, § 1º do CTN dispõe que a zona urbana do Município deve ser definida em lei municipal, obedecendo-se, contudo, um requisito mínimo consistente na existência de ao menos dois melhoramentos elencados no dispositivo: CTN, art. 32, § 1º Para os efeitos deste imposto, entende-se como zona urbana a definida em lei municipal; observado o requisito mínimo da existência de melhoramentos indicados em pelo menos 2 (dois) dos incisos seguintes, construídos ou mantidos pelo Poder Público: I - meio-fio ou calçamento, com canalização de águas pluviais; II - abastecimento de água; III - sistema de esgotos sanitários; IV - rede de iluminação pública, com ou sem posteamento para distribuição domiciliar; V - escola primária ou posto de saúde a uma distância máxima de 3 (três) quilômetros do imóvel considerado. » se o imóvel for considerado por lei municipal como situado em área urbanizável ou de expansão urbana, incidirá o IPTU por autorização do art. 32, § 2º do CTN, não sendo necessário indagar a respeito da presença dos melhoramentos mencionados no art. 32, § 1º do CTN. Os dispositivos são, portanto, excludentes. » súmula 626 do STJ: "A incidência do IPTU sobre imóvel situado em área considerada pela lei local como urbanizável ou de expansão urbana não está condicionada à existência dos melhoramentos elencados no art. 32, § 1º, do CTN.".	1.1

Contribuinte	» contribuinte do IPTU é o proprietário do imóvel, o titular do seu domínio útil, ou o seu possuidor a qualquer título. » o STJ possui orientação já sedimentada em recurso **repetitivo** no sentido de que "tanto o promitente comprador quanto o proprietário (promitente vendedor, que tem a propriedade registrada no Cartório de Registro de Imóveis) são legitimados para figurar no polo passivo em demandas à cobrança do IPTU" (REsp 1.110.551. **repetitivo**, j. 10.06.2009). » súmula 399 do STJ: "Cabe à legislação municipal estabelecer o sujeito passivo do IPTU". » o STF, no RE 594.015 (**repercussão geral**, j. 06.04.2017) adotou a posição de que a empresa arrendatária de terreno da União estaria abarcada pelo conceito de contribuinte do IPTU, não havendo posse precária, pois o particular teria quase todas as prerrogativas do proprietário (voto do Ministro Luís Barroso). » em caso de contrato de concessão de uso por meio do qual um bem público é cedido a pessoa jurídica de direito privado, o STF fixou a seguinte tese de **repercussão geral** (RE 601.720, j. 19.04.2017): "Incide o IPTU, considerado imóvel de pessoa jurídica de direito público cedido a pessoa jurídica de direito privado, devedora do tributo."	1.2
Base de cálculo	» o art. 33 do CTN define a base de cálculo do IPTU como o valor venal do imóvel. Essa grandeza alcança não apenas o valor do terreno, mas também as construções, edificações. Essa é uma diferença em relação à base de cálculo ITR, que considera apenas o valor da terra nua. » súmula 160 do STJ: "É defeso ao município atualizar o IPTU, mediante decreto, em percentual superior ao índice oficial de correção monetária". No mesmo sentido é a tese de **repercussão geral** no RE 648.245 (j. 01.08.2013): "A majoração do valor venal dos imóveis para efeito da cobrança de IPTU não prescinde da edição de lei em sentido formal, exigência que somente se pode afastar quando a atualização não excede os índices inflacionários anuais de correção monetária".	1.3
Progressividade	» desde a redação originária de 1988, o § 1º do art. 156 determinava que o IPTU poderia ser progressivo de forma a assegurar o cumprimento da função social da propriedade. » no ano de 2000, veio a lume a Emenda Constitucional 29, que acrescentou duas novas possibilidades em relação às alíquotas do IPTU: a) uma **progressividade em razão do valor do imóvel**; e b) **alíquotas diferentes de acordo com a localização e o uso do imóvel**. » súmula 668 do STF: "É inconstitucional a lei municipal que tenha estabelecido, antes da Emenda Constitucional 29/2000, alíquotas progressivas para o IPTU, salvo se destinada a assegurar o cumprimento da função social da propriedade urbana". Esse entendimento foi ainda reafirmado em sede de **repercussão geral** (AI 712.743 QO-RG, j. 12.03.2009) com a fixação de tese de redação idêntica à da súmula 668 do STF. » súmula 589 do STF: "É inconstitucional a fixação de adicional progressivo do imposto predial e territorial urbano em função do número de imóveis do contribuinte".	1.4

IMPOSTO SOBRE A TRANSMISSÃO *"INTER VIVOS"*, A QUALQUER TÍTULO, POR ATO ONEROSO, DE BENS IMÓVEIS, POR NATUREZA OU ACESSÃO FÍSICA, E DE DIREITOS REAIS SOBRE IMÓVEIS, EXCETO OS DE GARANTIA, BEM COMO CESSÃO DE DIREITOS A SUA AQUISIÇÃO		
» o imposto sobre a transmissão *inter vivos* de bens imóveis e de direitos reais sobre imóveis passou a ser de competência municipal com a Constituição de 1988. Esse imposto contrapõe-se ao ITCMD, de competência estadual, que alcança as transmissões a título gratuito, seja a título de doação, seja a título de sucessão *causa mortis*. Já o ITBI abarca apenas transmissões onerosas e *inter vivos* de imóveis ou de direitos reais sobre imóveis.		2
Fato gerador	» o fato gerador do ITBI deve ser a transmissão **onerosa** de bens imóveis ou de direitos reais sobre imóveis. » a aquisição de propriedade de modo originário, como usucapião e desapropriação, não enseja a incidência do ITBI, pois nesses casos não há onerosidade.	2.1
Contribuinte	» segundo o art. 42 do CTN, contribuinte do ITBI é qualquer das partes da obrigação tributada, conforme dispuser a lei municipal.	2.2
Base de cálculo	» a base de cálculo do ITBI é o valor venal dos bens ou direitos transmitidos (art. 38 do CTN). Apesar de a expressão valor venal também ser utilizada também quando da definição da base de cálculo do IPTU, não há identidade entre tais grandezas. » súmula 656 do STF: "É inconstitucional a lei que estabelece alíquotas progressivas para o imposto de transmissão inter vivos de bens imóveis - ITBI com base no valor venal do imóvel.". » posteriormente, contudo, o STF admitiu, em sede de **repercussão geral** (RE 562.045, j. 06.02.2013), ser possível a fixação de alíquotas progressivas para o ITCMD (imposto real da mesma forma que o ITBI), independentemente de autorização expressa na Constituição. Com isso, a posição que ensejou a edição da súmula 656 do STF encontra-se superada.	2.3
Imunidade específica do ITBI	» o art. 156, § 2º, I da Constituição traz a seguinte imunidade do ITBI: CF, art. 156, § 2º O imposto previsto no inciso II: I - não incide sobre a transmissão de bens ou direitos incorporados ao patrimônio de pessoa jurídica em realização de capital, nem sobre a transmissão de bens ou direitos decorrente de fusão, incorporação, cisão ou extinção de pessoa jurídica, salvo se, nesses casos, a atividade preponderante do adquirente for a compra e venda desses bens ou direitos, locação de bens imóveis ou arrendamento mercantil » no RE 796.376 (j. 05.08.2020), julgado em sede de **repercussão geral**, o Supremo analisou controvérsia em que a autoridade tributária municipal entendeu que a imunidade do ITBI deve abranger apenas o valor estabelecido a título de capital social, exigindo o ITBI sobre a diferença entre o valor do capital social e o valor dos imóveis integralizados. Foi fixada a seguinte tese: "A imunidade em relação ao ITBI, prevista no inciso I do § 2º do art. 156 da Constituição Federal, não alcança o valor dos bens que exceder o limite do capital social a ser integralizado".	2.4

<table>
<tr><th colspan="2">3. IMPOSTO SOBRE SERVIÇOS</th><th></th></tr>
<tr><td colspan="2">» a Constituição prevê a competência municipal para o imposto sobre serviços de qualquer natureza, não compreendidos no art. 155, II da CF, definidos em lei complementar (CF, art. 156, III).
» o ISS é um tributo indireto que onera o consumidor do serviço, visto que seu ônus econômico é suportado pelo tomador do serviço. Além disso, possui natureza fiscal, sendo utilizado como fonte de arrecadação dos Municípios.</td><td>3</td></tr>
<tr><td>Fato gerador</td><td>» o fato gerador do ISS é definido no art. 1º da Lei Complementar 116/2003 como a prestação de serviços constantes da lista anexa na mesma lei, ainda que esses não se constituam como atividade preponderante do prestador.
» o STF já decidiu, com força de repercussão geral (RE 651.703, j. 29.09.2016), que o conceito de prestação de "serviços de qualquer natureza" e seu alcance no texto constitucional não é condicionado de forma imutável pela legislação ordinária. Nesse mesmo julgado, o STF entendeu que as operadoras de planos de saúde realizam prestação de serviço sujeita ao ISS
» a discussão acerca da taxatividade da lista dos serviços da lei complementar do ISS foi solucionada em sede de repercussão geral no RE 784.439 (j. 29.06.2020), onde se reconheceu ainda a possibilidade de interpretação extensiva dos serviços listados.
» súmula vinculante 31 do STF: "É inconstitucional a incidência do ISS sobre operações de locação de bens móveis".</td><td>3.1</td></tr>
<tr><td>Contribuinte</td><td>» a Lei Complementar elegeu o prestador do serviço como o contribuinte do imposto (art. 5º). Ressalva, contudo, a possibilidade de os Municípios e o Distrito Federal atribuir responsabilidade tributária a terceira pessoa vinculada indiretamente ao fato gerador (art. 6º da LC 116/2003 e art. 128 do CTN). O próprio parágrafo 2º do art. 6º da LC 116/2003 prevê hipóteses de responsabilidade tributária, como, por exemplo, a responsabilidade do tomador ou intermediário de serviço proveniente do exterior do País ou cuja prestação se tenha iniciado no exterior do País.</td><td>3.2</td></tr>
<tr><td>Base de cálculo</td><td>» a base de cálculo do ISS é o preço do serviço (art. 7º da LC 116/2003). No caso de serviços prestados que envolvam o fornecimento de mercadorias, a base de cálculo do ISS incluirá tais mercadorias, desde que a Lei Complementar 116/2003, ao prever o serviço, não faça ressalva quanto à incidência do ICMS sobre as mercadorias fornecidas em conjunto com a prestação do serviço. Caso haja tal ressalva, haverá uma separação dos valores: sobre o valor do serviço incidirá o ISS e sobre o valor das mercadorias incidirá o ICMS.</td><td>3.3</td></tr>
<tr><td>Conflitos entre ISS e ICMS</td><td>» é possível a prestação de serviços simultaneamente com o fornecimento de mercadorias, hipótese que demanda uma análise cuidadosa das normas de competência desses dois tributos.
» sintetizando, o fornecimento de mercadorias em conjunto com a prestação de serviços pode ter os seguintes regimes tributários:
✓ Incidência exclusiva do ICMS – fornecimento de mercadorias em conjunto com a prestação de serviços não sujeitos à tributação do ISS pelos Municípios;</td><td>3.4</td></tr>
</table>

	✓ Incidência exclusiva do ISS – fornecimento de mercadorias em conjunto com prestação de serviços sujeitos ao ISS, sem que haja ressalva quanto à incidência do ICMS; ✓ Incidência do ICMS sobre as mercadorias e do ISS sobre os serviços - fornecimento de mercadorias em conjunto com prestação de serviços sujeitos ao ISS, ressalvando-se a incidência do ICMS quanto às mercadorias. » analisando as atividades praticadas pelas farmácias de manipulação, o STF fixou, no RE 605.552 (j. 05.08.2020), a seguinte tese de **repercussão geral**: "incide o ISS sobre as operações envolvendo o preparo e o fornecimento de medicamentos encomendados para posterior entrega aos fregueses, em caráter pessoal, para consumo; incide o ICMS sobre os medicamentos de prateleira por elas produzidos, ofertados ao público consumidor".	
Importação e exportação de serviços	» a Constituição dispõe que cabe à lei complementar excluir da incidência do ISS exportações de serviços para o exterior (CF, art. 156, § 3º, II). Trata-se de uma **isenção heterônoma**, pois a desoneração será concedida por lei de pessoa política diversa (União, através de lei complementar) daquela que é competente para instituir o imposto (Município). » com base na permissão constitucional, a Lei Complementar 116/2003 aplica o **princípio do destino** na tributação dos serviços importados e exportados.: LC 116/2003, art. 1º, § 1º O imposto incide também sobre o serviço proveniente do exterior do País ou cuja prestação se tenha iniciado no exterior do País. Art. 2º O imposto não incide sobre: I – as exportações de serviços para o exterior do País; (...) Parágrafo único. **Não se enquadram no disposto no inciso I os serviços desenvolvidos no Brasil, cujo resultado aqui se verifique**, ainda que o pagamento seja feito por residente no exterior.	3.5
O ISS na economia digital - robôs, *software as a service* e *streaming*	» partindo de uma ideia mais aberta de "serviços", a Lei Complementar 116/2003 traz em sua lista anexa os serviços "de informática e congêneres" (item 1), utilizando a expressão "e congênenres" para deixar clara a amplitude desse campo de atividades. Os serviços de informática podem ser entendidos como aqueles que podem ser realizados de modo automatizado, com uma intervenção humana de modo indireto. » apesar de ser intuitiva a ideia de impossibilidade de tributação de robôs por ausência de personalidade jurídica, cumpre esclarecer que já é cogitado um reconhecimento de "personalidade eletrônica" a robôs que possam tomar decisões autônomas, como se pode ver do Relatório do Parlamento Europeu que contém recomendações à Comissão sobre disposições de Direito Civil sobre Robótica » os serviços descritos no item 1.05 ("Licenciamento ou cessão de direito de uso de programas de computação") podem, a depender da forma de prestação, ser classificados como serviços que	3.6

"decorrem de estruturas automatizadas com claro conteúdo tecnológico", como já entendeu a Receita Federal na Solução de Consulta 191/2017. Nessa consulta, a Receita Federal enfrentou situação na qual determinada empresa comercializava autorizações de acesso e uso dos intitulados *Software as a Service* (SaaS), que podem ser acessados de qualquer computador ou dispositivo móvel pelos usuários, por meio de senha e de forma remota, pela *internet*.

» as novas formas de atuação econômica proporcionadas pelas inovações tecnológicas tornaram populares os serviços de *"streaming"*, pelos quais o usuário acessa diversas formas de conteúdo, como sons, vídeos e imagens através de um fluxo de dados na *internet*, sem necessidade de realização de *download* do arquivo a ser utilizado. Enxergando a relevância dessas atividades, a Lei Complementar 157/2016 incluiu-as dentre os serviços de informática tributadas pelo ISS, a saber:

> 1.09 - Disponibilização, sem cessão definitiva, de conteúdos de áudio, vídeo, imagem e texto por meio da internet, respeitada a imunidade de livros, jornais e periódicos (exceto a distribuição de conteúdos pelas prestadoras de Serviço de Acesso Condicionado, de que trata a Lei nº 12.485, de 12 de setembro de 2011, sujeita ao ICMS).

5. SÚMULAS APLICÁVEIS

5.2 STF

Súmula vinculante 31: "É inconstitucional a incidência do ISS sobre operações de locação de bens móveis".

Súmula 589: "É inconstitucional a fixação de adicional progressivo do imposto predial e territorial urbano em função do número de imóveis do contribuinte".

656. "É inconstitucional a lei que estabelece alíquotas progressivas para o imposto de transmissão inter vivos de bens imóveis - ITBI com base no valor venal do imóvel.".

668. "É inconstitucional a lei municipal que tenha estabelecido, antes da Emenda Constitucional 29/2000, alíquotas progressivas para o IPTU, salvo se destinada a assegurar o cumprimento da função social da propriedade urbana".

5.3 STJ

160. "É defeso ao município atualizar o IPTU, mediante decreto, em percentual superior ao índice oficial de correção monetária".

399. "Cabe à legislação municipal estabelecer o sujeito passivo do IPTU".

626. "A incidência do IPTU sobre imóvel situado em área considerada pela lei local como urbanizável ou de expansão urbana não está condicionada à existência dos melhoramentos elencados no art. 32, § 1º, do CTN.".

6. QUESTÕES DE CONCURSOS PÚBLICOS

1. **(UFPR – Procurador Jurídico – Câmara de Curitiba - PR/2020) Sobre o IPTU, assinale a alternativa correta.**

   a) Não se pode exigir do proprietário o pagamento do IPTU quando ele sofreu invasão de sua propriedade por terceiros, defendeu-se por meio dos meios jurídicos apropriados e foi posteriormente expropriado pela municipalidade.

   b) O fisco, verificando a divisão de imóvel preexistente em unidades autônomas, pode proceder às novas inscrições de IPTU, desde que exista prévio registro das novas unidades em cartório de imóveis.

   c) É constitucional a atualização do IPTU, por ato do Executivo, ainda que em percentual superior aos dos índices oficiais.

   d) A restrição à utilização da propriedade referente a área de preservação permanente em parte de imóvel urbano (loteamento) afasta a incidência do IPTU.

   e) A maçonaria é considerada religião pelas Cortes Superiores, razão pela qual seus imóveis gozam de imunidade tributária.

2. **(UFPR – Procurador Jurídico – Câmara de Curitiba - PR/2020) Nos termos da Constituição Federal de 1988, compete aos Municípios instituir o Imposto sobre Propriedade Predial e Territorial Urbana (IPTU). Esse tributo, ademais, poderá ser progressivo em razão do valor do imóvel e ter alíquotas diferentes de acordo com a localização e o uso do imóvel. Sobre o IPTU, considere as seguintes afirmativas:**

   1. A base de cálculo do imposto é o valor venal do imóvel.

   2. Contribuinte do imposto é o proprietário do imóvel, o titular do seu domínio útil ou o seu locatário.

   3. Para fins de incidência do IPTU, a lei municipal pode considerar urbanas as áreas urbanizáveis, ou de expansão urbana, constantes de loteamentos aprovados pelos órgãos competentes, destinados à habitação, à indústria ou ao comércio.

   4. Nos Municípios com menos de 20.000 habitantes, admite-se a delegação da competência para instituir o IPTU ao Estado.

   Assinale a alternativa correta.

   a) Somente a afirmativa 4 é verdadeira.

   b) Somente as afirmativas 1 e 2 são verdadeiras.

   c) Somente as afirmativas 1 e 3 são verdadeiras.

   d) Somente as afirmativas 2, 3 e 4 são verdadeiras.

   e) As afirmativas 1, 2, 3 e 4 são verdadeiras.

3. **(UFPR – Procurador Jurídico – Câmara de Curitiba - PR/2020) Acerca do Imposto sobre a Propriedade Predial e Territorial Urbana (IPTU) progressivo no tempo, assinale a alternativa correta.**

   a) Mediante Lei Complementar municipal, o Município poderá conceder isenções ou anistias à tributação progressiva do IPTU.

   b) O IPTU progressivo no tempo poderá ser aplicado em caráter personalíssimo a proprietário de imóvel cuja destinação não cumpra a função social da propriedade.

   c) A progressividade do IPTU prescinde da edição de legislação municipal específica para que sua cobrança seja autorizada.

   d) A alíquota do IPTU poderá ser majorada por até cinco anos consecutivos caso o proprietário do imóvel não esteja em conformidade com as obrigações de parcelar, edificar ou utilizar.

   e) Caso a alíquota de IPTU atinja seu patamar máximo, o Município deverá proceder à desapropriação do imóvel por interesse social.

4. **(Vunesp – Procurador do Estado – PGE – SP/2018) Empresa Alfa, com estabelecimento único no Município de Diadema, contrata a empresa Beta, com estabelecimento único no Município de São Bernardo do Campo, para a demolição de edifício localizado no Município de São Caetano do Sul. Consideradas as regras sobre o aspecto espacial do Imposto Sobre Serviços de Qualquer Natureza - ISSQN, conforme a Lei Complementar Federal nº 116, de 2003, é correto afirmar que o ISSQN será devido**

   (A) para o Município de São Caetano do Sul, local da prestação do serviço, se, e somente se, o prestador do serviço lá estiver inscrito.

   (B) para o Município de Diadema, local do estabelecimento tomador do serviço, se, e somente se, houver previsão na lei municipal de responsabilização do tomador do serviço.

(C) para o Município de São Caetano do Sul, local da prestação do serviço.

(D) para o Município de Diadema, local do estabelecimento tomador do serviço.

(E) para o Município de São Bernardo do Campo, local do estabelecimento prestador do serviço.

5 **(Consulplan – Juiz de Direito – TJ – MG/2018) Acerca do Imposto Sobre Serviços de Qualquer Natureza (ISSQN), assinale a alternativa correta.**

A) O imposto incide também sobre o serviço proveniente do exterior do país ou cuja prestação se tenha iniciado no exterior do país, mas não incide sobre as exportações de serviços para o exterior do país.

B) A alíquota máxima do imposto é de 10% (dez por cento) nas capitais dos Estados e do Distrito Federal, e de 5% (cinco por cento) nos demais municípios, e a mínima de 2% (dois por cento), em qualquer caso.

C) Os municípios e o Distrito Federal poderão atribuir, de modo expresso, mediante lei, a responsabilidade pelo crédito tributário a terceira pessoa, vinculada ao fato gerador da respectiva obrigação, mantida a responsabilidade do contribuinte, salvo quanto à multa e aos acréscimos legais.

D) Considera-se estabelecimento prestador o local onde o contribuinte desenvolva a atividade de prestar serviços de modo permanente e, excepcionalmente, onde a desenvolva de modo temporário, dependendo da efetiva denominação do estabelecimento utilizada (sede, filial, agência, posto de atendimento, sucursal, escritório de representação ou contato).

6 **(IESES – Cartório – Provimento – TJ – CE/2018) Considerando a legislação complementar acerca do Imposto Sobre Serviços - ISS, especialmente a Lei Complementar n° 116/2003, assinale a alternativa INCORRETA:**

a) A base de cálculo do imposto é o preço do serviço, sendo que na execução por empreitada de obras de construção civil considera-se na base de cálculo inclusive o valor dos materiais fornecidos pelo prestador de serviços.

b) Não incide sobre as exportações de serviços para o exterior do País.

c) O serviço considera-se prestado, e o imposto, devido, no local do estabelecimento prestador ou, na falta do estabelecimento, no local do domicílio do prestador, exceto nas hipóteses previstas nos incisos do art. 3° da LC n° 116/2003.

d) A alíquota mínima do Imposto sobre Serviços é de 2% (dois por cento).

7 **(IESES – Cartório – Provimento – TJ – CE/2018) Nos termos do Código Tributário Nacional, assinale a alternativa correta sobre o Imposto sobre a Propriedade Predial e Territorial Urbana - IPTU:**

a) Não poderá ter alíquotas diferentes de acordo com a localização e o uso do imóvel.

b) A base do cálculo do imposto é o valor de mercado do imóvel.

c) Contribuinte do imposto é sempre o proprietário do imóvel.

d) Tem como fato gerador a propriedade, o domínio útil ou a posse de bem imóvel localizado na zona urbana do Município.

8 **(Vunesp – Cartório – Provimento – TJ – SP/2018) Para fins de instituição e cobrança do imposto sobre a propriedade predial e territorial urbana - IPTU, o Código Tributário Nacional exige a implementação por parte do Poder Público Municipal de, pelo menos, dois melhoramentos ali elencados. Assinale a alternativa que contém 02 (dois) melhoramentos previstos no CTN.**

(A) Sistema de esgotos sanitários e escola primária a uma distância mínima de 05 (cinco) quilômetros do imóvel considerado.

(B) Meio-fio ou calçamento, com ou sem canalização de águas pluviais, e abastecimento de água.

(C) Abastecimento de água e posto de saúde a uma distância mínima de 10 (dez) quilômetros do imóvel considerado.

(D) Sistemas de esgotos sanitários e rede de iluminação pública, com ou sem posteamento para distribuição familiar.

9 **(Vunesp – Cartório – Provimento – TJ – SP/2018) A respeito do Imposto sobre Transmissão "Inter vivos" de bens imóveis - ITBI, é correto afirmar que**

(A) não incide sobre a transmissão de bens ou direitos incorporados ao patrimônio de pessoa jurídica em realização de capital.

(B) não incide sobre a transmissão de bens ou direitos decorrentes de fusão, incorporação, cisão ou extinção de pessoa jurídica, mesmo que a atividade preponderante do adquirente seja a compra e venda desses bens ou direitos, locação de bens imóveis ou arrendamento mercantil.

(C) sua instituição compete ao Município onde se realiza a transmissão.

(D) sua instituição compete ao Estado da situação do bem.

01	02	03	04	05	06	07	08	09
A	C	D	C	A	A	D	D	A

9
LEGISLAÇÃO TRIBUTÁRIA

1. INTRODUÇÃO

O termo "legislação" deve ser compreendido de forma especial no direito tributário. Isso porque, ao contrário do que uma conclusão apressada poderia sugerir, **"legislação", no direito tributário, não abrange apenas a lei em sentido formal, mas também os tratados internacionais, os decretos e as normas complementares que tratem de tributos** ou de relações jurídicas concernentes a tributos.

Não é correto, portanto, concluir que legislação tributária é sinônimo de leis tributárias, pois a legislação abrange também atos que não possuem *status* de lei, como decretos e normas complementares. O artigo 96 do CTN explicita a abrangência da expressão "legislação tributária":

> Art. 96. A expressão "legislação tributária" compreende as leis, os tratados e as convenções internacionais, os decretos e as normas complementares que versem, no todo ou em parte, sobre tributos e relações jurídicas a eles pertinentes.

Essa amplitude da legislação tributária é reconhecida pela jurisprudência, já tendo o STJ decidido que a legalidade exigida para a imposição da obrigação tributária instrumental não é estrita, ou seja, pode advir de ato normativo que não a lei em sentido formal. Para o STJ, **todos os veículos normativos previstos no art. 96 do CTN, são aptos a formar vínculo jurídico tributário acessório** (STJ, RMS 20.587, j. 09.11.2010).

Que fique claro, essa flexibilidade é relativa às **obrigações tributárias acessórias** (ou deveres instrumentais), havendo discussões quanto à atuação de atos infralegais na conformação da obrigação tributária principal, como por exemplo a utilização de "norma tributária em branco" (RE 343.446, j. 20.03.2003) ou a adoção de uma "legalidade suficiente", cuja abertura seria maior ou menor a depender da natureza e da estrutura do tributo a que se aplica (RE 838.284, **repercussão geral**, j. 19.10.2016). Para um estudo mais completo, remetemos o leitor ao tópico "a complementação do aspecto quantitativo por ato infralegal", quando tratamos do princípio da legalidade no capítulo sobre os princípios do direito tributário.

Um outro ponto do art. 96 do CTN que merece destaque é a parte final, que deixa claro que a **legislação tributária** (e, consequentemente, o Direito Tributário) não trata apenas de tributos, mas também das relações jurídicas a eles pertinentes (**multas tributárias e obrigações acessórias**, como se verá no capítulo atinente à obrigação tributária).

1.1 Leis tributárias

A expressão “lei” deve ser entendida não só como a lei em sentido formal ou em sentido estrito. Outros veículos normativos podem ser compreendidos no conceito de lei. É o caso das medias provisórias, previstas no art. 62 da Constituição. Do mesmo modo, o decreto-lei, antecessor da medida provisória. Tais espécies legislativas podem ser consideradas como equiparadas à lei tributária.

Também as resoluções do Senado Federal estão abrangidas pela expressão “lei”, pois regulam temas afetos a normas gerais em matéria tributária, como, por exemplo, a fixação de alíquotas mínimas do IPVA (CF, art. 155, § 6º, I[1]), fixação de alíquotas máximas do ITCMD (CF, art. 155, § 1º, IV[2]), bem como alíquotas do ICMS aplicáveis às operações interestaduais e de exportação (CF, art. 155, § 2º, IV[3]).

1.2 Tratados e Convenções Internacionais - o art. 98 do CTN

Os tratados e convenções internacionais (inseridos na expressão “legislação tributária”) possuem uma enorme importância no direito tributário. É através desses veículos que são celebrados acordos sobre a dupla tributação da renda e do capital entre diversas jurisdições. Atualmente, já existem acordos multilaterais sobre a tributação da renda[4]. Também os acordos sobre comércio internacional, como o GATT, possuem impacto direto sobre os tributos internos (limitados pelo princípio da não discriminação) e os tributos sobre o comércio exterior.

Em face dessa destacada relevância, o CTN reservou um dispositivo específico sobre os tratados internacionais, a seguir reproduzido:

> Art. 98. Os tratados e as convenções internacionais revogam ou modificam a legislação tributária interna, e serão observados pela que lhes sobrevenha.

A seguir será abordada a posição dos tratados no direito brasileiro, enfatizando os tratados em matéria tributária.

1.2.1 *Conflito entre tratados e a legislação doméstica (não tributária e tributária)*

No que diz respeito às matérias não tributárias, o STF possui antiga jurisprudência no sentido de que há paridade hierárquica entre os tratados internacionais e as leis ordinárias nacionais.

Em 1977, o STF já havia decidido que não há hierarquia entre as normas internacionais e as leis internas (RE 80.004, DJ 29.12.1977).

---

1. “O imposto previsto no inciso III: terá alíquotas mínimas fixadas pelo Senado Federal”.
2. “O imposto previsto no inciso I: terá suas alíquotas máximas fixadas pelo Senado Federal”.
3. “resolução do Senado Federal, de iniciativa do Presidente da República ou de um terço dos Senadores, aprovada pela maioria absoluta de seus membros, estabelecerá as alíquotas aplicáveis às operações e prestações, interestaduais e de exportação”.
4. Como o “MultiLateral Instrument” (MLI) da OCDE.

Mais tarde, o Plenário do STF, na ADI 1.480 MC (j. 04.09.1997), decidiu pela paridade hierárquica entre tratados internacionais e leis ordinárias, não admitindo que aqueles prevalecem sobre estas (grifos adicionados):

> (...) É na Constituição da República - e não na controvérsia doutrinária que antagoniza monistas e dualistas - que se deve buscar a solução normativa para a questão da incorporação dos atos internacionais ao sistema de direito positivo interno brasileiro. (...) SUBORDINAÇÃO NORMATIVA DOS TRATADOS INTERNACIONAIS À CONSTITUIÇÃO DA REPÚBLICA. - No sistema jurídico brasileiro, os tratados ou convenções internacionais estão hierarquicamente subordinados à autoridade normativa da Constituição da República. Em conseqüência, nenhum valor jurídico terão os tratados internacionais, que, incorporados ao sistema de direito positivo interno, transgredirem, formal ou materialmente, o texto da Carta Política. (...) PARIDADE NORMATIVA ENTRE ATOS INTERNACIONAIS E NORMAS INFRACONSTITUCIONAIS DE DIREITO INTERNO. - **Os tratados ou convenções internacionais, uma vez regularmente incorporados ao direito interno, situam-se, no sistema jurídico brasileiro, nos mesmos planos de validade, de eficácia e de autoridade em que se posicionam as leis ordinárias, havendo, em conseqüência, entre estas e os atos de direito internacional público, mera relação de paridade normativa.** Precedentes. **No sistema jurídico brasileiro, os atos internacionais não dispõem de primazia hierárquica sobre as normas de direito interno. A eventual precedência dos tratados ou convenções internacionais sobre as regras infraconstitucionais de direito interno somente se justificará quando a situação de antinomia com o ordenamento doméstico impuser, para a solução do conflito, a aplicação alternativa do critério cronológico ("lex posterior derogat priori") ou, quando cabível, do critério da especialidade.** Precedentes. TRATADO INTERNACIONAL E RESERVA CONSTITUCIONAL DE LEI COMPLEMENTAR. - O primado da Constituição, no sistema jurídico brasileiro, é oponível ao princípio pacta sunt servanda, inexistindo, por isso mesmo, no direito positivo nacional, o problema da concorrência entre tratados internacionais e a Lei Fundamental da República, cuja suprema autoridade normativa deverá sempre prevalecer sobre os atos de direito internacional público. Os tratados internacionais celebrados pelo Brasil - ou aos quais o Brasil venha a aderir - não podem, em conseqüência, versar matéria posta sob reserva constitucional de lei complementar. É que, em tal situação, a própria Carta Política subordina o tratamento legislativo de determinado tema ao exclusivo domínio normativo da lei complementar, que não pode ser substituída por qualquer outra espécie normativa infraconstitucional, inclusive pelos atos internacionais já incorporados ao direito positivo interno. (...)

Em julgado posterior, sob o regime de **repercussão geral** (RE 636.331, j. 22.05.2017), o STF entendeu que **as Convenções de Vasórvia e Montreal sobre transporte aéreo prevalecem sobre o Código de Defesa do Consumidor**. Apesar de a tese de repercussão geral informar apenas a prevalência dessas convenções internacionais sobre a legislação doméstica (Código de Defesa do Consumidor) o voto do relator, Ministro Gilmar Mendes, explicitou que a prevalência dos acordos internacionais deveria ocorrer em razão da solução da antinomia pelos critérios cronológico e da especialidade (especialmente esse último). O critério hierárquico não seria útil para a resolução da antinomia entre o tratado internacional e a lei interna, pois os dois instrumentos normativos estariam em um mesmo nível hierárquico – possuiriam, portanto, o mesmo *status*. Acompanhando esses fundamentos, assim também votaram os Ministros Luís Roberto Barroso, Teori Zavascki[5], Rosa Weber, Edson Fachin, Luiz Fux, Dias Toffoli, Ricardo Lewandowski, Carmem Lúcia, Marco Aurélio, O ministro Celso de Mello, vencido nesse julgamento, entendeu que a proteção ao consumidor justificaria a aplicação da legislação doméstica em detrimento da convenção internacional. Em suma, no RE 636.331, julgado em sede de repercussão geral, foi reafirmado o entendimento de que os tratados internacionais encontram-se em igualdade hierárquica com as leis ordinárias internas.

No que tange aos **tratados internacionais sobre direitos humanos**, o STF adotou uma solução peculiar, entendendo que tais tratados possuem um *status* **supralegal**, resolvendo a antinomia entre tais tratados e a legislação doméstica pelo critério hierárquico (RE 466.343, **repercussão geral**, j. 03.12.2008). Essa orientação é aplicável apenas em face dos tratados internacionais sobre direitos humanos que não forem aprovados pelo procedimento de aprovação das emendas constitucionais, pois caso haja tal aprovação, os tratados internacionais sobre direitos humanos terão *status* de emenda constitucional[6].

É possível sintetizar a relação entre os tratados internacionais e as leis internas, no campo não tributário, da seguinte maneira:

- **tratados internacionais em geral - *status* de lei ordinária (não há hierarquia entre tais espécies normativas);**
- **tratados internacionais sobre direitos humanos não aprovados pelo rito das emendas constitucionais - *status* supralegal;**
- **tratados internacionais sobre direitos humanos aprovados pelo rito das emendas constitucionais - status de norma constitucional derivada (emenda constitucional).**

Fixadas as relações entre os tratados internacionais e a legislação doméstica no campo não tributário, cumpre agora investigar se haveria alguma peculiaridade dessa relação no direito tributário, em razão do artigo 98 do CTN, que preceitua:

> Art. 98. Os tratados e as convenções internacionais revogam ou modificam a legislação tributária interna, e serão observados pela que lhes sobrevenha.

Primeiramente, deve ser registrada a posição doutrinária segundo a qual o art. 98 do CTN seria inconstitucional por dispor sobre a relação entre normas infraconstitucionais, matéria que deveria ser tratada pela própria Constituição[7].

---

5. No voto de Teori Zavascki foi reforçado que a "orientação firmada pacificamente no Supremo Tribunal Federal é de que as normas de direito internacional - os tratados e convenções de caráter normativo -, uma vez regularmente incorporadas ao direito interno, situam-se, no sistema jurídico brasileiro, nos mesmos planos de validade, de eficácia e de autoridade em que se posicionam as leis ordinárias".
6. CF, art. 5º, § 3º. Os tratados e convenções internacionais sobre direitos humanos que forem aprovados, em cada Casa do Congresso Nacional, em dois turnos, por três quintos dos votos dos respectivos membros, serão equivalentes às emendas constitucionais.
7. Há corrente doutrinária no sentido de que norma infraconstitucional não poderia dispor sobre a posição hierárquica dos tratados, matéria essa que deveria ser regulada pela Constituição: ROCHA, Sérgio André. Tributação Internacional. São Paulo: Quartier Latin, 2013, p. 112-114; AMARO, Luciano. Direito Tributário Brasileiro. 11ª

O STF, no entanto, não declarou a inconstitucionalidade do dispositivo. Em julgamento paradigmático, o STF, no RE 229.096 (Pleno, j. 16.08.2007), decidiu que o artigo 98 do CTN possui caráter nacional, com eficácia para a União, os Estados e os Municípios.

Voltando à análise do dispositivo, a primeira parte do art. 98 do CTN acima contraria qualquer posição que afirme a superioridade da lei doméstica. O legislador é claro ao admitir a revogação de lei tributária interna por tratado ou convenção internacional.

A segunda parte, por sua vez, não possui uma interpretação uniforme na doutrina e na jurisprudência. A fonte de controvérsias é a previsão de que o tratado internacional deve ser observado pela legislação tributária interna, indicando uma supremacia dos tratados.

Muitos autores, ao comentar o dispositivo, entendem que ele seria uma norma consagradora do princípio *pacta sunt servanda* (previsto nos arts. 26 e 27 da Convenção de Viena sobre o Direito dos Tratados), garantindo-se o cumprimento dos compromissos internacionais. O artigo 98, assim, seria norma vedatória da deslealdade, evitando que um Estado descumpra seus compromissos sob a alegação de exercício da soberania interna de legislar. Evita-se, assim, o *treaty override* (superação do tratado)[8].

É possível afirmar ainda que a maior parte da doutrina admite a aplicação dos tratados em detrimento da legislação interna por conta do princípio da especialidade. Os tratados veiculariam normas mais específicas que a legislação doméstica.

A pressuposição de que o tratado sempre seria norma mais específica que o direito interno, a nosso ver, carece de solidez. A abordagem que nos parece mais coerente é aquela segundo a qual o tratado internacional em matéria tributária não revoga o direito interno, tampouco o derroga por ser mais específico. Concordamos, assim, com Luís Eduardo Schoueri, para quem os acordos de bitributação não introduzem alterações no direito interno material. Segundo Schoueri, o tratado internacional em matéria tributária teria um campo de atuação diverso daquele sobre o qual recai a legislação doméstica[9].

edição. São Paulo: Saraiva, 2005, p. 182. Contrapondo-se expressamente a essa posição, Alberto Xavier vê no artigo 98 do CTN um preceito declaratório, que apenas confirma a supremacia hierárquica dos tratados sobre a lei interna (XAVIER, Alberto. Direito Tributário Internacional do Brasil. 8ª edição. Rio de Janeiro: Forense, 2015, p. 104-105).

8. "(...) é importante mencionar o fenômeno conhecido como treaty override. Fala-se em override, ou em superação das normas de acordos de bitributação, quando é editada uma norma no âmbito do direito interno de um país, em conflito com o disposto num acordo válido, limitando-se a aplicação deste." (SCHOUERI, Luís Eduardo. Direito Tributário. 5ª edição. São Paulo: Saraiva, 2015, p. 119.

9. "ao se admitir que os acordos de bitributação sejam leis especiais, abre-se espaço para que uma lei 'mais especial' prevaleça sobre os tratados, contrariando o disposto no artigo 98 do Código Tributário Nacional. O raciocínio baseado na especialidade é perigoso: ao se aceitarem suas premissas, poder-se-ia, também, admitir que, se houvesse uma lei ainda mais especial, esta prevaleceria sobre os tratados. (...) De igual modo, não há sentido discutir o tema da hierarquia quando se está diante de um acordo de bitributação. Este não está 'acima' ou 'abaixo' da lei ordinária. Acordos de bitributação, enquanto tratados internacionais, são instrumentos por intermédio dos quais os Estados Contratantes delimitam suas próprias jurisdições tributárias. A lei ordinária, por sua vez, atua dentro do campo de cada jurisdição. A prova clara de que não há hierarquia está na obviedade de que um acordo de bitributação não se presta para criar um tributo: nos termos do Princípio da Legalidade, somente a lei pode instituir tributos. Mas por outro lado, a lei ordinária não é o veículo adequado para o Estado firmar, diante de seus parceiros na comunidade internacional, os limites de sua jurisdição." (SCHOUERI, Luís Eduardo. Direito Tributário. 5ª edição. São Paulo: Saraiva, 2015, p. 121-122).

Caso mais peculiar abordado na doutrina diz respeito à Lei 13.254/2016 (Regime Especial de Regularização Cambial e Tributária – RERCT), que previu a impossibilidade de se utilizar a declaração de regularização cambial e tributária para fins de se instaurar procedimento criminal ou administrativo relativo aos recursos ali declarados:

> Lei 13.254/2016, art. 4º Para adesão ao RERCT, a pessoa física ou jurídica deverá apresentar à Secretaria da Receita Federal do Brasil (RFB) e, em cópia para fins de registro, ao Banco Central do Brasil declaração única de regularização específica contendo a descrição pormenorizada dos recursos, bens e direitos de qualquer natureza de que seja titular em 31 de dezembro de 2014 a serem regularizados, com o respectivo valor em real, ou, no caso de inexistência de saldo ou título de propriedade em 31 de dezembro de 2014, a descrição das condutas praticadas pelo declarante que se enquadrem nos crimes previstos no § 1º do art. 5º desta Lei e dos respectivos bens e recursos que possuiu.
>
> (...) § 12. A declaração de regularização de que trata o caput não poderá ser, por qualquer modo, utilizada: I - como único indício ou elemento para efeitos de expediente investigatório ou procedimento criminal; II - para fundamentar, direta ou indiretamente, qualquer procedimento administrativo de natureza tributária ou cambial em relação aos recursos dela constantes.

A disposição acima possui natureza tributária ao vedar que o conteúdo da declaração de regularização entregue pelo contribuinte seja utilizada para fundamentar qualquer procedimento administrativo de natureza tributária. A se entender que um tratado internacional poderia derrogar essa proteção conferida ao contribuinte, estar-se-ia violando a própria segurança jurídica como princípio constitucional e do Estado de Direito. Não se admite, portanto, que eventual tratado internacional sobre troca de informações em matéria tributária prevaleça sobre a vedação prevista no art. 4º, § 12 da Lei 13.254/2016. Nesse sentido:

> A exigência de que os compromissos firmados por um Estado sejam cumpridos não se deve limitar apenas ao âmbito internacional. Assim como outros países que celebrem acordos devem confiar no comprometimento do ente celebrante quanto às obrigações assumidas, os residentes e nacionais sujeitos a determinada jurisdição também possuem o direito de ver respeitados os compromissos assumidos pelo Estado no âmbito interno. Não se pode utilizar o princípio pacta sunt servanda para se promover uma finalidade vedada por este mesmo princípio, o que ocorreria caso se admitisse que um tratado internacional pudesse prever o fornecimento de informações privadas a outros Estados, informações estas fornecidas pelos contribuintes sob a condição de não serem divulgadas ou reveladas a quaisquer outros organismos. (...) É dizer, nenhum tratado pode vulnerar ou contrariar comandos constitucionais, sob pena de ser inclusive objeto de controle de constitucionalidade. E a adoção da prevalência dos tratados sobre o direito interno não significa a prevalência dos tratados sobre a Constituição. Tratado algum poderia prever o acesso de outros Estados a informações fornecidas por contribuintes de modo consensual e sob a cláusula de confidencialidade. O princípio da segurança jurídica previsto expressamente na Constituição de 1988 impede a deslealdade de se violar compromissos internos assumidos em face dos próprios jurisdicionados sob o pretexto de se garantir a prevalência dos tratados internacionais.[10]

---

10. DIAS Jr., Antônio Augusto Souza. A PREVALÊNCIA DOS TRATADOS INTERNACIONAIS EM MATÉRIA TRIBUTÁRIA E O REGIME ESPECIAL DE REGULARIZAÇÃO CAMBIAL E TRIBUTÁRIA. In: RDIET, Brasília, V. 14, nº 1, Jan-Jun - 2019, p. 106.

Trata-se de situação bastante específica em relação à qual defendemos não ser possível a prevalência dos tratados internacionais em matéria tributária.

A jurisprudência, por sua vez, adota o raciocínio mais difundido no sentido de que **os tratados internacionais em matéria tributária devem prevalecer em face da lei tributária interna por conta do princípio da especialidade.** Dessa maneira, a 1ª Turma do STJ entendeu que os tratados em matéria tributária dispõem sobre assuntos específicos, o que afastaria a aplicação da legislação ordinária. Estranhamente, essa decisão do STJ restringiu seu alcance ao que chamou de tratados de natureza contratual, criando uma classificação não prevista no artigo 98 do CTN (REsp 37.065, j. 15.12.1993 – grifos adicionados):

> (...) 1. O mandamento contido no artigo 98 do CTN não atribui ascendência às normas de direito internacional em detrimento do direito positivo interno, mas, ao revés, posiciona-as em nível idêntico, conferindo-lhes efeitos semelhantes. 2. O artigo 98 do CTN, ao preceituar que tratado ou convenção não são revogados por lei tributária interna, **refere-se aos acordos firmados pelo Brasil a propósito de assuntos específicos** e só é aplicável aos tratados de natureza contratual.

Posteriormente, o STJ reafirmou a necessidade de se distinguir os tratados-contratos dos tratados-leis para a aplicação do art. 98 do CTN (REsp 426.945, j. 22.06.2004).

O "tratado-contrato" apreciado no caso era uma Convenção (também pode ser chamada de Acordo ou Tratado) contra a Dupla Tributação, celebrada entre o Brasil e a Suécia. Esses tratados são bilaterais e envolvem a negociação entre duas jurisdições sobre a tributação da renda obtida pelos seus residentes no outro país celebrante. No voto do Ministro Teori Zavascki, foi reproduzida lição no sentido de que o tratado-normativo, por usa vez, traçaria regras sobre pontos de interesse geral, empenhando o futuro pela admissão de princípio abstrato.

Acreditamos que essa divisão não contribui muito no estudo do direito tributário, e pode vir a ser abandonada pela jurisprudência. Imagine, por exemplo, um tratado sobre livre comércio, que ao mesmo tempo em que traça regras sobre pontos de interesse geral, prevê obrigações específicas dos celebrantes a respeito de alíquotas máximas de tributos aduaneiros. De qualquer modo, os julgados no STJ que aplicam o art. 98 do CTN apenas aos tratados-contratos ainda não foram expressamente rechaçados por jurisprudência posterior.

O que se tem como sólida orientação jurisprudencial no momento, contudo, é a noção de que **o art. 98 do CTN permite a supremacia dos tratados em matéria tributária por conta do princípio da especialidade.** Para o STJ, os "Tratados Internacionais Tributários prevalecem sobre as normas de Direito Interno, em razão da sua especificidade", tendo em vista a inteligência do art. 98 do CTN (REsp 1.618.897, j. 19.05.2020)[11].

11. No mesmo sentido: REsp. 1.272.897/PE, Rel. Min. NAPOLEÃO NUNES MAIA FILHO, DJe 9.12.2015; REsp. 1.161.467/RS, Rel. Min. CASTRO MEIRA, DJe 1.6.2012.

1.2.2 *Os tratados sobre comércio internacional - GATT e GATS*

Os maiores exemplos de tratados em matéria tributária são as convenções contra a bitributação da renda, celebradas ao redor do mundo por diversos países, e seguindo basicamente o modelo criado pela Organização para a Cooperação e Desenvolvimento Econômico (OCDE). O Brasil celebra esses acordos desde 1967, ano em que foi aprovada a convenção celebrada com o Japão.

Outra espécie de tratados em matéria tributária são os destinados a troca de informações, que também costumam seguir um modelo elaborado pela OCDE[12].

Há, porém, tratados que não se destinam primordialmente à disciplina de matéria tributárias, mas que possuem enorme influência sobre os tributos aduaneiros e, em certa medida, sobre a tributação da renda[13].

Estamos falando dos tratados multilaterais que dispõem sobre o comércio internacional celebrados no âmbito da Organização Mundial do Comércio (OMC). Dentre esses tratados, destacamos o GATT ("General Agreement on Trade and Tariffs", ou Acordo Geral de Tarifas e Comércio), que diz respeito ao comércio internacional de mercadorias, e o GATS ("General Agreement on Trade in Services", ou Acordo Geral sobre Comércio de Serviços), que trata do comércio internacional de serviços.

O que mais enseja discussões na jurisprudência em relação ao direito tributário é o GATT. Esse tratado consagra o princípio da não discriminação no comércio internacional, que possui influência direta sobre os tributos internos dos seus signatários (grifos adicionados):

> Artigo III
>
> Tratamento Nacional no tocante à Tributação e Regulamentação Internas
>
> 3.1 **As Partes Contratantes reconhecem que os impostos e outros tributos internos, assim como leis, regulamentos** e exigências relacionadas com a venda, oferta para venda, compra, transporte, distribuição ou utilização de produtos no mercado interno e as regulamentações sobre medidas quantitativas internas que exijam a mistura, a transformação ou utilização de produtos, em quantidade e proporções especificadas, **não devem ser aplicados a produtos importados ou nacionais, de modo a proteger a produção nacional.**
>
> 3.2 **Os produtos do território de qualquer Parte Contratante, importados por outra Parte Contratante, não estão sujeitos, direta ou indiretamente, a impostos ou outros tributos internos de qualquer espécie superiores aos que incidem, direta ou indiretamente, sobre produtos nacionais.** Além disso nenhuma Parte Contratante aplicará de outro modo, impostos ou outros encargos internos a produtos nacionais ou importados, contrariamente aos princípios estabelecidos no parágrafo 1. (...)

No que diz respeito ao primeiro parágrafo, deve-se ter o cuidado de que, conforme a redação literal do dispositivo, sua aplicação é restrita aos tributos internos, não sendo

---

12. "https://read.oecd-ilibrary.org/taxation/standard-for-automatic-exchange-of-financial-account-information-in-tax-matters-second-edition_9789264267992-en#page1". Acesso em 11.05.2019.

13. VETTORI, Gustavo Gonçalves. Contribuição ao estudo sobre as influências recíprocas entre a tributação da renda e o comércio internacional. Tese de Doutorado apresentada à FDUSP, 2011.

possível sua aplicação no que diz respeito aos tributos aduaneiros, até mesmo por uma questão de lógica. Só os tributos internos devem se conformar à cláusula da não discriminação, de modo a não se favorecer o produto nacional. Os tributos aduaneiros, por sua própria natureza, são tributos discriminatórios, que incidem apenas sobre produtos importados, e obedecem a outras normas do GATT, como a consolidação tarifária.

A jurisprudência brasileira já foi instada a decidir a respeito da concessão de benefício fiscal concedido exclusivamente a produto nacional, em desacordo com o que estabelece o GATT. Tanto o STF quanto o STJ aplicaram a norma oriunda do compromisso internacional, estendendo isenção de tributo interno concedido a produto nacional ao seu similar oriundo de país signatário do GATT. Confira-se a jurisprudência a respeito:

> Súmula 575 do STF: À mercadoria importada de país signatário do GATT, ou membro da ALALC, estende-se a isenção do imposto sobre circulação de mercadorias concedida a similar nacional;
>
> Súmula 20 do STJ: A mercadoria importada de país signatário do GATT é isenta do ICM, quando contemplado com esse favor o similar nacional;
>
> Súmula 71 do STJ: O bacalhau importado de país signatário do GATT é isento do ICM.

Essa prevalência do GATT sobre a legislação tributária interna dos entes federativos é justificada pelo STF pelo fato de a União atuar no campo internacional em nome da República Federativa do Brasil, composta por todos os entes federativos (RE 229.096, j. 16.08.2007 – grifos adicionados):

> (...) 1. A isenção de tributos estaduais prevista no Acordo Geral de Tarifas e Comércio para as mercadorias importadas dos países signatários quando o similar nacional tiver o mesmo benefício foi recepcionada pela Constituição da República de 1988. 2. **O artigo 98 do Código Tributário Nacional "possui caráter nacional, com eficácia para a União, os Estados e os Municípios"** (voto do eminente Ministro Ilmar Galvão). 3. No direito internacional apenas a República Federativa do Brasil tem competência para firmar tratados (art. 52, § 2º, da Constituição da República), dela não dispondo a União, os Estados-membros ou os Municípios. **O Presidente da República não subscreve tratados como Chefe de Governo, mas como Chefe de Estado, o que descaracteriza a existência de uma isenção heterônoma**, vedada pelo art. 151, inc. III, da Constituição. 4. Recurso extraordinário conhecido e provido.

Em suma, não só os tratados que tratam especificamente de matéria tributária prevalecem sobre a legislação interna, como também os tratados sobre comércio internacional que possuam efeitos tributários, a exemplo do GATT.

1.3 Decretos

Os decretos são instrumentos infralegais, submetidos e limitados às leis que serão regulamentadas. Cabe aos decretos, portanto, explicitar o conteúdo da lei e esmiuçar as possibilidades do texto legal, sem jamais ultrapassar os limites legais. Nesse sentido, dispõe o artigo 99 do CTN que o conteúdo e o alcance dos decretos restringem-se aos das leis em função das quais sejam expedidos.

Por essa razão, os decretos estão sujeitos ao controle do Poder Legislativo, conforme o art. 49, V, da Constituição Federal, que prevê a competência exclusiva do Congresso Nacional para sustar os atos normativos do Poder Executivo que exorbitem do poder regulamentar.

Vale destacar que é possível a atuação dos decretos em matérias tributárias sensíveis, como por exemplo a fixação de alíquotas, o que é previsto expressamente na Constituição no que diz respeito ao II, IE, IPI e IOF (CF, art. 153, § 1º).

Se é pacífica a possibilidade de a Constituição prever que determinada matéria tributária dispensa a atuação do legislador e pode ser regulada por decreto, quando a lei ordinária delega ao decreto a possibilidade de alteração de alíquotas de tributos encontramos algumas discussões nos Tribunais. É o caso do **art. 27, § 2º da Lei 10.865/2004**, segundo o qual:

> "O Poder Executivo poderá, também, reduzir e restabelecer, até os percentuais de que tratam os incisos I e II do caput do art. 8º desta Lei, as alíquotas da contribuição para o PIS/PASEP e da COFINS incidentes sobre as receitas financeiras auferidas pelas pessoas jurídicas sujeitas ao regime de não-cumulatividade das referidas contribuições, nas hipóteses que fixar."

Se a redução de alíquota por decreto prevista nesse dispositivo não foi questionada, o mesmo não se pode dizer quando o Decreto nº 8.426/2015 majorou as alíquotas do PIS e da CONFIS para 0,65% e 4%, respectivamente. O STJ, apreciando a controvérsia, tem se pronunciado no sentido de que é legítima a previsão do art. 27, § 2º da Lei 10.865/2004, bem como o restabelecimento de alíquotas por decreto. Confira-se:

> (...) O entendimento do STJ acerca da tese recursal é no sentido da legitimidade da incidência das alíquotas do PIS e da COFINS previstas no Decreto 8.426/2015 sobre as receitas financeiras, independentemente de terem ou não natureza operacional os rendimentos respectivos. (REsp 1.761.714, j. 23.10.2018)
>
> (...) 8. Considerada a constitucionalidade da Lei 10.865/2004, permite-se ao Poder Executivo tanto reduzir quanto restabelecer alíquotas do PIS/COFINS sobre as receitas financeiras das pessoas jurídicas, sendo certo que tanto os decretos que reduziram a alíquota para zero quanto o Decreto 8.426/2015, que as restabeleceu em patamar inferior ao permitido pelas Leis n. 10.637/2002 e 10.833/03, agiram dentro do limite previsto na legislação, não havendo que se falar em ilegalidade. 9. O art. 27, § 2º, da Lei n. 10.865/2004 autoriza o Poder Executivo a reduzir ou restabelecer as alíquotas nos percentuais delimitados na própria Lei, da forma que, considerada legal a permissão dada ao administrador para reduzir tributos, também deve ser admitido o seu restabelecimento, pois não se pode compartimentar o próprio dispositivo legal para fins de manter a tributação com base em redução indevida. (REsp 1.586.950, j. 19.09.2017)

Essa questão será resolvida definitivamente pelo STF, que reconheceu a **repercussão geral** da matéria no RE 986.296 (posteriormente substituído pelo RE 1.043.313), pelo **tema 939** ("Possibilidade de as alíquotas da contribuição ao PIS e da COFINS serem reduzidas e restabelecidas por regulamento infralegal, nos termos do art. 27, § 2º, da Lei n. 10.865/2004.")

Por fim, destaque-se que não é possível que o decreto disponha sobre modo de apuração de tributo, conforme já decidiu o STF em sede de **repercussão geral** (RE 632.265, j. 18.06.2015).

1.4 Normas complementares

As normas complementares são tratadas pelo CTN como uma espécie normativa que se encontra abaixo das leis, dos tratados e dos decretos, já que o CTN dispõe que os decretos podem ainda ser complementados por essa espécie, prevista no art. 100 do CTN.

O *caput* do art. 100 do CTN esclarece que as normas a serem complementadas (pelas normas complementares listadas nos incisos I a IV) são as leis, os tratados e convenções internacionais e os decretos. Ou seja, até mesmo os decretos, que são atos infralegais, estão acima das normas complementares, uma vez que os decretos são complementados pelas normas listadas no art. 100 do CTN.

Chamamos a atenção para que não se confunda normas complementares com leis complementares. As primeiras decorrem da administração tributária, sendo atos infralegais. Já as leis complementares, de elevada importância no direito tributário (CF, art. 146), possuem seu fundamento extraído diretamente da Constituição, sendo elaboradas pelo Poder Legislativo. O uso da expressão "normas complementares" pelo CTN pode ser compreendido diante do fato de que, à época da edição do Código, não havia a espécie legislativa "lei complementar".

NÃO CONFUNDIR NORMAS COMPLEMENTARES COM LEIS COMPLEMENTARES

normas complementares	atos infralegais, emanados da administração
leis complementares	normas infraconstitucionais, emanadas do legislativo

As normas complementares estão listadas no CTN:

> Art. 100. São normas complementares das leis, dos tratados e das convenções internacionais e dos decretos:
>
> I - os atos normativos expedidos pelas autoridades administrativas;
>
> II - as decisões dos órgãos singulares ou coletivos de jurisdição administrativa, a que a lei atribua eficácia normativa;
>
> III - as práticas reiteradamente observadas pelas autoridades administrativas;
>
> IV - os convênios que entre si celebrem a União, Estados, Distrito Federal e Municípios.
>
> Parágrafo único. A observância das normas referidas neste artigo exclui a imposição de penalidades, a cobrança de juros de mora e a atualização do valor monetário da base de cálculo do tributo.

Todas as normas complementares listadas nos incisos do art. 100 do CTN possuem um efeito muito importante: sua observância exime o contribuinte de penalidades, juros de mora e até mesmo atualização do valor monetário da base de cálculo do tributo, conforme o parágrafo único do dispositivo. Trata-se de norma que prestigia a proteção da confiança e a boa-fé do contribuinte. Com a mesma inspiração, citamos ainda o art. 146 do CTN, o qual impede que uma nova prática ou critério jurídico seja gravosa para o contribuinte.

Os **atos normativos expedidos pelas autoridades administrativas** são normas internas, ou seja, editadas por e para a administração tributária, orientando a atuação dos servidores incumbidos da aplicação da legislação tributária. Apesar de o contribuinte estar vinculado à lei, a observância de tais atos conduz à exclusão de penalidades, atualização monetária e juros moratórios, conforme a norma do parágrafo único do art. 100 do CTN. Nesse sentido:

> O contribuinte não está subordinado às autoridades administrativas, tendo sua obrigação oriunda da lei. Entretanto, (...) só vem a bem do contribuinte que tais atos administrativos sejam publicados, já que o contribuinte que os observa - mesmo tendo dúvidas quanto a seu acerto - tem a seu favor a garantia de que não sofrerá qualquer punição ou acréscimo (nem mesmo atualização monetária!) caso se venha a entender devido o tributo não recolhido por orientação daqueles atos normativos.

As **decisões dos órgãos singulares ou coletivos de "jurisdição" administrativa só serão normas complementares se o legislador conferir a tais decisões eficácia normativa**. A rigor, a jurisdição só é exercida pelo Poder Judiciário, sendo atécnica a expressão "jurisdição administrativa". Os órgãos administrativos podem julgar, mas tais julgamentos não são considerados jurisdicionais, pois lhes faltam o atributo da definitividade (coisa julgada). É dizer, as decisões administrativas podem ser revistas no Poder Judiciário.

Defende-se aqui que o art.18-A da Lei 10.522/2002, introduzido pela Medida Provisória 881/2019 (MP da liberdade econômica) é um exemplo de legislação que atribui eficácia normativa às decisões dos órgãos singulares ou coletivos da administração tributária federal. Confira-se o dispositivo (grifos adicionados):

> Comitê formado por integrantes do Conselho Administrativo de Recursos Fiscais, da Secretaria Especial da Receita Federal do Brasil do Ministério da Economia e da Procuradoria-Geral da Fazenda Nacional editará **enunciados de súmula da administração tributária federal**, observado o disposto em ato do Ministro de Estado da Economia, **que deverão ser observados nos atos administrativos, normativos e decisórios praticados pelos referidos órgãos.**

O CTN invoca ainda o direito costumeiro ao mencionar as **práticas reiteradamente observadas pelas autoridades administrativas**. Desse modo, uma prática reiterada da administração tributária se transforma em norma complementar, criando no contribuinte uma expectativa legítima quanto à sua observância.

Nessa linha é o entendimento do STJ, segundo o qual "não pode o contribuinte de boa-fé, que se pautou na prática fiscal anteriormente reconhecida válida pela fiscalização tributária, ser penalizado com a cobrança de juros de mora, multa e correção monetária do tributo" (REsp AgInt nos EDcl no REsp 1.156.563, j. 14.02.2017).

Assim, provada a existência de prática reiteradamente observada pela autoridade administrativa, pode o contribuinte se valer da exoneração prevista no parágrafo único do art. 100 do CTN, eximindo-se do pagamento de penalidade, juros de mora e da atualização monetária da base de cálculo do tributo.

Por fim, tem-se os **convênios que entre si celebrem a União, Estados, Distrito Federal e Municípios.** Esses convênios são celebrados por iniciativa do Poder Executivo dos entes federativos, como ocorre com os convênios do ICMS, celebrados por meio do Conselho Nacional de Política Fazendária (CONFAZ). O procedimento de celebração dos convênios interestaduais do ICMS é previsto na Lei Complementar 24/1975, que prevê, em seu art. 4º:

> Dentro do prazo de 15 (quinze) dias contados da publicação dos convênios no Diário Oficial da União, e independentemente de qualquer outra comunicação, o Poder Executivo de cada Unidade da Federação publicará decreto ratificando ou não os convênios celebrados, considerando-se ratificação tácita dos convênios a falta de manifestação no prazo assinalado neste artigo.

Percebe-se, desse texto legal, que não há participação do Legislativo estadual, seja na celebração, seja na ratificação do convênio, uma vez que o decreto de ratificação é publicado pelo Poder Executivo de cada Estado.

Diante dessa informação, vale destacar o entendimento do STF segundo o qual ofende o princípio constitucional da separação dos poderes (art. 2º da CF) a lei ou constituição estadual que prescreve submissão dos convênios firmados pelo Poder Executivo à aprovação prévia ou ratificação da Assembleia Legislativa:

> "A jurisprudência do Supremo Tribunal Federal é firme no sentido de que a regra que subordina a celebração de acordos ou convênios firmados por órgãos do Poder Executivo à autorização prévia ou ratificação da Assembleia Legislativa, fere o princípio da independência e harmonia dos poderes (art. 2º, da C.F.)." (ADI 342, j. 06.02.2003).
>
> "(...) Inconstitucionalidade de normas que subordinam convênios, ajustes, acordos, convenções e instrumentos congêneres firmados pelo Poder Executivo do Estado-membro, inclusive com a União, os outros Estados federados, o Distrito Federal e os Municípios, à apreciação e à aprovação da Assembléia Legislativa estadual. (...)" (ADI 1857, j. 05.02.2003).
>
> "(...) É inconstitucional, por violar o princípio da separação dos poderes, a submissão prévia ao Poder Legislativo estadual, para aprovação, dos instrumentos de cooperação firmados pelos órgãos componentes do Sistema Nacional do Meio Ambiente – SISNAMA. (...)" (ADI 4348, j. 10.10.2018).

Para o STF, o modelo de ratificação dos tratados internacionais pelo Congresso Nacional não é aplicável aos convênios que entre si celebrem União, Estados, Distrito Federal e Municípios.

No caso específico do ICMS, a Constituição possui norma segundo a qual cabe à lei complementar "regular a forma como, mediante deliberação dos Estados e do Distrito Federal, isenções, incentivos e benefícios fiscais serão concedidos e revogados" (CF, art. 155, § 2º, XII, "g"). Seria possível afirmar que há uma norma especial relativa ao ICMS, que prevalece sobre a norma geral presente no art. 150, § 6º do mesmo texto constitucional? O próprio art. 150, § 6º, aliás, expressamente dispõe que seu mandamento não prejudica o disposto no art. 155, § 2.º, XII, *g*.

Em outras palavras: a ressalva presente no art. 150, § 6º da CF, relativa ao ICMS, significa que em tal situação não se exige a lei específica? Ou apenas que para o ICMS a lei específica não é suficiente, sendo necessária ainda a prévia autorização do convênio?

O STF tem respondido a essas indagações de modo a prestigiar a necessidade de lei em sentido formal para que o benefício fiscal do ICMS possa produzir efeitos (RE 579.630 AgR, j. 02.08.2016):

> A jurisprudência do Supremo Tribunal Federal consolidou-se no sentido de que a concessão de benefícios fiscais relativos ao Imposto sobre Circulação de Mercadorias e Serviços pressupõe não somente a autorização por meio de convênio celebrado entre os Estados e o Distrito Federal, nos termos da Lei Complementar nº 24/1975, mas também da edição de lei em sentido formal de cada um daqueles entes

Reafirma-se, portanto, o princípio de que a renúncia fiscal só pode ser aperfeiçoada após a participação do Poder Legislativo, que deve controlar o orçamento estatal.

2. VIGÊNCIA E APLICAÇÃO DA LEGISLAÇÃO TRIBUTÁRIA

O CTN traz normas expressas a respeito da vigência e da aplicação da lei tributária, separando tais normas em capítulos distintos. Essa separação será mantida aqui para fins didáticos, acompanhando a divisão do CTN.

2.1 Validade, vigência e eficácia

Antes de adentrar nas regras sobre vigência da legislação tributária previstas no CTN, cumpre ter em mente a distinção entre os conceitos de validade, vigência e eficácia, a fim de evitar o uso indiscriminado desses termos.

Lei válida é aquela que se encontra em **conformidade com os requisitos formais e materiais previstos na Constituição**. Validade, portanto, é um pressuposto inicial, onde se indaga a constitucionalidade formal (observância do devido processo legislativo) e material (compatibilidade com as normas constitucionais).

Lei vigente, por sua vez, é a que já foi publicada e encontra-se **apta a produzir efeitos.** Esse significado de vigência atrelado à aptidão de produzir efeitos deve ser verificado caso a caso, pois as leis podem ter vigência imediatamente com a publicação, dias depois da publicação ou até mesmo um ano depois da publicação, como ocorreu com o novo Código de Processo Civil, (Lei 13.105/2015) que estabeleceu em seu art. 1.045: "Este Código entra em vigor após decorrido 1 (um) ano da data de sua publicação oficial".

A esse respeito, a **Lei Complementar 95/1998**, que dispõe sobre a elaboração, a redação, a alteração e a consolidação das leis, possui norma específica sobre a vigência das leis:

> Art. 8º A vigência da lei será indicada de forma expressa e de modo a contemplar prazo razoável para que dela se tenha amplo conhecimento, reservada a cláusula "entra em vigor na data de sua publicação" para as leis de pequena repercussão.

Como a vigência está atrelada à aptidão para a produção de efeitos, é razoável que o grau de repercussão da nova lei exerça influência sobre o **período entre a data da publicação da lei e o início de sua vigência (*vacatio legis*).**

Eficácia, por fim, é a própria produção de efeitos em si no plano fático (e não a mera aptidão para tal).

Os traços que diferenciam os conceitos de validade, vigência e eficácia podem ser melhor visualizados nas leis que atendem a um dos conceitos sem o atendimento dos outros.

A diferença entre validade e vigência pode ser constatada ao se perceber que **uma lei inválida pode possuir a aptidão para produzir efeitos enquanto não for declarada inconstitucional** e retirada do ordenamento jurídico. O princípio da presunção de constitucionalidade das leis permite que uma lei inválida (materialmente inconstitucional, por exemplo) produza efeitos no mundo real, enquanto o STF não declarar sua inconstitucionalidade. É até mesmo possível que uma lei inconstitucional produza efeitos após a declaração de inconstitucionalidade, tendo em vista a possibilidade de modulação de efeitos.

Também **é possível que haja lei vigente e ao mesmo tempo ineficaz**, o que é bastante comum no direito tributário. O princípio da anterioridade (de exercício e/ou nonagesimal), ao estipularem um interstício em que a instituição ou a majoração de tributo não possa ser oposta ao contribuinte, permite a constatação de uma lei que possui aptidão para produzir efeitos (vigente) que são obstados pela norma constitucional do art. 150, III, *b* e *c*.

Desse modo, uma lei que aumenta a alíquota do Imposto Sobre Serviços, publicada no mês de janeiro com *vacatio legis* de 90 dias terá os conceitos de validade, vigência e eficácia verificados em momentos distintos. A validade será constatada a partir do momento em que a lei for publicada em observância com as normas constitucionais. A vigência estará presente logo após o exaurimento do período de *vacatio legis*.

Ainda, **é possível que uma lei revogada continue a produzir efeitos**. O próprio CTN possui uma norma expressa dessa possibilidade:

> Art. 144. O lançamento reporta-se à data da ocorrência do fato gerador da obrigação e rege-se pela lei então vigente, ainda que posteriormente modificada ou revogada.

Por tudo isso, fica claro que os conceitos de validade, vigência e eficácia são inconfundíveis, o que pode ser sinteticamente visualizado no quadro a seguir.

2.2 Vigência da legislação tributária

A vigência da legislação tributária, conforme o art. 101 do CTN, será regida pelas disposições legais aplicáveis às normas jurídicas em geral (como, por exemplo, o art. 8º da Lei Complementar 95/1998, reproduzido acima). Todavia, o próprio CTN ressalva as disposições específicas previstas em seu texto. Tais disposições específicas dizem respeito à vigência espacial (art. 102) e à vigência temporal (arts. 103 e 104) da legislação tributária.

2.2.1 *Vigência espacial da legislação tributária*

Sobre a vigência da legislação tributária no espaço, o art. 102 do CTN dispõe:

> Art. 102. A legislação tributária **dos Estados, do Distrito Federal e dos Municípios** vigora, no País, fora dos respectivos territórios, nos limites em que lhe reconheçam extraterritorialidade os convênios de que participem, ou do que disponham esta ou outras leis de normas gerais expedidas pela União. (grifamos).

Primeiramente deve-se extrair do dispositivo a regra implícita de que a legislação tributária dos Estados, do Distrito Federal e dos Municípios vigora nos limites de seus territórios (princípio da territorialidade). A exceção, portanto, é a vigência extraterritorial, isto é, fora dos limites territoriais do ente que editou a norma tributária. Essa excepcionalidade só pode ser veiculada por convênio de que o ente em questão participe ou ainda por lei de norma geral da União (inclusive o próprio CTN). **São duas, portanto, as hipóteses permissivas de extraterritorialidade da legislação tributária dos Estados, Distrito Federal e Municípios: autorização em convênio ou em leis de normas gerais expedidas pela União.**

Há um motivo para que o art. 102 faça referência apenas à legislação tributária dos Estados, do Distrito Federal e dos Municípios. A exclusão da União em relação ao princípio da territorialidade não é acidental ou sem propósito.

No caso da União, é perfeitamente possível que uma lei tributária alcance fatos ocorridos no território estrangeiro, disciplinando, por exemplo, a aquisição de renda decorrente de atividade exercida em território estrangeiro por residente no Brasil. É justamente o que prevê o art. 43, § 2º do CTN:

> Na hipótese de receita ou de rendimento oriundos do exterior, a lei estabelecerá as condições e o momento em que se dará sua disponibilidade, para fins de incidência do imposto referido neste artigo.

Tomando como base esse dispositivo, o legislador ordinário instituiu a tributação de lucros obtidos por meio de empresas controladas sediadas no exterior, cuja empresa controladora seja residente no Brasil. Em termos mais simples, a extraterritorialidade (ou universalidade) da legislação tributária da União não se submete ao art. 102 do CTN, dispositivo este que se aplica apenas aos Estados, Distrito Federal e Municípios. Muita atenção para esta informação, que pode ser exigida em provas objetivas de concursos públicos (imagine a “pegadinha” de uma assertiva que reproduza o texto do art. 102 com o indevido acréscimo da União na parte inicial).

Cabe esclarecer que a vigência da legislação da União em território estrangeiro não é irrestrita. A possibilidade de a atuação legislativa de um Estado soberano (República do Brasil que legisla pela União) está limitada por critérios de conexão que exprimem um contato entre o fato-evento com elementos de estraneidade e o Estado soberano que tem a pretensão de regulá-lo fiscalmente. Além disso, a liberdade legislativa de um Estado soberano em matéria tributária não abrange a **aplicação** de normas tributárias no território de outro Estado soberano (salvo convenção em que este o permita).

2.2.2 *Vigência temporal da legislação tributária*

Como já dito anteriormente, o art. 101 do CTN determina que a vigência da legislação tributária será regida pelas disposições legais aplicáveis às normas jurídicas em geral, ressalvando-se as disposições específicas previstas em seu texto.

Dentre as disposições legais aplicáveis às normas jurídicas em geral que também se aplicam à legislação tributária, podemos citar o art. 1º da Lei de Introdução às normas de Direito Brasileiro (Decreto-Lei 4.657/1942) e o art. 8º da Lei Complementar 95/1998:

> Lei de Introdução às normas de Direito Brasileiro, art. 1º: Salvo disposição contrária, a lei começa a vigorar em todo o país quarenta e cinco dias depois de oficialmente publicada.
>
> Lei Complementar 95/1998, art. 8º: A vigência da lei será indicada de forma expressa e de modo a contemplar prazo razoável para que dela se tenha amplo conhecimento, reservada a cláusula "entra em vigor na data de sua publicação" para as leis de pequena repercussão.

As disposições específicas do CTN a respeito da vigência temporal da legislação tributária, por sua vez, encontram-se nos arts. 103 e 104.

O art. 103 do CTN traz normas a respeito do prazo para entrada em vigor de três tipos de normas complementares previstas no art. 100: os atos normativos expedidos pelas autoridades administrativas, as decisões dos órgãos singulares ou coletivos de jurisdição administrativa a que a lei atribua eficácia normativa e os convênios que entre si celebram a União, os Estados, o Distrito Federal e os Municípios. A única norma complementar listada no art. 100 do CTN que não possui regra específica de vigência é a prática reiteradamente observada pelas autoridades administrativas, o que se justifica pela inviabilidade de se precisar o momento de surgimento dessa norma complementar.

Os prazos para entrada em vigor são:

> Art. 103. Salvo disposição em contrário, entram em vigor:
>
> I - os atos administrativos a que se refere o inciso I do artigo 100, na data da sua publicação;
>
> II - as decisões a que se refere o inciso II do artigo 100, quanto a seus efeitos normativos, 30 (trinta) dias após a data da sua publicação;
>
> III - os convênios a que se refere o inciso IV do artigo 100, na data neles prevista.

Assim, **os atos normativos expedidos pelas autoridades administrativas entram em vigor na data da sua publicação, de acordo com o art. 103, I do CTN**, Apesar de o CTN não ressalvar a possibilidade de disposição em contrário pelo próprio ato administrativo normativo, não se pode vedar ao órgão da administração tributária que estipule um prazo para entrada em vigor, afastando a previsão do CTN de entrada em vigor na data da publicação. É o que ocorre, por exemplo, na Instrução Normativa 1.765/2017, da Receita Federal do Brasil. Ainda que publicada no Diário Oficial da União de 04/12/2017, seu art. 2º estabeleceu que a Instrução Normativa só entraria em vigor no dia 1º de janeiro de 2018. Por isso, o art. 103, I do CTN deve ser interpretado no sentido de que os atos administrativos normativos entrarão em vigor na data de sua publicação apenas quando não houver previsão expressa em sentido contrário no próprio ato. O art. 103, I do CTN não impede que o ato administrativo disponha sobre a sua própria entrada em vigor, trazendo uma data diversa daquela em que for publicado.

As **decisões dos órgãos singulares ou coletivos de jurisdição administrativa a que a lei atribua eficácia normativa entram em vigor 30 dias após a data da sua publicação.** Essa regra de entrada em vigor vale apenas para a parte normativa da decisão, que é justamente a norma complementar listada no art. 100 do CTN. Como a decisão administrativa está inserida num processo administrativo com contribuinte(s) individualizado(s), a produção de efeitos da decisão em relação às partes do processo não obedece o art. 103, II do CTN, que se dirige apenas à generalidade das pessoas que são alcançadas pela eficácia normativa da decisão.

Os convênios entrarão em vigor na data neles prevista, de acordo com o art. 103, III do CTN. Em relação aos convênios do ICMS, há disposição específica na Lei Complementar 24/1975 (art. 6º) que determina sua entrada em vigor no trigésimo dia após a publicação da ratificação no Diário Oficial da União.

norma complementar	×	entrada em vigor (CTN 103)
ato normativo de autoridade adm	×	data da publicação
decisões administrativas com eficácia normativa	×	30 dias após data de publicação
convênios	×	data neles prevista

O último dispositivo do CTN sobre a vigência temporal da legislação tributária é o art. 104:

> Art. 104. Entram em vigor no primeiro dia do exercício seguinte àquele em que ocorra a sua publicação os dispositivos de lei, referentes a impostos sobre o patrimônio ou a renda:
>
> I - que instituem ou majoram tais impostos;
>
> II - que definem novas hipóteses de incidência;
>
> III - que extinguem ou reduzem isenções, salvo se a lei dispuser de maneira mais favorável ao contribuinte, e observado o disposto no artigo 178.

Os dois primeiros incisos acima trazem uma regra sobre a vigência da legislação tributária que cria ou aumenta impostos sobre o patrimônio ou a renda. Há alguns problemas com esse regramento.

Primeiro, o art. 104 estabelece um princípio da anterioridade pautado na **entrada em vigor**. Como já visto anteriormente, é perfeitamente possível que uma lei entre em vigor sem produzir efeitos. Ou seja, **a proteção real deve ser em relação aos efeitos da lei, e não à sua vigência.** Nesse sentido, inclusive, é que o princípio da anterioridade previsto na Constituição (CF, art. 150, III, *b* e *c*) dispõe que é vedado **cobrar tributos (efeito/eficácia da lei tributária)** no mesmo exercício financeiro ou noventa dias depois da publicação da lei que institui ou aumenta tributos. A Constituição, desse modo, trouxe uma proteção mais efetiva, atingindo precisamente o ponto da lei tributária que poderia trazer algum prejuízo ao contribuinte, qual seja, a eficácia da lei tributária (efeitos de exigência do tributo). Por essa razão, os incisos I e II do art. 104 do CTN encontram-se superados (o CTN é norma de hierarquia inferior e anterior à Constituição).

Segundo, o art. 104 refere-se de modo específico aos impostos sobre o patrimônio ou a renda, enquanto a Constituição fala em tributos em geral, sem distinção quanto à base econômica sobre a qual incide a exação. Mais uma razão pela qual os incisos I e II foram superados pela anterioridade constitucional.

Terceiro, o inciso II, ao falar em "definir novas hipóteses de incidência", acaba por repetir o primeiro inciso, pois a definição de nova hipótese de incidência equivale à instituição de tributo.

Em suma, podemos dizer que o art. 104, I e II do CTN foram prejudicados pelo advento do princípio da anterioridade da Constituição de 1988.

O inciso III do art. 104, por sua vez, dispõe que a lei que extingue ou reduz isenções de **impostos sobre o patrimônio ou a renda** só entrará **em vigor** no exercício seguinte àquele em que publicada. Em relação à extinção ou redução de isenções, mantém-se a restrição quanto a impostos sobre o patrimônio ou a renda e a menção à entrada em vigor. A diferença em relação ao texto constitucional no que tange à anterioridade é que a Constituição veda aos entes "cobrar tributos", não havendo uma vedação específica à revogação de isenção. **Para que se entenda aplicável a anterioridade constitucional (e portanto superado o art. 104, III do CTN), deve-se adotar a interpretação de que a revogação de isenções equivale à cobrança de tributos.**

E como visto no item "revogação de isenções e anterioridade", constante do capítulo sobre princípios tributários, o STF tem se inclinado nos últimos julgados sobre o tema a aplicar o princípio da anterioridade também às revogações de isenções:

> (...) **Promovido aumento indireto do Imposto Sobre Circulação de Mercadorias e Serviços – ICMS por meio da revogação de benefício fiscal, surge o dever de observância ao princípio da anterioridade**, geral e nonagesimal, constante das alíneas "b" e "c" do inciso III do artigo 150, da Carta. Precedente – Medida Cautelar na Ação Direta de Inconstitucionalidade nº 2.325/DF, de minha relatoria, julgada em 23 de setembro de 2004. (RE 564.225 AGR, j. 02.09.2014 - grifos adicionados).
>
> "(...) 1. O entendimento desta Corte vem se firmando no sentido de que **não só a majoração direta de tributos atrai a aplicação da anterioridade nonagesimal, mas também a majoração indireta decorrente de revogação de benefícios fiscais.** (...) (RE 1.081.041 AgR, j. 09.04.2018 - grifos adicionados).

No mesmo sentido, há várias decisões monocráticas no STF, o que indica uma consolidação de jurisprudência.

A aplicação do princípio da anterioridade em relação à revogação de isenções foi decidida pelo STF sem maiores considerações a respeito do art. 104, III do CTN. A limitação desse dispositivo a impostos sobre o patrimônio ou renda e a referência à **entrada em vigor** contrasta com a amplitude maior do princípio da anterioridade constitucional, que abrange todos os tributos e se volta à **eficácia da lei tributária** ("cobrar tributos").

Assim, diante da nova orientação do STF de que a revogação de isenções é vedada pelo princípio constitucional da anterioridade, a utilidade e aplicação do art. 104, III do CTN restará prejudicada, tendo em vista a amplitude maior da anterioridade constitucional.

2.3 Aplicação da legislação tributária

O CTN trata da aplicação da legislação tributária nos seus arts. 105 e 106, a seguir estudados.

2.3.1 *Aplicação da legislação tributária aos fatos geradores futuros e pendentes*

O art. 105 trata da aplicação imediata da legislação tributária nos seguintes termos:

> A legislação tributária aplica-se imediatamente aos fatos geradores futuros e aos pendentes, assim entendidos aqueles cuja ocorrência tenha tido início mas não esteja completa nos termos do art. 116.

A aplicação da legislação tributária aos fatos geradores futuros não enseja maiores questionamentos (abstraindo o "imediatamente", utilizado como uma ênfase desnecessária).

A referência aos fatos geradores pendentes, por sua vez, é objeto de severas críticas doutrinárias.

O CTN define o **fato gerador pendente** como aquele cuja ocorrência teve início sem se completar. Essa disposição do CTN estaria admitindo a aplicação da legislação tributária a um fato gerador que ainda não se tornou perfeito. Tal raciocínio padece de um obstáculo lógico: se o fato gerador ainda não se completou, não há fato gerador sobre o qual a legislação tributária possa incidir.

Fato gerador só existe depois de encerrado seu ciclo de formação, caso não se trate de fato gerador instantâneo. Ainda que haja fatos isolados que são considerados pela legislação tributária como um fato só para fins de caracterização do fato gerador, este só se reputa perfeito com a ocorrência de todos os fatos isolados exigidos pela lei. É o caso do imposto de renda e da contribuição social sobre o lucro líquido, cujo fato gerador ocorre no dia 31 de dezembro, não obstante o acréscimo patrimonial seja averiguado em relação a todos os fatos econômicos relevantes ocorridos durante o ano.

O próprio art. 116 mencionado no texto do art. 105 prescreve que o fato gerador só se considera ocorrido quando se verifiquem as circunstâncias materiais necessárias a que produza os efeitos que normalmente lhe são próprios, ou quando determinada situação jurídica estiver definitivamente constituída. Ou seja, não há coerência ou mesmo viabilidade na determinação do art. 105 de aplicação imediata da legislação tributária aos fatos geradores "pendentes".

Críticas à parte quanto à polêmica menção aos fatos geradores pendentes, deve-se guardar que o principal sentido do art. 105 é aquele obtido por uma interpretação *a contrariu sensu*: **a legislação tributária, regra geral, não se aplica aos fatos geradores passados.** Em outras palavras, não se admite, na maior parte dos casos, a aplicação retroativa da legislação tributária.

2.3.2 *Hipóteses de retroatividade da legislação tributária*

As exceções quanto à retroatividade da legislação tributária estão previstas no art. 106 do CTN:

> CTN, art. 106. A lei aplica-se a ato ou fato pretérito:
>
> I - em qualquer caso, quando seja expressamente interpretativa, excluída a aplicação de penalidade à infração dos dispositivos interpretados;
>
> II - tratando-se de ato não definitivamente julgado:
>
> a) quando deixe de defini-lo como infração;
>
> b) quando deixe de tratá-lo como contrário a qualquer exigência de ação ou omissão, desde que não tenha sido fraudulento e não tenha implicado em falta de pagamento de tributo;
>
> c) quando lhe comine penalidade menos severa que a prevista na lei vigente ao tempo da sua prática.

O estudo do art. 106 do CTN será dividido em dois grupos: retroatividade da lei interpretativa e retroatividade da lei mais benéfica.

2.3.2.1 *Retroatividade da lei interpretativa*

A lei interpretativa, seria aquela que não traz disposições novas, ou seja, não prescreve direitos e obrigações além dos já existentes quando de sua edição, limitando-se a especificar o sentido da legislação já existente. A lei interpretativa representa um fenômeno denominado interpretação **autêntica**, que é aquela empreendida pelo próprio regra que elabora as leis. Contrapõe-se à interpretação administrativa, efetuada pelos administradores, à interpretação judicial, efetuada pelos juízes, e à interpretação doutrinária, efetuada pelos juristas.

A natureza da lei interpretativa não se define pela sua denominação ou pela sua enunciação como tal, mas sim pela sua função de interpretação. Desse modo, a referência a "expressamente" interpretativa no texto do art. 106, I do CTN não significa que basta a lei se definir expressamente como interpretativa.

Desse modo, **o critério definidor da lei como interpretativa seria a ausência de disposição capaz de inovar no ordenamento jurídico**.

Essa orientação, embora forneça uma diretriz, não oferece segurança acerca do que seria exatamente inovar no ordenamento jurídico. Além disso, é relevante a crítica doutrinária segundo a qual se a lei não traz novidade no ordenamento jurídico, ela perde sua utilidade, pois uma suposta "interpretação", se não alterar em nada o quadro posto no ordenamento, não possui serventia alguma. Com isso, a "interpretação" providenciada pela lei teria sim o condão de introduzir inovações, ainda que limitadas a comandos legais já existentes. Caso contrário, seria uma legislação vazia.

De todo modo, o STF admite a existência de leis interpretativas, de modo que eventuais críticas podem ser úteis em uma prova discursiva ou oral, mas não para fins de definir a assertiva correta em uma prova objetiva. Para essa última finalidade, devemos ficar com o entendimento do STF (ADI MC 605, j. 23.10.1991 – grifos adicionados):

> "**É plausível, em face do ordenamento constitucional brasileiro, o reconhecimento da admissibilidade das leis interpretativas, que configuram instrumento juridicamente idôneo de veiculação da denominada interpretação autêntica.** - **As leis interpretativas** - desde que reconhecida a sua existência em nosso sistema de direito positivo - **não traduzem usurpação das atribuições institucionais do Judiciário e, em conseqüência, não ofendem o postulado fundamental da divisão funcional do poder.** - **Mesmo as leis interpretativas expõem-se ao exame e à interpretação dos juizes e tribunais.** Não se revelam, assim, espécies normativas imunes ao controle jurisdicional. - A questão da interpretação de leis de conversão por medida provisória editada pelo Presidente da República. - O princípio da irretroatividade somente condiciona a atividade jurídica do Estado nas hipóteses expressamente previstas pela Constituição, em ordem a inibir a ação do Poder Público eventualmente configuradora de restrição gravosa (a) ao "status libertatis" da pessoa (CF, art. 5º, XL), (b) ao "status subjectionais" do contribuinte em matéria tributária (CF, art. 150, III, "a") e (c) à segurança jurídica no domínio das relações sociais (CF, art. 5º, XXXVI). - **Na medida em que a retroprojeção normativa da lei não gere e nem produza os gravames referidos, nada impede que o Estado edite e prescreva atos normativos com efeito retroativo.** - As leis, em face do caráter prospectivo de que se revestem, devem, ordinariamente, dispor para o futuro. **O sistema jurídico-constitucional brasileiro, contudo, não assentou, como postulado absoluto, incondicional e inderrogável, o princípio da irretroatividade.**"

Do julgado acima, pode-se extrair outras conclusões além da admissibilidade das leis interpretativas.

Uma delas é que o reconhecimento das leis interpretativas não implica usurpação da função jurisdicional de interpretar as leis. Desse modo, o Judiciário pode perfeitamente estabelecer, em um julgamento a ele submetido, o sentido e alcance da interpretação autêntica. Pode até mesmo declarar sua inconstitucionalidade em controle concentrado ou difuso. Desse modo, **a edição de lei interpretativa não representa ofensa ao princípio constitucional da separação dos Poderes** (CF, art. 2º).

Outra conclusão do julgado acima do STF é a que admitiu a retroatividade da lei interpretativa, desde que não se configure ofensa à liberdade individual ou à segurança jurídica. Ainda, **o STF afastou expressamente a possibilidade de a lei interpretativa ter como resultado a cobrança de tributos** em relação a fatos geradores ocorridos antes do início da vigência da lei que os houver instituído ou aumentado (CF, art. 150, III, *a*).

Apesar dos parâmetros estabelecidos, permanece carregada de subjetivismo a definição de quando uma interpretação (através de lei ou não) implica inovação do estado anterior, já que interpretar não é apenas descrever significados, mas também contribuir para a criação de novos sentidos. Mais importante do que definir se uma lei é ou não interpretativa, deve-se questionar se uma lei representa violação injustificada e desproporcional à segurança jurídica.

Como ressalta Ricardo Mariz de Oliveira, são muito estreitos os limites em que o Poder Legislativo pode interpretar uma lei, o que poderia ocorrer na peculiar hipótese de "a redação da norma ser tão falha que nenhuma conclusão segura poderia ser tirada do seu texto". Quando se tratar de norma com duas ou mais interpretações possíveis, todavia, eventual lei posterior que reduza uma das possibilidades interpretativas da lei anterior representaria nova norma, não podendo ser considerada como meramente interpretativa.

O estudo da lei interpretativa no direito tributário passou a ter maior importância a partir da Lei Complementar 118/2005, que introduziu um dispositivo que se declarava interpretativo. Trata-se do seu art. 3º, que dispôs (grifos adicionados):

> Para efeito de interpretação do inciso I do art. 168 da Lei nº 5.172, de 25 de outubro de 1966 – Código Tributário Nacional, **a extinção do crédito tributário ocorre, no caso de tributo sujeito a lançamento por homologação, no momento do pagamento antecipado** de que trata o § 1º do art. 150 da referida Lei.

A interpretação pretendida dizia respeito ao prazo de restituição do tributo pago indevidamente (repetição de indébito tributário) nos tributos sujeitos a lançamento por homologação. Nesses casos, havia controvérsia sobre qual momento seria considerado o marco inicial do prazo prescricional para a pretensão de restituição.

Por um lado, o art. 168, I do CTN define o prazo prescricional para a restituição deveria ser contado da **data da extinção do crédito tributário**. Por outro, o art. 150, § 1º do CTN determina que, nos tributos sujeitos a lançamento por homologação, o pagamento antecipado extingue o crédito, sob condição resolutória de ulterior homologação.

Diante da conjugação desses dois dispositivos firmaram-se **duas correntes** acerca da data da extinção do crédito tributário que seria o início do prazo prescricional para a repetição do indébito dos tributos sujeitos a lançamento por homologação: a) a extinção do crédito ocorreria no momento do pagamento; b) a extinção ocorreria na data da ulterior homologação desse pagamento.

Como a homologação geralmente é tácita, ocorrendo cinco anos após a data do fato gerador, e o pagamento ocorre em uma data muito mais próxima do fato gerador, a adoção da segunda corrente resultaria num prazo maior para o contribuinte buscar a repetição de indébito. A adoção da primeira corrente (extinção do crédito pelo pagamento antecipado) resultaria em um prazo prescricional de restituição do tributo encurtado em anos, se comparado à segunda corrente, já que a homologação tácita do pagamento só ocorre cinco anos após a data do fato gerador (sento que a data do pagamento é próxima da data do fato gerador).

Por isso, a segunda corrente, que considerava o início do prazo prescricional para restituição do indébito tributário apenas com a homologação (geralmente tácita) do pagamento, tornou-se conhecida como tese **"cinco + cinco"**. Essa expressão sintetizava a somatória de dois prazos: o prazo de cinco anos para homologação tácita do pagamento antecipado mais o prazo de cinco anos de prescrição para a restituição do tributo pago indevidamente. Na prática, portanto, a segunda corrente representava um prazo de cerca de dez anos para a restituição do indébito no caso de tributos sujeitos a lançamento por homologação.

INÍCIO DA PRESCRIÇÃO PARA REPETIÇÃO

FATO GERADOR - **5 ANOS** - HOMOLOGAÇÃO TÁCITA - **5 ANOS** - PRESCRIÇÃO DA REPETIÇÃO

Essa construção, deveras benéfica aos contribuintes, foi amplamente aceita pelo STJ, como se vê a seguir:

> (...) 1. Está uniforme na 1ª Seção do STJ que, no caso de lançamento tributário por homologação e havendo silêncio do Fisco, o prazo decadencial só se inicia após decorridos 5 (cinco) anos da ocorrência do fato gerador, acrescidos de mais um quinquênio, a partir da homologação tácita do lançamento. Estando o tributo em tela sujeito a lançamento por homologação, aplicam-se a decadência e a prescrição nos moldes acima delineados. 2. Não há que se falar em prazo prescricional a contar da declaração de inconstitucionalidade pelo STF ou da Resolução do Senado. A pretensão foi formulada no prazo concebido pela jurisprudência desta Casa Julgadora como admissível, visto que a ação não está alcançada pela prescrição, nem o direito pela decadência. **Aplica-se, assim, o prazo prescricional nos moldes em que pacificado pelo STJ, *id est*, a corrente dos cinco mais cinco.** (...) (EREsp 435.835, j. 24.03.2004 - grifos adicionados)
>
> (...) A 1ª Seção do STJ, no julgamento do ERESP 435.835/SC, Rel. p/ o acórdão Min. José Delgado, sessão de 24.03.2004, consagrou o entendimento segundo o qual **o prazo prescricional para pleitear a restituição de tributos sujeitos a lançamento por homologação é de cinco anos, contados da data da homologação do lançamento, que, se for tácita, ocorre após cinco anos da realização do fato gerador**, sendo irrelevante, para fins de cômputo do prazo prescricional, a causa do indébito. (...) (EREsp 591.604, j. 10.08.2005 - grifos adicionados)

Voltando ao art. 3º da LC 118/2005, fica claro que sua disposição no sentido de que a extinção do crédito (marco inicial da prescrição para a restituição) relativo a tributo sujeito a lançamento por homologação ocorreria no momento do pagamento contraria frontalmente a jurisprudência do STJ, segundo a qual a extinção do crédito (marco inicial da prescrição para a restituição) só se daria com a homologação do pagamento antecipado.

O legislador não é obrigado a se curvar ao entendimento do STJ, não havendo qualquer impedimento constitucional à edição de novas leis contrárias à jurisprudência consolidada. Pelo contrário, a Constituição prevê expressamente que nem mesmo as decisões definitivas de mérito nas ações diretas de inconstitucionalidade ou as súmulas vinculantes projetam seus efeitos sobre o legislador[14].

Como já decidiu o STF, não há ofensa à decisão do STF em sede de ação direta de inconstitucionalidade pela edição de lei posterior com conteúdo idêntico à declarada inconstitucional, já que a eficácia geral e o efeito vinculante de decisão, proferida pelo STF, só atingem os demais órgãos do Poder Judiciário e todos os do Poder Executivo, não alcançando o legislador (Rcl 2617 AgR, j. 23.02.2005).

14. CF, art. 102, § 2º As decisões definitivas de mérito, proferidas pelo Supremo Tribunal Federal, nas ações diretas de inconstitucionalidade e nas ações declaratórias de constitucionalidade produzirão eficácia contra todos e **efeito vinculante, relativamente aos demais órgãos do Poder Judiciário e à administração pública direta e indireta, nas esferas federal, estadual e municipal**. (...) Art. 103-A. O Supremo Tribunal Federal poderá, de ofício ou por provocação, mediante decisão de dois terços dos seus membros, após reiteradas decisões sobre matéria constitucional, aprovar súmula que, a partir de sua publicação na imprensa oficial, terá **efeito vinculante em relação aos demais órgãos do Poder Judiciário e à administração pública direta e indireta, nas esferas federal, estadual e municipal**, bem como proceder à sua revisão ou cancelamento, na forma estabelecida em lei. (grifos adicionados).

Contudo, no presente caso havia a pretensão de se conferir efeitos retroativos à alteração implementada, diante do enquadramento do art. 3º da LC 118/2005 como lei interpretativa (grifo adicionado):

> LC 118/2005, art. 4º: Esta Lei entra em vigor 120 (cento e vinte) dias após sua publicação, **observado, quanto ao art. 3º, o disposto no art. 106, inciso I, da Lei nº 5.172, de 25 de outubro de 1966 – Código Tributário Nacional.**

Não só se pretendia superar o entendimento do STJ, como também se quis aplicar a nova orientação (primeira corrente exposta acima) de forma retroativa, sob o pretexto de o art. 3º da LC 118/2005 se enquadrar como lei interpretativa.

A aplicação retroativa do art. 3º da LC 118/2005, todavia, foi rechaçada pelo STJ (AI nos EREsp 644.736, j. 06.06.2007 – grifos adicionados):

> (...) 1. Sobre o tema relacionado com a prescrição da ação de repetição de indébito tributário, a jurisprudência do STJ (1ª Seção) é no sentido de que, em se tratando de tributo sujeito a lançamento por homologação, o prazo de cinco anos, previsto no art. 168 do CTN, tem início, não na data do recolhimento do tributo indevido, e sim na data da homologação expressa ou tácita - do lançamento. Segundo entende o Tribunal, para que o crédito se considere extinto, não basta o pagamento: é indispensável a homologação do lançamento, hipótese de extinção albergada pelo art. 156, VII, do CTN. Assim, somente a partir dessa homologação é que teria início o prazo previsto no art. 168, I. E, não havendo homologação expressa, o prazo para a repetição do indébito acaba sendo, na verdade, de dez anos a contar do fato gerador.
>
> (...) 3. **O art. 3º da LC 118/2005, a pretexto de interpretar esses mesmos enunciados, conferiu-lhes, na verdade, um sentido e um alcance diferente daquele dado pelo Judiciário. Ainda que defensável a 'interpretação' dada, não há como negar que a Lei inovou no plano normativo, pois retirou das disposições interpretadas um dos seus sentidos possíveis**, justamente aquele tido como correto pelo STJ, intérprete e guardião da legislação federal.
>
> 4. Assim, **tratando-se de preceito normativo modificativo, e não simplesmente interpretativo, o art. 3º da LC 118/2005 só pode ter eficácia prospectiva**, incidindo apenas sobre situações que venham a ocorrer a partir da sua vigência.
>
> 5. **O artigo 4º, segunda parte, da LC 118/2005, que determina a aplicação retroativa do seu art. 3º, para alcançar inclusive fatos passados, ofende o princípio constitucional da autonomia e independência dos poderes (CF, art. 2º) e o da garantia do direito adquirido, do ato jurídico perfeito e da coisa julgada** (CF, art. 5º, XXXVI).
>
> 6. Argüição de inconstitucionalidade acolhida.

E para a aplicação prospectiva do art. 3º da LC 118/2005, o STF entendeu que o evento relevante não seria o pagamento, mas sim o ajuizamento da ação de restituição. Ou seja, o art. 3º da LC 118/2005 deveria ser aplicado apenas aos contribuintes que ajuizaram ação após o dia 09 de junho de 2005 (data de vigência da LC 118/2005). é o que se vê da ementa abaixo reproduzida (STF, RE 566.621, **repercussão geral**, j. 04.08.2011 – grifo adicionado):

> "(...) A aplicação retroativa de novo e reduzido prazo para a repetição ou compensação de indébito tributário estipulado por lei nova, fulminando, de imediato, pretensões deduzidas tempestivamente à luz do prazo então aplicável, bem como a aplicação imediata

> às pretensões pendentes de ajuizamento quando da publicação da lei, sem resguardo de nenhuma regra de transição, implicam ofensa ao princípio da segurança jurídica em seus conteúdos de proteção da confiança e de garantia do acesso à Justiça. (...) Reconhecida a inconstitucionalidade art. 4º, segunda parte, da LC 118/05, considerando-se **válida a aplicação do novo prazo de 5 anos tão-somente às ações ajuizadas após o decurso da vacatio legis de 120 dias, ou seja, a partir de 9 de junho de 2005**. Aplicação do art. 543-B, § 3º, do CPC aos recursos sobrestados."

Sintetizando:

a) a **LC 118/05 definiu** como **marco inicial do prazo de restituição** dos tributos sujeitos a lançamento por homologação o pagamento antecipado;

b) **essa disposição não possui caráter interpretativo**, não podendo ser aplicada retroativamente;

c) a regra do art. 3º da LC 118/05 deve ser aplicada às **ações ajuizadas** após sua vigência, pouco importando a data do pagamento do tributo a ser restituído.

2.3.2.2 *Retroatividade da lei mais benéfica*

Nesse grupo encontra-se a retroatividade das leis que dispõem de modo mais benéfico sobre **infrações à legislação tributária**. Confira-se novamente o trecho do art. 106 do CTN (grifos adicionados):

> CTN, art. 106. A lei aplica-se a ato ou fato pretérito:
>
> (...) II - tratando-se de ato não definitivamente julgado:
>
> a) quando deixe de defini-lo como **infração**;
>
> b) quando deixe de tratá-lo como **contrário a qualquer exigência de ação ou omissão**, desde que não tenha sido fraudulento e não tenha implicado em falta de pagamento de tributo;
>
> c) quando lhe comine **penalidade** menos severa que a prevista na lei vigente ao tempo da sua prática.

Os trechos destacados evidenciam que a aplicação retroativa em comento diz respeito apenas a leis que tratam de infrações e penalidades. Ou seja, **a retroatividade não se aplica a tributos cujo fato gerador já ocorreu** (como se sabe, o tributo não se confunde com penalidade – art. 3º do CTN).

Desse modo, caso um contribuinte tenha praticado fato gerador de um tributo quando a alíquota era 10% da operação, e depois de ocorrido o fato gerador sobrevém legislação que reduz para 2% essa alíquota, não há que se falar em retroatividade benéfica, pois não há multa ou penalidade no caso. Assim, o art. 106, II do CTN está em consonância com o art. 144 do CTN, segundo o qual o lançamento reporta-se à data da ocorrência do fato gerador da obrigação e rege-se pela lei então vigente, ainda que posteriormente modificada ou revogada.

A alínea *b* do inciso II, ao mencionar "ato contrário a qualquer exigência de ação ou omissão", acaba por tratar daquilo que se entende por infração, já mencionada na alínea *a*. Diante disso, há quem entenda que as duas alíneas se confundem. Contudo, **a alínea b acrescenta que o ato em questão não pode ter sido fraudulento nem implicado em falta de pagamento de tributo**. Como há as obrigações acessórias no direito tributário, que não dizem respeito ao pagamento de tributo, parece mais preciso o entendimento de que **a alínea *b* diz respeito às infrações concernentes às obrigações acessórias (ou deveres instrumentais), enquanto a alínea *a* refere-se às infrações relativas ao tributo em si (obrigação principal).**

Isso fica mais claro pela terminologia adotada na alínea *b*, qual seja, "**exigência de ação ou omissão**", que pode ser entendida justamente como uma outra forma de se referir às "**prestações, positivas ou negativas no interesse da arrecadação ou da fiscalização dos tributos**", expressão utilizada no art. 113, § 2º do CTN, que conceitua as obrigações acessórias[15].

Já em relação à alínea *c*, a nova lei que irá retroagir não deixa de definir um ato como infração, mas esse ato contrário à legislação passa a ser punido de modo mais brando. Por isso, a penalidade menos severa deve ser aplicada retroativamente, ou seja, aplica-se a pena mais suave à infração já praticada.

Essa aplicação retroativa mais benéfica em relação a matéria de infração e penalidades aproxima o direito tributário do direito penal, onde a retroatividade benigna no Código Penal e na Constituição Federal:

> Código Penal, art. 2º - Ninguém pode ser punido por fato que lei posterior deixa de considerar crime, cessando em virtude dela a execução e os efeitos penais da sentença condenatória.
>
> Parágrafo único - A lei posterior, que de qualquer modo favorecer o agente, aplica-se aos fatos anteriores, ainda que decididos por sentença condenatória transitada em julgado.
>
> Constituição Federal, art. 5º, XL - a lei penal não retroagirá, salvo para beneficiar o réu;

Há, contudo, uma diferença fundamental, que pode ser visualizada pela leitura comparada entre o inciso II do art. 106 do CTN e o parágrafo único do art. 2º do Código Penal: a extensão ou não da retroatividade em relação aos atos já abrangidos por decisão judicial transitada em julgado. Enquanto a retroatividade em matéria criminal é capaz de alcançar até mesmo os fatos já decididos por decisão judicial transitada em julgado, a retroatividade benigna do CTN se limita aos atos ainda não definitivamente julgados, ou seja, que não forma ainda objeto de decisão **judicial** transitada em julgado.

---

15. Schoueri entende que a alínea *b* se aplica apenas aos deveres instrumentais (obrigações acessórias): "A conciliação dos dispositivos exige que se reconheça que a última somente se aplica para os deveres instrumentais. (...) não se pode deixar de notar que a alínea 'b' considera a hipótese em que, além de não haver fraude, não tenha havido falta de pagamento de tributo. Ali as condições são cumulativas. Ora, infração sem que haja falta de pagamento de tributo é aquela concernente ao descumprimento de deveres instrumentais. (...) Em síntese: **a lei mais benéfica retroage, sempre, em matéria de descumprimento de obrigação principal; para os deveres instrumentais, o Código Tributário nacional condiciona a retroação a que não tenha sido fraudulento o ato.**" (SCHOUERI, Luís Eduardo. Direito Tributário. 5ª Ed. São Paulo: Saraiva, 2015, p. 810 - grifamos).

RETROATIVIDADE

LEI PENAL × LEI TRIBUTÁRIA

CRIMES × INFRAÇÕES TRIBUTÁRIAS

TRANSITO EM JULGADO × NÃO TRANSITO EM JULGADO

Apesar de o inciso II do art. 106 do CTN não mencionar expressamente a qualificação "judicial", a expressão "**definitivamente** julgado" já permite a conclusão de que o julgamento definitivo em questão só pode ser aquele realizado por órgão jurisdicional, uma vez que as decisões tomadas em processos administrativos não possuem o condão de resolver definitivamente os conflitos entre as partes[16].

A afirmação de que o ato deve ser definitivamente julgado pelo Judiciário não esclarece, contudo, o que poderia se considerar como "definitivamente julgado". Imagine, por exemplo, um lançamento com tributo e multa que é objeto de ação anulatória. Caso esta ação transite em julgado em desfavor do contribuinte, poderia se considerar o ato (infração) definitivamente julgado, mesmo que depois seja ajuizada execução fiscal em face desse mesmo débito? Respondendo essa pergunta, o STJ possui o entendimento de que apenas com o **julgamento ou encerramento definitivo da execução fiscal** é que se tem o ato (no caso a infração que originou a multa/penalidade cobrada) definitivamente julgado:

> (...) O Código Tributário Nacional, artigo 106, inciso II, letra "c" estabelece que a lei aplica-se a ato ou fato pretérito quando lhe comina punibilidade menos severa que a prevista por lei vigente ao tempo de sua prática. A lei não distingue entre multa moratória e punitiva. **Tratando-se de execução não definitivamente julgada, pode a Lei nº 9.399/96 ser aplicada, sendo irrelevante se já houve ou não a apresentação dos embargos do devedor ou se estes já foram ou não julgados.**" (EREsp 184.642, j. 26.05.1999 - grifo adicionado).
>
> (...) Aplica-se retroativamente a redução da multa moratória estabelecida pela Lei Estadual n.º 10.932/97-RS, por ser mais benéfica ao contribuinte (art. 106, II, c, do CTN), aos débitos objeto de **execução fiscal não definitivamente encerrada, entendendo-se como tal aquela em que não foram ultimados os atos executivos destinados à satisfação da prestação.** (...) (REsp 698.428, j. 19.02.2008 - grifo adicionado).
>
> (...) - O Código Tributário Nacional, em seu artigo 106, estabelece que a lei nova mais benéfica ao contribuinte aplica-se ao fato pretérito, razão por que correta a redução da multa para 20% nos casos, como na espécie, em que a execução fiscal não foi definitivamente julgada. - **Somente se tem por definitivamente julgada a execução fiscal quando realizadas a arrematação, adjudicação ou remição**, nos moldes de rr. Precedentes desta Egrégia Corte Superior. (REsp 183.994, j. 11.04.2000 - grifo adicionado)

16. Ressalve-se que no caso de processo administrativo tributário existe uma hipótese em que uma decisão administrativa não pode ser questionada judicialmente, operando efeitos definitivos. Isso se dá nas decisões administrativas que exoneram total ou parcialmente o contribuinte de determinado débito tributário, desde que não tenha havido, no processo administrativo em questão, fraude ou conluio. Isso porque o órgão administrativo que profere a decisão é parte interessada (União, Estado, DF ou Município, a depender do ente tributante), e não se pode admitir que o ente tributante que reconhece a improcedência de uma tributação no processo administrativo possa se utilizar do processo judicial para questionar sua própria decisão.

Como se vê dos julgados acima, o marco para o estabelecimento do ato definitivamente julgado é o julgamento da execução fiscal, sendo **irrelevante até mesmo o fato de haver ou não embargos à execução fiscal julgados.**

3. INTERPRETAÇÃO E INTEGRAÇÃO DA LEGISLAÇÃO TRIBUTÁRIA

A depender da corrente de interpretação adotada no direito tributário, o princípio da legalidade tributária pode assumir contornos diferentes. Caso se entenda que a interpretação deve ter um viés predominantemente descritivo, a aceitação de uma legalidade cerrada se torna mais natural. Caso se permita que a interpretação tributária desempenhe funções outras além da descritiva (como por exemplo a função decisória e a função criativa), acreditamos que o princípio da legalidade tributária não deveria ser encarado ponto de vista de uma legalidade cerrada ou fechada.

A corrente de interpretação tributária majoritária na PUC-SP, representada pelo professor Paulo de Barros Carvalho, associa a interpretação jurídica a uma atividade eminentemente descritiva (grifos adicionados):

> **À Ciência do Direito cabe descrever** esse enredo normativo, ordenando-o, **declarando** sua hierarquia, **exibindo** as formas lógicas (...) Como ciência que é, **o produto de seu trabalho terá caráter descritivo** (...) **Tal discurso, eminentemente descritivo,** fala de seu objeto - o direito positivo - que, por sua vez, também se apresenta como um estrato de linguagem, porém de cunho prescritivo. Reside exatamente aqui uma diferença substancial: o direito posto é uma linguagem prescritiva (prescreve comportamentos), enquanto **a Ciência do Direito é um discurso descritivo.** (...) as proposições normativas se dirigem para a região material da conduta, ao passo que as científicas simplesmente descrevem seu objeto, sem nele interferir. (...) **a Ciência do Direito, que o relata, compõe-se de uma camada de linguagem fundamentalmente descritiva.**[17]

Em seu clássico "Teoria dos Princípios", Humberto Ávila, por outro lado, já defendia que a interpretação jurídica deveria ser compreendida como a construção de significados de um texto normativo[18].

Em 2013, Ávila se opôs de forma mais incisiva à concepção da atividade do jurista como eminentemente descritiva. Nesse ano, foi publicado um artigo em que Ávila, citando o jurista italiano Riccardo Guastini, menciona a possibilidade de a interpretação ser cognitiva (eminentemente descritiva), decisória (adscritiva de significados – decide a alternativa de significado correta), ou criativa (introduz uma nova alternativa de significado)[19].

---

17. CARVALHO, Paulo de Barros. Curso de Direito Tributário. 25ª edição. São Paulo: Saraiva, 2013, p. 31-33.

18. "A matéria bruta utilizada pelo intérprete - o texto normativo ou dispositivo - constitui uma mera possibilidade de Direito. **A transformação dos textos normativos em normas jurídicas depende da construção de conteúdos de sentido pelo próprio intérprete.** Esses conteúdos de sentido, em razão do dever de fundamentação, precisam ser compreendidos por aqueles que os manipulam, até mesmo como condição para que possam ser compreendidos pelos seus destinatários." (ÁVILA, Humberto. Teoria dos Princípios. 16ª edição. São Paulo: Malheiros, 2015, p. 44 - grifos adicionados).

19. ÁVILA, Humberto. Função da Ciência do Direito Tributário: do Formalismo Epistemológico ao Estruturalismo Argumentativo. Revista Direito Tributário Atual nº 29. São Paulo: Dialética, 2013, p. 184.

No mesmo estudo, Ávila rejeita expressamente a concepção da interpretação como uma atividade eminentemente descritiva. Nas palavras do professor (grifos adicionados):

> (...) **a Ciência do Direito não apenas descreve, mas também adscreve e cria significados**, nunca diretamente, mas sempre por meio da intermediação de diversos processos dicursivos. Por essa razão, a função da Ciência do Direito não é - nem pode ser - apenas a de descrever ou declarar significados suscetíveis de conhecimento. (...) a interpretação jurídica é um processo discursivo baseado em argumentos, estruturado por métodos e guiado por teorias, que **envolve um entrelaçamento de atividades descritivas, adscritivas e criativas, cuja legitimidade depende do reconhecimento de limitações exteriores e da observância de critérios intersubjetivamente controláveis.**[20]

Após o texto de Ávila, houve réplica de Paulo de Barros Carvalho e tréplica de Humberto Ávila. Sem maiores aprofundamentos sobre tais discussões, o intuito do presente tópico foi trazer um panorama geral dos debates realizados por tributaristas (que não se limitam ao direito tributário) acerca da teoria da interpretação.

3.1 Métodos de interpretação

A interpretação costuma ser classificada de acordo com sua abordagem preponderante. Embora haja questionamentos quanto a essa classificação, seu conhecimento é imprescindível diante de sua ampla aceitação prática, a despeito de críticas contundentes por juristas de envergadura[21].

Assim é que, primeiramente, a interpretação pode ser **literal ou gramatical**, quando prioriza o sentido mais simples e patente das palavras, sem indagações acerca do contexto ou valores envolvidos na disposição jurídica. Por razões óbvias, essa espécie de interpretação é vista apenas como um pressuposto ou um ponto de partida do trabalho interpretativo, dada a sua insuficiência para resolver os diversos problemas e conflitos que surgem da aplicação das leis. Por outro lado, o CTN faz importantes referências a esse método de interpretação, notadamente no que se refere à legislação tributária que trata de suspensão ou exclusão do crédito tributário, ou ainda dispensa do cumprimento de obrigações acessórias (art. 111, III do CTN). Esse assunto será retomado adiante.

A **interpretação histórica** se propõe a investigar os fatos sociais, econômicos, culturais e políticos que existiam à época da discussão e aprovação da lei. De posse desse contexto do surgimento da lei, busca-se investigar as causas que contribuíram para o movimento do legislador, os acontecimentos que estimularam os debates em torno de determinada norma.

Outro recurso é a **interpretação sistemática**. Por essa perspectiva, ao se interpretar um dispositivo legal específico, não se pode excluir a consideração de outros dispositivos do

20. ÁVILA, Humberto. Função da Ciência do Direito Tributário: do Formalismo Epistemológico ao Estruturalismo Argumentativo. Revista Direito Tributário Atual nº 29. São Paulo: Dialética, 2013, p. 187; 204.

21. "(...) Uma das conferências que assisti em um ainda recente congresso versava sobre a distinção entre os métodos de interpretação, gramatical teleológico etc. De repente percebi que quem palestrava tinha mais de duzentos anos, um autêntico morto sem sepultura, fazendo ressoar o *Bolero*, de Ravel... (...)" (Prefácio de Eros Roberto Grau a ÁVILA, Humberto. Teoria dos Princípios. 16ª edição. São Paulo: Malheiros, 2015).

mesmo diploma, nem mesmo de outros diplomas anteriores ou posteriores. A interpretação isolada dos dispositivos legais propiciaria contradições e incongruências entre decisões de um mesmo juízo. A esse respeito, é famoso o dizer de Eros Grau segundo o qual "não se interpreta o direito em tiras; não se interpreta textos normativos isoladamente, mas sim o direito, no seu todo (...)" (voto na ADPF 101, j. 24.06.2009).

A **interpretação teleológica ou finalística**, por sua vez, privilegia a finalidade da norma, ou seja, o objetivo final pretendido pelo legislador. Se a interpretação gramatical seria o ponto de partida, a interpretação finalística poderia ser compreendida como um movimento em direção ao ponto de chegada, já que se preocupa com o resultado imaginado pelo legislador quando editou a norma interpretada. Um bom exemplo da interpretação teleológica pode ser visto no tema das imunidades, mais especificamente na imunidade dos livros, quando o STF entendeu que a literalidade do texto constitucional (que fazia menção expressa a "papel"), deveria ceder diante da finalidade da norma de estimular a difusão de conhecimento. Com isso, reconheceu o STF a imunidade também aos livros eletrônicos (RE 330.817, **repercussão geral**, j. 08.03.2017 – grifos adicionados):

> (...) A **teleologia** da imunidade contida no art. 150, VI, d, da Constituição, aponta para a **proteção de valores, princípios e ideias** de elevada importância, tais como a liberdade de expressão, voltada à democratização e à difusão da cultura; (...). Ao se invocar a **interpretação finalística**, se o livro não constituir veículo de ideias, de transmissão de pensamentos, ainda que formalmente possa ser considerado como tal, será descabida a aplicação da imunidade. (...) A interpretação das imunidades tributárias deve se projetar no futuro e levar em conta os novos fenômenos sociais, culturais e tecnológicos.

Chamamos a atenção para que não se faça confusão entre a **interpretação teleológica conferida às imunidades** e a **interpretação literal ou estrita** aplicada pela jurisprudência **em relação ás isenções.**

3.2 Diferença entre interpretação e integração

Como já explicado, a interpretação pode ser entendida como uma atividade que busca descrever, adscrever ou mesmo criar significados. Essa criação de significados, todavia, deve estar dentro do "sentido possível" do texto interpretado. Ou seja, a interpretação encontra-se dentro dos limites semânticos das palavras, de modo que extrapolar o "sentido possível" do texto representa atividade outra que não a interpretação. Apesar da criação gerar a ideia de que há algo novo não presente anteriormente, essa novidade diz respeito à tarefa de criar um significado **a partir** do texto da norma, e tendo este como limite. Dessa forma, é possível se falar também em interpretação extensiva, que amplia o significado da expressão literal.

Caso se verifique a insuficiência do ofício interpretativo, diante da limitação do texto normativo, surge o que é conhecido por "**lacuna normativa**". A lacuna seria um "espaço vazio", um terreno não ocupado pela legislação vigente. Dizer que há um terreno não ocupado pela legislação, contudo, não significa dizer que há um terreno não ocupado pelo Direito.

Isso porque o Direito pode se valer da **integração** para o **preenchimento de lacunas normativas**. Desse modo, por meio da integração o jurista ou julgador adentra no terreno não ocupado pela legislação, para que o Direito ofereça uma resposta ou solução ao caso. Não é demais dizer que Direito não se limita a legislação, abrangendo também princípios gerais não necessariamente previstos em lei. Apesar de ser possível a existência de vazios legais, não há espaços vazios no Direito. Nesse sentido, dispõem o artigo 140 do atual Código de Processo Civil e o artigo 4º da Lei de Introdução às Normas de Direito Brasileiro, respectivamente:

> CPC, art. 140. O juiz não se exime de decidir sob a alegação de lacuna ou obscuridade do ordenamento jurídico.
>
> Parágrafo único. O juiz só decidirá por equidade nos casos previstos em lei.
>
> LINDB, art. 4º Quando a lei for omissa, o juiz decidirá o caso de acordo com a analogia, os costumes e os princípios gerais de direito.

Assim, a integração é um recurso do Direito para o preenchimento de lacunas, ou seja, para se apontar uma solução diante da ausência de dispositivos legais sobre uma situação (vazio legislativo)[22].

Percebe-se que a própria decisão acerca da insuficiência do texto normativo e da necessidade do mecanismo de integração já representa uma atividade interpretativa, de modo que a decisão quanto à utilização da integração requer também um esforço de interpretação[23].

Assim é que há uma zona cinzenta entre a interpretação extensiva e a analogia. Ambos os institutos tratam dos limites de abrangência e aplicação da norma existente. Por isso, pode haver dúvida sobre a partir de que momento o juiz estaria saindo dos limites de uma interpretação extensiva e aplicando a norma existente em relação a uma situação não abarcada pela lei (analogia).

3.3 Integração no direito tributário

O artigo 108 do CTN trata da integração no Direito Tributário nos seguintes termos:

> CTN, art. 108. Na ausência de disposição expressa, a autoridade competente para aplicar a legislação tributária utilizará sucessivamente, na ordem indicada:
>
> I - a analogia;

22. "A integração consiste no preenchimento das lacunas do texto normativo. Inicia-se onde já não há palavra a ser interpretada, isto é, opera além do sentido possível da letra da lei. A integração tem por objetivo alcançar a plenitude do ordenamento jurídico, permitindo que o Direito se aplique sem vazios." (TORRES, Ricardo Lobo. Curso de Direito Financeiro e Tributário. 19ª Edição. Rio de Janeiro, Editora Renovar, 2013, p. 157).

23. "Sucede que a interpretação e a integração apresentam uma zona fronteiriça de pouquíssima nitidez, de forma que a separação é fluídica e imprecisa. A distinção entre analogia e interpretação extensiva ou entre analogia e interpretação analógica, por exemplo, é fugidia. A própria afirmativa da existência da lacuna ou do espaço ajurídico e da possibilidade do emprego da analogia ou do argumento a contrario constitui um problema de interpretação." (TORRES, Ricardo Lobo. Curso de Direito Financeiro e Tributário. 19ª Edição. Rio de Janeiro, Editora Renovar, 2013, p. 157).

II - os princípios gerais de direito tributário;

III - os princípios gerais de direito público;

IV - a eqüidade.

§ 1º O emprego da analogia não poderá resultar na exigência de tributo não previsto em lei.

§ 2º O emprego da eqüidade não poderá resultar na dispensa do pagamento de tributo devido.

O dispositivo merece algumas considerações iniciais antes de se comentar especificamente cada um de seus incisos.

Primeiro, o dispositivo indica que seu tema é a integração ao utilizar a expressão "**na ausência de disposição expressa**". Por tudo o que já explicamos, quando a interpretação não é suficiente diante da lacuna normativa, entra em cena a integração para fazer valer a completude do Direito.

Segundo, o dispositivo indica que só seria possível o recurso aos princípios gerais de direito tributário (inciso II) e aos princípios gerais de direito público (inciso III) na ausência de disposição expressa, o que não nos parece correto, já que tais princípios podem perfeitamente ser utilizados na atividade interpretativa. A própria ordem que limita a aplicação do recurso em sequência ignora a possibilidade de sua consideração em conjunto[24].

Terceiro, a expressão "autoridade competente para aplicar a legislação tributária" é objeto de controvérsia na doutrina. Uns entendem que a autoridade competente só pode ser a autoridade administrativa, pois o juiz não se sujeitaria às amarras do art. 108 do CTN[25]. Para esse entendimento, o CTN não pode impor ao Judiciário esse ou aquele método de interpretação ou integração, sob pena de ingerência em Poder alheio. Outra corrente entende que também o juiz é destinatário da norma prevista no art. 108 do CTN[26]. Na prática, o art. 108 costuma ser invocado em decisões judiciais, não necessariamente como um imperativo a ser seguido pelos juízes, mas ao menos como uma diretriz geral.

Feitas as considerações iniciais, cumpre analisar a ordem indicada no art. 108 do CTN.

---

24. "(...) não é sensata a determinação de que os recursos apontados pelo art. 108 se façam 'sucessivamente, na ordem indicada'. Ao contrário, o recurso àqueles Princípios Gerais se faz no próprio processo de interpretação, como subsidio para a construção da norma tributária." (SCHOUERI, Luís Eduardo. Direito Tributário. 5ª Ed. São Paulo: Saraiva, 2015, p. 755); "(...) se esqueceu o legislador do Código que essa atividade é complexa, alimentando-se de todos os recursos disponíveis no sistema, que agem simultaneamente sobre o espírito do exegeta." (CARVALHO, Paulo de Barros. Curso de Direito Tributário. 25ª edição. São Paulo: Editora Saraiva, 2013, p. 110); "(...) a hierarquização, à qual o CTN quer subordinar os instrumentos de integração, é inaceitável" (AMARO, Luciano. Direito Tributário Brasileiro. São Paulo: Saraiva, 2005, p. 210).

25. "o dispositivo se refere à autoridade competente, parecendo alcançar só os agentes do Fisco" (BALEEIRO, Aliomar. Direito Tributário Brasileiro. 13ª edição. Rio de Janeiro: Editora Forense, 2015, p. 1.053); "Quando o art. 108 do CTN fixa regras de interpretação, em enumeração obrigatória e sucessiva, só pode estar se referindo à Administração Fazendária." (DERZI, Misabel Abreu Machado. Notas de atualização ao Direito Tributário Brasileiro de Aliomar Baleeiro. 13ª edição. Rio de Janeiro: Editora Forense, 2015, p. 1.055).

26. "O art. 108 (...) tem endereço certo: a autoridade competente para aplicar a legislação tributária, seja ela o funcionário da Fazenda, seja o órgão judicial que preside o feito." (CARVALHO, Paulo de Barros. Curso de Direito Tributário. 25ª edição. São Paulo: Editora Saraiva, 2013, p. 110); "Não cremos que assista razão a Aliomar Baleeiro (...) Não obstante a literalidade do artigo, não faria sentido que o Fisco estivesse adstrito a aplicar a lei de uma maneira, e o contribuinte ou o juiz devesse (ou pudesse) aplicá-la de modo diverso (...)" (AMARO, Luciano. Direito Tributário Brasileiro. 11ª edição. São Paulo: Editora Saraiva, 2005, p. 210).

A **analogia** significa a aplicação de uma norma existente para regular determinada situação (situação X) a situação semelhante (situação Y), tendo como fundamento o princípio da igualdade. Para que tal ocorra é necessário que a situação Y não possua norma aplicável (lacuna normativa) e que a situação regulada pela norma a ser aplicável (situação X) possua semelhança suficiente que justifique a aplicação da norma por analogia. Esse juízo de valor a respeito da semelhança das situações é subjetivo e deve ser fundamentado, sob pena de se utilizar a analogia como um recurso universal, quando sua utilização deveria ser excepcional.

Como já mencionado no tópico "diferença entre interpretação e integração", pode haver dúvida em relação aos limites da interpretação extensiva, e a partir de quando o aplicador estaria saindo do terreno da interpretação e adentrando nos domínios da integração com a utilização, por exemplo, da analogia. A interpretação extensiva depende da conclusão de que o texto legal disse menos do que pretendia, o que requer um juízo subjetivo, do mesmo modo que a analogia exige a conclusão de que uma situação não regulada é parecida com uma situação disciplinada em lei.

O art. 108, § 1º do CTN possui norma fundamental que participa da construção do princípio da legalidade tributária. Segundo o dispositivo, **o emprego da analogia não poderá resultar na exigência de tributo não previsto em lei**. Por essa norma a semelhança de uma situação não prevista em lei em relação a uma outra situação regulada pelo legislador que institui o tributo não atrai a aplicação da norma que exige tributo por analogia.

Apesar de muitos pretenderem uma aplicação simplista dessa norma, sob os auspícios da legalidade cerrada, a celeuma se transfere para o que seria "tributo não previsto em lei" (ou, inversamente, o que seria tributo previsto em lei).

Aqui se revela a importância prática de se compreender a zona cinzenta entre interpretação extensiva e integração analógica. O CTN é explícito em vedar a exigência de tributo não previsto em lei por meio da utilização da analogia. Não há, contudo, qualquer vedação à interpretação extensiva ou teleológica, que poderiam ajudar na descoberta do que seria o tributo previsto em lei. Pelo contrário, ao tratar da interpretação literal (que não admite ampliações do sentido textual), o CTN (art. 112) associou essa interpretação a normas relativas a exonerações tributárias. Não há uma diretriz que proíba a interpretação extensiva ou teleológica de modo geral nas demais normas tributárias.

O que se proíbe, repita-se, é a criação de tributo não previsto em lei pela analogia. O pressuposto dessa vedação, portanto, é a constatação de uma lacuna legal. Caso o intérprete entenda que determinada norma tributária alcança uma situação (não por entender que a situação é semelhante à situação regulada na lei, mas por entender que a situação em si já é alcançada pela lei), não há que se falar em analogia[27]. Chamamos a atenção para a

27. Sobre as implicações da dificuldade de separação da interpretação da integração: "Colocamo-nos entre aqueles, como Ezio Vanoni, que entendem a integração como pertinente ao processo interpretativo, discordando, todavia, quanto ao feitio desse processo, que se apresenta construtivo e não meramente declaratório. (...) acolhida a outra tese, na qual a integração é parte da interpretação, não estaria havendo criação de direito novo, mas tão só um ato construtivo de norma jurídica, a partir de enunciados do mesmo texto positivado." (CARVALHO, Paulo de Barros. Curso de Direito Tributário. 25ª edição. São Paulo: Editora Saraiva, 2013, p. 110).

importância da fundamentação do intérprete/aplicador da norma, devido ao alto teor de subjetividade que pode estar envolvido na decisão.

Por outro lado, a vedação à analogia presente no art. 108, § 1º do CTN não abrange as normas tributárias que disciplinam obrigações acessórias ou deveres instrumentais (CTN, art. 113, § 2º). O termo "tributo" mencionado no art. 108, § 1º deve ser interpretado de modo técnico, entendendo-se tributo como a obrigação tributária principal cujo conceito é descrito no art. 3º do CTN (prestação **pecuniária**). Nada impediria, assim, a aplicação da analogia em relação a normas procedimentais ou atinentes a obrigações tributárias acessórias (prestações no interesse da arrecadação ou fiscalização de tributos)[28]. Registre-se, contudo, a existência de julgamento do STJ onde se decidiu que as "obrigações tributárias acessórias não podem ser criadas ou extintas via processo analógico" (AgRg no REsp 999.134, j. 18.08.2009).

É possível ainda encontrar espaço para utilização da analogia no terreno das garantias e dos privilégios do crédito tributário. Assim é que o art. 190 do CTN, ao criar uma preferência cuja aplicação expressa seria cabível apenas à "liquidação judicial ou voluntária", pode também ser aplicado, por analogia, à liquidação extrajudicial das instituições financeiras (arts. 15 a 35 da Lei 6.024/1974). Do mesmo modo, o art. 192 do CTN, ao condicionar a sentença de julgamento de partilha ou adjudicação à prova de quitação de tributos relativos ao espólio, também deve alcançar, por analogia, o inventário extrajudicial, sob pena de se permitir que o crédito tributário tenha uma garantia menor pelo fato de o inventário e a partilha poderem ser feitos por escritura pública (CPC, art. 610, § 1º).

Seguindo a lista dos mecanismos de integração, o art. 108 do CTN elenca os princípios gerais de direito tributário em segundo lugar e, logo após, os princípios gerais de direito público. Essa ordem costuma ser criticada pela doutrina devido a uma hierarquia artificial entre princípios gerais de direito tributário e princípios gerais de direito público. A rigor, um grupo de princípios não possui maior importância que o outro, de modo que não há justificativa na precedência de um sobre o outro.

Por último vem a equidade, conceito vago mas que pode ser associado à ideia de justiça em prol do homem em sociedade, em contraste com a aplicação do direito "a ferro e fogo". Apesar de a equidade poder significar um abrandamento do rigor da norma, o CTN afasta desde já a possibilidade de o emprego da equidade resultar na dispensa do pagamento de tributo devido (art. 108, § 2º). Essa impossibilidade de a equidade ser utilizada como fundamento para dispensar o pagamento de tributo, contudo, dirige-se apenas ao intérprete/aplicador da norma, mas não ao legislador. O próprio CTN, no art. 172, IV, dispõe que a lei pode criar hipóteses de remissão (perdão de dívida) do crédito tributário **atendendo a considerações de equidade**.

28. "Pela analogia não se pode criar tributo nem fixar nenhum dos seus aspectos. A influência da analogia se restringe às normas secundárias, processuais e administrativas." (TORRES, Ricardo Lobo. Curso de Direito Financeiro e Tributário. 19ª. ed. Rio de Janeiro: Renovar, 2013, p. 159); "(...) Noutras matérias, porém, é invocável a analogia (por exemplo, na definição de prazos para o cumprimento de obrigações e em outras matérias de direito tributário formal)" (AMARO, Luciano. Direito Tributário Brasileiro. 11ª. ed. São Paulo: Saraiva, 2005, p. 212).

Em síntese, a equidade não pode ser utilizada pelo aplicador da lei como instrumento de dispensa do pagamento de tributo, mas pode ser utilizada pelo legislador como fundamento para a remissão de crédito tributário.

3.4 Legislação tributária e direito privado

Os arts. 109 e 110 do CTN tratam da relação entre direito tributário e direito privado.

O art. 109 do CTN enuncia a liberdade que o legislador tributário possui para definir os efeitos tributários dos institutos, conceitos e formas de direito privado. Vejamos sua redação literal:

> Art. 109. Os princípios gerais de direito privado utilizam-se para pesquisa da definição, do conteúdo e do alcance de seus institutos, conceitos e formas, mas não para definição dos respectivos efeitos tributários.

Esse dispositivo pode ser melhor compreendido pela separação em duas partes.

Na primeira parte, é explicitado que os princípios gerais de direito privado são utilizados para a pesquisa da definição, conteúdo e alcance dos institutos, conceitos e formas de direito privado. Nessa primeira parte do art. 109 não há muito o que se investigar, havendo uma certa naturalidade no enunciado: os princípios de direito privado devem ser utilizados para a pesquisa do conteúdo dos conceitos de direito privado. Nada mais natural.

A segunda parte merece análise mais apurada. Se por um lado os princípios gerais de direito privado pautarão a definição, o conteúdo e alcance dos institutos, conceitos e formas de direito privado (primeira parte), tais princípios de direito privado não representam um obstáculo à atribuição de efeitos próprios, a tais conceitos de direito privado, pela lei tributária.

Desse modo, **as leis tributárias possuem liberdade para atribuir efeitos tributários a institutos, conceitos e formas de direito privado**, não obstante a definição, o conteúdo e o alcance dos institutos, conceitos e formas de direito privado sejam definidos pelo próprio direito privado.

Apesar do direito privado ser utilizado para a definição do conteúdo e alcance do conceito de pessoa jurídica (primeira parte do art. 109), pode o legislador tributário atribuir efeitos tributários que não necessariamente se coadunam fielmente com a disciplina e os efeitos que o conceito costuma ter no direito privado (segunda parte do art. 109 do CTN).

Um bom exemplo da definição de efeitos tributários próprios a institutos e conceitos de direito privado envolve a noção de pessoa jurídica. No direito privado, o conceito de pessoa jurídica possui uma compreensão no Código Civil segundo a qual a pessoa jurídica de direito privado só começa a existir com a inscrição do ato constitutivo no respectivo registro.

Para fins tributários, o CTN traz um conceito amplo de pessoa jurídica para abranger as sociedades irregulares, que, não obstante desatendam a forma de direito privado são capazes de gerar efeitos tributários. Nesse sentido, o art. 126, III do CTN dispõe que a capacidade tributária passiva não depende de a pessoa jurídica estar regularmente constituída, bastando que configure uma unidade econômica ou profissional.

Do mesmo modo, o Regulamento do Imposto de Renda (Decreto 9.580/2018, art. 162) equipara pessoas físicas empresárias (empresas individuais) a pessoas jurídicas para fins de definição do contribuinte de imposto de renda.

Há, contudo, um limite para a manipulação dos conceitos de direito privado pelo legislador tributário. Trata-se dos institutos, conceitos e formas de direito privado utilizados pela Constituição Federal para a definição de competências tributárias. Nessa linha, o art. 110 do CTN aborda a influência dos conceitos de direito privado na delimitação das competências tributárias.

Alguns tributos possuem como fato gerador a prática de atos regulados pelo direito privado. Para esses tributos, vigora a ideia de que, **se a Constituição Federal utilizou um conceito específico de direito privado para a definição de uma competência tributária, esse mesmo conceito de direito privado não pode ser alterado pela lei tributária.** Nesse sentido o art. 110 do CTN:

> Art. 110. A lei tributária não pode alterar a definição, o conteúdo e o alcance de institutos, conceitos e formas de direito privado, utilizados, expressa ou implicitamente, pela Constituição Federal, pelas Constituições dos Estados, ou pelas Leis Orgânicas do Distrito Federal ou dos Municípios, para definir ou limitar competências tributárias.

A lógica do preceito é que a utilização de um conceito privado pela Constituição impossibilita sua alteração pelo legislador infraconstitucional tributário, em consonância com o princípio da supremacia constitucional. Assim, qualquer tentativa do legislador tributário de ampliar a competência tributária por meio da alteração de um conceito privado utilizado pela Constituição encontraria óbice na rigidez constitucional.

A partir do momento em que o constituinte se apropriou do conceito, este já faria parte do texto constitucional, de modo que a hierarquia da norma constitucional impediria qualquer manipulação deste conceito pelo legislador tributário. Desse modo, a disposição do art. 110 do CTN seria norma pedagógica que apenas explicitaria a superioridade hierárquica das normas constitucionais de competência tributária em relação às normas infraconstitucionais de direito tributário, que devem observância àquelas.

A aplicação dessa ideia possui uma dificuldade: a determinação de quando a Constituição teria de fato pretendido se reportar a um conceito de direito privado, já que também é possível haver um sentido "coloquial" de termos utilizados pelo direito privado.

O primeiro problema surge diante da possibilidade de o constituinte adotar expressões criadas no direito privado em sentido diverso, o que é perfeitamente possível diante da superioridade da Constituição, que não se subordina à legislação privada que lhe precede. A esse respeito, é pertinente a advertência abaixo reproduzida:

> Em princípio, poder-se-ia, aqui também, acreditar que se uma expressão empregada na Constituição já tenha sido utilizada no Direito Privado, então já seria o caso de se empregar o referido artigo 110. É tentador o raciocínio simplista (...). Basta uma análise do texto constitucional para que tal certeza desapareça. Tome-se o caso da expressão 'propriedade', empregada pelo Constituinte na definição de competência dos municípios, no caso do IPTU. Não há dúvida de que a expressão já foi regulada exaustivamente

> no Direito Privado. No entanto, ao examinar o artigo 156 da Constituição Federal, vê-se que o Constituinte não se referiu a um imposto sobre o 'direito de propriedade', mas sobre a 'propriedade predial e territorial urbana'. Esta expressão é mais ampla: se é verdade que ela pode qualificar um direito (o direito de propriedade), também não erra quem disser que, na linguagem coloquial, a mesma expressão é empregada no sentido de 'bem imóvel'.[29]

A sofisticação do pensamento acima merece menção em eventual prova discursiva ou oral que aborde o tema. Para provas objetivas, devem ser consideradas corretas as assertivas que reproduzem o teor do art. 110 do CTN, sem maiores detalhes.

Ainda a respeito da literalidade do art. 110 do CTN, é possível ainda apontar o equívoco da parte final do dispositivo ao prever que as Constituições dos Estados e as Leis Orgânicas do DF e dos Municípios tenham o condão de definir ou limitar competências tributárias. Apenas a Constituição Federal pode definir ou limitar competências tributárias, de modo que é incorreta a parte final do dispositivo. Mais uma vez, assertivas de provas objetivas que reproduzam a literalidade da norma sem maiores considerações devem ser assinaladas como corretas.

Como última advertência em relação ao art. 110 do CTN, é preciso esclarecer que a constitucionalização de um conceito de direito privado em norma de competência tributária não significa sua estagnação ou imutabilidade. Da mesma forma que todas as outras normas constitucionais, o intérprete e o Judiciário não estão interditados de proceder à interpretação evolutiva das normas de competência tributária. A incorporação de um conceito de direito privado pelo constituinte de 1988 não tem o condão de congelar no tempo o significado desse conceito, uma vez que todas as normas constitucionais são passíveis de serem interpretadas de acordo com a realidade econômica e social que devem regular[30]. O fato de, em determinado contexto, o STF decidir pela incorporação de determinado conceito privado em norma de competência tributária[31] **não significa um engaiolamento** da própria Corte Constitucional, que poderá construir uma nova interpretação em um momento distinto.

---

29. SCHOUERI, Luís Eduardo. Direito Tributário. 5ª edição. São Paulo: Saraiva, 2015, p. 765.

30. "Mas não é só uma mudança no todo do Direito que arrasta atrás de si, como por simpatia, o Direito preexistente: também o fluir da vida o leva atrás de si. Novos fenômenos técnicos, económicos, sociais, políticos, culturais e morais têm de ser juridicamente apreciados com base nas normas jurídicas preexistentes. Ao ser o Direito obrigado a assumir posição em face de fenómenos e situações que o legislador histórico de maneira nenhuma poderia ter conhecido ou pensado, ele cresce para além de si mesmo. (...) Não pode ser nossa tarefa deixarmos o presente com os seus problemas e retrocedermos anos ou décadas para entrar no espírito de um legislador que nos não interessa já. Logo: interpretatio ex nunc e não interpretatio ex tunc. (...)" ENGISCH, Karl. Introdução ao Pensamento Jurídico. Lisboa: Fundação Calouste Gulbenkian, 2001, p. 172-173; "Os conceitos e institutos jurídicos são criados para conformar a realidade; em inúmeras situações, todavia, os fatos derrotam as normas, obrigando o jurista a reavaliar suas noções teóricas, de modo a adequá-las às novas necessidades e aspirações sociais." (BINENBOJM, Gustavo. A Nova Jurisdição Constitucional brasileira. Rio de Janeiro: Renovar, 2010, p. 203).

31. Nesse sentido, Humberto Ávila observa que o conceito de "faturamento" utilizado como base de cálculo das contribuições sociais (CF, art. 195, I, "b") seria o previsto no Decreto-lei 2.397/1987 (ÁVILA, Humberto. A Tributação das Receitas decorrentes de aluguéis pelas Contribuições Sociais incidentes sobre o Faturamento. *In*: Contribuições e Imposto sobre a Renda. Estudos e Pareceres. São Paulo: Malheiros, 2015, p. 92-97).

INSTITUTOS CONCEITOS E FORMAS DE DIREITO PRIVADO

não definem competência tributária	definem competência tributária
podem ser alterados para efeitos tributários	não podem ser alterados para efeitos tributários

3.5 Consideração econômica do fato gerador e a jurisprudência do STF acerca do art. 110 do CTN

Tema que se aproxima da relação entre o direito privado e o direito tributário estudada no tópico anterior é o da consideração econômica do fato gerador.

A consideração econômica do fato gerador se opõe à vinculação do Direito Tributário às formas e categorias do Direito Privado. Significa a consideração econômica que o intérprete e julgador deve investigar o fenômeno da tributação levando em consideração os efeitos econômicos do fato a ser tributado. Livre, portanto, das formas e categorias do Direito Privado.

Em tempos de economia digital e novos modelos empresariais surgindo a cada dia por inovações tecnológicas, a consideração econômica do fato gerador pode se mostrar como uma alternativa à erosão das bases tributárias ocasionada pela incapacidade de o legislador acompanhar as inovações tecnológicas.

Tomemos o caso do imposto municipal sobre serviços (ISS). Caso se entenda que "serviço" é conceito estanque de direito privado e que o ISS não admitiria a consideração econômica, quase todos os serviços novos da economia digital (*streaming*, *cloud computing*, serviços realizados de modo robotizado) não seriam tributados pelo ISS, restando praticamente esvaziada essa competência municipal em face das novas formas de atuação empresarial.

Pesa ainda a favor de uma concepção mais ampla de serviço do que a utilizada pelo direito privado o fato de que o constituinte empregou a expressão "serviço", e não "prestação de serviço", como utilizado no direito privado. Além disso, o constituinte acresceu a qualificação "de qualquer natureza" é expressão "serviços" utilizada no art. 156 como definidor da competência tributária municipal.

No STF, é possível identificar julgados que abordam o conceito de serviço sob o ponto de vista da vinculação ou não às formas de direito privado.

No RE 116.121 (j. 11.10.2000), o STF entendeu que as regras do Código Civil relativas a serviços seriam de "observância inafastável", diante do que dispõe a norma pedagógica do art. 110 do CTN grifo adicionado):

> A terminologia constitucional do Imposto sobre Serviços revela o objeto da tributação. Conflita com a Lei Maior dispositivo que imponha o tributo considerado contrato de locação de bem móvel. Em Direito, os institutos, as expressões e os vocábulos têm sentido próprio, descabendo confundir a locação de serviços com a de móveis, práticas diversas

> regidas pelo **Código Civil, cujas definições são de observância inafastável - artigo 110 do Código Tributário Nacional.**

Prevaleceu nesse julgamento a orientação segundo a qual **a locação de bens móveis** (no caso, guindastes) **não poderia ser considerada serviço para fins da tributação pelo ISS, pois** corresponde **a uma obrigação de dar**, e não a uma atividade pessoal do locador que possa ser juridicamente caracterizada como serviço. O entendimento vencido, exposto no voto do Ministro Carlos Velloso, entendia prestação de serviço como toda operação que não constitua venda de um bem material (conceito econômico de prestação de serviço), sendo o conceito de serviço definido por exclusão ao de transferência de bens. De todo modo, o entendimento vencedor foi consolidado na súmula vinculante 31, segundo a qual **é inconstitucional a incidência do ISS sobre operações de locação de bens móveis**.

Também no RE 547.245, do ano de 2009, foi determinante para a subsunção do arrendamento mercantil (*leasing* financeiro) ao conceito de serviço o fato de que o núcleo do contrato seria uma prestação de fazer, e não uma prestação de dar (RE 547.245, j. 02.12.2009 – grifo adicionado):

> (...) A lei complementar não define o que é serviço, apenas o declara, para os fins do inciso III do artigo 156 da Constituição. Não o inventa, simplesmente descobre o que é serviço para os efeitos do inciso III do artigo 156 da Constituição. No arrendamento mercantil (leasing financeiro), contrato autônomo que não é misto, **o núcleo é o financiamento, não uma prestação de dar.** E financiamento é serviço, sobre o qual o ISS pode incidir, resultando irrelevante a existência de uma compra nas hipóteses do leasing financeiro e do lease-back.

Considerando que a divisão entre obrigações de dar e obrigações de fazer (onde estaria a prestação de serviço) é um conceito clássico do direito privado, é possível dizer que o julgado acima prendeu-se aos institutos, conceitos e formas de direito privado, em detrimento de uma consideração econômica do fato gerador.

Em 2016, contudo, o STF realizou julgamento em sede de **repercussão geral** cuja ementa expressamente invocou a utilização da consideração econômica no que tange ao ISS, bem como a irrelevância do conceito privado de "prestação de serviços" (e da noção privada de obrigação de fazer) para adotar uma interpretação ampla de serviço, que abarcaria "todas as atividades empresariais cujos produtos fossem serviços sujeitos a remuneração no mercado" (RE 651.703, **repercussão geral**, j. 29.09.2016 – grifos adicionados):

> (...) 3. O Direito Constitucional Tributário adota conceitos próprios, razão pela qual não há um primado do Direito Privado. 4. **O art. 110, do CTN, não veicula norma de interpretação constitucional, posto inadmissível interpretação autêntica da Constituição encartada com exclusividade pelo legislador infraconstitucional.** 5. **O conceito de prestação de "serviços de qualquer natureza" e seu alcance no texto constitucional não é condicionado de forma imutável pela legislação ordinária**, tanto mais que, de outra forma, seria necessário concluir pela possibilidade de estabilização com força constitucional da legislação infraconstitucional, de modo a gerar confusão entre os planos normativos. (...) 11. **A interpretação isolada do art. 110, do CTN, conduz à prevalência do método literal, dando aos conceitos de Direito Privado a primazia hermenêutica**

> **na ordem jurídica, o que resta inconcebível.** Consequentemente, deve-se promover a interpretação conjugada dos artigos 109 e 110, do CTN, avultando o método sistemático quando estiverem em jogo institutos e conceitos utilizados pela Constituição, e, de outro, o método teleológico quando não haja a constitucionalização dos conceitos. (...) 13. **Os tributos sobre o consumo, ou tributos sobre o valor agregado, de que são exemplos o ISSQN e o ICMS, assimilam considerações econômicas,** porquanto baseados em conceitos elaborados pelo próprio Direito Tributário ou em conceitos tecnológicos, caracterizados por grande fluidez e mutação quanto à sua natureza jurídica. (...) 18. **O artigo 156, III, da CRFB/88, ao referir-se a serviços de qualquer natureza não os adstringiu às típicas obrigações de fazer, já que raciocínio adverso conduziria à afirmação de que haveria serviço apenas nas prestações de fazer, nos termos do que define o Direito Privado, o que contrasta com a maior amplitude semântica do termo adotado pela constituição,** a qual inevitavelmente leva à ampliação da competência tributária na incidência do ISSQN. (...) 20. **A classificação (obrigação de dar e obrigação de fazer) escapa à ratio que o legislador constitucional pretendeu alcançar, ao elencar os serviços no texto constitucional tributáveis pelos impostos (v.g., serviços de comunicação – tributáveis pelo ICMS, art. 155, II, CRFB/88; serviços financeiros e securitários – tributáveis pelo IOF, art. 153, V, CRFB/88; e, residualmente, os demais serviços de qualquer natureza – tributáveis pelo ISSQN, art. 156. III, CRFB/88), qual seja, a de captar todas as atividades empresariais cujos produtos fossem serviços sujeitos a remuneração no mercado.** 21. Sob este ângulo, **o conceito de prestação de serviços não tem por premissa a configuração dada pelo Direito Civil, mas relacionado ao oferecimento de uma utilidade para outrem, a partir de um conjunto de atividades materiais ou imateriais, prestadas com habitualidade e intuito de lucro, podendo estar conjugada ou não com a entrega de bens ao tomador.** (...)

Apesar de alguns entenderem que as teses expostas na ementa não representam uma alteração de entendimento do STF[32], não se pode desconsiderar o fato de uma ementa de um julgado de repercussão geral trazer teses precisas e fundamentadas acerca da desconsideração de conceitos de direito privado na interpretação das normas que definem competências tributárias.

3.6 O conceito de faturamento e o art. 110 do CTN

O "faturamento" é outro conceito em que a interpretação e a aplicação do art. 110 do CTN foi amplamente discutida.

No texto constitucional originário de 1988 se permitia a incidência de contribuição da seguridade social dos empregadores sobre o faturamento:

> CF, art. 195. A seguridade social será financiada por toda a sociedade, de forma direta e indireta, nos termos da lei, mediante recursos provenientes dos orçamentos da União,

32. "(...) nem se alegue que se trata de superação do conceito, pois não se verifica a superação das razões anteriormente firmadas no julgamento do RE 116.121 (...) é precipitado afirmar que o Supremo Tribunal Federal abandonou os conceitos de direito privado como norteadores da atividade de interpretação das normas de competência tributária, para a prevalência de conceitos econômicos." (PISCITELLI, Tathianne. Limites Interpretativos dos Conceitos e Institutos de Direito Privado. *In*: Tributação na Nuvem: conceitos tecnológicos, desafios internos e internacionais. São Paulo: Thomson Reuters Brasil, 2018, p. 355). No mesmo sentido: FREITAS. Rodrigo de; OYAMADA, Bruno Akio. Operações de *Cloud Computing* (SaaS, IaaS, Paas etc): ICMS vs ISS. *In*: Tributação da economia digital: desafios no Brasil, experiência internacional e novas perspectivas. São Paulo: Saraiva, 2018, p. 382-383.

> dos Estados, do Distrito Federal e dos Municípios, e das seguintes contribuições sociais: I - dos empregadores, incidente sobre a folha de salários, o **faturamento** e o lucro; (...)

Diante dessa previsão no texto constitucional do faturamento como materialidade de contribuições sociais, alguns contribuintes alegaram que a expressão faturamento deveria ser restringida ao conceito de direito privado pelo qual só haveria faturamento nas vendas acompanhadas de fatura devidamente emitida[33].

O STF, contudo, adotou um conceito diverso, passando a entender que o faturamento a ser utilizado como base de cálculo das contribuições sociais seria sinônimo de receita bruta, entendida esta como a receita bruta das vendas de mercadorias e da prestação de serviços, independente da emissão de fatura (RE 150.755, j. 18.11.1992 e RE 150.764, j. 10.12.1992).

Esse entendimento também foi adotado pelo legislador, quando, após a Constituição de 1988, **a Lei Complementar 70/1991 definiu o faturamento como a "receita bruta das vendas de mercadorias, de mercadorias e serviços e de serviço de qualquer natureza".**

Em 1998, antes da publicação da Emenda Constitucional 20/1998, foi publicada a Lei 9.718/1998, que, ao tratar do PIS e da COFINS (contribuições sociais incidentes sobre o faturamento), em seu artigo 3º, § 1º definiu o faturamento como a receita bruta da pessoa jurídica, receita bruta essa que seria "a **totalidade das receitas** auferidas pela pessoa jurídica, sendo irrelevantes o tipo de atividade por ela exercida e a classificação contábil adotada para as receitas".

Houve, com essa lei, um alargamento da base de cálculo das contribuições para o PIS e COFINS, já que anteriormente, o faturamento era compreendido apenas como a receita oriunda das vendas de mercadorias e serviços, ao passo que com a Lei 9.718/1998, o faturamento foi estendido para todas as receitas auferidas pela pessoa jurídica.

Fica patente, assim, que a Lei 9.718/1998 teve a intenção de fazer incidir a contribuição para o PIS e a COFINS sobre receitas outras além das provenientes da venda de mercadorias e serviços.

Quando a Lei 9.718/1998 foi publicada, a Constituição só percebia a exigência de contribuições sociais sobre o faturamento, não havendo no texto constitucional a expressão "receita". **Pouco tempo após a publicação da Lei 9.718/1998, a Emenda Constitucional 20 de 1998 acrescentou ao texto constitucional a possibilidade de o legislador instituir contribuição social incidente sobre a "receita".**

O vocábulo receita possui espectro mais amplo que faturamento, pois a definição desse pela legislação e pela jurisprudência é restrita às receitas oriundas da venda de mercadorias e da prestação de serviços (conceito de receita bruta), enquanto o termo genérico receita abrange toda e qualquer receita, não só as receitas da venda de mercadorias e prestação de serviços (por exemplo, receita obtida pela cessão de patente, ou cessão de outro direito, *royalties* em geral).

33. Lei 187/1936, art. 1º. Nas vendas mercantis a prazo entre vendedor e comprador domiciliados no territorio brasileiro, aquelle é obrigado a emittir e entregar ou remetter a este a factura ou conta de venda e respectiva duplicata, que este lhe devolverá, depois de assignal-a, ficando com aquella.

Diante desse contraste entre a base de cálculo pretendida pela Lei 9.718/1998 (totalidade das receitas) e a base de cálculo prevista na Constituição ao tempo da promulgação de referida lei e anterior à Emenda Constitucional 20/1998 (faturamento ou receita bruta), o artigo 3º, § 1º da Lei 9.718/1998 foi considerado inconstitucional pelo STF.

A superveniência da Emenda Constitucional 20/1998 não teve o efeito de convalidar a legislação anteriormente editada, mesmo que esta ainda não estivesse produzindo seus efeitos, pois o parâmetro de constitucionalidade é levado em conta ao tempo da publicação da norma, não se adotando no Brasil a tese da constitucionalidade superveniente.

Veja o julgado do STF que resolveu a controvérsia (RE 346.084, j. 09.11.2005):

> CONSTITUCIONALIDADE SUPERVENIENTE - ARTIGO 3º, § 1º, DA LEI Nº 9.718, DE 27 DE NOVEMBRO DE 1998 - EMENDA CONSTITUCIONAL Nº 20, DE 15 DE DEZEMBRO DE 1998. O sistema jurídico brasileiro não contempla a figura da constitucionalidade superveniente. TRIBUTÁRIO - INSTITUTOS - EXPRESSÕES E VOCÁBULOS - SENTIDO. A norma pedagógica do artigo 110 do Código Tributário Nacional ressalta a impossibilidade de a lei tributária alterar a definição, o conteúdo e o alcance de consagrados institutos, conceitos e formas de direito privado utilizados expressa ou implicitamente. Sobrepõe-se ao aspecto formal o princípio da realidade, considerados os elementos tributários. CONTRIBUIÇÃO SOCIAL - PIS - RECEITA BRUTA - NOÇÃO - INCONSTITUCIONALIDADE DO § 1º DO ARTIGO 3º DA LEI Nº 9.718/98. A jurisprudência do Supremo, ante a redação do artigo 195 da Carta Federal anterior à Emenda Constitucional nº 20/98, consolidou-se no sentido de tomar as expressões receita bruta e faturamento como sinônimas, jungindo-as à venda de mercadorias, de serviços ou de mercadorias e serviços. É inconstitucional o § 1º do artigo 3º da Lei nº 9.718/98, no que ampliou o conceito de receita bruta para envolver a totalidade das receitas auferidas por pessoas jurídicas, independentemente da atividade por elas desenvolvida e da classificação contábil adotada.

O STF, mais uma vez, recorreu ao art. 110 do CTN como uma norma pedagógica, que apenas explicita a supremacia da Constituição.

Ficou sedimentado assim que só após a publicação da Emenda Constitucional 20/1998 poderia o legislador infraconstitucional instituir contribuição sobre toda e qualquer receita da pessoa jurídica. Tal se deu, em relação à COFINS, com a Lei 10.833/03, que em seu artigo 1º, § 1º define o total das receitas da pessoa jurídica como a receita bruta das vendas e serviços e todas as demais receitas auferidas pela pessoa jurídica.

Já a contribuição para o PIS aproveitou a ampliação da base econômica efetuada pela Emenda Constitucional 20/1998 em 2002 quando a Lei 10.637/02 dispôs, em seu artigo 1º, § 1º que "o total das receitas compreende a receita bruta da venda de bens e serviços nas operações em conta própria ou alheia e todas as demais receitas auferidas pela pessoa jurídica".

3.7 Interpretação literal

O CTN possui norma sobre interpretação que privilegia a interpretação "literal", conforme se vê do seu art. 111:

> Art. 111. Interpreta-se literalmente a legislação tributária que disponha sobre:
>
> I - suspensão ou exclusão do crédito tributário;
>
> II - outorga de isenção;
>
> III - dispensa do cumprimento de obrigações tributárias acessórias.

Para a compreensão do art. 111 do CTN, precisamos entender o que significa a interpretação **literal** ali preconizada. Como já dito acerca dos métodos de interpretação, o método literal deve ser tido apenas como um ponto de partida, uma tarefa inicial em que os significados possíveis das palavras utilizadas pelo legislador são apreendidos pelo intérprete.

A imposição de uma atividade interpretativa ao limite do significado das palavras não poderia permitir a conclusão de que as interpretaç**ões** sistemática ou teleológica estariam proibidas. A melhor compreensão do art. 111 é a de que o intérprete não pode reduzir ou ampliar o sentido do texto. Por essa razão, a doutrina costuma ensina que a interpretação literal exigida pelo art. 111 do CTN não pode ter um resultado restritivo ou ampliativo[34]. Interpretação literal seria, sobretudo, interpretação vinculada ao **sentido estrito** das palavras. Há, claramente, uma limitação ao intérprete (quanto ao resultado ser extensivo ou restritivo), o que se justifica diante de o objeto da interpretação nesse caso se referir a leis que reduzem a carga tributária, suspendem a exigibilidade do crédito tributário ou dispensam o cumprimento de obrigações acessórias. Caso fosse possível ao intérprete ampliar o sentido desses dispositivos, haveria um risco ao equilíbrio fiscal e à previsão de receitas.

Nesse sentido é que o STJ já decidiu, em sede de **repetitivo** (REsp 1.116.620, j. 09.08.2010), que não se admite a interpretação das normas concessivas de isenção de forma analógica ou extensiva, sendo incabível interpretação extensiva da isenção à situação que não se enquadre no texto expresso da lei, em atenção art. 111 do CTN.

Em relação aos incisos do dispositivo, devemos mencionar a redundância do inciso II, que preconiza a interpretação literal da legislação que disponha sobre outorga de isenção. Uma vez que a isenção é hipótese de exclusão do crédito tributário (CTN, art. 175, I), ela já estaria abarcada pelo inciso I do art. 111, que menciona expressamente a exclusão do crédito tributário, sem distinção quanto à anistia ou à isenção.

Vale lembrar ainda que exclusão do crédito tributário não se confunde com extinção do crédito tributário. **A exclusão está disciplinada no art. 175 do CTN e abrange a anistia e a isenção**, enquanto as hipóteses de extinção estão listadas no art. 156 do CTN, não havendo a exigência de interpretação literal quanto a esses últimos casos[35].

---

34. "Há quem afirme que a interpretação literal deve ser entendida como interpretação restritiva. Isto é um equívoco. Quem interpreta literalmente por certo não amplia o alcance do texto, mas com certeza também não o restringe. Fica no exato alcance que a expressão literal da norma permite. Nem mais, nem menos. Tanto é incorreta a ampliação do alcance, como sua restrição." (MACHADO, Hugo de Brito. Curso de Direito Tributário. São Paulo: Malheiros, 2005, p. 126).

35. São hipóteses de extinção do crédito tributário: pagamento, compensação, transação, remissão, prescrição e decadência, conversão de depósito em renda, pagamento antecipado e homologação do lançamento, consignação em pagamento, decisão administrativa irreformável, decisão judicial transitada em julgado.

Quanto à menção à suspensão da exigibilidade, suas hipóteses são taxativas e previstas no art. 151 do CTN. Conforme já entendeu o STJ em **recurso repetitivo** (REsp 1.156.668, j. 24.11.2010), **a suspensão da exigibilidade do crédito tributário** (que implica **óbice à** prática de quaisquer atos executivos) **encontra-se taxativamente prevista no art. 151 do CTN**.

No art. 111, III do CTN verifica-se um ponto de aproximação entre as obrigações acessórias e as obrigações principais[36]. Do mesmo modo que ocorre com a legislação tributária que trata de suspensão ou exclusão do crédito tributário, a dispensa quanto ao cumprimento das obrigações acessórias requer uma interpretação literal.

Essa norma do art. 111, III está em harmonia com o art. 175, parágrafo único do CTN, segundo o qual a exclusão do crédito tributário não dispensa o cumprimento das obrigações acessórias dependentes da obrigação principal cujo crédito seja excluído, ou dela consequente. Desse modo, se a dispensa do cumprimento das obrigações acessórias deve ser interpretada "literalmente", a exclusão do crédito tributário não importa em dispensa do cumprimento da respectiva obrigação acessória, o que só pode ocorrer por mandamento legal específico.

A jurisprudência frequentemente invoca o art. 111 do CTN para analisar a extensão de isenções concedidas pelo legislador. Um bom exemplo diz respeito à aplicação do art. 6º da Lei 7.713/1988 (que trata do imposto de renda). Dispõe a referida norma:

> Lei 7.713/1988, art. 6º Ficam isentos do imposto de renda os seguinte rendimentos percebidos por pessoas físicas: (...) XIV – os proventos de aposentadoria ou reforma motivada por acidente em serviço e os percebidos pelos portadores de moléstia profissional, tuberculose ativa, alienação mental, esclerose múltipla, neoplasia maligna, **cegueira**, hanseníase, paralisia irreversível e incapacitante, cardiopatia grave, doença de Parkinson, espondiloartrose anquilosante, nefropatia grave, hepatopatia grave, estados avançados da doença de Paget (osteíte deformante), contaminação por radiação, síndrome da imunodeficiência adquirida, com base em conclusão da medicina especializada, mesmo que a doença tenha sido contraída depois da aposentadoria ou reforma; (...)

Como se vê acima, são listadas várias doenças que ensejam a isenção do imposto de renda em relação aos proventos de aposentadoria percebidos pelos portadores de tais doenças. Como se trata de isenção, deve ser adotada a interpretação "literal", não se admitindo a analogia e a interpretação extensiva.

Se por um lado o art. 111, II do CTN determina a interpretação literal da legislação que disponha sobre outorga de isenções, por outro a definição de sentido dos termos linguísticos já exige, por si só, uma tarefa interpretativa que inevitavelmente terá uma carga subjetiva. Em outras palavras, mesmo que se conclua pela natureza taxativa da lista, ainda assim haverá necessidade de se definir os limites das expressões utilizadas pelo legislador. Por essa razão, quando o CTN e o STJ afastam a possibilidade de interpretação extensiva ou de analogia nas normas que concedem isenções, não são capazes de impedir

36. Cite-se como ponto de distanciamento entre as obrigações acessórias e as obrigações principais: as acessórias não precisam ser instituídas por lei em sentido formal (ressalvada a corrente doutrinária em sentido contrário); e possível o emprego da analogia em sede de obrigações acessórias, pois o art. 108, § 2º do CTN veda o emprego de analogia para a exigência de tributo não previsto em lei, mas não para obrigação acessória.

o surgimento de controvérsias sobre a própria extensão da norma. Para se concluir que houve interpretação extensiva, é necessário se atribuir um significado ao texto, o que já requer, por si só, uma atividade interpretativa que pode levar a resultados diferentes a depender do agente e do contexto em que inserida.

Desse modo, a menção a cegueira foi objeto de controvérsia na jurisprudência a respeito da consideração ou não da cegueira monocular como apta a ensejar a isenção do imposto de renda. A Fazenda Nacional defendia que a interpretação literal a ser adotada para as isenções impedia a inclusão da cegueira monocular como abrangida pelo vocábulo "cegueira" previsto no art. 6º, XIV da Lei 7.713/1988. Para essa corrente, a "cegueira" mencionada na lei seria expressão que se restringia à cegueira total, que retirava totalmente a visão.

O STJ, mantendo a orientação de que o rol de doenças do dispositivo seria **taxativo**, discordou quanto ao significado de cegueira, entendendo que esta abrange também a cegueira monocular. Consolidou-se o entendimento de que a literalidade da expressão "cegueira" alcança o comprometimento da visão nos dois olhos ou apenas em um (REsp 1.196.500, j. 02.12.2010). Assim, qualquer tipo de cegueira, desde que assim caracterizada por definição médica, permite o reconhecimento da isenção prevista no art. 6º, XIV, da Lei 7.713/1988.

Com base na mesma premissa de que o rol das doenças seria taxativo, o STJ negou a isenção do imposto de renda sobre os proventos de aposentadoria recebidos por portadores de surdez, doença não prevista no art. 6º, XVI, da Lei 7.713/1988. Nesse caso, haveria patologia não prevista na norma, não podendo o Judiciário suprir a omissão do legislador (REsp 1.013.060, j. 10.05.2011).

3.8 Interpretação benigna

A interpretação benigna (ou *in dubio pro reo*) é prevista no art. 112 do CTN:

> Art. 112. A lei tributária que define infrações, ou lhe comina penalidades, interpreta-se da maneira mais favorável ao acusado, em caso de dúvida quanto:
>
> I - à capitulação legal do fato;
>
> II - à natureza ou às circunstâncias materiais do fato, ou à natureza ou extensão dos seus efeitos;
>
> III - à autoria, imputabilidade, ou punibilidade;
>
> IV - à natureza da penalidade aplicável, ou à sua graduação.

O *caput* do dispositivo já deixa claro que a interpretação de maneira mais favorável é aplicável apenas em relação às **leis tributárias que definem infrações ou cominam penalidades**. O escopo de aplicação da interpretação benigna prevista no art. 112, portanto, é o chamado **direito tributário penal**, que trata de infrações e multas administrativas em razão do descumprimento da legislação tributária. Não se confunde o direito tributário penal com o **direito penal tributário**, que trata dos crimes contra a ordem tributária (crimes da Lei 8.137/1990, por exemplo).

Desse modo, trata o art. 112 do CTN de mais uma norma destinada especificamente à legislação tributária que disciplina infrações e penalidades definidas pela legislação tributária. Outra norma sobre direito tributário penal é o art. 106, II do CTN, que regula a aplicação retroativa da lei mais benéfica sobre infrações e penalidades. Com isso, é possível concluir que a legislação tributária que trata de infrações e penalidades é norteada não só pela **retroatividade benigna**, mas também pela **interpretação benigna**.

Consequência dessa aplicação da interpretação benigna apenas às infrações e penalidades tributárias é a constatação de que não há que se falar em interpretação favorável em relação a tributos. As normas acerca da interpretação de tributos são outras, já estudadas, não havendo espaço para uma interpretação favorável que torne mais branda a tributação. Aliás, vale lembrar que o art. 108, § 2º do CTN é expresso no sentido de que o emprego da equidade não poderá resultar na dispensa de pagamento de tributo devido.

Por isso, podemos dizer que, tecnicamente, o art. 112 do CTN não institui uma norma *in dubio pro contribuinte*, pois sua aplicação não se destina às relações que envolvam a exigência de tributo. Faz mais sentido encarar o art. 112 do CTN como uma norma *in dubio pro reo*, não no sentido de réu em sentido criminal, mas no sentido de acusado de infrações administrativas relativas ao descumprimento da legislação tributária.

Continuando a análise do *caput* do art. 112, é importante destacar que a interpretação favorável não ocorrerá em todo e qualquer caso, mas apenas "**em caso de dúvida**".

Não se trata de uma interpretação favorável em todo e qualquer caso. Do mesmo modo, **interpretação mais favorável em caso de dúvida não significa o mesmo que interpretação extensiva.**

Uma controvérsia em torno da antiga lei de falências (Decreto-Lei 7.661/1945) analisada pelo STF e pelo STJ pode ajudar a compreender esses limites do art. 112 do CTN.

Dispunha o art. 23. parágrafo único, III do Decreto-Lei 7.661/1945 que não poderiam ser reclamadas **na falência** as penas pecuniárias por infração das leis penais e administrativas[37]. Os contribuintes pretenderam uma interpretação extensiva dessa norma, invocando o art. 112 do CTN, para que as penalidades administrativas por descumprimento da legislação tributária não fossem exigidas na concordata (atual recuperação judicial).

Analisando a controvérsia, entendeu o STF (AR 1316[38], j. 05.03.1993) que não haveria dúvida a respeito do acerto ou não da punição do devedor em concordata. A controvérsia suscitada pelos contribuintes quanto à exigibilidade da multa tributária em relação ao concordatário seria resolvida pelo art. 97, VI do CTN, segundo o qual apenas a lei pode estabelecer as hipóteses de dispensa de penalidades. Não caberia uma interpretação extensiva do art. 23, parágrafo único, III do Decreto-Lei 7.661/1945 para que sua aplicação fosse além da falência, atingindo também as concordatas (algo que não é extraído do dispositivo).

Também o STJ (EREsp 111.926, j. 24.08.2000) consolidou sua jurisprudência no sentido de que não haveria dúvida alguma no caso (dúvida que é o pressuposto para a invocação

37. Inclusive penalidades por descumprimento da legislação tributária, consoante a **súmula 565 do STF**: "A multa fiscal moratória constitui pena administrativa, não se incluindo no crédito habilitado em falência". Também a **súmula 192 do STF**: "Não se inclui no crédito habilitado em falência a multa fiscal com efeito de pena administrativa".

38. A Ação Rescisória 1316 do ATF rescindiu o acórdão do RE 110.399.

do art. 112 do CTN), pois o art. 23, parágrafo único, III do Decreto-Lei 7.661/1945 dirige-se apenas às falências, e não às concordatas.

A dúvida apta a ensejar a aplicação do art. 112 do CTN também sempre suscitou debates no que diz respeito aos julgamentos colegiados. Haveria dúvida em um julgamento colegiado resolvido por decisão apertada? No caso de julgamentos administrativos realizados no Conselho Administrativo de Recursos Fiscais (CARF), haveria dúvida nos julgamentos em que há empate de votos e o resultado é definido por **voto de qualidade**[39]?

O tema merece atenção diante da tese defendida pelos contribuintes de que o voto de qualidade previsto para os julgamentos do CARF deveria necessariamente obedecer a orientação "pró-contribuinte". Segundo essa corrente, a dúvida estaria caracterizada pela "expressiva opinião da minoria vencida"[40].

Essa tese não é adotada na presente obra.

O art. 112 do CTN utiliza o termo "interpreta-se".

Ora, no caso de empate em julgamento, já foi realizada a interpretação, oportunidade em que deveria ou não ser levado em consideração o art. 112 do CTN. Com o julgamento realizado e a constatação de empate, não há que se entender o empate como um imperativo de aplicação da corrente mais favorável. Isso porque não há mais espaço para interpretação após referido empate, salvo o voto de qualidade. E nesse voto de qualidade, não se pode entender que o julgador/intérprete chamado a votar esteja vinculado à corrente mais favorável. Caso contrário, haveria a adoção das seguintes premissas: o julgador/intérprete que profere o voto de qualidade não possui liberdade para interpretar (pressuposto da aplicação do art. 112 do CTN), estando acorrentado à corrente mais favorável ao acusado; não haveria, a rigor, um voto e uma interpretação (mais uma vez, pressuposto da incidência do art. 112 do CTN), mas uma mera declaração de resultado, de acordo com a interpretação mais favorável.

Tampouco se pode confundir a situação fática "empate" de votos como "dúvida". Empate é a contagem de votos (ou pontos, em um jogo) em numeração idêntica e em sentidos opostos, o que não se aproxima de dúvida. No empate não há dúvida, há uma situação clara: mesma quantidade de votos para posições divergentes.

Em outras palavras, defender que o art. 112 do CTN impõe a adoção da interpretação mais favorável ao contribuinte/acusado no caso de empate no julgamento é uma contradição em termos, pois essa orientação tem como premissa a negação de um pressuposto para aplicação do art. 112 do CTN: a existência de uma interpretação.

Caso se entenda que tal resultado mais favorável deveria ser obtido sem a existência de um voto de qualidade, a contradição se verificaria pelo fato de que, após a verificação

39. Decreto 70.235/1972 (possui força de lei ordinária e regula o processo administrativo fiscal federal), art. 25, § 9º: "Os cargos de Presidente das Turmas da Câmara Superior de Recursos Fiscais, das câmaras, das suas turmas e das turmas especiais serão ocupados por conselheiros representantes da Fazenda Nacional, que, **em caso de empate, terão o voto de qualidade**, e os cargos de Vice-Presidente, por representantes dos contribuintes." (grifo adicionado).

40. SCHOUERI, Luís Eduardo. Direito Tributário. 5ª edição. São Paulo: Saraiva, 2015, p. 790.

do empate no julgamento não haveria mais interpretação a ser feita naquele julgamento, sendo impossível, portanto, a aplicação do art. 112 do CTN.

E mais uma vez, a se entender que o voto de qualidade está vinculado à corrente mais favorável, haveria também uma negação da possibilidade de que o prolator do voto de qualidade possa interpretar, pois sua vinculação à corrente benigna implica na supressão da possibilidade de interpretar. Se não há interpretação, mas mera proclamação de uma das correntes, não há como se aplicar o art. 112 do CTN, que, mais uma vez, pressupõe a existência de um labor interpretativo.

Vale destacar a existência de decisão monocrática do Ministro do STF Luiz Fux na qual se reconheceu a aplicabilidade do voto de qualidade em face de sua previsão legal (SS 5.282 MC, j. 25.03.2019). A decisão não adentrou de forma exauriente no mérito, devendo o estudante permanecer atento a futuras decisões sobre o tema, que provavelmente abordarão a extensão do art. 112 do CTN.

A aplicação do voto de qualidade, contudo, sofreu uma reviravolta no ano de 2020 com a Lei 13.988/2020, que incluiu o art. 19-E à Lei 10.522/2002, com a seguinte redação:

> Art. 19-E. Em caso de empate no julgamento do processo administrativo de determinação e exigência do crédito tributário, não se aplica o voto de qualidade a que se refere o § 9º do art. 25 do Decreto nº 70.235, de 6 de março de 1972, resolvendo-se favoravelmente ao contribuinte.

Na prática, houve uma revogação do art. 25, § 9º do art. 25 do Decreto nº 70.235/1972, pois a não aplicação do voto de qualidade em caso de empate significa a impossibilidade de se proferir o voto de qualidade, já que esse só poderia ter lugar nos julgamentos em que houvesse empate.

É possível concluir que o art. 19-E acima reproduzido tornou inócua a discussão sobre a influência do art. 112 do CTN em relação aos julgamentos na esfera administrativa federal em que tenha se constatado o empate. A discussão pode readquirir relevância caso a nova regra introduzida em 2020 seja declarada inconstitucional, diante da propositura de ações de inconstitucionalidade perante o STF, como a ADI 6399, na qual a Procuradoria-Geral da República requer a declaração de inconstitucionalidade formal do art. 28 da Lei 13.988/2020, que introduziu o art. 19-E à Lei 10.522/2002.

Os contribuintes, a seu turno, postulam a aplicação retroativa do novo dispositivo, o que não tem cabimento diante de as decisões serem atos jurídicos perfeitos que não podem ser prejudicados por lei nova. Além disso, trata-se de norma processual, que não pode ser aplicada retroativamente, de acordo com o princípio "*tempus regit actum*".

Por fim, deve ser comentado o **caráter casuístico da interpretação do art. 112 do CTN**, utilizando a análise dos seus incisos e a jurisprudência dos Tribunais Superiores.

Os incisos do art. 112 evidenciam que a interpretação benéfica do art. 112 deve sempre se reportar às peculiaridades **do caso concreto**, o que representa um afastamento de soluções abstratas. Tomemos como exemplo o inciso II, que se refere "à natureza ou às circunstâncias materiais do fato, ou à natureza ou extensão dos seus efeitos". Desse modo, a interpretação benéfica do art. 112 só pode se referir à natureza ou circunstâncias da infração cometida pelo contribuinte ("fato"). Do mesmo modo, os outros incisos sempre se referem a fatos específicos: capitulação legal **do fato** (inciso I), **autoria** (da infração cometida), imputabilidade ou punibilidade (inciso III), natureza da penalidade **aplicável**, ou à sua graduação (inciso IV).

Também o STJ confirma o viés concreto do art. 112 do CTN, já tendo decidido que "**na atividade de concreção**, o magistrado há de pautar a sua conclusão iluminado pela regra de hermenêutica do artigo 112, do CTN" (REsp 1.095.822, j. 16.12.2010).

4. QUADRO SINÓTICO

<table>
<tr><th colspan="3">INTRODUÇÃO</th></tr>
<tr><td colspan="2">» "legislação", no direito tributário, não abrange apenas a lei em sentido formal, mas também os tratados internacionais, os decretos e as normas complementares que tratem de tributos ou de relações jurídicas concernentes a tributos.
» o artigo 96 do CTN explicita a abrangência da expressão "legislação tributária":

Art. 96. A expressão "legislação tributária" compreende as leis, os tratados e as convenções internacionais, os decretos e as normas complementares que versem, no todo ou em parte, sobre tributos e relações jurídicas a eles pertinentes.</td><td>1</td></tr>
<tr><td>Leis tributárias</td><td>» também as resoluções do Senado Federal estão abrangidas pela expressão "lei", pois regulam temas afetos a normas gerais em matéria tributária, como, por exemplo, a fixação de alíquotas mínimas do IPVA (CF, art. 155, § 6º, I), fixação de alíquotas máximas do ITCMD (CF, art. 155, § 1º, IV), bem como alíquotas do ICMS aplicáveis às operações interestaduais e de exportação (CF, art. 155, § 2º, IV).</td><td>1.1</td></tr>
<tr><td>Tratados e Convenções Internacionais - o art. 98 do CTN</td><td>» o CTN reservou um dispositivo específico sobre os tratados internacionais, a seguir reproduzido:

Art. 98. Os tratados e as convenções internacionais revogam ou modificam a legislação tributária interna, e serão observados pela que lhes sobrevenha.</td><td>1.2</td></tr>
<tr><td>Conflito entre tratados e a legislação doméstica (não tributária e tributária)</td><td>É possível sintetizar a relação entre os tratados internacionais e as leis internas, no campo não tributário, da seguinte maneira:
» tratados internacionais em geral - status de lei ordinária (não há hierarquia entre tais espécies normativas);
» tratados internacionais sobre direitos humanos não aprovados pelo rito das emendas constitucionais - status supralegal.
» tratados internacionais sobre direitos humanos aprovados pelo rito das emendas constitucionais - status de norma constitucional derivada (emenda constitucional).
» a jurisprudência, por sua vez, adota o raciocínio mais difundido no sentido de que os tratados internacionais em matéria tributária devem prevalecer em face da lei tributária interna por conta do princípio da especialidade (REsp 1.618.897, j. 19.05.2020).</td><td>1.3</td></tr>
</table>

Os tratados sobre comércio internacional - GATT e GATS	» o GATT consagra o princípio da não discriminação no comércio internacional, que possui influência direta sobre os tributos internos dos seus signatários: Artigo III Tratamento Nacional no tocante à Tributação e Regulamentação Internas 3.1 As Partes Contratantes reconhecem que os impostos e outros tributos internos, assim como leis, regulamentos e exigências relacionadas com a venda, oferta para venda, compra, transporte, distribuição ou utilização de produtos no mercado interno e as regulamentações sobre medidas quantitativas internas que exijam a mistura, a transformação ou utilização de produtos, em quantidade e proporções especificadas, não devem ser aplicados a produtos importados ou nacionais, de modo a proteger a produção nacional. 3.2 Os produtos do território de qualquer Parte Contratante, importados por outra Parte Contratante, não estão sujeitos, direta ou indiretamente, a impostos ou outros tributos internos de qualquer espécie superiores aos que incidem, direta ou indiretamente, sobre produtos nacionais. Além disso nenhuma Parte Contratante aplicará de outro modo, impostos ou outros encargos internos a produtos nacionais ou importados, contrariamente aos princípios estabelecidos no parágrafo 1. (...) » jurisprudência a respeito: Súmula 575 do STF: À mercadoria importada de país signatário do GATT, ou membro da ALALC, estende-se a isenção do imposto sobre circulação de mercadorias concedida a similar nacional; Súmula 20 do STJ: A mercadoria importada de país signatário do GATT é isenta do ICM, quando contemplado com esse favor o similar nacional; Súmula 71 do STJ: O bacalhau importado de país signatário do GATT é isento do ICM.	1.2.2
Decretos	» os decretos são instrumentos infralegais, submetidos e limitados às leis que serão regulamentadas. Cabe aos decretos, portanto, explicitar o conteúdo da lei e esmiuçar as possibilidades do texto legal, sem jamais ultrapassar os limites legais. Nesse sentido, dispõe o artigo 99 do CTN que o conteúdo e o alcance dos decretos restringem-se aos das leis em função das quais sejam expedidos. » é possível a atuação dos decretos em matérias tributárias sensíveis, como por exemplo a fixação de alíquotas, o que é previsto expressamente na Constituição no que diz respeito ao II, IE, IPI e IOF (CF, art. 153, § 1º). » não é possível que o decreto disponha sobre modo de apuração de tributo, conforme já decidiu o STF em sede de **repercussão geral** (RE 632.265, j. 18.06.2015).	1.3
Normas complementares	» as normas complementares são tratadas pelo CTN como uma espécie normativa que se encontra abaixo das leis, dos tratados e dos decretos, já que o CTN dispõe que os decretos podem ainda ser complementados por essa espécie, prevista no art. 100 do CTN.	1.4

Não confundir normas complementares com leis complementares

normas complementares	atos infralegais, emanados da administração
leis complementares	normas infraconstitucionais, emanadas do legislativo

As normas complementares estão listadas no CTN:

> Art. 100. São normas complementares das leis, dos tratados e das convenções internacionais e dos decretos:
> I - os atos normativos expedidos pelas autoridades administrativas;
> II - as decisões dos órgãos singulares ou coletivos de jurisdição administrativa, a que a lei atribua eficácia normativa;
> III - as práticas reiteradamente observadas pelas autoridades administrativas;
> IV - os convênios que entre si celebrem a União, Estados, Distrito Federal e Municípios.
> Parágrafo único. A observância das normas referidas neste artigo exclui a imposição de penalidades, a cobrança de juros de mora e a atualização do valor monetário da base de cálculo do tributo.

» todas as normas complementares listadas nos incisos do art. 100 do CTN possuem um efeito muito importante: sua observância exime o contribuinte de penalidades, juros de mora e até mesmo atualização do valor monetário da base de cálculo do tributo, conforme o parágrafo único do dispositivo.

VIGÊNCIA E APLICAÇÃO DA LEGISLAÇÃO TRIBUTÁRIA

Validade, vigência e eficácia — 2.1

» **é possível que haja lei vigente e ao mesmo tempo ineficaz**, o que é bastante comum no direito tributário. O princípio da anterioridade (de exercício e/ou nonagesimal), ao estipularem um interstício em que a instituição ou a majoração de tributo não possa ser oposta ao contribuinte, permite a constatação de uma lei que possui aptidão para produzir efeitos (vigente) que são obstados pela norma constitucional do art. 150, III, *b* e *c*.

» **é possível que uma lei revogada continue a produzir efeitos**. O próprio CTN possui uma norma expressa dessa possibilidade:

> Art. 144. O lançamento reporta-se à data da ocorrência do fato gerador da obrigação e rege-se pela lei então vigente, ainda que posteriormente modificada ou revogada.

VIGÊNCIA DA LEGISLAÇÃO TRIBUTÁRIA

Vigência espacial da legislação tributária — 2.2.1

» sobre a vigência da legislação tributária no espaço, o art. 102 do CTN dispõe:

> Art. 102. A legislação tributária **dos Estados, do Distrito Federal e dos Municípios** vigora, no País, fora dos respectivos territórios, nos limites em que lhe reconheçam extraterritorialidade os convênios de que participem, ou do que disponham esta ou outras leis de normas gerais expedidas pela União. (grifamos).

	» **são duas, portanto, as hipóteses permissivas de extraterritorialidade da legislação tributária dos Estados, Distrito Federal e Municípios: autorização em convênio ou em leis de normas gerais expedidas pela União.**	
Vigência temporal da legislação tributária	» o art. 103 do CTN traz normas a respeito do prazo para entrada em vigor de três tipos de normas complementares previstas no art. 100: os atos normativos expedidos pelas autoridades administrativas, as decisões dos órgãos singulares ou coletivos de jurisdição administrativa a que a lei atribua eficácia normativa e os convênios que entre si celebram a União, os Estados, o Distrito Federal e os Municípios. A única norma complementar listada no art. 100 do CTN que não possui regra específica de vigência é a prática reiteradamente observada pelas autoridades administrativas, o que se justifica pela inviabilidade de se precisar o momento de surgimento dessa norma complementar. Os prazos para entrada em vigor são: Art 103. Salvo disposição em contrário, entram em vigor: I - os atos administrativos a que se refere o inciso I do artigo 100, na data da sua publicação; II - as decisões a que se refere o inciso II do artigo 100, quanto a seus efeitos normativos, 30 (trinta) dias após a data da sua publicação; III - os convênios a que se refere o inciso IV do artigo 100, na data neles prevista. norma complementar × entrada em vigor (CTN 103) ato normativo de autoridade adm × data da publicação decisões administrativas com eficácia normativa × 30 dias após data de publicação convênios × data neles prevista	2.2.2

APLICAÇÃO DA LEGISLAÇÃO TRIBUTÁRIA

Aplicação da legislação tributária aos fatos geradores futuros e pendentes	» o art. 105 trata da aplicação imediata da legislação tributária nos seguintes termos: A legislação tributária aplica-se imediatamente aos fatos geradores futuros e aos pendentes, assim entendidos aqueles cuja ocorrência tenha tido início mas não esteja completa nos termos do art. 116. » críticas à parte quanto à polêmica menção aos fatos geradores pendentes, deve-se guardar que o principal sentido do art. 105 é aquele obtido por uma interpretação *a contrariu sensu*: **a legislação tributária, regra geral, não se aplica aos fatos geradores passados.** Em outras palavras, não se admite, na maior parte dos casos, a aplicação retroativa da legislação tributária.	2.3.1

<table>
<tr><td>Hipóteses de retroatividade da legislação tributária</td><td>» as exceções quanto à retroatividade da legislação tributária estão previstas no art. 106 do CTN:
CTN, art. 106. A lei aplica-se a ato ou fato pretérito:
I - em qualquer caso, quando seja expressamente interpretativa, excluída a aplicação de penalidade à infração dos dispositivos interpretados;
II - tratando-se de ato não definitivamente julgado:
a) quando deixe de defini-lo como infração;
b) quando deixe de tratá-lo como contrário a qualquer exigência de ação ou omissão, desde que não tenha sido fraudulento e não tenha implicado em falta de pagamento de tributo;
c) quando lhe comine penalidade menos severa que a prevista na lei vigente ao tempo da sua prática.</td><td>2.3.2</td></tr>
<tr><td>Retroatividade da lei interpretativa</td><td>» o critério definidor da lei como interpretativa seria a ausência de disposição capaz de inovar no ordenamento jurídico.
» o estudo da lei interpretativa no direito tributário passou a ter maior importância a partir da Lei Complementar 118/2005, que introduziu um dispositivo que se declarava interpretativo. Trata-se do seu art. 3º, que dispôs (grifos adicionados):
Para efeito de interpretação do inciso I do art. 168 da Lei nº 5.172, de 25 de outubro de 1966 – Código Tributário Nacional, a extinção do crédito tributário ocorre, no caso de tributo sujeito a lançamento por homologação, no momento do pagamento antecipado de que trata o § 1º do art. 150 da referida Lei.
» no presente caso havia a pretensão de se conferir efeitos retroativos à alteração implementada, diante do enquadramento do art. 3º da LC 118/2005 como lei interpretativa (grifo adicionado):
LC 118/2005, art. 4º: Esta Lei entra em vigor 120 (cento e vinte) dias após sua publicação, observado, quanto ao art. 3º, o disposto no art. 106, inciso I, da Lei nº 5.172, de 25 de outubro de 1966 – Código Tributário Nacional.
» a aplicação retroativa do art. 3º da LC 118/2005, todavia, foi rechaçada pelo STJ (AI nos EREsp 644.736, j. 06.06.2007):
3. O art. 3º da LC 118/2005, a pretexto de interpretar esses mesmos enunciados, conferiu-lhes, na verdade, um sentido e um alcance diferente daquele dado pelo Judiciário. Ainda que defensável a 'interpretação' dada, não há como negar que a Lei inovou no plano normativo, pois retirou das disposições interpretadas um dos seus sentidos possíveis, justamente aquele tido como correto pelo STJ, intérprete e guardião da legislação federal.
4. Assim, tratando-se de preceito normativo modificativo, e não simplesmente interpretativo, o art. 3º da LC 118/2005 só pode ter eficácia prospectiva, incidindo apenas sobre situações que venham a ocorrer a partir da sua vigência.
5. O artigo 4º, segunda parte, da LC 118/2005, que determina a aplicação retroativa do seu art. 3º, para alcançar inclusive fatos passados, ofende o princípio constitucional da autonomia e independência dos poderes (CF, art. 2º) e o da garantia do direito adquirido, do ato jurídico perfeito e da coisa julgada (CF, art. 5º, XXXVI).
6. Argüição de inconstitucionalidade acolhida.</td><td>2.3.2.1</td></tr>
</table>

Sintetizando:

a) a **LC 118/05 definiu** como **marco inicial do prazo de restituição** dos tributos sujeitos a lançamento por homologação o pagamento antecipado;

b) **essa disposição não possui caráter interpretativo**, não podendo ser aplicada retroativamente;

c) a regra do art. 3º da LC 118/05 deve ser aplicada às **ações ajuizadas** após sua vigência, pouco importando a data do pagamento do tributo a ser restituído.

Retroatividade da lei mais benéfica — 2.3.2.2

» nesse grupo temos a retroatividade das leis que dispõem de modo mais benéfico sobre **infrações à legislação tributária**:

> CTN, art. 106. A lei aplica-se a ato ou fato pretérito:
> (...) II - tratando-se de ato não definitivamente julgado:
> a) quando deixe de defini-lo como infração;
> b) quando deixe de tratá-lo como contrário a qualquer exigência de ação ou omissão, desde que não tenha sido fraudulento e não tenha implicado em falta de pagamento de tributo;
> c) quando lhe comine penalidade menos severa que a prevista na lei vigente ao tempo da sua prática.

» essa aplicação retroativa mais benéfica em relação a matéria de infração e penalidades aproxima o direito tributário do direito penal, onde a retroatividade benigna no Código Penal e na Constituição Federal:

> Código Penal, art. 2º - Ninguém pode ser punido por fato que lei posterior deixa de considerar crime, cessando em virtude dela a execução e os efeitos penais da sentença condenatória.
> Parágrafo único - A lei posterior, que de qualquer modo favorecer o agente, aplica-se aos fatos anteriores, ainda que decididos por sentença condenatória transitada em julgado.
> Constituição Federal, art. 5º, XL - a lei penal não retroagirá, salvo para beneficiar o réu;

» há, contudo, uma diferença fundamental, que pode ser visualizada pela leitura comparada entre o inciso II do art. 106 do CTN e o parágrafo único do art. 2º do Código Penal: a extensão ou não da retroatividade em relação aos atos já abrangidos por decisão judicial transitada em julgado.

RETROATIVIDADE

LEI PENAL	×	LEI TRIBUTÁRIA
CRIMES	×	INFRAÇÕES TRIBUTÁRIAS
TRANSITO EM JULGADO	×	NÃO TRANSITO EM JULGADO

INTERPRETAÇÃO E INTEGRAÇÃO DA LEGISLAÇÃO TRIBUTÁRIA

Métodos de interpretação — 3.1

» a interpretação costuma ser classificada de acordo com sua abordagem preponderante. Embora haja questionamentos quanto a essa classificação.

» a interpretação pode ser **literal ou gramatical**, quando prioriza o sentido mais simples e patente das palavras, sem indagações acerca do contexto ou valores envolvidos na disposição jurídica.

	» a **interpretação histórica** se propõe a investigar os fatos sociais, econômicos, culturais e políticos que existiam à época da discussão e aprovação da lei. » outro recurso é a **interpretação sistemática**. Por essa perspectiva, ao se interpretar um dispositivo legal específico, não se pode excluir a consideração de outros dispositivos do mesmo diploma, nem mesmo de outros diplomas anteriores ou posteriores. » a **interpretação teleológica ou finalística**, por sua vez, privilegia a finalidade da norma, ou seja, o objetivo final pretendido pelo legislador. Se a interpretação gramatical seria o ponto de partida, a interpretação finalística poderia ser compreendida como um movimento em direção ao ponto de chegada, já que se preocupa com o resultado imaginado pelo legislador quando editou a norma interpretada.	
Diferença entre interpretação e integração	» a interpretação encontra-se dentro dos limites semânticos das palavras, de modo que extrapolar o "sentido possível" do texto representa atividade outra que não a interpretação. » o Direito pode se valer da **integração** para o **preenchimento de lacunas normativas**. Desse modo, por meio da integração o jurista ou julgador adentra no terreno não ocupado pela legislação, para que o Direito ofereça uma resposta ou solução ao caso.	3.2
Integração no direito tributário	» o artigo 108 do CTN trata da integração no Direito Tributário nos seguintes termos: CTN, art. 108. Na ausência de disposição expressa, a autoridade competente para aplicar a legislação tributária utilizará sucessivamente, na ordem indicada: I - a analogia; II - os princípios gerais de direito tributário; III - os princípios gerais de direito público; IV - a eqüidade. § 1º O emprego da analogia não poderá resultar na exigência de tributo não previsto em lei. § 2º O emprego da eqüidade não poderá resultar na dispensa do pagamento de tributo devido.	3.3
Legislação tributária e direito privado	» o art. 109 do CTN enuncia a liberdade que o legislador tributário possui para definir os efeitos tributários dos institutos, conceitos e formas de direito privado. Vejamos sua redação literal: Art. 109. Os princípios gerais de direito privado utilizam-se para pesquisa da definição, do conteúdo e do alcance de seus institutos, conceitos e formas, mas não para definição dos respectivos efeitos tributários. » alguns tributos possuem como fato gerador a prática de atos regulados pelo direito privado. Para esses tributos, vigora a ideia de que, **se a Constituição Federal utilizou um conceito específico de direito privado para a definição de uma competência tributária, esse mesmo conceito de direito privado não pode ser alterado pela lei tributária**. Nesse sentido o art. 110 do CTN:	3.4

	Art. 110. A lei tributária não pode alterar a definição, o conteúdo e o alcance de institutos, conceitos e formas de direito privado, utilizados, expressa ou implicitamente, pela Constituição Federal, pelas Constituições dos Estados, ou pelas Leis Orgânicas do Distrito Federal ou dos Municípios, para definir ou limitar competências tributárias. **INSTITUTOS CONCEITOS E FORMAS DE DIREITO PRIVADO** • não definem competência tributária → podem ser alterados para efeitos tributários • definem competência tributária → não podem ser alterados para efeitos tributários	
Consideração econômica do fato gerador e a jurisprudência do STF acerca do art. 110 do CTN	» **a consideração econômica do fato gerador se opõe à vinculação do Direito Tributário às formas e categorias do Direito Privado**. Significa a consideração econômica que o intérprete e julgador deve investigar o fenômeno da tributação levando em consideração os efeitos econômicos do fato a ser tributado. Livre, portanto, das formas e categorias do Direito Privado.	3.5
O conceito de faturamento e o art. 110 do CTN	» no texto constitucional originário de 1988 se permitia a incidência de contribuição da seguridade social dos empregadores sobre o faturamento: CF, art. 195. A seguridade social será financiada por toda a sociedade, de forma direta e indireta, nos termos da lei, mediante recursos provenientes dos orçamentos da União, dos Estados, do Distrito Federal e dos Municípios, e das seguintes contribuições sociais: I - dos empregadores, incidente sobre a folha de salários, o **faturamento** e o lucro; (...) » ficou sedimentado assim que só após a publicação da Emenda Constitucional 20/1998 poderia o legislador infraconstitucional instituir contribuição sobre toda e qualquer receita da pessoa jurídica.	3.6
Interpretação literal	» o CTN possui norma sobre interpretação que privilegia a interpretação "literal", conforme se vê do seu art. 111: Art. 111. Interpreta-se literalmente a legislação tributária que disponha sobre: I - suspensão ou exclusão do crédito tributário; II - outorga de isenção; III - dispensa do cumprimento de obrigações tributárias acessórias. » o STJ já decidiu, em sede de **repetitivo** (REsp 1.116.620, j. 09.08.2010), que não se admite a interpretação das normas concessivas de isenção de forma analógica ou extensiva, sendo incabível interpretação extensiva da isenção à situação que não se enquadre no texto expresso da lei, em atenção art. 111 do CTN.	3.7

INSTITUTOS CONCEITOS E FORMAS DE DIREITO PRIVADO

não definem competência tributária	definem competência tributária
podem ser alterados para efeitos tributários	não podem ser alterados para efeitos tributários

Interpretação benigna	» a interpretação benigna (ou *in dubio pro reo*) é prevista no art. 112 do CTN: Art. 112. A lei tributária que define infrações, ou lhe comina penalidades, interpreta-se da maneira mais favorável ao acusado, em caso de dúvida quanto: I - à capitulação legal do fato; II - à natureza ou às circunstâncias materiais do fato, ou à natureza ou extensão dos seus efeitos; III - à autoria, imputabilidade, ou punibilidade; IV - à natureza da penalidade aplicável, ou à sua graduação. » a interpretação de maneira mais favorável é aplicável apenas em relação às **leis tributárias que definem infrações ou cominam penalidades**. O escopo de aplicação da interpretação benigna prevista no art. 112, portanto, é o chamado **direito tributário penal**, que trata de infrações e multas administrativas em razão do descumprimento da legislação tributária. » é importante destacar que a interpretação favorável não ocorrerá em todo e qualquer caso, mas apenas "**em caso de dúvida**".	3.8

5. SÚMULAS APLICÁVEIS

5.1 STF

575. À mercadoria importada de país signatário do GATT, ou membro da ALALC, estende-se a isenção do imposto sobre circulação de mercadorias concedida a similar nacional;

5.2 STJ

20. A mercadoria importada de país signatário do GATT é isenta do ICM, quando contemplado com esse favor o similar nacional;

71. O bacalhau importado de país signatário do GATT é isento do ICM.

6. QUESTÕES DE CONCURSOS PÚBLICOS

1. **(Cespe – Auditor Fiscal – SEFAZ - DF/2020) Considerando as regras do CTN acerca da vigência da legislação tributária e das limitações constitucionais ao poder de tributar, julgue o item que se segue.**

   Não havendo disposição em contrário, os efeitos normativos das decisões dos órgãos coletivos de jurisdição administrativa a que a lei atribua eficácia normativa entram em vigor trinta dias após a data da publicação da decisão.

   Parte superior do formulário

   ( ) Certo

   ( ) Errado

2. **(Vunesp – Advogado - EBSERH/2020) Em relação aos tratados e convenções internacionais sobre matéria tributária, dispõe o Código Tributário Nacional que estes:**

   a) revogam ou modificam a legislação tributária interna, e serão observados pela que lhes sobrevenha.

   b) devem respeitar a legislação tributária interna preexistente, e serão observados pela que lhes sobrevenha.

   c) devem respeitar a legislação tributária interna preexistente, e poderão ser revogados pela que lhes sobrevenha.

d) terão hierarquia constitucional, sempre que versarem sobre princípios fundamentais da tributação, independentemente do quórum de internalização na ordem jurídica nacional.

e) se aprovados, em cada Casa do Congresso Nacional, em dois turnos, por três quintos dos votos dos respectivos membros, serão equivalentes às emendas constitucionais.

3. **(Fepese - Procurador do Estado - PGE - SC/2018) Com base nas disposições do Código Tributário Nacional, assinale a alternativa correta acerca da legislação tributária.**

a. A lei tributária aplica-se a ato ou fato pretérito, tratando-se de ato não definitivamente julgado, quando deixe de defini-lo como infração.

b. Salvo disposição em contrário, os atos normativos expedidos pelas autoridades administrativas entram em vigor 30 dias após a data da sua publicação.

c. Interpreta-se de modo mais favorável ao contribuinte a legislação tributária que disponha sobre suspensão ou exclusão do crédito tributário.

d. A legislação tributária aplica-se imediatamente aos fatos jurídicos passados, futuros e pendentes.

e. A observância estrita das normas complementares de direito tributário não afasta a imposição de penalidades, a cobrança de juros de mora e a atualização do valor monetário da base de cálculo do tributo.

01	02	03
ERRADO	A	A

7. QUESTÃO DISCURSIVA COM COMENTÁRIOS

CESPE - Procurador do Município de Salvador - 2015 (máximo 20 linhas)

A República Federativa do Brasil, ente soberano na ordem internacional, celebrou acordo multilateral, no âmbito do MERCOSUL, que previa isenção tributária em relação à prestação de serviços pelos nacionais dos países celebrantes, ainda que provenientes do exterior. A tributação de alguns desses serviços cabe a estados e municípios, os quais não anuíram ao acordo. À luz da situação hipotética acima apresentada, redija um texto dissertativo que aborde, de forma fundamentada, os seguintes tópicos:

- isenção heterônoma; [valor: 8,00 pontos]
- validade da instituição de isenção de tributo alheio em tratado de direito internacional celebrado pela União; [valor: 8,00 pontos]
- posição hierárquica dos tratados internacionais de direito tributário no ordenamento jurídico brasileiro. [valor: 7,75 pontos]

COMENTÁRIOS

A isenção heterônoma é aquela concedida por ente político diverso daquele que possui a competência tributária para determinado tributo. Representa uma ingerência de um ente sobre outro, ferindo o princípio federativo, e por isso é vedada em regra pelo art. 151, III da Constituição Federal. Esse dispositivo, apesar de referir-se expressamente apenas à união, também se aplica aos demais entes federativos.

Questionamento surge em face dos tratados internacionais celebrados pela República Federativa do Brasil, representada pela União nas relações internacionais, que concedem isenção de tributos estaduais ou municipais. Ao estender a isenção concedida a similar nacional a produtos importados dos países que celebram o tratado, haveria uma isenção heterônoma vedada pelo art. 151, III e pelo próprio princípio federativo.

A doutrina e a jurisprudência majoritária, contudo, entendem que no fundo o próprio ente tributante estadual ou municipal possui controle sobre essa isenção, pois ao revogar a isenção ao produto nacional, estaria automaticamente revogando a isenção concedida ao produto importado. Além disso, a celebração de tratados internacionais só pode ser realizada pela União, representando a República, não cabendo aos Estados ou Municípios firmarem compromissos diretamente com Estados estrangeiros. A isenção, nesse contexto, não seria concedida pela União, mas por toda a República, da qual fazem parte os Estados e os Municípios. Esse é o entendimento do STF.

Quanto à posição hierárquica, tais tratados ocupam o mesmo *status* de lei ordinária. O fato de o artigo 98 do CTN dizer que eles devem ser observados pela legislação interna que lhes sobrevenha não significa uma posição hierárquica superior, mas mera explicitação de que a norma especial prevalece sobre a norma geral.

10

OBRIGAÇÃO TRIBUTÁRIA E FATO GERADOR

1. INTRODUÇÃO

A obrigação tributária é um assunto que enseja discussões terminológicas, devido à utilização, pelo direito tributário, da expressão "obrigação", que denomina um objeto de estudo do Direito Civil. Nesse ramo do direito, é comum a compreensão da obrigação como uma **relação jurídica** de caráter transitório, que tem como sujeitos um credor e um devedor, cujo objeto consiste em uma **prestação de cunho patrimonial**.

Relação jurídica, na teoria geral do Direito, seria o "vínculo abstrato, segundo o qual, por força da imputação normativa, uma pessoa, chamada de sujeito ativo, tem o direito subjetivo de exigir de outra, denominada sujeito passivo, o cumprimento de certa prestação"[1]. No que diz respeito ao nosso objeto de estudo, a relação jurídica tributária é a que, por força de lei, "une o sujeito ativo (Fazenda Pública) ao sujeito passivo (contribuinte ou responsável) em torno de uma prestação pecuniária (tributo) ou não-pecuniária (deveres instrumentais)"[2].

No Direito Tributário, a obrigação tributária também pode ser definida como uma relação jurídica. O credor dessa relação, contudo, será, via de regra, uma pessoa jurídica de direito público. Já o objeto da relação jurídica obrigacional no Direito Tributário pode não possuir natureza patrimonial, como é o caso das obrigações acessórias.

De qualquer modo, pode-se definir obrigação tributária como uma relação jurídica entre sujeito passivo (devedor) e sujeito ativo (credor) que tem por objeto uma prestação pecuniária, que pode ser um tributo ou uma multa, ou ainda uma prestação positiva ou negativa no interesse da arrecadação ou da fiscalização de tributos.

A particularidade da obrigação tributária diz respeito ao fato de ela ter como objeto um tributo ou uma prestação que se refere a um tributo.

Essa definição será esmiuçada de forma separada a seguir.

---

1. CARVALHO, Paulo de Barros. Curso de Direito Tributário. 25ª edição. São Paulo: Saraiva, 2013, p. 285.
2. TORRES, Ricardo Lobo. Curso de Direito Financeiro e Tributário. 19ª edição. Rio de Janeiro: Renovar, 2013, p. 233.

2. OBRIGAÇÃO TRIBUTÁRIA PRINCIPAL

O CTN divide a obrigação tributária em duas espécies:

> Art. 113. **A obrigação tributária é principal ou acessória.**
>
> **§ 1º A obrigação principal surge com a ocorrência do fato gerador, tem por objeto o pagamento de tributo ou penalidade pecuniária e extingue-se juntamente com o crédito dela decorrente.**
>
> **§ 2º A obrigação acessória decorre da legislação tributária e tem por objeto as prestações, positivas ou negativas, nela previstas no interesse da arrecadação ou da fiscalização dos tributos.**
>
> **§ 3º A obrigação acessória, pelo simples fato da sua inobservância, converte-se em obrigação principal relativamente à penalidade pecuniária.**

A obrigação principal, segundo o CTN, tem por objeto o **pagamento de tributo ou penalidade pecuniária.** O CTN optou por incluir algo que não é tributo (multa ou penalidade) no conceito de obrigação tributária principal.

Essa opção não implica em mácula ou prejuízo ao conceito de tributo. Como se sabe, o art. 3º do próprio CTN define que tributo não constitui sanção de ato ilícito, não podendo, portanto, haver confusão entre os conceitos de tributo e multa ou penalidade.

Disso podemos concluir que **os conceitos de tributo e obrigação tributária principal são distintos** no que tange à sua amplitude. Enquanto o tributo é prestação pecuniária que não constitui sanção de ato ilícito, **a obrigação tributária principal abrange não apenas o tributo, mas também a penalidade pecuniária oriunda do descumprimento da legislação tributária.**

Esse conceito mais amplo de obrigação tributária principal está em sintonia com a noção de que a obrigação tributária não diz respeito apenas a tributo, mas também a prestações outras que se referem ao tributo, como por exemplo a multa aplicada em razão de um ato contrário à legislação tributária (no caso da obrigação tributária principal) ou ainda uma prestação positiva ou negativa no interesse da arrecadação e fiscalização de tributos (no caso das obrigações acessórias).

Como já explicado acima, a qualificação "tributária" da "obrigação tributária" significa que a obrigação é qualificada pelo objeto de estudo do Direito Tributário, que estuda não só o tributo, mas também multas pelo descumprimento da legislação tributária e as obrigações acessórias. Nesse sentido, o art. 96 do CTN é expresso ao dispor que o objeto da legislação tributária não compreende apenas os tributos, mas também as **relações jurídicas pertinentes a tributos.**

Por isso, não há nenhum paradoxo ou impropriedade na inclusão das multas tributárias (penalidades pecuniárias oriundas do descumprimento da legislação tributária) no conceito da obrigação tributária principal.

A opção legislativa de tal inclusão se deu com o objetivo de conferir à cobrança das multas tributárias os mesmos privilégios da cobrança do tributo devido. Não há, contudo, uma aplicação dos princípios tributários, de forma geral e irrestrita, às multas tributárias, mantendo-se uma distinção clara entre os conceitos de tributo e multa.

TRIBUTO	×	OBRIGAÇÃO TRIBUTÁRIA
CONCEITO DO ART. 3º	×	CONCEITO DO ART. 113, § 1º
NÃO É SANÇÃO DE ATO ILÍCITO	×	ABRANGE TRIBUTO E MULTAS/PENALIDADES

3. OBRIGAÇÃO TRIBUTÁRIA ACESSÓRIA

Obrigações tributárias acessórias são as prestações que o contribuinte ou terceiro deve cumprir para cooperar com a atividade da administração tributária na determinação dos tributos a serem adimplidos. Apesar de não possuir um conteúdo pecuniário imediato, não se pode negar que o cumprimento das obrigações acessórias representa um custo da atividade empresarial, exigindo contratação de funcionários especializados, treinamento de pessoal, entre outros. São os chamados custos de *compliance*, que representam uma carga tributária camuflada ou oculta.

Atualmente, vem se tornando comum programas de simplificação e estímulo ao cumprimento de obrigações acessórias (conformidade tributária), como por exemplo o "Nos Conformes", do Estado de São Paulo (Lei Complementar de São Paulo 1.320/2018) e o programa "Contribuinte Arretado", do Estado de Alagoas (Lei de Alagoas 8.085/2018). Com isso, o cumprimento de obrigações acessórias vai sendo associado a uma contrapartida do Estado.

No Estado de São Paulo, a Lei Complementar 1.320/2018 pretendeu criar, quando de sua edição, "condições para a construção contínua e crescente de um ambiente de confiança recíproca entre os contribuintes e a Administração Tributária" (art. 1º). Nas diretrizes e ações do programa paulista "Nos Conformes", é possível destacar o de "reduzir os custos de conformidade para os contribuintes" (art. 2º, II), sendo a "simplificação de obrigações acessórias" um dos escopos das iniciativas para tomadas em participação conjunta de contribuintes e administração tributária (art. 4º, § 1º, 1). Reforçando o espírito de colaboração entre particular e fisco, o art. 16 prevê vantagens para o contribuinte de acordo com sua classificação pelo Fisco. Tais contrapartidas podem ir desde o acesso ao procedimento de "Análise Fiscal Prévia" até a "transferência de crédito acumulado para empresa não interdependente".

A obrigação tributária acessória é definida no art. 113, § 2º do CTN, como aquela que **decorre da legislação tributária** e **tem por objeto as prestações, positivas ou negativas**, que sejam previstas na legislação tributária **no interesse da arrecadação ou fiscalização de tributos.**

A redação do art. 113, § 2º do CTN merece ser cuidadosamente analisada, com uma separação por temas.

3.1 Função da legislação tributária na criação das obrigações acessórias

O dispositivo deixa explícito que **a obrigação acessória decorre da legislação tributária, e não da lei tributária.** Como já exposto no capítulo referente à legislação tributária, **as expressões não são sinônimas.**

Lei tributária é a espécie legislativa prevista no art. 59, II, III e IV da Constituição Federal, que menciona as leis complementares, as leis ordinárias e as leis delegadas.

Legislação tributária, por sua vez, é expressão muito mais ampla, que compreende não só as leis, mas também os tratados e as convenções internacionais, os decretos e as normas complementares que versem, no todo ou em parte, sobre tributos e relações jurídicas a eles pertinentes[3].

Dessa distinção podemos concluir que as obrigações acessórias podem ser previstas ("decorrer", nos termos do CTN) em veículos da legislação tributária diversos da lei, como os decretos e as instruções normativas. Nesse sentido, o art. 115 confirma essa ideia prevista no art. 113, § 2º, ao mencionar, mais uma vez, o termo "legislação". Um exemplo de instituição de obrigação acessória por ato infralegal é a instituição da Escrituração Fiscal Digital de Retenções e Outras Informações Fiscais (EFD-Reinf), pela Instrução Normativa 1.701/2017 da Receita Federal[4].

Destacamos que não há nenhuma inconstitucionalidade na instituição de obrigações acessórias por atos infralegais. O princípio da legalidade tributária previsto no art. 150, I da CF trata da **instituição** e **majoração** de tributos. Não há, portanto, um mandamento específico para a utilização de lei em sentido formal para a instituição de prestações no interesse da fiscalização tributária.

Tampouco o princípio da legalidade genérica (CF, art. 2º) serviria como impeditivo à instituição de obrigações acessórias por ato infralegal, pois uma proibição dessa ordem implicaria na supressão de qualquer atuação administrativa em campos específicos que o Legislativo não possui competência técnica nem mesmo capacidade estrutural para instituir todas as obrigações necessárias para o bom andamento da administração tributária. Essa também a posição de Luís Eduardo Schoueri:

> "(...) não é verdadeiro que a hipótese da norma punitiva esteja veiculada em regulamento. O antecedente é, exclusivamente, o descumprir dever instrumental. O que está em regulamento não é esse antecedente, mas o próprio dever instrumental. Fosse exigida lei, também, para a definição dos deveres instrumentais referidos na lei, como condição de validade desta, então se concluiria que não haveria espaço para atuação da administração em qualquer caso em que se previssem penas. Por exemplo, o artigo 235 do Código Penal penaliza a conduta de fabricar, fornecer, adquirir, possuir ou transportar, sem licença da autoridade, substância ou engenho explosivo, gás tóxico ou asfixiante, ou material destinado à sua fabricação. Não há, na lei, previsão quanto à licença que se exige, o que não afasta a previsão legal da conduta."[5]

Essa a posição mais segura a ser adotada em provas de concursos públicos, já que representa o entendimento consubstanciado no CTN e acolhido pela jurisprudência.

---

3. CTN, art. 96. A expressão "legislação tributária" compreende as leis, os tratados e as convenções internacionais, os decretos e as normas complementares que versem, no todo ou em parte, sobre tributos e relações jurídicas a eles pertinentes.
4. IN RFB 1.701/2017, art. 1º. Fica instituída a Escrituração Fiscal Digital de Retenções e Outras Informações Fiscais (EFD-Reinf). Parágrafo único. A EFD-Reinf deverá ser transmitida ao Sistema Público de Escrituração Digital (Sped) e será considerada válida após a confirmação de recebimento e validação do conteúdo dos arquivos que a contém.
5. SCHOUERI, Luís Eduardo. Direito Tributário. 5ª edição. São Paulo: Saraiva, 2015, p. 498.

No REsp 1.405.244 (**repetitivo**, j. 08.08.2018), o STJ deixou expresso que as obrigações acessórias podem ser impostas ao sujeito passivo por meio da legislação tributária, referindo-se explicitamente aos decretos e às normas complementares. Do mesmo modo, é pacífico o entendimento do STJ segundo o qual as regras do decreto estadual (MS) 11.803/05, sobre obrigações acessórias destinadas a auxiliar a fiscalização, não ofendem a Constituição da República (AgInt no RMS 53.001, j. 16.05.2017). Em voto didático, o Ministro Castro Meira do STJ consignou que a obrigação acessória pode ser criada por "mero ato administrativo, como é a portaria, já que o CTN se refere à 'legislação tributária', e não à lei" (voto no RMS 17.490, j. 10.08.2004).

3.2 Caráter positivo ou negativo

As prestações consistentes na obrigação tributária acessória podem ser positivas ou negativas. Assim, a obrigação acessória tanto pode consistir em um dever de escriturar receitas em determinado formato (prestação positiva) como em um dever de não embaraçar ou não oferecer resistência à fiscalização tributária (prestação negativa).

As prestações positivas das obrigações acessórias assumem uma importância destacada no art. 200 do CTN, que prevê a possibilidade de a administração tributária requisitar o auxílio de força pública, quando houver embaraço ao exercício da função fiscalizatória, independentemente de o fato se configurar ou não como crime ou contravenção.

Reafirmando o caráter positivo ou negativo da obrigação acessória, o art. 115 do CTN dispõe que **a obrigação acessória pode consistir em uma prática ou em uma abstenção de ato.**

3.3 O interesse na arrecadação e fiscalização de tributos como uma limitação às obrigações acessórias

O art. 113, § 2º do CTN prevê que a obrigação acessória é prevista na legislação tributária **no interesse da arrecadação ou da fiscalização dos tributos.**

Significa que as obrigações acessórias possuem uma causa e um objetivo como limitações à sua instituição. Se um determinado dever imposto pela administração tributária ao contribuinte não possui nenhuma utilidade para a arrecadação ou para a fiscalização de tributos, não há o requisito legitimador previsto no CTN que justifica a criação dessas obrigações.

Aqui podemos destacar outra diferença entre as obrigações tributárias acessórias e as obrigações tributárias principais. Enquanto as obrigações acessórias possuem uma condicionante bem definida (interesse da arrecadação ou fiscalização de tributos), aplicável a qualquer espécie de obrigação acessória (seja referente a prestação positiva ou negativa), as obrigações principais (tributos ou multas tributárias) possuem limites mais frouxos. No caso de tributos, haverá limites diversos conforme a espécie tributária: nos impostos, o limite é definido pela materialidade eleita pelo constituinte na definição de competências tributárias (havendo a competência residual da União); nas taxas, o limite é que o fato gerador consista numa atividade estatal, nos termos do art. 145, II da CF.

Esse interesse na arrecadação ou fiscalização de tributos justifica que as obrigações acessórias sejam exigidas não apenas dos contribuintes dos tributos aos quais as obrigações acessórias se referem, mas também de terceiros que não sejam contribuintes, mas que possuam uma atividade ligada ao surgimento ou ao recolhimento do tributo. Isso pode ser visto no art. 197 do CTN, que estabelece uma obrigação acessória de prestar informações à administração tributária:

> Art. 197. Mediante intimação escrita, são obrigados a prestar à autoridade administrativa todas as informações de que disponham com relação aos bens, negócios ou atividades de terceiros:
>
> I - os tabeliães, escrivães e demais serventuários de ofício;
>
> II - os bancos, casas bancárias, Caixas Econômicas e demais instituições financeiras;
>
> III - as empresas de administração de bens;
>
> IV - os corretores, leiloeiros e despachantes oficiais;
>
> V - os inventariantes;
>
> VI - os síndicos, comissários e liquidatários;
>
> VII - quaisquer outras entidades ou pessoas que a lei designe, em razão de seu cargo, ofício, função, ministério, atividade ou profissão.
>
> Parágrafo único. A obrigação prevista neste artigo não abrange a prestação de informações quanto a fatos sobre os quais o informante esteja legalmente obrigado a observar segredo em razão de cargo, ofício, função, ministério, atividade ou profissão.

Na mesma linha o STJ pontuou em julgado submetido à sistemática dos recursos repetitivos, referindo-se às obrigações acessórias como "deveres instrumentais" e frisando que o interesse da arrecadação ou da fiscalização dos tributos pode justificar até mesmo a exigência desses deveres em face de não contribuintes (REsp 1.116.792, **repetitivo**, j. 24.11.2010).

A doutrina também aborda a amplitude e os limites para a instituição de obrigações acessórias, como se pode ver da seguinte proposta:

> (...) para que se institua de forma válida um dever instrumental em nosso sistema jurídico, (...) é necessário (i) que ele possa realizar sua finalidade precípua de auxiliar o cumprimento da obrigação principal; (ii) que haja tributo existente, no mínimo, no plano abstrato, com o qual se articule; (iii) que esteja dentro da competência da Administração Pública instituidora desse tributo; (iv) que exista razoabilidade entre o dever instituído e seu critério dimensionador; e (v) que, em cada caso concreto, haja proporcionalidade entre o dever instrumental instituído (meio) e o interesse da arrecadação ou da fiscalização dos tributos (fim).[6]

Vale dizer ainda que o interesse na arrecadação ou fiscalização de tributos pode ser definido de modo genérico ou de forma específica a depender das peculiaridades de cada

6. TAKANO, Caio Augusto. Limitações aos deveres instrumentais tributários (aplicação do art. 113, § 2º do Código Tributário Nacional). Dissertação de Mestrado apresentada à Faculdade de Direito da Universidade de São Paulo. São Paulo, 2015, p. 183.

tributo. Isso porque os poderes das autoridades administrativas em matéria de fiscalização tributária podem ser regulados em caráter geral ou ainda em função da natureza do tributo de que se tratar[7]. Um tributo que seja exigido em uma operação internacional, por exemplo, pode exigir uma regulação específica em relação à sua fiscalização, já que envolve sujeitos não residentes no Brasil[8].

3.4 A "conversão" da obrigação acessória em obrigação principal

O art. 113, §3º do CTN dispõe que a obrigação acessória, pelo simples fato de sua inobservância, converte-se em obrigação principal relativamente à penalidade pecuniária. A redação do dispositivo é infeliz, pois não há uma conversão da obrigação acessória descumprida em obrigação principal de pagar multa. A obrigação acessória inobservada não se transforma em uma penalidade pecuniária. Pelo contrário, permanece existindo o dever de escriturar ou de prestar declarações, conforme o caso.

A despeito da redação imprecisa, deve-se assinalar como corretas as assertivas de provas objetivas que simplesmente reproduzem o dispositivo do CTN.

A melhor compreensão do dispositivo é a de que o descumprimento de uma obrigação acessória dá origem a uma obrigação principal consistente na penalidade pecuniária imposta pela infração à legislação tributária. Em síntese, podemos dizer que o descumprimento da obrigação acessória é fato gerador da obrigação principal referente a penalidade pecuniária (multa tributária).

3.5 Críticas à expressão "obrigação acessória" - a expressão "deveres instrumentais" como alternativa

A expressão obrigação acessória é objeto de críticas quanto às palavras empregadas pelo legislador. Paulo de Barros Carvalho, talvez o maior crítico da expressão, defende que as duas palavras são incorretas para designar o fenômeno[9].

A palavra "obrigação", segundo Carvalho, só poderia ser utilizada para prestações de conteúdo patrimonial, de valores econômicos mensuráveis, sendo inadequada para se referir a prestações que não representam um objeto pecuniário.

O adjetivo "acessória" também seria impróprio, pois não necessariamente haveria acessoriedade nas prestações de fazer ou não fazer no interesse da arrecadação e

---

7. CTN, art. 194. A legislação tributária, observado o disposto nesta Lei, regulará, em caráter geral, ou especificamente em função da natureza do tributo de que se tratar, a competência e os poderes das autoridades administrativas em matéria de fiscalização da sua aplicação.

8. No campo internacional, por exemplo, podemos citar a Ação 12 do Plano BEPS (*Disclosure of Aggressive Tax Planning*), que introduz recomendações relativas à elaboração de regras de divulgação obrigatória de planejamentos tributários arrojados ou agressivos (que impactam a tributação da renda). Também a Ação 13 do Plano BEPS pretende a criação de obrigações acessórias específicas para o imposto de renda nas operações internacionais, estabelecendo diretrizes para a documentação de preços de transferência (*country-by-country reporting*, ou relatório país a país).

9. CARVALHO, Paulo de Barros. Curso de Direito Tributário. 25ª edição. São Paulo: Saraiva, 2013, p. 290.

fiscalização tributárias. Haveria hipóteses em que sequer haveria a obrigação principal, e ainda assim remanesceria o dever de entregar declarações, como no caso de entidades imunes ou isentas[10]. Em tais casos, não se poderia seguir a lógica de direito privado segundo a qual o acessório segue o principal. No direito tributário, é perfeitamente possível que as "obrigações acessórias" sejam exigidas sem a existência de uma obrigação principal que lhe justifique.

Por essas razões, Paulo de Barros Carvalho defende a utilização da locução "deveres instrumentais", que refletiria melhor a natureza jurídica das prestações em comento.

Apesar dos fundamentos da crítica serem verdadeiros, não há uma impureza técnica ao se utilizar a expressão "obrigação acessória" para designar as prestações positivas ou negativas no interesse da arrecadação ou fiscalização tributárias. O fato de o termo "obrigação" ser utilizado para prestações de cunho patrimonial no direito privado não impede que a mesma palavra seja utilizada em sentido diverso no direito tributário. Além disso, a acessoriedade decorre da possibilidade de existência de uma obrigação principal, não da sua efetiva existência, o que também torna injustificada a crítica quanto à qualificação como acessória[11].

Além disso, a obrigação acessória assume um caráter peculiar em direito tributário no sentido de viabilizar a investigação e a fiscalização dos tributos, o que justifica a **exigência de obrigações acessórias não só de entidades imunes ou isentas**, mas até mesmo **de terceiros** que possam contribuir com a atividade fiscalizatória, como é o caso de instituições financeiras. Nesse espírito, dispõe o art. 197 do CTN, ao obrigar à prestação de informações à autoridade tributária os profissionais e instituições que dispõem de informações com relação aos bens, negócios ou atividades de terceiros.

Desse modo, as críticas à locução "obrigações acessórias" podem ser superadas sem maiores dificuldades, não obstante a expressão "deveres instrumentais" também se apresente como adequada para a designação das prestações mencionadas no art. 113, § 2º do CTN.

10. CTN, art. 14: "O disposto na alínea c do inciso IV do artigo 9º (imunidade de partidos políticos, entidades sindicais dos trabalhadores e instituições de educação e de assistência social sem fins lucrativos) é subordinado à observância dos seguintes requisitos pelas entidades nele referidas: (...) III - manterem escrituração de suas receitas e despesas em livros revestidos de formalidades capazes de assegurar sua exatidão". Art. 175, parágrafo único: "A exclusão do crédito tributário não dispensa o cumprimento das obrigações acessórias dependentes da obrigação principal cujo crédito seja excluído, ou dela conseqüente". Art. 194: "A legislação tributária, observado o disposto nesta Lei, regulará, em caráter geral, ou especificamente em função da natureza do tributo de que se tratar, a competência e os poderes das autoridades administrativas em matéria de fiscalização da sua aplicação. Parágrafo único. A legislação a que se refere este artigo aplica-se às pessoas naturais ou jurídicas, contribuintes ou não, inclusive às que gozem de imunidade tributária ou de isenção de caráter pessoal".

11. "partindo-se da noção de que a obrigação é uma categoria jurídico-positiva, o emprego do adjetivo 'acessória', no âmbito do Direito Tributário, não traduz o conceito afeito à disciplina das obrigações na esfera civil, segundo o qual o 'acessório segue o principal'. (...) A acessoriedade dessa obrigação, nos termos do Código, insurgi do fato de que o liame assim qualificado é estatuído para propiciar as efetivas fiscalização e arrecadação de tributo (...) a mera possibilidade de existência da obrigação principal legitima a imposição das obrigações acessórias" (COSTA, Regina Helena, Curso de Direito Tributário. Constituição e Código Tributário Nacional. 4ª edição. São Paulo: Saraiva, 2014, p. 195).

4. FATO GERADOR - AS CONCEPÇÕES SOBRE A NOMENCLATURA UTILIZADA PELO CTN

Muito se escreveu a respeito da inadequação da expressão "fato gerador" utilizada pelo CTN para definir a situação definida em lei como necessária e suficiente à ocorrência da obrigação principal (CTN, art. 114).

A maioria das críticas é centrada no fato de que o art. 114 utilizaria uma terminologia que se refere, de forma ambígua, tanto à descrição legal de uma situação (sentido abstrato) quando à ocorrência na realidade da situação (sentido concreto). Ou seja, haveria um fato gerador abstrato (previsão legal) e um fato gerador concreto (acontecimento fático).

Com base nessa ambiguidade da expressão fato gerador, vários doutrinadores elaboraram propostas alternativas de expressões que pudessem eliminar a dubiedade do CTN.

Paulo de Barros Carvalho propõe a expressão "hipótese tributária" para a descrição normativa de um evento e "evento jurídico tributário" para o fato que realmente sucede num determinado momento e local, falando ainda em "fato jurídico tributário" para o relato linguístico do evento tributário[12]. Geraldo Ataliba designa o fato gerador abstrato como "hipótese de incidência" e o fato gerador concreto como "fato imponível"[13].

Não enxergamos grandes problemas na utilização da expressão fato gerador, desde que se compreenda a possibilidade de o termo ter dois significados distintos e se identificar o seu real sentido de acordo com o contexto[14].

A própria Constituição emprega o termo "fato gerador" nos dois sentidos. No art. 154, I, por exemplo, traz a expressão fato gerador como a descrição normativa (fato gerador abstrato) empregada pelo legislador ou pelo constituinte. Já no art. 150, III, *a*, trata do fato gerador concreto ao dispor que é vedado cobrar tributos em relação a fatos geradores **ocorridos** antes do início da vigência da lei que os houver instituído ou aumentado.

Também o CTN utiliza a expressão nos dois sentidos, como se pode ver no art. 113, § 1º (fato gerador ocorrido) e no art. 114 (fato gerador descrito em lei).

5. FATO GERADOR COMO SITUAÇÃO DE FATO OU SITUAÇÃO DE DIREITO

O art. 116 do CTN perfaz uma divisão do fato gerador em duas espécies: o fato gerador que constitui situação de fato e o fato gerador que constitui situação jurídica. Tal distinção é realizada no intuito de separar a ocorrência do fato gerador e o início da produção de seus efeitos. Ou seja, a importância prática do art. 116 diz respeito ao momento da ocorrência do fato gerador, o instante inicial a partir do qual a situação eleita pelo legislador tributária passa a produzir efeitos. Confira-se a redação do dispositivo:

---

12. CARVALHO, Paulo de Barros. Curso de Direito Tributário. 25ª edição. São Paulo: Saraiva, 2013, p. 253.
13. ATALIBA, Geraldo. Hipótese de Incidência Tributária. 6ª edição. São Paulo: Malheiros, 2015, p. 55.
14. "não vemos inconveniente sério no emprego ambivalente da expressão 'fato gerador' (para designar tanto a descrição legal hipotética quanto o acontecimento concreto que lhe corresponda)." AMARO, Luciano. Direito Tributário Brasileiro. 11ª edição. São Paulo: Saraiva, 2005, p. 262.

> CTN, art. 116. Salvo disposição de lei em contrário, considera-se ocorrido o fato gerador e existentes os seus efeitos:
>
> I - tratando-se de situação de fato, desde o momento em que o se verifiquem as circunstâncias materiais necessárias a que produza os efeitos que normalmente lhe são próprios;
>
> II - tratando-se de situação jurídica, desde o momento em que esteja definitivamente constituída, nos termos de direito aplicável.

A rigor, os dois incisos acima tratam de situações jurídicas, pois mesmo a "situação de fato" é regulada pelo próprio CTN, passando a ser jurídica. O que o CTN quis dizer, contudo, foi que há situações já reguladas em outro ramo do direito (notadamente no direito privado) e situações sobre as quais o direito tributário incide diretamente, sem a intermediação de outra disciplina jurídica.

Desse modo, as **situações de fato** seriam aquelas em que o direito tributário elege como fato gerador uma situação material sem a interferência de outra lei, considerando apenas o cenário fático da situação. Como exemplo de situação de fato, podemos citar a entrada de mercadoria estrangeira no território nacional (fato gerador de tributos sobre a importação) e a saída de estabelecimento comercial ou industrial (fato gerador do ICMS e do IPI, respectivamente)[15]. Nessa hipótese, o CTN é expresso no sentido de que o fato gerador será tido por ocorrido apenas quando de verificarem as circunstâncias materiais necessárias para que se produza os efeitos que são **normalmente** próprios da situação de fato. Ou seja, a investigação deve se voltar para as circunstâncias materiais, não para a disciplina legal da situação.

Já a **situação jurídica** seria aquela em que a lei tributária se aproveita de um regramento jurídico anteriormente existente (por exemplo, a disciplina civil de um contrato de doação ou da sucessão *causa mortis*) para lhe conferir o *status* de fato gerador de obrigação tributária. Em assim sendo, o fato gerador deve ser tido por ocorrido quando a situação estiver definitivamente constituída, nos termos do direito aplicável. Ao contrário da situação de fato, a situação jurídica exige, para a determinação do momento a partir do qual se considera ocorrida, que o intérprete analise o regramento jurídico da situação, pois nessa hipótese a disciplina jurídica já existente sobre a situação escolhida como fato gerador será essencial para o momento a partir do qual se reputam operantes os efeitos tributários.

6. O ART. 118 DO CTN E O *PECUNIA NON OLET* - TRIBUTAÇÃO DE ATOS ILÍCITOS E INTERPRETAÇÃO OBJETIVA DO FATO GERADOR

A divisão promovida pelo art. 116 entre situação fática e situação jurídica no fato gerador será relevante também na interpretação da definição legal do fato gerador, tratada pelo art. 118 do CTN, reproduzido abaixo:

---

15. "Fato gerador – situação fática (...) o fato gerador converte em situação jurídico-tributária uma singela situação fática a que se reporta, como execução de uma série de obrigações de dar ou de fazer (...) São circunstâncias materiais, entre outras, necessárias à execução de obrigações de dar ou de fazer: a entrada no território nacional (no Imposto de Importação); a saída do estabelecimento mercantil (no ICMS ou no IPI) (...) o aperfeiçoamento do contrato ou ato jurídico, embora relevante, não é suficiente para realizar a hipótese de incidência da norma. (...) interessam antes os atos de execução das referidas obrigações, situações de fato que foram eleitas pelo legislador tributário como marco temporal ou aspecto temporal da hipótese" (DERZI, Misabel Abreu Machado. Notas de atualização ao Direito Tributário Brasileiro de Aliomar Baleeiro. 13ª. ed. Rio de Janeiro: Forense, 2015, p. 1.101).

> Art. 118. A definição legal do fato gerador é interpretada abstraindo-se:
>
> I - da validade jurídica dos atos efetivamente praticados pelos contribuintes, responsáveis, ou terceiros, bem como da natureza do seu objeto ou dos seus efeitos;
>
> II - dos efeitos dos fatos efetivamente ocorridos.

Esse dispositivo mantém uma divisão binária que corresponde aos incisos I e II do art. 116 do CTN, ao relacionar a irrelevância da validade jurídica dos atos praticados (inciso I do art. 118) à situação de fato (inciso I do art. 116) e a irrelevância dos efeitos dos fatos (inciso II do art. 118) à situação jurídica.

Explicando melhor: quando o fato gerador diz respeito a uma situação de fato, seus efeitos reputam-se produzidos a partir do momento em que se verificam as circunstâncias materiais necessárias para tanto. Sendo o fato gerador uma situação de fato, sua interpretação deve abstrair a validade jurídica dos atos efetivamente praticados pelos contribuintes, responsáveis ou terceiros, já que a lei elegeu como fato gerador uma circunstância fática, que independe da validade jurídica dos atos praticados.

Um bom exemplo de fato gerador que se refere a situação de fato diz respeito ao imposto de renda. Nesse imposto, o fato gerador é a aquisição de disponibilidade econômica ou jurídica de renda ou proventos de qualquer natureza (CTN, art. 43). A menção à disponibilidade econômica no art. 43 do CTN indica que o legislador desvinculou o fato gerador do imposto de renda de uma situação jurídica[16], sendo irrelevante, para o imposto em questão, a validade jurídica de um ato que gera acréscimo patrimonial. Em outras, palavras, a disponibilidade econômica da renda chancela um sentido econômico do patrimônio, que independe da existência de um título jurídico[17].

A consequência prática é a de que **mesmo atos ilícitos que configuram acréscimo patrimonial serão tributados**. Esse o sentido da irrelevância da validade jurídica do ato definido em lei como fato gerador correspondente a uma situação de fato. Ou seja, privilegia-se uma **interpretação objetiva do fato gerador**. Tal assertiva está em consonância com a máxima do ***pecunia non olet*** (dinheiro não cheira), segundo a qual a origem criminosa do rendimento não impede a sua tributação. Nesse sentido, a jurisprudência do STF:

> "(...) **A jurisprudência da Corte, à luz do art. 118 do Código Tributário Nacional, assentou entendimento de ser possível a tributação de renda obtida em razão de atividade ilícita**, visto que a definição legal do fato gerador é interpretada com abstração da validade jurídica do ato efetivamente praticado, bem como da natureza do seu objeto ou dos seus efeitos. **Princípio do non olet**. (...)" (HC 94.240, j. 23.08.2011 - grifos adicionados)
>
> "**Sonegação fiscal de lucro advindo de atividade criminosa: "non olet". Drogas: tráfico de drogas**, envolvendo sociedades comerciais organizadas, com lucros vultosos subtraídos à contabilização regular das empresas e subtraídos à declaração de rendimentos:

16. SCHOUERI, Luís Eduardo. Direito Tributário São Paulo: Saraiva, 2015, p. 728.
17. SCHOURI, Luís Eduardo. O Mito do Lucro Real na Passagem da Disponibilidade Jurídica para a Disponibilidade Econômica. In: MOSQUERA, Roberto Quiroga; e LOPES, Alexsandro Broedel (coordenadores). Controvérsias jurídico-contábeis (aproximações e distanciamentos). Volume 1. São Paulo: Editora Dialética, 2010, p. 251.

> caracterização, em tese, de crime de sonegação fiscal, a acarretar a competência da Justiça Federal e atrair pela conexão, o tráfico de entorpecentes: **irrelevância da origem ilícita, mesmo quando criminal, da renda subtraída à tributação. A exoneração tributária dos resultados econômicos de fato criminoso - antes de ser corolário do princípio da moralidade - constitui violação do princípio de isonomia fiscal**, de manifesta inspiração ética. (HC 77.530, DJ 18.09.1998 - grifos adicionados)

O tema tem ganhado mais exposição na mídia diante dos fatos apurados na operação "Lava Jato". A Receita Federal e o CARF têm entendido[18] que deve ser aplicado, nos casos de pagamentos sem a efetiva prestação de serviços, o art. 61 da Lei 8.981/1995[19].

Uma observação importante deve ser feita em relação à tributação de atos ilícitos. O fato gerador, nesses casos, não é o próprio exercício das atividades ilícitas. Assim, não se admite que a lei tributária eleja como fato gerador a atividade "receber propina" ou "comercializar drogas ilícitas". A circunstância criminosa é acidental ao fato gerador (auferir renda), não poderia ser diferente, pois o tributo não constitui sanção de ato ilícito, de acordo com o art. 3º do CTN. A sutileza merece ser destacada: a tributação não recai sobre o ato ilícito, mas sim sobre o resultado econômico (renda auferida) da atividade ilícita.

O STJ possui julgado didático a esse respeito (REsp 984.607, j. 07.10.2008 – grifos adicionados):

> (...) 2. **O art. 118 do CTN consagra o princípio do "non olet"**, segundo o qual o produto da atividade ilícita deve ser tributado, desde que realizado, no mundo dos fatos, a hipótese de incidência da obrigação tributária.
>
> **3. Se o ato ou negócio ilícito for acidental à norma de tributação (= estiver na periferia da regra de incidência), surgirá a obrigação tributária com todas as conseqüências que lhe são inerentes. Por outro lado, não se admite que a ilicitude recaia sobre elemento essencial da norma de tributação.**
>
> 4. Assim, por exemplo, a renda obtida com o tráfico de drogas deve ser tributada, já que o que se tributa é o aumento patrimonial e não o próprio tráfico. **Nesse caso, a ilicitude é circunstância acidental à norma de tributação. No caso de importação ilícita, reconhecida a ilicitude e aplicada a pena de perdimento, não poderá ser cobrado o imposto de importação, já que "importar mercadorias" é elemento essencial do tipo tributário. Assim, a ilicitude da importação afeta a própria incidência da regra tributária no caso concerto.** (...)

Com muito mais razão, o art. 118, I do CTN permite a tributação de atos inválidos para o direito civil. Seria o caso, por exemplo, de uma sociedade auferir lucros por meio de uma cláusula abusiva (ato não criminoso, mas inválido).

Por fim cabe comentar o inciso II do art. 118, que, como já adiantado, guarda correspondência com o inciso II do art. 116 do CTN, o qual trata da situação jurídica. Sendo

18. Acórdão nº 1402-003.692 do Processo 16004.720203/2015-19, j. 22.01.2019.
19. Lei 8.981/1995, art. 61. Fica sujeito à incidência do Imposto de Renda exclusivamente na fonte, à alíquota de trinta e cinco por cento, todo pagamento efetuado pelas pessoas jurídicas a beneficiário não identificado, ressalvado o disposto em normas especiais. § 1º A incidência prevista no caput aplica-se, também, aos pagamentos efetuados ou aos recursos entregues a terceiros ou sócios, acionistas ou titular, contabilizados ou não, quando não for comprovada a operação ou a sua causa, bem como à hipótese de que trata o § 2º, do art. 74 da Lei nº 8.383, de 1991.

o fato gerador uma situação jurídica, dispõe o art. 116, II do CTN que sua ocorrência se verifica desde o momento em que a situação jurídica esteja definitivamente constituída, nos termos do direito aplicável. Nessa hipótese, o art. 118, II, complementa que a interpretação do fato gerador deve abstrair os efeitos dos fatos efetivamente ocorridos. Se o negócio jurídico (situação jurídica) é relevante para a tributação, basta a ocorrência da situação jurídica nos termos do direito aplicável, sendo irrelevante os efeitos dos fatos efetivamente ocorridos[20].

7. A DISSIMULAÇÃO DA OCORRÊNCIA DO FATO GERADOR - O PARÁGRAFO ÚNICO DO ART. 116 COMO NORMA GERAL ANTIELISIVA

O parágrafo único do art. 116 do CTN não constava na redação original do CTN, sendo incluído apenas em 2001, pela Lei Complementar 104. Esse dispositivo prevê a possibilidade de a autoridade tributária desconsiderar atos ou negócios jurídicos praticados com a finalidade de dissimular a ocorrência do fato gerador, nos seguintes termos:

> CTN, art. 116, parágrafo único. A autoridade administrativa poderá desconsiderar atos ou negócios jurídicos praticados com a finalidade de dissimular a ocorrência do fato gerador do tributo ou a natureza dos elementos constitutivos da obrigação tributária, observados os procedimentos a serem estabelecidos em lei ordinária.

Apesar da inovação trazida pelo dispositivo acima, cumpre lembrar que a redação original do CTN já trazia a possibilidade de revisão do lançamento pela autoridade administrativa em caso de ocorrência de "simulação", no art. 149, VII. O que o parágrafo único do art. 116 prevê, contudo, é algo mais amplo. Enquanto o termo "simulação" empregado no art. 149, VII do CTN deve ser empregado no sentido de estrito de direito civil (já que nesse ponto o CTN menciona outras figuras do direito civil, como o dolo e a fraude), o termo "dissimular" previsto no art. 116, parágrafo único do art. 116 possui uma conotação mais ampla, sob pena de se chegar ao resultado absurdo de que o Legislativo teria se reunido para editar uma lei complementar que não possui nenhuma utilidade[21].

Partindo dessa orientação, fica claro que a desconsideração de atos ou negócios jurídicos pela autoridade administrativa, prevista no art. 116, parágrafo único do CTN, tem como objetivo o combate ao abuso de atos ou negócios que visem evitar a ocorrência do fato gerador de modo artificial (dissimular). O que se busca evitar é o planejamento tributário abusivo, que se sustenta em artificialidades e se aproveita de "brechas" legais (*loopholes*). O termo "dissimular", portanto, não foi utilizado em um sentido estrito de direito civil, possuindo uma abrangência maior, de modo a abarcar condutas praticadas com ardil e de modo abusivo.

Seria o caso da criação de diversas sociedades empresariais (sem funcionários ou estrutura de funcionamento) que teriam por único objetivo a emissão de notas fiscais com

20. No mesmo sentido: SCHOUERI, Luís Eduardo. Direito Tributário São Paulo: Saraiva, 2015, p. 523-524.
21. Entendendo simulação e dissimulação como sinônimos: AMARO, Luciano. Direito Tributário Brasileiro. 11ª edição. São Paulo: Saraiva, 2005, p. 238.

a finalidade de fracionar a receita da única empresa de fato existente, permitindo assim a diminuição do lucro tributável mediante o enquadramento de várias empresas artificiais (sem substância econômica) em regime de tributação pelo lucro presumido (mais benéfico).

Como alguns autores defendem[22], a utilização desvirtuada da personalidade jurídica pode ser censurada pela autoridade fiscal mesmo sem a utilização de discussões ou questionamentos atinentes ao planejamento tributário, mediante um controle jurídico da legitimidade da pessoa jurídica como um ente destinado a um fim econômico ou social. Não obstante, os tribunais administrativos e judiciais ainda costumam abordar esse tema sob a ótica do planejamento. Assim já entendeu o então Conselho de Contribuintes (CARF), no caso Grendene, julgamento histórico sobre os limites do planejamento tributário (Conselho de Contribuintes, Acórdão 103-07.260, j. 25.02.1986):

> "Há evasão ilegal de tributos quando se criam oito sociedades de uma só vez, com os mesmos sócios que, sob a aparência de servirem à revenda dos produtos da recorrente, têm, na realidade, o objetivo admitido de evadir tributo, ao abrigo de regime de tributação mitigada (lucro presumido)"

O julgado faz referência ao termo "evasão" como um meio ilegal de se furtar ao pagamento de tributos.

Nesse ponto, cabe diferenciar três nomenclaturas relacionadas ao tema, quais sejam: **evasão, elisão e elusão.** Em seu clássico Evasão e Elisão Fiscal, Sampaio Dória, após expor diversas variantes terminológicas, associa o termo **evasão** à fraude (*tax evasion*), como a conduta de eliminar, reduzir ou retardar o pagamento de tributo **devido**, enquanto a expressão **elisão ou economia fiscal** (*tax avoidance*) é utilizada para a ação tendente a evitar, minimizar ou adiar a ocorrência do próprio fato gerador[23].

A partir dessa construção, a doutrina majoritária passou a utilizar o termo evasão para práticas ilícitas e fraudulentas de planejamento tributário, que se utilizam de documentos falsificados, por exemplo, e o termo elisão para planejamentos que se valem de estruturas previstas em lei para obter vantagem fiscal, sem que haja fraude ou ocultação de fatos.

Um terceiro termo, **elusão**, pode ser apontado para definir a conduta do contribuinte que se baseia em formas jurídicas previstas em lei de modo abusivo. Elusão tributária, desse modo, seria o uso de negócios jurídicos atípicos ou indiretos[24], para permitir o enquadramento do contribuinte em situação fiscal mais vantajosa que não teria sido obtida sem o emprego de estruturas artificiais.

É preciso advertir que a nomenclatura acima referida não é pacífica, havendo autores que trocam os significados entre elisão e evasão acima referidos. A própria natureza do

22. DIAS JÚNIOR. Antônio Augusto Souza. A personalidade jurídica formal no Direito Tributário e o ágio interno. Uma interpretação sistemática e teleológica. Disponível em: "https://www.jota.info/paywall?redirect_to=//www.jota.info/opiniao-e-analise/artigos/a-personalidade-juridica-formal-no-direito-tributario-e-o-agio-interno-08092020". Acesso em 03.10.2020; ROCHA, Sérgio André. Planejamento Tributário na Obra de Marco Aurélio Greco. Rio de Janeiro: Lumen Juris, 2019, p. 145-147.
23. DÓRIA, Antônio Roberto Sampaio. Elisão e Evasão Fiscal. 2ª edição. São Paulo: Bushatsky, 1977, p. 46.
24. TÔRRES, Heleno Taveira. Direito Tributário e Direito Privado: Autonomia Privada, Simulação, Elusão Tributária. São Paulo: Editora RT, 2003, p. 189.

objeto a ser definido (planejamentos tributários), que apresentam diversos contornos e nuances no plano fático, dificulta o consenso sobre a nomenclatura. Acreditamos, contudo, que é possível adotar os sentidos expostos como uma convenção majoritária.

Feita a advertência sobre as divergências terminológicas, é possível dizer que, a respeito do parágrafo único do art. 116 do CTN, existe uma convergência maior para denominar esse dispositivo como "**norma geral antielisiva**". Por meio dessa norma, atos e negócios **sem substância econômica**, utilizados **exclusivamente para burlar a lei tributária**, devem ser desconsiderados, para que não haja prejuízo à isonomia tributária e à capacidade contributiva.

Dessa maneira, identifica-se dois testes de legitimidade do planejamento tributário, que se relacionam entre si: o da **substância econômica** e o do **propósito negocial**. As duas teorias, do propósito negocial (*business purpose test*) e da substância econômica (*substance over form*) foram desenvolvidas a partir de um julgamento da Suprema Corte dos Estados Unidos (*Gregory v. Helvering*, em 1935), no qual se decidiu que organizações societárias criadas exclusivamente com a finalidade de reduzir ou evitar o pagamento de tributos (sem um propósito negocial e sem substância econômica) não deveriam ser aceitas pela autoridade fiscal. Mesmo que uma nova empresa seja formal e legalmente válida, se sua existência não tiver nenhum propósito para a atuação empresarial e efetiva, sendo um mero artifício para escapar ao pagamento de tributos, tais atos podem ser desconsiderados para restaurar a verdadeira situação econômica camuflada por formalidades artificialmente planejadas.

Ao prever a cláusula "**com a finalidade de dissimular** a ocorrência do fato gerador do tributo ou a **natureza** dos elementos constitutivos da obrigação tributária", o parágrafo único do art. 116 do CTN resgata, em certa medida, as teorias ou testes do propósito negocial (a finalidade de dissimular fato gerador do tributo significa ausência de propósito negocial) e da substância econômica (real **natureza** dos atos ou negócios).

Outro questionamento sobre o parágrafo único do artigo 116 do CTN diz respeito à sua compatibilidade material com a Constituição.

Alguns autores sustentam que o dispositivo do CTN violaria o princípio da legalidade estrita previsto no art. 150, I da CF, que consagraria uma "tipicidade fechada". Somado a esse argumento, Alberto Xavier[25] defende que o legislador ordinário só poderia introduzir restrições à liberdade econômica (que abrange a liberdade de organização dos negócios empresariais) se tais restrições possuíssem uma relação direta com os fundamentos previstos no art. 170 da CF[26], onde não haveria nada relacionado a motivação fiscal.

25. XAVIER, Alberto. Tipicidade da tributação, simulação e norma antielisiva. São Paulo: Dialética: 2001, p. 121.
26. Constituição Federal, art. 170. A ordem econômica, fundada na valorização do trabalho humano e na livre iniciativa, tem por fim assegurar a todos existência digna, conforme os ditames da justiça social, observados os seguintes princípios: I - soberania nacional; II - propriedade privada; III - função social da propriedade; IV - livre concorrência; V - defesa do consumidor; VI - defesa do meio ambiente, inclusive mediante tratamento diferenciado conforme o impacto ambiental dos produtos e serviços e de seus processos de elaboração e prestação; VII - redução das desigualdades regionais e sociais; VIII - busca do pleno emprego; IX - tratamento favorecido para as empresas de pequeno porte constituídas sob as leis brasileiras e que tenham sua sede e administração no País.

De outro lado, Marco Aurélio Greco entende que a legalidade tributária adotada no art. 150, I da CF não deve ser, necessariamente, qualificada pelos adjetivos "estrita" e "fechada". Sustenta ainda que, deveria haver uma interpretação do parágrafo único do art. 116 do CTN no sentido de que essa norma prestigia a legalidade, pois seu objetivo seria aplicar a lei tributária ao fato efetivamente ocorrido e comprovado pelo Fisco[27].

Sobre esse debate, vale informar que foi ajuizada no STF, em abril de 2001, a ADI 2446, na qual se alega que a norma impugnada viola o princípio da legalidade e a separação dos poderes. A ação de inconstitucionalidade ainda aguarda finalização do julgamento, diante do pedido de vista do Ministro Ricardo Lewandowski, em 18.06.2020. Até então foram contabilizados cinco votos pela improcedência do pedido de inconstitucionalidade.

Um último ponto a ser comentado sobre o parágrafo único do art. 116 do CTN é a sua cláusula final de que os procedimentos de desconsideração de atos ou negócios jurídicos devem ser estabelecidos em lei ordinária.

Grande parte da doutrina entende que a ausência de lei ordinária impediria a aplicação do parágrafo único do art. 116 do CTN, pois a desconsideração só poderia ser feita por meio de procedimentos a serem previstos em lei ordinária (de cada ente tributante que pretenda a aplicação da norma geral antielisiva). As disposições previstas na lei do processo administrativo fiscal federal (Decreto federal 70.235/1972) não poderiam suprir essa necessidade da lei ordinária específica, pois o Decreto 70.235/1972 trata de uma função ou atividade totalmente diferente da que pode levar à desconsideração mencionada no parágrafo único do art. 116. Enquanto o decreto federal em questão rege o processo administrativo de exigência e determinação dos créditos tributários da União, a lei ordinária sobre procedimentos para desconsideração de atos ou negócios jurídicos assumiria uma feição de questão prejudicial de eventual ação fiscal[28].

Atualmente não existe lei ordinária que regule o procedimento previsto na norma geral antielisiva do CTN. Em 2002, a Medida Provisória 66, em seus arts. 13 a 19, trouxe normas relativas aos procedimentos relativos à norma geral antielisão, prevendo inclusive a falta de propósito negocial e o abuso de forma como fatores a serem levados em conta na desconsideração de atos ou negócios jurídicos pela autoridade fiscal. Contudo, quando da conversão dessa medida provisória na Lei 10.637/2002, os dispositivos sobre o procedimento da norma antielisão não foram aprovados pelo legislativo.

Não obstante a ausência de lei ordinária sobre o aspecto procedimental da norma geral antielisão, o CARF utiliza a norma do parágrafo único do art. 116 do CTN como fundamento em julgamentos que envolvem a discussão de planejamentos tributários (CARF, Câmara Superior de Recursos Fiscais, Acórdão 9101003.447, j. 06.03.2018 – grifos adicionados):

> "(...) NORMA GERAL ANTIELISIVA. EFICÁCIA.
>
> (...) Na esfera federal, há na doutrina nacional aqueles que afirmam ser ineficaz a referida norma geral antielisiva, sob o argumento de que a lei ordinária regulamentadora ainda não foi trazida ao mundo jurídico. Por outro lado, há aqueles que afirmam ser plenamente

27. GRECO, Marco Aurélio. Planejamento Tributário, 3ª edição. São Paulo: Dialética, 2011, p. 545; 553.
28. GRECO, Marco Aurélio. Planejamento Tributário, 3ª edição. São Paulo: Dialética, 2011, p. 573.

eficaz a referida norma, sob o argumento de que o Decreto nº 70.235/72, que foi recepcionado pela Constituição de 1988 com força de lei ordinária, regulamenta o procedimento fiscal. **Dentre as duas interpretações juridicamente possíveis deve ser adotada aquela que afirma a eficácia imediata da norma geral antielisiva, pois esta interpretação é a que melhor se harmoniza com a nova ordem constitucional, em especial com o dever fundamental de pagar tributos, com o princípio da capacidade contributiva e com o valor de repúdio a práticas abusivas.** No mesmo sentido, precedente na 1ª Turma da CSRF, Ac. 9101-002.953. (...)"[29]

É possível ainda ressaltar a posição da Fazenda de que a ausência de lei ordinária prevista no parágrafo único do art. 116 do CTN não prejudica a desconstituição de planejamentos tributários sem substância econômica ou propósito negocial, diante da previsão da simulação como fundamento do lançamento de ofício, nos termos do art. 149, II do CTN.

8. ATOS OU NEGÓCIOS JURÍDICOS CONDICIONAIS NO FATO GERADOR

O art. 117 do CTN trata das hipóteses em que o fato gerador de um tributo é fundado em um ato ou negócio jurídico condicional. Nesse caso, há um fato gerador que se baseia em "situação jurídica", nos termos do art. 116, II do CTN. Como esse último dispositivo preceitua que o fato gerador consistente em situação jurídica se reputa ocorrido desde o momento em que esteja definitivamente constituída, nos termos do direito aplicável, assim deve ser no caso de atos ou negócios jurídicos condicionais.

O direito aplicável, nessa hipótese é o regramento previsto no Código Civil para as condições suspensiva e resolutiva, regramento este que foi incorporado no art. 117 do CTN:

> CTN, art. 117. Para os efeitos do inciso II do artigo anterior e salvo disposição de lei em contrário, os atos ou negócios jurídicos condicionais reputam-se perfeitos e acabados:
>
> I - sendo suspensiva a condição, desde o momento de seu implemento;
>
> II - sendo resolutória a condição, desde o momento da prática do ato ou da celebração do negócio.

Condição suspensiva de um negócio jurídico é aquela em que, enquanto não verificada, não permite a aquisição do direito ou a produção de efeitos do negócio (art. 125 do Código Civil). **Condição resolutiva ou resolutória**, por sua vez, é aquela que, quando realizada, extingue para todos os efeitos o direito a que ela se opõe (art. 128 do Código Civil). Ou seja, o negócio jurídico que possui uma condição resolutiva vigora desde o momento de sua conclusão, produzindo efeitos até o momento em que a condição se realizar (art. 127 do Código Civil).

---

29. Em sentido contrário: "(...) O parágrafo **único** do art. 116 do CTN, introduzido pela Lei Complementar nº 104/2001, tratase de regra antidissimulação, e prevê a possibilidade de desconsideração de atos ou negócios jurídicos praticados com a finalidade de dissimular a ocorrência do fato gerador do tributo ou a natureza dos elementos constitutivos da obrigação tributária, **observados os procedimentos a serem estabelecidos em lei ordinária que até o momento não foi editada, não podendo, portanto, ser utilizado como fundamento da decisão.**" (CARF, 4ª Câmara, 1ª Turma ordinária, Acórdão 3401-005.228, j. 27.08.2018 - grifos adicionados).

Percebe-se que o CTN apenas reproduziu a disciplina do Código Civil, o que até pode ser considerado redundante diante do art. 116, II do CTN, que já manda obedecer ao direito aplicável no caso em que o fato gerador se reporta a situação jurídica.

9. SUJEITOS DA RELAÇÃO JURÍDICO-TRIBUTÁRIA

Os sujeitos da relação jurídico-tributária comportam uma classificação básica de acordo com o polo em que se encontram. Assim, serão sujeitos ativos os que se encontrarem no polo ativo da relação tributária, e sujeito passivo os que se encontram no polo passivo da mesma relação.

As duas espécies serão estudadas separadamente.

9.1 Sujeito ativo

O CTN é explícito ao definir o sujeito ativo da obrigação tributária como uma pessoa jurídica de direito público. A literalidade do art. 119 do CTN, ao definir a sujeição tributária ativa, exclui a possibilidade de esta pertencer a uma pessoa de direito privado:

> CTN, art. 119. **Sujeito ativo da obrigação é a pessoa jurídica de direito público**, titular da competência para exigir o seu cumprimento.

Ainda seguindo a literalidade do dispositivo acima, é possível definir a sujeição ativa como a aptidão para **exigir** o cumprimento da obrigação tributária. O dispositivo utiliza a palavra competência, que nesse contexto não se confunde com a competência tributária prevista na Constituição para instituir tributos por meio de lei. Esta última é uma competência legislativa, enquanto a exigência do cumprimento da obrigação tributária, caracterizadora da sujeição tributária ativa, é uma competência administrativa.

O art. 119 do CTN deve ser explicado em conjunto com o art. 7º do mesmo Código. Referido dispositivo explicita que a competência tributária é indelegável, referindo-se nesse ponto à competência tributária legislativa para a instituição de tributos. Ressalva, contudo, a possibilidade de se delegar a "atribuição das funções de arrecadar ou fiscalizar tributos, ou de executar leis, serviços, atos ou decisões administrativas em matéria tributária". A delegação dessas funções deve ser conferida "por uma pessoa jurídica de direito público a outra":

> CTN, art. 7º A competência tributária é indelegável, salvo atribuição das funções de arrecadar ou fiscalizar tributos, ou de executar leis, serviços, atos ou decisões administrativas em matéria tributária, conferida por uma pessoa jurídica de direito público a outra.
>
> § 1º A atribuição compreende as garantias e os privilégios processuais que competem à pessoa jurídica de direito público que a conferir.
>
> **§ 2º A atribuição pode ser revogada, a qualquer tempo, por ato unilateral da pessoa jurídica de direito público que a tenha conferido.**
>
> **§ 3º Não constitui delegação de competência o cometimento, a pessoas de direito privado, do encargo ou da função de arrecadar tributos.**

Esse dispositivo parece se alinhar com o artigo 119, ao limitar às pessoas jurídicas de direito público funções relativas à exigência de tributos (arrecadação e fiscalização).

Um cuidado especial que se deve ter é com a aparente contradição entre os arts. 7º, *caput* e 119 do CTN com o art. 7º, § 3º do mesmo código. Segundo este último, "não constitui delegação de competência o cometimento, **a pessoas de direito privado**, do encargo ou da função de arrecadar tributos". A contradição é apenas aparente, pois o art. 7º, § 3º trata de uma função menos abrangente, que diz respeito ao recolhimento de tributos por meio de instituições privadas, como instituições financeiras, que apenas recebem os valores devidos, não podendo exigir ou cobrar os tributos. Em outras palavras, o art. 7º, § 3º do CTN não diz respeito à cobrança coercitiva de tributo (por meio de execução fiscal, por exemplo) ou à delegação de capacidade tributária ativa.

Nesse sentido, esclarece o Parecer PGFN/CDA 15/2004: "só é possível cometer às pessoas privadas a função de arrecadar tributos, isto é, de receber o seu pagamento (...) nunca de exigir o seu pagamento judicial ou extrajudicialmente". Um exemplo dessa delegação da função de receber o pagamento de tributos a pessoas privadas é a "realização de atos que viabilizem a satisfação amigável" por instituições financeiras públicas (pessoas jurídicas de direito privado), prevista no art. 58 da Lei 11.941/2009 no âmbito federal:

> Art. 58. Os órgãos responsáveis pela cobrança da Dívida Ativa da União poderão utilizar serviços de instituições financeiras públicas para a realização de atos que viabilizem a satisfação amigável de créditos inscritos.

O CTN ainda trata do sujeito ativo da obrigação tributária no art. 120, segundo o qual a pessoa de direito público que se constituir pelo desmembramento territorial de outra subroga-se nos direitos da pessoa desmembrada, em relação ao respectivo território. Desse modo, se um Município tem parte de seu território desmembrado para a formação de um novo Município, este último passa a ser o sujeito ativo em relação aos tributos que seriam exigidos pelo anterior, no que tange ao território agora desmembrado.

9.2 Sujeito passivo

Sujeito passivo da obrigação tributária é a pessoa física ou jurídica obrigada por lei ao recolhimento do tributo, multa tributária (obrigações principais), ou ainda ao cumprimento de prestação de fazer ou não fazer no interesse da arrecadação ou fiscalização tributária (obrigação acessória). Nos termos do CTN, sujeito passivo da obrigação acessória é a pessoa obrigada às prestações que constituam o seu objeto (art. 122). Em síntese, sujeito passivo é aquele que figura como obrigado em uma obrigação tributária principal ou acessória.

Na obrigação tributária principal há duas espécies de sujeitos passivos: os contribuintes e os responsáveis.

Nos termos do art. 121, parágrafo único do CTN, o sujeito passivo da obrigação tributária principal será contribuinte quando possuir uma relação pessoal e direta com o fato gerador. Por outro lado, será responsável quando, não tendo essa relação direta com o fato gerador, ser obrigado ao pagamento de tributo por conta de disposição expressa de lei.

O contribuinte, em outras palavras, é a pessoa que pratica o fato gerador previsto em lei para o surgimento da obrigação tributária. No caso do imposto de renda, por exemplo, é a pessoa que aufere renda, aumentando o seu patrimônio.

Pode acontecer, contudo, de o contribuinte, apesar de ser a pessoa que pratica o fato gerador do tributo, não ser a pessoa obrigada por lei ao recolhimento do respectivo tributo. Essa terceira pessoa que não pratica o fato gerador e é obrigada a recolher o tributo é chamada de responsável. Seria o caso, por exemplo, da fonte pagadora de rendimentos assalariados, que, ao pagar o salário de seu empregado (contribuinte do imposto de renda) realiza uma retenção, na fonte do pagamento, do valor necessário ao pagamento do imposto de renda. A fonte pagadora é a **responsável** pelo pagamento do tributo, por conta de disposição expressa de lei. Trataremos da responsabilidade tributária com maiores detalhes separadamente.

Voltando ao contribuinte, esta espécie de sujeito passivo comporta ainda uma classificação que deve ser abordada. Trata-se dos conceitos de contribuinte de direito e contribuinte de fato.

Essa divisão diante de tributos que admitem "**repercussão econômica**", ou seja, nos **tributos indiretos**, em que o contribuinte eleito pela lei, pessoa que pratica o fato gerador, não suporta o encargo econômico do tributo. Tal ocorre, por exemplo, nos impostos sobre o consumo, como o ICMS, onde o comerciante (contribuinte previsto na lei) repassa o encargo econômico do tributo ao consumidor, na composição do preço da mercadoria vendida.

O **contribuinte de direito**, assim, é a pessoa que pratica o fato gerador, mas que não tem seu patrimônio desfalcado pela incidência do tributo, uma vez que transfere o ônus tributário na cadeia econômica da qual faz parte. Já o **contribuinte de fato**, apesar de não realizar o fato gerador nem ser obrigado ao recolhimento do tributo, é a pessoa que suporta o ônus econômico da incidência tributária, como ocorre com o consumidor nos impostos sobre o consumo. O encargo do tributo é transferido ao preço dos produtos/serviços, pago pelo consumidor.

Há quem critique a aplicação desses conceitos apenas aos tributos indiretos, já que mesmo os tributos diretos possuem repercussão econômica (o Imposto de Renda, por exemplo, será computado como um custo da empresa na venda ou produção de suas mercadorias/produtos). O custo dos impostos diretos, assim, é repassado aos consumidores, ainda que de modo menos evidente.

9.2.1 *Sujeição passiva e convenções particulares*

A sujeição passiva, em direito tributário, decorre de lei, sendo inderrogável pela vontade privada. Por isso, salvo disposição legal em contrário, eventual contrato ou convenção entre particulares não serve para alterar a condição de sujeito passivo legalmente fixada.

Esse o teor do art. 123 do CTN, que impede a oposição de convenções particulares à Fazenda pública, a qual se encontra vinculada à lei que estabelece o sujeito passivo. Desse modo, se uma instituição financeira celebra contrato com pessoa física na qual há previsão de que esta última deveria pagar um imposto sobre operação de crédito, quando o responsável pelo pagamento é o banco, tal cláusula contratual não pode ser oposta ao fisco.

Um exemplo muito comum é o referente ao IPTU, tendo em vista que os contratos de locação de imóvel urbano costumam prever a responsabilidade do locatário pelo pagamento do imposto. Costuma ser dito que o proprietário seria o contribuinte eleito pela lei. Contudo, o CTN prevê como contribuinte do IPTU também o possuidor a qualquer título (art. 33). Independente da utilidade deste ou daquele exemplo, a regra do art. 123 do CTN permanece intocada: salvo disposição legal expressa em contrário, convenções particulares relativas ao pagamento de tributos não podem ser opostas ao fisco.

Isso não impede, contudo, que a convenção possa ser executada entre os particulares, caso um deles não cumpra sua obrigação quanto ao pagamento do tributo. A inoponibilidade desse tipo de convenção particular é em relação ao fisco, não havendo prejuízo para sua validade entre particulares.

9.2.2 *Solidariedade na sujeição passiva*

O CTN adotou o instituto de direito privado da solidariedade no art. 124.

No direito civil, a solidariedade ocorre quando na mesma obrigação concorre mais de um credor, ou mais de um devedor, cada um com direito, ou obrigado, à toda a dívida (art. 264 do Código Civil). No direito tributário, é impossível que ocorra a solidariedade entre credores, pois a repartição de competências tributárias disposta na Constituição impede que mais de um ente seja titular de um mesmo tributo, exigível de uma mesma pessoa em relação a um mesmo fato gerador. **No direito tributário, a solidariedade ocorre apenas no polo passivo**, só sendo possível a solidariedade tributária entre devedores.

Ainda partindo do direito privado, o art. 265 do Código Civil dispõe que a solidariedade não se presume, resultando da lei ou da vontade das partes. **No direito tributário, a solidariedade não pode resultar da vontade das partes, resultando apenas da lei.**

Uma consequência lógica da solidariedade é a de que qualquer um dos devedores solidários pode ser chamado para responder pela integralidade da dívida. Não se pode alegar, portanto o "benefício de ordem", como explicita o parágrafo único do art. 124. Assim, não pode um dos devedores solidários alegar que só poderia responder pela dívida após se verificar a insuficiência patrimonial de outro devedor solidário.

9.2.2.1 *Espécies de solidariedade tributária - interesse comum e previsão em lei*

O art. 124 do CTN divide a solidariedade passiva em razão da sua causa originária (interesse comum ou previsão legal):

> CTN, art. 124. São solidariamente obrigadas:
>
> I - as pessoas que tenham interesse comum na situação que constitua o fato gerador da obrigação principal;
>
> II - as pessoas expressamente designadas por lei.

No primeiro inciso, o CTN traz o interesse comum na situação que constitui o fato gerador da obrigação principal como critério para configuração da solidariedade. A rigor, a solidariedade em questão decorre de lei, no caso, o CTN. Contudo, não é preciso que uma lei específica defina o que é interesse comum de forma casuística para que se reconheça a solidariedade. Basta que o intérprete identifique de forma clara um interesse comum na situação concernente ao fato gerador.

A mera participação em uma sociedade empresária não significa que os sócios possuem interesse comum na situação que constitui o fato gerador praticado pela empresa, de modo que o inadimplemento da obrigação tributária pela sociedade não gera, por si só, a responsabilidade solidária do sócio-gerente (**súmula 430 do STJ**).

O melhor exemplo de interesse comum para esse efeito é a existência de coproprietários nos impostos que tem como fato gerador a propriedade de um bem. No caso de um imóvel urbano que possui três proprietários, todos eles serão solidariamente obrigados ao pagamento do IPTU, independentemente da fração ideal do imóvel de que sejam titular.

Vale notar, assim, que o pagamento, na solidariedade passiva, não é limitado pela eventual participação de um dos obrigados na situação que constitui o fato gerador. Se um imóvel urbano possui dois coproprietários, um com uma fração ideal de 20% e o outro com uma fração de 80%, o pagamento do IPTU pode ser realizado na sua totalidade pelo devedor solidário que possui a menor fração ideal, que por sua vez terá direito de regresso (não discutido na seara tributária) em relação à parte do imposto proporcional à fração ideal do outro coproprietário.

Por outro lado, não há interesse comum quando a lei que institui o tributo pode eleger qualquer das partes de uma operação de compra e venda de imóvel, por exemplo, como contribuinte. Vejamos o imposto sobre transmissão de bens imóveis (ITBI). O art. 42 do CTN dispõe que o contribuinte desse imposto é qualquer das partes da operação de transmissão tributada, ficando à disposição da lei do tributo escolher entre vendedor e comprador. Nesse caso, não há interesse comum na situação que constitui fato gerador do ITBI. Pelo contrário, comprador e vendedor encontram-se em posições antagônicas, não havendo que se falar em interesse comum na situação que constitui o fato gerador, muito menos em solidariedade passiva. Nada obsta, contudo, que haja solidariedade em função de uma previsão legal específica, caso em que a solidariedade decorreria do inciso II do art. 124 do CTN, e não do inciso I.

Também não há solidariedade tributária quanto ao imposto de renda pelo simples fato de marido e esposa apresentarem declaração conjunta dos rendimentos auferidos, não havendo interesse comum nessa hipótese (STJ, REsp 1.273.396, j. 05.12.2019).

A 1ª turma do STJ firmou ainda a orientação de que o fato de uma pessoa jurídica integrar um grupo econômico não a torna, por si só, responsável pelos tributos devidos pelas demais pessoas do mesmo grupo (REsp 1.775.269, j. 21.02.2019), não sendo, portanto, a integração em grupo econômico causa de interesse comum a justificar a solidariedade tributária. O didatismo do julgado a seguir justifica sua transcrição (AgInt no AREsp 1.035.029, j. 27.05.2019 – grifos adicionados):

> (...) 1. A respeito da definição da responsabilidade entre as empresas que formam o mesmo grupo econômico, de modo a uma delas responder pela dívida de outra, a doutrina tributária orienta que **esse fato (o grupo econômico) por si só, não basta para caracterizar**

> **a responsabilidade solidária prevista no art. 124 do CTN, exigindo-se, como elemento essencial e indispensável, que haja a induvidosa participação de mais de uma empresa na conformação do fato gerador**, sem o que se estaria implantando a solidariedade automática, imediata e geral; contudo, segundo as lições dos doutrinadores, sempre se requer que estejam atendidos ou satisfeitos os requisitos dos arts. 124 e 128 do CTN. (...) Fundando-se nessas mesmas premissas, **o STJ repele a responsabilização de sociedades do mesmo grupo econômico com base apenas no suposto interesse comum previsto no art. 124, I do CTN, exigindo que a atuação empresarial se efetive na produção do fato gerador que serve de suporte à obrigação.** Nesse sentido, cita-se o REsp. 859.616/RS, Rel. Min. LUIZ FUX, DJ 15.10.2007. 4. Assim, **para fins de responsabilidade solidária, não basta o interesse econômico entre as empresas, mas, sim, que todas realizem conjuntamente a situação configuradora do fato gerador.** Precedentes: AgRg no AREsp. 603.177/RS, Rel. Min. BENEDITO GONÇALVES, DJe 27.3.2015; AgRg no REsp. 1.433.631/PE, Rel. Min. HUMBERTO MARTINS, DJe 13.3.2015. 5. A circunstância de várias empresas possuírem, ao mesmo tempo, sócio, acionista, dirigente ou gestor comum pode até indiciar a presença de grupo econômico, de fato, mas não é suficiente, pelo menos do ponto de vista jurídico tributário, para tornar segura, certa ou desenturvada de dúvidas a legitimação passiva das várias empresas, para responderem pelas dívidas umas das outras, reciprocamente. (...)

Complementando essa orientação, a 2ª turma do STJ entendeu que a existência de **grupo econômico de fato com confusão patrimonial**, no qual pessoas jurídicas que constituem grupos econômicos para blindar o patrimônio em comum, enseja a responsabilização independentemente do incidente de desconsideração da personalidade jurídica (AREsp 1.455.240, j. 15.08.2019). A responsabilização, portanto, não se deu apenas pelo fato de haver um grupo econômico, mas sobretudo pela configuração de **atuação irregular.**

Ainda sobre a responsabilidade solidária por interesse comum, vale mencionar o Parecer Normativo COSIT 04/2018 da Receita Federal. Esse parecer admite a responsabilidade solidária por interesse comum decorrente de **ato ilícito**, os quais podem consistir em abuso de personalidade jurídica, evasão ou simulação.

O inciso II do art. 124, ao falar nas hipóteses de solidariedade que decorrem de previsão legal expressa, deve ser compreendido em conjunto com o art. 128 do CTN, que permite a atribuição de responsabilidade a terceira pessoa desde que esta esteja de alguma forma vinculada ao fato gerador. Significa que a previsão legal expressa de solidariedade, com base no art. 124, II do CTN, não comporta liberdade absoluta ao legislador. Pelo contrário, a lei tributária só pode indicar uma pessoa como solidariamente obrigada se esta mesma pessoa estiver vinculada ao fato gerador, não sendo possível que um terceiro totalmente estranho à relação jurídica tributária seja chamado pelo legislador a figurar como devedor solidário. Em termos mais simples, a solidariedade só pode alcançar alguém que possa ser enquadrado como responsável[30].

Nesse sentido, o STF decidiu explicitamente, em sede de **repercussão geral** (RE 562.276, j. 03.11.2010 – grifo adicionado):

> (...) **O preceito do art. 124, II, no sentido de que são solidariamente obrigadas "as pessoas expressamente designadas por lei", não autoriza o legislador a criar novos casos**

30. SCHOUERI, Luís Eduardo, Direito Tributário. 5ª edição. São Paulo: Saraiva, 2015, p. 563.

> **de responsabilidade tributária sem a observância dos requisitos exigidos pelo art. 128 do CTN**, tampouco a desconsiderar as regras matrizes de responsabilidade de terceiros estabelecidas em caráter geral pelos arts. 134 e 135 do mesmo diploma. (...) 6. O art. 13 da Lei 8.620/93 não se limitou a repetir ou detalhar a regra de responsabilidade constante do art. 135 do CTN, tampouco cuidou de uma nova hipótese específica e distinta. Ao vincular à simples condição de sócio a obrigação de responder solidariamente pelos débitos da sociedade limitada perante a Seguridade Social, tratou a mesma situação genérica regulada pelo art. 135, III, do CTN, mas de modo diverso, incorrendo em inconstitucionalidade por violação ao art. 146, III, da CF. 7. O art. 13 da Lei 8.620/93 também se reveste de inconstitucionalidade material, porquanto não é dado ao legislador estabelecer confusão entre os patrimônios das pessoas física e jurídica, o que, além de impor desconsideração ex lege e objetiva da personalidade jurídica, descaracterizando as sociedades limitadas, implica irrazoabilidade e inibe a iniciativa privada, afrontando os arts. 5º, XIII, e 170, parágrafo único, da Constituição. (...)

Um exemplo de solidariedade por força de previsão legal pode ser encontrado no art. 7º-A da Lei 11.598/2007, incluído pela Lei Complementar 147/2014. Tal dispositivo determina que, em caso de solicitação de baixa (extinção) da empresa sem a quitação das obrigações tributárias, os titulares, sócios e administradores da empresa terão **responsabilidade solidária** entre si pelas dívidas em aberto (art. 7º-A, § 2º da Lei 11.598/2007). Ou seja, qualquer titular, sócio ou administrador, de acordo com essa norma, pode ser responsabilizado integralmente pelas dívidas tributárias.

Essa regra busca combater fraudes à administração tributária pelo meio de abertura e fechamento de empresas criadas com o único objetivo de evitar o pagamento de tributos ("laranjas"). Tal hipótese de responsabilização, atente-se, não decorre do mero inadimplemento de tributos (o que seria vedado pela súmula 430 do STJ), mas sim da extinção ou baixa da empresa sem a quitação de tributos. A diferença é sutil, mas importante.

9.2.2.2 *Efeitos da solidariedade*

O CTN elenca três efeitos da solidariedade no art. 125, ressalvando a possibilidade de a lei dispor em sentido contrário. Comentaremos separadamente cada um desses efeitos.

a) o pagamento efetuado por um dos obrigados aproveita aos demais.

Havendo solidariedade passiva, o pagamento total ou parcial feito por um dos obrigados acarreta na extinção ou redução da dívida, impactando na própria existência (ainda que parcial) da obrigação. Assim, se houve pagamento total por parte de um dos obrigados, nada poderá exigir o fisco dos demais devedores solidários. Aquele devedor que realizou o pagamento total terá direito de regresso em relação aos demais obrigados, mas esse direito de regresso não é regido pelo direito tributário. Se o pagamento foi parcial, o sujeito ativo (credor do tributo) só poderá exigir dos demais e do próprio devedor solidário que realizou o pagamento parcial o saldo remanescente. Ou seja, enquanto a dívida solidária não for extinta totalmente, o saldo poderá ser cobrado de qualquer um dos devedores, inclusive daquele que realizou o pagamento parcial.

b) a isenção ou remissão de crédito exonera todos os obrigados, salvo se outorgada pessoalmente a um deles, subsistindo, nesse caso, a solidariedade quanto aos demais pelo saldo.

Aqui há os efeitos da isenção e da remissão. Isenção é a exoneração tributária que ocorre por meio de lei e impede o surgimento da obrigação tributária. Remissão é a exoneração, também por meio de lei, que ocorre em momento posterior ao surgimento da obrigação tributária.

Tanto a isenção quanto a remissão podem ser concedidas de modo objetivo ou de modo subjetivo.

Uma isenção ou remissão objetiva seria uma referente ao IPTU de imóveis em determinada localização, no intuito de favorecer a ocupação de um território específico do município. Perceba que o critério adotado pela lei para a concessão do benefício é objetivo, ignorando as qualidades pessoais dos sujeitos passivos. Nesse caso, o benefício aproveita a todos os coproprietários de um imóvel urbano que atenda ao requisito exigido pela lei que concede a isenção ou remissão objetiva. Com a concessão de uma isenção ou remissão objetiva, a exoneração aproveita a todos os obrigados.

A isenção ou remissão subjetiva, por sua vez, é concedida em função das características pessoais do sujeito passivo. Seria o caso de uma lei municipal conceder isenção de IPTU aos proprietários que possuírem mais de 70 anos. Caso um imóvel urbano seja de propriedade de duas pessoas, sendo que uma delas possui mais de 70 anos e detém 20% de sua fração ideal, a isenção em questão exonera apenas o coproprietário alcançado pela norma isentiva, remanescendo a obrigação do outro devedor em relação ao IPTU. O valor devido pelo proprietário não abarcado pela isenção, contudo, será reduzido na proporção do valor do imposto correspondente à parte no imóvel do proprietário que foi isento. No exemplo utilizado, o valor a ser pago pelo coproprietário com menos de 70 anos (não alcançado pela isenção) será de 80% do valor total que seria devido se não houvesse a isenção pessoal.

PROPRIETÁRIO A – MAIS DE 70 ANOS – ISENÇÃO PESSOAL – 20% DO IMÓVEL

PROPRIETÁRIO B – MENOS DE 70 ANOS – SEM ISENÇÃO – 80% DO IMÓVEL

PARCELA DO IPTU CORRESPONDENTE À FRAÇÃO DE "A" É SUBTRAÍDA

Apesar de o código falar apenas em isenção e remissão, o mesmo raciocínio pode ser aplicado à imunidade, que sendo dirigida apenas a um dos devedores solidários (por exemplo uma imunidade subjetiva que beneficie um partido político) faz com que a porção correspondente ao devedor solidário imune seja subtraída, permanecendo a obrigação dos demais devedores solidários quanto ao saldo remanescente.

c) a interrupção da prescrição, em favor ou contra um dos obrigados, favorece ou prejudica aos demais.

A interrupção da prescrição faz com que o prazo prescricional volte a correr desde o seu início. No direito tributário a interrupção da prescrição pode se dar a favor ou contra o devedor da obrigação tributária.

Caso se esteja diante da prescrição do crédito tributário do fisco, a ocorrência da prescrição da Fazenda para a cobrança do crédito tributário beneficiaria o devedor, de modo que a sua interrupção é um **prejuízo** ao devedor, pois o deixa por mais tempo sujeito à cobrança do tributo. Nessa hipótese, ocorrendo a interrupção da prescrição em uma obrigação tributária com devedores solidários, tal interrupção **prejudica** os obrigados.

Em outra instância, se a prescrição diz respeito à pretensão do contribuinte de reaver o tributo pago indevidamente (repetição do indébito tributário), a interrupção dessa prescrição é um **benefício** para os que eram obrigados ao tributo adimplido, e agora são cotitulares solidários do direito ao indébito[31]. Por isso, diz o CTN que a interrupção da prescrição **favorece** os demais.

9.2.3 *Capacidade tributária passiva*

O art. 126 do CTN discorre sobre a capacidade tributária passiva:

> Art. 126. A capacidade tributária passiva independe:
>
> I - da capacidade civil das pessoas naturais;
>
> II - de achar-se a pessoa natural sujeita a medidas que importem privação ou limitação do exercício de atividades civis, comerciais ou profissionais, ou da administração direta de seus bens ou negócios;
>
> III - de estar a pessoa jurídica regularmente constituída, bastando que configure uma unidade econômica ou profissional.

O primeiro inciso faz uma distinção entre a capacidade tributária passiva e a capacidade civil das pessoas naturais, regulada no Código Civil. A norma dispõe que é possível uma pessoa civilmente incapaz possuir capacidade tributária passiva, e portanto, figurar no polo passivo de uma obrigação tributária.

Desse modo, uma criança de 7 anos, caso possua um patrimônio imobiliário, será devedora do IPTU correspondente aos imóveis em relação aos quais seja proprietária. Do mesmo modo, um jovem de 12 anos que fature milhões de reais como jogador de videogame será sujeito passivo do imposto de renda. Nesse caso, vale lembrar o art. 134, I do CTN, segundo o qual os pais são responsáveis subsidiários (a despeito do equívoco do código em dispor "solidariamente") pelos tributos devidos por seus filhos menores.

O inciso II determina que a capacidade tributária passiva não depende de a pessoa natural estar privada ou limitada do exercício de atividades civis, comerciais ou profissionais, ou ainda da administração direta de seus bens ou negócios. Assim, caso um médico tenha seu registro cassado e mesmo assim continue a exercer a profissão da qual foi banido, continuará sujeito ao imposto de renda pelos rendimentos auferidos dessa atuação desautorizada. Do mesmo modo, o bacharel em Direito que exerça a advocacia sem o registro na Ordem dos Advogados do Brasil.

---

31. "Em rigor, nessas condições, não se deve falar em co-obrigados, mas em co-titulares solidários de direito exercitável contra o Fisco." (AMARO, Luciano, Direito Tributário Brasileiro. 11ª edição. São Paulo: Saraiva, 2005, p. 319).

Por fim, a pessoa jurídica não precisa estar regularmente constituída para ser dotada de capacidade tributária passiva. Basta, para tanto, que a pessoa jurídica configure uma unidade econômica ou profissional, ou seja, que pratique os atos tais quais empresas regularmente constituídas. Assim é que uma pessoa jurídica que, embora não regularmente constituída, venda mercadorias, continua obrigada a recolher o respectivo ICMS pela prática do fato gerador, do mesmo modo que será obrigada ao pagamento do imposto de renda ou de contribuições incidentes sobre a receita ou sobre o lucro líquido.

A irrelevância da regular constituição da pessoa jurídica para a caracterização de sujeição passiva tributária indica que o CTN adotou uma concepção substancial da personalidade jurídica, em oposição a uma personalidade jurídica meramente formal e baseada em documentos[32]. Fundamental, para a configuração do sujeito passivo tributário, é a configuração de uma unidade econômica, devendo o intérprete e o aplicador da lei investigar as circunstâncias fáticas ao invés de se contentar com a existência/ausência de um registro formal.

O descumprimento quanto à inscrição no Cadastro Nacional de Pessoas Jurídicas (CNPJ) não impede o surgimento das obrigações tributárias. Caso a administração tributária exija os tributos que não foram recolhidos por conta da atuação irregular, a sociedade não poderá opor à exigência o fato de não possuir registro nos órgãos competentes.

9.2.4 *Domicílio tributário*

A fixação do domicílio tributário tem grande importância para a fiscalização de tributos. É o local do domicílio tributário que determina a unidade territorial da administração tributária responsável pela fiscalização do sujeito passivo.

O Código Tributário Nacional trata do domicílio tributário do sujeito passivo, dividindo a regulamentação entre pessoas naturais, pessoas jurídicas de direito privado e pessoas jurídicas de direito público:

> Art. 127. Na falta de eleição, pelo contribuinte ou responsável, de domicílio tributário, na forma da legislação aplicável, considera-se como tal:
>
> I - quanto às pessoas naturais, a sua residência habitual, ou, sendo esta incerta ou desconhecida, o centro habitual de sua atividade;
>
> II - quanto às pessoas jurídicas de direito privado ou às firmas individuais, o lugar da sua sede, ou, em relação aos atos ou fatos que derem origem à obrigação, o de cada estabelecimento;
>
> III - quanto às pessoas jurídicas de direito público, qualquer de suas repartições no território da entidade tributante.
>
> § 1º Quando não couber a aplicação das regras fixadas em qualquer dos incisos deste artigo, considerar-se-á como domicílio tributário do contribuinte ou responsável o lugar da situação dos bens ou da ocorrência dos atos ou fatos que deram origem à obrigação.

---

32. DIAS JÚNIOR. Antônio Augusto Souza. A personalidade jurídica formal no Direito Tributário e o ágio interno. Uma interpretação sistemática e teleológica. Disponível em: "https://www.jota.info/paywall?redirect_to=//www.jota.info/opiniao-e-analise/artigos/a-personalidade-juridica-formal-no-direito-tributario-e-o-agio-interno-08092020". Acesso em: 04.10.2020.

§ 2º A autoridade administrativa pode recusar o domicílio eleito, quando impossibilite ou dificulte a arrecadação ou a fiscalização do tributo, aplicando-se então a regra do parágrafo anterior.

A primeira regra acerca do domicílio tributário encontra-se no *caput*, que prevê a possibilidade de o próprio contribuinte ou responsável eleger o seu domicílio tributário. Isso porque as demais normas só serão aplicáveis, nos termos do Código, **na falta de eleição** pelo sujeito passivo. Esse domicílio eleito pelo contribuinte ou responsável pode ser recusado pela administração tributária caso esta entenda que tal eleição impossibilita ou dificulta a arrecadação ou a fiscalização do tributo (art. 127, § 2º). Considerando que o CTN elege a impossibilidade ou dificuldade de arrecadação ou fiscalização do tributo como um critério para a recusa do domicílio eleito, essa dificuldade ou impossibilidade deve ser demonstrada pela autoridade tributária que recusa o domicílio eleito, não bastando uma negativa da escolha sem fundamentação[33].

Nesse caso, será aplicada a regra que traz a definição de domicílio na ausência de eleição (incisos I, II e III do art. 127) e, não sendo cabível a aplicação dessa regra, será considerado como domicílio tributário o **lugar da situação dos bens ou da ocorrência dos atos ou fatos que deram origem à obrigação** (art. 127, § 1º).

Na ausência de eleição do domicílio tributário pelo sujeito passivo, o CTN cria três regras diferentes, conforme a classificação do contribuinte ou responsável.

Caso o sujeito passivo seja **pessoa natural**, o domicílio tributário será a sua residência habitual, ou, sendo esta incerta ou desconhecida, o centro habitual de sua atividade.

Sendo o sujeito passivo uma **pessoa jurídica de direito privado ou uma firma individual**, o domicílio tributário, em não havendo a opção, será o lugar da sede, ou, em relação aos atos ou fatos que deram origem à obrigação, o de cada estabelecimento.

Em se tratando de **pessoa jurídica de direito público**, o domicílio será qualquer de suas repartições no território da entidade tributante.

Da mesma forma que ocorre na recusa pela autoridade tributária do domicílio eleito pelo sujeito passivo, se não for possível a aplicação de nenhuma das regras acima o domicílio tributário do contribuinte ou responsável será considerado o **lugar da situação dos bens ou da ocorrência dos atos ou fatos que deram origem à obrigação.**

REGRA GERAL:

DOMICÍLIO TRIBUTÁRIO – ELEIÇÃO DO CONTRIBUINTE

33. BALEEIRO, Aliomar. Direito Tributário Brasileiro. 13ª edição. Rio de Janeiro: Forense, 2015, p. 1.128.

AUSÊNCIA DE ELEIÇÃO OU RECUSA, PELA AUTORIDADE TRIBUTÁRIA, DO DOMICÍLIO ELEITO PELO SUJEITO PASSIVO:

PESSOA NATURAL	RESIDÊNCIA HABITUAL OU CENTRO HABITUAL DE ATIVIDADE
PESSOA JURÍDICA DE DIREITO PRIVADO OU FIRMA INDIVIDUAL	LUGAR DA SEDE OU CADA ESTABELECIMENTO EM RELAÇÃO AOS ATOS OU FATOS QUE DERAM ORIGEM À OBRIGAÇÃO
PESSOA JURÍDICA DE DIREITO PÚBLICO	QUALQUER DE SUAS REPARTIÇÕES NO TERRITÓRIO DA ENTIDADE TRIBUTANTE

IMPOSSIBILIDADE DE APLICAÇÃO DAS REGRAS ACIMA:

- LUGAR DA SITUAÇÃO DOS BENS OU DA OCORRÊNCIA DOS ATOS OU FATOS QUE DERAM ORIGEM À OBRIGAÇÃO

Ou seja, o legislador utiliza o critério do **lugar da situação dos bens ou da ocorrência dos atos ou fatos que deram origem à obrigação** para fixar o domicílio tributário. Partindo desse critério, a jurisprudência do STJ decidiu reiteradas vezes no sentido de que o art. 127 do CTN consagraria um princípio da autonomia dos estabelecimentos, e por essa razão seria possível conceder certidões negativas de débito tributário a uma matriz mesmo quando suas filiais possuíssem débitos tributários, desde que os números de CNPJ fosses distintos (STJ, REsp 1.651.634, j. 16.03.2017; AgInt no REsp 1.569.491, j. 15.09.2016; AgRg no REsp 1.114.696, j. 13.10.2009).

Apesar de serem várias as decisões nesse sentido, o STJ sinalizou uma possibilidade de reversão de jurisprudência, quando julgou, em 27.08.2019, o agravo interno no REsp 1.286.122. Nesse julgamento, prevaleceu a tese da Fazenda Nacional, segundo a qual a pessoa jurídica deve ser considerada como um todo, não se admitindo a emissão de certidão negativa de débitos tributários para uma matriz se uma de suas filiais possuir dívidas. Essa corrente privilegia o combate a fraudes, impedindo que uma empresa concentre suas dívidas em algumas filiais e possa, por meio de outras unidades com um CNPJ diferente, concorrer em licitações públicas ou obter financiamentos.

Além disso, o julgamento ocorrido em agosto de 2019 coaduna-se com o REsp 1.355.812, (**repetitivo**, j. 22.05.2013), onde **o STJ admitiu o bloqueio de valores depositados em nome das filiais para quitar dívida tributária da matriz**, ocasião em que se considerou irrelevante a existência de CNPJ's distintos para se prestigiar a unidade patrimonial da empresa.

10. A REGRA-MATRIZ DE INCIDÊNCIA TRIBUTÁRIA

Ao final do estudo da obrigação tributária e do fato gerador, será abordada a regra-matriz de incidência tributária, abordagem que possui significativa adesão na doutrina tributária brasileira[34]. A assim chamada regra-matriz de incidência tributária pode ser encarada como uma metodologia de estudo das normas tributárias que instituem tributos, tendo sido amplamente adotada em alguns centros acadêmicos, como a PUC-SP[35], e até mesmo em decisões de tribunais brasileiros.

A regra-matriz de incidência tributária, explica Paulo de Barros Carvalho, é uma "regra de comportamento, preordenada que está a disciplinar a conduta do sujeito devedor da prestação fiscal, perante o pretensor, titular do direito de crédito"[36]. Em outras palavras, a regra-matriz impõe uma conduta ao devedor, que diante de tal norma deverá realizar o pagamento do crédito tributário. É por força da regra-matriz que surge o vínculo entre o devedor e o credor do tributo, vínculo este que pode ser chamado de relação jurídico-tributária.

A norma tributária de comportamento ora abordada é dividida por Paulo de Barros em "hipótese" ou "antecedente", onde são encontrados três "critérios": material, espacial e temporal.

No **critério material**, a norma refere-se a um comportamento das pessoas, físicas ou jurídicas, cuja prática em determinado espaço e momento é condição para o surgimento da obrigação tributária e a formalização do crédito tributário. É possível ainda vislumbrar o critério material não apenas em um comportamento entendido como uma ação (por exemplo, "circular mercadorias"), mas também como uma situação ou qualidade pessoal, como também a condição de "ser proprietário de imóvel urbano". No estudo dos impostos federais estaduais e municipais, o critério material foi analisado sob a nomenclatura "fato gerador".

O **critério espacial** da norma, a seu turno, demarca o local onde o fato ou a situação deve ocorrer. Não necessariamente o legislador irá sempre mencionar de maneira expressa a coordenada de espaço em que o critério material se dá. É possível que a lei tributária, ao instituir o tributo, não indique com todas as letras o lugar, cabendo ao intérprete observas as indicações tácitas[37] para conhecer esse critério. Por exemplo, o legislador municipal, ainda que se omita ao mencionar que o proprietário de imóvel urbano tributado pelo IPTU é aquele que possui propriedade imóvel urbano dentro do Município, ainda assim estará presente, mesmo que implicitamente, o critério espacial da norma tributária.

---

34. "No plano doutrinário, a 'hipótese de incidência' desdobrou-se na 'regra matriz de incidência' (na visão de Paulo de Barros Carvalho); a 'hipótese de incidência' foi o modelo teórico amplamente adotado para exame da constitucionalidade de um sem-número de exigências tributárias." GRECO, Marco Aurélio. Crise do formalismo no direito tributário brasileiro. Revista da PGFN, ano 1 número 1, jan/jun. 2011.

35. Adesão essa cujas circunstâncias foram criticadas por James Marins: "No esforço de ampliação do capital científico acumulado até mesmo os trabalhos de investigação são inflexivelmente monitorados. Candidatos ao título de mestre ou de doutor sofrem severo direcionamento de conteúdo e metodologia. Por exemplo, como se observa dos dados empíricos levantados, na PUC-SP as dissertações de mestrado em direito na área tributária versam recorrentemente sobre a estrutura da regra-matriz de tributos. (...) cerca de 90% da produção científica daquele importante centro de pesquisas na última década - PUC-SP - está limitada pelo mesmo ponto de partida - e quase sempre o mesmo ponto de chegada -, caracterizando-se elevadíssimo grau de endogenia. (...) Isso significa que mesmo na melhor oportunidade de inovação, no momento mais propício e adequado para o avanço científico, o peso do capital dominante prepondera. O fato é que os pesquisadores, como demonstram os quantitativos e é cediço no campo, são fortemente desencorajados a sequer propor outra forma de investigação." (MARINS, James. A Teoria do Campo Científico de Pierre Bourdieu e a Ciência do Direito Tributário Brasileiro. *In*: Revista Direito Tributário Atual n. 34. São Paulo: IBDT/Dialética, 2015, p. 146).

36. CARVALHO, Paulo de Barros. Curso de Direito Tributário. 25ª. ed. São Paulo: Saraiva, 2013, p. 255.

37. CARVALHO, Paulo de Barros. Curso de Direito Tributário. 25ª. ed. São Paulo: Saraiva, 2013, p. 263.

Não se deve confundir, todavia, o critério espacial com o local de vigência da lei, que nem sempre são coincidentes. Mais uma vez utilizando o IPTU como ilustração, a lei municipal que institui esse imposto possui eficácia sobre todo o território municipal, inclusive a zona rural, enquanto o critério espacial do IPTU limita-se às áreas urbanas[38].

Também não se deve pensar que o critério espacial está restrito ao território nacional. Para se perceber que também os fatos praticados no exterior podem ser tomados pela norma tributária brasileira para se exigir um tributo em território nacional, basta a leitura do art. 43, § 2º do CTN, que ao tratar do imposto de renda dispõe: "Na hipótese de receita ou de rendimento oriundos do exterior, a lei estabelecerá as condições e o momento em que se dará sua disponibilidade, para fins de incidência do imposto referido neste artigo". Assim, se um residente no Brasil exerce determinada atividade econômica em outro país, os rendimentos oriundos desse fato ocorrido no exterior serão tributados no território brasileiro (ressalvando-se alguma regra especial de direito tributário internacional, como a existência de um estabelecimento permanente no território estrangeiro).

No **critério temporal**, a regra-matriz de incidência tributária revela o marco temporal da ocorrência do fato a ser tributado, sendo esse aspecto do antecedente da norma o que permite saber o instante a partir do qual surge a relação jurídica com um devedor e um credor. Da mesma forma que se dá no critério espacial, também não se pode confundir o critério temporal com a eficácia da lei no tempo. Durante esta última, a norma tributária determinará o momento em que surge o direito do Estado e o dever do sujeito passivo de pagar o tributo[39]. A eficácia da lei no tempo, portanto, corresponde ao período de produção de efeitos da lei, e não ao marco temporal em que se considera ocorrido o fato gerador.

Além desses três critérios da regra-matriz de incidência tributária, presentes na hipótese ou no antecedente, há também mais dois critérios que são encontrados no "consequente" da norma tributária. Trata-se dos critérios pessoal e quantitativo.

O **critério pessoal** indica os sujeitos ativo e passivo da relação tributária. Sujeito ativo é aquele titular do crédito tributário, que possui a faculdade de exigi-lo, enquanto o sujeito passivo é o contribuinte ou responsável, de quem se pode exigir a prestação tributária. As sujeições ativa e passiva foram estudadas, respectivamente, nos tópicos 9.1 e 9.2 deste capítulo.

Por fim, o **critério quantitativo** da regra-matriz de incidência tributária permite conhecer a expressão numérica do tributo a ser pago, isto é, o valor a ser recolhido aos cofres públicos. Esse critério é composto pela base de cálculo e pela alíquota, sendo a primeira a expressão quantitativa da materialidade capturada pelo legislador na instituição do tributo. Por isso se diz que a base de cálculo serve para confirmar ou infirmar o fato gerador. Se a base de cálculo eleita legalmente alcança uma riqueza estranha à materialidade tributável, a parte excedente foge à competência para o tributo em questão. Por exemplo, uma taxa cuja base de cálculo refere-se a elemento estranho ao serviço específico e divisível prestado pelo respectivo ente tributante deixa de ser taxa em relação à base que não mensura o serviço público a ser financiado por ela. Já a alíquota geralmente é um

38. CARVALHO, Paulo de Barros. Curso de Direito Tributário. 25ª. ed. São Paulo: Saraiva, 2013, p. 265.
39. CARVALHO, Paulo de Barros. Curso de Direito Tributário. 25ª. ed. São Paulo: Saraiva, 2013, p. 266.

percentual a ser aplicado sobre a base de cálculo para se chegar ao tributo devido. Com menor relevância prática, é possível ainda que a alíquota seja um valor monetário fixo a ser aplicado em razão de uma medida determinada da base de cálculo (por exemplo, R$ 10,00 por kilograma, sendo R$ 10,00 a alíquota).

Daí se percebe que uma determinada espécie de alíquota implica um tipo de base de cálculo e vice-versa. Quando a base de cálculo se der em combinação com uma alíquota específica, expressa em um valor monetário fixo, essa base será uma unidade de medida (em função do peso, tamanho *etc.*). Quando a base de cálculo é um valor monetário, a alíquota será um percentual a ser aplicado sobre o valor em questão.

REGRA-MATRIZ DE INCIDÊNCIA TRIBUTÁRIA

CRITÉRIOS DO ANTECEDENTE DA NORMA
- **material**
- **espacial**
- **temporal**

CRITÉRIOS DO CONSEQUENTE DA NORMA
- **pessoal**
- **quantitativo**

11. QUADRO SINÓTICO

INTRODUÇÃO

» no Direito Tributário, a obrigação tributária também pode ser definida como uma relação jurídica. O credor dessa relação, contudo, será, via de regra, uma pessoa jurídica de direito público. Já o objeto da relação jurídica obrigacional no Direito Tributário pode não possuir natureza patrimonial, como é o caso das obrigações acessórias. 1

» pode-se definir obrigação tributária como uma relação jurídica entre sujeito passivo (devedor) e sujeito ativo (credor) que tem por objeto uma prestação pecuniária, que pode ser um tributo ou uma multa, ou ainda uma prestação positiva ou negativa no interesse da arrecadação ou da fiscalização de tributos.

OBRIGAÇÃO TRIBUTÁRIA PRINCIPAL

» o CTN divide a obrigação tributária em duas espécies:

> Art. 113. **A obrigação tributária é principal ou acessória.**
> **§ 1º A obrigação principal surge com a ocorrência do fato gerador, tem por objeto o pagamento de tributo ou penalidade pecuniária e extingue-se juntamente com o crédito dela decorrente.**
> **§ 2º A obrigação acessória decorre da legislação tributária e tem por objeto as prestações, positivas ou negativas, nela previstas no interesse da arrecadação ou da fiscalização dos tributos.** 2
> **§ 3º A obrigação acessória, pelo simples fato da sua inobservância, converte-se em obrigação principal relativamente à penalidade pecuniária.**

» **os conceitos de tributo e obrigação tributária principal são distintos** no que tange à sua amplitude. Enquanto o tributo é prestação pecuniária que não constitui sanção de ato ilícito, **a obrigação tributária principal abrange não apenas o tributo, mas também a penalidade pecuniária oriunda do descumprimento da legislação tributária.**

TRIBUTO	×	OBRIGAÇÃO TRIBUTÁRIA
CONCEITO DO ART. 3º	×	CONCEITO DO ART. 113, § 1º
NÃO É SANÇÃO DE ATO ILÍCITO	×	ABRANGE TRIBUTO E MULTAS/PENALIDADES

OBRIGAÇÃO TRIBUTÁRIA ACESSÓRIA

	» obrigações tributárias acessórias são as prestações que o contribuinte ou terceiro deve cumprir para cooperar com a atividade da administração tributária na determinação dos tributos a serem adimplidos. » obrigação tributária acessória é definida no art. 113, § 2º do CTN, como aquela que **decorre da legislação tributária** e **tem por objeto as prestações, positivas ou negativas**, que sejam previstas na legislação tributária **no interesse da arrecadação ou fiscalização de tributos.**	3
Função da legislação tributária na criação das obrigações acessórias	» **a obrigação acessória decorre da legislação tributária, e não da lei tributária.** » o princípio da legalidade tributária previsto no art. 150, I da CF trata da **instituição** e **majoração** de tributos. Não há, portanto, um mandamento específico para a utilização de lei em sentido formal para a instituição de prestações no interesse da fiscalização tributária. » no REsp 1.405.244 (**repetitivo**, j. 08.08.2018), o STJ deixou expresso que as obrigações acessórias podem ser impostas ao sujeito passivo por meio da legislação tributária, referindo-se explicitamente aos decretos e às normas complementares.	3.1
Caráter positivo ou negativo	» o art. 115 do CTN dispõe que **a obrigação acessória pode consistir em uma prática ou em uma abstenção de ato.**	3.2
O interesse na arrecadação e fiscalização de tributos como uma limitação às obrigações acessórias	» o art. 113, § 2º do CTN prevê que a obrigação acessória é prevista na legislação tributária **no interesse da arrecadação ou da fiscalização dos tributos.** » o STJ pontuou em julgado submetido à sistemática dos recursos repetitivos, referindo-se às obrigações acessórias como "deveres instrumentais" e frisando que o interesse da arrecadação ou da fiscalização dos tributos pode justificar até mesmo a exigência desses deveres em face de não contribuintes (REsp 1.116.792, **repetitivo**, j. 24.11.2010).	3.3
A "conversão" da obrigação acessória em obrigação principal	» o art. 113, §3º do CTN dispõe que a obrigação acessória, pelo simples fato de sua inobservância, converte-se em obrigação principal relativamente à penalidade pecuniária. » a melhor compreensão do dispositivo é a de que o descumprimento de uma obrigação acessória dá origem a uma obrigação principal consistente na penalidade pecuniária imposta pela infração à legislação tributária. Em síntese, podemos dizer que o descumprimento da obrigação acessória é fato gerador da obrigação principal referente a penalidade pecuniária (multa tributária).	3.4

Críticas à expressão "obrigação acessória" - a expressão "deveres instrumentais" como alternativa	» as críticas à locução "obrigações acessórias" podem ser superadas sem maiores dificuldades, não obstante a expressão "deveres instrumentais" também se apresente como adequada para a designação das prestações mencionadas no art. 113, § 2º do CTN.	3.5

FATO GERADOR - AS CONCEPÇÕES SOBRE A NOMENCLATURA UTILIZADA PELO CTN

» a própria Constituição emprega o termo "fato gerador" nos dois sentidos. No art. 154, I, por exemplo, traz a expressão fato gerador como a descrição normativa (fato gerador abstrato) empregada pelo legislador ou pelo constituinte. Já no art. 150, III, *a*, trata do fato gerador concreto ao dispor que é vedado cobrar tributos em relação a fatos geradores **ocorridos** antes do início da vigência da lei que os houver instituído ou aumentado. 4

FATO GERADOR COMO SITUAÇÃO DE FATO OU SITUAÇÃO DE DIREITO

» o art. 116 do CTN perfaz uma divisão do fato gerador em duas espécies:

> CTN, art. 116. Salvo disposição de lei em contrário, considera-se ocorrido o fato gerador e existentes os seus efeitos:
> I - tratando-se de situação de fato, desde o momento em que o se verifiquem as circunstâncias materiais necessárias a que produza os efeitos que normalmente lhe são próprios; 5
> II - tratando-se de situação jurídica, desde o momento em que esteja definitivamente constituída, nos termos de direito aplicável.

O ART. 118 DO CTN E O *PECUNIA NON OLET* - TRIBUTAÇÃO DE ATOS ILÍCITOS

» a divisão promovida pelo art. 116 entre situação fática e situação jurídica no fato gerador será relevante também na interpretação da definição legal do fato gerador, tratada pelo art. 118 do CTN, reproduzido abaixo:

> Art. 118. A definição legal do fato gerador é interpretada abstraindo-se:
> I - da validade jurídica dos atos efetivamente praticados pelos contribuintes, responsáveis, ou terceiros, bem como da natureza do seu objeto ou dos seus efeitos; 6
> II - dos efeitos dos fatos efetivamente ocorridos.

» o art. 118 do CTN mantém uma divisão binária que corresponde aos incisos I e II do art. 116 do CTN, ao relacionar a irrelevância da validade jurídica dos atos praticados (inciso I do art. 118) à situação de fato (inciso I do art. 116) e a irrelevância dos efeitos dos fatos (inciso II do art. 118) à situação jurídica.

A DISSIMULAÇÃO DA OCORRÊNCIA DO FATO GERADOR - O PARÁGRAFO ÚNICO DO ART. 116 COMO NORMA GERAL ANTIELISIVA

» o parágrafo único do art. 116 do CTN não constava na redação original do CTN, sendo incluído apenas em 2001, pela Lei Complementar 104. Esse dispositivo prevê a possibilidade de a autoridade tributária desconsiderar atos ou negócios jurídicos praticados com a finalidade de dissimular a ocorrência do fato gerador, nos seguintes termos: 7

> CTN, art. 116, parágrafo único. A autoridade administrativa poderá desconsiderar atos ou negócios jurídicos praticados com a finalidade de dissimular a ocorrência do fato gerador do tributo ou a natureza dos elementos constitutivos da obrigação tributária, observados os procedimentos a serem estabelecidos em lei ordinária.

é possível dizer que, a respeito do parágrafo único do art. 116 do CTN, existe uma convergência maior para denominar esse dispositivo como "**norma geral antielisiva**". Por meio dessa norma, atos e negócios **sem substância econômica**, utilizados **exclusivamente para burlar a lei tributária**, devem ser desconsiderados, para que não haja prejuízo à isonomia tributária e à capacidade contributiva.

» ao prever a cláusula "**com a finalidade de dissimular** a ocorrência do fato gerador do tributo ou a **natureza** dos elementos constitutivos da obrigação tributária", o parágrafo único do art. 116 do CTN resgata, em certa medida, as teorias ou testes do propósito negocial (a finalidade de dissimular fato gerador do tributo significa ausência de propósito negocial) e da substância econômica (real **natureza** dos atos ou negócios).

» deve-se ainda ressaltar a posição da Fazenda de que a ausência de lei ordinária prevista no parágrafo único do art. 116 do CTN não prejudica a desconstituição de planejamentos tributários sem substância econômica ou propósito negocial, diante da previsão da simulação como fundamento do lançamento de ofício, nos termos do art. 149, II do CTN.

ATOS OU NEGÓCIOS JURÍDICOS CONDICIONAIS NO FATO GERADOR

» o art. 117 do CTN trata das hipóteses em que o fato gerador de um tributo é fundado em um ato ou negócio jurídico condicional:

> CTN, art. 117. Para os efeitos do inciso II do artigo anterior e salvo disposição de lei em
> contrário, os atos ou negócios jurídicos condicionais reputam-se perfeitos e acabados: 8
> I - sendo suspensiva a condição, desde o momento de seu implemento;
> II - sendo resolutória a condição, desde o momento da prática do ato ou da celebração do negócio.

SUJEITOS DA RELAÇÃO JURÍDICO-TRIBUTÁRIA

Sujeito ativo

» a literalidade do art. 119 do CTN, ao definir a sujeição tributária ativa, exclui a possibilidade de esta pertencer a uma pessoa de direito privado:

> CTN, art. 119. **Sujeito ativo da obrigação é a pessoa jurídica de direito público**, titular da competência para exigir o seu cumprimento.

» o art. 119 do CTN deve ser explicado em conjunto com o art. 7º do mesmo Código. Referido dispositivo explicita que a competência tributária é indelegável, referindo-se nesse ponto à competência tributária legislativa para a instituição de tributos. Ressalva, contudo, a possibilidade de se delegar
a "atribuição das funções de arrecadar ou fiscalizar tributos, 9.1
ou de executar leis, serviços, atos ou decisões administrativas em matéria tributária". A delegação dessas funções deve ser conferida "por uma pessoa jurídica de direito público a outra":

> CTN, art. 7º A competência tributária é indelegável, salvo atribuição das funções de arrecadar ou fiscalizar tributos, ou de executar leis, serviços, atos ou decisões administrativas em matéria tributária, conferida por uma pessoa jurídica de direito público a outra.

» Parecer PGFN/CDA 15/2004: "só é possível cometer às pessoas privadas a função de arrecadar tributos, isto é, de receber o seu pagamento (...) nunca de exigir o seu pagamento judicial ou extrajudicialmente".

Sujeito passivo	» sujeito passivo da obrigação tributária é a pessoa física ou jurídica obrigada por lei ao recolhimento do tributo, multa tributária (obrigações principais), ou ainda ao cumprimento de prestação de fazer ou não fazer no interesse da arrecadação ou fiscalização tributária (obrigação acessória). » o **contribuinte de direito**, assim, é a pessoa que pratica o fato gerador, mas que não tem seu patrimônio desfalcado pela incidência do tributo, uma vez que transfere o ônus tributário na cadeia econômica da qual faz parte. » o **contribuinte de fato**, apesar de não realizar o fato gerador nem ser obrigado ao recolhimento do tributo, é a pessoa que suporta o ônus econômico da incidência tributária, como ocorre com o consumidor nos impostos sobre o consumo. O encargo do tributo é transferido ao preço dos produtos/serviços, pago pelo consumidor.	9.2
Sujeição passiva e convenções particulares	» salvo disposição legal em contrário, eventual contrato ou convenção entre particulares não serve para alterar a condição de sujeito passivo legalmente fixada. » isso não impede contudo que a convenção possa ser executada entre os particulares, caso um deles não cumpra sua obrigação quanto ao pagamento do tributo. A inoponibilidade desse tipo de convenção particular é em relação ao fisco, não havendo prejuízo para sua validade entre particulares.	9.2.1
Solidariedade na sujeição passiva	» **no direito tributário, a solidariedade ocorre apenas no polo passivo**, só sendo possível a solidariedade tributária entre devedores. » **no direito tributário, a solidariedade não pode resultar da vontade das partes, resultando apenas da lei.**	9.2.2
Espécies de solidariedade tributária - interesse comum e previsão em lei	» o art. 124 do CTN divide a solidariedade passiva em razão da sua causa originária (interesse comum ou previsão legal): CTN, art. 124. São solidariamente obrigadas: I - as pessoas que tenham interesse comum na situação que constitua o fato gerador da obrigação principal; II - as pessoas expressamente designadas por lei.	9.2.2.1
Efeitos da solidariedade	» o CTN elenca três efeitos da solidariedade no art. 125, ressalvando a possibilidade de a lei dispor em sentido contrário: a) **o pagamento efetuado por um dos obrigados aproveita aos demais.** b) **a isenção ou remissão de crédito exonera todos os obrigados, salvo se outorgada pessoalmente a um deles, subsistindo, nesse caso, a solidariedade quanto aos demais pelo saldo.** **PROPRIETÁRIO A - MAIS DE 70 ANOS - ISENÇÃO PESSOAL - 20% DO IMÓVEL** **PROPRIETÁRIO B - MENOS DE 70 ANOS - SEM ISENÇÃO - 80% DO IMÓVEL** **PARCELA DO IPTU CORRESPONDENTE À FRAÇÃO DE "A" É SUBTRAÍDA** c) **a interrupção da prescrição, em favor ou contra um dos obrigados, favorece ou prejudica aos demais.**	9.2.2.2

<table>
<tr>
<td>Capacidade tributária passiva</td>
<td>» o art. 126 do CTN discorre sobre a capacidade tributária passiva:

Art. 126. A capacidade tributária passiva independe:
I - da capacidade civil das pessoas naturais;
II - de achar-se a pessoa natural sujeita a medidas que importem privação ou limitação do exercício de atividades civis, comerciais ou profissionais, ou da administração direta de seus bens ou negócios;
III - de estar a pessoa jurídica regularmente constituída, bastando que configure uma unidade econômica ou profissional.</td>
<td>9.2.3</td>
</tr>
<tr>
<td>Domicílio tributário</td>
<td>» o Código Tributário Nacional trata do domicílio tributário do sujeito passivo, dividindo a regulamentação entre pessoas naturais, pessoas jurídicas de direito privado e pessoas jurídicas de direito público:

Art. 127. Na falta de eleição, pelo contribuinte ou responsável, de domicílio tributário, na forma da legislação aplicável, considera-se como tal:
I - quanto às pessoas naturais, a sua residência habitual, ou, sendo esta incerta ou desconhecida, o centro habitual de sua atividade;
II - quanto às pessoas jurídicas de direito privado ou às firmas individuais, o lugar da sua sede, ou, em relação aos atos ou fatos que derem origem à obrigação, o de cada estabelecimento;
III - quanto às pessoas jurídicas de direito público, qualquer de suas repartições no território da entidade tributante.
§ 1º Quando não couber a aplicação das regras fixadas em qualquer dos incisos deste artigo, considerar-se-á como domicílio tributário do contribuinte ou responsável o lugar da situação dos bens ou da ocorrência dos atos ou fatos que deram origem à obrigação.
§ 2º A autoridade administrativa pode recusar o domicílio eleito, quando impossibilite ou dificulte a arrecadação ou a fiscalização do tributo, aplicando-se então a regra do parágrafo anterior.

REGRA GERAL:
DOMICÍLIO TRIBUTÁRIO - ELEIÇÃO DO CONTRIBUINTE

AUSÊNCIA DE ELEIÇÃO OU RECUSA, PELA AUTORIDADE TRIBUTÁRIA, DO DOMICÍLIO ELEITO PELO SUJEITO PASSIVO:
<table>
<tr><td>PESSOA NATURAL</td><td>RESIDÊNCIA HABITUAL
OU CENTRO HABITUAL DE ATIVIDADE</td></tr>
<tr><td>PESSOA JURÍDICA DE DIREITO PRIVADO OU FIRMA INDIVIDUAL</td><td>LUGAR DA SEDE
OU CADA ESTABELECIMENTO EM RELAÇÃO
AOS ATOS OU FATOS QUE DERAM ORIGEM
À OBRIGAÇÃO</td></tr>
<tr><td>PESSOA JURÍDICA DE DIREITO PÚBLICO</td><td>QUALQUER DE SUAS REPARTIÇÕES NO TERRITÓRIO DA ENTIDADE TRIBUTANTE</td></tr>
</table>
IMPOSSIBILIDADE DE APLICAÇÃO DAS REGRAS ACIMA:
- LUGAR DA SITUAÇÃO DOS BENS OU DA OCORRÊNCIA DOS ATOS OU FATOS QUE DERAM ORIGEM À OBRIGAÇÃO</td>
<td>9.2.4</td>
</tr>
</table>

A REGRA-MATRIZ DE INCIDÊNCIA TRIBUTÁRIA

REGRA-MATRIZ DE INCIDÊNCIA TRIBUTÁRIA

CRITÉRIOS DO ANTECEDENTE DA NORMA
- **material**
- **espacial**
- **temporal**

10

CRITÉRIOS DO CONSEQUENTE DA NORMA
- **pessoal**
- **quantitativo**

12. QUESTÕES DE CONCURSOS PÚBLICOS

1. (Cespe – Procurador do Estado – PGE – PE/2018) **Considerando o que dispõe o CTN, assinale a opção correta a respeito das obrigações tributárias.**

A) A obrigação tributária surge apenas com a ocorrência da hipótese de incidência do tributo.

B) A obrigação acessória é convertida em obrigação principal na hipótese de sua inobservância.

C) O fato gerador deve ser o mesmo tanto para a obrigação principal quanto para a obrigação acessória.

D) O sujeito ativo da obrigação acessória é denominado responsável tributário.

E) Uma vez modificado o crédito tributário, deve ser igualmente alterada a obrigação tributária dele originada.

2. (Cespe – Auditor Fiscal da Receita Estadual – SEFAZ - AL/2020) **No que se refere a legislação tributária, obrigação tributária e crédito tributário, julgue o item que se segue.**

A obrigação tributária principal corresponde a uma prestação pecuniária que tenha como objeto o pagamento de tributo ou de multa por descumprimento da legislação tributária e, diferentemente da obrigação acessória, submete-se à reserva de lei em sentido formal.

( ) Certo

( ) Errado

3. (Cespe – Auditor – SEFAZ - AL/2020) **No que se refere a legislação tributária, obrigação tributária e crédito tributário, julgue o item que se segue.**

No âmbito do direito tributário, prevalece a máxima civilista de que o acessório segue o principal, de tal forma que a extinção da obrigação principal implica a extinção da obrigação acessória, dada a relação de subordinação existente entre elas.

( ) Certo

( ) Errado

4. (FCC – Analista Legislativo – Direito – AL - AP/2020) **O Código Tributário Nacional contempla diversas regras atinentes às obrigações tributárias. De acordo com esse Código,**

a) somente a lei pode estabelecer a definição do fato gerador da obrigação tributária principal relativa às contribuições de melhoria.

b) a autoridade administrativa poderá desconsiderar atos ou negócios jurídicos praticados com a finalidade de dissimular a ocorrência do fato gerador do tributo ou a natureza dos elementos constitutivos da obrigação tributária, observados os procedimentos a serem estabelecidos no regulamento de cada tributo.

c) interpreta-se literalmente a legislação tributária que disponha sobre dispensa do cumprimento de obrigações tributárias principais, mas não a que disponha sobre dispensa do cumprimento de obrigações tributárias acessórias.

d) a natureza das garantias atribuídas ao crédito tributário altera a natureza da obrigação tributária a que corresponda, desde que observados os critérios da objetividade da garantia e da subjetividade do agente garantidor.

e) o fato gerador da obrigação tributária principal é qualquer situação que, na forma da legislação aplicável, impõe a prática ou a abstenção de ato que não configure obrigação tributária acessória.

01	02	03	04
B	CERTO	ERRADO	A

11

RESPONSABILIDADE TRIBUTÁRIA

1. NOÇÕES GERAIS DE RESPONSABILIDADE TRIBUTÁRIA

No tópico relativo à sujeição passiva tributária já foram feitas breves considerações sobre responsabilidade tributária. Lá foi mencionado que o responsável tributário é uma espécie de sujeito passivo, que possui características próprias que o diferenciam do contribuinte. Dentre tais características, pode-se destacar, inicialmente, que o responsável, apesar de ser chamado a adimplir a prestação tributária, não pratica o fato gerador, mas possui um vínculo indireto com esse mesmo fato, possuindo ainda meios de ser ressarcido pelo tributo pago em benefício do contribuinte. Nesse caso, caso, a responsabilidade é instituída para permitir ou simplesmente facilitar a arrecadação tributária.

É possível ainda que a responsabilidade tributária seja instituída com um caráter sancionatório, ocasião em que o requisito da possibilidade de o responsável ser compensado pela quantia desembolsada será substituído pela ocorrência de uma prática de "um ilícito tipificado em lei como apto a gerar a responsabilidade tributária".

A responsabilidade diz respeito à sujeição de patrimônio (*obligatio* ou *Haftung*), que não necessariamente coincide na pessoa que contraiu o débito (*debitum* ou *Schuld*). No direito tributário, a sujeição do patrimônio de um sujeito aos adimplementos do crédito tributário, quando não recair sobre o próprio contribuinte, caracteriza o fenômeno da responsabilidade tributária.

O art. 128 do CTN é o dispositivo que traz as principais diretrizes sobre o instituto:

> Art. 128. Sem prejuízo do disposto neste capítulo, a lei pode atribuir de modo expresso a responsabilidade pelo crédito tributário a terceira pessoa, **vinculada ao fato gerador** da respectiva obrigação, excluindo a responsabilidade do contribuinte ou atribuindo-a a este em caráter supletivo do cumprimento total ou parcial da referida obrigação

Alguns pontos importantes do dispositivo acima devem ser ressaltados.

a) atribuição de responsabilidade por lei - a responsabilidade tributária é atribuída apenas por lei, e de forma expressa. Não é possível que um ato infralegal confira a um sujeito a condição de responsável tributário. Apesar do quadro geral do instituto da responsabilidade tributária ser matéria de lei complementar (normas gerais em matéria de legislação tributária), prevista no CTN, a atribuição em si da responsabilidade tributária pode se dar mediante lei ordinária. A lei que institui a responsabilidade deve estar em harmonia com as normas gerais sobre o tema no CTN, razão pela qual é inconstitucional "lei estadual que disciplina a responsabilidade de terceiros por infrações de forma diversa da matriz geral estabelecida pelo CTN". (ADI 4845, j. 13.02.2020).

b) vinculação do responsável ao fato gerador - o responsável tem como caráter distintivo o fato de ser uma pessoa que é vinculada de forma indireta ao fato gerador. O responsável, apesar de ter uma relação com a ocorrência ou circunstância do fato gerador, não é a pessoa que pratica esse fato gerador. Apesar de o responsável não ter praticado o fato gerador, sua proximidade com esse fato permite que o legislador atribua a tal sujeito a responsabilidade pelo adimplemento do crédito tributário. A natureza indireta desse vínculo dá origem a uma segunda nomenclatura utilizada para o responsável: **sujeito passivo indireto**. Percebe-se que o adjetivo "indireto" diz respeito ao sujeito passivo, e não ao tributo, que também é classificado em direto ou indireto (conforme a transferência do ônus econômico a terceiro).

   A vinculação indireta do responsável ao fato gerador deve permitir ainda que o responsável possua meios para o pagamento. A capacidade contributiva mensurada, por outro lado, é a do contribuinte, e não a do responsável.

c) manutenção ou não da responsabilidade do contribuinte - a responsabilidade pode implicar na exclusão total do contribuinte ou na sua manutenção em caráter supletivo. Pode o legislador atribuir ao contribuinte, portanto, uma responsabilidade solidária ou subsidiária no que diz respeito à obrigação atribuída ao responsável tributário que não é o contribuinte.

A partir desses pontos, a jurisprudência sedimentou o entendimento de que a atribuição de responsabilidade por lei representa uma norma autônoma, que não se confunde com a regra matriz de incidência tributária (RE 562.276, **repercussão geral**, j. 03.11.2010). Assim, as condições de responsável tributário e de contribuinte decorrem de normas diferentes. O contribuinte é extraído da norma que institui o tributo, o qual só pode existir a partir da prática de um fato gerador por uma pessoa, identificada como contribuinte. O responsável, por outro lado, é oriundo de outra norma, que atribui a responsabilidade tributária em razão de fato diverso do fato gerador.

Por fim, deve se lembrar que, embora se fale em "responsabilidade" tributária solidária por interesse comum no art. 124, I do CTN, os assim chamados "responsáveis" são contribuintes, uma vez que o interesse comum no fato gerador representa uma relação pessoa e direta com o fato gerador, que se opõe à relação indireta própria da responsabilidade propriamente dita. Havendo uma relação pessoal e direta com o fato gerador, que decorre justamente do interesse comum na situação que constitui o fato gerador, evidencia-se a condição de contribuinte, não havendo que se falar em responsabilidade no sentido preciso em que tratado neste capítulo.

2. RESPONSABILIDADE POR SUBSTITUIÇÃO E RESPONSABILIDADE POR TRANSFERÊNCIA

A responsabilidade pode ser entendida em sentido amplo, de modo a abranger duas espécies de responsabilidade: a responsabilidade por substituição e a responsabilidade por transferência, que por sua vez pode ser entendida como responsabilidade em sentido estrito.

2.1 Responsabilidade por substituição - substituição "para frente" e "para trás"

Na responsabilidade por substituição, o responsável surge como sujeito passivo desde o nascimento da obrigação tributária, com a ocorrência do fato gerador. Como o próprio nome já indica, o responsável assume o lugar do contribuinte, que é substituído tanto no obrigação principal, de recolher o tributo, como nas obrigações acessórias. Nada impede que o contribuinte substituído também possua alguma obrigação acessória em relação ao tributo objeto da substituição que será recolhido pelo responsável, como ocorre no imposto de renda de pessoa física retido na fonte, que deve ser declarado pelo contribuinte na sua declaração anual de ajuste.

A figura do contribuinte substituído, todavia, não é irrelevante para a responsabilidade por substituição, uma vez que o regime jurídico do substituído pode interferir na existência ou não da própria obrigação tributária. Assim é que a imunidade, isenção ou remissão do contribuinte substituído tornam insubsistente a prestação tributária do responsável.

Num caso de substituição tributária como a retenção do imposto de renda na fonte, se o assalariado for isento até determinada quantia de seu salário, o empregador (agente de retenção) não irá recolher o imposto de renda de seu funcionário em relação ao rendimento isento. Mesmo que o substituto possua recursos para adimplir a prestação tributária, é do contribuinte a capacidade contributiva que justifica a exigência do tributo.

Nessa linha, o STF já decidiu em **repercussão geral** que a substituição tributária não pode transgredir as normas de competência tributária e o princípio da capacidade contributiva (RE 603.191, j. 01.08.2011).

A substituição tributária pode ser dividida em "para trás" ou regressiva e "para frente" ou progressiva.

Na substituição tributária "para trás" ou regressiva o tributo é recolhido em uma etapa econômica posterior à etapa na qual se deu o fato gerador. A substituição tributária regressiva ocorre em relação a operações anteriores, sendo que o responsável substituto recolherá o tributo em momento posterior à operação que deu origem ao tributo, havendo um diferimento.

Um exemplo de substituição tributária regressiva, no ICMS, pode ser encontrado na lei estadual paulista nº 6.374/1989, que no art. 8º, I, que dispõe ser sujeito passivo por substituição o destinatário da mercadoria (comerciante, industrial, cooperativa ou qualquer outro contribuinte, exceto produtor ou extrator de minério), quando devidamente indicado na documentação correspondente, relativamente ao imposto devido na saída promovida por produtor ou extrator de minério. Trata o dispositivo de nítida substituição tributária regressiva, que ocorre em relação a fato gerador anterior ao recolhimento pelo substituto, uma vez que o fato gerador ao qual se refere a substituição é a venda do minério pelo produtor ou extrator, contribuinte substituído que se encontra no primeiro ponto da cadeia de circulação do minério.

Nesse cenário, o comerciante que está na ponta seguinte da cadeia de circulação da mercadoria recolheria, como responsável substituto, o ICMS da primeira operação de circulação. Essa condição de responsável do destinatário não se confunde com a relação jurídico tributária em que esse mesmo comerciante é contribuinte do ICMS em relação à venda da mercadoria na qual figura como vendedor. Ou seja, o comerciante que vende a mercadoria ao consumidor final será responsável em relação ao ICMS que tem como fato gerador a circulação de mercadoria ocorrida em operação anterior e contribuinte do ICMS em relação à operação de venda por ele mesmo realizada.

A substituição "para trás" ou regressiva tem como principal fundamento a praticabilidade, como medida de redução dos custos de fiscalização e administração do tributo. A fiscalização de comerciantes iniciais em um grupo difuso de milhares de contribuintes, que muitas vezes atuam na informalidade e não possuem condições financeiras de elaborar registros contábeis é mais dispendiosa e menos eficiente que a fiscalização em etapas seguintes que possuam um número menor de contribuintes de maior porte econômico já conhecidas pelo fisco e que possuem um corpo especializado em conformidade tributária.

Já a substituição tributária progressiva (também chamada de "para frente" ou subsequente) corresponde ao inverso, ou seja, o contribuinte se encontra em uma etapa posterior ao responsável pelo recolhimento do tributo, que ocorre antes mesmo da realização do fato gerador, já que o responsável antecipa o pagamento antes da realização da operação em que o contribuinte pratica o fato gerador.

O substituto (responsável) recolhe um valor correspondente a um fato gerador presumido, que provavelmente será praticado pelo contribuinte no futuro. Seria o caso da refinaria de derivados de petróleo que adianta o valor devido a título de PIS e COFINS (tributos da espécie "contribuição social") em relação a toda a cadeia de comercialização subsequente. Como é mais fácil fiscalizar poucas refinarias do que milhares de postos de combustíveis, há um ganho considerável de eficiência e praticidade na arrecadação tributária.

Um estudo mais aprofundado desse tema é encontrado no capítulo que trata do ICMS.

2.2 Responsabilidade por transferência

A responsabilidade por transferência diferencia-se da responsabilidade por substituição quanto ao momento de seu surgimento. Como já visto, a responsabilidade por substituição surge no mesmo momento em que ocorre o fato gerador, sendo o responsável conhecido desde o início da relação jurídico tributária. A responsabilidade por transferência, por outro lado, apenas surge após a ocorrência do fato gerador, em momento marcado pela ocorrência de fato lícito ou ilícito que justifica a responsabilização.

Desse modo, o responsável substituto será conhecido desde a ocorrência do fato gerador, enquanto na responsabilidade por transferência o responsável só será conhecido após a ocorrência de outro fato (lícito ou ilícito), inconfundível com o fato gerador. Na responsabilidade por transferência, o contribuinte que anteriormente era o único sujeito passivo do tributo pode continuar ou não na situação de obrigado pelo pagamento da dívida.

A responsabilidade tributária por transferência é dividida em três grupos, de acordo com o CTN: responsabilidade dos sucessores, responsabilidade de terceiros e responsabilidade por infrações.

A responsabilidade "de terceiros" é tratada nos artigos 134 e 135 do CTN, logo em seguida à responsabilidade "dos sucessores", disposta nos arts. 129 a 133. A rigor, todo responsável é terceiro em comparação com o contribuinte que pratica o fato gerador. Não obstante, o CTN classifica como responsabilidade de terceiros apenas a prevista nos arts. 134 e 135. A responsabilidade por infrações, por sua vez, é disciplinada nos arts. 136 a 138. Essas três espécies de responsabilidade serão estudadas a seguir.

2.2.1 *Responsabilidade dos sucessores*

A responsabilidade dos sucessores está prevista nos arts. 129 a 133 do CTN.

O CTN inaugura a disciplina da responsabilidade dos sucessores com o art. 129, que preceitua:

> Art. 129. O disposto nesta Seção aplica-se por igual aos créditos tributários definitivamente constituídos ou em curso de constituição à data dos atos nela referidos, e aos constituídos posteriormente aos mesmos atos, desde que relativos a obrigações tributárias surgidas até a referida data.

A expressão utilizada é "crédito tributário", que não se confunde com termos mais restritos como tributo ou penalidade, utilizados em outros dispositivos. Nos termos do art. 113, § 1º do CTN, a obrigação principal, da qual decorre o crédito tributário, abrange tanto o pagamento de tributo como a penalidade pecuniária. Crédito tributário, portanto, é expressão ampla, que abrange não só o tributo, mas também a multa tributária.

As expressões "crédito tributário", "tributo" e "multa" foram utilizadas de forma precisa no CTN quando se trata de responsabilidade tributária, devendo-se conferir a elas o seu sentido técnico. Nessa linha, os arts. 128, 129, 130 e 135 tratam de crédito tributário, enquanto os arts. 131, 132, 133 e incisos do art. 134 mencionam tributos, ao passo que o parágrafo único do mesmo art. 134 restringe a aplicação da responsabilidade de terceiros do art. 134 às penalidades de caráter moratório.

Quanto ao marco que define a responsabilidade dos sucessores, o dispositivo não distingue os créditos já constituídos, em curso de constituição ou posteriormente constituídos. Basta que a obrigação tributária tenha surgido até a data da sucessão, ou seja, que o fato gerador ocorra até a data da sucessão. Irrelevante, portanto, a data da constituição do crédito tributário, sendo desnecessária a menção feita pelo CTN à constituição, fenômeno irrelevante para a atribuição de responsabilidade no presente caso.

Questão interessante levada ao STF diz respeito à hipótese em que o sucessor é pessoa imune, apesar de a obrigação tributária ter surgido validamente em face do contribuinte sucedido, pessoa não imune. O fato de o sucessor (no caso, a União) ser imune tornaria inexigível o crédito tributário relativo a fato gerador ocorrido antes da sucessão, sendo o sucedido pessoa não imune? O STF, no RE 599.176, julgou o mérito desse tema com **repercussão geral** em 05.06.2014, para definir que a imunidade tributária recíproca não exonera o sucessor das obrigações tributárias relativas a fatos jurídicos tributários ocorridos antes da sucessão, não havendo, portanto, uma aplicação retroativa da imunidade. Perceba que o STF considerou o marco da ocorrência do fato jurídico tributário (fato gerador), e não a data da constituição do crédito tributário.

2.2.1.1 *Responsabilidade dos sucessores na aquisição de bens imóveis*

A primeira hipótese de responsabilidade de sucessores tratada de forma específica no art. 130 do CTN diz respeito aos **créditos tributários** de **impostos** que tenham como fato gerador a propriedade, o domínio útil ou a posse de bens imóveis, de **taxas** pela prestação de serviços referentes a bens imóveis e de **contribuições de melhoria**. O sucessor será o adquirente do respectivo imóvel que enseja a incidência dos impostos e taxas transferidos.

Há uma delimitação precisa dos tributos abrangidos pela responsabilidade do sucessor. Os impostos abarcados pelo art. 130 do CTN são apenas os que tenham fato gerador atinentes à propriedade, ao domínio útil ou à posse de bens imóveis, como o IPTU e o ITR. A esse respeito, o STJ já decidiu, em sede de recurso especial **repetitivo**, que **a obrigação tributária, quanto ao IPTU e ao ITR, acompanha o imóvel em todas as suas mutações subjetivas**, ainda que se refira a fatos imponíveis anteriores à alteração da titularidade do imóvel (REsp 1.073.846, j. 25.11.2009).

Em outras palavras, a obrigação tributária dos impostos atrelados à propriedade imóvel permanecem vinculados ao bem imóvel seja quem for o seu titular, não sendo necessário investigar quem era o proprietário no momento do fato gerador. A responsabilidade recairá sobre o novo proprietário, sucessor, em relação a impostos surgidos antes da aquisição do bem imóvel.

As taxas de responsabilidade do sucessor limitam-se às devidas pela prestação de serviços referentes aos bens imóveis adquiridos, o que exclui as taxas de polícia, mesmo que exigidas em razão da propriedade imóvel. Apenas por mera hipótese para fins didáticos, uma eventual taxa de polícia devida por proprietários de imóveis situados em uma região que exige uma fiscalização ambiental mais rigorosa não será objeto da responsabilidade por sucessão nos termos do art. 130, pois esse dispositivo limita sua abrangência às **taxas pela prestação de serviços** referentes aos imóveis, o que tecnicamente exclui as taxas de poder de polícia, diante da divisão efetuada pelo próprio art. 77 do CTN:

> CTN, art. 77. As taxas cobradas pela União, pelos Estados, pelo Distrito Federal ou pelos Municípios, no âmbito de suas respectivas atribuições, têm como fato gerador o exercício regular do poder de polícia, ou a utilização, efetiva ou potencial, de serviço público específico e divisível, prestado ao contribuinte ou posto à sua disposição. Art. 78. Considera-se poder de polícia atividade da administração pública que, limitando ou disciplinando direito, interesse ou liberdade, regula a prática de ato ou abstenção de fato, em razão de interesse público concernente à segurança, à higiene, à ordem, aos costumes, à disciplina da produção e do mercado, ao exercício de atividades econômicas

dependentes de concessão ou autorização do Poder Público, à tranqüilidade pública ou ao respeito à propriedade e aos direitos individuais ou coletivos.

Por fim, a terceira espécie de tributo mencionada no art. 130 do CTN, além dos impostos e das taxas, é a contribuição de melhoria, que só pode ser exigida diante da valorização imobiliária decorrente de obras públicas.

Todos os tributos acima mencionados serão devidos pelo adquirente do bem imóvel, havendo uma "sub-rogação", nos termos do art. 130 do CTN:

> Art. 130. Os créditos tributários relativos a impostos cujo fato gerador seja a propriedade, o domínio útil ou a posse de bens imóveis, e bem assim os relativos a taxas pela prestação de serviços referentes a tais bens, ou a contribuições de melhoria, subrogam-se na pessoa dos respectivos adquirentes, salvo quando conste do título a prova de sua quitação.
>
> Parágrafo único. No caso de arrematação em hasta pública, a sub-rogação ocorre sobre o respectivo preço.

Apesar do termo "sub-rogação" aludir à semântica da palavra "substituição", não se trata de uma responsabilidade "por substituição", nos termos da classificação da responsabilidade tributária entre responsabilidade por substituição e responsabilidade por transferência. O termo sub-rogação utilizado pelo art. 130 do CTN significa, nesse contexto, que os créditos tributários são transferidos ao adquirente do imóvel. Tratando dessa sucessão, o STJ classificou as obrigações tributárias do IPTU e do ITR como "obrigações *propter rem*", assumidas por todos aqueles que sucedem ao titular do imóvel (REsp 1.073.846, j. 25.11.2009).

A parte final do dispositivo traz uma exceção à sucessão, consistente na existência de prova de quitação no título de transferência do imóvel. Essa exceção deve ser interpretada no sentido que diga respeito a dívidas não quitadas que porventura apareçam posteriormente, apesar da prova de quitação. Isso porque se a dívida está quitada, sua prova de quitação não impediria a transferência de tal dívida ao adquirente, pois dívida quitada é dívida extinta, que por razões lógicas não podem ser transmitidas.

Para que a prova de quitação de dívida tenha o efeito de impedir a responsabilidade do sucessor, como pretende o dispositivo ao ressalvar a sub-rogação dos créditos tributários nessa hipótese, é necessário que haja débitos anteriores à aquisição do imóvel que ainda não tenham sido apurados ou constituídos.

Justamente por isso, é comum que algumas certidões possuam uma ressalva quanto a eventuais créditos não apurados até a data da expedição da certidão. Esses os créditos que não serão transmitidos ao adquirente do bem imóvel, por força da ressalva na parte final do art. 130. Seria o caso, por exemplo, de uma dívida de IPTU referente a exercício anterior à aquisição do imóvel, que só foi constituída pela administração tributária posteriormente. Havendo a certidão de prova de quitação, mesmo com a ressalva em relação a dívidas não apuradas, a dívida do IPTU só constituída posteriormente será exigida apenas do proprietário do imóvel à época, não havendo a sub-rogação do crédito na pessoa do adquirente por conta da ressalva ora estudada.

O parágrafo único, por sua vez, trata da **arrematação em hasta pública**, que também impede a transferência do crédito tributário ao novo titular do imóvel, tendo em vista que nesse caso a aquisição do bem se dá de forma **originária**, em um processo judicial. Desse modo, na arrematação em hasta pública a sob-rogação do crédito tributário ocorre sobre o preço obtido, restando o arrematante livre de quaisquer dívidas tributárias. Outra hipótese de aquisição originária do bem imóvel, onde não há responsabilidade do adquirente, é a **desapropriação.**

Nessa linha, o STJ possui jurisprudência consolidada no sentido de que com a alienação em hasta pública o arrematante recebe o imóvel livre de quaisquer ônus, transferindo-se ao credor do processo judicial o saldo após a dedução dos impostos, no limite da arrematação (REsp 799.666, j. 18.08.2009). Ou seja, o crédito tributário deve ser abatido do pagamento realizado no leilão pelo arrematante, de modo que o adquirente do bem em hasta pública (arrematante) não é responsabilizado por qualquer encargo tributário (REsp 716.438, j. 09.12.2008).

Mesmo que o preço alcançado na arrematação não baste para extinguir o crédito tributário, ainda assim o arrematante não deve responder pela dívida tributária em aberto antes da aquisição do imóvel. Nesse caso, os débitos tributários pendentes sobre o imóvel arrematado permanecem sendo exigíveis do anterior proprietário do imóvel – executado no processo judicial em que se realiza o leilão (REsp 1.059.102, j. 03.09.2009).

Há, todavia, uma **exceção à regra da impossibilidade de responsabilização do arrematante pelas dívidas tributárias** relativas ao imóvel arrematado no período anterior à arrematação. Trata-se da **hipótese em que há, no edital de leilão, expressa menção à responsabilidade do arrematante pelas dívidas tributárias** em questão. A jurisprudência do STJ tem admitido a responsabilidade do arrematante, e consequentemente o afastamento da regra contida no art. 130, parágrafo único do CTN, se o respectivo edital de leilão expressamente indicar a existência de débitos de IPTU e atribuir expressamente ao arrematante a responsabilidade pelo seu pagamento (AgInt no AREsp 132.866, j. 27.05.2019, REsp. 1.685.627, j. 19.09.2017, REsp 799.666, j. 18.08.2009).

Por fim, vale dizer que apenas a arrematação exclui a responsabilidade por sucessão nos termos do art. 130, parágrafo único do CTN, não cabendo interpretação extensiva ou emprego da analogia para equiparar o adjudicante ao arrematante, uma vez que arrematação e adjudicação são situações distintas.

A adjudicação é a aquisição dos bens penhorados em processo judicial pelo credor-exequente, não se confundindo com a arrematação, na qual o bem penhorado é entregue a um terceiro que deposita o valor em dinheiro, valor esse que servirá à satisfação da dívida. Na adjudicação, o próprio bem é transferido ao credor como meio de satisfação da dívida. Confira-se a decisão abaixo do STJ (REsp 1.179.056, j. 07.10.2010):

> 1. Discute-se nos autos se o credor-exequente (adjudicante) está dispensado do pagamento dos tributos que recaem sobre o imóvel anteriores à adjudicação. 2. Arrematação e adjudicação são situações distintas, não podendo a analogia ser aplicada na forma pretendida pelo acórdão recorrido, pois a adjudicação pelo credor com dispensa de depósito do preço não pode ser comparada a arremate por terceiro. 3. A arrematação em hasta pública extingue o

ônus do imóvel arrematado, que passa ao arrematante livre e desembaraçado de tributo ou responsabilidade, sendo, portanto, considerada aquisição originária, de modo que os débitos tributários anteriores à arrematação sub-rogam-se no preço da hasta. Precedentes: REsp 1.188.655/RS, Rel. Min. Luiz Fux, Primeira Turma, DJe 8.6.2010; AgRg no Ag 1.225.813/SP, Rel. Min. Eliana Calmon, Segunda Turma, DJe 8.4.2010; REsp 909.254/DF, Rel. Min. Mauro Campbell Marques, Segunda Turma DJe 21.11.2008. 4. O adquirente só deixa de ter responsabilidade pelo pagamento dos débitos anteriores que recaiam sobre o Bem, se ocorreu, efetivamente, depósito do preço, que se tornará a garantia dos demais credores. De molde que o crédito fiscal perquirido pelo fisco é abatido do pagamento, quando da praça, por isso que, encerrada a arrematação, não se pode imputar ao adquirente qualquer encargo ou responsabilidade. 5. Por sua vez, havendo a adjudicação do imóvel, cabe ao adquirente (credor) o pagamento dos tributos incidentes sobre o Bem adjudicado, eis que, ao contrário da arrematação em hasta pública, não possui o efeito de expurgar os ônus obrigacionais que recaem sobre o Bem. 6. Na adjudicação, a mutação do sujeito passivo não afasta a responsabilidade pelo pagamento dos tributos do imóvel adjudicado, uma vez que a obrigação tributária propter rem (no caso dos autos, IPTU e taxas de serviço) acompanha o Bem, mesmo que os fatos imponíveis sejam anteriores à alteração da titularidade do imóvel (arts. 130 e 131, I, do CTN).

Para o STJ, o adquirente só deixa de ter responsabilidade pelo pagamento dos débitos anteriores que recaiam sobre o imóvel, se ocorreu, efetivamente, depósito do preço, que se tornará a garantia dos demais credores. Havendo a adjudicação do imóvel, cabe ao adquirente (credor) o pagamento dos tributos incidentes sobre o imóvel adjudicado, ao contrário do que ocorre na arrematação.

2.2.1.2 *Responsabilidade dos sucessores na aquisição de bens móveis*

A responsabilidade por sucessão no que diz respeito aos bens móveis encontra-se regulada no art. 131, I do CTN, que trata dos bens em geral, excluindo-se os imóveis, já tratados no art. 130 do CTN. Segundo o art. 131, I do CTN, são pessoalmente responsáveis o adquirente ou remitente, pelos tributos relativos aos bens adquiridos ou remidos.

O dispositivo menciona **tributos**, e não créditos tributários, o que leva à conclusão de que as multas tributárias não são cobertas pela referida regra. No que tange ao sucessor, menciona o adquirente e o remitente, o que exige a distinção entre remição e remissão.

Remissão significa perdão de dívida, prevista como uma hipótese de extinção do crédito tributário no art. 156, IV do CTN. O termo "remitente" utilizado pelo art. 131, I do CTN não está associado à remissão, não significando, portanto, a pessoa que pratica o perdão da dívida.

Remição é o ato de o devedor quitar uma dívida e resgatar um bem vinculado ao cumprimento da obrigação extinta pelo pagamento. Ou seja, o devedor paga a dívida e libera o bem constrito. No processo de execução, a remição pode ocorrer quando o executado realiza o pagamento e resgata bem penhorado, nos termos do art. 826 do Código de Processo Civil:

> Art. 826. Antes de adjudicados ou alienados os bens, o executado pode, a todo tempo, **remir a execução, pagando ou consignando a importância atualizada da dívida**, acrescida de juros, custas e honorários advocatícios.

Esse ato de remir significa resgatar o bem mediante o pagamento da dívida, o que representa o significado de **remição** a qual se faz alusão no art. 131, I do CTN quando se faz uso do termo "**remitente**".

É possível dizer, assim, que a responsabilidade do sucessor de bens móveis é ampla, abrangendo não só a aquisição, mas também a **remição**, uma vez que o **remitente** (aquele que resgata um bem penhorado) foi equiparado ao adquirente pelo art. 131, I do CTN.

Um exemplo da sucessão de tributos relativos a bens móveis adquiridos ou remidos é a alienação de carros, na qual os débitos de IPVA passam a ser de responsabilidade do adquirente sucessor, independentemente do exercício em que ocorreu o fato gerador (STJ, REsp 1.306.407, j. 27.10.2016). A responsabilidade do sucessor, para Hugo de Brito Machado, não libera o alienante do bem móvel, contribuinte que deu origem ao tributo.

O art. 131, I do CTN não traz as exceções à responsabilidade do sucessor que constam expressamente em relação à sucessão de bens imóveis no art. 130 do CTN, quais sejam, a existência de prova de quitação de tributos e a arrematação em hasta pública. Apesar dessa omissão, a doutrina e a jurisprudência aplicam também aos bens móveis a exoneração da responsabilidade do sucessor nos casos de arrematação. Numa arrematação de um veículo automotor, por exemplo, não haverá responsabilidade do arrematante pelo IPVA relativo ao veículo arrematado (STJ, REsp 807.455, j. 28.10.2008). Da mesma forma que ocorre na arrematação dos bens imóveis, também na arrematação de bens móveis a dívida tributária subroga-se no preço pago pelo arrematante (STJ, Resp 905.208, j. 18.10.2007).

2.2.1.3 *Responsabilidade dos sucessores* causa mortis

A sujeição passiva tributária possui contornos amplos, mas não é ilimitada. Considerando que a existência das pessoas naturais termina com a morte (art. 6º do Código Civil), a partir desse evento o então devedor não pode mais ser obrigado ao cumprimento da prestação tributária, dando lugar à figura do responsável tributário na sucessão *causa mortis*.

O Código Civil brasileiro de 2002 adotou o princípio da *saisine*, segundo o qual a sucessão é aberta no momento da morte, quando o patrimônio do *de cujus* é transmitido aos sucessores. Apesar do patrimônio do falecido ser transmitidos aos sucessores imediatamente no instante da morte, a necessidade de se apurar o patrimônio e de se proceder à sua divisão entre os sucessores (partilha) faz surgir um período de tempo em que os bens, direitos e deveres do *de cujus* não são atribuídos de modo discriminado aos sucessores. Nesse período, **entre a morte e a partilha, o patrimônio do *de cujus* forma um todo indivisível**, a que se dá o nome de **espólio,** o qual, por sua vez, é representado e administrado pelo inventariante e administrador provisório. Quando houver um único herdeiro, a partilha é substituída pela **adjudicação.**

O espólio é uma massa patrimonial que não possui personalidade jurídica, o que não impede sua condição de sujeito passivo tributário. Nesse sentido, o CTN dispõe em seu art. 131, III, que o espólio é **responsável** pelos **tributos** devidos **até a data da abertura da sucessão.** Perceba que a condição de responsável limita-se até o instante da morte (abertura da sucessão), pois em relação aos tributos com fato gerador posteriores à morte e até o instante da partilha, o espólio não será responsável, mas sim contribuinte, uma vez que nesse caso é o espólio que possui relação direta com o fato gerador, assumindo a condição de contribuinte, que realiza c fato gerador do tributo.

Após a conclusão da partilha, contudo, o espólio deixa de existir, pois com a partilha deixa de existir uma massa patrimonial indivisível. Os tributos porventura em aberto, devidos pelo de cujus até a data da partilha ou adjudicação, terão como responsáveis "o sucessor a qualquer título e o cônjuge meeiro", nos termos do art. 131, II do CTN. Essa responsabilidade é limitada ao montante do quinhão do legado (bem herdado) ou da meação (metade do patrimônio de um casal, cabível a cada um dos cônjuges).

A referência do CTN ao cônjuge meeiro justificava-se sob a vigência do Código Civil de 1916, quando o meeiro não era, necessariamente, sucessor. Com o Código Civil de 2002, o cônjuge passou a ser um dos herdeiros necessários, de modo que a menção a sucessor e cônjuge meeiro no CTN tornou-se redundante.

Em síntese, a responsabilidade por sucessão *causa mortis*, de acordo com o art. 131, II e III do CTN, abrange os **tributos** devidos pelo *de cujus* (pessoa falecida), podendo o responsável ser o espólio ou sucessor a qualquer título (o que alcança o cônjuge meeiro), a depender dos marcos temporais assim definidos:

→ tributos devidos até a abertura da sucessão (morte do devedor) - responsabilidade do espólio;
→ tributos devidos após a abertura da sucessão e até a data da partilha ou adjudicação - responsabilidade do sucessor, no limite e na proporção do montante do quinhão do legado ou da meação.

Vale notar que essa divisão de responsabilidade entre espólio e sucessores se aproxima da regulamentação prevista no Código Civil e no Código de Processo Civil, cuja normativa prevê a responsabilidade dos herdeiros após a realização da partilha pelas dívidas porventura existentes, no limite a na proporção do respectivo quinhão.

Sobre a distinção do CTN entre tributo e crédito tributário, o STJ possui decisões no sentido de que a utilização do termo "tributo" pelo art. 131 do CTN não exclui a transferência das multas moratórias ao sucessor *causa mortis*. Os julgados em questão tratavam exclusivamente da responsabilidade do espólio, e algumas observações são necessárias a respeito desse entendimento.

Uma primeira observação é que alguns julgados simplesmente ignoram que o art. 131, III do CTN utiliza o termo "tributo", uma vez que o fundamento para a inclusão das multas moratórias é o de que estas estão incluídas no conceito de "crédito tributário" (REsp 86.149, j. 19.08.2004; REsp 499.147, j. 20.11.2003; REsp 295.222, j. 12.06.2001), o que não serve de fundamentação para a inclusão das multas moratórias no conceito de "tributo", este sim o termo utilizado pelo art. 131, III do CTN (e não "crédito tributário", como leva a crer as decisões do STJ).

Apesar de tratar, equivocadamente, "tributo" como sinônimo de "crédito tributário", as decisões do STJ estendem a responsabilidade do espólio apenas às multas moratórias (devidas em razão do não pagamento do tributo no prazo para o vencimento), não se referindo às multas punitivas (devidas em razão do descumprimento da legislação tributária).

Aqui observamos mais uma incongruência dos julgados, pois o crédito tributário (a se adotar esta expressão como ponto de partida, e não o "tributo") abrange não apenas as multas moratórias, mas também as multas punitivas.

Analisando mais detidamente as decisões mencionadas, é possível encontrar uma argumentação que reconhece a diferença dos termos "tributo" e "crédito tributário", como se vê do voto do Relator Luiz Fux do REsp 499.147, onde se rejeitou a interpretação literal que diferencia tributo e crédito tributário para se privilegiar as garantias que cercam o crédito tributário.

Ainda em relação à sucessão *causa mortis*, é importante conhecer os seus efeitos na cobrança judicial do tributo. Caso uma execução fiscal seja ajuizada contra uma pessoa natural enquanto é viva, e no curso do processo o executado vem a falecer, a jurisprudência do STJ admite que a certidão de dívida ativa (CDA, título executivo que embasa a execução e que é emitida em face do devedor) seja alterada para fazer constar o espólio como responsável, sendo a execução fiscal redirecionada para o espólio.

Contrariamente, se a execução fiscal for ajuizada contra devedor já falecido, não será possível a substituição da CDA, pois a execução apresenta vício de origem insanável, ausente a condição da ação de legitimidade passiva (pessoa morta não possui legitimidade processual, mas sim o espólio ou seus sucessores). Não se admite a alteração da CDA para modificar o sujeito passivo, a não ser que o executado tenha falecido no curso da execução fiscal, hipótese em que seria possível o redirecionamento da execução para o espólio.

2.2.1.4 *Responsabilidade na sucessão empresarial*

A sucessão empresarial significa a tomada de posição de uma empresa por outra. A forma pela qual uma empresa sucede a outra pode ser mediante fusão, transformação, incorporação, cisão, extinção ou pela simples aquisição de estabelecimento empresarial. O CTN divide a responsabilidade por sucessão empresarial em dois artigos: 132 e 133, a seguir abordados separadamente.

2.2.1.4.1 Sucessão por fusão, transformação, incorporação ou cisão

As causas elencadas acima estão previstas, em sua maioria, no *caput* do art. 132, segundo o qual (grifos adicionados):

> A pessoa jurídica de direito privado que resultar de **fusão, transformação ou incorporação** de outra ou em outra é responsável pelos **tributos** devidos até à data do ato pelas pessoas jurídicas de direito privado fusionadas, transformadas ou incorporadas.

O dispositivo enumera explicitamente três eventos societários: fusão, transformação e incorporação. **Fusão** é a operação pela qual se unem duas ou mais sociedades para formar sociedade nova, que lhes sucederá em todos os direitos e obrigações (art. 228 da Lei 6.404/1976). A **incorporação** é a operação pela qual uma ou mais sociedades são absorvidas por outra, que lhes sucede em todos os direitos e obrigações (art. 227 da Lei

6.404/1976). A **transformação**, por sua vez, é a operação pela qual a sociedade passa, independentemente de dissolução e liquidação, de um tipo para outro (art. 220 da Lei 6.404/1976). A transformação se distingue das demais hipóteses por não envolver criação ou extinção de pessoas jurídicas, havendo apenas a mudança de tipo societário.

Os três eventos societários acima eram regulados pelos arts. 149 a 154 do Decreto-Lei 2.627/1940, legislação vigente à época em que o CTN foi publicado, no ano de 1966. Já a **cisão não é mencionada no CTN por só ter sido introduzida na Lei 6.404/1976. Essa omissão quanto à cisão no art. 132 do CTN não prejudica a sua configuração como hipótese de responsabilidade tributária, de acordo com a doutrina e a jurisprudência. Segundo o STJ, a cisão da sociedade é modalidade de mutação empresarial sujeita, para efeito de responsabilidade tributária, ao mesmo tratamento jurídico conferido às demais espécies de sucessão (REsp 852.972, j. 25.05.2010)**

A cisão é prevista no art. 229 da Lei 6.404/1976 como a operação pela qual a companhia transfere parcelas do seu patrimônio para uma ou mais sociedades, constituídas para esse fim ou já existentes, extinguindo-se a companhia cindida, se houver versão de todo o seu patrimônio (**cisão total**), ou dividindo-se o seu capital, se parcial a versão (**cisão parcial**). Sobre a cisão parcial, o STJ possui jurisprudência no sentido de que embora não conste expressamente da redação do art. 132 do CTN, "a cisão parcial de sociedade configura hipótese de responsabilidade tributária por sucessão." (REsp 1.682.792, j. 05.09.2017).

EVENTOS SOCIETÁRIOS

FUSÃO

EMPRESA A
EMPRESA B **FUSÃO** ⟶ **EMPRESA C (SUCESSORA)**

INCORPORAÇÃO DE A POR B

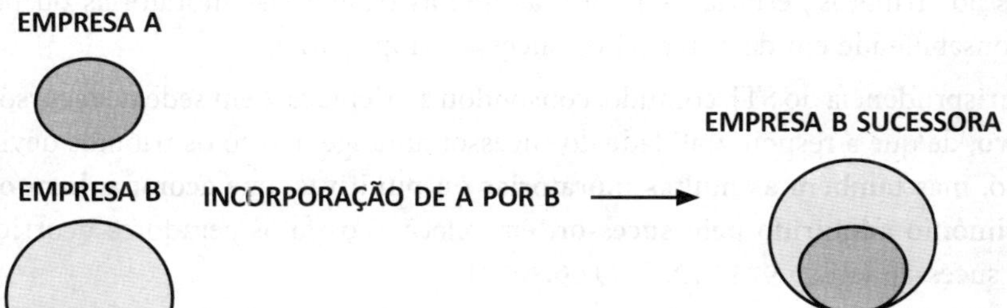

CISÃO TOTAL

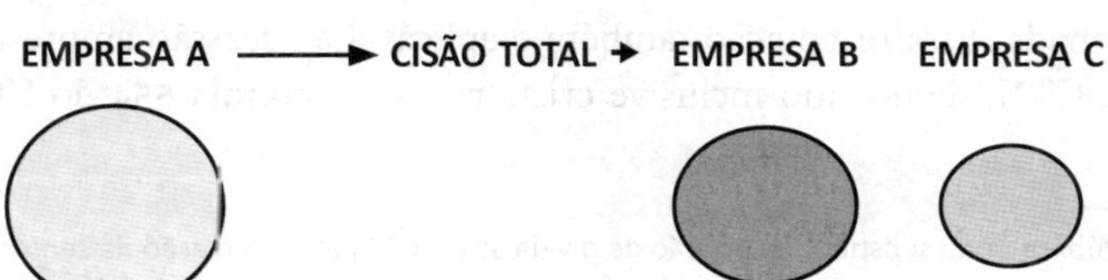

CISÃO PARCIAL

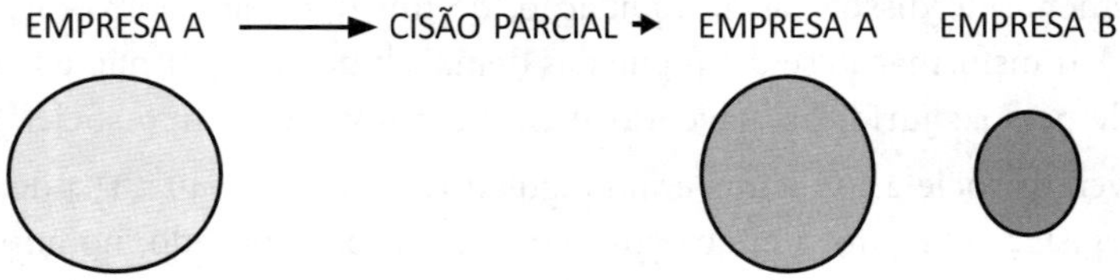

A sucessão empresarial por conta de algum dos eventos acima descritos resulta na assunção do passivo tributário da empresa sucedida.

Especificamente a respeito da incorporação, o STJ consolidou o entendimento de que não é necessária a alteração do lançamento quando o fato gerador ocorreu depois da incorporação e o lançamento foi realizado contra a contribuinte/responsável originário, na hipótese em que a incorporação não foi devidamente comunicada ao fisco (AgInt no REsp 1.774.092, j. 06.06.2019). Para o Tribunal, quando o fato gerador ocorre depois da incorporação, mas o lançamento é feito contra a pessoa jurídica existente antes da incorporação, o fato de a incorporação não ter sido oportunamente comunicada torna desnecessária a alteração do lançamento. Entendimento contrário permitira ao incorporador obter proveito de sua própria torpeza (EREsp 1.695.790, j. 13.03.2019). Assim, nos casos de sucessão empresarial por incorporação ocorrida antes do lançamento, é possível o redirecionamento da execução fiscal à incorporadora, não havendo necessidade de alteração do lançamento para emissão de nova CDA, afastando-se a aplicação da súmula 392 do STJ[1] nessa hipótese (AgInt no REsp 1.789.988, j. 27.08.2019; AgInt no REsp 1.778.944, j. 27.05.2019).

Ainda em relação à redação do art. 132, percebe-se que mais uma vez o legislador utilizou o termo "tributos", que a rigor se diferencia do termo "crédito tributário", que também abrange as multas tributárias. Uma interpretação literal do art. 132, portanto, excluiria as multas tributárias da sucessão ora estudada, uma vez que o CTN, ao utilizar a expressão "tributos", estaria excluindo as multas tributárias (moratórias ou punitivas) da responsabilidade em decorrência da sucessão empresarial.

A jurisprudência do STJ, contudo, consolidou a orientação, em sede de recurso especial **repetitivo**, de que a responsabilidade do sucessor abrange não só os tributos devidos pelo sucedido, mas **também as multas moratórias ou punitivas**, que **acompanham o passivo do patrimônio adquirido pelo sucessor**, em relação aos fatos geradores ocorridos até a data da sucessão (REsp 923.012, j. 09.06.2010).

Segundo esse entendimento do STJ, a sucessão empresarial por fusão, cisão, transformação ou incorporação não representa uma transformação real, mas apenas legal, de modo que a multa tributária não seria, a rigor, transferida, pois o valor da multa continuaria a integrar o passivo da empresa que é fusionada, incorporada, dividida pela cisão, adquirida ou transformada. Essa orientação também é aplicável à sucessão empresarial regulada no art. 133 do CTN, tendo sido inclusive cristalizada na **súmula 554 do STJ**, segundo a

1. "A Fazenda Pública pode substituir a certidão de dívida ativa (CDA) até a prolação da sentença de embargos, quando se tratar de correção de erro material ou formal, vedada a modificação do sujeito passivo da execução."

qual: "na hipótese de sucessão empresarial, a responsabilidade da sucessora abrange não apenas os tributos devidos pela sucedida, mas também as multas moratórias ou punitivas referentes a fatos geradores ocorridos até a data da sucessão". Acrescente-se ainda que essa orientação também é adotada na **súmula vinculante 113 do CARF**, que explicita ser irrelevante a formalização do crédito tributário objeto de sucessão: "A responsabilidade tributária do sucessor abrange, além dos tributos devidos pelo sucedido, as multas moratórias ou punitivas, desde que seu fato gerador tenha ocorrido até a data da sucessão, independentemente de esse crédito ser formalizado, por meio de lançamento de ofício, antes ou depois do evento sucessório.".

2.2.1.4.2 A responsabilidade do sócio remanescente na extinção da pessoa jurídica

No parágrafo único do art. 132, o CTN trata da sucessão em decorrência da extinção da pessoa jurídica:

> Art. 132, parágrafo único. O disposto neste artigo aplica-se aos casos de extinção de pessoas jurídicas de direito privado, quando a exploração da respectiva atividade seja continuada por qualquer sócio remanescente, ou seu espólio, sob a mesma ou outra razão social, ou sob firma individual.

A responsabilidade tributária por sucessão, aplicável em relação às pessoas jurídicas resultantes dos eventos societários anteriormente estudados, também incide em relação ao sócio remanescente ou espólio que continue a exploração de atividade econômica outrora exercida por pessoa jurídica que se extinguiu. O critério para a responsabilização dos sócios remanescentes é a continuidade da atividade econômica, sendo irrelevante a denominação do negócio empresarial.

O parágrafo único do art. 132 permite a exigência, em face do sócio remanescente que continue a atividade, de tributos devidos pela empresa extinta. Tratando-se de norma que atribui responsabilidade a alguém de tributos devidos por outrem, não se confunde com o art. 126, III do CTN, que traz regra sobre a irrelevância da regular constituição de uma pessoa jurídica para que se constate a capacidade tributária passiva. É dizer, a responsabilidade do sócio remanescente pelos tributos devidos pela pessoa jurídica extinta decorre diretamente do art. 132, parágrafo único do CTN. Em relação aos tributos devidos pela atividade econômica do sócio remanescente posterior à extinção da pessoa jurídica, contudo, surge a pertinência do art. 126, III, pois nesse caso se estabelece que a capacidade tributária passiva do sócio remanescente (que não se confunde com a responsabilidade pelos tributos devidos por terceiro, a pessoa jurídica extinta) em relação aos tributos surgidos em decorrência de sua própria atividade econômica não é prejudicada pela eventual irregularidade de sua atuação empresarial.

2.2.1.4.3 Responsabilidade pela aquisição de fundo de comércio ou estabelecimento comercial, industrial ou profissional

O art. 133 do CTN traz uma outra hipótese de responsabilidade tributária por conta da alteração da pessoa que passa a exercer a atividade empresarial:

> Art. 133. A pessoa natural ou jurídica de direito privado que adquirir de outra, por qualquer título, fundo de comércio ou estabelecimento comercial, industrial ou profissional, e continuar a respectiva exploração, sob a mesma ou outra razão social ou sob firma ou nome individual, responde pelos tributos, relativos ao fundo ou estabelecimento adquirido, devidos até à data do ato:
>
> I - integralmente, se o alienante cessar a exploração do comércio, indústria ou atividade;
>
> II - subsidiariamente com o alienante, se este prosseguir na exploração ou iniciar dentro de seis meses a contar da data da alienação, nova atividade no mesmo ou em outro ramo de comércio, indústria ou profissão.

Fundo de comércio é o conjunto de bens materiais e imateriais utilizados na consecução da atividade empresarial, sendo a menção a estabelecimento comercial, industrial ou profissional uma forma de esclarecer a aplicação do dispositivo ao setor industrial e de serviços. Alguns autores distinguem o fundo de comércio do estabelecimento pelo fato de que o primeiro não seria adquirido com as formalidades legais[2].

O dispositivo indica que o responsável pode ser pessoa natural ou jurídica, desde que seja identificado como o adquirente do negócio empresarial e continue a sua exploração. A continuidade da atividade empresarial pelo adquirente deve ser no mesmo ramo de atividade, pois o *caput* do art. 133 do CTN exige a continuidade da "respectiva exploração"[3]. É irrelevante, para a responsabilização em face dessa continuidade, a manutenção ou alteração da denominação empresarial.

A jurisprudência tem conferido uma aplicação restrita à expressão "aquisição de fundo de comércio ou estabelecimento". Nessa linha, já decidiu o STJ que a responsabilidade do art. 133 do CTN não incide quando uma pessoa natural ou jurídica se instala em prédio antes alugado à devedora dos tributos, não sendo a locação do mesmo espaço de estabelecimento anterior uma hipótese de sucessão para fins tributários (REsp 108.873, j. 04.03.1999). Ainda segundo o STJ, o art. 133 evidencia responsabilidade que ocorre pela aquisição da propriedade do fundo de comércio ou estabelecimento, "com todos os poderes inerentes ao domínio, o que não se caracteriza pela celebração do contrato de locação, ainda que mantida a mesma atividade exercida pelo locador. (REsp 1.140.655, j. 17.12.2009).

Na mesma linha restritiva, o STJ já decidiu que o art. 133 do CTN não se aplica quando há mera alteração do quadro social da pessoa jurídica devedora, pois nesse caso o sujeito passivo (pessoa jurídica) permanece o mesmo. Pouco importa, para fins da

---

2. "Fundo de comércio é o complexo de instalações, máquinas, utensílios, dívida ativa, e, também, do acervo imaterial como o ponto, a marca, os emblemas e a clientela, conceito coincidente com o do direito comercial. Aliás, é extremamente difícil estabelecer distinção entre fundo de comércio e estabelecimento, pelo que a referência ao fundo de comércio deve ser reservada aos casos em que não há aquisição formal do estabelecimento." (TORRES, Ricardo Lobo. Curso de Direito Financeiro e Tributário. 19ª. ed. Rio de Janeiro: Renovar, 2013, p. 268).
3. Aliomar Baleeiro (BALEEIRO, Aliomar. Direito Tributário Brasileiro. 13ª. ed. Rio de Janeiro: Forense, 2015, p. 1.150) sustentava que a responsabilidade do adquirente não só na hipótese de continuidade da exploração da atividade do alienante, mas também quando o adquirente liquida o fundo ou o estabelecimento ou ainda utiliza o estabelecimento sem exploração comercial. Esse entendimento, contudo, não deve ser adotado em provas objetivas, em razão da literalidade do art. 133. Além disso, a jurisprudência do STJ tem conferido uma interpretação restritiva do que se entende por aquisição de fundo de comércio ou estabelecimento.

responsabilização prevista no art. 133 do CTN, verificar quem eram os sócios que integravam o quadro social da pessoa jurídica (REsp 300.180, j. 08.11.2005). Em suma, "o ingresso de novo sócio no quadro societário não configura sucessão de empresas", sendo que a continuação de atividade da empresa com alteração de sócios não configura sucessão que justifique a aplicação do art. 133 do CTN (REsp 988.509, j. 19.08.2008).

O *caput* do art. 133 delimita ainda a extensão da responsabilidade: apenas serão exigidos do responsável os tributos relativos ao fundo de comércio ou estabelecimento adquirido, ou seja, apenas os tributos relacionados à exploração da atividade econômica assumida pelo responsável. Essa limitação não significa que tributos sobre a renda e a receita (como o IRPJ, a CSLL e as contribuições PIS e COFINS) não serão exigidos do adquirente[4]. A responsabilidade do adquirente por conta do art. 133 abrange todos os tributos devidos em razão da exploração do estabelecimento, excluindo-se apenas os que não possuam qualquer vínculo com o estabelecimento adquirido, como, por exemplo, o ICMS sobre mercadorias vendidas por outro estabelecimento do alienante. Quanto ao montante transferido, o valor a ser suportado pelo adquirente não pode ultrapassar o valor do preço pago pela aquisição do estabelecimento ou fundo de comércio, tendo em vista que essa quantia paga representa a capacidade contributiva do responsável[5].

Os dois incisos do art. 133 procedem a uma classificação da responsabilidade **do adquirente**. Nos termos do inciso I, a pessoa adquirente responde pelos tributos devidos pelo alienante de modo **integral**, se o alienante cessar a exploração da atividade sucedida.

Em relação ao significado termo "integral" para configurar a responsabilidade do adquirente, a doutrina divide-se: uns acreditam que a responsabilidade integral do adquirente significa responsabilidade exclusiva. Outros entendem que mesmo nessa hipótese de responsabilidade integral do adquirente, remanesce a responsabilidade do alienante.

Para a primeira corrente, o termo "integralmente" utilizado no inciso I do art. 133 significa que o adquirente responde sozinho pelas dívidas tributárias do fundo ou estabelecimento adquirido, não havendo obrigação do alienante[6].

Já os que defendem a manutenção da responsabilidade do alienante que cessa a exploração de atividade sucedida sustentam que a responsabilidade integral do adquirente significa uma responsabilidade preferencial[7], ou ainda, segundo Machado[8] solidária, tendo em vista que uma interpretação teleológica conduziria à persistência da responsabilidade do alienante, o que afastaria práticas fraudulentas.

4. Discorda-se aqui do entendimento de Luciano Amaro (AMARO, Luciano. Direito Tributário Brasileiro. 11ª. ed. São Paulo: Saraiva, 2005, p. 324), para quem o imposto de renda não seria um tributo transferido ao adquirente por força do art. 133 do CTN.
5. SCHOUERI, Luís Eduardo. Direito Tributário. 5ª. ed. São Paulo: Saraiva, 2015, p. 592.
6. AMARO, Luciano. Direito Tributário Brasileiro. 11ª. ed. São Paulo: Saraiva, 2005, p. 324.
7. (DERZI, Misabel Abreu Machado. Notas de atualização ao Direito Tributário Brasileiro de Aliomar Baleeiro. 13ª. ed. Rio de Janeiro: Forense, 2015, p. 1.151) "Prevaleceu na doutrina e na jurisprudência, por sua razoabilidade, a interpretação que ALIOMAR BALEEIRO deu ao art. 133 do CTN. A responsabilidade do sucessor é preferencial e não 'integral', caso o contribuinte se retire da exploração da atividade comercial, industrial ou profissional por mais de seis meses (...)".
8. MACHADO, Hugo de Brito. Curso de Direito Tributário. 26ª edição. ed. São Paulo: Malheiros, 2005, p. 164.

O inciso II do art. 133, por sua vez, determina a responsabilidade subsidiária do adquirente com o alienante, se este prosseguir na exploração ou iniciar dentro de seis meses, a contar da data da alienação, nova atividade **no mesmo ou em outro ramo** de comércio, indústria ou profissão. Nessa hipótese, a dívida tributária deve ser cobrada primeiramente do alienante do fundo ou do estabelecimento, e caso este não realize o pagamento, a dívida poderá ser cobrada do adquirente, responsável subsidiário. Perceba que o inciso II é expresso quanto à nova atividade do **alienante** poder ser **no mesmo ou em outro ramo** empresarial. Há nesse ponto uma diferença em relação à atividade do **adquirente**, que deve ser a mesma anteriormente exercida pelo alienante, eis que o *caput* do art. 133 exige que a aquisição do fundo de comércio ou estabelecimento seja para "continuar a respectiva exploração".

COMPORTAMENTO DO ALIENANTE	RESPONSABILIDADE DO ADQUIRENTE
cessa a exploração da atividade	**INTEGRAL**
prossegue ou inicia outra atividade no mesmo ou em outro ramo dentro de 6 meses	**SUBSIDIÁRIA**

O § 1º do art. 133, por sua vez, impede a responsabilidade tributária por aquisição de fundo de comércio ou aquisição de estabelecimento quando se tratar de alienação **judicial** em processo de falência ou de filial ou unidade produtiva isolada, em processo de recuperação judicial. Essa exceção da regra de responsabilidade foi incluída pela Lei Complementar 118/2005 e tem como objetivo viabilizar a aquisição do acervo patrimonial de empresa que se encontra em falência ou recuperação judicial. Tal disciplina tem o intuito de aumentar o interesse de se adquirir o conjunto de bens da empresa em falência ou recuperação judicial, proporcionando a manutenção de uma unidade econômica.

Contudo, a exclusão da responsabilidade do adquirente de empresa em processo de falência ou recuperação judicial não se aplica quando o adquirente for: a) sócio da sociedade falida ou em recuperação judicial, ou sociedade controlada pelo devedor falido ou em recuperação judicial; b) parente, em linha reta ou colateral até o 4º grau, consangüíneo ou afim, do devedor falido ou em recuperação judicial ou de qualquer de seus sócios; ou c) identificado como agente do falido ou do devedor em recuperação judicial com o objetivo de fraudar a sucessão tributária (art. 133, § 2º do CTN).

Nesses casos, o legislador elegeu fatos que indicam a possibilidade de uma aquisição "combinada" apenas para evitar a responsabilidade tributária, diante da existência de vínculo que indique proximidade entre o adquirente e a sociedade em falência ou em recuperação judicial. As duas primeiras situações são de fácil constatação, bastando a identificação do vínculo societário ou de parentesco. Já na situação de o adquirente ser agente do falido ou devedor em recuperação judicial com o objetivo de fraudar a sucessão tributária, haverá necessidade de prova mais complexa, relativa à configuração do adquirente como agente da empresa que tem seu estabelecimento adquirido e ao objetivo de fraudar a sucessão tributária, elementos subjetivos que precisarão de uma fundamentação mais rigorosa do que a mera condição de sócio ou parente.

Outra inovação da Lei Complementar 118/2005 foi a inclusão do parágrafo 3º ao art. 133 do CTN, prevendo que, em processo de falência, o produto da alienação judicial de empresa, filial ou unidade produtiva isolada permanecerá em conta de depósito à disposição do juízo de falência pelo prazo de 1 (um) ano, contado da data de alienação, somente podendo ser utilizado para o pagamento de créditos extraconcursais ou de créditos que preferem ao tributário.

Vale lembrar que também em relação à responsabilidade do art. 133 a jurisprudência do STJ se consolidou no sentido de que o sucessor responderá não só pelos tributos, mas também pelas "multas moratórias ou punitivas, que, por representarem dívida de valor, acompanham o passivo do patrimônio adquirido pelo sucessor" (REsp 923.012, **repetitivo**, j. 09.06.2010). Esse entendimento foi cristalizado na **súmula 554 do STJ**, segundo a qual: "na hipótese de sucessão empresarial, a responsabilidade da sucessora abrange não apenas os tributos devidos pela sucedida, mas também as multas moratórias ou punitivas referentes a fatos geradores ocorridos até a data da sucessão".

2.2.2 *Responsabilidade de terceiros*

Como já mencionado, o CTN divide a responsabilidade de terceiros entre os arts. 134 e 135.

As hipóteses de responsabilidade tributária previstas nesses artigos não podem, como já decidiu o STF (ADI 4845, j. 13.02.2020), ser ampliadas por lei estadual, sob pena de inconstitucionalidade formal, consistente na invasão de competência do legislador complementar federal para estabelecer as normas gerais na matéria (art. 146, III, b, da CF). Nessa decisão, reputou-se inconstitucional lei estadual que atribuía responsabilidade tributária solidária por infrações a toda pessoa que concorra ou intervenha, ativa ou passivamente, no cumprimento da obrigação tributária, especialmente advogado, economista e correspondente fiscal.

2.2.2.1 *Responsabilidade de terceiros do art. 134*

O art. 134 do CTN, ao estabelecer a responsabilidade de terceiros por força de atos ou omissões, traz uma redação bastante controversa e criticada na doutrina:

> Art. 134. Nos casos de impossibilidade de exigência do cumprimento da obrigação principal pelo contribuinte, respondem solidariamente com este nos atos em que intervierem ou pelas omissões de que forem responsáveis:
>
> I - os pais, pelos tributos devidos por seus filhos menores;
>
> II - os tutores e curadores, pelos tributos devidos por seus tutelados ou curatelados;
>
> III - os administradores de bens de terceiros, pelos tributos devidos por estes;
>
> IV - o inventariante, pelos tributos devidos pelo espólio;

> V - o síndico e o comissário, pelos tributos devidos pela massa falida ou pelo concordatário;
>
> VI - os tabeliães, escrivães e demais serventuários de ofício, pelos tributos devidos sobre os atos praticados por eles, ou perante eles, em razão do seu ofício;
>
> VII - os sócios, no caso de liquidação de sociedade de pessoas.
>
> Parágrafo único. O disposto neste artigo só se aplica, em matéria de penalidades, às de caráter moratório.

O dispositivo acima traz uma responsabilidade que só existirá em caso de impossibilidade do cumprimento da obrigação pelo contribuinte, o que indica a natureza subsidiária da responsabilidade em questão. Se o responsável previsto no art. 134 só será acionado diante do inadimplemento do contribuinte, não faz sentido dizer que o terceiro responde solidariamente *com* o contribuinte, como o faz de forma imprópria o art. 134 do CTN. A solidariedade entre o responsável e o contribuinte só existiria se a dívida pudesse ser exigida tanto do contribuinte quanto do responsável, sem ordem de preferência entre os sujeitos obrigados ao pagamento da dívida. A partir do momento em que o próprio legislador estabelece como requisito da responsabilidade de terceiro o não pagamento da dívida pelo contribuinte ("devedor principal"), torna-se indevida qualquer associação da responsabilidade prevista no art. 134 do CTN a uma natureza solidária[9]. A única solidariedade possível no art. 134 seria entre os próprios responsáveis, caso mais de uma pessoa elencada nos incisos seja identificada como atuante ou omissa[10].

Além do requisito acima comentado ("impossibilidade de exigência do cumprimento da obrigação principal pelo contribuinte"), exige-se também que o terceiro tenha atuado ou se omitido. Essa atuação ou omissão que justifica a responsabilidade pode se dar tanto em relação à ocorrência do fato que faz surgir a obrigação tributária quanto em relação à circunstância de a obrigação principal ter o seu adimplemento frustrado. Assim, os pais só serão responsáveis pelos tributos devidos e não adimplidos pelos filhos menores se houver uma atuação ou omissão em relação ao fato gerador do tributo ou à impossibilidade de seu pagamento. O mesmo raciocínio se aplica aos tutores e curadores, administradores de bens de terceiros, inventariante, e assim por diante.

Especificamente em relação à responsabilidade dos **sócios, no caso de liquidação de sociedade de pessoas** (inciso VII), vale registrar o entendimento do STJ segundo o qual é possível a responsabilização do sócio-gerente, com base no art. 134, VII, do CTN, no caso de **extinção regular** de **micro ou pequena empresa** (AgInt no REsp 1.737.621, j. 25.02.2019). Essa responsabilidade subsidiária de que trata o inciso VII do art. 134 do CTN está **limitada ao patrimônio social que subsistir após a liquidação**, ao contrário do que ocorre na aplicação do art. 135, III do CTN, pelo qual o sócio responde integralmente pelo débito com base em seu próprio patrimônio, independente do que lhe coube por ocasião da extinção da pessoa jurídica (STJ, REsp 1.591.419, j. 20.09.2016).

9. "Flagrante ausência de tecnicidade legislativa no artigo 134, do CTN, em que se indica hipótese de responsabilidade solidária (...), uma vez cediço que o instituto da solidariedade não se coaduna com o benefício de ordem ou de excussão. Em verdade, o aludido preceito normativo cuida de responsabilidade subsidiária" (EREsp 446.955, j. 09.04.2008)

10. SCHOUERI, Luís Eduardo. Direito Tributário. 5ª. ed. São Paulo: Saraiva, 2015, p. 595.

O ato ou omissão que gera a responsabilidade do terceiro do art. 134 é de natureza culposa. Caso as pessoas listadas no art. 134 atuem de maneira dolosa, a responsabilidade passa a ser regida pelo art. 135 do CTN[11].

Em consonância com essa ausência de dolo no art. 134, é preciso destacar a previsão expressa do parágrafo único do art. 134, segundo a qual a responsabilidade desse artigo só se aplica, em matéria de penalidades, às de caráter moratório. As multas punitivas, portanto, são expressamente excluídas da responsabilidade de terceiros por atos ou omissões previstas no art. 134.

2.2.2.2 *Responsabilidade de terceiros do art. 135*

O art. 135 do CTN traz uma responsabilidade de terceiros marcada por um desvio de conduta mais grave que uma mera atuação ou omissão irregular. Nos termos do art. 135, as pessoas listadas no art. 134, os mandatários, prepostos e empregados, bem como os diretores, gerentes e representantes de pessoas jurídicas de direito privado serão pessoalmente responsáveis quando praticarem atos com excesso de poderes ou infração de lei, contrato social ou estatuto:

> Art. 135. São pessoalmente responsáveis pelos créditos correspondentes a obrigações tributárias resultantes de atos praticados com excesso de poderes ou infração de lei, contrato social ou estatutos:
>
> I - as pessoas referidas no artigo anterior;
>
> II - os mandatários, prepostos e empregados;
>
> III - os diretores, gerentes ou representantes de pessoas jurídicas de direito privado.

Apesar do amplo leque de pessoas sujeitas ao art. 135 do CTN, as principais referências serão feitas em relação aos sócios-gerentes (inciso III), diante de sua maior relevância prática. O responsável, nos termos do inciso III, é apenas aquele que possui poderes de direção, gerência ou representação, não se admitindo que qualquer sócio da pessoa jurídica possa ser responsabilizado nos termos do art. 135 do CTN. Essa orientação encontra-se consolidada em sede de **repercussão geral** no RE 562.276 (j. 03.11.2010), onde o STF definiu que "apenas o sócio com poderes de gestão ou representação da sociedade é que pode ser responsabilizado, o que resguarda a pessoalidade entre o ilícito (mal gestão ou representação) e a conseqüência de ter de responder pelo tributo devido pela sociedade". Por conta dessa limitação, o STF, nesse mesmo julgamento, considerou inconstitucional norma de lei ordinária (art. 13 da Lei 8.620/93) que atribuía responsabilidade solidária aos sócios das empresas por cotas de responsabilidade limitada por débitos junto à Seguridade Social (contribuições previdenciárias). Além da violação da reserva de lei complementar para tratar de responsabilidade tributária (art. 146, III da CF[12]), referia norma ainda incorria em

11. Art. 135. São pessoalmente responsáveis pelos créditos correspondentes a obrigações tributárias resultantes de atos praticados com excesso de poderes ou infração de lei, contrato social ou estatutos: I - as pessoas referidas no artigo anterior; (...)
12. "Cabe à lei complementar: (...) III - estabelecer normas gerais em matéria de legislação tributária (...)"

inconstitucionalidade material, pois criava uma confusão entre os patrimônios das pessoas física e jurídica, afrontando os arts. 5º, XIII[13], e 170, parágrafo único, da Constituição[14].

As pessoas listadas nos incisos, são, de acordo com o *caput*, "**pessoalmente** responsáveis". Essa qualificação da responsabilidade como pessoal não acarreta a conclusão de que o contribuinte que realizou o fato gerador é excluído da responsabilidade pelo pagamento do crédito tributário. Segundo o CTN, apenas a lei pode excluir a responsabilidade do contribuinte[15], o que não ocorre na hipótese do art. 135 do CTN. Conforme já decidiu o STJ, "não há sentido em concluir que a prática, pelo sócio-gerente, de ato ilícito (dissolução irregular) constitui causa de exclusão da responsabilidade tributária da pessoa jurídica, fundada em circunstância independente" (REsp 1.455.490, j. 26.08.2014). Ou seja, em caso de prática de ato ilícito por terceiro, este e o contribuinte, em conjunto, devem responder pela quitação do crédito tributário. Nesse sentido, também dispõe a **súmula 130 do CARF**: "A atribuição de responsabilidade a terceiros com fundamento no art. 135, inciso III, do CTN não exclui a pessoa jurídica do pólo passivo da obrigação tributária".

O objeto da responsabilidade diz respeito a "créditos correspondentes a obrigações tributárias", o que indica que a responsabilidade em questão não se limita a tributos, mas também às multas que são incluídas no crédito tributário correlato à obrigação principal[16].

Já os "atos praticados com excesso de poderes ou infração de lei, contrato social ou estatutos" representam a atuação dolosa dos responsáveis que justifica a sujeição de seu patrimônio ao adimplemento do crédito tributário. Para tanto, é necessário ainda que haja uma conexão entre o crédito tributário e o ato ilícito do responsável, pois o dispositivo determina que o crédito seja "resultante" dos atos elencados.

A jurisprudência, todavia, estende a responsabilidade do art. 135 a situações em que o crédito tributário não necessariamente resulta dos atos ilícitos, como no caso da dissolução irregular, ilícito ocorrido após o surgimento do crédito tributário a ser suportado pelo responsável[17]. De acordo com o STJ (EREsp 716.412, j. 12.09.2007):

> o sócio-gerente que deixa de manter atualizados os registros empresariais e comerciais, em especial quanto à localização da empresa e à sua dissolução, viola a lei (arts. 1.150 e 1.151, do CC, e arts. 1º, 2º, e 32, da Lei 8.934/1994, entre outros). A não-localização da

---

13. "é livre o exercício de qualquer trabalho, ofício ou profissão, atendidas as qualificações profissionais que a lei estabelecer".
14. "É assegurado a todos o livre exercício de qualquer atividade econômica, independentemente de autorização de órgãos públicos, salvo nos casos previstos em lei".
15. CTN, art. 128. Sem prejuízo do disposto neste capítulo, **a lei** pode atribuir de modo expresso a responsabilidade pelo crédito tributário a terceira pessoa, vinculada ao fato gerador da respectiva obrigação, **excluindo a responsabilidade do contribuinte ou atribuindo-a a este em caráter supletivo** do cumprimento total ou parcial da referida obrigação.
16. CTN, art. 113, § 1º A **obrigação principal** surge com a ocorrência do fato gerador, **tem por objeto o pagamento de tributo ou penalidade pecuniária** e extingue-se juntamente com o crédito dela decorrente.
17. No mesmo sentido: "Poder-se-ia, assim, sustentar que a obrigação, pela qual respondem, há de ser resultante de atos irregularmente praticados. O próprio nascimento da obrigação tributária já teria de ser em decorrência de atos irregulares. Mas tal posição levaria a excluir-se a responsabilidade em exame toda vez que os atos irregulares, violadores da lei ou estatuto, fossem posteriores à ocorrência do fato gerador do tributo. Operar-se-ia, assim, injustificável redução no alcance da regra jurídica em estudo." (MACHADO, Hugo de Brito. Curso de Direito Tributário. 26ª edição. ed. São Paulo: Malheiros, 2005, p. 168).

> empresa, em tais hipóteses, gera legítima presunção *iuris tantum* de dissolução irregular e, portanto, responsabilidade do gestor, nos termos do art. 135, III, do CTN (...)

A dissolução irregular pode ser definida, de uma forma simples, como a alteração de endereço ou extinção das atividades da pessoa jurídica sem observância aos requisitos legais para tanto. A esse respeito, foi editado o enunciado de **súmula nº 435 do STJ**:

> Presume-se dissolvida irregularmente a empresa que deixar de funcionar no seu domicílio fiscal, sem comunicação aos órgãos competentes, legitimando o redirecionamento da execução fiscal para o sócio-gerente

Apesar de sua aplicação prática possuir maior expressão nas dívidas tributárias, o STJ consolidou o entendimento, em sede de recurso **repetitivo**, que é possível a responsabilização, por dívida de natureza **não tributária**, do sócio-gerente de pessoa jurídica dissolvida irregularmente (REsp 1.371.128, j. 10.09.2014). Em se tratando de dívidas não tributárias, a responsabilização dos sócios-gerentes não decorreria do art. 135 do CTN, mas sim do art. 10 do Decreto 3.708/1919[18] e do art. 158 da Lei 6.404/1976[19].

Assim, as execuções fiscais de dívidas tributárias ou não tributárias (multas eleitorais, trabalhistas, ambientais etc.) permitem o **redirecionamento** da execução (inclusão no polo passivo) contra o sócio-gerente em caso de constatação de dissolução irregular da pessoa jurídica.

Ao contrário do que a expressão "redirecionar" indica, o "devedor originário" do crédito exigido em execução fiscal não é excluído do polo passivo. Segundo o STJ, não há exclusão da responsabilidade da pessoa jurídica em caso de dissolução irregular. De acordo com esse entendimento, há, no caso de redirecionamento da execução fiscal, "cumulação subjetiva em regime de litisconsórcio", sendo distintas as causas que deram ensejo à responsabilidade tributária. No caso da pessoa jurídica, a responsabilidade surge da condição de contribuinte que realiza o fato gerador, enquanto no caso do sócio-gerente a responsabilidade surge da dissolução irregular (ato ilícito). Para o STJ, não haveria sentido "em concluir que a prática, pelo sócio-gerente, de ato ilícito (dissolução irregular) constitui causa de exclusão da responsabilidade tributária da pessoa jurídica" (REsp 1.455.490, j. 26.08.2014).

Também quanto à responsabilização decorrente de dissolução irregular, é importante registrar que o STJ não exige a ocorrência de dolo (REsp 1.371.128, j. 10.09.2014), contrariando a interpretação da doutrina segundo a qual a responsabilização por força do art. 135 do CTN exigiria prática de ato doloso. Em decisão do final de novembro de 2019 (AgInt no REsp 1.580.182, j. 25.11.2019), o STJ reafirmou o entendimento de que a mera constatação (por certidão de oficial de justiça) de que a empresa deixou de funcionar no

18. "Os sócios gerentes ou que derem o nome à firma não respondem pessoalmente pelas obrigações contraídas em nome da sociedade, mas respondem para com esta e para com terceiros solidaria e ilimitadamente pelo excesso de mandato e pelos atos praticados com **violação do contrato ou da lei**.".
19. "O administrador não é pessoalmente responsável pelas obrigações que contrair em nome da sociedade e em virtude de ato regular de gestão; responde, porém, civilmente, pelos prejuízos que causar, quando proceder: I - dentro de suas atribuições ou poderes, com culpa ou dolo; II - com **violação da lei ou do estatuto**."

endereço constante dos registros oficiais já é suficiente para a constatação da dissolução irregular e aplicação da súmula 435. Em outro julgado, já havia sido consignado que "a certidão emitida por oficial de justiça, atestando que a empresa devedora não funciona mais no endereço constante dos seus assentamentos na junta comercial, constitui indício suficiente de dissolução irregular" (AgInt no REsp 1.587.168, j. 13.05.2019).

A inclusão de sócio-gerente no polo passivo de execução fiscal, assim, exige que o exequente demonstre a ocorrência de ato que, de acordo com a legislação aplicável, enseja a responsabilização, sendo da Fazenda o ônus da prova da ocorrência do ato. Diferentemente, é possível que a certidão de dívida ativa (título executivo que embasa a execução fiscal) contenha não apenas o devedor, mas também responsáveis, caso em que estes já estarão no polo passivo da execução desde o seu ajuizamento.

A inclusão de terceiros responsáveis na certidão de dívida ativa, contudo, não é um ato discricionário do exequente. Para tanto, o processo administrativo de origem da dívida deve observar o contraditório e o devido processo legal para a inclusão do responsável, que poderá se defender quanto à acusação de prática de ato com excesso de poderes ou infração de lei, contrato social ou estatutos.

Desse modo, se o sócio consta da certidão de dívida ativa (após procedimento administrativo que tenha observado o contraditório e a ampla defesa), a ele cabe o ônus de provar que não houve nenhuma das circunstâncias do art. 135 do CTN (REsp 1.104.900, **repetitivo**, j. 25.03.2009). Sobre esse tema, vale mencionar que a Lei 13.606/2018 alterou a Lei 10.522/2002 para prever, no âmbito da Procuradoria-Geral da Fazenda Nacional, o procedimento administrativo para apuração de responsabilidade por débito inscrito em dívida ativa da União, ajuizado ou não (art. 20-D, III da Lei 10.522/2002). A Portaria PGFN 948/2017 regulamenta, no âmbito da PGFN, o Procedimento Administrativo de Reconhecimento de Responsabilidade. Tal procedimento objetiva a apuração de responsabilidade de terceiros pela prática da infração à lei consistente na dissolução irregular de pessoa jurídica devedora de créditos inscritos em dívida ativa pela PGFN (art. 1º da Portaria). No âmbito da Receita Federal, a Instrução Normativa RFB 1.862/2018 dispõe sobre o procedimento de imputação de responsabilidade tributária.

Ainda sobre os atos que justificam a responsabilização pelo art. 135 do CTN, a jurisprudência consolidou o entendimento de que o mero não pagamento de tributo não configura "infração de lei" para fins de sujeição do patrimônio do sócio-gerente. Segundo o enunciado de **súmula nº 430 do STJ**, "o inadimplemento da obrigação tributária pela sociedade não gera, por si só, a responsabilidade solidária do sócio-gerente". O STJ traçou uma distinção sutil entre ato contrário à lei (inadimplemento do crédito tributário, que não justifica a responsabilização pelo art. 135) e infração à lei. O não recolhimento do tributo configura simples mora da sociedade devedora (REsp 804.441, j. 16.08.2007), não podendo ser classificado como infração legal.

No caso específico do ICMS, o STF fixou tese segundo a qual o contribuinte que, de forma contumaz e com dolo de apropriação, **deixa de recolher o ICMS** cobrado do adquirente da mercadoria ou serviço, incorre em **crime contra a ordem tributária**, de acordo com o art. 2º, II da Lei 8.137/1990 (RHC 163.334, j. 18.12.2019).

2.2.3 *Responsabilidade por infrações*

A responsabilidade por infrações é tratada nos arts. 136 a 138 do CTN, a seguir comentados.

2.2.3.1 *Responsabilidade "objetiva" do art. 136 do CTN*

O art. 136 do CTN trata da responsabilidade por infrações da legislação tributária da seguinte maneira:

> Art. 136. Salvo disposição de lei em contrário, a responsabilidade por infrações da legislação tributária independe da intenção do agente ou do responsável e da efetividade, natureza e extensão dos efeitos do ato.

No âmbito da legislação aduaneira, o art. 94, § 2º do Decreto-Lei 37/1966 possui norma de redação idêntica.

O fato de o dispositivo dispensar a investigação a respeito da intenção do agente ou responsável para a configuração de sua responsabilidade faz com que alguns autores associem a norma a uma responsabilidade objetiva, não se exigindo os elementos subjetivos de dolo ou culpa[20]. A literalidade do art. 136, todavia, dispensa a "intenção", o que pode ser interpretado como a dispensa apenas de uma conduta dolosa. Nesse raciocínio, o art. 136 do CTN não dispensaria a comprovação da culpa para a caracterização da responsabilidade por infrações da legislação tributária. Nessa posição, é possível encontrar as lições de Luciano Amaro[21], Luís Eduardo Schoueri[22] e Regina Helena Costa[23].

No STJ, a maioria das decisões qualifica a responsabilidade do art. 136 do CTN como objetiva, como se pode verificar nas ementas dos seguintes julgados: REsp 1.371.211, j. 02.10.2014; AgRg no REsp 1.220.414, j. 19.05.2011; REsp 1.095.822, j. 16.12.2010. A se adotar essa interpretação, pouco importa ao agente demonstrar que não agiu culpa (imperícia, imprudência ou negligência) na prática do ato que configura infração à legislação tributária. Em direção minoritária, é possível encontrar julgado do STJ segundo o qual

20. "(...) Desta disposição se extrai a conclusão, tão famosa em direito tributário, de que a responsabilidade por infrações tributárias é, em regra, objetiva. (...) o CTN, ao afirmar que a responsabilidade independe da intenção do agente, acabou por permitir sua punição independentemente da perquirição da presença de elementos subjetivos (dolo ou culpa) na conduta." (ALEXANDRE, Ricardo. Direito Tributário. 13ª ed. Salvador, Juspodivm, 2019, p. 429-430).
21. AMARO, Luciano. Direito Tributário Brasileiro. 11ª. ed. São Paulo: Saraiva, 2005, p. 444-445.
22. SCHOUERI, Luís Eduardo. Direito Tributário. 5ª. ed. São Paulo: Saraiva, 2015, p. 611: "o artigo 136 não dispensa qualquer elemento subjetivo para a configuração da infração; apenas exclui, via de regra, a exigência de dolo. Daí poder-se dizer que a mera culpa será suficiente para a configuração da infração."
23. COSTA, Regina Helena. Curso de Direito Tributário – Constituição e Código Tributário Nacional. 4ª. ed. São Paulo: Editora Saraiva, 2014, p. 310: "(...) muitos extraem a conclusão de que se cuida de responsabilidade objetiva. Entretanto, parece-nos equivocada tal interpretação. Isto porque responsabilidade objetiva é aquela que prescinde da ideia de culpa, em seu sentido amplo, vale dizer, a abranger tanto o dolo quanto a culpa em sentido estrito (negligência, imprudência ou imperícia). Ora, quando a lei declara que a responsabilidade por infrações à legislação tributária independe da intenção do agente, há que se entender estar afastado tão somente o dolo, e não a culpa em sentido estrito."

a responsabilidade tributária objetiva seria contrária aos princípios do Direito Público (REsp 1.574.489, j. 21.09.2017).

Outros julgados parecem adotar um "temperamento" do art. 136 do CTN. Em algumas decisões, o STJ adotou a premissa de que, apesar de o art. 136 do CTN ser uma norma de responsabilidade objetiva, sua interpretação deve ser temperada diante de outras normas do CTN, como os seus arts. 108, IV e 112, que permitem a aplicação da equidade e a interpretação da lei tributária segundo o princípio do *in dubio pro contribuinte* (REsp 699.700, j. 21.06.2005; REsp 494.080, j. 19.10.2004; AgRg no REsp 982.224, j. 06.05.2010). Nesses precedentes, levou-se em consideração que o reconhecimento da boa-fé do contribuinte, bem como "a inexistência de qualquer dano ao Erário ou mesmo de intenção de o provocar" seriam elementos a serem avaliados para fins de se "temperamentos de interpretação" do art. 136 do CTN (expressões utilizadas no REsp 699.700). A rigor, esse "temperamento" representa uma significativa redução do alcance do art. 136 do CTN, ou até mesmo o afastamento de sua aplicação, pois ao levar em consideração a boa-fé do contribuinte e a inexistência de intenção, por parte deste, de provocar dano, o STJ contraria norma do art. 136, segundo a qual a responsabilidade por infração da legislação tributária independe da intenção do agente ou responsável, bem como da efetividade, natureza e extensão dos efeitos do ato.

Por fim, vale mencionar uma ocasião em que a boa-fé do contribuinte foi utilizada como fundamento do afastamento da responsabilidade do adquirente de mercadoria cuja nota fiscal (emitida pela empresa vendedora) tenha sido posteriormente declarada inidônea. Nessa hipótese, o art. 136 do CTN seria aplicável ao alienante da mercadoria cuja nota fiscal foi posteriormente reconhecida como inidônea, não ao adquirente (REsp 1.148.444, **repetitivo**, j. 14.04.2010). Esse entendimento culminou na edição do enunciado de **súmula nº 509 do STJ**, com a seguinte redação: "é lícito ao comerciante de boa-fé aproveitar os créditos de ICMS decorrentes de nota fiscal posteriormente declarada inidônea, quando demonstrada a veracidade da compra e venda".

2.2.3.2 *Responsabilidade pessoal do "agente" do art. 137 do CTN*

O art. 137 do CTN traz hipóteses de responsabilidade pessoal do "agente" quando este atua de modo doloso ou culposo. Como já decidiu o STJ, é possível se concluir, a partir da redação do art. 137, que esse dispositivo "consagra a responsabilidade subjetiva" (REsp 68.087, j. 03.06.2004). São três incisos que descrevem hipóteses de responsabilidade pessoal do agente (grifo adicionado pelo autor):

> Art. 137. A responsabilidade é pessoal ao agente:
>
> I - quanto às infrações conceituadas por lei como crimes ou contravenções, salvo quando praticadas no exercício regular de administração, mandato, função, cargo ou emprego, ou no cumprimento de ordem expressa emitida por quem de direito;
>
> II - quanto às infrações em cuja definição o dolo específico do agente seja elementar;
>
> III - quanto às infrações que decorram direta e exclusivamente de dolo específico: a) das pessoas referidas no artigo 134, **contra** aquelas por quem respondem; b) dos mandatários,

> prepostos ou empregados, **contra** seus mandantes, preponentes ou empregadores; c) dos diretores, gerentes ou representantes de pessoas jurídicas de direito privado, **contra** estas.

Todos os incisos do art. 137 circunscrevem a responsabilidade do agente às "infrações", ou seja, tratam de responsabilidade por multa, já que o tributo não surge de infração à lei. Como essa atuação infracional do agente é contrária aos poderes que lhe são conferidos pelo terceiro representado, apenas o agente deve ser responsável pela multa tributária, excluindo-se a responsabilidade do terceiro, que muitas vezes é vítima da infração. Como exemplo, é possível citar o caso de administrador que importa automóvel de luxo para uso próprio em nome da pessoa jurídica, subfaturando o valor do veículo, mediante a prestação de declarações falsas à autoridade. Nessa situação, a multa imposta pela infração cometida mediante a declaração de dados falsos deve ser imposta a quem comprovadamente praticou o ato infracional, e não à empresa, que teve seu nome utilizado indevidamente. O art. 137 cuida de casos em que o agente atua em nome e por conta de terceiro, mas, de forma ardilosa, em interesse próprio[24].

Há, no art. 137, uma lacuna quanto à responsabilidade pelos tributos eventualmente devidos em transação na qual o agente tenha atuado contra a lei. Na doutrina, Schoueri[25] diferencia as situações em que o agente comete infração em transação realizada pela pessoa jurídica representada (por exemplo, importação realizada pela empresa em que o despachante falsifica uma guia de recolhimento do imposto de importação) e das hipóteses em que o agente utiliza a pessoa jurídica como fachada, se apropriando do resultado da transação. Nesse último caso, a empresa não terá, a rigor, incorrido no fato gerador, pois foi utilizada de forma fraudulenta em benefício do agente infrator, o verdadeiro sujeito passivo da obrigação tributária. Assim, o agente seria responsável tanto pela infração, como pelo tributo devido, quando a operação que originou o tributo foi realizada em benefício do infrator. Já quando o agente comete infração em operação verdadeiramente praticada pela empresa, o tributo será devido por esta, sendo apenas a multa de responsabilidade do agente, nos termos do art. 137 do CTN.

Ao adotar o termo "agente" no art. 137 e "responsável" no art. 135, o CTN procede a uma distinção. De um lado, há o responsável que, apesar de agir em nome e no interesse de terceiros, pratica atos com excesso de poderes ou infração de lei, contrato social ou estatutos (art. 135). De outro lado, há o agente, que atua de modo contrário ao exercício regular de administração, mandato, função, cargo ou emprego. Ou seja, o agente mencionado no art. 137 é aquele cujos atos não podem ser enquadrados como sendo no interesse ou em benefício de terceiro. O agente mencionado no art. 137 atua em benefício próprio, muitas vezes em prejuízo do terceiro que deveria representar.

Esse é o sentido que se extrai do inciso I do art. 137, o qual contrapõe as infrações conceituadas por lei como crimes ou contravenções às infrações praticadas no exercício regular de administração, mandato, função, cargo ou emprego, ou no cumprimento de ordem expressa emitida por quem de direito. Quando uma infração é cometida no

---

24. AMARO, Luciano. Direito Tributário Brasileiro. 11ª. ed. São Paulo: Saraiva, 2005, p. 448.
25. SCHOUERI, Luís Eduardo. Direito Tributário. 5ª. ed. São Paulo: Saraiva, 2015, p. 610-611.

"exercício regular", a responsabilidade cabível é a do art. 135, não a do art. 137. Aplicando essa orientação, o STJ assim decidiu (REsp 981.511, j. 01.12.2009 – grifo adicionado):

> A responsabilidade pessoal do agente público por força das obrigações tributárias só incide quando pratica atos com excesso de poder ou infração à Lei atuando com dolo o que é **diverso do exercício regular de administração, mandato, função, cargo ou emprego.** Inteligência do art. 137, I do CTN.

O inciso II, por sua vez, confere responsabilidade pessoal ao agente quanto às infrações em cuja definição o dolo específico seja elementar. O dolo específico é identificado pela intenção de produzir um resultado particular com a conduta. O agente não quer apenas praticar determinada conduta. Seu intuito é produzir um resultado específico com a ação. Quando esse dolo específico for utilizado pelo legislador como um elemento da própria caracterização da infração, haverá responsabilidade pessoal do agente, nos termos do art. 137, II do CTN.

Também utilizando a noção de dolo específico, o inciso III acrescenta ainda as situações em que o agente atua contra as pessoas que deveria auxiliar ou representar. A diferença em relação ao inciso II é que no inciso III não se exige que o dolo específico seja elemento do tipo infracional. Basta que haja um dolo específico de praticar um ato **contra** os interesses das pessoas representadas.

3. DENÚNCIA ESPONTÂNEA

O instituto da denúncia espontânea, previsto no art. 138 do CTN, está inserido na seção do CTN que trata da responsabilidade por infrações. Assim, a responsabilidade a ser excluída pela denúncia espontânea é apenas a relativa a infrações à legislação tributária, envolvendo as multas. Responsabilidade por tributos, portanto, não é excluída, tanto que o art. 138 é expresso ao dispor que a denúncia espontânea é "da infração", devendo haver o pagamento do tributo eventualmente devido:

> Art. 138. A responsabilidade é excluída pela denúncia espontânea da infração, acompanhada, se for o caso, do pagamento do tributo devido e dos juros de mora, ou do depósito da importância arbitrada pela autoridade administrativa, quando o montante do tributo dependa de apuração.
>
> Parágrafo único. Não se considera espontânea a denúncia apresentada após o início de qualquer procedimento administrativo ou medida de fiscalização, relacionados com a infração.

A previsão da denúncia espontânea tem como objetivo conferir ao infrator a possibilidade de se eximir do pagamento da multa que incide sobre a infração, desde que recolha o montante a título de tributo e juros de mora. Há uma "troca" entre o contribuinte infrator e o Poder Público: este oferece a exclusão das multas que seriam devidas, e o particular oferece uma confissão de dívida acompanhada do recolhimento do tributo eventualmente devido. Para permitir essa "troca", o legislador considera que é impossível à Administração Tributária fiscalizar todas as infrações cometidas pelos contribuintes, e diante disso afigura-se vantajosa a renúncia ao valor a título de multa caso o contribuinte, de forma espontânea, recolha o tributo que possivelmente não seria apurado pelos agentes públicos.

Há uma aproximação entre a denúncia espontânea e os institutos de direito penal da "desistência voluntária e arrependimento eficaz"[26] e "arrependimento posterior"[27]. Em todos esses casos, o legislador (Estado) oferece ao particular um benefício (redução ou exclusão de penalidade) em troca de uma conduta que vise reparar o dano causado. Essas previsões são conhecidas como "direito premial", no qual também está incluído o instituto da delação premiada.

O marco para a aplicação da denúncia espontânea é "o início de qualquer procedimento administrativo ou medida de fiscalização, relacionados com a infração". Caso o contribuinte comunique a infração ao fisco após o início de procedimento a ela relacionado, não será possível a exclusão das multas previstas pela prática da infração. Para a exclusão da espontaneidade em relação a uma infração quanto a infração ligada ao IPI com fato gerador em 2019, o procedimento ou fiscalização deve ser ligado precisamente esse tributo e a esse exercício, não se prestando para afastar a denúncia espontânea um procedimento relativo ao Imposto de Renda de 2019 ou ao IPI de 2018.

A definição do que se considera como "início de procedimento administrativo" encontra-se presente, no que diz respeito aos tributos federais, no art. 7º do Decreto 70.235/1972 (que possui *status* de lei ordinária):

> Decreto 70.235/1972, art. 7º O procedimento fiscal tem início com:
>
> I - o primeiro ato de ofício, escrito, praticado por servidor competente, cientificado o sujeito passivo da obrigação tributária ou seu preposto;
>
> II - a apreensão de mercadorias, documentos ou livros;
>
> III - o começo de despacho aduaneiro de mercadoria importada.
>
> § 1º O início do procedimento exclui a espontaneidade do sujeito passivo em relação aos atos anteriores e, independentemente de intimação a dos demais envolvidos nas infrações verificadas.
>
> § 2º Para os efeitos do disposto no § 1º, os atos referidos nos incisos I e II valerão pelo prazo de sessenta dias, prorrogável, sucessivamente, por igual período, com qualquer outro ato escrito que indique o prosseguimento dos trabalhos.

O dispositivo ainda determina que o início do procedimento exclui a espontaneidade em relação a todos os envolvidos nas infrações verificadas. O § 2º esclarece que a exclusão da espontaneidade não é definitiva e irreversível. Caso o procedimento não tenha continuidade, no prazo de 60 dias prorrogável por igual período, o contribuinte volta a ter o direito à denúncia espontânea. Essa regra, todavia, é restrita ao processo administrativo fiscal em âmbito federal.

---

26. Código Penal, art. 15 - O agente que, voluntariamente, desiste de prosseguir na execução ou impede que o resultado se produza, só responde pelos atos já praticados.
27. Código Penal, art. 16 - Nos crimes cometidos sem violência ou grave ameaça à pessoa, reparado o dano ou restituída a coisa, até o recebimento da denúncia ou da queixa, por ato voluntário do agente, a pena será reduzida de um a dois terços.

3.1 Multas excluídas pela denúncia espontânea

As multas tributárias costumam ser divididas entre multas punitivas e multas moratórias. Segundo essa classificação, a multa punitiva sancionaria um ato ilícito, enquanto a multa moratória sancionaria o inadimplemento da obrigação de pagar o tributo na data de vencimento. Com base nessa diferenciação, a Fazenda Pública defendia que apenas as multas punitivas estariam excluídas pela denúncia espontânea, devendo haver o pagamento das multas moratórias.

O art. 138, por sua vez, diz apenas que a responsabilidade (por infrações à legislação tributária) é excluída pela denúncia espontânea, não havendo restrição quanto à espécie de infração. A menção a juros de mora, que deve ser quitado junto com o tributo, não se confunde com multa de mora. Esta é a penalidade em razão do descumprimento do dever de pagamento, enquanto os juros de mora possuem natureza de compensação pelo uso de dinheiro alheio (a partir do vencimento o devedor está dispondo de dinheiro do credor).

O STJ possui jurisprudência pacífica no sentido de que não há distinção entre a multa moratória e a punitiva, sendo ambas excluídas pela denúncia espontânea (REsp 922.206, j. 05.08.2008; REsp 774.058, j. 01.10.2009; REsp 1.062.139, j. 11.11.2008). Ainda para o STJ, a multa moratória tem como objetivo "punir o atraso no cumprimento das obrigações fiscais, tornando-o oneroso", sendo inegável a sua natureza punitiva (REsp 177.076, j. 18.05.1999).

3.2 Denúncia espontânea e depósito judicial

O depósito judicial de valor atrelado a dívida tributária ocorre em ações que tenham por objetivo a exoneração do contribuinte em relação a uma cobrança do fisco. Assim, o contribuinte pode, em uma ação anulatória de débito fiscal, questionar o lançamento de determinado tributo e depositar a quantia lançada em juízo. O mesmo pode ocorrer em uma ação de embargos à execução fiscal, em que o executado/embargante igualmente pretende questionar a dívida tributária. Nesses casos, o objetivo do depósito judicial não é adimplir a dívida questionada, mas sim suspender a exigibilidade do crédito enquanto persiste a discussão judicial, livrando o contribuinte de atos expropriatórios da Fazenda.

A Lei de Execuções Fiscais explicita a vinculação do depósito judicial ao resultado da demanda em seu art. 32, § 2º, segundo o qual após o trânsito em julgado o depósito poderá ter dois destinos: o levantamento da quantia pelo contribuinte depositante, em caso de a decisão final anular a dívida, ou a transformação em pagamento, caso a dívida seja mantida.

Daí se percebe a incompatibilidade entre a denúncia espontânea e o depósito judicial. Enquanto aquela pressupõe o pagamento, aquele tem por objetivo discutir a própria validade da dívida, não podendo ser equiparado a uma quitação. Nessa linha, o STJ decidiu que não se pode conceder os benefícios da denúncia espontânea ao contribuinte que deposita judicialmente a dívida para discuti-la (REsp 1.131.090, j. 07.02.2013), pois nesse caso o credor público deverá se valer de uma decisão judicial favorável para só então poder utilizar os recursos depositados.

A discussão judicial, ainda, representa um custo para o Poder Público, que terá que se valer de procuradores para a defesa em juízo, o que igualmente se afigura incompatível com o instituto da denúncia espontânea. Não há, com o depósito da dívida em uma ação judicial, a "troca" entre contribuinte e fisco, que caracteriza a denúncia espontânea (EREsp 1.131.090, j. 28.10.2015).

3.3 Denúncia espontânea e obrigações acessórias (deveres instrumentais)

Outra discussão levada aos tribunais sobre denúncia espontânea diz respeito à sua aplicabilidade em relação às obrigações acessórias ou deveres instrumentais. Essas obrigações, nos termos do art. 113, § 2º do CTN, tem por objeto as prestações, positivas ou negativas, previstas na legislação tributária no interesse da arrecadação ou da fiscalização dos tributos. Um bom exemplo de obrigações acessórias são as entregas de declarações em prazos determinados.

Diante de o art. 138 mencionar que a denúncia espontânea exclui a responsabilidade por infrações, os contribuintes defenderam a tese de que também as infrações à legislação tributária que estabelece obrigações acessórias seriam excluídas pela confissão espontânea do contribuinte.

Apesar de realmente não haver uma restrição literal do art. 138 do CTN às infrações "formais" (infrações a normas que estabelecem obrigações acessórias), uma interpretação sistemática e teleológica impede que se aplique a denúncia espontânea nesse caso. Do contrário, o prazo para entrega de declarações não teria efeito. Se o contribuinte pudesse entregar uma declaração dias ou semanas após o prazo fixado e se eximir da multa por não ter entregue ao fisco a declaração no prazo fixado, não haveria sentido em se estabelecer prazos. Seguindo essa linha, o STJ possui várias decisões afastando a aplicação da denúncia espontânea às infrações relacionadas à entrega extemporânea de declarações (AgRg no REsp 884.939, j. 05.02.2009; AgRg no REsp 848.481, j. 19.09.2006; REsp 190.388, j. 03.12.1998; REsp 246.963, j. 09.05.2000).

No mesmo sentido dispõe a **súmula vinculante 49 do CARF**: "A denúncia espontânea (art. 138, CTN) não alcança a penalidade decorrente do atraso na entrega de declaração". Para o CARF, as "responsabilidades acessórias autônomas, sem qualquer vínculo direto com a existência do fato gerador do tributo, não estão alcançadas pelo art. 138 do CTN" (Acórdão 192-00.096 da Segunda Turma Especial do Primeiro Conselho de Contribuintes, j. 06.10.2008). Idêntico raciocínio é aplicável à atuação da Receita Federal na administração aduaneira, como reconhecido pela **súmula vinculante 126 do CARF** (grifo adicionado):

> A denúncia espontânea não alcança as penalidades infligidas pelo descumprimento dos deveres instrumentais decorrentes da inobservância dos **prazos fixados pela Secretaria da Receita Federal do Brasil para prestação de informações à administração aduaneira**, mesmo após o advento da nova redação do art. 102 do Decreto-Lei nº 37, de 1966, dada pelo art. 40 da Lei nº 12.350, de 2010.[28]

28. O art. 102 do Decreto-Lei 37/1966 prevê a denúncia espontânea especificamente em relação aos tributos aduaneiros, que possuem um procedimento singular de fiscalização: "Art.102 - A denúncia espontânea da infração, acompanhada, se for o caso, do pagamento do imposto e dos acréscimos, excluirá a imposição da correspondente penalidade. § 1º - Não se considera espontânea a denúncia apresentada: a) no curso do

Pode-se concluir, portanto, que "é pacífico o entendimento de que as sanções por infrações formais (entrega de declarações, emissão de documentos fiscais) não são afastadas pela denúncia espontânea" (REsp 1.142.739, j. 16.03.2010).

3.4 Denúncia espontânea e parcelamento

O pagamento que permite os benefícios da denúncia espontânea é apenas o integral e à vista. A adesão a parcelamento tributário não implica extinção do crédito tributário, o que ocorre apenas com o pagamento. Além disso, o parcelamento pode ser rescindido posteriormente, não tendo o caráter de definitividade próprio do pagamento.

A jurisprudência há muito afastava a aplicação da denúncia espontânea, como se pode ver da súmula 208 do extinto Tribunal Federal de Recursos: "a simples confissão de dívida, acompanhada do seu pedido de parcelamento, não configura denúncia espontânea".

O STJ seguiu essa mesma orientação, tendo diversas decisões no sentido de que o **parcelamento não se equipara ao pagamento para fins de denúncia espontânea**, uma vez que no parcelamento o cumprimento da obrigação é desmembrado, não havendo presunção de que, pagas algumas parcelas, as demais serão adimplidas (REsp 284.189, j. 17.06.2002). Essa posição foi sedimentada em sede de **repetitivo** no REsp 1.102.577 (j. 22.04.2009).

Pode-se dizer que o CTN confirmou o entendimento jurisprudencial, quando a Lei Complementar 104/2001 incluiu o art. 155-A, cujo parágrafo primeiro dispõe que salvo disposição de lei em contrário, o parcelamento do crédito tributário não exclui a incidência de juros e multas. Se o parcelamento não exclui multas, haveria uma incompatibilidade com a aplicação do instituto da denúncia espontânea, que tem como seu principal efeito justamente a exclusão de multas. Como se não bastasse, o CTN trata o pagamento e o parcelamento como institutos diversos. Enquanto o parcelamento é enquadrado como causa de suspensão da exigibilidade do crédito tributário (art. 151, VI), o pagamento é modalidade de extinção do crédito tributário (art. 156, I).

3.5 Denúncia espontânea e compensação

A compensação é efetuada pelo contribuinte mediante declaração unilateral, a qual será homologada pelo fisco, ainda que tacitamente. Apesar de a compensação ser arrolada como hipótese de extinção do crédito tributário (art. 156, II), não se aplica a denúncia espontânea em casos de compensação tributária, dado o seu caráter precário. Aplica-se à compensação o art. 150, § 1º do CTN, de modo que a compensação extingue o crédito sob condição resolutória de posterior homologação[29].

---

despacho aduaneiro, até o desembaraço da mercadoria; b) após o início de qualquer outro procedimento fiscal, mediante ato de ofício, escrito, praticado por servidor competente, tendente a apurar a infração. § 2º A denúncia espontânea exclui a aplicação de penalidades de natureza tributária ou administrativa, com exceção das penalidades aplicáveis na hipótese de mercadoria sujeita a pena de perdimento.".

29. Na esfera federal, o art. 74, § 2º da Lei 9.430/96 explicita: "A compensação declarada à Secretaria da Receita Federal extingue o crédito tributário, sob condição resolutória de sua ulterior homologação.".

A jurisprudência do Superior Tribunal de Justiça consolidou-se no sentido de que, nas hipóteses de compensação, a extinção do débito estará submetida à ulterior condição resolutória da sua homologação pelo fisco, a qual, caso não ocorra, implicará o não pagamento do crédito tributário, havendo, por consequência, a incidência dos encargos moratórios. (AgInt nos EDcl no REsp 1.704.799, j. 03.06.2019). Por isso, é incabível a aplicação do benefício da denúncia espontânea, previsto no art. 138 do CTN, aos casos de compensação tributária (AgInt no REsp 1.720.601, j. 23.05.2019; AgInt nos EDcl nos EREsp 1.657.437, j. 12.09.2018).

Não se admite, portanto, a equiparação da compensação tributária ao pagamento para fins de reconhecimento da denúncia espontânea.

3.6 Denúncia espontânea e tributos sujeitos a lançamento por homologação

Nos tributos sujeitos a lançamento por homologação, o próprio contribuinte constitui o crédito tributário mediante declaração que identifica os elementos essenciais do fato gerador e apresenta o valor devido que deve ser objeto de pagamento. A jurisprudência do STJ de há muito reconhece que a declaração do contribuinte praticamente substitui a atividade de lançamento do fisco, como se pode ver da súmula 436, segundo a qual "a entrega de declaração pelo contribuinte reconhecendo débito fiscal constitui o crédito tributário, dispensada qualquer outra providência por parte do fisco".

Uma vez que a declaração do contribuinte faz as vezes da atividade administrativa de constituição do crédito, nos casos de tributos sujeitos a lançamento por homologação, a própria declaração do contribuinte representa um marco a partir do qual não se pode mais cogitar de espontaneidade do sujeito passivo.

Se a declaração que constitui o crédito tributário dispensa providência do fisco, após essa declaração não há que se falar em denúncia espontânea, pois não há nenhuma atividade administrativa a ser evitada. A denúncia espontânea pressupõe que o fisco será beneficiado pela dispensa de atuação administrativa. Após a declaração do crédito tributário, não se cogita de atuação do fisco em relação ao crédito tributário, razão pela qual, até mesmo do ponto de vista lógico, é **incabível a aplicação de denúncia espontânea em relação ao tributo já constituído pela declaração do contribuinte**. Quando o parágrafo único do art. 138 dispõe que não se considera espontânea a denúncia apresentada após o início de qualquer procedimento administrativo, há uma inviabilidade de aplicação da denúncia espontânea ao crédito constituído por declaração[30].

O pagamento posterior à declaração, assim, não se caracteriza como denúncia espontânea, como dispõe expressamente o enunciado de **súmula 360 do STJ**: "o benefício da denúncia espontânea não se aplica aos tributos sujeitos a lançamento por homologação regularmente declarados, mas pagos a destempo".

---

30. "o art. 138, parágrafo único, do CTN exige, como requisito da denúncia espontânea, que não tenha sido iniciado qualquer procedimento administrativo ou medida de fiscalização, relacionadas com a infração. Feita a declaração pelo contribuinte, esgotou-se a atividade administrativa de constituição do crédito, não havendo mais espaço para a denúncia espontânea" (voto de Castro Meira no REsp 850.423, j. 28.11.2007).

Esse entendimento é aplicável apenas ao montante declarado, não abrangendo a parcela eventualmente devida e não declarada. É possível que o contribuinte declare apenas parte do crédito que deveria ser recolhido. Nesse caso, há uma cisão: em relação ao montante já declarado, não cabe a denúncia espontânea, pelas razões já expostas acima; no que diz respeito, todavia, ao montante que deveria ser declarado e não o foi, é cabível a denúncia espontânea, pois nesse caso não houve o procedimento de constituição do crédito que excluiria a espontaneidade. Nessa última hipótese, seria possível que a administração tributária realizasse um lançamento de ofício da diferença não declarada. A apresentação de declaração do contribuinte antes de qualquer procedimento administrativo relativo a essa diferença não declarada, assim, caracteriza a espontaneidade exigida no art. 138 do CTN. Confira-se a orientação do STJ nessa direção (REsp 1.149.022, **repetitivo**, j. 09.06.2010 – grifos adicionados):

> (...) 1. **A denúncia espontânea resta configurada na hipótese em que o contribuinte, após efetuar a declaração parcial do débito tributário** (sujeito a lançamento por homologação) acompanhado do respectivo pagamento integral, **retifica-a (antes de qualquer procedimento da Administração** Tributária), **noticiando a existência de diferença a maior,** cuja quitação se dá concomitantemente.
>
> 2. Deveras, **a denúncia espontânea não resta caracterizada, com a consequente exclusão da multa moratória, nos casos de tributos sujeitos a lançamento por homologação declarados pelo contribuinte e recolhidos fora do prazo de vencimento, à vista ou parceladamente, ainda que anteriormente a qualquer procedimento do Fisco (Súmula 360/STJ)** (Precedentes da Primeira Seção submetidos ao rito do artigo 543-C, do CPC: REsp 886.462/RS, Rel. Ministro Teori Albino Zavascki, julgado em 22.10.2008, DJe 28.10.2008; e REsp 962.379/RS, Rel. Ministro Teori Albino Zavascki, julgado em 22.10.2008, DJe 28.10.2008).
>
> (...) 4. Destarte, quando o contribuinte procede à retificação do valor declarado a menor (integralmente recolhido), elide a necessidade de o Fisco constituir o crédito tributário atinente à parte não declarada (e quitada à época da retificação), razão pela qual aplicável o benefício previsto no artigo 138, do CTN.

Em relação à diferença devida e não declarada, há uma "troca" entre contribuinte e administração: o contribuinte declara e apresenta o pagamento da parte anteriormente omitida, e o fisco se vê livre de iniciar qualquer procedimento no intuito da constituição do crédito. Em outras palavras, "se o contribuinte não efetuasse a retificação, o fisco não poderia executá-lo sem antes proceder à constituição do crédito tributário atinente à parte não declarada, razão pela qual aplicável o benefício previsto no artigo 138, do CTN" (AgRg no AgRg no REsp 1.090.226, j. 17.11.2009).

Tributos constituídos por declaração do contribuinte

Montante declarado e não pago × **Diferença não declarada**

Cabível a denúncia espontânea × **Incabível a denúncia espontânea**

4. RESPONSABILIDADE AUTÔNOMA NA DISSOLUÇÃO REGULAR

Como já visto, a jurisprudência do STJ permite a responsabilização do sócio-gerente quando ocorre a dissolução irregular da pessoa jurídica, com fundamento no art. 135 do CTN (EREsp 716.412, j. 12.09.2007).

Fora do CTN, a seu turno, a Lei Complementar 123/2006 (com a redação dada pela Lei Complementar 147/2014) prevê, em relação às microempresas e empresas de pequeno porte, uma hipótese autônoma de responsabilidade tributária dos sócios das pessoas jurídicas extintas sem a quitação das dívidas tributárias. Confira-se (grifo adicionado):

> LC 123/2006, art. 9º O registro dos atos constitutivos, de suas alterações e extinções (baixas), referentes a empresários e pessoas jurídicas em qualquer órgão dos 3 (três) âmbitos de governo ocorrerá independentemente da regularidade de obrigações tributárias, previdenciárias ou trabalhistas, principais ou acessórias, do empresário, da sociedade, dos sócios, dos administradores ou de empresas de que participem, sem prejuízo das responsabilidades do empresário, dos titulares, dos sócios ou dos administradores por tais obrigações, apuradas antes ou após o ato de extinção. (...) § 5º **A solicitação de baixa do empresário ou da pessoa jurídica importa responsabilidade solidária dos empresários, dos titulares, dos sócios e dos administradores no período da ocorrência dos respectivos fatos geradores.**

Ao mesmo tempo em que o *caput* do dispositivo acima admite a extinção (baixa) da microempresa ou empresa de pequeno porte independentemente da regularidade de obrigações tributárias, atribui responsabilidade solidária aos sócios e administradores pelos débitos em aberto quando da extinção, com o cuidado de o responsável se encontrar na empresa extinta no período da ocorrência dos fatos geradores das dívidas em relação às quais será responsabilizado.

Trata-se, portanto, de uma hipótese de responsabilidade tributária em face de **dissolução regular**, diante do inadimplemento de dívidas tributárias.

Não há ofensa à jurisprudência do STJ (súmulas 430 e 435), pois o fundamento da responsabilização do sócio não é o art. 135, III do CTN. Considerando que o STJ, ao vedar a responsabilização por conta do não pagamento de tributos (súmula 430) e ao estabelecer a premissa da ocorrência de dissolução irregular (súmula 435) tomou como parâmetro de análise o conteúdo do art. 135, III do CTN, que trata de atos ligados a infração legal, é possível dizer que não haveria, de antemão, uma incompatibilidade entre o art. 9º, § 5º da LC 123/2006 e a jurisprudência do STJ.

Também deve ser lembrado que a responsabilidade por dissolução regular ora analisada foi introduzida por lei complementar, espécie legislativa apta a dispor sobre normas gerais de direito tributário, inclusive novas hipóteses de responsabilidade tributária, não previstas no CTN. Tampouco haveria inconstitucionalidade do ponto de vista material, uma vez que a responsabilização não é generalizada, mas apenas em relação às dívidas que restaram em aberto quando da extinção da pessoa jurídica. Haveria, portanto, respeito ao princípio da separação patrimonial entre pessoa jurídica e pessoa física, pois apenas com a extinção da pessoa jurídica é que a pessoa física seria chamada a responder pelas dívidas tributárias. Além disso, a solução do legislador objetiva combater fraudes e a criação e extinção de empresas de forma irresponsável, como um meio de se eximir do pagamento de dívidas contraídas no exercício da atividade empresarial.

Além da regra prevista na Lei Complementar 123/2006, a Lei Complementar 147/2014 estendeu a responsabilidade tributária dos sócios por conta da extinção da pessoa jurídica inadimplente às pessoas jurídicas em geral, como se pode ver do art. 7º-A da Lei 11.598/2007:

> Art. 7º-A. O registro dos atos constitutivos, de suas alterações e extinções (baixas), referentes a empresários e pessoas jurídicas em qualquer órgão dos 3 (três) âmbitos de governo, ocorrerá independentemente da regularidade de obrigações tributárias, previdenciárias ou trabalhistas, principais ou acessórias, do empresário, da sociedade, dos sócios, dos administradores ou de empresas de que participem, sem prejuízo das responsabilidades do empresário, dos titulares, dos sócios ou dos administradores por tais obrigações, apuradas antes ou após o ato de extinção. (...) § 2º A solicitação de baixa na hipótese prevista no caput deste artigo importa responsabilidade solidária dos titulares, dos sócios e dos administradores do período de ocorrência dos respectivos fatos geradores.

Apesar de a regra acima se localizar no corpo de uma lei ordinária, sua inclusão pela Lei Complementar 147/2014 lhe confere o *status* de lei complementar. Por isso, as considerações quanto à inexistência de violação à jurisprudência do STJ ou à Constituição, já dispensadas ao art. 9º, § 5º da LC 123/2006, são aplicáveis também à regra do art. 7º-A da Lei 11.598/2007.

5. RESPONSABILIDADE TRIBUTÁRIA E INCIDENTE DE DESCONSIDERAÇÃO DA PERSONALIDADE JURÍDICA

A responsabilidade tributária atribuída pelo legislador a pessoas que não praticaram o fato gerador não se confunde com a desconsideração da personalidade jurídica, prevista no Código Civil[31]. A primeira decorre de lei que atribui, de modo expresso, a responsabilidade pelo crédito tributário a um terceiro, vinculado de forma indireta ao fato gerador do tributo. A causa da responsabilidade tributária eleita por lei pode ser a inobservância de deveres legais, a atuação contrária ao estatuto ou contrato social, ou até mesmo a aquisição de um bem ou de um estabelecimento empresarial. Já a desconsideração da personalidade jurídica não decorre da lei tributária, mas sim da constatação, necessariamente no âmbito de um processo judicial, de requisitos previstos no art. 50 do Código Civil.

Essa distinção entre os institutos permite concluir que a responsabilidade tributária não necessita de investigações a respeito da desconsideração da personalidade jurídica, até porque a lei tributária aplicável em caso de responsabilidade é especial. Além disso, a responsabilidade tributária pode ser reconhecida por autoridade administrativa, como, por exemplo, o auditor fiscal que ao efetuar o lançamento inclui no processo administrativo eventuais responsáveis legais. Trata-se, portanto, de institutos inconfundíveis.

31. Código Civil, art. 50. Em caso de abuso da personalidade jurídica, caracterizado pelo desvio de finalidade ou pela confusão patrimonial, pode o juiz, a requerimento da parte, ou do Ministério Público quando lhe couber intervir no processo, desconsiderá-la para que os efeitos de certas e determinadas relações de obrigações sejam estendidos aos bens particulares de administradores ou de sócios da pessoa jurídica beneficiados direta ou indiretamente pelo abuso.

Por essa razão, evidenciada uma situação que enseja responsabilidade tributária, não há necessidade de instauração do incidente de desconsideração da personalidade jurídica previsto nos arts. 133 a 137 do Código de Processo Civil. Nesse sentido, inclusive, é o parecer PGFN/CRJ nº 618/2016, no qual se concluiu ainda que o incidente é incompatível com o rito célere das execuções fiscais. No âmbito do STJ, esse pensamento foi adotado em decisão que considerou haver "verdadeira incompatibilidade entre a instauração do incidente de desconsideração da personalidade jurídica e o regime jurídico da execução fiscal" (AgInt no REsp 1.759.512, j. 15.10.2019).

A instauração do incidente de desconsideração da personalidade jurídica terá cabimento em execução fiscal apenas **de modo excepcional**, quando "demonstração efetiva da responsabilidade tributária em sentido estrito, assim entendida aquela fundada nos arts. 134 e 135 do CTN". Nesse sentido:

> (...) II - A instauração do incidente de desconsideração da personalidade jurídica - IDPJ, em sede de execução fiscal, para a cobrança de crédito tributário, revela-se excepcionalmente cabível diante da: (i) relação de complementariedade entre a LEF e o CPC/2015, e não de especialidade excludente; e (ii) previsão expressa do art. 134 do CPC quanto ao cabimento do incidente nas execuções fundadas em títulos executivos extrajudiciais. III - O IDPJ mostra-se viável quando uma das partes na ação executiva pretende que o crédito seja cobrado de quem não figure na CDA e não exista demonstração efetiva da responsabilidade tributária em sentido estrito, assim entendida aquela fundada nos arts. 134 e 135 do CTN. Precedentes. IV - Equivocado o entendimento fixado no acórdão recorrido, que reconheceu a incompatibilidade total do IDPJ com a execução fiscal. (...)

Deve-se diferenciar, ainda, as hipóteses em que a Fazenda constata apenas a configuração de grupo econômico das situações em que há causa de responsabilidade tributária por conta de ato ilícito, sucessão ou qualquer outra razão legal. Sob essa diferenciação, vale comentar uma decisão do STJ (REsp 1.786.311, j. 09.05.2019) cuja ementa afirma que nas

> (...) situações previstas nos arts. 124, 133 e 135, todos do CTN, não se apresenta impositiva a instauração do incidente de desconsideração da personalidade jurídica, podendo o julgador determinar diretamente o redirecionamento da execução fiscal para responsabilizar a sociedade na sucessão empresarial

Apesar da menção ao art. 124 do CTN, analisando o inteiro teor desse julgado, é possível concluir que o fundamento da desnecessidade de do incidente de desconsideração foi a constatação, naquele caso concreto, da "ocorrência de sucessão de empresas pela formação de grupo econômico de fato com prática do fato gerador e situação de confusão patrimonial" (voto do Ministro relator Francisco Falcão). Não se baseou a decisão de dispensar o incidente apenas por conta do art. 124 do CTN (interesse comum) ou na configuração de grupo econômico. Como se pode ver do trecho do voto do relator abaixo reproduzido, o caso foi de imputação de responsabilidade tributária pessoal e direta pelo ilícito:

> Seria contraditório afastar a instauração do incidente para atingir os sócios-administradores, mas exigi-la para mirar pessoas jurídicas que constituem grupos econômicos para blindar o patrimônio em comum, em que deve incidir a responsabilidade solidária por

> interesse comum na prática do fato gerador ou confusão patrimonial. Nas duas hipóteses há responsabilidade por atuação irregular, em descumprimento das obrigações tributárias, não havendo que se falar em desconsideração da personalidade jurídica, mas sim de imputação de responsabilidade tributária pessoal e direta pelo ilícito.

Em outra decisão, o STJ foi mais explícito ao decidir que a mera caracterização de grupo econômico não é suficiente para responsabilização da pessoa jurídica pertencente ao grupo, sem a instauração do incidente de desconsideração da personalidade (REsp 1.775.269, j. 21.02.2019):

> (...) 1. O incidente de desconsideração da personalidade jurídica (art. 133 do CPC/2015) não se instaura no processo executivo fiscal nos casos em que a Fazenda exequente pretende alcançar pessoa jurídica distinta daquela contra a qual, originalmente, foi ajuizada a execução, mas cujo nome consta na Certidão de Dívida Ativa, após regular procedimento administrativo, ou, mesmo o nome não estando no título executivo, o fisco demonstre a responsabilidade, na qualidade de terceiro, em consonância com os artigos 134 e 135 do CTN. 2. Às exceções da prévia previsão em lei sobre a responsabilidade de terceiros e do abuso de personalidade jurídica, o só fato de integrar grupo econômico não torna uma pessoa jurídica responsável pelos tributos inadimplidos pelas outras. 3. O redirecionamento de execução fiscal a pessoa jurídica que integra o mesmo grupo econômico da sociedade empresária originalmente executada, mas que não foi identificada no ato de lançamento (nome na CDA) ou que não se enquadra nas hipóteses dos arts. 134 e 135 do CTN, depende da comprovação do abuso de personalidade, caracterizado pelo desvio de finalidade ou confusão patrimonial, tal como consta do art. 50 do Código Civil, daí porque, nesse caso, é necessária a instauração do incidente de desconsideração da personalidade da pessoa jurídica devedora. (...)

Nas hipóteses de imputação de responsabilidade tributária por força do CTN, portanto, não há necessidade de instauração do incidente de desconsideração da personalidade jurídica. Tal expediente pode ser admitido em sede de execução fiscal de modo excepcional, mas não é necessário para o reconhecimento das hipóteses de responsabilidade tributária em sentido estrito, fundada nos arts. 134 e 135 do CTN.

6. QUADRO SINÓTICO

NOÇÕES GERAIS DE RESPONSABILIDADE TRIBUTÁRIA

- no direito tributário, a sujeição do patrimônio de um sujeito aos adimplementos do crédito tributário, quando não recair sobre o próprio contribuinte, caracteriza o fenômeno da responsabilidade tributária.
- o art. 128 do CTN é o dispositivo que traz as principais diretrizes sobre o instituto:

> Art. 128. Sem prejuízo do disposto neste capítulo, a lei pode atribuir de modo expresso
> a responsabilidade pelo crédito tributário a terceira pessoa, **vinculada ao fato gerador** 1
> da respectiva obrigação, excluindo a responsabilidade do contribuinte ou atribuindo-a a este em caráter supletivo do cumprimento total ou parcial da referida obrigação

- a jurisprudência sedimentou o entendimento de que a atribuição de responsabilidade por lei representa uma norma autônoma, que não se confunde com a regra matriz de incidência tributária (RE 562.276, **repercussão geral**, j. 03.11.2010).

RESPONSABILIDADE POR SUBSTITUIÇÃO E RESPONSABILIDADE POR TRANSFERÊNCIA		
Responsabilidade por substituição - substituição "para frente" e "para trás"	» na responsabilidade por substituição, o responsável surge como sujeito passivo desde o nascimento da obrigação tributária, com a ocorrência do fato gerador. » o STF já decidiu em **repercussão geral** que a substituição tributária não pode transgredir as normas de competência tributária e o princípio da capacidade contributiva (RE 603.191, j. 01.08.2011). » na substituição tributária "para trás" ou regressiva o tributo é recolhido em uma etapa econômica posterior à etapa na qual se deu o fato gerador. A substituição tributária regressiva ocorre em relação a operações anteriores, sendo que o responsável substituto recolherá o tributo em momento posterior à operação que deu origem ao tributo, havendo um diferimento. » a substituição tributária progressiva (também chamada de "para frente" ou subsequente) corresponde ao inverso, ou seja, o contribuinte se encontra em uma etapa posterior ao responsável pelo recolhimento do tributo, que ocorre antes mesmo da realização do fato gerador, já que o responsável antecipa o pagamento antes da realização da operação em que o contribuinte pratica o fato gerador.	2.1
Responsabilidade por transferência	» a responsabilidade por transferência apenas surge após a ocorrência do fato gerador, em momento marcado pela ocorrência de fato lícito ou ilícito que justifica a responsabilização.	2.2
Responsabilidade dos sucessores	» o CTN inaugura a disciplina da responsabilidade dos sucessores com o art. 129, que preceitua: Art. 129. O disposto nesta Seção aplica-se por igual aos créditos tributários definitivamente constituídos ou em curso de constituição à data dos atos nela referidos, e aos constituídos posteriormente aos mesmos atos, desde que relativos a obrigações tributárias surgidas até a referida data. » o STF, no RE 599.176, julgou o mérito desse tema com **repercussão geral** em 05.06.2014, para definir que a imunidade tributária recíproca não exonera o sucessor das obrigações tributárias relativas a fatos jurídicos tributários ocorridos antes da sucessão, não havendo, portanto, uma aplicação retroativa da imunidade.	2.2.1
Responsabilidade dos sucessores na aquisição de bens imóveis	» a primeira hipótese de responsabilidade de sucessores tratada de forma específica no art. 130 do CTN diz respeito aos **créditos tributários** de **impostos** que tenham como fato gerador a propriedade, o domínio útil ou a posse de bens imóveis, de **taxas** pela prestação de serviços referentes a bens imóveis e de **contribuições de melhoria**. O sucessor será o adquirente do respectivo imóvel que enseja a incidência dos impostos e taxas transferidos. » a parte final do dispositivo traz uma exceção à sucessão, consistente na existência de prova de quitação no título de transferência do imóvel. Essa exceção deve ser interpretada no sentido que diga respeito a dívidas não quitadas que porventura apareçam posteriormente, apesar da prova de quitação. Isso porque se a dívida está quitada, sua prova de quitação não impediria a transferência de tal dívida ao adquirente, pois dívida quitada é dívida extinta, que por razões lógicas não podem ser transmitidas.	2.2.1.1

	» para o STJ, o adquirente só deixa de ter responsabilidade pelo pagamento dos débitos anteriores que recaiam sobre o imóvel, se ocorreu, efetivamente, depósito do preço, que se tornará a garantia dos demais credores. Havendo a adjudicação do imóvel, cabe ao adquirente (credor) o pagamento dos tributos incidentes sobre o imóvel adjudicado, ao contrário do que ocorre na arrematação.	
Responsabilidade dos sucessores na aquisição de bens móveis	» a responsabilidade por sucessão no que diz respeito aos bens móveis encontra-se regulada no art. 131, I do CTN, que trata dos bens em geral, excluindo-se os imóveis, já tratados no art. 130 do CTN. Segundo o art. 131, I do CTN, são pessoalmente responsáveis o adquirente ou remitente, pelos tributos relativos aos bens adquiridos ou remidos.	2.2.1.2
Responsabilidade dos sucessores *causa mortis*	» a responsabilidade por sucessão *causa mortis*, de acordo com o art. 131, II e III do CTN, abrange os **tributos** devidos pelo *de cujus* (pessoa falecida), podendo o responsável ser o espólio ou sucessor a qualquer título (o que alcança o cônjuge meeiro), a depender dos marcos temporais assim definidos: ➔ **tributos devidos até a abertura da sucessão (morte do devedor) - responsabilidade do espólio;** ➔ **tributos devidos após a abertura da sucessão e até a data da partilha ou adjudicação - responsabilidade do sucessor, no limite e na proporção do montante do quinhão do legado ou da meação.**	2.2.1.3
Responsabilidade na sucessão empresarial	» o CTN divide a responsabilidade por sucessão empresarial em dois artigos: 132 e 133. Estudaremos separadamente os dois dispositivos	2.2.1.4
Sucessão por fusão, transformação, incorporação ou cisão	» art. 132 do CTN: A pessoa jurídica de direito privado que resultar de **fusão, transformação ou incorporação** de outra ou em outra é responsável pelos **tributos** devidos até à data do ato pelas pessoas jurídicas de direito privado fusionadas, transformadas ou incorporadas. » o dispositivo enumera explicitamente três eventos societários: fusão, transformação e incorporação. **Fusão** é a operação pela qual se unem duas ou mais sociedades para formar sociedade nova, que lhes sucederá em todos os direitos e obrigações (art. 228 da Lei 6.404/1976). A **incorporação** é a operação pela qual uma ou mais sociedades são absorvidas por outra, que lhes sucede em todos os direitos e obrigações (art. 227 da Lei 6.404/1976). A **transformação**, por sua vez, é a operação pela qual a sociedade passa, independentemente de dissolução e liquidação, de um tipo para outro (art. 220 da Lei 6.404/1976). A transformação se distingue das demais hipóteses por não envolver criação ou extinção de pessoas jurídicas, havendo apenas a mudança de tipo societário. **FUSÃO** EMPRESA A EMPRESA B → FUSÃO → EMPRESA C (SUCESSORA)	2.2.1.4.1

INCORPORAÇÃO DE A POR B

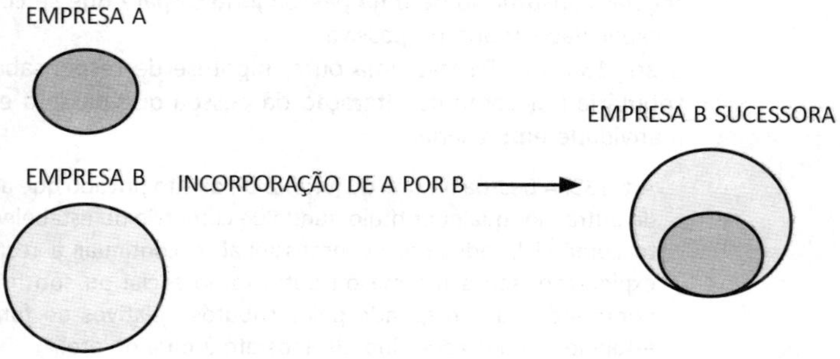

CISÃO TOTAL

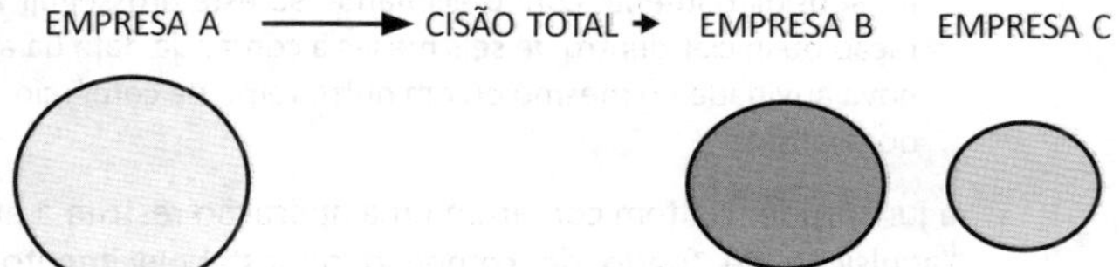

CISÃO PARCIAL

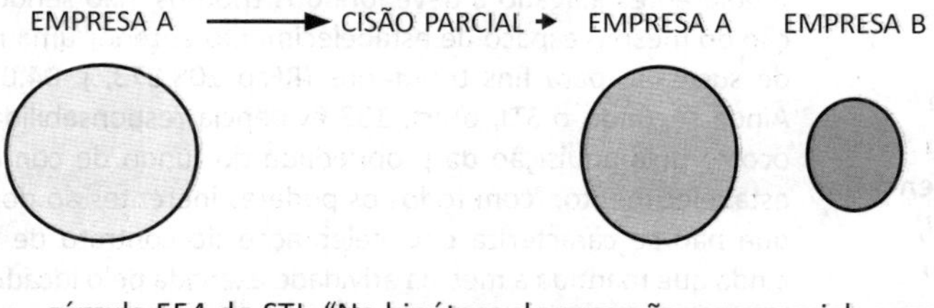

» súmula 554 do STJ: "Na hipótese de sucessão empresarial, a responsabilidade da sucessora abrange não apenas os tributos devidos pela sucedida, mas também as multas moratórias ou punitivas referentes a fatos geradores ocorridos até a data da sucessão".

» súmula vinculante 113 do CARF: "A responsabilidade tributária do sucessor abrange, além dos tributos devidos pelo sucedido, as multas moratórias ou punitivas, desde que seu fato gerador tenha ocorrido até a data da sucessão, independentemente de esse crédito ser formalizado, por meio de lançamento de ofício, antes ou depois do evento sucessório.".

A responsabilidade do sócio remanescente na extinção da pessoa jurídica 2.2.1.4.2

» no parágrafo único do art. 132, o CTN trata da sucessão em decorrência da extinção da pessoa jurídica:

> Art. 132, parágrafo único. O disposto neste artigo aplica-se aos casos de extinção de pessoas jurídicas de direito privado, quando a exploração da respectiva atividade seja continuada por qualquer sócio remanescente, ou seu espólio, sob a mesma ou outra razão social, ou sob firma individual

» o parágrafo único do art. 132 permite a exigência, em face do sócio remanescente que continue a atividade, de tributos devidos pela empresa extinta. Tratando-se de norma que atribui responsabilidade a alguém de tributos devidos por outrem, não se confunde

Responsabilidade pela aquisição de fundo de comércio ou estabelecimento comercial, industrial ou profissional

com o art. 126, III do CTN, que traz regra sobre a irrelevância da regular constituição de uma pessoa jurídica para que se constate a capacidade tributária passiva.

» o art. 133 do CTN traz uma outra hipótese de responsabilidade tributária por conta da alteração da pessoa que passa a exercer a atividade empresarial:

> Art. 133. A pessoa natural ou jurídica de direito privado que adquirir de outra, por qualquer título, fundo de comércio ou estabelecimento comercial, industrial ou profissional, e continuar a respectiva exploração, sob a mesma ou outra razão social ou sob firma ou nome individual, responde pelos tributos, relativos ao fundo ou estabelecimento adquirido, devidos até à data do ato:
> I - integralmente, se o alienante cessar a exploração do comércio, indústria ou atividade;
> II - subsidiariamente com o alienante, se este prosseguir na exploração ou iniciar dentro de seis meses a contar da data da alienação, nova atividade no mesmo ou em outro ramo de comércio, indústria ou profissão.

» a jurisprudência tem conferido uma aplicação restrita à expressão "aquisição de fundo de comércio ou estabelecimento". Nessa linha, já decidiu o STJ que a responsabilidade do art. 133 do CTN não incide quando uma pessoa natural ou jurídica se instala em prédio antes alugado à devedora dos tributos, não sendo a locação do mesmo espaço de estabelecimento anterior uma hipótese de sucessão para fins tributários (REsp 108.873, j. 04.03.1999). Ainda segundo o STJ, o art. 133 evidencia responsabilidade que ocorre pela aquisição da propriedade do fundo de comércio ou 2.2.1.4.3
estabelecimento, "com todos os poderes inerentes ao domínio, o que não se caracteriza pela celebração do contrato de locação, ainda que mantida a mesma atividade exercida pelo locador. (REsp 1.140.655, j. 17.12.2009).

» o *caput* do art. 133 delimita ainda a extensão da responsabilidade: apenas serão exigidos do responsável os tributos relativos ao fundo de comércio ou estabelecimento adquirido, ou seja, apenas os tributos relacionados à exploração da atividade econômica assumida pelo responsável.

» nos termos do inciso I, a pessoa adquirente responde pelos tributos devidos pelo alienante de modo **integral**, se o alienante cessar a exploração da atividade sucedida.

» o inciso II do art. 133, por sua vez, determina a responsabilidade subsidiária do adquirente com o alienante, se este prosseguir na exploração ou iniciar dentro de seis meses, a contar da data da alienação, nova atividade **no mesmo ou em outro ramo** de comércio, indústria ou profissão.

COMPORTAMENTO DO ALIENANTE	RESPONSABILIDADE DO ADQUIRENTE
cessa a exploração da atividade	**INTEGRAL**
prossegue ou inicia outra atividade no mesmo ou em outro ramo dentro de 6 meses	**SUBSIDIÁRIA**

» o § 1º do art. 133, por sua vez, impede a responsabilidade tributária por aquisição de fundo de comércio ou aquisição de estabelecimento quando se tratar de alienação **judicial** em processo de falência ou de filial ou unidade produtiva isolada, em processo de recuperação judicial. Essa exceção da regra de responsabilidade foi incluída pela Lei Complementar 118/2005 e tem como objetivo viabilizar a aquisição do acervo patrimonial de empresa que se encontra em falência ou recuperação judicial.

» a exclusão da responsabilidade do adquirente de empresa em processo de falência ou recuperação judicial não se aplica quando o adquirente for: a) sócio da sociedade falida ou em recuperação judicial, ou sociedade controlada pelo devedor falido ou em recuperação judicial; b) parente, em linha reta ou colateral até o 4º grau, consangüíneo ou afim, do devedor falido ou em recuperação judicial ou de qualquer de seus sócios; ou c) identificado como agente do falido ou do devedor em recuperação judicial com o objetivo de fraudar a sucessão tributária (art. 133, § 2º do CTN).

» **súmula 554 do STJ: "N**a hipótese de sucessão empresarial, a responsabilidade da sucessora abrange não apenas os tributos devidos pela sucedida, mas também as multas moratórias ou punitivas referentes a fatos geradores ocorridos até a data da sucessão".

RESPONSABILIDADE DE TERCEIROS

Responsabilidade de terceiros do art. 134 — 2.2.2.1

» o art. 134 do CTN estabelece a responsabilidade de terceiros por força de atos ou omissões:

> Art. 134. Nos casos de impossibilidade de exigência do cumprimento da obrigação principal pelo contribuinte, respondem solidariamente com este nos atos em que intervierem ou pelas omissões de que forem responsáveis:
> I - os pais, pelos tributos devidos por seus filhos menores;
> II - os tutores e curadores, pelos tributos devidos por seus tutelados ou curatelados;
> III - os administradores de bens de terceiros, pelos tributos devidos por estes;
> IV - o inventariante, pelos tributos devidos pelo espólio;
> V - o síndico e o comissário, pelos tributos devidos pela massa falida ou pelo concordatário;
> VI - os tabeliães, escrivães e demais serventuários de ofício, pelos tributos devidos sobre os atos praticados por eles, ou perante eles, em razão do seu ofício;
> VII - os sócios, no caso de liquidação de sociedade de pessoas.
> Parágrafo único. O disposto neste artigo só se aplica, em matéria de penalidades, às de caráter moratório.

» o dispositivo acima traz uma responsabilidade que só existirá em caso de impossibilidade do cumprimento da obrigação pelo contribuinte, o que indica a natureza subsidiária da responsabilidade em questão.

» em relação à responsabilidade dos **sócios, no caso de liquidação de sociedade de pessoas** (inciso VII), vale registrar o entendimento do STJ segundo o qual é possível a responsabilização do sócio-gerente, com base no art. 134, VII, do CTN, no caso de **extinção regular** de **micro ou pequena empresa** (AgInt no REsp 1.737.621, j. 25.02.2019).

<table>
<tr><td></td><td>Essa responsabilidade subsidiária de que trata o inciso VII do art. 134 do CTN está limitada ao patrimônio social que subsistir após a liquidação, ao contrário do que ocorre na aplicação do art. 135, III do CTN, pelo qual o sócio responde integralmente pelo débito com base em seu próprio patrimônio, independente do que lhe coube por ocasião da extinção da pessoa jurídica (STJ, REsp 1.591.419, j. 20.09.2016).</td><td></td></tr>
<tr><td>Responsabilidade de terceiros do art. 135</td><td>» nos termos do art. 135, as pessoas listadas no art. 134, os mandatários, prepostos e empregados, bem como os diretores, gerentes e representantes de pessoas jurídicas de direito privado serão pessoalmente responsáveis quando praticarem atos com excesso de poderes ou infração de lei, contrato social ou estatuto:

Art. 135. São pessoalmente responsáveis pelos créditos correspondentes a obrigações tributárias resultantes de atos praticados com excesso de poderes ou infração de lei, contrato social ou estatutos:
I - as pessoas referidas no artigo anterior;
II - os mandatários, prepostos e empregados;
III - os diretores, gerentes ou representantes de pessoas jurídicas de direito privado.

» súmula 130 do CARF: "A atribuição de responsabilidade a terceiros com fundamento no art. 135, inciso III, do CTN não exclui a pessoa jurídica do pólo passivo da obrigação tributária".
» súmula nº 435 do STJ: "Presume-se dissolvida irregularmente a empresa que deixar de funcionar no seu domicílio fiscal, sem comunicação aos órgãos competentes, legitimando o redirecionamento da execução fiscal para o sócio-gerente".
» o STJ consolidou o entendimento, em sede de recurso repetitivo, que é possível a responsabilização, por dívida de natureza não tributária, do sócio-gerente de pessoa jurídica dissolvida irregularmente (REsp 1.371.128, j. 10.09.2014). Em se tratando de dívidas não tributárias, a responsabilização dos sócios-gerentes não decorreria do art. 135 do CTN.
» no caso específico do ICMS, o STF fixou tese de repercussão geral segundo a qual o contribuinte que, de forma contumaz e com dolo de apropriação, deixa de recolher o ICMS cobrado do adquirente da mercadoria ou serviço, incorre em crime contra a ordem tributária, de acordo com o art. 2º, II da Lei 8.137/1990 (RHC 163.334, j. 18.12.2019).</td><td>2.2.2.2</td></tr>
<tr><td colspan="3">RESPONSABILIDADE POR INFRAÇÕES</td></tr>
<tr><td>Responsabilidade "objetiva" do art. 136 do CTN</td><td>» o art. 136 do CTN trata da responsabilidade por infrações da legislação tributária da seguinte maneira:

Art. 136. Salvo disposição de lei em contrário, a responsabilidade por infrações da legislação tributária independe da intenção do agente ou do responsável e da efetividade, natureza e extensão dos efeitos do ato.

» no STJ, a maioria das decisões qualifica a responsabilidade do art. 136 do CTN como objetiva, como se pode verificar nas ementas dos seguintes julgados: REsp 1.371.211, j. 02.10.2014; AgRg no REsp 1.220.414, j. 19.05.2011; REsp 1.095.822, j. 16.12.2010. A se adotar</td><td>2.2.3.1</td></tr>
</table>

essa interpretação, pouco importa ao agente demonstrar que não agiu culpa (imperícia, imprudência ou negligência) na prática do ato que configura infração à legislação tributária.

» súmula nº 509 do STJ: "É lícito ao comerciante de boa-fé aproveitar os créditos de ICMS decorrentes de nota fiscal posteriormente declarada inidônea, quando demonstrada a veracidade da compra e venda".

Responsabilidade pessoal do "agente" do art. 137 do CTN — 2.2.3.2

» o art. 137 do CTN traz hipóteses de responsabilidade pessoal do "agente" quando este atua de modo doloso ou culposo. Como já decidiu o STJ, é possível se concluir, a partir da redação do art. 137, que esse dispositivo "consagra a responsabilidade subjetiva" (REsp 68.087, j. 03.06.2004). São três incisos que descrevem hipóteses de responsabilidade pessoal do agente:

> Art. 137. A responsabilidade é pessoal ao agente:
> I - quanto às infrações conceituadas por lei como crimes ou contravenções, salvo quando praticadas no exercício regular de administração, mandato, função, cargo ou emprego, ou no cumprimento de ordem expressa emitida por quem de direito;
> II - quanto às infrações em cuja definição o dolo específico do agente seja elementar;
> III - quanto às infrações que decorram direta e exclusivamente de dolo específico: a) das pessoas referidas no artigo 134, **contra** aquelas por quem respondem; b) dos mandatários, prepostos ou empregados, **contra** seus mandantes, preponentes ou empregadores; c) dos diretores, gerentes ou representantes de pessoas jurídicas de direito privado, **contra** estas.

» ao adotar o termo "agente" no art. 137 e "responsável" no art. 135, o CTN procede a uma distinção. De um lado, há o responsável que, apesar de agir em nome e no interesse de terceiros, pratica atos com excesso de poderes ou infração de lei, contrato social ou estatutos (art. 135). De outro lado, há o agente, que atua de modo contrário ao exercício regular de administração, mandato, função, cargo ou emprego. Ou seja, o agente mencionado no art. 137 é aquele cujos atos não podem ser enquadrados como sendo no interesse ou em benefício de terceiro. O agente mencionado no art. 137 atua em benefício próprio, muitas vezes em prejuízo do terceiro que deveria representar.

DENÚNCIA ESPONTÂNEA

» o instituto da denúncia espontânea, previsto no art. 138 do CTN, está inserido na seção do CTN que trata da responsabilidade por infrações. Assim, a responsabilidade a ser excluída pela denúncia espontânea é apenas a relativa a infrações à legislação tributária, envolvendo as multas. Responsabilidade por tributos, portanto, não é excluída, tanto que o art. 138 é expresso ao dispor que a denúncia espontânea é "da infração", devendo haver o pagamento do tributo eventualmente devido:

> Art. 138. A responsabilidade é excluída pela denúncia espontânea da infração, acompanhada, se for o caso, do pagamento do tributo devido e dos juros de mora, ou do depósito da importância arbitrada pela autoridade administrativa, quando o montante do tributo dependa de apuração. 3
> Parágrafo único. Não se considera espontânea a denúncia apresentada após o início de qualquer procedimento administrativo ou medida de fiscalização, relacionados com a infração.

Multas excluídas pela denúncia espontânea	» as multas tributárias costumam ser divididas entre multas punitivas e multas moratórias. Segundo essa classificação, a multa punitiva sancionaria um ato ilícito, enquanto a multa moratória sancionaria o inadimplemento da obrigação de pagar o tributo na data de vencimento. Com base nessa diferenciação, a Fazenda Pública defendia que apenas as multas punitivas estariam excluídas pela denúncia espontânea, devendo haver o pagamento das multas moratórias. » o STJ possui jurisprudência pacífica no sentido de que não há distinção entre a multa moratória e a punitiva, sendo ambas excluídas pela denúncia espontânea (REsp 922.206, j. 05.08.2008; REsp 774.058, j. 01.10.2009; REsp 1.062.139, j. 11.11.2008).	3.1
Denúncia espontânea e depósito judicial	» a Lei de Execuções Fiscais explicita a vinculação do depósito judicial ao resultado da demanda em seu art. 32, § 2º, segundo o qual após o trânsito em julgado o depósito poderá ter dois destinos: o levantamento da quantia pelo contribuinte depositante, em caso de a decisão final anular a dívida, ou a transformação em pagamento, caso a dívida seja mantida. » daí se percebe a incompatibilidade entre a denúncia espontânea e o depósito judicial. Enquanto aquela pressupõe o pagamento, aquele tem por objetivo discutir a própria validade da dívida, não podendo ser equiparado a uma quitação. Nessa linha, o STJ decidiu que não se pode conceder os benefícios da denúncia espontânea ao contribuinte que deposita judicialmente a dívida para discuti-la (REsp 1.131.090, j. 07.02.2013).	3.2
Denúncia espontânea e obrigações acessórias (deveres instrumentais)	» súmula vinculante 49 do CARF: "A denúncia espontânea (art. 138, CTN) não alcança a penalidade decorrente do atraso na entrega de declaração". » súmula vinculante 126 do CARF: "A denúncia espontânea não alcança as penalidades infligidas pelo descumprimento dos deveres instrumentais decorrentes da inobservância dos prazos fixados pela Secretaria da Receita Federal do Brasil para prestação de informações à administração aduaneira, mesmo após o advento da nova redação do art. 102 do Decreto-Lei nº 37, de 1966, dada pelo art. 40 da Lei nº 12.350, de 2010." » "é pacífico o entendimento de que as sanções por infrações formais (entrega de declarações, emissão de documentos fiscais) não são afastadas pela denúncia espontânea" (REsp 1.142.739, j. 16.03.2010).	3.3
Denúncia espontânea e parcelamento	» o **parcelamento não se equipara ao pagamento para fins de denúncia espontânea**, uma vez que no parcelamento o cumprimento da obrigação é desmembrado, não havendo presunção de que, pagas algumas parcelas, as demais serão adimplidas (REsp 284.189, j. 17.06.2002). Essa posição foi sedimentada em sede de **repetitivo** no REsp 1.102.577 (j. 22.04.2009). » o CTN confirmou o entendimento jurisprudencial, quando a Lei Complementar 104/2001 incluiu o art. 155-A, cujo parágrafo primeiro dispõe que salvo disposição de lei em contrário, o parcelamento do crédito tributário não exclui a incidência de juros e multas.	3.4

Denúncia espontânea e compensação	» a jurisprudência do STJ consolidou-se no sentido de que, nas hipóteses de compensação, a extinção do débito estará submetida à ulterior condição resolutória da sua homologação pelo fisco, a qual, caso não ocorra, implicará o não pagamento do crédito tributário, havendo, por consequência, a incidência dos encargos moratórios. (AgInt nos EDcl no REsp 1.704.799, j. 03.06.2019). Por isso, é incabível a aplicação do benefício da denúncia espontânea, previsto no art. 138 do CTN, aos casos de compensação tributária (AgInt no REsp 1.720.601, j. 23.05.2019; AgInt nos EDcl nos EREsp 1.657.437, j. 12.09.2018).	3.5
Denúncia espontânea e tributos sujeitos a lançamento por homologação	» é **incabível a aplicação de denúncia espontânea em relação ao tributo já constituído pela declaração do contribuinte**. » súmula 360 do STJ: "O benefício da denúncia espontânea não se aplica aos tributos sujeitos a lançamento por homologação regularmente declarados, mas pagos a destempo". » esse entendimento é aplicável apenas ao montante declarado, não abrangendo a parcela eventualmente devida e não declarada. **Tributos constituídos por declaração do contribuinte** **Montante declarado e não pago** × **Diferença não declarada** **Cabível a denúncia espontânea** × **Incabível a denúncia espontânea**	3.6

RESPONSABILIDADE AUTÔNOMA NA DISSOLUÇÃO REGULAR

» a Lei Complementar 123/2006 (com a redação dada pela Lei Complementar 147/2014) prevê, em relação às microempresas e empresas de pequeno porte, uma hipótese autônoma de responsabilidade tributária dos sócios das pessoas jurídicas extintas sem a quitação das dívidas tributárias:

> LC 123/2006, art. 9º O registro dos atos constitutivos, de suas alterações e extinções (baixas), referentes a empresários e pessoas jurídicas em qualquer órgão dos 3 (três) âmbitos de governo ocorrerá independentemente da regularidade de obrigações tributárias, previdenciárias ou trabalhistas, principais ou acessórias, do empresário, da sociedade, dos sócios, dos administradores ou de empresas de que participem, sem prejuízo das responsabilidades do empresário, dos titulares, dos sócios ou dos administradores por tais obrigações, apuradas antes ou após o ato de extinção. (...) § 5º **A solicitação de baixa do empresário ou da pessoa jurídica importa responsabilidade solidária dos empresários, dos titulares, dos sócios e dos administradores no período da ocorrência dos respectivos fatos geradores.** 4

» não há ofensa à jurisprudência do STJ (súmulas 430 e 435), pois o fundamento da responsabilização do sócio não é o art. 135, III do CTN. Considerando que o STJ, ao vedar a responsabilização por conta do não pagamento de tributos (súmula 430) e ao estabelecer a premissa da ocorrência de dissolução irregular (súmula 435) tomou como parâmetro de análise o conteúdo do art. 135, III do CTN, que trata de atos ligados a infração legal, é possível dizer que não haveria, de antemão, uma incompatibilidade entre o art. 9º, § 5º da LC 123/2006 e a jurisprudência do STJ.

» além da regra prevista na Lei Complementar 123/2006, a Lei Complementar 147/2014 estendeu a responsabilidade tributária dos sócios por conta da extinção da pessoa jurídica inadimplente às pessoas jurídicas em geral, como se pode ver do art. 7º-A da Lei 11.598/20017:

> Art. 7º-A. O registro dos atos constitutivos, de suas alterações e extinções (baixas), referentes a empresários e pessoas jurídicas em qualquer órgão dos 3 (três) âmbitos

de governo, ocorrerá independentemente da regularidade de obrigações tributárias, previdenciárias ou trabalhistas, principais ou acessórias, do empresário, da sociedade, dos sócios, dos administradores ou de empresas de que participem, sem prejuízo das responsabilidades do empresário, dos titulares, dos sócios ou dos administradores por tais obrigações, apuradas antes ou após o ato de extinção. (...) § 2º A solicitação de baixa na hipótese prevista no caput deste artigo importa responsabilidade solidária dos titulares, dos sócios e dos administradores do período de ocorrência dos respectivos fatos geradores.

RESPONSABILIDADE TRIBUTÁRIA E INCIDENTE DE DESCONSIDERAÇÃO DA PERSONALIDADE JURÍDICA

» a responsabilidade tributária atribuída pelo legislador a pessoas que não praticaram o fato gerador não se confunde com a desconsideração da personalidade jurídica, prevista no Código Civil.

» nas hipóteses de imputação de responsabilidade tributária por força do CTN, 5
portanto, não há necessidade de instauração do incidente de desconsideração da personalidade jurídica.

7. SÚMULAS APLICÁVEIS

7.2 STJ

360. "O benefício da denúncia espontânea não se aplica aos tributos sujeitos a lançamento por homologação regularmente declarados, mas pagos a destempo".

430. "O inadimplemento da obrigação tributária pela sociedade não gera, por si só, a responsabilidade solidária do sócio-gerente".

435. "Presume-se dissolvida irregularmente a empresa que deixar de funcionar no seu domicílio fiscal, sem comunicação aos órgãos competentes, legitimando o redirecionamento da execução fiscal para o sócio-gerente".

509. "É lícito ao comerciante de boa-fé aproveitar os créditos de ICMS decorrentes de nota fiscal posteriormente declarada inidônea, quando demonstrada a veracidade da compra e venda".

554. "Na hipótese de sucessão empresarial, a responsabilidade da sucessora abrange não apenas os tributos devidos pela sucedida, mas também as multas moratórias ou punitivas referentes a fatos geradores ocorridos até a data da sucessão".

7.2 CARF

Súmula vinculante 49 do CARF: "A denúncia espontânea (art. 138, CTN) não alcança a penalidade decorrente do atraso na entrega de declaração".

Súmula vinculante 113: "A responsabilidade tributária do sucessor abrange, além dos tributos devidos pelo sucedido, as multas moratórias ou punitivas, desde que seu fato gerador tenha ocorrido até a data da sucessão, independentemente de esse crédito ser formalizado, por meio de lançamento de ofício, antes ou depois do evento sucessório.".

130. "A atribuição de responsabilidade a terceiros com fundamento no art. 135, inciso III, do CTN não exclui a pessoa jurídica do pólo passivo da obrigação tributária".

Súmula vinculante 126 do CARF: "A denúncia espontânea não alcança as penalidades infligidas pelo descumprimento dos deveres instrumentais decorrentes da inobservância dos prazos fixados pela Secretaria da Receita Federal do Brasil para prestação de informações à administração aduaneira, mesmo após o advento da nova redação do art. 102 do Decreto-Lei nº 37, de 1966, dada pelo art. 40 da Lei nº 12.350, de 2010."

8. QUESTÕES DE CONCURSOS PÚBLICOS

1. **(Cespe – Auditor Fiscal – SEFAZ - DF/2020) No que se refere a aplicação da lei e responsabilidade tributária, julgue o item seguinte.**

   A sociedade empresária que tenha sócio remanescente de sociedade extinta e que explore a mesma atividade não responde pelos débitos tributários desta.

   ( ) Certo

   ( ) Errado

2. **(Cespe – Auditor Fiscal – SEFAZ - DF/2020) No que se refere a aplicação da lei e responsabilidade tributária, julgue o item seguinte.**

   A atribuição de responsabilidade tributária solidária ao administrador da massa falida pelas penalidades tributárias por ela devidas se restringe às de caráter moratório.

   ( ) Certo

   ( ) Errado

3. **(Cespe – Auditor Fiscal – SEFAZ - DF/2020) No que se refere a aplicação da lei e responsabilidade tributária, julgue o item seguinte.**

   É incompatível com o Código Tributário Nacional lei distrital que admita a indicação do sujeito passivo do imposto sobre transmissão de bens imóveis (ITBI) pelas partes no contrato de compra e venda de imóvel, pois as convenções particulares não são oponíveis à fazenda pública.

   ( ) Certo

   ( ) Errado

4. **(Cespe – Auditor Fiscal da Receita Estadual – SEFAZ - AL/2020) A respeito de responsabilidade, de obrigação e de administração tributária, julgue o item subsequente.**

   A responsabilidade tributária corresponde à imposição do pagamento do tributo a terceira pessoa vinculada ao fato gerador da respectiva obrigação: é originária quando o responsável é colocado diretamente na posição de sujeito passivo, como ocorre, por exemplo, no caso da responsabilidade dos pais pelos tributos devidos pelos filhos menores.

   ( ) Certo

   ( ) Errado

5. **(Cespe – Auditor Fiscal da Receita Estadual – SEFAZ - AL/2020) A respeito de responsabilidade, de obrigação e de administração tributária, julgue o item subsequente.**

   A denúncia espontânea da infração, acompanhada, se for o caso, do pagamento do tributo devido com juros de mora correspondentes, realizada até a conclusão do procedimento administrativo ou da medida de fiscalização relacionada com a infração resulta na exclusão da responsabilidade do contribuinte pela infração.

   ( ) Certo

   ( ) Errado

6. **(FCC – Procurador do Estado – PGE – AP/2018) A "Indústria de Balanças Peso Pesado", cujos sócios são Carlos e Danilo, tem 5 estabelecimentos no Estado, sendo uma matriz e quatro filiais. A empresa está em processo de recuperação judicial há três meses. Quando foi divulgada a notícia de que será promovida a alienação judicial de um de seus estabelecimentos, várias pessoas, naturais e jurídicas, se interessaram por adquiri-lo:**

   1. Marcos, marido da prima de Carlos;

   2. a "Fábrica de Balanças Equilíbrio", sociedade empresarial concorrente;

   3. "Empresa de Ferragens Brasil", que é controlada pela "Indústria de Balanças Peso Pesado";

   4. Sebastião, rico empresário e marido da tia de Carlos.

   Considerando que a "Indústria de Balanças Peso Pesado" vai continuar explorando sua atividade industrial por tempo indeterminado, mesmo depois da venda do referido estabelecimento, de acordo com o Código Tributário Nacional, caso a referida filial venha a ser adquirida

(A) por Marcos, ele responderá integralmente pelos tributos relativos ao estabelecimento adquirido, devidos até a data do ato de aquisição.

(B) pela "Fábrica de Balanças Equilíbrio", esta não responderá, nem integral, nem subsidiariamente, pelos tributos, relativos ao estabelecimento adquirido, devidos até a data do ato de aquisição.

(C) pela "Empresa de Ferragens Brasil", esta responderá integralmente pelos tributos relativos ao estabelecimento adquirido, devidos até a data do ato de aquisição.

(D) por Sebastião, ele não responderá, nem integral, nem subsidiariamente, pelos tributos relativos ao estabelecimento adquirido, devidos até a data do ato de aquisição.

(E) pela "Empresa de Ferragens Brasil", esta não responderá, nem integral, nem subsidiariamente, pelos tributos relativos ao estabelecimento adquirido, devidos até a data do ato de aquisição.

7. (Vunesp – Procurador do Estado – PGE – SP/2018) **Assinale a alternativa correta sobre a sucessão tributária, conforme o Código Tributário Nacional.**

(A) É excluída em casos de impostos que tenham por fato gerador a propriedade.

(B) É tipo de sanção por ato ilícito do sucessor.

(C) Não se aplica à pessoa jurídica resultante de fusão, pois esta é nova em relação às sociedades fundidas.

(D) É reponsabilidade que se aplica a fatos geradores ocorridos até a data do ato ou fato de que decorre a sucessão.

(E) É responsabilidade que se aplica exclusivamente aos créditos tributários definitivamente constituídos à data do ato ou fato de que decorre a sucessão.

01	02	03	04	05	06	07
ERRADO	CERTO	ERRADO	ERRADO	ERRADO	B	D

9. QUESTÕES DISCURSIVAS COM COMENTÁRIOS

(Cespe- TRF 5ª Região- Juiz Federal- 2011) O nome de Jonas Neto, ex-sócio da Locus Amoenus Ltda., que detinha 10% das respectivas quotas do capital social e cuja retirada da sociedade ocorreu em 25/3/2002 (data do arquivamento da alteração societária no registro do comércio), foi consignado no rol de corresponsáveis tributários de uma certidão de dívida ativa, lavrada em 24/3/2006, em desfavor da aludida empresa, relativa a débito de contribuição previdenciária sobre folha de salários, das competências de janeiro a março de 2002. Tal débito tributário é objeto de execução fiscal aforada em 24/3/2010, contra a qual foram opostos embargos à execução ainda pendentes de julgamento. Jonas Neto, que nunca figurou como administrador da referida empresa, é titular de um crédito de indenização, por responsabilidade civil da União, inscrito em precatório judicial. Sabendo da iminente liberação do crédito do precatório, a União atravessou petição pugnando pela compensação do respectivo crédito com a noticiada dívida previdenciária, ou, alternativamente, pela suspensão do pagamento do precatório em razão da dívida objeto de execução fiscal.

Em face da situação hipotética acima apresentada, responda, de forma fundamentada, se procede a pretensão da União.

60 linhas

COMENTÁRIOS

A pretensão da União não procede, em face das considerações a seguir.

Em primeiro lugar deve se estar atento ao fato de que o sócio estava presente na sociedade no momento da ocorrência dos fatos geradores da dívida tributária cobrada na execução fiscal, o que configura um dos requisitos para a responsabilização do sócio, conforme o entendimento do Superior Tribunal de Justiça.

Esta Corte tem entendido que, para que seja possível o redirecionamento da execução fiscal, o sócio-gerente deve estar presente na sociedade no momento da ocorrência do fato gerador e também que seja o responsável pelo ato praticado com excesso de poderes ou infração de lei, contrato social ou estatutos.

Também poder-se-ia pensar ser legítima a pretensão da União em face do entendimento do Superior Tribunal de Justiça, que legitima a responsabilização do sócio-gerente por dívida tributária da empresa se aquele constar da Certidão de Dívida Ativa, pois nesse caso caberia ao sócio o ônus de provar que não incorreu em nenhuma das hipóteses ensejadoras da responsabilidade de terceiros prevista no artigo 135, III, do CTN.

Observe-se, contudo, que não há nenhum indicativo de ter o referido sócio incorrido em algum ato praticado com excesso de poderes ou infração de lei, contrato social ou estatutos.

Além disso, está explicitado que o sócio nunca figurou como administrador da empresa, não estando, portanto, preenchido um dos requisitos para a responsabilização de terceiros do artigo 135, III do CTN, qual seja, a qualidade de diretor, gerente ou representante da sociedade do sócio a ser incluído no polo passivo.

Não se pode falar, ainda, na aplicação do artigo 13 da Lei 8.620/1993, segundo o qual o titular da firma individual e os sócios das empresas por cotas de responsabilidade limitada respondem solidariamente, com seus bens pessoais, pelos débitos junto à Seguridade Social.

Isso porque esse dispositivo foi declarado inconstitucional pelo Supremo Tribunal Federal, sob o fundamento de que a lei ordinária não poderia transbordar dos limites traçados pela lei complementar sobre a responsabilidade tributária, matéria atinente às normas gerais de direito tributário.

Além disso, o dispositivo em questão incorreu também em inconstitucionalidade material, pois viola o princípio constitucional da livre iniciativa ao criar uma confusão patrimonial entre os patrimônios da pessoa física e da pessoa jurídica, o que acaba por descaracterizar a própria natureza das sociedades limitadas.

Quanto ao pedido de compensação do crédito de precatório com a dívida previdenciária cobrada na execução fiscal, deve-se mencionar a Emenda Constitucional 62/2009, que incluiu o § 9° ao artigo 100 da Constituição Federal, segundo o qual no momento da expedição dos precatórios, independentemente de regulamentação, deles deverá ser abatido, a título de compensação, valor correspondente aos débitos líquidos e certos, inscritos ou não em dívida ativa e constituídos contra o credor original pela Fazenda Pública devedora, incluídas parcelas vincendas de parcelamentos, ressalvados aqueles cuja execução esteja suspensa em virtude de contestação administrativa ou judicial.

Essa compensação de ofício foi muito criticada pela doutrina, por violar a igualdade processual entre as partes, além do devido processo legal, pois retira do particular a possibilidade de se defender no processo de execução fiscal. Ofenderia também a coisa julgada e o princípio da separação dos poderes, pois haveria nesse caso uma usurpação da competência do Poder Judiciário, pois o Poder Legislativo, com essa Emenda, estaria restringindo a eficácia de decisões judiciais já transitadas em julgado.

Todas essas críticas foram acolhidas pelo Supremo Tribunal Federal, que declarou a inconstitucionalidade do referido dispositivo, diante do que não há como se acolher o pedido formulado pela União.

Observação: após a aplicação dessa prova, o Supremo Tribunal Federal, no julgamento das ADI's 4357, 4425, 4372, 4400, noticiado no informativo 698 do STF, declarou inconstitucionais os §§ 9° e 10° do artigo 100 da Constituição Federal, que disciplinam a compensação entre o crédito do precatório e os débitos líquidos e certos do particular perante a Fazenda Pública, inscritos ou não em dívida ativa.

(PGE/PR – Procurador do Estado do Paraná - 2011) Acerca da sujeição passiva tributária, estabeleça a distinção entre responsabilidade por transferência e responsabilidade por substituição. (15 linhas)

Sujeito passivo da obrigação tributária é aquele que tem o dever de recolher o tributo ao Fisco. Esse sujeito passivo pode ser contribuinte (sujeito passivo direto), quando a pessoa obrigada ao pagamento do tributo coincide com a pessoa que realiza o fato gerador, ou responsável (sujeito passivo indireto), quando o Estado cobra o tributo de uma pessoa que não praticou o fato gerador, embora esteja a ele vinculado de alguma maneira (art. 128 do CTN). O sujeito passivo indireto, ou responsável, por sua vez, pode adquirir esse dever de pagar o tributo por duas maneiras diferentes.

A primeira é quando o dever surge desde a ocorrência do fato gerador, ou seja, a lei elege uma terceira pessoa, que não o contribuinte, a pagar o tributo por razões de política fiscal, como a maior facilidade de fiscalização. Nesse caso tem-se a responsabilidade por substituição, da qual é exemplo a retenção na fonte do imposto de renda, que é recolhido à União pelos empregadores, e não pelos próprios contribuintes do imposto (empregados que auferem a renda). A segunda é a responsabilidade por transferência, na qual a terceira pessoa obrigada ao pagamento do tributo surge após a ocorrência do fato gerador, diante de algum evento que pode excluir a responsabilidade do contribuinte ou mantê-la em caráter supletivo. Exemplo disso é a responsabilidade solidária (art. 124 e 125 do CTN), a dos sucessores (arts. 130 e 133) e a de terceiros (art. 134).

12

CRÉDITO TRIBUTÁRIO E LANÇAMENTO

1. CONCEITO DO CRÉDITO TRIBUTÁRIO

O Código Tributário Nacional possui regras específicas acerca do crédito e da obrigação tributárias. Há uma separação relevante dos dois institutos, a ponto de a própria Constituição mencionar, separadamente, a obrigação e o crédito tributário[1].

Em direito civil, a obrigação é constituída entre credor e devedor (sujeitos da obrigação ou elementos subjetivos), sendo o crédito o direito que o credor possui em face do devedor. Em direito civil, portanto, obrigação é conceito mais amplo que crédito, uma vez que este é um elemento contido na relação obrigacional.

No Código Tributário Nacional, o crédito tributário pode ser entendido como o direito do credor em face do devedor e também como um atributo de maior certeza e exigibilidade da obrigação tributária, assumindo uma feição relevante diante de regras específicas acerca de sua suspensão da exigibilidade, extinção e exclusão. Em direito tributário, assim, há uma série de regras próprias ao crédito tributário, sendo esse direito subjetivo do credor objeto de várias disposições especiais.

Primeiramente, o CTN dispõe que o crédito tributário "decorre da obrigação principal e tem a mesma natureza desta" (art. 139). Aqui se preserva a noção civilista de que o crédito faz parte (decorre) da obrigação.

Mais adiante, o CTN distancia os conceitos de crédito e obrigação ao dispor, em seu art. 142, que o crédito é constituído pelo lançamento, ocasião em que se verifica o fato gerador da obrigação correspondente. De acordo com o art. 142, portanto, o crédito só se constituiria em momento posterior (quando do lançamento) à obrigação, que por sua vez já surgiria no momento do fato gerador[2].

---

1. CF, art. 146. Cabe à lei complementar: (...) III - estabelecer normas gerais em matéria de legislação tributária, especialmente sobre: (...) b) **obrigação**, lançamento, **crédito**, prescrição e decadência tributários; (...)

2. Vale notar que alguns autores ensinam que o crédito tributário já se encontra constituído mesmo no momento do surgimento da obrigação tributária (TORRES, Ricardo Lobo. Curso de Direito Financeiro e Tributário. 19ª. ed. Rio de Janeiro: Renovar, 2013, p. 275). O que o CTN chama de "constituição" seria, na verdade, uma **formalização**

Apesar de se admitir a existência de um crédito no momento do surgimento da obrigação tributária (caso contrário esta seria vazia), o CTN deixa claro que há um marco temporal (lançamento) a partir do qual o crédito tributário passa a receber outro regime jurídico. Não se concebe, contudo, que o crédito tributário, como direito da Fazenda, só passe a existir em momento posterior ao surgimento da obrigação tributária, uma vez que o crédito é um elemento intrínseco à própria existência da obrigação[3].

O crédito tributário "constituído", portanto, assume uma condição diversa do crédito tributário que se identifica no surgimento da obrigação tributária como o direito de crédito do sujeito ativo antes de sua constituição. Diferença relevante é a marca da exigibilidade, uma vez que com a constituição passa a existir um valor exato individualizado em relação a um contribuinte e uma data de vencimento que deve ser obedecida, sob pena de caracterização de mora. Por essa razão, a doutrina costuma dizer que a constituição do crédito atribui certeza e liquidez à obrigação tributária.

Seguindo a distinção entre o crédito tributário existente como elemento da obrigação e o crédito constituído, o CTN dispõe ainda que as "**circunstâncias que modificam o crédito tributário, sua extensão ou seus efeitos, ou as garantias ou os privilégios a ele atribuídos, ou que excluem sua exigibilidade não afetam a obrigação tributária que lhe deu origem**" (art. 140). Esse "crédito tributário" que pode ser modificado sem que a obrigação seja afetada é o crédito constituído ou formalizado. Assim, o crédito documentado em lançamento ou mesmo declaração do contribuinte pode ser alterado em sua extensão, efeitos, garantias, privilégios ou exigibilidade, sem que a obrigação tributária subjacente seja afetada.

O CTN, em regra, utiliza a expressão "crédito tributário" para se referir ao crédito já formalizado ou "constituído". Há, todavia, referências a "crédito tributário" como o direito de crédito do sujeito ativo da obrigação tributária, independentemente de sua constituição por lançamento ou declaração do sujeito passivo (neste caso, nos tributos sujeitos a lançamento por homologação). É o caso do art. 156, V, que trata a decadência como hipótese de extinção do crédito tributário. Como a ocorrência da decadência pressupõe a ausência de "constituição" do crédito, a extinção por ela ocasionada é relativa ao crédito como direito da Fazenda, conforme explicita o art. 173 do CTN.

Vale notar ainda que há dispositivo do CTN que merece ser comparado com a norma ora comentada do art. 140 do CTN. No art. 113, § 1º, o CTN dispõe que a obrigação tributária se extingue juntamente com o crédito dela decorrente. Quis dizer o Código que com a extinção da própria obrigação (relação jurídica), não há razão para subsistência do crédito dela decorrente.

É perfeitamente possível, contudo, que o crédito tributário seja extinto por uma decisão administrativa (CTN, art. 156, IX) que reconheça um vício formal no lançamento que

---

do crédito (Sampaio Dória, *apud* DERZI, Misabel Abreu Machado. Notas de atualização ao Direito Tributário Brasileiro de Aliomar Baleeiro. 13ª. ed. Rio de Janeiro: Forense, 2015, p. 1.176).

3. "Se o direito de crédito é apenas um dos polos da relação obrigacional, tão logo ocorrido o fato jurídico constituir-se-á também o crédito, o qual não pode ser um *posterius* à constituição da obrigação." (DERZI, Misabel Abreu Machado. Notas de atualização ao Direito Tributário Brasileiro de Aliomar Baleeiro. 13ª. ed. Rio de Janeiro: Forense, 2015, p. 1.176).

formalizou o crédito, sem que a obrigação tributária seja extinta. Há casos ainda em que a extinção do crédito tributário necessariamente acarreta a extinção da obrigação tributária, como, por exemplo, o pagamento (CTN, art. 156, I) e a prescrição (CTN. art. 156, V).

Em outras palavras, **é possível a extinção do crédito tributário sem que a obrigação tributária seja extinta**, mas não é possível a extinção da obrigação tributária sem que o crédito tributário seja extinto.

Finalizando as disposições gerais sobre o crédito tributário, o CTN determina, em seu art. 141, que o crédito tributário regularmente constituído somente se modifica ou extingue, ou tem sua exigibilidade suspensa ou excluída, **nos casos previstos nesta Lei**, fora dos quais não podem ser dispensadas, sob pena de responsabilidade funcional na forma da lei, a sua efetivação ou as respectivas garantias.

O dispositivo reforça a reduzida margem de discricionariedade das autoridades fiscais na administração do crédito tributário, não podendo haver a criação de hipóteses de extinção, suspensão da exigibilidade ou exclusão do crédito fora das hipóteses previstas no próprio CTN ("nesta Lei"). As garantias do crédito tributário, assim, não podem ser negligenciadas pelos agentes fiscais, sob pena de responsabilidade funcional na forma da lei.

Apesar de o art. 141 do CTN indicar expressamente que as hipóteses de extinção do crédito tributário são apenas as previstas no próprio CTN, o **Pleno do STF** fixou o entendimento, em 20.09.2019, que "**não há reserva de Lei Complementar Federal para tratar de novas hipóteses de suspensão e extinção de créditos tributários**" (ADI 2405). Entendeu ainda o Supremo que é possível ao Estado-Membro estabelecer regras específicas de quitação de seus próprios créditos tributários, o que tem como efeito prático a possibilidade de criação de novas hipóteses de extinção do crédito tributário, não previstas no CTN.

2. LANÇAMENTO

O lançamento é tratado de modo específico pelo CTN nos arts. 142 a 150. O art. 142 inicia a disciplina do lançamento da seguinte maneira:

> Art. 142. Compete privativamente à autoridade administrativa constituir o crédito tributário pelo lançamento, assim entendido o procedimento administrativo tendente a verificar a ocorrência do fato gerador da obrigação correspondente, determinar a matéria tributável, calcular o montante do tributo devido, identificar o sujeito passivo e, sendo caso, propor a aplicação da penalidade cabível.
>
> Parágrafo único. A atividade administrativa de lançamento é vinculada e obrigatória, sob pena de responsabilidade funcional.

A função do lançamento, portanto, está atrelada à constituição ou formalização do crédito tributário, ocasião em que se documenta os aspectos essenciais da obrigação tributária, como base de cálculo e alíquota (aspecto quantitativo), sujeito passivo, incluindo eventuais responsáveis (aspecto pessoal), exercício e data do fato gerador (aspecto temporal), além de se fazer menção à legislação pertinente.

Também no lançamento, segundo o art. 142, pode haver a aplicação de multa no caso de se constatar a prática de alguma infração à legislação tributária. Nesse caso, ao contrário do que erroneamente indica a literalidade da parte final do art. 142, a penalidade cabível não é "proposta", mas sim aplicada, inexistindo discricionariedade ou margem de liberdade quanto à aplicação ou não de penalidade.

A legislação federal que disciplina o processo administrativo fiscal (Decreto 70.235/1972), todavia, não prevê o lançamento como o ato que contém a aplicação de penalidade. Segundo o Decreto 70.235/1972, o lançamento expressa a exigência do crédito tributário (em sentido estrito, abrangendo apenas o tributo), enquanto a penalidade ou multa tributária estaria contida no auto de infração, como se vê da redação de seu art. 9º:

> Decreto 70.235/1972, art. 9º A exigência do crédito tributário e a aplicação de penalidade isolada serão formalizados em autos de infração ou notificações de lançamento, distintos para cada tributo ou penalidade, os quais deverão estar instruídos com todos os termos, depoimentos, laudos e demais elementos de prova indispensáveis à comprovação do ilícito.
>
> § 1º Os autos de infração e as notificações de lançamento de que trata o caput deste artigo, formalizados em relação ao mesmo sujeito passivo, podem ser objeto de um único processo, quando a comprovação dos ilícitos depender dos mesmos elementos de prova. (...) § 4º O disposto no caput deste artigo aplica-se também nas hipóteses em que, constatada infração à legislação tributária, dela não resulte exigência de crédito tributário.

A menção a "crédito tributário", no contexto do art. 9º acima reproduzido, se restringe a tributo, não abrangendo as multas tributárias. Isso fica claro quando o *caput* do art. 9º do Decreto 70.235/1972 menciona "tributo ou penalidade", logo após separar as expressões "exigência do crédito tributário" e "aplicação da penalidade". O dispositivo segue na diferenciação entre o lançamento de tributo e o auto de infração relativo a multa, esclarecendo que é possível a aplicação de penalidade em auto de infração sem que haja, simultaneamente, a cobrança de tributo (art. 9º, § 4º). Em relação a essa distinção, Paulo de Barros Carvalho que, apesar de a prática administrativa reunir num mesmo documento, comumente chamado de "auto de infração", a exigência do tributo e da multa, o tributo é devido por conta de um fato lícito, que não se confunde com a penalidade, que tem como pressuposto a prática de um ilícito[4].

Como explica o **Parecer PGFN/CAT 278/2014**, a redação do art. 142 do CTN, ao dispor que o lançamento, sendo o caso, deve conter uma aplicação de penalidade, permite que a constituição de tributo e multa estejam em um mesmo documento quando houver uma infração correlacionada ao tributo[5]. Seguindo a redação literal do art. 142, assim, o lançamento abrange não apenas o tributo devido, mas também a penalidade.

4. CARVALHO, Paulo de Barros. Curso de Direito Tributário. 25ª. ed. São Paulo: Saraiva, 2013, p. 391.

5. Parecer PGFN/CAT 278/2014: "Por conta da expressão "e, sendo caso, propor a aplicação da penalidade cabível", contida na parte final do art. 142, caput, do CTN, admite-se que o lançamento possa estar contido no bojo de um auto de infração (AI), quando a ilicitude estiver correlacionada com a obrigação tributária principal. Haverá um único instrumento, contendo dois atos, submetidos a regimes jurídicos distintos: o lançamento propriamente dito e a aplicação de sanção".

2.1 Natureza do lançamento - ato ou procedimento

Outro ponto do art. 142 que é questionado pela doutrina diz respeito à definição do lançamento como um "procedimento administrativo".

Procedimento costuma ser conceituado como um conjunto de atos voltados para a obtenção de uma finalidade. Procedimento fiscal, segundo a doutrina, "se desenvolve através de uma série de atos praticados pela autoridade administrativa que se conjugam, objetivamente, a uma sequência de atos (...), formando um todo unitário para a consecução de um fim determinado"[6].

O lançamento, a rigor, é um único ato administrativo, não havendo que se falar em um lançamento como pluralidade dos atos. O lançamento pode ainda se inserir em um procedimento administrativo ou não. Assim, não é pressuposto do lançamento a existência de atos prévios ou posteriores. É possível que a administração tributária já detenha os elementos necessários para a constituição do crédito sem a necessidade de realização de diligências ou atos prévios ao lançamento, assim como se vislumbra a possibilidade de o sujeito passivo realizar o pagamento do valor indicado no lançamento e extinguir o crédito tributário[7], não havendo razão, nesse caso, para o desenvolvimento de procedimento administrativo.

Todavia, caso o sujeito passivo apresente impugnação ao lançamento (independentemente da existência ou não de atos anteriores), haverá a partir daí uma fase litigiosa do procedimento administrativo fiscal, conforme expressa o art. 14 do Decreto 70.235/1972.

De todo modo, o lançamento possui a natureza de ato, não podendo ser considerado como procedimento, como erroneamente indica a literalidade do art. 142 do CTN. Esse mesmo raciocínio se aplica ao auto de infração que impõe multa tributária, o qual é ato administrativo, e não procedimento.

2.2 Eficácia do lançamento - declaratória ou constitutiva

Boa parte das discussões doutrinárias sobre o lançamento diz respeito à sua natureza. Divide-se a doutrina em duas posições: a que atribui natureza declaratória ao lançamento e a que lhe confere natureza constitutiva.

A primeira corrente, majoritária, considera que o lançamento declara um crédito que já existe antes, não havendo criação de direito com esse ato. Esse pensamento leva em conta que o crédito já existe desde o surgimento da obrigação tributária, com o fato gerador, e por isso o lançamento teria a função dotar o crédito de exigibilidade. Trata-se da posição majoritária, tendo como adeptos Aliomar Baleeiro, Misabel Derzi, Luís Eduardo Schoueri e Ricardo Lobo Torres.

Outros autores, como Paulo de Barros Carvalho[8], atribuem eficácia constitutiva ao lançamento, argumentando que este ato seria norma individual e concreta sem a qual o

6. NEDER, Marcos Vinicius; LÓPEZ, Maria Teresa Martínez. Processo Administrativo Fiscal Federal Comentado. 3ª ed. São Paulo: Dialética, 2010, p. 137.
7. DERZI, Misabel Abreu Machado. Notas de atualização ao Direito Tributário Brasileiro de Aliomar Baleeiro. 13ª. ed. Rio de Janeiro: Forense, 2015, p. 1.187.
8. CARVALHO, Paulo de Barros. Curso de Direito Tributário. 25ª. ed. São Paulo: Saraiva, 2013, p. 384.

Estado não poderia exigir o cumprimento da dívida tributária. Crítica contundente a esse raciocínio é feita por André Folloni[9], que expõe a contradição de Paulo de Barros Carvalho ao afirmar que o ato produzido pelo sujeito passivo para apurar seu débito constitui o crédito tributário. De fato, há uma contradição insanável no raciocínio de Paulo de Barros: se o ato do sujeito passivo constitui o crédito, e anteriormente a essa norma individual e concreta não haveria "condições para o devedor implementar sua obrigação"[10], haveria um paradoxo na obrigação de antecipar o pagamento, a qual não existira até que o sujeito passivo efetuasse a antecipação[11]. A obrigação acessória do sujeito passivo de apurar e declarar o tributo devido, portanto, é um dever jurídico que existe antes da edição de "norma individual e concreta", sendo inclusive passível de sanção jurídica em caso de descumprimento[12].

A redação do art. 142 do CTN é expressa no sentido de que o lançamento constitui o crédito tributário. No mesmo sentido, o *caput* do art. 173 é expresso em afirmar que a Fazenda Pública possui o direito de constituir o crédito tributário.

Por outro lado, o mesmo Código indica que as características essências do crédito tributário já se encontram definidas antes mesmo do lançamento. É o que se vê do art. 143, o qual determina que, "quando o valor tributário esteja expresso em moeda estrangeira, no lançamento far-se-á sua conversão em moeda nacional ao câmbio do dia da ocorrência do fato gerador da obrigação". Se no momento do lançamento deve haver a conversão da moeda estrangeira em moeda nacional tomando-se como referência o câmbio do dia da ocorrência do fato gerador da obrigação, significa que já existiria um crédito passível de mensuração na data do fato gerador. Também o art. 144 fixa a data da ocorrência do fato gerador como marco para disciplina do lançamento.

Há, desse modo, uma ambiguidade do CTN, que utiliza a expressão "constituição de crédito tributário" ao mesmo tempo em que reconhece a existência do crédito tributário na data do fato gerador (até porque não há obrigação tributária sem crédito). O que se constitui no momento do lançamento, a rigor, não é o crédito em si, mas sim um grau de concreção ou eficácia do crédito, com o qual este se torna líquido e exigível[13].

A despeito de aparente contradição entre os dispositivos do CTN quanto à natureza declaratória ou constitutiva do lançamento, é comum se encontrar na doutrina a afirmação segundo a qual **o lançamento é declaratório quanto à obrigação tributária e constitutivo quanto ao crédito tributário**[14], o que parece ser a melhor opção a se adotar em provas objetivas de concursos públicos.

Uma postura mais crítica, contudo, que pode ser mencionada em provas discursivas ou orais, é a de que o crédito tributário já existe desde o fato gerador, uma vez que representa

9. FOLLONI, André Parmo. Crítica ao Dualismo entre Fato e Evento na Ciência do Direito Tributário. Revista Direito Tributário Atual n. 32. São Paulo: IBDT/Dialética, 2014.
10. CARVALHO, Paulo de Barros. Curso de Direito Tributário. 25ª. ed. São Paulo: Saraiva, 2013.
11. SCHOUERI, Luís Eduardo. Direito Tributário. 5ª. ed. São Paulo: Saraiva, 2015, p. 616.
12. FOLLONI, André Parmo. Crítica ao Dualismo entre Fato e Evento na Ciência do Direito Tributário. Revista Direito Tributário Atual n. 32. São Paulo: IBDT/Dialética, 2014, p. 29.
13. TORRES, Ricardo Lobo. Curso de Direito Financeiro e Tributário. 19ª. ed. Rio de Janeiro: Renovar, 2013, p. 275-276.
14. MACHADO, Hugo de Brito. Curso de Direito Tributário. 26ª edição. ed. São Paulo: Malheiros, 2005, p. 182.

o elemento objetivo da obrigação tributária, sem o qual esta não poderia sequer existir. O lançamento, ou ainda a declaração do sujeito passivo, teria a finalidade de conferir liquidez e exigibilidade ao crédito tributário, sendo esse o sentido da expressão "constituição do crédito tributário" nos arts. 142 e 173 do CTN.

2.3 Lançamento e constituição do crédito tributário como atos privativos e atuação do sujeito passivo

A afirmação inicial do art. 142 do CTN de que "compete privativamente à autoridade administrativa constituir o crédito tributário pelo lançamento" merece ressalvas e críticas.

Isso porque nos chamados "tributos sujeitos a lançamento por homologação", o crédito tributário é constituído por declaração do próprio sujeito passivo, cabendo à administração homologar ou não essa declaração. O CTN tenta conferir coerência à possibilidade de o crédito tributário ter sua liquidez e certeza apurada pelo contribuinte. Nesse intuito, dispõe que, nos tributos em que o sujeito passivo deve antecipar o pagamento sem prévio exame da autoridade administrativa, o lançamento só ocorre com a homologação da atividade do contribuinte, homologação essa que pode ocorrer não só de forma expressa (art. 150), mas até mesmo de forma tácita, quando a administração tributária não realiza qualquer ato de análise sobre a atividade do sujeito passivo (art. 150, § 4º).

As contradições não são difíceis de serem percebidas.

Se o crédito tributário só seria "constituído" (ou formalizado) pelo lançamento, como diz o art. 142, como esse lançamento poderia ser posterior ao pagamento do crédito pelo contribuinte, no caso dos tributos sujeitos a "lançamento por homologação"?

Se o lançamento, sendo privativo da autoridade administrativa, tem a função de "verificar a ocorrência do fato gerador da obrigação correspondente, determinar a matéria tributável e identificar o sujeito passivo", como o CTN admite que essas funções são realizadas pelo sujeito passivo antes de prévia análise da administração?

A posterior homologação (ainda que tácita) realizaria essas funções de modo retroativo?

Como uma omissão da administração tributária (homologação tácita) poderia ter o efeito de constituir o crédito tributário, atividade essa de constituição que é vinculada e obrigatória, acarretando responsabilidade funcional?

O contribuinte que declara o tributo e realiza seu pagamento estaria quitando um crédito tributário não "constituído" (ou não formalizado)?

Se a constituição ou formalização só ocorre com o lançamento privativo da autoridade administrativa, como conferir validade ao pagamento de uma quantia que não foi objeto das atividades de "verificação da ocorrência do fato gerador da obrigação correspondente, determinação da matéria tributável e identificação do sujeito passivo", que apenas ocorreriam no lançamento?

Daí se vê que a noção de que as atividades de constituição ou formalização do crédito tributário são privativas da administração (art. 142) é incompatível com a possibilidade de o sujeito passivo antecipar o pagamento de um crédito tributário com seus elementos já apurados (base de cálculo, alíquota, legislação regente etc.) em declaração cuja elaboração não sofre a interferência da administração. Os tributos em que o sujeito passivo tem o dever de apurar o crédito tributário e efetuar seu pagamento demonstram que ou o lançamento não é atividade privativa da administração, ou é possível a constituição ou formalização do crédito tributário por ato diverso do lançamento. Caso se entenda que o sujeito passivo pode realizar lançamento, o art. 142 seria superado. Se, de outro modo, for admitido que o sujeito passivo constitui e formaliza o crédito tributário por ato diverso do lançamento (pela declaração), a homologação não seria, na realidade, um lançamento, pois o crédito "lançado" no ato de homologação já estaria constituído.

Em quaisquer dos casos, a afirmação inicial do art. 142 de que "compete privativamente à autoridade administrativa constituir o crédito tributário pelo lançamento" deixa de ser corroborada.

Assim é que a jurisprudência admite a constituição do crédito tributário por ato do sujeito passivo. De acordo com a **súmula 436 do STJ**, "a entrega de declaração pelo contribuinte reconhecendo débito fiscal constitui o crédito tributário, dispensada qualquer outra providência por parte do fisco". O STJ deixa claro que a declaração do contribuinte é suficiente para a constituição do crédito tributário, sendo irrelevante e desnecessária, para tanto, qualquer providência por parte da administração tributária. Daí se conclui que a "homologação", expressa ou tácita, prevista no art. 150 do CTN, não possui influência sobre a constituição do crédito tributário, que é realizada pelo próprio sujeito passivo. Frise-se, por fim, que alguns autores denominam essa atuação do particular, no intuito de constituição do crédito tributário, de "autolançamento".

Por fim, mencione-se ainda a possibilidade de constituição do crédito tributário na Justiça do Trabalho, no que tange às contribuições previdenciárias devidas em razão do reconhecimento, em decisão judicial, de parcelas remuneratórias não pagas[15].

2.4 Data do fato gerador e data da prática do ato - critérios de aplicação da lei

O CTN confere relevância ao momento em que ocorre o fato gerador para definir a disciplina do lançamento, como se vê nos arts. 143 e 144.

No art. 143 fica estabelecida a data da ocorrência do fato gerador como a referência de câmbio a ser utilizada para conversão em moeda nacional no caso em que a base de cálculo se encontre expressa em moeda estrangeira. Assim, caso a importação de uma mercadoria cujo valor seja expresso em moeda estrangeira ocorra em 2020 e o lançamento venha a ser elaborado em 2022, o câmbio utilizado será o da data da ocorrência do fato gerador do imposto de importação, sendo que a partir do valor convertido em 2020 passa incidir correção monetária a título de atualização. Eventuais oscilações no câmbio posteriores à data do fato gerador são irrelevantes para fins de apuração do crédito tributário. O art. 143, registre-se, ressalva a possibilidade de uma disposição legal específica trazer determinação diversa da regra geral ora exposta.

15. Constituição Federal, art. 114. Compete à Justiça do Trabalho processar e julgar: (...) VIII - a execução, de ofício, das contribuições sociais previstas no art. 195, I, a , e II, e seus acréscimos legais, decorrentes das sentenças que proferir.

Também a data do fato gerador será utilizada como referência no que diz respeito aos elementos constitutivos da obrigação tributária de uma maneira geral, de modo que "o lançamento reporta-se à data da ocorrência do fato gerador da obrigação e rege-se pela lei então vigente, ainda que posteriormente modificada ou revogada" (art. 144 do CTN).

Assim, no caso de um procedimento fiscalizatório que recuse a apuração de crédito tributário relativo a imposto de renda de pessoa jurídica relativo a fato gerador ocorrido três anos antes, o lançamento da autoridade tributária deverá se utilizar a legislação tributária do imposto vigente à data do fato gerador, ainda que haja nova lei no momento do lançamento com disposições contrárias à anterior. Se, por exemplo, a lei vigente à época do lançamento prevê uma alíquota menor para o IRPJ ou uma lista maior de deduções da base de cálculo, tais benefícios não devem ser utilizados pelo agente responsável pelo lançamento, que deve se basear na lei vigente à época do fato gerador. Isso, repita-se, em relação à obrigação tributária, nos seus aspectos essenciais (sujeito passivo, alíquota, base de cálculo, tempo e local de ocorrência do fato gerador).

Uma interessante aplicação prática do art. 144, *caput* do CTN pelo STJ se deu em julgamento de recurso **repetitivo** no REsp 1.115.501 (j. 10.11.2010), onde se reconheceu que, apesar de a constituição do crédito tributário obedecer, em relação à formação da base de cálculo, a legislação vigente no momento do fato gerador, a declaração de inconstitucionalidade posterior da referida legislação torna inexigível a parcela cobrada com base no comando legal inconstitucional, devendo haver o expurgo da parcela indevida. Ou seja, a lei vigente no momento do fato gerador resiste à revogação ou modificação por nova lei, mas não resiste à declaração de inconstitucionalidade.

Já em relação aos "novos critérios de apuração ou processos de fiscalização", a lei a ser aplicada será aquela vigente à época do lançamento, mesmo que haja nova lei que revoga a vigente ao tempo do fato gerador. A alteração legislativa que introduz novos critérios de apuração ou processos de fiscalização pode resultar inclusive na ampliação dos poderes de investigação das autoridades administrativas, ou mesmo na outorga, ao crédito tributário, de maiores garantias ou privilégios, contanto que não se atribua responsabilidade tributárias a terceiros. Nesse último caso, a nova lei estaria ampliando os sujeitos passivos (figura que abrange não só os contribuintes, mas também os responsáveis) da obrigação tributária, no próprio direito material do tributo. Sendo mais preciso, não só se veda a inclusão legal de novos responsáveis em relação a fato gerador já ocorrido, mas também a definição do próprio contribuinte, a qual vincula-se à lei vigente e eficaz quando do fato gerador[16].

Com isso, uma lei posterior ao fato gerador que permite à autoridade tributária a requisição de informações de instituições financeiras ou a troca de informações com outros países pode ser aplicada em relação ao fato gerador que lhe antecede, de acordo com o art. 144, § 1º do CTN. Nesse sentido, o STJ possui orientação firmada em sede de **repetitivo** (REsp 1.134.665, j. 25.11.2009), segundo o qual a quebra de sigilo bancário sem prévia autorização judicial, para fins de constituição de crédito tributário, possui aplicação imediata, de acordo com o art. 145, § 1º da CF[17] e com o art. 144, § 1º do CTN.

---

16. AMARO, Luciano. Direito Tributário Brasileiro. 11ª. ed. São Paulo: Saraiva, 2005, p. 349.
17. "Sempre que possível, os impostos terão caráter pessoal e serão graduados segundo a capacidade econômica do contribuinte, facultado à administração tributária, especialmente para conferir efetividade a esses objetivos,

As normas que instituem novos critérios de apuração ou processos de fiscalização são caracterizadas como normas de natureza **formal ou procedimental**, o que justifica o critério da aplicação imediata. As normas processuais, diga-se de passagem, obedecem ao princípio "*tempus regit actum*", insculpido no art. 14 do CPC[18] e segundo o qual o ato praticado em determinado procedimento será regido pela lei vigente à época do ato. Aplicando-se essa diretriz ao procedimento fiscal, determinado ato de fiscalização será regido pela lei vigente ao tempo de sua prática.

A rigor, a lei nova que institui novos critérios de apuração ou processos de fiscalização é aplicável não apenas ao lançamento, mas a qualquer ato inserido no procedimento administrativo que culminará no lançamento. Uma intimação anterior ao lançamento, por exemplo, poderá se beneficiar de uma nova regra legal, posterior ao fato gerador da respectiva obrigação tributária, que confira à autoridade tributária maiores poderes investigatórios.

Por fim, o art. 144 é encerrado pelo § 2º, que trata dos impostos lançados por períodos certos de tempo, quando a lei fixa de modo expresso a data em que se considera ocorrido o fato gerador. A lei aplicável será a vigente na data em que o fato gerador se considera ocorrido, de acordo com a legislação específica do tributo que fixou tal marco.

Na verdade, o art. 144, § 2º traz norma redundante. Se o art. 144, *caput* do CTN determina que a lei aplicável à obrigação tributária é a vigente na data do fato gerador, e se nos impostos lançados por períodos certos de tempo há lei que fixa determinada data em específico para se considerar como a da ocorrência do fato gerador, não deveria haver dúvidas quanto a se considerar a lei vigente na data do fato gerador definido em lei como tal. Assim, em imposto sobre o patrimônio no qual a lei determina que o fato gerador se considera ocorrido no dia 1º de janeiro de cada ano, esse será o momento em que se buscará a lei vigente, para fins de regência dos elementos essenciais da obrigação tributária. Ao contrário do que a redação do § 2º indica, a norma ali constante não excepciona o *caput*, mas sim o confirma.

A seguir será reproduzida a redação do art. 144 do CTN para visualização gráfica em seguida:

> Art. 144. O lançamento reporta-se à data da ocorrência do fato gerador da obrigação e rege-se pela lei então vigente, ainda que posteriormente modificada ou revogada.
>
> **§ 1º Aplica-se ao lançamento a legislação que, posteriormente à ocorrência do fato gerador da obrigação, tenha instituído novos critérios de apuração ou processos de fiscalização, ampliado os poderes de investigação das autoridades administrativas, ou outorgado ao crédito maiores garantias ou privilégios, exceto, neste último caso, para o efeito de atribuir responsabilidade tributária a terceiros.**
>
> **§ 2º O disposto neste artigo não se aplica aos impostos lançados por períodos certos de tempo, desde que a respectiva lei fixe expressamente a data em que o fato gerador se considera ocorrido.**

identificar, respeitados os direitos individuais e nos termos da lei, o patrimônio, os rendimentos e as atividades econômicas do contribuinte".

18. "A norma processual não retroagirá e será aplicável imediatamente aos processos em curso, respeitados os atos processuais praticados e as situações jurídicas consolidadas sob a vigência da norma revogada."

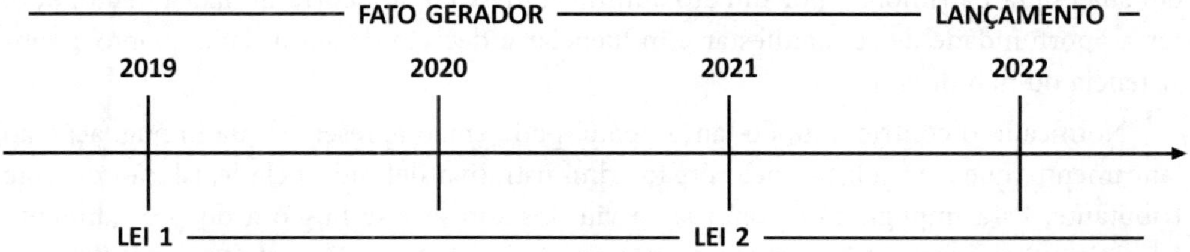

Tomando como premissa que a "Lei 2" aumenta a alíquota e confere maiores poderes de investigação à administração tributária, a aplicação do art. 144 do CTN resulta na incidência da norma relativa aos poderes de investigação, no momento do lançamento, bem como na inaplicabilidade da norma que aumenta a alíquota, que será determinada pela lei vigente na data do fato gerador ("Lei 1").

2.5 Alteração do lançamento por provocação do sujeito de ofício ou pelo "recurso de ofício"

O lançamento, como ato administrativo que é, pode ser objeto de nova apreciação, seja pela mesma autoridade que o praticou, seja por autoridade de hierarquia superior que tenha atribuição para revisão do ato. Considerando que o lançamento que produz efeitos sobre a esfera patrimonial de um sujeito, o contribuinte e/ou responsável, este tem o direito de questionar o ato que lhe atribui um débito. Assim, a reapreciação do lançamento pode se dar apenas por iniciativa de ofício da autoridade administrativa, mas também por provocação do sujeito passivo, seja ele contribuinte ou responsável.

Essa nova análise do lançamento pode resultar na sua anulação (parcial ou total), em que o débito pode ser eliminado ou reduzido por conta de algum vício formal no lançamento ou mesmo pela incorreta apreciação da lei material que disciplina o tributo. Pode ainda haver alteração que não resulte em anulação de débito, como, por exemplo, uma correção de erro de digitação no endereço do sujeito passivo.

Nessa linha, as hipóteses de alteração do lançamento estão previstas no art. 145 do CTN, que dispõe:

> Art. 145. O lançamento regularmente notificado ao sujeito passivo só pode ser alterado em virtude de:
>
> I - impugnação do sujeito passivo;
>
> II - recurso de ofício;
>
> III - iniciativa de ofício da autoridade administrativa, nos casos previstos no artigo 149.

A possibilidade de o sujeito passivo provocar a alteração do lançamento por intermédio de impugnação está em consonância com os princípios constitucionais do direito de petição, do devido processo legal e do contraditório[19]. Sendo o sujeito passivo afetado

19. CF, art. 5º: "XXXIV - são a todos assegurados, independentemente do pagamento de taxas: a) o direito de petição aos Poderes Públicos em defesa de direitos ou contra ilegalidade ou abuso de poder; (...) LIV - ninguém

em sua esfera patrimonial por um ato administrativo, como ocorre no lançamento, deve ter a oportunidade de se manifestar e influenciar a decisão da autoridade quanto à subsistência ou não do ato.

Notificado o contribuinte do lançamento, pode então apresentar sua impugnação ao lançamento, que será julgada pelo órgão administrativo definido pela legislação do ente tributante. Essa impugnação, como já se viu, instaura a fase litigiosa do procedimento administrativo fiscal, como expressamente dispõe o art. 14 do Decreto 70.235/1972.

Caso o julgamento rejeite a impugnação, caberá ainda ao sujeito passivo a interposição de recurso administrativo em face da decisão que rejeitou sua impugnação. A literalidade do CTN é omissa quanto à alteração do lançamento por recurso do contribuinte. Todavia, cabe aqui a utilização de analogia, tendo em vista que seu emprego não resulta na exigência de tributo não previsto em lei (CTN, art. 108, § 1º). Se o contribuinte pode impugnar o lançamento, pode também interpor recurso em face da decisão administrativa que rejeita sua impugnação.

O inciso II prevê expressamente o recurso de ofício como hipótese de alteração do lançamento. Recurso de ofício é o nome que se dá à remessa do processo administrativo fiscal para a instância superior, quando a decisão é favorável ao contribuinte. A instituição do "recurso de ofício" por lei impede que a decisão contrária ao fisco produza efeitos imediatamente, sujeitando-a a uma confirmação por instância superior. Em razão disso, a doutrina costuma apontar que o que se chama de recurso de ofício não é, em realidade, um recurso, mas sim uma "condição de eficácia da decisão de primeira instância"[20]. O instituto guarda semelhança com a "remessa necessária", prevista no art. 496 Código de Processo Civil[21] e que também se aplica às sentenças contrárias à Fazenda Pública. No processo administrativo fiscal federal, o recurso de ofício está previsto no art. 34 do Decreto 70.235/1972:

> Art. 34. A autoridade de primeira instância recorrerá de ofício sempre que a decisão:
>
> I - exonerar o sujeito passivo do pagamento de tributo e encargos de multa de valor total (lançamento principal e decorrentes) a ser fixado em ato do Ministro de Estado da Fazenda.
>
> II - deixar de aplicar pena de perda de mercadorias ou outros bens cominada à infração denunciada na formalização da exigência.
>
> **§ 1º O recurso será interposto mediante declaração na própria decisão.**
>
> **§ 2º Não sendo interposto o recurso, o servidor que verificar o fato representará à autoridade julgadora, por intermédio de seu chefe imediato, no sentido de que seja observada aquela formalidade.**

---

será privado da liberdade ou de seus bens sem o devido processo legal; LV - aos litigantes, em processo judicial ou administrativo, e aos acusados em geral são assegurados o contraditório e ampla defesa, com os meios e recursos a ela inerentes; (...)"

20. NEDER, Marcos Vinicius; LÓPEZ, Maria Teresa Martínez. Processo Administrativo Fiscal Federal Comentado. 3ª ed. São Paulo: Dialética, 2010, p. 457.

21. "Está sujeita ao duplo grau de jurisdição, não produzindo efeito senão depois de confirmada pelo tribunal, a sentença: I - proferida contra a União, os Estados, o Distrito Federal, os Municípios e suas respectivas autarquias e fundações de direito público; II - que julgar procedentes, no todo ou em parte, os embargos à execução fiscal.".

A referência ao recurso de ofício também permite inferir, por analogia que o recurso voluntário do sujeito passivo também é capaz de alterar o lançamento. Assim, seja por analogia à impugnação do sujeito passivo, seja por analogia ao recurso de ofício, deve-se entender que o recurso voluntário do sujeito passivo possui o condão de alterar o lançamento.

Em relação ao inciso III do art. 145 do CTN, a iniciativa de ofício da autoridade administrativa limita-se aos casos de ilegalidade, em harmonia com o caráter vinculado da atividade do lançamento, não se admitindo sua alteração por razões de conveniência e oportunidade, já que não há discricionariedade na prática do lançamento.

O reconhecimento de que não há discricionariedade no lançamento não significa que o sujeito que o pratica não exerça um juízo subjetivo de interpretação da lei tributária. O elemento subjetivo não é eliminado por completo, pois a autoridade irá, em última instância, realizar um ato de interpretação para determinar se o fato ocorrido enseja ou não uma obrigação tributária. A ausência de discricionariedade significa que não se pode optar por realizar ou não o lançamento em caso de constatação da ocorrência do fato gerador.

Mesmo que o tributo lançado seja considerado como injusto ou inadequado por razões de política fiscal, não pode a autoridade fiscal alterar/revisar o lançamento por meio de juízo discricionário[22]. Por opção didática, a alteração do lançamento por iniciativa de ofício da autoridade administrativa, nos casos previstos no art. 149 do CTN, será comentada em tópico separado.

2.6 A modificação de critério jurídico e o erro de direito no lançamento

Como já mencionado anteriormente, dizer que o lançamento é vinculado não significa dizer que não existe juízo subjetivo de interpretação, pela autoridade competente, na realização desse ato de formalização do crédito tributário. Diante de uma mesma lei vigente, é possível, em relação ao tributo exigido, se adotar mais de um critério jurídico (ou interpretação das normas aplicáveis), o que pode resultar em disparidade na tributação a depender da orientação adotada.

Alguns exemplos para visualização. No caso de imposto de renda da pessoa jurídica, é possível que a autoridade administrativa defina, por juízo interpretativo, que determinadas despesas de transporte aéreo de executivos são dedutíveis ou não, o que pode acarretar numa base de cálculo menor ou maior. Em relação aos tributos aduaneiros, são frequentes as discussões relativas ao enquadramento de mercadorias importadas nessa ou naquela classificação fiscal, o que resulta em diferentes alíquotas, como se pode ver em debates sobre a classificação do "*tablet*".

Em todos os casos nos quais houver a adoção de critério jurídico pela autoridade administrativa, sua alteração só pode se dar, em relação a um mesmo sujeito passivo, para fato gerador ocorrido após a introdução do novo critério, conforme determina expressamente o art. 146 do CTN:

22. Nesse sentido: NEDER, Marcos Vinicius; LÓPEZ, Maria Teresa Martínez. Processo Administrativo Fiscal Federal Comentado. 3ª ed. São Paulo: Dialética, 2010, p. 282.

> Art. 146. A modificação introduzida, de ofício ou em conseqüência de decisão administrativa ou judicial, nos critérios jurídicos adotados pela autoridade administrativa no exercício do lançamento somente pode ser efetivada, em relação a um mesmo sujeito passivo, quanto a fato gerador ocorrido posteriormente à sua introdução.

Trata-se de norma especial acerca da alteração de entendimento da autoridade fiscal, o que afasta a norma geral prevista no artigo 24 da Lei de Introdução às Normas de Direito Brasileiro[23]. Além disso, normas gerais em matéria tributária só podem ser veiculadas por lei complementar, jamais por lei ordinária. Nesse sentido, os acórdãos do CARF abaixo reproduzidos:

> UTILIZAÇÃO DA LINDB COMO FORMA DE INTERPRETAÇÃO NOS JULGAMENTOS ADMINISTRATIVOS. IMPOSSIBILIDADE.
> Sendo atribuída pela Constituição Federal à Lei Complementar o estabelecimento de normas gerais em matéria de legislação tributária, a sistemática de interpretação admitida pela LINDB, instituída por Lei Ordinária, não pode invadir a esfera de competência de Lei Complementar. (Acórdão 1401-003.017, j. 22.11.2018)

O art. 146 do CTN não se refere ao "erro de direito", figura que costuma ser diferenciada pela doutrina do "erro de fato". Autores como Paulo de Barros Carvalho diferenciam as expressões "erro de fato", "erro de direito" e "modificação de critério jurídico". Para essa corrente, erro de fato seria um defeito interno a uma norma individual e concreta, relativo a uma utilização equivocada da linguagem ou de provas. Como exemplo, o autor cita o lançamento de um tributo como ocorrido em Município diverso do verdadeiro. Erro de direito, por sua vez, seria um problema de ordem semântica envolvendo normas jurídicas diferentes, que teria como exemplo o lançamento de contribuição sobre o lucro tomando como base o faturamento[24]. A modificação de critério jurídico, por sua vez, seria a opção por outra alternativa interpretativa, em havendo outras possibilidades igualmente legítimas.

A prática demonstra que a apreciação de fatos sob a luz de normas jurídicas torna muito difícil uma distinção precisa entre erro de fato e erro de direito em matéria tributária.

Quando a lei traz questões fáticas a serem consideradas na tributação (o que é corriqueiro e até essencial), por exemplo, não se pode definir categoricamente onde há um erro de fato ou um erro de direito. Imagine-se o exemplo da classificação de uma atividade como serviço ou industrialização, que pode resultar na exigência de ISS ou IPI. A definição de uma atividade (fato) como serviço ou industrialização depende não só da análise do fato em si, mas também da interpretação quanto aos conceitos jurídicos de serviço e industrialização.

O mesmo ocorre na controvérsia entre Estados e Municípios sobre tributação de *software*, que exige não só uma compreensão do fato econômico que se estabelece entre

---

23. "A revisão, nas esferas administrativa, controladora ou judicial, quanto à validade de ato, contrato, ajuste, processo ou norma administrativa cuja produção já se houver completado levará em conta as orientações gerais da época, sendo vedado que, com base em mudança posterior de orientação geral, se declarem inválidas situações plenamente constituídas.".
24. CARVALHO, Paulo de Barros. Curso de Direito Tributário. 25ª. ed. São Paulo: Saraiva, 2013, p. 391-392.

as duas partes de um negócio jurídico envolvendo o *software*, mas também uma argumentação jurídica acerca dos conceitos de mercadoria e serviço. Em tais casos, não é tão simples afirmar que conclusões antagônicas estariam incorrendo em erro de fato ou erro de direito[25].

Na jurisprudência, é possível dizer que prevalece a distinção entre erro de fato e erro de direito. Com efeito, o STJ possui decisões no sentido de que o erro de direito (que não admite revisão), é aquele que "decorre da incorreta aplicação da norma", enquanto o erro de fato **é aquele consubstanciado "na inexatidão de dados fáticos, atos ou negócios que dão** origem à obrigação tributária" (AgRg no Ag 1.422.444, j. 04.10.2012; EDcl no REsp 1.174.900, j. 09.05.2011).

Em julgamento submetido à sistemática dos recursos **repetitivos**, o STJ não só confirmou a diferença entre erro de fato e erro de direito, como ainda tratou este último como uma hipótese em que não se admite a revisão do lançamento, ao contrário do erro de fato (REsp 1.130.545, j. 09.08.2010). Nesse julgamento, o STJ associou o erro de fato (grifo adicionado):

> (...) 5. Assim é que a **revisão do lançamento tributário por erro de fato** (artigo 149, inciso VIII, do CTN) **reclama o desconhecimento de sua existência ou a impossibilidade de sua comprovação à época da constituição** do crédito tributário. 6. Ao revés, nas hipóteses de erro de direito (equívoco na valoração jurídica dos fatos), o ato administrativo de lançamento tributário revela-se imodificável, máxime em virtude do princípio da proteção à confiança, encartado no artigo 146, do CTN (...)

O art. 146 do CTN, de qualquer modo, evitou a utilização das expressões "erro de fato" e "erro de direito", optando por "**modificação nos critérios jurídicos** adotados pela autoridade administrativa no exercício do lançamento". Essa locução pode ser resumida como a famosa "alteração de entendimento", no qual a autoridade possui uma posição firmada acerca da aplicação de determinada norma jurídica e, posteriormente, passa a adotar interpretação diversa.

Assim, pouco importa o acerto ou desacerto da posição anterior. A introdução de novo critério jurídico não pode ser entendido como uma correção necessária para a correta apuração do fato gerador ocorrido ao tempo em que se adotava postura interpretativa diversa. O novo critério jurídico só pode ser aplicado em relação aos fatos geradores ocorridos após a sua introdução, preservando-se assim o princípio da proteção da confiança. Caso a autoridade possua o entendimento de que determinado produto importado se enquadra em uma classificação que resulta na aplicação de uma alíquota de 5%, não pode aplicar

---

25. Schoueri também levanta dúvidas sobre uma distinção clara entre erro de fato e erro de direito: "Não é óbvia a distinção entre erro de fato e erro de direito, já que um erro de fato nada mais é que um erro na compreensão do fato, ou, ainda, um erro na verificação (jurídica) da ocorrência de uma hipótese descrita abstratamente pela lei". (SCHOUERI, Luís Eduardo. Direito Tributário. 5ª. ed. São Paulo: Saraiva, 2015, p. 630). O Parecer PGFN/CAT 278/2014 propõe a seguinte simplificação: "Em suma: o 'erro de direito' reside no plano da interpretação e aplicação das normas jurídicas ao caso concreto, na valoração jurídica dos fatos; já o 'erro de fato' recai sobre as circunstâncias do caso em exame, desconhecidas pela autoridade lançadora ou de impossível comprovação à época do lançamento."

novo entendimento em relação a fato gerador (no caso, importação) ocorrido antes da introdução do novo critério jurídico.

Esse impedimento do art. 146 do CTN, contudo, apenas se aplica "**a um mesmo sujeito passivo**". Como já decidiu o STJ, não há, em relação a outros sujeitos passivos, vedação à mudança dos critérios jurídicos adotados pela autoridade. Até porque nesse caso não haveria propriamente uma alteração de critério jurídico em relação a uma pessoa determinada, mas apenas a realização de lançamento dirigido a outro contribuinte (EDcl no REsp 1.174.900, j. 03.05.2011).

A modificação de critérios jurídicos pode se dar de ofício ou por força de decisão administrativa ou judicial, desde que em relação a fato gerador não ocorrido. Em relação aos processos administrativos ou judiciais, cabe uma advertência quanto à interpretação do art. 146. Isso porque o dispositivo aparenta vedar a modificação de critérios jurídicos introduzida por decisão administrativa ou judicial. Todavia, esse preceito não pode ser interpretado como uma proibição à consideração de **novos fundamentos jurídicos no bojo de um processo administrativo ou judicial**, pois nesse caso o contribuinte terá direito ao contraditório e à ampla defesa, podendo refutar as razões da parte contrária e recorrer da decisão. Essa linha de raciocínio representa uma redução de alcance do art. 146, de modo que a expressão "critério jurídico" não abrangeria a "fundamentação jurídica" desenvolvida dentro de um processo do qual o contribuinte faz parte.

Outro ponto que reforça a possibilidade de alteração de critérios é a liberdade da atividade jurisdicional quanto ao direito invocado pelas partes. Nesse sentido, o processo judicial seria um espaço em que se admitiria a introdução de fundamentos jurídicos não levantados pela autoridade administrativa ou mesmo pelo contribuinte, já que o juiz não estaria limitado aos fundamentos levantados pelas partes[26]. Seguindo essa linha de raciocínio, portanto, o art. 146 do CTN não representaria uma limitação ao exercício da atividade jurisdicional.

Como já mencionado, o art. 146 é bastante utilizado nas discussões sobre classificação fiscal de mercadorias importadas, submetidas ao procedimento de desembaraço aduaneiro. Nesse domínio, o STJ possui decisões no sentido de que, após a conclusão do desembaraço aduaneiro, o fisco não poderia mais alterar a classificação fiscal do bem importado (AgRg no Ag 1.422.444, j. 04.10.2012), sob pena de se incorrer em alteração de critério jurídico, o que é vedado pelo CTN (REsp 1.079.383, j. 18.06.2009).

Por fim, cumpre ainda diferenciar a norma que consta no art. 100, parágrafo único do CTN da presente no art. 146. Determina a primeira que a observância das normas complementares que emanam da administração tributária[27] exclui a imposição de penalidades, a cobrança de juros de mora e a atualização do valor monetário da base de cálculo do

26. Exige-se, todavia, o respeito ao contraditório em caso de introdução de novo fundamento pelo juiz, conforme o art. 10 do CPC: "O juiz não pode decidir, em grau algum de jurisdição, com base em fundamento a respeito do qual não se tenha dado às partes oportunidade de se manifestar, ainda que se trate de matéria sobre a qual deva decidir de ofício".

27. Art. 100. São normas complementares das leis, dos tratados e das convenções internacionais e dos decretos: I - os atos normativos expedidos pelas autoridades administrativas; II - as decisões dos órgãos singulares ou coletivos de jurisdição administrativa, a que a lei atribua eficácia normativa; III - as práticas reiteradamente

tributo. Ou seja, o art. 100, parágrafo único não exclui o pagamento do tributo, enquanto o art. 146 afasta qualquer exigência, seja a título de multa ou tributo. Além disso, o art. 100, parágrafo único trata de normas complementares que possuem uma aplicação mais ampla e genérica do que os atos de introdução (lançamento e decisão administrativa ou judicial) de novos critérios jurídicos previstos no art. 146. Assim, a existência de um ato da administração que tenha aplicado certo critério jurídico em relação a um sujeito passivo determinado justifica a proteção maior do art. 146, estes últimos direcionados a um sujeito passivo específico.

2.7 Modalidades do lançamento

O CTN traz uma seção denominada "modalidades de lançamento", que vai do art. 147 ao art. 150. Nesses dispositivos, o código trata ainda do arbitramento e da revisão do lançamento, figuras que não são, rigorosamente, espécies de lançamento.

Uma observação muito comum que costuma ser feita na doutrina é a de que a classificação do lançamento segue uma ideia de grau de participação do contribuinte. Nessa linha, há quem afirme que "no lançamento de ofício ou direto, a participação do sujeito passivo é praticamente inexistente"[28], enquanto no lançamento por declaração ou misto haveria um "equilíbrio entre a participação do sujeito passivo e a atividade do sujeito ativo"[29], ao passo que no lançamento por homologação o sujeito passivo seria o protagonista.

Todavia, a ideia de que o sujeito passivo participa mais no lançamento por declaração do que no lançamento de ofício não é precisa, como se verá a seguir, diante da previsão da chamada revisão de ofício no art. 149 do CTN, revisão esta que resultará em um lançamento de ofício que pode contar com uma significativa participação do sujeito passivo. Essa possibilidade será comentada no tópico a seguir.

2.7.1 *Lançamento de ofício*

O art. 149 do CTN prevê as hipóteses em que o lançamento é "**efetuado e revisto de ofício** pela autoridade administrativa". Esse dispositivo traz duas maneiras pelas quais o lançamento de ofício pode ser realizado. Uma primeira em que essa modalidade ocorre de forma "originária", por conta de expressa previsão legal específica em relação a determinado tributo. De outro lado, há também o lançamento de ofício que resulta da revisão de lançamento anterior, qualquer que tenha sido a modalidade do ato revisado.

O lançamento de ofício ou direto, na primeira hipótese, ocorre quando a autoridade fiscal formaliza o crédito tributário e notifica o contribuinte do valor a ser pago, sem que a lei exija para tanto a colaboração do sujeito passivo. Tal modalidade pode ser eleita pelo legislador no caso de tributos periódicos sobre a propriedade, em que determinado bem,

---

observadas pelas autoridades administrativas; IV - os convênios que entre si celebrem a União, os Estados, o Distrito Federal e os Municípios.

28. ALEXANDRE, Ricardo. Direito Tributário. 13ª edição. Salvador: Editora Juspodivm, 2019, p. 461.
29. ALEXANDRE, Ricardo. Direito Tributário. 13ª edição. Salvador: Editora Juspodivm, 2019, p. 461.

móvel ou imóvel, possui um valor que é de conhecimento do fisco (esse valor pode ser obtido pela utilização da média de mercado segundo institutos de pesquisas econômicas, como no IPVA). O sujeito passivo é identificado por meio de registro em um órgão ou cadastro específico, permitindo assim a determinação dos elementos necessários ao lançamento de forma direta. Nesses casos de lançamento de ofício, a lei permite à administração exigir o tributo independentemente de qualquer informação a ser prestada pelo sujeito passivo ou terceiro que seja necessária para a atuação do fisco.

Isso não significa dizer que a participação do sujeito passivo será menor em todo e qualquer lançamento de ofício, pois é possível que esse ato se baseie em vários pedidos de informações formulados pela autoridade fiscal e dirigidos ao contribuinte no bojo de um processo administrativo que pretenda revisar um lançamento anterior.

É que a sistemática do art. 149 do CTN permite a revisão de ofício de qualquer modalidade de lançamento, revisão esta que resultará em novo lançamento, classificado como de ofício. Esse "lançamento de ofício que resulta de revisão de lançamento anterior" não obedece a mesma sistemática do lançamento de ofício em que a autoridade, por força de previsão legal expressa relativo a determinado tributo, pode lançar o tributo diretamente, com base em informações já disponíveis. No lançamento de ofício que tem como objetivo a revisão de lançamento anterior, considerado irregular por uma das hipóteses previstas nos incisos do art. 149 do CTN, a participação do sujeito passivo não é irrelevante ou inexistente, pois muitas vezes o lançamento de ofício será baseado em um procedimento no qual foram exigidas várias informações do sujeito passivo, que poderá inclusive fornecer razões e argumentos para a modificação ou desconstituição parcial do lançamento em julgamento administrativo.

Seria o caso de um lançamento por homologação em que o sujeito passivo apurou incorretamente o tributo por meio de informações inverídicas. Por exemplo, uma empresa realiza o lançamento por homologação de IRPJ, e a autoridade administrativa, em revisão da apuração realizada pelo contribuinte, requisita diversas informações sobre as despesas que foram deduzidas, lançando **de ofício** novo valor de IRPJ por ter desconsiderado algumas das despesas em face das informações obtidas.

Também é possível que o lançamento de ofício seja realizado em sede de revisão quando, em lançamento por declaração anterior, o sujeito passivo legalmente obrigado a prestar declaração deixe de atender a pedido de esclarecimento formulado pela autoridade administrativa ou mesmo não o preste satisfatoriamente (CTN, art. 149, III). Em quaisquer dos casos, houve uma participação relevante do sujeito passivo para se determinar a revisão de lançamento anterior, que resultou em novo lançamento, dessa vez de ofício.

Recapitulando, é possível identificar duas espécies principais de lançamento de ofício: o que assim o é desde o início por conta de previsão legal específica relativa a tributo em relação ao qual a autoridade já possui conhecimento acerca dos elementos da obrigação tributária e o lançamento que resulta da revisão de lançamento anterior.

No lançamento de ofício "originário" ou por conta de expressa previsão legal, não merece reparos a afirmação de que a participação do sujeito passivo para a realização do lançamento é praticamente irrelevante, pois a autoridade já possui todas as informações necessárias para a formalização do crédito tributário e a notificação do contribuinte quanto ao valor devido a ser pago. É o que se vê em relação a legislações estaduais ou municipais do IPVA ou do IPTU, respectivamente.

Já no lançamento de ofício em procedimento de revisão de lançamento anterior, não é correto afirmar que a participação do sujeito passivo é nula ou inexistente, pois é possível (e frequente) que o lançamento de ofício em sede de revisão se origine de uma atuação anterior irregular do contribuinte, que se torna verdadeiro pressuposto de existência para a realização do lançamento de ofício "revisional".

2.7.2 *Lançamento por declaração*

O lançamento por declaração é aquele em que a legislação tributária exige, como requisito para sua realização, que o **sujeito passivo ou terceiro** apresente declaração à autoridade administrativa que contenha informações sobre **matéria de fato**. O lançamento em si é realizado pela agente da administração tributária, que depende, contudo, de informações de posse do sujeito passivo ou de terceiro. De acordo com o art. 147 do CTN, é a legislação tributária do respectivo ente tributante que define se o lançamento de determinado tributo deve ter como indispensável para sua efetivação a prestação de informações sobre matéria de fato pelo sujeito passivo ou por terceiro.

No § 1º do art. 147, o CTN permite a **retificação da declaração por iniciativa do próprio declarante**, quando vise a reduzir ou a excluir tributo, desde que se comprove o erro em que se funde a declaração e antes da notificação do lançamento. Como ensina Luciano Amaro[30], é possível que as informações da declaração sejam corrigidas mesmo que para reduzir ou excluir tributo. Todavia, o instrumento para tanto não será a retificação prevista no art. 147, § 1º, mas sim a impugnação do sujeito passivo ao lançamento, prevista no art. 145, I do CTN.

Caso a retificação da declaração não tenha como objetivo a redução ou exclusão de tributo, será possível a complementação de informações mesmo após a notificação do lançamento. Nessa hipótese, o lançamento já efetuado não será alterado, e a autoridade realizará lançamento suplementar referente à diferença a maior.

Por sua vez, o § 2º trata da **retificação da declaração por iniciativa de ofício da autoridade administrativa**, que será cabível diante de erros apurados no exame do agente a quem compete a revisão da declaração.

As ilustrações práticas do lançamento por declaração são cada vez mais raras. Uma espécie tributária que em alguns municípios pode ter seu lançamento por declaração é o ITBI. A utilização dessa modalidade de lançamento não será definida pelo tributo em si, mas sim pela análise da legislação do ente municipal tributante, que poderá exigir ou não a prévia informação do sujeito passivo ou de terceiro. Nesse sentido, o STJ possui decisão mantendo acórdão do Tribunal de Justiça do Rio de Janeiro que aplicou lei municipal

30. AMARO, Luciano. Direito Tributário Brasileiro. 11ª. ed. São Paulo: Saraiva, 2005, p. 359.

segundo a qual o lançamento do ITBI seria realizado diretamente ou de ofício pela autoridade administrativa (REsp 1.122.140, j. 20.08.2009).

O imposto de renda de pessoa física (IRPF) é um tributo que, apesar de ter como característica a elaboração de uma declaração pelo contribuinte, não representa um exemplo de tributo sujeito ao lançamento por declaração. Isso porque no IRPF o contribuinte deve realizar o pagamento após o preenchimento e transmissão da declaração, mas antes de qualquer providência da administração tributária. A obrigação de pagamento do IRPF antes de qualquer análise do fisco faz com que o lançamento desse tributo seja classificado como por homologação. Apesar de ser comum a associação do IRPF à declaração que as pessoas físicas devem realizar, essa declaração não se confunde com a prevista no art. 147 do CTN e que caracteriza o lançamento por declaração.

Como já mencionado acima, o critério para a distinção entre lançamento de ofício e por declaração não é a efetiva participação do sujeito passivo, mas sim a previsão legal ou não sobre uma prestação de informações que seja indispensável para a prática do lançamento. A fixação dessa distinção é relevante diante da possibilidade de o lançamento de ofício ser realizado em procedimento de revisão de lançamento anterior. Nesse caso, é possível que o lançamento de ofício "revisional" se utilize de informações requisitadas pela autoridade ao sujeito passivo. Tais informações, contudo, não são previstas em lei como indispensáveis à realização do lançamento. O que caracteriza o lançamento por declaração, assim, é a existência de previsão legal que cria uma obrigação, a sujeito passivo ou a terceiro, de prestar informações sobre matéria de fato, em declaração que é necessária para a prática do lançamento.

2.7.3 *Lançamento por homologação ou "autolançamento"*

O lançamento por homologação é disciplinado pelo art. 150 do CTN, que o define como o ato em que a autoridade administrativa homologa atividade do sujeito passivo quanto à apuração do crédito tributário.

Pela sistemática do lançamento por homologação, o próprio sujeito passivo irá verificar a ocorrência do fato gerador e identificar os elementos constitutivos da obrigação tributária, necessários à formalização do crédito tributário. Constatado o valor devido a título do tributo por conta dessa apuração, o sujeito passivo deve, espontaneamente e sem prévia análise da administração tributária, realizar o pagamento da quantia devida.

O Código Tributário firmou posição de que o lançamento é ato exclusivo da autoridade administrativa (art. 142), e nessa linha a atividade do sujeito passivo que apura o crédito tributário não seria lançamento, a despeito de ser uma atuação que "verifica a ocorrência do fato gerador da obrigação principal, determina a matéria tributável, calcula o montante devido e identifica o sujeito passivo".

Nos tributos em que o contribuinte apura o crédito e realiza o pagamento antes da análise administrativa, assim, o lançamento ocorreria, segundo o CTN, com a homologação. Uma vez que a atividade privada não pode ser considerada lançamento e que todo crédito tributário deveria ser constituído pelo lançamento (na visão do CTN), o código pretendeu conciliar a existência de tributos apurados pelo contribuinte com a imperatividade do lançamento adotando a solução de que a homologação representaria o ato de lançamento que constituiria o crédito tributário.

Diante da impossibilidade prática de a administração tributária homologar todas as apurações dos tributos realizadas pelos sujeitos passivos, o código criou a "homologação tácita", que ocorreria cinco anos após a ocorrência do fato gerador, caso a Fazenda Pública tenha se quedado inerte. A homologação expressa está prevista no *caput* do art. 150, enquanto a homologação tácita se encontra no art. 150, § 4º:

> Art. 150. O lançamento por homologação, que ocorre quanto aos tributos cuja legislação atribua ao sujeito passivo o dever de antecipar o pagamento sem prévio exame da autoridade administrativa, opera-se pelo ato em que a referida autoridade, tomando conhecimento da atividade assim exercida pelo obrigado, expressamente a homologa.
>
> (...) § 4º Se a lei não fixar prazo a homologação, será ele de cinco anos, a contar da ocorrência do fato gerador; expirado esse prazo sem que a Fazenda Pública se tenha pronunciado, considera-se homologado o lançamento e definitivamente extinto o crédito, salvo se comprovada a ocorrência de dolo, fraude ou simulação.

Esse esforço do CTN em fixar o lançamento como a única forma de constituição do crédito tributário, mesmo nos casos em que o fisco não praticasse ato algum (homologação tácita) esbarra em contradições com outros dispositivos do próprio código. Por exemplo, a própria redação do art. 150, § 4º, acima, dispõe que após o prazo de cinco anos do fato gerador "considera-se homologado o lançamento". Ora, se é o lançamento que é homologado então a atividade do contribuinte é que constitui o lançamento, pois é sobre a atividade de apuração do particular que recai a homologação, conforme dispõe o *caput* do art. 150 (a "autoridade, tomando conhecimento da atividade assim exercida pelo obrigado, expressamente a homologa").

Percebe-se então que o CTN incorreu na contradição de negar que o sujeito passivo constitui o crédito tributário ao mesmo tempo em que indica que a homologação recai sobre o lançamento, sendo que a atividade homologada é do contribuinte, e não do fisco. A falta de harmonia entre os dispositivos do código fica ainda mais evidente quando se compara o art. 142, que descreve o lançamento como a atividade de apuração do tributo, com o art. 150, que atribui a tarefa de apurar o tributo ao contribuinte. Ao tentar "salvar" a coerência, o CTN incorreu em outro atropelo: afirmou, no art. 150, § 4º, que o lançamento é homologado, quando no *caput* do art. 150 dispôs que a homologação recai sobre a atividade do particular, que jamais poderia ser considerada lançamento, tendo em vista o art. 142[31].

Alguns doutrinadores ensinam que a homologação recai sobre o pagamento do tributo apurado pelo sujeito passivo. Ocorre que é possível que a apuração de determinado exercício

31. Há quem entenda haver uma "convivência pacífica" entre os arts. 150 e 142 do CTN: "O raciocínio que mantém nas mãos da autoridade o ato final do procedimento (o ato mediante o qual o procedimento 'se opera') garante a convivência pacífica do transcrito art. 150 (que disciplina o lançamento por homologação) e do art. 142 (que impõe a natureza privativa da competência para lançar)." (ALEXANDRE, Ricardo. Direito Tributário. 13ª. ed. Salvador: Juspodivm, 2019, p. 469-470).

constate a inexistência de débito tributário, como seria o caso da apuração de IRPJ de uma empresa que incorreu em prejuízo, não havendo lucro a ser tributado. Ainda assim, a atividade de contabilidade tributária quanto ao exercício será homologada, ainda que tacitamente, ou rejeitada pelo fisco, que poderá instaurar procedimento de ofício quanto a tributos que entender devidos. Caso haja homologação tácita, ocorre a decadência do direito de lançar eventual exação. A homologação, a rigor, ocorre sobre a atividade de apuração do contribuinte, e não sobre o pagamento, que pode até mesmo não existir[32]. Apesar dessa conclusão ser a mais precisa, deve-se registrar a orientação do STJ segundo a qual a homologação recai sobre o pagamento, de modo que, não havendo pagamento, não há o que homologar. Esse entendimento pode ser conferido de forma didática no julgado abaixo:

> 1. A Primeira Seção, conforme entendimento exarado por ocasião do julgamento do Recurso Especial repetitivo 973.733/SC, Rel. Min; Luiz Fux, considera, para a contagem do prazo decadencial de tributo sujeito a lançamento por homologação, a existência, ou não, de pagamento antecipado, pois é esse o ato que está sujeito à homologação pela Fazenda Pública, nos termos do art. 150 e parágrafos do CTN. 2. Havendo pagamento, ainda que não seja integral, estará ele sujeito à homologação, daí porque deve ser aplicado para o lançamento suplementar o prazo previsto no § 4º desse artigo (de cinco anos a contar do fato gerador). Todavia, não havendo pagamento algum, não há o que homologar, motivo porque deverá ser adotado o prazo previsto no art. 173, I, do CTN. (AgRg no REsp 1.277.854, j. 12.06.2012).

Havendo o pagamento, o art. 150, § 1º preceitua que ocorre a extinção do crédito tributário, sob condição **resolutória** de ulterior homologação ao lançamento. Com isso, a extinção do crédito pelo pagamento é provisória, uma vez que a extinção definitiva só ocorre com a homologação. Durante o prazo que o fisco possui para a homologação da atuação particular, é possível lançar valores não recolhidos referentes ao fato gerador da obrigação tributária que o contribuinte pretendeu extinguir com o pagamento. Por isso que a extinção pelo pagamento é condicionada à ulterior homologação (expressa ou tácita), quando só então o crédito tributário se tem por definitivamente extinto. A utilização do termo "condição resolutória", a despeito de eventuais assimetrias com a disciplina desse instituto no Código Civil[33], se dá para reforçar que a extinção definitiva só ocorre com a homologação.

Ainda no art. 150, § 1º, é possível constatar mais uma contradição do código, pois o dispositivo fala em extinção do crédito tributário, quando o mesmo diploma adota a premissa, no *caput* do art. 150, que a constituição do crédito só ocorreria com a homologação[34].

---

32. "Objeto da homologação não é o pagamento, como alguns tem afirmado. É a apuração do montante devido, de sorte que é possível a homologação mesmo que não tenha havido pagamento" (MACHADO, Hugo de Brito. Curso de Direito Tributário. 26ª edição. ed. São Paulo: Malheiros, 2005, p. 185).
33. Código Civil, art. 127. Se for resolutiva a condição, enquanto esta se não realizar, vigorará o negócio jurídico, podendo exercer-se desde a conclusão deste o direito por ele estabelecido. Art. 128. Sobrevindo a condição resolutiva, extingue-se, para todos os efeitos, o direito a que ela se opõe; mas, se aposta a um negócio de execução continuada ou periódica, a sua realização, salvo disposição em contrário, não tem eficácia quanto aos atos já praticados, desde que compatíveis com a natureza da condição pendente e conforme aos ditames de boa-fé.
34. "Entretanto, se o Código procurou, com a figura do lançamento por homologação, evitar a consagração das obrigações sem crédito, não logrou o diploma levar adiante a coerência interna, quando admitiu a existência

Já o art. 150, § 2º determina que não influem sobre a obrigação tributária quaisquer atos anteriores à homologação, praticados pelo sujeito passivo ou por terceiro, visando à extinção total ou parcial do crédito. Quis o código deixar claro que os atos anteriores à homologação que visam extinguir o crédito tributário não prejudicam a aferição da obrigação tributária, tal como se deu o fato gerador. Os atos que visam a extinção do crédito (pagamentos) podem ser considerados, todavia, na apuração do saldo porventura devido, e, sendo o caso, na imposição de penalidade ou sua graduação (art. 150, § 3º). Se o pagamento não é capaz de alterar a estrutura da obrigação tributária, que se define pela análise do fato gerador, não se pode desconsiderar um pagamento parcial quando do cômputo do valor devido que a autoridade aponta em revisão. Do mesmo modo, a existência de apagamento, ainda que parcial, é fator relevante a ser levado em conta na imposição da penalidade ou na sua graduação.

Na prática atual, os tributos sujeitos a lançamento por homologação são apurados pelo contribuinte mediante declaração que consubstancia uma obrigação acessória. Assim é que a maioria dos tributos são constituídos e tem o seu fato gerador individualizado por atividade do particular, que é obrigado a entregar declaração de tributos em determinado prazo e efetuar o recolhimento até a data do vencimento, antes de qualquer análise da administração.

Essa sistemática, para o STJ, dispensa qualquer providência ulterior do fisco para que se repute como constituído o crédito (ressalvada a possibilidade de revisão em caso de incorreção da declaração), como dispõe expressamente o enunciado de **súmula nº 436**: "**a entrega de declaração pelo contribuinte reconhecendo débito fiscal constitui o crédito tributário, dispensada qualquer outra providência por parte do fisco**". Com esse entendimento, a jurisprudência praticamente superou a lógica do CTN de que o crédito tributário só pode ser constituído por lançamento pela autoridade administrativa, ainda que esse lançamento fosse uma homologação tácita. A jurisprudência foi além para considerar o crédito constituído já no momento da entrega da declaração, ou seja, antes da homologação. Confira-se alguns julgados nesse sentido (grifos adicionados):

> (...) em se tratando de tributo sujeito a lançamento por homologação, a entrega da DCTF ou documento equivalente constitui definitivamente o crédito tributário, dispensando outras providências por parte do Fisco, **não havendo portanto, que se falar em necessidade de lançamento expresso ou tácito do crédito declarado e não pago** (AgRg no Ag 1.146.516, j. 04.03.2010)
>
> **a apresentação de Declaração de Débitos e Créditos Tributários** Federais - DCTF, de Guia de Informação e Apuração do ICMS - GIA, ou de outra declaração dessa natureza, prevista em lei, é modo de constituição do crédito tributário, dispensando, para isso, qualquer outra providência por parte do Fisco (REsp 962.379, **repetitivo**, j. 22.10.2008)

de crédito sem lançamento. Com efeito, a inconsistência de suas proposições normativas é sublimada quando reconhece, no art. 150, § 1º, que o devedor dos tributos sujeitos ao lançamento por homologação, embora pague antes do lançamento, já extingue o crédito (antes mesmo de este ser 'constituído', consoante o art. 142). Ademais, admite que há tributos devidos (por exemplo, nos arts. 131, I e II, 132 e 133), independentemente de esses tributos terem sido lançados (art. 129)." (AMARO, Luciano. Direito Tributário Brasileiro. 11ª. ed. São Paulo: Saraiva, 2005, p. 339-340).

Além da declaração do contribuinte, a jurisprudência ainda evoluiu para considerar igualmente o depósito judicial como forma de constituição do crédito tributário por atuação do particular. No caso de depósito judicial de tributo que se discute em juízo, não há necessidade de atuação da administração tributária para a constituição do crédito tributário (STJ, EREsp 671.773, j. 23.06.2010), pois tal constituição ocorre pelo contribuinte, que apura os elementos da obrigação tributária e deposita o valor devido. Há, portanto, uma equiparação do depósito ao "lançamento por homologação".

O STJ ainda pontifica que essa constituição do crédito tributário por depósito judicial impede a ocorrência da decadência, uma vez que o lançamento pela autoridade se reputa dispensado. A inércia do fisco acarreta, apenas, a homologação tácita da atividade de apuração realizada pelo sujeito passivo, como se vê do julgado abaixo reproduzido:

> No caso de tributos sujeitos a lançamento por homologação, o contribuinte, ao realizar o depósito judicial com vistas à suspensão da exigibilidade do crédito tributário, promove a constituição deste nos moldes do que dispõe o art. 150 e parágrafos do CTN. Isso, porque verifica a ocorrência do fato gerador, calcula o montante devido e, em vez de efetuar o pagamento, deposita a quantia aferida, a fim de impugnar a cobrança da exação. Assim, o crédito tributário é constituído por meio da declaração do sujeito passivo, não havendo falar em decadência do direito do Fisco de lançar, caracterizando-se, com a inércia da autoridade fazendária apenas a homologação tácita da apuração anteriormente realizada. Não há, portanto, necessidade de ato formal de lançamento por parte da autoridade administrativa quanto aos valores depositados. (EREsp 686.479, j. 27.08.2008)

É possível, contudo, que o contribuinte ajuíze uma ação no Judiciário e não realize o depósito da quantia discutida a título de tributo, e mesmo assim obtenha a suspensão da exigibilidade do crédito tributário por meio de decisão judicial. Nesse caso, deve a administração tributária proceder ao "lançamento preventivo da decadência", como dispõe, no âmbito federal o art. 63 da Lei 9.430/1996[35].

2.8 Revisão de lançamento

O art. 149 do CTN elenca as hipóteses em que se dá a revisão do lançamento. Como já mencionado, a revisão pode ocorrer em face de qualquer modalidade de lançamento, contudo o ato resultante do procedimento de revisão será um lançamento de ofício. Pressuposto das hipóteses da revisão prevista no art. 149 é a ocorrência de alguma falha em relação ao lançamento anterior, seja essa falha uma omissão quanto a prestação de declaração, ou mesmo uma atuação fraudulenta do sujeito passivo:

> Art. 149. O lançamento é efetuado e revisto de ofício pela autoridade administrativa nos seguintes casos:

35. Lei 9.430/1996, art. 63. Na constituição de crédito tributário destinada a prevenir a decadência, relativo a tributo de competência da União, cuja exigibilidade houver sido suspensa na forma dos incisos IV e V do art. 151 da Lei nº 5.172, de 25 de outubro de 1966, não caberá lançamento de multa de ofício. § 1º O disposto neste artigo aplica-se, exclusivamente, aos casos em que a suspensão da exigibilidade do débito tenha ocorrido antes do início de qualquer procedimento de ofício a ele relativo.

I - quando a lei assim o determine;

II - quando a declaração não seja prestada, por quem de direito, no prazo e na forma da legislação tributária;

III - quando a pessoa legalmente obrigada, embora tenha prestado declaração nos termos do inciso anterior, deixe de atender, no prazo e na forma da legislação tributária, a pedido de esclarecimento formulado pela autoridade administrativa, recuse-se a prestá-lo ou não o preste satisfatoriamente, a juízo daquela autoridade;

IV - quando se comprove falsidade, erro ou omissão quanto a qualquer elemento definido na legislação tributária como sendo de declaração obrigatória;

V - quando se comprove omissão ou inexatidão, por parte da pessoa legalmente obrigada, no exercício da atividade a que se refere o artigo seguinte;

VI - quando se comprove ação ou omissão do sujeito passivo, ou de terceiro legalmente obrigado, que dê lugar à aplicação de penalidade pecuniária;

VII - quando se comprove que o sujeito passivo, ou terceiro em benefício daquele, agiu com dolo, fraude ou simulação;

VIII - quando deva ser apreciado fato não conhecido ou não provado por ocasião do lançamento anterior;

IX - quando se comprove que, no lançamento anterior, ocorreu fraude ou falta funcional da autoridade que o efetuou, ou omissão, pela mesma autoridade, de ato ou formalidade especial.

Parágrafo único. A revisão do lançamento só pode ser iniciada enquanto não extinto o direito da Fazenda Pública.

Os incisos que se referem a fornecimento de declaração do sujeito passivo podem ser aplicados tanto aos lançamentos por declaração como em relação aos lançamentos por homologação, pois nesses dois casos o contribuinte é obrigado ao fornecimento de declarações. O inciso IX, por sua vez, trata do lançamento de ofício ou mesmo do lançamento por declaração (art. 147), uma vez que trata de fraude, falta funcional ou omissão da autoridade administrativa responsável pelo lançamento.

O STJ possui decisão tomada em sede de recurso **repetitivo** no qual se fixou que o inciso VIII acima transcrito ("**fato não conhecido ou não provado") configura revisão de lançamento por erro de fato**, que reclama o desconhecimento de sua existência ou a impossibilidade de sua comprovação à época da constituição do crédito tributário (REsp 1.130.545, j. 09.08.2010). Já em outra decisão, dessa vez oriunda da 2ª turma, o STJ (AgRg no REsp 942.539, j. 02.09.2010) associou o erro de fato ao inciso IV do art. 149, que se refere a falsidade, **erro** ou omissão quanto a qualquer elemento definido na legislação tributária como sendo de declaração obrigatória. Nessa última decisão, o caso concreto dizia respeito a desembaraço aduaneiro com base em guia de importação vencida, o que caracterizaria erro de fato autorizador de revisão do lançamento relativo aos tributos aduaneiros. Independentemente de qual ou quais incisos abrigariam a figura do erro de fato, é possível afirmar que a jurisprudência é pacífica em admitir a revisão do lançamento quando se constatar a ocorrência de erro de fato (STJ, REsp 1.149.025, j. 05.11.2009).

Também merece comentário específico o inciso VII do art. 149, que trata da revisão de lançamento quando o sujeito passivo ou terceiro em seu benefício age com dolo, fraude ou simulação. Esse dispositivo é invocado por uma corrente de pensamento favorável ao fisco para se permitir a desconsideração de atos e negócios jurídicos dos contribuintes. Nessa linha, os atos e negócios praticados com a finalidade de dissimular a ocorrência do fato gerador podem ser desconsiderados pela autoridade administrativa independentemente de regulamentação legal específica, tendo em vista a autorização constante do art. 149, VII. Podem ser citados nesse sentido os acórdãos 2202-004.663 (j. 07.08.2018) e 2201003.674 (j. 06.07.2017), ambos do Conselho Administrativo de Recursos Fiscais (CARF).

Mencione-se ainda a jurisprudência do STJ segundo a qual não deve haver revisão do lançamento quando a lei de referência é declarada constitucional após o ato. Em caso de crédito tributário cuja constituição se baseou em **lei que posteriormente é declarada inconstitucional**, o crédito deve remanescer em relação à parcela que não é afetada pela declaração de inconstitucionalidade. O STJ consolidou essa orientação em sede de recurso **repetitivo** (REsp 1.115.501, j. 10.11.2010), consignando que **não há necessidade de revisão de lançamento, emenda ou substituição de Certidão de Dívida Ativa**, bastando apenas o reconhecimento da inexigibilidade da parte do débito que se funda em dispositivo declarado inconstitucional. Em outras palavras, basta um simples cálculo aritmético para expurgo da parcela indevida da dívida.

Por fim, o parágrafo único do art. 149 deixa claro que a revisão do lançamento só pode ocorrer enquanto não verificada a decadência. Decaído o direito do fisco, não se permite mais a revisão do lançamento.

2.9 Arbitramento

O arbitramento não é uma modalidade de lançamento, mas sim um procedimento de determinação da base de cálculo de tributos. Enquanto o lançamento envolve a apuração de todos os elementos da obrigação tributária, como por exemplo a data de ocorrência do fato gerador e o sujeito passivo, o arbitramento tem como objeto exclusivo a aferição de valor utilizado como referência da base de cálculo.

Sua previsão decorre do art. 148 do CTN:

> Art. 148. Quando o cálculo do tributo tenha por base, ou tome em consideração, o valor ou o preço de bens, direitos, serviços ou atos jurídicos, a autoridade lançadora, mediante processo regular, arbitrará aquele valor ou preço, sempre que sejam omissos ou não mereçam fé as declarações ou os esclarecimentos prestados, ou os documentos expedidos pelo sujeito passivo ou pelo terceiro legalmente obrigado, ressalvada, em caso de contestação, avaliação contraditória, administrativa ou judicial.

São dois os pressupostos para a realização de arbitramento, que devem ser preenchidos de forma cumulativa: a) o cálculo do tributo tem por base ou leva em consideração o valor ou o preço de bens, direitos, serviços ou atos jurídicos; b) as declarações, os esclarecimentos, ou os documentos do sujeito passivo ou terceiro legalmente obrigado são omissos ou não merecem fé.

Em relação ao último requisito, alguns autores entendem que a omissão ou inidoneidade das declarações, esclarecimentos ou documentos devem representar um prejuízo à determinação da base de cálculo, pois caso seja possível ainda assim a aferição do valor em questão, não haverá necessidade ou justificativa para a realização do arbitramento. Para esse entendimento, o **arbitramento não possui natureza punitiva**, e por isso a autoridade só deve realizar tal procedimento quando a ausência de escrituração impossibilite o conhecimento dos dados necessários à obtenção do valor[36]. Nesse sentido, o art. 86, I do Decreto 6.759/2009 dispõe que a base de cálculo dos tributos aduaneiros (preço da mercadoria importada) será determinada mediante arbitramento quando houver fraude, sonegação ou conluio que torne impossível a apuração do preço efetivamente praticado na importação. Mesmo que ocorra fraude, se for possível a apuração do preço já não caberá o arbitramento.

Exemplos de aplicação do arbitramento na legislação tributária podem ser encontrados ainda em relação ao lucro das pessoas jurídicas (art. 47 da Lei 8.981/1995), às receitas de exportação de pessoas sujeitas ao controle de preços de transferência (art. 19 da Lei 9.430/1996), bem como no que tange ao ICMS, como se vê da Resolução SEFAZ nº 82/2017 do Estado do Rio de Janeiro. Nesse último caso, o art. 2º do ato normativo explicita que a autoridade administrativa somente arbitrará a base de cálculo do imposto **quando não dispuser de elementos suficientes para determinar o valor real das operações ou das prestações**, ou quando, por comprovada simulação ou falsidade do sujeito passivo, a escrituração, a documentação, os arquivos digitais e os esclarecimentos apresentados **se tornarem imprestáveis à apuração do montante devido**. No Estado de São Paulo, o art. 493 do Regulamento do ICMS também prevê o arbitramento do valor da prestação ou serviço que corresponda à base de cálculo do imposto.

Ainda em relação ao ICMS, cumpre destacar a jurisprudência do STJ segundo a qual o art. 148 do CTN não legitima ou autoriza a instituição de pautas fiscais nas quais os valores de mercadorias são fixados de antemão sem possibilidade de contestação pelo contribuinte. Em tal caso, não se atende ao requisito do art. 148 do CTN, pois a pauta fiscal não pressupõe a inidoneidade de documentos ou a inveracidade de informações prestadas pelo contribuinte (RMS 16.810, j. 03.10.2006). Esse expediente de apuração do ICMS foi ainda rechaçada na **súmula 431 do STJ**, que dispõe ser "ilegal a cobrança de ICMS com base no valor da mercadoria submetido ao regime de pauta fiscal". Tais pautas fiscais que não admitem questionamento, portanto, são ilegais e não se confundem com o arbitramento previsto no art. 148, que só pode ocorrer após a instauração de procedimento administrativo que assegure o contraditório e a ampla defesa (AgRg no REsp 1.363.312, j. 14.05.2013).

36. MACHADO, Hugo de Brito. Curso de Direito Tributário. 26ª edição. São Paulo: Malheiros, 2005, p. 322.

3. QUADRO SINÓTICO

CONCEITO DO CRÉDITO TRIBUTÁRIO

» no Código Tributário Nacional, o crédito tributário pode ser entendido como o direito do credor em face do devedor e também como um atributo de maior certeza e exigibilidade da obrigação tributária, assumindo uma feição relevante diante de regras específicas acerca de sua suspensão da exigibilidade, extinção e exclusão.

» o CTN, em regra, utiliza a expressão "crédito tributário" para se referir ao crédito já formalizado ou "constituído". Há, todavia, referências a "crédito tributário" como o direito de crédito do sujeito ativo da obrigação tributária, independentemente de sua constituição por lançamento ou declaração do sujeito passivo (neste caso, nos tributos sujeitos a lançamento por homologação). É o caso do art. 156, V, que trata a decadência como hipótese de extinção do crédito tributário. Como a ocorrência 1
da decadência pressupõe a ausência de "constituição" do crédito, a extinção por ela ocasionada é relativa ao crédito como direito da Fazenda, conforme explicita o art. 173 do CTN.

» é possível a extinção do crédito tributário sem que a obrigação tributária seja extinta, mas não é possível a extinção da obrigação tributária sem que o crédito tributário seja extinto.

» o **Pleno do STF** fixou o entendimento, em 20.09.2019, que "**n**ão há reserva de Lei Complementar Federal para tratar de novas hipóteses de suspensão e extinção de créditos tributários" (ADI 2405).

LANÇAMENTO

» o lançamento é tratado de modo específico pelo CTN nos arts. 142 a 150. O art. 142 inicia a disciplina do lançamento da seguinte maneira:

> Art. 142. Compete privativamente à autoridade administrativa constituir o crédito tributário pelo lançamento, assim entendido o procedimento administrativo tendente a verificar a ocorrência do fato gerador da obrigação correspondente, determinar a matéria tributável, calcular o montante do tributo devido, identificar o sujeito passivo e, sendo caso, propor a aplicação da penalidade cabível. 2
>
> Parágrafo único. A atividade administrativa de lançamento é vinculada e obrigatória, sob pena de responsabilidade funcional.

» como explica o **Parecer PGFN/CAT 278/2014**, a redação do art. 142 do CTN, ao dispor que o lançamento, sendo o caso, deve conter uma aplicação de penalidade, permite que a constituição de tributo e multa estejam em um mesmo documento quando houver uma infração correlacionada ao tributo.

Natureza do lançamento - ato ou procedimento	» o lançamento, a rigor, é um único ato administrativo, não havendo que se falar em um lançamento como pluralidade dos atos. O lançamento pode ainda se inserir em um procedimento administrativo ou não. Assim, não é pressuposto do lançamento a existência de atos prévios ou posteriores. É possível que a administração tributária já detenha os elementos necessários para a constituição do crédito sem a necessidade de realização de diligências ou atos prévios ao lançamento. » o lançamento possui a natureza de ato, não podendo ser considerado como procedimento, como erroneamente indica a literalidade do art. 142 do CTN. Esse mesmo raciocínio se aplica ao auto de infração que impõe multa tributária, o qual é ato administrativo, e não procedimento.	2.1

Eficácia do lançamento - declaratória ou constitutiva	» é comum se encontrar na doutrina a afirmação segundo a qual **o lançamento é declaratório quanto à obrigação tributária e constitutivo quanto ao crédito tributário**, o que parece ser a melhor opção a se adotar em provas objetivas de concursos públicos. » uma postura mais crítica, contudo, que pode ser mencionada em provas discursivas ou orais, é a de que o crédito tributário já existe desde o fato gerador, uma vez que representa o elemento objetivo da obrigação tributária, sem o qual esta não poderia sequer existir.	2.2
Lançamento e constituição do crédito tributário como atos privativos e atuação do sujeito passivo	» a noção de que as atividades de constituição ou formalização do crédito tributário são privativas da administração (art. 142) é incompatível com a possibilidade de o sujeito passivo antecipar o pagamento de um crédito tributário com seus elementos já apurados (base de cálculo, alíquota, legislação regente etc.) em declaração cuja elaboração não sofre a interferência da administração. » **súmula 436 do STJ**: "A entrega de declaração pelo contribuinte reconhecendo débito fiscal constitui o crédito tributário, dispensada qualquer outra providência por parte do fisco".	2.3
Data do fato gerador e data da prática do ato - critérios de aplicação da lei	» a data do fato gerador será utilizada como referência no que diz respeito aos elementos constitutivos da obrigação tributária de uma maneira geral, de modo que "o lançamento reporta-se à data da ocorrência do fato gerador da obrigação e rege-se pela lei então vigente, ainda que posteriormente modificada ou revogada" (art. 144 do CTN). » interessante aplicação prática do art. 144, *caput* do CTN pelo STJ se deu em julgamento de recurso **repetitivo** no REsp 1.115.501 (j. 10.11.2010), onde se reconheceu que, apesar de a constituição do crédito tributário obedecer, em relação à formação da base de cálculo, a legislação vigente no momento do fato gerador, a declaração de inconstitucionalidade posterior da referida legislação torna inexigível a parcela cobrada com base no comando legal inconstitucional, devendo haver o expurgo da parcela indevida. Ou seja, a lei vigente no momento do fato gerador resiste à revogação ou modificação por nova lei, mas não resiste à declaração de inconstitucionalidade. » as normas que instituem novos critérios de apuração ou processos de fiscalização são caracterizadas como normas de natureza **formal ou procedimental**, o que justifica o critério da aplicação imediata. » o art. 144 é encerrado pelo § 2º, que trata dos impostos lançados por períodos certos de tempo, quando a lei fixa de modo expresso a data em que se considera ocorrido o fato gerador. A lei aplicável será a vigente na data em que o fato gerador se considera ocorrido, de acordo com a legislação específica do tributo que fixou tal marco.	2.4

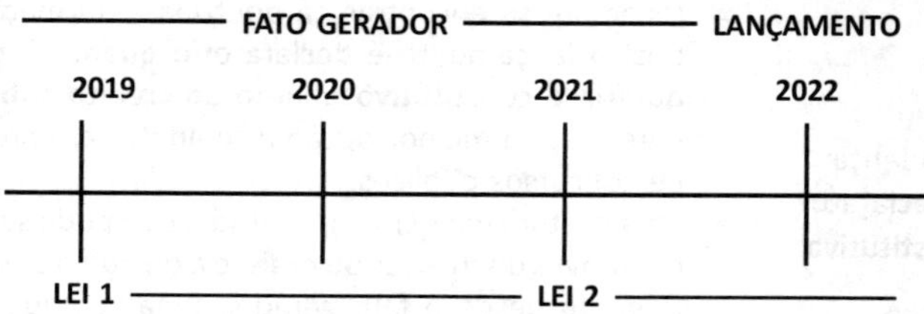

» tomando como premissa que a "Lei 2" aumenta a alíquota e confere maiores poderes de investigação à administração tributária, a aplicação do art. 144 do CTN resulta na incidência da norma relativa aos poderes de investigação, no momento do lançamento, bem como na inaplicabilidade da norma que aumenta a alíquota, que será determinada pela lei vigente na data do fato gerador ("Lei 1").

Alteração do lançamento por provocação do sujeito de ofício ou pelo "recurso de ofício"

» as hipóteses de alteração do lançamento estão previstas no art. 145 do CTN, que dispõe:

> Art. 145. O lançamento regularmente notificado ao sujeito passivo só pode ser alterado em virtude de: 2.5
> I - impugnação do sujeito passivo;
> II - recurso de ofício;
> III - iniciativa de ofício da autoridade administrativa, nos casos previstos no artigo 149.

A modificação de critério jurídico e o erro de direito no lançamento

» em todos os casos nos quais houver a adoção de critério jurídico pela autoridade administrativa, sua alteração só pode se dar, em relação a um mesmo sujeito passivo, para fato gerador ocorrido após a introdução do novo critério, conforme determina expressamente o art. 146 do CTN:

> Art. 146. A modificação introduzida, de ofício ou em conseqüência de decisão administrativa ou judicial, nos critérios jurídicos adotados pela autoridade administrativa no exercício do lançamento somente pode ser efetivada, em relação a um mesmo sujeito passivo, quanto a fato gerador ocorrido posteriormente à sua introdução.

» o art. 146 do CTN, de qualquer modo, evitou a utilização das expressões "erro de fato" e "erro de direito", optando por "**modificação nos critérios jurídicos** adotados pela autoridade administrativa no exercício do lançamento". Essa locução pode ser resumida como a famosa "alteração de entendimento", no qual a autoridade possui uma posição firmada acerca da aplicação de determinada norma jurídica e, posteriormente, passa a adotar interpretação diversa. 2.6

» cumpre ainda diferenciar a norma que consta no art. 100, parágrafo único do CTN da presente no art. 146. Determina a primeira que a observância das normas complementares que emanam da administração tributária exclui a imposição de penalidades, a cobrança de juros de mora e a atualização do valor monetário da base de cálculo do tributo. Ou seja, o art. 100, parágrafo único não exclui o pagamento do tributo, enquanto o art. 146 afasta qualquer exigência, seja a título de

	» multa ou tributo. Além disso, o art. 100, parágrafo único trata de normas complementares que possuem uma aplicação mais ampla e genérica do que os atos de introdução (lançamento e decisão administrativa ou judicial) de novos critérios jurídicos previstos no art. 146, estes últimos direcionados a um sujeito passivo específico.	
MODALIDADES DO LANÇAMENTO		
Lançamento de ofício	o art. 149 do CTN prevê as hipóteses em que o lançamento é "**efetuado e revisto de ofício** pela autoridade administrativa". Esse dispositivo traz duas maneiras pelas quais o lançamento de ofício pode ser realizado. Uma primeira em que essa modalidade ocorre de forma "originária", por conta de expressa previsão legal específica em relação a determinado tributo. De outro lado, há também o lançamento de ofício que resulta da revisão de lançamento anterior, qualquer que tenha sido a modalidade do ato revisado.	2.7.1
Lançamento por declaração	o lançamento por declaração é aquele em que a legislação tributária exige, como requisito para sua realização, que o **sujeito passivo ou terceiro** apresente declaração à autoridade administrativa que contenha informações sobre **matéria de fato**. O lançamento em si é realizado pela agente da administração tributária, que depende, contudo, de informações de posse do sujeito passivo ou de terceiro.	2.7.2
Lançamento por homologação ou "autolançamento"	o lançamento por homologação é disciplinado pelo art. 150 do CTN, que o define como o ato em que a autoridade administrativa homologa atividade do sujeito passivo quanto à apuração do crédito tributário.	2.7.3
Revisão de lançamento	» o art. 149 do CTN elenca as hipóteses em que se dá a revisão do lançamento. Como já mencionado, a revisão pode ocorrer em face de qualquer modalidade de lançamento, contudo o ato resultante do procedimento de revisão será um lançamento de ofício. Pressuposto das hipóteses da revisão prevista no art. 149 é a ocorrência de alguma falha em relação ao lançamento anterior, seja essa falha uma omissão quanto a prestação de declaração, ou mesmo uma atuação fraudulenta do sujeito passivo: Art. 149. O lançamento é efetuado e revisto de ofício pela autoridade administrativa nos seguintes casos: I - quando a lei assim o determine; II - quando a declaração não seja prestada, por quem de direito, no prazo e na forma da legislação tributária; III - quando a pessoa legalmente obrigada, embora tenha prestado declaração nos termos do inciso anterior, deixe de atender, no prazo e na forma da legislação tributária, a pedido de esclarecimento formulado pela autoridade administrativa, recuse-se a prestá-lo ou não o preste satisfatoriamente, a juízo daquela autoridade; IV - quando se comprove falsidade, erro ou omissão quanto a qualquer elemento definido na legislação tributária como sendo de declaração obrigatória;	2.8

	V - quando se comprove omissão ou inexatidão, por parte da pessoa legalmente obrigada, no exercício da atividade a que se refere o artigo seguinte; VI - quando se comprove ação ou omissão do sujeito passivo, ou de terceiro legalmente obrigado, que dê lugar à aplicação de penalidade pecuniária; VII - quando se comprove que o sujeito passivo, ou terceiro em benefício daquele, agiu com dolo, fraude ou simulação; VIII - quando deva ser apreciado fato não conhecido ou não provado por ocasião do lançamento anterior; IX - quando se comprove que, no lançamento anterior, ocorreu fraude ou falta funcional da autoridade que o efetuou, ou omissão, pela mesma autoridade, de ato ou formalidade especial. Parágrafo único. A revisão do lançamento só pode ser iniciada enquanto não extinto o direito da Fazenda Pública.	
Arbitramento	» o arbitramento não é uma modalidade de lançamento, mas sim um procedimento de determinação da base de cálculo de tributos. Enquanto o lançamento envolve a apuração de todos os elementos da obrigação tributária, como por exemplo a data de ocorrência do fato gerador e o sujeito passivo, o arbitramento tem como objeto exclusivo a aferição de valor utilizado como referência da base de cálculo. Sua previsão decorre do art. 148 do CTN: Art. 148. Quando o cálculo do tributo tenha por base, ou tome em consideração, o valor ou o preço de bens, direitos, serviços ou atos jurídicos, a autoridade lançadora, mediante processo regular, arbitrará aquele valor ou preço, sempre que sejam omissos ou não mereçam fé as declarações ou os esclarecimentos prestados, ou os documentos expedidos pelo sujeito passivo ou pelo terceiro legalmente obrigado, ressalvada, em caso de contestação, avaliação contraditória, administrativa ou judicial. » são dois os pressupostos para a realização de arbitramento, que devem ser preenchidos de forma cumulativa: a) o cálculo do tributo tem por base ou leva em consideração o valor ou o preço de bens, direitos, serviços ou atos jurídicos; b) as declarações, os esclarecimentos, ou os documentos do sujeito passivo ou terceiro legalmente obrigado são omissos ou não merecem fé.	2.9

4. SÚMULAS APLICÁVEIS

4.1 STJ

431. "É ilegal a cobrança de ICMS com base no valor da mercadoria submetido ao regime de pauta fiscal".

436. "A entrega de declaração pelo contribuinte reconhecendo débito fiscal constitui o crédito tributário, dispensada qualquer outra providência por parte do fisco".

5. QUESTÕES DE CONCURSOS PÚBLICOS

1. (Cespe – Auditor Fiscal da Receita Estadual – SEFAZ - AL/2020) **No que se refere a legislação tributária, obrigação tributária e crédito tributário, julgue o item que se segue.**

   No caso de lançamento por homologação, não influem sobre a obrigação tributária quaisquer atos anteriores à homologação, praticados pelo sujeito passivo ou por terceiro, visando à extinção total ou parcial do crédito.

   ( ) Certo

   ( ) Errado

2. (Cespe – Auditor Fiscal – SEFAZ - DF/2020) **Relativamente a tópicos específicos de finanças públicas, julgue o item a seguir.**

   O lançamento tributário deve ser feito por homologação se o sujeito passivo da obrigação tributária antecipar o pagamento do tributo sem prévio exame da autoridade administrativa.

   ( ) Certo

   ( ) Errado

3. (Cespe – Auditor – SEFAZ - AL/2020) **No que se refere a legislação tributária, obrigação tributária e crédito tributário, julgue o item que se segue.**

   No caso de lançamento por homologação, não influem sobre a obrigação tributária quaisquer atos anteriores à homologação, praticados pelo sujeito passivo ou por terceiro, visando à extinção total ou parcial do crédito.

   ( ) Certo

   ( ) Errado

4. (FCC – Procurador do Estado – PGE – TO/2018) **O Código Tributário Nacional, em seu art. 145, estabelece, de modo indireto, a definitividade do lançamento regularmente notificado ao sujeito passivo. O referido dispositivo estabelece, expressamente, que o lançamento regularmente notificado ao sujeito passivo só pode ser alterado em virtude de: I - impugnação do sujeito passivo; II - recurso de ofício; III - iniciativa de ofício da autoridade administrativa, nos casos previstos no artigo 149.**

   De acordo com o artigo 149 do CTN, a revisão do lançamento só pode ser iniciada

   (A) quando o processo administrativo tributário tiver corrido à revelia das autoridades fazendárias.

   (B) enquanto não transcorrido o prazo decadencial.

   (C) enquanto não transcorrido o prazo prescricional.

   (D) quando se comprove que a autoridade fiscal, ou terceiro em benefício daquela, agiu com dolo, fraude ou simulação.

   (E) quando se comprove omissão ou inexatidão, por parte da pessoa legalmente obrigada, no exercício da atividade de auto aplicação de penalidade pecuniária - lançamento de penalidade por homologação.

5. (Vunesp – Procurador do Estado – PGE – SP/2018) **Após a ocorrência do fato gerador, inovação legislativa amplia os poderes de investigação da Administração Tributária. Nessa circunstância, de acordo com o Código Tributário Nacional, é correto afirmar:**

   (A) a autoridade poderá aplicar amplamente a lei nova, inclusive para alterar o lançamento, até a extinção do crédito tributário.

   (B) a autoridade poderá aplicar os novos critérios de apuração exclusivamente em casos de lançamento por homologação.

   (C) a lei nova apenas poderá ser aplicada pela autoridade se, e somente se, seus critérios resultarem em benefício para o contribuinte.

   (D) a autoridade competente não poderá aplicar a lei nova ao fato gerador pretérito, ocorrido anteriormente à sua vigência.

   (E) a lei nova será aplicada pela autoridade competente na apuração do crédito tributário respectivo até a finalização do lançamento.

01	02	03	04	05
CERTO	CERTO	CERTO	B	E

6. QUESTÕES DISCURSIVAS COM COMENTÁRIOS

Cespe/Cebraspe - Procuradoria-Geral do Município de Boa Vista - Procurador do Município - 2019 (máximo 30 linhas)

Considerando as disposições legais do Código Tributário Nacional (CTN), redija um texto acerca de lançamento tributário, atendendo ao que se pede a seguir.

1 Defina lançamento tributário. [valor: 1,35 ponto]

2 Identifique e classifique as quatro modalidades de lançamento tributário existentes no CTN, indicando as modalidades principais e as subsidiárias (ou supletivas). [valor: 0,60 ponto]

3 Explique cada uma das modalidades de lançamento, indicando as atribuições do fisco e do contribuinte em cada uma delas.

[valor: 2,80 pontos]

COMENTÁRIOS

A definição de lançamento tributário encontra-se no art. 142 do CTN, segundo o qual lançamento tributário é o o procedimento administrativo tendente a verificar a ocorrência do fato gerador da obrigação correspondente, determinar a matéria tributável, calcular o montante do tributo devido, identificar o sujeito passivo e, sendo caso, propor a aplicação da penalidade cabível. Ou seja, o lançamento apura não apenas o tributo, mas a multa tributária eventualmente cabível. A atividade administrativa do lançamento é vinculada, como se vê dos arts. 3º e 142, parágrafo único.

As principais modalidades do lançamento são o lançamento de ofício, o lançamento por declaração e o lançamento por homologação (ou autolançamento). Como modalidades subsidiárias podemos citar o lançamento por arbitramento (art. 148 do CTN) e o lançamento de ofício quando há necessidade de rever ou suprir os lançamentos por declaração ou por homologação ou em qualquer outra hipótese prevista no art. 149 do CTN.

Desse modo, o lançamento de ofício é aquele em que a autoridade administrativa se encarrega de toda a apuração do tributo devido, seja diretamente, seja pela falta ou omissão do lançamento cabível. Há no lançamento de ofício uma atuação quase que exclusiva do fisco na verificação do fato gerador, cálculo do tributo e identificação e notificação do sujeito passivo. No caso de apuração incorreta pelo contribuinte em um lançamento por homologação, é possível dizer que o fisco parte da atividade errônea ou dolosa do contribuinte.

O lançamento por declaração (art. 147 do CTN), por sua vez, ainda é realizado pelo fisco, mas há uma participação decisiva do contribuinte ou de terceiro, mediante a prestação de declaração necessária à efetivação do lançamento pela autoridade administrativa. A declaração a ser fornecida diz respeito a matéria de fato, sem a qual o fisco não pode apurar o fato gerador, calcular o valor devido e constituir o crédito tributário.

No lançamento por homologação é o contribuinte quem assume o protagonismo e realiza a atividade que deveria ser do fisco (apuração do fato gerador e cálculo do tributo devido), o que faz com que alguns denominem esse fenômeno de "privatização da administração tributária", já que a atividade outrora pública passa a ser realizada pela pessoa privada. O fisco não precisa realizar nenhum ato para a constituição do crédito tributário pelo contribuinte, restando à administração tributária apenas a atividade de homologação posterior.

Por fim, resta o lançamento por arbitramento ou aferição indireta, previsto no art. 148 do CTN, que é realizado quando o cálculo do tributo se baseie no valor ou preço de bens, direitos, serviços ou atos jurídicos e tais valores forem omissos ou as declarações de valor não mereçam fé. Seria o caso de mercadorias importadas sem documentação fiscal, que teriam seu valor arbitrados pela autoridade fiscal. Esse arbitramento é realizado por meio de indícios e presunções, o que se justifica diante da situação irregular do contribuinte.

13

SUSPENSÃO DA EXIGIBILIDADE DO CRÉDITO TRIBUTÁRIO

1. SUSPENSÃO DA EXIGIBILIDADE DO CRÉDITO TRIBUTÁRIO E SEUS EFEITOS

O crédito tributário não se suspende. A suspensão ocorre sobre a exigibilidade do crédito, apesar de ser frequente a utilização da expressão "suspensão do crédito tributário", que peca pela falta de técnica.

Crédito tributário é, de acordo com o CTN, a obrigação tributária formalizada (ou constituída) pelo lançamento ou por declaração do contribuinte, como reconhecido, nesse último caso, pelo STJ. Já a exigibilidade do crédito tributário é a pretensão de se exigir o crédito tributário, o que pode se dar por meio da inscrição em dívida ativa, ou por meio do ajuizamento de execução fiscal, na qual poderão ser praticados ainda diversos atos expropriatórios para se exigir o adimplemento da dívida, como a busca e penhora de bens do sujeito passivo.

A exigibilidade surge quando, após a constituição do crédito tributário, transcorre o prazo para pagamento da dívida sem que ocorra nenhuma das causas suspensivas. A partir desse momento o crédito tributário pode ser cobrado, ou seja, torna-se exigível.

Ainda sobre a definição do que se entende por exigibilidade do crédito tributário, é necessário mencionar o REsp 1.140.956 (j. 24.11.2010), julgado sob a sistemática dos recursos **repetitivos**. Nessa decisão, o STJ dividiu o processo de cobrança do crédito tributário em três etapas:

> a) a cobrança administrativa, que ocorrerá mediante a lavratura do auto de infração e aplicação de multa: exigibilidade-autuação; b) a inscrição em dívida ativa: exigibilidade-inscrição; c) a cobrança judicial, via execução fiscal: exigibilidade-execução.

Seguindo essa classificação, o STJ fixou a tese jurídica de que os efeitos da suspensão da exigibilidade (no caso, por depósito judicial, a ser visto detalhadamente nesse capítulo) têm o condão de impedir a lavratura do auto de infração (imposição de **multa**), assim como de coibir o ato de inscrição em dívida ativa e o ajuizamento da execução fiscal. Eventuais autos de infração ou atos de inscrição em dívida ativa que ocorram quando havia suspensão da exigibilidade devem ser anulados. Em caso de ajuizamento de execução fiscal nesse contexto, deve o processo ser extinto (REsp 1.140.956, j. 24.11.2010).

De fato, se há suspensão da exigibilidade não se pode permitir que o contribuinte tenha contra si lavrado auto de infração e imposição de multa que tenha por objeto o "descumprimento" da obrigação principal cuja exigibilidade estava suspensa. Assim, eventual auto de infração (imposição de **multa**) lavrado na vigência de causa suspensiva da exigibilidade deve ser reconhecido como nulo, como já decidiu o STJ (REsp 843.027, j. 02.10.2008). Vale lembrar que tributo e multa são conceitos inconfundíveis, pelo simples fato de o tributo não constituir sanção de ilícito, característica essa que define a natureza da multa. O fato de o tributo e a multa serem formalizados em um mesmo documento em nada influencia na diferença conceitual desses dois institutos.

Tendo em vista essa distinção, o lançamento do tributo não é impedido pela presença da suspensão da exigibilidade, pois esta não impede o transcurso do prazo decadencial do direito de lançar. A suspensão da exigibilidade opera sobre atos de cobrança, que devem ser realizados dentro do prazo prescricional, este sim afetado pela suspensão. A realização do lançamento não é obstada pela suspensão da exigibilidade, de modo que caso o fisco não lance o tributo dentro do prazo decadencial, perderá o direito de fazê-lo. A jurisprudência do STJ é pacífica a esse respeito:

> a suspensão da exigibilidade do crédito tributário na via judicial impede a prática de qualquer ato contra o contribuinte visando à cobrança de seu crédito, tais como inscrição em dívida, execução e penhora, mas não impossibilita o Fisco de proceder ao lançamento com o desiderato de evitar a decadência, cuja contagem não se sujeita às causas suspensivas ou interruptivas. (AgRg no AREsp 356.479, j. 05.04.2016)

O art. 63 da Lei 9.430/1996 (lei de âmbito federal) sintetiza os efeitos da suspensão da exigibilidade em relação ao tributo, de um lado, e à multa, de outro. Segundo esse dispositivo, na constituição de crédito tributário destinada a prevenir a decadência, relativo a tributo de competência da União, cuja exigibilidade houver sido suspensa na forma dos incisos IV e V do art. 151 do CTN, não caberá lançamento de multa de ofício. Ou seja, enquanto a constituição do tributo é permitida, veda-se a constituição da multa.

Com isso já se percebe que **uma causa de suspensão da exigibilidade pode ocorrer antes mesmo do lançamento, e nesse caso a realização deste não resta impedida**, pois **constituir o crédito tributário não significa exigi-lo**. Apesar de ter sido dito acima que a exigibilidade surge após a constituição do crédito, quando a dívida se torna vencida, é possível que uma causa suspensiva da exigibilidade surja antes mesmo da ocorrência do fato gerador da obrigação tributária.

Imagine-se um contribuinte que pretende, em ação judicial, a declaração de que um tributo incidente sobre suas operações é inconstitucional, obtendo uma decisão liminar que suspenda a exigibilidade em relação aos créditos já constituídos e também em relação aos tributos que incidirão sobre as operações futuras, que desencadearão novos fatos geradores. No caso em que a causa de suspensão é anterior à própria exigibilidade, Hugo de Brito Machado (2005, p. 190) ensina que o termo mais correto seria "impedimento" ao invés de "suspensão", pois a exigibilidade sequer chega a surgir.

Advirta-se ainda que a pendência de causa suspensiva da exigibilidade do crédito tributário não impede, regra geral, a fluência de juros de mora. Assim, caso haja uma reclamação ou recurso administrativo, por exemplo, suspendendo a exigibilidade, o respectivo crédito tributário será acrescido de juros de mora. Não serão devidos juros moratórios, contudo, se o crédito tiver sua exigibilidade suspensa em razão de depósito, seja ele realizado no bojo de um processo administrativo ou judicial[1], como se verá com maiores detalhes abaixo.

Por fim, quanto aos efeitos da suspensão da exigibilidade, cabe mencionar o parágrafo único do art. 151 do CTN, segundo o qual a suspensão da exigibilidade não dispensa o cumprimento das obrigações assessórias dependentes da obrigação principal cujo crédito seja suspenso, ou dela conseqüentes. Esse dispositivo se assemelha a outras regras do CTN que diferenciam o regime jurídico das obrigações acessórias em relação às regras que de algum modo afastam o cumprimento das obrigações principais, como se pode ver em relação à imunidade (CTN, art. 14, III)[2] e à isenção e anistia (CTN, art. 175, parágrafo único)[3]. A despeito de sua literalidade, o parágrafo único do art. 151 deve ser interpretado de modo que não se impeça a suspensão da exigibilidade de obrigações acessórias por força de decisão judicial. Caso contrário, estar-se-ia violando o princípio constitucional da inafastabilidade do controle jurisdicional, previsto no art. 5º, XXXV, da CF.

2. O ROL DAS CAUSAS DE SUSPENSÃO DA EXIGIBILIDADE E SUA TAXATIVIDADE

As causas de suspensão da exigibilidade do crédito tributário estão previstas no art. 151 do CTN:

> Art. 151. Suspendem a exigibilidade do crédito tributário:
>
> I - moratória;
>
> II - o depósito do seu montante integral;
>
> III - as reclamações e os recursos, nos termos das leis reguladoras do processo tributário administrativo;
>
> IV - a concessão de medida liminar em mandado de segurança.
>
> V – a concessão de medida liminar ou de tutela antecipada, em outras espécies de ação judicial;
>
> VI – o parcelamento.
>
> Parágrafo único. O disposto neste artigo não dispensa o cumprimento das obrigações assessórios dependentes da obrigação principal cujo crédito seja suspenso, ou dela conseqüentes.

---

1. **Súmula vinculante 5 do CARF**: São devidos juros de mora sobre o crédito tributário não integralmente pago no vencimento, ainda que suspensa sua exigibilidade, salvo quando existir depósito no montante integral.
2. "O disposto na alínea c do inciso IV do artigo 9º é subordinado à observância dos seguintes requisitos pelas entidades nele referidas: (...) III - manterem escrituração de suas receitas e despesas em livros revestidos de formalidades capazes de assegurar sua exatidão."
3. "A exclusão do crédito tributário não dispensa o cumprimento das obrigações acessórias dependentes da obrigação principal cujo crédito seja excluído, ou dela conseqüente".

O entendimento que prevalece na doutrina e na jurisprudência é o de que esse rol do art. 151 é **taxativo**. O art. 141 do CTN[4] é expresso nesse sentido, ao dispor que o crédito tributário só tem sua exigibilidade suspensa nos casos previsto no código. Seguindo essa trilha, o STJ fixou, em sede de recurso **repetitivo**, que a suspensão da exigibilidade do crédito tributário encontra-se taxativamente prevista no art. 151 do CTN, sendo impossível se reconhecer como causa de suspensão o oferecimento de fiança bancária, diante da ausência de sua previsão como tal no CTN (REsp 1.156.668, j. 24.11.2010).

Seguindo essa visão, a Portaria PGFN 33/2018 estabelece expressamente, em seu art. 13, que a aceitação da **oferta antecipada de garantia em execução fiscal não suspende a exigibilidade** dos créditos inscritos em dívida ativa da União, **mas viabiliza a emissão da certidão de regularidade fiscal**. Não poderia ser outra a conclusão, já que "apresentação de garantia" não está prevista no rol exaustivo das hipóteses de suspensão da exigibilidade.

Essa diferenciação é importante para se evitar confusões em provas de concursos públicos. Não se pode presumir que um contribuinte que possui a seu favor uma certidão de regularidade fiscal apresenta seus créditos tributários com exigibilidade suspensa. De acordo com o art. 206 do CTN, a certidão positiva com efeitos de negativa (espécie de certidão de regularidade fiscal) pode ser emitida não apenas nos casos de créditos com exigibilidade suspensa, mas também quando, na fase da cobrança executiva (ou antes mesmo da execução, como se viu da Portaria PGFN 33/2018), tenha sido efetivada a penhora.

Em síntese, nem todo contribuinte que possui certidão de regularidade fiscal terá os créditos tributários em que figura como devedor com a exigibilidade suspensa.

2.1 Moratória

Primeira causa de suspensão da exigibilidade do crédito tributário, a moratória representa uma dilação do prazo de pagamento para a dívida. Aliomar Baleeiro[5] menciona como fatos que ensejam a concessão de moratória a ocorrência de calamidades como secas, enchentes, e terremotos, além de situações de comoção política que causem graves distúrbios na economia.

Sendo uma suspensão da exigibilidade do crédito tributário, a moratória só pode ser introduzida pelo respectivo ente tributante por intermédio de lei, como reconhece o art. 153, do CTN, em harmonia com o art. 97, VI, do mesmo diploma.

Na mesma lei que se instituir a moratória deve também ser fixado o prazo do benefício da dilação (art. 153, I). Não se aplica à moratória o entendimento jurisprudencial segundo o qual não se compreende no campo reservado à lei a definição do vencimento das obrigações tributárias (STF, RE 253.395, j. 19.10.1999), de modo que a alteração da data de recolhimento do tributo não atinge os critérios de incidência (STJ, REsp 55.207, j. 14.06.1995). Como se viu no estudo da legalidade tributária, a jurisprudência fixou a

4. Art. 141. O crédito tributário regularmente constituído somente se modifica ou extingue, ou tem sua exigibilidade suspensa ou excluída, nos casos previstos nesta Lei, fora dos quais não podem ser dispensadas, sob pena de responsabilidade funcional na forma da lei, a sua efetivação ou as respectivas garantias.

5. BALEEIRO, Aliomar. Direito Tributário Brasileiro. 13ª. ed. Rio de Janeiro: Forense, 2015, p. 1.262.

orientação de que o prazo para vencimento de tributo não se sujeita à exigência de lei em sentido formal, podendo ser fixado por ato infralegal.

No que diz respeito à moratória, contudo, a definição do novo prazo para o adimplemento do tributo diz respeito à própria razão de ser do benefício fiscal, de modo que é necessária a determinação de tal prazo em lei.

A lei instituidora da moratória deve ainda prever os tributos aos quais se aplica (CTN, art. 153, II, "a"), o que significa que não necessariamente uma moratória concedida por um Município, Estado ou União abrange todos os tributos de sua competência. Perfeitamente possível, assim, que um Município conceda moratória apenas em relação ao ISS ou ao IPTU, por exemplo.

O CTN prevê ainda a possibilidade de a moratória ser concedida de modo que o pagamento seja não só prorrogado, mas também fracionado em parcelas. Apesar da semelhança com o parcelamento, vale lembrar o ensinamento da doutrina de que a moratória tem lugar em situações de calamidade pública, enchentes e catástrofes naturais em geral[6], enquanto o parcelamento não exige nenhum pressuposto fático específico, possuindo o ente público uma liberdade maior para conceder benefício fiscal de parcelamento.

A falha técnica do CTN quanto ao conceito de lançamento se manifesta mais uma vez no art. 154, quando se prevê que, salvo disposição de lei em contrário, a moratória só abrange os créditos definitivamente constituídos à data da lei ou do despacho que a conceder, ou cujo lançamento já tenha sido iniciado àquela data por ato regularmente notificado ao sujeito passivo.

Ora, a notificação do lançamento evidencia que este não apenas se iniciou, como já foi concluído. Ao contrário do que preceitua o art. 142 do CTN, o lançamento não é procedimento, mas sim ato administrativo. A menção aos "créditos definitivamente constituídos", constante no art. 154, por sua vez, refere-se aos créditos cujo processo administrativo já se findou. A regra que se depreende do art. 154, de qualquer modo, é a de que a moratória, salvo disposição legal contrária, abrange apenas os créditos que já foram objeto, ao menos de lançamento.

Em relação aos tributos sujeitos a lançamento por homologação, a regra geral do art. 154 do CTN representa um vácuo, pois nesses casos o pagamento é realizado em um período de tempo próximo ao da apuração do crédito pelo sujeito passivo. Na sistemática do CTN, os tributos sujeitos a lançamento por homologação só seriam de fato constituídos com a homologação, que pode ser expressa ou tácita (nesse último caso, cinco anos após o fato gerador).

Esse "impasse" entre a regra do art. 154 e os tributos sujeitos a lançamento por homologação é resolvido pela possibilidade de a lei dispor em sentido contrário, como o próprio art. 154 enuncia. Como ressalta Misabel Derzi[7], se a lei da moratória pretender abranger créditos ainda não formalizados pelo lançamento (ou por declaração do contribuinte, caso assim se entenda em relação aos tributos sujeitos a lançamento por homologação),

6. TORRES, Ricardo Lobo. Curso de Direito Financeiro e Tributário. 19ª. ed. Rio de Janeiro: Renovar, 2013, p. 287.
7. DERZI, Misabel Abreu Machado. Notas de atualização ao Direito Tributário Brasileiro de Aliomar Baleeiro. 13ª. ed. Rio de Janeiro: Forense, 2015, p. 1.267.

a moratória pode ser entendida como uma causa impeditiva da exigibilidade, pois terá ocorrido antes mesmo de o crédito ser exigível.

O parágrafo único do art. 154, a seu turno, traz norma que privilegia a boa-fé, ao enunciar que a moratória não aproveita aos casos de dolo, fraude ou simulação do sujeito passivo ou do terceiro em benefício daquele.

2.1.1 *Moratória em caráter geral*

A moratória em caráter geral beneficia um grupo de pessoas definido na lei, não havendo necessidade de concessão da dilação de prazo a cada contribuinte de modo específico e individual. Seria o caso de um Município conceder moratória em relação a todos os devedores de IPTU, ou de um Estado conceder dilação de prazo a todos que devem ICMS.

É possível também que ao conceder uma moratória em caráter geral, a lei circunscreva expressamente a sua aplicabilidade à determinada região do território da pessoa jurídica que a expedir, ou a determinada classe ou categoria de sujeitos passivos, como expressamente dispõe o parágrafo único do art. 152. Esse recorte em relação a um grupo de contribuintes ou a uma região territorial não prejudica o caráter geral da moratória[8].

Sendo geral, a moratória pode ser dividida em autônoma ou heterônoma. A primeira se dá quando o ente concede a prorrogação para o pagamento apenas para os tributos de sua competência. Essa moratória autônoma pode ser concedida por qualquer ente tributante. Já a moratória heterônoma só pode ser instituída pela União, podendo abranger tributos de competência dos Estados, do Distrito Federal ou dos Municípios, quando simultaneamente concedida quanto aos tributos de competência federal e às obrigações de direito privado. O art. 152, I do CTN traz essa divisão:

> Art. 152. A moratória somente pode ser concedida:
> I - em caráter geral:
> a) pela pessoa jurídica de direito público competente para instituir o tributo a que se refira;
> b) pela União, quanto a tributos de competência dos Estados, do Distrito Federal ou dos Municípios, quando simultaneamente concedida quanto aos tributos de competência federal e às obrigações de direito privado;

A previsão de uma moratória de tributos estaduais, distritais e municipais a ser concedida pela União pode ensejar questionamentos quanto à sua constitucionalidade, tendo em vista a autonomia dos entes federativos[9] e a importância conferida à forma federativa de Estado, elevada ao grau de cláusula pétrea pelo art. 60, § 4º, I da Constituição[10]. A inconstitucionalidade da moratória heterônoma seria reforçada pelo art. 151, III da CF, que veda à União a instituição de isenções de tributos da competência dos Estados, do Distrito Federal ou dos Municípios (vedação à isenção heterônoma).

---

8. BALEEIRO, Aliomar. Direito Tributário Brasileiro. 13ª. ed. Rio de Janeiro: Forense, 2015, p. 1.262.
9. CF, art. 18. A organização político-administrativa da República Federativa do Brasil compreende a União, os Estados, o Distrito Federal e os Municípios, todos autônomos, nos termos desta Constituição.
10. "Não será objeto de deliberação a proposta de emenda tendente a abolir a forma federativa de Estado".

Muitos autores, porém, interpretam o dispositivo sob outro ângulo. Aliomar Baleeiro[11], por exemplo, entendia que a moratória de tributos estaduais, distritais e municipais pela União não seria abusiva, dada a simultaneidade em relação aos tributos federais. Por essa razão, a moratória heterônoma seria uma "coordenação da política econômica e financeira em todo o plano nacional". Também Hugo de Brito Machado[12] não enxerga discriminação contra Estados e Municípios, pois as restrições impostas a esses entes seriam as mesmas assumidas pela União. Aspecto ainda mais relevante para se defender a constitucionalidade da moratória heterônoma é ressaltado por Luís Eduardo Schoueri[13], ao lembrar que essa medida alcança até mesmo as obrigações de direito privado, assumindo a feição de política econômica que ultrapassa a ordem tributária. De fato, a amplitude da moratória lhe confere o grau de um instrumento geral de intervenção do Estado na economia a cargo da União diante de seu caráter nacional, o que justifica seu alcance em relação a tributos estaduais, distritais e municipais.

2.1.2 *Moratória em caráter individual*

A moratória individual é aquela que depende de despacho da autoridade administrativa. Esse é o traço que distingue a moratória em geral ou individual, pois, como já dito, não deixa de ser geral a moratória que beneficia apenas parte de um território ou uma grupo determinado de pessoas[14]. A linha divisória está na necessidade ou não de despacho da autoridade administrativa, que analisará o preenchimento das condições e requisitos definidos em lei. Em havendo exigência de análise por autoridade administrativa para analisar cada situação, constata-se a natureza individual da moratória.

Os arts. 152 e 153 do CTN trazem algumas regras gerais sobre a moratória individual:

> Art. 152. A moratória somente pode ser concedida:
>
> II - **em caráter individual**, por despacho da autoridade administrativa, desde que autorizada por lei nas condições do inciso anterior.
>
> Art. 153. A lei que conceda moratória em caráter geral ou autorize sua concessão **em caráter individual** especificará, sem prejuízo de outros requisitos:
>
> I - o prazo de duração do favor;
>
> II - as condições da concessão do favor **em caráter individual**;
>
> III - sendo caso:
>
> a) os tributos a que se aplica;
>
> b) o número de prestações e seus vencimentos, dentro do prazo a que se refere o inciso I, podendo atribuir a fixação de uns e de outros à autoridade administrativa, para cada caso de **concessão em caráter individual**;
>
> c) as garantias que devem ser fornecidas pelo beneficiado no caso de **concessão em caráter individual**.

---

11. BALEEIRO, Aliomar. Direito Tributário Brasileiro. 13ª. ed. Rio de Janeiro: Forense, 2015, p. 1.263.
12. MACHADO, Hugo de Brito. Curso de Direito Tributário. 26ª edição. ed. São Paulo: Malheiros, 2005 p. 191.
13. SCHOUERI, Luís Eduardo. Direito Tributário. 5ª. ed. São Paulo: Saraiva, 2015, p. 642-643.
14. DERZI, Misabel Abreu Machado. Notas de atualização ao Direito Tributário Brasileiro de Aliomar Baleeiro. 13ª. ed. Rio de Janeiro: Forense, 2015, p. 1.265.

O art. 152, II remete às condições do inciso I do mesmo artigo, o que permite concluir que também em relação à moratória individual é possível a divisão entre moratória autônoma e heterônoma.

A seu turno, o art. 153, inciso II prevê expressamente que as condições para a concessão da moratória individual devem estar presentes na lei que a institui. Com isso, fica vedada qualquer possibilidade de o legislador delegar à autoridade administrativa o estabelecimento das condições para a fruição da dilação de prazo.

A limitação à atuação administrativa já não ocorre em relação à fixação do número de prestações e seus vencimentos, que pode, na concessão de cada caso de moratória individual, ser atribuída à autoridade administrativa, como se lê da redação do art. 153, III, alínea "b". Tal norma poderia ser vista como contrária ao inciso I do art. 153, que confere à lei que concede moratória a atribuição de fixar o prazo de duração da moratória. Trata-se de conflito aparente, pois a própria alínea "b" mencionada prevê que o número de prestações e seus vencimentos deve obedecer o prazo determinado na lei. Ou seja, a lei pode delegar à autoridade administrativa o estabelecimento do número de prestações e os seus prazos de vencimento, desde que tais prestações se encontrem dentro do prazo de postergação do adimplemento das dívidas que é trazido na lei instituidora da moratória.

Na alínea "c" acima reproduzida, permite-se que se exija garantias do beneficiário da moratória concedida em caráter individual. A utilização do termo "garantias" deve ser compreendida em sentido amplo, de forma a compreender não apenas instrumentos assecuratórios do crédito tributário, mas sobretudo a demonstração de condições em geral exigidas para a fruição do benefício. Por essa interpretação aqui adotada, as "garantias" ora mencionadas equivaleriam às condições e requisitos que aparecem no *caput* do art. 155.

Assim, é possível conceber que se exija a comprovação de que o beneficiário se encontra estabelecido por um período mínimo no Município ou Estado de uma região beneficiada pela moratória, por exemplo, para se evitar o deslocamento de contribuintes para localidades com o intuito exclusivo de se beneficiar da dilação do prazo de pagamento das obrigações tributárias. Imagine-se, por exemplo, uma moratória de tributos federais concedida apenas a contribuintes de determinada região. A comprovação de que o contribuinte desenvolve sua atividade na região favorecida por um período mínimo correspondente aos seis meses anteriores à publicação da lei pode servir para evitar o aproveitamento da dilação por contribuintes que não foram prejudicados pela situação de calamidade que ensejou a concessão da moratória. Em situações como essa, se mostra como mais adequada a instituição de uma moratória em caráter individual, para que os requisitos específicos sejam analisados caso a caso.

É nesse sentido que o art. 155 do CTN fala na necessidade de que sejam preenchidos os requisitos e as condições para a concessão da moratória individual:

> Art. 155. A concessão da moratória em caráter individual não gera direito adquirido e será revogado de ofício, sempre que se apure que o beneficiado não satisfazia ou deixou de satisfazer as condições ou não cumprira ou deixou de cumprir os requisitos para a concessão do favor, cobrando-se o crédito acrescido de juros de mora:
>
> I - com imposição da penalidade cabível, nos casos de dolo ou simulação do beneficiado, ou de terceiro em benefício daquele;

> II - sem imposição de penalidade, nos demais casos.
>
> Parágrafo único. No caso do inciso I deste artigo, o tempo decorrido entre a concessão da moratória e sua revogação não se computa para efeito da prescrição do direito à cobrança do crédito; no caso do inciso II deste artigo, a revogação só pode ocorrer antes de prescrito o referido direito.

O *caput* do art. 155 segue na disciplina da moratória individual, asseverando que sua concessão não gera direito adquirido, podendo ser "revogada de ofício" quando se apure que o beneficiado não satisfazia ou deixou de satisfazer as condições ou não cumpria ou deixou de cumprir os requisitos para a concessão do favor.

A revogação não é o ato administrativo que faz cessar os efeitos da moratória, tendo o código utilizado o termo errado. Revogação é ato que se imbui de juízo de conveniência e oportunidade, o chamado mérito administrativo, que permite à autoridade a prática ou não do ato, a depender de sua avaliação pessoal (mas não arbitrária). Em caso de descumprimento das condições ou requisitos para a concessão da moratória, a exclusão do benefício é ato que se impõe não havendo a alternativa de opções que seria própria do juízo de mérito presente na revogação.

O ato administrativo, assim, é a anulação. O equívoco do CTN fica evidente quando se caracteriza a revogação como "de oficio", expressão incompatível com a possibilidade de escolha. Atuação de ofício é aquela que se dá na anulação, não na revogação. Inexiste direito adquirido à moratória em caráter individual, de modo que, provado que o contribuinte não cumpria as condições e requisitos ou deixou de cumpri-los, imperiosa se faz a cessação de seus efeitos.

A anulação do ato que concede a moratória acarreta, sempre, a cobrança do crédito tributário acrescido dos juros de mora. Haverá ainda a imposição de penalidade se o contribuinte tiver incorrido em dolo ou simulação, seja por parte do beneficiado, seja por parte de terceiro.

O parágrafo único traz uma interessante regra a ser confrontada com as consequências gerais da suspensão da exigibilidade do crédito tributário. Isso porque o dispositivo permite a contagem do prazo prescricional para a "revogação" da moratória no caso em que o contribuinte não tenha atuado com dolo, fraude ou simulação. De acordo com a regra, a "revogação" (ou seja, anulação) só pode ocorrer "antes de prescrito o referido direito" (prescrição da pretensão para a cobrança do crédito tributário).

Trata-se de regra que contrasta com a noção geral de que durante a pendência de alguma causa da suspensão da exigibilidade as pretensões da Fazenda em relação ao crédito tributário não são afetadas. Ao admitir a prescrição da cobrança do crédito tributário, o CTN, nesse trecho, contraria a regra geral de suspensão da exigibilidade enquanto pendente uma de suas causas. A suspensão da exigibilidade contra o fisco tem como consequência a suspensão do prazo prescricional contra o fisco, pois se este não pode exigir o adimplemento, não poderia ter contra si a contagem de prazo prescricional. Essa regra específica do CTN, contudo, vem afastar a regra geral e permitir a contagem da prescrição contra o fisco mesmo quando pendente a causa suspensiva da exigibilidade – no caso específico, a moratória em caráter individual quanto o sujeito não tenha incorrido em dolo, fraude ou simulação.

A primeira parte do parágrafo único, a seu turno, mantém o efeito de suspensão da prescrição para a cobrança do crédito tributário nos casos em que tenha havido dolo, fraude ou simulação.

Nessas hipóteses, há de fato uma suspensão da contagem do prazo prescricional para a cobrança do crédito tributário, de modo que o tempo entre a concessão e a "revogação" da moratória não é computado na prescrição para cobrança do crédito.

2.2 Depósito judicial do montante integral

O CTN prevê ainda o depósito do montante integral do crédito tributário como causa de suspensão da exigibilidade. Apesar de o código falar em "montante integral do crédito tributário", nada impede que o sujeito passivo deposite apenas a parte que entende indevida[15]. Por essa razão, a **súmula 112 do STJ** deve ser interpretada com cautela. Dispõe o enunciado que o depósito somente suspende a exigibilidade do crédito tributário se for **integral e em dinheiro**.

Isso não significa que o contribuinte não possa discutir apenas um exercício de uma dívida. Por exemplo, o contribuinte é notificado de lançamento de IRPJ em relação aos exercícios de 2014 a 2017, mas entende que apenas o exercício de 2014 não poderia ser exigido por ter ocorrido a decadência. A súmula 112 não impede que o contribuinte deposite apenas o valor relativo às dívidas dos exercícios que pretende discutir (no caso, 2015 a 2017). Significa apenas que a integralidade do depósito deve corresponder ao montante da dívida que é objeto de discussão. Esse o sentido de integralidade – o depósito em dinheiro do montante integral refere-se ao montante do crédito impugnado.

A menção a depósito no art. 151, II do CTN diz respeito ao depósito **judicial**. Apesar de ser possível que o contribuinte deposite o valor do tributo discutido ainda na esfera administrativa, em caso de pendência de processo administrativo, a suspensão da exigibilidade se dá por força do inciso III, que trata de reclamações e recursos administrativos, a serem estudados posteriormente. A realização de depósito no âmbito de processo administrativo se dá, essencialmente, para impedir a incidência dos juros de mora sobre a dívida discutida administrativamente, pois a suspensão da exigibilidade, em si, decorre da existência de uma impugnação ou de um recurso.

A necessidade de depósito para suspender a exigibilidade de uma dívida discutida judicialmente, em não havendo decisão nesse sentido, não pode ser confundida com a exigência de depósito como requisito da própria discussão judicial. Como já pacificado na jurisprudência, é inconstitucional a exigência de depósito prévio como requisito de admissibilidade de ação judicial na qual se pretenda discutir a exigibilidade do crédito tributário (**súmula vinculante 28 do STF**).

Nessa esteira, é inconstitucional o art. 38 da Lei 6.830/1980, na parte em que exige o "depósito preparatório do valor do débito", como requisito para a propositura da "ação

15. "Se entende que o valor devido é menor, correto será pagar o que considera devido e depositar apenas o que entende ser indevido." (MACHADO, Hugo de Brito. Curso de Direito Tributário. 26ª edição. São Paulo: Malheiros, 2005, p. 194).

anulatória do ato declarativo da dívida". Há, no caso, uma ofensa ao art. 5º, XXXV, que veda ao legislador a exclusão da apreciação do Poder Judiciário de lesão ou ameaça a direito.

Não se exige uma ação específica para a admissão do depósito judicial, podendo ser realizado nos autos de ação ordinária, mandado de segurança ou execução fiscal. Qualquer que seja a espécie de ação veiculada pelo contribuinte, o depósito terá os mesmos efeitos: suspender a exigibilidade do crédito tributário e **cessar a responsabilidade pela atualização monetária e juros de mora**. Esses últimos efeitos, previstos expressamente em relação à execução fiscal por força do art. 9º, § 4º da Lei 6.830/1980[16], são aplicáveis em relação a todas as ações judiciais que se prestem a questionar uma dívida tributária. Mesmo que o depósito seja vinculado a um processo administrativo, também não há que se falar em fluência dos juros de mora, como se vê da **súmula vinculante 5 do CARF:**

> São devidos juros de mora sobre o crédito tributário não integralmente pago no vencimento, ainda que suspensa sua exigibilidade, salvo quando existir depósito no montante integral.[17]

Uma vez que os efeitos do depósito (suspensão da exigibilidade e cessação da responsabilidade pela atualização monetária e juros de mora) são específicos e decorrem de lei, não se pode equiparar outras figuras ao depósito judicial. Nessa linha, o STJ decidiu em **repetitivo** que a "fiança bancária não é equiparável ao depósito integral do débito exequendo para fins de suspensão da exigibilidade do crédito tributário" (REsp 1.156.668, j. 24.11.2010). Por isso, o depósito já realizado não pode ser substituído por fiança bancária ou seguro-garantia sem a anuência da Fazenda Pública.

Apesar de ser realizado judicialmente, esse depósito não depende de uma discussão de mérito para sua aceitação. A jurisprudência tem adotado o entendimento de que o depósito configura direito do contribuinte, não sendo possível indeferir o pedido de depósito ou negar a suspensão da exigibilidade se não houver pedido expresso nesse sentido (REsp 715.898, j. 21.06.2007). Isso não impede, contudo, que o juiz intime o representante do fisco para que seja atestada a suficiência do depósito em relação à dívida questionada.

O entendimento de o depósito judicial ser entendido como um direito do contribuinte é mitigado por outra orientação jurisprudencial do STJ (EREsp 227.835, j. 09.11.2005), segundo a qual:

> O direito - ou faculdade - atribuído ao contribuinte, de efetuar o depósito judicial do valor do tributo questionado, não importa o direito e nem a faculdade de, a seu critério, retirar a garantia dada, notadamente porque, suspendendo a exigibilidade do crédito tributário, ela operou, contra o réu, os efeitos próprios de impedi-lo de tomar qualquer providência no sentido de cobrar o tributo ou mesmo de, por outra forma, garanti-lo.

Interessante ainda destacar a distinção feita pelo STJ entre depósito judicial para fins de pagamento e depósito para fins de garantia, pois apenas o último é o que suspende a

16. "Somente o depósito em dinheiro, na forma do artigo 32, faz cessar a responsabilidade pela atualização monetária e juros de mora.".

17. Conforme ementa do Acórdão 301-31486 (j. 19.10.2004) da Primeira Câmara do Terceiro Conselho de Contribuintes: "A fluência dos juros de mora só é interrompida se a impugnação for acompanhada do depósito integral do crédito tributário constatado.". A "impugnação" mencionada é a apresentada no processo administrativo fiscal.

exigibilidade do crédito tributário, já que o primeiro tem como finalidade a simples extinção da dívida. Segundo a jurisprudência desse tribunal, "o depósito realizado no Poder Judiciário pode ser feito em caráter preparatório do pagamento ("depósito-pagamento") ou como instrumento de garantia da quitação ao final da demanda ("depósito-garantia")" (REsp 1.709.469, j. 07.12.2017).

No caso do chamado "depósito-garantia", destinado a suspender a exigibilidade do crédito tributário e viabilizar a discussão judicial da dívida sem que o contribuinte sofra medidas constritivas, seu destino estará vinculado ao resultado da ação judicial. Sendo vencedor o contribuinte, o crédito tributário questionado será extinto e o depósito será levantado pelo depositante. Sendo o resultado desfavorável ao contribuinte, o depósito será transformado em pagamento definitivo[18]. É possível ainda que a ação seja julgada parcialmente procedente, caso em que o depósito será levantado parcialmente, em relação à parcela do crédito considerada indevida, enquanto a outra parcela será transformada em pagamento.

Se a ação judicial em que foi realizado o depósito for extinta sem resolução do mérito, o STJ fixou orientação no sentido de que essa hipótese conduz à conversão em renda a favor da Fazenda Pública (EREsp 548.224, j. 28.11.2007). Seguindo a linha de raciocínio do STJ, "as causas de extinção do processo sem julgamento do mérito são invariavelmente imputáveis ao autor da ação, nunca ao réu"; por isso, não se pode admitir que o autor levante o depósito judicial, sob pena de lhe conferir o comando do destino da garantia que ofereceu. Essa conclusão é afastada apenas nos casos em que a extinção do processo decorre da circunstância de não ser a pessoa de direito público parte na relação de direito material questionada (EREsp 227.835, j. 09.11.2005).

Por fim, relembre-se o que já dito no capítulo sobre o crédito tributário quanto à sua constituição mediante o depósito judicial, nos casos de tributos sujeitos a lançamento por homologação. No caso de depósito judicial de tributo que se discute em juízo, não há necessidade de atuação da administração tributária para a constituição do crédito tributário (STJ, EREsp 671.773, j. 23.06.2010), pois tal constituição ocorre pelo contribuinte, que apura os elementos da obrigação tributária e deposita o valor devido. Há, portanto, uma equiparação do depósito ao "lançamento por homologação". Essa constituição do crédito tributário por depósito judicial impede a ocorrência da decadência, uma vez que o lançamento pela autoridade reputa-se dispensado. A inércia do fisco acarreta, apenas, a homologação tácita da atividade de apuração realizada pelo sujeito passivo (STJ, EREsp 686.479, j. 27.08.2008).

2.3 Reclamações e recursos administrativos

Nos casos em que o crédito tributário é objeto de lançamento pela autoridade administrativa, o contribuinte tem a possibilidade de se insurgir contra a dívida tributária que lhe é atribuída. Tal possibilidade de insurgência decorre da Constituição, que prevê em

18. Lei 6.830/80, art. 32, § 2º: "Após o trânsito em julgado da decisão, o depósito, monetariamente atualizado, será devolvido ao depositante ou entregue à Fazenda Pública, mediante ordem do Juízo competente".

seu art. 5º, XXXIV, "a", o direito de petição aos Poderes Públicos em defesa de direitos ou contra ilegalidade ou abuso de poder. Além disso, os incisos LIV e LV do mesmo art. 5º consagram o devido processo legal e o contraditório e a ampla defesa nos processos administrativos.

Justamente por conta desses direitos fundamentais previstos expressamente na Constituição, não se pode condicionar a apresentação de reclamação ou recurso administrativo a depósito ou arrolamento de bens. Assim é que a **súmula vinculante 21 do STF** dispõe ser "inconstitucional a exigência de depósito ou arrolamento prévios de dinheiro ou bens para admissibilidade de recurso administrativo". Não se veda, todavia, o pagamento de taxas e custas processuais para admissibilidade de recurso administrativo, as quais não se confundem com a exigência de depósito e arrolamento de bens (STF, Rcl 36.581, rel. min. Ricardo Lewandowski, dec. monocrática, j. 30.08.2019).

O CTN utiliza os termos "reclamações e recursos administrativos" no seu art. 151, III, o que abrange as impugnações apresentadas em face das notificações de lançamento (primeiro grau) e os recursos apresentados contra o julgamento dessas reclamações (segundo grau)[19].

Também se enquadra no art. 151, III do CTN a submissão do litígio à composição extrajudicial pela Advocacia-Geral da União, no caso de determinação e exigência de créditos tributários da União cujo sujeito passivo seja órgão ou entidade de direito público da administração pública federal, conforme determina o art. 14-A do Decreto 70.235/1972, que regula o processo administrativo fiscal no âmbito federal.

É preciso se tomar cuidado, todavia, para o fato de que nem todas as manifestações na esfera administrativa se enquadram no inciso III do art. 151 do CTN. Nessa linha, o STJ possui decisões no sentido de que o simples pedido de revisão que não se qualifica como recurso ou reclamação administrativa, e por isso não suspende a exigibilidade do crédito tributário (AgRg no AREsp 7.925, 28.06.2011). Ainda de acordo com o STJ, o requerimento de revisão de débito efetuado pelo contribuinte à Procuradoria-Geral da Fazenda Nacional – PGFN é mera informação a respaldar o exame de legalidade feito pelo Procurador da Fazenda Nacional quando da inscrição em dívida ativa, não ensejando a suspensão da exigibilidade do crédito tributário nos moldes do art. 151, do CTN (REsp 1.341.088, j. 19.05.2015).

Em outro julgado, o STJ decidiu que o "pedido de revisão fundado em alegação de pagamento integral anterior à inscrição" (previsto no art. 13 da Lei 11.051/2004), apesar de ter o poder de suspender a exigibilidade do crédito, seria equiparado, pela Lei 11.051/2004 às hipóteses de suspensão da exigibilidade para efeito de expedição de certidão de regularidade (REsp 1.122.959, j. 09.08.2010). Essa associação da certidão de regularidade fiscal à suspensão da exigibilidade, contudo, não é precisa, uma vez que é perfeitamente possível a emissão de certidão de regularidade sem a presença de causa suspensiva da exigibilidade.

19. "As impugnações, na esfera administrativa, a teor do CTN, podem ocorrer na forma de reclamações (defesa em primeiro grau) e de recursos (reapreciação em segundo grau) e, uma vez apresentadas pelo contribuinte, têm o condão de impedir o pagamento do valor até que se resolva a questão em torno da extinção do crédito tributário em razão da compensação." (STJ, EREsp 850.332, j. 28.05.2008).

Desse modo, a Lei 11.051/2004, ao prever a emissão de certidão de regularidade pela apresentação do pedido de revisão fundado em alegação de pagamento integral anterior à inscrição, não poderia adicionar uma nova modalidade de manifestação administrativa, não classificada como reclamação ou recurso no art. 151, III do CTN, de forma a alargar as causas de suspensão da exigibilidade.

A linha restritiva do sentido da expressão "reclamações e recursos administrativos", de qualquer modo, é a que prevalece, como se pode ver da decisão do STJ na qual se concluiu que a reclamação administrativa interposta contra ato de exclusão do contribuinte do parcelamento não é capaz de suspender a exigibilidade do crédito tributário, sendo inaplicável o disposto no art. 151, inciso III, do CTN, pois as reclamações e recursos previstos no referido artigo são aqueles que discutem o próprio lançamento, ou seja, a exigibilidade do crédito tributário (REsp 1.372.368, j. 05.05.2015). Nesse sentido (STJ, REsp 1.149.115, j. 23.03.2010 – grifos adicionados):

> (...) **a manifestação administrativa do contribuinte suscitando a compensação tributária equivale a verdadeira desconformidade quanto à arrecadação do tributo, abrindo o processo administrativo fiscal de que trata o art. 151, III, do CTN**. Esse é o espírito legislativo do referido inciso. (...) O que está fazendo o STJ é tão-somente interpretar o real sentido do art. 151, III, do CTN, que sugere a suspensão da exigibilidade do tributo quando existente uma **impugnação do contribuinte à cobrança do tributo**, qualquer que seja esta (...)

As "reclamações e recursos administrativos", portanto, significam as manifestações contra o lançamento (impugnação ou manifestação de inconformidade), bem como os recursos contrários às decisões que resultam na manutenção total ou parcial do ato impugnado. Exemplo que pode ser citado é a manifestação de inconformidade quanto à não homologação da compensação realizada em declaração do sujeito passivo (art. 74, § 11 da Lei 9.430/1996).

Vale dizer, a esse respeito, que o lançamento de tributo não representa exigibilidade, a qual surge apenas com o transcurso do prazo para pagamento fixado na notificação do lançamento, sem que este tenha sido impugnado pelo sujeito passivo. Caso a impugnação seja julgada improcedente, ainda assim será possível a interposição do recurso administrativo, sem que se fale em exigibilidade durante esse trâmite. Por essa razão, a apresentação de impugnação (ou "reclamação") administrativa, dentro do respectivo prazo, "impede" o próprio surgimento da exigibilidade do crédito tributário[20].

A jurisprudência do **STJ** consolidou essa orientação na **súmula 622**, segundo a qual o exaurimento da instância administrativa só ocorre com o decurso do prazo para a impugnação ou com a notificação de seu julgamento definitivo e esgotado o prazo concedido pela administração para o pagamento voluntário:

20. "Com efeito, melhor seria dizer que as reclamações e os recursos impedem que o crédito se torne exigível, pois na verdade exigível ainda não é ele no momento da interposição, quer da reclamação, quer do recurso, pois só com a constituição definitiva o crédito se torna exigível." (MACHADO, Hugo de Brito. Curso de Direito Tributário. 26ª edição. ed. São Paulo: Malheiros, 2005, p. 198).

> Súmula 622: A notificação do auto de infração faz cessar a contagem da decadência para a constituição do crédito tributário; exaurida a instância administrativa com o decurso do prazo para a impugnação ou com a notificação de seu julgamento definitivo e esgotado o prazo concedido pela administração para o pagamento voluntário, inicia-se o prazo prescricional para a cobrança judicial.

Desse modo, a exigibilidade do crédito tributário só surge após o exaurimento da esfera administrativa, seja com o decurso, *in albis*, do prazo para a impugnação, seja com o encerramento do processo administrativo e a notificação para pagamento da eventual dívida remanescente. Para provas de concursos públicos, contudo, não deve ser considerada errada a associação das reclamações e recursos administrativos à expressão "suspensão da exigibilidade", até mesmo por conta da literalidade do art. 151 do CTN.

2.4 Concessão de medida liminar em mandado de segurança e concessão de medida liminar ou de tutela antecipada, em outras espécies de ação judicial

O art. 151 do CTN prevê a concessão de medida liminar em mandado de segurança em seu inciso IV, desde sua redação original quando de sua edição. Já a previsão da hipótese "concessão de medida liminar ou de tutela antecipada, em outras espécies de ação judicial" surgiu com o acréscimo do inciso V ao art. 151 pela Lei Complementar 104/2001.

Antes dessa alteração, havia duas correntes a respeito da possibilidade de se suspender a exigibilidade do crédito tributário por decisão judicial em outras ações que não fossem o mandado de segurança.

Uma primeira linha de pensamento defendia que não fazia sentido que apenas a decisão judicial em sede de mandado de segurança tivesse o efeito de suspender a exigibilidade do crédito tributário. Não haveria, assim, uma hierarquia entre as decisões judiciais conforme a espécie de ação, de modo que qualquer ação que comporte a discussão de um crédito tributário poderia ensejar uma decisão judicial que importe a suspensão da exigibilidade. Além disso, não se poderia anular o poder geral de cautela ínsito ao Poder Judiciário apenas por conta da modalidade de ação eleita pelo contribuinte.

Outra corrente defendia que as hipóteses de suspensão da exigibilidade do crédito tributário devem ser interpretadas estritamente, por conta da disposição constante do art. 141 do CTN[21], que determinaria um rol taxativo para as hipóteses previstas no art. 151.

A jurisprudência do STJ se firmou no sentido de que **mesmo antes da Lei Complementar 104/2001 era possível o cabimento de liminar em ação cautelar para suspender a exigibilidade do crédito tributário**, sem que houvesse ofensa ao art. 151 do CTN (REsp 261.902, j. 06.12.2005; REsp 301.939, j. 27.09.2005; REsp 116.426, j. 21.10.2004; REsp 218.640, j. 17.06.2004; REsp 328.209, j. 07.10.2003). Em outras palavras, o "advento da Lei Complementar n. 104/01, portanto, apenas ratificou o entendimento já adotado pela

21. "**O crédito tributário** regularmente constituído somente se modifica ou extingue, ou **tem sua exigibilidade suspensa** ou excluída, **nos casos previstos nesta Lei**, fora dos quais não podem ser dispensadas, sob pena de responsabilidade funcional na forma da lei, a sua efetivação ou as respectivas garantias.". (grifo adicionado).

doutrina e pela jurisprudência pátrias, que se afastavam da tese restritiva" (STJ, REsp 260.229, j. 02.03.2004).

Especificamente em relação ao mandado de segurança, a Constituição prevê em seu art. 5º, LXIX, que "conceder-se-á mandado de segurança para proteger direito líquido e certo (...) quando o responsável pela ilegalidade ou abuso de poder for autoridade pública ou agente de pessoa jurídica no exercício de atribuições do Poder Público". Apesar da relevância dessa ação na defesa de direitos individuais, não é a sua mera propositura que suspende a exigibilidade do crédito tributário, sendo necessário que haja decisão judicial para tanto.

Do mesmo modo, nas outras ações (declaratória, anulatória etc.), é imprescindível que se verifique uma decisão judicial que determine a suspensão da exigibilidade, não se podendo obter esse efeito com a mera propositura da ação pelo autor.

Conforme a jurisprudência do STJ, em orientação que se aplica a qualquer modalidade de ação, não é a mera existência de discussão judicial sobre o crédito tributário que suspende a sua exigibilidade, mas a existência de medida liminar, durante o tempo de sua duração, ou a concessão da ordem, a inibir a adoção de qualquer medida visando à satisfação do crédito por parte da Fazenda Nacional (EAREsp 407.940, j. 10.05.2017).

Tanto no mandado de segurança quanto nas demais ações, é possível que a decisão judicial em sede liminar determinando a suspensão da exigibilidade ocorra antes mesmo da constituição definitiva do crédito tributário, ou seja, antes do início da exigibilidade. Por essa razão, a decisão liminar nessa situação irá impedir a exigibilidade, pois não se pode suspender o que ainda não está em curso.

Essa antecipação da medida judicial ganha ainda maior relevância no mandado de segurança, diante da orientação jurisprudencial segundo a qual não cabe mandado de segurança contra lei em tese (**súmula 266 do STF**). Sendo mais preciso, contra lei em tese também não são cabíveis as demais ações, ressalvando-se as de controle de constitucionalidade no STF. Nesse sentido ensina Hugo de Brito Machado, citado pelo STJ no REsp 957.469:

> Diz-se que a impetração é dirigida contra lei em tese precisamente porque, inocorrente o suporte fático da lei questionada, esta ainda não incidiu, e por isto mesmo não se pode falar em direito, no sentido do direito subjetivo, sabido que este resulta de incidência da lei. Aliás, contra a lei em tese descabe não apenas o mandado de segurança, mas toda e qualquer ação, salvo, é claro, a direta de controle de constitucionalidade, perante o Supremo Tribunal Federal. Inexiste prestação jurisdicional contra lei que não incidiu, pois a atividade jurisdicional caracteriza-se, exatamente, por desenvolver-se em face de casos concretos.

Percebe-se com isso que o mandado de segurança pode ter natureza preventiva, notadamente quando anterior a um ato de constituição do crédito tributário, sem que se configure a vedação ao mandado de segurança contra lei em tese. Como já distinguiu o STJ, o mandado de segurança preventivo não se confunde com o mandado de segurança contra lei em tese. No primeiro, constata-se a incidência da norma jurídica diante da ocorrência de seu suporte fático, havendo uma ameaça a direito líquido e certo por ato coator iminente. Já no mandado de segurança contra lei em tese, "a situação de fato, que enseja a incidência da norma jurídica, ainda não restou configurada" (REsp 957.469, j. 06.11.2008).

Seja qual for a ação em que houver decisão judicial suspendendo a exigibilidade do crédito tributário, será possível (e necessário) que o fisco realize o lançamento destinado a prevenir a decadência. Isso porque a constituição do crédito tributário não é uma forma de exigência, não sendo, portanto, impedido de ser realizado pela decisão que determina apenas a suspensão da exigibilidade. A realização do lançamento, nesse caso, será importante para impedir a decadência do crédito tributário cuja exigibilidade foi suspensa, uma vez que o prazo decadencial não restará suspenso ou interrompido. Esse lançamento realizado enquanto vigente essas causas de suspensão da exigibilidade não devem conter a multa de ofício (multa pelo não pagamento), uma vez enquanto vigente a decisão suspensiva não há que se falar em inadimplência. Esse entendimento encontra-se inclusive expresso no art. 63, *caput*, da Lei 9.430/1996, bem como consolidado da **súmula vinculante 17 do CARF**:

> Lei 9.430/1996, art. 63: Na constituição de crédito tributário destinada a prevenir a decadência, relativo a tributo de competência da União, cuja exigibilidade houver sido suspensa na forma dos **incisos IV e V do art. 151** da Lei nº 5.172, de 25 de outubro de 1966, **não caberá lançamento de multa de ofício**. (grifos adicionados).
>
> Súmula vinculante 17 do CARF: Não cabe a exigência de multa de ofício nos lançamentos efetuados para prevenir a decadência, quando a exigibilidade estiver suspensa na forma dos incisos IV ou V do art. 151 do CTN e a suspensão do débito tenha ocorrido antes do início de qualquer procedimento de ofício a ele relativo.

Diversamente, será exigível multa de ofício se, ao tempo da lavratura do auto de infração, a decisão judicial que suspendia a exigibilidade do crédito tributário já não produzia mais seus efeitos[22].

Por fim, destaque-se a possibilidade de a medida judicial liminar ser revogada, cassada ou suspensa. Nesse caso, o crédito tributário volta a ser exigível ou desaparece o impedimento ao surgimento da exigibilidade. Em quaisquer dessas situações, o STJ já decidiu que nada impede à Fazenda obter a satisfação do crédito tributário, retomando-se o curso do prazo prescricional, se não houver outra causa de suspensão da exigibilidade prevista no art. 151 do CTN (ERESP 449.679, j. 13.12.2010). Não há, portanto, necessidade de se esperar o trânsito em julgado para que se retorne à situação de exigibilidade do crédito tributário se a medida liminar perder validade (EAREsp 407.940, j. 10.05.2017).

2.5 Parcelamento

O parcelamento foi incluído dentre as hipóteses de suspensão da exigibilidade do art. 151 do CTN pela Lei Complementar 104/2001. Antes dessa alteração, a doutrina já admitia o parcelamento como causa suspensiva da exigibilidade, considerando-o como uma modalidade de moratória. A peculiaridade do parcelamento em relação à moratória reside no fracionamento do pagamento em parcelas.

22. **Súmula vinculante 50 do CARF**: É cabível a exigência de multa de ofício se a decisão judicial que suspendia a exigibilidade do crédito tributário perdeu os efeitos antes da lavratura do auto de infração.

Sob a perspectiva das semelhanças que os institutos apresentam entre si, a jurisprudência do STJ trata o parcelamento como uma espécie de moratória (REsp 833.350, j. 20.06.2006; REsp 1.012.866, j. 25.03.2008; AgRg no REsp 572.703, j. 05.02.2004). A Lei Complementar 104/2001, ao acrescentar o parcelamento no rol do art. 151 do CTN, também introduziu o art. 155-A ao Código, o qual dispõe, em seu § 2º, que as disposições do CTN relativamente à moratória aplicam-se subsidiariamente ao parcelamento.

Coube ao art. 155-A, portanto, a função de trazer as normas gerais do parcelamento tributário, o qual é concedido na forma e condição estabelecidas em lei específica. De acordo com o STF, ao exigir uma especificação mínima em sede legal das condições e requisitos da outorga do parcelamento em favor do contribuinte, o CTN estaria vedando a edição de leis de parcelamento tributário com alto grau de indeterminação. Dessa maneira, não se poderia delegar ao ato infralegal do Poder Executivo a definição de elementos como o prazo de duração da medida, com indicação do número de prestações, com seus vencimentos, e as garantias que o contribuinte deva oferecer (STF, ADI 2.304, j. 12.04.2018).

Ainda sobre o regramento geral do art. 155-A do CTN, destaca-se o § 1º, que traz uma importante diferença entre o parcelamento e a moratória. Segundo referido dispositivo, o parcelamento do crédito tributário não exclui a incidência de juros e multas, ressalvando-se a possibilidade de disposição legal em contrário. Já na moratória, a regra geral é a inexigibilidade de juros de mora ou penalidades, salvo nos casos em que se apure que o beneficiado não satisfazia ou deixou de satisfazer as condições ou não cumprira ou deixou de cumprir os requisitos para a concessão do favor, sendo que a penalidade será aplicada a depender da configuração ou não de dolo ou simulação (art. 155).

Essa regra geral de incidência de juros e multas no parcelamento costuma ainda ser apontada como uma medida do legislador para dirimir a controvérsia sobre a aplicação da denúncia espontânea aos casos de pagamento parcelado da dívida. Isso porque discutia-se sobre a possibilidade de a denúncia espontânea ser aplicável aos casos de pagamento da dívida tributária em parcelas. Como a denúncia espontânea tem como principal efeito a exclusão da responsabilidade por infrações, é possível dizer que o art. 155-A, § 1º, ao prever que o parcelamento não exclui a incidência de multas, afastou o pagamento em parcelas do conceito de "pagamento do tributo devido" previsto no art. 138 do CTN como excludente da responsabilidade por infrações (multas). O STJ adotou a mesma orientação, tendo fixado em sede de **repetitivo** que a denúncia espontânea (art. 138 do CTN) não se aplica nos casos de parcelamento de débito tributário (REsp 1.102.577, j. 22.04.2009).

Apesar da regra geral prevista no art. 155-A, § 1º do CTN determinar que o parcelamento não exclui a incidência de juros e multas, é preciso destacar que a possibilidade de ressalva legal em sentido contrário admitida pelo mesmo dispositivo é frequentemente utilizadas pelas leis específicas que instituem os parcelamentos.

Como exemplo, é possível citar o art. 1º, § 3º da Lei 11.941/2009, que prevê a redução das multas de mora e de ofício, bem como a redução dos juros de mora, a depender da quantidade de parcelas, no que tange aos débitos administrados pela Secretaria da Receita Federal do Brasil e aos débitos para com a Procuradoria-Geral da Fazenda Nacional. Da mesma forma, a Lei 9.964/2000, que instituiu o Programa de Recuperação Fiscal (Refis) para tributos administrados pela Receita Federal, previu uma redução de multa de ofício em seu art. 2º, § 9º. Pode-se mencionar, também, a Lei 10.684/2003, que concedeu um parcelamento de débitos junto à Secretaria da Receita Federal e à Procuradoria-Geral da Fazenda Nacional, reduzindo as multas de mora e de ofício em cinquenta por cento (art. 1º, § 7º). Por fim, o art. 65 da Lei 12.249/2010 tratou do parcelamento de débitos administrados pelas autarquias e fundações públicas federais e os débitos de qualquer natureza, **tributários ou não tributários**, com a Procuradoria-Geral Federal. Esse diploma legislativo, por sua vez, trouxe um escalonamento da redução das multas de mora, de ofício e isoladas, bem como da redução dos juros de mora, a depender da quantidade de parcelas, como se pode ver no art. 65, § 3º.

Resumindo, a regra geral de ausência de exclusão da incidência de juros e multas pela concessão de parcelamento pode ser excepcionada por disposição legal em contrário, expediente esse utilizado com frequência pelo legislador federal, como se pode ver das Leis 11.941/2009, 9.964/2000, 10.684/2003 e 12.249/2010.

Seguindo a análise do art. 155-A do CTN, necessário se faz comentar a inclusão dos §§ 3º e 4º pela Lei Complementar 118/2005, que teve como um de seus objetivos adaptar o CTN à lei de Falência e Recuperação de Empresas editada em 2005 (Lei 11.101/2005).

Assim é que o Código passou a prever a necessidade de uma lei específica que disponha sobre as condições de parcelamento dos créditos tributários do devedor em recuperação judicial (art. 155-A, § 3º). **Alinhado a essa disposição, o art. 6º, § 7º-B da Lei 11.101/2005 dispõe que a decretação da falência ou o deferimento do processamento da recuperação judicial não implica suspensão das execuções fiscais, admitida, todavia, a competência do juízo da recuperação judicial para determinar a substituição dos atos de constrição que recaiam sobre bens de capital essenciais à manutenção da atividade empresarial até o encerramento da recuperação judicial.** O art. 68 da Lei 11.101/2005 dispõe ainda que as Fazendas Públicas e o INSS poderão deferir, nos termos da legislação específica, parcelamento de seus créditos, em sede de recuperação judicial, de acordo com os parâmetros estabelecidos no CTN.

A Lei Complementar 118/2005 se preocupou ainda em definir a norma aplicável na inexistência da lei específica sobre o parcelamento para devedor em recuperação judicial, introduzindo o § 4º ao art. 155-A do CTN. Segundo esse dispositivo, a ausência de lei específica importa na aplicação das leis gerais de parcelamento do ente da Federação ao devedor em recuperação judicial. Essa disposição não possui grande relevância, pois não se poderia admitir que a inexistência de lei específica do parcelamento para casos de recuperação judicial afetaria a possibilidade de o devedor nessa situação aderir ao parcelamento "genérico". Sendo assim, caso o ente não edite a lei específica, não há impedimento algum para que o devedor em recuperação judicial manifeste sua opção pelo parcelamento aplicável aos demais devedores.

A norma geral do § 4º do art. 155-A traz, contudo, uma regra de maior utilidade em sua parte final, ao dispor que o prazo de parcelamento da lei geral do ente da Federação não pode ser inferior ao concedido pela lei federal específica. Só a partir da Lei federal 13.043/2014, que incluiu o art. 10-A à Lei 10.522/2002, passou a existir a "lei federal específica" que prevê o parcelamento a ser concedido de modo especial para os devedores em recuperação judicial. De acordo com o *caput* do art. 10-A da Lei 10.522/2002, o empresário ou a sociedade empresária que pleitear ou tiver deferido o processamento da recuperação judicial, nos termos da Lei 11.101/2005, poderiam parcelar seus débitos com a Fazenda Nacional, em 84 parcelas mensais e consecutivas. Esse parcelamento aplica-se à totalidade dos débitos do empresário ou da sociedade empresária constituídos ou não, inscritos ou não em Dívida Ativa da União (art. 10-A, § 1º da Lei 10.522/2002).

A Lei 14.112/2020 alterou a redação do art. 10-A da Lei 10.522/2002, incluindo novos detalhes ao parcelamento do empresário com recuperação judicial.

Cumpre destacar ainda o entendimento do STJ segundo o qual o "parcelamento de ofício da dívida tributária não configura causa interruptiva da contagem da prescrição, uma vez que o contribuinte não anuiu" (REsp 1.658.517, **repetitivo**, j. 14.11.2008). De acordo com esse julgamento, a concessão de pagamento parcelado por liberalidade do Fisco, independentemente de anuência prévia do contribuinte, não configura hipótese de suspensão da exigibilidade do crédito tributário, e consequentemente não há que se falar em interrupção da prescrição. Para que se caracterize as hipóteses suspensão da exigibilidade da moratória ou do parcelamento, é necessário que haja manifestação da vontade do contribuinte.

Não basta, contudo, a mera apresentação de requerimento de parcelamento para que se configurem os efeitos suspensivos da exigibilidade, já que o parcelamento tributário é negócio jurídico bilateral[23]. Conforme entendimento do STJ em sede de **repetitivo** (REsp 957.509, j. 09.08.2010), a produção de tais efeitos condiciona-se à homologação expressa ou tácita do pedido formulado pelo contribuinte junto ao Fisco.

3. QUADRO SINÓTICO

SUSPENSÃO DA EXIGIBILIDADE DO CRÉDITO TRIBUTÁRIO E SEUS EFEITOS

» o crédito tributário não se suspende. A suspensão ocorre sobre a exigibilidade do crédito, apesar de ser frequente a utilização da expressão "suspensão do crédito tributário", que peca pela falta de técnica. 1

O ROL DAS CAUSAS DE SUSPENSÃO DA EXIGIBILIDADE E SUA TAXATIVIDADE

» as causas de suspensão da exigibilidade do crédito tributário estão previstas no art. 151 do CTN:

> Art. 151. Suspendem a exigibilidade do crédito tributário:
> I - moratória;
> II - o depósito do seu montante integral;
> III - as reclamações e os recursos, nos termos das leis reguladoras do processo tributário administrativo; 2
> IV - a concessão de medida liminar em mandado de segurança.
> V – a concessão de medida liminar ou de tutela antecipada, em outras espécies de ação judicial;
> VI – o parcelamento.

23. "O parcelamento de débito tributário é negócio jurídico bilateral, cujos efeitos estão condicionados ao preenchimento dos requisitos da lei, não se encontrando perfeito e acabado, apto a produzir efeitos com a simples manifestação da vontade de uma das partes em solicitar adesão ao programa." (STJ, AgInt no AREsp 627812, j. 12.08.2019).

Parágrafo único. O disposto neste artigo não dispensa o cumprimento das obrigações assessórios dependentes da obrigação principal cujo crédito seja suspenso, ou dela conseqüentes.

» o entendimento que prevalece na doutrina e na jurisprudência é o de que esse rol do art. 151 é **taxativo**.

Moratória	» a moratória representa uma dilação do prazo de pagamento para a dívida. » **na mesma lei que se instituir a moratória deve também ser fixado o prazo do benefício da dilação** (art. 153, I). » o parágrafo único do art. 154 traz norma que privilegia a boa-fé, ao enunciar que a moratória não aproveita aos casos de dolo, fraude ou simulação do sujeito passivo ou do terceiro em benefício daquele.	2.1
Moratória em caráter geral	» a moratória em caráter geral beneficia um grupo de pessoas definido na lei, não havendo necessidade de concessão da dilação de prazo a cada contribuinte de modo específico e individual.	2.1.1
2.1.2 Moratória em caráter individual	» a moratória individual é aquela que depende de despacho da autoridade administrativa. Esse é o traço que distingue a moratória em geral ou individual.	2.1.2
Depósito judicial do montante integral	» apesar de o código falar em "montante integral do crédito tributário", nada impede que o sujeito passivo deposite apenas a parte que entende indevida[24]. » **súmula 112 do STJ**: "O depósito somente suspende a exigibilidade do crédito tributário se for integral e em dinheiro". » súmula vinculante 28 do STF: "É inconstitucional a exigência de depósito prévio como requisito de admissibilidade de ação judicial na qual se pretenda discutir a exigibilidade de crédito tributário.".	2.2
Reclamações e recursos administrativos	» súmula vinculante 21 do STF: "É inconstitucional a exigência de depósito ou arrolamento prévios de dinheiro ou bens para admissibilidade de recurso administrativo". » a linha restritiva do sentido da expressão "reclamações e recursos administrativos", de qualquer modo, é a que prevalece, como se pode ver da decisão do STJ na qual se concluiu que a reclamação administrativa interposta contra ato de exclusão do contribuinte do parcelamento não é capaz de suspender a exigibilidade do crédito tributário, sendo inaplicável o disposto no art. 151, inciso III, do CTN, pois as reclamações e recursos previstos no referido artigo são aqueles que discutem o próprio lançamento, ou seja, a exigibilidade do crédito tributário (REsp 1.372.368, j. 05.05.2015). Nesse sentido (STJ, REsp 1.149.115, j. 23.03.2010 - grifos adicionados).:	2.3

24. "Se entende que o valor devido é menor, correto será pagar o que considera devido e depositar apenas o que entende ser indevido." (MACHADO, Hugo de Brito. Curso de Direito Tributário. 26ª edição. São Paulo: Malheiros, 2005, p. 194).

	(...) **a manifestação administrativa do contribuinte suscitando a compensação tributária equivale a verdadeira desconformi dade quanto à arrecadação do tributo, abrindo o processo administrativo fiscal de que trata o art. 151, III, do CTN.** Esse é o espírito legislativo do referido inciso. (...) O que está fazendo o STJ é tão-somente interpretar o real sentido do art. 151, III, do CTN, que sugere a suspensão da exigibilidade do tributo quando existente uma **impugnação do contribuinte à cobrança do tributo**, qualquer que seja esta (...) » as "reclamações e recursos administrativos", portanto, significam as manifestações contra o lançamento (impugnação ou manifestação de inconformidade), bem como os recursos contrários às decisões que resultam na manutenção total ou parcial do ato impugnado. » súmula 622 do STJ: "A notificação do auto de infração faz cessar a contagem da decadência para a constituição do crédito tributário; exaurida a instância administrativa com o decurso do prazo para a impugnação ou com a notificação de seu julgamento definitivo e esgotado o prazo concedido pela administração para o pagamento voluntário, inicia-se o prazo prescricional para a cobrança judicial.".	
Concessão de medida liminar em mandado de segurança e concessão de medida liminar ou de tutela antecipada, em outras espécies de ação judicial	» o art. 151 do CTN prevê a concessão de medida liminar em mandado de segurança em seu inciso IV, desde sua redação original quando de sua edição. Já a previsão da hipótese "concessão de medida liminar ou de tutela antecipada, em outras espécies de ação judicial" surgiu com o acréscimo do inciso V ao art. 151 pela Lei Complementar 104/2001. » súmula 266 do STF: "Não cabe mandado de segurança contra lei em tese" » súmula vinculante 17 do CARF: "Não cabe a exigência de multa de ofício nos lançamentos efetuados para prevenir a decadência, quando a exigibilidade estiver suspensa na forma dos incisos IV ou V do art. 151 do CTN e a suspensão do débito tenha ocorrido antes do início de qualquer procedimento de ofício a ele relativo.". » Súmula vinculante 50 do CARF: "É cabível a exigência de multa de ofício se a decisão judicial que suspendia a exigibilidade do crédito tributário perdeu os efeitos antes da lavratura do auto de infração.".	2.4
Parcelamento	» o parcelamento foi incluído dentre as hipóteses de suspensão da exigibilidade do art. 151 do CTN pela Lei Complementar 104/2001. Antes dessa alteração, a doutrina já admitia o parcelamento como causa suspensiva da exigibilidade, considerando-o como uma modalidade de moratória. A peculiaridade do parcelamento em relação à moratória reside no fracionamento do pagamento em parcelas. » o STJ fixou em sede de **repetitivo** que a denúncia espontânea (art. 138 do CTN) não se aplica nos casos de parcelamento de débito tributário (REsp 1.102.577, j. 22.04.2009). » o "parcelamento de ofício da dívida tributária não configura causa interruptiva da contagem da prescrição, uma vez que	2.5

o contribuinte não anuiu" (REsp 1.658.517, **repetitivo**, j. 14.11.2008).

» não basta a mera apresentação de requerimento de parcelamento para que se configurem os efeitos suspensivos da exigibilidade, já que o parcelamento tributário é negócio jurídico bilateral. Conforme entendimento do STJ em sede de **repetitivo** (REsp 957.509, j. 09.08.2010), a produção de tais efeitos condiciona-se à homologação expressa ou tácita do pedido formulado pelo contribuinte junto ao Fisco.

4. SÚMULAS APLICÁVEIS

4.1 STF

súmula vinculante 28: "É inconstitucional a exigência de depósito prévio como requisito de admissibilidade de ação judicial na qual se pretenda discutir a exigibilidade de crédito tributário.".

266. "Não cabe mandado de segurança contra lei em tese.".

4.2 STJ

112. "O depósito somente suspende a exigibilidade do crédito tributário se for integral e em dinheiro".

622. "A notificação do auto de infração faz cessar a contagem da decadência para a constituição do crédito tributário; exaurida a instância administrativa com o decurso do prazo para a impugnação ou com a notificação de seu julgamento definitivo e esgotado o prazo concedido pela administração para o pagamento voluntário, inicia-se o prazo prescricional para a cobrança judicial.".

4.3 CARF

Súmula vinculante 5: São devidos juros de mora sobre o crédito tributário não integralmente pago no vencimento, ainda que suspensa sua exigibilidade, salvo quando existir depósito no montante integral.

Súmula vinculante 17: "Não cabe a exigência de multa de ofício nos lançamentos efetuados para prevenir a decadência, quando a exigibilidade estiver suspensa na forma dos incisos IV ou V do art. 151 do CTN e a suspensão do débito tenha ocorrido antes do início de qualquer procedimento de ofício a ele relativo.".

Súmula vinculante 50: "É cabível a exigência de multa de ofício se a decisão judicial que suspendia a exigibilidade do crédito tributário perdeu os efeitos antes da lavratura do auto de infração.".

5. QUESTÃO DE CONCURSO PÚBLICO

1. (FCC – Analista Legislativo – AL - AP/2020) **No que se refere às hipóteses de suspensão de exigibilidade e de extinção do crédito tributário, o Código Tributário Nacional estabelece que**

   Parte superior do formulário

   a) a consignação em pagamento julgada procedente suspende a exigibilidade do crédito tributário, enquanto as reclamações, nos termos das leis reguladoras do processo tributário administrativo, extinguem esse crédito tributário.

   b) a remissão suspende a exigibilidade do crédito tributário, enquanto a dação em pagamento em bens móveis ou imóveis extingue esse crédito tributário.

   c) o depósito administrativo ou judicial de mais de 50% do montante do crédito tributário suspende temporariamente sua exigibilidade, enquanto a conversão desse depósito em renda a suspende definitivamente.

   d) a concessão de medida liminar ou de tutela antecipada, em ação judicial que não seja de mandado de segurança, suspende a exigibilidade do crédito tributário, enquanto a concessão de medida liminar em mandado de segurança extingue o crédito tributário.

   e) o parcelamento suspende a exigibilidade do crédito tributário, enquanto a decisão administrativa favorável ao sujeito passivo, definitiva na órbita administrativa e que não mais possa ser objeto de ação anulatória, extingue esse crédito.

01
E

14

EXTINÇÃO DO CRÉDITO TRIBUTÁRIO

1. EXTINÇÃO DO CRÉDITO TRIBUTÁRIO, EXTINÇÃO DA OBRIGAÇÃO TRIBUTÁRIA SEM CRÉDITO TRIBUTÁRIO E DECLARAÇÃO DE INEXISTÊNCIA DE OBRIGAÇÃO E CRÉDITO

No capítulo que trata do crédito tributário, foi abordada a incoerência do CTN no que diz respeito à definição do crédito tributário. Foi mencionado que, a rigor, o crédito é um elemento da obrigação tributária. Contudo, o Código trata o crédito tributário como um "estágio" da obrigação tributária, em um momento no qual há maior determinação quanto aos aspectos essenciais da obrigação tributária. O crédito tributário, nessa visão do CTN, pode ser compreendido como uma formalização da obrigação tributária.

Por essa razão, é possível que a obrigação tributária seja extinta antes mesmo do surgimento do crédito tributário tal qual entendido pelo CTN (estágio de determinação e formalização da obrigação).

É o que se vê, por exemplo, na decadência, modalidade de extinção do "crédito tributário" arrolada pelo art. 156 em seu inciso V. Nessa hipótese, a extinção se opera sobre o próprio direito de constituir o crédito tributário, razão pela qual esse pode vir a não existir. Outra causa de extinção arrolada que se amolda a esse quadro é a remissão, que abrange dívidas constituídas (correspondentes à classificação de crédito tributário do Código) ou não[1]. Em suma, o CTN traz como hipóteses de extinção do "crédito tributário" alguns casos em que sequer há o crédito tal como visualizado pelo Código.

Além disso, é possível ainda que algumas situações arroladas no art. 156 do CTN digam respeito a hipóteses em que sequer existiu uma obrigação tributária, como ocorre com a decisão judicial transitada em julgado que declara a inexistência de relação jurídico-tributária por verificar que não ocorreu o fato gerador correspondente. O mesmo pode ser dito em relação à decisão administrativa irreformável, igualmente elencada como extinção do crédito tributário.

A dicotomia entre crédito e obrigação levada a cabo pelo CTN, todavia, tem utilidade prática quando se admite a possibilidade de extinção do crédito tributário formalizado sem

---

1. AMARO, Luciano. Direito Tributário Brasileiro. 11ª. edição. São Paulo: Saraiva, 2005, p. 386.

que se prejudique a obrigação tributária, o que pode ocorrer quando se constate, por decisão judicial ou administrativa, um vício de ordem formal na constituição do crédito. É sobre esta realidade que discorre o parágrafo único do art. 156 do CTN, ao falar em "extinção total ou parcial do crédito sobre a ulterior verificação da irregularidade da sua constituição". Essa extinção do crédito em razão da irregularidade de sua constituição corresponde justamente ao à extinção do crédito tributário enquanto estágio de formalização e determinação da obrigação tributária, sem que esta última seja afetada, permitindo-se assim uma nova constituição do crédito[2].

Caso se constate, em sede administrativa ou judicial, que o lançamento de imposto de renda foi lavrado por repartição da agente ou órgão da Receita Federal sem atribuição para tanto, o lançamento deve ser anulado, sem que reste prejudicada uma nova constituição, dentro do prazo decadencial. O mesmo ocorre se o lançamento foi efetuado em face de pessoa diversa do real sujeito passivo, que permanecerá sujeito a um novo lançamento da mesma obrigação tributária, enquanto não se operar a decadência.

De todo modo, o art. 156 do CTN revela mais uma impropriedade terminológica que evidencia as contradições na utilização da expressão "crédito tributário". A lista constante desse dispositivo possui hipóteses em que não houve formalização do crédito pelo lançamento ou declaração do contribuinte, sendo possível ainda a extinção do "crédito tributário" ainda que subsista a obrigação tributária.

Ainda, vale lembrar outra dubiedade do CTN em relação à extinção do crédito tributário. Conforme o art. 150, § 4º, a extinção do crédito nos tributos sujeitos a lançamento por homologação ocorre com a homologação ("considera-se homologado o lançamento e definitivamente extinto o crédito").

Ocorre que tais tributos são aqueles em que o contribuinte apura o montante devido e é obrigado ao pagamento antes de qualquer atuação da administração tributária. De forma questionável, o CTN ignora que o pagamento é causa de extinção do crédito tributário prevista expressamente no art. 156, I. Deixando o regramento ainda mais confuso, o inciso VII do art. 156 preceitua que extinguem o crédito tributário o pagamento antecipado e a homologação do lançamento.

Se a homologação é ato que opera sobre o pagamento do contribuinte, naturalmente anterior àquela, não se pode ter como causas de extinção do crédito o pagamento antecipado e a homologação, simultaneamente. Se é o pagamento que extingue o crédito tributário, não há mais nada a extinguir no momento da homologação.

2. Para a doutrina que rechaça a opção do CTN de tratar crédito e obrigação como categorias independentes, não seria possível a extinção do crédito sem a consequente extinção da obrigação: "(...) O crédito tributário é apenas um dos aspectos da relação jurídica obrigacional, mas sem ele inexiste o vínculo. (...) Subproduto da orientação assistemática que presidiu a concepção do legislador, nesse campo, está logo no parágrafo único do art. 156 (...) o dispositivo versa o problema de anulação do lançamento e dos efeitos que isso provoca no que tange à extinção do crédito. Permite concluir, no entanto, que seja possível dar-se a extinção do crédito, permanecendo íntegro o vínculo obrigacional, edução errônea, estruturada em frontal desapreço aos conceitos elementares sobre a figura da obrigação" (CARVALHO, Paulo de Barros. Curso de Direito Tributário. 25ª. edição. São Paulo: Saraiva, 2013, p. 419).

2. O ROL DAS MODALIDADES DE EXTINÇÃO DO CRÉDITO TRIBUTÁRIO

O art. 156 do CTN traz onze incisos como hipóteses distintas de extinção do crédito tributário, assim dispostos:

> Art. 156. Extinguem o crédito tributário:
>
> I - o pagamento;
>
> II - a compensação;
>
> III - a transação;
>
> IV - remissão;
>
> V - a prescrição e a decadência;
>
> VI - a conversão de depósito em renda;
>
> VII - o pagamento antecipado e a homologação do lançamento nos termos do disposto no artigo 150 e seus §§ 1º e 4º;
>
> VIII - a consignação em pagamento, nos termos do disposto no § 2º do artigo 164;
>
> IX - a decisão administrativa irreformável, assim entendida a definitiva na órbita administrativa, que não mais possa ser objeto de ação anulatória;
>
> X - a decisão judicial passada em julgado.
>
> XI – a dação em pagamento em bens imóveis, na forma e condições estabelecidas em lei.
>
> Parágrafo único. A lei disporá quanto aos efeitos da extinção total ou parcial do crédito sobre a ulterior verificação da irregularidade da sua constituição, observado o disposto nos artigos 144 e 149.

Algumas modalidades de extinção do crédito tributário acima correspondem a certas modalidades de extinção das obrigações, previstas no Código Civil, como o pagamento (art. 304 e seguintes do Código Civil), a compensação (art. 368 do Diploma Civil) e a remissão (art. 385 do mesmo código). Outras modalidades de extinção das obrigações previstas no Código Civil, contudo, não constam do art. 156 do CTN, como se pode perceber em relação à novação e à confusão (arts. 360 e 381 do Código Civil, respectivamente).

Diante dessa assimetria, surge o questionamento sobre a natureza do rol do art. 156 do CTN, se exemplificativo, a permitir a admissão de modalidades de extinção previstas no Código Civil, ou se taxativo, a compreender exclusivamente as hipóteses expressamente mencionadas.

Mais uma vez deve ser lembrado, para se situar na discussão, o art. 141 do CTN, segundo o qual o crédito tributário só se modifica ou extingue nos casos previstos no próprio Código. A se adotar esse dispositivo, o qual apresenta regra expressa a respeito da taxatividade das hipóteses de extinção do crédito tributário, não se poderá admitir outras hipóteses de extinção do crédito tributário que não as previstas no art. 156 do CTN.

A posição adotada pela doutrina majoritária, todavia, admite causas de extinção do crédito tributário não previstas expressamente no Código Tributário. Essa linha de pensamento aponta situações nas quais, inevitavelmente, o crédito tributário deixaria de existir, a despeito da ausência de previsão expressa no CTN.

Nessa direção, Ricardo Lobo Torres[3] e Paulo de Barros Carvalho[4] indicam a morte ou o desaparecimento do sujeito passivo sem deixar bens, herdeiros ou sucessores como uma causa de extinção do crédito tributário.

Também a confusão, prevista como extinção da obrigação no art. 381 do Código Civil, é apontada pela doutrina como uma modalidade de extinção do crédito tributário a despeito da ausência de previsão no CTN. Uma vez que a confusão se opera pela reunião das condições de credor e devedor na mesma pessoa, alguns autores aventam a possibilidade dessa modalidade de extinção do crédito tributário ocorrer na herança jacente[5].

De fato, a herança jacente surge diante do falecimento de alguém que não deixa testamento nem herdeiro legítimo notoriamente conhecido (art. 1.819 do Código Civil), sendo declarada vacante a herança após um ano da publicação do primeiro edital (art. 1.820 do Código Civil e arts. 741 e 743 do Código de Processo Civil). Sendo vacante a herança e decorridos cinco anos da abertura da sucessão, os bens arrecadados passarão ao domínio do Município ou do Distrito Federal, se localizados nas respectivas circunscrições, incorporando-se ao domínio da União quando situados em território federal (art. 1.822 do Código Civil). Diante dessa transferência de propriedade para entes públicos, surge a possibilidade de confusão como causa extintiva do crédito tributário. Seria o caso de a herança vacante conter imóveis urbanos com dívidas do IPTU, as quais seriam extintas ao se transferir a propriedade desses mesmos imóveis para o Município.

Anote-se ainda que a novação, também prevista no Código Civil (art. 360) como substituição da dívida, do devedor ou do credor, não é aceita pela doutrina como hipótese de extinção do crédito tributário por incompatibilidade com o direito tributário[6].

A doutrina ainda aponta a possibilidade de a lei ordinária do ente tributante prever situações de extinção do crédito tributário não previstas nos incisos do art. 156 do CTN (o qual tem *status* de lei complementar por tratar de normas gerais de direito tributário). Assim é que Luciano Amaro[7] entende que o rol do art. 156 não é taxativo, podendo a lei ordinária prever outras formas de extinção do crédito tributário diversas, uma vez que a permissão para a lei perdoar a dívida tributária pela remissão implica a permissão para o legislador tomar medidas de menor efeito, como regular outros modos de extinção do dever de pagar tributo. Desse modo, seria possível a dação em pagamento de qualquer espécie de bem, a despeito de o CTN prever apenas a dação em pagamento de bens imóveis.

A jurisprudência do STF já se manifestou sobre a possibilidade de o legislador ordinário do respectivo ente tributante introduzir a dação em pagamento de bens móveis como causa de extinção do crédito tributário.

---

3. TORRES, Ricardo Lobo. Curso de Direito Financeiro e Tributário. 19ª edição. Rio de Janeiro: Renovar, 2013, p. 290.
4. CARVALHO, Paulo de Barros. Curso de Direito Tributário. 25ª edição. São Paulo: Saraiva, 2013, p. 420.
5. BALEEIRO, Aliomar. Direito Tributário Brasileiro. 13ª edição. Rio de Janeiro: Forense, 2015, p. 1.276; SCHOUERI, Luís Eduardo. Direito Tributário. 5ª edição. São Paulo: Saraiva, 2015, p. 682.
6. BALEEIRO, Aliomar. Direito Tributário Brasileiro. 13ª edição. Rio de Janeiro: Forense, 2015, p. 1.276; DERZI, Misabel Abreu Machado. Notas de atualização ao Direito Tributário Brasileiro de Aliomar Baleeiro. 13ª edição. Rio de Janeiro: Forense, 2015, p. 1.277; TORRES, Ricardo Lobo. Curso de Direito Financeiro e Tributário. 19ª edição. Rio de Janeiro: Renovar, 2013, p. 291.
7. AMARO, Luciano. Direito Tributário Brasileiro. 11ª. ed. São Paulo: Saraiva, 2005, p. 390.

Na ADI 1917, julgada em 26.04.2007, o Pleno do STF considerou inconstitucional dispositivo de lei ordinária distrital que criava modalidade de pagamento de débitos tributários por meio de dação em pagamento, criando nova causa de extinção do crédito tributário. O fundamento dessa decisão foi o de que referida norma resultaria em ofensa ao princípio da licitação na aquisição de materiais pela administração pública.

Posteriormente, no julgamento do mérito da ADI 2405, em 20.09.2019, o Pleno do STF fixou a orientação de que não há reserva de Lei Complementar Federal para tratar de novas hipóteses de suspensão e extinção de créditos tributários, sendo facultado ao Estado-Membro estabelecer regras específicas de quitação de seus próprios créditos tributários. Nessa Ação Direta de Inconstitucionalidade, o STF analisava dispositivos de lei do Rio Grande do Sul (arts. 122 a 129 da Lei Estadual 6.537/1973) que versavam sobre dação em pagamento de bens móveis e imóveis. A inclusão dessa modalidade de extinção do crédito tributário havia sido introduzida pela Lei Estadual 11.475/2000, antes mesmo da inclusão do inciso XI ao art. 156 do CTN, que passou a prever a dação em pagamento em bens imóveis com a alteração realizada pela Lei Complementar 104/2001. No voto do relator, Ministro Alexandre de Moraes, foi expresso o entendimento de que "a Constituição Federal não reservou à lei complementar o tratamento das modalidades de extinção e suspensão dos créditos tributários, à exceção da prescrição e decadência, previstos no art. 146, III, b, da CF". Reiterou-se ainda a orientação já adotada no julgamento da medida cautelar, segundo a qual a possibilidade de o Estado conceder remissão do crédito tributário, perdoando a dívida, acarreta a permissão para que o mesmo ente estabeleça a forma de recebimento do crédito tributário devido pelo contribuinte (teoria dos poderes implícitos). Com essas considerações, o relator chegou à conclusão de que as modalidades de extinção do crédito tributário dispostas no art. 156 do CTN não formam um rol exaustivo.

Apesar da aparente contrariedade entre os resultados dos julgamentos na ADI 1917 e na ADI 2405, o relator desta última, Ministro Alexandre de Moraes, procedeu a uma distinção entre o escopo das duas ações, argumentando que na primeira o cerne da discussão dizia respeito ao desrespeito ao processo licitatório, o que implicaria contrariedade ao art. 37, XXI, da Constituição.

Não obstante a tentativa de se proceder a uma diferenciação, fato é que o entendimento mais recente do Pleno do STF é pela **possibilidade de criação**, por **lei ordinária** dos respectivos entes tributantes, de **novas modalidades de extinção do crédito tributário**, cujo rol constante do CTN não é taxativo.

2.1 Pagamento

O pagamento é a forma de extinção do crédito tributário disciplinada de forma mais exaustiva pelo CTN. Boa parte dessa regulação detalhada se dá no intuito de afastar a aplicação de regras do direito privado concernentes ao pagamento das obrigações.

2.1.1 *Cumulação de tributo e multa tributária*

A primeira regra específica sobre o pagamento em direito tributário encontra-se no art. 157 do CTN, segundo o qual a imposição de penalidade não ilide (o correto seria o verbo "elidir", que significa eliminar, suprimir) o pagamento integral do crédito tributário. Esse dispositivo contraria diretamente o art. 410 do Código Civil, que prevê a conversão da obrigação em cláusula penal: "Quando se estipular a cláusula penal para o caso de total inadimplemento da obrigação, esta converter-se-á em alternativa a benefício do credor".

Uma observação terminológica se faz necessária.

Como já visto, o crédito tributário abrange o tributo e a multa tributária. O art. 157 do CTN, atento a essa diferenciação conceitual, é expresso ao dizer que a imposição de penalidade (multa) não prejudica o pagamento integral do crédito tributário, ou seja, das parcelas equivalentes ao tributo em si e à multa imposta. **Em direito tributário, portanto, a imposição de multa não absorve a dívida principal, que deve ser exigida cumulativamente.** O fato de a legislação eventualmente prever um valor a título de multa que supera o valor a título de tributo (o art. 44, § 1º da Lei 9.430/1996 prevê multa de 150% do tributo não pago, em casos de sonegação, fraude ou conluio) não acarreta, portanto, na absorção da dívida relativa ao tributo pela dívida relativa à multa imposta.

Discussão diversa e que **não se confunde** com a **cumulação do tributo com a multa** é a que diz respeito à **cumulação das multas isolada e de ofício**, previstas no art. 44 da Lei 9.430/1996. Especificamente em relação a essas multas, o STJ possui decisões no sentido da absorção da penalidade menos grave pela mais grave:

> 1. A Segunda Turma desta Corte, quando do julgamento do REsp nº 1.496.354/PR, de relatoria do Ministro Humberto Martins, DJe 24.3.2015, adotou entendimento no sentido de que a multa do inciso II do art. 44 da Lei nº 9.430/96 somente poderá ser aplicada quando não for possível a aplicação da multa do inciso I do referido dispositivo. 2. Na ocasião, aplicou-se a lógica do princípio penal da consunção, em que a infração mais grave abrange aquela menor que lhe é preparatória ou subjacente, de forma que não se pode exigir concomitantemente a multa isolada e a multa de ofício por falta de recolhimento de tributo apurado ao final do exercício e também por falta de antecipação sob a forma estimada. Cobra-se apenas a multa de oficio pela falta de recolhimento de tributo. (AgRg no REsp 1.499.389, j. 17.09.2015).

Essa jurisprudência ainda não está pacificada, podendo ser alterada no futuro.

Em relação à cumulação do tributo com a multa tributária, contudo, não há qualquer celeuma jurisprudência quanto à sua legalidade.

2.1.2 *Inexistência de presunção de pagamento*

O Código Civil admite presunções de pagamento. No art. 322, o Código Civil dispõe que quando o pagamento for em quotas periódicas, a quitação da última estabelece, até prova em contrário, a presunção de estarem solvidas as anteriores. O art. 323, por sua vez, afirma que na quitação do capital sem reserva de juros, estes presumem-se pagos. Ainda, o art. 324 traz a presunção de pagamento pela entrega do título ao devedor.

O Código Tributário se afasta das normas de direito privado no seu art. 158, com duas regras sobre inaplicabilidade de presunções de pagamento. No primeiro inciso desse dispositivo, é dito que o pagamento parcial de um crédito tributário não importa em presunção de pagamento das parcelas em que se decomponha. Essa disposição se mostra diretamente antagônica ao art. 322 do Código Civil, que prevê a presunção de pagamento de prestações anteriores quando a última quota for quitada. Nas dívidas tributárias, isso não ocorre. Caso o contribuinte tenha quitado uma das parcelas da dívida do IPTU ou do IPVA, a quitação das anteriores ainda necessita ser provada, não havendo presunção sobre elas.

É possível, de certo modo, dizer que há uma individualização das parcelas de uma dívida tributária, tanto que "quando o crédito tributário está decomposto em parcelas mensais, a prescrição tem por termo inicial o dia imediato após o vencimento de cada uma delas" (STJ, REsp 1.130.316, j. 20.10.2011).

Sendo assim, o contribuinte deve manter sob sua guarda os comprovantes de pagamento de todas as parcelas. Nesse sentido, o CTN determina que os livros obrigatórios de escrituração comercial e fiscal e os comprovantes dos lançamentos neles efetuados serão conservados até que ocorra a prescrição dos créditos tributários decorrentes das operações a que se refiram (art. 195, parágrafo único).

O inciso II do art. 158 do CTN, a seu turno, reforça que o pagamento total de um crédito tributário não importa em presunção de pagamento de outros créditos referentes ao mesmo ou a outros tributos. Tal norma peca pela redundância, pois não se poderia presumir que o pagamento de um crédito tributário importasse no pagamento de outros créditos.

Desse modo, se o contribuinte efetua o pagamento do crédito tributário relativo ao imposto de renda de um determinado exercício, não haverá presunção de quitação do crédito tributário de imposto de renda de exercício anterior. Nesse caso, não há que se falar em parcelas de um mesmo crédito tributário (pois o crédito tributário do exercício foi quitado integralmente), e com mais razão se impõe a constatação de que não se presume pagamento de créditos tributários distintos do que foi quitado, ainda que seja idêntica a espécie tributária.

E completando a redundância, o inciso II do art. 158 ainda explicita que o pagamento de um crédito tributário não importa em presunção de quitação de outros tributos. Não se poderia mesmo conceber, mesmo na ausência de disposição expressa, que o pagamento de IPVA por um contribuinte pudesse exonerá-lo da obrigação de comprovar o pagamento de ICMS. Por conta dessa independência dos créditos tributários é que os entes tributantes não podem recusar o pagamento de um crédito tributário sob a alegação de que não se está realizando o pagamento de outro tributo (CTN, art. 164, I).

Outra questão relativa a presunção de pagamento de crédito tributário que foi levada ao STJ diz respeito à interpretação do art. 131, § 2º do Código de Trânsito Brasileiro, segundo o qual o veículo só será considerado licenciado quando forem quitados os débitos relativos a tributos. Com base nesse dispositivo, alegou-se que o fato de o veículo ter sido licenciado importava na presunção do pagamento de débitos de IPVA anteriores ao licenciamento.

O STJ, todavia, entendeu que a expedição de certificado de registro e licenciamento de veículo, embora condicionada à quitação de tributos incidentes sobre a propriedade de veículo automotor, não guarda qualquer pertinência com o recolhimento da exação. O certificado de licenciamento de veículo seria, assim, ato administrativo que, apesar de viabilizar a fiscalização tributária, não possui consequência liberatória de obrigação fiscal (REsp 627.675, j. 21.09.2004). Apesar de essa discussão não envolver especificamente a quitação por meio de parcelas de um crédito tributário, o STJ invocou em suas razões de decidir o art. 158 do CTN, para negar a aplicação no Direito Tributário de disposições que importem em presunção de pagamento[8].

2.1.3 *Local do pagamento*

Nesse particular, a regra tributária igualmente contraria o direito civil. Segundo o art. 327 do Código Civil, o pagamento das obrigações deve ser realizado no domicílio do devedor, salvo se as partes convencionarem diversamente, ou se o contrário resultar da lei, da natureza da obrigação ou das circunstâncias.

O CTN, diversamente, estatui em seu art. 159 que o **pagamento do crédito tributário é efetuado na repartição competente do domicílio do sujeito passivo**, salvo se a legislação tributária não dispuser a respeito. Por essa regra, o pagamento se dá no domicílio do credor ("repartição competente"). A menção ao "domicílio do sujeito passivo" se dá apenas para fins de se determinar qual a repartição competente que receberá o pagamento, sendo este realizado no local de estabelecimento do fisco, e não no local em que se encontra o sujeito passivo. Em outras palavras, é o contribuinte que deve se dirigir à repartição fiscal, e não o agente fiscal que deve se dirigir ao contribuinte.

A abertura à possibilidade de ressalva pelo legislador ordinário, contudo, adquire mais importância prática do que a regra geral do art. 159, uma vez que a grande maioria das leis tributárias preveem o pagamento dos tributos por meio da rede bancária. A Receita Federal, por exemplo, possui uma lista de bancos que formam uma rede arrecadadora de receitas federais[9]. Os bancos que fazem parte dessa rede são autorizados a receber pagamentos dos tributos federais por meio do Documento de Arrecadação de Receitas Federais - DARF[10].

2.1.4 *Tempo do pagamento*

O art. 160 do CTN traz uma regra geral sobre o prazo para pagamento do crédito tributário. Na ausência de regra específica da **legislação tributária** fixando o tempo do

8. No mesmo sentido: REsp 688.649 (j. 17.02.2005) e o REsp 511.480 (j. 24.06.2003).
9. Lista disponível em: "http://receita.economia.gov.br/orientacao/tributaria/pagamentos-e-parcelamentos/rede-arrecadadora-de-receitas-federais-bancos". Acesso em 04.04.2020.
10. Conforme o art. 1º da Instrução Normativa SRF nº 81/1996: "Fica aprovado o formulário, modelo anexo, do Documento de Arrecadação de Receitas Federais - DARF, de que trata o Decreto nº 73.607, de 08 de fevereiro de 1974, para ser utilizado, obrigatoriamente, em pagamentos de receitas federais efetuados a partir de 1º de abril de 1997.".

pagamento, o vencimento do crédito ocorre trinta dias depois da data em que se considera o sujeito passivo notificado do lançamento. Ao utilizar o termo "legislação tributária", o CTN expressamente permitiu que o prazo para pagamento de tributos seja definido em atos infralegais, tendo em vista que o art. 96 cataloga como veículos integrantes da "legislação tributária", dentre outros, os decretos e as normas complementares[11].

No caso de lançamento por homologação, não tem cabimento a regra geral do art. 160 (30 dias depois da data em que se considera o sujeito passivo notificado do lançamento), uma vez que o lançamento por homologação, por dizer respeito a uma atividade do próprio sujeito passivo na apuração do tributo devido a ser pago, pressupõe a ausência de notificação. Se no lançamento por homologação o sujeito passivo não é notificado de um lançamento com um valor a ser pago, não há possibilidade lógica de aplicação do art. 160. Nesse caso, a legislação do tributo a ser apurado pelo sujeito passivo deve prever o prazo para pagamento.

No caso do Imposto de Renda de Pessoa Jurídica, o pagamento do imposto determinado por períodos de apuração trimestrais (art. 1º da Lei 9.430/1996) será pago em quota única, até o último dia útil do mês subsequente ao do encerramento do período de apuração (art. 5º da Lei 9.430/1996). Se a pessoa jurídica for sujeita a tributação com base no lucro real poderá optar pelo pagamento do imposto de forma mensal, determinado sobre base de cálculo estimada (art. 2º da Lei 9.430/1996), caso em que o imposto apurado deverá ser pago até o último dia útil do mês subsequente àquele a que se referir (art. 6º da Lei 9.430/1996).

O pagamento antecipado é objeto do parágrafo único do art. 160 do CTN, segundo o qual a legislação tributária pode conceder desconto pela antecipação do pagamento, nas condições que estabeleça. Mais uma vez, o dispositivo utiliza a expressão "legislação tributária", permitindo a atuação de atos infralegais para a concessão de descontos em razão do pagamento antecipado. Nesse caso, contudo, há uma redução do crédito tributário, o que contraria o mandamento constitucional do art. 150, § 6º da CF[12], pelo qual as renúncias fiscais devem ser veiculadas em **lei específica**. Não obstante o obstáculo constitucional, há leis estaduais e municipais que conferem ao decreto a concessão de desconto em caso de pagamento antecipado. Um exemplo que pode ser citado é a Lei 13.296/2008, do Estado de São Paulo, que no seu art. 21 prevê a possibilidade de pagamento do IPVA à vista no mês de fevereiro ou em três parcelas mensais, iguais e consecutivas, vencíveis nos meses de janeiro, fevereiro e março, prevendo a concessão de desconto fixado pelo Poder Executivo se o IPVA for recolhido integralmente no mês de janeiro (art. 21, § 3º da Lei 13.296/2008).

O art. 161 do CTN traz as consequências para o caso de o crédito tributário não ser integralmente pago no vencimento, hipótese em que haverá o acréscimo de **juros de mora**, independentemente do motivo do atraso. Não há necessidade de qualquer ato do credor

11. O STF possui jurisprudência pacífica no sentido de que é possível a fixação de prazo para recolhimento de tributo por meio de norma infralegal (RE 140.669, j. 02.12.1998 e RE 195.218, j. 28.05.2002, por exemplo).
12. § 6º Qualquer subsídio ou isenção, redução de base de cálculo, concessão de crédito presumido, anistia ou remissão, relativos a impostos, taxas ou contribuições, só poderá ser concedido mediante lei específica, federal, estadual ou municipal, que regule exclusivamente as matérias acima enumeradas ou o correspondente tributo ou contribuição, sem prejuízo do disposto no art. 155, § 2.º, XII, g.

para a constituição da mora, que se dá de modo automático pelo vencimento do prazo sem a quitação integral da dívida (mora *ex re*). Nesse ponto, a regra do Código Tributário se aproxima do Código Civil, que no seu art. 397 prevê o inadimplemento da obrigação no seu termo como causa suficiente para constituição de pleno direito em mora do devedor.

Já o § 1º do art. 161 dispõe que se a lei não dispuser de modo diverso, os juros de mora são calculados à taxa de um por cento ao mês. Na esfera federal, os juros de mora aplicáveis correspondem à taxa referencial do Sistema Especial de Liquidação e de Custódia (SELIC), a qual abrange também à correção monetária, conforme o art. 13 da Lei 9.065/1995[13]. Em relação aos Estados e Municípios, a jurisprudência do STJ fixou o entendimento de que a utilização da taxa SELIC, seja na cobrança ou na restituição de tributo, é possível desde que haja lei própria (estadual ou municipal) que determine a aplicação desse índice (AgRg no REsp 1.228.193, j. 22.03.2011). Essa orientação foi consolidada em sede de recurso especial **repetitivo** (REsp 879.844, j. 11.11.2009 – grifo adicionado):

> A Taxa SELIC é legítima **como índice de correção monetária e de juros de mora**, na atualização dos débitos tributários pagos em atraso, diante da existência de Lei Estadual que determina a adoção dos mesmos critérios adotados na correção dos débitos fiscais federais.

Como destacado no julgado acima, a SELIC é, a um só tempo, índice de correção monetária e de juros de mora. Não é possível, entretanto, a cumulação da taxa SELIC com outro índice de reajuste, sendo pacífica a jurisprudência do STJ no sentido de que a SELIC é composta de taxa de juros e correção monetária, não podendo ser cumulada com qualquer outro índice de atualização (REsp 448.017, j. 02.10.2003).

Por fim, cumpre dizer que, de acordo com o art. 39, § 4º da Lei 9.250/1995[14], a taxa SELIC incide não só nas dívidas tributárias em atraso, mas também nas repetições de indébito tributário, em que o contribuinte é credor de uma quantia indevidamente recolhida aos cofres públicos. Também na restituição, é possível que os Estados e Municípios utilizem a taxa SELIC, sendo vedada a cumulação com outros índices, conforme dispõe a **súmula 513 do STJ:**

> A taxa de juros de mora incidente na repetição de indébito de tributos estaduais deve corresponder à utilizada para cobrança do tributo pago em atraso, sendo legítima a incidência da taxa Selic, em ambas as hipóteses, quando prevista na legislação local, vedada sua cumulação com quaisquer outros índices.

Apesar de a súmula mencionar apenas os tributos estaduais, nada impede sua aplicação em relação aos Municípios.

---

13. Art. 13. A partir de 1º de abril de 1995, os juros de que tratam a alínea c do parágrafo único do art. 14 da Lei nº 8.847, de 28 de janeiro de 1994, com a redação dada pelo art. 6º da Lei nº 8.850, de 28 de janeiro de 1994, e pelo art. 90 da Lei nº 8.981, de 1995, o art. 84, inciso I, e o art. 91, parágrafo único, alínea a.2, da Lei nº 8.981, de 1995, serão equivalentes à taxa referencial do Sistema Especial de Liquidação e de Custódia - SELIC para títulos federais, acumulada mensalmente.

14. "A partir de 1º de janeiro de 1996, a compensação ou restituição será acrescida de juros equivalentes à taxa referencial do Sistema Especial de Liquidação e de Custódia - SELIC para títulos federais, acumulada mensalmente, calculados a partir da data do pagamento indevido ou a maior até o mês anterior ao da compensação ou restituição e de 1% relativamente ao mês em que estiver sendo efetuada".

2.1.5 *Consulta*

Determina o art. 161, § 2º do CTN que o acréscimo de juros de mora não se aplica na pendência de consulta formulada pelo devedor dentro do prazo legal para pagamento do crédito.

O procedimento de consulta, no qual o sujeito passivo indaga a Administração Tributária sobre o entendimento do fisco acerca da legislação tributária aplicável a um caso concreto, tem especial relevância na realidade brasileira, onde a complexidade das normas tributárias dificulta a obtenção de clareza sobre o procedimento correto a seguir[15].

A consulta tem como base constitucional o direito de petição previsto no art. 5º, XXXIV, "a" da CF. Não se confunde, todavia, com um mero pedido de informações à Administração, pois a consulta formulada de acordo com a legislação tributária (na esfera federal, os arts. 46 a 58 do Decreto 70.235/1972 e os arts. 48 a 50 da Lei 9.430/1996) tem o efeito de impedir a aplicação de juros de mora ao crédito tributário objeto de questionamento. A consulta deve versar sobre dispositivos da legislação tributária aplicáveis a fato determinado (art. 46 do Decreto 70.235/1972).

2.1.6 *Forma de pagamento*

O art. 162 do CTN traz regras sobre a forma de pagamento. Admite o dispositivo o pagamento em moeda corrente, cheque ou vale postal. Menciona também a possibilidade de a lei prever o pagamento em estampilha, papel selado, ou por processo mecânico.

A legislação tributária pode determinar as garantias exigidas para o pagamento por cheque ou vale postal, desde que não o torne impossível ou mais oneroso que o pagamento em moeda corrente (art. 162, § 1º). De fato, a opção por uma modalidade de pagamento admitida pelo CTN não pode acarretar a imposição de um ônus maior ao contribuinte.

Em relação ao pagamento mediante a utilização de cheque, o § 2º do art. 162 dispõe que o crédito pago por cheque somente se considera extinto com o resgate deste pelo sacado (banco, que cumpre a ordem de pagamento do cheque).

O crédito pagável em estampilha é considerado extinto com a inutilização regular daquela (art. 162, § 3º). A estampilha (selo fiscal) era inutilizada de forma regular pela aplicação de carimbo de tinta ou de perfuração[16].

O § 4º do art. 162 preceitua que a perda ou destruição da estampilha, ou o erro no pagamento por esta modalidade, não dão direito a restituição, salvo nos casos expressamente previstos na legislação tributária, ou naquelas em que o erro seja imputável à autoridade administrativa. No parágrafo seguinte, o Código equipara o pagamento em papel selado ou por processo mecânico ao pagamento em estampilha.

A utilização de estampilha, selo ou papel selado encontra-se em desuso há décadas. Sua relevância é restrita à presença, até os dias de hoje, no Código Tributário Nacional.

---

15. NEDER, Marcos Vinicius; LÓPEZ, Maria Teresa Martínez. Processo Administrativo Fiscal Federal Comentado. 3ª edição. São Paulo: Dialética, 2010, p. 514.

16. BALEEIRO, Aliomar. Direito Tributário Brasileiro. 13ª. ed. Rio de Janeiro: Forense, 2015, p. 1.287.

2.1.7 *Imputação de pagamento*

A imputação de pagamento ocorre quando há mais de um débito e o valor a ser pago não é suficiente para a quitação de todas as dívidas. É regulado no Código Civil nos arts. 352 a 355 e no CTN no art. 163.

Trata-se de tema em que, mais uma vez, o direito tributário se distancia do direito privado. Enquanto o art. 352 do Código Civil confere ao devedor o direito de indicar a qual dos débitos oferece pagamento, o art. 163 do CTN oferece uma ordem de imputação a ser seguida pela autoridade administrativa que receber o pagamento. Na prática, é difícil a imputação de pagamento pela autoridade fiscal, pois os créditos tributários são quitados por guias próprias para cada obrigação[17]. De fato, a prevalência dos tributos sujeitos a "lançamento por homologação", em que o próprio contribuinte apura o valor devido e efetua o recolhimento, não é compatível com um controle prévio da autoridade fiscal sobre as dívidas a serem pagas.

O Código Civil prevê em seu art. 354 que "havendo capital e juros, o pagamento imputar-se-á primeiro nos juros vencidos, e depois no capital, salvo estipulação em contrário, ou se o credor passar a quitação por conta do capital". Também nesse aspecto o direito tributário se diferencia do direito civil. Conforme já decidiu o STJ, **a imputação do pagamento na seara tributária tem regime diverso àquele do direito privado** (artigo 354 do Código Civil), inexistindo regra segundo a qual o pagamento parcial imputar-se-á primeiro sobre os juros para, só depois de findos estes, amortizar-se o capital. (REsp 960.239, j. 09.06.2010). Sob essa orientação, inclusive, foi editada a **súmula 464 do STJ**, a respeito da compensação: "A regra de imputação de pagamentos estabelecida no art. 354 do Código Civil não se aplica às hipóteses de compensação tributária.".

O regramento específico da imputação em pagamento de tributo está previsto no art. 163 do CTN, reproduzido abaixo:

> Art. 163. Existindo simultaneamente dois ou mais débitos vencidos do mesmo sujeito passivo para com a mesma pessoa jurídica de direito público, relativos ao mesmo ou a diferentes tributos ou provenientes de penalidade pecuniária ou juros de mora, a autoridade administrativa competente para receber o pagamento determinará a respectiva imputação, obedecidas as seguintes regras, na ordem em que enumeradas:
>
> I - em primeiro lugar, aos débitos por obrigação própria, e em segundo lugar aos decorrentes de responsabilidade tributária;
>
> II - primeiramente, às contribuições de melhoria, depois às taxas e por fim aos impostos;
>
> III - na ordem crescente dos prazos de prescrição;
>
> IV - na ordem decrescente dos montantes.

Conforme assevera o art. 163, a imputação do pagamento pressupõe identidade de sujeito passivo e de sujeito ativo nos créditos tributários a serem quitados, podendo ser diversas as espécies tributárias. A imputação abrange as dívidas relativas aos tributos em

17. AMARO, Luciano. Direito Tributário Brasileiro. 11ª. ed. São Paulo: Saraiva, 2005, p. 393.

si, os débitos provenientes de penalidade (multas tributárias), bem como juros de mora, nos termos do *caput* do art. 163.

Seguindo a ordem dos incisos, o CTN privilegia no primeiro inciso o pagamento dos débitos que o sujeito passivo possui por obrigação própria (como contribuinte), sendo pagos posteriormente os débitos que possuir como responsável tributário. Trata-se de critério de imputação pela natureza da sujeição passiva.

Ultrapassado o estágio acima, o Código traz o critério da espécie tributária, iniciando com os tributos com maior grau de vinculação do fato gerador a uma atividade estatal (contribuição de melhoria, e, depois, taxas), para só então serem quitados os impostos.

Na terceira fase, a imputação obedecerá a ordem crescente dos prazos de prescrição. Com isso, as dívidas com prazos de prescrição mais exíguos serão quitadas primeiramente, evitando-se a prescrição.

Tomando-se um mesmo sujeito passivo e um mesmo sujeito ativo, pode-se aplicar a terceira regra de imputação para um débito de IRPJ que possui apenas seis meses de prazo prescricional restante de um lado, e outro débito de ITR, cujo prazo prescricional, na data da imputação, ainda possui mais dois anos a transcorrer. Em tal situação, a ordem crescente dos prazos de prescrição eleita pelo CTN determina que a imputação do pagamento deve privilegiar, primeiro, o débito de menor prazo prescricional (IRPJ). Evita-se, assim, a prescrição das dívidas mais próximas da perda da pretensão pelo fisco.

Vale mencionar que o critério da imputação pela ordem crescente dos prazos de prescrição diz respeito, essencialmente, ao prazo prescricional no caso concreto, uma vez que os tributos, inclusive as contribuições para a Seguridade Social[18], possuem o mesmo prazo de prescrição, qual seja, cinco anos, nos termo do art. 174 do CTN.

O último critério de imputação do pagamento é ordem decrescente dos montantes das dívidas, ou seja, os débitos maiores são quitados primeiramente.

A sequência dos incisos é importante para se "afunilar" a utilização dos critérios na ordem disposta. Depois de enquadrados os débitos como tributos de obrigação própria ou decorrentes de responsabilidade, se utiliza, dentro de cada um desses dois grupos, o critério do segundo inciso, e assim por diante.

Por fim, vale mencionar decisão do STJ que considerou possível a imputação do art. 163 do CTN nas execuções fiscais (onde não há a "autoridade administrativa competente para receber o pagamento" mencionada no dispositivo), desde que observados os requisitos ali expressos, ouvido previamente o executado, que deverá anuir ao provimento (REsp 901.772, j. 21.08.2008). Interessante observar que nessa decisão foi conferida uma

18. O STF declarou inconstitucional dispositivo de lei ordinária federal que ampliava o prazo prescricional das contribuições sociais para dez anos: "CONSTITUCIONAL. TRIBUTÁRIO. PRESCRIÇÃO E DECADÊNCIA. RESERVA DE LEI COMPLEMENTAR. LEI ORDINÁRIA QUE DISPÕE DE FORMA CONTRÁRIA ÀQUELA NORMATIZADA EM LEI COMPLEMENTAR DE NORMAS GERAIS. ART. 146, III, B, da CF/1988. ART. 46 da LEI 8.212/1991. PROCESSO CIVIL. AGRAVO REGIMENTAL. Viola a reserva de lei complementar para dispor sobre normas gerais em matéria tributária (art. 146, III, b, da CF/1988) lei ordinária da União que disponha sobre prescrição e decadência. Precedentes. "São inconstitucionais o parágrafo único do art. 5º do DL 1.569/1977 e os arts. 45 e 46 da Lei 8.212/1991, que tratam de prescrição e decadência de crédito tributário" (**Súmula Vinculante 8**)." (RE 502.648 AgR, j. 19.08.2008).

participação do sujeito passivo (executado) inexistente no regime do art. 163 do CTN, pelo qual a imputação cabe exclusivamente à autoridade administrativa.

2.1.8 *Consignação em pagamento*

A consignação em pagamento é tratada no art. 164 do CTN, assumindo a feição de uma ação judicial que se fundamenta, basicamente, em ilegalidades atreladas às circunstâncias do pagamento. Busca essa ação conferir segurança ao contribuinte que pretende realizar o pagamento de crédito tributário e se vê diante de empecilhos impostos pela administração tributária, ou mesmo diante de exigência de um mesmo crédito por mais de um ente tributante. Apesar desse objetivo específico, o STJ já decidiu (REsp 883.927, j. 28.10.2008) que é cabível a discussão de toda matéria de fato ou de direito relacionada com o crédito tributário quanto a ação de consignação em pagamento é fundada na recusa de recebimento, ou subordinação deste ao pagamento de outro tributo ou de penalidade, ou ao cumprimento de obrigação acessória (inciso I do art. 164 do CTN).

Por outro lado, o STJ tem jurisprudência firmada no sentido de que a ação de consignação de pagamento é inadequada para se obter o parcelamento de tributo (AgRg no AREsp 470.987, j. 20.03.2014). Uma vez que o parcelamento é um benefício fiscal que só pode ser obtido pelo cumprimento das condições previstas em lei, não pode o contribuinte, que não satisfaz os requisitos legais, burlar tais exigências por meio da ação consignatória (STJ, AgRg no Ag 724.727, j. 23.05.2006). Essa orientação, todavia, não impede, segundo o próprio STJ (AgInt no AREsp 427.799, j. 08.04.2019), a utilização da ação de consignação em pagamento quando o contribuinte é impedido pela administração tributária de realizar depósitos das parcelas do programa de parcelamento, em razão de decisão judicial que anterior que garantia ao contribuinte a manutenção no parcelamento.

Quanto à lista prevista no CTN, os dois primeiros incisos do art. 164 tratam de condutas das autoridades administrativas que contrariam as regras vigentes para a realização do pagamento, enquanto o terceiro inciso trata de exigência por mais de um ente, em desrespeito às regras constitucionais de repartição das competências tributárias. Confira-se:

> Art. 164. A importância de crédito tributário pode ser consignada judicialmente pelo sujeito passivo, nos casos:
>
> I - de recusa de recebimento, ou subordinação deste ao pagamento de outro tributo ou de penalidade, ou ao cumprimento de obrigação acessória;
>
> II - de subordinação do recebimento ao cumprimento de exigências administrativas sem fundamento legal;
>
> III - de exigência, por mais de uma pessoa jurídica de direito público, de tributo idêntico sobre um mesmo fato gerador.

O primeiro inciso trata das hipóteses em que o pagamento é obstado pela administração tributária, que exige, como condição para recebimento do pagamento, valor relativo a outro tributo ou penalidade, ou ainda o cumprimento de obrigação acessória. Seria o caso, por exemplo, de o fisco municipal subordinar o pagamento do IPTU ao pagamento de taxas municipais (STJ, REsp 197.922, j. 22.03.2005). Tais situações, contudo, são cada vez mais raras, tendo em vista que o pagamento não é realizado perante a autoridade administrativa em repartição pública, mas sim mediante sistemas informatizados vinculados à rede bancária, por meio dos quais é possível a expedição de documentos de arrecadação para cada crédito tributário.

No segundo inciso, há um reforço quanto ao cabimento da consignação quando da subordinação do pagamento a exigências administrativas sem fundamento legal. Como ilustração dessa hipótese, o STJ já decidiu ser cabível a ação consignatória quando se subordinar o recebimento do IPTU ao cumprimento de exigência administrativa sem fundamento legal, como o pagamento em parcela única (REsp 197.922, j. 22.03.2005).

O terceiro e último inciso trata da possibilidade de consignação judicial quando mais de um ente tributante exigir tributo idêntico sobre um mesmo fato gerador. Há uma circunscrição, no texto do dispositivo, ao tributo, o que não deveria impedir sua aplicação também a eventual penalidade tributária que decorrente. A exigência de uma exação sobre o mesmo fato gerador por mais de uma pessoa política é definida como bitributação, a qual não se confunde com *bis in idem* tributário, que representa a cobrança, mais de uma vez e por um mesmo ente, de tributo sobre a mesma base econômica (fato gerador)[19].

Geralmente, a delimitação de competências tributárias na Constituição impede a bitributação interna. Excepcionalmente, contudo, há espaços constitucionais em que se permite a concorrência de entes políticos na tributação de um mesmo fato, como no caso dos impostos extraordinários de guerra, em que a União pode tributar fatos econômicos atribuídos à competência estadual ou municipal.

Ressalvando-se as permissões constitucionais, o contribuinte que se ver compelido por mais de um ente tributante ao pagamento de uma mesma exação tem a possibilidade de ajuizar ação de consignação em pagamento. O cabimento nessa hipótese abrange tanto as exigências de entes da mesma natureza (dois Municípios exigindo ISS sobre um mesmo fato) quanto as cobranças realizadas por entes de natureza distinta (um Município e um Estado exigindo, respectivamente, ISS e ICMS sobre um mesmo fato), como já decidiu o STJ (REsp 931.566, j. 23.04.2009).

Destaca o § 1º do art. 164 que a consignação só pode versar sobre o crédito que o consignante pretende pagar. Ou seja, o contribuinte deve apresentar ao Judiciário não só o empecilho ao pagamento, mas a quantia que pretendia pagar, não podendo a discussão judicial abranger valor que o consignante não está disposto a pagar. Para esta última situação, o acesso ao Judiciário não está vedado, contudo a ação judicial não será a de consignação em pagamento.

O § 2º encerra o art. 164 tratando dos possíveis resultados e respectivos efeitos da ação em comento. Sendo procedente a consignação, haverá a transformação do valor depositado

---

19. São exemplos de *bis in idem* tributário, admitidos pela jurisprudência do STF, a incidência concomitante do Imposto de Renda de Pessoa Jurídica (IRPJ) e da Contribuição Social sobre o Lucro Líquido (CSLL) sobre o lucro auferido pelas empresas, conforme decidido no RE 138.284 (j. 01.07.1992); e cobrança da contribuição sindical rural simultaneamente com o imposto territorial rural, como consta do RE 883.542 (j. 02.06.2017), julgado em sede de repercussão geral. Vale lembrar o entendimento pacífico do STF no sentido de que, tratando-se de contribuição, a Constituição não proíbe a coincidência de sua base de cálculo com a do imposto, o que é vedado relativamente às taxas. (RE 177.137, j. 24.05.1995).

em pagamento ("conversão em renda", na linguagem do código). Sendo improcedente, no todo ou em parte, o crédito será cobrado acrescido de juros de mora, sem prejuízo das penalidades cabíveis. Essa improcedência significa, em termos quantitativos, o valor do crédito não coberto pelo depósito, que será, por sua vez, uma quantia que o contribuinte entende como indevida. Se há um valor que o contribuinte não reconhece como devido e que foi reconhecido na ação como devido, esse valor representa a improcedência do contribuinte, e o respectivo crédito tributário descoberto pelo depósito deverá ser exigido com o acréscimo de juros de mora e eventuais penalidades.

2.1.9 *Pagamento indevido e sua restituição*

No direito privado, o pagamento indevido gera a obrigação de restituir[20], consequência esta que é replicada no Código Tributário Nacional quando o contribuinte paga o que não deve. Em direito tributário, todavia, não se aplica a máxima civilista "quem paga mal paga duas vezes", não sendo aplicável regra semelhante à do art. 877 do Código Civil, que impõe o ônus da prova quanto ao erro daquela que paga indevidamente de forma voluntária[21]. Sendo assim, pouco importa que o contribuinte tenha ou não protestado contra o pagamento na ocasião em que o realizou.

Como o tributo é obrigação que se origina e se extingue nos termos da lei (CTN, art. 97, I), o pagamento efetuado de modo incorreto, ainda que por culpa do contribuinte, deve ser devolvido ao particular. Se o Estado só pode utilizar a tributação para subtrair o patrimônio privado nos termos das normas legais, não se admite o recurso do contribuinte que ingressa nos cofres públicos por erro, equívoco, ou por qualquer outra causa em desacordo com a legislação pertinente (pagamento indevido). Exemplos de pagamento indevido são o pagamento de valor a título de tributo posteriormente reconhecido inconstitucional ou o pagamento de dívida tributária prescrita.

Nesse sentido é que o art. 165 do CTN dispõe que o sujeito passivo tem direito à restituição do tributo independentemente de prévio protesto e seja qual for a modalidade do seu pagamento. São dispostos ainda no art. 165, em seus três incisos, os casos que ensejam a restituição:

> Art. 165. (...) I - cobrança ou pagamento espontâneo de tributo indevido ou maior que o devido em face da legislação tributária aplicável, ou da natureza ou circunstâncias materiais do fato gerador efetivamente ocorrido;
>
> II - erro na edificação do sujeito passivo, na determinação da alíquota aplicável, no cálculo do montante do débito ou na elaboração ou conferência de qualquer documento relativo ao pagamento;
>
> III - reforma, anulação, revogação ou rescisão de decisão condenatória.

O primeiro inciso reforça a irrelevância de o pagamento indevido ter ocorrido por exigência da administração tributária ("cobrança") ou por iniciativa espontânea do

20. Código Civil, art. 876. Todo aquele que recebeu o que lhe não era devido fica obrigado a restituir; obrigação que incumbe àquele que recebe dívida condicional antes de cumprida a condição.
21. Código Civil, art. 877. Àquele que voluntariamente pagou o indevido incumbe a prova de tê-lo feito por erro.

contribuinte. A redação é abrangente e alcança tanto o pagamento indevido em face da legislação tributária aplicável, como o que é indevido em face das circunstâncias materiais do fato gerador efetivamente ocorrido. Dentro dessa última hipótese em específico, é possível mencionar, a título exemplificativo, o pagamento a maior de contribuições sobre a receita em razão de contabilização errônea que registre receita superior à efetivamente auferida.

O segundo inciso pode ser compreendido como contido no primeiro, já que o erro na identificação do sujeito passivo, na determinação da alíquota aplicável, no cálculo do montante do débito ou na elaboração ou conferência de qualquer documento relativo ao pagamento são, todos eles, elementos disciplinados na legislação tributária (que abrange também atos infralegais, conforme o teor do art. 96 do CTN). A literalidade do inciso II menciona erro na "edificação" do sujeito passivo. Trata-se de equívoco redacional, sendo que a palavra correta a constar deveria ser "identificação". Tanto que a Instrução Normativa 1.717/2017 da Receita Federal do Brasil ao tratar das hipóteses de restituição em seu art. 2º, prevê o "erro na identificação do sujeito passivo" (inciso II), tendo substituído a palavra "edificação".

Encerrando a lista de casos de pagamento indevido, o inciso III do art. 165 se refere à decisão condenatória que é tornada sem efeito (por "reforma, anulação, revogação ou rescisão"). "Decisão condenatória" seria aquela que julga devido o tributo. Se tal decisão perde seus efeitos, o tributo passa a ser indevido[22], sendo imperiosa sua restituição.

Reforma de decisão pode ser compreendida como a alteração do comando de decisão anterior quanto ao mérito, como no caso de acórdão de Tribunal de Justiça que reforma a sentença que havia julgado improcedente os pedidos do autor, passando esse a ter um julgamento pela procedência no segundo grau de jurisdição.

Anulação, por sua vez, é a retirada de efeitos jurídicos de decisão anterior que incorreu em vício formal, como seria o caso de decisão proferida por juízo absolutamente incompetente ou em desrespeito ao princípio do contraditório.

A menção a **revogação** no inciso III deve ser analisada com cuidado. Isso porque não seria possível a revogação de decisão administrativa que tenha como reflexo o pagamento ou a exoneração de tributos, já que no processo administrativo a revogação tem o sentido de ato sob o juízo de conveniência e oportunidade, incabível quanto à existência ou não do dever de pagar tributo. Já no processo judicial, a revogação de decisão judicial assume o sentido de um mesmo órgão jurisdicional alterar seu entendimento de decisão anterior e proferir nova decisão em sentido diverso, como na hipótese de juízo de retratação no recurso contra decisão interlocutória ou na prolação de sentença com comando contrário à decisão anterior, revogando uma liminar antes concedida.

Rescisão, a seu turno é a nova decisão judicial que expurga a decisão transitada em julgado, nos termos do art. 966 do Código de Processo Civil.

22. Existe corrente doutrinária que considera imprópria a expressão "tributo indevido", pois o tributo apenas existe se há uma obrigação tributária em acordo com a lei. A qualificação "indevido" já afastaria a natureza de tributo pelo fato deste sempre ser devido - aquilo que não é devido não seria tributo, assumindo outra natureza. Apesar do rigor técnico dessa orientação, adota-se aqui a linguagem prevista expressamente no Código Tributário Nacional, que se refere a "tributo indevido", como se vê no inciso I do art. 165.

A lógica processual impõe que haja uma segunda decisão que reconheça a impropriedade da anterior que determinava o pagamento de tributo. A partir dessa nova decisão, tem-se a aplicação do inciso III, surgindo o direito à restituição. O dispositivo não especifica se a decisão é a administrativa ou judicial, de modo que sua interpretação deve ser ampla, pois não faria sentido que uma decisão administrativa emanada de órgão do próprio ente tributante não gerasse o direito à restituição de tributo considerado indevido pelo ente a quem o pagamento beneficiaria.

O art. 167, *caput*, do CTN determina que a restituição alcança não apenas o valor indevidamente pago a título de tributo, mas também os respectivos juros de mora e as penalidades pecuniárias correspondentes:

> Art. 167. A restituição total ou parcial do tributo dá lugar à restituição, na mesma proporção, dos juros de mora e das penalidades pecuniárias, salvo as referentes a infrações de caráter formal não prejudicadas pela causa da restituição.

Desse modo, se o crédito tributário total é de 200, sendo 100 de tributo, 50 de juros de mora e 50 de penalidades pecuniárias (por exemplo, multa de mora devida em razão de o pagamento não ter ocorrido no prazo), e o valor indevido pago a título de tributo é de 50 (metade), então o valor a ser restituído a título de juros de mora e penalidades pecuniárias será **na mesma proporção** que o tributo a ser restituído, nesse caso, pela metade.

A parte final do art. 167 ressalva que as penalidades aplicadas em razão de infrações de caráter formal não prejudicadas pela causa da restituição não devem ser devolvidas ao contribuinte. Por isso, se parte do crédito tributário é inconstitucional e o contribuinte incorreu em falta no cumprimento de alguma obrigação acessória, a penalidade em razão dessa infração de caráter formal não será restituída, pois não guarda relação com a causa da repetição do indébito (inconstitucionalidade do tributo).

2.1.9.1 *Restituição de tributos indiretos*

A categoria dos "tributos indiretos" não possui relevância apenas no campo doutrinário e acadêmico, tendo sido acolhida no CTN e na jurisprudência do STF e do STJ. Os chamados tributos indiretos são aqueles que, na dicção do art. 166 do CTN, comportam "por sua natureza, transferência do respectivo encargo financeiro". Nesses casos há, segundo a súmula 546 do STF, duas espécies de contribuintes: o contribuinte de direito (eleito pela norma tributária como tal) e o contribuinte de fato, pessoa que efetivamente suporta o encargo financeiro, ou seja, que tem o seu patrimônio desfalcado pela tributação. Contrapõem-se aos tributos diretos, que, por sua vez, são aqueles nos quais "não há obrigação legal de repasse da carga tributária no preço" (STF, AI 688.410 AgR, j. 15.02.2011).

Em relação aos tributos indiretos, o art. 166 do CTN dispõe que sua restituição só será feita a quem prove haver assumido o encargo financeiro, ou, no caso de tê-lo transferido a terceiro, estar por este expressamente autorizado a recebê-la. O dispositivo dá a entender que a restituição será garantida ao contribuinte de fato, pois é este quem assume o encargo financeiro do tributo. Em seguida, contudo, o mesmo dispositivo determina que na hipótese de transferência do encargo financeiro a terceiro, a pessoa que realizou tal transferência deve estar expressamente autorizada pelo terceiro para receber a restituição. Assim é a redação do art. 166 do CTN:

> Art. 166. A restituição de tributos que comportem, por sua natureza, transferência do respectivo encargo financeiro somente será feita a quem prove haver assumido o referido encargo, ou, no caso de tê-lo transferido a terceiro, estar por este expressamente autorizado a recebê-la.

Sobre o âmbito de aplicação do dispositivo acima, vale destacar lição doutrinária segundo a qual o art. 166 do CTN seria aplicável ao IPI e ao ICMS nas hipóteses em que, por conta da não cumulatividade (compensação do tributo pago em operação anterior com o tributo pago em nova operação da mesma natureza), o tributo pago na etapa anterior era indevido. Nesse caso, a legitimidade para pleitear a restituição seria do contribuinte que pagou o tributo por último e aproveitou o crédito em relação ao valor anteriormente pago de forma indevida. Schoueri exemplifica:

> Assim, se um fabricante de um produto tributado pelo ICMS vende-o ao supermercado, é este quem passa a ter um direito de crédito contra a Fazenda estadual. Em princípio, este crédito será utilizado pelo supermercado para abater do imposto que lhe incumbe, na revenda dos produtos. Se o imposto pago pelo fabricante era indevido, não cabe ao fabricante, mas ao supermercado, repetir o tributo já que, afinal, dele era o crédito. Se, entretanto, o supermercado autoriza o fabricante a promover a repetição do indébito, então o supermercado terá aberto mão do crédito, devendo igualmente estorná-lo de sua escrita fiscal.[23]

Voltando às figuras do contribuinte de fato e do contribuinte de direito, percebe-se que a pessoa que "prove haver assumido o encargo financeiro" não é, na lógica do art. 166, o contribuinte de fato, mas sim o contribuinte de direito que eventualmente consiga provar que teve o seu próprio patrimônio desfalcado, ou seja, que não transferiu o encargo financeiro do tributo a terceiro (este sim o contribuinte de fato, que em condições normais assume o encargo do tributo). A parte final do dispositivo permite ainda que, mesmo não tendo assumido o encargo do tributo, o contribuinte de direito ainda assim pode postular a restituição do tributo indireto se estiver munido de autorização expressa do contribuinte de fato.

Percebe-se que o art. 166 do CTN só trata da restituição do tributo indireto como uma pretensão do contribuinte de direito, em duas hipóteses: prova, pelo contribuinte de direito, que assumiu o encargo financeiro do tributo indireto; ou autorização expressa, por parte do contribuinte de fato, que assumiu o encargo, para receber a restituição do tributo indireto. Não se aborda ou permite, portanto, a legitimidade do contribuinte de fato para a restituição de tributos indiretos. Como o contribuinte de direito é a pessoa prevista na norma tributária como o sujeito passivo do tributo, apenas este teria legitimação para o pedido de restituição, e ainda assim obedecendo-se as restrições legais acima comentadas.

23. SCHOUERI, Luís Eduardo. Direito Tributário. 5ª edição. São Paulo: Saraiva, 2015, p. 657.

O STF também admite a restituição do tributo indireto ao contribuinte de direito, desde que haja decisão reconhecendo que não houve transferência do encargo financeiro ao contribuinte de fato, como se pode ver da súmula 546:

> Cabe a restituição do tributo pago indevidamente, quando reconhecido por decisão, que o contribuinte *de jure* não recuperou do contribuinte *de facto* o quantum respectivo

Referida súmula é uma superação do entendimento mais longínquo do STF de que não caberia restituição do tributo indireto pago indevidamente (súmula 71).

Atualmente, contudo, a interpretação jurisprudencial do art. 166 do CTN tem sido uniformizada pelo STJ, e não pelo STF. Em Recurso Especial repetitivo (REsp 903.394, j. 24.03.2010) no qual se analisava a repetição do indébito do IPI (tributo indireto, sobre o consumo) que tinha como contribuinte de direito o fabricante de bebida (industrial) e como contribuinte de fato a distribuidora de bebida, o STJ fixou tese confirmando a orientação de que não há permissão legal para que o contribuinte fato postule a repetição de tributo indireto:

> "O contribuinte de fato (*in casu*, distribuidora de bebida) não detém legitimidade ativa ad causam para pleitear a restituição do indébito relativo ao IPI incidente sobre os descontos incondicionais, recolhido pelo contribuinte de direito (fabricante de bebida), por não integrar a relação jurídica tributária pertinente".

Para o Código Tributário e a jurisprudência, o contribuinte de fato, por não possuir relação jurídica com o ente tributante, não pode ser legitimado à restituição do tributo indireto, ainda que seja o seu patrimônio que tenha sofrido diminuição indevida pelo pagamento em desacordo com a legislação. Nada impede, todavia, que, sob o manto do direito privado, o contribuinte de fato ajuíze ação contra o contribuinte de direito que eventualmente tenha logrado êxito na restituição[24].

O entendimento de que o contribuinte de fato dos tributos indiretos (geralmente, o consumidor) não possui legitimidade para postular a repetição do indébito tributário foi afastado no caso específico do ICMS incidente sobre a demanda contratada e não utilizada de energia elétrica, como se pode ver do REsp 1.299.303 (j. 08.08.2012), também julgado sob a sistemática dos recursos repetitivos:

> - Diante do que dispõe a legislação que disciplina as concessões de serviço público e da peculiar relação envolvendo o Estado-concedente, a concessionária e o consumidor, esse último tem legitimidade para propor ação declaratória c/c repetição de indébito na qual se busca afastar, no tocante ao fornecimento de energia elétrica, a incidência do ICMS sobre a demanda contratada e não utilizada.

---

24. "Em suma: o direito subjetivo à repetição do indébito pertence exclusivamente ao denominado contribuinte de direito. Porém, uma vez recuperado o indébito por este junto ao Fisco, pode o contribuinte de fato, com base em norma de direito privado, pleitear junto ao contribuinte tributário a restituição daqueles valores." (Marcelo Fortes de Cerqueira, in "Curso de Especialização em Direito Tributário - Estudos Analíticos em Homenagem a Paulo de Barros Carvalho", Coordenação de Eurico Marcos Diniz de Santi, Ed. Forense, Rio de Janeiro, 2007, *apud* STJ, REsp 903.394, j. 24.03.2010).

- O acórdão proferido no REsp 903.394/AL (repetitivo), da Primeira Seção, Ministro Luiz Fux, DJe de 26.4.2010, dizendo respeito a distribuidores de bebidas, não se aplica aos casos de fornecimento de energia elétrica.

O fato de a tributação recair sobre serviço público objeto de concessão foi determinante para se afastar o precedente firmado no REsp 903.394. Na concessão, há uma relação que envolve o Estado-concedente, o concessionário e o consumidor do serviço, o que deve alterar a perspectiva comum do contribuinte de fato e do contribuinte de direito, uma vez que este último, concessionário (no caso do ICMS sobre energia elétrica fornecida sob concessão) apresenta-se ao lado do Estado (concedente), em uma relação que inviabiliza o surgimento de litígios judiciais como, por exemplo, a propositura de uma ação de repetição de indébito de valor indevido e repassado ao consumidor. Essa peculiar configuração de posições e interesses entre contribuinte (concessionário de energia elétrica) e Estado tributante (poder concedente) acaba sujeitando o consumidor do serviço a exigências ilegais sem qualquer possibilidade de recorrer ao Judiciário, caso aplicado o entendimento do REsp 903.394. Por essa razão, o STJ admitiu, no caso específico de ICMS sobre energia elétrica, a legitimidade do contribuinte de fato para a restituição de tributos indiretos.

Legitimidade para restituição (repetição) do indébito tributário

Tributos diretos	Tributos indiretos em geral	ICMS sobre energia elétrica
contribuinte de direito	contribuinte de direito	contribuinte de fato

Uma vez que a classificação dos tributos como diretos ou indiretos possui grande relevância na repetição do indébito tributário, necessário se faz estudar alguns julgados do STJ a esse respeito. Em relação ao ISS, o STJ definiu que tal espécie tributária pode se caracterizar como tributo direto ou indireto, a depender do caso concreto (REsp 1.131.476, repetitivo, j. 09.12.2009). Caso o ISS incida sobre a locação de bens móveis, assumirá natureza indireta, exigindo-se os requisitos do art. 166 do CTN para a restituição do indébito tributário (prova de que não transferiu o encargo financeiro do tributo a terceiro ou expressa autorização deste para receber o indébito). Ainda sobre o ISS, o STJ já decidiu que o tributo terá natureza indireta sempre que sua base de cálculo for o valor do serviço, permitindo a transferência do ônus financeiro ao contribuinte de fato (EREsp 873.616, j. 13.12.2010; REsp 1.323.520, j. 04.10.2012).

O imposto de renda, apesar de ser geralmente classificado como tributo direto, foi considerado pelo STJ como tributo indireto na hipótese específica em que for retido na fonte (IRRF), ou seja, quando a pessoa que recolhe o imposto é diversa da pessoa que auferiu a renda tributada. Por essa razão, o IRRF é tributo que comporta a repercussão do encargo financeiro, e por isso o contribuinte de direito só poderá exigir a sua restituição se comprovar ausência do repasse de seu ônus ao contribuinte de fato (AgInt no AREsp 974.997, j. 08.02.2018).

Por fim, a restituição do IRRF assume regime peculiar no caso de sua incidência ocorrer sobre rendimentos de pessoas que são remuneradas pelos Estados e Distrito Federal (bem como respectivas autarquias e fundações). Em tais hipóteses, o produto da arrecadação do imposto de renda será totalmente do ente estadual ou distrital, a despeito de o tributo ser de competência da União, conforme regra de repartição de receita tributária prevista no art. 157, I da Constituição. Essa a orientação do STF, fixada em sede de **repercussão geral** (RE 684.169, j. 30.08.2012):

> Compete à Justiça comum estadual processar e julgar causas alusivas à parcela do imposto de renda retido na fonte pertencente ao Estado-membro, porque ausente o interesse da União.

A **súmula 447 do STJ** encampa o mesmo entendimento:

> Os Estados e o Distrito Federal são partes legítimas na ação de restituição de imposto de renda retido na fonte proposta por seus servidores.

Ao levar em conta o ente titular da receita tributária (e não o ente titular da competência tributária), portanto, a jurisprudência confere aos Estados e ao Distrito Federal a legitimidade passiva para as ações de repetição do indébito tributário propostas pelos agentes públicos que se insurgirem contra a retenção na fonte do pagamento. Nesses casos, a União não deve figurar no polo passivo processual, razão pela qual não se atrai a competência da Justiça Federal. O fato de a União instituir o imposto de renda, quando os entes responsáveis pelo desconto e destinatários da receita retida são os Estados e Distrito Federal, não é suficiente para que se constate interesse do ente federal na demanda de restituição do indébito.

2.1.9.2 *Terceiro que paga tributo por obrigação contratual e repetição do indébito*

A prevalência do contribuinte de direito na legitimidade para a restituição remanesce nos tributos diretos nas hipóteses em que houver contrato transferindo o encargo financeiro do tributo para pessoa diversa do contribuinte. É comum, nesse sentido, que os contratos de locação de imóveis contenham cláusulas estipulando a obrigação (contratual) do locatário de arcar com o pagamento do IPTU. Referidas previsões contratuais em nada alteram a definição legal do sujeito passivo das obrigações tributárias correspondentes, já que as convenções particulares não podem ser opostas ao fisco (art. 123 do CTN). Diante desse panorama, não pode o locatário obrigado ao pagamento do IPTU, em não sendo seu contribuinte diante da definição legal, pleitear a restituição do respectivo indébito tributário. Nesse sentido entende o **STJ**, como se pode ver da **súmula 614**:

> O locatário não possui legitimidade ativa para discutir a relação jurídico-tributária de IPTU e de taxas referentes ao imóvel alugado nem para repetir indébito desses tributos.

De acordo com o STJ, o locatário de imóvel não ostenta a condição de contribuinte ou de responsável dos tributos incidentes sobre o bem locado, e por isso não possui legitimidade ativa para a repetição do indébito tributário referente ao IPTU, à Taxa de Conservação e Limpeza Pública ou à Taxa de Iluminação Pública (AgRg no REsp 836.089, j. 23.02.2011).

Tampouco o negócio de alienação do imóvel transfere a legitimidade ativa da restituição para o novo proprietário (novo contribuinte do IPTU), no caso de o pagamento indevido ter sido realizado pelo antigo proprietário (alienante).

Segundo o STJ, o direito à repetição de indébito de IPTU cabe ao sujeito passivo que efetuou o pagamento indevido, sendo **vedada a repetição em favor do novo proprietário que não pagou o tributo** e nem suportou, direta ou indiretamente, o ônus financeiro correspondente (EREsp 708 237, j. 27.06.2007; REsp 947.206, repetitivo, j. 13.10.2010). Em outras palavras, ocorrendo transferência de titularidade do imóvel, não se transfere tacitamente ao novo proprietário o crédito referente ao pagamento indevido (REsp 593.356, j. 15.03.2005).

2.1.9.3 *Restituição e incidência de juros*

O art. 167, parágrafo único do CTN determina que a restituição do indébito tributário vence **juros não capitalizáveis** (juros de mora), a partir do **trânsito em julgado** da decisão definitiva que a determinar. A expressão "não capitalizáveis" explicita que os juros não incidem sobre si mesmo, ou seja, apenas se aplicam sobre o principal, o que caracteriza os juros simples, em oposição aos juros compostos.

O dispositivo não define qual seria o índice aplicável para incidência dos juros sobre a repetição do indébito tributário (quando o contribuinte é credor), ao contrário do que se dá em relação aos juros incidentes sobre os débitos tributários em atraso (quando o Estado é credor), os quais, de acordo com o art. 161, § 1º do CTN, são calculados à taxa de 1% ao mês. Diante da lacuna, o STF (RE 101.050; RE 90.232) e o STJ (REsp 1.111.189, **repetitivo**, j. 13.05.2009) decidiram utilizar, na repetição do indébito tributário, os juros de mora de 1% ao mês por aplicação analógica do art. 161, § 1º do CTN.

No que se refere ao termo inicial dos juros de mora da repetição do indébito tributário o STJ possui dois enunciados de súmula que separam o início da contagem da correção monetária do início da incidência dos juros moratórios.

Na súmula 162, o STJ fixou a orientação de que, na repetição do indébito tributário, a correção monetária incide a partir do pagamento indevido. De acordo com essa lógica, a atualização monetária está atrelada ao próprio direito substancial da restituição do indébito, não aumentando o seu valor. A correção visa apenas manter o valor real da quantia que ingressou indevidamente nos cofres públicos. Como o contribuinte deixou de dispor desse valor desde o pagamento indevido, é a partir desse momento que deve ocorrer a atualização monetária.

Já no enunciado de número 188, o STJ consolidou o entendimento de que "os juros moratórios, na repetição do indébito tributário, são devidos a partir do trânsito em julgado da sentença". A menção a sentença representa uma opção do STJ em excluir do sentido da expressão "decisão definitiva" as decisões administrativas, o que retarda a incidência dos juros moratórios na repetição do indébito tributário[25], já que o natural é que o trânsito

25. O Código Civil assim dispõe, em seu art. 405, ao tratar das obrigações: "Contam-se os juros de mora desde a citação inicial". A norma do CTN, assim, representa um benefício para o Poder Público também em relação à lei civil.

em julgado das decisões judiciais nas ações de repetição ocorra posteriormente à decisão final na esfera administrativa.

A súmula 188 do STJ, contudo, tem sua aplicação afastada em relação à **restituição dos tributos federais**, pois nesse caso aplica-se o índice SELIC (Sistema Especial de Liquidação e de Custódia), que abrange tanto a correção monetária e os juros de mora, fazendo-se o cálculo desde a **data do pagamento indevido**, conforme dispõe o art. 39, § 4º da Lei 9.250/1995[26]. Nesse sentido já se manifestou o STJ em sede de **repetitivo** (REsp 1.111.189, j. 13.05.2009):

> Relativamente a tributos federais, a jurisprudência da 1ª Seção está assentada no seguinte entendimento: na restituição de tributos, seja por repetição em pecúnia, seja por compensação, (a) são devidos juros de mora a partir do trânsito em julgado, nos termos do art. 167, parágrafo único, do CTN e da Súmula 188/STJ, sendo que (b) os juros de 1% ao mês incidem sobre os valores reconhecidos em sentenças cujo trânsito em julgado ocorreu em data anterior a 1º.01.1996, porque, a partir de então, passou a ser aplicável apenas a taxa SELIC, instituída pela Lei 9.250/95, desde cada recolhimento indevido (EResp 399.497, ERESP 225.300, ERESP 291.257, EResp 436.167, EResp 610.351).

Assim, considerando que o índice SELIC incide a partir de 01.01.1996, o entendimento anterior que determinava a aplicação dos juros de mora de 1% ao mês (em equiparação aos juros de mora dos tributos inadimplidos, quando o Estado figura como credor) ficou restrito aos valores reconhecidos em sentença transitada em julgado em data anterior a 01.01.1996. A partir de então, incide a SELIC, desde a data do pagamento indevido (e não do trânsito em julgado da sentença).

Essa orientação é igualmente aplicável em relação aos tributos estaduais e municipais que adotarem a SELIC como referência, ressalvando-se, contudo, o termo inicial da incidência, que será diverso de acordo com a respectiva lei estadual ou municipal (em São Paulo, por exemplo, a SELIC passou a incidir desde 01.01.1999, conforme art. 1º da Lei Estadual 10.175.1998).

Para a restituição dos tributos de Estados e Municípios que não adotam a SELIC ou qualquer outro índice específico, vale ainda o entendimento acima mencionado do STF e do STJ, no sentido de que os juros de mora devem incidir à razão de 1% ao mês, por aplicação analógica do art. 161, § 1º do CTN. O termo inicial em tais hipóteses, por sua vez, continuaria sendo o do art. 167, parágrafo único do CTN, qual seja, trânsito em julgado da sentença (súmula 188 do STJ).

26. "A partir de 1º de janeiro de 1996, a compensação ou restituição será acrescida de juros equivalentes à taxa referencial do Sistema Especial de Liquidação e de Custódia - SELIC para títulos federais, acumulada mensalmente, calculados a partir da data do pagamento indevido ou a maior até o mês anterior ao da compensação ou restituição e de 1% relativamente ao mês em que estiver sendo efetuada".

Termo inicial dos juros de mora na restituição de tributos federais

ANTES DE 01.01.1996	A PARTIR DE 01.01.1996
TRÂNSITO EM JULGADO DA SENTENÇA	PAGAMENTO INDEVIDO

Vale notar que se o trânsito em julgado ocorreu antes de 01.01.1996, os juros de mora na restituição dos tributos federais será de 1% ao mês até essa data, a partir da qual passa a incidir a SELIC, se o recolhimento foi a ela anterior. Nesse sentido é o entendimento do STJ (AgRg no AgRg no AREsp 536.348, j. 20.11.2014):

> (...) 2. Nas ações de restituição de tributos federais, antes do advento da Lei 9.250/95, incidia a correção monetária desde o pagamento indevido (no caso, no momento da indevida retenção do IR) até a restituição ou a compensação (Súmula 162/STJ), acrescida de juros moratórios a partir do trânsito em julgado (Súmula 188/STJ), na forma do art. 167, parágrafo único, do CTN. 3. Ocorre que, com o advento do referido diploma, passou-se a incidir a Taxa SELIC desde o recolhimento indevido, ou a partir de 1º de janeiro de 1996 (caso o recolhimento tenha ocorrido antes dessa data).

A súmula 188 do STJ pode ainda ser confrontada com o entendimento do STF constante da **súmula vinculante 17**, que trata do regime de incidência dos juros de mora nos precatórios. A interseção entre as duas súmulas se dá diante da possibilidade de o indébito tributário ser recebido por meio de precatório. Nesse sentido, a **súmula 461 do STJ** é expressa ao dispor:

> O contribuinte pode optar por receber, por meio de precatório ou por compensação, o indébito tributário certificado por sentença declaratória transitada em julgado.

Desse modo, a sentença transitada em julgado da ação de repetição de indébito consubstancia uma ordem de pagamento devido pela Fazenda Pública, a ser feito pelo regime de precatórios do art. 100 da Constituição Federal. Ressalve-se a possibilidade de renúncia à execução judicial pelo particular titular do crédito reconhecido em sentença, diante da possibilidade de aproveitar seu crédito em compensação.

Voltando à súmula vinculante 17, seu enunciado pontifica: "**durante o período previsto no parágrafo 1º do artigo 100 da Constituição, não incidem juros de mora sobre os precatórios que nele sejam pagos**". O § 1º do art. 100 da Constituição mencionado no texto da súmula teve sua redação alterada pela Emenda Constitucional 30/2000 e depois pela Emenda 62/2009, de modo que o dispositivo correspondente encontra-se atualmente no § 5º do art. 100 da Constituição. Antes da Emenda Constitucional 30/2000 o art. 100, § 1º da CF dispunha ser obrigatória a inclusão, nos orçamentos dos entes públicos, da verba necessária ao pagamento dos precatórios judiciários apresentados até primeiro de julho, data em que os valores seriam atualizados, sendo o pagamento realizado até o final do exercício seguinte.

Percebe-se desse regramento que o texto constitucional era expresso quanto à atualização do valor apenas até primeiro de julho. A partir dessa data até o final do exercício seguinte, a norma era omissa quanto à incidência de atualização ou juros moratórios. A redação conferida ao art. 100, § 1º pela Emenda Constitucional 30/2000 explicitou que os precatórios apresentados até primeiro de julho, os quais deveriam ser pagos até o final do exercício seguinte, teriam os seus valores atualizados monetariamente a partir desse último marco temporal (final do exercício seguinte ao da apresentação dos precatórios). Ou seja, não havia maiores diferenças entre o art. 100, § 1º antes e depois da Emenda Constitucional 30/2000.

Interpretando a norma do art. 100, § 1º da Constituição, antes e depois da Emenda Constitucional 30/2000, o STF, nos precedentes que culminaram na súmula vinculante 17, firmou o entendimento de que não são devidos os juros moratórios no período entre a data da expedição do precatório e a do efetivo pagamento (RE-AgR 571.222, j. 29.04.2008). De acordo com a Corte Constitucional, não haveria mora que ou atraso na satisfação dos débitos durante o prazo constitucional de pagamento de precatórios até o final do exercício seguinte ao de sua apresentação (RE 298.616, j. 31.10.2002). No raciocínio esposado pelo relator do RE 298.616, Ministro Gilmar Mendes, se o próprio texto constitucional determina o prazo para pagamento do precatório, até o final do exercício seguinte ao de sua apresentação, apenas no caso de descumprimento desse prazo é que se poderia falar em mora e nos respectivos juros moratórios decorrentes do atraso. Se não há atraso no pagamento de acordo com o prazo previsto para tal na Constituição, não deveria haver a incidência dos juros de mora.

Considerando que o atual art. 100, § 5º da Constituição praticamente reproduz a norma do art. 100, § 1º analisada na súmula vinculante 17, é possível concluir que esse entendimento do STF representa uma redução de alcance do art. 167, parágrafo único do CTN, bem como da súmula 188 do STJ, os quais determinam a incidência dos juros moratórios a partir do trânsito em julgado da decisão judicial, sem ressalva quanto ao período do primeiro de julho após a apresentação do precatório e o final do exercício seguinte.

De fato, a aplicação da súmula vinculante 17 em relação ao art. 100, § 5º da Constituição, com a redação dada pela Emenda Constitucional 62/2009 (última emenda que alterou o art. 100), foi confirmada pelo STF no RE 1.169.289, cujo julgamento foi concluído em 16.06.2020, fixando-se a seguinte tese de **repercussão geral**:

> O enunciado da Súmula Vinculante 17 não foi afetado pela superveniência da Emenda Constitucional 62/09, de modo que não incidem juros de mora no período de que trata o § 5º do art. 100 da Constituição. Havendo o inadimplemento pelo ente público devedor, a fluência dos juros inicia-se após o 'período de graça'.

Assim, a súmula vinculante 17 do STF atua como um impedimento à determinação (do CTN e da súmula 188 do STJ) de incidência dos juros moratórios nas repetições de indébito tributário no período específico entre primeiro de julho (em relação aos precatórios apresentados até essa data) e o final do exercício seguinte. Antes do marco de primeiro de julho, incidem os juros moratórios desde o trânsito tem julgado. A mora apta a ensejar os juros cessa a partir de então, só voltando a surgir após o final do exercício seguinte, se não houver pagamento.

TRÂNSITO EM JULGADO DA AÇÃO DE REPETIÇÃO DO INDÉBITO TRIBUTÁRIO -> INÍCIO DA FLUÊNCIA DOS JUROS DE MORA

↓

PRIMEIRO DE JULHO (PRECATÓRIO EXPEDIDO ATÉ ESTA DATA) JUROS DE MORA DEIXAM DE INCIDIR

↓

DIA POSTERIOR AO ÚLTIMO DIA DO EXERCÍCIO SEGUINTE JUROS DE MORA VOLTAM A INCIDIR

Por fim, digno de nota que os juros de mora incidentes na repetição do indébito tributário possuem natureza de lucros cessantes, razão pela qual tais valores devem ser tributados pelo IRPJ e pela CSLL, já que representam acréscimo patrimonial para quem os aufere (REsp 1.138.695, repetitivo, j. 22.05.2013).

2.1.9.4 *Prazos para restituição*

O art. 168 do CTN disciplina o prazo prescricional da pretensão de restituição do indébito tributário ("direito de pleitear a restituição"). Sendo tal prazo de cinco anos, o início da contagem segue duas regras distintas, de acordo com a causa originária da pretensão à restituição. Confira-se:

> Art. 168. O direito de pleitear a restituição extingue-se com o decurso do prazo de 5 (cinco) anos, contados:
>
> I - nas hipótese dos incisos I e II do artigo 165, da data da extinção do crédito tributário; (Vide art 3 da LCp nº 118, de 2005)
>
> II - na hipótese do inciso III do artigo 165, da data em que se tornar definitiva a decisão administrativa ou passar em julgado a decisão judicial que tenha reformado, anulado, revogado ou rescindido a decisão condenatória.

A primeira regra quanto ao início do prazo prescricional agrega as hipóteses de restituição do indébito tributário previstas nos incisos I e II do artigo 165. Esse tratamento conjunto no que diz respeito à prescrição do indébito confirma a observação feita anteriormente de que o segundo inciso pode ser compreendido como contido no primeiro. Relembrando, o inciso I do art. 165 trata da cobrança ou do pagamento espontâneo de quantia indevida em face da legislação tributária ou das circunstâncias materiais do fato gerador efetivamente ocorrido, enquanto o inciso II discorre sobre o erro na identificação do sujeito passivo, alíquota aplicável, cálculo do débito ou na elaboração ou conferência de qualquer documento relativo ao pagamento. Como os elementos previstos no inciso

II são disciplinados na legislação tributária, o pagamento por conta de erro em relação a estes parâmetros resulta, inevitavelmente, em cobrança ou pagamento indevidos em desacordo com a legislação tributária.

De todo modo, em qualquer das hipóteses dos incisos I e II do art. 165 o marco inicial para o prazo prescricional da repetição do indébito tributário será a **data da extinção do crédito tributário**. Em relação aos tributos sujeitos a lançamento de ofício, não há maiores dúvidas quanto à data da extinção do crédito se dar no momento do pagamento.

A maior controvérsia em relação ao prazo prescricional para a restituição cinge-se aos tributos sujeitos a lançamento por homologação. Nesses tributos, o contribuinte apura e recolhe o tributo devido, não havendo lançamento da autoridade administrativa antes do pagamento. O fisco tem o prazo decadencial de cinco anos, a contar da ocorrência do fato gerador, para homologar (aqui o "lançamento por homologação, na dicção do CTN") a apuração do tributo realizada pelo contribuinte. A redação do art. 150, § 4º do CTN permitiria a interpretação de que a extinção do crédito tributário só ocorreria com a homologação, a despeito de o pagamento, causa de extinção do crédito tributário, ter sido realizado antes da homologação.

Como já comentado no final do primeiro tópico deste capítulo, o CTN incorreu em contradição ao considerar, de forma simultânea, o pagamento antecipado e a homologação do lançamento como causas de extinção do crédito tributário (art. 156, VII), sendo que o pagamento e a apuração do tributo pelo contribuinte ocorrem, logicamente, em momento anterior à sua homologação.

Diante desse panorama dos tributos sujeitos a lançamento por homologação, o STJ adotava o entendimento de que o prazo prescricional da restituição só se iniciava após a homologação (que seria a extinção do crédito tributário, nos termos do art. 150, § 4º do CTN), a qual na prática costuma ocorrer de forma tácita, cinco anos após o fato gerador.

O STJ, portanto, não considerou o pagamento antecipado como extinção do crédito tributário para fins de aplicação do art. 168, I do CTN. Se o contribuinte realizasse o pagamento indevido próximo à data do gerador, o STJ a "extinção do crédito tributário" prevista no art. 168, I do CTN como causa inaugural só ocorreria com a homologação, praticamente cinco anos depois, nos tributos sujeitos a lançamento por homologação.

Na prática, o prazo para pleitear a restituição era de 10 anos, a contar da data do fato gerador. Essa antiga orientação pode ser sintetizada no voto do Ministro José Delgado no EREsp 435.835 (j. 24.03.2004):

> A jurisprudência deste Superior Tribunal de Justiça está uniformizada no sentido de que, tratando-se de lançamento por homologação e havendo silêncio do Fisco, o prazo prescricional para pleitear a restituição do tributo é de 10 (dez) anos, a contar da data do fato gerador. A distribuição desse prazo é feita do seguinte modo: o Fisco tem cinco anos, a partir da data do fato gerador para expressar a sua homologação; se não o fizer, a partir do término desse prazo, começa a contar o prazo de cinco anos para efeito prescricional em caso de repetição de indébito.

Essa construção ficou conhecida como "**tese dos cinco mais cinco**", podendo ser visualizada da seguinte maneira:

		INÍCIO DA PRESCRIÇÃO PARA REPETIÇÃO		
Fato gerador	5 anos	Homologação tácita	5 anos	Prescrição da repetição

Fica fácil perceber que essa tese conferia uma situação vantajosa ao contribuinte, que teria cerca de 10 anos a partir do pagamento indevido para pleitear a restituição. O legislador, com orientação contrária, fez constar, na Lei Complementar 118/2005, o seguinte dispositivo (grifos adicionados):

> Art. 3º Para efeito de interpretação do inciso I do art. 168 da Lei nº 5.172, de 25 de outubro de 1966 – Código Tributário Nacional, **a extinção** do crédito tributário **ocorre, no caso de tributo sujeito a lançamento por homologação, no momento do pagamento** antecipado de que trata o § 1º do art. 150 da referida Lei.

O dispositivo legal acima superava o entendimento do STJ, segundo o qual o prazo prescricional para a repetição dos tributos sujeitos a lançamento por homologação só se iniciava após a homologação, na maioria das vezes tácita após cinco anos a ocorrência do fato gerador. Pela regra legal, o prazo prescricional para a restituição começaria a ser contado desde o pagamento antecipado, que ocorre próximo à data do fato gerador (ou seja, cinco anos antes da homologação tácita).

Embora pareça uma tentativa de cancelar um entendimento jurisprudencial por parte da atividade legislativa, não há qualquer impedimento constitucional à edição de novas leis contrárias à jurisprudência consolidada. Pelo contrário, a Constituição prevê expressamente que nem mesmo as decisões definitivas de mérito nas ações diretas de inconstitucionalidade ou as súmulas vinculantes projetam seus efeitos sobre o legislador[27].

Como já decidiu o STF, não há ofensa à decisão do STF em sede de ação direta de inconstitucionalidade pela edição de lei posterior com conteúdo idêntico à declarada inconstitucional, já que a eficácia geral e o efeito vinculante de decisão, proferida pelo STF, só atingem os demais órgãos do Poder Judiciário e todos os do Poder Executivo, não alcançando o legislador (Rcl 2617 AgR, j. 23.02.2005).

Ocorre que a Lei Complementar 118/2005 não só contrariou a orientação jurisprudencial, indo além para conferir eficácia retroativa à nova contagem do prazo prescricional para a restituição do indébito tributário dos tributos sujeitos a lançamento por homologação,

27. CF, art. 102, § 2º As decisões definitivas de mérito, proferidas pelo Supremo Tribunal Federal, nas ações diretas de inconstitucionalidade e nas ações declaratórias de constitucionalidade produzirão eficácia contra todos e **efeito vinculante, relativamente aos demais órgãos do Poder Judiciário e à administração pública direta e indireta, nas esferas federal, estadual e municipal**.
Art. 103-A. O Supremo Tribunal Federal poderá, de ofício ou por provocação, mediante decisão de dois terços dos seus membros, após reiteradas decisões sobre matéria constitucional, aprovar súmula que, a partir de sua publicação na imprensa oficial, terá **efeito vinculante em relação aos demais órgãos do Poder Judiciário e à administração pública direta e indireta, nas esferas federal, estadual e municipal**, bem como proceder à sua revisão ou cancelamento, na forma estabelecida em lei. (grifos adicionados).

Confira-se o art. 3º da Lei Complementar 118/2005 novamente, dessa vez seguido do art. 4º do mesmo diploma (grifos adicionados):

> Art. 3º **Para efeito de interpretação do inciso I do art. 168 da Lei nº 5.172, de 25 de outubro de 1966 – Código Tributário Nacional**, a extinção do crédito tributário ocorre, no caso de tributo sujeito a lançamento por homologação, no momento do pagamento antecipado de que trata o § 1º do art. 150 da referida Lei.
>
> Art. 4º Esta Lei entra em vigor 120 (cento e vinte) dias após sua publicação, **observado, quanto ao art. 3º, o disposto no art. 106, inciso I**, da Lei nº 5.172, de 25 de outubro de 1966 – **Código Tributário Nacional.**

A parte inicial do art. 3º acima, ao dispor que a nova regra de contagem do prazo prescricional é introduzida "para efeito de interpretação" do art. 168, I do CTN, pretendeu conferir eficácia retroativa à nova forma de contagem, o que é confirmado pelo art. 4º logo a seguir, que determina a observância do art. 106, I do CTN quanto à entrada em vigor do art. 3º da Lei Complementar 118/2005. Referido art. 106, I do CTN, por sua vez, preceitua que a lei tributária aplica-se a ato ou fato pretérito **quando seja expressamente interpretativa.**

Muitas críticas doutrinárias surgiram, algumas baseadas na pressuposição de que a lei que introduz novas regras não pode ser classificada como interpretativa.

Como já afirmado no tópico referente ao estudo das leis interpretativas, porém, mais importante do que definir se uma lei é ou não interpretativa, deve-se questionar se uma lei representa violação injustificada e desproporcional à segurança jurídica.

E no caso relativo à introdução da regra do art. 3º da Lei Complementar 118/2005, haveria ofensa ao princípio da segurança jurídica caso se aplicasse a norma retroativamente, como reconhecido pelo STJ (AI nos EREsp 644.736, j. 06.06.2007 – grifos adicionados):

> (...) 1. Sobre o tema relacionado com a prescrição da ação de repetição de indébito tributário, a jurisprudência do STJ (1ª Seção) é no sentido de que, em se tratando de tributo sujeito a lançamento por homologação, o prazo de cinco anos, previsto no art. 168 do CTN, tem início, não na data do recolhimento do tributo indevido, e sim na data da homologação expressa ou tácita - do lançamento. Segundo entende o Tribunal, para que o crédito se considere extinto, não basta o pagamento: é indispensável a homologação do lançamento, hipótese de extinção albergada pelo art. 156, VII, do CTN. Assim, somente a partir dessa homologação é que teria início o prazo previsto no art. 168, I. E, não havendo homologação expressa, o prazo para a repetição do indébito acaba sendo, na verdade, de dez anos a contar do fato gerador.
>
> (...) 3. **O art. 3º da LC 118/2005, a pretexto de interpretar esses mesmos enunciados, conferiu-lhes, na verdade, um sentido e um alcance diferente daquele dado pelo Judiciário. Ainda que defensável a 'interpretação' dada, não há como negar que a Lei inovou no plano normativo, pois retirou das disposições interpretadas um dos seus sentidos possíveis**, justamente aquele tido como correto pelo STJ, intérprete e guardião da legislação federal.
>
> 4. Assim, **tratando-se de preceito normativo modificativo, e não simplesmente interpretativo, o art. 3º da LC 118/2005 só pode ter eficácia prospectiva**, incidindo apenas sobre situações que venham a ocorrer a partir da sua vigência.

> 5. **O artigo 4º, segunda parte, da LC 118/2005, que determina a aplicação retroativa do seu art. 3º, para alcançar inclusive fatos passados, ofende o princípio constitucional da autonomia e independência dos poderes (CF, art. 2º) e o da garantia do direito adquirido, do ato jurídico perfeito e da coisa julgada** (CF, art. 5º, XXXVI).
>
> 6. Argüição de inconstitucionalidade acolhida.

E para a aplicação prospectiva do art. 3º da LC 118/2005, o STF entendeu que o evento relevante não seria o pagamento, mas sim o ajuizamento da ação de restituição. Ou seja, o art. 3º da LC 118/2005 deveria ser aplicado apenas aos contribuintes que ajuizaram ação após o dia 09 de junho de 2005 (data de vigência da LC 118/2005) Confira-se o entendimento do STF fixado em **repercussão geral** (STF, RE 566.621, j. 04.08.2011 – grifos adicionados):

> (...) A aplicação retroativa de novo e reduzido prazo para a repetição ou compensação de indébito tributário estipulado por lei nova, fulminando, de imediato, pretensões deduzidas tempestivamente à luz do prazo então aplicável, bem como a aplicação imediata às pretensões pendentes de ajuizamento quando da publicação da lei, sem resguardo de nenhuma regra de transição, implicam ofensa ao princípio da segurança jurídica em seus conteúdos de proteção da confiança e de garantia do acesso à Justiça. (...) Reconhecida a inconstitucionalidade art. 4º, segunda parte, da LC 118/05, considerando-se **válida a aplicação do novo prazo de 5 anos tão-somente às ações ajuizadas após o decurso da vacatio legis de 120 dias, ou seja, a partir de 9 de junho de 2005**. Aplicação do art. 543-B, § 3º, do CPC aos recursos sobrestados.

Sintetizando:

a) a **LC 118/05 definiu** como **marco inicial do prazo de restituição** dos tributos sujeitos a lançamento por homologação o pagamento antecipado;

b) **essa disposição não possui caráter interpretativo**, não podendo ser aplicada retroativamente;

c) a regra do art. 3ª da LC 118/05 deve ser aplicada às **ações ajuizadas** após sua vigência, pouco importando a data do pagamento do tributo a ser restituído.

Ainda, vale destacar que a contagem do prazo prescricional para a repetição de indébito nos termos do art. 168 do CTN não é influenciada por eventual declaração de inconstitucionalidade da lei instituidora do tributo em controle concentrado, pelo STF, ou por Resolução do Senado, em caso de declaração de inconstitucionalidade em controle difuso. Conforme reconhecido pelo STJ em sede de **recurso repetitivo** (REsp 1.110.578, j. 12.05.2010), tais eventos são irrelevantes para contagem do prazo prescricional para a repetição do indébito tributário, "tanto em relação aos tributos sujeitos ao lançamento por homologação, quanto em relação aos tributos sujeitos ao lançamento de ofício"[28]. Em

28. É possível encontrar na doutrina o entendimento segundo o qual o CTN não teria tratado do prazo prescricional da repetição de indébito nas hipóteses de declaração de inconstitucionalidade, o que atrairia a aplicação do prazo de cinco anos do art. 1º do Decreto 20.91032, a partir do reconhecimento da inconstitucionalidade que fundamenta o indébito: "Interessante observar que, a rigor, o Código não trata de repetição do indébito com fundamento em inconstitucionalidade - hipótese mais frequente a ensejar os pleitos de repetição do indébito tributário na atualidade. Nessa hipótese, portanto, é aplicável o prazo da prescrição quinquenal geral em relação

outro julgamento sobre a prescrição da repetição do indébito tributário (EREsp 435.835. j. 24.03.2004), o STJ já havia fixado que "não há que se falar em prazo prescricional a contar da declaração de inconstitucionalidade pelo STF ou da Resolução do Senado".

Seguindo essa orientação, caso um contribuinte realize o pagamento de determinado tributo federal no ano de 1990 e a lei que fundamenta essa exigência seja declarada inconstitucional pelo STF em 1996, essa última data (da declaração de inconstitucionalidade) não serve de termo *a quo* para a contagem do prazo prescricional da repetição do indébito, sendo a data do pagamento o termo inicial.

Por fim, o prazo prescricional previsto no art. 168 do CTN para a ação de repetição de indébito tributário não é interrompido pelo pedido administrativo de compensação ou restituição, conforme dispõe a **súmula 625 do STJ**:

> O pedido administrativo de compensação ou de restituição não interrompe o prazo prescricional para a ação de repetição de indébito tributário de que trata o art. 168 do CTN nem o da execução de título judicial contra a Fazenda Pública.

As hipóteses de interrupção da prescrição previstas no art. 174, parágrafo único do CTN[29] dizem respeito à cobrança do crédito tributário (cobrado pela Fazenda), e não à prescrição para a restituição do indébito postulado pelo contribuinte.

2.1.9.5 *Prazo da ação anulatória da decisão administrativa que denegar a restituição*

Apesar de a análise da repetição do indébito tributário se concentrar na via judicial desse pedido, também é possível que a restituição do pagamento indevido seja realizado administrativamente. Nesse último caso, o art. 169 do CTN prevê um prazo específico de dois anos para a propositura de uma ação (judicial) anulatória da decisão **administrativa** que denegar a restituição:

> Art. 169. Prescreve em dois anos a ação anulatória da decisão administrativa que denegar a restituição.
>
> Parágrafo único. O prazo de prescrição é interrompido pelo início da ação judicial, recomeçando o seu curso, por metade, a partir da data da intimação validamente feita ao representante judicial da Fazenda Pública interessada.

Esse prazo de dois anos deve ser contado a partir da ciência do contribuinte sobre a decisão administrativa definitiva denegatória (STJ, EDcl nos EDcl no REsp 1.035.830, j. 21.09.2010). Trata-se de norma especial, a ser aplicada a uma decisão administrativa em

a Fazenda Pública, igualmente de cinco anos (Decreto n. 20.910/32, art. 1º)." (COSTA, Regina Helena. Curso de Direito Tributário – Constituição e Código Tributário Nacional. 4ª. ed. São Paulo: Editora Saraiva, 2014, p. 276). Como se viu, o STJ não acolheu essa linha de raciocínio.

29. CTN, art. 174. A ação para a cobrança do crédito tributário prescreve em cinco anos, contados da data da sua constituição definitiva. Parágrafo único. A prescrição se interrompe: I – pelo despacho do juiz que ordenar a citação em execução fiscal; II - pelo protesto judicial; III - por qualquer ato judicial que constitua em mora o devedor; IV - por qualquer ato inequívoco ainda que extrajudicial, que importe em reconhecimento do débito pelo devedor.

específico, qual seja, aquela que denega o pedido de restituição do indébito tributário. Por conta dessa especialidade, o art. 169 do CTN prevalece sobre o art. 1º do Decreto 20.910/1932[30], que prevê o prazo prescricional quinquenal para se exigir as dívidas da União, Estados e Municípios.

Não se deve confundir o prazo de dois anos para anular judicialmente decisão administrativa que denega a restituição com o prazo de cinco anos para o pedido em si da restituição. (este último previsto no art. 168 do CTN, já estudado). Na ação de anulação da decisão administrativa denegatória da restituição, a autora deve juntar, para instruir seu pedido, documento que comprove requerimento administrativo de devolução do valor pago indevidamente.

O parágrafo único do art. 169 do CTN, a seu turno, prevê que o prazo prescricional da ação anulatória é interrompido pelo "início da ação judicial". Apesar de esse termo utilizado pelo CTN ser vago, é possível associá-lo à regra atual no art. 240, § 1º do CPC, segundo a qual a interrupção da prescrição se dá pelo despacho do juiz que ordena a citação, sendo que esse efeito interruptivo retroage à data da propositura da ação[31]. O Código Civil, em seu art. 202, I, possui norma semelhante, ao prever que a interrupção da prescrição se dá com o despacho do juiz que ordenar a citação. Já o art. 7º do Decreto 20.910/1932 associa a interrupção da prescrição das dívidas das Fazendas Públicas à citação inicial.

Cotejando esse conjunto de normas sobre a interrupção da prescrição, é possível concluir que o "início da ação judicial" mencionado no parágrafo único do art. 169 do CTN corresponde ao despacho citatório. É igualmente razoável asseverar que a interrupção da prescrição regulada no art. 169 do CTN retroage à data da propositura da ação, aplicando-se aqui também a **súmula 106 do STJ**, segundo a qual "Proposta a ação no prazo fixado para o seu exercício, a demora na citação, por motivos inerentes ao mecanismo da justiça, não justifica o acolhimento da arguição de prescrição ou decadência". O pensamento consubstanciado nessa súmula foi inclusive reafirmado em sede de **repetitivo** (REsp 1.102.431, j. 09.12.2009), no qual se analisava a interrupção da prescrição em execuções fiscais, tendo sido fixada a seguinte tese: "A perda da pretensão executiva tributária pelo decurso de tempo é consequência da inércia do credor, que não se verifica quando a demora na citação do executado decorre unicamente do aparelho judiciário".

A parte final do parágrafo único do art. 169 do CTN dispõe que, após a interrupção da prescrição da ação anulatória, sua contagem é retomada pela metade a partir da data da intimação validamente feita ao representante judicial da Fazenda Pública interessada. Há aqui uma regra mais benéfica para a Fazenda Pública contra a qual corre o prazo prescricional da anulação da decisão que denega a restituição.

---

30. Decreto 20.910/1932, art. 1º As dívidas passivas da União, dos Estados e dos Municípios, bem assim todo e qualquer direito ou ação contra a Fazenda federal, estadual ou municipal, seja qual for a sua natureza, prescrevem em cinco anos contados da data do ato ou fato do qual se originarem.

31. CPC, art. 240, § 1º: "A interrupção da prescrição, operada pelo despacho que ordena a citação, ainda que proferido por juízo incompetente, retroagirá à data de propositura da ação.".

Isso porque a regra geral da **interrupção da prescrição** é a restituição integral do prazo (ao contrário da **suspensão da prescrição**, onde o prazo é retomado pelo restante que faltava antes do evento suspensivo).

Caso se devolvesse todo o prazo prescricional para a ação de anulação do art. 169, a Fazenda teria contra si novamente outra contagem de dois anos durante os quais o contribuinte poderia exigir a anulação da decisão que negou a repetição do indébito tributário.

Com a regra do parágrafo único do art. 169, todavia, a retomada do prazo prescricional que possuía o contribuinte será reduzida pela metade. Norma semelhante é aplicável ao regramento geral da prescrição das pretensões contra a Fazenda, como se vê do art. 9º do Decreto 20.910/1932, ao determinar que a prescrição interrompida recomeça a correr, pela metade do prazo, da data do ato que a interrompeu ou do último ato ou termo do respectivo processo.

Esse benefício de retomada do prazo prescricional interrompido pela metade (e não integralmente), contudo, não pode tornar o prazo prescricional contado contra o contribuinte inferior ao tempo previsto em lei. Aplica-se também ao art. 169, parágrafo único do CTN o entendimento consolidado na **súmula 383 do STF** ("A prescrição em favor da Fazenda Pública recomeça a correr, por dois anos e meio, a partir do ato interruptivo, mas não fica reduzida aquém de cinco anos, embora o titular do direito a interrompa durante a primeira metade do prazo") em relação ao art. 9º do Decreto 20.910/32, segundo a qual o fato de a interrupção da prescrição ter ocorrido durante a primeira metade de sua contagem não reduz o prazo prescricional em montante inferior ao previsto em lei[32].

Exemplificando em relação ao art. 169, parágrafo único do CTN, caso a interrupção da prescrição no segundo mês da sua contagem, o prazo a ser contado a partir de sua retomada com a cessação da causa de interrupção não seria de apenas um ano (metade do prazo de dois anos, o que totalizaria um ano e dois meses), mas sim a diferença entre o período já transcorrido e o prazo legal de dois anos. Desse modo, preserva-se, como prazo mínimo, o período de dois anos previsto legalmente.

Se a interrupção do prazo prescricional ocorrer na segunda metade do prazo (após o transcurso de um ano), não há necessidade dessa salvaguarda, pois o prazo total já será, ao menos de dois anos. Assim, caso a interrupção ocorra no vigésimo mês após o início da contagem, a retomada do prazo após a cessação da causa de interrupção se dá pela metade do prazo legal, sendo restituído ao contribuinte mais um ano (o que totalizaria, no exemplo abordado, "vinte meses + um ano" - dois anos e oito meses).

2.2 Compensação

A compensação é mais uma das modalidades de extinção do crédito tributário previstas no CTN, em seus artigos 170 e 170-A, que trazem apenas contornos gerais dessa causa de extinção.

32. "Prescrição qüinqüenal em favor da Fazenda Pública. Decreto 20.910, de 1932, artigos 1º e 4º. A prescrição somente pode ser interrompida uma vez, recomeçando a correr pela metade do prazo, da data do ato que a interrompeu. D.L. 4.597, de 1942, artigo 3º. A prescrição em favor da Fazenda Pública recomeça a correr, por dois anos e meio, a partir do ato interruptivo, mas não fica reduzida aquém de cinco anos, embora o titular do direito a interrompa durante a primeira metade do prazo. Súmula 383 STF." (STF, ACO 493, j. 18.06.1998).

Ocorre a compensação quando uma pessoa é, ao mesmo tempo, credora e devedora de outro sujeito. Trata-se de uma forma de extinção das obrigações prevista no art. 368 do Código Civil, segundo o qual se duas pessoas forem ao mesmo tempo credor e devedor uma da outra, as duas obrigações extinguem-se, até onde se compensarem. A compensação assume grande relevância também como forma de extinção dos créditos tributários.

Segundo o art. 170 do CTN, os créditos do contribuinte devem ser líquidos e certos para que possam ser aproveitados na quitação de sua dívida com o fisco (grifos adicionados):

> Art. 170. A lei pode, nas condições e sob as garantias que estipular, ou cuja estipulação em cada caso atribuir à autoridade administrativa, autorizar a compensação de **créditos tributários** com **créditos líquidos e certos**, vencidos ou vincendos, **do sujeito passivo contra a Fazenda pública**.
>
> Parágrafo único. Sendo vincendo o **crédito do sujeito passivo**, a lei determinará, para os efeitos deste artigo, a apuração do seu montante, não podendo, porém, cominar redução maior que a correspondente ao juro de 1% (um por cento) ao mês pelo tempo a decorrer entre a data da compensação e a do vencimento.

Ao se estudar a compensação, deve se tomar cuidado com as nomenclaturas. Como já se viu, "crédito tributário" é expressão utilizada pelo CTN para se referir ao tributo devido pelo contribuinte. Na compensação, porém, há também o "crédito" que o contribuinte possui em face do ente público, em razão, por exemplo, de um pagamento indevido. Esse "crédito" em favor do contribuinte será utilizado para extinguir o "crédito tributário", que é a dívida do contribuinte na compensação. Esse "crédito" a favor do contribuinte é mencionado no *caput* do art. 170 do CTN como "**créditos líquidos e certos do sujeito passivo contra a Fazenda pública**", expressão que se contrapõe aos "**créditos tributários**", que representam os débitos do contribuinte. No parágrafo único do art. 170, é mencionado o "**crédito do sujeito passivo**", que também representa o oposto do "**crédito tributário**".

Não se deve confundir, portanto, o "crédito tributário", que é a dívida do contribuinte (o tributo a ser pago), com o "crédito" apurado pelo contribuinte e que será utilizado para quitar sua dívida com o fisco.

Caso o crédito a favor do contribuinte seja reconhecido em sentença declaratória transitada em julgado, a jurisprudência entende que o contribuinte pode optar pelo recebimento do seu crédito por meio de precatório ou por meio de compensação. Isto é, a existência de um crédito que o contribuinte possua contra um ente tributante não significa, necessariamente, sua utilização em procedimento de compensação, apesar de este último ser um meio mais célere de aproveitamento do crédito. Conforme a **súmula 461 do STJ**, o contribuinte pode optar por receber, **por meio de precatório ou por compensação**, o indébito tributário certificado por sentença declaratória transitada em julgado.

Desse modo, o contribuinte que ajuizar uma **ação de repetição do indébito tributário**, por exemplo, caso obtenha uma sentença transitada em julgado a seu favor, terá um título judicial que lhe reconhece um crédito, título este que pode servir como ordem de pagamento no Judiciário pelo sistema de precatórios, ou como instrumento para habilitação em procedimento administrativo, para fins de utilização em compensação tributária.

2.2.1 *Compensação Tributária e Compensação no Direito Civil*

Como já afirmado, a compensação é modalidade de extinção das obrigações de direito privado, prevista expressamente no art. 368 do Código Civil. Apesar de existir também no direito tributário, possui peculiaridades em relação ao instituto do direito civil.

As principais diferenças entre os regimes diz respeito à natureza do crédito compensado e a um dos credores na relação. Na compensação tributária, haverá extinção de um crédito tributário, que tem como credor uma pessoa de direito público.

Além disso, a compensação prevista no Código Civil não depende de outra lei autorizativa. Para que haja compensação no direito tributário, contudo, não basta a previsão no CTN, devendo haver autorização em lei do respectivo ente tributante, lei esta que deve estipular as condições e garantias da compensação, ou mesmo atribuir tal estipulação à autoridade administrativa.

Outra diferença entre a compensação do Código Civil e a do CTN é quanto à possibilidade ou não de se compensar créditos vincendos. Consoante o art. 369 do diploma civil, a compensação efetua-se entre dívidas líquidas, **vencidas** e de coisas fungíveis. Já o art. 170 do CTN admite a compensação com créditos do contribuinte sejam eles **vencidos ou vincendos**, o que revela a maior amplitude da compensação tributária.

Mais um afastamento entre a compensação tributária e o regramento civil é encontrado na jurisprudência do STJ, onde se discutiu a aplicação do art. 354 do Código Civil às compensações tributárias. Segundo a referida regra civil, havendo capital (principal da obrigação pecuniária) e juros, o pagamento imputar-se-á primeiro nos juros vencidos, e depois no capital, salvo estipulação em contrário, ou se o credor passar a quitação por conta do capital. Ocorre que essa regra de imputação de pagamentos prevista no Código Civil não é aplicável à compensação tributária, não havendo espaço para aplicação subsidiária no presente caso (STJ, REsp 1.058.339, j. 19.08.2008). Esse entendimento foi sedimentado na **súmula 464 do STJ**, segundo a qual a regra de imputação de pagamentos estabelecida no art. 354 do Código Civil não se aplica às hipóteses de compensação tributária.

Em síntese, a compensação tributária deve ser feita de acordo com as regras específicas estabelecidas para regular tal forma de extinção do débito. Não cabe, nessa hipótese, uma aplicação do sistema adotado pelo Código Civil, não se podendo empregar sequer a analogia, uma vez que não há omissão do CTN quanto à matéria (REsp 973.386, j. 01.04.2008).

2.2.2 *Compensação Tributária na Esfera Federal*

O *caput* do art. 74 da Lei 9.430/1996 (lei que dispõe sobre a legislação tributária federal), em sua redação atual, dá os contornos da compensação tributária na esfera federal (grifos adicionados):

> Art. 74. O sujeito passivo que **apurar crédito**, inclusive os judiciais com trânsito em julgado, relativo a tributo ou contribuição administrado pela Secretaria da Receita Federal, passível de restituição ou de ressarcimento, **poderá utilizá-lo na compensação de débitos** próprios relativos a quaisquer tributos e contribuições administrados por aquele Órgão.

Como se vê do dispositivo acima, o "crédito" apurado pelo contribuinte contrapõe-se ao débito a ser quitado. Esse "débito" do contribuinte corresponde justamente ao "crédito tributário" devido ao fisco. Percebe-se que o *caput* do art. 74 da Lei 9.430/1996 não utiliza a expressão "crédito tributário", largamente empregada pelo CTN, se valendo apenas da palavra "crédito", com sentido diverso. No § 2º do mesmo art. 74, todavia, a lei preceitua que a compensação extingue o "crédito tributário", ou seja, a dívida do contribuinte.

Falando na esfera federal, não se exige que o crédito do contribuinte seja relativo a uma mesma espécie de tributo que a do débito que pretende quitar. Basta apenas que os tributos que originam os débitos e créditos a serem confrontados na compensação sejam administrados pela Receita Federal. Anteriormente, o art. 66, § 1º da Lei 8.383/1991 (lei esta sobre tributos federais) dispunha que a compensação "só poderá ser efetuada entre tributos, contribuições e receitas da mesma espécie". Nessa sistemática, já superada, um crédito de ITR não poderia ser compensado com um débito de IRPF ou IRPJ, por exemplo.

Posteriormente, contudo, o art. 74 da Lei 9.430/1996, em sua redação original[33], dispensou a exigência de os tributos serem da mesma espécie, permitindo que os créditos que o contribuinte tivesse por conta de restituição ou ressarcimento fossem utilizados para a quitação de quaisquer tributos sob a administração da Receita Federal. A redação atual do art. 74 da Lei 9.430/1996, conferida pela Lei 10.637/2002, continua a não exigir que os tributos sejam da mesma espécie, bastando que sejam administrados pela Receita Federal.

Em 2007, as contribuições previdenciárias passaram a ser administradas pela Receita Federal, o que implicaria a possibilidade de se compensar tais contribuições com os outros tributos federais, não fosse a vedação prevista no art. 26, parágrafo único da Lei 11.457/2007, que vedava a aplicação do art. 74 da Lei 9.430/1996 às contribuições da seguridade social, inclusive as previdenciárias. Por esse regime, tais contribuições, apesar de serem tributos federais administrados pela Receita Federal, não poderiam ter seus débitos ou créditos compensados com outros tributos federais, como, por exemplo, o IRPJ e a CIDE-*royalties* (contribuição de intervenção no domínio econômico).

Com a Lei 13.670/2018, essa vedação deixou de ser absoluta. O art. 26, parágrafo único da Lei 11.457/2007 foi revogado, e em seu lugar foi introduzido o art. 26-A, que permite a compensação das contribuições previdenciárias com os demais tributos federais desde que o sujeito passivo utilize o Sistema de Escrituração Digital das Obrigações Fiscais, Previdenciárias e Trabalhistas (eSocial):

> Lei 11.457/2007, art. 26-A. O disposto no art. 74 da Lei nº 9.430, de 27 de dezembro de 1996: I - aplica-se à compensação das contribuições a que se referem os arts. 2º e 3º desta Lei efetuada pelo sujeito passivo que utilizar o Sistema de Escrituração Digital das Obrigações Fiscais, Previdenciárias e Trabalhistas (eSocial), para apuração das referidas contribuições, observado o disposto no § 1º deste artigo; II - não se aplica à compensação das contribuições a que se referem os arts. 2º e 3º desta Lei efetuada pelos demais

33. Segundo a redação original do art. 74 da Lei 9.430/1996: "Observado o disposto no artigo anterior, a Secretaria da Receita Federal, atendendo a requerimento do contribuinte, poderá autorizar a utilização de créditos a serem a ele restituídos ou ressarcidos para a quitação de **quaisquer tributos e contribuições sob sua administração**". (grifos adicionados).

sujeitos passivos; e III - não se aplica ao regime unificado de pagamento de tributos, de contribuições e dos demais encargos do empregador doméstico (Simples Doméstico).

Pelo atual regramento da compensação tributária na esfera federal o contribuinte procede ao "encontro de contas" por iniciativa própria e mediante declaração de compensação (por meio do programa "PER/DCOMP" – Pedido Eletrônico de Restituição, Ressarcimento ou Reembolso e Declaração de Compensação – art. 66, § 1º, da IN 1.717/2017, da Receita Federal), sem a autorização ou intervenção prévia da Receita Federal. Os "débitos próprios" do contribuinte a serem quitados na compensação são não apenas os débitos por obrigação própria, mas também os decorrentes de responsabilidade tributária apurados por todos os estabelecimentos da pessoa jurídica (art. 66, § 3º, da Instrução Normativa 1.717/2017, da Receita Federal do Brasil).

A sistemática é similar à do "lançamento por homologação", na qual o contribuinte apura o tributo a ser pago. No caso da compensação, apura-se também o crédito a ser utilizado para extinção de sua dívida com o fisco. Essa extinção do crédito tributário (tributo devido pelo contribuinte) pelo crédito apurado pelo contribuinte, assim, ocorre sob condição resolutória de sua ulterior homologação[34], da mesma forma que se dá com o pagamento antecipado nos tributos sujeitos a lançamento por homologação[35].

Assim, também a declaração de compensação tem o prazo de cinco anos para ser homologada pela autoridade tributária federal, como prevê o art. 74, § 5º da Lei 9.430/1996, contando-se tal prazo a partir da data da entrega da declaração de compensação. Igualmente se aproximando da metodologia dos tributos lançados por homologação, onde a declaração constitui o próprio crédito tributário[36], a declaração de compensação constitui confissão de dívida e instrumento hábil e suficiente para a exigência dos débitos indevidamente compensados (art. 74, § 6º da Lei 9.430/1996), dispensando-se, assim, qualquer formalidade por parte do fisco para constituição do crédito tributário.

Caso a declaração de compensação não seja homologada, a autoridade administrativa deverá cientificar o sujeito passivo e intimá-lo a efetuar, no prazo de 30 dias, o pagamento dos débitos indevidamente compensados (art. 74, § 7º da Lei 9.430/1996).

Dessa não homologação surgem duas alternativas: se ficar inerte, o contribuinte terá o débito encaminhado à Procuradoria-Geral da Fazenda Nacional para **inscrição em Dívida Ativa** da União, já que não há necessidade de lançamento pelo fisco, uma vez que o débito foi constituído pela declaração de compensação (art. 74, § 8º da Lei 9.430/1996); caso discorde da postura do fisco quanto à não homologação da compensação, o sujeito passivo poderá apresentar **manifestação de inconformidade** (art. 74, § 9º da Lei 9.430/1996), dentro do prazo de 30 dias que dispõe para realizar o pagamento (prazo este instaurado com a intimação do fisco a respeito da não homologação).

34. Lei 9.430/1996, art. 74, § 2º: A compensação declarada à Secretaria da Receita Federal extingue o crédito tributário, sob condição resolutória de sua ulterior homologação.
35. CTN, art. 150, § 1º: O pagamento antecipado pelo obrigado nos termos deste artigo extingue o crédito, sob condição resolutória da ulterior homologação ao lançamento.
36. Súmula 436 do STJ: "A entrega de declaração pelo contribuinte reconhecendo débito fiscal constitui o crédito tributário, dispensada qualquer outra providência por parte do fisco".

A primeira hipótese, relativa ao encaminhamento do débito para inscrição em dívida ativa diante da não homologação da compensação, merece um esclarecimento. O dispositivo que prevê o encaminhamento do débito (art. 74, § 8º da Lei 9.430/1996) foi incluído pela Medida Provisória 135/2003.

Antes da inclusão dessa regra, o STJ possuía o entendimento consolidado no sentido de que não era possível o encaminhamento do débito à inscrição em dívida ativa a partir, diretamente, da declaração de compensação não homologada. Segundo o STJ, a hipótese em que o contribuinte declara saldo a pagar (onde não há dúvida quanto à possibilidade de inscrição da dívida declarada, sem necessidade de procedimento do fisco) não se confunde com a situação em que o contribuinte não declara saldo a pagar em virtude de compensação não homologada. No último caso, a autoridade tributária deveria realizar lançamento de ofício da diferença apurada que pretende exigir do sujeito passivo. Confira-se exemplo de julgado nesse sentido (REsp 1.205.004, j. 22.03.2011 – grifos adicionados):

> - Em situações em que o devedor apresenta Declaração de Débitos e Créditos Tributários Federais - DCTF simplesmente apontando saldo a pagar, a jurisprudência desta Corte entende haver confissão de dívida, dispensa o fisco de efetuar o lançamento do débito e reconhece que a prescrição quinquenal passa a correr novamente a partir da entrega do referido documento à receita.
>
> - **Quando a Declaração** de Débitos e Créditos Tributários Federais - DCTF apresentada, inclusive a título de retificação, **busca liquidar os débitos mediante compensação, sustentando o declarante não haver saldo a pagar**, também na linha da orientação da Corte, **não há reconhecimento e constituição de dívida, devendo o fisco, necessariamente**, dentro do prazo quinquenal, **efetuar o lançamento do débito mediante procedimento administrativo e notificação da devedora se não admitida a referida compensação.**[37]

Referido julgado, contudo, diz respeito a dívidas tributárias cujas declarações foram apresentadas entre 2000 e 2001. Antes, portanto, da inclusão, em 2003, do § 8º ao art. 74 da Lei 9.430/1996, que passou a prever ser desnecessário o lançamento suplementar do débito apurado em virtude da não homologação da compensação.

Ainda que se enxergue uma incompatibilidade entre o entendimento jurisprudencial acima e a previsão legal de encaminhamento do débito para inscrição em dívida ativa

37. No mesmo sentido também no STJ: "1. É pacífico na jurisprudência desta Corte que a declaração do tributo por meio de DCTF, ou documento equivalente, dispensa o Fisco de proceder à constituição formal do crédito tributário. 2. Não obstante, tendo o contribuinte declarado o tributo via DCTF e realizado a compensação nesse mesmo documento, também é pacífico que **o Fisco não pode** simplesmente desconsiderar o procedimento adotado pelo contribuinte e, **sem qualquer notificação de indeferimento da compensação, proceder à inscrição do débito em dívida ativa com posterior ajuizamento da execução fiscal**. 3. Inexiste crédito tributário devidamente constituído enquanto não finalizado o necessário **procedimento administrativo que possibilite ao contribuinte exercer a mais ampla defesa**, sendo vedado ao Fisco recusar o fornecimento de certidão de regularidade fiscal se outros créditos não existirem." (REsp 999.020, j. 13.05.2008 - grifos adicionados); "Ambas as Turmas integrantes da Primeira Seção desta Corte Superior firmaram entendimento no sentido de que, tendo o contribuinte declarado o tributo via DCTF e realizado a compensação nesse mesmo documento, o Fisco não pode simplesmente desconsiderar o procedimento adotado pelo contribuinte e, sem qualquer notificação de indeferimento da compensação, proceder à inscrição do débito em dívida ativa com posterior ajuizamento da execução fiscal." (REsp 1.140.730, j. 14.06.2011); AgRg no Ag 1.285.897, j. 19.10.2010; REsp 1.024.227, j. 06.08.2009; REsp n. 419.476, AgRg no REsp 1.233.831, j. 01.12.2011; AgRg no REsp 1.386.137, j. 20.11.2014.

diante da não homologação da compensação (art. 74, § 8º da Lei 9.430/1996), deve-se levar em conta que o regramento atual prevê o encaminhamento do débito oriundo da compensação não homologada apenas após o prazo de 30 dias da intimação do sujeito passivo a respeito da não homologação. Ou seja, há o requisito "procedimento administrativo e notificação da devedora se não admitida a referida compensação", exigido no julgado acima. A diferença entre a disciplina do art. 74 da Lei 9.430/1996 e a jurisprudência do STJ poderia ser apontada em relação à exigência de lançamento de ofício constante nos julgados, o que não se encontra no regramento legal.

De qualquer modo, é sabido que a atividade legislativa não se vincula às decisões judiciais, sendo perfeitamente possível a edição de lei em sentido contrário à jurisprudência consolidada. Por essa razão, após a vigência do art. 74, § 8º da Lei 9.430/1996 (que se deu em 31.10.2003), deixou de existir a necessidade de lançamento de ofício para constituição do crédito tributário correspondente ao débito apurado pelo contribuinte em declaração de compensação não homologada, bastando a notificação do sujeito passivo acerca da decisão que não homologa a compensação. Confira-se o entendimento do STJ a respeito (REsp 1.228.429, j. 14.08.2012 – grifos adicionados):

> (...) **antes de 31.10.2003 havia a necessidade de lançamento de ofício para se cobrar a diferença dos débitos apurados em DCTF decorrentes de compensação indevida; de 31.10.2003 em diante** (eficácia da MP n. 135/2003, convertida na Lei n. 10.833/2003) **o lançamento de ofício deixou de ser necessário** para a hipótese, no entanto, o encaminhamento de débitos apurados em DCTF decorrentes de compensação indevida para inscrição em dívida ativa passou a ser **precedido de notificação ao sujeito passivo para pagar ou apresentar manifestação de inconformidade**, recurso este que suspende a exigibilidade do crédito tributário na forma do art. 151, III, do CTN (art. 74, §11, da Lei n. 9.430/96). (...)[38]

Essa manifestação de inconformidade quanto à não homologação da compensação pode ser comparada à impugnação ao lançamento ou auto de infração que exige tributo e multa do contribuinte. Isso porque a manifestação de inconformidade não deixa de ser uma impugnação à exigência de tributo, razão pela qual também possui o condão de instaurar a fase litigiosa do procedimento administrativo fiscal federal, nos termos do art. 14 do Decreto 70.235/1972: "A impugnação da exigência instaura a fase litigiosa do procedimento".

Por essa razão, da decisão que julgar improcedente a manifestação de inconformidade caberá recurso ao Conselho de Contribuintes (art. 74, § 10 da Lei 9.430/1996), do mesmo modo que cabe o recurso voluntário da decisão no processo administrativo fiscal que mantém a exigência fiscal em lançamento ou auto de infração (art.33 do Decreto 70.235/1932)[39].

38. No mesmo sentido, também no STJ: "Antes de 31.10.2003 havia a necessidade de lançamento de ofício para se cobrar a diferença do "débito apurado" em DCTF decorrente de compensação indevida." REsp 1.240.110, j. 02.02.2012; REsp 1.212.863, j. 03.05.2012; REsp 1.228.429, j. 14.08.2012; REsp 1.222.360, 19.05.2015; REsp 1.320.915, j. 20.11.2012; REsp 1.332.376, j. 06.12.2012.

39. "A Primeira Seção, ao julgar o EREsp 850.332/SP, Rel. Min. Eliana Calmon, examinando a matéria à luz da redação original do art. 74 da Lei 9.430/96, portanto, sem as alterações estabelecidas pelas Leis 10.637/02, 10.833/03 e 11.051/04, concluiu que o pedido de compensação e o recurso interposto contra o seu indeferimento suspendem a exigibilidade do crédito tributário, já que a situação enquadra-se na hipótese do art. 151, III, do CTN." (STJ, EREsp 977.083, j. 28.04.2010).

Tanto é assim que o art. 74, § 11 da Lei 9.430/1996 confere à manifestação de inconformidade e ao recurso contra a decisão que a rejeita o rito processual do Decreto 70.235/1932. O mesmo art. 74, § 11 vai além para dispor que a manifestação de inconformidade e o respectivo recurso enquadram-se nas reclamações e nos recursos que suspendem a exigibilidade do crédito tributário. Não se trata de criação de hipótese de suspensão da exigibilidade do crédito tributário por lei ordinária, mas de mera explicitação legal de que a manifestação de inconformidade e o respectivo recurso são classificados como reclamações e recursos administrativos. Como já decidiu o STJ, a manifestação de inconformidade é "recurso" contra a decisão que não homologa a compensação, e por isso suspende a exigibilidade do crédito tributário na forma do art. 151, III, do CTN (REsp 1.240.110, j. 02.12.2012).

2.2.3 *Compensação Tributária e Precatórios*

Os precatórios são requisições de pagamento referentes a dívidas da Fazenda Pública (União, Estados, Distrito Federal, Municípios e respectivas autarquias e fundações públicas) sendo tais dívidas decorrentes de um processo judicial transitado em julgado, conforme a regra do art. 100 da Constituição:

> CF, art. 100. Os pagamentos devidos pelas Fazendas Públicas Federal, Estaduais, Distrital e Municipais, em virtude de sentença judiciária, far-se-ão exclusivamente na ordem cronológica de apresentação dos precatórios e à conta dos créditos respectivos, proibida a designação de casos ou de pessoas nas dotações orçamentárias e nos créditos adicionais abertos para este fim.

Desse conceito surge a dúvida sobre a possibilidade de o contribuinte que possui dívida tributária com o fisco proceder à compensação com eventual precatório que possua em face da mesma Fazenda Pública que lhe exige tributos.

Analisando a norma geral de direito tributário constante, no CTN, verifica-se que não há autorização para a utilização de precatórios na compensação de tributos. Tampouco há restrição, dispondo o art. 170 do CTN que a autorização para a compensação deve se dar em lei do respectivo ente tributante, onde serão estipuladas condições e garantias para o encontro de contas. Diante disso, cabe a cada ente tributante autorizar ou não a utilização de precatórios para compensação com créditos tributários.

Nesse sentido, o STJ possui jurisprudência no sentido de que a compensação de débitos tributários com precatórios só é possível, à luz do art. 170 do CTN, quando houver lei específica autorizadora (AgRg nos EDcl no RMS 35.581, j. 23.06.2016; REsp 1.203.069, j. 21.06.2011).

No âmbito federal, não se permite a utilização de precatórios para compensação de tributos no procedimento efetuado pelo próprio contribuinte por meio de declaração[40]. Nesse sentido a Solução de Consulta 101/2014 da Receita Federal:

---

40. Na transação de créditos da União, todavia, o art. 57 da Portaria 9.917/2020 admite a utilização de precatórios, nos seguintes termos: "O devedor poderá utilizar créditos líquidos e certos em desfavor da União, reconhecidos

> "(...) Não é cabível, administrativamente, a compensação de débitos perante a Fazenda Pública Federal com créditos provenientes de precatórios. (...) Sendo assim, não há previsão legal para a compensação por iniciativa do contribuinte de débitos relativos a tributos administrados pela Secretaria da Receita Federal do Brasil com créditos de precatórios (...)"

A compensação acima exposta é a de dívidas tributárias do contribuinte com precatórios, levada a efeito por iniciativa e interesse do particular.

Os §§ 9º e 10 do art. 100 da Constituição (incluídos pela Emenda Constitucional 62/2009 e regulamentados pelos arts. 30 a 44 da Lei 12.431/2011), a seu turno, introduziram uma compensação de precatórios realizada de forma automática e obrigatória no momento de sua expedição, pelo abatimento dos débitos (tributárias ou não) inscritos ou não em dívida ativa que o titular do precatório possua. Confira-se:

> CF, art. 100, § 9º No momento da expedição dos precatórios, independentemente de regulamentação, deles deverá ser abatido, a título de compensação, valor correspondente aos débitos líquidos e certos, inscritos ou não em dívida ativa e constituídos contra o credor original pela Fazenda Pública devedora, incluídas parcelas vincendas de parcelamentos, ressalvados aqueles cuja execução esteja suspensa em virtude de contestação administrativa ou judicial.
>
> § 10. Antes da expedição dos precatórios, o Tribunal solicitará à Fazenda Pública devedora, para resposta em até 30 (trinta) dias, sob pena de perda do direito de abatimento, informação sobre os débitos que preencham as condições estabelecidas no § 9º, para os fins nele previstos.

Nesse caso, a compensação foi instituída no interesse dos entes públicos, impedindo que o particular receba seus créditos de precatórios sem que suas dívidas perante o respectivo ente público estejam quitadas. Essas normas introduzidas pelo constituinte derivado reformador foram consideradas inconstitucionais pelo STF na ADI 4425 (j. 14.03.2013), por violação à inafastabilidade do controle jurisdicional (art. 5º, XXXV), à coisa julgada (art. 5º, XXXVI), à separação dos Poderes (art. 2º) e à igualdade (art. 5º, *caput*)[41].

Em relação aos entes estaduais e distritais, deve-se observar o art. 105 do Ato das Disposições Constitucionais Transitórias (ADCT), incluído pela Emenda Constitucional 94/2016 e posteriormente alterado pela Emenda Constitucional 99/2017. O *caput* do art. 105 do ADCT dispõe o seguinte:

> Enquanto viger o regime de pagamento de precatórios previsto no art. 101 deste Ato das Disposições Constitucionais Transitórias, é facultada aos credores de precatórios, próprios ou de terceiros, a compensação com débitos de natureza tributária ou de outra natureza que até 25 de março de 2015 tenham sido inscritos na dívida ativa dos Estados,

em decisão judicial transitada em julgado, ou precatórios federais, próprios ou de terceiros, para amortizar ou liquidar saldo devedor transacionado, observado o disposto neste capítulo.".

41. "O regime de compensação dos débitos da Fazenda Pública inscritos em precatórios, previsto nos §§ 9º e 10 do art. 100 da Constituição Federal, incluídos pela EC nº 62/09, embaraça a efetividade da jurisdição (CF, art. 5º, XXXV), desrespeita a coisa julgada material (CF, art. 5º, XXXVI), vulnera a Separação dos Poderes (CF, art. 2º) e ofende a isonomia entre o Poder Público e o particular (CF, art. 5º, caput), cânone essencial do Estado Democrático de Direito (CF, art. 1º, caput)." (STF, ADI 4425, j. 14.03.2013).

do Distrito Federal ou dos Municípios, observados os requisitos definidos em lei própria do ente federado

Para que os credores de precatórios pudessem compensá-los com seus débitos de natureza tributária, contudo, continuava exigindo-se a edição de lei própria do respectivo ente tributante. Esse cenário sofreu alteração com a Emenda Constitucional 99/2017, que incluiu os §§ 2º e 3º ao art. 105 do ADCT. De acordo com esse novo regramento, os Estados, o Distrito Federal e os Municípios deveriam regulamentar, por meio de suas leis, a respeito dos requisitos necessários para a compensação dos créditos de precatórios com os débitos de natureza tributária. Caso tal regulamentação não ocorresse no prazo de até cento e vinte dias a partir de 1º de janeiro de 2018, os credores de precatórios se veriam autorizados a exercer a faculdade de compensar tais créditos com seus débitos de natureza tributária[42]. Vale destacar que essa disciplina é válida para os entes estaduais e municipais sujeitos ao regime especial de pagamento previsto no art. 101 do ADCT.

Por fim, uma observação de cunho didático.

Não se deve confundir a utilização de precatórios para compensação de tributos com a possibilidade de penhora de precatório em execução fiscal, admitida pela jurisprudência. O precatório foi considerado pelo STJ como um direito de crédito, contemplado no art. 11, VIII da Lei 6.830/1980. De acordo com esse entendimento, não há que se falar em impenhorabilidade do precatório em execuções fiscais, o que não significa reconhecer a compensação de precatório com tributos (EREsp 870.428, j. 27.06.2007):

> 1. O crédito representado por precatório é bem penhorável, mesmo que a entidade dele devedora não seja a própria exeqüente. Assim, a recusa, por parte do exeqüente, da nomeação feita pelo executado, pode ser justificada por qualquer das causas previstas no CPC (art. 656), mas não pela impenhorabilidade do bem oferecido. 2. O reconhecimento da penhorabilidade de precatório não significa reconhecimento da compensabilidade desse crédito, seja com a dívida em execução, seja com qualquer outra. O regime aplicável à penhora de precatório é o da penhora de crédito, inclusive para efeitos de ordem de nomeação a que se referem o art. 655 do CPC e art. 11 da Lei 6.830/80. (...)

De todo modo, a classificação do precatório como direito o coloca em último lugar na ordem de preferência prevista no art. 11 da Lei 6.830/1980. Por essa razão foi editada a **súmula 406 do STJ**: "A Fazenda Pública pode recusar a substituição do bem penhorado por precatório.".

2.2.4 *Trânsito em Julgado da Ação que Reconhece o Pagamento Indevido*

A Lei Complementar 104/2001 introduziu o art. 170-A ao CTN, com a seguinte redação:

> Art. 170-A. É vedada a compensação mediante o aproveitamento de tributo, objeto de contestação judicial pelo sujeito passivo, antes do trânsito em julgado da respectiva decisão judicial.

42. "Trata-se de concretização de um direito sagrado do poder público, que se via numa situação de impotência, pois, embora tendo o direito a crédito, nada podia fazer, sequer deixar de pagar tributos para a compensação." (LEITE, Harrison. Manual de Direito Financeiro. 9ª ed. Salvador: Juspodivm, 2020, p. 478).

Antes da introdução desse dispositivo, não havia vedação à realização de compensação antes do trânsito em julgado da decisão judicial que reconhece o crédito do contribuinte, autorizando a compensação.

Havia, contudo, jurisprudência que impedia a compensação de crédito tributário por medida liminar, conforme se observa da **súmula 212 do STJ**, segundo a qual a compensação de créditos tributários não pode ser deferida por medida liminar[43]. Uma vez que a decisão liminar analisa a controvérsia de modo superficial, não se prestaria a permitir a compensação de créditos tributários, sob pena de sua extinção ocorrer de modo precário. Haveria uma pretensão satisfativa sendo veiculada indevidamente em um provimento provisório (STJ, REsp 121.315, j. 05.06.1997). Além disso, em decisão liminar o juiz não tem condições de verificar, sequer, a existência dos débitos e créditos, de que espécie são eles, se são líquidos e certos (STJ, REsp 137.489, j. 19.02.1998). O que se admite em mandado de segurança é a declaração do direito à compensação, quando tal provimento jurisdicional envolver apenas questão controvertida que seja exclusivamente jurídica, como se vê da **súmula 213 do STJ**: "O mandado de segurança constitui ação adequada para a declaração do direito à compensação tributária".

Em síntese, antes da introdução do art. 170-A do CTN, em 2001, era possível a compensação antes do trânsito em julgado da decisão que reconhece o crédito do contribuinte (sentença cuja apelação é pendente de julgamento, por exemplo), mas não se permitia, como não se permite até hoje, a compensação no momento de decisão liminar.

Com a Lei Complementar 104/2001, houve um reforço à necessidade de se conferir definitividade à ordem judicial que reconhece o crédito do contribuinte e autoriza a compensação, exigindo-se a partir de então o seu trânsito em julgado.

Diante dessa alteração, surgiu o questionamento se a norma introduzida teria natureza processual, caso em que passaria a valer para as ações já ajuizadas, tendo em vista a regra de que as normas processuais são aplicáveis de imediato aos processos em curso. O STJ. Todavia, negou a natureza processual ao art. 170-A do CTN (REsp 918.680, j. 22.05.2007). Para os processos ajuizados antes da novidade legislativa ora comentada, portanto, não seria aplicável a vedação legal de se efetuar a compensação antes do trânsito em julgado. Confira-se (AgRg no REsp 770.939, j. 08.11.2005 - grifos adicionados):

> I - A Egrégia Primeira Seção, no julgamento dos EREsp nº 488.992/MG, da relatoria do Ministro TEORI ALBINO ZAVASCKI, DJ de 07/06/2004, consolidou o entendimento de que, **em matéria de compensação tributária, deve ser observada a legislação vigente à época do ajuizamento da ação, não podendo ser julgada a causa à luz do direito superveniente.**
>
> II - Neste contexto, tendo a demanda sido ajuizada em 30/06/95, não há como se aplicar o teor do art. 170-A do CTN, acrescido pela Lei Complementar nº 104/2001, inexistindo vedação legal à compensação antes do trânsito em julgado.

43. Com o mesmo espírito, dispõe a Lei 12.016/2009, em seu art. 7º, § 2º: "**Não será concedida medida liminar que tenha por objeto a compensação de créditos tributários**, a entrega de mercadorias e bens provenientes do exterior, a reclassificação ou equiparação de servidores públicos e a concessão de aumento ou a extensão de vantagens ou pagamento de qualquer natureza." (grifo adicionado).

Em outras palavras, a compensação tributária só pode ser condicionada ao trânsito em julgado da decisão judicial para as demandas ajuizadas na vigência da Lei Complementar 104/2001 (STJ, EREsp 880.970, j. 26.08.2009). Essa orientação foi referendada em sede de recurso especial **repetitivo** (REsp 1.164.452, j. 25.08.2010)[44]. A premissa desse julgado foi a de que a lei que regula a compensação tributária é a vigente à época do ajuizamento da demanda, premissa essa também fixada em recurso especial **repetitivo** (REsp 1.137.738, j. 09.12.2009). Mais especificamente, toma-se como parâmetro a **data do encontro de contas** entre os recíprocos débito e crédito da Fazenda e do contribuinte.

Vale anotar ainda que o art. 170-A deve ser aplicado inclusive em relação às hipóteses de reconhecida inconstitucionalidade do tributo indevidamente recolhido (REsp 1.167.039, **repetitivo**, j. 25.08.2010). Ou seja, proposta uma ação de repetição de indébito por conta do recolhimento de um tributo declarado inconstitucional pelo STF, a compensação relativa ao crédito que o contribuinte faz jus por conta do pagamento indevido só será possível após o trânsito em julgado da ação individual movida pelo contribuinte. O fato de haver a declaração de inconstitucionalidade do tributo não elimina a necessidade de se aguardar o trânsito em julgado da ação do contribuinte (que se baseia na decisão do STF) para que só então seja possível a compensação, nos termos do art. 170-A do CTN[45]. Assim esclarece o voto Ministro Teori Zavascki, no REsp 1.167.039:

> (...) em se tratando de pretensão à compensação de crédito contra a Fazenda objeto de controvérsia judicial, o requisito trazido pelo art. 170-A do CTN (trânsito em julgado da sentença que afirma a existência do crédito em favor do contribuinte) aplica-se também a indébitos tributários decorrentes de vício de inconstitucionalidade.

Segundo esse raciocínio, não seria isonômico privilegiar a situação do contribuinte que pleiteia compensação por conta de pagamento regular de tributo posteriormente declarado inconstitucional, enquanto agrava a situação dos contribuintes que efetuam pagamento irregular por não haver respaldo legal ou não se verificarem as circunstâncias materiais do fato gerador (voto da Ministra Denise Arruda no AgRg no REsp 1.089.940, j. 02.04.2009).

2.3 Transação

A transação é mais um instituto previsto no direito tributário e no direito civil. De acordo com o art. 840 do Código Civil, os interessados podem prevenir ou terminar o litígio **mediante concessões mútuas**. O art. 841, por sua vez, dispõe que a transação

---

44. "Não custa enfatizar que a compensação que venha a ser realizada antes do trânsito em julgado traz implícita a condição resolutória da sentença final favorável ao contribuinte, condição essa que, se não ocorrer, acarretará a ineficácia da operação, com as conseqüências daí decorrentes." (Voto do Ministro Teori Zavascki no REsp 1.164.452)

45. Registre-se a doutrina em sentido contrário: "Sustentamos, porém, que tal norma não se aplica às hipóteses em que o crédito do contribuinte resultar do reconhecimento da inconstitucionalidade da exigência fiscal pelo STF, seja em ação direta ou em sede de recurso extraordinário. Isto porque, nesse caso, a almejada certeza do crédito está estampada no pronunciamento da mais alta Corte do País, sendo desnecessária a obtenção de coisa julgada em ação individual." (COSTA, Regina Helena. Curso de Direito Tributário – Constituição e Código Tributário Nacional. 4ª. ed. São Paulo: Editora Saraiva, 2014, p. 283).

só é permitida em relação a direitos patrimoniais de caráter privado. A revogação do Código Civil de 1916 pelo Código de 2002 fez com que a transação deixasse de ser uma forma de pagamento indireto para que assumisse a natureza jurídica de contrato típico que gera a extinção das obrigações[46].

O direito tributário, todavia, admite a transação que implique a extinção do crédito tributário (que não possui caráter privado), desde que haja previsão legal do respectivo ente tributante. É o que se verifica no art. 171 do CTN (grifos adicionados):

> Art. 171. A lei pode facultar, nas condições que estabeleça, aos sujeitos ativo e passivo da obrigação tributária celebrar transação que, **mediante concessões mútuas, importe em determinação de litígio** e conseqüente extinção de crédito tributário.
> Parágrafo único. A lei indicará a autoridade competente para autorizar a transação em cada caso.

A existência de concessões mútuas é o que define a transação, seja como contrato típico de direito civil que extingue a obrigação[47], seja como forma de extinção do crédito tributário.

Há quem entenda, como por exemplo o professor Luís Eduardo Schoueri, que os parcelamentos em que o Poder Público renuncia a uma parte da dívida tributária em troca do compromisso imediato de recolhimento constituiria uma modalidade de transação[48]. Seguindo essa linha de pensamento, há quem entenda que o Regime Especial de Regularização Cambial e Tributária possui elementos de transação[49].

Outros autores, contudo, entendem que transação e parcelamento não se confundem, pois enquanto este é uma causa de suspensão da exigibilidade do crédito tributário, aquele é causa de extinção do crédito. Além disso, apenas a transação exigiria para a sua configuração os requisitos de incerteza acerca de uma matéria e consequente concessão de ambas as partes. Isso porque "se ambas as partes não cedem, não há que se falar em transação. Se não há essas concessões mútuas ou recíprocas, não está presente a transação, mas um mero acordo entre os envolvidos com a obrigação"[50].

Isso porque o parcelamento não possui, no núcleo de sua definição, a existência de concessões mútuas pelas partes, apesar de ser possível que o ente tributante conceda

46. "A transação e o compromisso não são mais, pela atual codificação privada, formas de pagamento indireto, conforme tratamento dado pela codificação anterior, mas sim contratos típicos que geram a extinção de obrigações eminentemente patrimoniais." (TARTUCE, Flávio. Direito Civil: direito das obrigações e responsabilidade civil. 5ª. ed. São Paulo: Método, v. 2, 2010, p. 200).

47. TARTUCE, Flávio. Direito Civil, volume 3: teoria geral dos contratos e contratos em espécie. 5ª edição. São Paulo: Método, 2010, p. 621.

48. SCHOUERI, Luís Eduardo. Direito Tributário. 5ª edição. São Paulo: Editora Saraiva, 2015, p. 663-664.

49. JUNIOR, Aldo de. A Natureza Jurídica do RERCT. In: Regime Especial de Regularização Cambial e Tributária (RERCT): Aspectos Práticos. JUNIOR, Aldo de Paula; SALUSE, Eduardo Perez; ESTELLITA, Heloisa (coordenadores). São Paulo: Editora NOESES, 2016, p. 14.

50. Nesse sentido: OLIVEIRA, Phelippe Toledo Pires de. A Transação em Matéria Tributária – Série Doutrina Tributária, v. XVIII. São Paulo: Quartier Latin, 2015, p. 128, e FERNANDES, Tarsila Ribeiro Marques. Transação Tributária. O Direito Brasileiro e a Eficiência da Recuperação do Crédito Público à Luz do Modelo Norte-Americano. Curitiba: Juruá Editora, 2014, p. 49.

descontos ao contribuinte que pretende parcelar em poucas parcelas ou mesmo pagar à vista.

O Superior Tribunal de Justiça possui decisões em que diferencia os institutos, como se vê da didática ementa reproduzida abaixo (REsp 514.351, j. 20.11.2003 – grifos adicionados):

> (...) 2. **A figura do parcelamento não se confunde com a transação extintiva do crédito.** A autocomposição bilateral ou transação é forma de extinção do crédito tributário, consoante determina o art.156, III do CTN, implicando no término do direito da Fazenda Pública de cobrar a obrigação tributária.
>
> 3. Considerando que a transação é a forma pela qual as partes previnem ou terminam litígios mediante concessões mútuas, enquanto que o parcelamento é a mera dilação de prazo para o devedor honrar sua dívida, não há que falar em naturezas semelhantes. Ao revés, no parcelamento, a dívida ativa não se desnatura pelo fato de ser objeto de acordo de parcelamento, posto que não honrado o compromisso, retoma ela o os seus privilégios, incidindo a multa e demais encargos na cobrança via execução fiscal.

No REsp 1.244.347 (j. 14.04.2011), o STJ também diferenciou o parcelamento da transação, apesar de aplicar (erroneamente), aos créditos tributários, a condicionante do art. 841 do Código Civil de que a transação só seria permitida quanto a direitos patrimoniais de caráter privado.

Retornando ao artigo 171 do CTN, este dispositivo preceitua que a transação importa em "determinação" do litígio, o que significa a resolução da controvérsia entre fisco e contribuinte. O texto legal não deixa claro se o litígio a ser solucionado pela transação é apenas o judicial ou também o administrativo.

Pela interpretação teleológica, "não parece existir razão plausível para afastar da transação as discussões administrativas, até porque essas representam enorme volume e têm um alto custo para a Administração Tributária e o contribuinte"[51]. No mesmo sentido, Paulo de Barros Carvalho[52]. Esse parece ser o alcance da norma. A uma, porque não houve restrição ao litígio apenas judicial. A duas, porque a exclusão do litígio administrativo representaria uma significativa perda de eficácia da transação, pois discussões altamente relevantes sobre débitos tributários no âmbito administrativo federal. No âmbito federal, a Lei 13.988/2020 admite a transação tributária do crédito tributário em discussão na esfera administrativa, como se pode ver, por exemplo, dos seus arts. 1º, § 4º, I[53], 17, § 3º, I[54] e 24, *caput*, este último dispondo que a transação relativa a crédito tributário de pequeno valor será realizada na pendência de impugnação, de recurso ou de reclamação administrativa ou no processo de cobrança da dívida ativa da União.

---

51. OLIVEIRA, Phelippe Toledo Pires de. A Transação em Matéria Tributária – Série Doutrina Tributária, v. XVIII. São Paulo: Quartier Latin, 2015, p. 145.
52. CARVALHO, Paulo de Barros. Curso de Direito Tributário. 25ª edição. São Paulo: Saraiva, 2013, p. 428.
53. "Art. 1º, § 4º. Aplica-se o disposto nesta Lei: I - aos créditos tributários não judicializados sob a administração da Secretaria Especial da Receita Federal do Brasil do Ministério da Economia".
54. "Art. 17, § 3º. A celebração da transação, nos termos definidos no edital de que trata o caput deste artigo, compete: I - à Secretaria Especial da Receita Federal do Brasil do Ministério da Economia, no âmbito do contencioso administrativo".

2.3.1 *A transação tributária e o negócio jurídico processual*

Cumpre advertir que a transação tributária não se confunde com o negócio jurídico processual. A primeira recai sobre o crédito tributário em si, promovendo sua extinção, enquanto o segundo não se volta diretamente ao montante do crédito tributário, mas sim a elementos de um processo judicial no qual é cobrado ou garantido um crédito tributário.

O negócio jurídico processual não se fundamenta no CTN, mas sim no art. 190 do CPC[55] e, na esfera federal, no art. 19, § 13 da Lei 10.522/2000, segundo o qual a Procuradoria-Geral da Fazenda Nacional regulamentará a celebração de negócios jurídicos processuais em seu âmbito de atuação, inclusive na cobrança administrativa ou judicial da dívida ativa da União.

A diferença entre a transação tributária e o negócio jurídico processual pode ser bem visualizada ao se observar os objetos desta última na regulamentação da Portaria PGFN 742/2018, quais sejam: calendarização da execução fiscal; plano de amortização do débito fiscal; aceitação, avaliação, substituição e liberação de garantias; modo de constrição ou alienação de bens.

Os objetos do negócio jurídico processual, portanto, não se confundem com o objeto da transação tributária, qual seja, o próprio crédito tributário. A semelhança entre os dois institutos está apenas na existência de um ajuste celebrado ente fisco e contribuinte.

2.3.2 *Transação de créditos tributários e a indisponibilidade do interesse público*

Apesar das manifestações em apoio à adoção da transação como meio de resolução de conflitos e extinção do crédito tributário, há também questionamentos ao instituto. Uma leitura rígida do regime de direito público a que se submetem os tributos, nessa esteira, poderia levantar dúvidas a respeito de sua constitucionalidade tendo em vista os seguintes dispositivos constitucionais e legais: legalidade tributária (art. 150, I, da CF), incompatibilidade com o princípio da indisponibilidade do interesse público e igualdade tributária (art. 150, II, da CF) e, no âmbito infraconstitucional, obrigatoriedade do lançamento e da cobrança do crédito tributário (arts. 3º e 142, parágrafo único do CTN) e caracterização como renúncia de receitas (art. 14 da LC 101/2001).

Tais alegações de inconstitucionalidade ou incompatibilidades com o ordenamento tributário podem ser refutadas ou, na pior das hipóteses, superadas.

Em relação à suposta violação ao princípio da **legalidade**, tem-se que a própria lei prevê o instituto da transação, vez que o CTN traz em seu texto a possibilidade de transação em matéria tributária. Além disso, a lei do respectivo ente que instituir a transação deve disciplinar as condições e requisitos que devem ser observados. Eventual discricionariedade administrativa terá parâmetros de controle estabelecidos em lei.

---

55. "Art. 190. Versando o processo sobre direitos que admitam autocomposição, é lícito às partes plenamente capazes estipular mudanças no procedimento para ajustá-lo às especificidades da causa e convencionar sobre os seus ônus, poderes, faculdades e deveres processuais, antes ou durante o processo.".

Outra crítica refere-se à violação ao princípio da **igualdade** pela transação tributária, pois trataria de forma mais benéfica aquele que optou por não pagar no tempo e modo devidos. Tal crítica, não procede, pois a realização da transação tributária pressupõe justamente a consideração das peculiaridades individuais do contribuinte, o que privilegia o princípio da igualdade[56].

Quanto à alegação de que a transação é incompatível com a **obrigatoriedade do lançamento e da cobrança do crédito tributário**, previstos nos arts. 3º e 142, parágrafo único do CTN, pode-se contrapor que o dispositivo do CTN que prevê a transação como forma extintiva do crédito tributário é norma especial em relação aos arts. 3º e 142, parágrafo único, não havendo que se falar em incompatibilidade, mas sim em aplicação do critério da especialidade, que resolve a antinomia aparente. Além disso, a transação pode ser encarada como uma medida de arrecadação, voltada a contribuintes que, não fosse o incentivo da transação, não buscariam adimplir suas dívidas com o fisco.

Alega-se ainda que a transação tributária caracterizaria uma renúncia de receitas que deveria observar o disposto no artigo 14 da Lei de Responsabilidade Fiscal (LC 101/2001). Essa crítica não procede, padecendo de equívoco na premissa, pois a transação objetiva maximizar o ingresso de receitas, e não a renúncia. Nesse sentido, sustenta-se que a transação pode proporcionar a entrada de recursos que, sem ela, talvez nunca ingressariam nos cofres públicos[57].

Os mesmos motivos acima infirmam a crítica feita à transação tributária sob o fundamento de que esta violaria o princípio da indisponibilidade do interesse público, a qual não se confunde com indisponibilidade ou alienabilidade deste ou daquele bem ou crédito público[58].

Assim, conclui-se que a transação tributária supera os questionamentos acima expostos, não havendo inconstitucionalidade no instituto em si.

2.3.3 *Transação na esfera federal*

A transação tributária já era prevista em algumas leis estaduais, antes de sua introdução para os créditos da União nos anos de 2019 e 2020. Em Minas Gerais, por exemplo, podem ser citados os art. 217 e 218 da Lei estadual 6.763/1975, que já previam a realização de transação a ser celebrada nos casos definidos em decreto, observado o art. 171 do CTN.

Na esfera federal, todavia, apenas em 2019 a Medida Provisória 899/2019 (MP do Contribuinte Legal) autorizou a celebração de transação envolvendo créditos da União. Tal medida provisória foi posteriormente convertida na Lei 13.988/2020, que atualmente

---

56. FERNANDES, Tarsila Ribeiro Marques. Transação Tributária. O Direito Brasileiro e a Eficiência da Recuperação do Crédito Público à Luz do Modelo Norte-Americano. Curitiba: Juruá Editora, 2014, p. 74-75.

57. OLIVEIRA, Phelippe Toledo Pires de. A Transação em Matéria Tributária – Série Doutrina Tributária, v. XVIII. São Paulo: Quartier Latin, 2015, p. 166.

58. CHRISPIN, Anna Carla Duarte. Transação Tributária no Paradigma do Estado Democrático de Direito Socioeconômico Cultural: o tênue limite entre a afronta ao dever fundamental de pagar tributos e a mutação da legalidade estrita rumo a juridicidade consensual dialógica. Dissertação de Mestrado em Direito. Faculdade de Direito da Pontifícia Universidade Católica de Minas Gerais, 2009, p. 100.

estabelece os requisitos e as condições para que a União, as suas autarquias e fundações, e os devedores ou as partes adversas realizem transação resolutiva de litígio relativo à cobrança de créditos da Fazenda Pública, **de natureza tributária ou não tributária** (art. 1º).

Quanto à abrangência, o art. 1º, § 4º da Lei 13.988/2020 dispõe que a transação ali introduzida é aplicável: a) aos créditos tributários não judicializados **sob a administração da Receita Federal**; b) à **dívida ativa e aos tributos da União**, cujas inscrição, cobrança e representação incumbam à **Procuradoria-Geral da Fazenda Nacional**; e c) no que couber, à dívida ativa das autarquias e das fundações públicas federais, cujas inscrição, cobrança e representação incumbam à **Procuradoria-Geral Federal**, e aos créditos cuja cobrança seja competência da **Procuradoria-Geral da União**, nos termos de ato do Advogado-Geral da União.

A primeira espécie de crédito diz respeito aos tributários e não inscritos em dívida ativa, pois com a inscrição o crédito tributário deixa de ser administrado pela Receita Federal e passa para a Procuradoria-Geral da Fazenda Nacional. Permite a lei, assim, que a transação ocorra em relação a créditos que não são discutidos ou cobrados em uma ação judicial, como é o caso dos tributos exigidos pela Receita Federal em lançamento que foi objeto de impugnação pelo contribuinte, estando pendente o contencioso administrativo. A transação quanto a esses créditos tributários não judicializados no contencioso administrativo, portanto, deve ser disciplinada pela própria Receita Federal (art. 22 da Lei 13.988/2020).

O segundo grupo de créditos, dívida ativa e tributos da União que sejam administrados pela Procuradoria-Geral da Fazenda Nacional, envolve também créditos não tributários, uma vez que, de acordo com o art. 23 da Lei 11.457/2007, compete à Procuradoria-Geral da Fazenda Nacional a representação judicial na cobrança de créditos de qualquer natureza inscritos em Dívida Ativa da União.

Já os créditos referentes à dívida ativa das autarquias e das fundações públicas federais, cujas inscrição, cobrança e representação incumbam à Procuradoria-Geral Federal[59] são aqueles pertinentes à Administração Indireta da União, como é o caso das multas aplicadas por Agências Reguladoras ou outras autarquias, como o IBAMA. Somam-se a esses os créditos cuja cobrança seja competência da Procuradoria-Geral da União.

A transação celebrada pela União é guiada por um juízo de oportunidade e conveniência, devendo, contudo, haver motivação quanto ao atendimento do interesse público (art. 1º, § 1º da Lei 13.998/2020). Pensando em viabilizar o controle pela sociedade da utilização desse instituto, privilegiando a transparência, o legislador previu que todos os termos de transação celebrados devem ser divulgados em meio eletrônico, com informações que viabilizem o atendimento do princípio da isonomia (art. 1º, § 3º). Essa divulgação permite ao contribuinte que pretenda celebrar transação com a União o conhecimento de parâmetros gerais para que possa comparar sua situação com a dos contribuintes que tiveram sucesso na celebração do acordo com a União.

59. Lei 10.480/2002, art. 10. À Procuradoria-Geral Federal compete a representação judicial e extrajudicial das autarquias e fundações públicas federais, as respectivas atividades de consultoria e assessoramento jurídicos, a apuração da liquidez e certeza dos créditos, de qualquer natureza, inerentes às suas atividades, inscrevendo-os em dívida ativa, para fins de cobrança amigável ou judicial.

O legislador previu a realização da transação nas modalidades **individual ou por adesão** (art. 2º).

A primeira se dá por meio de proposta na serão expostos os meios para a extinção dos créditos nela contemplados (art. 3º), além da assunção de compromissos ligados a idoneidade de seu comportamento. Também nessa proposta de transação deve o devedor desistir das impugnações ou dos recursos administrativos que tenham por objeto os créditos incluídos na transação e renunciar a quaisquer alegações de direito sobre as quais se fundem as referidas impugnações ou recursos; e ainda renunciar a quaisquer alegações de direito, atuais ou futuras, sobre as quais se fundem ações judiciais, inclusive as coletivas, ou recursos que tenham por objeto os créditos incluídos na transação, por meio de requerimento de extinção do respectivo processo com resolução de mérito, nos termos da alínea *c* do inciso III do *caput* do art. 487 do CPC.

Essa exigência de desistência da discussão jurídica do crédito tributário costuma ser comum também em programas de parcelamento, como se vê da Lei 11.941/2009:

> Art. 5º A opção pelos parcelamentos de que trata esta Lei importa confissão irrevogável e irretratável dos débitos em nome do sujeito passivo na condição de contribuinte ou responsável e por ele indicados para compor os referidos parcelamentos, configura confissão extrajudicial nos termos dos arts. 348, 353 e 354 da Lei nº 5.869, de 11 de janeiro de 1973 – Código de Processo Civil, e condiciona o sujeito passivo à aceitação plena e irretratável de todas as condições estabelecidas nesta Lei. Art. 6º O sujeito passivo que possuir ação judicial em curso, na qual requer o restabelecimento de sua opção ou a sua reinclusão em outros parcelamentos, deverá, como condição para valer-se das prerrogativas dos arts. 1o, 2o e 3o desta Lei, desistir da respectiva ação judicial e renunciar a qualquer alegação de direito sobre a qual se funda a referida ação, protocolando requerimento de extinção do processo com resolução do mérito, nos termos do inciso V do caput do art. 269 da Lei no 5.869, de 11 de janeiro de 1973 – Código de Processo Civil, até 30 (trinta) dias após a data de ciência do deferimento do requerimento do parcelamento.

Vale anotar ainda, em relação à transação individual, que o art. 36 da Portaria PGFN 9.917/2020 (que regulamenta a Lei 13.988/2020) traz requisitos e exigências mais específicas para a apresentação da proposta, como, por exemplo, a exposição das causas concretas da situação patrimonial do devedor e das razões da crise econômico-financeira. Além disso, a proposta de transação não suspende a exigibilidade dos créditos por ela abrangidos nem o andamento das respectivas execuções fiscais. (art. 12), uma vez que não há tal previsão no art. 151 do CTN, que traz o rol taxativo das hipóteses de suspensão da exigibilidade. Nada impede, contudo, a suspensão do processo por convenção das partes, conforme o disposto no inciso II do *caput* do art. 313 do CPC.

Já a transação **por adesão** é celebrada a partir dos termos fixados em edital público, sendo realizada exclusivamente por meio eletrônico (art. 13, § 2º da Lei 13.988/2020). A celebração de transação por adesão implica aceitação pelo devedor de todas as condições fixadas no edital que a propõe (art. 2º, parágrafo único).

A Lei 13.988/2020 criou uma hipótese de transação em relação a créditos discutidos no contencioso tributário, quando a questão controvertida ultrapasse os interesses subjetivos da causa (art. 16). Nesse caso, a transação será celebrada apenas por adesão, mediante edital que fixe as exigências a serem cumpridas. Em se tratando dessa transação resolutiva de litígios aduaneiros ou tributários decorrentes de relevante e disseminada controvérsia jurídica, a apresentação da solicitação de adesão suspende a tramitação dos processos administrativos referentes aos créditos tributários envolvidos enquanto perdurar sua apreciação (art. 19, § 4º). Isso não significa que essa mesma apresentação da solicitação de adesão suspenda a exigibilidade dos créditos tributários definitivamente constituídos aos quais se refira (art. 19, § 5º), já que tal solicitação não é causa de suspensão da exigibilidade do crédito tributário.

Também foi criada a transação no contencioso tributário de pequeno valor, que, da mesma forma, só será realizado por adesão (art. 23). Trata-se do processo administrativo fiscal cujo lançamento fiscal ou controvérsia não supere 60 salários mínimos e, cumulativamente, e que tenha como sujeito passivo pessoa natural, microempresa ou empresa de pequeno porte (art. 24, parágrafo único).

Seja qual for a modalidade, a proposta de transação e a sua eventual adesão por parte do sujeito passivo ou devedor **não autorizam a restituição ou a compensação de importâncias pagas, compensadas ou incluídas em parcelamentos** pelos quais tenham optado antes da celebração do respectivo termo (art. 7º).

O art. 5º da Lei 13.988/2020 traz as hipóteses em que é vedada a transação:

> Art. 5º É vedada a transação que:
>
> I - reduza multas de natureza penal;
>
> II - conceda descontos a créditos relativos ao:
>
> a) Regime Especial Unificado de Arrecadação de Tributos e Contribuições devidos pelas Microempresas e Empresas de Pequeno Porte (Simples Nacional), enquanto não editada lei complementar autorizativa;
>
> b) Fundo de Garantia do Tempo de Serviço (FGTS), enquanto não autorizado pelo seu Conselho Curador;
>
> III - envolva devedor contumaz, conforme definido em lei específica.

Em relação aos créditos do SIMPLES, a Lei 13.988/2020 evitou vício de inconstitucionalidade formal consistente na regulamentação de tais créditos por lei ordinária, uma vez que o tratamento tributário diferenciado e favorecido para as microempresas e para as empresas de pequeno porte é matéria reservada à lei complementar, conforme prevê expressamente o art. 146, III, alínea *d* da Constituição. No que tange à vedação de transação que envolva o devedor contumaz, como essa figura não possui definição ao tempo da edição da Lei 13.988/2020, fez-se necessário que se fizesse remissão a lei específica a ser editada.

Interessante mencionar ainda alguns pontos da regulamentação infralegal prevista na Portaria PGFN 9.917/2020.

Primeiramente, deve-se delimitar o âmbito da regulamentação. Assim é que a Portaria PGFN 9.917/2020 diz respeito apenas à transação na cobrança da **dívida ativa da União**. Ficam de fora, portanto, os créditos "não judicializados" administrados pela Receita Federal, bem como os créditos de autarquias e fundações públicas federais (a cargo da

Procuradoria-Geral Federal) e os créditos a cargo da Procuradoria-Geral da União. Em outros termos, a Portaria PGFN 9.917/2020 regulamenta a transação da dívida ativa da União cuja inscrição e administração esteja a cargo da Procuradoria-Geral da Fazenda Nacional (art. 1º da Portaria PGFN 9.917/2020).

A Portaria em questão prevê que a transação individual pode ser proposta tanto pelo devedor quanto pela Procuradoria-Geral da Fazenda Nacional, ao passo que a transação por adesão só pode ser proposta pela Procuradoria (art. 4º).

No caso de a dívida já se encontrar em fase executória, o Procurador da Fazenda Nacional poderá requerer, observados critérios de conveniência e oportunidade e desde que não acarrete ônus para União, a desistência da execução fiscal do débito transacionado, quando inexistentes, nos autos, informações de bens úteis à satisfação, parcial ou integral, dos débitos executados (art. 13).

Atendendo ao art. 14, V da Lei 13.988/2020, os arts. 18 a 25 da Portaria detalham os critérios para aferição do grau de recuperabilidade das dívidas sujeitas à transação, já que esse fator da capacidade de pagamento será relevante para a conclusão do acordo.

E apesar de não haver previsão expressa na Lei 13.988/2020, os arts. 57 a 61 da Portaria admitem a utilização de precatórios federais (próprios ou de terceiros) para amortização ou liquidação de saldo devedor transacionado. Admite-se ainda a utilização de créditos líquidos e certos em desfavor da União, reconhecidos em decisão judicial transitada em julgado (art. 57). O aproveitamento de tais créditos ou precatórios podem ser utilizados na transação individual ou por adesão, exigindo-se a liquidação de eventual entrada mínima nos casos em que exigida como condição para adesão (art. 58, I).

Encerrando o estudo da transação na esfera federal, é importante frisar que a Lei 13.988/2020 abriu espaço para a instituição de transações "diferenciadas", como a prevista na Portaria PGFN 14.402/2020, que trata das condições para transação excepcional na cobrança da dívida ativa da União, em função dos efeitos da pandemia causada pelo coronavírus (COVID-19). Conforme o art. 2º da Portaria 14.402/2020:

> Art. 2º São objetivos da transação excepcional na cobrança da dívida ativa da União: I - viabilizar a superação da situação transitória de crise econômico-financeira dos devedores inscritos em dívida ativa da União, em função os efeitos do coronavírus (COVID-19) em sua capacidade de geração de resultados e na perspectiva de recebimento dos créditos inscritos; II - permitir a manutenção da fonte produtora, do emprego e da renda dos trabalhadores; III - assegurar que a cobrança dos créditos inscritos em dívida ativa seja realizada de forma a ajustar a expectativa de recebimento à capacidade de geração de resultados dos devedores pessoa jurídica; e IV - assegurar que a cobrança de créditos inscritos em dívida ativa seja realizada de forma menos gravosa para os devedores pessoa física.

Nada impede, portanto, a criação de transações que introduzam maiores ou menores concessões da União em face de certa conjuntura econômica.

TRANSAÇÃO NA ESFERA FEDERAL

abrangência	créditos tributários ou não tributários
órgãos	Receita Federal, Procuradoria da Fazenda, Procuradoria Federal, Procuradoria da União
modalidades	individual ou por adesão
transações específicas da lei 13.988/2020	por adesão no contencioso tributário de relevante e disseminada controvérsia jurídica e por adesão no contencioso tributário de pequeno valor

2.4 Remissão

Iniciando com um esclarecimento de nomenclatura, não se deve confundir remissão com remição. A primeira tem o sentido de perdão, e seu verbo é **remitir** (perdoar). Remição, a seu turno, significa resgate, liberação ou quitação (de obrigação ou dívida), e seu verbo é **remir** (resgatar).

A remissão é mais uma forma de extinção do crédito tributário que possui paralelo no direito privado, onde se encontra a remissão como forma de extinção da obrigação no art. 385 do Código Civil[60].

Seja no direito tributário, seja no civil, a remissão será sempre o **perdão** de uma dívida. Diferentemente da disciplina insculpida no Código Tributário Nacional, contudo, a remissão prevista no Código Civil exige a aceitação do devedor, o que a caracteriza como um negócio jurídico bilateral[61]. A remissão tributária, por sua vez, não requer a anuência do devedor, sendo suficiente a observância das condicionantes previstas no art. 172 do CTN, notadamente a existência de lei autorizativa e a concessão por despacho da autoridade administrativa. Confira-se:

> Art. 172. A lei pode autorizar a autoridade administrativa a conceder, por despacho fundamentado, remissão total ou parcial do crédito tributário, atendendo:
>
> I - à situação econômica do sujeito passivo;
>
> II - ao erro ou ignorância escusáveis do sujeito passivo, quanto a matéria de fato;

60. Código Civil, art. 385: A remissão da dívida, aceita pelo devedor, extingue a obrigação, mas sem prejuízo de terceiro.

61. "Pela regra contida no art. 385 do CC atual, e que não encontra correspondente na codificação anterior, a remissão constitui um negócio jurídico bilateral, o que ressalta o seu caráter de forma de pagamento indireto, uma vez que deve ser aceito pelo sujeito passivo obrigacional." (TARTUCE, Flávio. Direito Civil, volume 2: direito das obrigações e responsabilidade civil. 5ª edição. São Paulo: Método, 2010, p. 199).

III - à diminuta importância do crédito tributário;

IV - a considerações de eqüidade, em relação com as características pessoais ou materiais do caso;

V - a condições peculiares a determinada região do território da entidade tributante.

Parágrafo único. O despacho referido neste artigo não gera direito adquirido, aplicando-se, quando cabível, o disposto no artigo 155.

O *caput* do art. 172 acima transcrito utiliza a expressão "crédito tributário", que abrange o tributo e a multa, levando a crer que o perdão da multa também se enquadraria na remissão. Ocorre que a dispensa da penalidade é tratada no CTN como anistia, o que poderia gerar uma sobreposição entre os institutos da remissão e da anistia em relação às multas tributárias.

A se adotar a diferenciação adotada pelo CTN entre extinção e exclusão do crédito tributário, não haveria tal sobreposição, pois a extinção (remissão) ocorreria em relação aos créditos já constituídos enquanto a exclusão (anistia) ocorreria em relação às penalidades que ainda não foram objeto de lançamento. Ocorre que o art. 180 do CTN esclarece que a anistia abrange exclusivamente as infrações cometidas **anteriormente à vigência da lei que a concede**[62]. Em outras palavras, a anistia diria respeito ao perdão de multas ainda não lançadas, correspondentes a infrações cometidas anteriormente à vigência da lei que a concede. Essa interpretação reduziria significativamente o seu alcance, uma vez que o número de infrações cometidas anteriormente à vigência da lei que ainda não tenham sido lançadas seria limitado. Já a remissão, além de abranger também os tributos, alcançaria as multas já constituídas e formalizadas em crédito tributário[63].

REMISSÃO	ANISTIA
perdão	Perdão
Tributos e multas	Multas
Extinção do crédito tributário	Exclusão do crédito tributário

Voltando ao art. 172 do CTN, a exigência de lei autorizativa da remissão é necessária por imperativo constitucional. Conforme o art. 150, § 6º da Constituição, qualquer remissão só pode ser concedida mediante lei específica, federal, estadual ou municipal, que regule

62. CTN, art. 180: "A anistia abrange exclusivamente as **infrações cometidas anteriormente à vigência da lei que a concede**, não se aplicando: (...)" (grifos adicionados).

63. Luciano Amaro critica essa classificação de acordo com a lógica de extinção e exclusão do crédito tributário do CTN: "(...) se a anistia é 'exclusão do crédito' (atuando antes da sua 'constituição'), as penalidades já 'lançadas' não se considerariam anistiadas, pois dependeriam de uma lei de remissão? (...) A letra do Código não permite respostas consistentes para essas questões, que devem ser resolvidas à luz dos princípios e das técnicas de interpretação e aplicação da lei. Para dar lógica e coerência ao sistema normativo, é necessário aceitar a remissão independentemente de ter havido ou não lançamento. E o mesmo se deve dizer da anistia, que tanto é aplicável às infrações cujas sanções pecuniárias já tenham sido descritas num auto de infração como àqueles que ainda não foram apuradas pelo Fisco, e assim também àquelas às quais a lei comina sanções não pecuniárias." (AMARO, Luciano. Direito Tributário Brasileiro. 11ª edição. São Paulo: Saraiva, 2005, p. 456-457).

exclusivamente a matéria relativa ao benefício fiscal ou o correspondente tributo perdoado. Como já decidiu o STF, A autorização para a concessão de remissão e anistia, a ser feita "na forma prevista em regulamento", configura delegação ao Chefe do Poder Executivo em tema reservado ao Poder Legislativo (ADI 3462, j. 15.09.2010), e, portanto, indelegável.

Quanto ao despacho fundamentado da autoridade administrativa, sua necessidade não se dá em todos os casos, como leva a crer a redação do art. 172 do CTN. Nada impede que a remissão seja concedida em caráter geral, por lei que não exija a averiguação de cada caso por parte da autoridade administrativa. Nesse caso, a lei não será meramente autorizativa da remissão, uma vez que a concederá diretamente. É o que ocorre no art. 14 da Lei 11.941/2009, como se vê a seguir:

> Art. 14. **Ficam remitidos** os débitos com a Fazenda Nacional, inclusive aqueles com exigibilidade suspensa que, em 31 de dezembro de 2007, estejam vencidos há 5 (cinco) anos ou mais e cujo valor total consolidado, nessa mesma data, seja igual ou inferior a R$ 10.000,00 (dez mil reais).
>
> § 1º O limite previsto no caput deste artigo deve ser considerado por sujeito passivo e, separadamente, em relação:
>
> I – aos débitos inscritos em Dívida Ativa da União, no âmbito da Procuradoria-Geral da Fazenda Nacional, decorrentes das contribuições sociais previstas nas alíneas a, b e c do parágrafo único do art. 11 da Lei nº 8.212, de 24 de julho de 1991, das contribuições instituídas a título de substituição e das contribuições devidas a terceiros, assim entendidas outras entidades e fundos;
>
> II – aos demais débitos inscritos em Dívida Ativa da União, no âmbito da Procuradoria-Geral da Fazenda Nacional;
>
> III – aos débitos decorrentes das contribuições sociais previstas nas alíneas a, b e c do parágrafo único do art. 11 da Lei nº 8.212, de 24 de julho de 1991, das contribuições instituídas a título de substituição e das contribuições devidas a terceiros, assim entendidas outras entidades e fundos, administrados pela Secretaria da Receita Federal do Brasil; e
>
> IV – aos demais débitos administrados pela Secretaria da Receita Federal do Brasil. (grifos adicionados).

A redação do dispositivo acima deixa claro que não se exige uma atuação específica da autoridade administrativa em relação a cada caso individual. Pelo contrário, a lei é expressa ao dizer que "ficam remitidos".

Essa possibilidade de a remissão ser concedida tanto de forma geral, diretamente pela lei, como individualmente, por ato da autoridade administrativa, se assemelha à sistemática de concessão da moratória. Segundo dispõe expressamente o art. 153 do CTN, a lei pode conceder moratória em caráter geral ou autorizar sua concessão em caráter individual. Apesar de não haver um dispositivo expresso nesse sentido em relação à remissão, a inexistência de vedação a essas possibilidades de atuação do legislador resulta na sua liberdade para escolher a forma de concessão da remissão (se em termos gerais ou em caráter individual).

O art. 172 do CTN traz ainda um rol de critérios a serem observados para se conceder o perdão da dívida tributária. Dentre os casos listados como admissíveis para a remissão, a diminuta importância do crédito tributário diz respeito à hipótese em que o valor reduzido do crédito tributário (inciso III) não compensa os custos do serviço público necessário para sua arrecadação. Como exemplo, é possível citar a remissão prevista no art. 14 da Lei 11.941/2009, acima transcrito.

Destaca-se também a remissão concedida atendendo a "considerações de eqüidade, em relação com as características pessoais ou materiais do caso". Essa dispensa de crédito tributário com base em considerações de **equidade, mediante lei** que concede remissão, não se confunde com a o emprego da **equidade na interpretação** da legislação tributária que resulte na dispensa do pagamento de tributo devido, o que é vedado pelo art. 108, § 2º do CTN. No primeiro caso, a equidade é incorporada na lei que dispensa o crédito tributário, havendo uma exoneração tributária que atende os parâmetros da legalidade. No segundo cenário, não há lei que dispensa o crédito tributário, e a equidade é utilizada pelo intérprete, não pelo legislador.

Cumpre ainda comentar o parágrafo único do art. 172, segundo o qual o despacho da autoridade administrativa que concede remissão do crédito tributário não gera direito adquirido. Aplica-se ao caso o art. 155 do CTN, que ao tratar da moratória prevê a possibilidade de "revogação" do despacho que a concede, sempre que se apure que o beneficiado não satisfazia ou deixou de satisfazer as condições ou não cumprira ou deixou de cumprir os requisitos para a concessão do favor. A bem da verdade não se trata de revogação, pois não há discricionariedade quanto à retirada do despacho do mundo jurídico. Caso se constate a inexistência das condições ou requisitos para a remissão (contemporânea ou posterior ao ato concessivo), a cessação dos efeitos do despacho é a única opção para restaurar a legalidade, não se admitindo liberdade decisória do administrador a respeito. Trata-se, a rigor, de anulação, que representa a extinção do ato administrativo baseada em juízo de legalidade.

Essa anulação sempre acarretará a exigência do crédito tributário cumulado com os respectivos juros moratórios. Ainda pode haver a exigência de penalidade, caso se constate dolo ou simulação do beneficiado, ou de terceiro em benefício daquele.

Por fim, cumpre expor uma relevância prática da diferenciação entre remissão e isenção. Nesse ponto torna-se importante a diferenciação do CTN entre extinção (remissão) e exclusão (isenção) do crédito tributário, uma vez que o STJ admite a restituição do indébito tributário quando o contribuinte realiza o pagamento de tributo do qual é isento. Por outro lado, o pagamento de tributo posteriormente submetido a norma remissiva não enseja repetição de indébito (STJ, REsp 1.113.366, j. 23.06.2009).

REMISSÃO	ISENÇÃO
Perdão	Favor fiscal
Extinção do crédito tributário	Exclusão do crédito tributário
Não admite restituição do valor pago	Admite restituição do valor pago

2.5 Conversão do depósito em renda

Essa hipótese de extinção do crédito tributário pressupõe a existência de um depósito realizado em um processo administrativo ou judicial[64] no qual o contribuinte se insurge contra a exigência de uma dívida tributária. Ao prever a "conversão do depósito em renda" como causa de extinção do crédito tributário, o CTN dispõe sobre a hipótese em que o crédito tributário é mantido, total ou parcialmente, devendo o depósito constante nos autos administrativos ou judiciais ser utilizado para quitação do montante devido. Tanto que a Lei 9.703/1998, que dispõe sobre os depósitos judiciais e extrajudiciais de tributos e contribuições federais, fala em "**valor do depósito**" a ser "**transformado em pagamento definitivo**", no caso de sentença ou decisão favorável à Fazenda Nacional (art. 1º, § 3º, II).

Essa hipótese pode ser entendida como uma exposição didática do Código, uma vez que a utilização de dinheiro em depósito judicial ou administrativo para extinção do crédito tributário pode ser entendido como uma forma de pagamento, já previsto no inciso I do art. 156 do CTN.

A Lei 6.830/1980, que trata da execução fiscal de dívidas tributárias e não tributárias, dispõe em seu art. 32, § 2º, que o depósito, monetariamente atualizado, será devolvido ao depositante ou entregue à Fazenda Pública, após o trânsito em julgado da decisão judicial. Assim, caso o executado apresente embargos à execução fiscal depositando o valor exigido, tal depósito será "convertido em renda" ou "transformado em pagamento definitivo" quando sobrevier decisão transitada em julgado mantendo a cobrança (total ou parcialmente). Por outro lado, caso a decisão final seja favorável ao contribuinte, o valor depositado será por este levantado, e o crédito tributário questionado será extinto por "decisão judicial passada em julgado", como será visto adiante.

2.6 Pagamento antecipado e a homologação do lançamento nos termos do disposto no artigo 150 e seus §§ 1º e 4º

O inciso VII do art. 156 do CTN dispõe que a extinção do crédito tributário, nos tributos sujeitos a lançamento por homologação não ocorre apenas com o pagamento antecipado do contribuinte que apura e recolhe o valor declarado. É necessário também que se dê a homologação do "lançamento" (atividade do contribuinte que formaliza o crédito), razão pela qual a redação do dispositivo em questão utiliza a conjunção aditiva "e". Ou seja, a extinção do crédito tributário, nesses tributos, depende da presença cumulativa do pagamento antecipado e da homologação do lançamento.

Essa abordagem alinha-se ao art. 150, § 4º do CTN, que considera "definitivamente extinto" o crédito tributário apenas após a homologação.

64. A Lei 9.703/1998, que dispõe sobre os depósitos judiciais e extrajudiciais de tributos e contribuições federais, menciona expressamente o **depósito extrajudicial**, realizado em processo administrativo (grifos adicionados): "Art. 1º Os **depósitos judiciais e extrajudiciais**, em dinheiro, de valores referentes a tributos e contribuições federais, inclusive seus acessórios, administrados pela Secretaria da Receita Federal do Ministério da Fazenda, serão efetuados na Caixa Econômica Federal, mediante Documento de Arrecadação de Receitas Federais - DARF, específico para essa finalidade. (...) § 3º Mediante **ordem da autoridade judicial ou, no caso de depósito extrajudicial, da autoridade administrativa competente**, o valor do depósito, após o encerramento da lide ou do processo litigioso, será: (...)".

2.7 Consignação em pagamento, nos termos do disposto no § 2º do artigo 164

A consignação judicial em pagamento é uma alternativa que o devedor possui em casos de obstáculos impostos à quitação do crédito tributário. Com isso, evita-se a configuração da situação de inadimplência. Na ação de consignação em pagamento o autor é o contribuinte e os réus são os entes que exigem os tributos de maneira que se entende indevida pelo consignante. As causas de consignação em pagamento de créditos tributários estão previstas no art. 164 do CTN:

> Art. 164. A importância de crédito tributário pode ser consignada judicialmente pelo sujeito passivo, nos casos:
>
> I - de recusa de recebimento, ou subordinação deste ao pagamento de outro tributo ou de penalidade, ou ao cumprimento de obrigação acessória;
>
> II - de subordinação do recebimento ao cumprimento de exigências administrativas sem fundamento legal;
>
> III - de exigência, por mais de uma pessoa jurídica de direito público, de tributo idêntico sobre um mesmo fato gerador.
>
> § 1º A consignação só pode versar sobre o crédito que o consignante se propõe pagar.
>
> § 2º Julgada procedente a consignação, o pagamento se reputa efetuado e a importância consignada é convertida em renda; julgada improcedente a consignação no todo ou em parte, cobra-se o crédito acrescido de juros de mora, sem prejuízo das penalidades cabíveis.

Passando pelos incisos do art. 164 acima transcrito, é possível perceber que a subordinação do recebimento da importância de crédito tributário ao pagamento de outro tributo ou penalidade, ou ainda ao cumprimento de obrigação acessória legitima o sujeito passivo a postular judicialmente a consignação (inciso I).

No primeiro caso, subordinar o recebimento de valor ao pagamento de outro crédito tributário (seja ele referente a tributo ou multa tributária) contraria a própria regra de imputação de pagamento prevista no art. 163 do CTN, pela qual a autoridade administrativa deve receber o pagamento, determinando a respectiva imputação, quando houver débitos vencidos do mesmo sujeito passivo para com a mesma pessoa jurídica de direito público. O CTN não permite, dessa maneira, que um Município subordine o pagamento do IPTU ao pagamento de taxas municipais (STJ, REsp 197.922, j. 22.03.2005).

Mesmo em relação a um mesmo crédito tributário, não pode o contribuinte ser impedido de realizar o pagamento parcial. Quando o § 1º do art. 164 dispõe que a consignação só pode versar sobre o crédito que o consignante se propõe pagar, está claramente admitindo que a consignação pode ser utilizada para discussão do montante devido de um único crédito tributário, pois a possibilidade de consignação em relação a créditos tributários distintos já está prevista no inciso I do art. 164. Assim, o manejo da ação de consignação de pagamento pelo contribuinte que entende haver exigência maior que o devido está albergada pelo art. 164, § 1º do CTN, como já decidiu o STJ (REsp 659.779, j. 14.09.2004 – grifos adicionados):

> Não há qualquer vedação legal a que o contribuinte lance mão da **ação consignatória** para ver satisfeito o seu direito de pagar corretamente o tributo **quando entende que o**

> **fisco está exigindo prestação maior que a devida. É possibilidade prevista no art. 164 do Código** Tributário Nacional. Ao mencionar que "a consignação só pode versar sobre o crédito que o consignante se propõe a pagar", **o § 1º daquele artigo deixa evidenciada a possibilidade de ação consignatória nos casos em que o contribuinte se propõe a pagar valor inferior** ao exigido pelo fisco. Com efeito, exigir valor maior equivale a recusar o recebimento do tributo por valor menor.[65]

Apesar de haver entendimento doutrinário no sentido de que a consignação em pagamento nos casos em que o Fisco exige prestação maior que a devida não estaria expressamente prevista nos incisos do art. 164[66], essa conclusão não teria maior relevância diante da interpretação do § 1º do mesmo dispositivo, que prevê a possibilidade de a consignação "versar sobre o crédito que o consignante se propõe pagar". Ou seja, a consignação se presta a resguardar o contribuinte que discorda quanto à "extensão" ou "montante" ou "valor" do crédito tributário exigido. Correta, portanto, a orientação do STJ acima reproduzida.

Em relação à subordinação do recebimento do pagamento ao cumprimento de obrigação acessória, vale lembrar que o CTN procede a uma separação conceitual entre obrigação tributária principal e acessória no art. 113, não fazendo sentido que o pagamento de tributo ou penalidade pecuniária só possa ser realizado se também houver o cumprimento de prestações, positivas ou negativas no interesse da arrecadação ou da fiscalização dos tributos. Até mesmo porque a consequência da inobservância da obrigação acessória é o surgimento de nova obrigação principal correspondente a uma penalidade pecuniária (art. 113, § 3º), e não o impedimento ao recebimento do crédito tributário relacionado à obrigação acessória descumprida. Em síntese, é "legítima a consignação em pagamento de tributo que o Fisco se recusa a receber sem que esteja acompanhado de obrigação acessória" (STJ, AgRg no Ag 767.295, j. 19.09.2006).

Ainda em relação ao primeiro inciso do art. 164, o STJ possui orientação firmada no sentido de que essa hipótese de cabimento da ação de consignação em pagamento permite a **discussão de toda a matéria de fato ou de direito relacionada com o crédito tributário** (REsp 883.927, j. 28.10.2008).

O inciso II trata de subordinação do recebimento ao cumprimento de exigências administrativas **sem fundamento legal**. É possível vislumbrar a absorção das hipóteses de cabimento do inciso I nesse inciso II, uma vez que a "recusa de recebimento, ou subordinação deste ao pagamento de outro tributo ou de penalidade, ou ao cumprimento de obrigação acessória" pode ser compreendida como uma "exigência administrativa sem fundamento legal". De qualquer modo, é possível encontrar uma aplicação do inciso II na

---

65. No mesmo sentido: STJ, REsp 606.289, j. 17.08.2004; "A ação de consignação é instrumento processual admissível para pagamento de tributo em montante inferior ao exigido, o que implica em recusa do Fisco ao recebimento do tributo por valor menor." (STJ, REsp 538.764, j. 12.04.2005).

66. "Segundo a jurisprudência, é também possível a utilização da ação de consignatória para que o sujeito passivo satisfaça seu direito de 'pagar corretamente o tributo quando entende que o Fisco está exigindo prestação maior que a devida' (STJ, REsp 667.302/RS, Rel. Min. Teori Albino Zavascki, j. 21.10.2004, DJ 22.11.2004, p. 292). Perceba-se que a situação não está expressamente prevista nos incisos do art. 164, o que demonstra que as restrições que o dispositivo faz sobre o objeto da ação devem ser consideradas em termos." (ALEXANDRE, Ricardo. Direito Tributário. 13ª edição. Salvador, Editora Juspodivm, 2019, p. 577).

jurisprudência do STJ em caso relativo à subordinação do recebimento do IPTU ao pagamento em parcela única, nos casos em que a legislação autoriza o pagamento parcelado do tributo. Trata-se, claramente, de uma exigência administrativa sem fundamento legal (REsp 197.922, j. 22.03.2005).

Não se admite, todavia, a ação de consignação em pagamento quando a pretensão do contribuinte é a **adesão a parcelamento** ou programa de incentivo fiscal (STJ, REsp 628.568, 20.05.2004; AgRg no AREsp 470.987, j. 20.03.2014). O que se permite é a utilização da ação de consignação para possibilitar ao contribuinte a realização do **pagamento das parcelas**, evitando seja configurada a sua inadimplência (STJ, AgInt no AREsp 427.799, j. 08.04.2019; REsp 1.712.909, j. 20.02.2018), pois nesse caso haveria exigência administrativa sem fundamento legal. Assim, a pretensão de provimento jurisdicional que permita a adesão ao parcelamento não encontra guarida no art. 164 do CTN, ao contrário do manejo da ação para consignar as parcelas de programa de parcelamento diante de óbice injustificável do Fisco na esfera administrativa.

O inciso III, a seu turno, franqueia a ação de consignação em pagamento quando houver exigência, por mais de uma pessoa jurídica de direito público, de tributo idêntico sobre um mesmo fato gerador. Em tal cenário, haverá cumulação de exigências por entes distintos pela tributação de uma mesma materialidade, caracterizando o conflito de competência que ameaça o contribuinte de sofrer bitributação.

Como já explicado no capítulo sobre competência tributária, a bitributação significa a tributação de uma específica materialidade econômica por mais de uma pessoa política, não se confundindo com o *bis in idem* tributário, que ocorre quando um mesmo fato gerador é tributado mais de uma vez por uma mesma pessoa política.

As situações de bitributação que podem ensejar a ação de consignação em pagamento podem decorrer tanto da exigência de tributos idênticos, por **entes da mesma natureza** (dois Municípios exigindo ISS sobre uma mesma prestação de serviço), como também da cobrança de tributos distintos por **entes de natureza diversa** (Estado e Município exigindo, respectivamente, ICMS e ISS sobre uma operação envolvendo *software*). Como já decidido no STJ, "a circunstância de a dúvida recair sobre impostos diversos que incidem sobre um mesmo fato gerador, por si só, não enseja a inviabilidade da ação de consignação em pagamento" (REsp 931.566, j. 23.04.2009; REsp 1.160.256, j. 04.08.2011). Além disso, não se exige que haja prova da exigência cumulativa, bastando para o cabimento da ação a "**incerteza subjetiva**" ou a "**dúvida plausível**". Para ajuizar a ação de consignação em pagamento baseada no inciso III do art. 164, portanto, o contribuinte não precisa juntar à sua inicial documentos relativos a notificações de exigências por mais de um ente tributante. O fato de desenvolver uma atividade sobre a qual recai dúvida quanto a seu enquadramento nas materialidades descritas na repartição de competências tributárias já é suficiente para legitimar a propositura da ação.

Quanto aos efeitos do julgamento da ação de consignação em pagamento, o § 2º do art. 164 dispõe que em caso de procedência o pagamento se reputa efetuado e a importância consignada é "convertida em renda" (ou transformada em pagamento definitivo). É essa a situação em que ocorre a extinção do crédito, conforme descrito no art. 156, VIII, do

CTN. Ou seja, apenas após a decisão judicial de procedência da ação de consignação em pagamento, com a conversão da renda da importância consignada, é que o pagamento se reputa efetuado e o crédito tributário extinto.

Na prática, o procedimento é semelhante à conversão de depósito em renda (art. 156, VI, do CTN), havendo a peculiaridade de que na consignação o contribuinte não depositou o montante exigido pelo Fisco, mas sim o valor que entendia devido. De qualquer forma, quando o art. 156, VIII do CTN menciona a "consignação em pagamento" como causa de extinção do crédito tributário, não está tratando da mera propositura desta ação, mas sim da conversão em renda da importância consignada, reputada suficiente pela decisão que julgou procedente a consignação.

Se a consignação for julgada improcedente no todo ou em parte, o crédito é cobrado acrescido de juros de mora, sem prejuízo das penalidades cabíveis. Essa incidência de juros moratórios, contudo, só recai sobre a parcela do crédito que não foi coberta pelo depósito do autor da consignação. Como essa ação não exige o depósito de toda a quantia exigida pelo(s) ente(s), bastando a consignação do "crédito que o consignante se propõe pagar" (art. 164, § 1º)[67], o contribuinte só é considerado em mora em relação ao valor não depositado reconhecido como devido pela decisão final do processo.

2.8 Decisão administrativa irreformável, assim entendida a definitiva na órbita administrativa, que não mais possa ser objeto de ação anulatória

A exigência do crédito tributário na esfera administrativa pode ser questionada pelo contribuinte por impugnação ao lançamento, instaurando-se uma lide entre contribuinte e Fisco[68]. Esse litígio será julgado pela própria Administração Pública, representando uma forma de **controle administrativo da legalidade do lançamento tributário.**

Fala-se em controle "de legalidade" porque não é possível que a autoridade julgadora na esfera administrativa exerça o controle de constitucionalidade das leis. Nesse sentido a **súmula 2 do CARF**: "O CARF não é competente para se pronunciar sobre a inconstitucionalidade de lei tributária". Também o art. 26-A do Decreto 70.235/1972: "No âmbito do processo administrativo fiscal, fica vedado aos órgãos de julgamento afastar a aplicação ou deixar de observar tratado, acordo internacional, lei ou decreto, sob fundamento de inconstitucionalidade.".

Caso a decisão final desse processo administrativo seja favorável à manutenção do crédito tributário, o contribuinte ainda poderá se insurgir contra a exigência no Judiciário, ajuizando, por exemplo, uma ação anulatória do ato administrativo "constitutivo/declaratório" da dívida tributária.

Em outro cenário, caso a decisão definitiva na seara administrativa beneficie o contribuinte reconhecendo a improcedência do lançamento, a Fazenda Pública não poderá,

67. O STJ possui decisão no sentido de que em ação consignatória o contribuinte não é obrigado a depositar o valor exigido pelo Fisco, mas sim o que entende devido, sendo a diferença o objeto da discussão (STJ, REsp 26.156, j. 17.10.1994).

68. Na esfera federal, o Decreto 70.235/1972 dispõe expressamente, no seu art. 14: "A impugnação da exigência instaura a fase litigiosa do procedimento.".

em regra, recorrer ao Judiciário para anular a decisão administrativa. Por isso, a "decisão administrativa irreformável", "que não mais possa ser objeto de ação anulatória", é listada como causa de extinção do crédito tributário pelo art. 156, IX, do CTN. Se o próprio ente tributante, por intermédio de um órgão de sua estrutura que julga os processos administrativos fiscais, admite que o contribuinte não deve pagar determinada exigência objeto de questionamento, não há razão para que esse mesmo ente, por outro órgão (de representação judicial) busque o Judiciário para anular sua própria decisão. Não só faltaria interesse de agir nesse pedido, como haveria uma ação em que a mesma pessoa (pessoa de direito público que exige o tributo) seria autora e ré. Nesse sentido, dispõe a norma sobre os processos administrativos fiscais federais que **no caso de decisão definitiva favorável ao sujeito passivo, cumpre à autoridade preparadora exonerá-lo, de ofício, dos gravames decorrentes do litígio** (art. 45 do Decreto 70.235/1972).

A Procuradoria-Geral da Fazenda Nacional, contudo, editou o Parecer PGFN/CRJ 1.087/2004, concluindo que seria possível o questionamento judicial de decisões favoráveis aos contribuintes nos processos administrativos fiscais federais "que lesarem o patrimônio público". Esse controle judicial seria pautado na legalidade, na juridicidade, ou com base em erro de fato. A Portaria PGFN 820/2004 disciplinou o ajuizamento dessas ações judiciais. Essa possibilidade de controle judicial das decisões favoráveis aos contribuintes se justificam principalmente no caso de graves vícios ocorridos no julgamento administrativo, como a situação em que houver prática de fraude ou corrupção por um dos julgadores (como se viu na Operação Zelotes).

Uma última observação em relação à definitividade das decisões favoráveis aos contribuintes deve ser feita para se registrar o entendimento de que os casos de fraude no julgamento permitiriam não apenas o ajuizamento de ação judicial pela Fazenda, mas também a anulação da decisão na própria esfera administrativa, com base no poder de autotutela (arts. 53 e 54 da Lei 9.784/1999). Conforme ensina Sérgio André Rocha:

> (...) nos casos em que a decisão se mostrar nula de plano direito (o que aconteceria, por exemplo, se o agente julgador tivesse sido corrompido pelo interessando para proferir decisão em determinado sentido) tem a Administração o direito de reconhecer tal nulidade, anulando a decisão, sendo certo que, caso o administrado discorde do entendimento manifestado pela Administração, lhe será garantido o acesso ao Poder Judiciário[69]

Assim se deu na Resolução 1402-000.531 (j. 21.02.2018), na qual o próprio CARF (tribunal administrativo) anulou o acórdão 1101000.744, sob o fundamento de que um dos julgadores seria impedido, sendo inclusive denunciado pelo Ministério Público Federal por corrupção passiva e por ter recebido pagamentos pelo êxito no processo por esquema de lavagem de dinheiro Nos casos de fraude no julgamento administrativo, portanto, a decisão favorável ao contribuinte poderia ser anulada na própria esfera administrativa.

No MS 8.810 (j. 13.08.2003), a Primeira Seção do STJ não admitiu a utilização do "recurso hierárquico" do Ministro da Fazenda, com base nos arts. 19 e 20 do Decreto-Lei

69. ROCHA, Sergio André. Processo Administrativo Fiscal: Controle Administrativo do Lançamento Tributário. 4 ed. Rio de Janeiro: Lumen Juris, 2010. p. 229-230.

200/1967[70], para cassar decisões administrativas favoráveis aos contribuintes. Nos fundamentos dos votos, contudo, é possível perceber uma tolerância ao questionamento de tais decisões em caso de "teratologia" (voto do Ministro Luiz Fux), ou atuação do conselho de contribuintes "fora do âmbito de sua competência", caso em que a decisão seria nula (voto do Ministro Humberto Gomes de Barros). A ementa desse julgado consignou expressamente que o "controle do Ministro da Fazenda (Arts. 19 e 20 do DL 200/67) sobre os acórdãos dos conselhos de contribuintes tem como escopo e limite o reparo de nulidades". Não se admitiu, assim, que o Ministro casse tais decisões sob o argumento de que o colegiado errou na interpretação da Lei.

Em síntese, deve ser admitida, ainda que excepcionalmente, o controle judicial de decisões administrativas que exonerem o sujeito passivo de gravames tributários.

2.9 Decisão judicial passada em julgado

Se o crédito tributário pode ser extinto por decisão administrativa, com muito mais razão pode ser extinto por decisão judicial transitada em julgado, uma vez que não se admite no sistema brasileiro a exclusão do controle jurisdicional (CF, art. 5º, XXXV).

Desse modo, discordando o contribuinte da decisão administrativa que lhe impôs a exigência de determinado crédito tributário, pode ele recorrer ao Judiciário pleiteando a anulação dessa decisão, para que se repute extinto o crédito. É possível entender que uma decisão judicial, ao reconhecer a improcedência de um lançamento, resulte na constatação de que o crédito tributário nunca existiu, por inocorrência do fato gerador. Para o CTN, todavia, terá ocorrido a extinção do crédito tributário, nos termos do art. 156, X.

Ressalte-se que nada impede o contribuinte de não se insurgir contra a imposição tributária na esfera administrativa, recorrendo diretamente ao Judiciário[71].

Caso tenha havido irresignação no âmbito administrativo, contudo, a propositura de ação judicial que tenha como objeto o mesmo crédito tributário questionado importa em renúncia ao poder de recorrer na esfera administrativa e desistência do recurso acaso interposto (art. 38, parágrafo único da Lei 6.830/1980). Essa vedação à concomitância de discussões nas duas esferas é constitucional, conforme decidido pelo STF no RE 233.582 (j. 16.08.2007)[72]. Como observado no voto do Ministro Sepúlveda Pertence, não haveria violação ao direito de petição, uma vez que esse já foi exercido pelo contribuinte, tendo

---

70. "Art. 19. Todo e qualquer órgão da Administração Federal, direta ou indireta, está sujeito à supervisão do Ministro de Estado competente, excetuados unicamente os órgãos mencionados no art. 32, que estão submetidos à supervisão direta do Presidente da República. Art. 20. O Ministro de Estado é responsável, perante o Presidente da República, pela supervisão dos órgãos da Administração Federal enquadrados em sua área de competência.".

71. Especificamente em relação à postulação de benefícios previdenciários, o STF decidiu, em **repercussão geral** (RE 631.240, j. 03.09.2014), que a ação judicial depende de prévio requerimento administrativo (que não se confunde com exaurimento das vias administrativas).

72. Voto do Ministro Cezar Peluso no RE 233.582: "É luxo demasiado a um país subdesenvolvido permitir que a mesma lide seja discutida e julgada, ao mesmo tempo, por dois órgãos do Estado, com prevalência final da sentença, em qualquer caso".

o dispositivo da Lei 6.830/1980 pressuposto a existência de um processo administrativo em curso.

A **súmula 1 do CARF** condensou essa orientação enfatizando a necessidade de se observar a identidade do crédito tributário discutido:

> Importa renúncia às instâncias administrativas a propositura pelo sujeito passivo de ação judicial por qualquer modalidade processual, antes ou depois do lançamento de ofício, com o mesmo objeto do processo administrativo, sendo cabível apenas a apreciação, pelo órgão de julgamento administrativo, de matéria distinta da constante do processo judicial.

De fato, não haveria utilidade em manter a discussão sobre o crédito inscrito em dívida ativa (tributário ou não) na esfera administrativa se há um processo judicial sobre o mesmo objeto cuja decisão prevalecerá sobre a que seria tomada no processo administrativo.

2.10 Dação em pagamento em bens imóveis, na forma e condições estabelecidas em lei

A extinção do crédito tributário por meio da dação em pagamento em bens imóveis não pode ocorrer com fundamento direto e exclusivo no art. 156, XI do CTN (incluído pela Lei Complementar 104/2001). Há necessidade de lei regulamentadora do respectivo ente que deseje receber imóveis para a quitação de seus créditos. Não há, desse modo, condições unificadas pelo CTN para a dação em pagamento em bens imóveis. Cada ente tributante irá criar o seu procedimento, estabelecendo seus próprios requisitos para a aceitação de bens imóveis pela Fazenda.

Na esfera federal, a Lei 13.259/2016 regulou extinção do crédito tributário da União mediante dação em pagamento de bens imóveis, estabelecendo, dentre as condições, a prévia avaliação do imóvel e a inexistência de ônus ou embaraço que recaia sobre o imóvel (art. 4º, I). Foi exigido ainda que a dação abranja a totalidade do crédito ou créditos que se pretende liquidar com atualização, juros, multa e encargos legais, sem desconto, assegurando-se ao devedor a possibilidade de complementação em dinheiro de eventual diferença entre os valores da totalidade da dívida e o valor do bem ou dos bens ofertados em dação (art. 4º, II).

A Lei 14.011/2020 introduziu o art. 4º-A à Lei 13.259/2016, admitindo a dação em pagamento de bens imóveis que possuam valor histórico, cultural, artístico, turístico ou paisagístico na hipótese de estado de calamidade pública reconhecido em ato do Poder Executivo federal.

Considerando que essa regulamentação diz respeito aos créditos tributários da União, sua aplicação não se estende aos créditos tributários referentes ao Regime Especial Unificado de Arrecadação de Tributos e Contribuições devidos pelas Microempresas e Empresas de Pequeno Porte – Simples Nacional (Lei 13.259/2016, art. 4º, § 1º), já que esse regime único de arrecadação abrange também impostos dos Estados, Distrito Federal e Municípios (CF, art. 146, parágrafo único e LC 123/2006, art. 1º, I).

A Portaria PGFN 32/2018, ao regulamentar o art. 4º da Lei 13.259/2016, impediu a aceitação de "imóveis de difícil alienação, inservíveis, ou que não atendam aos critérios de necessidade, utilidade e conveniência, a serem aferidos pela Administração Pública" (art. 3º, § 1º). O valor do laudo de avaliação do bem imóvel foi eleito o parâmetro para a dação, sendo tal laudo emitido por instituição financeira oficial, em se tratando de imóvel urbano, ou pelo Instituto Nacional de Colonização e Reforma Agrária (Incra), em se tratando de imóvel rural (art. 3º, §§ 2º e 4º). Caso o bem ofertado for avaliado em valor superior ao crédito tributário da União que se pretende extinguir, sua aceitação ficará condicionada à renúncia expressa, em escritura pública, por parte do devedor proprietário do imóvel, ao ressarcimento de qualquer diferença (art. 3º, § 3º).

Vale uma observação especial em relação à dação em pagamento de bens imóveis na esfera federal. O art. 4º da Lei 13.259/2016 e a Portaria PGFN 32/2018 dizem respeito a créditos tributários **inscritos em dívida ativa** da União, o que significa reconhecer a impossibilidade de dação em pagamento de bens imóveis em relação ao crédito tributário da União sob administração da Receita Federal. Uma vez que a inscrição em dívida ativa é ato que define a atribuição da Procuradoria da Fazenda Nacional para a administração e representação judicial do crédito tributário[73], o requerimento de dação em pagamento que tem como objeto o crédito inscrito em dívida (ajuizado ou não) será apresentado perante a unidade da Procuradoria-Geral da Fazenda Nacional do domicílio tributário do devedor, a qual determinará a abertura de processo administrativo para acompanhamento (art. 5º da Portaria PGFN 32/2018).

Como já mencionado no tópico relativo ao conceito de tributo, a previsão de extinção do crédito tributário por forma diversa da entrega de dinheiro não contraria o conceito legal de tributo do art. 3º do CTN, que se atrela ao requisito de prestação pecuniária em moeda ou cujo valor nela se possa exprimir. O que se exige é a quantificação do crédito tributário em moeda, não a exclusiva utilização desta para sua extinção.

3. QUADRO SINÓTICO

EXTINÇÃO DO CRÉDITO TRIBUTÁRIO, EXTINÇÃO DA OBRIGAÇÃO TRIBUTÁRIA SEM CRÉDITO TRIBUTÁRIO E DECLARAÇÃO DE INEXISTÊNCIA DE OBRIGAÇÃO E CRÉDITO

» o art. 156 do CTN revela mais uma impropriedade terminológica que evidencia as contradições na utilização da expressão "crédito tributário". A lista constante desse dispositivo possui hipóteses em que não houve formalização do crédito pelo lançamento ou declaração do contribuinte, sendo possível ainda a extinção do "crédito tributário" ainda que subsista a obrigação tributária. 1

» se a homologação é ato que opera sobre o pagamento do contribuinte, naturalmente anterior àquela, não se pode ter como causas de extinção do crédito o pagamento antecipado e a homologação, simultaneamente. Se é o pagamento que extingue o crédito tributário, não há mais nada a extinguir no momento da homologação.

73. Constituição Federal, art. 131, § 3º: "Na execução da dívida ativa de natureza tributária, a representação da União cabe à Procuradoria-Geral da Fazenda Nacional, observado o disposto em lei"; Lei 6.830/1980, art. 2º, § 4º: "A Dívida Ativa da União será apurada e inscrita na Procuradoria da Fazenda Nacional."; Lei 11.457/2007, art. 23: "Compete à Procuradoria-Geral da Fazenda Nacional a representação judicial na cobrança de créditos de qualquer natureza inscritos em Dívida Ativa da União".

O ROL DAS MODALIDADES DE EXTINÇÃO DO CRÉDITO TRIBUTÁRIO

» o art. 156 do CTN traz onze incisos como hipóteses distintas de extinção do crédito tributário, assim dispostos:

Art. 156. Extinguem o crédito tributário:
I - o pagamento;
II - a compensação;
III - a transação;
IV - remissão;
V - a prescrição e a decadência;
VI - a conversão de depósito em renda;
VII - o pagamento antecipado e a homologação do lançamento nos termos do disposto no artigo 150 e seus §§ 1º e 4º;
VIII - a consignação em pagamento, nos termos do disposto no § 2º do artigo 164; 2
IX - a decisão administrativa irreformável, assim entendida a definitiva na órbita administrativa, que não mais possa ser objeto de ação anulatória;
X - a decisão judicial passada em julgado.
XI – a dação em pagamento em bens imóveis, na forma e condições estabelecidas em lei.
Parágrafo único. A lei disporá quanto aos efeitos da extinção total ou parcial do crédito sobre a ulterior verificação da irregularidade da sua constituição, observado o disposto nos artigos 144 e 149.

» no julgamento do mérito da ADI 2405, em 20.09.2019, o Pleno do STF fixou a orientação de que **não há reserva de Lei Complementar Federal para tratar de novas hipóteses de suspensão e extinção de créditos tributários, sendo facultado ao Estado-Membro estabelecer regras específicas de quitação de seus próprios créditos tributários.**

PAGAMENTO

Cumulação de tributo e multa tributária	» **em direito tributário, a imposição de multa não absorve a dívida principal, que deve ser exigida cumulativamente.**	2.1.1
Inexistência de presunção de pagamento	» o Código Tributário se afasta das normas de direito privado no seu art. 158, com duas regras sobre inaplicabilidade de presunções de pagamento. No primeiro inciso desse dispositivo, é dito que o pagamento parcial de um crédito tributário não importa em presunção de pagamento das parcelas em que se decomponha. » o inciso II do art. 158 do CTN, a seu turno, reforça que o pagamento total de um crédito tributário não importa em presunção de pagamento de outros créditos referentes ao mesmo ou a outros tributos. Tal norma peca pela redundância, pois não se poderia presumir que o pagamento de um crédito tributário importasse no pagamento de outros créditos.	2.1.2
Local do pagamento	» o **pagamento do crédito tributário é efetuado na repartição competente do domicílio do sujeito passivo**, salvo se a legislação tributária não dispuser a respeito. Por essa regra, o pagamento se dá no domicílio do credor ("repartição competente"). A menção ao "domicílio do sujeito passivo" se dá apenas para fins de se determinar qual a repartição competente que receberá o pagamento, sendo este realizado no local de estabelecimento do fisco, e não no local em que se encontra o sujeito passivo.	2.1.3

Tempo do pagamento	» o art. 160 do CTN traz uma regra geral sobre o prazo para pagamento do crédito tributário. Na ausência de regra específica da **legislação tributária** fixando o tempo do pagamento, o vencimento do crédito ocorre trinta dias depois da data em que se considera o sujeito passivo notificado do lançamento. » o art. 161 do CTN traz as consequências para o caso de o crédito tributário não ser integralmente pago no vencimento, hipótese em que haverá o acréscimo de **juros de mora**, independentemente do motivo do atraso. Não há necessidade de qualquer ato do credor para a constituição da mora, que se dá de modo automático pelo vencimento do prazo sem a quitação integral da dívida (mora *ex re*). Nesse ponto, a regra do Código Tributário se aproxima do Código Civil, que no seu art. 397 prevê o inadimplemento da obrigação no seu termo como causa suficiente para constituição de pleno direito em mora do devedor. » súmula 513 do STJ: "A taxa de juros de mora incidente na repetição de indébito de tributos estaduais deve corresponder à utilizada para cobrança do tributo pago em atraso, sendo legítima a incidência da taxa Selic, em ambas as hipóteses, quando prevista na legislação local, vedada sua cumulação com quaisquer outros índices.".	2.1.4
Consulta	» o art. 161, § 2º do CTN que o acréscimo de juros de mora não se aplica na pendência de consulta formulada pelo devedor dentro do prazo legal para pagamento do crédito.	2.1.5
Forma de pagamento	» admite o art. 162 do CTN que o pagamento do crédito tributário se dê em moeda corrente, cheque ou vale postal. Menciona também a possibilidade de a lei prever o pagamento em estampilha, papel selado, ou por processo mecânico.	2.1.6
Imputação de pagamento	» o regramento específico da imputação em pagamento de tributo está previsto no art. 163 do CTN, reproduzido abaixo: Art. 163. Existindo simultaneamente dois ou mais débitos vencidos do mesmo sujeito passivo para com a mesma pessoa jurídica de direito público, relativos ao mesmo ou a diferentes tributos ou provenientes de penalidade pecuniária ou juros de mora, a autoridade administrativa competente para receber o pagamento determinará a respectiva imputação, obedecidas as seguintes regras, na ordem em que enumeradas: I - em primeiro lugar, aos débitos por obrigação própria, e em segundo lugar aos decorrentes de responsabilidade tributária; II - primeiramente, às contribuições de melhoria, depois às taxas e por fim aos impostos; III - na ordem crescente dos prazos de prescrição; IV - na ordem decrescente dos montantes. » vale mencionar decisão do STJ que considerou possível a imputação do art. 163 do CTN nas execuções fiscais (onde não há a "autoridade administrativa competente para receber o pagamento" mencionada no dispositivo), desde que observados os requisitos ali expressos, ouvido previamente o executado,	2.1.7

	que deverá anuir ao provimento (REsp 901.772, j. 21.08.2008). Interessante observar que nessa decisão foi conferida uma participação do sujeito passivo (executado) inexistente no regime do art. 163 do CTN, pelo qual a imputação cabe exclusivamente à autoridade administrativa.	
Consignação em pagamento	» consignação em pagamento é tratada no art. 164 do CTN, assumindo a feição de uma ação judicial que se fundamenta, basicamente, em ilegalidades atreladas às circunstâncias do pagamento. Busca essa ação conferir segurança ao contribuinte que pretende realizar o pagamento de crédito tributário e se vê diante de empecilhos impostos pela administração tributária, ou mesmo diante de exigência de um mesmo crédito por mais de um ente tributante. Apesar desse objetivo específico, o STJ já decidiu (REsp 883.927, j. 28.10.2008) que é cabível a discussão de toda matéria de fato ou de direito relacionada com o crédito tributário quanto a ação de consignação em pagamento é fundada na recusa de recebimento, ou subordinação deste ao pagamento de outro tributo ou de penalidade, ou ao cumprimento de obrigação acessória (inciso I do art. 164 do CTN). » quanto à lista prevista no CTN, os dois primeiros incisos do art. 164 tratam de condutas das autoridades administrativas que contrariam as regras vigentes para a realização do pagamento, enquanto o terceiro inciso trata de exigência por mais de um ente, em desrespeito às regras constitucionais de repartição das competências tributárias. Confira-se: Art. 164. A importância de crédito tributário pode ser consignada judicialmente pelo sujeito passivo, nos casos: I - de recusa de recebimento, ou subordinação deste ao pagamento de outro tributo ou de penalidade, ou ao cumprimento de obrigação acessória; II - de subordinação do recebimento ao cumprimento de exigências administrativas sem fundamento legal; III - de exigência, por mais de uma pessoa jurídica de direito público, de tributo idêntico sobre um mesmo fato gerador.	2.1.8
Pagamento indevido e sua restituição	» como o tributo é obrigação que se origina e se extingue nos termos da lei (CTN, art. 97, I), o pagamento efetuado de modo incorreto, ainda que por culpa do contribuinte, deve ser devolvido ao particular. » nesse sentido é que o art. 165 do CTN dispõe que o sujeito passivo tem direito à restituição do tributo independentemente de prévio protesto e seja qual for a modalidade do seu pagamento. São dispostos ainda no art. 165, em seus três incisos, os casos que ensejam a restituição: Art. 165. (...) I - cobrança ou pagamento espontâneo de tributo indevido ou maior que o devido em face da legislação tributária aplicável, ou da natureza ou circunstâncias materiais do fato gerador efetivamente ocorrido; II - erro na edificação do sujeito passivo, na determinação da alíquota aplicável, no cálculo do montante do débito ou na elaboração ou conferência de qualquer documento relativo ao pagamento; III - reforma, anulação, revogação ou rescisão de decisão condenatória.	2.1.9

» o art. 167, *caput*, do CTN determina que a restituição alcança não apenas o valor indevidamente pago a título de tributo, mas também os respectivos juros de mora e as penalidades pecuniárias correspondentes:

> Art. 167. A restituição total ou parcial do tributo dá lugar à restituição, na mesma proporção, dos juros de mora e das penalidades pecuniárias, salvo as referentes a infrações de caráter formal não prejudicadas pela causa da restituição.

» aparte final do art. 167 ressalva que as penalidades aplicadas em razão de infrações de caráter formal não prejudicadas pela causa da restituição não devem ser devolvidas ao contribuinte. Por isso, se parte do crédito tributário é inconstitucional e o contribuinte incorreu em falta no cumprimento de alguma obrigação acessória, a penalidade em razão dessa infração de caráter formal não será restituída, pois não guarda relação com a causa da repetição do indébito (inconstitucionalidade do tributo).

Restituição de tributos indiretos — 2.1.9.1

» em relação aos tributos indiretos, o art. 166 do CTN dispõe que sua restituição só será feita a quem prove haver assumido o encargo financeiro, ou, no caso de tê-lo transferido a terceiro, estar por este expressamente autorizado a recebê-la.

» o art. 166 do CTN só trata da restituição do tributo indireto como uma pretensão do contribuinte de direito, em duas hipóteses: prova, pelo contribuinte de direito, que assumiu o encargo financeiro do tributo indireto; ou autorização expressa, por parte do contribuinte de fato, que assumiu o encargo, para receber a restituição do tributo indireto.

» súmula 546 do STF: "Cabe a restituição do tributo pago indevidamente, quando reconhecido por decisão, que o contribuinte de jure não recuperou do contribuinte de facto o quantum respectivo".

Legitimidade para restituição (repetição) do indébito tributário

Tributos diretos	Tributos indiretos em geral	ICMS sobre energia elétrica
contribuinte de direito	contribuinte de direito	contribuinte de fato

» súmula 447 do STJ: "Os Estados e o Distrito Federal são partes legítimas na ação de restituição de imposto de renda retido na fonte proposta por seus servidores.".

Terceiro que paga tributo por obrigação contratual e repetição do indébito — 2.1.9.2

» súmula 614 do STJ: "O locatário não possui legitimidade ativa para discutir a relação jurídico-tributária de IPTU e de taxas referentes ao imóvel alugado nem para repetir indébito desses tributos.".

» o art. 167, parágrafo único do CTN determina que a restituição do indébito tributário vence **juros não capitalizáveis** (juros de mora), a partir do **trânsito em julgado** da decisão definitiva que a determinar. A expressão "não capitalizáveis" explicita que os juros não incidem sobre si mesmo, ou seja, apenas se aplicam sobre o principal, o que caracteriza os juros simples, em oposição aos juros compostos.

» súmula 162 do STJ: "Na restituição de indébito tributário, a correção monetária incide a partir do pagamento indevido.".

» súmula 188 do STJ: "Os juros moratórios, na repetição do indébito tributário, são devidos a partir do trânsito em julgado da sentença".

Termo inicial dos juros de mora na restituição de tributos federais

ANTES DE 01.01.1996	A PARTIR DE 01.01.1996
TRÂNSITO EM JULGADO DA SENTENÇA	PAGAMENTO INDEVIDO

Restituição e incidência de juros 2.1.9.3

» súmula vinculante 17 do STF: "Durante o período previsto no parágrafo 1º do artigo 100 da Constituição, não incidem juros de mora sobre os precatórios que nele sejam pagos".

» súmula 461 do STJ: "O contribuinte pode optar por receber, por meio de precatório ou por compensação, o indébito tributário certificado por sentença declaratória transitada em julgado.".

TRÂNSITO EM JULGADO DA AÇÃO DE REPETIÇÃO DO INDÉBITO TRIBUTÁRIO
-> INÍCIO DA FLUÊNCIA DOS JUROS DE MORA

↓

PRIMEIRO DE JULHO (PRECATÓRIO EXPEDIDO ATÉ ESTA DATA)
JUROS DE MORA DEIXAM DE INCIDIR

↓

DIA POSTERIOR AO ÚLTIMO DIA DO EXERCÍCIO SEGUINTE
JUROS DE MORA VOLTAM A INCIDIR

Prazos para restituição 2.1.9.4

» o art. 168 do CTN disciplina o prazo prescricional da pretensão de restituição do indébito tributário ("direito de pleitear a restituição"). Sendo tal prazo de cinco anos, o início da contagem segue duas regras distintas, de acordo com a causa originária do pretensão à restituição:

> Art. 168. O direito de pleitear a restituição extingue-se com o decurso do prazo de 5 (cinco) anos, contados:
> I - nas hipótese dos incisos I e II do artigo 165, da data da extinção do crédito tributário; (Vide art 3 da LCp nº 118, de 2005)

> II - na hipótese do inciso III do artigo 165, da data em que se tornar definitiva a decisão administrativa ou passar em julgado a decisão judicial que tenha reformado, anulado, revogado ou rescindido a decisão condenatória.

» "**tese dos cinco mais cinco**" no STJ:

		INÍCIO DA PRESCRIÇÃO PARA REPETIÇÃO		
Fato gerador	5 anos	Homologação tácita	5 anos	Prescrição da repetição

a) a **LC 118/05 definiu** como **marco inicial do prazo de restituição** dos tributos sujeitos a lançamento por homologação o pagamento antecipado, superando o entendimento do STJ;
b) **essa disposição não possui caráter interpretativo**, não podendo ser aplicada retroativamente;
c) a regra do art. 3ª da LC 118/05 deve ser aplicada às **ações ajuizadas** após sua vigência, pouco importando a data do pagamento do tributo a ser restituído.

» súmula 625 do STJ: "O pedido administrativo de compensação ou de restituição não interrompe o prazo prescricional para a ação de repetição de indébito tributário de que trata o art. 168 do CTN nem o da execução de título judicial contra a Fazenda Pública.".

Prazo da ação anulatória da decisão administrativa que denegar a restituição — 2.1.9.5

» o art. 169 do CTN prevê um prazo específico de dois anos para a propositura de uma ação (judicial) anulatória da decisão **administrativa** que denegar a restituição:

> Art. 169. Prescreve em dois anos a ação anulatória da decisão administrativa que denegar a restituição.
> Parágrafo único. O prazo de prescrição é interrompido pelo início da ação judicial, recomeçando o seu curso, por metade, a partir da data da intimação validamente feita ao representante judicial da Fazenda Pública interessada.

» súmula 106 do STJ: "Proposta a ação no prazo fixado para o seu exercício, a demora na citação, por motivos inerentes ao mecanismo da justiça, não justifica o acolhimento da arguição de prescrição ou decadência".

» súmula 383 do STF: "A prescrição em favor da Fazenda Pública recomeça a correr, por dois anos e meio, a partir do ato interruptivo, mas não fica reduzida aquém de cinco anos, embora o titular do direito a interrompa durante a primeira metade do prazo".

Compensação — 2.2

» ocorre a compensação quando uma pessoa é, ao mesmo tempo, credora e devedora de outro sujeito.

» segundo o art. 170 do CTN, os créditos do contribuinte devem ser líquidos e certos para que possam ser aproveitados na quitação de sua dívida com o fisco:

	Art. 170. A lei pode, nas condições e sob as garantias que estipular, ou cuja estipulação em cada caso atribuir à autoridade administrativa, autorizar a compensação de **créditos tributários** com **créditos líquidos e certos**, vencidos ou vincendos, **do sujeito passivo contra a Fazenda pública**. Parágrafo único. Sendo vincendo o **crédito do sujeito passivo**, a lei determinará, para os efeitos deste artigo, a apuração do seu montante, não podendo, porém, cominar redução maior que a correspondente ao juro de 1% (um por cento) ao mês pelo tempo a decorrer entre a data da compensação e a do vencimento. » súmula 461 do STJ: "O contribuinte pode optar por receber, **por meio de precatório ou por compensação**, o indébito tributário certificado por sentença declaratória transitada em julgado".	
Compensação Tributária e Compensação no Direito Civil	» a compensação prevista no Código Civil não depende de outra lei autorizativa. Para que haja compensação no direito tributário, contudo, não basta a previsão no CTN, devendo haver autorização em lei do respectivo ente tributante, lei esta que deve estipular as condições e garantias da compensação, ou mesmo atribuir tal estipulação à autoridade administrativa. » mais um afastamento entre a compensação tributária e o regramento civil é encontrado na jurisprudência do STJ, onde se discutiu a aplicação do art. 354 do Código Civil às compensações tributárias. Segundo a referida regra civil, havendo capital (principal da obrigação pecuniária) e juros, o pagamento imputar-se-á primeiro nos juros vencidos, e depois no capital, salvo estipulação em contrário, ou se o credor passar a quitação por conta do capital. Ocorre que essa regra de imputação de pagamentos prevista no Código Civil não é aplicável à compensação tributária (STJ, REsp 1.058.339, j. 19.08.2008). » súmula 464 do STJ: "A regra de imputação de pagamentos estabelecida no art. 354 do Código Civil não se aplica às hipóteses de compensação tributária.".	2.2.1
Compensação Tributária na Esfera Federal	» o *caput* do art. 74 da Lei 9.430/1996 (lei que dispõe sobre a legislação tributária federal), em sua redação atual, dá os contornos da compensação tributária na esfera federal (grifos adicionados): Art. 74. O sujeito passivo que **apurar crédito**, inclusive os judiciais com trânsito em julgado, relativo a tributo ou contribuição administrado pela Secretaria da Receita Federal, passível de restituição ou de ressarcimento, **poderá utilizá-lo na compensação de débitos** próprios relativos a quaisquer tributos e contribuições administrados por aquele Órgão.	2.2.2
Compensação Tributária e Precatórios	» os precatórios são requisições de pagamento referentes a dívidas da Fazenda Pública (União, Estados, Distrito Federal, Municípios e respectivas autarquias e fundações públicas) sendo tais dívidas decorrentes de um processo judicial transitado em julgado, conforme a regra do art. 100 da Constituição: CF, art. 100. Os pagamentos devidos pelas Fazendas Públicas Federal, Estaduais, Distrital e Municipais, em virtude de sentença judiciária, far-se-ão exclusivamente na ordem cronológica de	2.2.3

	apresentação dos precatórios e à conta dos créditos respectivos, proibida a designação de casos ou de pessoas nas dotações orçamentárias e nos créditos adicionais abertos para este fim. » analisando a norma geral de direito tributário constante, no CTN, verifica-se que não há autorização para a utilização de precatórios na compensação de tributos. Tampouco há restrição, dispondo o art. 170 do CTN que a autorização para a compensação deve se dar em lei do respectivo ente tributante, onde serão estipuladas condições e garantias para o encontro de contas. Diante disso, cabe a cada ente tributante autorizar ou não a utilização de precatórios para compensação com créditos tributários. » o STJ possui jurisprudência no sentido de que a compensação de débitos tributários com precatórios só é possível, à luz do art. 170 do CTN, quando houver lei específica autorizadora (AgRg nos EDcl no RMS 35.581, j. 23.06.2016; REsp 1.203.069, j. 21.06.2011).	
Trânsito em Julgado da Ação que Reconhece o Pagamento Indevido	» a Lei Complementar 104/2001 introduziu o art. 170-A ao CTN, com a seguinte redação: Art. 170-A. É vedada a compensação mediante o aproveitamento de tributo, objeto de contestação judicial pelo sujeito passivo, antes do trânsito em julgado da respectiva decisão judicial. » súmula 212 do STJ: "A compensação de créditos tributários não pode ser deferida em ação cautelar ou por medida liminar cautelar ou antecipatória". » súmula 213 do STJ: "O mandado de segurança constitui ação adequada para a declaração do direito à compensação tributária".	2.2.4
Transação	» o direito tributário admite a transação que implique a extinção do crédito tributário (que não possui caráter privado), desde que haja previsão legal do respectivo ente tributante. É o que se verifica no art. 171 do CTN: Art. 171. A lei pode facultar, nas condições que estabeleça, aos sujeitos ativo e passivo da obrigação tributária celebrar transação que, **mediante concessões mútuas, importe em determinação de litígio** e conseqüente extinção de crédito tributário. Parágrafo único. A lei indicará a autoridade competente para autorizar a transação em cada caso. » o artigo 171 do CTN preceitua que a transação importa em "determinação" do litígio, o que significa a resolução da controvérsia entre fisco e contribuinte. O texto legal não deixa claro se o litígio a ser solucionado pela transação é apenas o judicial ou também o administrativo. » no âmbito federal, a Lei 13.988/2020 admite a transação tributária do crédito tributário em discussão na esfera administrativa, como se pode ver, por exemplo, dos seus arts. 1º, § 4º, I, 17, § 3º, I e 24, *caput*, este último dispondo que a transação relativa a crédito tributário de pequeno valor será realizada na pendência de impugnação, de recurso ou de reclamação administrativa ou no processo de cobrança da dívida ativa da União.	2.3

<table>
<tr><td>A transação tributária e o negócio jurídico processual</td><td>» a transação tributária não se confunde com o negócio jurídico processual. A primeira recai sobre o crédito tributário em si, promovendo sua extinção, enquanto o segundo não se volta diretamente ao montante do crédito tributário, mas sim a elementos de um processo judicial no qual é cobrado ou garantido um crédito tributário.
» a semelhança entre os dois institutos está apenas na existência de um ajuste celebrado ente fisco e contribuinte.</td><td>2.3.1</td></tr>
<tr><td>Transação de créditos tributários e a indisponibilidade do interesse público</td><td>» a própria lei prevê o instituto da transação, vez que o CTN traz em seu texto a possibilidade de transação em matéria tributária. Não há, portanto, ofensa ao princípio da legalidade.
» a realização da transação tributária pressupõe justamente a consideração das peculiaridades individuais do contribuinte, o que privilegia o princípio da igualdade.
» a transação pode ser encarada como uma medida de arrecadação, voltada a contribuintes que, não fosse o incentivo da transação, não buscariam adimplir suas dívidas com o fisco.</td><td>2.3.2</td></tr>
<tr><td>Transação na esfera federal</td><td>» o art. 1º, § 4º da Lei 13.988/2020 dispõe que a transação na esfera federal é aplicável:
a) aos créditos tributários não judicializados sob a administração da Receita Federal;
b) à dívida ativa e aos tributos da União, cujas inscrição, cobrança e representação incumbam à Procuradoria-Geral da Fazenda Nacional; e
c) no que couber, à dívida ativa das autarquias e das fundações públicas federais, cujas inscrição, cobrança e representação incumbam à Procuradoria-Geral Federal, e aos créditos cuja cobrança seja competência da Procuradoria-Geral da União, nos termos de ato do Advogado-Geral da União.

TRANSAÇÃO NA ESFERA FEDERAL
<table><tr><td>abrangência</td><td>créditos tributários
ou não tributários</td></tr><tr><td>órgãos</td><td>Receita Federal,
Procuradoria da Fazenda,
Procuradoria Federal,
Procuradoria da União</td></tr><tr><td>modalidades</td><td>individual ou por adesão</td></tr><tr><td>transações específicas da lei 13.988/2020</td><td>por adesão no contencioso tributário de relevante e disseminada controvérsia jurídica e por adesão no contencioso tributário de pequeno valor</td></tr></table></td><td>2.3.3</td></tr>
</table>

» seja no direito tributário, seja no civil, a remissão será sempre o **perdão** de uma dívida. Diferentemente da disciplina insculpida no Código Tributário Nacional, contudo, a remissão prevista no Código Civil exige a aceitação do devedor, o que a caracteriza como um negócio jurídico bilateral. A remissão tributária, por sua vez, não requer a anuência do devedor, sendo suficiente a observância das condicionantes previstas no art. 172 do CTN, notadamente a existência de lei autorizativa e a concessão por despacho da autoridade administrativa. Confira-se:

Art. 172. A lei pode autorizar a autoridade administrativa a conceder, por despacho fundamentado, remissão total ou parcial do crédito tributário, atendendo:
I - à situação econômica do sujeito passivo;
II - ao erro ou ignorância escusáveis do sujeito passivo, quanto a matéria de fato;
III - à diminuta importância do crédito tributário;
IV - a considerações de eqüidade, em relação com as características pessoais ou materiais do caso;
V - a condições peculiares a determinada região do território da entidade tributante.
Parágrafo único. O despacho referido neste artigo não gera direito adquirido, aplicando-se, quando cabível, o disposto no artigo 155.

Remissão 2.4

» a dispensa da penalidade é tratada no CTN como anistia, o que poderia gerar uma sobreposição entre os institutos da remissão e da anistia em relação às multas tributárias.

REMISSÃO	ANISTIA
perdão	Perdão
Tributos e multas	Multas
Extinção do crédito tributário	Exclusão do crédito tributário

» torna-se importante a diferenciação do CTN entre extinção (remissão) e exclusão (isenção) do crédito tributário, uma vez que o STJ admite a restituição do indébito tributário quando o contribuinte realiza o pagamento de tributo do qual é isento. Por outro lado, o pagamento de tributo posteriormente submetido a norma remissiva não enseja repetição de indébito (STJ, REsp 1.113.366, j. 23.06.2009).

REMISSÃO	ISENÇÃO
Perdão	Favor fiscal
Extinção do crédito tributário	Exclusão do crédito tributário
Não admite restituição do valor pago	Admite restituição do valor pago

Conversão do depósito em renda	» essa hipótese de extinção do crédito tributário pressupõe a existência de um depósito realizado em um processo administrativo ou judicial no qual o contribuinte se insurge contra a exigência de uma dívida tributária. » a Lei 6.830/1980, que trata da execução fiscal de dívidas tributárias e não tributárias, dispõe em seu art. 32, § 2º, que o depósito, monetariamente atualizado, será devolvido ao depositante ou entregue à Fazenda Pública, após o trânsito em julgado da decisão judicial. Assim, caso o executado apresente embargos à execução fiscal depositando o valor exigido, tal depósito será "convertido em renda" ou "transformado em pagamento definitivo" quando sobrevier decisão transitada em julgado mantendo a cobrança (total ou parcialmente).	2.5
Pagamento antecipado e a homologação do lançamento nos termos do disposto no artigo 150 e seus §§ 1º e 4º	» a extinção do crédito tributário, nos tributos sujeitos a lançamento por homologação, depende da presença cumulativa do pagamento antecipado e da homologação do lançamento, homologação esta que pode ser tácita ou expressa.	2.6
Consignação em pagamento, nos termos do disposto no § 2º do artigo 164	» as causas de consignação em pagamento de créditos tributários estão previstas no art. 164 do CTN: Art. 164. A importância de crédito tributário pode ser consignada judicialmente pelo sujeito passivo, nos casos: I - de recusa de recebimento, ou subordinação deste ao pagamento de outro tributo ou de penalidade, ou ao cumprimento de obrigação acessória; II - de subordinação do recebimento ao cumprimento de exigências administrativas sem fundamento legal; III - de exigência, por mais de uma pessoa jurídica de direito público, de tributo idêntico sobre um mesmo fato gerador. § 1º A consignação só pode versar sobre o crédito que o consignante se propõe pagar. § 2º Julgada procedente a consignação, o pagamento se reputa efetuado e a importância consignada é convertida em renda; julgada improcedente a consignação no todo ou em parte, cobra-se o crédito acrescido de juros de mora, sem prejuízo das penalidades cabíveis. » as situações de bitributação que podem ensejar a ação de consignação em pagamento podem decorrer tanto da exigência de tributos idênticos, por **entes da mesma natureza** (dois Municípios exigindo ISS sobre uma mesma prestação de serviço), como também da cobrança de tributos distintos por **entes de natureza diversa** (Estado e Município exigindo, respectivamente, ICMS e ISS sobre uma operação envolvendo *software*). Como já decidido no STJ, "a circunstância de a dúvida recair sobre impostos diversos que incidem sobre um mesmo fato gerador, por si só, não enseja a inviabilidade da ação de consignação em pagamento" (REsp 931.566, j. 23.04.2009; REsp 1.160.256, j. 04.08.2011).	2.7

Decisão administrativa irreformável, assim entendida a definitiva na órbita administrativa, que não mais possa ser objeto de ação anulatória	» a exigência do crédito tributário na esfera administrativa pode ser questionada pelo contribuinte por impugnação ao lançamento, instaurando-se uma lide entre contribuinte e Fisco. Esse litígio será julgado pela própria Administração Pública, representando uma forma de **controle administrativo da legalidade do lançamento tributário**. » súmula 2 do CARF: "O CARF não é competente para se pronunciar sobre a inconstitucionalidade de lei tributária". Também o art. 26-A do Decreto 70.235/1972: "No âmbito do processo administrativo fiscal, fica vedado aos órgãos de julgamento afastar a aplicação ou deixar de observar tratado, acordo internacional, lei ou decreto, sob fundamento de inconstitucionalidade.". » **no caso de decisão definitiva favorável ao sujeito passivo, cumpre à autoridade preparadora exonerá-lo, de ofício, dos gravames decorrentes do litígio** (art. 45 do Decreto 70.235/1972).	2.8
Decisão judicial passada em julgado	» é possível entender que uma decisão judicial, ao reconhecer a improcedência de um lançamento, resulte na constatação de que o crédito tributário nunca existiu, por inocorrência do fato gerador. Para o CTN, todavia, terá ocorrido a extinção do crédito tributário, nos termos do art. 156, X. » nada impede o contribuinte de não se insurgir contra a imposição tributária na esfera administrativa, recorrendo diretamente ao Judiciário. » caso tenha havido irresignação no âmbito administrativo, contudo, a propositura de ação judicial que tenha como objeto o mesmo crédito tributário questionado importa em renúncia ao poder de recorrer na esfera administrativa e desistência do recurso acaso interposto (art. 38, parágrafo único da Lei 6.830/1980). Essa vedação à concomitância de discussões nas duas esferas é constitucional, conforme decidido pelo STF no RE 233.582 (j. 16.08.2007). » súmula 1 do CARF: "Importa renúncia às instâncias administrativas a propositura pelo sujeito passivo de ação judicial por qualquer modalidade processual, antes ou depois do lançamento de ofício, com o mesmo objeto do processo administrativo, sendo cabível apenas a apreciação, pelo órgão de julgamento administrativo, de matéria distinta da constante do processo judicial.".	2.9
Dação em pagamento em bens imóveis, na forma e condições estabelecidas em lei	» a extinção do crédito tributário por meio da dação em pagamento em bens imóveis não pode ocorrer com fundamento direto e exclusivo no art. 156, XI do CTN (incluído pela Lei Complementar 104/2001). Há necessidade de lei regulamentadora do respectivo ente que deseje receber imóveis para a quitação de seus créditos. Não há, desse modo, condições unificadas pelo CTN para a dação em pagamento em bens imóveis. Cada ente tributante irá criar o seu procedimento, estabelecendo seus próprios requisitos para a aceitação de bens imóveis pela Fazenda. » na esfera federal, a Lei 13.259/2016 regulou extinção do crédito tributário da União mediante dação em pagamento de	2.10

bens imóveis, estabelecendo, dentre as condições, a prévia avaliação do imóvel e a inexistência de ônus ou embaraço que recaia sobre o imóvel (art. 4º, I). Foi exigido ainda que a dação abranja a totalidade do crédito ou créditos que se pretende liquidar com atualização, juros, multa e encargos legais, sem desconto, assegurando-se ao devedor a possibilidade de complementação em dinheiro de eventual diferença entre os valores da totalidade da dívida e o valor do bem ou dos bens ofertados em dação (art. 4º, II).

» a previsão de extinção do crédito tributário por forma diversa da entrega de dinheiro não contraria o conceito legal de tributo do art. 3º do CTN, que se atrela ao requisito de prestação pecuniária em moeda ou cujo valor nela se possa exprimir. O que se exige é a quantificação do crédito tributário em moeda, não a exclusiva utilização desta para sua extinção.

4. SÚMULAS APLICÁVEIS

4.1 STF

Súmula vinculante 17: "Durante o período previsto no parágrafo 1º do artigo 100 da Constituição, não incidem juros de mora sobre os precatórios que nele sejam pagos".

383. "A prescrição em favor da Fazenda Pública recomeça a correr, por dois anos e meio, a partir do ato interruptivo, mas não fica reduzida aquém de cinco anos, embora o titular do direito a interrompa durante a primeira metade do prazo".

546. "Cabe a restituição do tributo pago indevidamente, quando reconhecido por decisão, que o contribuinte de jure não recuperou do contribuinte de facto o quantum respectivo".

4.2 STJ

106. "Proposta a ação no prazo fixado para o seu exercício, a demora na citação, por motivos inerentes ao mecanismo da justiça, não justifica o acolhimento da arguição de prescrição ou decadência".

162. "Na restituição de indébito tributário, a correção monetária incide a partir do pagamento indevido.".

188. "Os juros moratórios, na repetição do indébito tributário, são devidos a partir do trânsito em julgado da sentença".

212. "A compensação de créditos tributários não pode ser deferida em ação cautelar ou por medida liminar cautelar ou antecipatória".

213. "O mandado de segurança constitui ação adequada para a declaração do direito à compensação tributária".

406. "A Fazenda Pública pode recusar a substituição do bem penhorado por precatório.".

436. "A entrega de declaração pelo contribuinte reconhecendo débito fiscal constitui o crédito tributário, dispensada qualquer outra providência por parte do fisco".

447. "Os Estados e o Distrito Federal são partes legítimas na ação de restituição de imposto de renda retido na fonte proposta por seus servidores.".

461. "O contribuinte pode optar por receber, por meio de precatório ou por compensação, o indébito tributário certificado por sentença declaratória transitada em julgado.".

464. "A regra de imputação de pagamentos estabelecida no art. 354 do Código Civil não se aplica às hipóteses de compensação tributária.".

513. "A taxa de juros de mora incidente na repetição de indébito de tributos estaduais deve corresponder à utilizada para cobrança do tributo pago em atraso, sendo legítima a incidência da taxa Selic, em ambas as hipóteses, quando prevista na legislação local, vedada sua cumulação com quaisquer outros índices.".

614. "O locatário não possui legitimidade ativa para discutir a relação jurídico-tributária de IPTU e de taxas referentes ao imóvel alugado nem para repetir indébito desses tributos.".

625. "O pedido administrativo de compensação ou de restituição não interrompe o prazo prescricional para a ação de repetição de indébito tributário de que trata o art. 168 do CTN nem o da execução de título judicial contra a Fazenda Pública.".

4.3 CARF

1. "Importa renúncia às instâncias administrativas a propositura pelo sujeito passivo de ação judicial por qualquer modalidade processual, antes ou depois do lançamento de ofício, com o mesmo objeto do processo administrativo, sendo cabível apenas a apreciação, pelo órgão de julgamento administrativo, de matéria distinta da constante do processo judicial.".

2. "O CARF não é competente para se pronunciar sobre a inconstitucionalidade de lei tributária".

5. QUESTÕES DE CONCURSOS PÚBLICOS

1. (FCC – Juiz de Direito – TJ – MS/2020) A respeito do contencioso tributário no âmbito judicial, é correto afirmar:

a) Os embargos à execução se constituem o único meio adequado para a defesa do devedor em execução fiscal, e para tanto é necessária a penhora ou o oferecimento de garantia do débito tributário em discussão.

b) O contribuinte pode optar por receber o indébito tributário por compensação ou por precatório, quando o indébito tributário for reconhecido em sentença declaratória, independentemente de autorização legal do ente tributante.

c) O mandado de segurança constitui ação adequada para declarar o direito à compensação tributária, mas não para convalidar compensação já realizada pelo contribuinte.

d) É incompatível com a Constituição o artigo da Lei de Execução Fiscal que afirma incabível o recurso de apelação em casos de execução fiscal cujo valor seja inferior a 50 ORTN, por limitar ao contribuinte o acesso ao segundo grau de jurisdição.

e) A citação em execução fiscal é causa de interrupção da prescrição.

2. (UFPR – Procurador Jurídico – Câmara de Curitiba - PR/2020) De acordo com o art. 3° do Código Tributário Nacional, "tributo é toda prestação pecuniária compulsória, em moeda ou cujo valor nela se possa exprimir, que não

constitua sanção de ato ilícito, instituída em lei e cobrada mediante atividade administrativa plenamente vinculada". Sobre o tema, assinale a alternativa correta.

a) Nos casos previstos em lei, admite-se a extinção do crédito tributário mediante dação em pagamento de bem imóvel.

b) Não se admite a edição de medida provisória que implique instituição ou majoração de impostos.

c) A data de vencimento da obrigação tributária deve ser fixada em lei, assim como os demais elementos da regra matriz de incidência.

d) A criação de contribuição de iluminação pública pelos Municípios depende da edição de lei complementar.

e) Os impostos são tributos vinculados e de arrecadação não vinculada.

3. **(Cespe – Procurador do Estado – PGE – PE/2018) Segundo o CTN, a conversão do depósito judicial em renda é considerada uma modalidade de**

A) remissão do crédito tributário.

B) suspensão do crédito tributário.

C) extinção do crédito tributário.

D) exclusão do crédito tributário.

E) dispensa do crédito tributário.

4. **(FCC – Procurador do Estado – PGE – AP/2018) A fábrica de cadeiras "JJ e Silva", localizada em Oiapoque/AP, entendendo que pagou o ICMS a maior, ingressou, administrativamente, em tempo hábil, com pedido de restituição do imposto que entendeu ter pagado a maior do que o devido. Depois de alguns meses da protocolização do referido pedido, foi publicada a decisão administrativa, denegando a restituição pleiteada, porque a Administração Tributária estadual entendeu que não houve o alegado pagamento a maior.**

Em razão disso, e com base nas regras do CTN,

(A) não é possível propor ação anulatória de decisão administrativa que denegue restituição de tributo.

(B) é possível propor ação anulatória de decisão administrativa, mas o prazo prescricional não sofre interrupção, pois se trata de hipótese em que a Fazenda Pública é ré.

(C) é possível propor ação anulatória de decisão administrativa, observado o prazo prescricional de dois anos para essa proposição.

(D) é possível propor ação anulatória de decisão administrativa, observado o prazo prescricional de cinco anos, que é interrompido pelo início da ação judicial, recomeçando o seu curso, por metade, a partir da data da intimação validamente feita ao representante judicial da Fazenda Pública interessada.

(E) é possível propor ação anulatória de decisão administrativa, observado o prazo decadencial de três anos, que é interrompido pelo início da ação judicial, recomeçando o seu curso, por três quartos do prazo, a partir da data da intimação validamente feita ao representante judicial da Fazenda Pública interessada.

01	02	03	04
C	A	C	C

6. QUESTÃO DISCURSIVA COM COMENTÁRIOS

(FCC – Procurador do Estado- MT- 2011) Segundo o Código Tributário Nacional, o pagamento é forma de extinção do crédito tributário. Se o pagamento for realizado em cheque, a extinção só acontecerá a partir da compensação do título. Em não havendo fundos não haverá a extinção do crédito tributário. Nessa situação, pode a Fazenda Pública promover a execução do cheque para receber o crédito tributário? Responda de forma justificada. (30 linhas)

COMENTÁRIOS

Não, uma vez que não há interesse de agir nessa execução do cheque, pois a execução de dívidas tributárias deve ser feita com base na Lei de Execuções Fiscais. Mesmo que não se fala em interesse de agir, tem-se também o critério da especialidade, pois a Lei 6.830/80 prevê um tratamento mais benéfico ao credor tributário do que o regime previsto para a execução de títulos extrajudiciais previsto no Código de Processo Civil.

Ou seja, na execução fiscal, a pessoa jurídica de direito público possui uma série de prerrogativas processuais, como por exemplo a intimação pessoal do representante judicial da Fazenda Pública (art. 25 da Lei 6.830/80). Desse modo, a execução do crédito tributário por outro rito processual, diverso do previsto na Lei de Execuções Fiscais, implica em uma indevida renúncia às garantias dessa lei, violando, por conseguinte, o princípio da indisponibilidade do interesse público.

O título executivo extrajudicial a ser executado não será o cheque, mas sim a certidão de dívida ativa. Incidirão as regras do crédito público da Lei 6.830/80, não havendo que se falar em aplicação do mesmo regime de execução aplicável entre particulares. Além da Lei 6.830/80, o artigo 39, § 1° da Lei 4.320/64 determina que os créditos da Fazenda Pública, de natureza tributária ou não tributária, serão inscritos, na forma da legislação própria, como dívida ativa.

15

EXTINÇÃO DO CRÉDITO TRIBUTÁRIO: DECADÊNCIA E PRESCRIÇÃO

1. DECADÊNCIA E PRESCRIÇÃO

Tanto a decadência quanto a prescrição são regras positivadas que fixam um prazo após o qual determinada pessoa não poderá mais gozar de um direito ou exercer uma pretensão. Tais regras decorrem da necessidade de estabilização das relações interpessoais, presente em todo o Estado de Direito. A fixação de prazos, assim, "opera em favor da estabilidade das relações jurídicas e da eliminação das incertezas".

Se é certo que as pessoas podem gozar e exercer seus direitos garantidos por um ordenamento jurídico, não é menos verdade que tais direitos devam ter um prazo para exercício e pretensão forçada. A "imortalidade" de todos os direitos e pretensões é incompatível com a segurança jurídica garantida pelo Estado de Direito.

Vale advertir, contudo, que o art. 37, § 5º da Constituição, obra do constituinte originário, estabelece que são imprescritíveis as ações de ressarcimento por prejuízo ao erário decorrente de ilícitos. A imprescritibilidade, nesse caso, não pode ser considerada inconstitucional por ter sido instituída em norma da Constituição originária.

O STF, em julgamento de **repercussão geral** (RE 669.069, j. 0.3.02.2016), entendeu que a ação de reparação de danos à Fazenda Pública decorrente de ilícitos civis é prescritível, não sendo abrangida pelo mencionado dispositivo constitucional. Conforme voto do relator desse julgado, Ministro Teori Zavascki, caso se adotasse um conceito amplíssimo do "ilícito" que justifica o ressarcimento, a própria " execução fiscal seria imprescritível, eis que a não satisfação de tributos ou de outras obrigações fiscais, principais ou acessórias, certamente representa um comportamento contrário ao direito (ilícito, portanto) e causador de dano." Por outro lado, são "imprescritíveis as ações de ressarcimento ao erário fundadas na prática de ato doloso tipificado na Lei de Improbidade Administrativa" (RE 852.475, **repercussão geral**, j. 08.08.2018), já que os atos de improbidade administrativa representam uma "ilegalidade qualificada".

O Código Civil de 2002 distingue a prescrição da decadência ao conceituar a primeira como a extinção de uma pretensão nascida a partir da violação do direito. Já a decadência, apesar de não possui uma definição expressa no Código Civil, pode ser identificada como a perda do próprio direito (não de sua respectiva pretensão) pela ausência de seu exercício.

No direito tributário, o CTN elencou a prescrição e a decadência como causas de extinção do crédito tributário, traçando uma diferenciação nítida, embora artificial, entre os dois institutos, com base na existência ou não de um crédito tributário formalizado em um lançamento da autoridade administrativa ou declaração do contribuinte.

No que tange à disciplina dos dois institutos, cumpre destacar discussão a respeito da possibilidade de lei ordinário fixar os prazos de prescrição e decadência tributárias. A controvérsia fundava-se na interpretação do art. 146, III, *b* da Constituição, que confere à lei complementar a disciplina de normas gerais em matéria tributária, especialmente sobre prescrição e decadência.

Caso se entenda que a fixação de prazos não estaria contida no sentido de "normas gerais", seria possível à lei ordinária estabelecer tais prazos. Com base nessa interpretação, o legislador ordinário federal, nos artigos 45 e 46 da Lei 8.212/1991 (revogados pela Lei Complementar 128/2008) estipulou o prazo de 10 anos tanto para a prescrição quanto para a decadência no que tange aos créditos das contribuições para a Seguridade Social (que possuem natureza tributária). Argumentava-se, em favor dessa possibilidade, que nem todas as normas de prescrição e decadência tributárias seriam normas gerais, mas apenas as que regulam o método pelo qual os prazos são contados, as hipóteses de interrupção da prescrição e as regras que dispõem sobre o seu reinício.

O STF, contudo, rejeitou essa linha interpretativa. Em sede de **repercussão geral** (RE 556.664, j. 12.06.2008), foi definido que a definição dos prazos de prescrição e decadência tributárias encontra-se é matéria afeta à lei complementar. Afinal, "o núcleo das normas sobre extinção temporal do crédito tributário reside precisamente nos prazos para o exercício do direito" voto do Ministro Gilmar Mendes no RE 556.664.

Com base nesse entendimento, o STF editou a **súmula vinculante 8**, com a seguinte redação: "São inconstitucionais o parágrafo único do artigo 5º do Decreto-Lei nº 1.569/1977 e os artigos 45 e 46 da Lei nº 8.212/1991, que tratam de prescrição e decadência de crédito tributário.".

Portanto, a necessidade de regulação homogênea em âmbito nacional da prescrição e da decadência em matéria tributária abrange também a própria fixação dos respectivos prazos, que só pode ser feita pelo legislador complementar competente para o desenho das normas gerais de direito tributário.

2. DECADÊNCIA

A decadência é conceituada, no Direito Civil, como a perda de um direito potestativo, o qual por sua vez, pode ser definido como um direito que não depende do comportamento ou aceitação de outra pessoa. Segundo essa disciplina civil, os prazos decadenciais, salvo disposição legal em contrário, não são sujeitos às causas de suspensão ou interrupção previstas para a prescrição.

No direito tributário, a decadência significa, mais especificamente, a perda do direito do fisco de constituir o crédito tributário pelo lançamento. Aqui também há um direito potestativo, pois o direito de lançar não depende da anuência do contribuinte. Essa compreensão de que o prazo do fisco para realizar o lançamento e constituir o crédito tributário possui natureza decadencial parte da premissa do CTN de que a ocorrência do fato gerador dá origem apenas à "obrigação tributária", só surgindo o "crédito" com o lançamento.

Digno de nota que essa postura do CTN de considerar o crédito tributário como algo posterior à obrigação tributária é inconciliável com a classificação da decadência como modalidade de extinção do crédito tributário. Se este último só surge com o lançamento ou a declaração do sujeito passivo, seria contraditório afirmar, como faz o CTN, que a decadência poderia extinguir o crédito que sequer foi constituído. Seguindo essa postura crítica, só haveria sentido em se falar na decadência da própria obrigação tributária. O STJ, contudo, abstrai essas reflexões e trata a decadência como forma de extinção do crédito tributário, assim como o faz o CTN (REsp 1.355.947, **repetitivo**, j. 12.06.2013).

Desse modo, caracterizada a decadência como forma de extinção do crédito tributário, sua ocorrência impede que o crédito confessado em declaração do contribuinte e/ou em programa de parcelamento seja "reavivado", conforme entendimento do STJ em sede de recurso **repetitivo** (REsp 1.355.947, j. 12.06.2013).

Para que se possa falar em decadência tributária, é necessária a constatação da inércia do ente tributante, titular do direito de constituir o crédito tributário. Nada impede, todavia, que as normas gerais de direito tributário constantes do CTN prevejam que o início da contagem do prazo decadencial se dará após um determinado período de inércia do fisco, hipótese em que se configurará um benefício para a administração tributária, como ocorre no art. 173, I do CTN, a ser analisado adiante. Isso significa que a inércia é pressuposto para a contagem da decadência, mas não um elemento que, presente, impõe o transcurso do prazo decadencial.

Partindo dessa premissa, a realização do lançamento dentro do prazo decadencial impede que se cogite de decadência posteriormente. É dizer, eventual inércia da administração tributária após o lançamento não abre espaço para a decadência, a qual está vinculada ao lançamento extemporâneo, segundo entendimento do STF (ADI 124, j. 01.08.2008):

> (...) A determinação do arquivamento de processo administrativo tributário por decurso de prazo, sem a possibilidade de revisão do lançamento equivale à extinção do crédito tributário cuja validade está em discussão no campo administrativo. Em matéria tributária, a extinção do crédito tributário ou do direito de constituir o crédito tributário por decurso de prazo, combinado a qualquer outro critério, corresponde à decadência. Nos termos do Código Tributário Nacional (Lei 5.172/1996), a decadência do direito do Fisco ao crédito tributário, contudo, está vinculada ao lançamento extemporâneo (constituição), e não, propriamente, ao decurso de prazo e à inércia da autoridade fiscal na revisão do lançamento originário. Extingue-se um crédito que resultou de lançamento indevido, por ter sido realizado fora do prazo, e que goza de presunção de validade até a aplicação dessa regra específica de decadência. O lançamento tributário não pode durar indefinidamente, sob risco de violação da segurança jurídica, mas a Constituição de 1988 reserva à lei complementar federal aptidão para dispor sobre decadência em matéria tributária. Viola o art. 146, III, b, da Constituição federal norma que estabelece hipótese de decadência do crédito tributário não prevista em lei complementar federal. (...)

As normas gerais do CTN podem ainda prever regimes diferentes de contagem do prazo da decadência, a depender da espécie tributária. Nessa perspectiva, o art. 150, § 4º do CTN prevê um termo inicial para os tributos sujeitos a lançamento por homologação que difere do evento deflagrador da decadência nos demais tributos (regime do art. 173 do CTN), lançados de ofício (art. 149 do CTN) ou com base em declaração de sujeito passivo ou terceiro (art. 147 do CTN).

Partindo dessa divisão, serão estudados primeiramente os prazos previstos no art. 173, e em seguida o alcance do art. 150, § 4º do CTN. A possibilidade de aplicação do art. 173 aos tributos sujeitos a lançamento por homologação, todavia, será um ponto de interseção entre esse dispositivo e o art. 150, § 4º, como se verá a seguir.

2.1 As regras de contagem do prazo decadencial previstas no art. 173 do CTN

O art. 173 do CTN elenca três marcos iniciais para a contagem do prazo decadencial, constantes no inciso I e II e no parágrafo único:

> Art. 173. O direito de a Fazenda Pública constituir o crédito tributário extingue-se após 5 (cinco) anos, contados:
>
> I - do primeiro dia do exercício seguinte àquele em que o lançamento poderia ter sido efetuado;
>
> II - da data em que se tornar definitiva a decisão que houver anulado, por vício formal, o lançamento anteriormente efetuado.
>
> Parágrafo único. O direito a que se refere este artigo extingue-se definitivamente com o decurso do prazo nele previsto, contado da data em que tenha sido iniciada a constituição do crédito tributário pela notificação, ao sujeito passivo, de qualquer medida preparatória indispensável ao lançamento.

A partir de agora serão analisadas essas formas de contagem separadamente.

a) primeiro dia do exercício seguinte àquele em que o lançamento poderia ter sido efetuado.

Essa forma de contagem é a regra para os tributos que **não** são sujeitos ao lançamento por homologação, ou seja, a minoria das espécies tributárias. Aplica-se, portanto, aos tributos sujeitos a lançamento de ofício ou lançamento por declaração.

Ocorrido o fato gerador das espécies tributárias não lançadas por homologação, tem-se o nascimento da obrigação tributária, e a autoridade já pode realizar o lançamento. A contagem do prazo decadencial, contudo, não se inaugura no mesmo momento em que surge o direito de lançar.

Apenas no primeiro dia do exercício seguinte àquele em que se torna possível o lançamento é que se iniciará a contagem do prazo decadencial de 5 anos. A expressão "primeiro dia do exercício seguinte àquele em que o lançamento poderia ter sido efetuado" corresponde, de acordo com o entendimento do STJ, ao "primeiro dia do exercício seguinte à ocorrência do fato gerador" (REsp 973.733, **repetitivo**, j. 12.08.2009):

> O dies *a quo* do prazo quinquenal da aludida regra decadencial rege-se pelo disposto no artigo 173, I, do CTN, sendo certo que o "primeiro dia do exercício seguinte àquele em que o lançamento poderia ter sido efetuado" corresponde, iniludivelmente, ao primeiro dia do exercício seguinte à ocorrência do fato imponível, ainda que se trate de tributos sujeitos a lançamento por homologação, revelando-se inadmissível a aplicação cumulativa/concorrente dos prazos previstos nos artigos 150, § 4º, e 173, do Codex Tributário, ante a configuração de desarrazoado prazo decadencial decenal.

Exemplificando, caso o fato gerador de um tributo não sujeito a lançamento por homologação ocorra em 10 de fevereiro de 2020, o prazo decadencial para a constituição do crédito tributário pelo fisco só se iniciará em 01 de janeiro de 2021. Em outra ilustração, se o fato gerador de tributo sujeito a lançamento de ofício se verifique em 20 de dezembro de 2020, a contagem do prazo decadencial terá início em 01 de janeiro de 2021.

Para os fatos geradores ocorridos no final de um exercício, não haverá diferença significativa no tempo total em que a autoridade fiscal disporá para realizar o lançamento, caso se compare com uma contagem (hipotética, já que não prevista no art. 173 do CTN) do prazo decadencial a partir da data do fato gerador (o que seria possível se assim previsse o art. 173 do CTN, já que o direito de lançar surge a partir do fato gerador). Para os fatos geradores que ocorrem no início do ano, todavia, percebe-se uma vantagem conferida ao fisco na contagem do prazo decadencial, pois caso o prazo tivesse início no momento do fato gerador (o que seria mais "natural", porque a partir de então já haveria inércia) o fisco perderia, na contagem do prazo, os meses restantes até o início do exercício seguinte.

Imagine-se um fato gerador ocorrido em 10 de janeiro de determinado ano, em relação ao qual o fisco já pode efetuar o lançamento no dia seguinte. A regra do CTN, que determina o início da contagem do prazo decadencial de cinco anos apenas no primeiro dia do exercício seguinte ao da ocorrência do fato gerador, acaba por conferir um prazo de quase seis anos a partir do fato gerador para o fisco, ao se levar em consideração a possibilidade de realizar o lançamento já a partir do dia seguinte ao da ocorrência do fato gerador.

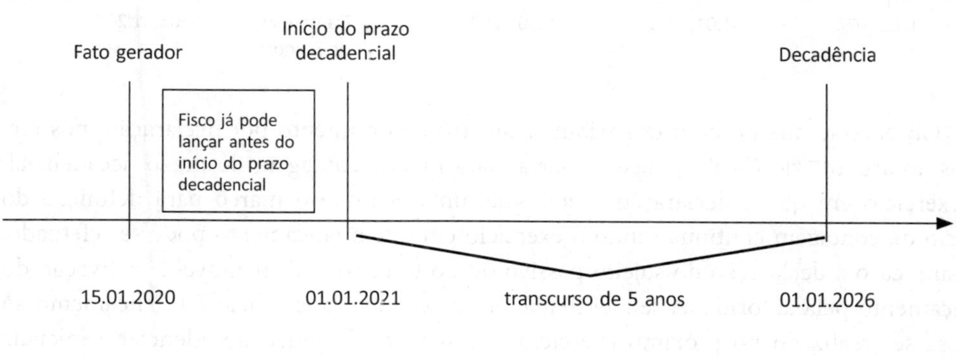

Um cuidado especial será necessário com os fatos geradores ocorridos em 31 de dezembro. Nesse caso o lançamento não pode ser realizado no mesmo dia do fato gerador, e o dia seguinte, em que será possível a constituição do crédito tributário será primeiro de janeiro. O início da contagem, portanto, será deslocado para o primeiro dia do exercício seguinte ao qual será possível a realização do lançamento, resultando em um prazo ainda maior para a consumação da decadência. Essa situação é explicada no Parecer PGFN/CAT 2.111/2013:

> (...) em caso de lançamento de ofício de tributo com fato gerador em 31 de dezembro, ou se por questões normativamente previstas, relativas ao vencimento do tributo, ao termo final para a entrega da declaração do contribuinte ou a outro prazo normativo disposto ao contribuinte para o cumprimento de alguma obrigação impeditiva do lançamento, este ato administrativo não puder ser efetuado no mesmo exercício em que ocorrido o fato tributável, o termo inicial de contagem do prazo decadencial não coincidirá com o exercício seguinte ao do fato tributável. Nessas hipóteses, se o lançamento somente poderia ser efetuado no exercício posterior ao da ocorrência do fato gerador, o termo inicial do prazo decadencial, nos termos do art. 173, I, do CTN, é o primeiro dia do exercício seguinte àquele em que o lançamento poderia ser efetuado. (...) não está correto afirmar que o termo inicial de contagem coincide sempre com o exercício seguinte ao da ocorrência dos fatos tributáveis

A visualização pode ser assim demonstrada, considerando um tributo sujeito ao prazo do art. 173, I do CTN:

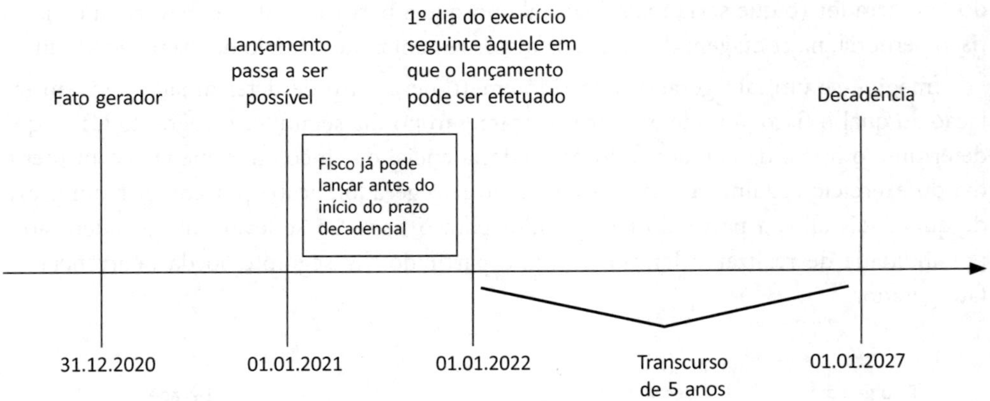

Observe-se que no caso dos tributos sujeitos a lançamento por declaração, nos termos do art. 147 do CTN[1], pouco importa, para fins de contagem do prazo decadencial, o exercício em que a declaração é entregue, uma vez que o marco para definição do início da contagem continua sendo o exercício em que o lançamento pode ser efetuado. Assim, caso a declaração do sujeito passivo ou do terceiro, indispensável à efetivação do lançamento pela autoridade, seja entregue em determinado exercício e o lançamento só possa ser realizado no próximo exercício, a contagem do prazo decadencial é iniciada

1. CTN, art. 147: O lançamento é efetuado com base na declaração do sujeito passivo ou de terceiro, quando um ou outro, na forma da legislação tributária, presta à autoridade administrativa informações sobre matéria de fato, indispensáveis à sua efetivação.

no primeiro dia do exercício seguinte àquele em que o lançamento passa a ser possível, independentemente de a declaração ter sido entregue em exercício diverso.

Essa forma de contagem prevista no art. 173, I do CTN abrange ainda, segundo a jurisprudência do STJ, os tributos sujeitos a lançamento por homologação na hipótese específica em que não ocorre o pagamento antecipado, bem como não tenha havido declaração prévia do débito.

Conforme já decidiu o STJ em sede de **repetitivo**, o prazo decadencial quinquenal para o Fisco constituir o crédito tributário (lançamento de ofício) conta-se do primeiro dia do exercício seguinte àquele em que o lançamento poderia ter sido efetuado, "nos casos em que a lei não prevê o **pagamento antecipado** da exação ou quando, a despeito da previsão legal, o mesmo **inocorre**, sem a constatação de dolo, fraude ou simulação do contribuinte, **inexistindo declaração prévia do débito**" (STJ, REsp 973.733, j. 12.08.2009).

Para que se aplique a regra do art. 173, I do CTN aos tributos sujeitos a lançamento por homologação, é preciso que não tenha havido qualquer pagamento. Se houve o adimplemento parcial do crédito tributário, não há razão para a incidência do art. 173, I do CTN, devendo-se aplicar o art. 150, § 4º, que prevê a contagem a partir da ocorrência do fato gerador. Confira-se o entendimento do STJ (AgRg no REsp 1.277.854, j. 12.06.2012 – grifo adicionado):

> Havendo pagamento, **ainda que não seja integral**, estará ele sujeito à homologação, daí porque deve ser aplicado para o lançamento suplementar o prazo previsto no § 4º desse artigo (de cinco anos a contar do fato gerador). Todavia, não havendo pagamento algum, não há o que homologar, motivo porque deverá ser adotado o prazo previsto no art. 173, I, do CTN.

Interessante observar que o STJ parte do princípio de que a homologação recai sobre o pagamento, quando na verdade toda a atividade do contribuinte, consistente na apuração do tributo a ser pago antecipadamente, é homologada[2].

A aplicação do art. 173, I do CTN aos tributos sujeitos ao lançamento por homologação fica ainda sujeita ao requisito "**inexistência de declaração prévia do débito**". Essa condicionante é fácil de compreender ao se lembrar que a declaração do débito constitui o crédito tributário. Se já há constituição, não há que se falar em direito de lançar (pois o objetivo do lançamento já foi atingido pela declaração do contribuinte), muito menos em decadência.

Por essa razão, a incidência do prazo decadencial do art. 173, I do CTN nos tributos sujeitos a lançamento por homologação só será possível se, além de não ter ocorrido pagamento (total ou parcial), também não se verificar a existência de declaração do débito por parte do contribuinte. Essa a lógica da **súmula 555 do STJ**, que dispõe, literalmente (grifo adicionado):

2. Essa a linha adotada no Acórdão 9900-00177 (j. 08.12.2009) do CARF: "No lançamento por homologação, o que se homologa é a atividade do contribuinte, consistente nos atos de apuração da base de cálculo do tributo, mesmo que esta seja nula e, ainda que inexistente qualquer pagamento.".

> **Quando não houver declaração do débito**, o prazo decadencial quinquenal para o Fisco constituir o crédito tributário conta-se exclusivamente na forma do art. 173, I, do CTN, nos casos em que a legislação atribui ao sujeito passivo o dever de antecipar o pagamento sem prévio exame da autoridade administrativa.

Uma observação cuidadosa deve ser feita em relação à existência ou não de dolo, fraude ou simulação como critério definidor da incidência do art. 173, I do CTN aos tributos sujeitos ao lançamento por homologação. Isso porque a ementa do REsp 973.733 dá a entender que uma das condicionantes da aplicação do art. 173, I do CTN aos tributos sujeitos a lançamento por homologação é a inexistência de dolo, fraude ou simulação do contribuinte. Segundo o acórdão do REsp 973.733, o prazo decadencial dos tributos sujeitos a lançamento por homologação será contado a partir do primeiro dia do exercício seguinte àquele em que o lançamento poderia ter sido efetuado (regra do art. 173, I do CTN) nos casos em que o pagamento não é realizado, "sem a constatação de dolo, fraude ou simulação do contribuinte". Outros julgados repetem essa redação sem maiores aprofundamentos[3]. Ou seja: o art. 173, I do CTN seria aplicável aos tributos sujeitos a lançamento por homologação quando *não* ocorresse dolo, fraude ou simulação.

Uma análise mais cuidadosa da jurisprudência do STJ, contudo, demonstra que a orientação dominante é a de que o prazo do art. 173, I do CTN deve ser aplicado aos tributos sujeitos a lançamento por homologação quando se constata dolo, fraude ou simulação. Em decisões que abordam a matéria de modo mais preciso, deixando claro que a existência de dolo, fraude ou simulação nos tributos sujeitos a lançamento por homologação afasta a incidência do prazo do art. 150, § 4º do CTN e atrai a aplicação do disposto no art. 173, I do CTN. O trecho da ementa a seguir esclarece a posição jurisprudencial (REsp 1.086.798, j. 18.04.2013 – grifos adicionados):

> Segundo firme jurisprudência desta Corte, **o prazo decadencial nos tributos sujeitos a lançamento por homologação, caso tenha havido dolo, fraude ou simulação por parte do sujeito passivo, tem início no primeiro dia do ano seguinte ao qual poderia o tributo ter sido lançado.**[4]

O **CARF** incorporou a mesma interpretação, como se vê de sua **súmula 72**: "Caracterizada a ocorrência de dolo, fraude ou simulação, a contagem do prazo decadencial rege-se pelo art. 173, inciso I, do CTN".

---

3. AgInt no REsp 1.817.191, j. 22.04.2020; AgInt no REsp 1.842.061, j. 16.12.2019; AgInt no AREsp 1.227.575, j. 19.06.2018.
4. No mesmo sentido: "(...) O prazo decadencial nos tributos sujeitos a lançamento por homologação, caso tenha havido dolo, fraude ou simulação por parte do sujeito passivo, só tem início no primeiro dia do ano seguinte ao qual poderia o tributo ter sido lançado. (...)" (REsp 950.004, j. 04.09.2007); "Nas exações cujo lançamento se faz por homologação, havendo pagamento antecipado, conta-se o prazo decadencial a partir da ocorrência do fato gerador (art. 150, § 4º, do CNT). Somente quando não há pagamento antecipado, ou há prova de fraude, dolo ou simulação é que se aplica o disposto no art. 173, I, do CTN". (REsp 183.603/SP, Rel. Min. Eliana Calmon, DJ 13.8.2001. Com idêntica redação: AgRg no REsp 760.646, j. 22.08.2006; AgRg no Ag 939.714, j. 12.02.2008); "A jurisprudência do Superior Tribunal de Justiça é firme em que, no caso de imposto lançado por homologação, quando há prova de fraude, dolo ou simulação, o direito da Fazenda Pública constituir o crédito tributário extingue-se após cinco anos, contados do primeiro dia do exercício seguinte àquele em que o lançamento poderia ter sido efetuado (artigo 173, inciso I, do Código Tributário Nacional)." (AgRg no REsp 1.050.278, j. 22.06.2010).

Essa orientação decorre da lógica de que o prazo previsto no art. 150, § 4º do CTN é um prazo para homologação. Uma vez que não há sentido jurídico para que o fisco proceda à homologação de ato fraudulento, doloso ou simulado, deve-se concluir pela inaplicabilidade do prazo do art. 150, § 4º do CTN, que pressupõe uma apuração correta por parte do contribuinte (ainda que parcial)[5].

Em síntese, a aplicação do art. 173, I do CTN aos tributos sujeitos a lançamento por homologação depende da inexistência de qualquer pagamento. Nesse caso, também não deve haver declaração do respectivo débito inadimplido, uma vez que a declaração já constituiria o crédito tributário, excluindo qualquer consideração sobre decadência. Adicionalmente, também será aplicável o art. 173, I do CTN aos tributos sujeitos a lançamento por homologação quando houver prova de fraude, dolo ou simulação.

Requisitos para aplicação da contagem do prazo decadencial pelo art. 173, I do CTN aos tributos sujeitos a lançamento por homologação	inexistência de pagamento prévio (nada foi pago) E inexistência de declaração prévia do débito OU constatação de dolo, fraude ou simulação

APLICABILIDADE DO ART. 173, I DO CTN:

Tributos sujeitos ao lançamento de ofício (art. 149 do CTN)
Tributos sujeitos ao lançamento por declaração ou misto (art. 147 do CTN)
Tributos sujeitos a lançamento por homologação em que não houve pagamento nem declaração do contribuinte, ou em que há dolo, fraude ou simulação

b) data em que se tornar definitiva a decisão que houver anulado, por vício formal, o lançamento anteriormente efetuado.

Dispõe o art. 173, II do CTN que o fisco possui o prazo de cinco anos para constituir o crédito tributário a partir da data em que se tornar definitiva a decisão que houver anulado, por vício formal, o lançamento anteriormente efetuado.

Esse prazo decadencial pressupõe que tenha havido um lançamento anterior e que este tenha sido anulado por decisão definitiva em razão de vício formal. O Código não especifica se a decisão definitiva deve se dar em processo **administrativo ou judicial**, de modo que a menção vaga deve ser compreendida como abrangente das duas esferas. Essa

5. Por isso a ressalva da parte final do art. 150, § 4º do CTN: "Se a lei não fixar prazo a homologação, será ele de **cinco anos, a contar da ocorrência do fato gerador**; expirado esse prazo sem que a Fazenda Pública se tenha pronunciado, considera-se homologado o lançamento e definitivamente extinto o crédito, **salvo se comprovada a ocorrência de dolo, fraude ou simulação**." (grifos adicionados).

interpretação, adotada por Aliomar Baleeiro[6], foi expressamente explicitada no REsp 766.050 (j. 28.11.2007), julgado pela Primeira Seção do STJ (grifos adicionados):

> Por fim, o artigo 173, II, do CTN, cuida da regra de decadência do direito de a Fazenda Pública constituir o crédito tributário quando sobrevém **decisão definitiva, judicial ou administrativa**, que anula o lançamento anteriormente efetuado, em virtude da verificação de vício formal. Neste caso, o marco decadencial inicia-se da data em que se tornar definitiva a aludida decisão anulatória.[7]

A causa da anulação do lançamento anteriormente efetuado é limitada à constatação de **vício formal** no procedimento do fisco. O art. 10 do Decreto 70.235/1972 (que dispõe sobre o processo administrativo fiscal **federal**) oferece alguns exemplos de requisitos formais do lançamento ou do auto de infração que, caso viciados, ensejam a anulação por vício formal (grifos adicionados):

> Decreto 70.235/1972, art. 10. O auto de infração será lavrado por **servidor competente, no local da verificação da falta**, e conterá obrigatoriamente:
>
> I - a qualificação do autuado;
>
> II - o local, a data e a hora da lavratura;
>
> III - a descrição do fato;
>
> IV - a disposição legal infringida e a penalidade aplicável;
>
> V - a determinação da exigência e a intimação para cumpri-la ou impugná-la no prazo de trinta dias;
>
> VI - a assinatura do autuante e a indicação de seu cargo ou função e o número de matrícula.

Primeiramente, a redação do *caput* do dispositivo acima deve ser interpretada de modo a abranger não apenas a constituição de multas tributárias, mas também a formalização de créditos tributários que abrangem os próprios tributos. A menção a "auto de infração" e a "falta" na literalidade do dispositivo, assim, não deve ser compreendida como uma restrição à aplicação do dispositivo à constituição de créditos tributários concernentes a tributos.

A ausência de uma das formalidades acima elencadas pode resultar na anulação do lançamento por vício formal, eis que haverá, indubitavelmente, uma falha quanto às formalidades exigidas em lei para lavratura do auto de infração. Além da lista dos incisos, o próprio *caput* do art. 10 do Decreto 70.235/1972 traz dois requisitos formais relativos à lavratura do auto de infração, quais sejam, a observância do servidor competente para o ato e o seu local (da verificação da falta).

Quanto ao servidor competente para a lavratura do auto de infração, a Lei 10.593/2002 dispõe que a constituição do crédito tributário é atribuição **privativa** dos ocupantes do cargo de **Auditor**-Fiscal da Receita Federal do Brasil (art. 6º, I, *a*). Eventual lançamento

6. "Tanto a decisão judicial pode anular o lançamento viciado formalmente quanto a própria autoridade administrativa, a que fez o procedimento ou a superior que o reviu, pode e deve fazê-lo, já que aquele ato é de competência vinculada e adstrito à rígida legalidade." (BALEEIRO, Aliomar. Direito Tributário Brasileiro. 13ª edição. Rio de Janeiro: Forense, 2015, p. 1.337).

7. No mesmo sentido: (AgRg no REsp 1.044.953, j. 23.04.2009).

ou auto de infração assinado por **Analista**-Tributário da Receita Federal do Brasil[8], portanto, será nulo, por **vício formal**. Por essa razão, é fundamental a assinatura do autuante e a indicação de seu cargo ou função e o número de matrícula (inciso VI do art. 10 do Decreto 70.235/1972), sendo "nula, por vício formal, a notificação de lançamento que não contenha a identificação da autoridade que a expediu" (**súmula vinculante 21 do CARF**).

Já no que diz respeito à lavratura do auto de infração no local da verificação da falta, vale observar que a jurisprudência do **CARF** fixou orientação, na **súmula 6**, de que referido local não necessariamente corresponde ao interior do estabelecimento do contribuinte: "É legítima a lavratura de auto de infração no local em que foi constatada a infração, ainda que fora do estabelecimento do contribuinte".

Também não há necessidade de que o Auditor Fiscal seja da mesma jurisdição do domicílio tributário do contribuinte, sendo "válido o lançamento formalizado por Auditor-Fiscal da Receita Federal do Brasil de jurisdição diversa da do domicílio tributário do sujeito passivo" (**súmula 27 do CARF**).

Apesar desse direcionamento do que seria considerado vício formal, sua definição nem sempre é fácil. A identificação do sujeito passivo, por exemplo, pode se enquadrar tanto como vício material quanto como vício formal, a depender das nuances do caso concreto, como já reconhecido no Parecer PGFN CAT 278/2014 (grifo adicionado):

> LANÇAMENTO. ERRO NA IDENTIFICAÇÃO DO SUJEITO PASSIVO DA OBRIGAÇÃO TRIBUTÁRIA. NATUREZA DO DEFEITO. POSSIBILIDADE DE CARACTERIZAÇÃO DE VÍCIO FORMAL OU MATERIAL. NECESSIDADE DE ANÁLISE DO CASO CONCRETO. I - **O erro na identificação do sujeito passivo, quando do lançamento, pode caracterizar tanto um vício material quanto formal, a depender do caso concreto**, não se podendo afirmar, aprioristicamente, em que categoria o defeito se enquadra. II - Se o equívoco se der na 'identificação material ou substancial' (art. 142 do CTN), o vício será de cunho 'material', por 'erro de direito', já que decorrente da incorreção dos critérios e conceitos jurídicos que fundamentaram a prática do ato. Por outro lado, se o engano

8. O art. 6º da Lei 10.593/2002 divide as atribuições dos Auditores e Analistas, a saber (grifos adicionados): "Art. 6º São **atribuições dos ocupantes do cargo de Auditor-Fiscal da Receita Federal do Brasil**: I - no exercício da competência da Secretaria da Receita Federal do Brasil e **em caráter privativo**: a) **constituir, mediante lançamento, o crédito tributário** e de contribuições; b) elaborar e proferir decisões ou delas participar em processo administrativo-fiscal, bem como em processos de consulta, restituição ou compensação de tributos e contribuições e de reconhecimento de benefícios fiscais; c) executar procedimentos de fiscalização, praticando os atos definidos na legislação específica, inclusive os relacionados com o controle aduaneiro, apreensão de mercadorias, livros, documentos, materiais, equipamentos e assemelhados; d) examinar a contabilidade de sociedades empresariais, empresários, órgãos, entidades, fundos e demais contribuintes, não se lhes aplicando as restrições previstas nos arts. 1.190 a 1.192 do Código Civil e observado o disposto no art. 1.193 do mesmo diploma legal; e) proceder à orientação do sujeito passivo no tocante à interpretação da legislação tributária; f) supervisionar as demais atividades de orientação ao contribuinte; II - em caráter geral, exercer as demais atividades inerentes à competência da Secretaria da Receita Federal do Brasil. § 1º O Poder Executivo poderá cometer o exercício de atividades abrangidas pelo inciso II do caput deste artigo em caráter privativo ao Auditor-Fiscal da Receita Federal do Brasil. § 2º **Incumbe ao Analista-Tributário da Receita Federal do Brasil, resguardadas as atribuições privativas referidas no inciso I do caput e no § 1º deste artigo**: I - exercer atividades de natureza técnica, acessórias ou preparatórias ao exercício das atribuições privativas dos Auditores-Fiscais da Receita Federal do Brasil; II - atuar no exame de matérias e processos administrativos, ressalvado o disposto na alínea b do inciso I do caput deste artigo; III - exercer, em caráter geral e concorrente, as demais atividades inerentes às competências da Secretaria da Recita Federal do Brasil. § 3º Observado o disposto neste artigo, o Poder Executivo regulamentará as atribuições dos cargos de Auditor-Fiscal da Receita Federal do Brasil e Analista-Tributário da Receita Federal do Brasil.

> residir na 'identificação formal ou instrumental' (art. 10 do Decreto nº 70.235/72), o vício, por consequência, será 'formal', eis que provenientes de 'erro de fato', hipótese em que se afigura possível a aplicação da regra insculpida no art. 173, II, do CTN.

Na jurisprudência do STJ também é possível encontrar a discussão sobre o que se enquadraria ou não como vício formal para fins de aplicação do art. 173, II do CTN. Por exemplo, o reconhecimento de que a aplicação de alíquotas progressivas do IPTU em determinado lançamento seria inconstitucional diz respeito a vício **material**, "pois diz respeito à natureza jurídica do lançamento tributário, o que afasta a incidência do disposto no art. 173, inciso II, do CTN" (AgRg no AREsp 14.815, j. 14.02.2012)[9]. Por outro lado, haverá **vício formal** quando se desrespeitar a necessidade de abertura do prazo para o sujeito passivo impugnar a decisão da autoridade fiscal que não homologa a compensação realizada pelo contribuinte[10], já que essa falha diz respeito ao procedimento.

Identificado o vício do lançamento como formal, a partir da decisão definitiva (administrativa ou judicial) que o anula serão contados cinco anos, a partir da data em que a decisão se torna definitiva, para que o fisco realize novo lançamento em face do mesmo crédito tributário constante do lançamento anulado.

Sobre a natureza dessa contagem de cinco anos a partir da decisão anulatória definitiva por vício formal, há divergência na doutrina sobre se o CTN estaria tratando de uma hipótese de interrupção (em que o período anterior seria reiniciado) do prazo decadencial ou se haveria um novo prazo de cinco anos.

A se adotar a orientação de que haveria uma interrupção do prazo decadencial, o reinício da contagem, por força do art. 173, II ora analisado, só poderia ocorrer se dentro do prazo decadencial originário. É dizer, caso a decisão definitiva que anulasse o lançamento só se dê após o transcurso do prazo decadencial originário, não haveria prazo a ser interrompido, sendo incabível a concessão de mais cinco anos para a realização de novo lançamento.

Outra interpretação do art. 173, II do CTN defende que o dispositivo dispõe de novo prazo decadencial, independente de haver se exaurido ou não o prazo anterior. Esse raciocínio permite que a autoridade tributária realize novo lançamento ainda que a decisão anulatória do ato administrativo anterior só se torne definitiva após a consumação do prazo decadencial originário.

Essa última corrente de pensamento parece ser a mais próxima da redação literal do art. 173, II do CTN, que simplesmente traz um prazo de cinco anos a partir da decisão definitiva que anula o lançamento anterior. Não há, no texto do dispositivo, qualquer vinculação expressa de que o novo prazo para constituição do crédito só seria concedido

---

9. No mesmo sentido, também no STJ: AgInt no AREsp 1.223.852, j. 06.09.2018; AgRg no AREsp 296.869, j. 01.10.2013.

10. "Se a DCTF apresentada pelo contribuinte é acompanhada da informação de ocorrência de compensação, e tal procedimento é rejeitado pelo Fisco, a inscrição imediata do valor em dívida ativa mostra-se ilegítima, por vício formal no procedimento estabelecido, que determina a abertura de prazo para o sujeito passivo impugnar a sua negativa. A existência de vício formal na constituição do crédito tributário atrai a incidência do prazo decadencial disposto no art. 173, II, do CTN." (STJ, AgRg no REsp 1.221.146, j. 03.09.2013).

à administração tributária caso a anulação por decisão definitiva ocorra dentro do prazo decadencial originário.

A redação do CTN, por indicar a concessão de um novo prazo autônomo e a partir de uma decisão que reconhece uma falha (vício formal) da atividade administrativa, é passível de críticas, por facultar a constituição de crédito tributário em momento posterior que não tem conexão com o exercício em que o lançamento poderia ter sido efetuado. Ao se eleger a data da decisão definitiva, sem nenhuma restrição ao tempo em que seja proferida, concede-se ao fisco o benefício de mais cinco anos para realização do lançamento em virtude de falha formal na constituição anterior[11].

A despeito das críticas doutrinárias, o STJ entende ser irrelevante, para a aplicação do art. 173, II do CTN, o transcurso do lapso decadencial originário. Em julgamento de Recurso Especial, o STJ reformou acórdão do TRF da 5ª Região que havia adotado a corrente segundo a qual o art. 173, II prevê hipótese de interrupção do prazo decadencial. Segundo o acórdão reformado, se "ao tempo em que for proferida a decisão já tiver transcorrido o lapso decadencial em sua totalidade, resta impossibilitada a aplicação do mencionado dispositivo legal". O STJ, dando provimento ao Recurso Especial da Fazenda Nacional, interpretou o art. 173, II do CTN no sentido de que o direito de constituição do crédito tributário em cinco anos a partir da data da decisão (administrativa ou judicial) definitiva que anula o lançamento anterior não se vincula a qualquer outro requisito não previsto no próprio inciso II do art. 173 (REsp 1.174.144, j. 27.04.2010)[12].

Para o STJ, portanto, "**o art. 173, II, fixa novo prazo** para o lançamento, cujo termo inicial não retroage ao fato gerador, mas sim corresponde à data em que a decisão administrativa (ou judicial) anula o lançamento anterior, por vício formal" (voto do Relator Ministro Herman Benjamin no AgRg no REsp 1.559.733, j. 16.02.2016 – grifos adicionados).

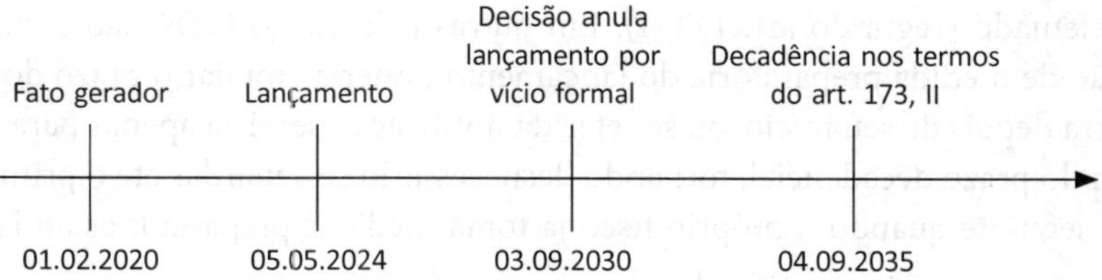

11. "(...) Nesse caso, a autoridade administrativa tem novo prazo de cinco anos, contados da data em que se torne definitiva a referida decisão, para efetuar novo lançamento de forma correta. O dispositivo comete um dislate. De um lado, a um só tempo, introduz, para o arrepio da doutrina, causa de interrupção e suspensão do prazo decadencial (suspensão porque o prazo não flui na pendência do processo em que se discute a nulidade do lançamento, e interrupção porque o prazo recomeça a correr do início e não da marca já atingida no momento em que ocorreu o lançamento nulo). De outro, o dispositivo é de uma irracionalidade gritante. Quando muito, o sujeito ativo poderia ter a devolução do prazo que faltava quando foi praticado o ato nulo. Ou seja, se faltava um ano para a constituição da decadência, e é realizado um lançamento nulo, admita-se até que, enquanto se discute esse lançamento, o prazo fique suspenso, mas, resolvida a pendenga formal, não faz nenhum sentido dar ao sujeito ativo um novo prazo de cinco anos, inteirinho, como 'prêmio' por ter praticado um ato nulo." (AMARO, Luciano. **Direito Tributário Brasileiro.** 11ª. ed. São Paulo: Saraiva, 2005, p. 407-408).
12. No mesmo sentido, também no STJ: AgRg no AgRg no REsp 1.559.736, j. 18.02.2016; AgRg no REsp 1.398.155, j. 22.09.2015; AgRg no REsp 1.221.146, j. 03.09.2013.

Conforme o gráfico acima, a decisão definitiva (administrativa ou judicial) que anula o lançamento por vício formal ocorreu após já esgotado o prazo decadencial "originário", o que não representa óbice para a aplicação do art. 173, II do CTN, segundo o entendimento do STJ acima exposto. Com isso, a contagem do prazo será a partir da data em que se torna definitiva a decisão (administrativa ou judicial) que houver anulado, por vício formal, o lançamento anteriormente efetuado, pouco importando a data do fato gerador ou do lançamento anulado.

c) data em que tenha sido iniciada a constituição do crédito tributário pela notificação, ao sujeito passivo, de qualquer medida preparatória indispensável ao lançamento (art. 173, parágrafo único do CTN).

A forma de contagem do prazo decadencial ora analisada é uma derrogação da regra do art. 173, I do CTN, que será preterida em razão da existência de medida preparatória indispensável ao lançamento que altera o marco inicial da decadência.

Segundo o parágrafo único do art. 173, a decadência tributária será contada a partir da data da notificação de medida preparatória indispensável ao lançamento. Não se exige a notificação do lançamento, bastando uma notificação de medida preparatória a este, como, por exemplo, uma intimação para que o contribuinte apresente documentos em relação a determinadas operações que se relacionem com o fato gerador do tributo. Basta, portanto, um "ato de ofício, escrito, praticado por servidor competente, cientificando o sujeito passivo da obrigação tributária ou seu preposto" (Decreto 70.235/1972, art. 7º, I).

O CTN não é explícito, porém, se a contagem da decadência pelo parágrafo único do art. 173 (tendo como marco inicial a notificação de medida preparatória indispensável ao lançamento) ocorreria mesmo que já estivesse iniciada a contagem do prazo previsto no art. 173, I ou se a contagem a partir da notificação de medida preparatória só seria possível antes do primeiro dia do exercício seguinte àquele em que o lançamento poderia ter sido efetuado (regra do art. 173, I). Em outras palavras, o CTN não é explícito se a notificação de medida preparatória do lançamento poderia ampliar o prazo do art. 173, I, caso ocorra depois de seu início, ou se referida notificação serviria apenas para antecipar a contagem do prazo decadencial, tornando desnecessário se aguardar até o primeiro dia do exercício seguinte quando o próprio fisco já toma medidas preparatórias ao lançamento.

A doutrina majoritária defende que o parágrafo único serve apenas para antecipar a contagem do prazo decadencial, jamais para deslocá-lo para momento posterior ao primeiro dia do exercício seguinte àquele em que o lançamento poderia ter sido efetuado.

Apesar de haver julgado da Primeira Seção do STJ admitindo que a medida preparatória indispensável ao lançamento sirva como marco inicial do prazo de decadência mesmo após o início do prazo previsto no art. 173, I do CTN[13], o entendimento que prevalece é o de que o parágrafo único do art. 173 serve apenas para antecipar a contagem do prazo

---

13. "(...) tendo sido, contudo, notificado de medida preparatória indispensável ao lançamento, fluindo o termo inicial do prazo decadencial da aludida notificação (artigo 173, parágrafo único, do CTN), **independentemente de ter sido a mesma realizada antes ou depois de iniciado o prazo do inciso I, do artigo 173, do CTN**." (STJ, REsp 766.050, j. 28.11.2007 - grifos adicionados).

decadencial, conforme assentado em julgamento de Embargos de Divergência em Recurso Especial da 1ª Seção (EREsp 1.143.534, j. 13.03.2013):

> A norma do art. 173, parágrafo único, do Código Tributário Nacional incide para antecipar o início do prazo de decadência a que a Fazenda Pública está sujeita para fazer o lançamento fiscal, não para dilatá-lo - até porque, iniciado, o prazo de decadência não se suspende nem se interrompe.[14]

Desse modo, é possível afirmar que tanto a jurisprudência quanto a doutrina possuem o entendimento consolidado de que a existência de medida preparatória indispensável ao lançamento, devidamente notificada ao contribuinte, marca o início da contagem do prazo decadencial, desde que tal notificação seja anterior ao primeiro dia do exercício seguinte àquele em que o lançamento poderia ter sido efetuado. Ou seja, "se a notificação do contribuinte dos trabalhos de fiscalização ocorrer após o primeiro dia do exercício seguinte àquele em que ocorreu o fato gerador, não surtirá efeitos no que se refere ao curso decadencial, permanecendo como data inicial aquela estipulada pelo artigo 173, I, do Código Tributário Nacional, primeiro dia do exercício seguinte àquele em que o lançamento poderia ter sido efetuado" (STJ, REsp 909.570, j. 24.04.2007).

Por fim, como último comentário relativo ao art. 173, parágrafo único do CTN, vale mencionar o entendimento doutrinário, ainda que não acolhido pela jurisprudência, de que o dispositivo ora em análise definiria o período máximo de duração do processo administrativo fiscal. Segundo essa linha de pensamento, a autoridade fiscal veria precluso seu direito de encerrar o processo administrativo fiscal cinco anos após a data em que tenha sido iniciada a constituição do crédito tributário pela notificação, ao sujeito passivo, de qualquer medida preparatória indispensável ao lançamento[15].

O entendimento jurisprudencial, como já adiantado, caminha em sentido oposto. Antes de 1988, o STF já vinha interpretando as normas infraconstitucionais no sentido de que entre o lançamento ou auto de infração e a decisão final do processo administrativo fiscal não correria qualquer prazo extintivo (RE 94.462 EDv, j. 06.10.1982; AI 96.616 AgR, j. 27.04.1984). O STJ segue a mesma orientação, não admitindo a prescrição intercorrente no processo administrativo fiscal, "pela ausência de previsão normativa específica" (REsp 840.111, j. 02.06.2009)[16]. Para os tribunais, portanto, o parágrafo único do art. 173 não é um dispositivo que prevê um prazo máximo para a conclusão do processo administrativos fiscal.

14. No mesmo sentido de que a medida preparatória indispensável ao lançamento do parágrafo único do art. 173 pode apenas antecipar a contagem do prazo decadencial: REsp 1.758.098, j. 11.09.2018; AgInt no AREsp 622.200, j. 04.09.2018; AgRg no AREsp 339.019, j. 10.02.2015; AgRg no REsp 961.723, j. 06.08.2009.

15. "(...) a preservação da segurança jurídica seria um problema a ser resolvido pelo legislador, sendo muito razoável que a lei estabelecesse um prazo para a conclusão do processo administrativo, que começaria com o auto de infração, e findo o qual estaria extinto o direito da Fazenda Pública. Penso que esse prazo de preclusão já está estabelecido pelo parágrafo único do art, 173 do Código Tributário Nacional. Realmente, o parágrafo único do art. 173 do Código Tributário Nacional já estabelece aquele prazo, ao dizer que o direito de a Fazenda Pública constituir o crédito tributário extingue-se, definitivamente, com o decurso do prazo de cinco anos contado da data em que tenha sido iniciada a constituição do crédito tributário pela notificação, ao sujeito passivo, de qualquer medida preparatória indispensável ao lançamento." MACHADO, Hugo de Brito. Curso de Direito Tributário. 26ª edição. ed. São Paulo: Malheiros, 2005, p. 221-222.

16. No mesmo sentido, também no STJ: AgRg no AgRg no AREsp 210.314, j. 28.04.2015; REsp 1.113.959, j. 15.12.2009; REsp 706.175, j. 07.08.2007; REsp 784.353, j. 18.03.2008.

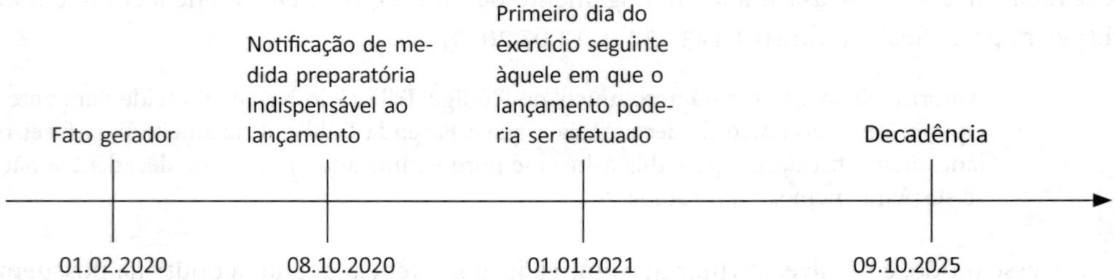

No gráfico acima, percebe-se que o marco inicial do prazo decadencial não é o primeiro dia do exercício seguinte, mas sim a "data em que tenha sido iniciada a constituição do crédito tributário pela notificação, ao sujeito passivo, de qualquer medida preparatória indispensável ao lançamento". Essa data prevalece sobre o primeiro dia do exercício seguinte, desde que seja anterior a este, uma vez que o parágrafo único do art. 173 serve apenas para antecipar a contagem do prazo decadencial, não para postergá-lo.

2.2 Regra de contagem do prazo decadencial prevista no art. 150, § 4° do CTN

Além das regras de contagem do prazo decadencial previstas no art. 173 do CTN, há a regra prevista para os tributos sujeitos a lançamento por homologação, no art. 150, § 4° do CTN, quando não se constata dolo, fraude ou simulação.

Não se trata de uma regra decadencial para o lançamento "por homologação", que ocorrerá (de forma expressa ou tácita) ou dará lugar ao lançamento de ofício, caso não haja homologação. A regra prevista no art. 150, § 4° do CTN refere-se ao prazo previsto para a realização do lançamento de ofício, caso a apuração do crédito tributário realizada pelo contribuinte não seja homologada (expressa ou tacitamente) pela autoridade fiscal.

A contagem do prazo decadencial de cinco anos terá início na data da ocorrência do fato gerador, quando não houver dolo, fraude ou simulação no que tange ao respectivo crédito tributário sujeito a lançamento por homologação. Decorrido esse prazo, ocorre a homologação tácita e opera-se a decadência[17] para o lançamento (de ofício) pelo fisco de eventual crédito tributário descoberto. É o que se extrai do art. 150, § 4° do CTN (grifo adicionado):

> Se a lei não fixar prazo a homologação, será ele de cinco anos, a contar da ocorrência do fato gerador; expirado esse prazo sem que a Fazenda Pública se tenha pronunciado, considera-se homologado o lançamento e definitivamente extinto o crédito, **salvo se comprovada a ocorrência de dolo, fraude ou simulação.**[18]

17. "(...) em realidade, a chamada homologação tácita corresponde à perda do direito de lançar de ofício eventuais diferenças nos tributos sujeitos a lançamento por homologação; em outras palavras, corresponde à decadência do direito de lançar de ofício nessa situação." (ANACLETO, Simone. In: SEEFELDER, Cláudio; CAMPOS, Rogério (coord.). Constituição e Código Tributário comentados: sob a ótica da Fazenda Nacional. São Paulo: Thomson Reuters Brasil, 2020, p. 1.038).
18. É o entendimento do STJ: "Segundo firme jurisprudência desta Corte, o prazo decadencial nos tributos sujeitos a lançamento por homologação, caso tenha havido dolo, fraude ou simulação por parte do sujeito passivo, tem início no primeiro dia do ano seguinte ao qual poderia o tributo ter sido lançado." (REsp 1.086.798, j.

Como se viu anteriormente, essa disciplina do art. 150, § 4º do CTN só incidirá se houver pagamento do crédito tributário. Em não havendo pagamento nos tributos sujeitos a lançamento por homologação, não haverá, segundo o STJ, o que homologar, incidindo a regra do art. 173, I do CTN (REsp 973.733, **repetitivo**, j. 12.08.2009).

Esse marco inicial "data da ocorrência do fato gerador" merece um comentário especial em relação ao imposto de renda, que é considerado pela doutrina e jurisprudência como tributo com fato gerador "complexivo". Significa que há vários acontecimentos englobados no exercício considerado, devendo-se levar em conta o último dia do ano como a data do fato gerador. O efeito prático é que eventual rendimento percebido em janeiro de um exercício não deslocará a contagem da decadência para a dia em que se aufere o respectivo rendimento. A data do fato gerador será, por opção legislativa, o último dia do exercício, ainda que nenhum rendimento tenha ocorrido nesse dia. Confira-se o entendimento do STJ:

> (...) 2. O imposto de renda é tributo cujo fato gerador tem natureza complexiva. Assim, a completa materialização da hipótese de incidência de referido tributo ocorre apenas em 31 de dezembro de cada ano-calendário. 3. Hipótese em que a renda auferida ocorreu em fevereiro de 1993 e o lançamento complementar se efetivou em 25/03/1998, ou seja, dentro do prazo decadencial de 05 (cinco) anos, uma vez que este se findava apenas em 31/12/1998. Decadência afastada. (AgRg no AgRg no Ag 1.395.402, j. 15.10.2013)

No julgamento acima o STJ aplicou o prazo decadencial de 5 anos a contar do fato gerador (art. 150, § 4º do CTN), já que o imposto de renda é tributo sujeito a lançamento por homologação, em que o contribuinte apura o fato gerador, a base de cálculo e realiza o pagamento antes de qualquer providência do fisco.

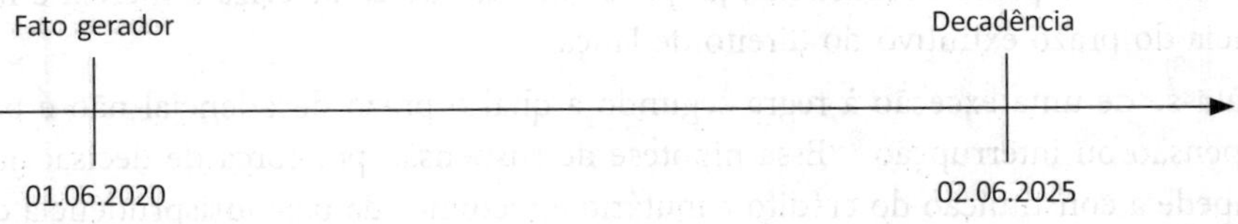

Para a consumação da decadência nos tributos sujeitos a lançamento por homologação de acordo com o gráfico acima, é preciso que tenha ocorrido pagamento, ainda que parcial, bem como não se tenha constatado a ocorrência de dolo fraude ou simulação. Caso contrário, incidirá o art. 173, I do CTN.

2.3 Lançamento preventivo da decadência e a "suspensão fática" do prazo decadencial

O "lançamento preventivo da decadência" tem lugar quando o contribuinte ajuíza uma ação no Judiciário e não realiza o depósito da quantia discutida a título de tributo, e mesmo assim obtém a suspensão da exigibilidade do crédito tributário por meio de

18.04.2013)". A mesma linha é adotada pelo CARF, que consolidou essa interpretação em sua súmula vinculante 72: Caracterizada a ocorrência de colo, fraude ou simulação, a contagem do prazo decadencial rege-se pelo art. 173, inciso I, do CTN.

decisão judicial (CTN, art. 151, IV e V). Nesse caso, deve a administração tributária proceder ao "lançamento preventivo da decadência", como dispõe, no âmbito federal, o art. 63 da Lei 9.430/1996:

> Art. 63. Na constituição de crédito tributário destinada a prevenir a decadência, relativo a tributo de competência da União, cuja exigibilidade houver sido suspensa na forma dos incisos IV e V do art. 151 da Lei nº 5.172, de 25 de outubro de 1966, não caberá lançamento de multa de ofício[19].
>
> § 1º O disposto neste artigo aplica-se, exclusivamente, aos casos em que a suspensão da exigibilidade do débito tenha ocorrido antes do início de qualquer procedimento de ofício a ele relativo. (...)

Em regra, portanto, a existência de decisão que suspenda a exigibilidade do crédito tributário não impede a contagem do prazo decadencial, devendo o fisco realizar o lançamento para evitar a perda do direito de constituir o crédito tributário.

Apenas haverá impedimento à contagem do prazo decadencial quando a decisão judicial, além de determinar a suspensão da exigibilidade, proibir a autoridade fiscal de realizar o lançamento. Como não existe uma limitação do conteúdo das decisões judiciais nesse aspecto, nada impede que determinado provimento jurisdicional determine uma vedação ao fisco de realizar o lançamento de determinado crédito tributário. Em tal situação, não há justificativa para o transcurso do prazo decadencial contra a Fazenda, sob pena de se verificar a perda de um direito que não pode sequer ser exercido. Se não há inércia, por força de decisão judicial que proíbe a constituição de crédito tributário, também não há que se falar em contagem do prazo decadencial. Há nesse caso o que se chama de "**suspensão fática**" do prazo decadencial, já que a situação descaracteriza a inércia e impede a fluência do prazo extintivo do direito de lançar.

Trata-se de uma exceção à regra segundo a qual o prazo decadencial não é passível de suspensão ou interrupção[20]. Essa hipótese de suspensão por força de decisão judicial que impede a constituição do crédito tributário é reconhecida pela jurisprudência do STJ (AgInt no REsp 1.526.313, j. 14.05.2019 – grifos adicionados):

> (...) em regra, o deferimento de medida liminar, a favor do contribuinte, que afasta a exigência de tributo, não obsta a regular constituição do crédito tributário, a fim de prevenir decadência. No entanto, **se a decisão judicial**, assim proferida, **obsta que a autoridade tributária proceda ao competente lançamento de ofício, o termo *a quo* do prazo decadencial será a data da revogação da mencionada medida.** (...)[21]

---

19. A **súmula vinculante 17 do CARF** também prevê a impossibilidade de se exigir multa de ofício (multa pelo não pagamento de tributo) no lançamento preventivo da decadência: "Não cabe a exigência de multa de ofício nos lançamentos efetuados para prevenir a decadência, quando a exigibilidade estiver suspensa na forma dos incisos IV ou V do art. 151 do CTN e a suspensão do débito tenha ocorrido antes do início de qualquer procedimento de ofício a ele relativo.".
20. Código Civil, art. 207: Salvo disposição legal em contrário, não se aplicam à decadência as normas que impedem, suspendem ou interrompem a prescrição.
21. No mesmo sentido, também no STJ: AgInt no AREsp 930.915, j. 04.04.2017; AgRg no AREsp 410.492, j. 11.03.2014; REsp 849.273, j. 04.03.2008.

Outra conclusão não seria possível, sob pena de se desfigurar a natureza da decadência, que pressupõe a omissão por parte do titular de um direito potestativo. Se há uma decisão judicial que impede o exercício desse direito, inexiste a premissa básica da decadência, qual seja, a inércia. Essa orientação é adotada também pela Procuradoria-Geral da Fazenda Nacional, como se pode ver do Parecer PGFN/CAT 688/2015:

> (...) em algumas situações específicas, sequer é possível realizar o lançamento preventivo, porque o Fisco, está impedido de prosseguir no procedimento fiscal e constituir o crédito tributário, por circunstância alheia à sua conduta. Trata-se de hipótese em que há superveniente causa impeditiva de fluência do prazo decadencial após o advento do termo inicial. Não se pode admitir que o Fisco perca o direito de lançar o crédito tributário quando está impedido de exercê-lo, sem ter dado causa ao impedimento. Para contornar essa impossibilidade fática de efetuar o lançamento, a doutrina fala na suspensão fática do prazo decadencial (...) deve ser reconhecida como causa de suspensão fática do prazo decadencial a decisão judicial impeditiva do prosseguimento da fiscalização e do procedimento administrativo fiscal. Com o desaparecimento da causa impeditiva, deve ser retomada a contagem do prazo decadencial, pelo prazo remanescente para consumação do prazo de 5 anos quando se deu o obstáculo jurídico.

Nesse caso, não pode o mesmo Judiciário que impede o exercício do direito da Fazenda reconhecer a perda desse direito por uma inação involuntária.

3. PRESCRIÇÃO

A prescrição, assim como a decadência, é norma que, ao fixar prazo após o qual não se pode mais exercer certa pretensão, possui o condão de estabilizar as relações jurídicas e eliminar as incertezas[22], promovendo assim a segurança jurídica.

Apesar de o CTN ter adotado a dicotomia entre prescrição e decadência existente no Código Civil, há diferenças notáveis na aplicação desses institutos na disciplina tributária.

Em relação à prescrição, sua classificação pelo CTN como modalidade de extinção do crédito tributário traz efeitos peculiares. No Direito Civil, não é possível pleitear a devolução do pagamento de dívida prescrita, diante da norma contida no art. 882 do Código Civil: "Não se pode repetir o que se pagou para solver dívida prescrita, ou cumprir obrigação judicialmente inexigível". Já o pagamento do crédito tributário prescrito permite a restituição pelo contribuinte.

Nessa linha de raciocínio, o STJ invoca a presença da prescrição no rol de modalidades de extinção do crédito tributário (art. 156 do CTN) para admitir a repetição do indébito relativa ao montante recolhido a título de dívida prescrita (REsp 646.328, j. 04.06.2009 – grifo adicionado):

> A partir de uma interpretação conjunta dos artigos 156, inciso V, (que considera a prescrição como uma das formas de extinção do crédito tributário) e 165, inciso I, (que trata a respeito da restituição de tributo) do CTN, **há o direito do contribuinte à repetição do**

22. ÁVILA, Humberto. Teoria da Segurança Jurídica. 5ª edição. São Paulo: Malheiros, 2019, p. 371.

indébito, uma vez que o montante pago foi em razão de um crédito tributário prescrito, ou seja, inexistente. Precedentes: (REsp 1004747/RJ, Rel. Min. Luiz Fux, DJe 18/06/2008; REsp 636.495/RS, Rel. Min. Denise Arruda, DJ 02/08/2007)[23]

Partindo do pressuposto de que a prescrição do art. 174 do CTN atinge não apenas a pretensão da cobrança judicial, mas também o próprio crédito, o STJ entende que a prescrição tributária não está sujeita à renúncia (AgRg no AREsp 743.252, j. 08.03.2016), ao contrário da prescrição civil, que pode ser renunciada após sua consumação, uma vez que no direito privado a prescrição extingue apenas a pretensão para o exercício do direito de ação (STJ, REsp 1.335.609, j. 16.08.2012).

Apesar de a prescrição tornar o crédito "inexistente", como exposto pelo STJ acima, o Código de Processo Civil de 1973 possuía dispositivo que não permitia o reconhecimento de ofício pelo juiz da prescrição atinente a direitos patrimoniais (art. 219, § 5º). Com base nisso, o STJ entendia ser inviável a decretação, de ofício, da prescrição nos processos de execução fiscal (REsp 655.174, j. 17.02.2005). Após a Lei 11.051/2004 (que incluiu o parágrafo 4º do art. 40 da Lei 6.830/1980[24]), e a Lei 11.280/2006, que alterou a redação do art. 219, § 5º do CPC de 1973[25], o STJ passou a chancelar o reconhecimento da prescrição tributária de ofício pelo juiz da execução fiscal, seja no curso da ação já com a participação do executado, seja no despacho inicial que analisa os pressupostos processuais (AgRg no REsp 1.002.435, j. 20.11.2008)[26]. Essa orientação encontra-se em consonância com a premissa de que a prescrição constitui matéria de ordem pública, podendo ser decretada mesmo que não tenha sido debatida nas instâncias ordinárias (STJ, REsp 843.557, j. 07.11.2006).

Como essa discussão se concentrava em torno dos poderes processuais do juiz, não se exigiu que a alteração da legislação pertinente se desse por lei complementar. O entendimento jurisprudencial, construído sob a vigência do Código de Processo Civil de 1973, foi consolidado na **súmula 409 do STJ**:

> Em execução fiscal, a prescrição ocorrida antes da propositura da ação pode ser decretada de ofício (art. 219, § 5º, do CPC)

Apesar da referência a dispositivo do CPC de 1973, a súmula ainda é atual, tendo em vista a disposição do art. 487, II, do Código de Processo Civil de 2015, segundo a qual o

23. No mesmo sentido: "A dívida reconhecidamente prescrita que foi paga pode ser objeto de repetição de indébito tendo em vista que, diferentemente do direito privado, a prescrição extingue o crédito tributário e torna-se, portanto, indevida." (STJ, REsp 871.416, j. 16.06.2009); "Há que se atentar para o fato de que a prescrição, na seara tributária, estampa certa singularidade, qual seja, a de que dá azo não apenas à extinção da ação, mas do próprio crédito tributário, nos moldes do preconizado pelo art. 156, V, do CTN." (STJ, REsp 1.004.747, j. 06.05.2008).

24. Lei 6.830/1980, art. 40, §4º: Se da decisão que ordenar o arquivamento tiver decorrido o prazo prescricional, o juiz, depois de ouvida a Fazenda Pública, poderá, de ofício, reconhecer a prescrição intercorrente e decretá-la de imediato.

25. CPC/1973, art. 219, § 5º: O juiz pronunciará, de ofício, a prescrição.

26. Nessa mesma linha: "Não se trata de prescrição intercorrente, mas de decretação no início da execução, sem qualquer causa interruptiva de sua contagem. Sobre o tema, é assente neste Tribunal que, com o advento da Lei 11.280, de 16.02.2006, que acrescentou o § 5º ao art. 219 do CPC, o juiz poderá decretar de ofício a prescrição, mesmo sem a prévia oitiva da Fazenda Pública (requisito essencial nos casos do art. 40, § 4º, da LEF)." (STJ, REsp 733.286, j. 07.08.2008).

juiz resolverá o mérito quando decidir, **de ofício ou a requerimento**, sobre a ocorrência de decadência ou prescrição.

Diante desse contexto geral, cumpre a partir de agora estudar a aplicação do art. 174 do CTN, que estabelece a prescrição da ação para a cobrança do crédito tributário em cinco anos, contados da data da sua constituição definitiva.

3.1 Termo inicial da contagem da prescrição

O *caput* do art. 174 do CTN estabelece como marco inicial para a contagem do prazo prescricional a "data da constituição definitiva" do crédito tributário. O conhecimento exato dessa expressão, portanto, é fundamental para a correta contagem da prescrição. A seguir esse significado será analisado de forma separada, tratando, de um lado, dos tributos sujeitos a lançamento de ofício e por declaração, e, de outro, dos tributos sujeitos a lançamento por homologação.

3.1.1 *Termo inicial do prazo prescricional nos tributos sujeitos a lançamento de ofício e por declaração*

Antes de tudo, é preciso estabelecer que o adjetivo "definitiva" é uma qualificação importante da constituição do crédito tributário para fins de fixação do marco inicial da prescrição. Por definitiva, tem-se a constituição do crédito após o exaurimento da esfera administrativa, com a manutenção total ou parcial da dívida.

A constituição "não definitiva" do crédito tributário, por sua vez, seria constatada já a partir da notificação do lançamento. Sendo este objeto de impugnação administrativa, haverá um crédito tributário constituído, porém não definitivamente, o que só ocorrerá após o julgamento final na esfera administrativa que confirmar total ou parcialmente o crédito tributário lançado[27]. Entre a notificação do lançamento e o encerramento do processo administrativo não há contagem da prescrição (nem decadência), seja porque não há a constituição definitiva exigida pelo *caput* do art. 174 do CTN, seja pela causa de suspensão da exigibilidade prevista no art. 151, III do CTN ("as reclamações e os recursos, nos termos das leis reguladoras do processo tributário administrativo").

Há muito o STF entendia que entre a realização do lançamento ou do auto de infração e o término do processo administrativo não corre qualquer prazo extintivo do crédito tributário, seja ele de decadência ou de prescrição (RE 94.462 EDv, j. 06.10.1982; AI 96.616 AgR, j. 27.04.1984). Não há, portanto, um prazo peremptório para a conclusão do processo administrativo de constituição definitiva do crédito tributário após o lançamento, não se aplicando à hipótese o art. 24 da Lei 11.457/2007, que prevê: "É obrigatório que seja proferida decisão administrativa no prazo máximo de 360 (trezentos e sessenta) dias a contar do protocolo de petições, defesas ou recursos administrativos do contribuinte.".

---

27. Essa diferenciação entre "constituição definitiva" e constituição "não definitiva" do crédito tributário é relevante não apenas para a contagem do prazo prescricional. Para o ajuizamento da medida cautelar fiscal pelo entes públicos, por exemplo, a Lei 8.397/1992 (art. 3º, I) exige apenas a "constituição do crédito fiscal", e não a sua "constituição definitiva", conforme reconhecido pela jurisprudência do STJ (AgRg no REsp 1.497.290, j. 10.02.2015; AgRg no REsp 1.453.963, j. 09.09.2014; REsp 466.723, j. 06.06.2006).

Com isso, é possível afirmar que:

a) a notificação do lançamento ou auto de infração impossibilita a contagem do prazo decadencial;

b) entre a notificação do lançamento ou auto de infração e o encerramento da esfera administrativa de constituição do crédito não há contagem de prazo decadencial ou prescricional;

c) com o exaurimento da esfera administrativa, começa a ser contado o prazo prescricional.

Essa orientação está hoje consolidada da jurisprudência do STJ, por meio do enunciado de súmula abaixo reproduzido:

> **Súmula 622 do STJ**: A notificação do auto de infração faz cessar a contagem da decadência para a constituição do crédito tributário; exaurida a instância administrativa com o decurso do prazo para a impugnação ou com a notificação de seu julgamento definitivo e esgotado o prazo concedido pela Administração para o pagamento voluntário, inicia-se o prazo prescricional para a cobrança judicial.

Conforme se depreende do enunciado acima, o exaurimento da esfera administrativa pode se dar após o julgamento de uma impugnação ou recurso apresentado pelo contribuinte, quando terá havido uma lide processual administrativa; ou após o transcurso do prazo para impugnação do crédito tributário objeto da notificação do lançamento ou auto de infração (prazo dentro do qual o contribuinte poderá realizar o pagamento, caso concorde com a exigência). Na primeira hipótese, o mero "trânsito em julgado" da decisão administrativa não coincide necessariamente com o início do prazo prescricional. É necessário ainda que haja uma intimação do contribuinte da decisão que manteve o crédito (total ou parcialmente), com a previsão de um prazo para seu pagamento.

Daí se percebe que, nos dois casos, havendo ou não irresignação do contribuinte contra o crédito tributário constante de um lançamento ou auto de infração, é necessário aguardar o escoamento do prazo previsto para pagamento, uma vez que durante esse interregno o crédito não pode ser exigido judicialmente. A fluência do prazo para pagamento, portanto, impede a contagem do prazo prescricional, o qual só se iniciará quando o contribuinte resta caracterizado como inadimplente, por ter descumprido o prazo para pagamento. Referido prazo será de trinta dias, caso a legislação tributária não possua disposição expressa a respeito (CTN, art. 160, *caput*)[28].

Alguns exemplos de aplicação dessa contagem podem ser colhidos da jurisprudência do STJ, que já se manifestou a respeito da contagem do termo inicial da prescrição para a cobrança do IPTU e do IPVA, tributos lançados de ofício. No REsp 1.641.011 (**repetitivo**,

28. "Tratando-se de lançamento de ofício, o termo inicial da prescrição surge apenas após o prazo conferido pela lei para o pagamento voluntário do crédito constituído, em regra, trinta dias após a notificação do sujeito passivo." (STJ, AgRg no REsp 1.202.566, j. 01.03.2011). Na jurisprudência do STJ, esse dispositivo é discutido no contexto dos pedidos administrativos de ressarcimento de créditos dirigidos à autoridade fiscal (REsp 1.767.945, **repetitivo**, j. 12.02.2020; REsp 1.138.206, **repetitivo**, j. 09.08.2010).

j. 14.11.2018), o STJ fixou a orientação de que o prazo prescricional para a cobrança do IPTU "começa a fluir somente após o transcurso do prazo estabelecido pela lei local para o vencimento da exação (pagamento voluntário pelo contribuinte)". Em relação ao IPVA, o STJ também firmou tese de **repetitivo** (REsp 1.320.825, j. 10.08.2016), segundo a qual a notificação do contribuinte para proceder ao recolhimento do imposto, apesar de constituir definitivamente o crédito tributário, não representa o termo inicial da prescrição. Só no dia seguinte após a data do vencimento é que começa a ser contado o prazo prescricional. Confira-se a tese do REsp 1.320.825:

> "A notificação do contribuinte para o recolhimento do IPVA perfectibiliza a constituição definitiva do crédito tributário, iniciando-se o prazo prescricional para a execução fiscal no dia seguinte à data estipulada para o vencimento da exação."

Como antes do vencimento não há exigibilidade da dívida, não se pode falar em contagem do prazo prescricional se a Fazenda Pública ainda não tem pretensão para cobrar seu crédito.

3.1.2 *Termo inicial do prazo prescricional nos tributos sujeitos a lançamento por homologação*

Quando se está diante dos tributos sujeitos a lançamento por homologação, a constituição definitiva do crédito tributário não se dá após a realização de um lançamento ou auto de infração e o escoamento do prazo para pagamento da quantia exigida. No lançamento por homologação previsto no art. 150 do CTN, o próprio contribuinte constitui o crédito tributário, atuando a administração tributária na constituição apenas em caso de omissão ou inexatidão da apuração do crédito tributário pelo contribuinte. Em havendo um lançamento suplementar da autoridade fiscal por conta de valor não declarado pelo contribuinte, não se estará mais diante, em relação ao montante adicional, de lançamento por homologação, mas sim de lançamento de ofício, nos termos do art. 149 do CTN. O termo inicial da prescrição tributária ora analisado será apenas o referente aos créditos constituídos pela atividade do contribuinte. Eventuais valores constituídos pelo agente administrativo na revisão da apuração realizada pelo sujeito passivo, ainda que se refiram a tributos sujeitos a lançamento por homologação, obedecem a regra de contagem do prazo prescricional constante da súmula 622 do STJ, conforme já exposto acima.

A diferenciação de abordagem nos tributos sujeitos a lançamento por homologação se faz necessária porque nesses casos o crédito tributário é constituído por declaração do contribuinte, dispensando-se a administração tributária de qualquer providência adicional para que o valor declarado seja formalizado como crédito tributário exigível[29]. Diante dessa característica, não há que se falar em exaurimento da esfera administrativa, como se faz em relação aos tributos sujeitos a lançamento de ofício (art. 149 do CTN) ou por declaração (art. 147 do CTN). Uma vez que nos tributos sujeitos a lançamento por homologação não

29. Súmula 436 do STJ: "A entrega de declaração pelo contribuinte, reconhecendo o débito fiscal, constitui o crédito tributário, dispensada qualquer outra providência por parte do Fisco.".

é possível que o contribuinte apresente impugnação contra sua própria apuração do crédito tributário, a constituição definitiva não depende de eventual procedimento administrativo, bastando a declaração do sujeito passivo.

Com isso, o termo inicial do prazo prescricional depende apenas dessa constituição e do término do prazo de vencimento. Aqui também se aplica a exigência de se aguardar o transcurso do período que o contribuinte possui para realizar o pagamento do tributo devido, uma vez que dentro desse prazo não há exigibilidade, inexistindo pretensão para a cobrança de um valor que ainda não é considerado inadimplido. Esse entendimento foi consolidado pelo STJ em sede de **repetitivo** (REsp 1.120.295, j. 12.05.2010), onde se fixou a seguinte tese:

> O prazo prescricional quinquenal para o Fisco exercer a pretensão de cobrança judicial do crédito tributário conta-se da data estipulada como vencimento para o pagamento da obrigação tributária declarada (mediante DCTF, GIA, entre outros), nos casos de tributos sujeitos a lançamento por homologação, em que, não obstante cumprido o dever instrumental de declaração da exação devida, não restou adimplida a obrigação principal (pagamento antecipado), nem sobreveio quaisquer das causas suspensivas da exigibilidade do crédito ou interruptivas do prazo prescricional

Apesar de a tese afirma expressamente que o prazo prescricional quinquenal é contado "da data estipulada como vencimento para o pagamento da obrigação tributária declarada", o mais correto é que o início do prazo prescricional ocorra apenas no dia seguinte ao dia do vencimento, pois até esta data ainda será possível a realização do pagamento, não havendo ainda pretensão da Fazenda para a cobrança do crédito tributário.

Como esclarece de modo didático a tese acima, além da caracterização da inadimplência, há também necessidade de não haver qualquer causa suspensiva ou interruptiva do prazo prescricional para que seja possível o início de sua contagem a partir da data de vencimento do crédito tributário.

Uma ressalva a esse marco inicial (dia seguinte à data de vencimento) deve ser feita quando a entrega da declaração do contribuinte for posterior. Conforme o CTN e a legislação tributária, o sujeito passivo deve primeiro apurar o crédito tributário devido, formalizá-lo na declaração, e, só então realizar o pagamento dentro do prazo de vencimento.

Caso o contribuinte não cumpra esse trâmite e entregue a declaração após a data de vencimento prevista na legislação tributária, o mero advento do último dia para o pagamento do crédito tributário ainda não declarado é insuficiente para a instauração da contagem do prazo prescricional. Assim pode ser sintetizado o entendimento do STJ (REsp 1.651.585, j. 09.03.2017 – grifo adicionado):

> o termo inicial do prazo prescricional para o ajuizamento da ação executiva relativa aos tributos sujeitos ao lançamento por homologação tem início com a constituição definitiva do crédito tributário, que ocorre com a entrega da respectiva declaração pelo contribuinte, identificando o valor a ser recolhido, ou o do vencimento do tributo, **o que for posterior**

Se não há crédito tributário constituído por declaração ainda, não há pretensão da Fazenda Pública para sua cobrança, não havendo, portanto, que se falar em prescrição, ainda que se verifique o vencimento. Por isso, prevalece o evento posterior como marco inicial para a contagem da prescrição, já que devem ser constatados de forma cumulativa a constituição do crédito pela declaração e o respectivo vencimento.

3.2 Suspensão e interrupção da prescrição

Uma vez inaugurado o prazo prescricional, é possível a ocorrência de causas suspensivas e interruptivas da prescrição. Na suspensão, o prazo já transcorrido será computado após o desaparecimento da causa suspensiva, a partir de quando a contagem observará o prazo remanescente. Já na interrupção, o credor terá, após a cessação da causa interruptiva, o prazo prescricional em sua totalidade. Além dessa diferença, a suspensão da prescrição tende a se prolongar por um período contínuo, ainda que curto. Já a interrupção ocorre em um momento preciso, não se prolongando para além da data do evento que a enseja.

As causas de suspensão da prescrição são encontradas no art. 151 do CTN, não se confundindo com as que se caracterizem como hipótese de interrupção prevista no art. 174, parágrafo único (como o reconhecimento do débito pelo devedor), como ressaltado pelo STJ: "o pedido de parcelamento fiscal interrompe o lapso da prescrição, **ainda que indeferido**, visto que configura confissão extrajudicial do débito, nos termos do art. 174, parág. único, IV do CTN." (STJ, AgInt no AgRg no REsp 1.480.908, j. 05.05.2020 – grifo adicionado). O indeferimento do pedido de parcelamento impede sua caracterização como causa de suspensão da exigibilidade, mas não prejudica sua configuração como uma causa de interrupção do prazo prescricional, nos termos do art. 174, parágrafo único do CTN.

Assim é que, apesar de haver em alguns casos um ponto de convergência, o STJ já diferenciou o reconhecimento do débito como causa de interrupção da prescrição de causa de suspensão da exigibilidade que tem como pressuposto o reconhecimento do débito, como o parcelamento. Nessa linha, decidiu o tribunal que "não há que se confundir a hipótese prevista no artigo 174, IV, do CTN (causa interruptiva do prazo prescricional) com as modalidades suspensivas da exigibilidade do crédito tributário (artigo 151, do CTN)." (STJ, REsp 957.509, j. 09.08.2010).

Essa diferenciação passa a fazer sentido quando são analisados a amplitude dos efeitos e o tempo de duração da causa. O parcelamento (causa de suspensão da exigibilidade do art. 151) é mais amplo que o reconhecimento do débito. No parcelamento, há, inicialmente, um reconhecimento pelo contribuinte de que é devedor do tributo em questão. Esse pressuposto do pedido de parcelamento já é suficiente para a interrupção do prazo prescricional, mas não é suficiente para a suspensão da exigibilidade, que não possui efeitos limitados a um único momento. Como dito anteriormente, a interrupção da prescrição não se prolonga por um período superior ao momento da ocorrência de sua causa. Já a suspensão vigora enquanto presente a causa que lhe deu ensejo.

Levando em conta a diferença entre o parcelamento perfectibilizado e o mero pedido de parcelamento, é possível concluir que a suspensão da exigibilidade pelo parcelamento depende homologação expressa ou tácita do pedido formulado pelo contribuinte junto ao Fisco. Há, inclusive, tese de **repetitivo** no STJ (REsp 957.509, j. 09.08.2010) expressa nesse sentido: "A produção do efeito suspensivo da exigibilidade do crédito tributário, advindo do parcelamento, condiciona-se à homologação expressa ou tácita do pedido formulado pelo contribuinte junto ao Fisco".

Para a interrupção da prescrição, todavia, basta o pedido de parcelamento, ainda que indeferido, uma vez que tal pedido configura ato inequívoco que importa em reconhecimento do débito pelo devedor (CTN, art. 174, parágrafo único, IV).

SUSPENSÃO		**INTERRUPÇÃO**
art. 151 do CTN **- prazo transcorrido é computado prolonga-se no tempo**	×	**art. 174, parágrafo único do CTN** **- prazo é reiniciado evento isolado**

Firmada essa distinção, vale ainda fixar a diferença entre o parcelamento e o reconhecimento do débito pelo devedor:

PARCELAMENTO		**RECONHECIMENTO DO DÉBITO**
art. 151, VI do CTN **- causa de suspensão depende de homologação do Fisco**	×	**art. 174, parágrafo único, IV do CTN** **- causa de interrupção independe de homologação**

Quando se fala em suspensão ou interrupção da prescrição do crédito tributário, deve-se levar em consideração que a Constituição reserva à lei complementar a disciplina de normas gerais em matéria tributária, inclusive as que dizem respeito à prescrição e à decadência (CF, art. 146, III, *b*). Eventual disposição de lei ordinária que estabeleça hipótese de suspensão ou interrupção do crédito tributário não possui validade, representando uma invasão ao campo de atuação do legislador complementar. Com fundamento nessa reserva da lei complementar, a Primeira Seção do STJ decidiu (EREsp 657.536, j. 26.03.2008) que o art. 2º, § 3º da Lei 6.830/1980, ao estabelecer que a inscrição em dívida ativa dos créditos da Fazenda Pública importa na suspensão da prescrição por 180 dias, é norma aplicável apenas aos créditos não tributários (multas não tributárias, por exemplo). Nesse ponto, portanto, há uma identidade de regime jurídico entre a suspensão e a interrupção da prescrição tributária.

3.2.1 *Suspensão da prescrição*

Como dito acima, a suspensão da prescrição pode ser encontrada nas causas de suspensão da exigibilidade do crédito tributário (art. 151 do CTN), já que, se o crédito não pode ser exigido, não há justificativa de se computar o prazo prescricional contra o credor que se encontra impedido de buscar a satisfação de sua pretensão.

Mas a suspensão da prescrição do crédito tributário não se resume ao art. 151 do CTN. Ao longo do Código, são encontrados dispositivos que determinam a impossibilidade de se computar determinado período na contagem do prazo prescricional, o que permite a identificação de outras causas de suspensão.

Se o prazo da prescrição não é contado durante determinado o período, após o qual ele volta a ser contado considerando o tempo já transcorrido antes do "congelamento" da contagem, presente está a suspensão da prescrição tributária, já que a interrupção pressupõe o reinício do prazo.

Dessa maneira, o CTN traz caso de suspensão da prescrição quando dispõe que o tempo decorrido entre a concessão da moratória individual e sua revogação, nos casos de dolo ou simulação do beneficiado, ou de terceiro em benefício daquele, não se computa para efeito da prescrição do direito à cobrança do crédito (art. 155, parágrafo único). Essa mesma hipótese de suspensão da prescrição é replicada também nos casos de parcelamento (art. 155-A, § 2º), remissão (art. 172, parágrafo único), isenção (art. 179, § 2º) e anistia (art. 182, parágrafo único), desde que tais benefícios também sejam concedidos em caráter individual, pressuposto da suspensão do prazo prescricional previsto no art. 155 do CTN.

No âmbito das execuções fiscais, a jurisprudência tem aceitado a suspensão da prescrição de dívidas tributárias pela aplicação do art. 40 da Lei 6.830/1980, como se pode ver da súmula 314 do STJ: "Em execução fiscal, não localizados bens penhoráveis, suspende-se o processo por um ano, findo o qual se inicia o prazo da prescrição qüinqüenal intercorrente.". Essa hipótese será estudada com maiores detalhes no tópico sobre a prescrição intercorrente.

Ainda em relação à suspensão da prescrição tributária, cumpre observar que com o surgimento de causa suspensiva da exigibilidade antes do ajuizamento de execução fiscal a Fazenda não poderá ir a juízo exigir o pagamento da dívida, não podendo ser contado o prazo prescricional enquanto a pretensão não puder ser exercida. Eventual execução fiscal ajuizada na pendência de causa suspensiva da exigibilidade do crédito tributário deve ser extinta, pois faltava-lhe interesse de agir desde a sua origem[30]. Inversamente, caso a suspensão da exigibilidade surja após o ajuizamento da execução fiscal, referido processo será suspenso, e não extinto. Nesse sentido, o REsp 957.509 (**repetitivo**, j. 09.08.2010): "a suspensão da exigibilidade do crédito tributário, perfectibilizada após a propositura da ação, ostenta o condão somente de obstar o curso do feito executivo e não de extingui-lo".

3.2.2 *Causas de interrupção da prescrição para a cobrança do crédito tributário*

A prescrição tributária pode também ser interrompida, sendo o respectivo prazo restituído integralmente ao credor a partir do momento em que cessar a causa interruptiva. O parágrafo único do art. 174 do CTN prevê as causas de interrupção da prescrição para a cobrança do crédito tributário:

> CTN, art. 174, parágrafo único. A prescrição se interrompe:
> I – pelo despacho do juiz que ordenar a citação em execução fiscal; (Redação dada pela Lcp nº 118, de 2005)
> II - pelo protesto judicial;

30. "A extinção do executivo fiscal é medida que se impõe quando ajuizado no período de suspensão da exigibilidade do crédito tributário" (STJ, AgInt no AREsp 211.481, j. 17.10.2017); "É mister reconhecer a nulidade da CDA, pois, se não pode admitir a expedição de título extrajudicial fundado em débito suspenso" (STJ, REsp 193.402, j. 11.06.2002); Tese do REsp 1.140.956 (**repetitivo**), j. 24.11.2010: "Os efeitos da suspensão da exigibilidade pela realização do depósito integral do crédito exequendo, quer no bojo de ação anulatória, quer no de ação declaratória de inexistência de relação jurídico-tributária, ou mesmo no de mandado de segurança, desde que ajuizados anteriormente à execução fiscal, têm o condão de impedir a lavratura do auto de infração, assim como de coibir o ato de inscrição em dívida ativa e o ajuizamento da execução fiscal, a qual, acaso proposta, deverá ser extinta."

III - por qualquer ato judicial que constitua em mora o devedor;

IV - por qualquer ato inequívoco ainda que extrajudicial, que importe em reconhecimento do débito pelo devedor.

a) despacho do juiz que ordenar a citação em execução fiscal

A respeito da primeira causa interruptiva acima elencada, vale anotar que, antes da Lei Complementar 118/2005, não bastava o despacho citatório para a interrupção da prescrição, exigindo o Código a citação pessoal do devedor. No regime anterior, o credor público tinha o ônus de não só ajuizar a execução fiscal no prazo prescricional e obter o despacho citatório, mas também deveria lograr êxito na própria citação do devedor. Na redação original do art. 174, parágrafo único, I do CTN, a prescrição só se interrompia "pela citação pessoal feita ao devedor", o que contrastava com o art. 8º, § 2º da Lei 6.830/1980 (Lei de Execuções Fiscais), segundo o qual bastava o despacho do juiz que ordena a citação para interromper a prescrição.

Diante da reserva de lei complementar para dispor sobre prescrição tributária (CF, art. 146, III, *b*), a jurisprudência consolidou o entendimento de que o art. 8º, § 2º da Lei 6.830/1980 não se aplicava às dívidas tributárias, a despeito de se tratar de lei posterior ao CTN (publicado em 1966). Prevalece, portanto, o disposto no art. 174 do CTN, que possui *status* de lei complementar[31].

Assim, na redação original do art. 174, parágrafo único, I do CTN (antes da alteração pela LC 118/2005), o mero despacho do juiz não interrompia a prescrição, sendo indispensável a citação regular (STJ, REsp 1.056.800, j. 09.12.2008).

O maior problema de se considerar a citação pessoal do devedor como o marco que interrompe a prescrição para a cobrança do crédito tributário era a dependência de um acontecimento sobre o qual a Fazenda não possuía controle nem relação com a inércia do credor. Tendo este ajuizado a execução fiscal, já haveria um evento que faz cessar o estado de inércia, o que já permitiria a interrupção da prescrição. Não havendo inércia, não pode ser o credor prejudicado pela contagem do prazo prescricional. Considerando que a efetivação da citação pessoal do devedor poderia demorar meses ou anos, o que poderia ser influenciado pela sobrecarga do aparato judicial ou mesmo por eventual conduta dolosa do devedor, uma aplicação literal dessa regra colocava a Fazenda em franca desvantagem.

O mesmo raciocínio é aplicável à nova redação que prevê o "despacho do juiz que ordenar a citação em execução fiscal" como a causa de interrupção. No período entre o ajuizamento da execução fiscal e a prolação do despacho judicial de citação, é possível que transcorra tempo suficiente para que o prazo de prescrição seja completado. Ainda que haja

31. "Os casos de interrupção do prazo prescricional estão previstos no art. 174 do CTN, o qual tem natureza de lei complementar e, por isso, se sobrepõe à Lei de Execuções Fiscais (6.830/80), que é lei ordinária." (STJ, EREsp 85.144, j. 14.02.2001); "O despacho que ordena a citação não interrompe a prescrição, uma vez que somente a citação pessoal tem esse efeito, devendo prevalecer o disposto no artigo 174 do CTN sobre o artigo 8º, § 2º, da Lei 6.830/80." (STJ, 854.953, j. 12.09.2006); "A jurisprudência do STJ se firmou no sentido de que o despacho que ordena a citação não interrompe a prescrição, uma vez que somente a citação pessoal tem esse efeito, devendo prevalecer o disposto no artigo 174 do CTN sobre o artigo 8º, § 2º, da Lei 6.830/80." (STJ, REsp 661.726, j. 21.09.2004).

um período menor entre o ajuizamento e o despacho em comparação ao tempo necessário para se efetivar a citação pessoal do devedor (o que só ocorre após o despacho citatório) após o ajuizamento, permanece a necessidade de se afastar uma interpretação literal que prejudique o credor que abandonou o estado de inércia quando ajuizou a execução fiscal.

Levando em consideração esse panorama, o STJ decidiu, em sede de recurso especial **repetitivo** (REsp 1.120.295, j. 12.05.2010), que

> o exercício do direito de ação pelo Fisco, por intermédio de ajuizamento da execução fiscal, conjura a alegação de inação do credor, revelando-se incoerente a interpretação segundo a qual o fluxo do prazo prescricional continua a escoar-se, desde a constituição definitiva do crédito tributário, até a data em que se der o despacho ordenador da citação do devedor (ou até a data em que se der a citação válida do devedor, consoante a anterior redação do inciso I, do parágrafo único, do artigo 174, do CTN).

Para evitar o prejuízo do credor que deixou de ser inerte antes da consumação do prazo prescricional, o STJ aplicou o art. 219, § 1º do Código de Processo Civil de 1973 ("A interrupção da prescrição retroagirá à data da propositura da ação"), regra mantida no art. 240, § 1º do CPC de 2015 ("A interrupção da prescrição, operada pelo despacho que ordena a citação, ainda que proferido por juízo incompetente, retroagirá à data de propositura da ação.").

Segundo essa disciplina processual, **a interrupção da prescrição, ainda que tenha como marco a citação pessoal do devedor ou o despacho do juiz que ordena a citação, retroage à data da propositura da ação**, pois foi nesse instante em que o credor adotou comportamento incompatível com a contagem do prazo prescricional. Assim, a preocupação da Fazenda deve se voltar, primordialmente, ao ajuizamento da ação de cobrança do crédito tributário antes da consumação da prescrição, aplicando-se às execuções fiscais a **súmula 106 do STJ**, segundo a qual "Proposta a ação no prazo fixado para o seu exercício, a demora na citação, por motivos inerentes ao mecanismo da justiça, não justifica o acolhimento da arguição de prescrição ou decadência". Essa orientação foi adotada ainda em tese de **repetitivo**: "A perda da pretensão executiva tributária pelo decurso de tempo é consequência da inércia do credor, que não se verifica quando a demora na citação do executado decorre unicamente do aparelho judiciário" (REsp 1.102.431, j. 09.12.2009).

Diante da alteração do marco que interrompe a prescrição nessa hipótese, que foi antecipada da citação pessoal do devedor para o despacho de citação, é necessário saber a partir de quando o último marco começou a ser aplicado, considerando as execuções fiscais que já haviam sido ajuizadas antes da vigência da alteração do CTN.

O STJ sanou essa dúvida com base no fundamento de que a norma em questão possui natureza processual, e portanto deve ser aplicada aos processos em curso, diante do princípio de que prevalece a lei vigente no momento da prática do ato processual ("*tempus regit actum*")[32]. Sendo norma processual, a nova regra de interrupção da prescrição pelo

32. Código de Processo Civil, art. 14: A norma processual não retroagirá e será aplicável imediatamente aos processos em curso, respeitados os atos processuais praticados e as situações jurídicas consolidadas sob a vigência da norma revogada.

despacho passa a ser aplicada imediatamente às execuções fiscais em curso, conforme orientação consolidada pelo STJ em sede de Recurso Especial **repetitivo** (REsp 999.901, j. 13.05.2009 – grifos adicionados):

> (...) 5. A Lei Complementar 118, de 9 de fevereiro de 2005 (vigência a partir de 09.06.2005), alterou o art. 174 do CTN para atribuir ao despacho do juiz que ordenar a citação o efeito interruptivo da prescrição. (Precedentes: REsp 860128/RS, DJ de 782.867/SP, DJ 20.10.2006; REsp 708.186/SP, DJ 03.04.2006).
>
> 6. Destarte, **consubstanciando norma processual, a referida Lei Complementar é aplicada imediatamente aos processos em curso**, o que tem como consectário lógico que **a data da propositura da ação pode ser anterior à sua vigência.** Todavia, **a data do despacho que ordenar a citação deve ser posterior à sua entrada em vigor**, sob pena de retroação da novel legislação. (...)

Em outras palavras, o marco para se definir a aplicação ou não da nova regra de interrupção da prescrição é a data do despacho que ordena a citação, pouco importando se a execução fiscal foi ajuizada anteriormente à vigência da Lei Complementar 118/2005. Se esta data for anterior à vigência da Lei Complementar 118/2005 (que promoveu a alteração no CTN), continuaria sendo aplicado o regime anterior, e a interrupção da prescrição se operaria apenas com a citação pessoal do devedor. Contrariamente, se a data do despacho de citação é posterior à vigência da Lei Complementar 118/2005 (a partir de 09.06.2005), a nova regra de interrupção do prazo prescricional por esse despacho já é aplicável, não se exigindo a citação pessoa do devedor para tanto.

DATA DO DESPACHO		INTERRUPÇÃO DA PRESCRIÇÃO
Antes da vigência da LC 118/05	×	**citação pessoal do devedor**
Após a vigência da LC 118/05		**despacho de citação**

Em síntese, o despacho de citação proferido antes da vigência da LC 118/2005, em execução fiscal de dívida tributária, não tem o condão de interromper a prescrição, sendo necessário para tanto a citação pessoal do devedor. Após a LC 118/2005, a interrupção da prescrição nas execuções fiscais ocorre pelo despacho do juiz que ordena a citação, independentemente de a dívida cobrada ser tributária ou não.

Encerrando o estudo do despacho de citação do devedor como causa de interrupção da prescrição tributária, não se pode esquecer que a citação por edital também interrompe o lapso prescricional" (REsp 999.901, **repetitivo**, j. 13.05.2009). Para que se torne possível a citação por edital em execução fiscal, exige-se que as outras modalidades previstas (por correio e por oficial de justiça) tenham sido frustradas, nos termos da No mesmo sentido a **súmula 414 do STJ**: "A citação por edital na execução fiscal é cabível quando frustradas as demais modalidades."[33].

33. "Segundo o art. 8º da Lei 6.830/30, a citação por edital, na execução fiscal, somente é cabível quando não exitosas as outras modalidades de citação ali previstas: a citação por correio e a citação por Oficial de Justiça." (REsp 1.103.050, **repetitivo**, j. 25.03.2009).

b) protesto judicial

O protesto judicial, no Código de Processo Civil de 1973, era definido como um meio de "prevenir responsabilidade, prover a conservação e ressalva de seus direitos ou manifestar qualquer intenção de modo formal"[34]. O atual Código de Processo Civil prevê a notificação e a interpelação como maneira de "manifestar formalmente sua vontade a outrem sobre assunto juridicamente relevante" (art. 726), reconhecendo a possibilidade de se aplicar as regras sobre notificação e interpelação ao protesto judicial, no que couber (art. 726, § 2º). Se o protesto judicial é um meio de conservação do direito, seu cabimento no âmbito tributário só tem razão quando a Fazenda se vê impedida de ajuizar a execução fiscal[35].

Para que surta o efeito de interromper o prazo prescricional da Fazenda, o protesto judicial não pode ser realizado de forma geral e inespecífica, sem que se busque dar a devida ciência ao devedor (STJ, AgInt nos EDcl no AREsp 1.055.230, j. 17.12.2019). Nessa linha de tratar que essa medida judicial serve também para permitir que o devedor tome ciência de que não há mais inércia do titular do crédito, o STJ entende que a citação por edital no protesto judicial levado a efeito pela Fazenda só é admitida caso frustradas as demais modalidades de citação, quais sejam, a postal e a pessoal[36].

A previsão de que o protesto judicial interrompe a prescrição só é expressa em favor da Fazenda, não havendo no CTN dispositivo que trata do protesto a ser utilizado pelo contribuinte para interromper o prazo prescricional da repetição do indébito tributário. Não obstante, o STJ firmou jurisprudência no sentido de que o art. 174, parágrafo único, II deve ser estendido, por analogia, aos contribuintes que buscam a repetição do indébito, como forma de realizar a isonomia (AgRg no AREsp 562.455, j. 24.02.2015):

> A jurisprudência desta Corte firmou entendimento no sentido de que, à luz da isonomia processual e por analogia permitida pelo art. 108, I, do CTN, deve ser estendida, ao contribuinte que postula a repetição do indébito, a previsão do art. 174, parágrafo único, II, do CTN, relativa à interrupção do prazo prescricional, por meio do protesto judicial, para cobrança de crédito tributário. Precedentes (STJ, REsp 1.042.524/RS, Rel. Ministro HUMBERTO MARTINS, SEGUNDA TURMA, DJe de 16/12/2013; STJ, REsp 1.329.901/RS, Rel. Ministro MAURO CAMPBELL MARQUES, SEGUNDA TURMA, DJe de 29/04/2013; e STJ, REsp 82.553/DF, Rel. Ministro DEMÓCRITO REINALDO, PRIMEIRA TURMA, DJe de 03/06/1996).

Diante da possibilidade de analogia quanto à norma que prevê o protesto judicial como forma de interrupção da prescrição tributária, é legítimo questionar se o protesto

34. Art. 867 do Código de Processo Civil de 1973: "Todo aquele que desejar prevenir responsabilidade, prover a conservação e ressalva de seus direitos ou manifestar qualquer intenção de modo formal, poderá fazer por escrito o seu protesto, em petição dirigida ao juiz, e requerer que do mesmo se intime a quem de direito.".
35. SABBAG, Eduardo. Manual de Direito Tributário. 2º edição. São Paulo: Saraiva, 2010, p. 795.
36. "A jurisprudência do STJ é firme no sentido de que os contribuintes devem ser citados pessoalmente em ação de protesto judicial. A citação por edital só seria permitida desde que esgotadas as outras modalidades de citação (pessoal e via postal)." (STJ, AgRg no Ag 1.301.068, j. 05.08.2010). No mesmo sentido, também no STJ: AgRg no AREsp 154.225, j. 28.08.2012; AgRg no Ag 1.327.857, j. 08.02.2011.

da Certidão de Dívida Ativa (CDA)[37], cada vez mais utilizado pelas Fazendas Públicas, também teria a aptidão de interromper a prescrição. Apesar de reconhecido como meio legítimo de se buscar a satisfação do crédito tributário[38], a jurisprudência não possui ainda uma orientação pacífica sobre a possibilidade de o protesto de CDA, que é extrajudicial, interromper a prescrição[39]. O Projeto de Lei Complementar 459/2017 pretende alterar o art. 174, parágrafo único, II do CTN para que nele passe a constar a expressar "pelo protesto judicial ou extrajudicial".

c) qualquer ato judicial que constitua em mora o devedor

Essa hipótese representa um conjunto mais amplo que, assim como o protesto judicial, também tem a finalidade de cientificar o devedor no âmbito judicial de que o credor pretende exercer sua pretensão. Considerando que o protesto judicial se encontra apartado (desnecessariamente, pois também se inclui na presente hipótese), os atos judiciais aqui mencionados podem ser identificados na notificações e nas interpelações (arts. 726 a 729 do CPC).

d) qualquer ato inequívoco ainda que extrajudicial, que importe em reconhecimento do débito pelo devedor

O CTN trouxe, nessa hipótese, a interrupção do prazo prescricional independentemente da conduta do credor. Mesmo que este se mantenha inerte, a prescrição será interrompida se o devedor reconhece, de modo inequívoco, o débito em relação ao qual corre o prazo extintivo. **Trata-se da única situação listada que não depende de qualquer ato do credor.** Se o devedor toma a iniciativa de reconhecer seu débito, tal ato "reaviva" a pretensão então "adormecida", reiniciando-se a contagem do prazo prescricional.

---

37. Lei 9.492/1997, art. 1º, § 1º: Incluem-se entre os títulos sujeitos a protesto as certidões de dívida ativa da União, dos Estados, do Distrito Federal, dos Municípios e das respectivas autarquias e fundações públicas. (Incluído pela Lei 12.767/2012).
38. Na ADI 5135 (j. 09.11.2016), o STF fixou a seguinte tese: "O protesto das Certidões de Dívida Ativa constitui mecanismo constitucional e legítimo, por não restringir de forma desproporcional quaisquer direitos fundamentais garantidos aos contribuintes e, assim, não constituir sanção política". No REsp 1.686.659 (**repetitivo**, j. 28.11.2018). o STJ fixou a tese de que "A Fazenda Pública possui interesse e pode efetivar o protesto da CDA, documento de dívida, na forma do art. 1º, parágrafo único, da Lei 9.492/1997, com a redação dada pela Lei 12.767/2012".
39. Pelo efeito interruptivo da prescrição do protesto de CDA: "não obstante o protesto extrajudicial não se faça presente dentre as hipóteses expressamente previstas como causas de interrupção da prescrição, uma vez reconhecida sua aptidão legal para substituir o protesto judicial, não há porque não estender a mesma capacidade de interromper a prescrição. Isto porque ambos instrumentos, os protestos judiciais e extrajudicias, prestam-se à mesma finalidade, não fazendo sentido que se faça tal distinção entre institutos potencialmente iguais, uma vez o que aspecto teleológico é o de buscar a satisfação da dívida de maneira mais eficiente." (TRF 3, AC 0010634-17.2015.4.03.6303, DJe 28.09.2017); "Dispondo a credora de medidas extrajudiciais cabíveis para a finalidade de recebimento de crédito relativo às anuidades não pagas, afigura-se desnecessária a utilização de medida cautelar de protesto, ajuizada com a finalidade exclusiva de interrupção do prazo prescricional" (TRF 1, AC 0000955-45.2015.4.01.3814/MG, DJe 25.02.2016). Pela impossibilidade de o protesto de CDA interromper a prescrição: "Hipótese em que o protesto extrajudicial não está incluído dentre as hipóteses de interrupção da prescrição, mas apenas o protesto judicial, de acordo com o art. 174, parágrafo único, do CTN." (TRF 4, AC 5000202-45.2017.4.04.7113, j. 03.07.2018; "a prescrição e a decadência tributárias são matérias reservadas à lei complementar. Desse modo, o protesto extrajudicial não tem o condão de interromper a prescrição do crédito tributário por ausência de previsão legal, bastando a simples leitura do artigo 174 do CTN para se chegar a essa conclusão" (TRF 2, AC 0039911-61.2016.4.02.5110, DJe 15.12.2016).

O reconhecimento do devedor pode ser até mesmo extrajudicial, o que representa outra nota distintiva em relação às hipóteses anteriores, nas quais a interrupção da prescrição depende de uma manifestação do credor direcionada ao Judiciário.

A jurisprudência tem um papel importante na definição do alcance desse dispositivo. Assim é que o STJ possui entendimento consolidado no sentido de que o mero pedido de parcelamento fiscal significa uma confissão extrajudicial do débito, e, portanto, interrompe o prazo prescricional. Por isso, "logo após a formulação do pedido de parcelamento, o lapso temporal prescricional interrompido volta a fluir normalmente" (AgInt no AgRg no REsp 1.480.908, j. 05.05.2020).

Por outro lado, se houve parcelamento "de ofício", sem adesão voluntária do contribuinte que implica reconhecimento do débito, não há o pressuposto dessa hipótese de interrupção da prescrição, qual seja, a iniciativa do próprio devedor. Com base nesse raciocínio, o STJ decidiu, em sede de **repetitivo**, que o "parcelamento de ofício da dívida tributária não configura causa interruptiva da contagem da prescrição, uma vez que o contribuinte não anuiu" (REsp 1.641.011 e REsp 1.658.517, j. 14.11.2018).

Também não se pode confundir, como já explanado acima, a interrupção da prescrição pelo mero pedido de parcelamento (independente de homologação ou análise do Fisco), com a suspensão da exigibilidade do crédito tributário pelo parcelamento (CTN, art. 151, VI), que que depende da homologação expressa ou tácita pelo Fisco. Deve ser relembrada, por tanto a tese de **repetitivo** no REsp 957.509 (j. 09.08.2010): "a produção de efeitos suspensivos da exigibilidade do crédito tributário, advindos do parcelamento, condiciona-se à homologação expressa ou tácita do pedido formulado pelo contribuinte junto ao Fisco".

Da mesma forma que o pedido de parcelamento, o pedido de compensação também tem o condão de suspender/interromper a exigibilidade do crédito tributário, com fulcro no art. 174, parágrafo único, IV, do CTN (STJ, REsp 1.650.828, j. 09.03.2017). Esse entendimento alinha-se à disposição expressa do art. 74, § 6º da Lei 9.430/1996, segundo o qual a "declaração de compensação constitui confissão de dívida".

Importante não confundir, contudo, a prescrição para a repetição do indébito tributário, onde o crédito é a favor do contribuinte. Nesse caso, o **STJ** não admite que o pedido administrativo de compensação ou de restituição interrompa a prescrição, como se vê de sua **súmula 625**: "O pedido administrativo de compensação ou de restituição não interrompe o prazo prescricional para a ação de repetição de indébito tributário de que trata o art. 168 do CTN nem o da execução de título judicial contra a Fazenda Pública.". Quando se trata de execução contra a Fazenda, portanto, o prazo para pleitear direito contra a Fazenda Pública é de 5 anos, nos termos do art. 1º do Decreto n. 20.910/32 (STJ, REsp 1.035.441, j. 03.08.2010), não havendo aí autorização para interrupção da prescrição pelo pedido administrativo de compensação[40].

40. Há julgados do STJ que se fundamentam na inexistência de previsão no art. 174 do CTN, que, contudo, trata da prescrição da pretensão para cobrança do crédito tributário da Fazenda, e não da ação da repetição de indébito proposta pelo contribuinte. Exemplo desse raciocínio: "A mera formalização de pedido de compensação de créditos tributários na Secretaria da Receita Federal não constitui circunstância suficiente para, nos termos do art. 174, parágrafo único, I e IV, do CTN, interromper o prazo prescricional para a propositura de ação de repetição de indébito." (REsp 572.341, j. 05.08.2004).

Por fim, é preciso observar que qualquer causa de interrupção da prescrição, mesmo o reconhecimento da dívida, só possuirá eficácia para renovar o prazo prescricional se ocorrer antes de sua consumação. De acordo com o STJ, o pedido de adesão a parcelamento formulado após o transcurso do prazo não tem o condão de interromper a prescrição de forma retroativa (AgRg no REsp 1.528.020, j. 26.05.2015 – grifos adicionados):

> 1. Nos termos da jurisprudência pacífica do STJ, o parcelamento, por representar ato de reconhecimento da dívida, suspende a exigibilidade do crédito tributário e interrompe o prazo prescricional, que volta a correr no dia em que o devedor deixa de cumprir o acordo. Todavia, **a adesão à programa de parcelamento após a consumação da prescrição não tem o condão de retroagir como causa interruptiva.**
>
> 2. Hipótese em que a adesão ao novo programa de parcelamento só ocorreu quando já transcorrido o prazo prescricional quinquenal. Logo, resta caracterizada a prescrição.

Assim, a confissão espontânea no pedido de parcelamento (reconhecimento do débito pelo devedor) "não pode conferir ao Fisco o direito de exigir o crédito nos casos em que o parcelamento foi realizado após o decurso do prazo prescricional" (STJ, REsp 1.278.212, j. 25.10.2011).

3.3 Prescrição intercorrente

Prescrição intercorrente pode ser definida como a perda de uma pretensão no curso de um processo judicial ou administrativo, em contraposição à prescrição "genérica" ou "ordinária". Seguindo essa linha de raciocínio, "a prescrição intercorrente pressupõe a preexistência de processo administrativo ou judicial, cujo prazo prescricional havia sido interrompido pela citação ou pelo despacho que ordenar a citação", enquanto a prescrição genérica "se concretiza fora do processo e pressupõe a inércia do credor antes da triangulação da relação processual" (voto da Ministra Eliana Calmon no REsp 1.128.099, j. 03.11.2009).

No direito tributário, a prescrição intercorrente só tem cabimento no processo judicial, eis que durante o processo administrativo tributário não há contagem de qualquer prazo extintivo, seja ele decadencial ou prescricional. Como já dito, o art. 174, *caput* do CTN só admite a contagem da prescrição após a constituição definitiva do crédito tributário, o que ocorre apenas após o exaurimento da esfera administrativa, seja após o transcurso do prazo para pagamento fixado na notificação do lançamento, sem que o contribuinte tenha apresentado impugnação, seja após o transcurso do prazo para pagamento fixado na notificação da decisão administrativa final que mantém o crédito tributário impugnado. Nesse sentido, é pacífica a jurisprudência do STJ[41], conforme se vê do julgado abaixo, que analisa especificamente a hipótese em que há impugnação do contribuinte (REsp 706.175, j. 07.08.2007 – grifo adicionado):

---

41. Também a jurisprudência do STF: "Entre o lançamento e até que flua o prazo para a interposição do recurso administrativo, ou enquanto não for decidido o recurso, não corre prazo para decadência, e ainda não se iniciou o prazo para prescrição; decorrido o prazo para interposição do recurso, sem que ela tenha ocorrido, ou decidido o recurso do contribuinte, há a constituição definitiva do crédito, começando, daí, o prazo de prescrição" (RE 94.462 EDv, j. 06.10.1982); "NO INTERVALO ENTRE A LAVRATURA DO AUTO DE INFRAÇÃO E A DECISÃO DEFINITIVA DE RECURSO ADMINISTRATIVO DE QUE TENHA SE VALIDO O CONTRIBUINTE NÃO CORRE AINDA O PRAZO DE PRESCRIÇÃO (CTN, ART-151- III). TAMPOUCO O DE DECADENCIA, JA SUPERADO PELO AUTO, QUE IMPORTA LANCAMENTO DO CRÉDITO TRIBUTÁRIO" (AI 96.616 AgR, j. 27.04.1984).

> Enquanto há pendência de recurso administrativo, não correm os prazos prescricional e decadencial. Somente a partir da data em que o contribuinte é notificado do resultado do recurso é que tem início a contagem do prazo de prescrição previsto no art. 174 do CTN. Destarte, **não há falar em prescrição intercorrente em sede de processo administrativo fiscal.**

Também com essa conclusão, é possível citar a **Súmula 11 do CARF**, pela qual "não se aplica a prescrição intercorrente no processo administrativo fiscal".

Vale destacar, a respeito desse entendimento, que na ADI 124 (j. 01.08.2008), o STF declarou inconstitucional norma de Constituição estadual que determinava a extinção do crédito tributário objeto de processo administrativo que não obtivesse decisão final em determinado prazo. A norma criava uma prescrição intercorrente no processo administrativo fiscal (ou decadência intercorrente, como no voto de Joaquim Barbosa). Após a impugnação do lançamento, já passava a contar prazo que ameaçava o crédito tributário. O fundamento da decisão de inconstitucionalidade do STF foi o de que haveria violação à reserva de lei complementar nacional para dispor sobre decadência tributária (ou prescrição no processo administrativo fiscal, a depender do ângulo). De acordo com esse fundamento, nada impede que o CTN estabeleça uma hipótese de decadência ou prescrição intercorrente ligada ao transcurso de um período em que o processo administrativo fiscal não fosse encerrado. Não há, contudo, tal norma no CTN.

Considerando a prescrição tributária, na análise ora empreendida da modalidade de extinção do crédito tributário prevista no art. 174 do CTN, como a perda da pretensão da Fazenda, a prescrição intercorrente na seara tributária será aquela ocorrida em um processo judicial no qual o titular do crédito tributário figurando no polo ativo. A cobrança dos créditos tributários na esfera judicial é realizada por meio do processo de **execução fiscal** (regida pela Lei 6.830/1980), de modo que a prescrição intercorrente do crédito tributário é aquela que se dá no âmbito dos processos executivos fiscais.

3.3.1 *Prescrição intercorrente no art. 40 da Lei de Execuções Fiscais*

A prescrição intercorrente possui um regime específico no âmbito da Lei de Execuções Fiscais (Lei 6.830/1980). O art. 40 desse diploma traz regras procedimentais a serem respeitadas para o reconhecimento da extinção da pretensão de cobrança do crédito fiscal.

A esse respeito, é importante resgatar a lição de que a execução fiscal pode abranger dívida tributária (IR, IPTU, ICMS, CIDE-royalties, contribuições previdenciárias) ou não tributária (multas eleitorais, trabalhistas e de agências reguladoras, taxas de ocupação de terreno da marinha[42], contribuições para o FGTS previstas na Lei 8.036/90[43]). O artigo 40 da Lei 6.830/1980, sem distinguir sua aplicabilidade a determinada espécie de dívida ativa, dispõe da seguinte maneira:

42. Apesar da nomenclatura "taxa", sua natureza é não tributária, como reconhecido no art. 39, § 2º da Lei 4.320/1964.
43. Súmula 353 do STJ: "As disposições do Código Tributário Nacional não se aplicam às contribuições para o FGTS". Não confundir as contribuições para o FGTS previstas na Lei 8.036/90 (não tributárias) com as contribuições sociais da LC 110/2001, que possuem destinação vinculada à recomposição do FGTS e possuem natureza tributária.

> Art. 40 - O Juiz suspenderá o curso da execução, enquanto não for localizado o devedor ou encontrados bens sobre os quais possa recair a penhora, e, nesses casos, não correrá o prazo de prescrição.
>
> § 1º - Suspenso o curso da execução, será aberta vista dos autos ao representante judicial da Fazenda Pública.
>
> § 2º - Decorrido o prazo máximo de 1 (um) ano, sem que seja localizado o devedor ou encontrados bens penhoráveis, o Juiz ordenará o arquivamento dos autos.
>
> § 3º - Encontrados que sejam, a qualquer tempo, o devedor ou os bens, serão desarquivados os autos para prosseguimento da execução.
>
> § 4º Se da decisão que ordenar o arquivamento tiver decorrido o prazo prescricional, o juiz, depois de ouvida a Fazenda Pública, poderá, de ofício, reconhecer a prescrição intercorrente e decretá-la de imediato. (Incluído pela Lei nº 11.051, de 2004)
>
> § 5º A manifestação prévia da Fazenda Pública prevista no § 4o deste artigo será dispensada no caso de cobranças judiciais cujo valor seja inferior ao mínimo fixado por ato do Ministro de Estado da Fazenda. (Incluído pela Lei nº 11.960, de 2009)

A leitura do *caput* acima já permite a constatação de que a norma trata de suspensão do prazo prescricional, ao determinar expressamente que o juiz suspenderá a execução fiscal enquanto não for localizado o devedor ou encontrados bens sobre os quais possa recair a penhora, **não havendo a contagem da prescrição nesses casos** (suspensão). O § 2º do dispositivo prevê o tempo máximo de um ano dessa suspensão da execução fiscal, após o qual o processo será arquivado. Só após a decisão que ordena o arquivamento é que a lei menciona o transcurso do prazo prescricional propriamente dito, cujo transcurso ensejará o reconhecimento da prescrição intercorrente (§ 4º).

Ao criar a hipótese de suspensão da prescrição acima tratada, o art. 40 da Lei 6.830/1980 acrescenta um ano na contagem do prazo prescricional, diante do que poderia surgir a dúvida quanto à sua aplicabilidade aos tributos, diante da reserva de lei complementar para dispor sobre prescrição e decadência dos créditos tributários (CF, art. 146, III, b)[44]. O STJ, apesar de expressar o entendimento de que o art. 174 do CTN, por ter o status de lei complementar, deveria prevalecer sobre o art. 40 da Lei 6.830/1980 em caso de conflito[45], consolidou em súmula que o prazo prescricional só começa a ser contado após a suspensão de um ano:

> **Súmula 314 do STJ:** Em execução fiscal, não localizados bens penhoráveis, suspende-se o processo por um ano, findo o qual se inicia o prazo da prescrição qüinqüenal intercorrente.

---

44. Diante disso, o TRF da 4ª Região possui decisão que censura a suspensão da prescrição criada pelo art. 40 da Lei 6.830/1980: "Não poderia o art. 40 da Lei nº 6.830/1980 instituir hipótese de suspensão do prazo prescricional, invadindo espaço reservado pela Constituição à lei complementar." (Arguição de Inconstitucionalidade 0004671.46.2003.404.7200, j. 27.08.2010).

45. "1. Pacificou-se no STJ o entendimento de que o artigo 40 da Lei de Execução Fiscal deve ser interpretado harmonicamente com o disposto no artigo 174 do CTN, que deve prevalecer em caso de colidência entre as referidas leis. Isto porque é princípio de Direito Público que a prescrição e a decadência tributárias são matérias reservadas à lei complementar, segundo prescreve o artigo 146, III, "b" da CF. 2. Em conseqüência, o artigo 40 da Lei nº 6.830/80 por não prevalecer sobre o CTN sofre os limites impostos pelo artigo 174 do referido Ordenamento Tributário. Assim, após o transcurso de um qüinqüênio, marcado pela contumácia fazendária, impõe-se a decretação da prescrição intercorrente, consoante entendimento sumulado." (AgRg no REsp 418.162, j. 17.10.2002).

Pelo teor da súmula acima, portanto, o prazo prescricional de cinco anos só começa a ser contado após o término do prazo de suspensão do processo por um ano (durante o qual não o prazo de prescrição). Apesar de haver vários julgados do STJ reafirmando a prevalência do art. 174 do CTN sobre o art. 40 da Lei 6.830/1980, fato é que o *caput* do art. 40 prevê expressamente uma situação em que o prazo de prescrição não é contado (suspensão), hipótese essa não prevista no CTN.

Apesar de sedutora a tese de que a suspensão do prazo de prescrição prevista no art. 40 da Lei 6.830/1980 seria inconstitucional por invadir a reserva de lei complementar no que diz respeito à prescrição das dívidas tributárias, uma análise mais detida pode indicar conclusão diversa, consentânea com a divisão entre prescrição ordinária e prescrição intercorrente. É que o art. 174 do CTN não cuida desta última, mas apenas da prescrição ocorrida fora do processo judicial. Tanto que há um marco inicial para a sua contagem (que será diferente conforme a modalidade de lançamento do tributo), qual seja, a data da constituição definitiva do crédito tributário, que, por sua vez, não se dá no curso de um processo de execução fiscal.

Houve, dessa maneira, uma divisão sistemática entre a prescrição ordinária, submetida à reserva de lei complementar e disciplinada pelo art. 174 do CTN, e a prescrição intercorrente, de natureza processual e, portanto, passível de regulação por lei ordinária. A aceitação de que as diligências processuais frutíferas da Fazenda Pública são aptas a interromper o prazo prescricional (uma vez que tais atos retiram a exequente do estado de inércia) já é suficiente para infirmar a tese de que as hipóteses de suspensão e interrupção da prescrição intercorrente deveriam constar de lei complementar, pois o parágrafo único do art. 174 do CTN não traz como causa de interrupção o ato processual da exequente que resulta em constrição ou penhora de bem do executado. Expondo com eloquência esse raciocínio, cumpre reproduzir a lição de João Aurino de Melo Filho (grifos adicionados):

> Ora, **o Código Tributário, em nenhum momento, prevê como causa interruptiva da prescrição a prática de atos processuais que impulsionem, de forma útil ou não, a execução fiscal. A jurisprudência considera tais atos processuais como eventos interruptivos da prescrição intercorrente, apesar de não se encontrarem entre as causas interruptivas do CTN.**
>
> **Trata-se, efetivamente, de aceitar causa de interrupção da prescrição não prevista em lei complementar.**
>
> A jurisprudência dominante não consegue ultrapassar uma incoerência interna lógica que invalida sua argumentação, já que ao afastar, em qualquer possibilidade, a validade de causa interruptiva da prescrição intercorrente não prevista em lei complementar, não poderia, negando esta conclusão, entender que os atos processuais da exequente, não previstos em lei complementar como fatos interruptivos da prescrição, poderiam interrompê-la.
>
> Deve-se explicar, reiterando, que o CTN não prevê atos processuais praticados na execução fiscal como eventos interruptivos da prescrição exatamente porque **toda a regulação do Código tem por base apenas a prescrição ordinária.**
>
> Seria razoável, racional e mesmo óbvio, que, autorizada a prescrição no curso do processo, o CTN elencasse possibilidades de interrupção desta prescrição pela ocorrência de determinados eventos processuais.
>
> A ausência de previsão de atos praticados na execução fiscal como fatores de interrupção da prescrição demonstra que, efetivamente, **o CTN não se preocupou com a prescrição**

> **intercorrente. Não existe, repita-se, uma única norma do CTN que pressuponha esta modalidade de extinção do crédito tributário.**[46]

O STF reconheceu, em 21.04.2011, a **repercussão geral** da discussão sobre o marco inicial da contagem do prazo de que dispõe a Fazenda Pública para localizar bens do executado, nos termos do art. 40, § 4º da Lei 6.830/1980 (RE 636.562). Discute-se nesse recurso se o marco inicial para a contagem do prazo de que dispõe a Fazenda Pública para encontrar e indicar bens do executado deve ser o despacho que determina a suspensão do processo ou a data calculada pela aplicação do prazo de um ano após o arquivamento da ação de execução fiscal.

Não obstante esse reconhecimento da repercussão geral, que enfoca a questão constitucional sobre a reserva de lei complementar, o STJ já enfrentou, em sede de **repetitivo** (REsp 1.340.553, j. 12.09.2018), diversas controvérsias sobre os marcos da prescrição intercorrente do art. 40 da Lei 6.830/1980.

A respeito do *caput* do art. 40, que determina a suspensão da execução fiscal enquanto não for localizado o devedor ou encontrados bens sobre os quais possa recair a penhora, decidiu o STJ que esse **prazo de suspensão por um ano inicia-se automaticamente "na data da ciência da Fazenda** Pública **a respeito da não localização do devedor ou da inexistência de bens penhoráveis** no endereço fornecido". Assim, o STJ entende ser "indiferente o fato de que o Juiz, ao intimar a Fazenda Pública, não tenha expressamente feito menção à suspensão do art. 40 da Lei 6.830/1980". O que importa é que a Fazenda Pública tenha tomado ciência da inexistência de bens penhoráveis no endereço fornecido e/ou da não localização do devedor.

Apesar de o início do prazo de suspensão por um ano estar vinculado à ciência da exequente da não localização do devedor (citação frustrada, por exemplo) ou da inexistência de bens penhoráveis, o juiz tem o dever de declarar ter ocorrido a suspensão da execução. Essa providência mostra-se útil para conferir transparência ao processo.

Decidiu ainda o STJ que encerrado o prazo de suspensão do processo por um ano, inicia-se automaticamente o prazo prescricional aplicável (a depender da natureza do crédito – tributário ou não tributário). Trata-se de confirmação da jurisprudência do STJ, que já admitia o arquivamento da execução de forma automática, após o encerramento do prazo de suspensão por um ano (STJ, REsp 1.270.503, j. 08.11.2011):

> A orientação das Turmas que integram a Primeira Seção desta Corte firmou-se no sentido de que o prazo da prescrição intercorrente se inicia após um ano da suspensão da

46. MELO FILHO, João Aurino de. Enquadramento constitucional da prescrição intercorrente jurisprudencial e legal nas execuções fiscais tributárias. Inconstitucionalidade da norma legal que determina, como marco inicial da prescrição intercorrente nas execuções fiscais de créditos tributários, o arquivamento dos autos depois da suspensão do processo pelo prazo de um ano. Revista Jus Navigandi, ISSN 1518-4862, Teresina, ano 16, n. 3057, 14 nov. 2011. Disponível em: https://jus.com.br/artigos/20430. Acesso em: 26 ago. 2020. No mesmo sentido: "(...) cuida o § 2º (do art. 40 da LEF) do prazo de suspensão do processo de execução pela ausência de bens penhoráveis ou pela não localização do devedor. Trata-se, pois, de típica disposição de natureza processual, sobre a qual a lei processual (de natureza ordinária) detém total competência para tratar." (POLO, Marcelo. Extinção da Execução Fiscal. *In*: Execução Fiscal Aplicada: análise pragmática do processo de execução fiscal. 7ª edição. Salvador: Juspodivm, 2019, p. 747-748).

execução fiscal quando não localizados bens penhoráveis do devedor, conforme dispõe a Súmula 314/STJ, de modo que o arquivamento do feito se opera de forma automática após o transcurso de um ano. Assim, a inexistência de despacho de arquivamento, por si só, não impede o reconhecimento da prescrição intercorrente.

Durante o curso do prazo prescricional, o processo de execução fiscal deve permanecer arquivado sem baixa na distribuição, na forma do art. 40, §§ 2º, 3º e 4º da Lei n. 6.830/80. Com o transcurso desse prazo, o juiz já poderá, depois de ouvida a Fazenda Pública, reconhecer a prescrição intercorrente de imediato.

Enquanto corre o prazo de suspensão por um ano ou o prescricional no qual o processo se encontra arquivado sem baixa na distribuição, a exequente não se retira do estado de inércia, para fins de interrupção do prazo prescricional, com meras petições ou requerimentos de citação e diligências de busca de bens. Segundo a orientação do STJ em sede de repetitivo, é necessário que haja efetiva constrição patrimonial ou a efetiva citação (ainda que por edital) para interromper o curso da prescrição intercorrente. Todavia, a efetivação, pelo Judiciário, da penhora ou da citação pode se dar após o final do prazo prescricional, desde que o respectivo requerimento da exequente tenha sido protocolado enquanto não consumada a prescrição.

Em outras palavras, a efetivação da providência (citação ou penhora) requerida pela exequente retroage à data do protocolo do seu pedido. Essa orientação confirma o entendimento de que a demora imputada exclusivamente ao Judiciário não prejudica a parte. Conforme já decidido anteriormente pelo STJ em sede de **repetitivo** (REsp 1.102.431, j. 09.12.2009), a "perda da pretensão executiva tributária pelo decurso de tempo é consequência da inércia do credor, que não se verifica quando a demora na citação do executado decorre unicamente do aparelho judiciário". Também reforça essa posição a **súmula 106 do STJ**: "Proposta a ação no prazo fixado para o seu exercício, a demora na citação, por motivos inerentes ao mecanismo da justiça, não justifica o acolhimento da arguição de prescrição ou decadência".

Cumpre ainda destacar a tese de que a Fazenda Pública deve demonstrar o prejuízo de qualquer falta de intimação do procedimento previsto no art. 40 da Lei 6.830/1980, salvo em relação à intimação que constitui o termo inicial do prazo de suspensão do processo por um ano (intimação a respeito da não localização do devedor ou da inexistência de bens penhoráveis no endereço fornecido), onde o prejuízo é presumido.

Pela relevância do julgamento, transcreve-se abaixo a compilação das teses constante do acórdão do REsp 1.340.553 (j. 12.09.2018):

> Teses julgadas para efeito dos arts. 1.036 e seguintes do CPC/2015 (art. 543-C, do CPC/1973): 4.1.) O prazo de 1 (um) ano de suspensão do processo e do respectivo prazo prescricional previsto no art. 40, §§ 1º e 2º da Lei n. 6.830/80 - LEF tem início automaticamente na data da ciência da Fazenda Pública a respeito da não localização do devedor ou da inexistência de bens penhoráveis no endereço fornecido, havendo, sem prejuízo dessa contagem automática, o dever de o magistrado declarar ter ocorrido a suspensão da execução;
>
> 4.1.1.) Sem prejuízo do disposto no item 4.1., nos casos de execução fiscal para cobrança de dívida ativa de natureza tributária (cujo despacho ordenador da citação tenha sido proferido antes da vigência da Lei Complementar n. 118/2005), depois da citação válida,

ainda que editalícia, logo após a primeira tentativa infrutífera de localização de bens penhoráveis, o Juiz declarará suspensa a execução.

4.1.2.) Sem prejuízo do disposto no item 4.1., em se tratando de execução fiscal para cobrança de dívida ativa de natureza tributária (cujo despacho ordenador da citação tenha sido proferido na vigência da Lei Complementar n. 118/2005) e de qualquer dívida ativa de natureza não tributária, logo após a primeira tentativa frustrada de citação do devedor ou de localização de bens penhoráveis, o Juiz declarará suspensa a execução.

4.2.) Havendo ou não petição da Fazenda Pública e havendo ou não pronunciamento judicial nesse sentido, findo o prazo de 1 (um) ano de suspensão inicia-se automaticamente o prazo prescricional aplicável (de acordo com a natureza do crédito exequendo) durante o qual o processo deveria estar arquivado sem baixa na distribuição, na forma do art. 40, §§ 2º, 3º e 4º da Lei n. 6.830/80 - LEF, findo o qual o Juiz, depois de ouvida a Fazenda Pública, poderá, de ofício, reconhecer a prescrição intercorrente e decretá-la de imediato;

4.3.) A efetiva constrição patrimonial e a efetiva citação (ainda que por edital) são aptas a interromper o curso da prescrição intercorrente, não bastando para tal o mero peticionamento em juízo, requerendo, v.g., a feitura da penhora sobre ativos financeiros ou sobre outros bens. Os requerimentos feitos pelo exequente, dentro da soma do prazo máximo de 1 (um) ano de suspensão mais o prazo de prescrição aplicável (de acordo com a natureza do crédito exequendo) deverão ser processados, ainda que para além da soma desses dois prazos, pois, citados (ainda que por edital) os devedores e penhorados os bens, a qualquer tempo - mesmo depois de escoados os referidos prazos -, considera-se interrompida a prescrição intercorrente, retroativamente, na data do protocolo da petição que requereu a providência frutífera.

4.4.) A Fazenda Pública, em sua primeira oportunidade de falar nos autos (art. 245 do CPC/73, correspondente ao art. 278 do CPC/2015), ao alegar nulidade pela falta de qualquer intimação dentro do procedimento do art. 40 da LEF, deverá demonstrar o prejuízo que sofreu (exceto a falta da intimação que constitui o termo inicial - 4.1., onde o prejuízo é presumido), por exemplo, deverá demonstrar a ocorrência de qualquer causa interruptiva ou suspensiva da prescrição.

4.5.) O magistrado, ao reconhecer a prescrição intercorrente, deverá fundamentar o ato judicial por meio da delimitação dos marcos legais que foram aplicados na contagem do respectivo prazo, inclusive quanto ao período em que a execução ficou suspensa.

Vale destacar parte do que decidido pelo STJ no repetitivo acima já vinha sendo seguido pela PGFN, como se pode constatar do Ato Declaratório PGFN 01/2011[47] e do Parecer PGFN/CRJ 12/2018[48].

---

47. "nas hipóteses em que solicitada a suspensão da execução fiscal pela própria PGFN, nos termos do art. 40 da LEF, não há necessidade da intimação da União da suspensão do processo e de eventual despacho de arquivamento; (ii) nas hipóteses em que a PGFN é intimada da suspensão do executivo fiscal, nos termos do art. 40 da LEF, mas não do seu arquivamento, exarado ou não esse despacho nos autos, o prazo da prescrição intercorrente transcorre automaticamente, a partir de um ano da decisão de suspensão, ao teor da Súmula 314 do STJ".

48. Algumas conclusões do Parecer PGFN/CRJ 12/2018; "mero pedido de desarquivamento, vista ou análogo não tem o condão de interromper ou obstaculizar o curso do lapso prescricional"; "qualquer diligência que não resulte na localização do devedor ou de bens de sua propriedade, não tem o condão de alterar o estado de inércia do processo de cobrança do crédito fazendário"; "pedido desprovido da potencialidade de obtenção de resultado útil à execução fiscal, bastasse à interrupção da prescrição, importaria no controle do prazo extintivo do crédito exclusivamente pelo credor, medida odiosa e rechaçada reiteradamente pela jurisprudência e manifestações institucionais".

E por fim, é necessário ter em mente que a prescrição intercorrente contra o devedor originário, nas execuções fiscais, não se limita ao disposto no art. 40 da Lei 6.830/1980. Na esfera federal, por exemplo, é possível se falar em prescrição intercorrente das execuções fiscais "de baixo valor", que não pressupõem exatamente os mesmos requisitos do art. 40 da Lei 6.830/1980 (não localização do devedor ou de bens penhoráveis), mas apenas que o débito cobrado na execução seja de valor consolidado igual ou inferior àquele estabelecido em ato do Procurador-Geral da Fazenda Nacional, conforme dispõe o *caput* do art. 20 da Lei 10.522/2002, atualmente com a redação que lhe foi conferida pela Lei 13.874/2019:

> Art. 20. Serão arquivados, sem baixa na distribuição, por meio de requerimento do Procurador da Fazenda Nacional, os autos das execuções fiscais de débitos inscritos em dívida ativa da União pela Procuradoria-Geral da Fazenda Nacional ou por ela cobrados, de valor consolidado igual ou inferior àquele estabelecido em ato do Procurador-Geral da Fazenda Nacional.

Interpretando esse dispositivo em redação que já trazia o limite de valor, o STJ, em sede de **repetitivo** (REsp 1.102.554, j. 27.05.2009), aplicou apenas o § 4º do art. 40 da Lei 6.830/1980 para decidir que o arquivamento da execução fiscal "de baixo valor" por mais de cinco anos a contar da decisão que determina o arquivamento impõe o reconhecimento da prescrição intercorrente. Ou seja, os outros dispositivos do art. 40 da Lei 6.830/1980 relativos à não localização do devedor ou de bens penhoráveis não seriam aplicáveis, sendo incabível, no arquivamento baseado na Lei 10.522/2002, um período de suspensão do processo por um ano antes do prazo prescricional de cinco anos, como se dá no art. 40 da Lei de Execuções Fiscais.

3.3.2 *Prescrição para o redirecionamento*

O "redirecionamento" da execução fiscal significa a inclusão de alguém, com fundamento em uma hipótese de responsabilização, no polo passivo do processo executivo. Considerando que essa pretensão de incluir determinado sujeito na execução fiscal pressupõe a existência do respectivo processo judicial, sua prescrição será estudada dentro do tópico relativo à prescrição intercorrente.

O termo inicial da prescrição para a inclusão do corresponsável no polo passivo da execução fiscal foi objeto de controvérsia, diante do entendimento jurisprudencial, questionado pela Fazenda de que a citação da pessoa jurídica já inauguraria o prazo prescricional[49].

Essa orientação recebeu críticas contundentes e merecidas. Considerar, em todos os casos, que o marco inicial da prescrição intercorrente para o redirecionamento é a citação da pessoa jurídica significa computar o prazo prescricional contra a exequente em situações nas quais sequer é possível postular o redirecionamento. Inexistindo pretensão

49. "A Primeira Seção do Superior Tribunal de Justiça, por suas duas Turmas de Direito Público, consolidou o entendimento de que, não obstante a citação válida da pessoa jurídica interrompa a prescrição em relação aos responsáveis solidários, **no caso de redirecionamento da execução fiscal, há prescrição intercorrente** se decorridos mais de cinco anos entre a citação da empresa e a citação pessoal dos sócios, de modo a não tornar imprescritível a dívida fiscal." (STJ, AgRg nos EREsp 761.488, j. 25.11.2009 - grifo adicionado).

de incluir o responsável no polo passivo da execução fiscal, seria impossível considerar inerte a Fazenda, a qual seria prejudicada com a contagem da prescrição[50].

Haveria ofensa ao chamado "**princípio da *actio nata***", segundo o qual a prescrição pressupõe a existência de uma pretensão que pode ser exercida, para que se possa falar em inércia por parte de alguém. Imagine-se, por exemplo, que a exequente toma conhecimento de dissolução irregular (ato ilícito que enseja a responsabilização do sócio gerente) três anos após a citação da pessoa jurídica. Não faria sentido a contagem da prescrição para o redirecionamento desde a citação da empresa, pois no período compreendido entre esta data e a ciência da dissolução irregular a exequente sequer possuía fundamento ou causa para postular a inclusão do sócio gerente no polo passivo da execução fiscal. Algumas decisões do STJ observaram essa problemática, como por exemplo a transcrita abaixo (AgRg no REsp 1.196.377, j. 19.10.2010 - grifo adicionado):

> 1. **O termo inicial da prescrição é o momento da ocorrência da lesão ao direito**, consagrado no princípio universal da **actio nata**. 2. *In casu*, não ocorreu a prescrição, porquanto o redirecionamento só se tornou possível a partir da dissolução irregular da empresa executada.

Em 2019, o STJ fixou teses de **repetitivo** no REsp 1.201.993 (08.05.2019) a respeito da prescrição intercorrente para o redirecionamento. Segundo o entendimento consolidado nessa oportunidade, o prazo prescricional só seria contado da citação da pessoa jurídica quando o ato ilícito que enseja a responsabilização (art. 135, III do CTN) seja anterior à citação.

A citação da pessoa jurídica, por si só, deixou de ser considerada como o marco inicial da prescrição para o redirecionamento. Isso porque o ato da dissolução irregular pode ser posterior, caso em que não haverá pretensão para a inclusão do responsável desde a citação, mas sim desde o ato ilícito. Em tal hipótese, entendeu o STJ que o termo inicial para a cobrança do crédito dos sócios-gerentes é a "**data da prática de ato** inequívoco indicador do intuito de inviabilizar a satisfação do crédito tributário já em curso de cobrança executiva promovida contra a empresa contribuinte", ou seja, a data da prática do ato ilícito que enseja a responsabilização.

Concluiu ainda o STJ, no mesmo REsp 1.201.993, que a decretação da prescrição para o redirecionamento, em qualquer hipótese, exige a demonstração da inércia da Fazenda exequente, seja quando o termo inicial corresponde à citação da pessoa jurídica, seja quando a responsabilização decorre de ato ilícito posterior (como a dissolução irregular verificada após a citação).

O STJ considerou, para a fixação dessas teses, que a prescrição decorre da violação de direito, quando só então se pode falar em pretensão exercível, exigindo-se ainda a

50. Nesse sentido: "somente é possível se iniciar o cômputo de um prazo prescricional, quando estiverem presentes as circunstâncias materiais necessárias que permitam a inclusão de um terceiro no polo passivo do feito executivo. Antes disso, se não é possível falar na própria responsabilidade, quiçá em contagem de prazo prescricional relativo à responsabilidade." (ARAUJO, Juliana Furtado Costa. O PRAZO PARA REDIRECIONAMENTO DA AÇÃO DE EXECUÇÃO FISCAL EM FACE DE TERCEIROS RESPONSÁVEIS. Revista da PGFN, ano 1 número 1, jan/jun. 2011).

"cumulação do requisito objetivo (transcurso de prazo definido em lei) com o subjetivo (inércia da parte interessada)".

Não se pode deixar de apontar a contradição entre o fundamento e a tese fixada. Se a contagem da prescrição contra alguém depende de sua inércia, não poderia ter o STJ estabelecido a data da prática do ato ilícito como marco inicial do prazo prescricional, já que não é necessariamente nesse momento que se constata a inércia da exequente. Imagine-se a situação em que uma dissolução irregular ocorreu em 05 de março de 2020 (data do ato ilícito – a empresa deixou de funcionar sem comunicar aos órgãos competentes). Todavia, em diligência no endereço da empresa informado no processo de execução fiscal, o oficial de justiça só constata a dissolução irregular em 10 de julho de 2020, e em seguida a Fazenda toma ciência da certidão do oficial de justiça em 15 de agosto de 2020. Apenas nesse último momento é que se pode falar em inércia da exequente para a pretensão de redirecionar a execução fiscal contra os sócios-gerentes. Entre a data da prática do ato ilícito e a ciência da exequente de tal ato não há que se falar em inércia, razão pela qual se mostra equivocado, por incompatibilidade com a natureza da prescrição, o entendimento do STJ que elegeu a data da prática do ato ilícito como termo inicial da prescrição. O correto seria ter considerado a data da ciência da exequente, de acordo com o princípio da *actio nata*.

4. QUADRO SINÓTICO

DECADÊNCIA E PRESCRIÇÃO

» tanto a decadência quanto a prescrição são regras positivadas que fixam um prazo após o qual determinada pessoa não poderá mais gozar de um direito ou exercer uma pretensão. Tais regras decorrem da necessidade de estabilização das relações interpessoais, presente em todo o Estado de Direito.

» no direito tributário, o CTN elencou a prescrição e a decadência como causas de extinção do crédito tributário, traçando uma diferenciação nítida entre os dois institutos, com base na existência ou não de um crédito tributário formalizado em um 1
lançamento da autoridade administrativa ou declaração do contribuinte.

» súmula vinculante 8 do STF: "São inconstitucionais o parágrafo único do artigo 5º do Decreto-Lei nº 1.569/1977 e os artigos 45 e 46 da Lei nº 8.212/1991, que tratam de prescrição e decadência de crédito tributário.".

» a necessidade de regulação homogênea em âmbito nacional da prescrição e da decadência em matéria tributária abrange também a própria fixação dos respectivos prazos.

DECADÊNCIA

» no direito tributário, a decadência significa, mais especificamente, a perda do direito do fisco de constituir o crédito tributário pelo lançamento.

» a realização do lançamento dentro do prazo decadencial impede que se cogite de decadência posteriormente. É dizer, eventual inércia da administração tributária após o lançamento não abre espaço para a decadência, a qual está vinculada ao lançamento extemporâneo, segundo entendimento do STF (ADI 124, j. 01.08.2008): 2

> (...) A determinação do arquivamento de processo administrativo tributário por decurso de prazo, sem a possibilidade de revisão do lançamento equivale à extinção do crédito tributário cuja validade está em discussão no campo administrativo. Em matéria tributária, a extinção do crédito tributário ou do direito de constituir o crédito tributário por decurso de prazo, combinado a qualquer outro critério, corresponde à decadência. Nos termos do Código Tributário Nacional (Lei 5.172/1996), a decadência do direito do

Fisco ao crédito tributário, contudo, está vinculada ao lançamento extemporâneo (constituição), e não, propriamente, ao decurso de prazo e à inércia da autoridade fiscal na revisão do lançamento originário. Extingue-se um crédito que resultou de lançamento indevido, por ter sido realizado fora do prazo, e que goza de presunção de validade até a aplicação dessa regra específica de decadência. O lançamento tributário não pode durar indefinidamente, sob risco de violação da segurança jurídica, mas a Constituição de 1988 reserva à lei complementar federal aptidão para dispor sobre decadência em matéria tributária. Viola o art. 146, III, b, da Constituição federal norma que estabelece hipótese de decadência do crédito tributário não prevista em lei complementar federal. (...)

As regras de contagem do prazo decadencial previstas no art. 173 do CTN

» o art. 173 do CTN elenca três marcos iniciais para a contagem do prazo decadencial, constantes no inciso I e II e no parágrafo único:

> Art. 173. O direito de a Fazenda Pública constituir o crédito tributário extingue-se após 5 (cinco) anos, contados:
> I - do primeiro dia do exercício seguinte àquele em que o lançamento poderia ter sido efetuado;
> II - da data em que se tornar definitiva a decisão que houver anulado, por vício formal, o lançamento anteriormente efetuado.
> Parágrafo único. O direito a que se refere este artigo extingue-se definitivamente com o decurso do prazo nele previsto, contado da data em que tenha sido iniciada a constituição do crédito tributário pela notificação, ao sujeito passivo, de qualquer medida preparatória indispensável ao lançamento.

A partir de agora serão analisadas essas formas de contagem separadamente.

a) primeiro dia do exercício seguinte àquele em que o lançamento poderia ter sido efetuado.

» a expressão "primeiro dia do exercício seguinte àquele em que o lançamento poderia ter sido efetuado" corresponde, de acordo com o entendimento do STJ, ao "primeiro dia do exercício seguinte à ocorrência do fato gerador" (REsp 973.733, 2.1
repetitivo, j. 12.08.2009):

> O dies *a quo* do prazo quinquenal da aludida regra decadencial rege-se pelo disposto no artigo 173, I, do CTN, sendo certo que o "primeiro dia do exercício seguinte àquele em que o lançamento poderia ter sido efetuado" corresponde, iniludivelmente, ao primeiro dia do exercício seguinte à ocorrência do fato imponível, ainda que se trate de tributos sujeitos a lançamento por homologação, revelando-se inadmissível a aplicação cumulativa/concorrente dos prazos previstos nos artigos 150, § 4º, e 173, do Codex Tributário, ante a configuração de desarrazoado prazo decadencial decenal

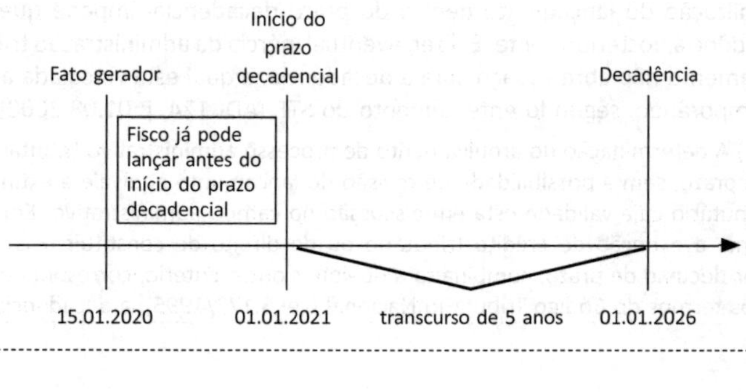

» um cuidado especial será necessário com os fatos geradores ocorridos em 31 de dezembro. Nesse caso o lançamento não pode ser realizado no mesmo dia do fato gerador, e o dia seguinte, em que será possível a constituição do crédito tributário será primeiro de janeiro. O início da contagem, portanto, será deslocado para o primeiro dia do exercício seguinte ao qual será possível a realização do lançamento, resultando em um prazo ainda maior para a consumação da decadência:

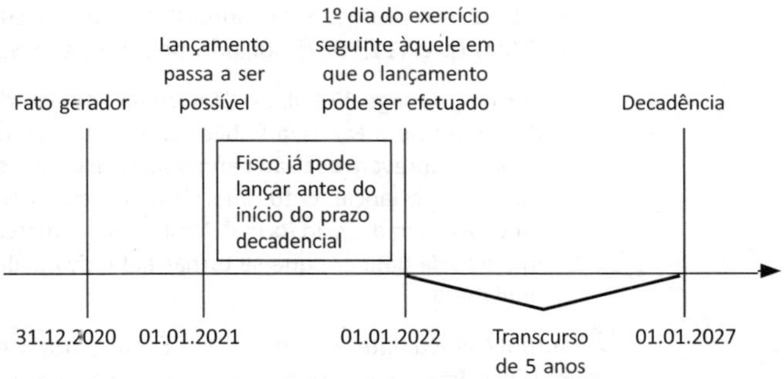

» **súmula 72 do CARF**: "Caracterizada a ocorrência de dolo, fraude ou simulação, a contagem do prazo decadencial rege-se pelo art. 173, inciso I, do CTN".

» a aplicação do art. 173, I do CTN aos tributos sujeitos a lançamento por homologação depende da inexistência de qualquer pagamento. Nesse caso, também não deve haver declaração do respectivo débito inadimplido, uma vez que a declaração já constituiria o crédito tributário, excluindo qualquer consideração sobre decadência. Adicionalmente, também será aplicável o art. 173, I do CTN aos tributos sujeitos a lançamento por homologação quando houver prova de fraude, dolo ou simulação.

Requisitos para aplicação da contagem do prazo decadencial pelo art. 173, I do CTN aos tributos sujeitos a lançamento por homologação	inexistência de pagamento prévio (nada foi pago) E inexistência de declaração prévia do débito OU constatação de dolo, fraude ou simulação

APLICABILIDADE DO ART. 173, I DO CTN:

Tributos sujeitos ao lançamento de ofício (art. 149 do CTN)
Tributos sujeitos ao lançamento por declaração ou misto (art. 147 do CTN)
Tributos sujeitos a lançamento por homologação em que não houve pagamento nem declaração do contribuinte, ou em que há dolo, fraude ou simulação

b) data em que se tornar definitiva a decisão que houver anulado, por vício formal, o lançamento anteriormente efetuado.

Dispõe o art. 173, II do CTN que o fisco possui o prazo de cinco anos para constituir o crédito tributário a partir da data em que se tornar definitiva a decisão que houver anulado, por vício formal, o lançamento anteriormente efetuado.

» o Código não especifica se a decisão definitiva deve se dar em processo **administrativo ou judicial**, de modo que a menção vaga deve ser compreendida como abrangente das duas esferas. Essa interpretação foi expressamente explicitada no REsp 766.050 (j. 28.11.2007), julgado pela Primeira Seção do STJ:

> Por fim, o artigo 173, II, do CTN, cuida da regra de decadência do direito de a Fazenda Pública constituir o crédito tributário quando sobrevém **decisão definitiva, judicial ou administrativa**, que anula o lançamento anteriormente efetuado, em virtude da verificação de vício formal. Neste caso, o marco decadencial inicia-se da data em que se tornar definitiva a aludida decisão anulatória.

» súmula vinculante 21 do CARF: "É nula, por vício formal, a notificação de lançamento que não contenha a identificação da autoridade que a expediu".

» súmula 6 do CARF: "É legítima a lavratura de auto de infração no local em que foi constatada a infração, ainda que fora do estabelecimento do contribuinte".

» súmula 27 do CARF: "É válido o lançamento formalizado por Auditor-Fiscal da Receita Federal do Brasil de jurisdição diversa da do domicílio tributário do sujeito passivo".

» para o STJ, "**o art. 173, II, fixa novo prazo** para o lançamento, cujo termo inicial não retroage ao fato gerador, mas sim corresponde à data em que a decisão administrativa (ou judicial) anula o lançamento anterior, por vício formal" (voto do Relator Ministro Herman Benjamin no AgRg no REsp 1.559.733, j. 16.02.2016).

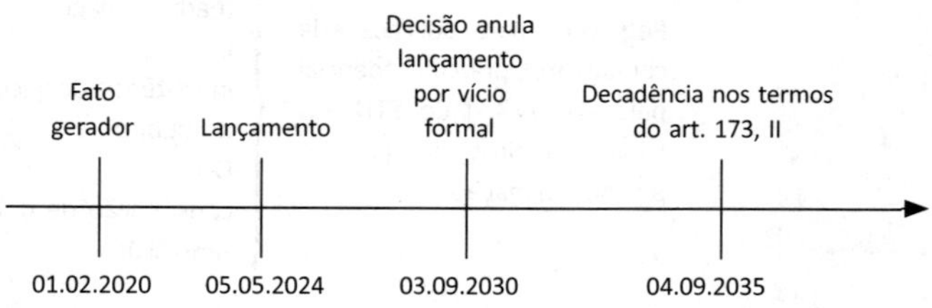

c) data em que tenha sido iniciada a constituição do crédito tributário pela notificação, ao sujeito passivo, de qualquer medida preparatória indispensável ao lançamento (art. 173, parágrafo único do CTN).

» não se exige a notificação do lançamento, bastando uma notificação de medida preparatória a este, como, por exemplo, uma intimação para que o contribuinte apresente documentos em relação a determinadas operações que se relacionem com o fato gerador do tributo.

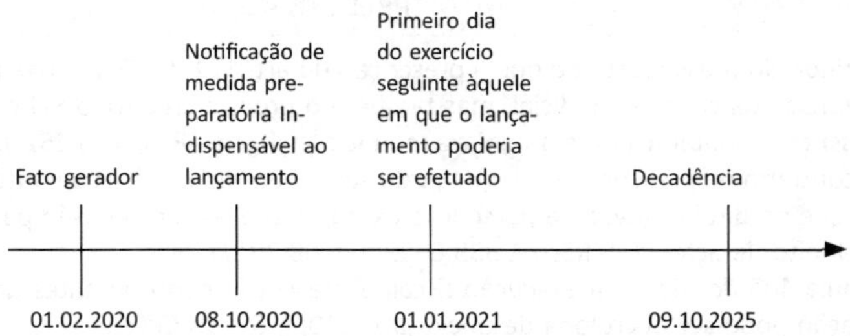

Regra de contagem do prazo decadencial prevista no art. 150, § 4º do CTN

» a contagem do prazo decadencial de cinco anos terá início na data da ocorrência do fato gerador, quando não houver dolo, fraude ou simulação no que tange ao respectivo crédito tributário sujeito a lançamento por homologação. Decorrido esse prazo, ocorre a homologação tácita e opera-se a decadência para o lançamento (de ofício) pelo fisco de eventual crédito tributário descoberto. É o que se extrai do art. 150, § 4º do CTN (grifo adicionado):

> Se a lei não fixar prazo a homologação, será ele de cinco anos, a contar da ocorrência do fato gerador; expirado esse prazo sem que a Fazenda Pública se tenha pronunciado, considera-se homologado o lançamento e definitivamente extinto o crédito, **salvo se comprovada a ocorrência de dolo, fraude ou simulação**.

» essa disciplina do art. 150, § 4º do CTN só incidirá se houver pagamento do crédito tributário. Em não havendo pagamento nos tributos sujeitos a lançamento por homologação, não haverá, segundo o STJ, o que homologar, incidindo a regra do art. 173, I do CTN (REsp 973.733, **repetitivo**, j. 12.08.2009).

2.2

Lançamento preventivo da decadência e a "suspensão fática" do prazo decadencial

» o "lançamento preventivo da decadência" tem lugar quando o contribuinte ajuíza uma ação no Judiciário e não realiza o depósito da quantia discutida a título de tributo, e mesmo assim obtém a suspensão da exigibilidade do crédito tributário por meio de decisão judicial (CTN, art. 151, IV e V). Nesse caso, deve a administração tributária proceder ao "lançamento preventivo da decadência", como dispõe, no âmbito federal, o art. 63 da Lei 9.430/1996:

> Art. 63. Na constituição de crédito tributário destinada a prevenir a decadência, relativo a tributo de competência da União, cuja exigibilidade houver sido suspensa na forma dos incisos IV e V do art. 151 da Lei nº 5.172, de 25 de outubro de 1966, não caberá lançamento de multa de ofício.
> § 1º O disposto neste artigo aplica-se, exclusivamente, aos casos em que a suspensão da exigibilidade do débito tenha ocorrido antes do início de qualquer procedimento de ofício a ele relativo. (...)

2.3

<table>
<tr><th colspan="3">PRESCRIÇÃO</th></tr>
<tr><td colspan="2">» partindo do pressuposto de que a prescrição do art. 174 do CTN atinge não apenas a pretensão da cobrança judicial, mas também o próprio crédito, o STJ entende que a prescrição tributária não está sujeita à renúncia (AgRg no AREsp 743.252, j. 08.03.2016), ao contrário da prescrição civil, que pode ser renunciada após sua consumação, uma vez que no direito privado a prescrição extingue apenas a pretensão para o exercício do direito de ação (STJ, REsp 1.335.609, j. 16.08.2012).
» súmula 409 do STJ: "Em execução fiscal, a prescrição ocorrida antes da propositura da ação pode ser decretada de ofício (art. 219, § 5º, do CPC)".</td><td>3</td></tr>
<tr><td>Termo inicial da contagem da prescrição</td><td>» o caput do art. 174 do CTN estabelece como marco inicial para a contagem do prazo prescricional a "data da constituição definitiva" do crédito tributário.</td><td>3.1</td></tr>
<tr><td>Termo inicial do prazo prescricional nos tributos sujeitos a lançamento de ofício e por declaração</td><td>» é possível afirmar que:
a) a notificação do lançamento ou auto de infração impossibilita a contagem do prazo decadencial;
b) entre a notificação do lançamento ou auto de infração e o encerramento da esfera administrativa de constituição do crédito não há contagem de prazo decadencial ou prescricional;
c) com o exaurimento da esfera administrativa, começa a ser contado o prazo prescricional.
» Súmula 622 do STJ: A notificação do auto de infração faz cessar a contagem da decadência para a constituição do crédito tributário; exaurida a instância administrativa com o decurso do prazo para a impugnação ou com a notificação de seu julgamento definitivo e esgotado o prazo concedido pela Administração para o pagamento voluntário, inicia-se o prazo prescricional para a cobrança judicial.
» em relação ao IPVA, o STJ também firmou tese de repetitivo (REsp 1.320.825, j. 10.08.2016), segundo a qual a notificação do contribuinte para proceder ao recolhimento do imposto, apesar de constituir definitivamente o crédito tributário, não representa o termo inicial da prescrição. Só no dia seguinte após a data do vencimento é que começa a ser contado o prazo prescricional. Confira-se a tese do REsp 1.320.825:
"A notificação do contribuinte para o recolhimento do IPVA perfectibiliza a constituição definitiva do crédito tributário, iniciando-se o prazo prescricional para a execução fiscal no dia seguinte à data estipulada para o vencimento da exação."</td><td>3.1.1</td></tr>
<tr><td>Termo inicial do prazo prescricional nos tributos sujeitos a lançamento por homologação</td><td>» o termo inicial do prazo prescricional dos créditos tributários constituídos por declaração do contribuinte depende apenas dessa constituição e do término do prazo de vencimento. Aqui também se aplica a exigência de se aguardar o transcurso do período que o contribuinte possui para realizar o pagamento do tributo devido, uma vez que dentro desse prazo não há exigibilidade, inexistindo pretensão para a cobrança de um valor que ainda não é considerado inadimplido. Esse entendimento foi consolidado pelo STJ em sede de repetitivo (REsp 1.120.295, j. 12.05.2010), onde se fixou a seguinte tese:</td><td>3.1.2</td></tr>
</table>

	O prazo prescricional quinquenal para o Fisco exercer a pretensão de cobrança judicial do crédito tributário conta-se da data estipulada como vencimento para o pagamento da obrigação tributária declarada (mediante DCTF, GIA, entre outros), nos casos de tributos sujeitos a lançamento por homologação, em que, não obstante cumprido o dever instrumental de declaração da exação devida, não restou adimplida a obrigação principal (pagamento antecipado), nem sobreveio quaisquer das causas suspensivas da exigibilidade do crédito ou interruptivas do prazo prescricional » se não há crédito tributário constituído por declaração ainda, não há pretensão da Fazenda Pública para sua cobrança, não havendo, portanto, que se falar em prescrição, ainda que se verifique o vencimento. Por isso, prevalece o evento posterior como marco inicial para a contagem da prescrição, já que devem ser constatados de forma cumulativa a constituição do crédito pela declaração e o respectivo vencimento.	
Suspensão e interrupção da prescrição	» uma vez inaugurado o prazo prescricional, é possível a ocorrência de causas suspensivas e interruptivas da prescrição. Na suspensão, o prazo já transcorrido será computado após o desaparecimento da causa suspensiva, a partir de quando a contagem observará o prazo remanescente. Já na interrupção, o credor terá, após a cessação da causa interruptiva, o prazo prescricional em sua totalidade. Além dessa diferença, a suspensão da prescrição tende a se prolongar por um período contínuo, ainda que curto. Já a interrupção ocorre em um momento preciso. » tese de **repetitivo** no STJ (REsp 957.509, j. 09.08.2010): "A produção do efeito suspensivo da exigibilidade do crédito tributário, advindo do parcelamento, condiciona-se à homologação expressa ou tácita do pedido formulado pelo contribuinte junto ao Fisco". Para a interrupção da prescrição, todavia, basta o pedido de parcelamento, ainda que indeferido, uma vez que tal pedido configura ato inequívoco que importa em reconhecimento do débito pelo devedor (CTN, art. 174, parágrafo único, IV). **SUSPENSÃO** × **INTERRUPÇÃO** **art. 151 do CTN - prazo transcorrido é computado prolonga-se no tempo** × **art. 174, parágrafo único do CTN - prazo é reiniciado evento isolado** Firmada essa distinção, vale ainda fixar a diferença entre o parcelamento e o reconhecimento do débito pelo devedor: **PARCELAMENTO** × **RECONHECIMENTO DO DÉBITO** **art. 151,VI do CTN - causa de suspensão depende de homologação do Fisco** × **art. 174, parágrafo único, IV do CTN - causa de interrupção independe de homologação**	3.2

Suspensão da prescrição	» a suspensão da prescrição pode ser encontrada nas causas de suspensão da exigibilidade do crédito tributário (art. 151 do CTN), já que, se o crédito não pode ser exigido, não há justificativa de se computar o prazo prescricional contra o credor que se encontra impedido de buscar a satisfação de sua pretensão. » a suspensão da prescrição do crédito tributário não se resume ao art. 151 do CTN. Ao longo do Código, são encontrados dispositivos que determinam a impossibilidade de se computar determinado período na contagem do prazo prescricional, o que permite a identificação de outras causas de suspensão. » dessa maneira, o CTN traz caso de suspensão da prescrição quando dispõe que o tempo decorrido entre a concessão da moratória individual e sua revogação, nos casos de dolo ou simulação do beneficiado, ou de terceiro em benefício daquele, não se computa para efeito da prescrição do direito à cobrança do crédito (art. 155, parágrafo único). Essa mesma hipótese de suspensão da prescrição é replicada também nos casos de parcelamento (art. 155-A, § 2º), remissão (art. 172, parágrafo único), isenção (art. 179, § 2º) e anistia (art. 182, parágrafo único), desde que tais benefícios também sejam concedidos em caráter individual, pressuposto da suspensão do prazo prescricional previsto no art. 155 do CTN.	3.2.1
Causas de interrupção da prescrição para a cobrança do crédito tributário	» a prescrição tributária pode também ser interrompida, sendo o respectivo prazo restituído integralment ao credor a partir do momento em que cessar a causa interruptiva. O parágrafo único do art. 174 do CTN prevê as causas de interrupção da prescrição para a cobrança do crédito tributário: CTN, art. 174, parágrafo único. A prescrição se interrompe: I – pelo despacho do juiz que ordenar a citação em execução fiscal; (Redação dada pela Lcp nº 118, de 2005) II - pelo protesto judicial; III - por qualquer ato judicial que constitua em mora o devedor; IV - por qualquer ato inequívoco ainda que extrajudicial, que importe em reconhecimento do débito pelo devedor. **a) despacho do juiz que ordenar a citação em execução fiscal** » **súmula 106 do STJ**: "Proposta a ação no prazo fixado para o seu exercício, a demora na citação, por motivos inerentes ao mecanismo da justiça, não justifica o acolhimento da arguição de prescrição ou decadência". Essa orientação foi adotada ainda em tese de **repetitivo**: "A perda da pretensão executiva tributária pelo decurso de tempo é consequência da inércia do credor, que não se verifica quando a demora na citação do executado decorre unicamente do aparelho judiciário" (REsp 1.102.431, j. 09.12.2009). **DATA DO DESPACHO** × **INTERRUPÇÃO DA PRESCRIÇÃO** **Antes da vigência da LC 118/05** – **citação pessoal do devedor** **Após a vigência da LC 118/05** – **despacho de citação** » **súmula 414 do STJ**: "A citação por edital na execução fiscal é cabível quando frustradas as demais modalidades.".	3.2.2

	b) protesto judicial » para que surta o efeito de interromper o prazo prescricional da Fazenda, o protesto judicial não pode ser realizado de forma geral e inespecífica, sem que se busque dar a devida ciência ao devedor (STJ, AgInt nos EDcl no AREsp 1.055.230, j. 17.12.2019). Nessa linha de tratar que essa medida judicial serve também para permitir que o devedor tome ciência de que não há mais inércia do titular do crédito, o STJ entende que a citação por edital no protesto judicial levado a efeito pela Fazenda só é admitida caso frustradas as demais modalidades de citação, quais sejam, a postal e a pessoal. **c) qualquer at o judicial que constitua em mora o devedor** » considerando que o protesto judicial se encontra apartado (desnecessariamente, pois também se inclui na presente hipótese), os atos judiciais aqui mencionados podem ser identificados nas notificações e nas interpelações (arts. 726 a 729 do CPC). **d) qualquer ato inequívoco ainda que extrajudicial, que importe em reconhecimento do débito pelo devedor** » o **reconhecimento do devedor pode ser até mesmo extrajudicial**, o que representa outra nota distintiva em relação às hipóteses anteriores, nas quais a interrupção da prescrição depende de uma manifestação do credor direcionada ao Judiciário. » o STJ possui entendimento consolidado no sentido de que o mero pedido de parcelamento fiscal significa uma confissão extrajudicial do débito, e, portanto, interrompe o prazo prescricional. Por isso, "logo após a formulação do pedido de parcelamento, o lapso temporal prescricional interrompido volta a fluir normalmente" (AgInt no AgRg no REsp 1.480.908, j. 05.05.2020). » por outro lado, se houve parcelamento "de ofício", sem adesão voluntária do contribuinte que implica reconhecimento do débito, não há o pressuposto dessa hipótese de interrupção da prescrição, qual seja, a iniciativa do próprio devedor. Com base nesse raciocínio, o STJ decidiu, em sede de **repetitivo**, que o "parcelamento de ofício da dívida tributária não configura causa interruptiva da contagem da prescrição, uma vez que o contribuinte não anuiu" (REsp 1.641.011 e REsp 1.658.517, j. 14.11.2018). » **súmula 625 do STJ**: "O pedido administrativo de compensação ou de restituição não interrompe o prazo prescricional para a ação de repetição de indébito tributário de que trata o art. 168 do CTN nem o da execução de título judicial contra a Fazenda Pública.".	
Prescrição intercorrente	» prescrição intercorrente pode ser definida como a perda de uma pretensão no curso de um processo judicial ou administrativo, em contraposição à prescrição "genérica" ou "ordinária". Seguindo essa linha de raciocínio, "a prescrição intercorrente pressupõe a preexistência de processo administrativo ou judicial, cujo prazo prescricional havia sido interrompido pela citação ou	3.3

	pelo despacho que ordenar a citação", enquanto a prescrição genérica "se concretiza fora do processo e pressupõe a inércia do credor antes da triangulação da relação processual" (voto da Ministra Eliana Calmon no REsp 1.128.099, j. 03.11.2009). » no direito tributário, a prescrição intercorrente só tem cabimento no processo judicial, eis que durante o processo administrativo tributário não há contagem de qualquer prazo extintivo, seja ele decadencial ou prescricional. » súmula 11 do CARF: "Não se aplica a prescrição intercorrente no processo administrativo fiscal".	
Prescrição intercorrente no art. 40 da Lei de Execuções Fiscais	» a prescrição intercorrente possui um regime específico no âmbito da Lei de Execuções Fiscais (Lei 6.830/1980). O art. 40 desse diploma traz regras procedimentais a serem respeitadas para o reconhecimento da extinção da pretensão de cobrança do crédito fiscal: Art. 40 - O Juiz suspenderá o curso da execução, enquanto não for localizado o devedor ou encontrados bens sobre os quais possa recair a penhora, e, nesses casos, não correrá o prazo de prescrição. § 1º - Suspenso o curso da execução, será aberta vista dos autos ao representante judicial da Fazenda Pública. § 2º - Decorrido o prazo máximo de 1 (um) ano, sem que seja localizado o devedor ou encontrados bens penhoráveis, o Juiz ordenará o arquivamento dos autos. § 3º - Encontrados que sejam, a qualquer tempo, o devedor ou os bens, serão desarquivados os autos para prosseguimento da execução. § 4º Se da decisão que ordenar o arquivamento tiver decorrido o prazo prescricional, o juiz, depois de ouvida a Fazenda Pública, poderá, de ofício, reconhecer a prescrição intercorrente e decretá-la de imediato. (Incluído pela Lei nº 11.051, de 2004) § 5º A manifestação prévia da Fazenda Pública prevista no § 4º deste artigo será dispensada no caso de cobranças judiciais cujo valor seja inferior ao mínimo fixado por ato do Ministro de Estado da Fazenda. (Incluído pela Lei nº 11.960, de 2009) » o STJ, apesar de expressar o entendimento de que o art. 174 do CTN, por ter o status de lei complementar, deveria prevalecer sobre o art. 40 da Lei 6.830/1980 em caso de conflito (AgRg no REsp 418.162, j. 17.10.2002), consolidou em súmula que o prazo prescricional só começa a ser contado após a suspensão de um ano. » súmula 314 do STJ: Em execução fiscal, não localizados bens penhoráveis, suspende-se o processo por um ano, findo o qual se inicia o prazo da prescrição qüinqüenal intercorrente. » o STJ já enfrentou, em sede de **repetitivo** (REsp 1.340.553, j. 12.09.2018), diversas controvérsias sobre os marcos da prescrição intercorrente do art. 40 da Lei 6.830/1980. A respeito do *caput* do art. 40, que determina a suspensão da execução fiscal enquanto não for localizado o devedor ou encontrados bens sobre os quais possa recair a penhora, decidiu o STJ que esse **prazo de suspensão por um ano inicia-se automaticamente "na data da ciência da Fazenda** Pública **a respeito da não**	3.3.1

	localização do devedor ou da inexistência de bens penhoráveis no endereço fornecido". Assim, o STJ entende ser "indiferente o fato de que o Juiz, ao intimar a Fazenda Pública, não tenha expressamente feito menção à suspensão do art. 40 da Lei 6.830/1980". O que importa é que a Fazenda Pública tenha tomado ciência da inexistência de bens penhoráveis no endereço fornecido e/ou da não localização do devedor.	
Prescrição para o redirecionamento	» o "redirecionamento" da execução fiscal significa a inclusão de alguém, com fundamento em uma hipótese de responsabilização, no polo passivo do processo executivo. Considerando que essa pretensão de incluir determinado sujeito na execução fiscal pressupõe a existência do respectivo processo judicial, sua prescrição será estudada dentro do tópico relativo à prescrição intercorrente. » em 2019, o STJ fixou teses de **repetitivo** no REsp 1.201.993 (08.05.2019) a respeito da prescrição intercorrente para o redirecionamento. Segundo o entendimento consolidado nessa oportunidade, o prazo prescricional só seria contado da citação da pessoa jurídica quando o ato ilícito que enseja a responsabilização (art. 135, III do CTN) seja anterior à citação. » concluiu ainda o STJ, no mesmo REsp 1.201.993, que a decretação da prescrição para o redirecionamento, em qualquer hipótese, exige a demonstração da inércia da Fazenda exequente, seja quando o termo inicial corresponde à citação da pessoa jurídica, seja quando a responsabilização decorre de ato ilícito posterior (como a dissolução irregular verificada após a citação).	3.3.2

5. SÚMULAS APLICÁVEIS

5.1 STF

Súmula vinculante 8. "São inconstitucionais o parágrafo único do artigo 5º do Decreto-Lei nº 1.569/1977 e os artigos 45 e 46 da Lei nº 8.212/1991, que tratam de prescrição e decadência de crédito tributário."

5.2 STJ

106. "Proposta a ação no prazo fixado para o seu exercício, a demora na citação, por motivos inerentes ao mecanismo da justiça, não justifica o acolhimento da arguição de prescrição ou decadência".

314. "Em execução fiscal, não localizados bens penhoráveis, suspende-se o processo por um ano, findo o qual se inicia o prazo da prescrição qüinqüenal intercorrente.".

409. "Em execução fiscal, a prescrição ocorrida antes da propositura da ação pode ser decretada de ofício (art. 219, § 5º, do CPC)".

414. "A citação por edital na execução fiscal é cabível quando frustradas as demais modalidades.".

622. "A notificação do auto de infração faz cessar a contagem da decadência para a constituição do crédito tributário; exaurida a instância administrativa com o decurso do prazo para a impugnação ou com a notificação de seu julgamento definitivo e esgotado o prazo concedido pela Administração para o pagamento voluntário, inicia-se o prazo prescricional para a cobrança judicial."

625. "O pedido administrativo de compensação ou de restituição não interrompe o prazo prescricional para a ação de repetição de indébito tributário de que trata o art. 168 do CTN nem o da execução de título judicial contra a Fazenda Pública.".

5.3 CARF

6. "É legítima a lavratura de auto de infração no local em que foi constatada a infração, ainda que fora do estabelecimento do contribuinte".

11. "Não se aplica a prescrição intercorrente no processo administrativo fiscal".

Súmula vinculante 17: "Não cabe a exigência de multa de ofício nos lançamentos efetuados para prevenir a decadência, quando a exigibilidade estiver suspensa na forma dos incisos IV ou V do art. 151 do CTN e a suspensão do débito tenha ocorrido antes do início de qualquer procedimento de ofício a ele relativo.".

Súmula vinculante 21: "É nula, por vício formal, a notificação de lançamento que não contenha a identificação da autoridade que a expediu".

27. "É válido o lançamento formalizado por Auditor-Fiscal da Receita Federal do Brasil de jurisdição diversa da do domicílio tributário do sujeito passivo".

72. "Caracterizada a ocorrência de dolo, fraude ou simulação, a contagem do prazo decadencial rege-se pelo art. 173, inciso I, do CTN".

6. QUESTÕES DE CONCURSOS PÚBLICOS

1. **(Cespe - Procurador do Estado - PGE - PE/2018) Determinado tributo deveria ter sido lançado no dia 5 de setembro de 2016, uma segunda-feira, mas o contribuinte não providenciou a declaração do débito. A legislação desse tributo atribuiu ao sujeito passivo o dever de antecipar o pagamento sem prévio exame da autoridade administrativa.**

   Nessa situação hipotética, considerando-se a posição majoritária do STJ, a data correta para o início da contagem do prazo quinquenal para a fazenda pública constituir o crédito tributário é o

   A) dia 5 de setembro de 2016.

   B) dia 6 de setembro de 2016.

   C) último dia útil de setembro de 2016.

   D) primeiro dia útil de outubro de 2016.

   E) dia 1° de janeiro de 2017.

2. **(Fepese - Procurador do Estado - PGE - SC/2018) Sobre o lançamento tributário e o crédito dele decorrente, é correto afirmar:**

   a. O benefício da denúncia espontânea aplica-se aos tributos sujeitos a lançamento por homologação regularmente declarados, embora pagos a destempo.

   b. Sendo declarado e não pago o débito tributário pelo contribuinte, é ilegal a recusa de expedição de certidão negativa ou positiva com efeito de negativa.

   c. Em relação aos tributos sujeitos ao lançamento por homologação, se não houver declaração do débito, o prazo decadencial qüinqüenal para o Fisco constituir o crédito tributário conta-se exclusivamente do primeiro dia do exercício seguinte àquele em que o lançamento poderia ter sido efetuado.

d. A entrega de declaração pelo contribuinte, reconhecendo débito fiscal, não exime o Fisco de adotar as providências necessárias para a constituição do crédito tributário.

e. A atividade de lançamento é obrigatória, muito embora discricionária, sob pena de responsabilidade funcional.

3. **(Fepese – Procurador do Estado – PGE – SC/2018) Assinale a alternativa correta sobre a execução fiscal.**

a. Não é admitida a citação por edital em execução fiscal, ainda que frustradas as demais modalidades.

b. Em execução fiscal, a prescrição ocorrida antes da propositura da ação pode ser decretada de ofício.

c. Em execução fiscal, quando não localizados bens penhoráveis, suspende-se o processo por seis meses, findo o qual se inicia a contagem do prazo da prescrição qüinqüenal intercorrente.

d. A exceção de pré-executividade não é cabível em execução fiscal, nem mesmo em relação às matérias conhecíveis de ofício e que não demandam dilação probatória.

e. Em ações de execução fiscal, a petição inicial poderá ser indeferida de plano sob o argumento de ausência de indicação do CPF e/ou RG ou CNPJ da parte executada.

4. **(FCC – Analista Legislativo – AL - AP/2020) De acordo com o Código Tributário Nacional, ocorrerá a decadência do direito de a Fazenda Pública**

a) constituir o crédito tributário, relativamente a um tributo, cujo lançamento deva ser feito de ofício, sempre que transcorrer prazo superior a cinco anos, contado do primeiro dia do exercício seguinte àquele em que o lançamento poderia ter sido efetuado.

b) promover a ocorrência das obrigações tributárias principal e acessória, relativamente a um tributo, cujo lançamento deva ser feito por homologação, sempre que transcorrer um prazo superior a seis anos, contado da data da ocorrência de fatos relevantes na esfera tributária.

c) constituir a matéria tributável, relativamente a um tributo, cujo lançamento deva ser feito por meio de documentação eletrônica, sempre que transcorrer um prazo superior a cinco anos, contado da data de emissão do documento eletrônico.

d) promover a ocorrência do fato gerador, relativamente a um tributo, cujo lançamento deva ser feito por homologação, sempre que transcorrer um prazo superior a cinco anos, contado da data da ocorrência do fato gerador hipotético.

e) constituir a obrigação tributária principal, relativamente a um tributo, cujo lançamento deva ser feito por declaração, sempre que transcorrer um prazo superior a cinco anos, contado da data da entrega da documentação na repartição fiscal competente.

5. **(FCC – Juiz de Direito – TJ - MS/2020) A respeito do tema decadência e prescrição tributárias, é correto afirmar:**

a) Quando previsto em lei, é possível confessar e parcelar débito tributário. Nesse caso, o contribuinte não mais poderá discutir a ocorrência da decadência, em razão da novação da dívida.

b) A Constituição Federal impõe que lei complementar trate de normas gerais de direito tributário. Assim, é constitucional lei ordinária que trate especificamente de prazos de decadência e prescrição de forma distinta do Código Tributário Nacional, dilatando estes prazos.

c) Na hipótese de tributo sujeito a lançamento por homologação, se o contribuinte realizar o depósito judicial com vistas à suspensão da exigibilidade do crédito tributário, não se considera realizada a constituição do crédito tributário por homologação, cabendo ao Fisco realizar o lançamento por homologação, sob pena de ocorrer a decadência.

d) Nos tributos lançados por homologação, a entrega de declaração pelo contribuinte reconhecendo débito fiscal constitui o crédito tributário, dispensada qualquer outra providência por parte do fisco. Assim, não pago o tributo em seu vencimento, passa a contar o prazo prescricional para a cobrança do débito tributário.

e) Nos termos do Código Tributário Nacional, diferencia-se a prescrição da decadência, pois com a decadência ocorre a extinção do crédito tributário, já com a prescrição não se extingue o crédito tributário, mas o direito de ação da Fazenda pública.

01	02	03	04	05
E	C	B	A	D

7. QUESTÕES DISCURSIVAS COM COMENTÁRIOS

(TJ-GO – Juiz de Direito - GO/2012) A notificação do sujeito passivo, de qualquer medida preparatória indispensável ao lançamento do tributo, posteriormente ao primeiro dia do exercício seguinte àquele em que o lançamento poderia ter sido efetuado, interrompe o prazo decadencial? Explique. (20 linhas)

COMENTÁRIOS

O prazo decadencial, em regra, inicia-se no primeiro dia do exercício seguinte àquele em que o lançamento poderia ser efetuado, segundo o artigo 173, I do Código Tributário Nacional.

O parágrafo único do artigo 173, contudo, traz regra supletiva no sentido de que o direito de a Fazenda constituir o crédito tributário extingue-se definitivamente com o decurso do prazo nele previsto, contado da data em que tenha sido iniciada a constituição do crédito tributário pela notificação, ao sujeito passivo, de qualquer medida preparatória indispensável ao lançamento.

Alguns doutrinadores entendem que essa regra só pode ser aplicada para antecipar o prazo decadencial, nunca para postergar, pois caso contrário haveria uma dilatação do prazo decadencial gerada pela inércia do Estado. Em outras palavras, o parágrafo único do artigo 173 só poderia incidir quando a medida preparatória indispensável ao lançamento ocorrer antes do primeiro dia do exercício seguinte àquele em que o lançamento poderia ter sido efetuado.

O Superior Tribunal, por outro lado, já entendeu que não deve ser feita tal distinção, aplicando, desse modo, o parágrafo único do artigo 173 mesmo depois do primeiro dia do exercício seguinte àquele em que o lançamento poderia ter sido efetuado. A doutrina critica esse entendimento sob o fundamento de que ele premia a inércia da Fazenda, conferindo-lhe um prazo decadencial maior à medida em que o Fisco demora mais para agir.

(TJ/RS – Juiz de Direito - RS/2012) Compete privativamente à autoridade administrativa constituir o crédito tributário pelo lançamento (art. 142 do CTN). O lançamento regularmente notificado ao sujeito passivo pode ser alterado mediante impugnação do sujeito passivo (art. 145, I do CTN). Com base no sistema tributário nacional, é possível a edição de norma do Estado do Acre, estabelecendo hipótese de extinção do crédito tributário por transcurso de prazo para apreciação de impugnação administrativa fiscal? Justifique. (20 linhas)

COMENTÁRIOS

Inicialmente, o Supremo Tribunal Federal entendia que a criação de novas hipóteses de extinção do crédito tributário não poderiam ser feitas por lei local, sob o fundamento de que as hipóteses de extinção do crédito tributário só poderiam ser feitas por lei complementar, dado tratar-se de normas gerais em matéria tributária. Um reforço a esse entendimento seria o de que o rol das causas extintivas do crédito tributário teria natureza taxativa, diante do artigo 141 do CTN (que possui status de lei complementar), que dispõe que o crédito tributário regularmente constituído só se extingue nos casos ali previstos.

Posteriormente, contudo, o Supremo passou a entender como possível a criação de novas hipóteses de extinção do crédito tributário por lei ordinária local. Adotou-se o fundamento de que o pacto federativo seria melhor preservado ao se permitir ao ente tributante receber algo de seu interesse para quitar seu crédito tributário.

Além disso, se o ente federativo pode, por meio de lei, conceder remissão de seu crédito tributário, pode igualmente autorizar a extinção do seu crédito tributário por meio não previsto no Código Tributário Nacional.

Contudo, o caso específico descrito na questão amolda-se a um julgado do STF em que este entendeu pela inconstitucionalidade de norma de Constituição Estadual que previa o arquivamento de processo administrativo tributário sem a possibilidade de revisão de lançamento quando a impugnação administrativa não fosse apreciada dentro do prazo legal. Nesse caso haveria a disciplina de prescrição intercorrente tributária por instrumento normativo diverso da lei complementar nacional.

16

EXCLUSÃO DO CRÉDITO TRIBUTÁRIO

1. INTRODUÇÃO

O CTN traçou uma diferenciação entre a extinção e a exclusão do crédito tributário de acordo com a verificação ou não de um crédito tributário "constituído" (formalizado por ato da autoridade tributária ou do contribuinte). As modalidades de extinção do crédito tributário previstas no art. 156 do CTN, assim, dizem respeito ao fim da existência de um crédito já quantificado.

Nas modalidades "decadência", "decisão administrativa irreformável" e "decisão judicial passada em julgado", é possível se cogitar de que o crédito tributário seria inexistente, apesar de constituído. Se foi reconhecida a decadência, é porque à época de sua constituição já não havia mais direito da Fazenda (não havia substrato para o crédito tributário). Do mesmo modo, é possível e até comum que uma decisão administrativa ou judicial reconheça que nunca ocorreu o fato gerador baseado no qual a Fazenda pretendia exigir o tributo discutido. A rigor, tais decisões concluem que o crédito tributário nunca existiu, já que não se pode falar em crédito tributário sem o respectivo fato gerador. Apesar disso, o CTN classifica essas hipóteses como extinção do crédito tributário.

De qualquer modo, as duas formas de exclusão do crédito tributário elencadas no art. 175 do CTN (isenção e anistia) operam, segundo a sistemática do Código, antes mesmo da formalização do crédito tributário por meio do lançamento da autoridade administrativa ou da declaração do contribuinte. Presente uma hipótese de isenção ou anistia, sequer haverá a constituição do crédito tributário.

Tanto na anistia quanto na isenção, permanecem exigíveis as **obrigações acessórias** (ou deveres instrumentais) dependentes da obrigação principal cujo crédito seja excluído (art. 175, parágrafo único do CTN). Isso se dá devido ao fato de que as obrigações acessórias são autônomas em relação à obrigação principal, vinculando pessoas que gozem de imunidade ou outro benefício fiscal e até mesmo não contribuintes, "não contribuintes, desde que constituam instrumento relevante para o pleno exercício do poder-dever fiscalizador da Administração Pública Tributária, assecuratório do interesse público na arrecadação" (STJ, REsp 1.116.792, **repetitivo**, j. 24.11.2010).

Antes de se adentrar no estudo separado das isenções e anistias, cumpre observar que essas duas formas de exclusão do crédito tributário são benefícios fiscais concedidos pelo legislador, e por isso devem observar normas especiais da Constituição e da Lei de Responsabilidade Fiscal (LC 101/2000). Por exemplo, o art. 150, § 6º da Constituição exige como requisito para a isenção ou anistia que a lei seja específica, regulando exclusivamente o benefício fiscal ou o correspondente tributo ou contribuição. Além disso, o projeto de lei orçamentária anual deve ser acompanhado de demonstrativo regionalizado do efeito, sobre as receitas e despesas, decorrente de **isenções, anistias**, remissões, subsídios e demais benefícios de natureza tributária (CF, art. 165, § 6º). O art. 14 da LC 101/2000, a seu turno, introduziu requisitos mais estritos para a renúncia de receita tributária, que compreende a anistia e a isenção, excetuando da satisfação desses requisitos os impostos extrafiscais da União que podem ter suas alíquotas alteradas por ato infralegal (II, IE, IPI e "IOF")[1].

2. ISENÇÃO

Diante da relevância do tema das isenções, seu estudo será dividido em três abordagens: a que concerne à sua natureza jurídica, a disciplina do tema no CTN e a interpretação de uma isenção específica na jurisprudência, qual seja, a constante do art. 7º, XIV da Lei 7.713/1988.

2.1 Natureza jurídica da isenção

Há várias propostas doutrinárias sobre a natureza da isenção tributária.

Segundo uma das correntes, a isenção seria uma norma que impediria a própria ocorrência do fato gerador da obrigação tributária, por impedir, durante a vigência da lei isentiva, a incidência da lei que prevê a hipótese de incidência em relação a determinado fato. Para esse raciocínio, a lei de isenção criaria uma situação de "**não incidência**", não havendo que se falar sequer em surgimento da obrigação tributária. Essa não incidência, portanto, seria "**legalmente qualificada**".

Há autores que distinguem a isenção da não incidência. Esta seria a constatação de um fato não abrangido na definição legal da hipótese de incidência, enquanto a isenção seria a "retirada, por lei, de parte da hipótese de incidência"[2]. Sob essa visão, a isenção é regra que "**mutila**" parcialmente **a norma de incidência**[3], tendo como efeito a exoneração de uma situação que, não fosse a regra isentiva, seria tributado.

Outra orientação doutrinária defende que a isenção seria uma "**dispensa legal de pagamento de tributo devido**" em linha de pensamento segundo a qual "a obrigação tributária ocorre, mas não é cobrável porque a lei dispensa o pagamento do crédito correspondente"[4].

1. Na ADI 6357 (j. 13.05.2020), o STF afastou as amarras do art. 14 da LC 101/2000 em relação à criação/expansão de programas públicos destinados ao enfrentamento do contexto de calamidade gerado pela disseminação de COVID-19.
2. MACHADO, Hugo de Brito. Curso de Direito Tributário. 26ª edição. São Paulo: Malheiros Editores, 2005, p. 231.
3. CARVALHO, Paulo de Barros. Curso de Direito Tributário. 25ª edição. São Paulo: Editora Saraiva, 2013.
4. SOUSA, Rubens Gomes de. Pareceres – 1: imposto de renda. São Paulo: Resenha Tributária, 1975, p. 269.

O STF adotou a última corrente em vários julgados, prestigiando a tese de que a lei de isenção manteria existente a obrigação tributária, apenas dispensando o seu pagamento. Esse fundamento permitiria a exigência do tributo isento logo após a revogação da isenção, sem observância do princípio da anterioridade. Se, para o STF, a isenção era apenas a dispensa do pagamento, a revogação da isenção não representava instituição de tributo, e por isso não seria necessário obedecer o princípio da anterioridade[5].

Vale anotar que o STF possui decisões mais recentes pela observância do princípio da anterioridade à revogação das isenções[6]. O fundamento desses julgados está mais ligado à proteção da segurança jurídica (a revogação de isenção seria um aumento indireto de tributo, devendo-se evitar surpresas ao contribuinte), não havendo maiores considerações sobre a classificação da isenção como "dispensa do pagamento de tributo devido" ou como norma que impede o surgimento da obrigação tributária.

2.2 Disciplina da isenção no CTN

Na disciplina do CTN, a isenção, ainda quando prevista em contrato, é sempre decorrente de lei que especifique as condições e requisitos exigidos para a sua concessão (art. 176).

Ao mencionar uma isenção "prevista em contrato", o Código refere-se às situações em que os entes federativos convencionam com particulares a concessão de isenção para estimular empreendimentos desejados no seu território. Por exemplo, um Município pode acordar com determinada empresa que concederá isenção de IPTU em caso de instalação de parque industrial no respectivo perímetro urbano. A previsão em lei é inafastável, e caso por alguma razão política posterior a isenção não seja referendada pelo Legislativo, o particular não terá direito à exoneração outrora prometida.

Trata-se de regra legal em harmonia com o art. 150, § 6º da Constituição, que requer **lei específica** para a concessão de isenção. Se a lei deve ser específica, daí decorre que a isenção concedida a um imposto não às taxas e às contribuições de melhoria ou aos tributos instituídos posteriormente à sua concessão (CTN, art. 177). A própria interpretação da lei tributária que disponha sobre outorga de isenção deve ser "literal" (CTN, art. 111, II).

O instrumento que veicula a isenção é apenas a **lei em sentido estrito**, mesmo no caso do ICMS, que tem sua isenção autorizada por meio de convênio firmado entre os Estados (CF, 155, § 2º, XII, 'g"). A criação de isenção por meio de "resolução legislativa", mesmo que emanada do Poder Legislativo, viola o art. 176 do CTN e o art. 150, § 6º da CF (STJ, EREsp 723.575, j. 26.11.2008). Ao contrário da lei em sentido estrito, a resolução não se submete ao processo legislativo que abrange a participação do Poder Executivo por meio da sanção ou do veto.

5. Alguns julgados do STF nesse sentido: "I. - Revogada a isenção, o tributo torna-se imediatamente exigível. Em caso assim, não há que se observar o princípio da anterioridade, dado que **o tributo já é existente**." (RE 204.062, j. 27.09.1996 - grifo adicionado); "O Fisco tem o direito de cobrar, logo após a revogação, o ICM autorizado no orçamento e previsto em lei anterior cuja exigibilidade se achava apenas suspensa pela isenção." (RE nº 99.430, DJ de 18.03.1983)".

6. RE 564.225 AgR-EDv-AgR, j. 20.11.2019; RE 1.081.041 AgR, j. 09.04.2018; RE 1.105.918 AgR, j. 15.06.2018; RE 1.193.858 AgR, j. 04.10.2019; RE 1.065.092 AgR, j. 27.09.2019.

O parágrafo único do art. 176 do CTN explicita a possibilidade de a isenção ser restrita determinada região do território da entidade tributante, em função de condições a ela peculiares. Assim, a União pode conceder isenção de IPI apenas nos Estados do Norte e Nordeste, para incentivar a industrialização dessas regiões; um Estado pode isentar o IPVA determinada localidade que sofreu um desastre natural; um Município pode isentar o IPTU de bairros que fazem parte de um projeto urbanístico. No caso da União, não há violação ao art. 151, I da Constituição[7], que veda a instituição de tributo que não seja uniforme em todo o território nacional, justamente pela possibilidade de se utilizar as isenções como meio de promover o equilíbrio do desenvolvimento socioeconômico entre as diferentes regiões do País.

Além de condições e requisitos exigíveis do beneficiário, a isenção pode também ser concedida com um prazo previamente definido de duração. Se a isenção é concedida por prazo certo e em função de determinadas condições, ela produzirá efeitos nos termos em que concedida ainda que revogada por lei.

Não se impede o legislador de editar norma que revogue a lei anterior que fundamentou a fruição da isenção. O que se proíbe é a cassação dos efeitos da isenção que passou a ser direito adquirido do contribuinte, diante do cumprimento de condições ou do estabelecimento de um prazo certo para sua duração.

Quando o art. 178 do CTN preceitua que a isenção concedida por prazo certo e em função de determinadas condições não pode ser revogada ou modificada por lei, não está vedando a revogação da lei isentiva anterior. Apenas está consagrando o direito adquirido da isenção que se incorporou ao patrimônio jurídico do contribuinte, em razão do adimplemento de condições e da previsão legal de um prazo certo para fruição.

Com a mesma lógica, a **Súmula 544 do STF** possui a seguinte redação: "Isenções tributárias concedidas, **sob condição onerosa**, não podem ser livremente suprimidas.". Tais isenções são denominadas "condicionais" ou "onerosas", e geram direito adquirido à sua fruição. Nesse mesmo sentido é a jurisprudência do STJ (REsp 656.222, j. 25.10.2005):

> 1. Insere-se no conceito de isenção condicionada ou onerosa a isenção do imposto de renda sobre lucro auferido por pessoa física em virtude de venda de ações (art. 4º, "d" do Decreto-Lei n. 1.510/76), pois concedida mediante o cumprimento de determinado requisito (condição), qual seja, o de a alienação ocorrer somente após decorridos cinco anos da subscrição ou da aquisição da participação societária.
>
> 2. Cumpridos os requisitos para o gozo da isenção condicionada, tem o contribuinte direito adquirido ao benefício fiscal.[8]

Dessa maneira, se a lei municipal concede isenção de ISS por seis anos (prazo certo) aos estabelecimentos prestadores de serviços de fisioterapia que possuam o mínimo de

7. Constituição Federal, art. 151: "É vedado à União: I - instituir tributo que não seja uniforme em todo o território nacional ou que implique distinção ou preferência em relação a Estado, ao Distrito Federal ou a Município, em detrimento de outro, admitida a concessão de incentivos fiscais destinados a promover o equilíbrio do desenvolvimento sócio-econômico entre as diferentes regiões do País".

8. Também: "A lei que revoga a isenção onerosa e condicional deve respeitar as situações isentivas que já se incorporaram ao patrimônio do seu titular e que ficam a salvo da tributação." (STJ, REsp 390.733, j. 07.11.2002).

cinco empregados com carteira assinada (condições), eventual lei imediatamente posterior à obtenção da isenção que revogue a lei concessiva do benefício só disciplinará as situações que não foram definitivamente constituídas sob o manto do diploma anterior. O legislador "não pode, a qualquer tempo, revogar ou modificar isenção concedida por prazo certo ou sob determinadas condições" (STJ, REsp 188.950, j. 19.10.1999). A revogação da lei que concede isenção, portanto, não se confunde com a revogação da isenção em si.

O art. 179 do CTN procede a uma distinção entre a isenção concedida em caráter geral e a concedida em caráter individual.

Na isenção **em caráter geral, não há necessidade de ato administrativo** que conceda a "benesse fiscal", não se exigindo a apresentação de requerimento por parte do contribuinte. Apenas a vigência da lei já é suficiente para a fruição da isenção, e eventual ato da autoridade que reconheça uma isenção em caráter geral terá efeito meramente declaratório (STJ, REsp 1.582.756, j. 17.03.2006). Na categoria de isenção em caráter geral, é possível citar a regra legal que isenta do imposto de renda sobre os rendimentos do trabalho até certo patamar, bem como a isenção sobre lucros e dividendos, prevista no art. 10 da Lei 9.249/1995:

> Os lucros ou dividendos calculados com base nos resultados apurados a partir do mês de janeiro de 1996, pagos ou creditados pelas pessoas jurídicas tributadas com base no lucro real, presumido ou arbitrado, não ficarão sujeitos à incidência do imposto de renda na fonte, nem integrarão a base de cálculo do imposto de renda do beneficiário, pessoa física ou jurídica, domiciliado no País ou no exterior.

Já na isenção em caráter individual, a efetivação da isenção ocorrerá casualmente, por despacho da autoridade administrativa que deverá analisar se o contribuinte comprovou o preenchimento das condições e do cumprimento dos requisitos previstos na lei. A isenção em caráter individual, portanto, é condicionada, pois exige a comprovação das condições previstas em lei[9]. É o caso da isenção do imposto de importação quando não houver produção nacional de matéria-prima e de qualquer produto de base, ou a produção nacional desses bens for insuficiente para atender ao consumo interno (art. 4º da Lei 3.244/1957). Para se valer dessa isenção, deve o contribuinte comprovar a inexistência de produção nacional, e, havendo produção, apresentar prova, anterior ao desembaraço aduaneiro, de aquisição de quota determinada do produto nacional na respectiva fonte, ou comprovação de recusa, incapacidade ou impossibilidade de fornecimento em prazo e a preço normal (art. 4º, § 1º, "a" da Lei 3.244/1957). Conforme já reconhecido pelo STJ, "é imperioso concluir que o benefício previsto no art. 4º da Lei 3.244/57 tem caráter individual ou específico, devendo, pois, ser efetivado, em cada caso, mediante despacho da autoridade administrativa" (REsp 658.312, j. 26.06.2007).

Em relação aos tributos lançados por período certo de tempo, como o IPTU, o § 1º do art. 179 determina que o despacho da autoridade administrativa que concede a isenção

9. "(...) é certo que, quando a isenção é condicionada, somente pode ser ela concedida mediante 'prova do preenchimento das condições e do cumprimento dos requisitos previstos em lei ou contrato para concessão'." (Voto da Ministra Eliana Calmon no REsp 552.467, j. 17.05.2005).

em caráter individual deve ser renovado antes da expiração de cada período. Caso não haja a renovação oportuna, o despacho anterior da autoridade administrativa deixa de produzir efeitos a partir do primeiro dia do período para o qual o interessado deixar de promover a continuidade do reconhecimento da isenção.

O § 2º do art. 179 dispõe que o despacho da autoridade administrativa que concede isenção do crédito tributário não gera direito adquirido. Aplica-se ao caso o art. 155 do CTN, que ao tratar da moratória prevê a possibilidade de "revogação" do despacho que a concede, sempre que se apure que o beneficiado não satisfazia ou deixou de satisfazer as condições ou não cumprira ou deixou de cumprir os requisitos para a concessão do favor. A bem da verdade não se trata de revogação, pois não há discricionariedade quanto à retirada do despacho do mundo jurídico. Caso se constate a inexistência das condições ou requisitos para a isenção (contemporânea ou posterior ao ato concessivo), a cessação dos efeitos do despacho é a única opção para restaurar a legalidade, não se admitindo liberdade decisória do administrador a respeito. Trata-se, a rigor, de anulação, que representa a extinção do ato administrativo baseada em juízo de legalidade.

Essa anulação sempre acarretará a exigência do crédito tributário cumulado com os respectivos juros moratórios. Ainda pode haver a exigência de penalidade, caso se constate dolo ou simulação do beneficiado, ou de terceiro em benefício daquele.

2.3 Interpretação jurisprudencial da isenção do art. 7°, XIV da Lei 7.713/1988

As isenções concedidas pelos legisladores dos entes tributantes são frequentemente discutidas no Judiciário, especialmente quanto à extensão da norma isentiva. Dentre as regras de isenção, vale destacar as controvérsias em torno da interpretação a ser conferida ao art. 6º, XIV da Lei 7.713/1988, que tornou isentos do imposto de renda os seguintes rendimentos percebidos por pessoas físicas:

> os proventos de aposentadoria ou reforma motivada por acidente em serviço e os percebidos pelos portadores de moléstia profissional, tuberculose ativa, alienação mental, esclerose múltipla, neoplasia maligna, cegueira, hanseníase, paralisia irreversível e incapacitante, cardiopatia grave, doença de Parkinson, espondiloartrose anquilosante, nefropatia grave, hepatopatia grave, estados avançados da doença de Paget (osteíte deformante), contaminação por radiação, síndrome da imunodeficiência adquirida, com base em conclusão da medicina especializada, mesmo que a doença tenha sido contraída depois da aposentadoria ou reforma

Considerando a descrição extensa das moléstias que ensejam a isenção do imposto de renda sobre proventos, surgiram questionamentos sobre a possibilidade de se aplicar o dispositivo em relação a enfermidades não previstas expressamente. A resolução desse debate passava pela classificação do rol de doenças como taxativo ou exemplificativo, tendo o STJ definido, em sede de **repetitivo**, pela natureza **exaustiva** (***numerus clausus***) do rol de moléstias do art. 6º, XIV da Lei 7.713/1988. Com isso, a concessão de isenção está restrita às situações enumeradas na lei, sendo vedada a utilização de analogia ou mesmo a "interpretação extensiva do aludido benefício à situação que não se enquadre no texto expresso da lei" (REsp 1.116.620, j. 09.08.2010).

Como já mencionado no estudo do art. 111 do CTN, no capítulo sobre a Legislação Tributária, quando o CTN e o STJ afastam a possibilidade de interpretação extensiva ou de analogia nas normas que concedem isenções, não são capazes de impedir o surgimento de controvérsias sobre a própria extensão da norma. Para se concluir que houve interpretação extensiva, é necessário se atribuir um significado ao texto, o que já requer, por si só, uma atividade interpretativa que pode levar a resultados diferentes a depender do agente e do contexto em que inserida.

Exemplo dessa necessidade de definição do sentido do texto da norma isentiva pode ser encontrado na discussão sobre o enquadramento da cegueira monocular como "cegueira", doença listada no rol do art. 6º, XIV da Lei 7.713/1988. Caso o intérprete entendesse que o sentido da "cegueira" estaria atrelado à incapacidade total de uma pessoa enxergar, a cegueira monocular não justificaria a isenção. Em sentido diverso, seria possível adotar um significado de cegueira a partir das definições médicas das patologias, caminho este enveredado pelo STJ (REsp 1.196.500, j. 02.12.2010 – grifos adicionados):

> 2. As normas instituidoras de isenção devem ser interpretadas literalmente (art. 111 do Código Tributário Nacional). Sendo assim, não prevista, expressamente, a hipótese de exclusão da incidência do Imposto de Renda, incabível que seja feita por analogia.
>
> 3. De acordo com a Classificação Estatística Internacional de Doenças e Problemas Relacionados à Saúde (CID-10), da Organização Mundial de Saúde, que é adotada pelo SUS e estabelece as **definições médicas das patologias**, a cegueira não está restrita à perda da visão nos dois olhos, podendo ser diagnosticada a partir do comprometimento da visão em apenas um olho. Assim, mesmo que a pessoa possua visão normal em um dos olhos, poderá ser diagnosticada como portadora de cegueira.
>
> 4. A lei não distingue, para efeitos da isenção, quais espécies de cegueira estariam beneficiadas ou se a patologia teria que comprometer toda a visão, não cabendo ao intérprete fazê-lo.
>
> 5. Assim, **numa interpretação literal, deve-se entender que a isenção prevista no art. 6º, XIV, da Lei 7.713/88 favorece o portador de qualquer tipo de cegueira, desde que assim caracterizada por definição médica.**

Outra discussão sobre a extensão da norma de isenção do art. 6º, XIV da Lei 7.713/1988 submetida ao Judiciário diz respeito à possibilidade de a isenção abranger não apenas os proventos de aposentadoria, mas também os rendimentos obtidos no exercício da atividade laboral. No STJ, foi firmada tese de **repetitivo** (REsp 1.836.091, j. 24.06.2020) no sentido de que a isenção do art. 6º, XIV, da Lei 7.713/1988 não abarca a renda das pessoas em atividade laboral que sofram das doenças ali enumeradas.

No STF, foi reconhecida a impossibilidade de se estender, por decisão judicial, a isenção dos proventos de aposentadoria aos trabalhadores que possuem as mesmas doenças mencionadas no art. 6º, XIV, da Lei 7.713/1988 e ainda assim permanecem em atividade. Na ADI 6025 (j. 20.04.2020), a Corte Constitucional invocou o princípio da separação dos Poderes para concluir que a concessão da isenção aos trabalhadores em atividade resultaria em atuação do Judiciário como legislador positivo, uma vez que essa situação não seria alcançada pela norma de isenção vigente. Não seria possível, portanto, a "ampliação da isenção tributária por via jurisdicional" (voto do Ministro Alexandre de Moraes), sob pena de se violar não apenas o art. 2º da Constituição, mas também o seu art. 150, § 6º, que impõe a exigência de lei específica para a concessão de isenção.

Seguindo essa linha estrita de interpretação do art. 6º da Lei 7.713/1988, o STJ negou a isenção do imposto de renda sobre os proventos de aposentadoria recebidos por portadores de distonia cervical (REsp 1.116.620, **repetitivo**, j. 09.08.2010) e surdez (REsp 1.013.060, j. 10.05.2011), doenças não previstas no rol legal taxativo.

No que diz à prova da enfermidade listada na lei, o STJ consolidou entendimento de que não se exige a apresentação de laudo médico oficial em ação judicial que pretenda o reconhecimento da isenção, permitindo-se ao juiz a apreciação das provas que julgue necessárias (princípio do convencimento motivado)[10]. Assim dispõe a **súmula 598 do STJ**:

> É desnecessária a apresentação de laudo médico oficial para o reconhecimento judicial da isenção do imposto de renda, desde que o magistrado entenda suficientemente demonstrada a doença grave por outros meios de prova.

Para o STJ, o laudo pericial do serviço médico oficial "não tem o condão de vincular o Juiz que, diante das demais provas produzidas nos autos, poderá concluir pela comprovação da moléstia grave" (AgRg no AREsp 81.149, j. 15.10.2013).

Por fim, cumpre mencionar a **Súmula 627 do STJ**, que possui a seguinte redação:

> O contribuinte faz jus à concessão ou à manutenção da isenção do imposto de renda, não se lhe exigindo a demonstração da contemporaneidade dos sintomas da doença nem da recidiva da enfermidade.

De acordo com essa orientação, caso o contribuinte obtenha o reconhecimento da isenção do imposto de renda prevista no art. 6º, XIV da Lei 7.713/1988, eventual recuperação em sua condição de saúde que resulte em ausência de sintomas constatada por junta médica não justifica a perda da isenção. Para o STJ, a finalidade desse benefício fiscal seria diminuir o sacrifício dos aposentados e aliviar os respectivos encargos financeiros, não se admitindo que uma provável cura da doença prejudique a manutenção da isenção. Tampouco se exige a recidiva (reaparecimento) da enfermidade após o período em que se constatou a ausência de sintomas.

3. ANISTIA

A anistia é hipótese de exclusão do crédito tributário que recai exclusivamente sobre os créditos tributários relativos a multas, constituídos em razão da prática de infrações à legislação tributária. Essa é a disposição do art. 180 do CTN, que acrescenta ainda ser a anistia aplicável exclusivamente à vigência da lei que a concede:

---

10. Os arts. 370 e 371 do Código de Processo Civil conferem ao juiz a decisão a respeito das provas necessárias e pertinentes à solução da lide. Segundo o art. 370, cabe "ao juiz, de ofício ou a requerimento da parte, determinar as provas necessárias ao julgamento do mérito". Já o art. 371 dispõe que o "juiz apreciará a prova constante dos autos, independentemente do sujeito que a tiver promovido, e indicará na decisão as razões da formação de seu convencimento.".

> Art. 180. A anistia abrange exclusivamente as infrações cometidas anteriormente à vigência da lei que a concede, não se aplicando:
>
> I - aos atos qualificados em lei como crimes ou contravenções e aos que, mesmo sem essa qualificação, sejam praticados com dolo, fraude ou simulação pelo sujeito passivo ou por terceiro em benefício daquele;
>
> II - salvo disposição em contrário, às infrações resultantes de conluio entre duas ou mais pessoas naturais ou jurídicas.

O art. 180 do CTN esclarece que a anistia abrange exclusivamente as infrações cometidas **anteriormente à vigência da lei que a concede**. Essa limitação decorre da própria natureza da anistia, que se volta ao perdão de infrações já cometidas. Caso o legislador pretenda alcançar infrações ainda não praticadas, basta revogar a penalidade em questão, e não se estaria diante de anistia.

A se seguir a linha estrita de que a exclusão do crédito tributário impede a constituição do crédito tributário, a anistia diria respeito ao perdão de multas ainda não lançadas, correspondentes a infrações cometidas anteriormente à vigência da lei que a concede. Essa interpretação deve ser abandonada, pois reduziria significativamente alcance da anistia, uma vez que o número de infrações cometidas anteriormente à vigência da lei que ainda não tenham sido lançadas seria limitado.

Para se conferir efetividade à anistia, necessário se faz que ela seja aplicada também às multas já lançadas[11], sob pena de se prejudicar os contribuintes que já tiveram contra si lavrados autos de infração, enquanto os que ainda não foram autuados pelo fisco poderiam se beneficiar da anistia. Nessa linha, o próprio art. 180 do CTN restringiu a anistia em razão da data da prática da infração (anteriores à vigência da lei), não limitando sua aplicação em razão da constituição ou não do crédito tributário.

Dispõe o inciso I que a anistia não se aplica aos atos qualificados em lei como **crimes ou contravenções** e aos que, mesmo sem essa qualificação, sejam praticados com **dolo, fraude ou simulação** pelo sujeito passivo ou por terceiro em benefício daquele. Trata-se de uma limitação do perdão em função da gravidade da conduta. Segundo esse inciso, o contribuinte que praticar uma infração à legislação tributária que seja grave o suficiente a ponto de ser qualificada como crime ou contravenção não pode ser beneficiado pelo legislador tributário com a anistia da penalidade tributária.

Do mesmo modo, o dispositivo não permite a aplicação da anistia aos atos imbuídos de dolo, fraude ou simulação pelo sujeito passivo ou por terceiro em benefício daquele. Tem-se aqui o mesmo critério de o CTN reputar que uma conduta grave o bastante para ser beneficiada com o perdão do legislador ordinário.

A figura do **dolo** é utilizada em diversas outras oportunidades pelo CTN em conjunto com a fraude e a simulação (149, VII, art. 150, § 4º, art. 154, parágrafo único). Pode ser definido como a vontade do agente de praticar um ato ilícito.

11. SCHOUERI, Luís Eduardo. Direito Tributário. 5ª edição. São Paulo, Saraiva, 2015, p. 688. No mesmo sentido: AMARO, Luciano. Direito Tributário Brasileiro. 11ª edição. São Paulo: Saraiva, 2005, p. 456-457.

Na esfera federal, há definição legal de **fraude na Lei 4.502/1964**, que a define como ação ou omissão dolosa tendente a impedir ou retardar, total ou parcialmente, a ocorrência do fato gerador da obrigação tributária principal, ou a excluir ou modificar as suas características essenciais, de modo a reduzir o montante do imposto devido a evitar ou diferir o seu pagamento (art. 72). Diante da inexistência de uma definição no âmbito das normas gerais em matéria tributária, não se afigura correta uma aplicação automática dessa norma federal aos Estados e Municípios, que poderiam definir fraude de maneira diversa, desde que não seja desfigurado o conteúdo mínimo da palavra utilizada pelo CTN, como ato de enganar e iludir alguém para obter proveito próprio.

A **simulação**, por sua vez, é conceito que pode ser apropriado do direito civil, que a disciplina como um desacordo entre a vontade manifestada e a vontade interna[12]. O art. 167, § 1º do Código Civil traz exemplos de simulação, tais como as situações em que os negócios jurídicos aparentarem conferir direitos a pessoas diversas daquelas às quais realmente se conferem.

Ainda que o inciso I do art. 180 contenha uma redação clara no sentido de vedar a anistia a tais situações, vale citar o entendimento doutrinário que, em nome de uma interpretação sistemática pautada no art. 106, II do CTN[13], conclui pela possibilidade de aplicação da anistia a atos descritos no art. 180, I, desde que haja disposição expressa do legislador ordinário nesse sentido[14].

No inciso II, há permissão expressa à disposição legal em contrário para afastar a regra geral de que a anistia não se aplica às infrações resultantes de **conluio** entre duas ou mais pessoas naturais ou jurídicas. O art. 73 da Lei 4.502/1964 o ajuste doloso entre duas ou mais pessoas naturais ou jurídicas, visando qualquer dos efeitos referidos na fraude ou na sonegação. Vale aqui a mesma observação quanto ao fato de a definição estar presente em lei federal, e não em norma geral de matéria tributária.

O fato de o conluio ter como pressuposto o dolo e buscar os efeitos da fraude pesa ainda mais a favor da interpretação de que a possibilidade de haver disposição legal em sentido contrário deve ser aplicada também ao inciso I do art. 180. Como no conluio o CTN admite expressamente essa aplicação da anistia em caso de opção do legislador, também no dolo, previsto no inciso I, deve haver a mesma regra. Caso contrário, haveria

12. "(...) na simulação há um desacordo entre a vontade declarada ou manifestada e a vontade interna. Em suma, há uma discrepância entre a vontade e a declaração; entre a essência e a aparência." (TARTUCE, Flávio. Direito Civil, volume 1: Lei de introdução e parte geral. 6ª edição. São Paulo: Método, 2010, p. 400).

13. CTN, art. 106: "A lei aplica-se a ato ou fato pretérito: (...) II - tratando-se de ato não definitivamente julgado: a) quando deixe de defini-lo como infração; (...)".

14. "(...) o próprio Código Tributário Nacional autoriza que a lei deixe de definir uma situação como infração e, nesse caso, a retroatividade da decisão do legislador é mandatória (art. 106, II, do Código Tributário Nacional). Vê-se, daí, o paradoxo: teria o legislador complementar autorizado (*rectius*: determinado) que a lei que deixa de definir uma infração alcance aqueles ilícitos cometidos anteriormente mas, ao mesmo tempo, vedado que a anistia alcançasse algumas infrações? (...) se o legislador pode deixar de definir um fato como ilícito e se tal decisão alcança fatos anteriores, por que não admitir que também o mesmo legislador perdoe ilícitos anteriores? (...) parece inafastável o raciocínio de que a limitação da anistia é a regra: se o legislador não for expresso com relação às situações que configurem crime ou contravenção, ou de dolo, fraude ou simulação, a anistia não se aplica." (SCHOUERI, Luís Eduardo. Direito Tributário. 5ª edição. São Paulo, Saraiva, 2015, p. 709).

possível de se anistiar o conluio, que seria um dolo qualificado pela organização de pessoas com intuito ilícito, e não o dolo unicamente considerado[15].

O art. 181 do CTN separa a forma de concessão da anistia em geral e limitada:

> Art. 181. A anistia pode ser concedida:
>
> I - em caráter geral;
>
> II - limitadamente:
>
> a) às infrações da legislação relativa a determinado tributo;
>
> b) às infrações punidas com penalidades pecuniárias até determinado montante, conjugadas ou não com penalidades de outra natureza;
>
> c) a determinada região do território da entidade tributante, em função de condições a ela peculiares;
>
> d) sob condição de pagamento de tributo no prazo fixado pela lei que a conceder, ou cuja fixação seja atribuída pela mesma lei à autoridade administrativa.

O caráter geral mencionado acima pode depender da ótica que se adota de acordo com os grupos de limitação do inciso II. Por exemplo, a anistia pode ser limitada em relação a determinado tributo mas geral em relação ao território da entidade tributante.

Já o caráter geral mencionado no art. 182 do CTN não tem o mesmo sentido do "caráter geral" constante do inciso I do art. 181. Nesse, a generalidade é diferenciada de um dos critérios de especificidade do inciso II do mesmo art. 181. Já o art. 182 contrapõe o caráter geral ali previsto à anistia concedida em caráter individual (e não limitadamente em razão de um critério) por despacho da autoridade administrativa, que analisará os requisitos e condições necessários para a concessão do perdão:

> Art. 182. A anistia, quando não concedida em caráter geral, é efetivada, em cada caso, por despacho da autoridade administrativa, em requerimento com a qual o interessado faça prova do preenchimento das condições e do cumprimento dos requisitos previstos em lei para sua concessão.
>
> Parágrafo único. O despacho referido neste artigo não gera direito adquirido, aplicando-se, quando cabível, o disposto no artigo 155.

Assim, uma anistia "em caráter geral" pelo art. 181, se considerada como uma anistia que não é limitada a determinado tributo ou a determinada região do território da entidade tributante, pode ser, ao mesmo tempo, uma anistia efetivada individualmente por despacho da autoridade administrativa, por exigir a comprovação dos requisitos e condições previstos em lei para sua concessão.

Em relação à aplicação do art. 155 à inexistência de direito adquirido à anistia que depende da comprovação de requisitos e condições, valem as mesmas observações já reproduzidas no estudo da remissão e da isenção. Caso se constate a inexistência das condições

15. "Literalmente interpretado, o artigo seria um exemplo modelar de incoerência: na letra do preceito, se um indivíduo, dolosamente, tiver adotado conduta ilegal, ele não poderia ser anistiado; mas, se tiver obtido o auxílio de outra pessoa, com ele conluiada para a prática da infração, a anistia já poderia ser ditada pela lei." (AMARO, Luciano. Direito Tributário Brasileiro. 11ª edição. São Paulo: Editora Saraiva, 2005, p. 459).

ou requisitos para a isenção (contemporânea ou posterior ao ato concessivo), o despacho concessivo da anistia deve deixar de produzir efeitos, não se admitindo liberdade decisória do administrador a respeito. Trata-se, a rigor, de anulação, que representa a extinção do ato administrativo baseada em juízo de legalidade.

Essa anulação sempre acarretará a exigência do crédito tributário cumulado com os respectivos juros moratórios. Ainda pode haver a exigência de penalidade, caso se constate dolo ou simulação do beneficiado, ou de terceiro em benefício daquele.

REMISSÃO	ANISTIA	ISENÇÃO
Tributos e multas	Multas	Tributos
Extinção do créd trib	Exclusão do créd trib	Exclusão do créd trib

4. QUADRO SINÓTICO

INTRODUÇÃO	
» o CTN traçou uma diferenciação entre a extinção e a exclusão do crédito tributário de acordo com a verificação ou não de um crédito tributário "constituído" (formalizado por ato da autoridade tributária ou do contribuinte). As modalidades de extinção do crédito tributário previstas no art. 156 do CTN, assim, dizem respeito ao fim da existência de um crédito já quantificado. » as duas formas de exclusão do crédito tributário elencadas no art. 175 do CTN (isenção e anistia) operam, segundo a sistemática do Código, antes mesmo da formalização do crédito tributário por meio do lançamento da autoridade administrativa ou da declaração do contribuinte. Presente uma hipótese de isenção ou anistia, sequer haverá a constituição do crédito tributário. » tanto na anistia quanto na isenção, permanecem exigíveis as **obrigações acessórias** (ou deveres instrumentais) dependentes da obrigação principal cujo crédito seja excluído (art. 175, parágrafo único do CTN).	1

ISENÇÃO		
Natureza jurídica da isenção	» há várias propostas doutrinárias sobre a natureza da isenção tributária. » segundo uma das correntes, a lei de isenção criaria uma situação de "**não incidência**", não havendo que se falar sequer em surgimento da obrigação tributária. Essa não incidência, portanto, seria "**legalmente qualificada**". » há autores que distinguem a isenção da não incidência. Esta seria a constatação de um fato não abrangido na definição legal da hipótese de incidência, enquanto a isenção seria a "retirada, por lei, de parte da hipótese de incidência". Sob essa visão, a isenção é regra que "**mutila**" parcialmente **a norma de incidência**, tendo como efeito a exoneração de uma situação que, não fosse a regra isentiva, seria tributado. » outra orientação doutrinária defende que a isenção seria uma "**dispensa legal de pagamento de tributo devido**" em linha de pensamento segundo a qual "a obrigação tributária ocorre, mas não é cobrável porque a lei dispensa o pagamento do crédito correspondente".	2.1

Disciplina da isenção no CTN	» na disciplina do CTN, a isenção, ainda quando prevista em contrato, é sempre decorrente de lei que especifique as condições e requisitos exigidos para a sua concessão (art. 176). » o instrumento que veicula a isenção é apenas a **lei em sentido estrito**, ressalvando-se o ICMS, que tem sua isenção concedida por meio de convênio firmado entre os Estados (CF, 155, § 2º, XII, "g"). A criação de isenção por meio de "resolução legislativa", mesmo que emanada do Poder Legislativo, viola o art. 176 do CTN e o art. 150, § 6º da CF (STJ, EREsp 723.575, j. 26.11.2008). Ao contrário da lei em sentido estrito, a resolução não se submete ao processo legislativo que abrange a participação do Poder Executivo por meio da sanção ou do veto. » súmula 544 do STF: "Isenções tributárias concedidas, **sob condição onerosa**, não podem ser livremente suprimidas.". » na isenção **em caráter geral, não há necessidade de ato administrativo** que conceda a "benesse fiscal", não se exigindo a apresentação de requerimento por parte do contribuinte. Apenas a vigência da lei já é suficiente para a fruição da isenção, e eventual ato da autoridade que reconheça uma isenção em caráter geral terá efeito meramente declaratório (STJ, REsp 1.582.756, j. 17.03.2006). » já na isenção em caráter individual, a efetivação da isenção ocorrerá casualmente, por despacho da autoridade administrativa que deverá analisar se o contribuinte comprovou o preenchimento das condições e do cumprimento dos requisitos previstos na lei. A isenção em caráter individual, portanto, é condicionada, pois exige a comprovação das condições previstas em lei.	2.2
Interpretação jurisprudencial da isenção do art. 6º, XIV da Lei 7.713/1988	» dentre as regras de isenção, vale destacar as controvérsias em torno da interpretação a ser conferida ao art. 6º, XIV da Lei 7.713/1988, que tornou isentos do imposto de renda os seguintes rendimentos percebidos por pessoas físicas: os proventos de aposentadoria ou reforma motivada por acidente em serviço e os percebidos pelos portadores de moléstia profissional, tuberculose ativa, alienação mental, esclerose múltipla, neoplasia maligna, cegueira, hanseníase, paralisia irreversível e incapacitante, cardiopatia grave, doença de Parkinson, espondiloartrose anquilosante, nefropatia grave, hepatopatia grave, estados avançados da doença de Paget (osteíte deformante), contaminação por radiação, síndrome da imunodeficiência adquirida, com base em conclusão da medicina especializada, mesmo que a doença tenha sido contraída depois da aposentadoria ou reforma » o STJ definiu, em sede de **repetitivo**, pela natureza **exaustiva** (***numerus clausus***) do rol de moléstias do art. 6º, XIV da Lei 7.713/1988. Com isso, a concessão de isenção está restrita às situações enumeradas na lei, sendo vedada a utilização de analogia ou mesmo a "interpretação extensiva do aludido benefício à situação que não se enquadre no texto expresso da lei" (REsp 1.116.620, j. 09.08.2010). » a cegueira monocular deve ser compreendida como inserida no conceito da "cegueira", doença listada no rol do art. 6º, XIV da Lei 7.713/1988 (REsp 1.196.500, j. 02.12.2010).	2.3

- no STJ, foi firmada tese de **repetitivo** (REsp 1.836.091, j. 24.06.2020) no sentido de que a isenção do art. 6°, XIV, da Lei 7.713/1988 não abarca a renda das pessoas em atividade laboral que sofram das doenças ali enumeradas.
- no STF, foi reconhecida a impossibilidade de se estender, por decisão judicial, a isenção dos proventos de aposentadoria aos trabalhadores que possuem as mesmas doenças mencionadas no art. 6º, XIV, da Lei 7.713/1988 e ainda assim permanecem em atividade. Na ADI 6025 (j. 20.04.2020), a Corte Constitucional invocou o princípio da separação dos Poderes para concluir que a concessão da isenção aos trabalhadores em atividade resultaria em atuação do Judiciário como legislador positivo, uma vez que essa situação não seria alcançada pela norma de isenção vigente. súmula 598 do STJ: "É desnecessária a apresentação de laudo médico oficial para o reconhecimento judicial da isenção do imposto de renda, desde que o magistrado entenda suficientemente demonstrada a doença grave por outros meios de prova.".
- súmula 627 do STJ: "O contribuinte faz jus à concessão ou à manutenção da isenção do imposto de renda, não se lhe exigindo a demonstração da contemporaneidade dos sintomas da doença nem da recidiva da enfermidade.".

ANISTIA

- anistia é hipótese de exclusão do crédito tributário que recai exclusivamente sobre os créditos tributários relativos a multas, constituídos em razão da prática de infrações à legislação tributária. Essa é a disposição do art. 180 do CTN, que acrescenta ainda ser a anistia aplicável exclusivamente à vigência da lei que a concede:

> Art. 180. A anistia abrange exclusivamente as infrações cometidas anteriormente à vigência da lei que a concede, não se aplicando:
> I - aos atos qualificados em lei como crimes ou contravenções e aos que, mesmo sem essa qualificação, sejam praticados com dolo, fraude ou simulação pelo sujeito passivo ou por terceiro em benefício daquele;
> II - salvo disposição em contrário, às infrações resultantes de conluio entre duas ou mais pessoas naturais ou jurídicas.

- o art. 181 do CTN separa a forma de concessão da anistia em geral e limitada:

> Art. 181. A anistia pode ser concedida:
> I - em caráter geral; 3
> II - limitadamente:
> a) às infrações da legislação relativa a determinado tributo;
> b) às infrações punidas com penalidades pecuniárias até determinado montante, conjugadas ou não com penalidades de outra natureza;
> c) a determinada região do território da entidade tributante, em função de condições a ela peculiares;
> d) sob condição do pagamento de tributo no prazo fixado pela lei que a conceder, ou cuja fixação seja atribuída pela mesma lei à autoridade administrativa.

- já o caráter geral mencionado no art. 182 do CTN não tem o mesmo sentido do "caráter geral" constante do inciso I do art. 181. Nesse, a generalidade é diferenciada de um dos critérios de especificidade do inciso II do mesmo art. 181. Já o art. 182 contrapõe o caráter geral ali previsto à anistia concedida em caráter individual (e não limitadamente em razão de um critério) por despacho da autoridade administrativa, que analisará os requisitos e condições necessários para a concessão do perdão:

> Art. 182. A anistia, quando não concedida em caráter geral, é efetivada, em cada caso, por despacho da autoridade administrativa, em requerimento com a qual o interessado faça prova do preenchimento das condições e do cumprimento dos requisitos previstos em lei para sua concessão.
>
> Parágrafo único. O despacho referido neste artigo não gera direito adquirido, aplicando-se, quando cabível, o disposto no artigo 155.

» assim, uma anistia "em caráter geral" pelo art. 181, se considerada como uma anistia que não é limitada a determinado tributo ou a determinada região do território da entidade tributante, pode ser, ao mesmo tempo, uma anistia efetivada individualmente por despacho da autoridade administrativa, por exigir a comprovação dos requisitos e condições previstos em lei para sua concessão.

REMISSÃO	ANISTIA	ISENÇÃO
Tributos e multas	Multas	Tributos
Extinção do créd trib	Exclusão do créd trib	Exclusão do créd trib

5. SÚMULAS APLICÁVEIS

5.1 STF

544. "Isenções tributárias concedidas, sob condição onerosa, não podem ser livremente suprimidas.".

5.2 STJ

598. "É desnecessária a apresentação de laudo médico oficial para o reconhecimento judicial da isenção do imposto de renda, desde que o magistrado entenda suficientemente demonstrada a doença grave por outros meios de prova.".

627. "O contribuinte faz jus à concessão ou à manutenção da isenção do imposto de renda, não se lhe exigindo a demonstração da contemporaneidade dos sintomas da doença nem da recidiva da enfermidade.".

6. QUESTÕES DE CONCURSOS PÚBLICOS

1. **(FCC – Juiz de Direito – TJ - MS/2020) A respeito das isenções tributárias, é correto afirmar:**

   a) Nos termos do Código Tributário Nacional, a isenção é causa de extinção do crédito tributário.

   b) Nos termos da jurisprudência do Supremo Tribunal Federal, lei ordinária posterior não pode revogar isenção concedida por lei complementar.

   c) São inconstitucionais tratados internacionais que prevejam isenção de tributos estaduais, por serem firmados por órgãos da União.

   d) A concessão da isenção por despacho da autoridade administrativa dispensa também do cumprimento das obrigações acessórias.

   e) A isenção, quando condicionada e por prazo certo, não pode ser livremente revogada pelo ente tributante.

2. **(FCC – Analista Legislativo – Direito – AL - AP/2020) De acordo com o Código Tributário Nacional, o crédito tributário é constituído pelo lançamento tributário. Esse Código estabelece, ainda, que**

a) a legislação tributária que dispõe sobre o lançamento e sobre a suspensão, a exclusão e a extinção do crédito tributário deve ser interpretada literalmente.

b) a obrigação principal decorre do crédito tributário e tem a mesma natureza dele.

c) o crédito tributário regularmente constituído somente se modifica, ou tem sua exigibilidade suspensa ou excluída, nos casos previstos na lei que tiver instituído o tributo, fora dos quais não podem ser dispensadas, sob pena de responsabilidade funcional na forma da lei, a sua efetivação ou as respectivas garantias.

d) a ação para a cobrança do crédito tributário será objeto de decadência após o transcurso do prazo de cinco anos, contados da data da ocorrência do fato gerador.

e) a exclusão do crédito tributário não dispensa o cumprimento das obrigações acessórias dependentes da obrigação principal cujo crédito seja excluído, ou dela consequente.

3. **(Cespe – Promotor de Justiça – MPE – CE/2020) A exclusão do crédito tributário decorrente de infração à legislação tributária, concedida em caráter geral ou por despacho da autoridade administrativa, é chamada de**

a) isenção.

b) anistia.

c) remissão.

d) moratória.

e) compensação.

4. **(Vunesp – Procurador do Estado – PGE – SP/2018) No que diz respeito à isenção, conforme o Código Tributário Nacional, é correto afirmar:**

(A) é causa excludente do crédito tributário, mas não dispensa o cumprimento das obrigações acessórias dependentes da obrigação principal cujo crédito tenha sido excluído.

(B) é causa extintiva do crédito tributário, sendo extensiva às taxas e contribuições que tenham por fato gerador o mesmo fato jurídico relevante do crédito tributário extinto.

(C) é causa excludente do crédito tributário e pode ser livremente suprimida, mesmo quando concedida sob condição onerosa.

(D) é causa extintiva do crédito tributário e depende, em qualquer hipótese, de despacho, genérico ou particular, de autoridade administrativa competente para a verificação.

(E) é causa excludente do crédito tributário e só pode ser concedida em caráter geral, nos termos da lei, pela isonomia tributária, mas deve sofrer, em qualquer caso, restrições temporais por meio de regulamento.

5. **(Fepese – Procurador do Estado – PGE – SC/2018) Assinale a alternativa correta sobre a disciplina legal das isenções tributárias.**

a. Interpreta-se literalmente a legislação tributária que disponha sobre a outorga de isenção.

b. As isenções tributárias concedidas sob condição onerosa poderão ser livremente suprimidas.

c. Nas hipóteses de solidariedade tributária, a isenção de crédito sempre exonera todos os coobrigados, mesmo que outorgada pessoalmente a apenas um deles.

d. Tal como a remissão e a anistia, a isenção é forma de extinção do crédito tributário.

e. Como disciplina geral, a isenção outorgada aos impostos será extensiva às taxas e às contribuições de melhoria.

01	02	03	04	05
E	E	B	A	A

17

GARANTIAS E PRIVILÉGIOS DO CRÉDITO TRIBUTÁRIO

1. CONCEITOS INTRODUTÓRIOS

O CTN trata das garantias e privilégios do crédito tributário nos arts. 183 a 193. As garantias são meios ou instrumentos voltados para garantir a satisfação do crédito tributário. Já os privilégios conferem ao crédito tributário uma posição prioritária em relação aos demais créditos. Não obstante a maior parte da doutrina seguir uma distinção entre os termos, a rigor, ao se conferir um privilégio ao crédito tributário, haverá uma probabilidade maior quanto à sua satisfação, de modo que em última instância os privilégios podem ser enxergados também como garantias[1].

O próprio CTN não segue uma distinção rigorosa, já que trata, na seção "Preferências", de garantias (como as previstas nos arts. 191, 191-A, 192 e 193) que não se traduzem em uma prioridade do crédito tributário frente a outros créditos[2]. No presente estudo, as garantias que não constituem preferências, como as dos arts. 191 a 193 do CTN, serão abordadas no espaço reservado às garantias "genéricas", que buscam assegurar a satisfação do crédito tributário sem estabelecer uma vantagem na sua posição em relação a créditos de outras naturezas.

Na interpretação aqui defendida, tanto as garantias como os privilégios do crédito tributário presentes no CTN são matérias reservadas ao legislador complementar. Apesar de ser possível a criação de outros benefícios para o crédito tributário em lei ordinária, a regulamentação do CTN assume o caráter de norma geral sobre crédito tributário, inviabilizando a alteração ou revogação desses dispositivos do CTN por lei ordinária. Essa

1. "As garantias são expressão amplíssima e genérica. **Privilégios e preferências são garantias**." (DERZI, Misabel Abreu Machado. Notas de atualização ao Direito Tributário Brasileiro de Aliomar Baleeiro. 13ª edição. Rio de Janeiro: Editora Forense, 2015, p. 1.395 - grifo adicionado); "Privilégios são espécie do gênero garantias, já que se referem às medidas legislativas concernentes à cobrança do crédito tributário." (SCHOUERI, Luís Eduardo. Direito Tributário. 5ª edição. São Paulo, Saraiva, 2015, p. 843).
2. Também nesse sentido: DERZI, Misabel Abreu Machado. Notas de atualização ao Direito Tributário Brasileiro de Aliomar Baleeiro. 13ª edição. Rio de Janeiro: Editora Forense, 2015, p. 1.395.

orientação, inclusive, já foi adotada pelo legislador na utilização da Lei Complementar 118/2005 para modificar e incluir dispositivos no Código Tributário a respeito desse tema.

Vale notar que **algumas garantias e privilégios do crédito tributário são aplicadas a créditos não tributários por força de disposição legal expressa do art. 4º, § 4º da Lei 6.830/1980**, segundo o qual aplica-se à Dívida Ativa da Fazenda Pública de natureza não tributária o disposto nos artigos 186 e 188 a 192 do Código Tributário Nacional.

2. GARANTIAS DO CRÉDITO TRIBUTÁRIO

Inaugurando a disciplina das garantias, o CTN dispõe não ser exaustiva a enumeração ali constante, podendo a lei conferir outros meios assecuratórios em função da natureza ou das características do tributo a que se refiram (art. 183). No próprio CTN, aliás, é possível encontrar garantias não localizadas no capítulo sobre garantias e privilégios do crédito tributário. É o caso da extensão da responsabilidade tributária ao adquirente do estabelecimento prevista no art. 133[3], uma vez que ao acrescentar pessoa que continua a exploração do estabelecimento, confere maior segurança para a satisfação do crédito tributário, que poderia não ser pago pelo alienante.

Considerando que os tributos podem exigir garantias diferentes a depender de sua espécie, o CTN deixou explicitamente aberta a possibilidade de o legislador ordinário de cada ente tributante prever uma garantia específica em função da natureza ou das características do tributo. Desse modo, a lei pode prever uma garantia especial para o imposto de renda, de modo a prestigiar a identificação dos rendimentos e das atividades econômicas do contribuinte[4]. Uma garantia apropriada, eficaz ou mesmo justificável para o imposto de renda, portanto, pode não o ser para um imposto sobre o patrimônio, como o IPVA.

Apesar de a redação do art. 183 do CTN dar a entender que a lei só poderia criar outras garantias em função da natureza ou das características do tributo a que se refiram, é possível também a criação de uma garantia não prevista no CTN que não guarde qualquer relação com um tributo específico.

É o caso do **arrolamento de bens e direitos** previsto no art. 64 da Lei 9532/1997, que se dirige ao sujeito passivo de créditos tributários da União, independentemente da natureza ou características do tributo:

> Art. 64. A autoridade fiscal competente procederá ao arrolamento de bens e direitos do sujeito passivo sempre que o valor dos créditos tributários de sua responsabilidade for superior a trinta por cento do seu patrimônio conhecido.
>
> (...) § 3º A partir da data da notificação do ato de arrolamento, mediante entrega de cópia do respectivo termo, o proprietário dos bens e direitos arrolados, ao transferi-los, aliená-los ou onerá-los, deve comunicar o fato à unidade do órgão fazendário que jurisdiciona o domicílio tributário do sujeito passivo.

---

3. SCHOUERI, Luís Eduardo. Direito Tributário. 5ª edição. São Paulo, Saraiva, 2015, p. 843.
4. CF, art. 145, § 1º: "Sempre que possível, os impostos terão caráter pessoal e serão graduados segundo a capacidade econômica do contribuinte, facultado à administração tributária, especialmente para conferir efetividade a esses objetivos, identificar, respeitados os direitos individuais e nos termos da lei, o patrimônio, os rendimentos e as atividades econômicas do contribuinte".

Tal arrolamento não constitui gravame, penalidade ou uma constrição ao patrimônio do contribuinte, sendo apenas um "mero inventário dos bens do contribuinte, que permite à autoridade fazendária um melhor acompanhamento da movimentação patrimonial do devedor" (STJ, AgInt no REsp 1.464.715, j. 20.02.2020). Evita-se assim o desfazimento ou a ocultação de bens pelo contribuinte que possui valor dos créditos tributários de sua responsabilidade superior a trinta por cento do seu patrimônio conhecido. Ao dificultar a dilapidação e a blindagem patrimonial pelos contribuintes, o arrolamento se presta como instrumento de garantia da satisfação do crédito tributário.

Outro exemplo de garantia do crédito tributário não prevista no CTN é a que se encontra no art. 2º, II do Decreto-Lei 1.593/1977, que admite o cancelamento do **registro especial** na Secretaria da Receita Federal **para fabricação de cigarros** caso a sua detentora descumpra obrigação tributária principal ou acessória, relativa a tributo ou contribuição administrado pela Secretaria da Receita Federal. Referida condição para manutenção do registro especial foi, inclusive, reputada constitucional pelo STF no RE 550.769 (j. 22.05.2013).

O parágrafo único do art. 183, a seu turno, assevera que a natureza das garantias atribuídas ao crédito tributário não altera a natureza deste nem a da obrigação tributária a que corresponda. As garantias são elementos externos à norma de tributação[5], não influenciando o regime jurídico da obrigação tributária no que diz respeito aos seus aspectos materiais (montante devido e sujeito passivo, por exemplo). Justamente por essa razão é que o art. 144, § 1º do CTN permite a aplicação da legislação que, posteriormente ao fato gerador, tenha outorgado ao crédito tributário maiores garantias ou privilégios (salvo se tal garantia coincide com a atribuição de responsabilidade tributária a terceiros). Se as garantias alterassem a natureza do crédito ou da obrigação tributária, não seria possível a aplicação de lei que cria maiores garantias após a ocorrência do fato gerador, sob pena de ofensa ao princípio da irretroatividade previsto no art. 150, III, "a" da Constituição[6].

2.1 Fraude à execução tributária

O art. 185 traz uma garantia do crédito tributário que já tenha sido inscrito em dívida ativa. Essa norma assecuratória, portanto, não abrange o crédito que tenha sido objeto de lançamento e encontre-se em discussão administrativa ou mesmo que tenha sido objeto de decisão final em processo administrativo e ainda não tenha sido inscrito em dívida ativa pela Procuradoria.

Se a inscrição em dívida ativa já é suficiente para a configuração da fraude à execução tributária, não se exige mais o ajuizamento de um processo judicial de execução fiscal,

5. DERZI, Misabel Abreu Machado. Notas de atualização ao Direito Tributário Brasileiro de Aliomar Baleeiro. 13ª edição. Rio de Janeiro: Editora Forense, 2015, p. 1.395.

6. "Art. 150. Sem prejuízo de outras garantias asseguradas ao contribuinte, é vedado à União, aos Estados, ao Distrito Federal e aos Municípios: (...) III - cobrar tributos: a) em relação a fatos geradores ocorridos antes do início da vigência da lei que os houver instituído ou aumentado".

como ocorria antes da alteração do dispositivo pela Lei Complementar 118/2005[7]. Assim dispõe a redação atual do art. 185 do CTN:

> Art. 185. Presume-se fraudulenta a alienação ou oneração de bens ou rendas, ou seu começo, por sujeito passivo em débito para com a Fazenda Pública, por crédito tributário regularmente inscrito como dívida ativa.
>
> Parágrafo único. O disposto neste artigo não se aplica na hipótese de terem sido reservados, pelo devedor, bens ou rendas suficientes ao total pagamento da dívida inscrita.

Por esse dispositivo, a alienação de um bem por sujeito passivo de crédito tributário inscrito em dívida ativa é presumida como fraudulenta, sendo ineficaz perante a respectiva Fazenda.

Se o sujeito passivo sem recursos para quitar duas dívidas tributárias aliena seu único automóvel a terceiro após a inscrição em dívida ativa de um tributo do qual é devedor, essa alienação não produz efeitos perante o ente credor, que poderá pleitear judicialmente em execução fiscal o reconhecimento da ineficácia do negócio jurídico entre devedor e terceiro. Este último poderá apresentar embargos de terceiro, mas sua argumentação será restrita à data da alienação. Não poderá alegar sua boa-fé como fundamento para defender a posse do automóvel. **A presunção de fraude à execução tributária é absoluta (*jure et de jure*).**

Não se pode, portanto, invocar a **súmula 375 do STJ**, segundo a qual o reconhecimento da fraude à execução depende do registro da penhora do bem alienado ou da prova de má-fé do terceiro adquirente. Referida súmula foi editada a partir de precedentes nos quais os credores prejudicados eram particulares, titulares de créditos não tributários. Considerando que o CTN traz norma especial de fraude à execução em seu art. 185, não há sentido em se aplicar um entendimento formado a partir de casos que discutiam a fraude à execução a partir de regra de direito privado. Essa inaplicabilidade da súmula 375 do STJ à fraude à execução tributária foi reconhecida pelo próprio STJ em sede de **repetitivo** (REsp 1.141.990, j. 10.11.2010 – grifos adicionados):

> **A lei especial prevalece sobre a lei geral (*lex specialis derrogat lex generalis*), por isso que a Súmula n.º 375 do Egrégio STJ não se aplica às execuções fiscais.**
>
> (...) A diferença de tratamento entre a fraude civil e a fraude fiscal justifica-se pelo fato de que, na primeira hipótese, afronta-se interesse privado, ao passo que, na segunda, interesse público, porquanto o recolhimento dos tributos serve à satisfação das necessidades coletivas.
>
> (...) consoante a doutrina do tema, a fraude de execução, diversamente da fraude contra credores, opera-se *in re ipsa*, vale dizer, tem caráter absoluto, objetivo, dispensando o *concilium fraudis*.
>
> (...) Conclusivamente: (a) a natureza jurídica tributária do crédito conduz a que a simples alienação ou oneração de bens ou rendas, ou seu começo, pelo sujeito passivo por quantia inscrita em dívida ativa, sem a reserva de meios para quitação do débito, gera presunção absoluta (*jure et de jure*) de fraude à execução (lei especial que se sobrepõe ao regime

7. A redação anterior do *caput* do art. 185 assim dispunha (grifo adicionado): "Presume-se fraudulenta a alienação ou oneração de bens ou rendas, ou seu começo, por sujeito passivo em débito para com a Fazenda Pública por crédito tributário regularmente inscrito como dívida ativa **em fase de execução**.".

do direito processual civil); (b) a alienação engendrada até 08.06.2005 exige que tenha havido prévia citação no processo judicial para caracterizar a fraude de execução; se o ato translativo foi praticado a partir de 09.06.2005, data de início da vigência da Lei Complementar n.º 118/2005, basta a efetivação da inscrição em dívida ativa para a configuração da figura da fraude; (c) **a fraude de execução prevista no artigo 185 do CTN encerra presunção *jure et de jure*, conquanto componente do elenco das "garantias do crédito tributário"**; (d) a inaplicação do artigo 185 do CTN, dispositivo que não condiciona a ocorrência de fraude a qualquer registro público, importa violação da Cláusula Reserva de Plenário e afronta à Súmula Vinculante n.º 10, do STF

Nem mesmo a existência de sucessivas alienações e a boa-fé do último adquirente não afastam, por si sós, a presunção *jure et jure* de fraude à execução fiscal decorrente da primeira alienação do imóvel por devedor da Fazenda Pública, quando o crédito tributário já se encontrava inscrito como dívida ativa (STJ, AgInt no REsp 1.640.631, j. 10.08.2020).

Se a data da inscrição em dívida ativa é o marco que define a presunção absoluta de fraude à execução, o terceiro que pretende adquirir um bem deve ter a possibilidade de saber se o alienante possui ou não débitos tributários inscritos em dívida ativa. Nesse sentido, o CTN dispõe que não é vedada a divulgação de informações relativas a inscrições na Dívida Ativa da Fazenda Pública (art. 198, § 3º, II). Na esfera federal, a consulta de contribuintes que possuem débitos inscritos em dívida ativa pode ser feita pela *internet*, no portal "Regularize" da Procuradoria-Geral da Fazenda Nacional. Em janeiro de 2020, no intuito de facilitar o acesso a essa informação, foi lançado o aplicativo "Dívida Aberta", que permite a consulta dos contribuintes com inscrição em dívida ativa de acordo com a localização, utilizando-se do recurso de GPS (*global positioning system*) de *smartphones*.

Por fim, vale frisar a disposição do parágrafo único, que exclui a configuração de fraude à execução tributária quando forem reservados, pelo devedor, bens ou rendas suficientes ao total pagamento da dívida inscrita. Se a razão de ser da ineficácia da alienação em fraude à execução é garantir o crédito tributário, sua justificativa deixa de existir quando a dívida continua garantida por outros bens ou rendas do devedor-alienante.

2.2 Indisponibilidade de bens e direitos

O art. 185-A foi introduzido no CTN pela Lei Complementar 118/2005, consistindo numa garantia ampla no que diz respeito aos bens e direitos abrangidos, porém restrita caso se considere o estágio processual a partir do qual é cabível. Como se verá adiante, essa medida assecuratória só é cabível após a citação do devedor **tributário** (o art. 185-A do CTN não é aplicável a créditos não tributários) e a realização de diligências infrutíferas na busca por bens penhoráveis. Ao se ter em mente que desde a discussão administrativa até o ajuizamento da execução fiscal pode transcorrer um longo período, a exigência cumulativa da citação e da busca por bens penhoráveis pode tornar esse instrumento ineficaz na prática[8].

8. Não se pode deixar de reconhecer, sob uma perspectiva histórica, que sua criação em 2005 representou um notável avanço ao sistema de recuperação do crédito tributário. Nesse sentido: "Ao tempo da inserção dessa garantia ou privilégio do crédito tributário no ordenamento jurídico, a jurisprudência dos Tribunais Superiores,

A indisponibilidade de bens e direitos, portanto, só serve como garantia do crédito **tributário** que se encontre em execução fiscal. Voltando à amplitude da garantia, o *caput* do art. 185-A do CTN elege como destinatários da ordem de indisponibilidade os órgãos e entidades que promovem registros de transferência de bens:

> Art. 185-A. Na hipótese de o devedor tributário, devidamente citado, não pagar nem apresentar bens à penhora no prazo legal e não forem encontrados bens penhoráveis, o juiz determinará a indisponibilidade de seus bens e direitos, comunicando a decisão, preferencialmente por meio eletrônico, aos órgãos e entidades que promovem registros de transferência de bens, especialmente ao registro público de imóveis e às autoridades supervisoras do mercado bancário e do mercado de capitais, a fim de que, no âmbito de suas atribuições, façam cumprir a ordem judicial.
>
> § 1º A indisponibilidade de que trata o caput deste artigo limitar-se-á ao valor total exigível, devendo o juiz determinar o imediato levantamento da indisponibilidade dos bens ou valores que excederem esse limite.
>
> § 2º Os órgãos e entidades aos quais se fizer a comunicação de que trata o caput deste artigo enviarão imediatamente ao juízo a relação discriminada dos bens e direitos cuja indisponibilidade houverem promovido.

O *caput* do dispositivo acima exige, além da citação do devedor **tributário**, a inexistência de pagamento e de apresentação de bens à penhora. Ainda, exige que não tenham sido encontrados bens penhoráveis, sendo esse requisito esclarecido pela jurisprudência do STJ em sede de **repetitivo** (REsp 1.377.507, j. 26.11.2014) para se definir o que deve ser considerado como "não forem encontrados bens penhoráveis" para se autorizar a decretação de indisponibilidade pelo juiz:

> Para efeitos de aplicação do disposto no art. 543-C do CPC, e levando em consideração o entendimento consolidado por esta Corte Superior de Justiça, firma-se compreensão no sentido de que a indisponibilidade de bens e direitos autorizada pelo art. 185-A do CTN depende da observância dos seguintes requisitos: (i) citação do devedor tributário; (ii) inexistência de pagamento ou apresentação de bens à penhora no prazo legal; e (iii) a não localização de bens penhoráveis após esgotamento das diligências realizadas pela Fazenda, caracterizado quando houver nos autos (a) pedido de acionamento do Bacen Jud e consequente determinação pelo magistrado e (b) a expedição de ofícios aos registros públicos do domicílio do executado e ao Departamento Nacional ou Estadual de Trânsito - DENATRAN ou DETRAN.

A **súmula 560 do STJ** reproduz esse entendimento, pontuando que o exaurimento das diligências na busca por bens penhoráveis, para fins de aplicação do art. 185-A do CTN, "fica caracterizado quando infrutíferos o pedido de constrição sobre ativos financeiros e a expedição de ofícios aos registros públicos do domicílio do executado, ao Denatran ou Detran".

---

arraigada no princípio da menor onerosidade, reputava o bloqueio de ativos financeiros medida excepcional, razão pela qual o legislador, considerando a relevância da atividade e cobrança do crédito tributário, concebeu a indisponibilidade de ativos, bens e direitos." (CAMPOS, Rogério. *In*: Constituição e Código Tributário comentados: sob a ótica da Fazenda Nacional. Claudio Seefelder e Rogério Campos - coordenadores-gerais. São Paulo: Thomson Reuters Brasil, 2020, p. 1.088).

Uma vez que são múltiplas as diligências empreendidas pela exequente para localizar o patrimônio do devedor, uma postura mais rigorosa poderia significar exigir da Fazenda as mais variadas buscas por bens, como a de títulos junto à Comissão de Valores Mobiliários ou mesmo a de embarcações junto à Capitania dos Portos. Com o entendimento pacificado do STJ, é possível proclamar a suficiência de três diligências para se autorizar a aplicação do art. 185-A do CTN:

a) o pedido de acionamento do sistema "BACENJUD" para localização e bloqueio de ativos financeiros que o executado possua em contas bancárias;

b) a expedição de ofícios aos registros públicos do domicílio do executado (Cartórios de Registros de Imóveis); e

c) expedição de ofícios ao Departamento Nacional ou Estadual de Trânsito - DENATRAN ou DETRAN.

Cabível a medida, deve o juiz determinar a indisponibilidade comunicando a decisão, preferencialmente por meio eletrônico, aos órgãos e entidades que promovem registros de transferência de bens, os quais deverão responder aos ofícios enviados pelo juízo, comprovando a efetivação da medida no respectivo âmbito. Assim, o juiz receberá, por exemplo, resposta da Comissão de Valores Mobiliários, dos Cartórios de Registro de Imóveis, dos órgãos de registros de veículos e também do sistema financeiro no que se refere aos ativos financeiros em contas bancárias (BACENJUD, que é abrangido pela indisponibilidade do art. 185-A do CTN). Em suma, os órgãos e entidades em questão enviarão imediatamente ao juízo a relação discriminada dos bens e direitos cuja indisponibilidade houverem promovido (art. 185-A, § 2º).

A resposta de todos os órgãos e entidades acionados com o detalhamento dos bens e direitos tornados indisponíveis é importante para que a indisponibilidade não ultrapasse o valor total exigível na execução fiscal em que decretada. Caso o juiz verifique que a indisponibilidade de ações que o executado possua já seja suficiente para quitar o valor da dívida e ainda assim tenha sido bloqueado dinheiro por meio do BACENJUD, deverá o juiz determinar imediato levantamento da indisponibilidade dos bens ou valores que excederem esse limite (art. 185-A, § 1º). Esse levantamento deve obedecer a ordem preferencial de penhora prevista no art. 11 da Lei 6.830/1980[9]. Desse modo, caso a indisponibilidade de ações abarca o total da dívida e o bloqueio de dinheiro apenas basta à satisfação parcial, deve ser mantido esse último e o levantamento da indisponibilidade recairá sobre o valor das ações que excede o total da dívida, subtraindo-se a quantia de dinheiro já bloqueada.

9. Art. 11 - A penhora ou arresto de bens obedecerá à seguinte ordem: I - dinheiro; II - título da dívida pública, bem como título de crédito, que tenham cotação em bolsa; III - pedras e metais preciosos; IV - imóveis; V - navios e aeronaves; VI - veículos; VII - móveis ou semoventes; e VIII - direitos e ações.

2.2.1 A "penhora on-line" do CPC não se confunde com a indisponibilidade de bens e direitos do art. 185-A do CTN

A diligência em busca de ativos financeiros ou dinheiro merece comentários em separado, para se efetuar uma distinção precisa dessa medida em comparação com a indisponibilidade do CTN, evitando-se maiores confusões.

O BACENJUD é um sistema que, após um comando, retorna com o saldo das contas de determinada pessoa (física ou jurídica) em diferentes instituições financeiras. É conhecido na prática jurídica como "penhora *on-line*", apesar de a penhora dos ativos financeiros só se perfectibilizar em momento posterior ao seu bloqueio. Essa providência foi prevista expressamente no Código de Processo Civil de 1973 a partir da Lei 11.382/2006 (ou seja, após a introdução do art. 185-A ao CTN pela Lei Complementar 118/2005), que incluiu na codificação processual então vigente o art. 655-A[10], cujo correspondente no Código de 2015 se encontra em seu art. 854, abaixo reproduzido (grifo adicionado):

> Para possibilitar a penhora de dinheiro em depósito ou em aplicação financeira, o juiz, a requerimento do exequente, sem dar ciência prévia do ato ao executado, determinará às instituições financeiras, por meio de sistema eletrônico gerido pela autoridade supervisora do sistema financeiro nacional, que torne indisponíveis ativos financeiros existentes em nome do executado, limitando-se a indisponibilidade ao valor indicado na execução.

São muitas as diferenças entre a "penhora *on-line*" de ativos financeiros (ou bloqueio pelo BACENJUD) e a indisponibilidade de bens e direitos do art. 185-A do CTN, de modo que um estudo didático desses institutos requer a distinção entre essas medidas.

Para começar, a indisponibilidade prevista no CPC é restrita aos ativos financeiros, enquanto a norma do art. 185-A do CTN prevê uma indisponibilidade geral de todos os bens e direitos do devedor tributário. Assim, enquanto a ordem de bloqueio de dinheiro do CPC é cumprida em sistema restrito a instituições financeiras, a ordem judicial de indisponibilidade de bens e direitos com fundamento no art. 185-A do CTN tem como destinatários "órgãos e entidades que promovem registros de transferência de bens, especialmente ao registro público de imóveis e às autoridades supervisoras do mercado bancário e do mercado de capitais", o que já evidencia a maior amplitude da medida.

Também é possível distinguir as duas indisponibilidades no que tange ao momento processual de seu cabimento. O bloqueio de dinheiro do CPC (art. 854) é possível no estágio inicial do processo, antes mesmo da ciência do executado quanto ao ato. Já a indisponibilidade do art. 185-A do CTN só é possível após a prática de atos processuais posteriores à citação, consistentes em diligências de busca de bens. Levando em conta a amplitude da indisponibilidade do CTN e a ausência de interesse em outras diligências para execuções fiscais que não tenham elevado valor, é possível até mesmo afirmar que a indisponibilidade de bens e direitos do art. 185-A do CTN, nos casos de insucesso da

---

10. "Para possibilitar a penhora de dinheiro em depósito ou aplicação financeira, o juiz, a requerimento do exeqüente, requisitará à autoridade supervisora do sistema bancário, preferencialmente por meio eletrônico, informações sobre a existência de ativos em nome do executado, podendo no mesmo ato determinar sua indisponibilidade, até o valor indicado na execução".

medida, marca um estágio processual que se conduz para a extinção do processo por prescrição intercorrente[11].

Outra distinção pode ser extraída da eficácia temporal das medidas. Enquanto o CPC prevê um bloqueio em um momento específico ("foto"), a indisponibilidade do art. 185-A do CTN é medida que abarca não apenas o momento de sua efetivação, mas se volta também para o futuro ("filme"). O STJ possui decisões expressas nesse sentido, tendo consolidado o entendimento de que a incumbência do juiz de expedir ofícios aos órgãos e entidades mencionadas no art. 185-A do CTN tem o objetivo de "gravar bens porventura não identificados nas diligências da credora ou **bens futuros**" (REsp 1.769.070, j. 13.11.2018; REsp 1.658.492, j. 27.04.2017 – grifo adicionado).

Uma última diferença é a que diz respeito à excepcionalidade ou não da medida. Após a Lei 11.382/2006, a "penhora *on-line*" de dinheiro pelo BACENJUD deixou de ser excepcional, podendo ser efetivada independentemente do exaurimento, pelo credor, de vias extrajudiciais na busca de bens a serem penhorados (REsp 1.112.943, **repetitivo**, j. 15.09.2010). Já a indisponibilidade do art. 185-A do CTN, como se viu, só tem lugar quando frustradas outras diligências, não podendo ser utilizada pelo credor tributário no primeiro requerimento de busca por bens.

A diferenciação ora exposta é tão relevante que já foi exposta em decisões do STJ, inclusive em sede de **repetitivo** (REsp 1.377.507, j. 26.11.2014):

> O bloqueio universal de bens e de direitos previsto no art. 185 -A do CTN não se confunde com a penhora de dinheiro aplicado em instituições financeiras, por meio do Sistema BacenJud, disciplinada no art. 655-A do CPC.

Como ressaltado no voto do relator desse julgado, Ministro Og Fernandes, "não se trata, simplesmente, da penhora on-line, mas de pretensão voltada ao bloqueio de bens a fim de lhes tornar indisponíveis, nos termos do art. 185-A do CTN".

Por fim, cumpre deixar claro que a especialidade do art. 185-A do CTN em relação às execuções fiscais de créditos tributários não significa que a exequente de tributos não possa se valer do pedido de bloqueio de ativos financeiros da mesma forma que o podem os credores privados. Apesar de essa conclusão decorrer implicitamente dos requisitos expressos no REsp 1.377.507 e na súmula 560 do STJ, a lembrança é pertinente diante de ter havido uma controvérsia que precisou ser resolvida pelo STJ em sede de **repetitivo**[12].

Indisponibilidade de ativos financeiros	Indisponibilidade de bens e direitos 185-A do CTN
Fundamento no CPC	Fundamento no CTN

11. "(...) restou ao art. 185-A do CTN, ainda, seu papel de medida derradeira prévia ao arquivamento do executivo fiscal nos termos do art. 40 da LEF [Lei de Execuções Fiscais] (...)" (CAMPOS, Rogério. *In*: Constituição e Código Tributário comentados: sob a ótica da Fazenda Nacional. Claudio Seefelder e Rogério Campos (coordenadores-gerais. São Paulo: Thomson Reuters Brasil, 2020, p. 1.089).

12. "(...) a interpretação sistemática dos artigos 185-A, do CTN, com os artigos 11, da Lei 6.830/80 e 655 e 655-A, do CPC, autoriza a penhora eletrônica de depósitos ou aplicações financeiras independentemente do exaurimento de diligências extrajudiciais por parte do exeqüente. (...)" (REsp 1.184.765, **repetitivo**, j. 24.11.2010).

Execuções em geral	Execuções fiscais de tributos
Restrita ao dinheiro	Abrange bens e direitos em geral
Possível no início do processo	Após exaurimento de diligências
Evento específico ("foto")	Alcança bens futuros ("filme")
Não há requisitos estritos	Exequente deve demonstrar diligências infrutíferas

2.2.2 *Medida cautelar fiscal e indisponibilidade de bens e direitos do CTN*

Resultado similar ao da indisponibilidade de bens e direitos do art. 185-A do CTN pode ser obtido pela efetivação da medida cautelar fiscal, desde que presentes os requisitos da Lei 8.397/1992. Fala-se em "resultado similar" porque a Lei 8.397/1992 traz uma extensão peculiar à indisponibilidade do requerido que não corresponde exatamente à indisponibilidade do art. 185-A do CTN.

Assim é que o art. 4º, § 1º da Lei 8.397/1992 dispõe que, na hipótese de pessoa jurídica, a indisponibilidade da medida cautelar fiscal recairá somente sobre os bens do ativo permanente, restrição inexistente no CTN. Outra diferença é que o mesmo dispositivo da Lei 8.397/1992 admite que a indisponibilidade da medida cautelar fiscal seja estendida aos bens do acionista controlador e aos dos que em razão do contrato social ou estatuto tenham poderes para fazer a empresa cumprir suas obrigações fiscais, possibilidade essa não prevista no CTN.

Na medida cautelar fiscal será possível até mesmo, em algumas hipóteses de cabimento, que o requerimento não dependa da prévia constituição do crédito tributário (art. 1º, parágrafo único da Lei 8.397/1992), sendo comum que a providência se dê antes do ajuizamento da execução fiscal. Nesses casos, deve ser observado o art. 11 da Lei 8.397/1992:

> Quando a medida cautelar fiscal for concedida em procedimento preparatório, deverá a Fazenda Pública propor a execução judicial da Dívida Ativa no prazo de sessenta dias, contados da data em que a exigência se tornar irrecorrível na esfera administrativa.

Mesmo quando a Lei 8.397/1992 utiliza a expressão "constituição do crédito", como no inciso I do art. 3º, não está se referindo à constituição definitiva que se dá após a decisão final do processo administrativo fiscal, mas sim à formalização do crédito pelo lançamento ou ato equivalente, no caso de crédito não tributário. Assim entende o STJ (AgRg no REsp 1.497.290, j. 10.02.2015):

> A alegação do recorrente de que a ausência de crédito tributário definitivamente constituído, porquanto pendente a análise de recurso administrativo, inviabilizaria o ajuizamento da medida cautelar fiscal não encontra amparo na jurisprudência do STJ, a qual reconhece no auto de infração forma de constituição tal crédito, cujo recurso administrativo não é óbice à efetivação da cautelar.[13]

13. No mesmo sentido, também no STJ: REsp 466.723, j. 06.06.2006; AgRg no REsp 1.453.963, j. 09.09.2014.

Já a indisponibilidade do art. 185-A do CTN pressupõe um estágio relativamente avançado do processo de execução fiscal, o que a torna mais restrita quanto à universalidade dos créditos a serem garantidos.

Por fim, vale destacar que a medida cautelar fiscal é aplicável a créditos tributários e não tributários (art. 2º da Lei 8.397/1992), enquanto a indisponibilidade de bens e direitos do art. 185-A do CTN é restrita a créditos tributários.

Medida cautelar fiscal	Indisponibilidade do art. 185-A, CTN
Indisponibilidade sobre bens do ativo permanente, em se tratando de pessoa jurídica	Indisponibilidade geral de bens e direitos
Requerimento pode prescindir da prévia constituição do crédito tributário	Requerimento pressupõe um crédito constituído em execução fiscal
Aplicável a créditos tributários e não tributários	Aplicável apenas a créditos tributários

2.3 Reserva de bens suficientes nos processos de falência e recuperação judicial

O crédito tributário exigido em sede de execução fiscal é contestado, regra geral, pelos embargos à execução, que possui como requisito de admissão a garantia da execução[14]. Em consonância com essa exigência, o art. 188, § 1º do CTN dispõe que, caso o crédito tributário seja contestado na falência, o juízo falimentar deve reservar bens suficientes à extinção total do crédito e seus acrescidos, se a massa não puder efetuar a garantia da instância por outra forma:

> CTN, art. 188. § 1º. Contestado o crédito tributário, o juiz remeterá as partes ao processo competente, mandando reservar bens suficientes à extinção total do crédito e seus acrescidos, se a massa não puder efetuar a garantia da instância por outra forma, ouvido, quanto à natureza e valor dos bens reservados, o representante da Fazenda Pública interessada.

Trata-se, portanto, de norma que busca manter a regra de que a discussão do crédito tributário em juízo deve se dar mediante garantia da dívida. Na impossibilidade de se efetuar a garantia, deve o juízo reservar bens suficientes à extinção do crédito tributário, incluindo-se aí os acréscimos legais.

Identifica-se aqui uma nítida **garantia** do crédito tributário, uma vez que a reserva de bens suficientes à sua extinção tem o objetivo de assegurar a satisfação do direito creditório da Fazenda.

Do art. 188, § 1º do CTN também se extrai a regra de que o questionamento judicial do crédito tributário não pode se dar no processo falimentar, devendo o juiz da falência se abster de decidir a respeito e remeter as partes ao órgão jurisdicional competente para tal.

Tanto a garantia da reserva de bens quanto a remessa da discussão sobre o crédito tributário ao juízo competente são regras aplicáveis aos processos de recuperação judicial,

14. Lei 6.830/1980, art. 16, § 1º. Não são admissíveis embargos do executado antes de garantida a execução.

por força do art. 188, § 2º do CTN (que menciona "concordata", termo substituído por "recuperação judicial").

2.4 Garantia de quitação de tributos para a extinção das obrigações do falido

O art. 191 do CTN, com a redação que lhe foi dada pela Lei Complementar 118/2005, dispõe que a "extinção das obrigações do falido requer prova de quitação de todos os tributos". Tem-se aqui uma garantia do crédito tributário, cujo adimplemento é condição para se liberar o falido de suas obrigações.

As hipóteses de extinção das obrigações do falido são previstas no art. 158 da Lei 11.101/2005, abaixo reproduzido:

> Art. 158. Extingue as obrigações do falido:
>
> I – o pagamento de todos os créditos;
>
> II - o pagamento, após realizado todo o ativo, de mais de 25% (vinte e cinco por cento) dos créditos quirografários, facultado ao falido o depósito da quantia necessária para atingir a referida porcentagem se para isso não tiver sido suficiente a integral liquidação do ativo; (Redação dada pela Lei nº 14.112, de 2020) (Vigência)
>
> III - (revogado); (Redação dada pela Lei nº 14.112, de 2020) (Vigência)
>
> IV - (revogado); (Redação dada pela Lei nº 14.112, de 2020) (Vigência)
>
> V - o decurso do prazo de 3 (três) anos, contado da decretação da falência, ressalvada a utilização dos bens arrecadados anteriormente, que serão destinados à liquidação para a satisfação dos credores habilitados ou com pedido de reserva realizado; (Incluído pela Lei nº 14.112, de 2020) (Vigência)
>
> VI - o encerramento da falência nos termos dos arts. 114-A ou 156 desta Lei. (Incluído pela Lei nº 14.112, de 2020) (Vigência)

Configurada qualquer das hipóteses acima, o falido poderá requerer ao juízo da falência que suas obrigações sejam declaradas extintas por sentença (art. 159 da Lei 11.101/2005).

O art. 191 do CTN representa uma limitação aos art. 158 e 159 da Lei 11.101/2005 (Lei de Falências), ao trazer, como requisito adicional à extinção das obrigações do falido, a prova de quitação de todos os tributos. O fato de o art. 191 do CTN ter sido alterado pela Lei Complementar 118/2005, que modificou o CTN para adaptar certas normas em consonância com a Lei de Falências promulgada naquele mesmo ano (Lei 11.101/2005), conduz à conclusão de que a extinção das obrigações do falido deve observar não apenas as regras dispostas na Lei 11.101/2005, mas também o disposto no CTN.

Todavia, o STJ possui entendimento que flexibiliza (para não dizer que afasta a aplicação) o art. 191 do CTN. Segundo essa orientação, a garantia do crédito tributário ora estudada não impede a extinção das obrigações do falido que foram habilitadas ou consideradas no processo falimentar, sendo obstada apenas a extinção das obrigações tributárias do falido (STJ, REsp 834.932, j. 25.08.2015 – grifo adicionado):

> 1. **A declaração de extinção das obrigações do falido poderá referir-se somente às obrigações que foram habilitadas ou consideradas no processo falimentar, não tendo,**

> **nessa hipótese, o falido a necessidade de apresentar a quitação dos créditos fiscais para conseguir o reconhecimento da extinção daquelas suas obrigações, em menor extensão, sem repercussão no campo tributário.**
>
> 2. Sendo o art. 187 do Código Tributário Nacional - CTN taxativo ao dispor que a cobrança judicial do crédito tributário não está sujeita a concurso de credores ou habilitação em falência, recuperação judicial, concordata, inventário ou arrolamento, e não prevendo o CTN ser a falência uma das causas de suspensão da prescrição do crédito tributário (art. 151), não há como se deixar de inferir que o crédito fiscal não se sujeita aos efeitos da falência.
>
> 3. Desse modo, **o pedido de extinção das obrigações do falido poderá ser deferido: I) em maior abrangência, quando satisfeitos os requisitos da Lei Falimentar e também os do art. 191 do CTN, mediante a "prova de quitação de todos os tributos"; ou II) em menor extensão, quando atendidos apenas os requisitos da Lei Falimentar, mas sem a prova de quitação de todos os tributos, caso em que as obrigações tributárias não serão alcançadas pelo deferimento do pedido de extinção.**[15]

Não se pode deixar de tecer críticas ao entendimento acima. Em que pese ser possível ao intérprete construir uma norma sem o apego à literalidade do texto legal, esse caminho deve ser trilhado para se buscar uma solução de acordo com o sistema jurídico e com a finalidade buscada pelo legislador. O STJ acabou por incluir o adjetivo "tributárias" ao substantivo "obrigações", em um diploma que traz um conceito específico de "obrigação tributária". Na prática, o STJ retirou do alcance do art. 191 do CTN as obrigações não tributárias, que passariam a poder ser extintas sem a prova de quitação de todos os tributos.

Além disso, ignorou que o art. 191 do CTN utilizou a mesma expressão empregada pela Lei 11.101/2005 ("obrigações do falido"), indicando claramente que o seu conteúdo é tão amplo quanto o constante da lei falimentar. A identidade de conteúdo entre essas duas expressões é reforçada pela constatação de que a redação do art. 191 foi alterada pela Lei Complementar 118/2005, que teve dentre seus objetivos a adaptação do CTN à nova lei de falências. Ora, se o legislador complementar de 2005 modificou o texto do art. 191 do CTN para torná-lo compatível com a Lei 11.101/2005, não se pode conceber que utilizou uma expressão já empregada pelo legislador ordinário para se conferir sentido diverso ao ali utilizado. Fosse assim, não haveria uma harmonização entre as legislações, mas sim uma ruptura semântica ilógica e assistemática, papel este ao qual não se presta o legislador (nem o intérprete).

Ao limitar a garantia do crédito tributário de forma sequer sugerida pelas normas da lei falimentar ou do CTN, o STJ acabou por declarar a inconstitucionalidade parcial sem redução de texto do art. 191 do CTN, sem o fazê-lo expressamente, o que exigiria a observância da regra constitucional da reserva do plenário[16].

15. No mesmo sentido: "No regime do DL 7.661/1945, os créditos tributários não se sujeitam ao concurso de credores instaurado por ocasião da decretação da quebra do devedor (art. 187), de modo que, por decorrência lógica, não apresentam qualquer relevância na fase final do encerramento da falência, na medida em que as obrigações do falido que serão extintas cingem-se unicamente àquelas submetidas ao juízo falimentar." (STJ, REsp 1.426.422, j. 28.03.2017).

16. Constituição Federal, art. 97. Somente pelo voto da maioria absoluta de seus membros ou dos membros do respectivo órgão especial poderão os tribunais declarar a inconstitucionalidade de lei ou ato normativo do Poder Público.

Em síntese, a interpretação não deve ser acolhida, em suma pelas razões a seguir sintetizadas. Primeiro, não se pode **reduzir** uma garantia do crédito tributário se a respectiva norma visa justamente conferir **maior** proteção ao direito da Fazenda, sob pena de se contrariar a própria finalidade da norma. Segundo, por contrariar o sistema normativo a ser considerado. Ao se adotar uma interpretação sistemática, analisando o art. 191 do CTN em conjunto com o art. 158 da Lei 11.101/2005, percebe-se que os dois dispositivos utilizaram a mesma expressão, qual seja, "obrigações do falido", não havendo qualquer indicativo, numa ou noutra norma, de restrição a "obrigações tributárias do falido". Por fim, ainda que se admitisse tal expediente interpretativo, deveria ser observada a regra constitucional da reserva do plenário para a declaração de inconstitucionalidade, diante da retirada, do alcance do art. 191 do CTN, das hipóteses relativas às obrigações não tributárias do falido.

2.4.1 *A "prova de quitação de todos os tributos" e a "certidão positiva com efeitos de negativa"*

Conforme já introduzido, a extinção das obrigações do falido requer **prova de quitação** de todos os tributos. Dúvida poderia surgir sobre a possibilidade de uma certidão positiva com efeitos de negativa ser aceita como "prova de quitação" de tributos, tendo em vista que o art. 206 do CTN confere a tal certidão os mesmos efeitos da certidão negativa que prova a quitação de tributo[17].

A melhor interpretação parece a que identifica uma negativa à identidade dos efeitos quando o legislador utiliza a expressão "prova de quitação", ao invés de "certidão negativa". Assim, quando a lei requer a apresentação de certidão negativa, pode o contribuinte apresentar a certidão positiva com efeitos de negativa, já que possui os mesmos efeitos. Diversamente, se determinada norma exige a "prova de quitação de tributo", haveria um impeditivo ao aproveitamento da certidão positiva com efeitos de negativa. Esse raciocínio já foi empregado pelo STJ (REsp 1.761.544, j. 08.11.2018 – grifos adicionados), como se pode conferir abaixo:

> **A controvérsia cinge-se à interpretação da expressão "quitação de tributos e contribuições"**, contida no art. 60 da Lei 9.069/1995: "Art. 60. A concessão ou reconhecimento de qualquer incentivo ou benefício fiscal, relativos a tributos e contribuições administrados pela Secretaria da Receita Federal fica condicionada à comprovação pelo contribuinte, pessoa física ou jurídica, da quitação de tributos e contribuições federais". 9. A parte recorrente alega que o acórdão recorrido deu "conotação extremamente rígida" ao dispositivo legal transcrito e que tal interpretação foge do razoável. Afirma que "exigir-se a quitação de todos os tributos, ainda que estejam com sua exigibilidade suspensa (na

17. CTN, art. 205. A lei poderá exigir que a prova da quitação de determinado tributo, quando exigível, seja feita por certidão negativa, expedida à vista de requerimento do interessado, que contenha todas as informações necessárias à identificação de sua pessoa, domicílio fiscal e ramo de negócio ou atividade e indique o período a que se refere o pedido.
(...) Art. 206. Tem os mesmos efeitos previstos no artigo anterior a certidão de que conste a existência de créditos não vencidos, em curso de cobrança executiva em que tenha sido efetivada a penhora, ou cuja exigibilidade esteja suspensa.

> forma do artigo 151 do Código Tributário Nacional), para usufruto do benefício fiscal, configura exigência praticamente impossível de ser cumprida por qualquer uma das empresas brasileiras". 10. O recorrente pretende, em última análise, que as hipóteses de suspensão da exigibilidade do crédito tributário (art. 151 do CTN) sejam enquadradas no conceito de "quitação", para fins de concessão do benefício fiscal. 11. Não é essa, porém, a melhor compreensão acerca do tema. É assente no STJ que as normas tributárias que versem sobre a concessão de benefícios fiscais devem ser interpretadas literalmente, nos termos expressos do art. 111, II, do CTN. (...) Como bem observado pelo Tribunal *a quo*, **não se pode confundir a obtenção de Certidão Positiva com Efeito de Negativa, que denota a existência de débitos fiscais com averbação de hipótese de suspensão de exigibilidade ou garantia, com a quitação de tributos e contribuições, só comprovada através de Certidão Negativa de Débito.** 14. O *decisum* recorrido consignou de forma expressa que "contrariamente ao quanto exposto pela Impetrante, que **a obtenção da CPEN não equivale à inexistência de débitos tributários. Ao contrário, a CPEN indica a existência de crédito tributário** com exigibilidade suspensa a teor do art. 206 do Código Tributário Nacional (...)".

Orientação similar foi adotada em sede de **repetitivo** (REsp 1.041.237, j. 28.10.2009), ocasião na qual também se entendeu que a expressão "quitação de tributos e contribuições federais" do art. 60 da Lei 9.069/1995 é associada apenas à certidão negativa.

Embora seja prudente a advertência de que essa restrição ao sentido de "quitação de tributos" ocorreu em casos atinentes a benefícios fiscais, que devem ser interpretados "literalmente" (art. 111 do CTN), não se deve esquecer que as garantias do crédito tributário devem ser dotadas do máximo de efetividade possível, pela própria finalidade dessas normas. Ao se adotar uma equivalência entre a quitação de tributos e a certidão positiva com efeitos de negativa nas exigências que visam assegurar o adimplemento do crédito tributário, está-se conferindo uma interpretação que enfraquece a garantia criada.

A ressalva pode se dar em situações específicas onde o legislador competente abre mão da garantia consistente na quitação de tributos para admitir a mera "regularidade fiscal", como ocorre no art. 29 da Lei 8.666/1993, onde a documentação relativa à regularidade fiscal que habilita o particular a participar de licitações consiste em "**prova de regularidade para com a Fazenda** Federal, Estadual e Municipal do domicílio ou sede do licitante, ou outra equivalente, na forma da lei" (inciso III). A regularidade fiscal é expressão ampla, que abrange não apenas os tributos quitados, mas também a situação em que o particular possui dívidas tributárias com sua exigibilidade suspensa. Nesse sentido, inclusive, dispõe expressamente a **súmula 283 do Tribunal de Contas da União**:

> Para fim de habilitação, a Administração Pública não deve exigir dos licitantes a apresentação de certidão de quitação de obrigações fiscais, e sim prova de sua regularidade.

A regulamentação da lei ordinária da Lei 8.666/1993, nesse caso, não representa ofensa à competência do legislador complementar para dispor sobre normas gerais acerca do crédito tributário, pois a Constituição confere à União a competência privativa para legislar (por meio de lei ordinária) sobre "normas gerais de licitação e contratação, em todas as modalidades, para as administrações públicas diretas, autárquicas e fundacionais da União, Estados, Distrito Federal e Municípios" (CF, art. 37, XXVII). Ainda que assim não fosse, o próprio art. 193 do CTN[18], ao impor a prova de quitação de tributos como condição para a participação em concorrência pública e celebração de contrato administrativo, prevê expressamente a possibilidade de a lei introduzir autorização em sentido diverso.

Em se tratando das garantias do crédito tributário, portanto, é razoável supor que quando o CTN ou o legislador em geral pretende admitir a certidão positiva com efeitos de negativa, há a utilização de expressões que admitem a equiparação de efeitos, como a "certidão negativa" ou a "regularidade fiscal". Já o uso da expressão "quitação de tributos", por outro lado, indica a intenção de negar a aceitação da certidão positiva com efeitos de negativa, uma vez que esta demonstra a existência de tributos não quitados.

A interpretação ora defendida é reforçada ao se comparar o art. 191 ao art. 191-A do mesmo CTN. Este último, ao impor a "prova de quitação de todos os tributos" como condição para a concessão da recuperação judicial, adiciona uma cláusula final inexistente no art. 191 do CTN: "observado o disposto nos arts. 151, 205 e 206 desta Lei". O art. 151 do CTN traz os casos de suspensão da exigibilidade, enquanto os arts. 205 e 206 tratam da certidão negativa e da certidão positiva com efeitos de negativa, respectivamente.

Considerando que tanto a redação do art. 191 ora comentada quanto a própria inclusão do art. 191-A ao CTN são obras da Lei Complementar 118/2005, não faz sentido afirmar que a cláusula final do art. 191-A que prevê expressamente a certidão positiva com efeitos de negativa seja obra do acaso. Ora, a redação dos dois dispositivos, conferida pelo mesmo legislador, no mesmo momento, é praticamente idêntica, salvo pela permissão expressa de que a prova de quitação de tributos para a concessão da recuperação judicial observe o disposto nos arts. 151 (suspensão da exigibilidade), 205 (certidão negativa) e 206 (certidão positiva com efeitos de negativa).

Há, desse modo, um ordenamento no CTN e na legislação tributária do rigor a ser exigido do contribuinte. Quando se trata de garantia do crédito tributário ou de benefícios fiscais, a exigência de quitação de tributos não pode ser suprida com a apresentação de certidão positiva com efeitos de negativa, a não ser que:

a) o dispositivo que institui a garantia preveja expressamente a admissibilidade da certidão positiva com efeitos de negativa, como ocorre no art. 191-A do CTN;

b) haja outra norma, no âmbito de sua competência, que relaxe a rigidez da exigência do adimplemento tributário, como ocorre no art. 29 da Lei 8.666/1993, que funciona como a autorização legal expressa prevista na parte inicial do art. 193 do CTN.

2.4.2 *Encerramento da falência e ausência de bens: a extinção da execução fiscal sem a imediata extinção da dívida tributária*

Caso o processo falimentar transite em julgado e não haja recursos suficientes para a quitação dos tributos exigidos em sede de execução fiscal, a jurisprudência do STJ possui

18. CTN, art. 193: Salvo quando expressamente autorizado por lei, nenhum departamento da administração pública da União, dos Estados, do Distrito Federal, ou dos Municípios, ou sua autarquia, celebrará contrato ou aceitará proposta em concorrência pública sem que o contratante ou proponente faça prova da quitação de todos os tributos devidos à Fazenda Pública interessada, relativos à atividade em cujo exercício contrata ou concorre.

entendimento consolidado no sentido de que a execução deve ser extinta sem resolução do mérito, diante da ausência de ausência de pressupostos de constituição e de desenvolvimento válido e regular do processo (art. 267, IV do Código de Processo Civil de 1973). Nesse caso, não poderia a Fazenda suspender a execução fiscal com fulcro no art. 40 da Lei 6.830/1980, sendo a extinção do processo a única alternativa se não houver motivos que ensejem o redirecionamento da execução fiscal (STJ, REsp 758.363, j. 18.08.2005).

Na esfera federal, a Procuradoria da Fazenda Nacional reconheceu a jurisprudência pacífica do STJ e recomendou, no **Parecer PGFN/CRJ 89/2013**, a não apresentação de contestação a não interposição de recursos e a desistência dos já interpostos em face de decisões que aplicassem o entendimento do STJ.

Uma atenção especial deve ser dispensada ao tema, pois a extinção do processo de execução fiscal, nos termos da jurisprudência ora exposta, se dá por questão processual, sem resolução do mérito, o que significa que o crédito tributário exigido na execução não é extinto juntamente com o processo executivo. O direito material da Fazenda (crédito tributário) permanece vivo, estando sujeito, contudo, à prescrição. O prazo prescricional não será regido pelo 158, III, da Lei 11.101/2005, uma vez que o art. 146, III, "b" da Constituição exige lei complementar para estabelecer normas a respeito de prescrição tributária. Esse raciocínio foi adotado no **Parecer Conjunto PGFN CRJ/CDA 06/2017**, como se pode ver do trecho abaixo reproduzido (grifos adicionados):

> Assim, conjugando a premissa já firmada (de que o encerramento da falência não atinge os créditos tributários e até mesmo os não tributários inscritos em dívida ativa, os quais provavelmente só serão extintos após eventual futura consumação da prescrição) com a disposição supra, chega-se à conclusão de que **a extinção das obrigações do(s) falido(s), bem como a cessação dos efeitos da decretação da falência, somente pode ser requerida quando extintos (provavelmente por prescrição) os créditos tributários** (bem com os não tributários inscritos em dívida ativa), **recomendando, assim, que, diante do pedido a que se refere o art. 159 da Lei nº 11.101/05, o juízo exija a apresentação de CND de todos os entes federativos em que o falido tinha estabelecimento.**

O esperado é que, com o encerramento da falência e na ausência de bens do falido, inexistindo ainda causa de redirecionamento, o crédito tributário siga o caminho da prescrição. Assim, a extinção da dívida tributária será posterior ao final do processo falimentar, e só com essa prescrição do crédito tributário é que será possível a extinção das obrigações do falido.

Na hipótese de serem descobertos, posteriormente e antes da consumação do prazo prescricional, bens e direitos do falido ou verificada a ocorrência de causa de redirecionamento, será possível o ajuizamento de nova execução fiscal.

Em síntese: não havendo extinção imediata da dívida tributária da massa falida, o encerramento do processo falimentar sem a existência de recursos suficientes para o adimplemento dos tributos devidos (que culmina, de acordo com o STJ, na extinção da execução fiscal) não acarreta a extinção das obrigações do falido, diante do disposto no art. 191 do CTN. Apenas após a prescrição da dívida tributária é que se pode cogitar da exoneração do falido, pois nesse caso não haveria tributos em aberto.

Deve ser ressaltado, contudo, que decisões do STJ têm flexibilizado a norma do art. 191 do CTN. Para esse Corte, a garantia do art. 191 do Código Tributário não impediria a extinção das obrigações do falido que foram habilitadas ou consideradas no processo falimentar, sendo obstada apenas a extinção das obrigações tributárias do falido (STJ, REsp 834.932, j. 25.08.2015).

2.5 Garantia de quitação de todos os tributos para a concessão de recuperação judicial

A recuperação judicial é um processo que tem como objetivo superar a "situação de crise econômico-financeira do devedor, a fim de permitir a manutenção da fonte produtora, do emprego dos trabalhadores e dos interesses dos credores, promovendo, assim, a preservação da empresa, sua função social e o estímulo à atividade econômica" (art. 47 da Lei 11.101/2005). Nessa ação, o devedor apresenta um plano de recuperação judicial que pode ser aprovado, rejeitado ou modificado por uma assembleia-geral de credores (art. 35, I. "a" da Lei 11.101/2005).

Nem todos os credores participam do plano de recuperação judicial, pois a cobrança judicial do crédito tributário não é sujeita a concurso de credores ou habilitação em recuperação judicial (CTN, art. 187).

É justamente essa exclusão dos credores tributários do âmbito da recuperação judicial que fundamenta a necessidade de apresentação da prova de quitação de todos os tributos para a concessão da recuperação judicial, conforme expressamente disposto no art. 191-A do CTN, incluído pela Lei Complementar 118/2005:

> A concessão de recuperação judicial depende da apresentação da prova de quitação de todos os tributos, observado o disposto nos arts. 151, 205 e 206 desta Lei.

Para se compreender essa garantia do crédito tributário consistente na exigência de quitação de tributos no momento da **concessão** da recuperação judicial, é importante mencionar que antes desse estágio há a apresentação da própria petição inicial de recuperação judicial (art. 51 da Lei 11.101/2005), o deferimento do seu processamento pelo juiz (art. 52 da Lei 11.101/2005), e a apresentação do plano de recuperação judicial, que deve ser apresentado pelo devedor em juízo no prazo improrrogável de 60 dias da publicação da decisão que deferir o processamento da recuperação judicial (art. 53 da Lei 11.101/2005).

Só após a juntada aos autos do plano aprovado pela assembleia-geral de credores ou decorrido o prazo para manifestação sem objeção de credores é que o devedor deve apresentar certidões de regularidade fiscal, conforme previsto no art. 57 da Lei 11.101/2005[19]. Esse momento é imediatamente anterior à concessão, pelo juiz, da recuperação judicial do devedor, de modo que há uma harmonia entre o art. 191-A do CTN, que exige a apresentação da prova de regularidade fiscal e o art. 57 da Lei 11.101/2005, que determina ao

19. "Após a juntada aos autos do plano aprovado pela assembléia-geral de credores ou decorrido o prazo previsto no art. 55 desta Lei sem objeção de credores, o devedor apresentará certidões negativas de débitos tributários nos termos dos arts. 151, 205, 206 da Lei nº 5.172, de 25 de outubro de 1966 - Código Tributário Nacional.".

devedor a apresentação de certidão de regularidade fiscal logo após a juntada aos autos do plano aprovado (expressa ou tacitamente) pelos credores, o que ocorre logo antes da concessão da recuperação judicial.

A exclusão dos tributos dentre os créditos abrangidos pela recuperação judicial repercute ainda na regra de suspensão da prescrição do art. 6º da Lei 11.101/2005, cujo *caput* estabelece que a decretação da falência ou o deferimento do processamento da recuperação judicial suspende o curso da prescrição e de todas as ações e execuções em face do devedor. Tendo em vista a ausência dos créditos tributários no processo de recuperação judicial, surge como uma consequência natural a regra de que as execuções de natureza fiscal não são suspensas pelo deferimento da recuperação judicial (art. 6º, § 7º da Lei 11.101/2005).

Com a Lei 14.112/2020, norma semelhante passou a contar do art. 7º-B da Lei 11.101/2005:

> Art. 6º A decretação da falência ou o deferimento do processamento da recuperação judicial implica:
>
> I - suspensão do curso da prescrição das obrigações do devedor sujeitas ao regime desta Lei;
>
> II - suspensão das execuções ajuizadas contra o devedor, inclusive daquelas dos credores particulares do sócio solidário, relativas a créditos ou obrigações sujeitos à recuperação judicial ou à falência;
>
> III - proibição de qualquer forma de retenção, arresto, penhora, sequestro, busca e apreensão e constrição judicial ou extrajudicial sobre os bens do devedor, oriunda de demandas judiciais ou extrajudiciais cujos créditos ou obrigações sujeitem-se à recuperação judicial ou à falência.
>
> (...) § 7º-B. O disposto nos incisos I, II e III do caput deste artigo não se aplica às execuções fiscais, admitida, todavia, a competência do juízo da recuperação judicial para determinar a substituição dos atos de constrição que recaiam sobre bens de capital essenciais à manutenção da atividade empresarial até o encerramento da recuperação judicial, a qual será implementada mediante a cooperação jurisdicional, na forma do art. 69 da Lei nº 13.105, de 16 de março de 2015 (Código de Processo Civil), observado o disposto no art. 805 do referido Código.

Desse sistema normativo é possível perceber que há toda uma lógica no tratamento conferido pelo legislador à cobrança dos créditos tributários em face do devedor em recuperação judicial. A Lei 11.101/2005, ao excluir os créditos tributários, exige a apresentação de certidões de regularidade fiscal após a aprovação do plano pelos credores, certidões estas que, de acordo com o art. 191-A do CTN, devem ser apresentadas sob pena de não ser concedida a recuperação judicial (esta "depende" das certidões).

A despeito da consistência desse regime normativo, a jurisprudência do STJ afastou a aplicação do art. 57 da Lei 11.101/2005 e do art. 191-A do CTN em nome de uma prevalência do art. 47 da Lei 11.101/2005, que trata a recuperação judicial como uma forma de preservação da empresa. Um julgado paradigmático é o REsp 1.187.404 (j. 19.06.2013), no qual a Corte Especial do STJ assim se pronunciou:

> 1. O art. 47 serve como um norte a guiar a operacionalidade da recuperação judicial, sempre com vistas ao desígnio do instituto, que é "viabilizar a superação da situação

> de crise econômico-financeira do devedor, a fim de permitir a manutenção da fonte produtora, do emprego dos trabalhadores e dos interesses dos credores, promovendo, assim, a preservação da empresa, sua função social e o estímulo à atividade econômica".
>
> 2. O art. 57 da Lei n. 11.101/2005 e o art. 191-A do CTN devem ser interpretados à luz das novas diretrizes traçadas pelo legislador para as dívidas tributárias, com vistas, notadamente, à previsão legal de parcelamento do crédito tributário em benefício da empresa em recuperação, que é causa de suspensão da exigibilidade do tributo, nos termos do art. 151, inciso VI, do CTN.
>
> 3. O parcelamento tributário é direito da empresa em recuperação judicial que conduz a situação de regularidade fiscal, de modo que eventual descumprimento do que dispõe o art. 57 da LRF só pode ser atribuído, ao menos imediatamente e por ora, à ausência de legislação específica que discipline o parcelamento em sede de recuperação judicial, não constituindo ônus do contribuinte, enquanto se fizer inerte o legislador, a apresentação de certidões de regularidade fiscal para que lhe seja concedida a recuperação.

Há vários problemas na posição acima externada a serem apontados.

Primeiro, cria-se uma superioridade do "norte" que se encontra no art. 47 da Lei 11.101/2005 a ponto de que seria possível afastar dois dispositivos específicos sobre a necessidade de apresentação de certidão de regularidade fiscal como condição para a concessão de recuperação judicial. Se o "princípio da preservação da empresa" constante no art. 47 possui tal poder, não haveria razão para que o mesmo legislador, no mesmo momento histórico, criasse regra especial que condiciona a recuperação judicial à apresentação de certidões de regularidade fiscal. Tal exigência, de acordo com a interpretação sistemática da legislação, constitui uma nítida opção pela preservação dos interesses do credor tributário, o qual não participa no plano de recuperação judicial.

Segundo, há o argumento equivocado de que a ausência de legislação específica que discipline o parcelamento em sede de recuperação judicial conduziria à dispensa da obrigação de apresentar certidões de regularidade fiscal para que seja concedida a recuperação. Esse raciocínio não se sustenta, pois o próprio CTN prevê que a inexistência de lei específica sobre as condições de parcelamento dos créditos tributários do devedor em recuperação judicial importa na aplicação das leis gerais de parcelamento do ente da Federação ao devedor em recuperação judicial (art. 155-A, § 4º, incluído pela Lei Complementar 118/2005). Cabe advertir ainda que esse argumento perdeu força, no âmbito federal, com a Lei 13.043/2014, que incluiu o art. 10-A na Lei 10.522/2002, introduzindo o parcelamento específico para o devedor em recuperação judicial.

Além disso, a negativa de aplicação do art. 57 da Lei 11.101/2005 e do art. 191-A do CTN representa uma "declaração branca de inconstitucionalidade", ou seja, o STJ estaria conferindo um efeito de declaração de inconstitucionalidade às suas decisões, sem fundamentar expressamente quais razões constitucionais levariam à superação das normas afastadas. Nas decisões proferidas por órgãos fracionários do tribunal[20], haveria uma ofensa

20. Exemplos de julgados de turma afastando o art. 57 da Lei 11.101/2005 e o art. 191-A do CTN: AgInt no REsp 1.548.587 (1ª turma, j. 05.12.2017); REsp 1.659.669 (2ª turma, j. 02.05.2017); AgRg no REsp 1.519.405 (2ª turma, 28.04.2015); AgInt no AREsp 779.631 (2ª turma, j. 17.05.2016); AgInt no REsp 1.605.862 (1ª turma, j. 08.11.2016).

à cláusula da reserva do plenário prevista no art. 97 da Constituição (o REsp 1.187.404, acima citado, foi julgado na Corte Especial, não havendo ofensa ao art. 97 da CF), em franca oposição ao que o STF consolidou na **súmula vinculante 10**[21].

Seguindo na vulneração do sistema de garantia do crédito tributário inserto na própria Lei 11.101/2005, o STJ também afastou a aplicação do art. 6º, § 7º da Lei 11.101/2005, que determina não haver suspensão das execuções fiscais de créditos tributários pelo deferimento da recuperação judicial. Houve um desfiguramento do sistema normativo: além de não se exigir a certidão de regularidade fiscal, o STJ também decidiu pela impossibilidade de o juízo das execuções de dívidas tributárias praticar atos constritivos. Apesar de negar que haveria suspensão da execução[22], na prática a proibição de atos constritivos reduz a execução ao vazio[23]. Ao fim e ao cabo, esse entendimento jurisprudencial criou uma modalidade atípica de moratória tributária[24], sem qualquer discussão no âmbito do Poder Legislativo, órgão incumbido constitucionalmente de conceder benefícios fiscais (art. 150, § 6º da CF).

Diante de todas as incongruências acima apontadas na orientação do STJ, o Ministro do Supremo Tribunal Federal Luiz Fux deferiu, no dia 08.09.2020, medida cautelar na Reclamação 43.169 nos seguintes termos (grifos adicionados):

> (...) 1. **O Superior Tribunal de Justiça, ao afastar a aplicação dos artigos 57, da Lei 11.101/2005, e 191-A, do Código Tributário Nacional, com fundamento no princípio da proporcionalidade, promove o controle difuso de constitucionalidade**, atividade inerente à Corte Especial daquele Sodalício.
>
> 2. A declaração incidental de inconstitucionalidade sem a observância da cláusula de reserva de plenário permite a interposição da Reclamação Constitucional ao Supremo Tribunal Federal por ofensa ao teor da Súmula Vinculante nº 10. Precedentes.
>
> 3. **A exigência de Certidão de Regularidade Fiscal para a homologação do plano de recuperação judicial faz parte de um sistema que impõe ao devedor, para além da negociação com credores privados, a regularização de sua situação fiscal**, por meio do parcelamento de seus débitos junto ao Fisco.
>
> 4. Consectariamente, **a não regularização preconizada pelo legislador possibilita a continuidade dos executivos fiscais movidos pela Fazenda (art. 6º, § 7º da Lei 11.101/05), o que, em última instância, pode resultar na constrição de bens que tenham sido objeto do Plano de Recuperação Judicial**, situação que não se afigura desejável.

---

21. "Viola a cláusula de reserva de plenário (CF, artigo 97) a decisão de órgão fracionário de tribunal que, embora não declare expressamente a inconstitucionalidade de lei ou ato normativo do Poder Público, afasta sua incidência, no todo ou em parte.".

22. "De acordo com o entendimento jurisprudencial consolidado no âmbito da Segunda Seção desta Corte de Justiça, embora o deferimento do processamento da recuperação judicial não tenha, por si só, o condão de suspender as execuções fiscais, na dicção do art. 6º, § 7º, da Lei n. 11.101/05, a pretensão constritiva direcionada ao patrimônio da empresa em recuperação judicial deve, sim, ser submetida à análise do juízo universal, em homenagem ao princípio da preservação da empresa." (STJ, AgRg no CC 136.040, j. 13.05.2015).

23. Como admitido no seguinte julgado: "Embora a execução fiscal, em si, não se suspenda, são vedados atos judiciais que inviabilizem a recuperação judicial, ainda que indiretamente resulte em efetiva suspensão do procedimento executivo fiscal por ausência de garantia de juízo." (STJ, REsp 1.166.600, j. 04.12.2002).

24. BOCCATO, Esdras. Quando a recuperação judicial vira moratória tributária. Disponível em: https://www.jota.info/opiniao-e-analise/colunas/contraditorio/quando-recuperacao-judicial-vira-moratoria-tributaria-05122016. Acesso em 08.09.2020.

> 5. Mais recentemente também é possível vislumbrar, em âmbito federal, a expedição da Certidão de Regularidade Fiscal ao devedor que realiza a transação tributária com o Fisco nos termos da novel Lei 13.988/2020.
>
> 6. In casu, a declaração incidental de inconstitucionalidade não está escorada no julgamento do REsp 1187404/MT, Rel. Ministro Luis Felipe Salomão, pela Corte Especial do Superior Tribunal de Justiça. Naquele precedente o fundamento para que a exigência de Certidão de Regularidade Fiscal fosse afastada foi a ausência de parcelamento específico para as empresas em recuperação judicial, situação já superada pela edição da Lei nº 13.043/14.
>
> 7. Para o não conhecimento da Reclamação com fundamento na existência de precedente da Corte Especial seria necessária a aderência da decisão reclamada ao entendimento formado com a observância da cláusula de reserva de plenário, o que não acontece no caso concreto.
>
> 8. Decisão liminar deferida, para suspender os efeitos da decisão reclamada, exigindo-se a Certidão de Regularidade Fiscal da empresa devedora nos termos dos arts. 57 da Lei 11.101/05 e 191-A do Código Tributário Nacional.

A decisão acima aponta uma análise mais rigorosa do sistema legislativo em questão, respeitando-se as opções legislativas efetuadas pelo Congresso Nacional.

No âmbito do STJ, a possibilidade da prática de atos constritivos em face de empresa em recuperação judicial, em sede de execução fiscal será apreciada pela sistemática de recursos **repetitivos** no REsp 1.712.484, onde será possível uma mudança de orientação.

Vale notar que a partir do REsp 1.512.118 (j. 05.03.2015), o STJ apontou uma nova direção no tema, criando os seguintes critérios com base na apresentação ou não da certidão de regularidade fiscal: a) constatado que a concessão do Plano de Recuperação Judicial se deu com estrita observância dos arts. 57 e 58 da Lei 11.101/2005 (ou seja, **com prova de regularidade fiscal**), a Execução Fiscal será suspensa em razão da presunção de que os créditos fiscais encontram-se suspensos nos termos do art. 151 do CTN; b) caso contrário, isto é, se foi deferido, no juízo competente, o Plano de Recuperação Judicial **sem a apresentação da CND ou CPEN**, incide a regra do art. 6º, § 7º (parágrafo atualmente revogado pala lei 14.112/2020), da Lei 11.101/2005, de modo que a Execução Fiscal terá regular prosseguimento, pois não é legítimo concluir que a regularização do estabelecimento empresarial possa ser feita exclusivamente em relação aos seus credores privados, e, ainda assim, às custas dos créditos de natureza fiscal.

Ainda que se reconheça uma alteração em relação ao entendimento que simplesmente impede a prática de atos constritivos no juízo da execução fiscal, a orientação do REsp 1.512.118, acima exposta, ainda se afasta do art. 57 da Lei 11.101/2005 e do art. 191-A do CTN, uma vez que esses dispositivos impedem a concessão de recuperação judicial sem a prova de regularidade fiscal. Ao admitir o deferimento da recuperação judicial sem a apresentação das certidões de regularidade fiscal, há uma inequívoca violação aos dispositivos legais que se traduzem em uma garantia do crédito tributário.

Por último, cumpre ressaltar que observância ao disposto nos arts. 151, 205 e 206 do CTN para a prova de quitação de todos os tributos significa que tal comprovação pode ser feita não apenas com a certidão negativa de tributos (art. 205), mas também com a demonstração da existência de débitos com exigibilidade suspensa (art. 151) ou de dívidas que, mesmo sem a suspensão da exigibilidade, encontram-se garantidas, permitindo-se a obtenção da certidão positiva com efeitos de negativa (art. 206).

2.6 Quitação de tributos relativos ao espólio para que seja proferida sentença de partilha ou adjudicação

Com a morte da pessoa física, a sucessão é aberta e a herança transmite-se, desde logo, aos herdeiros legítimos e testamentários (art. 1.784 do Código Civil). No caso de mais de um herdeiro, contudo, é só com a partilha que o direito dos coerdeiros, quanto à propriedade e posse da herança, deixa de ser indivisível (art. 1.791, parágrafo único do Código Civil). Com o trânsito em julgado da sentença de partilha (sentença esta que exige o pagamento ou a garantida do ITCMD devido, conforme o art. 654 do Código de Processo Civil), o herdeiro receberá os bens que lhe tocarem (art. 655 do CPC). A sentença julgará o pedido de adjudicação, por sua vez, quando houver herdeiro único (art. 659, § 1º do CPC).

Seja na partilha entre mais de um herdeiro, seja na adjudicação a herdeiro único, o art. 192 introduz uma garantia do crédito tributário no âmbito da sucessão:

> Art. 192. Nenhuma sentença de julgamento de partilha ou adjudicação será proferida sem prova da quitação de todos os tributos relativos aos bens do espólio, ou às suas rendas.

No que diz respeito especificamente à **partilha amigável**, o Código Processual Civil prevê em seu art. 659, § 2º, que a intimação do fisco para lançamento do imposto de transmissão e de outros tributos porventura incidentes só ocorrerá após o trânsito em julgado da sentença de homologação da partilha ou da adjudicação, o que viola frontalmente o art. 192 do CTN. A pretexto de conferir maior celeridade ao procedimento da partilha amigável, o legislador processual inviabilizou a garantia do crédito tributário prevista no CTN.

O STJ, cotejando o dispositivo processual e a garantia do CTN, assim se pronunciou (REsp 1.704.359, j. 28.08.2018 – grifos adicionados):

> 1. A sucessão causa mortis, independentemente do procedimento processual adotado, abrange os tributos relativos aos bens do espólio e às suas rendas, porquanto integrantes do passivo patrimonial deixado pelo de cujus, e constitui fato gerador do imposto de transmissão (ITCM).
>
> 2. Segundo o que dispõe o art. 192 do CTN, a comprovação da quitação dos tributos referentes aos bens do espólio e às suas rendas é condição sine quo non para que o magistrado proceda à homologação da partilha.
>
> 3. O CPC/1973, em seu art. 1.031, em conformidade com o art. 192 do CTN, exigia a prova de quitação dos tributos relativos aos bens do espólio e às suas rendas como condição para a homologação da partilha (caput) e o pagamento de todos os tributos devidos, aí incluído o imposto de transmissão, para a ultimação do processo, com a expedição e a entrega dos formais de partilha (§ 2º).
>
> 4. **O novo Código de Processo Civil, em seu art. 659, § 2º, traz uma significativa mudança normativa no tocante ao procedimento de arrolamento sumário, ao deixar**

> **de condicionar a entrega dos formais de partilha ou da carta de adjudicação à prévia quitação dos tributos concernentes à transmissão patrimonial aos sucessores.**
>
> **5. Essa inovação normativa, todavia, em nada altera a condição estabelecida no art. 192 do CTN, de modo que, no arrolamento sumário, o magistrado deve exigir a comprovação de quitação dos tributos relativos aos bens do espólio e às suas rendas para homologar a partilha e, na sequência, com o trânsito em julgado, expedir os títulos de transferência de domínio e encerrar o processo, independentemente do pagamento do imposto de transmissão.**

De acordo com o entendimento acima, portanto, o art. 659, § 2º do CPC não elimina o dever do juiz de exigir a comprovação de quitação dos tributos relativos aos bens do espólio e às suas rendas para homologar a partilha[25].

Deve ser observado, contudo, que a aparente antinomia entre o art. 659, § 2º do CPC e o art. 192 do CTN pode envolver discussão de índole constitucional. Caso se entenda que o referido dispositivo do CTN trata de matéria processual, não reservada à lei complementar pelo art. 146 da Constituição, o dispositivo do CPC de 2015 poderia ter revogado a norma do CTN diante do critério cronológico. A interpretação mais técnica do art. 192 do CTN, contudo, parece ser a de que há ali uma norma de garantia **material** do crédito tributário, sem que se cogite de natureza processual. O fato de a garantia ser realizada em um processo judicial não é suficiente para que a norma se transmude em processual. Sua função e seu objetivo é proteger o direito do crédito tributário. Sob outro ângulo, é possível que o legislador ordinário estabeleça novas garantias do crédito tributário, como prevê expressamente o art. 183 do CTN. As que já se encontram no Código Tributário, todavia, devem ser reconhecidas como "garantias gerais" do crédito tributário, de modo que assumem a feição de normas gerais em matéria de legislação tributária sobre crédito tributário, campo reservado ao legislador complementar pelo art. 146, III, "b" da CF.

Na interpretação ora defendida, portanto, as garantias do crédito tributário dispostas no CTN só podem ser alteradas ou revogadas por lei complementar. Esse entendimento já foi seguido pelo legislador, ao se valer da Lei Complementar 118/2005 para modificar a redação dos arts. 185 e 191 do CTN, além de proceder à inclusão do art. 191-A ao Código.

Outro ponto controverso em relação à aplicação do art. 192 do CTN é sua incidência ou não em relação ao inventário extrajudicial.

Ao condicionar o julgamento de partilha ou adjudicação à prova de quitação de todos os tributos relativos ao espólio, o CTN referiu-se expressamente apenas ao procedimento judicial, uma vez que, à época da sua promulgação, não existia o inventário extrajudicial (por escritura pública), criado pela Lei 11.441/2007 e previsto atualmente no art. 610, § 1º do Código de Processo Civil de 2015 (grifo adicionado):

> Se todos forem capazes e concordes, **o inventário e a partilha poderão ser feitos por escritura pública**, a qual constituirá documento hábil para qualquer ato de registro, bem como para levantamento de importância depositada em instituições financeiras.

---

25. Entendimento reiterado em outros julgados do STJ: AgInt no REsp 1.676.354, j. 18.03.2019; AgInt no REsp 1.723.980, j. 17.02.2020.

A partir da Lei 11.441/2007, ao alterar a redação do art. 1.031 ao Código de Processo Civil de 1973, exigiu a prova de quitação de tributos do espólio na partilha amigável extrajudicial. O Código Processual de 2015, a seu turno, não reproduziu a regra de garantia do crédito tributário ao tratar do inventário e da partilha extrajudicial. Exigiu-se apenas que as partes fossem assistidas por advogado:

> CPC, art. 610, § 1º: Se todos forem capazes e concordes, o inventário e a partilha poderão ser feitos por escritura pública, a qual constituirá documento hábil para qualquer ato de registro, bem como para levantamento de importância depositada em instituições financeiras. § 2º: O tabelião somente lavrará a escritura pública se todas as partes interessadas estiverem assistidas por advogado ou por defensor público, cuja qualificação e assinatura constarão do ato notarial.

Há quem entenda que dessa ausência de regra similar à vigente no CPC de 1973 desde 2007 decorreria a inexistência do dever de apresentação da prova de quitação de tributos na partilha extrajudicial[26].

Uma análise contextual que busca a finalidade do art. 192 do CTN, levando em consideração a inexistência de vedação à analogia no que diz respeito a normas sobre garantia do crédito tributário, contudo, pode conduzir a resultado diverso:

> (...) havendo obrigação de observar a garantia do crédito tributário em sede de inventário, seja ele judicial ou extrajudicial, prevalece sempre o comando inserto no art. 192, CTN, não se podendo afastar a garantia em favor de uma interpretação violadora das normas que protegem o crédito fiscal. A não ser assim, soa no mínimo constrangedora a afirmação de que um magistrado deve obedecer ao art. 192 do CTN (necessidade inafastável de prova da quitação dos tributos do espólio), enquanto o tabelião pode ignorá-lo solenemente, aceitando uma CPEND para fins de inventário extrajudicial.[27]

De fato não se pode falar em analogia vedada no direito tributário, pois no presente caso não se está diante de emprego da analogia que resulta na exigência de tributo não previsto em lei, o que ensejaria a incidência do art. 108, § 1º do CTN ("O emprego da analogia não poderá resultar na exigência de tributo não previsto em lei"). Além disso, o princípio da isonomia não permite a diferenciação no que diz respeito à exigência ou não da prova de quitação de tributos apenas em razão da modalidade judicial ou extrajudicial do inventário ou da partilha. Não se trata de critério que justifica o tratamento diferenciado, devendo o intérprete conferir a mesma exigência do art. 192 do CTN também às modalidades extrajudiciais, sob pena de privilégio indevido e injustificado ao inventário e a partilha por escritura pública.

---

26. "Registre-se que com o advento do Novo Código de Processo Civil (Lei 13.1005/2015) (*sic*) a exigência de apresentação da prova de quitação dos tributos na hipótese de partilha extrajudicial (prevista no art. 1.031 do CPC revogado) deixou de existir." (ALEXANDRE, Ricardo. Direito Tributário. 13ª edição. Salvador: Editora Juspodivm, 2019, p. 608).
27. QUEIROZ, Rogério Barbosa. *In*: Constituição e Código Tributário comentados: sob a ótica da Fazenda Nacional. Claudio Seefelder e Rogério Campos - coordenadores-gerais. São Paulo: Thomson Reuters Brasil, 2020, p. 1.107.

2.7 Quitação de tributos para participação em concorrência pública e celebração de contratos com o Poder Público

O art. 193 do CTN introduz uma garantia do crédito tributário que pode ser afastada por disposição legal expressa em contrário, como admite a parte inicial do comando normativo (grifos adicionados):

> Art. 193. **Salvo quando expressamente autorizado por lei**, nenhum departamento da administração pública da União, dos Estados, do Distrito Federal, ou dos Municípios, ou sua autarquia, celebrará contrato ou aceitará proposta em concorrência pública sem que o contratante ou proponente faça **prova da quitação de todos os tributos devidos à Fazenda Pública interessada, relativos à atividade em cujo exercício contrata ou concorre.**

Essa possibilidade de regramento diverso em lei pode ser conferida na Lei 8.666/1993[28], que afasta a exigência mais rigorosa de prova de quitação de tributos (certidão negativa de débitos tributários) e permite a participação em licitações e a celebração de contratos com o Poder Público mediante a apresentação de "prova de regularidade", o que pode ser satisfeito mediante a comprovação da existência de tributos com exigibilidade suspensa ou garantidos. Em outras palavras, a Lei 8.666/1993 permite a participação em licitações e contratos administrativos mediante a apresentação de certidão positiva com efeitos de negativa (art. 206 do CTN).

Na ADI 173 (j. 25.09.2008), o STF explicitou que a regularidade fiscal implica "exigibilidade da quitação quando o tributo não seja objeto de discussão judicial" ou "administrativa". Ou seja, a regularidade fiscal da lei de licitações seria conceito que abrangeria não apenas a inexistência de dívidas tributárias, alcançando ainda o contribuinte que possua débitos tributários em discussão na esfera administrativa ou judicial. A rigor, o mero ajuizamento de ação judicial não seria suficiente para a satisfação da regularidade fiscal, sendo necessária a existência de decisão judicial, ainda que liminar, com efeito suspensivo da exigibilidade.

Não há apenas uma diferença entre a garantia como disposta no art. 193 do CTN e a Lei 8.666/1993. Enquanto a disciplina do CTN limita a garantia aos tributos "devidos à Fazenda Pública interessada", ou seja, ao ente que selecionará o futuro contratante mediante licitação, a Lei 8.666/1993 exige que a regularidade para com a Fazenda Federal, Estadual e Municipal do domicílio ou sede do licitante (art. 29, III).

Além disso, o art. 193 do CTN se contenta com a quitação dos tributos **relativos à atividade em cujo exercício contrata ou concorre**, o que representa um conjunto limitado dentro do universo dos tributos aos quais as empresas se sujeitam. O ITR devido pela propriedade de um imóvel rural não utilizado na atividade de uma empresa de construção civil, por exemplo, não seria um tributo relativo à "atividade em cujo exercício contrata

28. Lei 8.666/1993, art. 29. A documentação relativa à regularidade fiscal e trabalhista, conforme o caso, consistirá em: (...) III - prova de regularidade para com a Fazenda Federal, Estadual e Municipal do domicílio ou sede do licitante, ou outra equivalente, na forma da lei; IV - prova de regularidade relativa à Seguridade Social e ao Fundo de Garantia por Tempo de Serviço (FGTS), demonstrando situação regular no cumprimento dos encargos sociais instituídos por lei.

ou concorre". Por isso, a existência de débito em aberto do ITR nessa situação não impediria a participação do particular em licitação ou a celebração de contrato com o Poder Público. Já na Lei 8.666/1993, não há qualquer restrição quanto ao âmbito de incidência dos tributos que devem estar cobertos pela prova de regularidade fiscal.

Diante dessas diferenças deve prevalecer a disciplina da Lei 8.666/1993, por duas razões. Primeiro, porque o próprio art. 193 do CTN, norma geral tributária que introduz a garantia em comento, prevê a possibilidade de derrogação por lei. Segundo, a Lei 8.666/1993 é a norma geral de licitações e contratos administrativos, editada pela União no âmbito da competência legislativa privativa conferida pelo art. 22, XXVII, da Constituição[29]. A exigência de regularidade fiscal para a participação de licitações, portanto, é matéria afeta à norma geral de licitações e contratos administrativos, que de acordo com a própria Constituição deve ser elaborada pela União e aplicada pelos demais entes federativos.

Diante desse quadro normativo, é possível dizer que a Lei 8.666/1993 é mais rigorosa que o art. 193 do CTN no que diz respeito à exigência de regularidade em relação ao universo de tributos, pois não apenas os devidos à Fazenda interessada que sejam relativos à atividade em que se contrata ou concorre devem estar livres de pendências. No que diz respeito à exigência de conformidade em si, contudo, a Lei 8.666/1993 é mais branda do que o art. 193 do CTN, pois enquanto este último exige a "prova de quitação", a lei geral de licitações e contratos administrativos exige a "regularidade", o que pode ser atendido com débitos tributários com exigibilidade suspensa nos termos do art. 151 do CTN, ou garantidos e que ensejam a expedição da "certidão positiva com efeitos de negativa", prevista no art. 206 do CTN.

Em julgado no qual se analisou a exigência de regularidade fiscal perante o INSS (contribuições da seguridade social, de natureza tributária) e o FGTS (contribuições de natureza não tributária, segundo a jurisprudência), o STJ pontuou que o art. 193 do CTN apenas estabelece um requisito mínimo, sendo contornável por meio de lei específica, não havendo qualquer impedimento ao acréscimo de outras exigências pertinentes às finalidades da licitação (RMS 30.320, j. 04.05.2010).

3. PRIVILÉGIOS DO CRÉDITO TRIBUTÁRIO

O CTN impede que sejam estabelecidos ônus ou gravames **por ato voluntário** em prejuízo da satisfação do crédito tributário. A regra de que a responsabilidade pelo crédito tributário abrange todo o patrimônio do contribuinte, portanto, não pode ser afastada por ato unilateral do particular (grifos adicionados):

> Art. 184. Sem prejuízo dos privilégios especiais sobre determinados bens, que sejam previstos em lei, **responde pelo pagamento do crédito tributário a totalidade dos bens e das rendas, de qualquer origem ou natureza**, do sujeito passivo, seu espólio ou sua

29. CF, art. 22. Compete privativamente à União legislar sobre: (...) XXVII - normas gerais de licitação e contratação, em todas as modalidades, para as administrações públicas diretas, autárquicas e fundacionais da União, Estados, Distrito Federal e Municípios, obedecido o disposto no art. 37, XXI, e para as empresas públicas e sociedades de economia mista, nos termos do art. 173, § 1°, III.

massa falida, **inclusive os gravados por ônus real ou cláusula de inalienabilidade ou impenhorabilidade**, seja qual for a data da constituição do ônus ou da cláusula, excetuados unicamente os bens e rendas que a lei declare absolutamente impenhoráveis.[30]

Assim, o fato de determinado bem do sujeito passivo ser gravado por ônus real ou cláusula de inalienabilidade ou impenhorabilidade não impede sua expropriação pelo credor tributário em sede de execução fiscal, seja qual for a data da constituição do ônus ou da cláusula.

É nessa linha que os direitos reais de garantia (hipoteca, penhor e anticrese), apesar de instituírem uma preferência no valor da alienação do bem assim gravado em favor do credor detentor da garantia real, não podem ser opostos ao credor tributário. Aplicando o art. 184 do CTN, o STJ entende que os credores hipotecários, pignoratícios e anticréticos não podem opor ao fisco a garantia real de que são titulares (REsp 86.349, j. 28.11.1996).

Regime diverso se dá quando a lei declara um bem ou uma renda absolutamente impenhorável. Nessa hipótese, a parte final do art. 184 do CTN admite a superação do privilégio do crédito tributário. Dentre as normas que introduzem impenhorabilidades, merece destaque o art. 833 do Código de Processo Civil:

> Art. 833. São impenhoráveis:
>
> I - os bens inalienáveis e os declarados, por ato voluntário, não sujeitos à execução;
>
> II - os móveis, os pertences e as utilidades domésticas que guarnecem a residência do executado, salvo os de elevado valor ou os que ultrapassem as necessidades comuns correspondentes a um médio padrão de vida;
>
> III - os vestuários, bem como os pertences de uso pessoal do executado, salvo se de elevado valor;
>
> IV - os vencimentos, os subsídios, os soldos, os salários, as remunerações, os proventos de aposentadoria, as pensões, os pecúlios e os montepios, bem como as quantias recebidas por liberalidade de terceiro e destinadas ao sustento do devedor e de sua família, os ganhos de trabalhador autônomo e os honorários de profissional liberal, ressalvado o § 2º ;
>
> V - os livros, as máquinas, as ferramentas, os utensílios, os instrumentos ou outros bens móveis necessários ou úteis ao exercício da profissão do executado;
>
> VI - o seguro de vida;
>
> VII - os materiais necessários para obras em andamento, salvo se essas forem penhoradas;
>
> VIII - a pequena propriedade rural, assim definida em lei, desde que trabalhada pela família;
>
> IX - os recursos públicos recebidos por instituições privadas para aplicação compulsória em educação, saúde ou assistência social;
>
> X - a quantia depositada em caderneta de poupança, até o limite de 40 (quarenta) salários-mínimos;

30. Esse privilégio é estendido aos créditos não tributários pelo art. 30 da Lei 6.830/1980: "Sem prejuízo dos privilégios especiais sobre determinados bens, que sejam previstos em lei, responde pelo pagamento da Divida Ativa da Fazenda Pública a totalidade dos bens e das rendas, de qualquer origem ou natureza, do sujeito passivo, seu espólio ou sua massa, inclusive os gravados por ônus real ou cláusula de inalienabilidade ou impenhorabilidade, seja qual for a data da constituição do ônus ou da cláusula, excetuados unicamente os bens e rendas que a lei declara absolutamente impenhoráveis".

XI - os recursos públicos do fundo partidário recebidos por partido político, nos termos da lei;

XII - os créditos oriundos de alienação de unidades imobiliárias, sob regime de incorporação imobiliária, vinculados à execução da obra.

Ao dispor que são impenhoráveis os bens declarados, por ato voluntário, como não sujeitos à execução, o art. 833, I do CPC não prejudica a regra do art. 184 do CTN de que a cláusula voluntária de impenhorabilidade é inoponível ao fisco.

Isso porque o art. 184 apenas explicitou o reflexo, no âmbito da responsabilidade patrimonial, da natureza compulsória do tributo, que, além de prevista no art. 3º do mesmo código, decorre da própria estrutura constitucional da prestação tributária. Admitir que o sujeito passivo possa excluir bens sujeitos à satisfação do crédito tributário significa, em última instância, negar o tributo como prestação compulsória

Além disso, não poderia o CPC, que possui natureza de lei ordinária, derrogar norma geral atinente ao crédito tributário (nesse caso, sobre suas garantias e privilégios), campo este reservado ao legislador complementar pelo art. 146, III, "b" da Constituição. A possibilidade de que o sujeito passivo declare por ato voluntário os bens não sujeitos à execução vai muito além de uma excetuar "unicamente os bens e rendas que a lei declare absolutamente impenhoráveis", o que seria permitido pelo art. 184 do CTN.

Permitir a exclusão, por ato voluntário do sujeito passivo, de bens da responsabilidade pela satisfação do crédito tributário tem como efeito a revogação da norma do art. 184 de que deve responder pelo pagamento do crédito tributário a totalidade dos bens e das rendas, de qualquer origem ou natureza. Ainda que se admitisse a possibilidade de tal revogação (o que seria uma derrogação da compulsoriedade do tributo), ela jamais poderia ocorrer por lei ordinária, como o CPC.

Desse modo, a interpretação do art. 184 deve ser a de que os bens e as rendas devem ser **diretamente** declarados pela lei como absolutamente impenhoráveis. O dispositivo legal que declara como impenhoráveis os bens assim declarados pelo particular não trazem, diretamente, uma impenhorabilidade, não podendo, portanto, ser considerado uma exceção ao art. 184 do CTN.

Na prática da execução fiscal de dívidas tributárias, são comuns, dentre as impenhorabilidades legais, a do bem de família prevista no art. 1º da Lei 8.009/1990[31] e a constante do art. 833, X do CPC, referente à quantia depositada em caderneta de poupança, até o limite de quarenta salários-mínimos.

Por fim, vale notar que a regra do art. 184 do CTN de que os bens gravados por ônus real respondem pelo pagamento do crédito tributário foi afastada no caso específico dos créditos com garantia real no processo de falência. Conforme será visto adiante, a Lei Complementar 118/2005 incluiu o parágrafo único no art. 186 do CTN, dispondo que na falência o crédito tributário não prefere aos créditos com garantia real, no limite do valor do bem gravado.

31. "O imóvel residencial próprio do casal, ou da entidade familiar, é impenhorável e não responderá por qualquer tipo de dívida civil, comercial, fiscal, previdenciária ou de outra natureza, contraída pelos cônjuges ou pelos pais ou filhos que sejam seus proprietários e nele residam, salvo nas hipóteses previstas nesta lei".

3.1 Preferências do crédito tributário

O art. 186 do CTN trata da ordem de preferência do crédito tributário de acordo com a natureza de outros créditos considerados de fundamental importância pelo legislador. Trata-se de regra de direito material (STJ, REsp 1.669.893, j. 22.08.2017), não podendo ser superada por uma preferência de direito processual. Por essa razão, a ordem de prioridade dos créditos estabelecida no art. 186 do CTN deve ser aplicada independentemente da data em que registrada a penhora (STJ, AgRg no REsp 1.491.126, j. 18.12.2014).

A ordem preferencial prevista no art. 186 é diversa conforme se esteja ou não no âmbito de um processo falimentar.

Caso o devedor que possua dívidas tributárias e de outras naturezas não se encontre no polo passivo de um processo de falência, incide o *caput* do art. 186, segundo o qual **o crédito tributário prefere a qualquer outro**, seja qual for sua natureza ou o tempo de sua constituição, **ressalvados os créditos decorrentes da legislação do trabalho ou do acidente de trabalho**. Não havendo a situação atípica de o devedor se encontrar em falência, portanto, apenas os créditos trabalhistas preferem ao tributário.

Sobre os créditos trabalhistas, a jurisprudência do STJ entende que os créditos de FGTS equiparam-se aos créditos trabalhistas, gozando de prerrogativas semelhantes (art. 2º, § 3º, da Lei nº 8.844/94)[32].

Já na falência (art. 186, parágrafo único do CTN), a ordem de preferência do crédito tributário deve observar as seguintes regras:

> I - o crédito tributário não prefere aos créditos extraconcursais ou às importâncias passíveis de restituição, nos termos da lei falimentar, nem aos créditos com garantia real, no limite do valor do bem gravado;
> II - a lei poderá estabelecer limites e condições para a preferência dos créditos decorrentes da legislação do trabalho; e;
> III - a multa tributária prefere apenas aos créditos subordinados.

Primeiramente, o crédito tributário não prefere aos extraconcursais ou às importâncias passíveis de restituição. Dentre esses dois grupos, as restituições (arts. 85 a 93 e 149 da Lei 11.101/2005) devem ser providenciadas antes do pagamento dos créditos extraconcursais. Como exemplo de restituição, tem-se o caso do veículo que se encontra na posse da empresa por meio do negócio de alienação fiduciária, podendo o seu proprietário (instituição financeira) requerer a sua restituição, sem que o bem em questão se sujeite ao concurso de credores. Do mesmo modo, a "restituição de adiantamento de contrato de câmbio, na falência, deve ser atendida antes de qualquer crédito" (**súmula 307 do STJ**).

Merece destaque ainda a jurisprudência do STJ que entende serem passíveis de restituição as contribuições previdenciárias devidas pelos empregados e descontadas de seus respectivos salários, porém não repassadas aos cofres públicos. Tais valores não integram o patrimônio do falido (REsp 284.276, j. 13.03.2001 – grifos adicionados):

---

32. Nesse sentido: REsp 720.084 (j. 21.08.2007) e REsp 1.029.289 (j. 17.06.2008).

> É pacífica a jurisprudência do Superior Tribunal de Justiça no sentido de que **as contribuições previdenciárias descontadas dos salários dos empregados, pelo falido, e não repassadas aos cofres previdenciários devem ser restituídas** antes do pagamento de qualquer crédito, ainda que trabalhista, porque se trata de bens que não integram o patrimônio do falido. Incidência da Súmula nº 417 do STF.[33]

A Lei 14.112/2020, sobre o tema, incluiu a previsão de que os "tributos passíveis de retenção na fonte, de descontos de terceiros ou de sub-rogação e a valores recebidos pelos agentes arrecadadores e não recolhidos aos cofres públicos" devem ser restituídos às Fazenda Públicas (art. 86, IV da Lei 11.101/2005).

A **súmula 417 do STF**, citada no julgado acima fundamento da orientação, dispõe que pode ser objeto de restituição, na falência, dinheiro em poder do falido, recebido em nome de outrem, ou do qual, por lei ou contrato, não tivesse ele a disponibilidade.

Além dos pedidos de restituição, há obrigações que devem ser quitadas diretamente com os recursos disponíveis em caixa, como as despesas cujo pagamento antecipado seja indispensável à administração da falência (art. 150 da Lei 11.101/2005) e os créditos trabalhistas de natureza estritamente salarial vencidos nos três meses anteriores à decretação da falência, até o limite de cinco salários-mínimos por trabalhador (art. 151 da Lei 11.101/2005).

Os **créditos extraconcursais**, a seu turno, são aqueles considerados pelo legislador como mais importantes que os arrolados no concurso de credores[34], razão pela qual não devem ser submetidos ao concurso de credores (previsto no art. 83 da Lei 11.101/2005). Os créditos que devem ser pagos com precedência sobre os submetidos ao regime concursal estão previstos no art. 84 da Lei 11.101/2005, havendo uma ordem dentro desse grupo:

> Lei 11.101/2005, art. 84. Serão considerados créditos extraconcursais e serão pagos com precedência sobre os mencionados no art. 83 desta Lei, na ordem a seguir, aqueles relativos:
>
> I - (revogado);
>
> I-A - às quantias referidas nos arts. 150 e 151 desta Lei;
>
> I-B - ao valor efetivamente entregue ao devedor em recuperação judicial pelo financiador, em conformidade com o disposto na Seção IV-A do Capítulo III desta Lei;
>
> I-C - aos créditos em dinheiro objeto de restituição, conforme previsto no art. 86 desta Lei;
>
> I-D - às remunerações devidas ao administrador judicial e aos seus auxiliares, aos reembolsos devidos a membros do Comitê de Credores, e aos créditos derivados da legislação trabalhista ou decorrentes de acidentes de trabalho relativos a serviços prestados após a decretação da falência;
>
> I-E - às obrigações resultantes de atos jurídicos válidos praticados durante a recuperação judicial, nos termos do art. 67 desta Lei, ou após a decretação da falência;
>
> II - às quantias fornecidas à massa falida pelos credores;

---

33. No mesmo sentido, também no STJ: REsp 439.240, j. 07.11.2012; REsp 474.001, j. 17.12.2002; REsp 505.681, j. 27.05.2003; REsp 666.351, j. 15.09.2005; REsp 730.824, j. 12.09.2006; REsp 1.183.383, j. 05.10.2010.
34. "O Concurso de Credores caracteriza-se como um incidente da fase de pagamento, no qual os créditos são verificados, classificados e implementados" (STJ, REsp 442.325, j. 07.11.2002).

> III - às despesas com arrecadação, administração, realização do ativo, distribuição do seu produto e custas do processo de falência;
>
> IV - às custas judiciais relativas às ações e às execuções em que a massa falida tenha sido vencida;
>
> V - aos tributos relativos a fatos geradores ocorridos após a decretação da falência, respeitada a ordem estabelecida no art. 83 desta Lei.

Assim, os primeiros créditos extraconcursais a serem pagos são os relativos a remunerações devidas ao administrador judicial e créditos derivados da legislação do trabalho ou decorrentes de acidentes de trabalho relativos a serviços prestados após a decretação da falência. Em último lugar na ordem a ser observada dentro dos créditos extraconcursais estão as obrigações resultantes de atos jurídicos válidos praticados durante a recuperação judicial ou após a decretação da falência, e os tributos relativos a fatos geradores ocorridos após a decretação da falência. A jurisprudência utiliza o termo "**encargos da massa**" para se referir às custas e despesas processuais geradas no curso do processo de falência e à remuneração do administrador judicial (STJ, EREsp 1.162.964, j. 07.03.2018).

Percebe-se assim que os créditos tributários podem não se submeter ao concurso de credores do art. 83 da Lei 11.101/2005, desde que sejam relativos a **fatos geradores ocorridos após a decretação da falência**. Nesse sentido, preceitua expressamente o *caput* do art. 188 do CTN que são "extraconcursais os créditos tributários decorrentes de fatos geradores ocorridos no curso do processo de falência". Como exemplos de créditos extraconcursais, podem ser citados os honorários de advogado resultantes de trabalhos prestados à massa falida, depois do decreto de falência (REsp 1.152.218, **repetitivo**, j. 07.05.2014).

Todos os créditos extraconcursais possuem uma característica comum, qual seja, sua origem posterior à constatação de uma situação de crise financeira da empresa. São decorrentes de obrigações constituídas pela pessoa jurídica já em falência (massa falida) ou na fase imediatamente anterior de recuperação judicial, que podem ser relativas os custos do próprio processo falimentar ou dívidas com terceiros (particulares ou Poder Público), contraídas durante a recuperação judicial ou após a decretação da falência.

Além das importâncias passíveis de restituição e dos créditos extraconcursais, também preferem aos créditos tributários os créditos com garantia real, no limite do valor do bem gravado. Essa disposição do CTN encontra-se em harmonia com a ordem concursal do art. 83 da Lei 11.101/2005, que coloca o crédito tributário em posição logo abaixo dos créditos com garantia real.

O parágrafo único do art. 186 do CTN dispõe ainda que a lei poderá estabelecer limites e condições para a preferência dos créditos decorrentes da legislação do trabalho. Mais uma vez há uma simetria com a Lei 11.101/2005, que ao posicionar os créditos trabalhistas em primeiro lugar no concurso de credores, fixa, em seu art. 83, I, o limite de cento e cinquenta salários-mínimos, por credor, para os créditos derivados da legislação do trabalho. Para o STJ (REsp 1.152.218, **repetitivo**, j. 07.05.2014), os **honorários advocatícios** têm natureza alimentar e **equiparam-se aos trabalhistas** para efeito de habilitação em falência. Os créditos decorrentes de acidentes de trabalho, apesar de também possuírem precedência sobre os tributários, não foram limitados pelo legislador.

A última regra do parágrafo único do art. 186 do CTN é a constante de seu inciso III, segundo a qual a **multa tributária prefere apenas aos créditos subordinados**. O Código Tributário procedeu a uma distinção do crédito tributário, para efeito da prioridade de satisfação na falência entre o crédito tributário decorrente de tributo (que não constitui sanção de ato ilícito) e o crédito tributário que corresponde à penalidade pecuniária oriunda de infração à legislação tributária (multa tributária). Desse modo, a multa tributária ocupa posição inferior em relação ao tributo, devendo-se identificar a qual das duas figuras o crédito tributário se refere.

ORDEM DE SATISFAÇÃO NA FALÊNCIA

1. Importâncias passíveis de restituição;
2. Créditos extraconcursais;
3. Créditos derivados da legislação do trabalho e decorrentes de acidente de trabalho;
4. Créditos com garantia real até o limite do valor do bem gravado;
5. **Créditos tributários**, independentemente da sua natureza e tempo de constituição, **excetuadas as multas tributárias**;
6. Créditos com privilégio especial;
7. Créditos com privilégio geral;
8. Créditos quirografários;
9. Multas contratuais e penas pecuniárias por infração das leis penais ou administrativas, **inclusive as multas tributárias**;
10. Créditos subordinados.

3.2 Não sujeição do crédito tributário ao concurso (formal) de credores

O concurso de credores pode ser definido como "um incidente da fase de pagamento, no qual os créditos são verificados, classificados e implementados" (STJ, REsp 442.325, j. 07.11.2002). O STJ classifica o concurso de credores em formal (processual) ou material (obrigacional).

O crédito tributário deve obediência ao **concurso material** da falência, uma vez que deverá respeitas as preferências, por exemplo, dos créditos trabalhistas e dos créditos com garantia real, além da prioridade dos créditos extraconcursais e dos pedidos de restituição (REsp 1.466.200, j. 04.12.2008), conforme estudado acima. O concurso material pode ser definido como uma reunião de créditos com o estabelecimento de uma ordem de prioridade de satisfação de acordo com a natureza do crédito ou do credor.

Diversamente, os créditos tributários não se submetem ao **concurso formal**, uma vez que não se subordinam à força atrativa do juízo falimentar ou de qualquer outro juízo especializado (como o da recuperação judicial, do inventário ou do arrolamento), devendo a execução fiscal permanecer no juízo competente (STJ, REsp 1.466.200, j. 04.12.2018). O concurso formal, assim, pode ser compreendido como a reunião, sob a coordenação de um único juízo, de processos que tramitavam em órgãos jurisdicionais distintos. Nesse sentido, dispõe o CTN:

> Art. 187. A cobrança judicial do crédito tributário não é sujeita a concurso de credores ou habilitação em falência, recuperação judicial, concordata, inventário ou arrolamento.[35]

Em harmonia com a regra do art. 187 do CTN, o art. 5º da Lei 6.830/1980 determina que a competência para processar e julgar a execução da Dívida Ativa da Fazenda Pública exclui a de qualquer outro Juízo, inclusive o da falência, da concordata, da liquidação, da insolvência ou do inventário.

Essa prevalência legal do juízo da execução fiscal tributária, contudo, não significa que este processo pode seguir normalmente com as medidas de expropriação da massa falida em proveito do credor tributário. Uma vez que o crédito tributário está sujeito ao "concurso material" (observância da preferência de créditos de outra natureza, como os trabalhistas e com garantia real), eventual valor obtido na execução fiscal mediante a alienação de bem da massa falida deve ser colocado à disposição do juízo da falência, para que seja observada a ordem legal de preferência dos credores. Nesse sentido, confira-se (STJ, REsp 541.945, j. 27.09.2005):

> A decretação da falência não paralisa a execução fiscal, nem desconstitui a penhora, prosseguindo o processo executivo normalmente. Contudo, realizada a praça, os valores apurados na alienação dos bens penhorados devem ser postos à disposição do Juízo falimentar para satisfação dos créditos trabalhistas, se houver, e, caso insuficientes para o seu atendimento, os bens arrecadados na falência.[36]

Em outras palavras, a penhora realizada em execução fiscal, mesmo que anterior à falência, deve ter seu resultado disponibilizado ao juízo falimentar, que terá condições de garantir o destino dos valores de acordo com a preferência de cada credor.

Apesar de o processo de execução fiscal não ser extinto com a decretação da falência do devedor, a impossibilidade de realização de atos expropriatórios contra a massa falida reduz a utilidade prática do executivo fiscal. O exequente, assim, pode requerer a penhora no rosto dos autos falimentares e aguardar o desfecho do processo de falência.

Outra alternativa é a habilitação do crédito tributário no processo falimentar, pois de acordo com o STJ, não há óbice para que o Fisco, caso assim entenda conveniente e oportuno, habilite seus créditos na falência. Nesse caso, haverá renúncia ao rito da execução fiscal pela Lei 6.830/1980, uma vez que não se admite a garantia dúplice (REsp 1.466.200, j. 04.12.2018). A permissão para que o Fisco proceda à habilitação do crédito tributário

---

35. Essa regra também é aplicável aos créditos não tributários por força do art. 29 da Lei 6.830/1980: "A cobrança judicial da Dívida Ativa da Fazenda Pública não é sujeita a concurso de credores ou habilitação em falência, concordata, liquidação, inventário ou arrolamento".

36. No mesmo sentido, também no STJ: AgRg no REsp 783.318, j. 19.03.2009; EREsp 444.964, j. 06.10.2003; REsp 188.148, j. 19.12.2001.

em processo de falência, todavia, não significa admitir o requerimento de quebra por parte da Fazenda Pública (STJ, REsp 1.103.405, j. 02.04.2009)[37].

Deve-se advertir que o STJ admite a coexistência da habilitação do crédito em falência com a execução fiscal desprovida de garantia, "desde que a Fazenda Nacional se abstenha de requerer a constrição de bens em relação ao executado que também figure no polo passivo da ação falimentar" (REsp 1.831.186, j. 26.05.2020; REsp 1.848.957, j. 16.06.2020). Isso porque no caso de a execução fiscal não possuir penhora útil ou indisponibilidade de bens da massa falida, não ocorre a censurável garantia dúplice.

É possível ainda encontrar decisões do STJ admitindo que a exequente possui a faculdade de optar por **ambas as vias, a habilitação e a execução fiscal** (STJ, REsp 1.815.825, j. 01.10.2019 – grifo adicionado):

> 1. A Corte de origem entendeu que possuindo a União Federal a prerrogativa de escolher entre receber seu crédito por meio da execução fiscal ou pela habilitação de crédito, ao optar pela adoção de um procedimento, consequentemente renunciará ao outro.
>
> 2. A prejudicialidade do processo falimentar para a satisfação do crédito tributário não implica a ausência de interesse processual no pedido de habilitação do crédito tributário ou na penhora no rosto dos autos.
>
> 3. **A necessidade de aguardar o término da ação de falência para eventual satisfação do seu crédito não retira da credora/exequente a faculdade de optar por ambas as vias de cobrança: habilitação no processo falimentar e ajuizamento da execução fiscal.**
>
> 4. A tentativa de resguardar o interesse público subjacente à cobrança de tal espécie de crédito, através do ajuizamento da execução fiscal e de habilitação no processo falimentar, não encontra óbice na legislação aplicável. Inteligência dos arts. 187 do CTN e 29 da Lei 6.830/1980.
>
> 5. Em caso da existência de processo falimentar, eventual produto da alienação judicial dos bens penhorados deve ser repassado ao juízo universal da falência.[38]

O concurso de credores mais mencionado é o que se dá no processo de falência, apesar do dispositivo também mencionar a recuperação judicial, o inventário e o arrolamento. Também a liquidação extrajudicial de instituições financeiras, apesar de não listada expressamente no art. 187 do CTN, é um concurso de credores ao qual a cobrança judicial do crédito tributário não se sujeita, conforme a jurisprudência do STJ (REsp 902.771, j. 04.09.2007; REsp 757.576, j. 02.05.2006).

---

37. O STJ possui orientação consolidada de que a Fazenda Pública não possui legitimidade para requerer a falência (REsp 164.389, j. 13.08.2003; REsp 287.824, j. 20.10.2005; REsp 363.206, j. 04.05.2010).

38. Segundo o voto do Ministro Relator Herman Benjamin, não "há falar em 'excesso de garantia', pois, na verdade, estando a executada em situação de falência, a satisfação do crédito tributário esbarra em dificuldades acrescidas. A tentativa de resguardar o interesse público subjacente à cobrança de tal espécie de crédito, através do ajuizamento da execução fiscal e de habilitação no processo falimentar, não encontra óbice na legislação aplicável (...) Os arts. 187 do CTN e 29 da Lei 6.830/1980 afirmam que a cobrança judicial da Dívida Ativa da Fazenda Pública não é sujeita a concurso de credores ou habilitação em falência, concordata, liquidação, inventário ou arrolamento. A legislação de regência dá à Fazenda Pública a faculdade de ajuizar execução fiscal ou habilitar seu crédito no processo falimentar; todavia, não estabelece que a opção por uma das formas de cobrança impede a utilização da outra. Ademais, não se vislumbra o perigo da 'duplicidade' de pagamento. Em caso da existência de processo falimentar, eventual produto da alienação judicial dos bens penhorados deve ser repassado ao juízo universal da falência.". No mesmo sentido: REsp 1.729.249, j. 03.05.2018.

3.3 Concurso de preferência entre os entes tributantes

O parágrafo único do art. 187 do CTN trata do concurso de preferências entre pessoas jurídicas de direito público, que se dá na seguinte ordem:

> I - União;
>
> II - Estados, Distrito Federal e Territórios, conjuntamente e pró rata;
>
> III - Municípios, conjuntamente e pró rata.[39]

A prioridade da União é justificada pelo fato de este ser o único ente federativo que pode beneficiar os habitantes de todo o território nacional em suas ações. Por isso, ao invés de violar o princípio da isonomia, essa norma o realiza, ao não distinguir os residentes de determinado estado ou município.

Não procede, portanto, o argumento de que haveria uma violação ao princípio federativo ao se criar uma superioridade injustificada do crédito tributário da União. Nesse sentido, a **súmula 563 do STF** reconhece que o concurso de preferência do parágrafo único do art. 187 do CTN é compatível com a vedação constitucional à criação de "distinções entre brasileiros ou preferências em favor de uma dessas pessoas de direito público interno contra outra" (prevista no art. 9º, I da Constituição de 1969). Esse entendimento já foi reafirmado pelo STF ao analisar a mesma regra do CTN em cotejo com a Constituição de 1988, que em seu art. 19, III, veda aos entes federativos a criação de distinções entre brasileiros ou preferências entre si. No AI 608.769 AgR (j. 18.12.2006), o STF explicitou que a vedação estabelecida pelo artigo 19, III, da Constituição de 1988 não atinge as preferências estabelecidas por lei em favor da União.

O STJ também chancela o parágrafo único do art. 187 do CTN, aplicando-o também em relação às autarquias de cada espécie de ente federativo. Apesar de a literalidade do CTN não mencionar **autarquias**, o STJ consolidou em sede de **repetitivo** (REsp 957.836, j. 13.10.2010) o entendimento de que o "crédito tributário de autarquia federal goza do direito de preferência em relação àquele de que seja titular a Fazenda Estadual, desde que a penhora recaia sobre o mesmo bem". Com redação similar, sem se limitar aos créditos tributários, a **súmula 497 do STJ** dispõe que os "créditos das autarquias federais preferem aos créditos da Fazenda estadual desde que coexistam penhoras sobre o mesmo bem".

Caso haja concurso entre os créditos de uma autarquia e os créditos do respectivo ente político, o direito deste último deve prevalecer, já que o ente federativo presta os serviços mais essenciais à população, enquanto as autarquias são criadas para prestar um serviço público específico, atendendo a uma finalidade especial e delimitada. De acordo com o STJ, o crédito da entidade política deve sempre preferir ao das autarquias de qualquer nível administrativo, uma vez que "os entes políticos têm precedência sobre as pessoas jurídicas de direito público meramente administrativas" (REsp 272.374, j. 23.10.2001)[40].

---

39. O parágrafo único do art. 29 da Lei 6.830/1980 traz regra idêntica aplicável à dívida ativa da Fazenda Pública, abrangendo, assim, os créditos não tributários.

40. No mesmo sentido, também no STJ: REsp 575.484, j. 07.11.2006; REsp 922.497, j. 11.09.2007; REsp 1.019.181, j. 04.11.2008; REsp 1.079.275, j. 17.09.2009.

Com base nessa orientação, o crédito da União, por exemplo, possui preferência sobre o crédito do INSS, autarquia previdenciária federal.

O concurso de preferência entre os entes públicos estabelecido no parágrafo único do art. 187 do CTN pode se chocar com a regra do parágrafo único do art. 130 do CTN, segundo a qual no caso de arrematação em hasta pública de bem imóvel a sub-rogação ocorre sobre o respectivo preço. Por esse último dispositivo, a dívida de IPTU do imóvel objeto de arrematação em processo judicial deve ser satisfeita pelo aproveitamento do preço pago pelo arrematante. Em caso de concurso entre entes públicos, todavia, deve prevalecer a regra especial constante do art. 187 do CTN. Nesse caso, o valor obtido com a alienação judicial não deve ser destinado prioritariamente ao pagamento de tributo municipal incidente sobre o imóvel arrematado (IPTU ou mesmo contribuições de melhoria exigidas pelo Município). Essa prevalência do concurso de entes públicos do art. 187 do CTN é reconhecida pela jurisprudência do STJ, conforme se vê do julgado abaixo (REsp 654.779, j. 08.03.2005 – grifos adicionados):

> (...) 4. A regra do art. 187 do CTN é especial em relação à regra geral do art. 130 do mesmo diploma. Este último dispositivo assegura apenas a sub-rogação na praça, sem disciplinar a hipótese de pluralidade de sistemas e o concurso de credores preferenciais.
>
> 5. Em caso da venda ser efetuada em autos onde se cobra crédito público de outra entidade federativa, no caso, o Estado, ao efetuar-se a alienação, **o arrematante fica liberado de quaisquer outros encargos e o valor depositado é distribuído na ordem legal pelo art. 187 do CTN**. Nesse caso, liberado o imóvel ao adquirente, receberá o que detém título melhor de preferência. E **sobre o valor depositado, aplicando-se a ordem disposta no art. 187 do CTN**, bem como no art. 29 da Lei 6.830/80 segunda (*sic*) a qual recebe em primeiro lugar a União, e, posteriormente Estados, após, Municípios.[41]

Esse mesmo raciocínio é aplicado aos bens móveis arrematados em hasta pública, considerando que também em relação a estes os débitos tributários incidentes sub-rogam-se no preço da praça, por conta da aplicação analógica do art. 130 do CTN (STJ, REsp 1.128.903, j. 08.02.2011). Para o STJ, havendo a alienação judicial de veículo automotor, eventual débito em aberto de IPVA não deve ser imediatamente quitado pelo preço alcançado na arrematação. Deve-se verificar, primeiro, se há créditos tributários federais devidos pelo então proprietário do veículo, em observância à regra de preferência do art. 187, parágrafo único, do CTN (STJ, AgRg no REsp 1.322.191, j. 20.09.2012).

3.4 Preferência do crédito tributário na sucessão da pessoa física e na liquidação da pessoa jurídica

Os arts. 189 e 190 do CTN estabelecem uma preferência do crédito tributário em situação relativa à morte da pessoa física e na hipótese de pessoa jurídica em procedimento de liquidação prévio à sua extinção.

---

41. No mesmo sentido, também no STJ: AgRg no REsp 1.345.852, j. 07.11.2017; REsp 1.678.691, j. 19.09.2017; REsp 776.482, j. 16.04.2009.

Em relação à pessoa física, os créditos tributários vencidos ou vincendos a cargo do *de cujus* ou do espólio são pagos preferencialmente aos créditos habilitados em inventário ou arrolamento (art. 189). Isso não significa uma derrogação do art. 186 do CTN, que ressalva os créditos decorrentes da legislação do trabalho ou do acidente de trabalho da preferência do crédito tributário. Mesmo em inventário ou arrolamento, portanto, o crédito tributário deve ser pago preferencialmente a qualquer outro, salvo os créditos trabalhistas, que ocupam posição superior ao tributário.

O parágrafo único do art. 189 determina que em caso de contestação do crédito tributário, o juiz deve remeter as partes ao processo competente, mandando reservar bens suficientes à extinção total do crédito e seus acrescidos. Tem-se aqui a reprodução de uma garantia do crédito tributário já prevista no art. 188, § 1º do CTN.

A preferência do crédito tributário na hipótese de procedimento prévio à extinção da pessoa jurídica é disciplinada no art. 190 do CTN:

> Art. 190. São pagos preferencialmente a quaisquer outros os créditos tributários vencidos ou vincendos, a cargo de pessoas jurídicas de direito privado em liquidação judicial ou voluntária, exigíveis no decurso da liquidação.

É importante não confundir a preferência do crédito tributário na liquidação das pessoas jurídicas de direito privado (art. 190 do CTN, reproduzido acima) com a responsabilidade solidária dos titulares, dos sócios e dos administradores ocasionada pela solicitação de baixa (extinção da pessoa jurídica) que ocorra ne pendência de irregularidade de obrigações tributárias. Essa última hipótese representa uma garantia do crédito tributário, sendo prevista no art. 7º-A da Lei 11.598/2007, incluído pela Lei Complementar 147/2014:

> Art. 7º-A. O registro dos atos constitutivos, de suas alterações e extinções (baixas), referentes a empresários e pessoas jurídicas em qualquer órgão dos 3 (três) âmbitos de governo, ocorrerá independentemente da regularidade de obrigações tributárias, previdenciárias ou trabalhistas, principais ou acessórias, do empresário, da sociedade, dos sócios, dos administradores ou de empresas de que participem, sem prejuízo das responsabilidades do empresário, dos titulares, dos sócios ou dos administradores por tais obrigações, apuradas antes ou após o ato de extinção. § 1º A baixa referida no caput deste artigo não impede que, posteriormente, sejam lançados ou cobrados impostos, contribuições e respectivas penalidades, decorrentes da simples falta de recolhimento ou da prática comprovada e apurada em processo administrativo ou judicial de outras irregularidades praticadas pelos empresários ou por seus titulares, sócios ou administradores. § 2º A solicitação de baixa na hipótese prevista no caput deste artigo importa responsabilidade solidária dos titulares, dos sócios e dos administradores do período de ocorrência dos respectivos fatos geradores.[42]

42. Fábio Ulhoa Coelho explica a sistemática anterior à Lei Complementar 147/2014: "Até 2014, essa ordem não podia ser seguida na dissolução-procedimento extrajudicial, porque a legislação tributária, no interesse da arrecadação, condicionava o registro da ata da assembleia ou do distrato ao prévio cancelamento da inscrição da sociedade nos cadastros fiscais pertinentes. A medida objetivava controlar o integral cumprimento das obrigações tributárias pela sociedade e pelos sócios responsáveis. (...) Verificando não ter sido cumprida qualquer obrigação, principal ou instrumental, o fisco autuava a sociedade, para exigir o atendimento ao seu direito. Somente após constatar a inexistência de irregularidades, ou ver satisfeitas as autuações feitas, a autoridade cancelava a inscrição da

A liquidação da pessoa jurídica ocorre em seguida à sua dissolução, nos termos do art. 1.102 do Código Civil: "**Dissolvida a sociedade** e nomeado o liquidante na forma do disposto neste Livro, **procede-se à sua liquidação**, de conformidade com os preceitos deste Capítulo, ressalvado o disposto no ato constitutivo ou no instrumento da dissolução" (grifos adicionados).

A pessoa jurídica dissolvida subsistirá para os fins de liquidação, até que esta se conclua (Código Civil, art. 51, *caput*), sendo cancelada a inscrição da pessoa jurídica apenas após encerrada a liquidação (Código Civil, art. 51, § 3º). A disciplina da extinção da pessoa jurídica permite concluir, portanto, que a pessoa jurídica não perde imediatamente a sua personalidade jurídica por completo, conservando-a apenas para liquidas as pendências existentes[43].

A doutrina enumera três modalidades de liquidação: a ordinária (ou "voluntária"), a cargo dos próprios órgãos da pessoa jurídica, a judicial, onde o juiz nomeia o liquidante, e a extrajudicial[44], aplicável às instituições financeiras.

O art. 190 do CTN fala apenas em "liquidação judicial ou voluntária", não mencionando a liquidação extrajudicial aplicável às instituições financeiras[45], que nos termos do art. 15, I da Lei 6.024/1974, pode acontecer "ex officio" (independentemente da vontade). Considerando que na liquidação extrajudicial das instituições financeiras também há uma pluralidade de credores[46], a preferência prevista no art. 190 do CTN deve ser estendida a essa modalidade extrajudicial de liquidação a despeito da ausência de previsão expressa, já que o emprego da analogia, nesse caso, não resulta na exigência de tributo não previsto em lei (o que é vedado pelo art. 108, § 1º do CTN).

Na jurisprudência do STJ, é possível encontrar decisão segundo a qual "ao liquidante extrajudicial não se confere legitimidade para alienar bem constrito em razão de executivo fiscal, tal como indicado no art. 190 do CTN" (REsp 643.369, j. 21.10.2004), o que corrobora o entendimento aqui exposto.

Por fim, cabe relembrar que a preferência do art. 190 do CTN deve ser compatibilizada com o art. 186 do CTN, que estabelece a preferência dos créditos trabalhistas e decorrentes de acidento do trabalho. Assim, uma leitura sistemática dos dois dispositivos conduz à conclusão de que, na liquidação das pessoas jurídicas de direito privado, o crédito tributário deve ser pago preferencialmente a qualquer outro, salvo os créditos trabalhistas, que ocupam posição superior ao tributário.

---

sociedade contribuinte, e expedia a certidão respectiva." (COELHO, Fábio Ulhoa. Curso de Direito Comercial, volume 2: direito de empresa. 20ª edição. São Paulo: Revista dos Tribunais, 2016, p. 440-441)

43. COELHO, Fábio Ulhoa. Curso de Direito Comercial, volume 2: direito de empresa. 20ª edição. São Paulo: Revista dos Tribunais, 2016, p. 441.

44. BORBA, José Edwaldo Tavares. Direito Societário. 14ª edição. São Paulo: Atlas, 2015, p. 461.

45. "A liquidação extrajudicial é medida administrativa saneadora aplicável à instituição financeira, acarretando a paralisação de suas atividades e a eliminação do campo empresário, conduzindo aos mesmos resultados do procedimento concursal judicial, que é a falência." (ABRÃO, Nelson. Direito Bancário. 18ª edição. São Paulo: Saraiva, 2019, p. 324).

46. Lei 6.024/1974, art. 22. Se determinado o prosseguimento da liquidação extrajudicial o liquidante fará publicar, no Diário Oficial da União e em jornal de grande circulação do local da sede da entidade, aviso aos credores para que declarem os respectivos créditos, dispensados desta formalidade os credores por depósitos ou por letras de câmbio de aceite da instituição financeira liquidanda.

4. QUADRO SINÓTICO

CONCEITOS INTRODUTÓRIOS

» o CTN trata das garantias e privilégios do crédito tributário nos arts. 183 a 193. As garantias são meios ou instrumentos voltados para garantir a satisfação do crédito tributário. Já os privilégios conferem ao crédito tributário uma posição prioritária em relação aos demais créditos. 1

» **algumas garantias e privilégios do crédito tributário são aplicadas a créditos não tributários por força de disposição legal expressa do art. 4º, § 4º da Lei 6.830/1980,** segundo o qual aplica-se à Dívida Ativa da Fazenda Pública de natureza não tributária o disposto nos artigos 186 e 188 a 192 do Código Tributário Nacional.

GARANTIAS DO CRÉDITO TRIBUTÁRIO

» o CTN dispõe não ser exaustiva a enumeração ali constante, podendo a lei conferir outros meios assecuratórios em função da natureza ou das características do tributo a que se refiram (art. 183).

» apesar de a redação do art. 183 do CTN dar a entender que a lei só poderia criar outras garantias em função da natureza ou das características do tributo a que se refiram, é possível também a criação de uma garantia não prevista no CTN que não guarde qualquer relação com um tributo específico.

» é o caso do arrolamento de bens e direitos previsto no art. 64 da Lei 9532/1997, que se dirige ao sujeito passivo de créditos tributários da União, independentemente da natureza ou características do tributo:

> Art. 64. A autoridade fiscal competente procederá ao arrolamento de bens e direitos do sujeito passivo sempre que o valor dos créditos tributários de sua responsabilidade for superior a trinta por cento do seu patrimônio conhecido. 2
>
> (...) § 3º A partir da data da notificação do ato de arrolamento, mediante entrega de cópia do respectivo termo, o proprietário dos bens e direitos arrolados, ao transferi-los, aliená-los ou onerá-los, deve comunicar o fato à unidade do órgão fazendário que jurisdiciona o domicílio tributário do sujeito passivo.

» o parágrafo único do art. 183, a seu turno, assevera que a natureza das garantias atribuídas ao crédito tributário não altera a natureza deste nem a da obrigação tributária a que corresponda. As garantias são elementos externos à norma de tributação, não influenciando o regime jurídico da obrigação tributária no que diz respeito aos seus aspectos materiais (montante devido e sujeito passivo, por exemplo).

Fraude à execução tributária

» o art. 185 traz uma garantia do crédito tributário que já tenha sido inscrito em dívida ativa:

> Art. 185. Presume-se fraudulenta a alienação ou oneração de bens ou rendas, ou seu começo, por sujeito passivo em débito para com a Fazenda Pública, por crédito tributário regularmente inscrito como dívida ativa.
>
> Parágrafo único. O disposto neste artigo não se aplica na hipótese de terem sido reservados, pelo devedor, bens ou rendas suficientes ao total pagamento da dívida inscrita. 2.1

» **a presunção de fraude à execução tributária é absoluta (*jure et de jure*).**

» o parágrafo único exclui a configuração de fraude à execução tributária quando forem reservados, pelo devedor, bens ou rendas suficientes ao total pagamento da dívida inscrita. Se a

	razão de ser da ineficácia da alienação em fraude à execução é garantir o crédito tributário, sua justificativa deixa de existir quando a dívida continua garantida por outros bens ou rendas do devedor-alienante.	
Indisponibilidade de bens e direitos	» a indisponibilidade de bens e direitos do art. 185-A do CTN só serve como garantia do crédito **tributário** que se encontre em execução fiscal: Art. 185-A. Na hipótese de o devedor tributário, devidamente citado, não pagar nem apresentar bens à penhora no prazo legal e não forem encontrados bens penhoráveis, o juiz determinará a indisponibilidade de seus bens e direitos, comunicando a decisão, preferencialmente por meio eletrônico, aos órgãos e entidades que promovem registros de transferência de bens, especialmente ao registro público de imóveis e às autoridades supervisoras do mercado bancário e do mercado de capitais, a fim de que, no âmbito de suas atribuições, façam cumprir a ordem judicial. § 1º A indisponibilidade de que trata o caput deste artigo limitar-se-á ao valor total exigível, devendo o juiz determinar o imediato levantamento da indisponibilidade dos bens ou valores que excederem esse limite. § 2º Os órgãos e entidades aos quais se fizer a comunicação de que trata o caput deste artigo enviarão imediatamente ao juízo a relação discriminada dos bens e direitos cuja indisponibilidade houverem promovido. » súmula 560 do STJ: "A decretação da indisponibilidade de bens e direitos, na forma do art. 185-A do CTN, pressupõe o exaurimento das diligências na busca por bens penhoráveis, o qual fica caracterizado quando infrutíferos o pedido de constrição sobre ativos financeiros e a expedição de ofícios aos registros públicos do domicílio do executado, ao Denatran ou Detran.".	2.2
A "penhora *on-line*" do CPC não se confunde com a indisponibilidade de bens e direitos do art. 185-A do CTN	» BACENJUD é um sistema que, após um comando, retorna com o saldo das contas de determinada pessoa (física ou jurídica) em diferentes instituições financeiras. É conhecido na prática jurídica como "penhora on-line", apesar de a penhora dos ativos financeiros só se perfectibilizar em momento posterior ao seu bloqueio. Essa providência foi prevista expressamente no Código de Processo Civil de 1973 a partir da Lei 11.382/2006 (ou seja, após a introdução do art. 185-A ao CTN pela Lei Complementar 118/2005), que incluiu na codificação processual então vigente o art. 655-A, cujo correspondente no Código de 2015 se encontra em seu art. 854: Para possibilitar a penhora de dinheiro em depósito ou em aplicação financeira, o juiz, a requerimento do exequente, sem dar ciência prévia do ato ao executado, determinará às instituições financeiras, por meio de sistema eletrônico gerido pela autoridade supervisora do sistema financeiro nacional, que torne indisponíveis ativos financeiros existentes em nome do executado, limitando-se a indisponibilidade ao valor indicado na execução.	2.2.1

» são muitas as diferenças entre a "penhora on-line" de ativos financeiros (ou bloqueio pelo BACENJUD) e a indisponibilidade de bens e direitos do art. 185-A do CTN, de modo que um estudo didático desses institutos requer a distinção entre essas medidas:

Indisponibilidade de ativos financeiros	Indisponibilidade de bens e direitos 185-A do CTN
Fundamento no CPC	Fundamento no CTN
Execuções em geral	Execuções fiscais de tributos
Restrita ao dinheiro	Abrange bens e direitos em geral
Possível no início do processo	Após exaurimento de diligências
Evento específico ("foto")	Alcança bens futuros ("filme")
Não há requisitos estritos	Exequente deve demonstrar diligências infrutíferas

Medida cautelar fiscal e indisponibilidade de bens e direitos do CTN 2.2.2

» resultado similar ao da indisponibilidade de bens e direitos do art. 185-A do CTN pode ser obtido pela efetivação da medida cautelar fiscal, desde que presentes os requisitos da Lei 8.397/1992. Fala-se em "resultado similar" porque a Lei 8.397/1992 traz uma extensão peculiar à indisponibilidade do requerido que não corresponde exatamente à indisponibilidade do art. 185-A do CTN.

» na medida cautelar fiscal será possível até mesmo, em algumas hipóteses de cabimento, que o requerimento não dependa da prévia constituição do crédito tributário (art. 1º, parágrafo único da Lei 8.397/1992), sendo comum que a providência se dê antes do ajuizamento da execução fiscal. Nesses casos, deve ser observado o art. 11 da Lei 8.397/1992:

> Quando a medida cautelar fiscal for concedida em procedimento preparatório, deverá a Fazenda Pública propor a execução judicial da Dívida Ativa no prazo de sessenta dias, contados da data em que a exigência se tornar irrecorrível na esfera administrativa.

Medida cautelar fiscal	Indisponibilidade do art. 185-A, CTN
Indisponibilidade sobre bens do ativo permanente, em se tratando de pessoa jurídica	Indisponibilidade geral de bens e direitos
Requerimento pode prescindir da prévia constituição do crédito tributário	Requerimento pressupõe um crédito constituído em execução fiscal
Aplicável a créditos tributários e não tributários	Aplicável apenas a créditos tributários

<table>
<tr><td>Reserva de bens suficientes nos processos de falência e recuperação judicial</td><td>» o art. 188, § 1º do CTN dispõe que, caso o crédito tributário seja contestado na falência, o juízo falimentar deve reservar bens suficientes à extinção total do crédito e seus acrescidos, se a massa não puder efetuar a garantia da instância por outra forma.
» trata-se de nítida garantia do crédito tributário, uma vez que a reserva de bens suficientes à sua extinção tem o objetivo de assegurar a satisfação do direito creditório da Fazenda.</td><td>2.3</td></tr>
<tr><td>Garantia de quitação de tributos para a extinção das obrigações do falido</td><td>» o art. 191 do CTN, com a redação que lhe foi dada pela Lei Complementar 118/2005, dispõe que a "extinção das obrigações do falido requer prova de quitação de todos os tributos". Tem-se aqui uma garantia do crédito tributário, cujo adimplemento é condição para se liberar o falido de suas obrigações.
» o STJ possui entendimento que flexibiliza (para não dizer que afasta a aplicação) o art. 191 do CTN. Segundo essa orientação, a garantia do crédito tributário ora estudada não impede a extinção das obrigações do falido que foram habilitadas ou consideradas no processo falimentar, sendo obstada apenas a extinção das obrigações tributárias do falido (STJ, REsp 834.932, j. 25.08.2015):

1. A declaração de extinção das obrigações do falido poderá referir-se somente às obrigações que foram habilitadas ou consideradas no processo falimentar, não tendo, nessa hipótese, o falido a necessidade de apresentar a quitação dos créditos fiscais para conseguir o reconhecimento da extinção daquelas suas obrigações, em menor extensão, sem repercussão no campo tributário.
2. Sendo o art. 187 do Código Tributário Nacional - CTN taxativo ao dispor que a cobrança judicial do crédito tributário não está sujeita a concurso de credores ou habilitação em falência, recuperação judicial, concordata, inventário ou arrolamento, e não prevendo o CTN ser a falência uma das causas de suspensão da prescrição do crédito tributário (art. 151), não há como se deixar de inferir que o crédito fiscal não se sujeita aos efeitos da falência.
3. Desse modo, o pedido de extinção das obrigações do falido poderá ser deferido: I) em maior abrangência, quando satisfeitos os requisitos da Lei Falimentar e também os do art. 191 do CTN, mediante a "prova de quitação de todos os tributos"; ou II) em menor extensão, quando atendidos apenas os requisitos da Lei Falimentar, mas sem a prova de quitação de todos os tributos, caso em que as obrigações tributárias não serão alcançadas pelo deferimento do pedido de extinção.

» o STJ acabou por incluir o adjetivo "tributárias" ao substantivo "obrigações", em um diploma que traz um conceito específico de "obrigação tributária". Na prática, o STJ retirou do alcance do art. 191 do CTN as obrigações não tributárias, que passariam a poder ser extintas sem a prova de quitação de todos os tributos.</td><td>2.4</td></tr>
</table>

» quando a lei requer a apresentação de certidão negativa, pode o contribuinte apresentar a certidão positiva com efeitos de negativa, já que possui os mesmos efeitos. Diversamente, se determinada norma exige a "prova de quitação de tributo", haveria um impeditivo ao aproveitamento da certidão positiva com efeitos de negativa. Esse raciocínio já foi empregado pelo STJ (REsp 1.761.544, j. 08.11.2018 - grifos adicionados), como se pode conferir abaixo:

> **A controvérsia cinge-se à interpretação da expressão "quitação de tributos e contribuições"**, contida no art. 60 da Lei 9.069/1995: "Art. 60. A concessão ou reconhecimento de qualquer incentivo ou benefício fiscal, relativos a tributos e contribuições administrados pela Secretaria da Receita Federal fica condicionada à comprovação pelo contribuinte, pessoa física ou jurídica, da quitação de tributos e contribuições federais". 9. A parte recorrente alega que o acórdão recorrido deu "conotação extremamente rígida" ao dispositivo legal transcrito e que tal interpretação foge do razoável. Afirma que "exigir-se a quitação de todos os tributos, ainda que estejam com sua exigibilidade suspensa (na forma do artigo 151 do Código Tributário Nacional), para usufruto do benefício fiscal, configura exigência praticamente impossível de ser cumprida por qualquer uma das empresas brasileiras". 10. O recorrente pretende, em última análise, que as hipóteses de suspensão da exigibilidade do crédito tributário (art. 151 do CTN) sejam enquadradas no conceito de "quitação", para fins de concessão do benefício fiscal. 11. Não é essa, porém, a melhor compreensão acerca do tema. É assente no STJ que as normas tributárias que versem sobre a concessão de benefícios fiscais devem ser interpretadas literalmente, nos termos expressos do art. 111, II, do CTN. (...) Como bem observado pelo Tribunal *a quo*, **não se pode confundir a obtenção de Certidão Positiva com Efeito de Negativa, que denota a existência de débitos fiscais com averbação de hipótese de suspensão de exigibilidade ou garantia, com a quitação de tributos e contribuições, só comprovada através de Certidão Negativa de Débito**. 14. O *decisum* recorrido consignou de forma expressa que "contrariamente ao quanto exposto pela Impetrante, que **a obtenção da CPEN não equivale à inexistência de débitos tributários. Ao contrário, a CPEN indica a existência de crédito tributário** com exigibilidade suspensa a teor do art. 206 do Código Tributário Nacional (...)".

A "prova de quitação de todos os tributos" e a "certidão positiva com efeitos de negativa"

2.4.1

» orientação similar foi adotada em sede de **repetitivo** (REsp 1.041.237, j. 28.10.2009), ocasião na qual também se entendeu que a expressão "quitação de tributos e contribuições federais" do art. 60 da Lei 9.069/1995 é associada apenas à certidão negativa.

» a ressalva pode se dar em situações específicas onde o legislador competente abre mão da garantia consistente na quitação de tributos para admitir a mera "regularidade fiscal", como ocorre no art. 29 da Lei 8.666/1993, onde a documentação relativa à regularidade fiscal que habilita o particular a participar de licitações consiste em "**prova de regularidade para com a Fazenda** Federal, Estadual e Municipal do domicílio ou sede do licitante, ou outra equivalente, na forma da lei" (inciso III).

	» a regularidade fiscal é expressão ampla, que abrange não apenas os tributos quitados, mas também a situação em que o particular possui dívidas tributárias com sua exigibilidade suspensa. » **súmula 283 do Tribunal de Contas da União**: "Para fim de habilitação, a Administração Pública não deve exigir dos licitantes a apresentação de certidão de quitação de obrigações fiscais, e sim prova de sua regularidade.". » quando se trata de garantia do crédito tributário ou de benefícios fiscais, a exigência de quitação de tributos não pode ser suprida com a apresentação de certidão positiva com efeitos de negativa, a não ser que: **a)** o dispositivo que institui a garantia preveja expressamente a admissibilidade da certidão positiva com efeitos de negativa, como ocorre no art. 191-A do CTN; **b)** haja outra norma, no âmbito de sua competência, que relaxe a rigidez da exigência do adimplemento tributário, como ocorre no art. 29 da Lei 8.666/1993, que funciona como a autorização legal expressa prevista na parte inicial do art. 193 do CTN.	
Encerramento da falência e ausência de bens: a extinção da execução fiscal sem a imediata extinção da dívida tributária	» caso o processo falimentar transite em julgado e não haja recursos suficientes para a quitação dos tributos exigidos em sede de execução fiscal, a jurisprudência do STJ possui entendimento consolidado no sentido de que a execução deve ser extinta sem resolução do mérito, diante da ausência de ausência de pressupostos de constituição e de desenvolvimento válido e regular do processo (art. 267, IV do Código de Processo Civil de 1973). Nesse caso, não poderia a Fazenda suspender a execução fiscal com fulcro no art. 40 da Lei 6.830/1980, sendo a extinção do processo a única alternativa se não houver motivos que ensejem o redirecionamento da execução fiscal (STJ, REsp 758.363, j. 18.08.2005). » a extinção do processo de execução fiscal, nos termos da jurisprudência ora exposta, se dá por questão processual, sem resolução do mérito, o que significa que o crédito tributário exigido na execução não é extinto juntamente com o processo executivo. O direito material da Fazenda (crédito tributário) permanece vivo, estando sujeito, contudo, à prescrição. O prazo prescricional não será regido pelo 158, III, da Lei 11.101/2005, uma vez que o art. 146, III, "b" da Constituição exige lei complementar para estabelecer normas a respeito de prescrição tributária.	2.4.2
Garantia de quitação de todos os tributos para a concessão de recuperação judicial	» a exclusão dos credores tributários do âmbito da recuperação judicial que fundamenta a necessidade de apresentação da prova de quitação de todos os tributos para a concessão da recuperação judicial, conforme expressamente disposto no art. 191-A do CTN, incluído pela Lei Complementar 118/2005: A concessão de recuperação judicial depende da apresentação da prova de quitação de todos os tributos, observado o disposto nos arts. 151, 205 e 206 desta Lei.	2.5

» a exclusão dos tributos dentre os créditos abrangidos pela recuperação judicial repercute ainda na regra de suspensão da prescrição do art. 6º da Lei 11.101/2005, cujo *caput* estabelece que a decretação da falência ou o deferimento do processamento da recuperação judicial suspende o curso da prescrição e de todas as ações e execuções em face do devedor. Tendo em vista a ausência dos créditos tributários no processo de recuperação judicial, surge como uma consequência natural a regra de que as execuções de natureza fiscal não são suspensas pelo deferimento da recuperação judicial (art. 6º, § 7º da Lei 11.101/2005).

» a despeito da consistência desse regime normativo, a jurisprudência do STJ afastou a aplicação do art. 57 da Lei 11.101/2005 e do art. 191-A do CTN em nome de uma prevalência do art. 47 da Lei 11.101/2005, que trata a recuperação judicial como uma forma de preservação da empresa. Um julgado paradigmático é o REsp 1.187.404 (j. 19.06.2013), no qual a Corte Especial do STJ assim se pronunciou:

> 1. O art. 47 serve como um norte a guiar a operacionalidade da recuperação judicial, sempre com vistas ao desígnio do instituto, que é "viabilizar a superação da situação de crise econômico-financeira do devedor, a fim de permitir a manutenção da fonte produtora, do emprego dos trabalhadores e dos interesses dos credores, promovendo, assim, a preservação da empresa, sua função social e o estímulo à atividade econômica".
> 2. O art. 57 da Lei n. 11.101/2005 e o art. 191-A do CTN devem ser interpretados à luz das novas diretrizes traçadas pelo legislador para as dívidas tributárias, com vistas, notadamente, à previsão legal de parcelamento do crédito tributário em benefício da empresa em recuperação, que é causa de suspensão da exigibilidade do tributo, nos termos do art. 151, inciso VI, do CTN.
> 3. O parcelamento tributário é direito da empresa em recuperação judicial que conduz a situação de regularidade fiscal, de modo que eventual descumprimento do que dispõe o art. 57 da LRF só pode ser atribuído, ao menos imediatamente e por ora, à ausência de legislação específica que discipline o parcelamento em sede de recuperação judicial, não constituindo ônus do contribuinte, enquanto se fizer inerte o legislador, a apresentação de certidões de regularidade fiscal para que lhe seja concedida a recuperação.

» o Ministro do Supremo Tribunal Federal Luiz Fux deferiu, no dia 08.09.2020, medida cautelar na Reclamação 43.169 nos seguintes termos (grifos adicionados):

> (...) 1. **O Superior Tribunal de Justiça, ao afastar a aplicação dos artigos 57, da Lei 11.101/2005, e 191-A, do Código Tributário Nacional, com fundamento no princípio da proporcionalidade, promove o controle difuso de constitucionalidade**, atividade inerente à Corte Especial daquele Sodalício.
> 2. A declaração incidental de inconstitucionalidade sem a observância da cláusula de reserva de plenário permite a interposição da Reclamação Constitucional ao Supremo Tribunal Federal por ofensa ao teor da Súmula Vinculante nº 10. Precedentes.
> 3. **A exigência de Certidão de Regularidade Fiscal para a homologação do plano de recuperação judicial faz parte de um**

sistema que impõe ao devedor, para além da negociação com credores privados, a regularização de sua situação fiscal, por meio do parcelamento de seus débitos junto ao Fisco.
4. Consectariamente, **a não regularização preconizada pelo legislador possibilita a continuidade dos executivos fiscais movidos pela Fazenda (art. 6º, § 7º da Lei 11.101/05), o que, em última instância, pode resultar na constrição de bens que tenham sido objeto do Plano de Recuperação Judicial**, situação que não se afigura desejável.
5. Mais recentemente também é possível vislumbrar, em âmbito federal, a expedição da Certidão de Regularidade Fiscal ao devedor que realiza a transação tributária com o Fisco nos termos da novel Lei 13.988/2020.
6. In casu, a declaração incidental de inconstitucionalidade não está escorada no julgamento do REsp 1187404/MT, Rel. Ministro Luis Felipe Salomão, pela Corte Especial do Superior Tribunal de Justiça. Naquele precedente o fundamento para que a exigência de Certidão de Regularidade Fiscal fosse afastada foi a ausência de parcelamento específico para as empresas em recuperação judicial, situação já superada pela edição da Lei nº 13.043/14.
7. Para o não conhecimento da Reclamação com fundamento na existência de precedente da Corte Especial seria necessária a aderência da decisão reclamada ao entendimento formado com a observância da cláusula de reserva de plenário, o que não acontece no caso concreto.
8. Decisão liminar deferida, para suspender os efeitos da decisão reclamada, exigindo-se a Certidão de Regularidade Fiscal da empresa devedora nos termos dos arts. 57 da Lei 11.101/05 e 191-A do Código Tributário Nacional.

» a partir do REsp 1.512.118 (j. 05.03.2015), o STJ apontou uma nova direção no tema, criando uma os seguintes critérios com base na apresentação ou não da certidão de regularidade fiscal:

a) constatado que a concessão do Plano de Recuperação Judicial se deu com estrita observância dos arts. 57 e 58 da Lei 11.101/2005 (ou seja, **com prova de regularidade fiscal**), a Execução Fiscal será suspensa em razão da presunção de que os créditos fiscais se encontram suspensos nos termos do art. 151 do CTN;

b) caso contrário, isto é, se foi deferido, no juízo competente, o Plano de Recuperação Judicial **sem a apresentação da CND ou CPEN**, incide a regra do art. 6º, § 7º, da Lei 11.101/2005, de modo que a Execução Fiscal terá regular prosseguimento, pois não é legítimo concluir que a regularização do estabelecimento empresarial possa ser feita exclusivamente em relação aos seus credores privados, e, ainda assim, às custas dos créditos de natureza fiscal.

Quitação de tributos relativos ao espólio para que seja proferida sentença de partilha ou adjudicação

» seja na partilha entre mais de um herdeiro, seja na adjudicação a herdeiro único, o art. 192 introduz uma garantia do crédito tributário no âmbito da sucessão:

Art. 192. Nenhuma sentença de julgamento de partilha ou adjudicação será proferida sem prova da quitação de todos os tributos relativos aos bens do espólio, ou às suas rendas. 2.6

	» ponto controverso em relação à aplicação do art. 192 do CTN é sua incidência ou não em relação ao inventário extrajudicial. Ao condicionar o julgamento de partilha ou adjudicação à prova de quitação de todos os tributos relativos ao espólio, o CTN referiu-se expressamente apenas ao procedimento judicial, uma vez que, à época da sua promulgação, não existia o inventário extrajudicial (por escritura pública), criado pela Lei 11.441/2007 e previsto atualmente no art. 610, § 1º do Código de Processo Civil de 2015: Se todos forem capazes e concordes, **o inventário e a partilha poderão ser feitos por escritura pública**, a qual constituirá documento hábil para qualquer ato de registro, bem como para levantamento de importância depositada em instituições financeiras. » o princípio da isonomia não permite a diferenciação no que diz respeito à exigência ou não da prova de quitação de tributos apenas em razão da modalidade judicial ou extrajudicial do inventário ou da partilha. Não se trata de critério que justifica o tratamento diferenciado, devendo o intérprete conferir a mesma exigência do art. 192 do CTN também às modalidades extrajudiciais, sob pena de privilégio indevido e injustificado ao inventário e a partilha por escritura pública.	
Quitação de tributos para participação em concorrência pública e celebração de contratos com o Poder Público	» o art. 193 do CTN introduz uma garantia do crédito tributário que pode ser afastada por disposição legal expressa em contrário, como admite a parte inicial do comando normativo: Art. 193. **Salvo quando expressamente autorizado por lei**, nenhum departamento da administração pública da União, dos Estados, do Distrito Federal, ou dos Municípios, ou sua autarquia, celebrará contrato ou aceitará proposta em concorrência pública sem que o contratante ou proponente faça **prova da quitação de todos os tributos devidos à Fazenda Pública interessada, relativos à atividade em cujo exercício contrata ou concorre**. » em julgado no qual se analisou a exigência de regularidade fiscal perante o INSS (contribuições da seguridade social, de natureza tributária) e o FGTS (contribuições de natureza não tributária, segundo a jurisprudência), o STJ pontuou que o art. 193 do CTN apenas estabelece um requisito mínimo, sendo contornável por meio de lei específica, não havendo qualquer impedimento ao acréscimo de outras exigências pertinentes às finalidades da licitação (RMS 30.320, j. 04.05.2010).	2.7
Privilégios do crédito tributário	» o CTN impede que sejam estabelecidos ônus ou gravames por ato voluntário em prejuízo da satisfação do crédito tributário. A regra de que a responsabilidade pelo crédito tributário abrange todo o patrimônio do contribuinte, portanto, não pode ser afastada por ato unilateral do particular: Art. 184. Sem prejuízo dos privilégios especiais sobre determinados bens, que sejam previstos em lei, **responde pelo pagamento do crédito tributário a totalidade dos bens e das rendas, de qualquer origem ou natureza**, do sujeito passivo, seu espólio	3

	ou sua massa falida, **inclusive os gravados por ônus real ou cláusula de inalienabilidade ou impenhorabilidade**, seja qual for a data da constituição do ônus ou da cláusula, excetuados unicamente os bens e rendas que a lei declare absolutamente impenhoráveis. » os direitos reais de garantia (hipoteca, penhor e anticrese), apesar de instituírem uma preferência no valor da alienação do bem assim gravado em favor do credor detentor da garantia real, não podem ser opostos ao credor tributário. Aplicando o art. 184 do CTN, o STJ entende que os credores hipotecários, pignoratícios e anticréticos não podem opor ao fisco a garantia real de que são titulares (REsp 86.349, j. 28.11.1996). » regime diverso se dá quanto a lei declara um bem ou uma renda absolutamente impenhorável. Nessa hipótese, a parte final do art. 184 do CTN admite a superação do privilégio do crédito tributário.	
Preferências do crédito tributário	» o art. 186 do CTN trata da ordem de preferência do crédito tributário de acordo com a natureza de outros créditos considerados de fundamental importância pelo legislador. Trata-se de regra de direito material (STJ, REsp 1.669.893, j. 22.08.2017), não podendo ser superada por uma preferência de direito processual. Por essa razão, a ordem de prioridade dos créditos estabelecida no art. 186 do CTN deve ser aplicada independentemente da data em que registrada a penhora (STJ, AgRg no REsp 1.491.126, j. 18.12.2014). » a ordem preferencial prevista no art. 186 é diversa conforme se esteja ou não no âmbito de um processo falimentar. » caso o devedor que possua dívidas tributárias e de outras naturezas não se encontre no polo passivo de um processo de falência, incide o caput do art. 186, segundo o qual o crédito tributário prefere a qualquer outro, seja qual for sua natureza ou o tempo de sua constituição, ressalvados os créditos decorrentes da legislação do trabalho ou do acidente de trabalho. » já na falência (art. 186, parágrafo único do CTN), a ordem de preferência do crédito tributário deve observar as seguintes regras: I - o crédito tributário não prefere aos créditos extraconcursais ou às importâncias passíveis de restituição, nos termos da lei falimentar, nem aos créditos com garantia real, no limite do valor do bem gravado; II - a lei poderá estabelecer limites e condições para a preferência dos créditos decorrentes da legislação do trabalho; e; III - a multa tributária prefere apenas aos créditos subordinados. » súmula 307 do STJ: "A restituição de adiantamento de contrato de câmbio, na falência, deve ser atendida antes de qualquer crédito.". » **créditos extraconcursais** são aqueles considerados pelo legislador como mais importantes que os arrolados no concurso de credores, razão pela qual não devem ser submetidos ao concurso de credores (previsto no art. 83 da Lei 11.101/2005).	3.1

<table>
<tr>
<td></td>
<td>
Os créditos que devem ser pagos com precedência sobre os submetidos ao regime concursal estão previstos no art. 84 da Lei 11.1001/2005, havendo uma ordem dentro desse grupo:

Lei 11.101/2005, art. 84. Serão considerados créditos extraconcursais e serão pagos com precedência sobre os mencionados no art. 83 desta Lei, na ordem a seguir, os relativos a: I – remunerações devidas ao administrador judicial e seus auxiliares, e créditos derivados da legislação do trabalho ou decorrentes de acidentes de trabalho relativos a serviços prestados após a decretação da falência; II – quantias fornecidas à massa pelos credores; III – despesas com arrecadação, administração, realização do ativo e distribuição do seu produto, bem como custas do processo de falência; IV – custas judiciais relativas às ações e execuções em que a massa falida tenha sido vencida; V – obrigações resultantes de atos jurídicos válidos praticados durante a recuperação judicial, nos termos do art. 67 desta Lei, ou após a decretação da falência, e tributos relativos a fatos geradores ocorridos após a decretação da falência, respeitada a ordem estabelecida no art. 83 desta Lei.

ORDEM DE SATISFAÇÃO NA FALÊNCIA
1. Importâncias passíveis de restituição;
2. Créditos extraconcursais;
3. Créditos derivados da legislação do trabalho e decorrentes de acidente de trabalho;
4. Créditos com garantia real até o limite do valor do bem gravado;
5. Créditos tributários, independentemente da sua natureza e tempo de constituição, excetuadas as multas tributárias;
6. Créditos com privilégio especial;
7. Créditos com privilégio geral;
8. Créditos quirografários;
9. Multas contratuais e penas pecuniárias por infração das leis penais ou administrativas, inclusive as multas tributárias;
10. Créditos subordinados.
</td>
<td></td>
</tr>
<tr>
<td>Não sujeição do crédito tributário ao concurso (formal) de credores</td>
<td>
» o concurso de credores pode ser definido como “um incidente da fase de pagamento, no qual os créditos são verificados, classificados e implementados” (STJ, REsp 442.325, j. 07.11.2002). O STJ classifica o concurso de credores em formal (processual) ou material (obrigacional).
» o crédito tributário deve obediência ao concurso material da falência, uma vez que deverá respeitas as preferências, por exemplo, dos créditos trabalhistas e dos créditos com garantia real, além da prioridade dos créditos extraconcursais e dos pedidos de restituição (REsp 1.466.200, j. 04.12.2008).
» diversamente, os créditos tributários não se submetem ao concurso formal, uma vez que não se subordinam à força atrativa do juízo falimentar ou de qualquer outro juízo especializado
</td>
<td>3.2</td>
</tr>
</table>

<table>
<tr>
<td></td>
<td>(como o da recuperação judicial, do inventário ou do arrolamento), devendo a execução fiscal permanecer no juízo competente (STJ, REsp 1.466.200, j. 04.12.2018). Nesse sentido, dispõe o CTN:

Art. 187. A cobrança judicial do crédito tributário não é sujeita a concurso de credores ou habilitação em falência, recuperação judicial, concordata, inventário ou arrolamento.

» essa prevalência legal do juízo da execução fiscal tributária, contudo, não significa que este processo pode seguir normalmente com as medidas de expropriação da massa falida em proveito do credor tributário. Uma vez que o crédito tributário está sujeito ao "concurso material" (observância da preferência de créditos de outra natureza, como os trabalhistas e com garantia real), eventual valor obtido na execução fiscal mediante a alienação de bem da massa falida deve ser colocado à disposição do juízo da falência, para que seja observada a ordem legal de preferência dos credores.
» o STJ admite a coexistência da habilitação do crédito em falência com a execução fiscal desprovida de garantia, "desde que a Fazenda Nacional se abstenha de requerer a constrição de bens em relação ao executado que também figure no polo passivo da ação falimentar" (REsp 1.831.186, j. 26.05.2020; REsp 1.848.957, j. 16.06.2020). Isso porque no caso de a execução fiscal não possuir penhora útil ou indisponibilidade de bens da massa falida, não ocorre a censurável garantia dúplice.</td>
<td></td>
</tr>
<tr>
<td>Concurso de preferência entre os entes tributantes</td>
<td>» o parágrafo único do art. 187 do CTN trata do concurso de preferências entre pessoas jurídicas de direito público, que se dá na seguinte ordem:

I - União;
II - Estados, Distrito Federal e Territórios, conjuntamente e pró rata;
III - Municípios, conjuntamente e pró rata.

» a súmula 563 do STF reconhece que o concurso de preferência do parágrafo único do art. 187 do CTN é compatível com a vedação constitucional à criação de "distinções entre brasileiros ou preferências em favor de uma dessas pessoas de direito público interno contra outra" (prevista no art. 9º, I da Constituição de 1969). Esse entendimento já foi reafirmado pelo STF ao analisar a mesma regra do CTN em cotejo com a Constituição de 1988, que em seu art. 19, III, veda aos entes federativos a criação de distinções entre brasileiros ou preferências entre si. No AI 608.769 AgR (j. 18.12.2006), o STF explicitou que a vedação estabelecida pelo artigo 19, III, da Constituição de 1988 não atinge as preferências estabelecidas por lei em favor da União.
» súmula 497 do STJ: "Os créditos das autarquias federais preferem aos créditos da Fazenda estadual desde que coexistam penhoras sobre o mesmo bem.".</td>
<td>3.3</td>
</tr>
</table>

	» para o STJ, havendo a alienação judicial de veículo automotor, eventual débito em aberto de IPVA não deve ser imediatamente quitado pelo preço alcançado na arrematação. Deve-se verificar, primeiro, se há créditos tributários federais devidos pelo então proprietário do veículo, em observância à regra de preferência do art. 187, parágrafo único, do CTN (STJ, AgRg no REsp 1.322.191, j. 20.09.2012).	
Preferência do crédito tributário na sucessão da pessoa física e na liquidação da pessoa jurídica	» em relação à pessoa física, os créditos tributários vencidos ou vincendos a cargo do de cujus ou do espólio são pagos preferencialmente aos créditos habilitados em inventário ou arrolamento (art. 189). Isso não significa uma derrogação do art. 186 do CTN, que ressalva os créditos decorrentes da legislação do trabalho ou do acidente de trabalho da preferência do crédito tributário. Mesmo em inventário ou arrolamento, portanto, o crédito tributário deve ser pago preferencialmente a qualquer outro, salvo os créditos trabalhistas, que ocupam posição superior ao tributário. » a preferência do crédito tributário na hipótese de procedimento prévio à extinção da pessoa jurídica é disciplinada no art. 190 do CTN: Art. 190. São pagos preferencialmente a quaisquer outros os créditos tributários vencidos ou vincendos, a cargo de pessoas jurídicas de direito privado em liquidação judicial ou voluntária, exigíveis no decurso da liquidação. » a liquidação da pessoa jurídica ocorre em seguida à sua dissolução, nos termos do art. 1.102 do Código Civil: "Dissolvida a sociedade e nomeado o liquidante na forma do disposto neste Livro, procede-se à sua liquidação, de conformidade com os preceitos deste Capítulo, ressalvado o disposto no ato constitutivo ou no instrumento da dissolução". » a pessoa jurídica dissolvida subsistirá para os fins de liquidação, até que esta se conclua (Código Civil, art. 51, caput), sendo cancelada a inscrição da pessoa jurídica apenas após encerrada a liquidação (Código Civil, art. 51, § 3º). A disciplina da extinção da pessoa jurídica permite concluir, portanto, que a pessoa jurídica não perde imediatamente a sua personalidade jurídica por completo, conservando-a apenas para liquidas as pendências existentes. » a preferência do art. 190 do CTN deve ser compatibilizada com o art. 186 do CTN, que estabelece a preferência dos créditos trabalhistas e decorrentes de acidento do trabalho. Assim, uma leitura sistemática dos dois dispositivos conduz à conclusão de que, na liquidação das pessoas jurídicas de direito privado, o crédito tributário deve ser pago preferencialmente a qualquer outro, salvo os créditos trabalhistas, que ocupam posição superior ao tributário.	3.4

5. SÚMULAS APLICÁVEIS

5.1 STF

417. "Pode ser objeto de restituição, na falência, dinheiro em poder do falido, recebido em nome de outrem, ou do qual, por lei ou contrato, não tivesse êle a disponibilidade.".

563. "O concurso de preferência a que se refere o parágrafo único do art. 187 do Código Tributário Nacional é compatível com o disposto no art. 9º, I, da Constituição Federal.".

5.2 STJ

307. "A restituição de adiantamento de contrato de câmbio, na falência, deve ser atendida antes de qualquer crédito.".

497. "Os créditos das autarquias federais preferem aos créditos da Fazenda estadual desde que coexistam penhoras sobre o mesmo bem.".

560. "A decretação da indisponibilidade de bens e direitos, na forma do art. 185-A do CTN, pressupõe o exaurimento das diligências na busca por bens penhoráveis, o qual fica caracterizado quando infrutíferos o pedido de constrição sobre ativos financeiros e a expedição de ofícios aos registros públicos do domicílio do executado, ao Denatran ou Detran.".

5.3 TCU

283. "Para fim de habilitação, a Administração Pública não deve exigir dos licitantes a apresentação de certidão de quitação de obrigações fiscais, e sim prova de sua regularidade.".

6. QUESTÕES DE CONCURSOS PÚBLICOS

1. **(Cespe – Auditor – SEFAZ - AL/2020) A respeito de responsabilidade, de obrigação e de administração tributária, julgue o item subsequente.**

   Independentemente da natureza ou do tempo de sua constituição, o crédito tributário tem preferência sobre qualquer outro, inclusive sobre os créditos decorrentes da legislação trabalhista ou de acidentes de trabalho.

   ( ) Certo

   ( ) Errado

2. **(Cespe – Auditor Fiscal – SEFAZ - DF/2020) A respeito das garantias e dos privilégios do crédito tributário, julgue o item seguinte.**

   Não há presunção de fraude na alienação de bens feita por sujeito passivo se o devedor reservar bens ou rendas suficientes ao pagamento da dívida regularmente inscrita.

   ( ) Certo

   ( ) Errado

3. **(Cespe – Auditor Fiscal – SEFAZ - DF/2020) A respeito das garantias e dos privilégios do crédito tributário, julgue o item seguinte.**

   Independentemente da inscrição em dívida ativa, pode-se presumir como fraudulenta a alienação de bens realizada pelo sujeito passivo que esteja em débito com a fazenda pública, desde que exista o crédito tributário.

   ( ) Certo

   ( ) Errado

4. **(FCC – Procurador do Estado – PGE - AP/2018) Relativamente às "Garantias e Privilégios do Crédito Tributário", o Código Tributário Nacional estabelece algumas regras de preferência,**

inclusive para o caso de empresas em processo falimentar. De acordo com este Código,

(A) são extraconcursais os créditos tributários decorrentes de fatos geradores ocorridos até o 60º dia que antecedeu o início do processo de falência, e no curso de processo de recuperação judicial.

(B) os créditos extraconcursais não poderão ser pagos, no curso de processo de falência da empresa, com recursos oriundos da sua alienação judicial.

(C) são extraconcursais os créditos tributários referentes a impostos cujos fatos geradores tiverem ocorrido no curso do processo de falência.

(D) somente os créditos extraconcursais poderão ser pagos, no curso de processo de falência da empresa, com recursos oriundos da sua alienação judicial.

(E) são extraconcursais os créditos tributários decorrentes de fatos geradores ocorridos até o 30º dia que antecedeu o início do processo de falência.

01	02	03	04
E	CERTO	ERRADO	C

7. QUESTÃO DISCURSIVA COM COMENTÁRIOS

(ESAF- PFN- Procurador da Fazenda Nacional-2012) Disserte, detalhadamente e fazendo referências às normas pertinentes, sobre a situação dos créditos tributários da União:

a) perante a recuperação judicial; e

b) extrajudicial de empresas.

30 linhas

COMENTÁRIOS

Os créditos tributários da União (e de qualquer outro ente político) não se sujeitam ao plano de recuperação judicial ou extrajudicial de empresas, disciplinados na Lei 11.101/2005.

Conforme dispões o artigo 187 do Código Tributário Nacional e o artigo 29 da Lei de Execuções Fiscais, a cobrança judicial do crédito tributário não é sujeita a concurso de credores ou habilitação em falência, recuperação judicial, concordata, inventário ou arrolamento. E apesar de a Lei 11.101/2005 dispor, em seu artigo 49, que estão sujeitos à recuperação judicial todos os créditos existentes na data do pedido, ainda que não vencidos, o crédito tributário apresenta-se como uma exceção a esta regra.

Interpretando-se sistematicamente o dispositivo acima, percebe-se que o crédito tributário possui natureza especial, diferente dos créditos de particulares, tendo em vista ser aquele marcado pela indisponibilidade e pela legalidade tributária. Desse modo tem-se que os créditos tributários só podem ser parcelados nos termos das leis tributárias dos respectivos entes políticos, não podendo estar previstos num plano de recuperação judicial ou extrajudicial. Esta é a ideia do artigo 6º, § 7º da Lei 11.101/2005, pelo qual as execuções de natureza fiscal não são suspensas pelo deferimento da recuperação judicial, ressalvada a concessão de parcelamento nos termos do Código Tributário Nacional e da legislação ordinária específica. No mesmo sentido, o artigo 68 da Lei 11.101/2005, dispondo que as Fazendas Públicas e o INSS poderão deferir, nos termos da legislação específica, parcelamento de seus créditos, em sede de recuperação judicial, de acordo com os parâmetros estabelecidos no Código Tributário Nacional (artigo 155-A).

O artigo 161, § 1º da Lei de Falências igualmente é expresso no sentido de que os créditos tributários não se sujeitam ao plano de recuperação extrajudicial.

Para a concessão de recuperação judicial, tanto o CTN (art. 191-A) quanto a Lei de Falências (art. 57) exigem a apresentação de prova de quitação de débitos tributários. Essa exigência é criticada por alguns doutrinadores e até excluída em alguns por alguns juízes, sob o fundamento de ser incompatível com o instituto da recuperação judicial, que se destina justamente a empresários em crise.

18

ADMINISTRAÇÃO TRIBUTÁRIA

1. PANORAMA CONSTITUCIONAL E AMPLITUDE DA ADMINISTRAÇÃO TRIBUTÁRIA NO CTN

A administração tributária está inserida no Poder Executivo dos entes federativos, fazendo parte da administração pública. Por essa razão, devem ser observados, no âmbito da administração tributária, os princípios da legalidade, impessoalidade, moralidade, publicidade e eficiência (CF, art. 37, *caput*).

A Constituição de 1988 confere à administração tributária o *status* de atividade essencial ao funcionamento do Estado, devendo por isso ser exercida por servidores de carreiras específicas ter recursos prioritários para a realização de suas atividades e atuar de forma integrada entre os diversos entes federativos (CF, art. 37, XXII). A sua importância também pode ser evidenciada na possibilidade de se vincular receitas de impostos para realização de atividades da administração tributária (CF, art. 167, IV).

O constituinte originário de 1988 também tratou de objetivos e atividades da administração tributária, como se pode ver do art. 145, § 1º, que possui a seguinte redação:

> Art. 145, § 1º Sempre que possível, os impostos terão caráter pessoal e serão graduados segundo a capacidade econômica do contribuinte, facultado à administração tributária, especialmente para conferir efetividade a esses objetivos, identificar, respeitados os direitos individuais e nos termos da lei, o patrimônio, os rendimentos e as atividades econômicas do contribuinte.

Referido dispositivo constitucional destaca que a administração tributária possui dentre seus objetivos o de conferir efetividade à graduação da capacidade econômica do contribuinte. Assim, enquanto o legislador atuará num plano abstrato e genérico na determinação da carga tributária de acordo com o que pode ser suportado pela riqueza dos contribuintes, a administração tributária é responsável por concretizar a graduação da capacidade contributiva. Para isso, atuará **identificando o patrimônio**, os **rendimentos** e as **atividades econômicas** do contribuinte.

A nível infraconstitucional, o Código Tributário Nacional divide a disciplina da administração tributária em três segmentos: fiscalização, dívida ativa e certidões negativas.

Apesar de haver uma associação entre administração tributária e os órgãos da Receita Federal, Estadual e Municipal, não só os Auditores Fiscais exercem atividades próprias da administração tributária. Também o fazem os Procuradores das Fazendas dos entes federativos, uma vez que esses agentes públicos também atuam na inscrição[1] e na administração da dívida ativa, além de analisarem os pedidos de certidão a respeito de dívidas já inscritas, podendo emitir ou não a certidão solicitada. Essa atuação da Procuradoria da Fazenda como administração tributária, portanto, não se confunde com a representação judicial dos entes públicos em matéria fiscal. No âmbito federal, há norma constitucional expressa sobre a representação judicial nos processos de execução, como se pode ver do art. 131, § 3º: "Na execução da dívida ativa de natureza tributária, a representação da União cabe à Procuradoria-Geral da Fazenda Nacional, observado o disposto em lei.". O art. 12, V da Lei Complementar 73/1993, a seu turno, atribui à Procuradoria-Geral da Fazenda Nacional a incumbência de representar a União nas causas de natureza fiscal.

2. FISCALIZAÇÃO

A atividade fiscalizatória da administração tributária decorre da própria competência tributária. Se o constituinte conferiu aos entes políticos o direito de instituir tributos, devem tais entes exercer atos concretos voltados é efetivação do direito ao recebimento dos respectivos tributos. Em outros termos, se a Constituição confere os fins (direito ao recebimento de tributos), deve também proporcionar os meios para sua concretização[2].

A fiscalização recai sobre as atividades dos sujeitos passivos que guardam relação com o fato gerador de tributos, uma vez que o limite dessa atuação administrativa está na sua própria justificativa, qual seja, a necessidade de se efetivar a competência tributária pela identificação das atividades que ensejam a ocorrência do fato gerador. Não se pode, portanto, fiscalizar atividades do contribuinte que não sejam pertinentes aos tributos objeto de investigação instaurada pelo agente fiscal.

Mesmo dentro do universo das atividades dos contribuintes que devem ser investigadas, contudo, não se concebe que a administração tributária tenha capacidade institucional de analisar todas as operações pertinentes a um fato gerador. A pretensão de um fisco onipresente milita contra o princípio da eficiência administrativa (art. 37 da CF), devendo o agente fiscal eleger, de forma impessoal, os contribuintes e as operações que exigem maior atenção e dispêndio de recursos na custosa atividade de fiscalização tributária.

Por essa razão, a administração tributária observa, nas atividades fiscalizatórias, o chamado **princípio da praticabilidade**, pelo qual a aplicação da legislação tributária deve se dar de modo simples, exequível e eficiente. Essa redução da complexidade da fiscalização pode ser encontrada na limitação de despesas com educação na declaração do imposto de renda das pessoas físicas, tendo em vista a onerosidade ou mesmo a impossibilidade

---

1. Lei 6.830/1980, art. 2º, § 4º: "A Dívida Ativa da União será apurada e inscrita na Procuradoria da Fazenda Nacional". Com redação idêntica, o art. 39, § 5º da Lei 4.320/1964.
2. BOTTALLO, Eduardo Domingos; e MELO, José Eduardo Soares de. Comentários às súmulas tributárias do STF, STJ, TRFs e CARF. 2. ed. São Paulo: Quartier Latin, 2011, p. 72.

fática de o fisco controlar milhões de informações apenas sobre esse dispêndio. Outros exemplos de praticabilidade na fiscalização tributária que podem ser citados são as fixações de limites de valores a partir dos quais os contribuintes devem prestar informações ou declarações à Receita Federal, como a Declaração de Operações Liquidadas com Moeda em Espécie (DME) da pessoa que tenha recebido valores em espécie cuja soma seja igual ou superior a R$ 30.000,00 (art. 4º da Instrução Normativa RFB 1.761/2017). Do mesmo modo, não é todo viajante que deve informar à fiscalização aduaneira os valores que leva para o exterior, mas apenas aquele que sai do Brasil com montante superior a R$ 10.000,00[3]. A exclusão de determinados contribuintes do controle fiscalizatório representa uma preterição da capacidade contributiva individualizada em prol de uma tributação mais eficiente sobre contribuintes com maior capacidade contributiva[4].

2.1 Poderes das autoridades administrativas em matéria de fiscalização

O CTN não disciplina diretamente todos os aspectos da fiscalização tributária, trazendo apenas normas gerais a serem observadas pelos entes federativos no tratamento da matéria. A regulamentação da competência e dos poderes das autoridades administrativas, contudo, não exige lei em sentido formal oriunda do processo legislativo, sendo suficiente a utilização de atos infralegais, uma vez que o art. 194 utiliza o termo **"legislação tributária"**[5]:

> Art. 194. A legislação tributária, observado o disposto nesta Lei, regulará, em caráter geral, ou especificamente em função da natureza do tributo de que se tratar, a competência e os poderes das autoridades administrativas em matéria de fiscalização da sua aplicação.
>
> Parágrafo único. A legislação a que se refere este artigo aplica-se às pessoas naturais ou jurídicas, contribuintes ou não, inclusive às que gozem de imunidade tributária ou de isenção de caráter pessoal.

Conforme o *caput* do art. 194, a disciplina da fiscalização tributária pode se dar em caráter geral, ou especificamente em função da natureza do tributo de que se tratar. Nesse sentido, a fiscalização de tributos que exigem maior nível de detalhamento de informações e apresentam maior complexidade na determinação da base de cálculo, como o imposto de renda da pessoa jurídica, justificam maiores poderes de fiscalização do que tributos podem ter seu contribuinte e seu valor determinado, respectivamente, por um registro obrigatório e pela aplicação de uma alíquota sobre um valor fixo, como é o caso do IPTU e do IPVA.

O parágrafo único do art. 194, por sua vez, explicita que a legislação a respeito da fiscalização pode vincular não apenas os próprios contribuintes dos tributos a serem

3. Instrução Normativa RFB 1.385/2013, art. 7º: O viajante que ingressar no País ou dele sair com recursos em espécie, em moeda nacional ou estrangeira, em montante superior a R$ 10.000,00 (dez mil reais) ou o equivalente em outra moeda, também deverá declará-los para a RFB mediante registro da e- DBV.
4. O mesmo ocorre na limitação de valor para inscrição em dívida ativa e ajuizamento de execução fiscal (PAULA, Daniel Giotti de. A praticabilidade no direito tributário: controle jurídico da complexidade. Rio de Janeiro: Ágora, 2018, p. 442).
5. CTN, art. 96. A expressão "legislação tributária" compreende as leis, os tratados e as convenções internacionais, os decretos e as normas complementares que versem, no todo ou em parte, sobre tributos e relações jurídicas a eles pertinentes.

examinados, mas também as pessoas naturais ou jurídicas que, mesmo não sendo contribuintes, possuam algum vínculo com o fato gerador que justifique sua colaboração com a fiscalização tributária.

A sujeição de uma pessoa que não seja contribuinte (inclusive uma pessoa imune ou isenta) à fiscalização deve se basear na sua proximidade com a situação que constitui o fato gerador. Não se pode, de modo arbitrário, impor a pessoas aleatórias o dever de suportar medidas restritivas de fiscalização. Assim como a responsabilidade tributária pelo cumprimento da obrigação principal atribuída por lei deve recair sobre terceira pessoa que seja de algum modo vinculado ao fato gerador (CTN, art. 128), também a responsabilidade de terceiro que tem por objeto as prestações, positivas ou negativas, no interesse da fiscalização[6] deve se justificar pela vinculação do terceiro ao fato gerador.

Cumprindo a função da lei complementar de estabelecer normas gerais sobre fiscalização tributária, que constitui uma atividade essencial para a realização do lançamento (CF, art. 146, III, *b*), o art. 195 do CTN dispõe:

> Art. 195. Para os efeitos da legislação tributária, não têm aplicação quaisquer disposições legais excludentes ou limitativas do direito de examinar mercadorias, livros, arquivos, documentos, papéis e efeitos comerciais ou fiscais, dos comerciantes industriais ou produtores, ou da obrigação destes de exibi-los.
>
> Parágrafo único. Os livros obrigatórios de escrituração comercial e fiscal e os comprovantes dos lançamentos neles efetuados serão conservados até que ocorra a prescrição dos créditos tributários decorrentes das operações a que se refiram.

O ato infralegal abrangido pela legislação tributária ou mesmo a lei em sentido formal não podem, portanto, contrariar a disposição de lei complementar do *caput* do art. 195 acima no sentido de que não se pode excluir ou limitar a administração tributária no direito de examinar mercadorias, livros, arquivos, documentos, papéis e efeitos comerciais ou fiscais, dos comerciantes industriais ou produtores, ou da obrigação destes de exibi-los.

Como consequência dessa norma geral, eventual regra da legislação civil, empresarial ou de propriedade industrial que classifique determinado documento como sigiloso não poderá ser oposta ao fisco, que ainda assim poderá examiná-lo. O Código Civil expressamente ressalva a possibilidade de acesso das autoridades fazendárias à escrituração das empresas, conforme se vê da redação do seu art. 1.193: "As restrições estabelecidas neste Capítulo ao exame da escrituração, em parte ou por inteiro, não se aplicam às autoridades fazendárias, no exercício da fiscalização do pagamento de impostos, nos termos estritos das respectivas leis especiais".

Corroborando o disposto no art. 195 do CTN a **súmula 439 do STF** preceitua: "Estão sujeitos à fiscalização tributária ou previdenciária quaisquer livros comerciais, **limitado o exame aos pontos objeto da investigação**" (grifo adicionado). Essa limitação de análise dos documentos no que diz respeito ao objeto de investigação serve para impedir a prática de investigações especulativas e aletatórias ("*fishing expeditions*").

6. CTN, art. 113, § 2º. A obrigação acessória decorre da legislação tributária e tem por objeto as prestações, positivas ou negativas, nela previstas no interesse da arrecadação ou da fiscalização dos tributos.

Dada a importância dos livros **obrigatórios** de escrituração comercial e fiscal, bem como dos comprovantes dos lançamentos neles efetuados, essa documentação deve ser conservada até que ocorra a prescrição dos créditos tributários decorrentes das operações a que se refiram. Não se pode esquecer que os livros empresariais são documentos particulares com força probante[7], razão pela qual o CTN dispensou a eles uma relevância especial diante de sua utilidade para a fiscalização tributária.

O período de conservação dos livros obrigatórios não se vincula necessariamente ao prazo legal de cinco anos da prescrição, mas sim à ocorrência em si da prescrição, a qual pode decorrer em período superior a cinco anos, caso se verifique hipótese de suspensão ou interrupção do prazo prescricional.

Segundo Hugo de Brito Machado[8], os livros e documentos poderiam ser dispensados após o prazo decadencial, tendo o CTN preferido optar pelo término do prazo prescricional diante da possibilidade de ser necessário ao fisco produzir prova em eventual litígio a respeito do crédito tributário. Na esfera federal, há dispositivo que dispensa o transcurso do prazo prescricional, sendo suficiente a ocorrência da decadência. É o que se constata do art. 37 da Lei 9.430/1996:

> Os comprovantes da escrituração da pessoa jurídica, relativos a fatos que repercutam em lançamentos contábeis de exercícios futuros, serão conservados até que se opere a decadência do direito de a Fazenda Pública constituir os créditos tributários relativos a esses exercícios.

Ao se analisar os poderes das autoridades administrativas no que diz respeito à análise dos registros efetuados pelos empresários, é importante notar que apenas a regra do dever de conservação até a prescrição dos créditos tributários é que se limita aos livros obrigatórios. A possibilidade de a autoridade fiscal examinar outros documentos dos empresários é ampla, abrangendo não só livros, arquivos, documentos e papéis (de escrituração obrigatória ou não) mas até mesmo mercadorias. Como já decidiu o STJ (AgRg no AREsp 539.934, j. 11.11.2014):

> Por força do que disposto no art. 195, do CTN, o contribuinte, ainda que não seja obrigado a produzir todos os documentos que possui, quando estes são perquiridos pelo Fisco, tem o dever de apresentá-los, sendo eles obrigatórios ou não, visto que pela sua análise é possível verificar irregularidades e até mesmo eventual evasão fiscal.

Não pode o contribuinte, portanto, se negar a exibir determinado documento à autoridade fiscal sob o argumento de que se trata de registro não obrigatório. Se a empresa

---

7. Código Civil: "art. 226. Os livros e fichas dos empresários e sociedades provam contra as pessoas a que pertencem, e, em seu favor, quando, escriturados sem vício extrínseco ou intrínseco, forem confirmados por outros subsídios. Parágrafo único. A prova resultante dos livros e fichas não é bastante nos casos em que a lei exige escritura pública, ou escrito particular revestido de requisitos especiais, e pode ser ilidida pela comprovação da falsidade ou inexatidão dos lançamentos". Código de Processo Civil: "art. 417. Os livros empresariais provam contra seu autor, sendo lícito ao empresário, todavia, demonstrar, por todos os meios permitidos em direito, que os lançamentos não correspondem à verdade dos fatos.".
8. MACHADO, Hugo de Brito. Curso de Direito Tributário. 26ª edição. São Paulo: Malheiros Editores, 2005, p. 252.

presenteou determinado administrador com uma caneta de luxo e mantém em seu poder a nota fiscal da compra mesmo sem ter realizado qualquer dedução desse pagamento, ainda assim deve fornecer ao fisco esse documento caso seja intimado para apresentar notas fiscais de todas as compras realizadas pela empresa no exercício em questão.

Situação que pode ensejar controvérsia é a hipótese em que determinado documento do contribuinte pode servir como meio de prova da prática de crime (como, por exemplo, os contra a ordem tributária). Há crimes contra a ordem tributária que não dependem da prévia constituição definitiva do crédito tributário para sua consumação (STF, RHC 90.532 ED, j. 23.09.2009):

> O tipo penal previsto no art. 2º, I, da Lei 8.137/1990 é crime formal e, portanto, independe da consumação do resultado naturalístico correspondente à auferição de vantagem ilícita em desfavor do Fisco, bastando a omissão de informações ou a prestação de declaração falsa, não demandando a efetiva percepção material do ardil aplicado. Dispensável, por conseguinte, a conclusão de procedimento administrativo para configurar a justa causa legitimadora da persecução.

Alguns autores defendem a possibilidade de o contribuinte se recusar a prestar informações ao fisco se houver um nexo entre tais informações e a possibilidade de autoincriminação[9], diante do entendimento do STF de que o privilégio contra a autoincriminação é "direito público subjetivo assegurado a qualquer pessoa, que, na condição de testemunha, de indiciado ou de réu, deva prestar depoimento perante órgãos do Poder Legislativo, do Poder Executivo ou do Poder Judiciário"[10]. Esse nexo, contudo, tem aplicabilidade reduzida, diante da constatação de que os contribuintes que se caracterizem como pessoas jurídicas não possuem, via de regra, responsabilidade penal.

Além dos arts. 194 e 195, o art. 200 do CTN também trata dos poderes das autoridades tributárias, conferindo-lhes a prerrogativa de requisitar o auxílio da força pública, quando vítimas de embaraço ou desacato no exercício de suas funções, ou quando necessário à efetivação dê medida prevista na legislação tributária, ainda que não se configure fato definido em lei como crime ou contravenção.

2.2 Formalização do início do procedimento de fiscalização

A fiscalização tributária dificilmente se resume a um ato isolado, constituindo, via de regra, um procedimento administrativo composto de várias diligências fiscalizatórias.

---

9. LÓPEZ, Maria Teresa Martinez; e NEDER, Marcos Vinícius. Processo Administrativo Fiscal Federal Comentado. 3ª edição. São Paulo: Dialética, 2010, p. 149.

10. "(...) O privilégio contra a auto-incriminação - que é plenamente invocável perante as Comissões Parlamentares de Inquérito - traduz direito público subjetivo assegurado a qualquer pessoa, que, na condição de testemunha, de indiciado ou de réu, deva prestar depoimento perante órgãos do Poder Legislativo, do Poder Executivo ou do Poder Judiciário. - O exercício do direito de permanecer em silêncio não autoriza os órgãos estatais a dispensarem qualquer tratamento que implique restrição à esfera jurídica daquele que regularmente invocou essa prerrogativa fundamental. Precedentes. **O direito ao silêncio** - enquanto poder jurídico **reconhecido a qualquer pessoa relativamente a perguntas cujas respostas possam incriminá-la** (*nemo tenetur se detegere*) - impede, quando concretamente exercido, que aquele que o invocou venha, por tal específica razão, a ser preso, ou ameaçado de prisão, pelos agentes ou pelas autoridades do Estado. (...)" (STF, HC 79.812, j. 08.11.2000 - grifos adicionados).

A formalização do início do procedimento fiscal é relevante não só para o próprio procedimento em si, mas também para fins da contagem do prazo decadencial, da caracterização ou não da denúncia espontânea e também para se determinar a exigência ou não de multa de ofício nos casos de lançamento para prevenir a decadência em caso de suspensão da exigibilidade.

No que tange à decadência, o parágrafo único do art. 173 do CTN antecipa a contagem do prazo decadencial para a notificação, ao sujeito passivo, de qualquer medida preparatória indispensável ao lançamento. O início do procedimento fiscal devidamente documentado atrai para a data desse evento a contagem do prazo decadencial que só ocorreria no primeiro dia do exercício seguinte àquele em que o lançamento poderia ter sido efetuado.

Já o parágrafo único do art. 138 do CTN confere ao início de qualquer procedimento administrativo ou medida de fiscalização o efeito de descaracterizar a denúncia espontânea da infração. Eventual confissão voluntária de infração cometida, acompanhada do pagamento do tributo devido e dos juros de mora, não excluirá a responsabilidade do sujeito passivo pela falta se ocorrer após o início do procedimento fiscal[11].

Vale observar que a espontaneidade poderia ser mantida se o procedimento de fiscalização tivesse início antes da iniciativa do contribuinte de declarar e pagar o tributo relativo à infração cometida, desde que essa atuação do fisco fosse posterior à ocorrência da suspensão da exigibilidade por conta de decisão judicial. É o que prevê **Súmula 17 do CARF**:

> Não cabe a exigência de multa de ofício nos lançamentos efetuados para prevenir a decadência, quando a exigibilidade estiver suspensa na forma dos incisos IV ou V do art. 151 do CTN e a suspensão do débito tenha ocorrido antes do início de qualquer procedimento de ofício a ele relativo.

Mesmo nesses casos em que o tributo não pode ser exigido, deve haver o lançamento para prevenir a decadência, não se exigindo a multa em razão de o procedimento fiscal ter se iniciado após uma decisão que suspendeu a exigibilidade do respectivo tributo.

Relativamente à disciplina sobre a administração tributária, o CTN dispõe que ao se iniciar a primeira diligência de fiscalização, a autoridade administrativa deve lavrar os termos necessários para que seja documentado o início do procedimento, sendo fixado na **legislação** aplicável o prazo máximo para a conclusão das diligências de fiscalização (art. 196).

O Decreto 70.235/1972 (que possui *status* de lei ordinária), ao regular o processo administrativo fiscal federal, estabelece três eventos que marcam o início do procedimento fiscal:

---

11. Acórdão 102-49.334 do CARF (j. 09.10.2008): "Exclui-se a espontaneidade do contribuinte, e de terceiros envolvidos no fato gerador, mesmo que não expressamente intimados, após o início do procedimento fiscal. Imprestável como prova da origem dos valores objeto de depósito em conta bancária valores informados apenas em declaração retificadora entregue após o início da ação fiscal (art. 7° do Decreto n° 70.235, de 1972).". No mesmo sentido a **súmula 33 do CARF**: "A declaração entregue após o início do procedimento fiscal não produz quaisquer efeitos sobre o lançamento de ofício".

> Art. 7º O procedimento fiscal tem início com:
>
> I - o primeiro ato de ofício, escrito, praticado por servidor competente, cientificado o sujeito passivo da obrigação tributária ou seu preposto;
>
> II - a apreensão de mercadorias, documentos ou livros;
>
> III - o começo de despacho aduaneiro de mercadoria importada.

O art. 196 do Código Tributário abre espaço para que os procedimentos de fiscalização sejam disciplinados, pelos respectivos entes federativos, em atos infralegais (ao utilizar o termo "**legislação** tributária") no que diz respeito à fixação de prazo máximo para conclusão de suas diligências. No âmbito federal, a União se valeu dessa autorização para fixar o referido prazo por meio de portaria[12].

Os termos necessários para documentação do início do procedimento fiscal serão lavrados, sempre que possível, em um dos livros fiscais exibidos, e, quando lavrados em separado, tais termos ter sua cópia autenticada entregue, pela autoridade encarregada da fiscalização, à pessoa fiscalizada (CTN, art. 196, parágrafo único). Não se exige, contudo, a notificação pessoal do sujeito passivo, bastando que a este se dê ciência do início de fiscalização (STJ, AgRg no Ag 1.360.823, j. 17.05.2011), o que pode ocorrer por notificação postal ou eletrônica.

2.3 Terceiros obrigados a prestar informações à autoridade fiscal

O art. 197 do CTN traz uma lista de pessoas físicas e jurídicas que são obrigadas a prestar à autoridade fiscal informações de que disponham com relação aos bens, negócios ou atividades de terceiros. Eis o teor do dispositivo:

> Art. 197. Mediante intimação escrita, são obrigados a prestar à autoridade administrativa todas as informações de que disponham com relação aos bens, negócios ou atividades de terceiros:
>
> I - os tabeliães, escrivães e demais serventuários de ofício;
>
> II - os bancos, casas bancárias, Caixas Econômicas e demais instituições financeiras;
>
> III - as empresas de administração de bens;
>
> IV - os corretores, leiloeiros e despachantes oficiais;
>
> V - os inventariantes;
>
> VI - os síndicos, comissários e liquidatários;
>
> VII - quaisquer outras entidades ou pessoas que a lei designe, em razão de seu cargo, ofício, função, ministério, atividade ou profissão.
>
> Parágrafo único. A obrigação prevista neste artigo não abrange a prestação de informações quanto a fatos sobre os quais o informante esteja legalmente obrigado a observar segredo em razão de cargo, ofício, função, ministério, atividade ou profissão.

12. Portaria RFB nº 6478, de 29 de dezembro de 2017, art. 11. Os procedimentos fiscais deverão ser executados nos seguintes prazos: I - 120 (cento e vinte) dias, no caso de procedimento de fiscalização; e II - 60 (sessenta) dias, no caso de procedimento fiscal de diligência. § 1º Os prazos de que trata o caput poderão ser prorrogados até a efetiva conclusão do procedimento fiscal e serão contínuos, excluindo-se da sua contagem o dia do início e incluindo-se o do vencimento, conforme os termos do art. 5º do Decreto nº 70.235, de 1972.

Dentre os incisos acima, o que mais suscitou controvérsias foi o que prevê a obrigação de as instituições financeiras prestarem informações à autoridade administrativa com relação aos bens, negócios ou atividades de terceiros. Considerando que o parágrafo único do art. 197 exclui dessa obrigação as informações quanto a fatos sobre os quais o informante esteja legalmente obrigado a observar segredo em razão de cargo, ofício, função, ministério, atividade ou profissão, surgiu a seguinte dúvida: o direito constitucional à privacidade (CF, art. 5º, X e XII) constitui uma obrigação jurídica de guardar secreto sobre as informações que o banco possui a respeito das atividades financeiras de seus clientes?

A ressalva do parágrafo único do art. 197 parecia fazer mais sentido em relação às instituições financeiras diante não só das normas constitucionais que preservam a privacidade, mas também diante da existência de norma específica prevista no art. 38 da Lei 4.595/1964, segundo a qual as instituições financeiras deveriam conservar sigilo em suas operações ativas e passivas e serviços prestados. O STJ, ao interpretar esse dispositivo em conjunto com o CTN, entendeu que as instituições financeiras deveriam atender à solicitação de informações encaminhada pelo Fisco, devendo, porém, negar-se a fornecer documentação relativa à movimentação ativa e passiva do correntista/contribuinte, bem como dos serviços a ele prestados (voto do Ministro Demócrito Reinaldo no REsp 37.566, j. 02.02.1994). Apesar de o § 5º do art. 38 da Lei 4.595/1964 autorizar os agentes fiscais tributários a examinar documentos, livros e registros de contas de depósitos, quando houver processo instaurado e os mesmos forem considerados indispensáveis pela autoridade competente, o STJ decidiu que "apenas o Poder Judiciário, por um de seus órgãos, pode eximir as instituições financeiras do dever de segredo em relação as matérias arroladas em lei" (REsp 37.566, j. 02.02.1994).

Em 2001, a Lei Complementar 105 revogou o art. 38 da Lei 4.595/1964, passando a prever em seu art. 6º a possibilidade de a administração tributária ter acesso a registros de instituições financeiras, inclusive referentes a contas de depósitos e aplicações financeiras:

> Lei complementar 105/2001. Art. 6º. As autoridades e os agentes fiscais tributários da União, dos Estados, do Distrito Federal e dos Municípios somente poderão examinar documentos, livros e registros de instituições financeiras, inclusive os referentes a contas de depósitos e aplicações financeiras, quando houver processo administrativo instaurado ou procedimento fiscal em curso e tais exames sejam considerados indispensáveis pela autoridade administrativa competente.
>
> Parágrafo único. O resultado dos exames, as informações e os documentos a que se refere este artigo serão conservados em sigilo, observada a legislação tributária.

Apesar de não haver mais a norma infralegal que previa expressamente o dever de sigilo das instituições financeiras (art. 38, *caput*, da Lei 4.595/1994), os contribuintes argumentavam que a disposição do art. 6º da Lei Complementar 105/2001 violava o direito constitucional à privacidade e ao sigilo de dados. Decidindo a controvérsia em sede de **repercussão geral** (RE 601.314, j. 24.02.2016), o STF fixou a seguinte tese:

> O art. 6º da Lei Complementar 105/01 não ofende o direito ao sigilo bancário, pois realiza a igualdade em relação aos cidadãos, por meio do princípio da capacidade contributiva, bem como estabelece requisitos objetivos e o translado do dever de sigilo da esfera bancária para a fiscal

Prestigiou-se a liberdade de conformação do legislador para definir os limites do direito à privacidade e ao sigilo de dados. Essa orientação permite a inserção do Brasil em um verdadeiro regime internacional de compartilhamento de informações financeiras, diante da constatação de que no mundo cada vez mais globalizado a troca automática de informações financeiras é fundamental para o combate à fraude e à evasão tributárias[13].

Por outro lado, é constitucional a vedação ao compartilhamento de informações prestadas pelos aderentes ao Regime Especial de Regularização Cambial e Tributária (instituído na Lei 13.254/2016) com os Estados, o Distrito Federal e os Municípios, conforme decidido pelo STF na ADI 5729 (j. 08.03.2021). A divulgação ou a publicidade das informações presentes no RERCT implicarão efeito equivalente à quebra do sigilo fiscal (art. 7º, § 1º da Lei 13.254/2016).

Em relação aos outros incisos do art. 197, vale citar a decisão do STJ segundo a qual as administradoras de bens e os corretores são obrigados, nos termos do art. 197, III e IV, do CTN, a prestar informações à Receita Federal relativas a operações de compra e venda e aluguel de imóveis (REsp 1.105.947, j. 23.06.2009)[14]. Do mesmo modo, as empresas que administram as lojas de *shopping centers* constituem "empresas de administração de bens" previstas no art. 197, III do CTN (STJ, REsp 147.215, j. 19.04.2005; REsp 201.459, j. 17.02.2004).

2.4 Vedação ao Fisco da divulgação das informações obtidas sobre a situação econômica do sujeito passivo

Diante do amplo acesso a temas sensíveis dos contribuintes, a administração tributária deve guardar sigilo em relação às informações obtidas sobre a situação econômica do sujeito passivo e de terceiros. É o que reza o art. 198 do CTN:

> Art. 198. Sem prejuízo do disposto na legislação criminal, é vedada a divulgação, por parte da Fazenda Pública ou de seus servidores, de informação obtida em razão do ofício sobre a situação econômica ou financeira do sujeito passivo ou de terceiros e sobre a natureza e o estado de seus negócios ou atividades.
>
> § 1º Excetuam-se do disposto neste artigo, além dos casos previstos no art. 199, os seguintes:
>
> I – requisição de autoridade judiciária no interesse da justiça;
>
> II – solicitações de autoridade administrativa no interesse da Administração Pública, desde que seja comprovada a instauração regular de processo administrativo, no órgão ou na entidade respectiva, com o objetivo de investigar o sujeito passivo a que se refere a informação, por prática de infração administrativa.
>
> § 2º O intercâmbio de informação sigilosa, no âmbito da Administração Pública, será realizado mediante processo regularmente instaurado, e a entrega será feita pessoalmente

13. OECD, Declaration on Automatic Exchange of Information in Tax Matters. Paris, 2014, p. 3.
14. A Instrução Normativa RFB 1.115/2010 dispôs a respeito da prestação de informações sobre atividades imobiliárias. Conforme seu art. 1º: "A Declaração de Informações sobre Atividades Imobiliárias (Dimob) é de apresentação obrigatória para as pessoas jurídicas e equiparadas: I - que comercializarem imóveis que houverem construído, loteado ou incorporado para esse fim; II - que intermediarem aquisição, alienação ou aluguel de imóveis; III - que realizarem sublocação de imóveis; IV - que se constituírem para construção, administração, locação ou alienação de patrimônio próprio, de seus condôminos ou de seus sócios.".

à autoridade solicitante, mediante recibo, que formalize a transferência e assegure a preservação do sigilo.

O dispositivo acima trata da publicidade não só na fiscalização tributária, capítulo onde está inserido no código, mas da administração tributária como um todo, eis que aborda a divulgação de informações atinentes a inscrições na Dívida Ativa da Fazenda Pública (art. 198, § 2º, II).

Segundo o *caput* do art. 198, é vedada a divulgação, por parte da Fazenda Pública ou de seus servidores, de informação obtida em razão do ofício sobre a situação econômica ou financeira do sujeito passivo ou de terceiros e sobre a natureza e o estado de seus negócios ou atividades.

No exercício da fiscalização tributária, os auditores podem obter acesso a movimentações financeiras, estratégias comerciais, ajustes com fornecedores e até mesmo informações relativas à composição do preço de um produto ou serviço. A divulgação dessas informações poderia acarretar sérios prejuízos ao ambiente concorrencial e comprometer todo um planejamento do contribuinte de atuação no mercado. O fato de a administração pública, onde se insere a administração tributária, obedecer ao princípio da publicidade (CF, art. 37, *caput*), assim, não prejudica a norma do art. 198 do CTN que protege a privacidade "negocial, econômica ou empresarial" dos contribuintes.

O respeito ao princípio da publicidade pode ser observado, todavia, pela divulgação do produto da fiscalização (auto de infração ou lançamento do tributo), para que os demais contribuintes possam se informar sobre o entendimento das autoridades fiscais em relação às práticas empresariais que podem ensejar discussões tributárias[15].

No § 1º do art. 198 são trazidas duas hipóteses em que a administração tributária pode compartilhar as informações que possui a respeito das atividades econômicas do sujeito passivo ou de terceiros.

Primeiro, há a situação em que há requisição emanada do Poder Judiciário. Essa previsão no CTN constitui uma redundância, uma vez que na sua ausência ou mesmo na existência de norma em sentido contrário, deveria prevalecer a necessária observância às decisões judiciais, que decorre da própria Constituição[16]. De fato, o art. 2º do texto constitucional prevê o Judiciário como um dos Poderes em que se funda o Estado Democrático de Direito, sendo o descumprimento de ordem ou decisão judicial considerado uma ofensa tão grave que o art. 34, VI da Constituição permite a intervenção da União nos Estados ou no Distrito Federal em tal situação[17]. Diante da função jurisdicional ter o condão de produzir normas concretas aos indivíduos, inclusive restringindo-lhes a propriedade e a liberdade, pode o juiz, caso entenda relevante e essencial para o deslinde de uma controvérsia particular, oficiar autoridades administrativas, inclusive as fiscais, para ter acesso

15. MALDONADO, Luciano Burti. Limites do Poder de Fiscalização: Identificação e Controle. Revista Direito Tributário Atual, n.45. São Paulo: IBDT, 2º semestre 2020, p. 267-268.

16. No MS 35.985 (j. 19.11.2018), o STF rejeitou a pretensão de descumprimento de ordem judicial sob o argumento de que não seria possível submeter alguém "à autoridade de decisão francamente inconstitucional".

17. CF, art. 34: "A União não intervirá nos Estados nem no Distrito Federal, exceto para: (...) VI - prover a execução de lei federal, ordem ou decisão judicial; (...)".

a informações úteis ao processo judicial. Também nessa linha, o art. 438 do Código de Processo Civil prevê a possibilidade de o juiz requisitar procedimentos administrativos às repartições públicas.

O inciso II do § 1º do art. 198 do CTN prevê a possibilidade de a autoridade fiscal conceder acesso a informações de que disponha sobre a situação econômica das pessoas se houver solicitações de autoridade administrativa no interesse da Administração Pública, desde que seja comprovada a instauração regular de processo administrativo com o objetivo de investigar o sujeito passivo a que se refere a informação, por prática de infração administrativa. O preenchimento dos requisitos listados é de suma importância. Não pode uma autoridade administrativa solicitar informações ao fisco por motivos diversos da investigação por prática de infração administrativa, e ainda assim desde que se comprove a instauração regular do processo administrativo. Assim, não se admite o compartilhamento das referidas informações para instruir procedimento de seleção para investidura em cargos públicos, pois nesse caso a razão não guarda relação com a investigação de uma infração administrativa. No curso de um processo administrativo disciplinar (PAD), diversamente, admite-se a utilização de informações fiscais sigilosas, desde que de forma fundamentada e reservada (STJ, MS 20.953, j. 08.02.2017).

A preocupação com as informações sigilosas a respeito dos contribuintes transparece ainda no § 2º do art. 198 do CTN, que condiciona o intercâmbio dessa espécie de informação no âmbito da Administração Pública à existência de um processo regularmente instaurado. Nesse caso, a entrega da informação deve ser feita pessoalmente à autoridade solicitante, mediante recibo que formalize a transferência e assegure a preservação do sigilo.

2.5 Possibilidade de divulgação de informações obtidas pela administração tributária

O § 3º do art. 198 do CTN lista informações que não dizem respeito à situação econômica ou financeira do sujeito passivo ou de terceiros e sobre a natureza e o estado de seus negócios ou atividades e que por isso podem ser divulgadas. Não se trata, portanto, de informações fiscais sigilosas que podem se tornar públicas por conta de regra específica que as excepciona do sigilo. As informações constantes do § 3º do art. 198 sequer se caracterizam como sigilosas em sua essência, pois não resvalam na situação econômica do sujeito passivo ou de terceiros[18]. Assim é que não se veda a divulgação de informações relativas a:

> I – representações fiscais para fins penais;
> II – inscrições na Dívida Ativa da Fazenda Pública;
> III – parcelamento ou moratória.

A divulgação de informações relativas a parcelamento ou moratória não merece maiores comentários. Já as outras hipóteses serão analisadas em separado a seguir.

---

18. "Apenas as informações sobre a situação econômica ou financeira do sujeito passivo ou de terceiros e sobre a natureza e o estado de seus negócios ou atividades estão abrangidas pelo sigilo fiscal (...)" (STJ, AgRg no RHC 103.206, j. 11.06.2009).

2.5.1 *Representação fiscal para fins penais*

A representação fiscal para fins penais é dirigida ao Ministério Público, que decidirá sobre a possibilidade de oferecimento de denúncia a partir dos elementos já disponíveis, a realização de outras diligências investigativas ou o arquivamento da representação. Essa representação não constitui uma faculdade da autoridade administrativa, mas sim um dever de ofício, não podendo haver juízo de conveniência ou oportunidade no encaminhamento da representação caso se constate a ocorrência de fatos que em tese possam configurar crime[19]. No âmbito federal, a Portaria RFB 1.750/2018 prevê em seu art. 16 a divulgação de algumas informações relativas às representações fiscais para fins penais, após o seu encaminhamento ao Ministério Público Federal[20].

Ainda na disciplina específica da administração tributária da União, o art. 83 da Lei 9.430/1996 prevê que a representação fiscal para fins penais relativa a crimes contra a ordem tributária e contra a Previdência Social só será encaminhada ao Ministério Público depois de proferida a decisão final, na esfera administrativa, sobre a exigência fiscal do crédito tributário correspondente. Na hipótese de concessão de parcelamento do crédito tributário, a representação fiscal para fins penais somente será encaminhada ao Ministério Público após a exclusão da pessoa física ou jurídica do parcelamento (art. 83, § 1º da Lei 9.430/1996).

Esse dispositivo da Lei 9.430/1996 não trata de uma condição para a instauração da persecução penal, que poderá ser realizada independentemente da representação fiscal, caso o Ministério Público possua elementos suficientes para iniciar procedimento criminal ou oferecer ação penal.

Já no que diz respeito à condição para instauração de persecução penal em crimes contra a ordem tributária, tem-se a orientação jurisprudencial do STF segundo a qual só há justa causa para ação penal dos crimes **materiais** contra a ordem tributária após a constituição definitiva do crédito tributário (ADI 1571, j. 10.12.2003). A **súmula vinculante 24** consolidou esse entendimento ao enunciar que **não se tipifica** crime **material** contra a ordem tributária, previsto no art. 1º, incisos I a IV, da Lei nº 8.137/90, antes do lançamento definitivo do tributo.

A qualificação do crime como material ou de resultado não é aleatória. Para o STF, apenas os crimes tributários que exijam a produção de um resultado para sua consumação (materiais ou de resultado) dependem do encerramento do processo administrativo fiscal para sua configuração. Isso porque o *caput* do art. 1º da Lei 8.137/1990, prevê na descrição da conduta delitiva o ato de "**suprimir ou reduzir tributo**", requisito que só pode se constatar após a decisão final na esfera administrativa que reconheça que o tributo realmente deveria ter sido pago (só se pode suprimir ou reduzir algo que existiu). Considerando a possibilidade de o julgamento administrativo reconhecer a ocorrência de decadência ou mesmo a ausência de fato gerador, não haveria tributo suprimido ou reduzido, e, portanto, não haveria a adequação ao tipo penal que justificasse a persecução penal. Nesse sentido,

19. Na esfera federal a Portaria RFB 1.750/2018 prevê expressamente (art. 19) que o servidor que deixar de representar fica sujeito a sanções disciplinares, sem prejuízo de outras sanções cabíveis.
20. No dia 13.12.2018, por exemplo, foi divulgada uma lista de representações fiscais para fins penais realizadas pela Receita Federal, como se pode ver do *link*: "http://receita.economia.gov.br/sobre/acoes-e-programas/simplificacao-tributaria/operacao-deflagrada/rffp-enviadas-ao-ministerio-publico.pdf" (acesso em 16.09.2020).

vale transcrever decisão elucidativa do Ministro Celso de Mello na Rcl 10.644 MC (j. 14.04.2011 - grifos adicionados):

> Com efeito, revela-se juridicamente inviável a instauração de persecução penal, mesmo na fase investigatória, enquanto não se concluir, perante órgão competente da administração tributária, o procedimento fiscal tendente a constituir, de modo definitivo, o crédito tributário. **Enquanto tal não ocorrer, como sucedeu neste caso, estar-se-á diante de comportamento desvestido de tipicidade penal** (RTJ 195/114), a evidenciar, portanto, a impossibilidade jurídica de se adotar, validamente, contra o (suposto) devedor, qualquer ato de persecução penal, seja na fase pré-processual (inquérito policial), seja na fase processual (persecutio criminis in judicio), pois — como se sabe — **comportamentos atípicos (como na espécie) não justificam, por razões óbvias, a utilização, pelo Estado, de medidas de repressão criminal.**

Já **no art. 2º da Lei 8.137/1990 não se exige como requisito do crime a supressão ou a redução de tributo (que seria a produção do resultado), razão pela qual esse dispositivo não foi mencionado pelo STF na súmula vinculante 24.** Exemplo de crime previsto no art. 2º é o de "fazer declaração falsa ou omitir declaração sobre rendas, bens ou fatos, ou empregar outra fraude, para eximir-se, total ou parcialmente, de pagamento de tributo" (inciso I).

Também não será aplicável a súmula vinculante 24 a investigações que não se resumem à apuração de crime material contra a ordem tributária (STF, HC 139.151 ED, j. 05.10.2018). Caso o inquérito criminal se sustente ainda que abstraídos os fatos objeto do processo administrativo fiscal, portanto, não haverá necessidade de se aguardar a constituição definitiva do crédito tributário (STF, HC 107.362, j. 10.02.2015).

Há ainda outras peculiaridades que podem afastar a aplicação dos precedentes que ensejaram a edição da súmula vinculante 24. Conforme reconhecido pelo próprio STF, é possível a instauração de inquérito policial para apuração de crime contra a ordem tributária, antes do término do processo administrativo fiscal, quando for imprescindível para viabilizar a fiscalização (HC 95.443, j. 02.02.2010). Tratava-se de caso em que a empresa se recusava a fornecer documentos indispensáveis à fiscalização tributária, o que tornava necessária a instauração de inquérito policial para que fosse possível a realização de diligência imprescindível para a conclusão da fiscalização.

Apesar de não dizer respeito especificamente à representação fiscal para fins penais ora abordada, vale mencionar, por se tratar de intercâmbio de informações entre a Receita Federal e o Ministério Público, que o STF fixou tese de **repercussão geral** admitindo a **constitucionalidade do compartilhamento dos relatórios de inteligência financeira** da UIF (Unidade de Inteligência Financeira - antigo "COAF") **e da íntegra do procedimento fiscalizatório da Receita Federal do Brasil, que define o lançamento do tributo, com os órgãos de persecução penal para fins criminais, sem a obrigatoriedade de prévia autorização judicial** (RE 1.055.941, j. 04.12.2019).

2.5.2 *Inscrições na Dívida Ativa da Fazenda pública*

Também não é vedada a divulgação de informações relativas a inscrições na Dívida Ativa da Fazenda Pública (CTN, art. 198, § 3º, II). Apesar das alegações de que paira sobre essa divulgação uma "suspeita de inconstitucionalidade, em virtude de possível ausência de razoabilidade"[21], uma interpretação sistemática da Constituição aponta no sentido da constitucionalidade dessa previsão do CTN.

Para que seja esclarecida a ausência de inconstitucionalidade na divulgação das informações da dívida ativa, é necessário esclarecer esse termo. Dívida ativa é termo que se refere aos créditos da Fazenda Pública (art. 39, § 1º da Lei 4.320/1964). Tais créditos, portanto, fazem parte da previsão de receitas públicas[22], exigindo um controle social.

Ora, a informação relativa a ser devedor de um crédito de titularidade pública não se insere no âmbito da privacidade de alguém. Não há, desse modo, uma exceção à regra de que as informações sobre a situação econômica do contribuinte são sigilosas. O que há é a divulgação de uma informação precisa e limitada, que não permite tomar conhecimento da situação econômica e financeira do contribuinte ou de suas atividades. É perfeitamente possível que um contribuinte com dívidas tributárias expressivas se destaque no mercado e possuam alto volume de caixa para suas operações. Assim ocorre, inclusive, com empresas que se utilizam de garantias e decisões judiciais para obter certidões de regularidade e redirecionar o recurso financeiro que poderia ser destinado à quitação de suas dívidas.

A ausência de divulgação das informações relativas à inscrição em dívida Ativa, além de violar o princípio constitucional da publicidade administrativa (CF, art. 37, *caput*), vulnera também o direito a informações de interesse coletivo ou geral (CF, art. 5º, XXXIII), eis que o crédito tributário devidamente constituído é um direito que se incorpora ao patrimônio da sociedade, uma vez que os recursos daí advindos são utilizados para a satisfação das necessidades coletivas. Como se não bastasse, a não divulgação das informações da dívida ativa permite uma equiparação entre a empresa que quita seus débitos tributários regularmente, desempenhando uma atividade econômica de modo mais eficiente e que oferece maiores retornos à sociedade, e a empresa inadimplente, que atua de modo ineficiente ou até mesmo insustentável, sem cumprir as obrigações impostas a todos os outros agentes do mercado. Há uma quebra da isonomia constitucional e da livre concorrência, violando-se também um princípio da ordem econômica (CF, art. 170, IV).

Deve-se lembrar ainda que o crédito tributário é constituído por declaração do sujeito passivo ou mediante processo administrativo fiscal cujo resultado pode ser consultado publicamente. Se os resultados de julgamentos administrativos que confirmam a exigência de crédito tributário são públicos (e nesse caso não se conhece de alguma alegação de inconstitucionalidade), não há razão para que a publicidade do mesmo crédito tributário, em estágio ainda mais avançado, após sua inscrição em dívida ativa, seja censurada pela garantia constitucional da privacidade ou mesmo da "razoabilidade". Pelo contrário, a existência do controle administrativo de legalidade que apura a liquidez e certeza do crédito, consubstanciado na inscrição em dívida ativa (art. 2º, § 3º da Lei 6.830/1980), demonstra uma apuração do crédito tributário ainda mais rigorosa, agora sob análise de outro órgão, diverso do "de origem".

---

21. ALEXANDRE, Ricardo. Direito Tributário. 13ª edição. Salvador: Juspodivm, 2019, p. 637.
22. Conforme art. 39, *caput*, da Lei 4.320/1964, os créditos da Fazenda Pública serão escriturados como receita do exercício em que forem arrecadados.

Além disso, os processos de execução fiscal que se baseiam na certidão de dívida ativa não são sigilosos pelo fato de haver neles as informações da dívida ativa. Não há, portanto, natureza sigilosa nesse dado.

Na linha da orientação aqui defendida, o STF decidiu, na ADPF 509 (j. 14.09.2020), ser constitucional a divulgação de informações relativas a autuações confirmadas em processo administrativo finalizado. Apesar de a discussão ser específica quanto às fiscalizações de utilização de trabalho escravo, um dos fundamentos da constitucionalidade dessa divulgação foi o embasamento da informação em processo administrativo devidamente concluído, com a observância do contraditório e da ampla defesa. O mesmo se dá no processo administrativo fiscal, no qual o contribuinte pode oferecer impugnação e recurso.

Diante da constitucionalidade da divulgação das inscrições na dívida ativa da Fazenda Pública, também não há qualquer vício jurídico na criação, em janeiro de 2020, do aplicativo "Dívida Aberta", que permite a consulta à dívida tributária e não tributária da União.

2.6 Cooperação interna e internacional entre administrações tributárias

O art. 199 do CTN prevê a cooperação entre as administrações tributárias, seja a nível interno, seja no âmbito internacional (grifo adicionado):

> Art. 199. A Fazenda Pública da União e as dos Estados, do Distrito Federal e dos Municípios prestar-se-ão mutuamente assistência para a fiscalização dos tributos respectivos e permuta de informações, na forma estabelecida, em caráter geral ou específico, por lei ou convênio.
>
> Parágrafo único. A Fazenda Pública da União, na forma estabelecida em tratados, acordos ou convênios, poderá **permutar informações** com Estados estrangeiros no interesse da arrecadação e da fiscalização de tributos.

Segundo o *caput*, a fiscalização dos tributos nos entes federativos não deve atuar de modo estanque, como ilhas, mas sim mediante assistência mútua e de forma integrada, com a permuta de informações. Exige-se, contudo, a existência de lei ou convênio disciplinando essa permuta, em caráter geral ou específico. Nesse sentido, vale citar que também o art. 37, XXII da Constituição, ao prever a atuação de forma integrada das administrações tributárias dos entes federativos, também exige prévia lei ou convênio para o compartilhamento de cadastros e informações fiscais.

O parágrafo único do art. 199, por sua vez, trata da internacionalização das atividades de fiscalização tributária, tendo em vista que os próprios contribuintes realizam atividades em diversos países que podem ensejar o legítimo interesse de mais de um ente soberano na sua apuração. Essa cooperação internacional entre as administrações tributárias rompe com a limitação dos poderes de acesso das autoridades fiscais antes imposta pela soberania, conduzindo ao paradigma do "Fisco Global"[23]. A cooperação internacional e a troca

23. TORRES, Heleno Taveira. Programa de Regularização de Ativos Lícitos no Exterior e Direitos à Proteção da Propriedade Privada. *In*: Regime Especial de Regularização Cambial e Tributária (RERCT): aspectos práticos. Coordenação de Aldo de Paula Junior, Eduardo Perez Salusse, Heloisa Estellita. São Paulo: Noeses, 2016.

de informações entre as administrações tributárias dos diversos países assume relevância cada vez maior, podendo evoluir para um verdadeiro costume internacional[24].

Importante destacar, contudo, que a literalidade do parágrafo único do art. 199 se resume a "**permuta de informações**", expressão mais restrita que a "cooperação administrativa internacional", a qual envolve outros formas de atuação conjunta entre os entes soberanos[25], como a "assistência administrativa" (que podem compreender diligências de busca de bens ou fiscalizações conjuntas) e o "procedimento amigável"[26].

Especificamente em relação à troca de informações entre os países, cumpre distinguir que o instrumento utilizado entre esses países pode se encaixar basicamente em acordos específicos sobre troca de informações, sobre assistência administrativa ou em dispositivos sobre troca de informações inseridas em tratados bilaterais contra a dupla tributação da renda.

Nesse último caso, é possível citar o art. 25 da Convenção entre o Governo da República Federativa do Brasil e o Governo da República do Peru para Evitar a Dupla Tributação e Prevenir a Evasão Fiscal com Relação ao Imposto sobre a Renda, que dispõe (grifos adicionados):

> ARTIGO 25
>
> Troca de Informações
>
> 1. **As autoridades competentes dos Estados Contratantes trocarão entre si as informações necessárias para aplicar as disposições da presente Convenção** ou as da legislação interna dos Estados Contratantes relativas aos impostos de qualquer classe ou denominação estabelecidos pelos Estados Contratantes na medida em que a tributação nelas prevista não seja contrária à Convenção. O intercâmbio de informação não está limitado pelos Artigos 1 e 2. **As informações recebidas por um Estado Contratante serão consideradas secretas da mesma maneira que as informações obtidas com base na legislação interna desse Estado** e só poderão ser comunicadas às pessoas ou autoridades (incluindo tribunais e órgãos administrativos) encarregadas do lançamento ou cobrança dos impostos visados na Convenção ou na legislação interna conforme a definição estabelecida neste parágrafo, dos procedimentos declarativos ou executivos relativos a referidos impostos, ou da decisão dos recursos relativos aos mesmos. As referidas pessoas ou autoridades utilizarão essas informações somente para esses fins, e, se requeridas, poderão revelá-las em tribunais judiciais, observando as normas constitucionais e legais de ambos os Estados Contratantes.

Já nos acordos específicos sobre assistência administrativa, vale citar o instrumento **multilateral** denominado "Convenção sobre Assistência Mútua Administrativa em Matéria

---

24. PINTO, Rodrigo Alexandre Lazaro. A Troca Automática de Informações Bancárias e Fiscais Evoluindo para um Costume Internacional. Revista Direito Tributário Internacional Atual nº 05. IBDT, 2019, p. 206.

25. TORRES, Heleno Taveira. Pluritributação Internacional sobre as Rendas das Empresas. 2ª edição. São Paulo: Editora Revista dos Tribunais, 2001, p. 667.

26. Previsto nos acordos de bitributação e conhecidos como "*mutual agreement procedure*" no art. 25 do modelo da OCDE de tratados contra a dupla tributação da renda e do capital. O procedimento amigável tem lugar quando uma pessoa considerar que as medidas tomadas por um ou por ambos os Estados Contratantes implicam, ou poderão implicar, em relação a si, uma tributação em desacordo com as disposições do tratado. Trata-se de método para "investigar o próprio surgimento da obrigação tributária" (BARBOSA, Mateus Calicchio. O Procedimento Amigável nos Acordos de Bitributação Brasileiros - Série Doutrina Tributária Vol. XXIII. São Paulo: Quartier Latin, 2018, p. 229).

Tributária", promulgado no Brasil pelo Decreto 8.842/2016. Referido acordo prevê uma assistência administrativa que compreende a troca de informações, incluindo fiscalizações tributárias simultâneas e a participação em fiscalizações tributárias levadas a efeito no estrangeiro; a cobrança de créditos tributários, incluindo as medidas cautelares; e a notificação de documentos (art. 1º, 2).

Por fim, há também a possibilidade de a permuta se embasar em tratado que tenha como objeto mais específico a troca de informações, que pode ser celebrado mesmo que os Estados contratantes não tenham interesse em um acordo contra a bitributação da renda, o que favorece sua celebração com países que sejam considerados "paraísos fiscais". Com o intuito de criar um padrão internacional para esses tratados, a OCDE publicou, em 2002, um Modelo de Acordo de Troca de Informações em Matéria Tributária, com uma versão multilateral e uma versão bilateral. Apesar da nomenclatura desse modelo, há nele a previsão de permissão para que a autoridade de um Estado entre no território da outra Parte Contratante para entrevistar indivíduos e examinar documentos, como se pode ver do seu art. 6.

Em qualquer dos instrumentos utilizados para a troca de informações, o CTN deixa claro que a União será responsável celebração de tratados, acordos ou convênios, pois é o ente federal que representa a República Federativa no âmbito internacional.

3. DÍVIDA ATIVA

Dívida ativa é o crédito da Fazenda Pública exigível pelo transcurso do prazo para pagamento, assim inscrito após apurada a sua liquidez e certeza (art. 39, § 1º da Lei 4.320/1964). Em síntese, qualquer valor, cuja cobrança seja atribuída por lei às entidades jurídicas de direito público, "será considerado Dívida Ativa da Fazenda Pública" (art. 2º, § 1º da Lei 6.830/1980).

A dívida ativa pode assumir natureza tributária ou não tributária, sendo a primeira definida pelo art. 201 do CTN como a proveniente de crédito dessa natureza, regularmente inscrita na repartição administrativa competente, depois de esgotado o prazo fixado, para pagamento, pela lei ou por decisão final proferida em processo regular.

Diante de sua natureza pública, **a alteração da forma de cobrança da dívida ativa (tributária ou não tributária) só pode se dar mediante lei em sentido estrito**, não tendo o STF admitido a autorização, prevista em Resolução do Senado Federal, de cessão da Dívida Ativa de Estados, do Distrito Federal e de Municípios a instituições financeiras (ADI 3786, j. 03.10.2019).

A inscrição em dívida ativa possui a natureza legal de ato de controle administrativo da legalidade (art. 2º, § 3º da Lei 6.830/1980), e por essa razão sua regular inscrição lhe confere presunção de certeza e liquidez. Essa presunção é relativa e pode ser afastada por prova inequívoca, a cargo do executado ou de terceiro, a quem aproveite (art. 3º, *caput* e parágrafo único da Lei 6.830/1980). A atividade de inscrever em dívida ativa constitui uma função da administração tributária que não é exercida pelos agentes fiscais da receita (federal, estadual, distrital ou municipal), mas sim pelos procuradores da Fazenda, que na inscrição não desempenham a função de representação judicial dos entes públicos. Ao exercerem o controle legalidade quando da inscrição em dívida ativa, os procuradores da Fazenda atuam como agentes da administração tributária.

Especificamente em relação à esfera federal, vale citar os dispositivos da Portaria PGFN 33/2018 que, no exercício da função regulamentadora, tratam do controle de legalidade exercido pelo Procurador da Fazenda Nacional no ato de inscrição (grifos adicionados):

> Art. 1º. O controle de legalidade dos débitos encaminhados para inscrição em dívida ativa da União consiste na análise, pela Procuradoria-Geral da Fazenda Nacional (PGFN), dos requisitos de certeza, liquidez e exigibilidade, essenciais à formação do título executivo necessário à prática de qualquer ato de cobrança coercitiva, seja judicial ou extrajudicial.
>
> § 1º. Débito certo é aquele cujos elementos da relação jurídica obrigacional estão evidenciados com exatidão.
>
> § 2º. Débito líquido é aquele cujo valor do objeto da relação jurídica obrigacional é evidenciado com exatidão.
>
> § 3º. Débito exigível é aquele vencido e não pago, que não está mais sujeito a termo ou condição para cobrança judicial ou extrajudicial.
>
> Art. 2º. **O controle de legalidade dos débitos encaminhados para inscrição em dívida ativa da União constitui direito do contribuinte e dever do Procurador da Fazenda Nacional**, que poderá realizá-lo a qualquer tempo, de ofício ou a requerimento do interessado.
>
> (...)
>
> Art. 4º. Recebido o débito, **a Procuradoria da Fazenda Nacional examinará detidamente os requisitos de liquidez, certeza e exigibilidade** e, acaso verificada a inexistência de vícios, formais ou materiais, mandará proceder à inscrição em dívida ativa nos registros próprios, observadas as normas regimentais e as instruções expedidas pelo Procurador-Geral da Fazenda Nacional.
>
> Parágrafo único. **No caso de débitos encaminhados eletronicamente para inscrição em dívida ativa da União, o controle de legalidade de que trata o caput será realizado de forma automatizada, sem prejuízo de posterior análise, a qualquer tempo, pelo Procurador da Fazenda Nacional.**
>
> Art. 5º. Se, no exame de legalidade, for verificada a existência de vícios que obstem a inscrição em dívida ativa da União, o Procurador da Fazenda Nacional devolverá o débito ao órgão de origem, sem inscrição, para fins de correção.

Ainda no que tange à dívida ativa da União, é digno de nota o avanço legislativo verificado quando da edição da Lei 13.606/2018, que permitiu, com a inclusão do art. 20-B à Lei 10.522/2002, a averbação, inclusive por meio eletrônico, da certidão de dívida ativa nos órgãos de registro de bens e direitos sujeitos a arresto ou penhora, tornando-os indisponíveis. Essa possibilidade franqueada à Fazenda Nacional tem cabimento caso o débito inscrito em dívida ativa da União não seja pago no prazo de cinco dias após a notificação do devedor (art. 20-B, § 3º, II da Lei 10.522/2002)[27].

27. As ADIs 5881, 5886 e 5890, ainda não julgadas, questionam o dispositivo.

3.1 Presunção de liquidez e certeza

O CTN prevê expressamente, em relação à dívida de natureza tributária, que a sua regular inscrição confere presunção **relativa** de liquidez e certeza ao crédito e o efeito de prova pré-constituída (art. 204, *caput*). O fato de a dívida ativa inscrita ser acrescida de juros de mora após sua inscrição não exclui a liquidez do crédito (CTN, art. 201, parágrafo único).

Essa presunção de liquidez e certeza pode ser justificada ao se analisar as formas de constituição do crédito tributário. Na maioria das vezes, o próprio contribuinte declara o valor devido a título de tributo, sendo esse reconhecimento da dívida dotado da presunção após a inscrição em dívida ativa. Em outras situações, o crédito tributário será constituído mediante uma atuação administrativa pautada em atos que gozam da presunção de veracidade e legitimidade, o que igualmente justifica a presunção a favor da dívida.

Em dispositivos específicos tratando da esfera federal, a Lei 6.830 (art. 2º, § 4º) e a Lei 4.320/1964 (art. 39, § 5º) preceituam que a Dívida Ativa da União será apurada e inscrita na Procuradoria da Fazenda Nacional. É com a inscrição realizada pelo Procurador da Fazenda Nacional, portanto, que a dívida ativa da União (de natureza tributária ou não tributária) gozará da presunção de certeza e liquidez e terá o efeito de prova pré-constituída.

Após a inscrição em dívida, será emitida a **certidão de dívida ativa (CDA)**, que consubstancia o **título executivo extrajudicial**[28] dotado da presunção obtida mediante a inscrição.

Não se pode confundir, contudo, a certidão de dívida ativa com outros documentos que também podem gozar de presunção de legitimidade, como por exemplo os "demonstrativos de cálculo (planilhas) elaborados pela Procuradoria-Geral da Fazenda Nacional – PGFN e adotados em suas petições com base em dados obtidos junto à Secretaria da Receita Federal do Brasil" (STJ, REsp 1.298.407, **repetitivo**, j. 23.05.2012). A certidão de dívida ativa pressupõe, do ponto de vista legal, a existência de um controle administrativo específico de legalidade, consubstanciado no ato de inscrição em dívida. A presunção de legitimidade reconhecida pelo STJ aos demonstrativos de cálculo que elaborados pela PGFN, diversamente, decorre da sua caracterização como atos administrativos enunciativos, cuja natureza atrai a presunção de veracidade e legitimidade própria de tais atos.

Na esteira de que a presunção gerada pela inscrição em dívida ativa é **relativa**, o parágrafo único do art. 204 dispõe que tal presunção pode ser ilidida por prova inequívoca, a cargo do sujeito passivo ou do terceiro a que aproveite.

A prova inequívoca capaz de ilidir a presunção de liquidez e certeza da certidão de dívida ativa pode ser pré-constituída ou não.

No primeiro caso, o devedor, caso já se esteja na fase de cobrança judicial em execução fiscal, poderá se valer de uma mera petição ("exceção de pré-executividade") alegando a razão para a anulação da dívida e juntando em anexo a prova suficiente[29]. Seria o caso em

28. CPC, art. 784. São títulos executivos extrajudiciais: (...) IX - a certidão de dívida ativa da Fazenda Pública da União, dos Estados, do Distrito Federal e dos Municípios, correspondente aos créditos inscritos na forma da lei.
29. Súmula 393 do STJ: "A exceção de pré-executividade é admissível na execução fiscal relativamente às matérias conhecíveis de ofício que não demandem dilação probatória".

que um lançamento foi realizado sem a intimação do devedor para oferecer impugnação ou recurso, caso em que bastaria a juntada aos autos do processo administrativo, suficiente a demonstrar o vício formal na constituição do crédito tributário inscrito em dívida.

Diversamente, se o executado precisa da produção de prova para ilidir a presunção de liquidez e certeza do crédito tributário inscrito, será necessário o ajuizamento de embargos à execução fiscal, mediante garantia prévia do juízo[30]. Nessa ação de embargos, o executado/embargante poderá se valer de todos os meios de prova (como por exemplo a pericial contábil e a testemunhal) para demonstrar as razões de seu pedido de desconstituição/anulação da dívida inscrita.

A relevância da presunção de liquidez e certeza da dívida inscrita é verificada não apenas em relação ao contribuinte, mas também para o responsável. A consequência prática relevante é a de que se o responsável tributário foi incluído no ato de inscrição da dívida, pesará contra ele o ônus da prova de que não houve fundamento para sua responsabilização. Nesse sentido é a orientação do STJ, consolidada em sede de **repetitivo** (REsp 1.110.925, j. 22.04.2009 – grifo adicionado):

> 1. A exceção de pré-executividade é cabível quando atendidos simultaneamente dois requisitos, um de ordem material e outro de ordem formal, ou seja: (a) é indispensável que a matéria invocada seja suscetível de conhecimento de ofício pelo juiz; e (b) é indispensável que a decisão possa ser tomada sem necessidade de dilação probatória.
>
> 2. Conforme assentado em precedentes da Seção, inclusive sob o regime do art. 543-C do CPC (REsp 1104900, Min. Denise Arruda, sessão de 25.03.09), não cabe exceção de pré-executividade em execução fiscal promovida contra sócio que figura como responsável na Certidão de Dívida Ativa - CDA. É que **a presunção de legitimidade assegurada à CDA impõe ao executado que figura no título executivo o ônus de demonstrar a inexistência de sua responsabilidade tributária, demonstração essa que, por demandar prova, deve ser promovida no âmbito dos embargos à execução.**

A despeito da dicotomia "inclusão ou não na CDA" que embasou a admissibilidade ou não de exceção de pré-executividade no julgado acima reproduzido, é possível veicular a alegação de ausência de responsabilidade do sócio por meio de exceção de pré-executividade em alguma hipótese específica em que não se exige dilação probatória, como por exemplo na inexistência de notificação ao responsável no processo administrativo de constituição da sua responsabilidade, caso em que seria necessária apenas a juntada dos autos da documentação pertinente[31].

30. Lei 6.830/1980, art. 16, § 1º: Não são admissíveis embargos do executado antes de garantida a execução.

31. "(...) a verificação da existência ou não de ato administrativo de constituição da responsabilidade e notificação do infrator com o fito de comunicá-lo da imputação feita e do prazo para apresentação de defesa é matéria que não demanda dilação probatória. Pode ser demonstrada de plano com a juntada do processo administrativo. (...) nos termos do art. 204 do CTN, a presunção de liquidez e certeza somente é conferida às dívidas *regularmente inscritas*. Ora, como se pode falar da regularidade de inscrição de dívida ativa em nome do administrador se nem mesmo há ato constitutivo de tal responsabilidade ou se não foi observado o devido processo legal?" (CHIESA, Clélio. Responsabilidade Tributária do Sócio e Administrador - Caracterização e Procedimento para sua Constituição - Nome Constante da CDA _ Cabimento ou não de Exceção de Pré-executividade - uma Reflexão sobre o Entendimento do STJ. *In*: ROCHA, Valdir de Oliveira (coordenador). Grandes Questões Atuais do Direito Tributário. 14º Volume. Dialética: São Paulo, 2010, p, 60; 62).

3.2 Requisitos do termo de inscrição e da certidão de dívida ativa (CDA)

O CTN elenca dados que devem ser obrigatoriamente indicados no termo de inscrição em dívida ativa:

> Art. 202. O termo de inscrição da dívida ativa, autenticado pela autoridade competente, indicará obrigatoriamente:
>
> I - o nome do devedor e, sendo caso, o dos co-responsáveis, bem como, sempre que possível, o domicílio ou a residência de um e de outros;
>
> II - a quantia devida e a maneira de calcular os juros de mora acrescidos;
>
> III - a origem e natureza do crédito, mencionada especificamente a disposição da lei em que seja fundado;
>
> IV - a data em que foi inscrita;
>
> V - sendo caso, o número do processo administrativo de que se originar o crédito.
>
> Parágrafo único. A certidão conterá, além dos requisitos deste artigo, a indicação do livro e da folha da inscrição.[32]

Como indica o parágrafo único acima reproduzido, a **certidão de dívida ativa (CDA)** também deve conter os requisitos obrigatórios do termo de inscrição, além da indicação do livro e da folha de inscrição. Na prática atual, a inscrição é realizada na modalidade eletrônica, não se utilizando mais livros físicos para tanto, conforme autorização do art. 2º, § 7º da Lei 6.830/1980: "O Termo de Inscrição e a Certidão de Dívida Ativa poderão ser preparados e numerados por processo manual, mecânico ou eletrônico".

A lista das informações que devem constar do termo de inscrição e da certidão de dívida ativa, conforme o art. 202 do CTN, diz respeito apenas aos elementos obrigatórios. Nada impede que a CDA traga outros elementos, como a eventual existência de parcelamento ocorrido na esfera administrativa[33]. Com base nessa distinção entre os elementos essenciais (obrigatórios) e os elementos não essenciais, o STJ já decidiu que "a presunção de veracidade e legitimidade está adstrita aos elementos essenciais da Certidão da Dívida Ativa, estabelecidos pelo art. 202 do CTN, e entre os quais não se encontram eventuais parcelamentos do crédito tributário" (AgInt no AREsp 1.312.500, j. 19.02.2019).

Por fim, é importante chamar a atenção para não se confundir os requisitos do termo de inscrição da dívida ativa, presentes no art. 202 do CTN (no caso de créditos não tributários no art. 2º, § 5º da Lei 6.830/1980) com os requisitos da petição inicial da execução fiscal, previstos no art. 6º da Lei 6.830/1980. Considerando que a inicial do executivo fiscal deve ser instruída com a CDA (art. 6º, § 1º da Lei 6.830/1980), é correto dizer que todos os elementos da CDA são exigidos na petição inicial das execuções fiscais. O STJ,

32. O art. 2º, § 5º da Lei 6.830/1980 traz redação similar para os créditos não tributários inscritos em dívida ativa.

33. "O parcelamento não é um dos requisitos essenciais da CDA, podendo ou não dela constar. A presunção de que goza a CDA é relativa, sendo que, conforme o disposto no art. 41 da LEF, o magistrado, dadas as circunstâncias de fato existentes nos autos, pode requisitar o processo administrativo para fins de averiguação. Assim, não se há de alegar que o fato de constar o parcelamento da CDA já garante presunção de sua efetividade, sendo possível ao magistrado, em caso de dúvida objetiva, requerer prova dele, como feito no presente caso." (STJ, AgRg no AREsp 690.459, j. 18.06.2015).

levando em conta que a própria CDA que embasa a execução já discrimina a composição do débito, bem como o fato de ausência de previsão no art. 6º da Lei 6.830/1980, entende ser desnecessária a apresentação do demonstrativo de cálculo do débito na petição inicial da execução fiscal (REsp 1.138.202, **repetitivo**, 09.12.2009). Essa orientação foi cristalizada na **súmula 559 do STJ**, segundo a qual nas "ações de execução fiscal, é desnecessária a instrução da petição inicial com o demonstrativo de cálculo do débito, por tratar-se de requisito não previsto no art. 6º da Lei n. 6.830/1980".

3.3 Substituição da CDA e devolução do prazo para defesa

A omissão de quaisquer dos elementos obrigatórios, ou mesmo o erro a eles relativo, constitui causa de nulidade da inscrição e do processo de cobrança dela decorrente, mas a nulidade pode ser sanada até a decisão de primeira instância, mediante substituição da certidão nula (art. 203 do CTN). Em caso de substituição da CDA, deve ser devolvido ao sujeito passivo ou ao interessado o prazo para defesa, devolução de prazo está restrita à parte modificada[34].

Apesar dessa causa de nulidade prevista no art. 203 do CTN, o STJ já decidiu que os vícios formais na CDA só conduzem â sua nulidade se houver prejuízo ao exercício do direito de defesa (AgRg no Ag 1.153.617, j. 25.08.2009). Especificamente em relação ao requisito "indicação do livro e da folha de inscrição", que deve estar na CDA de acordo com o parágrafo único do art. 202, o STJ entende que a simples falta dessa indicação "constitui defeito formal de pequena monta, que não prejudica a defesa do executado nem compromete a validade do título executivo" (AgRg no REsp 1.172.355, j. 16.03.2010; AgRg no Ag 1.153.617, j. 25.08.2009).

Em caso de nulidade insanável, contudo, ainda assim será possível a substituição da CDA, desde que tal se dê até a "decisão em primeira instância", segundo o art. 203 do CTN. Apesar de a substituição ocorrer nos autos da execução fiscal (onde se encontra a CDA desde a propositura)[35], a "decisão em primeira instância" que serve como marco para a troca será buscada em outro processo, qual seja, os embargos do devedor à execução fiscal.

No processo de execução fiscal em si, as decisões judiciais costumam se restringir à análise de pedidos de diligências da exequente e petições do executado que geralmente se opõem ao prosseguimento da execução fiscal, postulando a liberação de penhora ou o sobrestamento do feito executivo.

As decisões em execução fiscal que podem analisar se o crédito tributário é ou não devido fogem à regra e são limitadas tanto do ponto de vista processual (não é cabível a produção de prova) quanto do ponto de vista material (só podem versar sobre matérias cognoscíveis de ofício). Geralmente essas decisões julgam a chamada "exceção de pré-executividade",

34. A Lei 6.830/1980 reproduz essa norma também para as execuções fiscais de créditos não tributários, como se vê do seu art. 2º, § 8º: "Até a decisão de primeira instância, a Certidão de Dívida Ativa poderá ser emendada ou substituída, assegurada ao executado a devolução do prazo para embargos.".

35. Lei 6.830/1980, art. 6º, § 1º: A petição inicial será instruída com a Certidão da Dívida Ativa, que dela fará parte integrante, como se estivesse transcrita.

apresentada pelo executado. A admissão dessa defesa do executado encontra-se consolidada na **súmula 393 do STJ**: "A exceção de pré-executividade é admissível na execução fiscal relativamente às matérias conhecíveis de ofício que não demandem dilação probatória".

Diante da ausência de vocação do processo de execução fiscal como um meio próprio para a ampla discussão do crédito tributário ali cobrado, a "decisão em primeira instância" que serve como o limite para a possibilidade de substituição da CDA deve ser buscada nos embargos do devedor à execução fiscal. É a sentença deste processo, onde poderão ser analisadas todas as questões de defesa suscitadas pelo executado/embargante[36], a "decisão em primeira instância" que configura o limite temporal para a substituição da CDA. Esse entendimento já foi inclusive consolidado na **súmula 392 do STJ** (grifo adicionado):

> A Fazenda Pública pode substituir a certidão de dívida ativa (CDA) **até a prolação da sentença de embargos**, quando se tratar de correção de erro material ou formal, vedada a modificação do sujeito passivo da execução.

O enunciado acima restringe a substituição às hipóteses de erro material ou formal, vedando a modificação do sujeito passivo. Como vício formal que autoriza a substituição, pode ser citado, no caso de CDA de débitos de IPVA, a ausência de especificação do débito por exercício e a inexistência de individualização do veículo. Nesse caso, o STJ aceita que a Fazenda Pública possa substituir a CDA para "especificar a origem da dívida, anotar os exercícios compreendidos e indicar o número do veículo tributado pelo IPVA, até a prolação da sentença dos embargos à execução" (EREsp 823.011, j. 14.02.2007).

A modificação do sujeito passivo expressamente vedada pelo STJ representa uma alteração do próprio lançamento, pois haveria um crédito tributário totalmente diferente, já que a figura do devedor é um elemento que distingue o crédito. Não se pode, portanto, refazer o crédito tributário na fase de execução fiscal. Um exemplo dessa vedação refere-se à situação em que o lançamento do IPTU é realizado contra o antigo proprietário do imóvel, que já havia sido alienado antes do início do exercício em relação ao qual é exigido (STJ, REsp 829.455, j. 27.06.2006).

De qualquer modo, ocorrida a substituição da CDA, o executado terá a devolução do prazo para defesa, mas apenas em relação à parte da CDA substituída. Imagine-se, por exemplo, que um erro formal atingiu um único exercício de Imposto de Renda da Pessoa Física de uma CDA que engloba quatro exercícios. Nesse caso, o executado não terá novo prazo para se defender em relação a todos os exercícios da CDA, mas apenas em relação àquele em que se verificou o erro ensejador da emenda/substituição.

4. CERTIDÕES

O Código Tributário trata das certidões negativas (CND) e das certidões positivas com efeitos de negativa (CPEN) em seus arts. 205 a 208.

36. Lei 6.830/1980, art. 16, § 2º: No prazo dos embargos, o executado deverá alegar toda matéria útil à defesa, requerer provas e juntar aos autos os documentos e rol de testemunhas, até três, ou, a critério do juiz, até o dobro desse limite.

A função de tais certidões é comprovar a situação de regularidade fiscal do contribuinte, conceito que pode gerar divergências em algumas situações.

Explica-se. No direito tributário, é possível que "entes despersonalizados" possuam inscrição no Cadastro Nacional das Pessoas Jurídicas (CNPJ), como se vê do art. 4º, I da Instrução Normativa RFB 1863/2018, que lista os órgãos públicos como obrigados a se inscreverem no CNPJ. Interessa, portanto, saber se a dívida em determinado órgão público poderia afetar a emissão da certidão de regularidade fiscal em benefício da pessoa jurídica como um todo.

A questão que se colocou diante da jurisprudência nesse tema envolveu a possibilidade ou não de o Município obter a certidão de regularidade fiscal federal caso a Câmara possuísse débitos. No STJ, firmou-se a orientação de que " a existência de dívidas tributárias da Câmara dos Vereadores compromete a regularidade fiscal do respectivo Município" (AgRg no REsp 1.407.375, j. 12.04.2016).

Para o STJ, o fato de o Município e a Câmara de Vereadores possuírem CNPJs distintos não prevalece sobre o fato de que a personalidade jurídica de direito público interno é do Município, e não de um ou outro órgão de sua repartição interna. Por essa razão, não se poderia imputar a existência de débitos tributários para com a União de forma segregada a cada órgão municipal, mas sim à própria Municipalidade como um todo.

No STF, contudo, essa interpretação que privilegia o Município como um ente federativo uno foi rechaçada em sede de **repercussão geral** (RE 770.149, j. 05.08.2020), onde restou vencido o entendimento de Ministro Marco Aurélio de que os débitos de órgãos estranhos ao Executivo deveriam refletir na situação jurídica do Município.

Prevaleceu no Supremo o "**princípio da intranscendência subjetiva das sanções**"[37], em razão da autonomia financeira dos poderes e do fato de o Executivo não dispor de meios para ingerir na execução orçamentária dos demais órgãos autônomos. Apesar de Executivo e Legislativo serem órgãos destituídos de personalidade jurídica, a qual seria atributo apenas do Município, a autonomia dos poderes impediria a penalização de um Poder por atos irregulares praticados por outro, aplicando-se assim o "princípio da intranscendência subjetiva das sanções financeiras".

Conforme a tese de repercussão geral fixada no RE 770.149: "É possível ao Município obter certidão positiva de débitos com efeito de negativa quando a Câmara Municipal do mesmo ente possui débitos com a Fazenda Nacional, tendo em conta o princípio da intranscendência subjetiva das sanções financeiras".

Em relação às certidões a serem obtidas por matriz que possui várias filiais, o entendimento do STJ caminha no sentido de que a existência de débitos tributários das filiais impede a obtenção da certidão de regularidade fiscal pela matriz (AgInt no AREsp 1.286.122, j. 27.08.2019 – grifos adicionados):

---

37. De acordo com o voto vencido do Ministro Marco Aurélio, sequer haveria sanção (grifos adicionados): "(...) há de atentar-se para o **caráter meramente declaratório** do documento. Descabe falar em sanção. **A modalidade da certidão a ser expedida – positiva, negativa ou positiva com efeitos de negativa – apenas informa determinada situação**, surgindo a restrição nas transferências voluntárias como consectário lógico desse quadro, a revelar o descumprimento das condições versadas no diploma normativo".

> 1. O entendimento desta Corte Superior era no sentido de que, para fins tributários, cada estabelecimento da pessoa jurídica que possuísse CNPJ individual teria direito à certidão positiva com efeito de negativa em seu nome, ainda que houvesse pendências tributárias de outros estabelecimentos do mesmo grupo - matriz ou filiais -, ao argumento de que cada estabelecimento teria autonomia jurídico-administrativa.
>
> 2. **O fato de as filiais possuírem CNPJ próprio confere a elas somente autonomia administrativa e operacional para fins fiscalizatórios - para facilitar a atuação da administração fazendária no controle de determinados tributos, como ocorre com o ICMS e o IPI -, não abarcando a autonomia jurídica, já que existe a relação de dependência entre o CNPJ das filiais e o da matriz.**
>
> 3. **A pessoa jurídica como um todo é que possui personalidade, pois é ela sujeito de direitos e obrigações, assumindo com todo o seu patrimônio a correspondente responsabilidade, sendo certo que as filiais são estabelecimentos secundários da mesma pessoa jurídica, desprovidas de personalidade jurídica e patrimônio próprio, apesar de poderem possuir domicílios em lugares diferentes (art. 75, § 1º, do CC) e inscrições distintas no CNPJ.**
>
> 4. Havendo inadimplência contratual, a obrigação de pagamento deve ser imposta à sociedade empresária por completo, não havendo ensejo para a distinção entre matriz e filial, raciocínio a ser adotado também em relação a débitos tributários.
>
> (...) 6. Nesse sentido, há que se buscar a pertinência deste julgado com o entendimento do STJ que considera que a empresa deve responder com todo o seu patrimônio por créditos tributários e que não é possível a emissão de certidão de regularidade fiscal em favor de município quando houver débitos em nome de câmara municipal ou tribunal de contas municipal, justamente porque estes, embora possuam CNPJ diversos, não apresentam personalidade jurídica.
>
> 7. Agravo interno da Fazenda Nacional provido para conhecer do agravo, dar provimento ao recurso especial do ente fazendário e julgar improcedente o pedido.

Prevaleceu no STJ, o entendimento de que a inscrição no CNPJ das filiais não lhe confere personalidade jurídica, não havendo uma autonomia jurídica que justifique a emissão de certidão de regularidade fiscal de modo separado em relação à matriz e às filiais, devendo-se considerar a pessoa jurídica como um todo. Essa orientação harmoniza-se com a premissa adotada pelo mesmo STJ em sede de **repetitivo** (REsp 1.355.812, j. 22.05.2013) no sentido de que a obrigação de cada estabelecimento (filial) de se inscrever com número específico no CNPJ "tem especial relevância para a atividade fiscalizatória da administração tributária, não afastando a unidade patrimonial da empresa, cabendo ressaltar que a inscrição da filial no CNPJ é derivada do CNPJ da matriz".

Além da discussão em torno do contribuinte que faz jus à certidão, também vale notar que a condição de responsável também pode impedir a emissão da certidão. No caso de execução fiscal promovida contra o fiador (art. 4º, II, da Lei 6.830/1980), por exemplo, o STJ já decidiu, em lide tributária, não ser possível a expedição de certidão de regularidade fiscal em benefício daquele que adquiriu o *status* de responsável por conta de sua presença em contrato de parcelamento não adimplido (REsp 1.444.692, j. 13.05.2014).

Voltando à regulamentação do CTN acerca das certidões, o art. 207 dispõe que independentemente de disposição legal permissiva, será dispensada a prova de quitação de tributos, ou o seu suprimento, quando se tratar de prática de ato indispensável para evitar a caducidade de direito. Nesse caso, todos os participantes no ato devem responder pelo tributo porventura devido, juros de mora e penalidades cabíveis, exceto as relativas a infrações cuja responsabilidade seja pessoal ao infrator.

Em caso de certidão negativa expedida com dolo ou fraude, que contenha erro contra a Fazenda Pública, o funcionário que a expedir possui responsabilidade pessoal pelo crédito tributário e juros de mora acrescidos (art. 208, *caput*). Essa responsabilidade pessoal de ordem tributária não exclui a responsabilidade criminal e funcional que no caso couber (CTN, art. 208, parágrafo único).

4.1 Certidão negativa

A certidão negativa é aquela que comprova a inexistência de débito em aberto, comprovando a quitação de determinado tributo. Trata-se de certidão que prova, estritamente, o adimplemento de tributos, comprovando que o contribuinte realizou o(s) pagamento(s) de determinado(s) débito(s) tributário(s).

Segundo o art. 205 do CTN, a certidão negativa é expedida à vista de requerimento do interessado, que contenha todas as informações necessárias à identificação de sua pessoa, domicílio fiscal e ramo de negócio ou atividade e indique o período a que se refere o pedido.

O conceito de "tributo não quitado" merece ser esclarecido de modo especial em relação aos tributos constituídos por declaração do sujeito passivo no chamado "lançamento por homologação". Nesses casos, o "tributo não quitado" surge logo que o crédito declarado não é objeto de pagamento no prazo previsto, passando a ser exigível. Não se exige, para a negativa da certidão, a inscrição em dívida ativa do crédito declarado, mas não pago pelo contribuinte no prazo. É preciso ter atenção ao caso em que o contribuinte declara apenas parte do débito, o que atrai a necessidade de apuração e constituição, pela autoridade administrativa, da diferença. Essa distinção em relação ao crédito declarado e o não declarado foi realizada pelo STJ em sede de **repetitivo** (REsp 1.123.557, j. 25.11.2009):

> (...) nos tributos sujeitos a lançamento por homologação, o crédito tributário nasce, por força de lei, com o fato gerador, e sua exigibilidade não se condiciona a ato prévio levado a efeito pela autoridade fazendária, perfazendo-se com a mera declaração efetuada pelo contribuinte, razão pela qual, em caso do não-pagamento do tributo declarado, afigura-se legítima a recusa de expedição da Certidão Negativa ou Positiva com Efeitos de Negativa. (...) Ao revés, declarado o débito e efetuado o pagamento, ainda que a menor, não se afigura legítima a recusa de expedição de CND antes da apuração prévia, pela autoridade fazendária, do montante a ser recolhido. Isto porque, conforme dispõe a legislação tributária, o valor remanescente, não declarado nem pago pelo contribuinte, deve ser objeto de lançamento supletivo de ofício.

Em relação ao valor em aberto, não declarado pelo contribuinte, não pode haver a recusa de expedição da certidão negativa antes da apuração administrativa do montante devido, pois até que tal ocorra não se pode falar em "tributo não quitado".

4.2 Certidão positiva com efeitos de negativa

Mesmo que haja "tributo não quitado", é possível ao contribuinte obter certidão de regularidade fiscal. Trata-se da certidão positiva com efeitos de negativa que será expedida se verificada alguma das condições **não cumulativas**: o crédito tributário não esteja vencido; o crédito esteja em curso de cobrança executiva em que tenha sido efetivada a penhora; ou o crédito esteja com sua exigibilidade suspensa (art. 206 do CTN).

Se o crédito não está vencido, não se pode falar em irregularidade fiscal, pois o contribuinte ainda dispõe de prazo para realizar o pagamento. Do mesmo modo, a existência de penhora em execução fiscal representa uma garantia do crédito tributário, justificando a emissão de certidão de regularidade, pois o crédito em questão, apesar de não quitado, está protegido. Na terceira hipótese que justifica a certidão positiva com efeitos de negativa, o crédito está com sua exigibilidade suspensa, nos termos do art. 151, III do CTN. Se a Fazenda Pública se encontra impedida de exigir a dívida, não há razão para se negar a certificar a regularidade do contribuinte.

Apesar a norma geral tributária no CTN prever apenas três hipóteses em que se autoriza a obtenção da certidão positiva com efeitos de negativa, nada impede que lei específica de um ente tributante introduza novas causas que confiram ao contribuinte o direito à comprovação de regularidade fiscal. Assim já se pronunciou o STJ em sede de **repetitivo** (REsp 1.122.959, j. 09.08.2010 – grifos adicionados):

> (...) o artigo 206, do Codex Tributário, autoriza a expedição de certidão positiva com efeitos de negativa nos casos em que houver (i) créditos não vencidos; (ii) créditos em curso de cobrança executiva em que tenha sido efetivada a penhora; e (iii) créditos cuja exigibilidade esteja suspensa.
>
> 4. Nada obstante, o *caput* do artigo 13, da Lei 11.051/2004 (publicada em 30 de dezembro de 2004), preceituou que: "Art. 13. Fica a administração fazendária federal, durante o prazo de 1 (um) ano, contado da publicação desta Lei, autorizada a atribuir os mesmos efeitos previstos no art. 205 da Lei nº 5.172, de 25 de outubro de 1966 - Código Tributário Nacional, à certidão quanto a tributos e contribuições administrados pela Secretaria da Receita Federal - SRF e à dívida ativa da União de que conste a existência de débitos em relação aos quais o interessado tenha apresentado, ao órgão competente, pedido de revisão fundado em alegação de pagamento integral anterior à inscrição pendente da apreciação há mais de 30 (trinta) dias.(...)"
>
> 5. Consequentemente, malgrado o pedido de revisão administrativa (fundado na alegação de pagamento integral do débito fiscal antes de sua inscrição na dívida ativa) não se enquadre nas hipóteses de expedição de CPD-EN enumeradas no artigo 206, do CTN, o artigo 13, da Lei 11.051/2004 (de vigência temporária), autorizou o fornecimento da certidão quando ultrapassado o prazo de 30 (trinta) dias sem resposta da Administração Tributária Federal.
>
> (...) Resta claro que **a própria Lei não considera o mero pedido de revisão como suspensivo de exigibilidade do crédito, tanto que vem a excepcionalmente equipará-lo para efeito de expedição da certidão**, e ainda assim por prazo determinado de um ano. (...)

Se o art. 13 da Lei 11.051/2004 introduziu na esfera federal uma causa legal de certidão positiva com efeitos de negativa não prevista no CTN, o que foi apenas reconhecido pelo STJ, também é possível encontrar situação que justifica a emissão dessa certidão que não é prevista nem no CTN nem na legislação ordinária, sendo fruto da construção jurisprudencial. É o que se verifica na outrora chamada "**ação cautelar antecipatória da penhora**", que com o Código de Processo Civil de 2015 passou a ser denominada de "tutela de urgência cautelar em caráter antecedente" ou "tutela cautelar antecedente".

A possibilidade de obtenção de certidão positiva com efeitos de negativa mediante o ajuizamento dessas ações foi "criada" pelo STJ decorreu do seguinte problema prático: entre o vencimento do crédito tributário que o sujeito passivo pretende questionar judicialmente e o ajuizamento da execução fiscal pode transcorrer um período considerável em que o contribuinte não é mais protegido por nenhuma das três causas de emissão da certidão previstas no art. 206 do CTN (crédito não vencido, em execução na qual haja penhora ou suspensão da exigibilidade). Mesmo que o devedor pretenda garantir a dívida, deveria aguardar a citação em execução fiscal que seria ajuizada em um momento que escapa ao controle do contribuinte. Haveria, portanto, um período em que o sujeito passivo que possui interesse em questionar o crédito tributário oferecendo garantia ficaria "no limbo", sem um processo judicial de execução no qual pudesse garantir o crédito que lhe é exigido.

Considerando o prejuízo causado ao contribuinte que necessita da certidão de regularidade fiscal e quer garantir o crédito, só não o fazendo pela inexistência de execução em curso, o STJ, em sede de **repetitivo** (REsp 1.123.669, j. 09.12.2009 – grifos adicionados), reproduzido parcialmente abaixo:

> 1. **O contribuinte pode, após o vencimento da sua obrigação e antes da execução, garantir o juízo de forma antecipada, para o fim de obter certidão positiva com efeito de negativa.** (...) A caução oferecida pelo contribuinte, antes da propositura da execução fiscal é equiparável à penhora antecipada e viabiliza a certidão pretendida, desde que prestada em valor suficiente à garantia do juízo.
>
> 3. É viável a antecipação dos efeitos que seriam obtidos com a penhora no executivo fiscal, através de caução de eficácia semelhante. A percorrer-se entendimento diverso, o contribuinte que contra si tenha ajuizada ação de execução fiscal ostenta condição mais favorável do que aquele contra o qual o Fisco não se voltou judicialmente ainda.
>
> 4. Deveras, **não pode ser imputado ao contribuinte solvente, isto é, aquele em condições de oferecer bens suficientes à garantia da dívida, prejuízo pela demora do Fisco em ajuizar a execução fiscal** para a cobrança do débito tributário. Raciocínio inverso implicaria em que o contribuinte que contra si tenha ajuizada ação de execução fiscal ostenta condição mais favorável do que aquele contra o qual o Fisco ainda não se voltou judicialmente.
>
> (...) 6. Outrossim, instigada a Fazenda pela caução oferecida, pode ela iniciar a execução, convertendo-se a garantia prestada por iniciativa do contribuinte na famigerada penhora que autoriza a expedição da certidão.

Como ressaltado ao final do trecho acima, essa via judicial cautelar para antecipar a penhora é instrumental, razão pela qual **o ajuizamento da execução fiscal posterior ocasiona a perda de objeto da medida antecipatória**, a qual deve ser extinta após o "transporte" da garantia ao processo executivo, onde será convertido em penhora. Na prática processual, tem-se verificado que alguns contribuintes, ao invés de simplesmente apresentarem embargos à execução fiscal após a formalização da garantia na execução e postularem a extinção da tutela antecedente, realizam "pedido principal" nos próprios autos da tutela, apresentando petição "inicial" de ação anulatória do débito fiscal.

Ainda em relação a essa medida judicial para obter a certidão de regularidade, vale citar que a Portaria PGFN 33/2018 regulamenta o procedimento para sua aceitação pelos Procuradores da Fazenda Nacional. Assim é que a Portaria admite que o devedor notificado para pagamento do débito inscrito em dívida ativa antecipe a oferta de garantia em execução fiscal (art. 8º). O ato da PGFN esclarece também que a aceitação da oferta antecipada de garantia em execução fiscal não suspende a exigibilidade dos créditos inscritos, mas viabiliza a emissão da certidão de regularidade fiscal, desde que em valor suficiente para garantia integral dos débitos garantidos, acrescidos de juros, multas e demais encargos exigidos ao tempo da propositura da execução (art. 13). Sendo aceita a garantia, o Procurador da Fazenda Nacional promoverá o ajuizamento da execução fiscal correspondente, no prazo máximo de trinta dias contados da data da aceitação, indicando à penhora o bem ou direito ofertado pelo devedor (art. 14).

Outro caso interessante de emissão de certidão positiva com efeitos de negativa constatado na jurisprudência do STJ diz respeito à **mera propositura de ação anulatória do débito fiscal proposta por um ente de direito público**, cujos bens são impenhoráveis e se sujeitam à execução pelo regime de precatório. Em caso específico envolvendo Município que possuía dívida tributária, o STJ consolidou orientação em sede de **repetitivo** (REsp 1.123.306, j. 09.12.2009) no sentido de que a Fazenda Pública, "quer em ação anulatória, quer em execução embargada, faz jus à expedição da certidão positiva de débito com efeitos negativos, independentemente de penhora, posto inexpropriáveis os seus bens". Considerou o STJ que o crédito tributário devido por um ente público está em melhores condições de garantia se comparado ao crédito cujo devedor é particular, o que impõe o reconhecimento à certidão positiva com efeitos de negativa à Fazenda Pública devedora que apresenta embargos à execução ou ação anulatória para discutir a dívida.

5. QUADRO SINÓTICO

PANORAMA CONSTITUCIONAL E AMPLITUDE DA ADMINISTRAÇÃO TRIBUTÁRIA NO CTN

» a administração tributária está inserida no Poder Executivo dos entes federativos, fazendo parte da administração pública. Por essa razão, devem ser observados, no âmbito da administração tributária, os princípios da legalidade, impessoalidade, moralidade, publicidade e eficiência (CF, art. 37, *caput*).

» a Constituição de 1988 confere à administração tributária o *status* de atividade essencial ao funcionamento do Estado, devendo por isso ser exercida por servidores de carreiras específicas ter recursos prioritários para a realização de suas atividades e atuar de forma integrada entre os diversos entes federativos (CF, art. 37, XXII).

» o constituinte originário de 1988 também tratou de objetivos e atividades da administração tributária, como se pode ver do art. 145, § 1º, que possui a seguinte redação: 1

> Art. 145, § 1º Sempre que possível, os impostos terão caráter pessoal e serão graduados segundo a capacidade econômica do contribuinte, facultado à administração tributária, especialmente para conferir efetividade a esses objetivos, identificar, respeitados os direitos individuais e nos termos da lei, o patrimônio, os rendimentos e as atividades econômicas do contribuinte.

» a nível infraconstitucional, o Código Tributário Nacional divide a disciplina da administração tributária em três segmentos: fiscalização, dívida ativa e certidões negativas.

FISCALIZAÇÃO		
» a atividade fiscalizatória da administração tributária decorre da própria competência tributária. Se o constituinte conferiu aos entes políticos o direito de instituir tributos, devem tais entes exercer atos concretos voltados é efetivação do direito ao recebimento dos respectivos tributos. » a fiscalização recai sobre as atividades dos sujeitos passivos que guardam relação com o fato gerador de tributos, uma vez que o limite dessa atuação administrativa está na sua própria justificativa, qual seja, a necessidade de se efetivar a competência tributária pela identificação das atividades que ensejam a ocorrência do fato gerador. Não se pode, portanto, fiscalizar atividades do contribuinte que não sejam pertinentes aos tributos objeto de investigação instaurada pelo agente fiscal. » a administração tributária observa, nas atividades fiscalizatórias, o chamado **princípio da praticabilidade**, pelo qual a aplicação da legislação tributária deve se dar de modo simples, exequível e eficiente.		2
Poderes das autoridades administrativas em matéria de fiscalização	» CTN não disciplina diretamente todos os aspectos da fiscalização tributária, trazendo apenas normas gerais a serem observadas pelos entes federativos no tratamento da matéria. A regulamentação da competência e dos poderes das autoridades administrativas, contudo, não exige lei em sentido formal oriunda do processo legislativo, sendo suficiente a utilização de atos infralegais, uma vez que o art. 194 utiliza o termo "**legislação tributária**": Art. 194. A legislação tributária, observado o disposto nesta Lei, regulará, em caráter geral, ou especificamente em função da natureza do tributo de que se tratar, a competência e os poderes das autoridades administrativas em matéria de fiscalização da sua aplicação. Parágrafo único. A legislação a que se refere este artigo aplica-se às pessoas naturais ou jurídicas, contribuintes ou não, inclusive às que gozem de imunidade tributária ou de isenção de caráter pessoal. » o parágrafo único do art. 194, por sua vez, explicita que a legislação a respeito da fiscalização pode vincular não apenas os próprios contribuintes dos tributos a serem examinados, mas também as pessoas naturais ou jurídicas que, mesmo não sendo contribuintes, possuam algum vínculo com o fato gerador que justifique sua colaboração com a fiscalização tributária. » súmula 439 do STF: "Estão sujeitos à fiscalização tributária ou previdenciária quaisquer livros comerciais, **limitado o exame aos pontos objeto da investigação**" (grifo adicionado). Essa limitação de análise dos documentos no que diz respeito ao objeto de investigação serve para impedir a prática de investigações especulativas e aleatórias ("*fishing expeditions*"). » além dos arts. 194 e 195, o art. 200 do CTN também trata dos poderes das autoridades tributárias, conferindo-lhes a prerrogativa de requisitar o auxílio da força pública, quando vítimas de embaraço ou desacato no exercício de suas funções, ou quando necessário à efetivação dê medida prevista na legislação tributária, ainda que não se configure fato definido em lei como crime ou contravenção.	2.1

<table>
<tr>
<td>Formalização do início do procedimento de fiscalização</td>
<td>» a formalização do início do procedimento fiscal é relevante não só para o próprio procedimento em si, mas também para fins da contagem do prazo decadencial, da caracterização ou não da denúncia espontânea e também para se determinar a exigência ou não de multa de ofício nos casos de lançamento para prevenir a decadência em caso de suspensão da exigibilidade.
» súmula 17 do CARF: "Não cabe a exigência de multa de ofício nos lançamentos efetuados para prevenir a decadência, quando a exigibilidade estiver suspensa na forma dos incisos IV ou V do art. 151 do CTN e a suspensão do débito tenha ocorrido antes do início de qualquer procedimento de ofício a ele relativo.".
» o CTN dispõe que ao se iniciar a primeira diligência de fiscalização, a autoridade administrativa deve lavrar os termos necessários para que seja documentado o início do procedimento, sendo fixado na legislação aplicável o prazo máximo para a conclusão das diligências de fiscalização (art. 196).</td>
<td>2.2</td>
</tr>
<tr>
<td>Terceiros obrigados a prestar informações à autoridade fiscal</td>
<td>» o art. 197 do CTN traz uma lista de pessoas físicas e jurídicas que são obrigadas a prestar à autoridade fiscal informações de que disponham com relação aos bens, negócios ou atividades de terceiros. Eis o teor do dispositivo:

Art. 197. Mediante intimação escrita, são obrigados a prestar à autoridade administrativa todas as informações de que disponham com relação aos bens, negócios ou atividades de terceiros:
I - os tabeliães, escrivães e demais serventuários de ofício;
II - os bancos, casas bancárias, Caixas Econômicas e demais instituições financeiras;
III - as empresas de administração de bens;
IV - os corretores, leiloeiros e despachantes oficiais;
V - os inventariantes;
VI - os síndicos, comissários e liquidatários;
VII - quaisquer outras entidades ou pessoas que a lei designe, em razão de seu cargo, ofício, função, ministério, atividade ou profissão.
Parágrafo único. A obrigação prevista neste artigo não abrange a prestação de informações quanto a fatos sobre os quais o informante esteja legalmente obrigado a observar segredo em razão de cargo, ofício, função, ministério, atividade ou profissão.

» em 2001, a Lei Complementar 105 passou a prever em seu art. 6º a possibilidade de a administração tributária ter acesso a registros de instituições financeiras, inclusive referentes a contas de depósitos e aplicações financeiras:

Lei complementar 105/2001. Art. 6º. As autoridades e os agentes fiscais tributários da União, dos Estados, do Distrito Federal e dos Municípios somente poderão examinar documentos, livros e registros de instituições financeiras, inclusive os referentes a contas de depósitos e aplicações financeiras, quando houver processo administrativo instaurado ou procedimento fiscal em curso e tais exames sejam considerados indispensáveis pela autoridade administrativa competente.
Parágrafo único. O resultado dos exames, as informações e os documentos a que se refere este artigo serão conservados em sigilo, observada a legislação tributária.</td>
<td>2.3</td>
</tr>
</table>

» tese de **repercussão geral** (RE 601.314, j. 24.02.2016), fixada pelo STF:

> O art. 6º da Lei Complementar 105/01 não ofende o direito ao sigilo bancário, pois realiza a igualdade em relação aos cidadãos, por meio do princípio da capacidade contributiva, bem como estabelece requisitos objetivos e o translado do dever de sigilo da esfera bancária para a fiscal

» em relação aos outros incisos do art. 197, vale citar a decisão do STJ segundo a qual as administradoras de bens e os corretores são obrigados, nos termos do art. 197, III e IV, do CTN, a prestar informações à Receita Federal relativas a operações de compra e venda e aluguel de imóveis (REsp 1.105.947, j. 23.06.2009). Do mesmo modo, as empresas que administram as lojas de *shopping centers* constituem "empresas de administração de bens" previstas no art. 197, III do CTN (STJ, REsp 147.215, j. 19.04.2005; REsp 201.459, j. 17.02.2004).

Vedação ao Fisco da divulgação das informações obtidas sobre a situação econômica do sujeito passivo — 2.4

» diante do amplo acesso a temas sensíveis dos contribuintes, a administração tributária deve guardar sigilo em relação às informações obtidas sobre a situação econômica do sujeito passivo e de terceiros. É o que reza o art. 198 do CTN:

> Art. 198. Sem prejuízo do disposto na legislação criminal, é vedada a divulgação, por parte da Fazenda Pública ou de seus servidores, de informação obtida em razão do ofício sobre a situação econômica ou financeira do sujeito passivo ou de terceiros e sobre a natureza e o estado de seus negócios ou atividades.
>
> § 1º Excetuam-se do disposto neste artigo, além dos casos previstos no art. 199, os seguintes:
>
> I – requisição de autoridade judiciária no interesse da justiça;
>
> II – solicitações de autoridade administrativa no interesse da Administração Pública, desde que seja comprovada a instauração regular de processo administrativo, no órgão ou na entidade respectiva, com o objetivo de investigar o sujeito passivo a que se refere a informação, por prática de infração administrativa.
>
> § 2º O intercâmbio de informação sigilosa, no âmbito da Administração Pública, será realizado mediante processo regularmente instaurado, e a entrega será feita pessoalmente à autoridade solicitante, mediante recibo, que formalize a transferência e assegure a preservação do sigilo.

» o fato de a administração pública, onde se insere a administração tributária, obedecer ao princípio da publicidade (CF, art. 37, *caput*), assim, não prejudica a norma do art. 198 do CTN que protege a privacidade "negocial, econômica ou empresarial" dos contribuintes.

» no § 1º do art. 198 são trazidas duas hipóteses em que a administração tributária pode compartilhar as informações que possui a respeito das atividades econômicas do sujeito passivo ou de terceiros.

» primeiro, há a situação em que há requisição emanada do Poder Judiciário.

	» o inciso II do § 1º do art. 198 do CTN prevê a possibilidade de a autoridade fiscal conceder acesso a informações de que disponha sobre a situação econômica das pessoas se houver solicitações de autoridade administrativa no interesse da Administração Pública, desde que seja comprovada a instauração regular de processo administrativo com o objetivo de investigar o sujeito passivo a que se refere a informação, por prática de infração administrativa. » a preocupação com as informações sigilosas a respeito dos contribuintes transparece ainda no § 2º do art. 198 do CTN, que condiciona o intercâmbio dessa espécie de informação no âmbito da Administração Pública à existência de um processo regularmente instaurado. Nesse caso, a entrega da informação deve ser feita pessoalmente à autoridade solicitante, mediante recibo que formalize a transferência e assegure a preservação do sigilo.	
Possibilidade de divulgação de informações obtidas pela administração tributária	» o § 3º do art. 198 do CTN lista informações que não dizem respeito à situação econômica ou financeira do sujeito passivo ou de terceiros e sobre a natureza e o estado de seus negócios ou atividades e que por isso podem ser divulgadas: I – representações fiscais para fins penais; II – inscrições na Dívida Ativa da Fazenda Pública; III – parcelamento ou moratória.	2.5
Representação fiscal para fins penais	» a representação fiscal para fins penais é dirigida ao Ministério Público, que decidirá sobre a possibilidade de oferecimento de denúncia a partir dos elementos já disponíveis, a realização de outras diligências investigativas ou o arquivamento da representação. Essa representação não constitui uma faculdade da autoridade administrativa, mas sim um dever de ofício, não podendo haver juízo de conveniência ou oportunidade no encaminhamento da representação caso se constate a ocorrência de fatos que em tese possam configurar crime. » súmula vinculante 24 do STF: "Não se tipifica crime material contra a ordem tributária, previsto no art. 1º, incisos I a IV, da Lei 8.137/1990, antes do lançamento definitivo do tributo.". » **não será aplicável a súmula vinculante 24 a investigações que não se resumem à apuração de crime material contra a ordem tributária** (STF, HC 139.151 ED, j. 05.10.2018). Caso o inquérito criminal se sustente ainda que abstraídos os fatos objeto do processo administrativo fiscal, portanto, não haverá necessidade de se aguardar a constituição definitiva do crédito tributário (STF, HC 107.362, j. 10.02.2015). » conforme reconhecido pelo próprio STF, é possível a instauração de inquérito policial para apuração de crime contra a ordem tributária, antes do término do processo administrativo fiscal, quando for imprescindível para viabilizar a fiscalização (HC 95.443, j. 02.02.2010). Tratava-se de caso em que a empresa se recusava a fornecer documentos indispensáveis à fiscalização tributária, o que tornava necessária a instauração de inquérito policial para que fosse possível a realização de diligência imprescindível para a conclusão da fiscalização.	2.5.1

	» o STF fixou tese de **repercussão geral** admitindo a **constitucionalidade do compartilhamento dos relatórios de inteligência financeira** da UIF (Unidade de Inteligência Financeira - antigo "COAF") **e da íntegra do procedimento fiscalizatório da Receita Federal do Brasil, que define o lançamento do tributo, com os órgãos de persecução penal para fins criminais, sem a obrigatoriedade de prévia autorização judicial** (RE 1.055.941, j. 04.12.2019).	
Inscrições na Dívida Ativa da Fazenda pública	» a ausência de divulgação das informações relativas à inscrição em dívida Ativa, além de violar o princípio constitucional da publicidade administrativa (CF, art. 37, *caput*), vulnera também o direito a informações de interesse coletivo ou geral (CF, art. 5º, XXXIII), eis que o crédito tributário devidamente constituído é um direito que se incorpora ao patrimônio da sociedade, uma vez que os recursos daí advindos são utilizados para a satisfação das necessidades coletivas. » se os resultados de julgamentos administrativos que confirmam a exigência de crédito tributário são públicos (e nesse caso não se conhece de alguma alegação de inconstitucionalidade), não há razão para que a publicidade do mesmo crédito tributário, em estágio ainda mais avançado, após sua inscrição em dívida ativa, seja censurada pela garantia constitucional da privacidade ou mesmo da "razoabilidade". Pelo contrário, a existência do controle administrativo de legalidade que apura a liquidez e certeza do crédito, consubstanciado na inscrição em dívida ativa (art. 2º, § 3º da Lei 6.830/1980), demonstra uma apuração do crédito tributário ainda mais rigorosa, agora sob análise de outro órgão, diverso do "de origem". » além disso, os processos de execução fiscal que se baseiam na certidão de dívida ativa não são sigilosos pelo fato de haver neles as informações da dívida ativa. Não há, portanto, natureza sigilosa nesse dado. » diante da constitucionalidade da divulgação das inscrições na dívida ativa da Fazenda Pública, também não há qualquer vício jurídico na criação, em janeiro de 2020, do aplicativo "Dívida Aberta", que permite a consulta à dívida tributária e não tributária da União.	2.5.2
Cooperação interna e internacional entre administrações tributárias	» o art. 199 do CTN prevê a cooperação entre as administrações tributárias, seja a nível interno, seja no âmbito internacional: Art. 199. A Fazenda Pública da União e as dos Estados, do Distrito Federal e dos Municípios prestar-se-ão mutuamente assistência para a fiscalização dos tributos respectivos e permuta de informações, na forma estabelecida, em caráter geral ou específico, por lei ou convênio. Parágrafo único. A Fazenda Pública da União, na forma estabelecida em tratados, acordos ou convênios, poderá **permutar informações** com Estados estrangeiros no interesse da arrecadação e da fiscalização de tributos. » em qualquer dos instrumentos utilizados para a troca de informações, o CTN deixa claro que a União será responsável celebração de tratados, acordos ou convênios, pois é o ente federal que representa a República Federativa no âmbito internacional.	2.6

DÍVIDA ATIVA		
» dívida ativa é o crédito da Fazenda Pública exigível pelo transcurso do prazo para pagamento, assim inscrito após apurada a sua liquidez e certeza (art. 39, § 1º da Lei 4.320/1964). Em síntese, qualquer valor, cuja cobrança seja atribuída por lei às entidades jurídicas de direito público, "será considerado Dívida Ativa da Fazenda Pública" (art. 2º, § 1º da Lei 6.830/1980). » a dívida ativa pode assumir natureza tributária ou não tributária, sendo a primeira definida pelo art. 201 do CTN como a proveniente de crédito dessa natureza, regularmente inscrita na repartição administrativa competente, depois de esgotado o prazo fixado, para pagamento, pela lei ou por decisão final proferida em processo regular. » diante de sua natureza pública, **a alteração da forma de cobrança da dívida ativa (tributária ou não tributária) só pode se dar mediante lei em sentido estrito**, não tendo o STF admitido a autorização, prevista em Resolução do Senado Federal, de cessão da Dívida Ativa de Estados, do Distrito Federal e de Municípios a instituições financeiras (ADI 3786, j. 03.10.2019). » a inscrição em dívida ativa possui a natureza legal de ato de controle administrativo da legalidade (art. 2º, § 3º da Lei 6.830/1980), e por essa razão sua regular inscrição lhe confere presunção de certeza e liquidez. Essa presunção é relativa e pode ser por prova inequívoca, a cargo do executado ou de terceiro, a quem aproveite (art. 3º, *caput* e parágrafo único da Lei 6.830/1980).		3
Presunção de liquidez e certeza	» o CTN prevê expressamente, em relação à dívida de natureza tributária, que a sua regular inscrição confere presunção **relativa** de liquidez e certeza ao crédito e o efeito de prova pré-constituída (art. 204, *caput*). O fato de a dívida ativa inscrita ser acrescida de juros de mora após sua inscrição não exclui a liquidez do crédito (CTN, art. 201, parágrafo único). » após a inscrição em dívida, será emitida a **certidão de dívida ativa (CDA)**, que consubstancia o **título executivo extrajudicial** dotado da presunção obtida mediante a inscrição. » na esteira de que a presunção gerada pela inscrição em dívida ativa é **relativa**, o parágrafo único do art. 204 dispõe que tal presunção pode ser ilidida por prova inequívoca, a cargo do sujeito passivo ou do terceiro a que aproveite. » orientação do STJ consolidada em sede de **repetitivo** (REsp 1.110.925, j. 22.04.2009): "a presunção de legitimidade assegurada à CDA impõe ao executado que figura no título executivo o ônus de demonstrar a inexistência de sua responsabilidade tributária, demonstração essa que, por demandar prova, deve ser promovida no âmbito dos embargos à execução."	3.1
Requisitos do termo de inscrição e da certidão de dívida ativa (CDA)	» o CTN elenca dados que devem ser obrigatoriamente indicados no termo de inscrição em dívida ativa: Art. 202. O termo de inscrição da dívida ativa, autenticado pela autoridade competente, indicará obrigatoriamente: I - o nome do devedor e, sendo caso, o dos co-responsáveis, bem como, sempre que possível, o domicílio ou a residência de um e de outros; II - a quantia devida e a maneira de calcular os juros de mora acrescidos; III - a origem e natureza do crédito, mencionada especificamente a disposição da lei em que seja fundado; IV - a data em que foi inscrita;	3.2

	V - sendo caso, o número do processo administrativo de que se originar o crédito. Parágrafo único. A certidão conterá, além dos requisitos deste artigo, a indicação do livro e da folha da inscrição. » como indica o parágrafo único acima reproduzido, a **certidão de dívida ativa (CDA)** também deve conter os requisitos obrigatórios do termo de inscrição, além da indicação do livro e da folha de inscrição. Na prática atual, a inscrição é realizada na modalidade eletrônica, não se utilizando mais livros físicos para tanto, conforme autorização do art. 2º, § 7º da Lei 6.830/1980: "O Termo de Inscrição e a Certidão de Dívida Ativa poderão ser preparados e numerados por processo manual, mecânico ou eletrônico". » súmula 559 do STJ: "Em ações de execução fiscal, é desnecessária a instrução da petição inicial com o demonstrativo de cálculo do débito, por tratar-se de requisito não previsto no art. 6º da Lei n. 6.830/1980.".	
Substituição da CDA e devolução do prazo para defesa	» a omissão de quaisquer dos elementos obrigatórios, ou mesmo o erro a eles relativo, constitui causa de nulidade da inscrição e do processo de cobrança dela decorrente, mas a nulidade pode ser sanada até a decisão de primeira instância, mediante substituição da certidão nula (art. 203 do CTN). Em caso de substituição da CDA, deve ser devolvido ao sujeito passivo ou ao interessado o prazo para defesa, devolução de prazo está restrita à parte modificada. » o STJ já decidiu que os vícios formais na CDA só conduzem à sua nulidade se houver prejuízo ao exercício do direito de defesa (AgRg no Ag 1.153.617, j. 25.08.2009). » em caso de nulidade insanável, contudo, ainda assim será possível a substituição da CDA, desde que tal se dê até a "decisão em primeira instância", segundo o art. 203 do CTN. Apesar de a substituição ocorrer nos autos da execução fiscal (onde se encontra a CDA desde a propositura), a "decisão em primeira instância" que serve como marco para a troca será buscada em outro processo, qual seja, os embargos do devedor à execução fiscal. » súmula 393 do STJ: "A exceção de pré-executividade é admissível na execução fiscal relativamente às matérias conhecíveis de ofício que não demandem dilação probatória". » súmula 392 do STJ: "A Fazenda Pública pode substituir a certidão de dívida ativa (CDA) até a prolação da sentença de embargos, quando se tratar de correção de erro material ou formal, vedada a modificação do sujeito passivo da execução.".	3.3
CERTIDÕES		
» o Código Tributário trata das certidões negativas (CND) e das certidões positivas com efeitos de negativa (CPEN) em seus arts. 205 a 208. A função de tais certidões é comprovar a situação de regularidade fiscal do contribuinte. » tese de **repercussão geral** (RE 770.149, j. 05.08.2020) fixada no STF: "É possível ao Município obter certidão positiva de débitos com efeito de negativa quando a Câmara Municipal do mesmo ente possui débitos com a Fazenda Nacional, tendo em conta o princípio da intranscendência subjetiva das sanções financeiras."		4

	» em relação às certidões a serem obtidas por matriz que possui várias filiais, o entendimento do STJ caminha no sentido de que a existência de débitos tributários das filiais impede a obtenção da certidão de regularidade fiscal pela matriz (AgInt no AREsp 1.286.122, j. 27.08.2019).	
Certidão negativa	» a certidão negativa é aquela que comprova a inexistência de débito em aberto, comprovando a quitação de determinado tributo. Trata-se de certidão que prova, estritamente, o adimplemento de tributos, comprovando que o contribuinte realizou o(s) pagamento(s) de determinado(s) débito(s) tributário(s). » segundo o art. 205 do CTN, a certidão negativa é expedida à vista de requerimento do interessado, que contenha todas as informações necessárias à identificação de sua pessoa, domicílio fiscal e ramo de negócio ou atividade e indique o período a que se refere o pedido.	4.1
Certidão positiva com efeitos de negativa	» mesmo que haja "tributo não quitado", é possível ao contribuinte obter certidão de regularidade fiscal. Trata-se da certidão positiva com efeitos de negativa que será expedida se verificada alguma das condições **não cumulativas**: o crédito tributário não esteja vencido; o crédito esteja em curso de cobrança executiva em que tenha sido efetivada a penhora; ou o crédito esteja com sua exigibilidade suspensa (art. 206 do CTN). » apesar a norma geral tributária no CTN prever apenas três hipóteses em que se autoriza a obtenção da certidão positiva com efeitos de negativa, nada impede que lei específica de um ente tributante introduza novas causas que confiram ao contribuinte o direito à comprovação de regularidade fiscal. Assim já se pronunciou o STJ em sede de **repetitivo** (REsp 1.122.959, j. 09.08.2010). » o STJ fixou, em sede de **repetitivo** (REsp 1.123.669, j. 09.12.2009), a orientação de que o contribuinte pode, após o vencimento da sua obrigação e antes da execução, garantir o juízo de forma antecipada, para o fim de obter certidão positiva com efeito de negativa. » o STJ consolidou orientação em sede de **repetitivo** (REsp 1.123.306, j. 09.12.2009) no sentido de que a Fazenda Pública, "quer em ação anulatória, quer em execução embargada, faz jus à expedição da certidão positiva de débito com efeitos negativos, independentemente de penhora, posto inexpropriáveis os seus bens".	4.2

6. SÚMULAS APLICÁVEIS

6.1 STF

24. "Não se tipifica crime material contra a ordem tributária, previsto no art. 1º, incisos I a IV, da Lei 8.137/1990, antes do lançamento definitivo do tributo.".

439. "Estão sujeitos à fiscalização tributária ou previdenciária quaisquer livros comerciais, limitado o exame aos pontos objeto da investigação.".

6.2 STJ

392. "A Fazenda Pública pode substituir a certidão de dívida ativa (CDA) até a prolação da sentença de embargos, quando se tratar de correção de erro material ou formal, vedada a modificação do sujeito passivo da execução.".

393. "A exceção de pré-executividade é admissível na execução fiscal relativamente às matérias conhecíveis de ofício que não demandem dilação probatória".

6.3 CARF

17. "Não cabe a exigência de multa de ofício nos lançamentos efetuados para prevenir a decadência, quando a exigibilidade estiver suspensa na forma dos incisos IV ou V do art. 151 do CTN e a suspensão do débito tenha ocorrido antes do início de qualquer procedimento de ofício a ele relativo.".

7. QUESTÕES DE CONCURSOS PÚBLICOS

1. **(Cespe – Auditor – SEFAZ - AL/2020) A respeito de responsabilidade, de obrigação e de administração tributária, julgue o item subsequente.**

   Auditor fiscal que, com o intuito de beneficiar terceiro devedor de tributos, expedir certidão negativa ignorando os débitos fiscais devidos será responsabilizado pessoalmente pelo crédito tributário e pelos juros de mora acrescidos.

   ( ) Certo

   ( ) Errado

2. **(Cespe – Auditor Fiscal da Receita Estadual – SEFAZ - AL/2020) A respeito de responsabilidade, de obrigação e de administração tributária, julgue o item subsequente.**

   À administração tributária, no exercício da fiscalização, não será oponível norma estadual que limite o direito de examinar livros e documentos comerciais ou fiscais dos comerciantes.

   ( ) Certo

   ( ) Errado

3. **(Cespe – Auditor Fiscal – SEFAZ - DF/2020) Com relação à inscrição na dívida ativa, julgue o item a seguir.**

   Eventual nulidade do termo de inscrição da dívida ativa poderá ser sanada até a decisão de primeira instância, mediante a substituição da certidão nula, devolvendo-se o prazo de defesa.

   ( ) Certo

   ( ) Errado

4. **(Cespe – Auditor Fiscal – SEFAZ - DF/2020) Com relação à inscrição na dívida ativa, julgue o item a seguir.**

   É obrigatório constar no termo de inscrição da dívida ativa o número do processo administrativo de que se origina o crédito tributário.

   ( ) Certo

   ( ) Errado

5. **(Cespe – Auditor Fiscal – SEFAZ - DF/2020) Com relação à inscrição na dívida ativa, julgue o item a seguir.**

   É facultativo constar no termo de inscrição da dívida ativa a maneira de calcular os juros de mora acrescidos à quantia devida.

   ( ) Certo

   ( ) Errado

6 **(Fepese – Procurador do Estado – PGE – SC/2018) Assinale a alternativa correta com base nas disposições legais sobre a Administração Tributária.**

   a. A dívida regularmente inscrita goza da presunção absoluta de certeza e liquidez e tem o efeito de prova pré-constituída.

   b. Tem os mesmos efeitos da certidão negativa de débitos a certidão de que conste a existência de créditos tributários em curso de cobrança executiva, quando ainda não tenha sido efetivada a penhora.

   c. Os livros obrigatórios de escrituração comercial e fiscal e os comprovantes dos lançamentos neles efetuados serão conservados pelo prazo de trinta anos a contar das operações a que se refiram.

d. As certidões negativas expedidas com dolo ou fraude, que contenham erro contra o Fisco, responsabilizam pessoalmente os funcionários que as expedirem, pelo crédito tributário e os juros de mora acrescidos.

e. É proibida a divulgação, por parte da Fazenda ou de seus servidores, de informação obtida em razão do ofício sobre a situação econômica ou financeira do sujeito passivo ou de terceiros, inclusive mediante requisição de autoridade judiciária no interesse da justiça.

01	02	03	04	05	06
CERTO	CERTO	CERTO	CERTO	ERRADO	D

8. QUESTÕES DISCURSIVAS COM COMENTÁRIOS

Cespe/Cebraspe - Procuradoria-Geral do Município de Campo Grande - Procurador do Município - 2019 (máximo 15 linhas)

O Código Tributário Nacional dispõe, em seu art. 201, que constitui "dívida ativa tributária a proveniente de crédito dessa natureza, regularmente inscrita na repartição administrativa competente, depois de esgotado o prazo fixado, para pagamento, pela lei ou por decisão final proferida em processo regular".

Considerando as disposições do Código Tributário Nacional e o entendimento dos tribunais superiores, redija um texto, de forma concisa, a respeito do ato de inscrição em dívida ativa, atendendo ao que se pede no item 1 e respondendo aos questionamentos dos itens 2 e 3.

1 Indique a natureza do ato de inscrição em dívida ativa tributária e aborde os efeitos jurídicos desse ato. [valor: 2,50 pontos]

2 A inscrição de créditos de natureza tributária em dívida ativa provoca a suspensão do prazo prescricional de crédito tributário? [valor: 1,25 ponto]

3 É viável inscrever em dívida ativa os créditos tributários constituídos pelo contribuinte? [valor: 1,00 ponto]

COMENTÁRIOS

O ato de inscrição em dívida ativa, nos precisos termos do art. 2°, § 3° da Lei 6.830/1980, é um "ato de controle administrativo da legalidade", mediante o qual a liquidez e certeza do crédito é apurada. Sua natureza é declaratória e ao mesmo tempo constitutiva, pois declara que a dívida possui o atributo da legalidade, sendo o seu procedimento de constituição livre de vícios, e também constitui o título executivo extrajudicial que serve de instrumento para o ajuizamento da execução fiscal. O ato de inscrição, assim, possui os efeitos de constituir a certidão de dívida ativa, título executivo extrajudicial; atestar a legalidade da dívida; atribuir a presunção relativa de liquidez e certeza à dívida; e ser um marco para a configuração de fraude à execução de dívida tributária, conforme o art. 185 do CTN.

O art. 2°, § 3° da Lei 6.830/1980 dispõe que a inscrição suspende a prescrição por 180 dias. Contudo, esse dispositivo não se aplica às dívidas tributárias, pois a prescrição tributária deve ser regulada por lei complementar, conforme a súmula vinculante 8 do STF. No CTN, a prescrição é regulada no art. 174, que não prevê tal suspensão. Esse, inclusive, o entendimento consolidado do STJ.

O crédito tributário pode ser constituído por declaração do contribuinte, conforme a súmula 436 do STJ. Mesmo com essa constituição do crédito pelo particular, há necessidade de sua inscrição em dívida ativa para que seja possível sua execução mediante a certidão de dívida ativa em execução fiscal.

REFERÊNCIAS

ABRAHAM, Marcus. **Curso de Direito Financeiro Brasileiro.** 3ª. ed. Rio de Janeiro: Forense, 2015.

ABRÃO, Nelson. **Direito Bancário**. 18ª edição. São Paulo: Saraiva, 2019.

ALEXANDRE, Ricardo. **Direito Tributário**. 13ª. ed. Salvador: Juspodivm, 2019.

ALEXANDRINO, Marcelo; PAULO, Vicente. **Direito Tributário na Constituição e no STF. Teoria e Jurisprudência.** 17ª. ed. São Paulo: Editora Método, 2014.

ALMEIDA, Carlos Otávio Ferreira de; BEVILACQUA, Lucas. ICMS sobre *software*: evolução do conceito constitucional de mercadorias em face da inovação tecnológica. *In*: **Tributação da economia digital:** desafios no Brasil, experiência internacional e novas perspectivas. São Paulo: Saraiva, 2018.

ALMEIDA, Carlos Otávio Ferreira de. **Tributação Internacional da Renda:** A Competitividade Brasileira à Luz das Ordens Tributária e Econômica - Série Doutrina Tributária, v. XII. São Paulo: Quartier Latin, 2014.

ALMEIDA, Roberto Caparroz de. Da natureza Aduaneira dos Direitos Antidumping no Brasil. *In:* TÔRRES, Heleno Taveira (coordenador). **Direito Tributário Internacional Aplicado**. Volume II. São Paulo: Quartier Latin, 2004.

ALVIM, Leonardo de Andrade Rezende. Os Riscos da Adoção da Legalidade Tributária Estrita e a Teoria de Ricardo Lobo Torres como Marco de uma Transição de Modelos. In: **Direito Financeiro e Tributário na obra de Ricardo Lobo Torres** (Organizadores: Sérgio André Rocha e Silvia Faber Torres). Belo Horizonte: Arraes Editores, 2020.

ALVIM, Leonardo de Andrade Rezende. **CRÍTICA AO FORMALISMO JURÍDICO NO DIREITO TRIBUTÁRIO:** uma proposta por transparência, coerência e liberdade discursiva na doutrina tributária brasileira. Dissertação apresentada ao Programa de Pós-Graduação em Direito da Pontifícia Católica de Minas Gerais. Belo Horizonte, 2016.

AMARO, Luciano. **Direito Tributário Brasileiro**. 11ª. ed. São Paulo: Saraiva, 2005.

ANACLETO, Simone. In: SEEFELDER, Cláudio; CAMPOS, Rogério (coord.). **Constituição e Código Tributário comentados:** sob a ótica da Fazenda Nacional. São Paulo: Thomson Reuters Brasil, 2020.

ARAUJO, Juliana Furtado Costa. O prazo para redirecionamento da ação de execução fiscal em face de terceiros responsáveis. **Revista da PGFN**, ano 1 número 1, jan/jun. 2011.

ATALIBA, Geraldo. **Hipótese de Incidência Tributária.** 6ª. ed. São Paulo: Malheiros, 2014.

ÁVILA, Humberto. **Conceito de Renda e Compensação de Prejuízos Fiscais.** São Paulo: Editora Malheiros, 2011.

ÁVILA, Humberto. Função da Ciência do Direito Tributário: do Formalismo Epistemológico ao Estruturalismo Argumentativo. **Revista Direito Tributário Atual nº 29**. São Paulo: Dialética, 2013.

ÁVILA, Humberto. **Contribuições e Imposto Sobre a Renda. Estudos e pareceres.** São Paulo: Editora Malheiros, 2015.

ÁVILA, Humberto. **Teoria dos Princípios**. 16. ed. São Paulo: Malheiros, 2015.

ÁVILA, Humberto. **Competências tributárias: um ensaio sobre sua compatibilidade com as noções de tipo e conceit**o. São Paulo: Malheiros, 2018.

ÁVILA, Humberto. **Teoria da Segurança Jurídica.** 5ª edição. São Paulo: Malheiros, 2019.

AVI-YONAH, Reuven S. Pessoas Jurídicas, Sociedade e o Estado: uma Defesa do Imposto das Pessoas Jurídicas. *In*: **Revista Direito Tributário Atual**, n. 21. São Paulo: Dialética, 2007.

BALEEIRO, Aliomar. **Direito Tributário Brasileiro**. 13ª. ed. Rio de Janeiro: Forense, 2015.

BARBOSA, Mateus Calicchio. **O Procedimento Amigável nos Acordos de Bitributação Brasileiros** - Série Doutrina Tributária Vol. XXIII. São Paulo: Quartier Latin, 2018.

BARRAL, Welber. Dumping e Medidas Antidumping: sua Polêmica Natureza Jurídica. *In*: TÔRRES, Heleno Taveira (coordenador). **Direito Tributário Internacional Aplicado**. São Paulo: Quartier Latin, 2003.

BARRETO, Paulo Ayres. **Contribuições. Regime Jurídico, Destinação e Controle**. 2ª. ed. São Paulo: Noeses, 2011.

BENSOUSSAN, Fabio Guimarães; GOUVÊA, Marcus de Freitas. **Manual de Direito Econômico**. 5ª edição. Salvador: Editora Juspodivm, 2019.

BIANCO, João Francisco. **Transparência Fiscal Internacional**. São Paulo: Editora Dialética, 2007.

BINENBOJM, Gustavo. **A Nova Jurisdição Constitucional brasileira**. Rio de Janeiro: Renovar, 2010.

BOCCATO, Esdras. **Quando a recuperação judicial vira moratória tributária**. Disponível em: <https://www.jota.info/opiniao-e-analise/colunas/contraditorio/quando-recuperacao-judicial-vira-moratoria-tributaria-05122016>. Acesso em 08.09.2020.

BONFIM, Gilson Pacheco. Da Possibilidade de Controle dos Incentivos Tributários pelo Poder Judiciário. **Revista Direito Tributário Atual nº 37**. São Paulo, IBDT, 2017.

BORBA, José Edwaldo Tavares. **Direito Societário**. 14ª edição. São Paulo: Atlas, 2015.

BOTTALLO, Eduardo Domingos; e MELO, José Eduardo Soares de. **Comentários às súmulas tributárias do STF, STJ, TRFs e CARF**. 2. ed. São Paulo: Quartier Latin, 2011.

BRASIL. **Declaração Conjunta sobre o Projeto de Preços de Transferência da OCDE-BRASIL**, 11.07.2019. Disponível em: <http://receita.economia.gov.br/noticias/ascom/2019/julho/ocde-e-brasil-compartilham-os-resultados-do-projeto-para-alinhar-as-regras-de--precos-de-transferencia-do-brasil-ao-padrao-da-oecd>.

BRAUNER, Yariv. **Formula Based Transfer Pricing**. 42 INTERTAX 615, 2014.

BRIGAGÃO, Gustavo. **Decisões do Carf em que houver empate devem ser julgadas pró-contribuinte**. 2016. Disponível em: <https://www.conjur.com.br/2016-ago-24/consultor-tributario-decisoes-carf-empate-julgadas-pro-contribuinte>. Acesso em: 01 jun. 2019.

CALCINI, Fábio Pereira. Obrigação Tributária Acessória e Legalidade. Desdobramentos. *In*: ROCHA, Valdir de Oliveira. **Grandes Questões Atuais do Direito Tributário**. São Paulo: Editora Dialét ca, 2014.

CAMPOS, Rogério. *In*: **Constituição e Código Tributário comentados: sob a ótica da Fazenda Nacional**. Claudio Seefelder e Rogério Campos - coordenadores-gerais. São Paulo: Thomson Reuters Brasil, 2020.

CARRAZZA, Roque Antônio. **Curso de Direito Constitucional Tributário.** 30ª. ed. São Paulo: Malheiros, 2015.

CARVALHO, Paulo de Barros. **Curso de Direito Tributário.** 25ª. ed. São Paulo: Saraiva, 2013.

CASTELLANI, Fernando. **Contribuições Especiais e sua Destinação.** São Paulo: Noeses, 2009.

CASTRO, Eduardo M. L. Rodrigues de; DIAS JÚNIOR, Antônio Augusto; LUSTOZA, Helton Kramer. **Tributos em Espécie**. 7ª edição. Salvador: Editora Juspodivm, 2020.

CERQUEIRA, Marcelo Fortes de. In: SANTI, Eurico Marcos Diniz de. **Curso de Especialização em Direito Tributário - Estudos Analíticos em Homenagem a Paulo de Barros Carvalho**. Rio de Janeiro: [s.n.], 2007.

CHRISPIN, Anna Carla Duarte. **Transação Tributária no Paradigma do Estado Democrático de Direito Socioeconômico Cultural**: o tênue limite entre a afronta ao dever fundamental de pagar tributos e a mutação da legalidade estrita rumo a juridicidade consensual dialógica. Dissertação de Mestrado em Direito. Faculdade de Direito da Pontifícia Universidade Católica de Minas Gerais.

COCKFIELD, Arthur J. **The Law and Economics of Digital Taxation:** Challenges to Traditional Tax Laws and Principles. Bulletin for International Fiscal Documentation, Vol. 56, 2002.

COELHO, Fábio Ulhoa. **Curso de Direito Comercial**: direito de empresa. 20ª ed. v. 2. São Paulo: Revista dos Tribunais, 2016.

COSTA, Alcides Jorge. Imposto sobre a Renda: A Aquisição da Disponibilidade Jurídica ou Econômica como seu Fato Gerador. Limite de sua Incidência. In: OLIVEIRA, Ricardo Mariz de; COSTA, Sérgio de Freitas (Coordenadores) **Diálogos Póstumos com Alcides Jorge Costa**. São Paulo: IBDT, 2017.

COSTA, Regina Helena. **Curso de Direito Tributário – Constituição e Código Tributário Nacional**. 4ª. ed. São Paulo: Editora Saraiva, 2014.

COSTA, Regina Helena. **Imunidades Tributárias**: Teoria e Análise da Jurisprudência do STF. 3ª edição. São Paulo: Malheiros, 2015.

COVELLO, Sergio Carlos. **O Sigilo Bancário**. São Paulo: LEUD, 1991.

DERZI, Misabel Abreu Machado. **Notas de atualização ao Direito Tributário Brasileiro de Aliomar Baleeiro.** 13ª. ed. Rio de Janeiro: Forense, 2015.

DIAS JÚNIOR. Antônio Augusto Souza. **A personalidade jurídica formal no Direito Tributário e o ágio interno. Uma interpretação sistemática e teleológica.** Disponível em:"https://www.jota.info/paywall?redirect_to=//www.jota.info/opiniao-e-analise/artigos/a-personalidade-juridica-formal-no-direito-tributario-e-o-agio-interno-08092020".

DIAS JÚNIOR, Antônio Augusto Souza. O Princípio da Legalidade Tributária Suficiente no Supremo Tribunal Federal e a Definição Tributária de Intangíveis. **Revista Direito Tributário Atual nº 45**, ano 38. São Paulo: IBDT, 2º quadrimestre 2020.

DIAS JUNIOR, Antônio Augusto Souza. Intangíveis e Preços de Transferência: Vedações e Necessidades do Controle. **Revista Direito Tributário Internacional Atual,** nº 07, p. 52-70. São Paulo: IBDT, 1º semestre de 2020.

DIAS JÚNIOR, Antônio Augusto Souza. **A troca da força de trabalho por stock options. Implicações tributárias diante da CF, do CTN, e da Lei 7.713/88**. Disponível em: "https://www.jota.info/paywall?redirect_to=//www.jota.info/opiniao-e-analise/artigos/a-troca-da-forca-de-trabalho-por-stock-options-25082020".

DIAS JÚNIOR, Antônio Augusto Souza. **O imposto de importação no desembaraço aduaneiro. A aplicação mecânica de uma súmula superada**. Disponível em:"https://www.jota.info/opiniao-e-analise/colunas/contraditorio/o-imposto-de-importacao-no--desembaraco-aduaneiro-21072017".

DIAS JÚNIOR, Antônio Augusto Souza. **Do reajustamento da base de cálculo da CIDE - o valor empregado em benefício do contratado não residente**. Disponível em: "https://www.jota.info/opiniao-e-analise/colunas/contraditorio/do-reajustamento-da-base-de-calculo-da-cide-17062019".

DIAS JÚNIOR, Antônio Augusto Souza. O Princípio da Realização da Renda e a Tributação de Stock Options. **Revista Direito Tributário Atual**, n. 41. São Paulo: IBDT, 2019.

DIAS JÚNIOR, Antônio Augusto Souza. **Preços de transferência de intangíveis:** recomendações da OCDE e sua compatibilidade com o regime constitucional-tributário brasileiro. Dissertação de mestrado apresentada ao Instituto Brasileiro de Direito Tributário. São Paulo, 2019.

DIAS Jr., Antônio Augusto Souza. **A PREVALÊNCIA DOS TRATADOS INTERNACIONAIS EM MATÉRIA TRIBUTÁRIA E O REGIME ESPECIAL DE REGULARIZAÇÃO CAMBIAL E TRIBUTÁRIA**. In: RDIET, Brasília, V. 14, nº 1, Jan-Jun - 2019.

DIAS JÚNIOR, Antônio Augusto Souza. **Preços de transferência e transparência fiscal internacional. Relação entre as duas espécies de normas.** Disponível em: "https://www.jota.info/paywall?redirect_to=//www.jota.info/opiniao-e-analise/colunas/contraditorio/precos-de-transferencia-e-transparencia-fiscal-internacional-27082018".

DÓRIA, Antônio Roberto Sampaio. **Elisão e Evasão Fiscal**. 2ª. ed. São Paulo: Bushatsky, 1977.

DWORKIN, Ronald. Hard Cases. **Harvard Law Review**, Vol. 88, nº 6, Apr. 1975.

ENGISCH, Karl. **Introdução ao Pensamento Jurídico**. Lisboa: Fundação Calouste Gulbenkian, 2001.

FARIAS, Cristiano Chaves de; ROSENVALD, Nelson. **Direitos Reais.** 6ª. ed. Rio de Janeiro: Editora Lumen Juris, 2010.

FERNANDES, Edison Carlos. Capacidade Colaborativa e o Tributo como Penalidade: o Caso do Controle Fiscal em Subconta Contábil. **Revista Direito Tributário Atual** nº 37. São Paulo, IBDT, 2017.

FERNANDES, Edison Carlos. Convergência Contábil como Demonstração das Transações Arm's Length. *In*: SCHOUERI, Luís Eduardo (coord.) **Tributos e Preços de Transferência**, 4º volume. São Paulo: Dialética, 2013.

FERNANDES, Tarsila Ribeiro Marques. **Transação Tributária. O Direito Brasileiro e a Eficiência da Recuperação do Crédito Público à Luz do Modelo Norte-Americano.** Curitiba: Juruá Editora, 2014.

FERRAGUT, Maria Rita. **Responsabilidade Tributária e o Código Civil de 2002**. 2ª ed. São Paulo: Noeses, 2009.

FISHER, Irving. **The Nature of Capital and Income.** The Macmillan Company: New York, 1906.

FOLLONI, André Parmo. Crítica ao Dualismo entre Fato e Evento na Ciência do Direito Tributário. **Revista Direito Tributário Atual n. 32.** São Paulo: IBDT/Dialética, 2014.

FOLLONI, André. Capacidade Contributiva e Dever Fundamental. **Revista Direito Tributário Atual n. 42.** São Paulo: IBDT, 2019.

FONSECA, Fernando Daniel de Moura. **Imposto sobre a Renda:** uma proposta de diálogo com a contabilidade. Belo Horizonte: Fórum, 2018.

FREITAS. Rodrigo de; OYAMADA, Bruno Akio. **Operações de *Cloud Computing* (SaaS, IaaS, Paas etc): ICMS vs ISS**. In: Tributação da economia digital: desafios no Brasil, experi~encia internacional e novas perspectivas. São Paulo: Saraiva, 2018.

GELBCKE, Ernesto Rubens *et allic*. **Manual de contabilidade societária: aplicável a todas as sociedades: de acordo com as normas internacionais e do CPC**. 3ª edição. São Paulo: Atlas, 2018.

GODOI, Marciano Seabra de. A Nova Legislação sobre Tributação de Lucros Auferidos no Exterior (Lei 12.973/2014) como Resultado do Diálogo Institucional Estabelecido entre o STF e os Poderes Executivo e Legislativo da União. *In*: **Controvérsias jurídico-contábeis**. 18º volume. São Paulo: Dialética, 2014.

GRAU, Eros Roberto. **A ordem econômica na Constituição de 1988: interpretação e crítica**. 18ª edição. São Paulo: Malheiros, 2017.

GRECO, Marco Aurélio. **Internet e Direito**. 2ª edição. São Paulo: Dialética, 2000.

GRECO, Marco Aurélio. **Planejamento Tributário**. 3ª. ed. São Paulo: Dialética, 2011.

GRECO, Marco Aurélio. Crise do formalismo no direito tributário brasileiro. **Revista da PGFN**, ano 1 número 1, jan/jun. 2011.

GREGORIO, Ricardo Marozzi. **Preços de Transferência – Arm's Length e Praticabilidade**. Série Doutrina Tributária Vol. V – São Paulo: Quartier Latin, 2011.

GUEX, Sébastien. **The Origins of the Swiss Banking Secrecy Law and Its Repercussions for Federal Policy.** Cambridge University Press, 2001.

HARADA, Kiyoshi. **Contribuições Sociais. Doutrina e Prática**. São Paulo: Atlas, 2015.

HART, Herbert. **O Conceito de Direito**. 3ª edição. Lisboa: Fundação Calouste Gulbenkian, 2001.

HODGSON, Geoffrey M. **What is Capital? Economists and sociologists have changed its meaning - Should it be changed back?** Cambridge Journal of Economics, Volume 38, Issue 5, September 2014.

HOFMANN, Patricia; RIEDEL, Nadine. **Transfer Pricing Regimes for Developing Countries**, 72 Bull. Intl. Taxn. 4/5 (2018), Journals IBFD.

HORVATH, Estevão. **Contribuições de Intervenção no Domínio Econômico**. São Paulo: Editora Dialética, 2009.

IBRAHIM, Fábio Zambitte. **Curso de Direito Previdenciário**. 15ª. ed. Niterói: Editora Impetus, 2010.

IUDÍCIBUS, Sérgio de. **Teoria da Contabilidade**. 9ª edição. São Paulo: Atlas, 2009.

JUNIOR, Aldo de Paula. A Natureza Jurídica do RERCT. In: **Regime Especial de Regularização Cambial e Tributária (RERCT)**: Aspectos Práticos. JUNIOR, Aldo de Paula; SALUSE, Eduardo Perez; ESTELLITA, Heloisa (coordenadores). São Paulo: Editora NOESES, 2016.

KAUFMANN, Arthur. **Filosofia do Direito**. Tradução de Antonio Ulisses Cortes. 2ª edição. Lisboa: Fundação Calouste Gulbenkian, 2007.

LARENZ, Karl. **Metodologia da Ciência do Direito**. Tradução de José Lamego. 3ª edição. Lisboa: Fundação Calouste Gulbenkian, 1997.

LEITE, Harrison. **Manual de Direito Financeiro**. 9ª ed. Salvador: Juspodivm, 2020.

MACHADO, Hugo de Brito. **Curso de Direito Tributário**. 26ª edição. ed. São Paulo: Malheiros, 2005.

MACHADO, Hugo de Brito. Obrigação Tributária Acessória e o Princípio da Legalidade. *In*: ROCHA, Valdir de Oliveira. **Grandes Questões Atuais do Direito Tributário**. 18º volume. São Paulo: Editora Dialética, 2014.

MACHADO, Raquel Calvacanti Ramos. **Competência tributária: entre a rigidez do sistema e a atualização interpretativa.** Tese de doutorado apresentada ao Departamento de Direito Econômico, Financeiro e Tributário da Faculdade de Direito da Universidade de São Paulo. São Paulo: 2013.

MALDONADO, Luciano Burti. Breve análise da regra brasileira de tributação dos lucros no exterior e a sua proximidade ou o seu distanciamento das regras de Controlled Foreign Corporations - CFC. *In*: **Revista de Direito Tributário Contemporâneo n. 23**. São Paulo: Editora Revista dos Tribunais, 2020.

MALDONADO, Luciano Burti. Limites do Poder de Fiscalização: Identificação e Controle. *In*: **Revista Direito Tributário Atual, n.45**. São Paulo: IBDT, 2º semestre 2020.

MARINS, James. A Teoria do Campo Cientifico de Pierre Bourdieu e a Ciência do Direito Tributário Brasileiro. *In*: **Revista Direito Tributário Atual n. 34**. São Paulo: IBDT/ Dialética, 2015.

MARTINS, Ives Gandra da Silva (Coordenador). **Curso de Direito Tributário**. 11ª. ed. São Paulo: Saraiva, 2009.

MARTINS, Sérgio Pinto. **Contribuições Sindicais:** Direito Comparado e Internacional. Contribuições Assistencial, Confederativa e Sindical. 5ª. ed. São Paulo: Atlas, 2009.

MELO, José Eduardo Soares de. **Contribuições Sociais no Sistema Tributário.** 6ª. ed. São Paulo: Malheiros Editores, 2010.

MELO. José Eduardo Soares de. A Lei Complementar n. 157/2016 à luz da Constituição Federal: aspectos relacionados à retroatividade e aos campos de incidência do ICMS e do ISS na atividade de difusão de vídeos, áudio e textos pela internet. *In*: **Tributação da economia digital: desafios no Brasil, experiência internacional e novas perspectivas**. São Paulo: Saraiva, 2018.

MELO FILHO, João Aurino de. Enquadramento constitucional da prescrição intercorrente jurisprudencial e legal nas execuções fiscais tributárias. Inconstitucionalidade da norma legal que determina, como marco inicial da prescrição intercorrente nas execuções fiscais de créditos tributários, o arquivamento dos autos depois da suspensão do processo pelo prazo de um ano. **Revista Jus Navigandi**, Teresina, ano 16, n. 3057, 14 nov. 2011. Disponível em: https://jus.com.br/artigos/20430. Acesso em: 26 ago. 2020.

MOMBELLI, A. Swiss banks to tell all under FATCA. **Swissinfo**, 2014. Disponivel em: <https://www.swissinfo.ch/eng/us-legislation_swiss-banks-to-tell-all-under-fatca/40473870>. Acesso em: 12 nov. 2018.

MOSQUERA, Roberto Quiroga. **Renda e proventos de qualquer natureza:** o imposto e o conceito constitucional. São Paulo: Dialética, 1996.

MOSQUERA, Roberto Quiroga. **Tributação no Mercado Financeiro e de Capitais.** São Paulo: Dialética, 1998.

NABAIS, José Casalta. **O dever fundamental de pagar impostos**: contributo para a compreensão constitucional do estado fiscal contemporâneo. Coimbra: Edições Almedina, 2015.

NEDER, Marcos Vinicius; LÓPEZ, Maria Teresa Martínez. **Processo Administrativo Fiscal Federal Comentado**. 3ª ed. São Paulo: Dialética, 2010, p. 457.

OECD. **The Era of Bank Secrecy is Over.** THE G20/OECD PROCESS IS DELIVERING RESULTS 26 OCTOBER 2011.

OECD. **Declaration on Automatic Exchange of Information in Tax Matters**. Paris, 2014.

OECD. Model Tax Convention on Income and on Capital: Condensed Version 2017. **OECD Publishing**, 2017.

OECD. OECD Transfer Pricing Guidelines for Multinational Enterprises and Tax Administration 2017, **OECD Publishing**, 2017.

OECD. **Standard for automatic exchange of financial account information in tax matters second edition**. 2ª ed. Paris: OECD Publishing, 2017 Disponível em < https://read.oecd-ilibrary.org/taxation/standard-for-automatic-exchange-of-financial-account-information-in-tax-matters-second-edition_9789264267992-en#page1>. Acesso em 11.05.2019.

OLIVEIRA, Phelippe Toledo Pires de. **A Transação em Matéria Tributária – Série Doutrina Tributária**, v. XVIII. São Paulo: Quartier Latin, 2015.

OLIVEIRA, Phelippe Toledo Pires de. **Brazil's Entry into the OECD:** State of Play, Tax Challenges and Potential Outcomes. British Tax Review, Issue 1, 2019.

OLIVEIRA, Ricardo Mariz de. **Fundamentos do Imposto de Renda.** São Paulo: Quartier Latin, 2008.

OLIVEIRA, Ricardo Mariz de. **A Propósito de Leis Interpretativas, de Validade e Vigência, de Aplicação ao Passado e de Prazos em Curso**. *In*: Revista Direito Tributário Atual nº 18. São Paulo: IBDT/Dialética, 2004.

OLIVEIRA, Vivian de Freitas e Rodrigues de. **Preços de Transferência como norma de ajuste de imposto sobre a renda**. São Paulo: Noeses, 2015.

PARLAMENTO EUROPEU. **Relatório que contém recomendações à Comissão sobre disposições de Direito Civil sobre Robótica (2015/2103(INL)**, p. 20. Disponível em: "https://www.europarl.europa.eu/doceo/document/A-8-2017-0005_PT.pdf".

PAULA, Daniel Giotti de. **A praticabilidade no direito tributário: controle jurídico da complexidade**. Rio de Janeiro: Ágora, 2018.

PAULSEN, Leandro; VELLOSO, Andrei Pitten. **Contribuições – Teoria geral Contribuições em espécie.** Porto Alegre: Livraria do Advogado Editora, v. 2ª, 2013.

PIMENTA, Paulo Roberto Lyrio. Os Conceitos Indeterminados no Direito Tributário. *In*: **Grandes Questões Atuais do Direito Tributário.** 17º volume. São Paulo, Dialética, 2013.

PINTO, Rodrigo Alexandre Lazaro. A Troca Automática de Informações Bancárias e Fiscais Evoluindo para um Costume Internacional. **Revista Direito Tributário Internacional Atual nº 05**. IBDT, 2019.

PIRES, Cristiane. Descumprimento de Obrigação Tributária e Dever Instrumental: O Caso do Dever de Controle de Subcontas Contábeis na Lei N. 12.973/2014 e A Incidência Do IRPJ. **Revista Direito Tributário Atual nº 40**. São Paulo: IBDT, 2018.

PISCITELLI, Tathianne dos Santos. Os Desafios da Tributação do Comércio Eletrônico. **Revista de Direito Tributário Contemporâneo**, v. 1, p. 195-216, 2016.

PISCITELLI, Tathiane dos Santos. **Argumentando pelas Consequências no Direito Tributário**. São Paulo: Noeses, 2011.

PISCITELLI, Tathianne dos Santos. Limites Interpretativos dos Conceitos e Institutos de Direito Privado. In: PISCITELLI, Tathianne dos Santos . **Tributação na Nuvem:** conceitos tecnologias, desafios internos e internacionais. São Paulo: Thomson Reuters Brasil, 2018.

POLIZELLI, Victor Borges. **O Princípio da Realização da Renda – Reconhecimento de Receitas e Despesas para Fins do IRPJ – Série Doutrina Tributária**. São Paulo: Quartier Latin, v. VII, 2012.

POLIZELLI, Victor Borges. Jogos de realidade virtual e robótica: desafios para a tributação de humanos no mundo virtual e robôs no mundo real. In: **Tributação da economia digital: desafios no Brasil, experiência internacional e novas perspectivas.** São Paulo: Saraiva, 2018.

POLIZELLI, Victor Borges. Renda, realização, regimes de caixa e de competência. *In*: DONIAK JR., Jimir - coordenação. **Novo RIR- Aspectos jurídicos Relevantes do Regulamento do Imposto de Renda 2018.** São Paulo: Quartier Latin, 2019.

POLO, Marcelo. Extinção da Execução Fiscal. *In*: **Execução Fiscal Aplicada**: análise pragmática do processo de execução fiscal. 7ª edição. Salvador: Juspodivm, 2019.

PRATS, Francisco Alfredo García. Los precios de transferência: su tratamiento tributario desde una perspectiva europea. *In*: TÔRRES, Heleno Taveira (coord.). **Direito Tributário Internacional Aplicado**. Vol. III. São Paulo: Quartier Latin, 2005.

QUEIROZ, Rogério Barbosa. *In*: **Constituição e Código Tributário comentados: sob a ótica da Fazenda Nacional**. Claudio Seefelder e Rogério Campos - coordenadores-gerais. São Paulo: Thomson Reuters Brasil, 2020.

RASKOLNIKOV, Alex. **Accepting the Limits of Tax Law and Economics. Cornell Law Review**, March 2013, Columbia Law and Economics Working Paper Nº 417.

RECEITA FEDERAL (Brasil). **Rede Arrecadadora de Receitas Federais - Bancos**. 2015. Disponível em: http://receita.economia.gov.br/orientacao/tributaria/pagamentos-e-parcelamentos/rede-arrecadadora-de-receitas-federais-bancos. Acesso em: 04 abr. 2020.

RIBEIRO, Ricardo Lodi. Legalidade Tributária, Tipicidade Aberta, Conceitos Indeterminados e Cláusulas Gerais Tributárias. **Revista de Direito Administrativo n. 229**. Rio de Janeiro: Julho/Setembro de 2002.

ROCHA, Paulo Victor Vieira da. Fiscalidade e Extrafiscalidade: uma Análise Crítica da Classificação Funcional das Normas Tributárias. *In*: **Revista Direito Tributário Atual n. 32**. São Paulo: IBDT/Dialética, 2014.

ROCHA, Sérgio André. **Planejamento Tributário na Obra de Marco Aurélio Greco**. Rio de Janeiro: Lumen Juris, 2019.

ROCHA, Sergio André. **Processo Administrativo Fiscal**: Controle Administrativo do Lançamento Tributário. 4 ed. Rio de Janeiro: Lumen Juris, 2010.

ROCHA, Sérgio André. **Tributação Internacional**. São Paulo: Quartier Latin, 2013.

ROCHA, Sérgio André. O que é Formalismo Tributário? *In*: **Revista Dialética de Direito Tributário n. 227**. São Paulo: Dialética, 2014.

ROLIM, João Dácio; LARA, Daniela Silveira. A tributação de IRRF na importação de cloud computing no Brasil e as soluções analisadas na Ação 1 do BEPS. *In*: **Tributação da economia digital: desafios no Brasil, experiência internacional e novas perspectivas.** São Paulo: Saraiva, 2018.

SABBAG, Eduardo. **Manual de Direito Tributário.** 2º edição. São Paulo: Saraiva, 2010.

SANTI, Eurico Marcos Diniz de. As Classificações no Sistema Tributário Brasileiro. *In*: **Justiça Tributária: direitos do fisco e garantias dos contribuintes nos atos da administração e no processo tributário**. I Congresso Internacional de Direito Tributário, Instituto Brasileiro de Estudos Tributários. São Paulo: Max Limonad, 1998, p. 773-792.

SANTIAGO, Igor Mauler. Decisão do STF sobre ITBI na integralização de capital tem alcance limitado. **Conjur**, 2020. Disponivel em: <https://www.conjur.com.br/2020-ago-12/consultor-tributario-decisao-itbi-integralizacao-capital-alcance-limitado>.

SANTOS, João Victor Guedes. **Teoria da Tributação e Tributação da Renda nos Mercados Financeiro e de Capitais:** entre a equidade e a eficiência, entre a capacidade contributiva e a indução. Dissertação de Mestrado apresentada à Faculdade de Direito da Universidade de São Paulo, 2011.

SANTOS, Ramon Tomazela. O Princípio da Universalidade na tributação da Renda: Análise acerca da Possibilidade de Atribuição de Tratamento Jurídico-tributário distinto a Determinados Tipos de Rendimentos Auferidos pelas Pessoas Físicas. In: **Revista Direito Tributário Atual nº 28**. São Paulo: Dialética, 2012, p. 293.

SANTOS, Ramon Tomazela. Formalismo e tributação: contributo para as regras jurídicas e as razões formais no direito tributário. **Revista Direito Tributário Atual, nº 40.** São Paulo: IBDT, 2018.

SAUSSURE, Ferdinand de. **Curso de Linguística Geral**. Tradução de Antônio Chelini, José Paulo Paes, Izidoro Blikstein. 27ª edição. São Paulo: Cultrix, 2006.

SCAFF, Fernando Facury. O uso de precatórios na transação tributária. **Conjur**, 2020. Disponivel em: <https://www.conjur.com.br/2020-jan-07/contas-vista-uso-precatorios-transacao-tributaria>. Acesso em: 28 jun. 2020.

SCHAUER, Frederick. **Formalism**. The Yale Law Journal v. 97, nº. 4, 1988.

SCHOUERI, Luís Eduardo. ISS sobre a Importação de Serviços do Exterior. In: **Revista Dialética de Direito Tributário n. 100**. São Paulo: Dialética, 2004.

SCHOUERI, Luís Eduardo. O Mito do Lucro Real na Passagem da Disponibilidade Jurídica para a Disponibilidade Econômica. In: MOSQUERA, Roberto Quiroga; e LOPES, Alexsandro Broedel (coordenadores). **Controvérsias jurídico-contábeis (aproximações e distanciamentos).** São Paulo: Dialética, v. 1, 2010.

SCHOUERI, Luís Eduardo. **Preços de Transferência no Direito Tributário Brasileiro**. 3ª edição. São Paulo: Dialética, 2013.

SCHOUERI, Luís Eduardo. Nova Contabilidade e Tributação: da Propriedade à *Beneficial Ownership*. *In*: **Controvérsias jurídico-contábeis**. 5º volume. São Paulo: Dialética, 2014.

SCHOUERI, Luís Eduardo. **Arm's Length: Beyond the Guidelines of the OECD:** "It is better to be roughly right than precisely wrong."(John Maynard Keynes), 69 Bull. Intl. Taxn. 12, Journals IBFD, 2015.

SCHOUERI, Luís Eduardo. **Direito Tributário**. 5ª. ed. São Paulo: Saraiva, 2015.

SCHOUERI, Luís Eduardo. **Normas Tributárias Indutoras e Intervenção Econômica**. Rio de Janeiro: Forense, 2005.

SCHOUERI, Luís Eduardo. **A Suave Perda da Liberdade**. *In*: Revista Direito Tributário Atual nº 18. São Paulo: IBDT/Dialética, 2004.

SEHN, Solon. **Imposto de importação**. São Paulo: Noeses, 2016.

SIMÕES, Argos Campos Ribeiro. **ICMS-Importação:** Proposta de Reclassificação e suas Aplicações. São Paulo: Noeses, 2014.

SOUSA, Rubens Gomes de. **Pareceres – 1**: imposto de renda. São Paulo: Resenha Tributária, 1975, p. 269.

TAKANO, Caio Augusto. **Limitações aos deveres instrumentais tributários (aplicação do art. 113, § 2º do Código Tributário Nacional).** Dissertação de Mestrado apresentada à Faculdade de Direito da Universidade de São Paulo. São Paulo, 2015.

TARTUCE, Flávio. **Direito Civil**: Lei de introdução e parte geral. 6ª edição. São Paulo: Método, v. 1, 2010.

TARTUCE, Flávio. **Direito Civil:** direito das obrigações e responsabilidade civil. 5ª. ed. São Paulo: Método, v. 2, 2010.

TARTUCE, Flávio. **Direito Civil:** teoria geral dos contratos e contratos em espécie. 5ª edição. São Paulo: Método, v. 3, 2010.

TORRES, Heleno Taveira. **Pluritributação Internacional sobre as Rendas das Empresas.** 2ª edição. São Paulo: Editora Revista dos Tribunais, 2001.

TÔRRES, Heleno Taveira. **Direito Tributário e Direito Privado:** Autonomia Privada, Simulação, Elusão Tributária. São Paulo: Editora RT, 2003.

TÔRRES, Heleno Taveira. Imunidade de Entidades sem Fins Lucrativos e Remuneração de Diretores e Conselheiros. *In*: **Grandes Questões Atuais de Direito Tributário.** 18º volume. São Paulo: Dialética, 2014.

TORRES, Heleno Taveira. Programa de Regularização de Ativos Lícitos no Exterior e Direitos à Proteção da Propriedade Privada. *In*: **Regime Especial de Regularização Cambial e Tributária (RERCT)**: aspectos práticos. Coordenação de Aldo de Paula Junior, Eduardo Perez Salusse, Heloisa Estellita. São Paulo: Noeses, 2016.

TORRES, Ricardo Lobo. O Princípio da Tipicidade no Direito Tributário. *In*: **Revista Direito Tributário Atual n. 18**. São Paulo: Dialética, 2004.

TORRES, Ricardo Lobo. **Curso de Direito Financeiro e Tributário**. 19ª. ed. Rio de Janeiro: Renovar, 2013.

TORRES, Ronny Charles Lopes de. **Leis de Licitações Públicas Comentadas.** 4ª ed. Salvador: Juspodivm, 2011.

VETTORI, Gustavo Gonçalves. **Contribuição ao estudo sobre as influências recíprocas entre a tributação da renda e o comércio internacional**. Tese de Doutorado apresentada à FDUSP, 2011.

XAVIER, Alberto. **Os princípios da legalidade e da tipicidade da tributa**ção. São Paulo: Editora Revista dos Tribunais, 1978.

XAVIER, Alberto. **Tipicidade da tributação, simulação e norma antielisiva**. São Paulo: Dialética, 2001.

XAVIER, Alberto. A Lei nº 12.973, de 13 de maio de 2014, em Matéria de Lucros no Exterior: Objetivos e Características Essenciais. *In*: **Grandes Questões Atuais de Direito Tributário**. São Paulo: Editora Dialética, v. 18º, 2014.

XAVIER, Alberto. **Direito Tributário Internacional do Brasil.** 8ª. ed. Rio de Janeiro: Forense, 2015.

ANOTAÇÕES

ANOTAÇÕES

ANOTAÇÕES

ANOTAÇÕES

ANOTAÇÕES

ANOTAÇÕES

ANOTAÇÕES

ANOTAÇÕES

ANOTAÇÕES

EDITORA JusPODIVM
www.editorajuspodivm.com.br

Impressão e Acabamento
PlenaPrint
Indústria Gráfica